S.O.

3/7/97

Walter de Gruyter

BIBLIOGRAPHIA PATRISTICA
XXXIII – XXXV

PATRISTISCHE KOMMISSION
DER AKADEMIEN
DER WISSENSCHAFTEN IN DER
BUNDESREPUBLIK DEUTSCHLAND

BIBLIOGRAPHIA PATRISTICA

XXXIII – XXXV

WALTER DE GRUYTER · BERLIN · NEW YORK

1997

BIBLIOGRAPHIA PATRISTICA

INTERNATIONALE PATRISTISCHE BIBLIOGRAPHIE

In Verbindung mit vielen Fachgenossen

herausgegeben von

Knut Schäferdiek

XXXIII – XXXV

Die Erscheinungen der Jahre

1988–1990

WALTER DE GRUYTER · BERLIN · NEW YORK

1997

♾ Gedruckt auf säurefreiem Papier
das die US-ANSI-Norm über Haltbarkeit erfüllt.

ISBN 3 11 015224 X   ·   ISSN 0523-2252

Printed in Germany
Diskettenkonvertierung: Knipp, Dortmund
Druck: Werner Hildebrand, Berlin
Buchbinderische Verarbeitung: Lüderitz & Bauer-GmbH, Berlin

VORWORT

Zwei Jahre nach Erscheinen des letzten Bandes kann der Band XXXIII-XXXV der BIBLIOGRAPHIA PATRISTICA mit den Veröffentlichungen der Jahre 1988-1990 erscheinen. Die im Vorwort des letzten Bandes geäußerte Hoffnung auf ein zügigeres Fortschreiten der Berichterstattung hat sich damit zwar erfüllt; dennoch muß sich die BIBLIOGRAPHIA PATRISTICA mit dem vorliegenden Band von der fachlichen Öffentlichkeit verabschieden. Sie muß ungeachtet ihrer freundlichen Aufnahme durch die Fachwelt ihr Erscheinen einstellen, weil die für den Betrieb der Redaktion erforderlichen Mittel infolge der angespannten Lage der öffentlichen Haushalte nicht mehr zur Verfügung stehen. Daß sie seit 1959 trotz gelegentlicher Schwierigkeiten regelmäßig hat erscheinen können, verdankt sie der Förderung durch die Akademien der Wissenschaften in der Bundesrepublik Deutschland.

Auch für die Fertigstellung dieses letzten Bandes darf noch einmal den Fachkollegen und -kolleginnen in aller Welt gedankt werden, die auch dieses Mal erneut bibliographische Informationen beigesteuert haben: G. Bartelink (Nijmegen); A. Bastiaensen (Nijmegen); J.B. Bauer (Graz); H.Chr. Brennecke (Erlangen); E.A. Livingstone (Oxford); W. Myszor (Piastów); D.I. Rankin (Melbourne); N. Reichrtova (Prag); W. Rordorf (Peseux); M.A. Schatkin (New York); R. Trevijano Etcheverria (Salamanca); H. Villadsen (Naskov); I. Zonewski (Sofia).

Auch dieser letzte Band der BIBLIOGRAPHIA PATRISTICA könnte nicht erscheinen ohne den beständigen Einsatz der Mitarbeiter der Bonner Redaktion. Anfänglich lag die Hauptlast der redaktionellen Arbeit noch bei Herrn Dr. Bernhard Meier. Nach seinem Ausscheiden übernahm Herr Dipl.-Theol. Thomas Hauptmann die Hauptverantwortung für die Titelaufnahme und die Erstellung der Druckvorlage. Unterstützt wurden beide zunächst durch Frau stud. phil. Sibylle Feßenmeier und Frau stud. phil. Bettina Finkel und nach deren Ausscheiden durch Herrn stud. theol. et phil. Matthias Nicolai und Hern stud. theol. Edgar Rebbe. Daß der Band auch nach der offiziellen Schließung der Redaktion zum Jahresende 1995 noch glücklich abgeschlossen werden konnte, ist dem persönlichen Einsatz von Herrn Hauptmann und der Unterstützung durch den Leiter der Arbeitsstelle Bonn der Patristischen Kommission, Herrn Kollegen Hans Rothe, zu verdanken.

Bonn, im Juni 1996 Prof. Dr. Knut Schäferdiek

HINWEISE FÜR DEN BENUTZER

1. Zeitraum. Die obere zeitliche Grenze ist für den Osten das 2. Nicänische Konzil (787), für den Westen Ildefons von Toledo (+ 667).
2. Die Aufnahme der Titel erfolgt nach den im Bibliothekswesen üblichen Normen.
3. Die Verfasservornamen sind im allgemeinen so angeführt, wie sie bei den Veröffentlichungen angegeben sind. Lediglich in Abschnitt IX (Recensiones) und im Register werden grundsätzlich nur die Anfangsbuchstaben genannt.
4. In Abschnitt III 2, der die Kirchenschriftsteller in alphabetischer Reihenfolge aufführt, finden sich alle Arbeiten, die sich mit einzelnen Kirchenschriftstellern befassen, einschließlich der Textausgaben.
5. Verweise. Kommt ein Titel für mehrere Abschnitte in Frage, so ist er lediglich unter einem Abschnitt vollständig angegeben, während sich unter den anderen nur der Autorenname findet und in eckigen Klammern auf die Nummer verwiesen wird, unter welcher der vollständige Titel zu suchen ist. Bei Verweisen nach Abschnitt I 10b ist das Wort und bei Verweisen nach III 2 oder III 3b der Kirchenschriftsteller bzw. Heilige angegeben, unter dem der entsprechende Titel zu finden ist. Aus drucktechnischen Gründen erscheinen die (durch eckige Klammern kenntlich gemachten) Verweise in einem eigenen Abschnitt.
6. Bei Rezensionen ist stets auf den Jahrgang unserer Bibliographie und die Nummer des rezensierten Werkes verwiesen. Kurze Buchanzeigen bleiben unberücksichtigt.

INHALTSVERZEICHNIS

ABKÜRZUNGSVERZEICHNIS

AA	Antike und Abendland. Beiträge zum Verständnis der Griechen und Römer und ihres Nachlebens. Berlin
AAASzeged	Acta antiqua et archaeologica. Acta Univ. Szegediensis de Attila József nominatae. Szeged
AALig	Atti dell'Accademia Ligure di Scienze e Lettere. Genova
AAP	Atti dell'Accademia Pontaniana. Napoli
AAPal	Atti dell'Accademia di Scienze, Lettere ed Arti di Palermo. Palermo
AAPat	Atti e Memorie dell'Accademia Patavina di Scienze, Lettere ed Arti, Classe di Sc. mor., Lett. ed Arti. Padova
AAPel	Atti della Accademia Peloritana dei Pericolanti. Classe di Lettere, Filosofia e Belle Arti. Messina
AAPh	Arctos. Acta philologica Fennica. Nova series. Helsinki
AArchHung	Acta Archaeologica Academiae Scientiarum Hungaricae. Budapest
AArchSlov	Acta Archaeologica. Arheološki Vestnik. Ljubljana
AARov	Atti della Accademia Roveretana degli Agiati, Classe di Scienze umane, Lettere ed Arti. Rovereto
AASN	Atti della Accademia di Scienze morali e politiche della Società nazionale di Scienze, Lettere ed Arti di Napoli. Napoli
AASOR	The Annual of the American Schools of Oriental Research. New Haven, Conn.
AAT	Atti della Accademia delle Scienze di Torino. Classe di Scienze morali, storiche e filologiche. Torino
AAug	Analecta Augustiniana. Roma
AAWM	Abhandlungen der Akademie der Wissenschaften in Mainz, Geistes- und sozialwissenschaftliche Klasse. Wiesbaden
AB	Analecta Bollandiana. Bruxelles
ABG	Archiv für Begriffsgeschichte. Bonn
ABo	Archivum Bobiense. Bobbio
ABourg	Annales de Bourgogne. Dijon
ABret	Annales de Bretagne. Faculté des lettres de l'université de Rennes. Rennes
AcAbo	Acta academiae Aboensis. Ser. A: Humaniora. Åbo
AcAl	Acta classica Universitatis Scientiarum Debreceniensis. Debrecen
AcAnt	Acta Antiqua Academiae Scientiarum Hungaricae. Budapest

AcArO	Acta ad archaeologiam et artium historiam pertinentia. Oslo; Roma
AcIt	Accademie e Biblioteche d'Italia. Roma
ACl	L'antiquité classique. Louvain-la-Neuve
AClass	Acta Classica. Proceedings of the Classical Association of South Africa. Cape Town
Acme	Acme. Università degli Studi di Milano. Milano
AcOK	Acta Orientalia. København
ACPAP	American Catholic Philosophical Association Proceedings. Washington, D.C.
ACR	Arte cristiana. Mailand
ACW	Ancient Christian Writers. Ramsey, N.J.
AE	Annales de L'Est. Faculté des lettres de l'université de Nancy. Nancy
AEAls	Archives de l'Église d'Alsace. Strasbourg
AEB	Analytical and Enumerative Bibliography. Bibliographical Society of Northern Illinois. Northern Illinois University. DeKalb, Ill.
Aeg	Aegyptus. Rivista Italiana di Egittologia e di Papirologia. Milano
AEHESHP	Annuaire de l'École pratique des Hautes Études, IVe section, Sciences historiques et philologiques. Paris
AEHESR	Annuaire de l'École pratique des Hautes Études, Ve section, Sciences religieuses. Paris
AEKD	Ἀρχεῖον Ἐκκλησιαστικοῦ καὶ Κανονικοῦ Δικαίου. Ἀθῆναι
AEM	Anuario de Estudios medievales. Barcelona
Aevum	Aevum. Rassegna di Scienze Storiche, Lingustiche e Filologiche. Milano
AFC	Anales de Filología Clásica. Buenos Aires
AFFB	Anuario de Filología. Facultad de Filología. Universidad de Barcelona. Barcelona
AFGG	Annali della Facoltà di Giurisprudenza. Univ. di Genova. Milano
AFH	Archivum Franciscanum Historicum. Ad Claras Aquas, Florentiae. Firenze
AFLB	Annali della Facoltà di Lettere e Filosofia di Bari. Bari
AFLC	Annali della Facoltà di Lettere, Filosofia e Magistero dell'Università di Cagliari. Cagliari
AFLF	Annali della Facoltà di Lettere e Filosofia della Università di Napoli. Napoli
AFLL	Annali della Facoltà di Lettere di Lecce. Lecce
AFLM ·	Annali della Facoltà di Lettere e Filosofia, Università di Macerata. Padova
AFLNice	Annales de la Faculté des Lettres et Sciences humaines de Nice. Nice
AFLP	Annali della Facoltà di Lettere e Filosofia, Università di Perugia. Rimini

AFLS	Annali della Facoltà di Lettere e Filosofia dell'Università di Siena. Firenze
AfO	Archiv für Orientforschung. Horn (Austria)
AFP	Archivum Fratrum Praedicatorum. Roma
AfricaThJ	Africa Theological Journal. Usa River, Tanzania; Makumira
AG	Analecta Gregoriana. Roma
AGLB	Aus der Geschichte der lateinischen Bibel. Freiburg i.Br.
AGPh	Archiv für Geschichte der Philosophie. Berlin
AHAMed	Anales de Historia antigua y medieval. Facultad de Filosofía. Universidad de Buenos Aires. Buenos Aires
AHAW	Abhandlungen der Heidelberger Akademie der Wissenschaften, Philos.-Hist. Klasse. Heidelberg
AHB	Ancient History Bulletin. Calgary
AHC	Annuarium historiae conciliorum. Paderborn; Amsterdam
AHD	Archives d'histoire doctrinale et littéraire du moyen âge. Paris
AHDE	Anuario de Historia del Derecho español. Madrid
AHES	Archive for history of exact sciences. Berlin
AHP	Archivum historiae pontificae. Roma
AHR	The American Historical Review. Washington, D.C.; New York; Richmond, Va.
AHSI	Archivum historicum Societatis Iesu. Roma
AIA	Archivo ibero-americano. Madrid
AION	Annali dell'Istituto universitario orientale di Napoli. Seminario di studi del mondo classico. Sezione Linguistica. Pisa
AIONF	Annali dell'Istituto universitario orientale di Napoli. Seminario di studi del mondo classico. Sezione filologico-letteraria. Napoli
AIPh	Annuaire de l'Institut de Philologie et d'Histoire Orientales et Slaves de l'Université Libre de Bruxelles. Bruxelles
AJ	The Archaeological Journal. London
AJBI	Annual of the Japanese Biblical Institute. Tokyo
AJC	American Jewish Committee. Annual Report. New York
AJPh	American Journal of Philology. Baltimore, Md.
AKG	Archiv für Kulturgeschichte. Münster; Köln
AKK	Archiv für katholisches Kirchenrecht. Mainz
Akroterion	Akroterion. Quarterly for the Classics in South Africa. Dept. of Classics, Univ. of Stellenbosch. Stellenbosch
AktAthen	Ἀκτῖνες. Ἀθῆναι
ALBO	Analecta Lovaniensia Biblica et Orientalia. Bruges
Alfa	Alfa. Marília (Brasil)
ALGHJ	Arbeiten zur Literatur und Geschichte des hellenistischen Judentums. Leiden
ALGP	Annali del Liceo classico G. Garibaldi di Palermo. Palermo
ALMA	Annales Latini Montium Arvernorum. Bulletin du Groupe d'Études latines de l'université de Clermont. Clermont-Ferrand
ALMA	Archivum latinitatis medii aevi. Leiden; Bruxelles

AlOlm	Alpha-Omega. Lexika, Indizes, Konkordanzen zur klassischen Philologie. Hildesheim
Altamira	Altamira. Santander (España)
Altt	Das Altertum. Berlin (DDR)
ALUB	Annales litteraire de l'université de Besancon. Besancon
Alvernia	Alvernia. Calpan (México)
ALW	Archiv für Liturgiewissenschaft. Regensburg
AM	Annales du Midi. Revue archéologique, historique et philologique de la France méridionale. Toulouse
AMATosc	Atti e Memorie dell'Accad. Toscana di Scienze e Lettere La Colombaria. Firenze
AMAV	Atti e Memorie delle Accademie di Agricoltura, Scienze e Lettere di Verona. Verona
AmBaptQ	American Baptist Quarterly. Rochester, N.Y.
AmBenR	The American Benedictine Review. Atchison, Kans.
Ambr	Ambrosius. Milano
Ampurias	Ampurias. Revista de Arqueología, Prehistoria y Etnología. Barcelona
AMSI	Atti e Memorie della Società Istriana di archeologia e storia patria. Trieste
AmSlav	The American Slavic review. American Assoc. for the Advancement of Slavic Studies. Washington, D.C.; New York, N.Y.
AMSM	Atti e Memorie della Deputazione di Storia Patria per le Marche. Ancona
AMSPR	Atti e Memorie Regia della Deputazione di Storia Patria per le Provincie di Romagna. Bologna
AMW	Archiv für Musikwissenschaft. Wiesbaden
An	Antiquitas, Reihe I: Abhandlungen zur alten Geschichte. Bonn
AN	Aquileia nostra. Bollettino dell'Associazione nazionale per Aquileia. Aquileia
AnAcBel	Annuaire de l'Académie Royale de Belgique. Bruxelles
AnAl	Antichità altoadriatiche. Udine
AnAlic	Anales de la Universidad de Alicante. Facultad de Derecho. Alicante
AnAmHist	Annual Report of the American Historical Association. Washington, D.C.
AnAnk	Annales de l'Université d'Ankara. Ankara
Anazetesis	Anazetesis. Quaderni di ricerca. Gruppo di Studio Carlo Cattaneo. Pistoia
AnBib	Analecta Biblica. Roma
AnBodl	Annual Report of the Curators of the Bodleian Library. Oxford
AnCal	Analecta Calasanctiana. Revista del Colegio Teologado «Felipe Scio». Salamanca
AnCan	L'Annee canonique. Paris
AnColFr	Annuaire du Collège de France. Paris
AncPhil	Ancient Philosophy. Pittsburgh, Penna.

AnCra	Analecta Cracoviensia. Kraków
AncSoc	Ancient Society. Louvain
AnDomingo	Anales de la Universidad Autónoma de Santo Domingo. Santo Domingo (República Dominicana)
AnFen	Annales Academiae Scientiarum Fennicae. Helsinki
AnFil	Anuario Filosófico. Universidad de Navarra. Pamplona
AnFilE	Anuario de Estudios Filológicos. Universidad de Extremadura. Cáceres
Ang	Angelicum. Roma
AnGir	Annals de l'Institut d'Estudis Gironins. Girona (España)
AnglThR	Anglican Theological Review. Evanston, Ill.
AnMal	Analecta Malacitana. Málaga
AnMont	Analecta Montserratensia. Montserrat, Barcelona
AnMurcia	Anales de la Universidad de Murcia. Murcia
AnMus	Anuario musical. Barcelona
Annales (ESC)	Annales (Économie, Sociétés, Civilisations). Paris
AnnFLGen	Annali della Facoltà di Lettere e Filosofia di Genova. Genova
ANRW	Aufstieg und Niedergang der römischen Welt. Geschichte und Kultur Roms im Spiegel der neueren Forschung. Berlin
AnS	Anatolian Studies. London
AnSaar	Annales Universitatis Saraviensis. Reihe Philosoph. Fak. Saarbrücken
AnSan	Anales de la Facultad de Teología. Santiago de Chile
AnSEse	Annali di storia dell'esegesi. Bologna
AntAfr	Antiquités africaines. Paris
Anthol	Anthologica annua. Roma; Madrid
AnthropBarc	Anthropologica. Barcelona
Anthropos	Anthropos. Revue internationale d'ethnologie et de linguistique. Fribourg (Suisse)
AnthrVen	Anthropos. Instituto Superior Salesiano di Filosofía y Educación. Los Teques (Venezuela)
Antichthon	Antichthon. Journal of the Australian Society for Classical Studies. Sydney
Antiqua	Antiqua. Rivista di archeologia, architettura, urbanistica, dalle origini al medioevo. Roma
Antiquity	Antiquity. A quarterly Review of Archaeology. Newbury, Berks.
AntJ	The Antiquaries Journal, being the Journal of the Society of Antiquaries of London. London
AnTo	Anales Toledanos. Toledo
Antonianum	Antonianum. Roma
AntRev	The Antioch Review. Yellow Springs, O.
ANTT	Arbeiten zur neutestamentlichen Textforschung. Berlin; Stuttgart
AnVal	Anales Valentinos. Revista de Filosofía y Teología. Valencia
AnVlat	Analecta Vlatadon. Thessaloniki
AnW	Antiquitas. Wrocław
AnzAlt	Anzeiger für die Altertumswissenschaft. Innsbruck

AOAW	Anzeiger der österreichischen Akademie der Wissenschfren in Wien. Philos.-hist. Klasse. Wien
AOS	American Oriental Series. New Haven, Conn.
AP	Ἀρχεῖον τοῦ Πόντου. Ἀθῆναι
Apollinaris	Apollinaris. Commentarium iuridico-canonicum. Roma
Apollonia	Apollonia. Johannesburg; Alexandria
APQ	American Philosophical Quarterly. Pittsburgh, Penna.
APraem	Analecta Praemonstratensia. Abdij Tongerloo, Prov. Antwerpen
Arabica	Arabica. Revue des études arabes. Leiden
ArAm	Archivio ambrosiano. Milano
ARBB	Académie Royale des sciences, des lettres et des beaux-arts de Belgique. Bulletin de la classe des lettres et des sciences morales et politiques. Bruxelles
ArBiBe	Archives et Bibliothèques de Belgique. Archief- en Bibliotheekwezen in Belgie. Bruxelles-Brussel
Arbor	Arbor. Revista general de Investigación y Cultura. Madrid
ArBu	The Art Bulletin. New York, N.Y.
Arch	Der Archivar. Düsseldorf; Siegburg
Archaeology	Archaeology. New York, N.Y.
ArchClass	Archeologia Classica. Rivista della Scuola naz. di Archeologia, pubbl. a cura degli Ist. di Archeologia e Storia dell'arte greca e romana e di Etruscologia e antichità italiche dell'Univ. di Roma. Roma
Archeion	Archeion. Archives internationales d'histoire de sciences. Roma
Archeologia	Archeologia. Rocznik Instytutu Historii Kultury materialnej Polskiej Akademii Nauk., Zakł. Narod. Im. Ossolińskich. Warszawa
Archivum	Archivum. Revue internationale des archives. Paris; Munich
ArchPal	Archivio Paleografico Italiano. Roma
ArchPhilos	Archives de Philosophie. Recherches et documentation. Paris
ArEArq	Archivo español de Arqueología. Madrid
ArEArt	Archivo español de Arte. Madrid
Arethusa	Arethusa. A journal of the wellsprings of Western man. Buffalo, N.Y.
Argensola	Argensola. Huesca (España)
ArGran	Archivo teológico granadino. Granada; Madrid
ArHisp	Archivo hispalense. Sevilla
ARID	Analecta Romana Instituti Danici. Odense; København
ÅrKob	Årbog for Københavns universitet. København
ArLeón	Archivos leoneses. León
ArLing	Archivum Linguisticum. Menston, Yorks.; London
ArOr	Archiv Orientální. Praha
ArOviedo	Archivum. Oviedo
ArPap	Archiv für Papyrusforschung und verwandte Gebiete. Leipzig
ArPh	Archiv für Philosophie. Stuttgart
ArR	Archeologické rozhledy. Praha

ARSP	Archiv für Rechts- und Sozialphilosophie. Meisenheim am Glan; Wiesbaden; Stuttgart
ArSR	Archives de sciences sociales des religions. Paris
ArSS	Archivio Storico Siciliano. Palermo
ArSSO	Archivio Storico per la Sicilia Orientale. Catania
ArStoria	Archivio della Società Romana di Storia Patria. Roma
AS	Archaeologica Slovaca. Bratislava
ASCL	Archivio Storico per la Calabria e la Lucania. Roma
ASE	Anglo-Saxon England. Cambridge
ASI	Archivio Storico Italiano. Firenze
ASL	Archivio Storico Lombardo. Milano
ASNSP	Annali della Scuola Normale Superiore di Pisa. Lettere, Storia e Filosofia. Pisa; Firenze
ASPN	Archivio Storico per le Provincie Napoletane. Napoli
ASPP	Archivio Storico per le Provincie Parmensi. Parma
Asprenas	Asprenas. Napoli
ASPugl	Archivio Storico Pugliese. Bari
ASSPh	Annuaire de la Société Suisse de Philosophie (Studia Philosophica). Bâle
AST	Analecta Sacra Tarraconensia. Barcelona
ASTI	Annual of the Swedish Theological Institute in Jerusalem. Leiden
ASUA	Academia Regia Scientiarum Upsaliensis. Acta. Uppsala
ASUAn	Academia Regia Scientiarum Upsaliensis. Annales. Uppsala
ATCA	Arxiu des textos catalans antics. Barcelona
AteRo	Atene e Roma. Firenze
AThD	Acta Theologica Danica. København; Leiden
Athena	Ἀθηνᾶ. Ἀθῆναι
AThGlThAthen	Ἀρχεῖον τοῦ Θρακικοῦ Λαογραφικοῦ καί Γλωσσικοῦ Θησαυροῦ. Ἀθῆναι
AThijmG	Annalen van het Thijmgenootschap. Baarn; Hilversum
AtKap	Ateneum Kapłańskie. Włocławek
AtPavia	Athenaeum. Studi Periodici di Letteratura e Storia dell'Antichità. Pavia
AtVen	Atti dell'Istituto Veneto di Scienze, Lettere ed Arti. Classe di Scienze Morali, Lettere ed Arti. Venezia
AU	Der altsprachliche Unterricht. Arbeitshefte zu seiner wissenschaftlichen Begründung und praktischen Gestalt. Stuttgart
AUB	Annales Universitatis Budapestinensis. Budapest
AUC	Acta Universitatis Carolinae. Praha
AUG	Acta Universitatis Gothoburgensis (Göteborgs Universitets årsskrift). Göteborg
AugR	Augustinianum. Roma
AugSt	Augustinian Studies. Villanova University. Villanova, Penna.
Augustiniana	Augustiniana. Tijdschrift voor de studie van Sint Augustinus en de Augustijnenorde. Leuven
Augustinus	Augustinus. Madrid
AusBR	Australian Biblical Review. Melbourne

AusCRec	Australasian Catholic Record. Sydney
AUSS	Andrews University Seminary Studies. Berrien Springs, Mich.
AustinSemBul	Austin Seminary Bulletin. Faculty Edition. Austin, Tex.
AUU	Acta Universitatis Upsaliensis. Uppsala
AUW	Acta Universitatis Wratislaviensis. Wrocław; Warszawa
AV	Archivio Veneto. Venezia
AvOslo	Avhandlinger utgitt av det Norske Videnskaps-Akademi i Oslo. Historisk-Filosofisk Klasse. Oslo
AVTRW	Aufsätze und Vorträge zur Theologie und Religionswissenschaft. Berlin
AW	Antike Welt. Zürich
AWR	Aus der Welt der Religion. Gießen; Berlin
Axerquia	Axerquia. Revista de Estudios Cordobeses. Córdoba
AZ	Archivalische Zeitschrift. München
AzTh	Arbeiten zur Theologie. Reihe I. Stuttgart
BAB	Bulletin de la Classe des Lettres de l'Académie Royale de Belgique. Bruxelles
BAC	Biblioteca de Autores Cristianos. Madrid
BACTH	Bulletin Archéologique du Comité des Travaux Historiques. Paris
BALux	Bulletin des antiquités luxembourgeoises. Luxembourg
BaptQ	Baptist Quarterly. London
BaptRefR	Baptist Reformation Review. Malin, Oreg.
BASOR	Bulletin of the American Schools of Oriental Research. Jerusalem e. a.
BASP	Bulletin of the American Society of Papyrologists. New York, N.Y.
BAug	Bibiothèque Augustinienne. Paris
BBA	Berliner byzantinische Arbeiten. Berlin
BBB	Bonner biblische Beiträge. Bonn
BBEr	Bulletin de la Bibliothèque d'Erevan (Banber Matenadarani). Erevan
BBF	Bulletin des Bibiliothèques de France. Paris
BBGG	Bolletino della Badia Greca di Grottaferrata. Grottaferrata, Roma
BBMP	Boletín de la Biblioteca de Menéndez Pelayo. Madrid
BBR	Bulletin de l'Institut Historique Belge de Rome. Roma; Bruxelles
BCNHT	Bibliothèque copte de Nag Hammadi Textes. Québec
BCPE	Bollettino del Centro internazionale per lo studio dei papiri Ercolanesi. Napoli
BCRH	Bulletin de la Commission Royale d'Histoire. Académie Royale des Sciences, des Lettres et des Beaux arts. Bruxelles
BebRes	Biblical Research. Chicago, Ill.
BEC	Bibliothèque de l'école des chartes. Genève; Paris
Belfagor	Belfagor. Rassegna di varia umanità. Firenze
Benedictina	Benedictina. Roma

BEPB	Bulletin des études portugaises et brésiliennes. Coimbre; Paris
Berceo	Berceo. Logroño (España)
BEThL	Bibliotheca ephemeridum theologicarum Lovaniensium. Louvain
BEU	Bibliotheca Ekmaniana Universitatis Regiae Upsaliensis. Uppsala; Stockholm
BGBE	Beiträge zur Geschichte der biblischen Exegese. Tübingen
BGDST	Beiträge zur Geschichte der deutschen Sprache und Literatur. Tübingen
BGL	Bibliothek der griechischen Literatur. Stuttgart
BHisp	Bulletin hispanique. Bordeaux
BHTh	Beiträge zur historischen Theologie. Tübingen
BibArch	Biblical Archaeologist. Cambridge, Mass.; Philadelphia, Penna.
BibArchR	Biblical Archeological Review. Washington, D.C.
BibbOr	Bibbia e Oriente. Bornato in Franciacorte, Brescia; Fossano; Milano
BiBe	Biblische Beiträge. Einsiedeln; Köln
BibHR	Bibliothèque d'Humanisme et Renaissance. Genève
Bibl	Biblica. Roma
BiblOr	Bibliotheca Orientalis. Leiden
Biblos	Biblos. Coimbra
BiblSacr	Bibliotheca Sacra. Dallas, Tex.
BibRes	Biblical Research. Chicago, Ill.
BibThBul	Biblical Theology Bulletin. New York; Albany, N.Y.
BICS	Bulletin of the Institute of Classical Studies of the University of London. London
BIDR	Bollettino dell'Istituto di Diritto romano. Milano
BIFAO	Bulletin de l'Institut Français d'Archéologie Orientale. Le Caire
BIFG	Boletín de la Institución Fernán González. Burgos (España)
BIHR	Bulletin of the Institute of Historical Research. London
BijFTh	Bijdragen. Tijdschrift voor filosofie en theologie. Meppel; Nijmegen
BiKi	Bibel und Kirche. Bad Cannstatt, Stuttgart
BILPatr	Bulletin d'information et de liaison de l'Association internationale des Études patristiques. Turnhout
BISIAM	Bollettino dell'Istituto Storico Italiano per il Medio Evo e Archivio Muratoriano. Roma
BiTransl	The Bible Translator. London
BiZ	Biblische Zeitschrift (N.F.). Paderborn
BJ	Bonner Jahrbücher des Rheinischen Landesmuseums in Bonn und des Vereins von Altertumsfreunden im Rheinland. Bonn
BJRL	Bulletin of the John Rylands Library Manchester. Manchester
BK	Bedi Kartlisa (Revue de Kartvélologie). Paris
BKA	Bibliothek der klassischen Altertumswissenschaften. Heidelberg

BKM	Βυζαωτινὰ Κείμενα καὶ Μελέται. Θεσσαλονίκη
BKP	Beiträge zur klassischen Philologie. Meisenheim
BL	Bibel und Liturgie. Wien; Klosterneuburg
BLE	Bulletin de littérature ecclésiastique. Toulouse
BLSCR	Bollettino Ligustico per la Storia e la Cultura Regionale. Genova
BMGS	Byzantine and modern greek studies. London
BMm	Bulletin monumental. Paris
BMRAH	Bulletin des musées royaux d'art et d'histoire. Bruxelles
BMZ	Boletín Museo de Zaragoza de Bellas Artes. Zaragoza
BN	Beiträge zur Namenforschung. Heidelberg
BNJ	Byzantinisch-Neugriechische Jahrbücher. Athen
BodlR	Bodleian Library Record. Oxford
Bogoslovl'e	Bogoslovl'e. Beograd
BogTr	Bogoslovskije Trudy. Moskva
BoH	Bibel og historie. Kopenhagen
BolArq	Boletín arqueológico. Tarragona
BolAst	Boletín del Instituto de Estudios Asturianos. Oviedo (España)
BolBarc	Boletín de la Real Academia de Buenas Letras de Barcelona. Barcelona
BolComp	Boletín de la Universidad Compostelana. Santiago de Compostela
BolCórd	Boletín de la Real Academia de Córdoba, de Ciencias, Bellas Letras y Nobles. Córdoba
BolFilChile	Boletín de Filología. Universidad de Chile. Santiago de Chile
BolGien	Boletín del Instituto de Estudios Giennenses. Jaén (España)
BolGranada	Boletín de la Universidad de Granada. Granada
BollClass	Bollettino dei classici, a cura del Comitato per la preparazione dell'Edizione nazionale dei Classici greci e latini. Roma
BolPaís	Boletín de la Real Sociedad Vascongada de Amigos del País. San Sebastián
BolPiacentino	Bollettino Storico Piacentino. Piacenza
BolSiena	Bollettino Senese di Storia Patria. Siena
BonnBK	Bonner Beiträge zur Kirchengeschichte. Köln
BOR	Biserica Ortodoxă Română. Bucuresti
BPatr	Biblioteca Patristica. Firenze
BPhM	Bulletin de philosophie médiévale. Louvain-la-Neuve
BPHP	Bulletin philologique et historique du Comité des Travaux Historiques et Scientifiques. Paris
BracAug	Bracara Augusta. Braga (Portugal)
BRAE	Boletín de la Real Academia española. Madrid
BRAH	Boletín de la Real Academia de la Historia. Madrid
BrethLife	Brethren Life and Thought. Oak Brook; Chicago, Ill.
Britannia	Britannia. A Journal of Romano-British and kindred studies. London
Brotéria	Brotéria. Cultura e informaçao. Série mensal, Fé, Sciências, letras. Lisboa

BSAF	Bulletin de la Société nationale des Antiquaires de France. Paris
BSAL	Boletín de la Sociedad Arqueológica Luliana. Palma de Mallorca (España)
BSAN	Bulletin de la Société des antiquaires de Normandie. Caen
BSAO	Bulletins de la Société des Antiquaires de l'Ouest et des Musées de Poitiers. Poitiers
BSAP	Bulletins trimestriels de la Société des Antiquaires de Picardie. Amiens
BSCC	Boletín de la Sociedad Castellonense de Cultura. Castellón de la Plana (España)
BSEAA	Boletín del Seminario de Estudios de Arte y Arqueología. Universidad de Valladolid. Valladolid (España)
BSEB	Byzantines Studies – Études Byzantines. Tempe, Ariz; Pittsburgh, Penna.
BSFN	Bulletin de la Société française de Numismatique. Paris
BSL	Bulletin de la Société de Linguistique de Paris. Paris
BSNES	Bulletin of the Society for Near Eastern Studies in Japan (Oriento), Tokyo Tenrikyokan. Tokyo
BSOAS	Bulletin of the School of Oriental and African Studies. London
BSRel	Biblioteca di scienze religiose. Roma; Brescia; Zurigo
BStudLat	Bollettino di Studi latini. Periodico quadrimestrale d'informazione bibliografica. Napoli
BT	Benediktijns Tijdschrift voor evangeliese bezinning. Sint-Adelbertabdij, Egmond-Binnen
BTAM	Bulletin de théologie ancienne et médiévale. Gembloux; Abbaye du Mont César, Louvain
BTSAAM	Bulletin trimestriel de la Société Académique des Antiquaires de la Morinie. Saint-Omer (France)
BulArchCopte	Bulletin de la Société d'Archéologie Copte. Le Caire; Alexandrie
BulBudé	Bulletin de l'association Guillaume Budé. Paris
BulHel	Bulletin de correspondance hellénique. Paris
BulOr	Bulletin d'études orientales. Beyrouth
Burgense	Burgense. Seminario metropolitano. Burgos
BurlM	Burlington Magazine. London
BWG	Berichte zur Wissenschaftsgeschichte. Wiesbaden
ByFo	Byzantinistische Forschungen. Internationale Zeitschrift für Byzantinistik. Amsterdam
ByN	Byzantina Neerlandica. Leiden
Byslav	Byzantinoslavica. Praha
ByZ	Byzantinische Zeitschrift. München
Byzan	Byzantion. Bruxelles
Byzantina	Βυζαντινά. Θεσσαλονίκη
BZG	Basler Zeitschrift für Geschichte und Altertumskunde. Basel
BZNW	ZNW. Beihefte. Berlin

BZNW	Beihefte zur Zeitschrift für die neutestamantliche Wissenschaft. Berlin
CaAr	Cahiers archéologiques. Paris
Caesarodunum	Caesarodunum. Tours
CahEA	Cahiers des Études anciennes. Montréal
CaHist	Cahiers d'histoire. Lyon
CaJos	Cahiers de Joséphologie. Montréal
CalTJ	Calvin Theological Journal. Grand Rapids, Mich.
CanHR	Canadian Historical Review. Toronto
CarkV	Cărkoven vestnik. Sofija
Carmelus	Carmelus. Commentarii ab Instituto Carmelitano editi. Roma
Carth	Carthaginensia. Murcia
CaSion	Cahiers sioniens. Paris
Cass	Cassiciacum. Eine Sammlung wissenschaftlicher Forschungen über den heiligen Augustinus und den Augustinerorden, sowie wissenschaftlicher Arbeiten von Augustinern aus anderen Wissensgebieten. Würzburg
Cath	Catholica. Vierteljahresschrift für Kontroverstheologie. Münster
CathSt	Catholic Studies (Katorikku Kenkyu). Tokyo
CB	The Classical Bulletin. Department of Classical Languages at Saint Louis University. Saint Louis, Mo.
CBNT	Coniectanea biblica. New Testament Series. Lund
CBQ	The Catholic Biblical Quarterly. Washington, D.C.
CC	La Civiltà Cattolica. Roma
CCA	Cultura cristiana antica. Rom
CCAB	Corsi di cultura sull'arte ravennate e bizantina. Bologna
CCC	Civiltà classica e cristiana. Genova
CCER	Cahiers du cercle Ernest-Renan pour Libres Recherches d'Histoire du Christianisme. Paris
CCH	Československy časopis historicky. Praha
CChr.ILL	Corpus Christianorum. Instrumenta lexicologica Latina. Turnhout
CChr.LG	Corpus Christianorum. Lingua patrum. Turnhout
CChr.SA	Corpus Christianorum. Series Apocryphorum. Turnhout
CChr.SG	Corpus Christianorum. Series Graeca. Turnhout
CChr.SL	Corpus Christianorum. Series Latina. Turnhout
CCM	Cahiers de civilisation médiévale. Poitiers
CD	La Ciudad de Dios. Madrid
CdR	Classici delle religioni. Torino
CE	Chronique d'Égypte. Bulletin périodique de la Fondation égyptologique Reine Elisabeth. Bruxelles
Celtiberia	Celtiberia. Soria
Celtica	Celtica. Dublin
Centaurus	Centaurus. København
CF	Collectanea Franciscana. Roma

CFC	Cuadernos de Filología Clásica. Facultad de Filosofía y Letras. Universitas Complutensis. Madrid
CFilos	Cuadernos Filosofía. Buenos Aires
CFR	Cuadernos Franciscanos de Renovación. Santiago de Chile
CHE	Cuadernos de Historia de España. Buenos Aires
ChH	Church History. Chicago, Ill.
ChicS	Chicago Studies. Mundelein, Ill.
Chiron	Chiron. Mitteilungen der Kommission für alte Geschichte und Epigraphik des Deutschen Archäologischen Instituts. München
CHR	The Catholic Historical Review. Washington, D.C.
ChrCent	Christian Century. Chicago, Ill.
ChrCris	Christianity and Crisis. New York, N.Y.
Christus	Christus. Paris
ChrLit	Christianity and Literature. Grand Rapids, Mich.
ChrM	Christliche Meister. Einsiedeln
ChrToday	Christianity Today. Washington, D.C.
CHS	Church in History Series. London
Cias	Cias. Buenos Aires
Ciencias	Las Ciencias. Madrid
CIH	Cuadernos de Investigación Histórica. Fundación Universitaria Española. Seminario «Cisneros». Madrid
CIMA	Cahiers de l'Institut du moyen âge grec e latin. Copenhague
CISA	Contributi dell'Istituto di Storia antica dell'Univ. del Sacro Cuore. Milano
Cistercium	Cistercium. Revista monástica. Revista española de espiritualidad, historia y doctrina. Abadía de La Oliva. Carcastillo, Navarra
CistStud	Cistercian Studies. Trappist, Ky.
Cithara	Cithara. St. Bonaventure, N.Y.
CîtNed	Cîteaux. Commentarii Cistercienses. Westmalle (Belgie)
CJ	Classical Journal. Athens, Ga.
CL	Corolla Londiniensis. Amsterdam
ClAnt	Classical antiquity. Berkeley, Calif.
Claretianum	Claretianum. Commentaria Theologica. Pontificia Universitas Lateranensis: Institutum Theologiae Vitae Religiosae. Roma
Classica	Classica. Boletim de pedagogia e cultura. Lisboa
Clergy	The Clergy Review. London
ClO	The Classical Outlook. Journal of the American Classical League. Oxford, O.; Miami, Fla.
ClPh	Classical Philology. Chicago, Ill.
CM	Classica et mediaevalia. København
CMCS	Cambridge Mediaeval Celtic Studies. Cambridge
CO	Het christelijk Oosten. Nijmegen
CodMan	Codices manuscripti. Zeitschrift für Handschriftenkunde. Wien

ColCist	Collectanea Cisterciensia. Abbaye de la Paix, Chimay (Belgique)
Collationes	Collationes. Vlaams Tijdschrift voor Theologie en Pastoraal. Gent
Colloquium	Colloquium. Sydney (Australia)
CollSR	Collection de sociologie religieuse. Paris
ColSal	Colloquium salutis. Wrocław
Commentary	Commentary. American Jewish Committee. New York, N.Y.
Communio	Communio. Commentarii Internationales de Ecclesia et Theologia. Studium Generale, O.P. Sevilla (España)
Communio (PW)	Communio. Poznán; Warszawa
Communio (US)	Communio. International Catholic Review. Spokane, Wash.
Communion	Communion. Taizé (France)
Compostellanum	Compostellanum. Instituto de Estudios Jacobeos. Santiago de Compostela
Concilium	Concilium. Internationale Zeitschrift für Theologie. Mainz; Einsiedeln; Zürich; Wien
ConciliumM	Concilium. Revista Internacional de Teología. Madrid
ConciliumP	Concilium. Revue internationale de théologie. Paris
ConcorJ	Concordia Journal. St. Louis, Mo.
ConcorThQ	Concordia Theological Quarterly. Ft. Wayne, Ind.
Confer	Confer. Revista de vida religiosa. Conferencia Española de Religiosos. Madrid
ConferS	Communidades. Suplemento Confer. Boletín bibliográfico de vida religiosa y espiritualidad. Madrid
Conimbriga	Conimbriga. Revista do Instituto de Arqueologia da Faculdade de Letras. Coimbra
ConvSPaulo	Convivium. Sao Paulo (Brasil)
CopticChurchR	Coptic Church Review. Lebanon, Penna.
COr	Cahiers d'Orientalisme. Genève
COS	Cambridge Oriental Series. London
CoTh	Collectanea Theologica. Warszawa
CovQ	Covenant Quarterly. Chicago, Ill.
CP	Corona Patrum. Torino
CQ	The Classical Quarterly. Oxford
CR	Classical Review (N.S.). Oxford
CRAI	Comptes rendus des séances de l'Académie des inscriptions et belles lettres. Paris
CRDAC	Centro ricerche e documentazione sull'antichità classica. Atti. Roma
Crisis	Crisis. Revista española de Filosofía. Madrid
Criterio	Criterio. Buenos Aires
Cross	Cross Currents. New York, N.Y.
CrossCr	Cross and Crown. St. Louis, Mo; West Nyack, N.Y.
CRScR	Cahiers de Recherches en Sciences de la Religion. Québec
CrSt	Cristianesimo nella storia. Ricerche storiche esegetiche teologiche. Bologna
CS	Critica storica. Firenze

CSC	Cistercian studies series. Kalamazoo, Mich
CSCO	Corpus scriptorum Christianorum orientalium. Leuven
CSCO.Sub	Corpus scriptorum Christianorum orientalium. Leuven
CSEL	Corpus scriptorum ecclesiasticorum Latinorum. Wien
CSF	Cuadernos Salmantinos de Filosofía. Universidad Pontificia. Salamanca
CSG	Collana di Studi greci. Napoli
CSR	Christian Scholar's Review. Grand Rapids, Mich.
CStR	Collana di storia religiosa. Napoli
CStT	Czestochowskie Studia Teologiczne. Czestochowa
CT	La Ciencia Tomista. Salamanca
CThM	Calwer theologische Monographien. Stuttgart
CTM	Cuestiones Teológicas. Medellín (Colombia)
CTP	Collana di testi patristici. Roma
CTSA	Catholic Theological Society of America. Proceedings of the annual convention. Bronx, N.Y.
CTu	Les Cahiers de Tunisie. Tunis
CuadGal	Cuadernos de Estudios gallegos. Santiago de Compostela
CuadMon	Cuadernos Monásticos. Conferencia de Comunidades Monásticas del Cono Sur. Abadía de Santa Escolástica. Victoria, Buenos Aires (R. Argentina)
CUAPS	Catholic University of America Patristic Studies. Washington, D.C.
CUC	Cahiers universitaires catholiques. Paris
CultBib	Cultura Bíblica. Madrid; Segovia
CultLisb	Cultura. História e Filosofia. Lisboa
CultNeolat	Cultura neolatina. Modena
CuSc	Cultura e Scuola. Ist. dell'Enciclopedia Italiana. Roma
CV	Communio viatorum. Praha
CW	The Classical World. Pittsburgh, Penna.
DA	Deutsches Archiv für Erforschung des Mittelalters. Köln; Graz
DArch	Dialoghi di Archeologia. Roma
Davar	Davar. Buenos Aires
DC	Doctor Communis. Roma
DChrArHet	Δελτιον τῆς Χριστιανικῆς Ἀρχαιολοικῆς Ἑταιρείας. Ἀθῆναι
DE	Il Diritto Ecclesiastico e rassegna di diritto matrimoniale. Milano
DHA	Dialogues d'histoire ancienne. Paris
Diak	Diakonia. Scranton, Penna.
Diakon	Diakonia. Der Seelsorger. Internationale Zeitschrift für praktische Theologie. Mainz
Dial	Dialog. Minneapolis; St. Paul, Minn.
DialEc	Diálogo Ecuménico. Centro de Estudios Orientales y Ecuménicos Juan XXIII. Universidad Pontificia. Salamanca

Dialogue	Dialogue. Revue canadienne de philosophie. Kingston; Montreal
Did	Didascalia. Rosario (República Argentina)
Didaskalia	Didaskalia. Revista da Faculdade de Teologia de Lisboa. Universidade Católica Portuguesa. Lisboa
Dioniso	Dioniso. Rivista trimestrale di studi sul teatro antico. Siracusa
Dionysius	Dionysius. Dept. of Classics, Dalhousie University. Halifax, Nova Scotia
Diotima	Diotima. Revue de recherche philosophique. Athènes
DipOrthAth	Δίπτυχα Ὀρθοδοξίας. Ἀθῆναι
Dipt	Δίπτιχα. Ἀθῆναι
DissAbstr	Dissertation Abstracts. A Guide to Dissertations and Monographs available in microfilm. Ann Arbor, Mich.
Divinitas	Divinitas. Roma
DLZ	Deutsche Literaturzeitung für Kritik der internationalen Wissenschaft. Berlin
DocLife	Doctrine and Life. Dublin
Dodone	Δωδώνη. Ἐπιστημονικὴ Ἐπετηρὶς τῆς Φιλοσοφικῆς Σχολῆς τοῦ Πανεπιστημίου Ἰωαννίνων. Ioannina
Dom	Dominicana. Washington, D.C.
DR	Downside Review. Downside Abbey, Bath; Exeter
DrewG	Drew Gateway. Madison, N.J.
DThP	Divus Thomas. Commentarium de Philosophia et Theologia. Piacenza (Italia)
DtPfrBl	Deutsches Pfarrerblatt. Essen
DTT	Dansk teologisk tidsskrift. København
DuchKult	Duchovna Kultura. Sofija
DuchPast	Duchovní pastyř. Praha
DukeDivR	The Duke Divinity School Review. Durham, N.C.
DumPap	Dumbarton Oaks Papers. Washington, D.C.
DurhamUni	The Durham University Journal. Durham, N.C.
Durius	Durius. Valladolid
DVM	Δελτίον Βιβλικῶν Μελετῶν. Ἀθῆναι
DVSHFM	Det kgl. danske Videnskabernes Selskab. Hist.-Filol. Medd. København
DZPh	Deutsche Zeitschrift für Philosophie. Berlin
EA	Erbe und Auftrag. Beuron
EAg	Estudio Agustiniano. Valladolid
EAJTh	East Asia Journal of Theology. Tokyo
EarlyAmLit	Early American Literature. Amherst, Mass.
EBib	Estudios Bíblicos. Madrid
ECA	Estudios centroamericanos. San Salvador
EcclOra	Ecclesia Orans. Periodica de Scientiis Liturgicis cura Athenaeo Anselmiano de Urbe. Roma
ECelt	Etudes celtiques. Paris
ECl	Estudios Clásicos. Madrid

EcumR	The Ecumenical Review. Geneva
EDeusto	Estudios de Deusto. Bilbao (España)
EE	Estudios Eclesiásticos. Madrid
EEBS	Epeteris Hetaireios Byzantionon Spudon. Annuaires de l'Association d'Études byzantines. Athen
EF	Estudios Franciscanos. Barcelona
EFil	Estudios Filosóficos. Revista de Investigación y Crítica publicada por los Estudios de Filosofía de los Dominicos Españoles. Valladolid
EgliseTh	Église et Théologie. Ottawa
EHBS	Ἐπετηρίς Ἑταιρείας Βυζαντινῶν Σπουδῶν. Ἀθῆναι
EHR	English Historical Review. London
EHRel	Études d'histoire des Religions. Strasbourg
EHTheol	Europäische Hochschulschriften. Reihe 23: Theologie. Bern; Frankfurt a.M.
EIC	Ephemerides iuris canonici. Roma
Eidos	Eidos. Madrid
Eirene	Eirene. Studia Graeca et Latina. Praha
EJos	Estudios Josefinos. Valladolid
EkklAthen	Ἐκκλησία. Ἀθῆναι
EkTh	Ἐκκλησία καὶ Θεολογία. London
EL	Ephemerides liturgicae. Roma
Elenchos	Elenchos. Rivista di studi sul pensiero antico. Roma
ELul	Estudios Lulianos. Palma de Mallorca (España)
EMaria	Estudios marianos. Madrid
EMC	Échos du Monde classique. Classical News and Views. Calgary, Alberta
EMerced	Estudios. Estudios, Notas y Bibliografía especialmente sobre la Orden de la Merced en España y América. Madrid
Emérita	Emérita. Boletín de Lingüística y Filología Clásica. Madrid
EMSlVD	Editiones Monumentorum Slavicorum Veteris Dialecti. Graz
Enc	Encounter. Indianapolis, Ind.
Enchoria	Enchoria. Zeitschrift für Demotistik und Koptologie. Wiesbaden
Encrucillada	Encrucillada. Revista galega de pensamento cristián. El Ferrol
Enrahonar	Enrahonar. Barcelona
Eos	Eos. Commentarii Societatis Philologae Polonorum. Wrocław
EP	Ἕλληνες Πατέρες τῆς Ἐκκλησίας. Θεσσαλονίκη
EpAn	Epigraphica Anatolica. Zeitschrift für Epigraphik und historische Geographie Anatoliens. Bonn
EpAth	Ἐπιστημονικὴ Ἐπετηρὶς τῆς φιλοσοφικῆς Σχολῆς τοῦ Πανεπισημίου Ἀθηνῶν. Ἀθῆναι
EPh	Ἐκκλησιαστικὸς Φάρος. Ἀλεξάνδρεια
EphAthen	Ὁ Ἐφημέριος. Ἀθῆναι
EphMariol	Ephemerides mariologicae. Madrid

Epiphany	Epiphany. A Journal of Faith and Insight. San Francisco, Calif.
EPRO	Études préliminaires aux religions orientales dans l'Empire romain. Leiden
EpThAth	Ἐπιστημονικὴ Ἐπετηρὶς τῆς θεολογικῆς Σχολῆς τοῦ Πανεπιστημίου Ἀθηνῶν. Ἀθῆναι
EpThes	Ἐπιστημονικὴ Ἐπετηρίδα τῆς φιλοσοφικῆς Σχολῆς τοῦ ἐπιστημίον Ἀθηνῶν. Ἀθῆναι
EpThThes	Ἐπιστημονικὴ Ἐπετερίδα τῆς θεολογικῆς Σχολῆς τοῦ Πανεπιστημίου Θεσσαλονίκης. Θεσσαλονίκη
Eranos	Eranos. Acta philologica Suecana. Uppsala
ErJb	Eranos-Jahrbuch. Leiden
Erytheia	Erytheia. Madrid
ES	Economia e storia. Rivista italiana di storia economica e sociale. Milano
EscrVedat	Escritos del Vedat. Anuario. Instituto Pontificio de Teología. PP. Dominicos. Valencia (España)
ESeg	Estudios Segovianos. Segovia (España)
ESH	Ecumenical Studies in History. Richmond, Va.
Espíritu	Espíritu, Conocimiento, Actualidad. Barcelona
Esprit	Esprit et vie. Langres
EstRo	Estudis romànics. Barcelona
EstT	Estudos Teológicos. Sao Leopoldo (Brasil)
Et	Études. Paris
EtGreg	Études grégoriennes. Solesmes
ETGuatemala	Estudios teológicos. Instituto Teológico Salesiano. Guatemala
EThL	Ephemerides theologicae Lovanienses. Leuven
EtPh	Les Études Philosophiques. Paris
ETrin	Estudios Trinitarios. Publicación del Secretariado Trinitario. Salamanca
EtThR	Études théologiques et religieuses. Montpellier
Euhemer	Euhemer. Przegląd religioznawczy. Warszawa
EuntDoc	Euntes Docete. Roma
Euphorion	Euphorion. Zeitschrift für Literaturgeschichte. Heidelberg
Euphrosyne	Euphrosyne. Revista de Filologia clássica. Lisboa
EvangQ	Evangelical Quarterly. London
EVO	Egitto e Vicino Oriente. Rivista della Sezione orientalistica dell'Ist. di Storia antica dell'Univ. di Pisa. Pisa
EvTh	Evangelische Theologie. München
Explor	Explor. A Journal of Theology. Evanston, Ill.
ExpT	The Expository Times. Edinburgh
Fabula	Fabula. Zeitschrift für Erzählforschung. Berlin
FaCh	Fathers of the Church. Washington, D.C.
FaithTh	Faith and Thought. London
Faventia	Faventia. Publicació del Departament de Filologia classica de la Univ. autònoma de Barcelona. Barcelona

FBMEC	Fundació Bernat Metge. Escriptors cristians. Barcelona
FBogotá	Filosofía. Bogotá
FC	Filosoficky časopis. Praha
FDA	Freiburger Diözesan-Archiv. Freiburg i. Br.
FilBuenosA	Filología. Buenos Aires
FilNau	Filosofija i naucnyj kommunizm. Minsk
Filos	Filosofia. Torino
FilVit	Filosofia e Vita. Torino; L'Aquila
FKDG	Forschungen zur Kirchen- und Dogmengeschichte. Göttingen
FKTh	Forum Katholische Theologie. Aschaffenburg
Florilegium	Florilegium. Carleton Univ. Annual papers on classical antiquity and the middle ages. Ottawa
FLVSGL	Fondazione Lorenzo Valla. Scrittori greci e latini. Milano
FMSt	Frühmittelalterliche Studien. Berlin
Foi	Foi et vie. Paris
FoiTemps	La Foi et le Temps. Tournai
ForumTheo	Forum theologicum. Härnösand; Stockholm
FR	Felix Ravenna. Faenza
Franc	Franciscana. Sint-Truiden (Belgie)
Francia	Francia. München; Sigmaringen
Franciscus	Franciscus van Assisi. Den Haag
FrBogotá	Franciscanum. Revista de las ciencias del espíritu. Universidad de San Buenaventura. Bogotá (Colombia)
FRLANT	Forschungen zur Religion und Literatur des Alten und Neuen Testaments. Göttingen
FrSt	French Studies. Oxford
FS	Franziskanische Studien. Werl; Münster
FSt	Franciscan Studies. St. Bonaventure, N.Y.
FThSt	Freiburger theologische Studien. Freiburg i. Br.
FTS	Frankfurter Theologische Studien. Frankfurt a.M.
FZPT	Freiburger Zeitschrift für Philosophie und Theologie. Freiburg (Schweiz)
GB	Grazer Beiträge. Horn (Austria)
GBA	Gazette des beaux arts. Paris
GCFI	Giornale Critico della Filosofia Italiana. Firenze
GCS	Die griechischen christlichen Schriftsteller der ersten Jahrhunderte. Berlin
GDA	Godišnik na duchovnata akademija. Sofija
GeiLeb	Geist und Leben. Zeitschrift für Askese und Mystik. Würzburg
Gerión	Gerión. Madrid
GGA	Göttingische Gelehrte Anzeigen. Göttingen
GiorFil	Giornale Italiano di Filologia. Roma
GJ	The Geographical Journal. London
GlB	Glasul Bisericii. Bucuresti
Glotta	Glotta. Göttingen
GM	Giornale di Metafisica. Genova

Gn	Gnomon. München
GNS	Gazette Numismatique Suisse. Bâle
GöO	Göttinger Orientforschungen. Göttingen
GöThA	Göttinger theologische Arbeiten. Göttingen
GR	Greece and Rome. Oxford
GraceThJ	Grace Theological Journal. Winona Lake, Ind.
Greg	Gregorianum. Roma
GregPalThes	Γρηγόριος ὁ Παλαμᾶς. Θεσσαλονίκη
GrOrthThR	The Greek Orthodox Theological Review. Brookline, Mass.
GrRoBySt	Greek, Roman and Byzantine Studies. Durham, N.C.
GrTS	Grazer Theologische Studien. Graz
GTT	Gereformeerd theologisch tijdschrift. Kampen
GWU	Geschichte in Wissenschaft und Unterricht. Stuttgart
Gy	Gymnasium. Zeitschrift für Kultur der Antike und humanistische Bildung. Heidelberg
Ha	Hermathena. A Series of Papers on Literature, Science and Philosophy. Dublin
HA	Handes Amsorya. Zeitschrift für armenische Philologie. Wien
Habis	Habis. Universidad de Sevilla. Arqueología, Filología clásica. Sevilla
HarvAsia	Harvard Journal of Asiatic Studies. Cambridge, Mass.
HarvClassPhi	Harvard Studies in Classical Philology. Cambridge, Mass.
HarvDB	Harvard Divinity Bulletin. Cambridge, Mass.
HC	Historicky časopis. Slovenskej Akadémie Vied a Umeni. Bratislava
Helikon	Helikon. Rivista di tradizione e cultura classica. Roma
Helios	Helios. Journal of the Classical Association of the Southwestern United States. Lubbock, Tex.
Hell	Ἑλληνικά. Θεσσαλονίκη
HellAgAthen	Ἑλληνο-Χριστιανικὴ Ἀγωγή. Ἀθῆναι
Helmántica	Helmántica. Universidad Pontificia. Salamanca
Hephaistos	Hephaistos. Kritische Zeitschrift zur Theorie und Praxis der Archäologie, Kunstwissenschaft und angrenzender Gebiete. Bremen
Her	Hermes. Zeitschrift für klassische Philologie. Wiesbaden
HerE	Hermes. Zeitschrift für klassische Philologie – Einzelschriften. Wiesbaden
Hermeneus	Hermeneus. Tijdschrift voor de antieke Cultuur. Culemburg
HervTSt	Hervormde teologiese studies. Pretoria
Hesp	Hesperia. Journal of the American School of Classical Studies at Athens. Athens
Hespéris	Hespéris-Tamuda. Paris
HeythropJ	The Heythrop Journal. Heythrop College. University of London. London; Oxen; Oxford
Hispania	Hispania. Revista española de Historia. Madrid
HispAnt	Hispania Antiqua. Valladolid

HistIud	Historia Iudaica. New York, N.Y.
HistJ	Historical Journal. Cambridge
HistMag	Historical Magazine of the Protestant Episcopal Church. Austin, Tex.
Historia	Historia. Zeitschrift für alte Geschichte. Wiesbaden
History	History. London
HistoryT	History Today. London
HistPolB	Das Historisch-politische Buch: ein Wegweiser durch das Schrifttum. Göttingen
HistReli	History of Religions. Chicago, Ill.
HistRevNB	History: reviews of new books. Washington, D.C.
HistTh	History and Theory. Middletown, Conn.
HJ	Historisches Jahrbuch. München; Freiburg i. Br.
HKZMTL	Handelingen der Koninklijke Zuidnederlandse Maatschappij voor Taal- en Letterkunde en Geschiedenis. Brussel; Langemark
HlasPrav	Hlas pravoslaví. Praha
HlD	Heiliger Dienst. Salzburg
Horizon	Horizon. New York, N.Y.
Horizons	Horizons: the journal of the College Theology Society. Villanova, Penna.
Horizontes	Horizontes. Revista de la Universidad Católica de Puerto Rico. Ponce (Puerto Rico)
HPR	Homiletic and Pastoral Review. New York, N.Y.
HR	Hispanic Review. Philadelphia, Penna.
HS	Hispania Sacra. Madrid
HSHT	Historica. Les sciences historiques en Tchécoslovaquie. Prague
HSt	Historické štúdie. Bratislava
HThR	Harvard Theological Review. Cambridge, Mass.
HThSt	Harvard Theological Studies. Cambridge, Mass.; Philadelphia, Penna.
HTK	Historisk tidsskrift. København
HUCA	Hebrew Union College Annual. Cincinnati, O.
Humanitas	Humanitas. Revista de la Facultad de Filosofía y Letras. Tucumán (R. Argentina)
HumanitasBr	Humanitas. Brescia (Italia)
HumanitasCoim	Humanitas. Coimbra (Portugal)
HumTeol	Humanística e Teologia. Instituto de Ciências Humanas e Teológicas do Porto. Porto (Portugal)
HVF	Handelingen van de Vlaams Filologencongressen. Gent; Leuven
HVSLA	Kungliga Humanistiska vetenskapssamfundet i Lund. Årsberättelse. Lund
HVSUA	Kungliga Humanistiska vetenskapssamfundet in Uppsala. Årsbok. Uppsala
Hymn	The Hymn. Springfield, O.
Hyp	Hypomnemata. Göttingen

HZ	Historische Zeitschrift. München
IBK	Innsbrucker Beiträge zur Kulturwissenschaft. Innsbruck
IBS	Irish Biblical Studies. Belfast
IBSibiu	Îndrumător Bisericesc. Sibiu
IC	Ius Canonicum. Universidad de Navarra. Pamplona
IClSt	Illinois Classical Studies. Chico, Calif.
IH	Information historique. Paris
IHS	Irish Historical Studies. Dublin
IKaZComm	Internationale Katholische Zeitschrift «Communio». Roden-kirchen
IKZ	Internationale kirchliche Zeitschrift. Bern
IL	L'Information littéraire. Paris
Ilerda	Ilerda. Lérida
IliffR	The Iliff Review. Denver, Col.
ILLA	Instrumenta Lexicologica Latina. Series A: Formae. Turn-hout
ILLB	Instrumenta Lexicologica Latina. Series B: Lemmata. Turn-hout
IM	Imago mundi. Leiden; München; Paderborn
IMU	Italia medioevale e umanistica. Padova
IndCultEsp	Indice cultural español. Madrid
IndHistEsp	Indice histórico español. Barcelona
InFil	Inozema filolohija. Lvov
Interp	Interpretation. A journal of Bible and Theology. Richmond, Va.
Interpretation	Interpretation. A journal of political philosophy. New York, N.Y.
IntJPhRel	International Journal for Philosophy of Religion. Athens, Ga.
IntRMiss	International Review of Mission. Geneva; New York, N.Y.
InvLuc	Invigilata lucernis. Rivista dell'Istituto di Latino. Università di Bari. Bari
IPAlbaIulia	Îndrumător pastoral. Alba Iulia
IPhQ	International Philosophical Quarterly. New York, N.Y.
Irénikon	Irénikon. Chevetogne (Belgique)
IRSH	International Review of Social History. Assen
IsExJ	Israel Exploration Journal. Jerusalem
Isis	Isis. Washington, D.C.
Islam	Der Islam. Berlin
ISPh	International Studies in Philosophy. Torino
Istina	Istina. Paris; Boulogne
Itinerarium	Itinerarium. Braga (Portugal)
ITQ	The Irish Theological Quarterly. Maynooth (Ireland)
ITS	Innsbrucker Theologische Studien. Innsbruck; München
Iura	Iura. Rivista Internazionale di Diritto Romano e Antico. Na-poli
Iz	Izvestija. Akademii Nauk Gruzinskoj SSR, ser. filos. i psi-chol. Tbilisi

JA	Journal asiatique. Paris
JAACr	The Journal of Aesthetics and Art Criticism. Baltimore, Md.
JAAR	Journal of the American Academy of Religion. Waterloo, Ontario; Missoula, Mont.
JAC	Jahrbuch für Antike und Christentum. Münster
JACE	Jahrbuch für Antike und Christentum. Ergänzungsband. Münster
Janus	Janus. Revue internationale de l'histoire des sciences, de la médecine, de la pharmacie et de la technique. Amsterdam
JAOS	Journal of the American Oriental Society. New Haven, Conn.
JARCE	Journal of the American Research Center in Egypt. Boston, Mass.
JBAA	The Journal of the British Archaeological Association. London
JBAW	Jahrbuch der Bayerischen Akademie der Wissenschaften. München
JbBerlin	Akademie der Wissenschaften der DDR. Jahrbuch. Berlin
JbGö	Jahrbuch der Akademie der Wissenschaften in Göttingen. Göttingen
JBL	Journal of Biblical Literature. Philadelphia, Penna.
JBMainz	Akademie der Wissenschaften und der Literatur. Jahrbuch. Mainz
JbrPK	Jahresbericht. Staatsbibliothek Preußischer Kulturbesitz. Berlin
JChSt	Journal of Church and State. Waco, Tex.
JCS	Journal of Classical Studies. Kyoto; Tokyo (Japan)
JDAI	Jahrbuch des deutschen archäologischen Instituts. Berlin
JEA	Journal of Egyptian Archaeology. London
JEcclH	Journal of Ecclesiastical History. London
JEGP	The journal of English and German philology. Urbana, Ill.
JEOL	Jaarbericht van het Vooraziatisch-Egyptisch Genootschap «Ex Oriente Lux». Leiden
JES	Journal of Ecumenical Studies. Pittsburgh; Philadelphia, Penna.
JETS	Journal of the Evangelical Theological Society. Wheaton, Ill.
JGO	Jahrbücher für Geschichte Osteuropas. München; Stuttgart
JHAW	Jahrbuch der Heidelberger Akademie der Wissenschaften. Heidelberg
JHI	Journal of the History of Ideas. Philadelphia, Penna.
JHPh	Journal of the History of Philosophy. Berkeley, Los Angeles, Calif.
JHS	Journal of Hellenic Studies. London
JHSCW	Journal of the Historical Society of the Church in Wales. Cardiff
JIES	Journal of Indo-European Studies. Hattiesburg, Miss.
JJur	The Journal of Juristic Papyrology. Warsaw
JKGV	Jahrbuch des Kölnischen Geschichtsvereins. Köln

JLH	Jahrbuch für Liturgik und Hymnologie. Kassel
JMH	Journal of Medieval History. Amsterdam
JMP	Journal of the Moscow Patriarchate. Moscow
JNAW	Jaarboek van de Koninklijke Nederlandse Akademie van Wetenschappen. Amsterdam
JNES	Journal of Near Eastern Studies. Chicago, Ill.
JÖB	Jahrbuch der Österreichischen Byzantinistik. Wien
JPastCare	Journal of Pastoral Care. Kutztown, Penna.; New York, N.Y.
JPh	Journal of Philosophy. New York, N.Y.
JQR	The Jewish Quarterly Review. Philadelphia, Penna.
JR	The Journal of Religion. Chicago, Ill.
JRAS	Journal of the Royal Asiatic Society of Great Britain and Ireland. London
JRelEthics	Journal of Religious Ethics. Knoxville, Tenn.
JRelPsychRes	The Journal of Religion and Psychical Research. Bloomfield, Conn.
JRelSt (Ohio)	Journal of Religious Studies. Cleveland, O.
JReSt	Journal of Religious Studies (Shukyo Kenkyo). University of Tokyo. Tokyo
JRH	The Journal of religious history. Sydney
JRS	Journal of Roman Studies. London
JRTh	Journal of Religious Thought. Washington, D.C.
JS	Journal des savants. Paris
JSAS	Journal of the Society for Armenian Studies. Los Angeles, Calif.
JSb	Jazykovedny časopis. Bratislava
JSNT	Journal for the study of the New Testament. Sheffield
JSOT	Journal for the Study of the Old Testament. Sheffield
JSS	Journal of Semitic Studies. Manchester
JSSR	Journal for the Scientific Study of Religion. New Haven; Storrs, Conn.
JStJ	Journal for the study of Judaism in the Persian, Hellenistic and Roman period. Leiden
JTGG	Jahres- und Tagungsbericht der Görres-Gesellschaft. Köln
JTh	Journal of Theology (Shingaku). Tokyo
JThS	Journal of Theological Studies. Oxford
Jud	Judaism. New York, N.Y.
Judaica	Judaica. Beiträge zum Verständnis des jüdischen Schicksals in Vergangenheit und Gegenwart. Basel; Zürich
JuFi	Južnoslovenski Filolog. Beograd
JWCI	Journal of the Warburg and Courtauld Institutes. London
JWG	Jahrbuch für Wirtschftsgeschichte. Berlin (DDR)
KÅ	Kyrkohistorisk årsskrift. Stockholm
Kairos	Kairos. Zeitschrift für Religionswissenschaft und Theologie. Salzburg
Kanon	Kanon. Jahrbuch der Gesellschaft für das Recht der Ostkirchen. Wien

KBANT	Kommentare und Beiträge zum Alten und Neuen Testament. Düsseldorf
KerkComm	Kerkvaderteksten met commentaar. Bonheiden
Klearchos	Klearchos. Bollettino dell'Assoc. Amici del Museo Nazionale di Reggio Calabria. Napoli
Kleio	Kleio. Tijdschrift voor oude Talen en antieke Kultuur. Leuven
Kleronomia	Κληρονομιά. Θεσσαλονίκη
Klio	Klio. Beiträge zur alten Geschichte. Berlin
KlT	Kleine Texte für Vorlesungen und Übungen. Begründet von H. Lietzmann. Berlin
KoinAthen	Κοινωνία. Ἀθῆναι
KoinNapoli	Κοινωνία. Organo dell'Associazione di studi tardoantichi. Portici, Napoli
KoSt	Koptische Studien. Würzburg
KrR	Křest'anská revue. Praha
KRS	Kirchenblatt für die reformierte Schweiz. Basel
KT	Kerk en theologie. 's-Gravenhage; Wageningen
Ktèma	Ktèma. Strasbourg
KuD	Kerygma und Dogma. Göttingen
Labeo	Labeo. Napoli
Lampas	Lampas. Muiderberg
Langages	Langages. Paris
Language	Language. Journal of the Linguistic Society of America. Baltimore, Md.
Lateranum	Lateranum. Città del Vaticano
Latinitas	Latinitas. Roma
Latomus	Latomus. Revue d'études latines. Bruxelles
Lau	Laurentianum. Roma
Laval	Laval théologique et philosophique. Québec
LCC	The Library of Christian Classics. London
LCM	Liverpool Classical Monthly. University of Liverpool. Liverpool
LCO	Letture cristiane delle origini. Roma
LebS	Lebendige Seelsorge. Karlsruhe; Freiburg i. Br.
LEC	Les Études Classiques. Namur
Leodium	Leodium. Liège
Leopold	Leopoldianum. Sao Paulo (Brasil)
LeV	Liturgia e Vida. Rio de Janeiro
LexThQ	Lexington Theological Quarterly. Lexington, Ky.
LFilol	Listy filologické. Praha
LG	Latina et Graeca. Zagreb
LibriRiv	Libri e Riviste d'Italia. Roma
LinBibl	Linguistica Biblica. Bonn
Liturgia	Liturgia. Monasterio de Sto. Domingo. Silos, Burgos
LJ	Liturgisches Jahrbuch. Münster
LL	Lettre de Ligugé. Nantes

LO	Lex Orandi. Paris
Logos	Logos. Revista de Filosofía. Universidad La Salle. México
LQF	Liturgiewissenschaftliche Quellen und Forschungen. Münster
LR	Lettres romanes. Louvain
LS	Lingua e Stile. Milano
LSD	Litteraria. Štúdie a dokumenty. Bratislava
LSt	Louvain Studies. Louvain
LUÅ	Acta Universitatis Lundensis. Sectio I. Theologica, iuridica, humaniora. Lund
Lum	Lumen. Lisboa
Lumen	Lumen. Facultad de Teologia del Norte de España – Sede de Vitoria. Vitoria
Lumenvitae	Lumen vitae. Revue internationale de la formation religieuse. Bruxelles
LumVi	Lumière et vie. St. Alban-Leysse
LusSac	Lusitania sacra. Lisboa
Lustrum	Lustrum. Internationale Forschungsberichte aus dem Bereich des klassischen Altertums. Göttingen
Lychnos	Lychnos. Uppsala
MA	Moyen-âge. Bruxelles
MAAL	Mededelingen der Koninklijke Nederlandse Akademie van Wetenschappen. Afdeling Letterkunde. Amsterdam
MAb	Misión Abierta al servicio de la fe. Madrid
MAB	Mededelingen van de koninklijke Academie voor Wetenschappen, Letteren en Schone Kunsten van België. Klasse de Letteren. Brussel
MAev	Medium aevum. Oxford
Maia	Maia. Bologna
MaisonDieu	Le Maison-Dieu. Paris
MakThes	Μακεδονικά. Σύγγραμμα περιοδικὸν τῆς Ἑταιρείας Μακεδονικῶν Σπουδῶν. Θεσσαλονίκη
MAL	Memorie dell'Accademia Nazionale dei Lincei. Classe di Scienze Morali, Storiche e Filologiche. Roma
Manresa	Manresa. Revista de Información e Investigación ascética y mística. Barcelona; Madrid
Manuscripta	Manuscripta. St. Louis, Mo.
Marianum	Marianum. Roma
MarSt	Marian Studies. Washington, D.C.; Paterson, N.Y.
MAT	Memorie dell'Accademia delle Scienze di Torino. Torino
Mayeútica	Mayeútica. Publicación cuatrimestral de los Padres Agustinos Recoletos. Marcilla, Navarra
MayR	Maynooth Review. Maynooth
MBTh	Münsterische Beiträge zur Theologie. Münster
MCM	Miscellanea classico-medievale. Quaderni predipartimento di civiltà classica e del medioevo. Università di Lecce. Lecce Miscelánea Comillas. Madrid
MCom	Miscelánea Comillas. Madrid

MCSN	Materiali e contributi per la storia della narrative greco-latina. Perugia
MD	Materiali e Discussioni per l'analisi dei testi classici. Pisa
MDOG	Mitteilungen der Deutschen Orient-Gesellschaft zu Berlin. Berlin
MEAH	Miscelánea de Estudios Arabes y Hebraicos. Granada
Meander	Meander. Revue de civilisation du monde antique. Varsovie
Medellín	Medellín. Teología y Pastoral para América Latina. Instituto Teológico Pastoral del CELAM. Medellín (Colombia)
Mediterraneus	Mediterraneus. Annual Report of the Collegium Mediterranistarum. Tokyo
MEFR	Mélanges d'Archéologie et d'Histoire de l'École francaise de Rome Serie. Moyen age, temps modernes. Paris
MEFR	Mélanges d'Archéologie et d'Histoire de l'École Française de Rome. Paris
MelitaTh	Melita theologica. Valetta, Malta
MennQR	Mennonite Quarterly Review. Goshen, Ind.
MF	Miscellanea francescana. Roma
MFCh	Message of the Fathers of the Church. Wilmington, Del.
MGH	Monumenta Germaniae historica. Köln et. al.
MH	Museum Helveticum. Basel
MHA	Memorias de Historia antigua. Oviedo
MHisp	Missionalia Hispanica. Madrid
MHum	Medi(a)evalia et Humanistica. Studies in Medieval and Renaissance Society. North Texas State University. Totowa, N.J.
MIDEO	Mélanges de l'Institut Dominicain d'Études Orientales du Caire. Dar Al-Maaref
Mid-stream	Mid-stream. Indianapolis, Ind.
Mikael	Mikael. Paraná (República Argentina)
MIL	Memorie dell'Ist. Lombardo, Accademia di Scienze e Lettere, Cl. di Lett., Sc. morali e storiche. Milano
MIÖGF	Mitteilungen des Instituts für österreichische Geschichtsforschung. Wien
Missio	Missiology. South Pasadena, Calif.
MitrArd	Mitropolia Ardealului. Sibiu
MitrBan	Mitropolia Banatului. Timi¿oara
MitrMold	Mitropolia Moldovei si Sucevei. Iasi
MitrOlt	Mitropolia Olteniei. Craiova
MLatJB	Mittellateinisches Jahrbuch. Köln; Stuttgart
MLS	Monumenta Linguae Slavicae Dialecti Veteris. Freiburg i. Br.
MM	Miscellanea mediaevalia. Berlin
MmFor	Memorie Storiche Forogiuliesi. Udine
Mn	Mnemosyne. Bibliotheca classica Batava. Leiden
MNHIR	Mededelingen van het Nederlands Historisch Instituut te Rome. 's-Gravenhage
ModCh	Modern Churchman. London; Oxford
ModS	The Modern Schoolman. St. Louis, Mo.

MonStud	Monastic Studies. Montreal
Montalbán	Montalbán. Universidad Católica Andrés Bello. Caracas
MontCarm	El Monte Carmelo. Burgos (España)
Month	The Month. London notes. Baltimore, Md.
Moralia	Moralia. Revista de Ciencias Morales. Instituto Superior de Ciencias Morales. Madrid
MPhL	Museum Philologum Londiniense. Amsterdam
MR	The Minnesota Review. Minneapolis, Minn.
Mravaltʿavi	Mravaltʿavi. Tʿbilisi
MRSt	Mediaeval and Renaissance Studies. London
MS	Mediaeval Studies. Toronto
MSAHC	Mémoires de la société archéologique et historique de la Charente. Angoulème
MSHDI	Mémoires de la société pour l'histoire du droit et des institutions des anciens pays bourguignons, comtois et romands. Dijon
MSR	Mélanges de science religieuse. Lille
MSSNTS	Monograph series. Society for New Testament Studies. Cambridge
MT	Museum Tusculanum. København
MThSt	Münchener Theologische Studien. München
MThZ	Münchener theologische Zeitschrift. München
Mu	Le Muséon. Revue d'études orientales. Louvain
MuAfr	Museum Africum. Ibadan (Nigeria)
MüBPR	Münchener Beiträge zur Papyrusforschung und antiken Rechtsgeschichte. München
MüStSpr	Münchener Studien zur Sprachwissenschaft. München
MusCan	Museo canario. Madrid; Las Palmas, Gran Canaria
MusCrit	Museum Criticum. Quaderni dell'Ist. di Filologia classica dell'Università di Bologna. Bologna
MUSJ	Mélanges de l'Université Saint-Joseph. Beyrouth
Musl	The Muslim World. Hartford, Conn.
MusPat	Museum Patavinum. Rivista semestrale della Facoltà di Lettere e Filosofia di Padova. Firenze
MVVEG	Mededelingen en verhandelingen van het Vooraziatisch-Egyptisch Genootschap «Ex oriente Lux». Leiden
NAA	Narody Azii i Afriki. Moskva
NAFM	Nuovi Annali della Facoltà di Magistero dell'Università di Messina. Roma
NAG	Nachtichten der Akademie der Wissenschaften in Göttingen. Göttingen
NAKG	Nederlands archief voor kerkgeschiedenis. Leiden
Namurcum	Namurcum. Namur
NatGrac	Naruraleza y Gracia. Salamanca
NDid	Nuovo Didaskaleion. Catania (Italia)
NedThT	Nederlands theologisch tijdschrift. 's-Gravenhage

NEThR	The Near East School of Theology Theological Review. Beirut
NetV	Nova et Vetera. Temas de vida cristiana. Monasterio de Benedictinas. Zamora
NiceHist	Nice historique. Nice
Nicolaus	Nicolaus. Bari
NMES	Near and Middle East Series. Toronto
NMS	Nottingham Mediaeval Studies. Nottingham
Norba	Norba. Revista de Arte, Geografía e Historia. Universidade de Extremadura. Cáceres
NotreDameEngJ	Notre Dame English Journal. A Journal of Religion in Literature. Notre Dame, Ind.
NovaVet	Nova et vetera. Genf; Freiburg (Schweiz)
NovTest	Novum Testamentum. Leiden
NPh	Neophilologus. Groningen
NPM	Neuphilologische Mitteilungen. Helsinki
NPNF	A select library of the Nicene and post-Nicene Fathers of the Christian Church. Grand Rapids, Mich.
NRiSt	Nuova Rivista Storica. Roma
NRTh	Nouvelle revue théologique. Tournai
NS	The New Scholasticism. Washington, D.C.
NTA	Neutestamentliche Abhandlungen. Münster
NTS	New Testament Studies. Cambridge
NTT	Norsk teologisk tidsskrift. Oslo
Numen	Numen. International Review for the History of Religions. Leiden
NVA	Det norske videnskaps-akademi. Avhandlinger. Hist.-filos. klasse. Oslo
NYRB	New York Review of Books. Milford, Conn.
NZMW	Neue Zeitschrift für Missionswissenschaft. Schöneck-Bekkenried
NZSTh	Neue Zeitschrift für systematische Theologie und Religionsphilosophie. Berlin
OBO	Orbis biblicus et orientalis. Freiburg (Schweiz)
OCA	Orientalia Christiana Analecta. Roma
ÖAKR	Österreichisches Archiv für Kirchenrecht. Wien
ÖAW	Österreichische Akademie der Wissenschaften. Philos.-hist. Klasse. Wien
OECT	Oxford Early Christian Texts. Oxford
ÖT	Ökumenische Theologie. Zürich; Köln
OHM	Oxford Historical Monographs. Oxford
OiC	One in Christ. Catholic Ecumenical Review. London
Oikumene	Oikumene. Studia ad historiam antiquam classicam et Orientalem spectantia. Budapest
Oliv	El Olivo. Documentación y estudios para el Diálogo entre Judíos y Cristianos. Madrid
OLP	Orientalia Lovaniensia Periodica. Louvain

OLZ	Orientalistische Literaturzeitung. Berlin
OneChurch	One Church. Youngstown, O.; New York, N.Y.
OP	Opuscula Patrum. Roma
Opus	Opus. Rivista internazionale per la storia economica e sociale dell'antichità. Roma
OrAnc	L'orient ancien illustré. Paris
OrCath	Orbis catholicus. Barcelona
OrChr	Oriens Christianus. Wiesbaden
OrChrP	Orientalia Christiana Periodica. Roma
Oriens	Oriens. Journal of the International Society for Oriental Research. Leiden
Orient	Orient. Bulletin of the Society of Near Eastern studies in Japan. Tokyo
Orientalia	Orientalia. Roma
OrLab	Ora et Labora. Revista litúrgico-pastoral e beneditina. Mosteiro de Singeverga. Roriz; Santo Tirso (Portugal)
OrOcc	Oriente-Occidente. Revista de Investigaciones Comparadas. Buenos Aires
Orpheus	Orpheus. Catania (Italia)
OrSuec	Orientalia suecana. Uppsala
OrtBuc	Ortodoxia. Bucuresti
OrthF	Orthodoxes Forum. ???
OrthL	Orthodox Life. Jordanville, N.Y.
OstkiSt	Ostkirchliche Studien. Würzburg
OTM	Oxford Theological Monographs. Oxford
OTS	Oudtestamentische studien. Leiden
PA	Památky archeologické. Praha
PAA	Πρακτικὰ τῆς Ἀκαδημίας Ἀθηνῶν. Ἀθῆναι
Pacifica	Pacifica. Australian theological studies. Brunswick East (Victoria)
PACPA	Proceedings of the American Catholic Philosophical Association. Washington, D.C.
Paid	Paideuma. Mitteilungen zur Kulturkunde. Frankfurt a.M.; Wiesbaden
Paideia	Paideia. Brescia
Pal	Palestra del Clero. Rovigo (Italia)
PalBul	Paleobulgarica (Starobălgaristika). Sofija
PalExQ	Palestine Exploration Quarterly. London
Pallas	Pallas. Fasc. 3 des Annales, publiées par la Faculté des Lettres de Toulouse. Toulouse
Pan	Pan. Studi dell'Istituto di Filologia latina dell'Università di Palermo. Palermo
PapyBrux	Papyrologica Bruxellensia. Bruxelles-Brussel
PapyCast	Papyrologica Castroctaviana. Roma; Barcelona
Par	La Parola del Passato. Rivista di Studi Antichi. Napoli
ParOr	Parole de l'Orient. Kaslik (Liban)

Parr	La Parrochia. Quaderno di presenza culturale. Ed. del Seminario. Caltanisetta
ParSB	Părinti si scriitori bisericesti. Bucuresti
Past	Past and Present. London
Pastbl	Pastoralblätter. Stuttgart
PatrMediaev	Patristica et Mediaevalia. Buenos Aires
Pazmaveb	Pazmaveb. Venezia
PBH	Patma-banasirakan handes. Jerevan
PBR	Patristic and Byzantine Review. Devoted to Patristic Theology and Eastern Church History. Kingston, N.Y.
PBrSchRome	Papers of the British School at Rome. London
PC	Pensée catholique. Paris
PeI	Le Parole e le idee. Napoli
Pelop	Πελοποννησιοκά. Ἀθῆναι
Pensamiento	Pensamiento. Madrid
Perficit	Perficit. Salamanca
PerkinsJ	Perkins School of Theology Journal. Dallas, Tex.
PerRelSt	Perspectives in Religious Studies. Macon, Ga.; Mufreesboro, N.C.
PersTeol	Perspectiva Teológica. Faculdade de Teologia. Universidade de Vale do Rio dos Sinos. Sao Leopoldo (Brasil)
PhAnt	Philosophia antiqua. Leiden
Phase	Phase. Centro de Pastoral Litúrgica. Barcelona
Phil	Philologus. Zeitschrift für das klassische Altertum. Berlin; Wiesbaden
Philol	Philologica Pragensia. Praha
Philosophia	Φιλοσοφία. Ἐπετηρὶς τού Κέντρου ἐρεύνης τῆς ἑλληνικῆς φιλοσοφίας. Ἀθῆναι
Philosophy	Philosophy. The Journal of the Royal Institute of Philosophy. London
PhilosQ	The Philosophical Quarterly. University of St. Andrews. Scots Philos. Club. St. Andrews
PhilTo	Philosophy Today. Celina; Carthagena, O.
PhJB	Philosophisches Jahrbuch der Görresgesellschaft. München; Freiburg i. Br.
PhLit	Philosophischer Literaturanzeiger. Meisenheim; München; Basel
PhMendoza	Philosophia. Universidad nacional de Cuyo. Mendoza
PhNat	Philosophia naturalis. Meisenheim am Glan
Phoenix	The Phoenix. The Journal of the Classical Association of Canada. Toronto
PhoenixL	Phoenix. Bulletin uitgegeven door het Vooraziatisch-Egyptisch genootschaap «Ex Oriente Lux». Leiden; Rotterdam
PhP	Philosophia Patrum. Interpretation of Patristic texts. Leiden
PhPhenRes	Philosophy and Phenomenological Research. Buffalo, N.Y.
PhR	Philosophical Review. New York, N.Y.
PhrCórd	Phronesis. Córdoba
PhRef	Philosophia reformata. Kampen

PhRh	Philosophy and Rhetoric. University Park, Pa.
Phronesis	Phronesis. A Journal for Ancient Philosophy. Assen
PhRu	Philosophische Rundschau. Tübingen
PHum	Przeglad Humanistyczny. Warszawa
PhValparaíso	Philosophica.. Universidad Católica de Valparaíso (Chile)
Physis	Physis. Rivista internazionale di Storia della scienza. Firenze
PILLParma	Pubblicazioni dell'Istituto di Lingua e Lettere latine dell'Università di Parma. Roma
Pirineos	Pirineos. Zaragoza (España)
Platon	Πλάτων. Δελτίον τῆς Ἑταιρείας Ἑλλήνων Φιλολόγων. Ἀθῆναι
PLu	Positions Luthériennes. Paris
PMAPA	Philological Monographs of the American Philological Association. Cleveland, O.; New York, N.Y.
PMS	Patristic Monograph Series. Cambridge, Mass.
Pneuma	Pneuma. The journal of the society for pentecostal studies. Springfield, Mo.
PO	Patrologia Orientalis. Paris; Turnhout
POK	Pisma Ojców Kościola. Poznań
PolKnig	Polata Knigopisnaja. An Information Bulletin devoted to the Study of Early Slavic Books, Texts and Literatures. Nijmegen
POr	Przeglad Orientalistyczny. Warszawa
POrth	La Pensée Orthodoxe. Institut de théologie orthodoxe St. Serge. Paris
PPh	Perspektiven der Philosophie. Neues Jahrbuch. Amsterdam
PPMRC	Proceedings of the Patristic, Mediaeval and Renaissance Conference. Villanova, Pa.
PPol	Il pensiero politico. Rivista di Storia delle idee politiche e sociali. Firenze
PQ	Philological Quarterly. Iowa City, Ia.
PraKan	Prawo Kanoniczne. Warszawa
PravS	Pravoslavny sborník. Praha
PrincBul	The Princeton Seminary Bulletin. Princeton, N.J.
ProcAmJewish	Proceedings of the American Academy for Jewish Research. New York, N.Y.; Jerusalem
ProcAmPhS	Proceedings of the American Philosophical Society. Philadelphia, Penna.
ProcBritAc	Proceedings of the British Academy. London
ProcIrAc	Proceedings of the Royal Irish Academy. Sect. C. Dublin
ProCTS	Proceedings of the College Theology Society. Waterloo, Ontario
ProcVS	Proceedings of the Virgil Society. London
Prometheus	Prometheus. Rivista quadrimestrale di studi classici. Firenze
PrOrChr	Proche orient chrétien. Jérusalem
Protest	Protestantesimo. Roma
Proteus	Proteus. Rivista di filosofia. Roma
ProvHist	Provence historique. Marseille
Proyección	Proyección. Granada

Prudentia	Prudentia. Auckland (New Zealand)
PrViana	Príncipe de Viana. Pamplona
PrzHi	Przeglad Historyczny. Warszawa
PS	Palestinskij Sbornik. Leningrad; Moskva
PSIL	Publications de la section historique de l'Institut Grand-Ducal de Luxembourg. Luxembourg
PSP	Pisma Starochrześcijańskich Pisarzy. Warszawa
PST	Poznańskie Studia Teologiczne. Poznań
PSV	Parola spirito e vita. Bologna
PTA	Papyrologische Texte und Abhandlungen. Bonn
PThSt	Pretoria theological studies. Leiden
PTS	Patristische Texte und Studien. Berlin
PublIOL	Publications de l'Institut Orientaliste de Louvain. Louvain
PublMen	Publicaciones del Instituto Tello Téllez de Meneses. Palencia
Pyrenae	Pyrenae. Crónica arqueológica. Barcelona
QC	Quaderni Catanesi di Studi classici e medievali. Catania
QFIAB	Quellen und Forschungen aus italienischen Archiven und Bibliotheken. Tübingen
QILCl	Quaderni dell'Istituto di Lingue e Letterature classiche. Bari
QILL	Quaderni dell'Istituto di Lingua e Letteratura latina. Roma
QJS	Quarterly Journal of Speech. New York, N.Y.
QL	Les Questions liturgiques. Louvain
QM	Quaderni medievali. Bari
QR (Methodist)	Quarterly Review. A Scholarly Journal for Reflection on Ministry. Nashville, Tenn.
QS	Quaderni di Storia. Rassegna di antichità redatta nell'Ist. di Storia greca e romana dell'Univ. di Bari. Bari
QSJ	Que sais-je?. Paris
QSt	Quaderni Storici. Bologna
QuadFoggia	Quaderni dell'Associazione italiana di Cultura classica, Deleg. di Foggia. Foggia
Quaerendo	Quaerendo. A quarterly journal from the Low Countries devoted to manuscripts and printed books. Amsterdam
QuatFleuv	Les Quatre Fleuves. Paris
QUCC	Quaderni Urbinati di Cultura Classica. Roma
QuDe	Quaerere Deum. Palermo
QVChr	Quaderni di «Vetera Christianorum». Bari
RA	Revue archéologique. Paris
RaAcSant	Revista de la Academia Superior de Ciencias pedagógicas de Santiago de Chile. Santiago de Chile
RAAN	Rendiconti dell'Accademia di Archeologia, Lettere e Belle Arti di Napoli. Napoli
RaBi	Revista bíblica. Buenos Aires
RABM	Revista de Archivos, Bibliotecas y Museos. Madrid
RaBol	Revista de la Sociedad Bolivariana de Venezuela. Caracas
RaBrFilos	Revista brasileira de Filosofia. Sao Paulo
RaBuenosA	Revista de la Universidad de Buenos Aires. Buenos Aires

RAC	Reallexikon für Antike und Christentum. Stuttgart
RaCa	La Revista Católica. Santiago de Chile
RaCórdoba	Revista de la Universidad nacional de Córdoba. Córdoba (República Argentina)
RaCuzco	Revista universitaria. Universidad de Cuzco. Cuzco (Perú)
RaEduc	Revista de Educación. Madrid
RaExtr	Revista de estudios extremeños. Badajoz (España)
RaFMex	Revista de Filosofía. Departamento de Filosofía. Universidad iberoamericana. México
RAgEsp	Revista agustiniana. Madrid
RaHist	Revista de Historia. Sao Paulo
RAIB	Rendiconti dell'Accademia delle Scienze dell'Istituto di Bologna. Bologna
RaInd	Revista de Indias. Madrid
RAL	Rendiconti della Reale Accademia Nazionale dei Lincei. Classe di Scienze Morali, Storiche e Filologiche. Roma
Ramus	Ramus. Critical studies in Greek and Latin Literature. Monash Univ. Clayton, Victoria (Australia)
RaNCult	Revista nacional de Cultura. Caracas
RaOviedo	Revista de la Universidad de Oviedo. Oviedo
RaPlata	Revista de Teología. La Plata (República Argentina)
RaPol	Revista de Estudios políticos. Madrid
RaPortFilog	Revista portuguesa de Filologia. Coimbra
RaPortFilos	Revista portuguesa de Filosofia. Braga (Portugal)
RaPortHist	Revista portuguesa de História. Coimbra
RArch	Rivista di Archeologia. Roma
RAS	Rassegna degli Archivi di Stato. Roma
RasIsr	Rassegna Mensile di Israel. Roma
RaUCR	Revista de la Universidad de Costa Rica. San José de Costa Rica
RaUSPaulo	Revista da Pontificia Universidade Católica de Sao Paulo. Sao Paulo
RaVenFilos	Revista Venezolana de Filosofía. Caracas
RBen	Revue bénédictine. Abbaye de Maredsous (Belgique)
RBi	Revue biblique. Paris
RBL	Ruch Biblijny i Liturgiczny. Kraków
RBPh	Revue belge de philologie et d'histoire. Mechelen
RBR	Ricerche bibliche e religiose. Genova
RBS	Regulae Benedicti Studia. Annuarium internationale. St. Ottilien
RC	Religión y Cultura. Madrid
RCA	Rozpravy Československé Akademie Věd. Rada společenskych věd. Praha
RCatT	Revista Catalana de Teología. Barcelona
RCCM	Rivista di Cultura Classica e Medioevale. Roma
RCEduc	Revista de Ciencias de la Educación. Madrid
RDC	Revue de droit canonique. Strasbourg
REA	Revue des études augustiniennes. Paris

REAnc	Revue des études anciennes. Domaine Univ., Sect. d'histoire. Talence
REArm	Revue des études arméniennes. Paris
REB	Revue des études byzantines. Paris; Bucarest
REBras	Revista eclesiástica brasileira. Petrópolis
ReC	Religioni e Civiltà. Bari
REC	Revista de Estudios Clásicos. Mendoza (República Argentina)
REccDoc	Rerum ecclesiasticarum documenta. Roma
RechAug	Recherches augustiniennes. Paris
RecHist	Recusant History. Bognor Regis, Sussex
RechSR	Recherches de science religieuse. Paris
Recollectio	Recollectio. Institutum Historicum Augustinorum Recollectorum. Roma
REDC	Revista española de Derecho canónico. Madrid
REDI	Revista española de Derecho internacional. Madrid
ReEg	Revue d'égyptologie. Paris
ReExp	Review and Expositor. Louisville, Ky.
RefR	Reformed Review. New Brunswick, N.J.; Holland, Mich.
REG	Revue des études grecques. Paris
REI	Revue des études islamiques. Paris
REJ	Revue des études juives. Paris
REL	Revue des études latines. Paris
RelEd	Religious Education. New Haven, Conn.
religio	religio. Lund
Religion	Religion. Journal of Religion and Religions, publ. by the Dept. of Religious Studies, Univ. of Lancaster. London
RelSoAfrica	Religion in Southern Africa. Durban; Pietermaritzburg
RelStR	Religious Studies Review. Waterloo, Ontario
RelStud	Religious Studies. Cambridge
ReMet	The Review of Metaphysics. Washington, D.C.; New York, N.Y.
REP	Revista española de Pedagogía. Madrid
RESE	Revue des Études sud-est européennes. Bucarest
Réseaux	Réseaux. Revue interdisciplinaire de philosophie morale et politique. Mons
REspir	Revista de Espiritualidad. Madrid
ResPL	Res publica litterarum. Studies in the classical tradition. Univ. of Kansas. Laurence, Kans.
ReSR	Revue des sciences religieuses. Strasbourg
RestQ	Restoration Quarterly. Abilene, Tex.
RET	Revista española de Teología. Madrid
RF	Razón y Fe. Madrid
RFacDMadrid	Revista de la Facultad de Derecho de la Universidad complutense de Madrid. Madrid
RFC	Rivista di Filologia e d'Istruzione classica. Torino
RFCRica	Revista de Filosofía. Universidad de Costa Rica. Costa Rica
RFE	Revista de Filología española. Madrid

RFil	Revista de Filosofía. Madrid
RFN	Rivista de Filosofia Neoscolastica. Milano
RGuimeraes	Revista de Guimeraes. Guimeraes
RH	Revue historique. Paris
RHD	Revue d'histoire du droit. Tijdschrift voor Rechtsgeschiedenis. Groningen
RHDFE	Revue historique de droit français et étranger. Paris
RHE	Revue d'histoire ecclésiastique. Louvain
RHEF	Revue d'histoire de l'église de France. Paris
Rhetorica	Rhetorica. International Society for the history of rhetoric. Berkeley, Calif.
RHLag	Revista de historia canaria. La Laguna, Tenerife (Canarias)
RHLF	Revue d'histoire littéraire de la France. Paris
RhM	Rheinisches Museum für Philologie. Frankfurt a.M.
RHPhR	Revue d'histoire et de philosophie religieuses. Paris
RHR	Revue de l'histoire des religions. Paris
RHS	Revue d'histoire des sciences et de leurs applications. Paris
RHSpir	Revue d'histoire de la spiritualité. Bruxelles; Paris
RHT	Revue d'Histoire des Textes. Paris
RhV	Rheinische Vierteljahrsblätter. Bonn
RiAC	Rivista di Archeologia Cristiana. Roma
RiAsc	Rivista di Ascetica e Mistica. Firenze
RiBi	Rivista Biblica. Brescia
RICP	Revue de l'Institut Catholique de Paris. Paris
RIDA	Revue internationale des droits de l'antiquité. Gembloux; Bruxelles
RIEAl	Revista de investigación y ensayos del Instituto de Estudios Alicantinos. Alicante
RIFD	Rivista internazionale di filosofia del diritto. Milano; Roma
RiFil	Rivista di Filosofia. Torino
RiLit	Rivista Liturgica. Finalpia; Torino
RILSL	Rendiconti. Istituto Lombardo di Scienze e Lettere. Classe di Lettere e Scienze Morali e Storiche. Milano
Rinascimento	Rinascimento. Firenze
RIP	Revue internationale de philosophie. Paris
RiStor	Rivista di Storia, Arte, Archeologia per le provincie di Alessandrie ed Asti. Alessandria
RivCist	Rivista Cistercense. Abbazia di Casamari
RivRos	Rivista Rosminiana di filosofia e di cultura. Stresa
RiVSp	Rivista di Vita Spirituale. Roma
RJaver	Revista Javeriana, Signos de los Tiempos. Bogotá (Colombia)
RJC	Revista juridica de Cataluña. Barcelona
RKZ	Reformierte Kirchenzeitung. Neukirchen-Vluyn
RLC	Revue de littérature comparée. Paris
RM	Revue Mabillon. Ligugé
RMAL	Revue du moyen-âge latin. Strasbourg
RMM	Revue de métaphysique et de morale. Paris
RN	Revue du nord. Lille

ROB	Religion och Bibel. Nathan Söderblom-Sällskapets årsbok. Lund; Stockholm
RoczFil	Roczniki Filozoficzne. Lublin
RoczH	Roczniki humanistyczne (Katol. Uniw. Lubelskiego). Lublin
RoczTK	Roczniki Teologiczno-Kanoniczne. Lublin
RÖ	Römisches Österreich. Jahresschrift der österreichischen Gesellschaft für Archäologie. Wien
RöHM	Römische Historische Mitteilungen. Graz; Köln; Wien
ROIELA	Revue de l'Organisation internationale pour l'étude des langues anciennes par ordinateur. Liège
Roma	Roma. Buenos Aires (República Argentina)
Romania	Romania. Paris
RomBarb	Romanobarbarica. Contributi allo studio dei rapporti culturali tra mondo latino e mondo barbarico. Roma
RomForsch	Romanische Forschungen. Vierteljahresschrift für romanische Sprachen und Literaturen. Frankfurt a.M.
RPAA	Rendiconti della Pontificia Accademia di Archeologia. Roma
RPFE	Revue philosophique de la France et de l'étranger. Paris
RPh	Revue de philologie, de littérature et d'histoire anciennes. Paris
RPL	Revue philosophique de Louvain. Louvain
RQ	Römische Quartalsschrift für christliche Altertumskunde und Kirchengeschichte. Freiburg i. Br.
RQS	Revue des questions scientifiques. Namur
RREl	Review for Religious. St. Mary's, Kans.; St. Louis, Mo.
RSA	Rivista storica dell'Antichità. Bologna
RSAA	Revue Suisse d'Art et d'Archeologie. Zurich
RSB	Rivista di Studi Bizantini e Neoellenici. Roma
RSCI	Rivista di Storia della Chiesa in Italia. Roma
RSF	Rivista Critica di Storia della filosofia. Firenze
RSH	Revue des sciences humaines. Lille
RSI	Rivista Storica Italiana. Napoli
RSLR	Rivista di storia e letteratura religiosa. Firenze
RSO	Rivista degli Studi Orientali. Roma
RSPhTh	Revue des Sciences philosophiques et théologiques. Paris
RStudFen	Rivista di studi fenici. Roma
RT	Rassegna di Teologia. Roma
RThAM	Recherches de théologie ancienne et médiévale. Abbaye du Mont César. Louvain
RThL	Revue théologique de Louvain. Collège Albert-Descamps. Louvain-la-Neuve
RThom	Revue thomiste. Paris
RThPh	Revue de théologie et de philosophie. Lausanne
RThR	The Reformed Theological Review. Melbourne (Australia)
RTLim	Revista Teológica Limense. Lima
RUO	Revue de l'universitè d'Ottawa. Ottawa
RWAW-G	Rheinisch-Westfälische Akademie der Wissenschaften. Vorträge G (Geisteswissenschaften). Opladen

SAC	Studi di antichità Cristiana. Roma
SacD	Sacra Doctrina. Bologna
SADDR	Sitzungsberichte der Akademie der Wissenschaften der Deutschen Demokratischen Republik. Berlin
Saeculum	Saeculum. Jahrbuch für Universalgeschichte. München; Freiburg i. Br.
SAH	Sitzungsberichte der Heidelberger Akademie der Wissenschaften. Philos.-hist. Klasse. Heidelberg
SAL	Sitzungsberichte der sächsischen Akademie der Wissenschaften zu Leipzig. Philologisch-historische Klasse. Leipzig; Berlin
Salesianum	Salesianum. Roma
Salmant	Salmanticensis. Salamanca
SALS	Saint Augustine Lecture Series. New York, N.Y.
SalTerrae	Sal Terrae. Santander
SAM	Sitzungsberichte der bayrischen Akademie der Wissenschaften in München. Philosoph.-philol. und hist. Klasse. München
Sandalion	Sandalion. Quaderni di cultura classica, cristiana e medievale. Sassari
SAP	Sborník archivních prací. Praha
Sapientia	Sapientia. Buenos Aires
Sapienza	Sapienza. Rivista internazionale di Filosofia e di Teologia. Milano; Napoli
SAW	Sitzungsberichte der österreichischen Akademie der Wissenschaften. Phil.-hist. Klasse. Wien
SBEC	Studies in the bible and early christianity. Lewiston (NY)
SBLDS	Society of Biblical Literature. Dissertation Series. Chico, Calif.
SBLMS	Society of Biblical Literature. Monograph Series. Chico, Calif.
SBLS	Society of biblical literature. Septuagint and cognate studies series. Atlanta (GA)
SBLSemPap	Society of Biblical Literature. Seminary Papers. Chico, Calif.
SBLTT	Society of biblical literature. Texts and Translations.. Atlanta (GA)
SBR	Sociedad brasileira de Romanistas. Rio de Janeiro
SBS	Sources for Biblical Study. Missoula, Mont.
SBT	Studies in Biblical Theology. London
Sc	Scriptorium. Revue internationale des Études relatives aux manuscrits. Florence
SC	Sources chrétiennes. Paris
SCA	Studies in Christian Antiquity. Catholic University of America. Washington, D.C.
ScCat	La Scuola Cattolica. Milano; Venegono Inferiore
ScEs	Science et Esprit. Montréal; Bruges
SCH	Studies in Church History. American Society of Church History. Chicago, Ill.; London
SCHNT	Studia ad Corpus Hellenisticum Novi Testamenti. Leiden

SCO	Studi classici e orientali. Pisa
ScrCiv	Scrittura e Civiltà. Torino
ScrMar	Scripta de Maria. Centro de Estudios Marianos. Zaragoza
ScrPhil	Scripta Philologa. Milano
ScTh	Scripta Theologica. Universidad de Navarra. Pamplona
SD	Scripta et documenta. Montserrat, Barcelona
SDHI	Studia et documenta historiae et iuris. Roma
SE	Sacris erudiri. St. Pietersabdij, Steenbrugge
SEÅ	Svensk exegetisk årsbok. Uppsala
SearchTogether	Searching Together. Malin, Oreg.
SecCent	The Second Century. A Journal of Early Christian Studies. Abilene, Tex.
SEF	Semanas españolas de Filosofía. Madrid
Sefarad	Sefarad. Revista de la Escuela de Estudios hebraicos. Madrid
SelFr	Selecciones de Franciscanismo. Valencia
SelLib	Selecciones de Libros. Actualidad bibliográfica de filosofía y teologia. Facultades de Filosofía y Teologia S. Francisco de Borja. San Cugat de Vallés, Barcelona
Semeia	Semeia. An experimental journal for biblical criticism. Missoula, Mont.
Seminarium	Seminarium. Città del Vaticano
Semitica	Semitica. Institut d'Études Sémitiques de l'Université de Paris. Paris
SG	Siculorum gymnasium. Facoltà di Lettere e Filosofía dell'Università. Catania, Sicilia
SGLG	Studia graeca et latina Gothoburgensia. Göteborg
SGM	Sources gnostiques et manichéennes. Paris
SHCSR	Spicilegium historicum congregationis SSmi. Redemptoris. Roma
SHG	Subsidia Hagiographica. Bruxelles
SHHA	Studia historica historia antiqua. Salamanca
SHR	Scottish Historical Review. Edinburgh; Aberdeen
SHVL	Skrifter utgivna av kungl. humanistiska vetenskapssamfundet i Lund. Lund
SHVSU	Skrifter utgivna av kungl. humanistiska vetenskapssamfundet i Uppsala. Uppsala
SIF	Studi Italiani di Filologia Classica. Firenze
Sigma	Sigma. Rivista quadrimestrale. Napoli
Sileno	Sileno. Rivista di studi classici e cristiani. Roma
Sinite	Sinite. Tejares-Salamanca; Madrid
SJTh	Scottish Journal of Theology. Edinburgh
SK	Schriften der Kirchenväter. München
Slavia	Slavia. Praha
SLH	Scriptores Latini Hiberniae. Dublin
Slovo	Slovo. Zagreb
SM	Studien und Mitteilungen zur Geschichte des Benediktinerordens und seiner Zweige. München; Augsburg
SMEA	Studi micenei ed egeo-anatolici. Roma

SMed	Schede medievali. Rassegna a cura dell'officina di studi medievali. Palermo
SMLV	Studi Mediolatini e Volgari. Bologna; Pisa
SNMP	Sborník Národního Musea v Praze (Acta Musei Nationalis Pragae). Praha
SNVAO	Skrifter utgitt av det norske videnskapsakademi i Oslo. Historisk-Filosofisk Klasse. Oslo
So	Sophia. Rassegna critica di Filosofia e Storia della Filosofia. Padova; Napoli
SO	Symbolae Osloenses. Oslo
Sob	Sobornost. London
SOCC	Studia orientalia christiana. Collectanea. Cairo
Sodalitas	Sodalitas. Sección de Granada de la Soc. española de Est. clás. Universidad de Granada. Dept. de Derecho romano. Granada
Sp	Speculum. A Journal of Mediaeval Studies. Cambridge, Mass.
SPC	Studia philosophiae Christianae. Warszawa
SPFFBU	Sborník prací filosofické fakulty brněnské university. Brno
SPGAP	Studien zur Problemgeschichte der antiken und mittelalterlichen Philosophie. Leiden
SPh	Studies in Philology. University of North Carolina. Chapel Hill, N.C.
SPhS	Studia philologica Salmanticensia. Salamanca
Spic	Spicilegium sacrum Lovaniense. Leuven
Spiritus	Spiritus. Cahiers de spiritualité missionaire. Paris
SpirLife	Spiritual Life. Washington, D.C.; Brookline, Mass.
SPLi	Studia patristica et liturgica. Regensburg
SPMe	Studia Patristica mediolanensia. Milano
SpOVM.Sp	Spiritualité orientale et vie monastique. Spiritualité orientale. Bégrolles-en-Mauges
SpOVM.VM	Spiritualité orientale et vie monastique. Vie monastique. Bégrolles-en-Mauges
Sprache	Die Sprache. Zeitschrift für Sprachwissenschaft. Wiesbaden; Wien
SQS	Sammlung ausgewählter kirchen- und dogmengeschichtlicher Quellenschriften. Tübingen
SR	Studies in Religion/Sciences Religieuses. Revue canadienne. Waterloo; Ontario
SSF	Societas scientiarum Fennica. Commentationes humanarum litterarum. Helsinki
SSHT	Slaskie studia historyczno-teologiczne. Katowice
SST	Studies in Sacred Theology. Catholic University of America. Washington, D.C.
ST	Studi e Testi. Città del Vaticano
StAC	Studia Antiquitatis Christianae. Warszawa
StAcOr	Studia et acta orientalia. Bucuresti
StAns	Studia Anselmiana. Roma

StANT	Studien zum Alten und Neuen Testament. München
StaroLit	Starobălgarska literatura. Sofija
StBibF	Studii Biblici Franciscani Liber Annuus. Jerusalem
StBibFA	Studium Biblicum Franciscanum. Analecta. Jerusalem
StBibFCMaior	Studium Biblicum Franciscanum. Collectio Maior. Jerusalem
StBibFCMin	Studium Biblicum Franciscanum. Collectio Minor. Jerusalem
StBuc	Studii teologice. Bucuresti
StChrRe	Studies in the Christian Religion (Kirisutokyo Kenkyu). Kyoto
StEA	Studia Ephemeridis «Augustinianum». Roma
StFr	Studi Francescani. Firenze
StFrancesi	Studi Francesi. Torino
StGKA	Studien zur Geschichte und Kultur des Altertums. Paderborn
StGnes	Studia Gnesnensia. Gniezno
StHHA	Studia historica historia antigua. Salamanca
StHHM	Studia historica historia medieval. Salamanca
StHS	Studia z historii semiotyki. Wrocław
StIR	Studies. An Irish Quarterly Review. Dublin
StJCA	Studies in Judaism and Christianity in antiquity. University of Notre Dame. Notre Dame, Ind.
StLeg	Studium legionense. León
StLit	Studia Liturgica. Rotterdam
StLukeJ	St. Luke's Journal of Theology. Sewanee, Tenn.
StMC	Studies in Mediaeval Culture. Kalamazoo, Mich.
StMe	Studi medievali. Spoleto
StMiss	Studia missionalia. Roma
StMon	Studia Monastica. Abadía de Montserrat, Barcelona
StMor	Studia Moralia. Roma; Paris; Tournai; New York, N.Y.
StMy	Studia Mystica. Sacramento, Calif.
StOr	Studia Orientalia. Helsinki
StOv	Studium Ovetense. Oviedo
StPap	Studia papyrologica. San Cugat del Vallés, Barcelona
StPat	Studia Patavina. Padova
StPB	Studia post-biblica. Leiden
StPel	Studia Pelplińskie. Pelplin
StPic	Studia Picena. Fano
STPIMS	Studies and Texts. Pontifical Institute of Mediaeval Studies. Toronto
Streven	Streven. Maandblad voor geestesleven en cultuur. Brussel
StRo	Studi Romani. Roma
StROC	Studi e Ricerche sull'Oriente Cristiano. Rivista quadrimestrale. Roma
Stromata	Stromata – Ciencia y Fe. Buenos Aires
StrPat	Stromata patristica et mediaevalia. Utrecht
Strumenti	Strumenti della corona patrum per un lavoro teologico. Milano
StSR	Studi storico-religiosi. Roma
StTBial	Studia Teologiczne. Białystok

StTG	Studien zur Theologie und Geschichte. St. Ottilien
StTh	Studia theologica. Lund
StudClas	Studii Clasice. Bucuresti
StudFilos	Studi filosofici. Annali dell'Istituto universitario orientale. Firenze
Studie o rukopisech	Studie o rukopisech. Praha
StudIs	Studia Islamica. Paris
Studium	Studium. Roma
StudiumM	Studium. Institutos Pontificios de Teología y de Filosofía. O.P. Madrid
StudMagr	Studi Magrebini. Napoli
StudRomagn	Studi Romagnoli. Faenza
StudSan	Studia Sandomierskie. Sandomierz
StudStor	Studi storici. Rivista trimestrale dell'Ist. Gramsci. Roma
StudWarm	Studia Warmińskie. Olsztyn
StUrbino	Studi Urbinati di Storia, Filosofia e Letteratura. Urbino
STV	Studia Theologica Varsaviensia. Warszawa
StVlThQ	St. Vladimir's Theological Quarterly. Crestwood, N.Y.
SVict	Scriptorium Victoriense. Seminario diocesano. Vitória
SVSL	Skrifter utgivna av vetenskapssocieteten i Lund. Lund
SvTK	Svensk teologisk kvartalskrift. Lund
SWJTh	Southwestern Journal of Theology. Fort Worth, Tex.
SyBU	Symbolae biblicae Upsalienses (Supplementhäften till SEÅ). Uppsala
Symbolon	Symbolon. Jahrbuch für Symbolforschung. Köln
Syria	Syria. Paris
SZ	Stimmen der Zeit. Freiburg i. Br.
SZG	Schweizerische Zeitschrift für Geschichte. Zürich
Tabona	Tabona. Revista de prehistoria y de arqueología y filología clásicas. La Laguna, Tenerife (Canarias)
TAik	Teologinen Aikakauskirja. Helsinki
Talanta	Talanta. Amsterdam
TAPhA	Transactions and Proceedings of the American Philological Association. Chico, Calif.
TB	Theologische Bücherei. Neudrucke und Berichte aus dem 20. Jhd. München
TBT	Theologische Bibliothek Töpelmann. Berlin
TC	Traditio Christiana. Texte und Kommentare zur patristischen Theologie. Zürich; Bern
Temenos	Temenos. Studies in comparative religion presented by scholars in Denmark, Finland, Norway and Sweden. Helsinki
Teoc	Teocomunicaçao. Porto Alegre (Brasil)
Teología	Teología. Revista de la Facultad de Teología de la Pontificia Universidad Católica Argentina. Buenos Aires
TeologiaB	Teologia. Brescia
TEsp	Teología espiritual. Valencia
TF	Tijdschrift voor Filosofie. Utrecht

TG	Tijdschrift voor geschiedenis. Groningen
TGL	Tijdschrift voor geestelijk leven. Borgerhout-Antwerpen
ThA	Theologische Arbeiten. Berlin
ThAthen	Θεολογία. Ἀθῆναι
ThBraga	Theologica. Braga
ThDi	Theology Digest. St. Louis, Mo.; St. Mary, Kans.
TheBibleToday	The Bible Today. Collegeville, Minn.
Them	Themelios. Leicester
Theokratia	Theokratia. Jahrbuch des Institutum Iudaicum Delitzschianum. Leiden
Theology	Theology. London
Theoph	Theophaneia. Beiträge zur Religions- und Kirchengeschichte des Altertums. Bonn; Köln
Theoria	Theoria. Lund
ThEv	Theologica Evangelica. Faculty of Theology, University of South Africa. Pretoria
ThGl	Theologie und Glaube. Paderborn
ThH	Théologie historique. Paris
ThH	Théologie historique. Paris
ThLZ	Theologische Literaturzeitung. Berlin
Thom	The Thomist. Washington, D.C.
Thought	Thought. New York, N.Y.
ThPh	Theologie und Philosophie. Freiburg i. Br.
ThQ	Theologische Quartalsschrift. München
THR	Travaux d'humanisme et Renaissance. Genève
ThR (Near East)	Theological Review. Beirut
ThRe	Theologische Revue. Münster
ThRu	Theologische Rundschau. Tübingen
ThSt	Theological Studies. Theol. Faculties of the Society of Jesus in the U.S. Baltimore, Md.
ThT	Theology Today. Princeton, N.Y.
ThTS	Theology Today Sereis. Cork
ThXaver	Theologica Xaveriana. Revista de la Facultad de Teología. Pontificia Universidad Javeriana. Bogotá (Colombia)
ThZ	Theologische Zeitschrift. Basel
TLit	Tijdschrift voor liturgie. Affligem; Hekelgem
TLS	The Times Literary Supplement. London
TM	Travaux et Mémoires. Paris
TMLT	Toronto medieval Latin Texts. Toronto
TNTL	Tijdschrift voor Nederlandse taal- en letterkunde. Leiden
TP	Teološki Pogledi (Revue du Patriarcat serbe). Beograd
TPL	Textus patristici et liturgici. Regensburg
TPQS	Theologisch-praktische Quartalsschrift. Linz a.d.D.
Tr	Traditio. Studies in Ancient and Mediaeval History, Thought and Religion. New York, N.Y.
TrAmPhilos	Transactions of the American Philosophical Society. Philadelphia, Penna.

TrConnec	Transactions of the Connecticut Academy of Arts and Sciences. New Haven, Conn.
TRE	Theologische Realenzyklopädie. Berlin; New York
TRG	Tijdschrift voor rechtsgeschiedenis. Haarlem; Groningen
TRHS	Transactions of the Royal Historical Society. London
TrinityJ	Trinity Journal. Deerfield, Ill.
TrPhilol	Transactions of the Philological Society. Oxford
TS	La Terra Santa. Gerusalemme
TST	Tarnowskie Studia Teologiczne. Tarnów
TTh	Tijdschrift voor Theologie. Nijmegen
TTK	Tidsskrift for teologi og kirke. Oslo
TTS	Tübinger Theologische Studien. Mainz
TTZ	Trierer Theologische Zeitschrift. Trier
TU	Texte und Untersuchungen zur Geschichte der altchristlichen Literatur. Berlin
TWAS	Twayne's world authors series. Boston, Mass.
TyV	Teología y Vida. Facultad de Teología. Universidad Católica de Chile. Santiago de Chile
UBA	Universitas. Buenos Aires
UCalifClass	University of California Publications in Classical Philology. Berkeley, Calif.
UMC	Xerox University Microfilms. National Library of Canada. Ottawa
UMI	University Microfilms International. Ann Arbor, Mich.
UnHumJav	Universitas Humanistica. Pontificia Universidad Javeriana. Bogotá
UnionSQR	Union Seminary Quarterly Review. New York, N.Y.
UnitasManila	Unitas. Manila
UniTor	Universtà di Torino. Pubblicazioni della Facoltà di Lettere e Filosofia. Torino
UnitUnivChr	Unitarian Universalist Christian. Boston, Mass.
Universitas	Universitas. Stuttgart
URAM	Ultimate reality and meaning: interdisciplinary studies in philosophy of understanding. Assen
USa	Una Sancta. Rundbriefe für interkonfessionelle Begegnung. Meitingen b. Augsburg
UToronto	University of Toronto Quarterly. Toronto
VAA	Verhandelingen der Koninklijke Nederlandse Akademie van Wetenschappen, Afdeling letterkunde. Amsterdam
Vallesia	Vallesia. Bulletin annuel de la Bibliothèque et des Archives cantonales du Valais et du Musée de Valère. Sion
VaQR	Virginia Quarterly Review. Charlettesville, Va.
VBen	Vox Benedictina. Saskatoon
VbSal	Verbum salutis. Paris
VD	Verbum Domini. Roma
VDI	Vestnik drevnej istorii. Moskva
Veltro	Il Veltro. Rivista di civiltà italiana. Roma

Verbum	Verbum. Pontificia Universidade Católica. Rio de Janeiro (Brasil)
Vergilius	Vergilius. The Vergilian Society of America. Vancouver; Waterdown, Ontario
Veritas	Veritas. Rio Grande; Porto Alegre (Brasil)
VetChr	Vetera Christianorum. Bari
VF	Verkündigung und Forschung. München
Via	Viator. Mediaeval and Renaissance Studies. Berkeley, Calif.
Vichiana	Vichiana. Rassegna di Studi Classici. Napoli
VieMon	Vie monastique. Bégrolles-en-Mauges
VigChr	Vigiliae Christianae. Amsterdam
VigChr.Suppl	Vigiliae Christianae. Supplementum. Amsterdam
Vivarium	Vivarium. Leiden
ViVrem	Vizantijskij Vremennik. Leningrad; Moskva
VL	Vetus Latina. Aus der Geschichte der lateinischen Bibel. Freiburg
VL	Vita Latina. Avignon
VMon	Vita monastica. Roma/Firenze
VMUfilos	Vestnik Moskovskogo Universiteta (filos. sekcija). Moskva
VopFilos	Voprosy filosofii. Moskva
VopIst	Voprosy istorii. Moskva
VoprJaz	Voprosy jazykoznanija. Moskva
VoxLat	Vox Latina. Commentarii periodici. Univ. des Saarlandes. Saarbrücken
VoxP	Vox Patrum. Lublin
VR	Visible Religion. Leiden
VS	La vie spirituelle. Paris
VSLA	Vetenskaps-societeten i Lund. Årsbok. Lund
VSSuppl	La vie spirituelle. Supplément. Paris
VT	Vetus Testamentum. Leiden
VyV	Verdad y Vida. Madrid
WDGB	Würzburger Diözesangeschichtsblätter. Würzburg
Wending	Wending. 's-Gravenhage
WesleyThJ	Wesleyan Theological Journal. Marion, Ind.
WestThJ	Westminster Theological Journal. Philadelphia, Penna.
WiWh	Wissenschaft und Weisheit. Düsseldorf
WJA	Würzburger Jahrbücher für die Altertumswissenschaft. Neue Folge. Würzburg
WLL	Werkschrift voor leerhuis en liturgie. Amsterdam
Word	Word. Journal of the Linguistic Circle of New York. New York, N.Y.
WordWorld	Word and World: Theology for Christian Ministry. St. Paul, Minn.
Worship	Worship. Collegeville, Minn.
WSlJb	Wiener Slawistisches Jahrbuch. Wien; Köln
WSp	Word and Spirit. A monastic review. Petersham, Mass.

WSt	Wiener Studien. Zeitschrift für klassische Philologie und Patristik. Wien
WStT	Warszawskie Studia Teologiczne. Warszawa
WuD	Wort und Dienst. Jahrbuch der kirchlichen Hochschule Bethel. Bielefeld
WUNT	Wissenschaftliche Untersuchungen zum Neuen Testament. Tübingen
WZBerlin	Wissenschaftliche Zeitschrift der Humboldt-Universität. Gesellschafts- und sprachwissenschftliche Reihe. Berlin
WZGreifswald	Wissenschaftliche Zeitschrift der E.-M.-Arndt-Universität Greifswald. Gesellschafts- und sprachwissenschaftliche Reihe. Greifswald
WZHalle	Wissenschaftliche Zeitschrift der M.-Luther Universität Halle – Wittenberg. Halle a.d.S.
WZJena	Wissenschaftliche Zeitschrift der Fr.-Schiller-Universität Jena. Gesellschafts- und sprachwissenschaftliche Reihe. Jena
WZKM	Wiener Zeitschrift für die Kunde des Morgenlandes. Wien
WZLeipzig	Wissenschaftliche Zeitschrift der K.-Marx-Universität Leipzig. Gesellschafts- und sprachwissenschaftliche Reihe. Leipzig
WZRostock	Wissenschaftliche Zeitschrift der Wilhelm-Pieck-Universität Rostock. Gesellschafts- und sprachwissenschaftliche Reihe. Rostock
YClSt	Yale Classical Studies. New Haven, Conn.
Yermo	Yermo. El Paular. Madrid
YJS	Yale Judaica Series. New Haven, Conn.
YULG	Yale University Library Gazetta. New Haven, Conn.
ŽA	Živa antika. Skopje
ZÄA	Zeitschrift für ägyptische Sprache und Altertumskunde. Berlin
ZAGV	Zeitschrift des Aachener Geschichtsvereins. Aachen
ZAW	Zeitschrift für die alttestamentliche Wissenschaft. Berlin
ZB	Zeitschrift für Balkanologie. Wiesbaden
ZBB	Zeitschrift für Bibliothekswesen und Bibliographie. Frankfurt a.M.
ZBW	Zentralblatt für Bibliothekswesen. Leipzig
ZČ	Zgodovinski Časopis. Ljubljana
ZDMG	Zeitschrift der Deutschen Morgenländischen Gesellschaft. Wiesbaden
ZDPV	Zeitschrift des deutschen Palästinavereins. Stuttgart; Wiesbaden
ZEE	Zeitschrift für evangelische Ethik. Gütersloh
Zetesis	Zetesis. Bollettino d'informazione e collegamento tra studiosi e insegnanti di discipline classiche. Milano
ZEvKR	Zeitschrift für evangelisches Kirchenrecht. Tübingen
ZGesch	Zeitschrift für Geschichtswissenschaft. Berlin
ZJKF	Zprávy Jednoty klasickych Filologu. Praha

ZKG	Zeitschrift für Kirchengeschichte. Stuttgart
ZKTh	Zeitschrift für katholische Theologie. Wien
ŻM	Życie i Myśl. Warszawa
ZMRW	Zeitschrift für Missionswissenschaft und Religionswissenschaft. Münster
ZNKUL	Zeszyty Naukowe Katolickiego Uniwersytetu Lubelskiego. Lublin
ZNUJ	Zeszyty Naukowe Uniwersytetu Jagiellońskiego. Kraków
ZNW	Zeitschrift für die neutestamentliche Wissenschaft und die Kunde der älteren Kirche. Berlin
ZPE	Zeitschrift für Papyrologie und Epigraphik. Bonn
ZPhF	Zeitschrift für philosophische Forschung. Bonn; Meisenheim
ZRBl	Zbornik Radova Vizantološkog Instituta. Beograd
ZRGG	Zeitschrift für Religions- und Geistesgeschichte. Köln
ZRPh	Zeitschrift für Romanische Philologie. Tübingen
ZSavG	Zeitschrift der Savigny-Stiftung für Rechtsgeschichte. Germanistische Abteilung. Weimar; Graz
ZSavK	Zeitschrift der Savigny-Stiftung für Rechtsgeschichte, Kanonistische Abteilung. Weimar; Graz
ZSavR	Zeitschrift der Savigny-Stiftung für Rechtsgeschichte. Romanistische Abteilung. Weimar; Graz
ZSKG	Zeitschrift für schweizerische Kirchengeschichte. Freiburg (Schweiz)
ZSl	Zeitschrift für Slawistik. Berlin
ZSP	Zeitschrift für slavische Philologie. Heidelberg
ZThK	Zeitschrift für Theologie und Kirche. Tübingen
ŽurMP	Žurnal Moskovskoj Patriarchi (Revue du Patriarcat de Moscou). Moskva
ZVSp	Zeitschrift für vergleichende Sprachforschung auf dem Gebiete der indogermanischen Sprache. Göttingen
ZWG	Sudhoffs Archiv. Zeitschrift für Wissenschaftsgeschichte. Wiesbaden
Zygon	Zygon. Journal of Science and Religion. Chicago, Ill.

HAUPTEINTRÄGE

I. Generalia

I.1. Historia patrologiae

1 BACKUS, IRÉNA *Lectures humanistes de Basile de Césarée: traductions latines (1439-1618)* [Collection des études Augustiniennes: Série antiquité 125]. Paris: Institut d'Études Augustiniennes 1990. 306 pp.

2 BACKUS, IRENA *Some Fifteenth- and Sixteenth-Century Latin Translations of the Greek Fathers c. 1440-1565: Basil of Caesarea by Trapezuntius, Argyropulos, Cornarus, and Strigel; Justin Martyr by Perionius, Gelenius, and Lange.* In: *Studia patristica 18,4* (cf. 1988-90, 345) 305-321

3 BERTHOLD, H. *Die Funktion der Ausgabe Griechischer Christlicher Schriftsteller: zum Beispiel «Makarios».* In: *Carl-Schmidt-Kolloquium* (cf. 1988-90, 198) 63-70

4 BOOTH, EDWARD G.T., OP *Hegel and the Intellectuality of the Fathers.* In: *Studia patristica 18,4* (cf. 1988-90, 345) 322-325

5 BREENGAARD, JAKOB *Det døde barn. Elaine Pagels som kristendomshistoriker* – Fønix (København) 13 (1989) 227-232

6 BUBENHEIMER, U. *Thomas Müntzers Nachschrift einer Wittenberger Hieronymusvorlesung* – ZKG 99 (1988) 214-237

7 BURGER, CHRISTOPH *Freiheit zur Liebe ist Geschenk Gottes. Hugolin von Orvieto (+1373) als Schüler Augustins.* In: *Augustine, the Harvest* (cf. 1988-90, 187) 21-40

8 CASTELLANO, WANDA *Erasmo e Agostino.* In: *L'umanesimo di sant'Agostino* (cf. 1988-90, 362) 443-453

9 COURTENAY, WILLIAM J. *Between despair and love. Some late medieval modifications of Augustine's teaching on fruition and psychic states.* In: *Augustine, the Harvest* (cf. 1988-90, 187) 5-20

10 CROUSE, ROBERT D. *«Devout Perusal»: The Tractarian Revival of Patristic Studies.* In: *Studia Patristica 18,4* (cf. 1988-90, 345) 326-334

11 DANTE, F. *Storia della «Civiltà Cattolica» (1850-1891). Il laboratorio del Papa* [Il pensiero politico e sociale dei cattolici italiani 14]. Rom: Ediz. Studium 1990. 287 pp.

12　DEVOS, P. *François Halkin, Bollandiste. Esquisse de sa vie et de son œuvre* – AB 106 (1988) 5-10

13　DOCKRILL, D.W. *The Authority of the Fathers in the Great Trinitarian Debates of the Sixteen Nineties.* In: *Studia patristica 18,4* (cf. 1988-90, 345) 335-347

14　DONNINI, M. *Anonimo di Junièges, I Dialogi di Gregorio Magno, parafrasi in versi latini (sec. XIII).* Rom: Benedictina editrice 1988.

15　DROBNER, H.R. *Die Professoren der Kirchengeschichte und Patrologie in Paderborn 1777-1989* – ThGl 79 (1989) 403-445

16　DYL, J. *Der Druck patristischer Bücher in polnischen Offizinen bis zur Hälfte des 16. Jhs.* [in polnischer Sprache, mit deutscher Zusammenfassung] – VoxP 6 (1986) 627-651

17　DYL, JANUSZ *«Omnes libri beati Augustini Aurelii». Pierwsza ksiażka patrystyczna wydrukowana w Polsce* («Omnes libri beati Augustini Aurelii» das erste in Polen gedruckte patristische Buch) [mit deutscher Zusammenfassung] – VoxP 8 (1988) f.15, 803-810

18　DZIUBA, ANDRZEJ *Ojcowie Kościoła w twórczości teologiczno-moralnej Jana Azora SJ (1536-1603)* (= Los santos Padres en la obra teológico-moral de Juan Azor SJ (1536-1603)) [mit spanischer Zusammenfassung] – VoxP 8 (1988) f.15, 961-982

19　FARRUGIA, E.G. *P. Berhard Schultze, SJ: Life and Work (1902-1990)* – OrChrP 56 (1990) 279-282

20　FOUBERT, JEAN *La tradition patristique à la bibliothèque du grand seminaire de Caen: conférence du jeudi 13 Décembre 1990* [Cahiers du Centre d'Etudes Theologiques de Caen, Supplément 4]. Caen: Centre d'Etudes Theologiques de Caen 1990. 21 pp.

21　FREIRE, JOSE GERALDES *In Memoriam de Christine Mohrmann* – HumanitasCoim 39/40 (1987/88) 300-304

22　GODIN, ANDRÉ *Erasme Biographe Patristique: Hieronymi Stridonensis Vita.* In: *Studia patristica 18,4* (cf. 1988-90, 345)

23　GRANE, LEIF *Nogle bemærkninger om kirkefædrene i begyndelsen af det 16. århundrede* – DTT 53 (1990) 317-332

24　HAGEN, KENNETH *Did Peter err? The text is the best judge. Luther on Galatians (1519-1538).* In: *Augustine, the Harvest* (cf. 1988-90, 187) 110-126

25　HALPORN, BARBARA C. *Johann Amerbach's collected edition of St. Ambrose, St. Augustine, and St. Jerome* [Diss.]. Bloomington, Ind.: Indiana Univ. 1989. 317 pp. [microfilm; cf. summary in DissAbstr 50 (1989) 1298A]

26　HAMM, BERNDT *Hieronymus-Begeisterung und Augustinismus vor der Reformation. Beobachtungen zur Beziehung zwischen Humanismus und Frömmigkeitstheologie (am Beispiel Nürnbergs).* In: *Augustine, the Harvest* (cf. 1988-90, 187) 127-235

27 HEILIGENTHAL, ROMAN *Lagarde, Paul Anton de (1827-1891)* – TRE 20 (1990) 375-378

28 HESCHEL, SUSANNAH *Abraham Geiger on the origins of christianity* [Diss.]. Univ. of Pennsylvania 1989. XII, 390 pp.

29 JEAUNEAU, ÉDOUARD *Jean Scot Érigène: grandeur et misère du métier de traducteur*. In: *Traduction et traducteurs* (cf. 1988-90, 361) 99-108

30 KANIA, W. *Swięty Augustyn w ocenie księdza Jana Czuja* (= Quid Joannes Czuj de S. Augustino episcopo senserit atque docuerit?) – VoxP 8 (1988) f.14, 401-407

31 KANNENGIESSER, CHARLES *Fifty years of patristics* – ThSt 50 (1989) 633-656

32 KIEŁBASA, A. *Ks. Jan Chrzciciel Alzog (1808-1878) jako historyk Kościoła i patrolog* (= Johann Baptist Alzog (1808-1878) Kirchenhistoriker und Patrologe) – VoxP 7 (1987) f.12/13, 219-236

33 KING, E.B.; SCHAEFER, J.T. *St Augustine and his influence in the Middle ages* [Sewanee mediaeval studies 3]. Sewanee (TN): Univ. of the South 1988. 124 pp.

34 KONSTANTINIDOU, I.C. ʿΟ Καθηγητὴς τῆς Πατρολογίας Κωνσταντῖνος Γ. Μπόνης ὡς συγγραφεὺς – ThAthen 61 (1990) 514-536

35 KRAUSE, M. *Carl Schmidts Beiträge zum ägyptischen Mönchtum auf Grund koptischer Urkunden*. In: *Carl-Schmidt-Kolloquium* (cf. 1988-90, 198) 119-127

36 LANE, A.N.S. *Early Printed Patristic Anthologies to 1566: A Progress Report*. In: *Studia patristica 18,4* (cf. 1988-90, 345) 365-370

37 LOBATO, M.L. *El ideal de mujer en los escritores doctrinales agustinos de los siglos XV y XVI* – RAgEsp 29 (1988) 725-736

38 LOHSE, BERNHARD *Zum Wittenberger Augustinismus. Augustins Schrift De Spiritu et Littera in der Auslegung bei Staupitz, Luther und Karlstadt*. In: *Augustine, the Harvest* (cf. 1988-90, 187) 89-109

39 LONGOSZ, S. *Claude Mondésert – in memoriam* – VoxP 10 (1990) f.19, 1045-1054

40 MANN, FRIEDHELM *Die griechischen Väter in der Zeit G.E. Lessings. Zu einer unveröffentlichten dogmengeschichtlichen Studie aus dem 18. Jh.* In: *Studia patristica 18,4* (cf. 1988-90, 345) 371-378

41 MARC'HADOUR, G. *S. Jérôme dans l'œuvre et dans l'univers de Thomas More* – Moreana (Binghamton, NY) 27 (1990) 93-124

42 MONACHINO, V. *Alle origini di Archivum Historiae Pontificae* – AHP 28 (1990) 9-22

43 MOUTSOULAS, E.D. Κωνσταντῖνος Γ. Μπόνης *(1905-1990)* – ThAthen 61 (1990) 506-513

44 NAGEL, P. *Koptologie und Patristik – Aspekte des Lebenswerkes von Karl Schmidt.* In: *Carl-Schmidt-Kolloquium* (cf. 1988-90, 198) 9-24

45 OMMESLAEGHE, F. VAN *De Bollandisten en hun bijdrage tot de oud-christelijke studiën van 1838 tot heden.* In: *De heiligenverering in de eerste eeuwen van het christendom* (cf. 1988-90, 248) 114-129

46 OROZ RETA, J. *In memoriam P. Agostino Trapè (1915-1987)* – Augustinus 33 (1988) 287-289

47 OROZ RETA, J. *In Memoriam P. Luc Verheijen* – Augustinus 33 (1988) 387-390

48 OTTEN, W.; PRANGER, M.B. *Over middeleeuwen en patristiek in de theologiegeschiedenis. Onderzoek naar de laat-antieke tijd als voorbeeld voor de theologie- en cultuurgeschiedenis van de middeleeuwen; enige recente studies* – Millennium (Hilversum) 4 (1990) 143-152

49 PAPROCKI, HENRYK *Archimandryta Grzegorz Peradze jako badacz starożytnego chrześcijaństwa gruzińskiego* (= L'archimandrite Grégoire Péradzé) [mit französischer Zusammenfassung] – VoxP 8 (1988) f.15, 983-1001

50 PASCHOS, P.B. *François Halkin (1901-1988)* – ThAthen 60 (1989) 826-828

51 PELIKAN, JAROSLAV *Newman and the Fathers: The Vindication of Tradition.* In: *Studia patristica 18,4* (cf. 1988-90, 345) 379ff

52 PETITMENGIN, PIERRE *John Leland, Beatus Rhenanus et le Tertullien de Malmesbury.* In: *Studia patristica 18,2* (cf. 1988-90, 343) 53-60

53 RIES, J. *Les études coptes à l'université de Louvain et l'œuvre de Mgr. Louis Theophile Lefort (1879-1959).* In: *IVe congrès international d'études coptes* (cf. 1988-90, 208) 6-12

54 ROSA, G. DE *Hubert Jedin e la storia della chiesa* – Ricerche di stor. soc. e relig. (Rom) 17 (1988) 171-174

55 SAINTE-MARIE, H. DE *Dom Gribomont directeur de l'édition romaine de la Vulgate.* In: *Mémorial Jean Gribomont* (cf. 1988-90, 288) 7-10

56 SALVATORELLI, LUIGI *Da Locke a Reitzenstein: l'indagine storica delle origini cristiane.* Cosenza: Giordano 1988. 128 pp.

57 SANDQVIST, S. *Le Dyalogue Saint Gregore. Les dialogues de S. Gregoire le Grand traduits en vers français à rimes léonines par un Normand anonyme du XIVe s.* [Études romanes de Lund 42]. Lund: Univ. press 1989. 1024 pp.

58 STAATS, R. *Das patristische Erbe in der Theologie Dietrich Bonhoeffers* – Berliner Theologische Zeitschrift (Berlin) 5 (1988) 178-201

59 STELLADORO, M. *Le carte preparatorie alle Vitae Sanctorum Siculorum di Ottavio Gaestani* – BBGG 44 (1990) 253-269

60 THON, N. *In memoriam: Klaus Gamber* – Hermeneia (Philadelphia, Penna.) 5 (1989) 153-155

61 TREU, K. *Carl Schmidt als Patristiker.* In: *Carl-Schmidt-Kolloquium* (cf. 1988-90, 198) 37-41

62 *Troisième centenaire de l'édition Mauriste de Saint Augustin.* Communications présentées au colloque des 19 et 20 avril 1990 [Collection des études Augustiniennes: Série antiquité 127]. Paris: Institut d'Etudes Augustiniennes 1990. 254 pp.

63 *Vetus latina 1990. 34. Arbeitsbericht der Stiftung. 23. Bericht des Instituts.* Beuron: Abbaye 1990. 48 pp.

64 VOGT, ERNST *Christine Mohrmann 1.8.1903-13.7.1988* [JBAW Sonderdruck 1989]. München (1990) 202-204

65 WEAVER-LAPORTE, F.E. *Commentaires sur la règle de S. Benoît. Angélique de Saint-Jean (Port-Royal), Armand-Jean Bouthillier de Rancé (la Trappe), un religieux bénédictin de la congrégation de Saint-Maur* – Chronique de Port-Royal (Paris) 37 (1988) 27-44

66 WEST, F.S. *Anton Baumstark's Comparative Liturgy in Its Intellectual Context* [Diss.]. Phil. Diss. University of Notre Dame 1988. 434 pp. [DissAbstr 49,5 (1988) 1180]

67 WINKELMANN, FRIEDHELM *Carl Schmidt als Kirchenhistoriker.* In: *Carl-Schmidt-Kolloquium* (cf. 1988-90, 198) 25-35

I.2. Opera ad patrologiam universalem pertinentia

68 *Introduzione ai padri della Chiesa: secoli I e II.* Edd. G. BOSIO; E. DAL COVOLO; M. MARITANO [Strumenti della corona patrum 1]. Brescia: Queriniana 1990, 265 pp.

69 ALTANER, BERTOLD; STUIBER, ALFRED *Patrologia: Zycie, pisma i nauka O. Kościoła.* Übers. v. P. PACHCIAREK. Warszawa: Wydawniczy Pax 1990. 733 pp.

70 ALVES DE SOUSA, P.G. *Presença patrística na obra teológica de D. Frei Bartolomeu dos Mártires* BracAug 42 (1990) 5-13

71 BODELON, S. *Literatura Latina de la Edad Media en España.* Madrid: Akal Universitaria 1989. 138 pp.

72 CHRESTOU, PANAGIOTES Ἑλληνικὴ Πατρολογία. Τομος Δ΄. Περίοδος θεολογοκῆς ἀκμῆς [Πατριαρχικὸν Ἵδρυμα Πατερικῶν Μελετῶν]. Thessalonike: Ἐκδοτικὸς Οἶκος Κυρομάνος 1989. 573 pp.

73   COVOLO, ENRICO DAL *Corona patrum: recenti e prossime pubblicazioni nel progresso delle ricerche patristiche italiane* – Ricerche teologiche (Roma) 1 (1990) 207-219

74   DORIVAL, G. *Hellénisme et patristique grecque. Continuité et discontinuité.* In: *Cristianismo y aculturacíon en tiempos del Imperio Romano* (cf. 1988-90, 213) 27-37

75   DROBNER, H.R. *La Patrología en la formación sacerdotal según la «Instrucción sobre el estudio de los Padres de la Iglesia».* In: *La formación de los sacerdotes* (cf. 1988-90, 234) 861-873

76   FIGUEIREDO, F.A. *Curso de Teología Patrística III.* Petrópolis: Editora Vozes 1990. 190 pp.

77   FIGUEIREDO, F.A. *Curso de Teología Patrística, II.* 2a ed. Petrópolis: Vozes 1988. 130 pp.

78   GONZALEZ, CARLOS IGNACIO *Pobreza y riqueza en obras selectas del cristianismo.* Selección de textos, traducción y estudio introductivo. México: Ed. Porrúa 1988. 181 pp.

79   HÄLLSTRÖM, GUNNAR AF; RÄMÖ, E. *Helsingin Yliopiston systemaatisen teologian laitokosen julkaisuja* (Manual of Patristics) [in finnischer Sprache]. Helsinki 1990

80   *Kirchengeschichte in Daten und Fakten.* Ed. STEFAN KOTZULA. Leipzig: St. Benno-Verlag 1989. 167 pp.

81   *Kirchengeschichte in Einzeldarstellungen, I: Alte Kirche und frühes Mittelalter, 2: Das Christentum im zweiten Jahrhundert.* Von KARL-WOLFGANG TRÖGER. Berlin: Evangelische Verlagsanstalt 1988. 137 pp.

82   *Kirchengeschichte in Einzeldarstellungen, I: Alte Kirche und frühes Mittelalter, 4: Die Kirche des Ostens im 3. und 4. Jahrhundert.* Von HANS GEORG THÜMMEL. Berlin: Evangelische Verlagsanstalt 1988. 135 pp.

83   LE BOUTEILLER, CHRISTIAN *Les Pères de l'Église.* 1-2 [Cahiers «Lumen Gentium» 121-122]. Paris: Assoc. Sacerdotale «Lumen Gentium» 1988.

84   MOLINE, E. *Los Padres de la Iglesia. Una guía introductoria.* Madrid: Ediciones Palabra 1989. I-II. 292, 313 pp.

85   PAPADOPULOS, S.G. *Πατρολογία. Τόμος Β'. Ὁ τέταρτος αἰῶνας (Ἀνατολή καί Δύση).* Athen 1990. 757 pp.

86   PIERINI, FRANCO *Mille anni di pensiero cristiano. Le letterature e i monumenti dei Padri, 1: Alla ricerca dei Padri. Introduzione e metodologia generale.* Torino; Milano: Ed. Paoline 1988. 309 pp.

87   RANGEL, P. *Voltando de novo às Fontes: os Padres da Igreja* – At (1990) 591-608

88   ROBLES SIERRA, A. *El retorno a las fuentes* – TEsp 34 (1990) 489-505

89 ROMERO POSE, E. *La importancia de los «Comentarios de Beato» en la historia de la literatura cristiana* – Compostellanum 33 (1988) 53-92

90 TSIRPANLIS, CONSTANTIN N. *Greek patristic theology: basic doctrines in Eastern church fathers 4.* [Monograph series in Orthodox theology and civilization 8]. New York, N.Y.: EO Pr. 1990. 141 pp.

I.3. Bibliographica

91 ALTENBURGER, MARGARETE; MANN, FRIEDHELM *Bibliographie zu Gregor von Nyssa: Editionen, Übersetzungen, Literatur.* Leiden: Brill 1988. XXIII, 394 pp.

92 ALTERMATH, A.M. *Bibliographie de Dom Jean Leclercq, III (1978-1988)* – StMon 30 (1988) 417-440

93 BALEA MÉNDEZ, D. *Impresos de la Biblioteca del Seminario de Mondoñedo (Siglo XVI 1561-1580)* – EMind 4 (1988) 557-606

94 *Bibliografía di A. Quacquarelli (1939-1987).* In: *Sapientia et eloquentia* (cf. 1988-90, 330) = VetChr 25 (1988) XXXI-XLII

95 *Bibliographia Patristica. Internationale patristische Bibliographie, XXIX: Die Erscheinungen des Jahres 1984.* In Verbindung mit vielen Fachgenossen hrsg. von KNUT SCHÄFERDIEK. Berlin: De Gruyter 1989. LIV, 403 pp.

96 *Bibliographie der Schriften H. Chadwicks.* In: *Christian Authority. Essays in Honour of Henry Chadwick.* Ed. G.R. EVANS. Oxford: Clarendon (1988) 338-347

97 *Bibliographie* [Christentum und römisches Reich im 4. Jh.]. In: *I cristiani e l'impero* (cf. 1988-90, 212) 215-244

98 *Bibliographie de François Halkin* – AB 106 (1988) XLI-XLIV

99 *Bibliographie* [d'histoire ecclésiastique]. Par A. VAN BELLE, avec la collaboration de M. HAVERALS – RHE 84 (1989) 1*-185*; 187*-327*; 329*-606*

100 *Bibliographie* [d'histoire ecclésiastique]. Par A. VAN BELLE, avec la collaboration de M. HAVERALS – RHE 83 (1988) 1*-192*; 193*-344*; 345*-612*

101 *Bibliographie* [Konzilsgeschichte]. Zusammengestellt von ADOLF LUMPE – AHC 21 (1989) 231-240; 22 (1990) 504-505

102 *A classified bibliography on the East Syrian liturgy. La bibiliographie de la liturgie syrienne orientale.* Ed. PIERRE YOUSSIF Roma: Mar Thoma Yogam 1990. XXXII, 155 pp.

103 *Bibliotheca trinitariorum. Internationale Bibliogrpahie trinitarischer Literatur, II: Register und Ergänzungsliste.* Unter Mitarb. v.

LEONORE BAZINEK und PETER MÜLLER. Hrsg. v. ERWIN SCHADEL. München: Saur 1988. XXXVII, 594 pp.

104 BOGAERT, PIERRE-MAURICE *Bulletin d'ancienne littérature chrétienne latine, VI.* – RBen 98 (1988) [221]-[252]

105 BOGAERT, P.-M. *Bulletin de la Bible latine. T. VI* – RBen 98 (1988) 221-252

106 BRAUN, RENÉ; DELÉANI, S.; DOLBEAU, F.; FREDOUILLE, J.-C.; PETITMENGIN, P. *Chronica Tertullianea et Cyprianea 1987* – REA 34 (1988) 284-315

107 BRAUN, RENÉ; DELÉANI, SIMONE; DOLBEAU, FRANCOIS et al. *Chronica Tertullianea et Cyprianea 1989* – REA 36 (1990) 328-354

108 BRAUN, RENÉ; DELÉANI, SIMONE; FREDOUILLE, JEAN-CLAUDE; PETITMENGIN, PIERRE; DOLBEAU, FRANCOIS *Chronica Tertullianea et Cyprianea 1988* – REA 35 (1989) 315-345

109 BROCK, PETER *The military question in the early Church: a selected bibliography of a century's scholarship 1888-1987.* Toronto: P. Brock 1988. 15 pp.

110 *Bulletin* – RBi 95 (1988) 115-155

111 *Bulletin augustinien pour 1987/1988 et complément d'années antérieures* – REA 34 (1988) 316-422

112 *Bulletin augustinien pour 1989/1990 et complément d'années antérieures.* Edd. JEAN-PAUL BOUHOT; ANNE DAGUET; JEAN DOIGNON et al. – REA 36 (1990) 360-430

113 *Chronique d'antiquité tardive et de christianisme ancien et médiéval* – REAnc 90 (1988) 217-260; 91 (1989) 121-150

114 CONGAR, Y. *Bulletin d'ecclésiologie* – RSPhTh 72 (1988) 109-119

115 COQUIN, R.-G. *Bibliographia Antoine Guillaumont.* In: *Mélanges Antoine Guillaumont* (cf. 1988-90, 283) VII-XI

116 COSTA, J. CARNEIRO DA; SILVA, J.J. MARTINHO DA *Bibliografia Patristica Lusitana.* In: *IX Centenário da Dedicação da Sé de Braga, III* (cf. 1988-90, 216) 167-220

117 CREMASCOLI, G. *La cattedra episcopale. Rassegna bibliographica.* In: *La cattedra episcopale.* Ed. MIRAGOLI [La Chiesa di Lodi. Fonti e studi 1]. Lodi (1988) 103-119

118 DAGRON, GILBERT *Histoire et civilisation du monde byzantin* – AnColFr 88 (1987/88) 649-654

119 DAHLA, BJÖRN *Bibliography of Nordic Research in Comparative Religion 1986-1988* – Temenos 25 (1989) 125-191

120 DEGORSKI, B. *Przeglad czasopism* (= Patristica in Periodicis 1987) – VoxP 8 (1988) f.14, 507-532

121 DEGORSKI, B. *Przeglad czasopism* (= Patristica in Periodicis 1988) – VoxP 9 (1989) f.16, 519-547

122 DURAND, GEORGES-MATTHIEU DE, OP *Bulletin de patrologie* – RSPhTh 73 (1989) 453-492; 74 (1990) 623-648

123 ELLIOTT, J.K. *A Bibliography of Greek New Testament Manuscripts* [Society for New Testament Studies, Monograph Series 62]. Cambridge: University Press 1989. XXI, 210 pp.

124 *Epistolari cristiani (secc. I-V). Repertorio bibliografico. 1. Epistolari greci e latini (secc. I-III).* A cura di CLARA BURINI. Roma: Benedictina Ed. 1990. XXVIII, 129 pp.

125 *Epistolari cristiani (secc. I-V). Repertorio bibliografico. 2. Epistolari latini (secc. IV-V).* A cura di GIOVANNA ASDRUBALI PENTITI. Roma: Benedictina Ed. 1990. XXI, 154 pp.

126 *Epistolari cristiani (secc. I-V). Repertorio bibliografico. 3. Epistolari greci (secc. IV-V).* A cura di FRANCESCA SILLITTI. Roma: Benedictina Ed. 1990. XXI, 206 pp.

127 FINNEY, P.C. *Early Christian Art and Archaeology. I (A.D. 200-500): A selected bibliography 1945-1985* – SecCent 6 (1987-1988) 21-42

128 FINNEY, P.C. *Early Christian Art and Archaeology. II (A.D. 200-500): A selected bibliography 1945-1985* – SecCent 6 (1987-1988) 203-238

129 GLISCINSKI, J.; OBRYCKI, K. *Biuletyn patrystyczny* – CoTh 60 (1990) f.1, 123-134; f.2, 147-157; f.4, 109-118

130 GLISCINSKI, J.; OBRYCKI, K. *Biuletyn patrystyczny* – CoTh 59 (1989) f.1, 129-135; f.2, 129-140; f.4, 145-152

131 GODDING, ROBERT *Bibliografia di Gregorio Magno 1890-1989* [Opere di Gregorio Magno, Complementi 1]. Roma: Città Nuova Ed. 1990. IX, 349 pp.

132 GRANADO BELLIDO, CARMELO *Boletín de literatura antigua cristiana* – EE 63 (1988) 351-366; 65 (1990) 339-350

133 *Johannine bibliography 1966-1985. A cumulative bibliography on the Fourth Gospel.* By GILBERT VAN BELLE [BEThl 1]. Leuven: Univ. Press 1988. XVII, 563 pp.

134 LAZCANO, R. *Información bibliográfica sobre san Agustín en castellano (III)* – RAgEsp 31 (1990) 951-968

135 LAZCANO, R. *Información bibliográfica sobre san Agustín en castellano (I)* – RAgEsp 29 (1988) 235-259

136 LAZCANO, R. *Información bibliográfica sobre san Agustín en castellano (II)* – RAgEsp 30 (1989) 237-259

137 LINAGE CONDE, A. *Bibliografía de Dom Jacques Dubois O.S.B.* – StMon 32 (1990) 215-229

138 LONGOSZ, S. *Przeglad czasopism* (= Patristica in Periodicis 1986) – VoxP 7 (1987) f.12/13, 551-561

139 LONGOSZ, S. *Wykaz drukowanych prac ks. Wojciecha Kani* (= Elenchus rerum a Vojtecho Kania scriptorum) – VoxP 7 (1987) f.12/13, 27-37

140 MALTESE, E.V. *Bibliografia della letteratura bizantina.* In: *Letteratura greca antica, bizantina e neoellenica.* Ed. M. FANTUZZI. Milano: Garzanti (1989) 373-423

141 MATEU IBARS, M.D. *Un inventari de la libreria del monestir de Sant Pere de Rodes (Ms. 1005 de 19 Arxiu de la Corona d'Aragó recompostmitjançant els fons libraris conventuals de la Biblioteca Provincial i Universitària de Barcelona)* – StMon 31 (1989) 321-405

142 *Medioevo latino. Bollettino bibliografico della cultura europea dal secolo VI al XIII.* X, a cura di CLAUDIO LEONARDI et al. Spoleto: Centro ital. di studi sull'alto medioeveo 1989. XLVIII, 1067 pp.

143 *Medioevo latino. Bollettino bibliografico della cultura europea dal secolo VI al XIII.* XI, a cura di CLAUDIO LEONARDI et al. Spoleto: Centro ital. di studi sull'alto medioeveo 1990. XLVII, 1147 pp.

144 PERRONE, L.; BORI, P.C. *Bibliografia Generale di Storia dell' Interpretazione Biblica* – AnSEse 7 (1990) 725-743

145 *Revue de l'histoire ecclésiastique [RHE]. Table générale des tomes LVI (1961) à LXX (1975).* Par S. HANSSENS. Louvain-la-Neuve: Univ. catholique 1988. XII, 726 pp.

146 SANDERS, GABRIEL; UYTFANGHE, MARC VAN *Bibliographie signalétique du latin des chrétiens* [CChr.LP 1]. Turnhout: Brepols 1989. XI, 188 pp.

147 SAXER, V. *Bibliographia del Prof. Pasquale Testini* – RiAC 66 (1990) 13-24

148 SCHÄFERDIEK, KNUT; BIENERT, W.A. *Bibliographie von Wilhelm Schneemelcher.* In: *Oecumenica et patristica* (cf. 1988-90, 303) 397-404

149 SESBOÜÉ, BERNARD *Bulletin de théologie patristique grecque, I. Irénée et la Gnose* – RechSR 76 (1988) 579-583

150 SESBOÜÉ, BERNARD *Bulletin de théologie patristique grecque, II. Le IIIe siècle: Clément d'Alexandrie, Hippolyte, Origène* – RechSR 76 (1988) 584-592

151 SESBOÜÉ, BERNARD *Bulletin de théologie patristique grecque, III. Le IVe et Ve siècles: en particulier Eusèbe, Basile, Grégoir de Nazianze* – RechSR 76 (1988) 593-602

152 SESBOÜÉ, BERNARD *Bulletin de théologie patristique grecque, IV. La Bible des Pères* – RechSR 76 (1988) 602-606

153 SESBOÜÉ, BERNARD *Bulletin de théologie patristique grecque, V. Philologie histoire et théologie* – RechSR 76 (1988) 606-613

154 STASIEWSKI, BERNHARD *Literaturbericht: Kirchengeschichte, besonders des christlichen Altertums* – GWU 40 (1989) 630-645

155 TARDIEU, MICHEL *Études manichéennes: Bibliographie critique 1977-1986. Extraits revus et complétés d'Abstracta Iranica vol. I à X avec introduction et index* [Abstracta Iranica: Volumes hors série 4]. Téhéran: Inst. Français de Recherche en Iran 1988. 157 pp.

156 TRETTER, HANNELORE *Bibliographie. I. Theologie: 1. Dogmatik – 2. Moral, Pastoral – 3. Exegese – 4. Liturgik* – OstkiSt 37 (1988) 79-104; 231-280; 349-371

157 TRETTER, HANNELORE *Bibliographie. I. Theologie: 4. Liturgik – 5. Patrologie* – OstkiSt 38 (1989) 82-104; 233-280; 348-371

158 TREVIJANO ETCHEVERRIA, RAMON *Bibliografía Patrística Hispano-luso-americana, V (1985-1986)* – Salmant 35 (1988) 373-405

159 TREVIJANO ETCHEVERRIA, RAMON *Bibliografía Patrística Hispano-luso-americana, VI (1987-1988)* – Salmant 37 (1990) 75-119

160 VERNET, ANDRÉ *La Bible au Moyen Âge: bibliographie.* Paris: Ed. du Centre National de la Recherche Scientifique 1989. 131 pp.

161 VILLADSEN, HOLGER *Nordisk Patristik 1981-1988. En bibliografisk oversigt* – Meddelanden från Collegium Patristicum Lundense (Lund) 5 (1990) 26-48

162 *Internationale Zeitschriftenschau für Bibelwissenschaft und Grenzgebiete 1986/87,* 34, begr. v. FRIDOLIN STIER. Hrsg. v. BERNHARD LANG et al. Düsseldorf: Patmos-Verl. 1988. XIV, 488 pp.

I.5. Collectanea et miscellanea

163 *Actas del I Congreso peninsular de historia antigua (Santiago de Compostela, 1-5 julio 1986).* Ed. GERARDO PEREIRA MENAUT. Santiago de Compostela: Univ. 1988. 3 voll.: 382, 546, 325 pp.

164 *Actas del I Simposio de Latín Cristiano.* Edición y Prólogo de J. OROZ RETA [Bibl. Salmanticensis 130]. Salamanca: Universidad Pontificia 1990 = Helmántica 40 (1989) 477 pp.

165 *Actes du XI congrès international d'archéologie chrétienne. Lyon, Vienne, Grenoble, Genève et Aoste (21-28 sept. 1986).* Edd. N. DUVAL; F. BARITEL; P. PERGOLA [3 voll.]. [Studi di antichità christiana 41, Collection de l'Ecole française de Rome 123]. Roma 1986. 2919 pp.

166   *L'Africa Romana: atti del VI Convegno di studio, Sassari, 16-18 dicembre 1988.* Ed. ATTILO MASTINO. 2 voll. [Pubbl. del Dip. di storia dell'Univ. degli studi di Sassari 14]. Sassari: Gallizi 1989. 838 pp.

167   *L'Africa romana: atti del VII Convegno di studio, Sassari 15-17 dicembre 1990.* Ed. ATTILO MASTINO. 2 voll. [Pubbl. del Dip. di storia dell'Univ. degli studi di Sassari 16]. Sassari: Gallizzi 1990. 1096 pp.

168   *L'Afrique dans l'occident romain (Ier siècle av. J.C.-IVe siècle ap. J.C.). Actes du Colloque organisé par l'École française de Rome sous le patronage de l'Institut national d'archéologie et d'art de Tunis (Rome, 3-5 décembre 1987)* [Coll. de l'École franç. de Rome 134]. Rome: École française; Paris: de Boccard 1990. VIII, 624 pp.

169   *Agostino d'Ippona. Quaestiones disputatae (Palermo 3-4 dicembre 1987)* Ed. FRANCESCO GIUNTA [Augustiniana. Testi e Studi 4]. Palermo: Edizioni Augustinus 1989. 103 pp.

170   *Agostino a Milano: Il battesimo. Agostino nelle terre di Ambrogio (22-24 aprile 1987)* [Augustiniana. Testi e Studi 3]. Palermo: Edizioni Augustinus 1988. 112 pp.

171   *Agustín de Hipona. El eco de un centenario.* Ed. Comisión Coordinadora Pro-Centenario Madrid: 1988. 384 pp.

172   ALAND, KURT *Supplementa zu den neutestamentlichen und kirchengeschichtlichen Entwürfen: zum 75. Geburtstag.* Ed. BEATE KOESTER. Berlin: de Gruyter 1990. VI, 516 pp.

173   *Ambrogio Traversari nel VI centenario della nascita.* Convegno internazionale di studi (Camaldoli-Firenze, 15-18 settembre 1986). A cura di GIAN CARLO GARFAGNINI [Istituto Nazionale di Studi sul Rinascimento, Atti di convegni 17]. Firenze: Olschki 1988. VIII, 532 pp.

174   Ἀναφορὰ εἰς μνήμην Μητροπολίτου Σάρδεων Μαξίμου. *1914-1986* [5 voll.]. Atef Danial 1989. 475; 487; 479; 493; 572 pp.

175   *Ancient Christian Gospels: their history and development.* Ed. HELMUT KOESTER. London: SCM Pr. 1990. XXXII, 448 pp.

176   *Anges et démons: actes du colloque de Liège et de Louvain-la-Neuve; 25-26 novembre 1987.* Ed. par JULIEN RIES, avec la collab. de HENRI LIMET [Homo religiosus 14]. Louvain-la-Neuve: Centre d'Histoire des Religions 1989. 466 pp.

177   *Christlicher Antijudaismus und jüdischer Antipaganismus: ihre Motive und Hintergründe in den ersten drei Jahrhunderten.* Ed. HERBERT FROHNHOFEN [Hamburger theologische Studien 3]. Hamburg: Steinmann und Steinmann 1990. VIII, 206 pp.

178   *Antikes Denken – Moderne Schule. Beiträge zu den antiken Grundlagen unseres Denkens* hrsg. von HANS WERNER

SCHMIDT; PETER WUELFING. [Gymnasium Beih. 9] Heidelberg: Winter 1988. 321 pp.

179 *L'Arabe préislamique et son environnement historique et culturel. Actes du Colloque de Strasbourg 24-27 Juin 1987.* Ed. T. FAHD [Univ. des sciences humaines de Strasbourg. Travaux du centre de recherche sur le Proche-Orient et la Grèce antiques 10]. Leiden: Brill 1989. 584 pp.

180 *Aristotle transformed: the ancient commentators and their influence.* Ed. RICHARD R.K. SORABJI. Ithaca, N.Y.: Cornell Univ. Pr. 1990. IX, 545 pp.

181 ARMSTRONG, ARTHUR HILARY *Hellenic and Christian studies* [Collected studies 324]. Aldershot: Variorum 1990. XII, 317 pp.

182 *Atti dell'Accademia Romanistica Constantiniana. VII Convegno Internazionale* [Univ. degli studi di Perugia. Facoltà di Giurisprudenza]. Neapel: Ed. Scient. Italiane 1988. 586 pp.

183 *Atti del II convegno nazionale di studi su La donna nel mondo antico. Torino 18-19-20 aprile 1988.* A cura di RENATO UGLIONE. Torino: Assoc. Italiana di Cultura Class. 1989. 280 pp.

184 *Attualità dell'antico.* A cura di MARIAGRAZIA VACCHINA [Aosta Assoc. ital. di cultura class.]. Delegazione Vadostana 1988. 364 pp.

185 *Aufstieg und Niedergang der römischen Welt. Geschichte und Kultur Roms im Spiegel der neueren Forschung, II, Principat. 25. Band* [ANRW II,25.5]: *Religion (Vorkonstantinisches Christentum: Leben und Umwelt Jesu; Neues Testament [Kanonische Schriften und Apokryphen], Fortsetzung).* Edd. HILDEGARD TEMPORINI; WOLFGANG HAASE. Berlin; New York, N.Y.: de Gruyter 1988. XII pp., p. 3621-4194

186 *Aufstieg und Niedergang der römischen Welt. Geschichte und Kultur Roms im Spiegel der neueren Forschung, II, Principat. 25. Band* [ANRW II,25.6]: *Religion (Vorkonstantinisches Christentum: Leben und Umwelt Jesu; Neues Testament [Kanonische Schriften und Apokryphen], Schluß).* Edd. HILDEGARD TEMPORINI; WOLFGANG HAASE. Berlin; New York, N.Y.: de Gruyter 1988. XIV pp., p. 4195-4794

187 *Augustine, the Harvest, and theology (1300-1650). Essays Dedicated to Heiko Augustinus Oberman in honor of his 60th birthday.* Ed. KENNETH HAGEN. Leiden: Brill 1990. VII, 375 pp.

188 *L'autunno del diavolo: Diabolos, Dialogos, Daimon: convegno di Torino 17/21 ottobre 1988.* 2 Voll. Edd. EUGENIO CORSINI et al. Milano: Bompiani 1990. 679; 565 pp.

189   *Die Bajuwaren. Von Severin bis Tassilo 488-788. Gemeinsame
      Landesausstellung des Freistaates Bayern und des Landes Salz-
      burg, Rosenheim/Bayern – Mattsee/Salzburg, 19. Mai bis 6. No-
      vember 1988.* Edd. HERMANN DANNHEIMER; HEINZ
      DOPSCH. Korneuburg: Ueberreuter 1988. 468 pp.

190   *Du banal au merveilleux. Mélanges offerts à Lucien Jerphagnon*
      [Cahiers de Fontenay 55/56/57 E.N.S.]. Fontenay-Saint-Cloud:
      1989. 374 pp.

191   *Santa Barbara nella letteratura e nel folklore (Atti della giornata di
      studio del 14 Maggio 1988)* [Centro di studi varroniani, Rieti].
      Rieti: GESTISA 1989. V, 83 pp.

192   *Beyond the Pharaos. Egypt and the Copts in the 2nd to 7th centu-
      ries A.D.* Ed. FLORENCE D. FRIEDMAN. Museum of Art.
      Rhode Island School of Design 1989. 296 pp.

193   *Bibbia e storia nel cristianesimo latino.* Edd. A. POLLASTRI; F.
      COCCHINI [CCA]. Roma: Borla 1988. 252 pp.

194   *Bisanzio, Roma e l'Italia nell'alto medioevo. Spoleto, 3-9 aprile
      1986.* 2 voll. [Sett. di studio del Centro ital. di studi sull'alto me-
      dioevo 34]. Spoleto: La Sede del Centro 1988. 946 pp.

195   *The Blessings of Pilgrimage* [Illinois Byzantine Studies 1]. Ed. R.
      OUSTERHOUT. Urbana/Chicago: Univ. of Illinois Pr. 1990. IX,
      194 pp.

196   *Fourteenth Annual Byzantine Studies Conference. Abstracts of Pa-
      pers.* The Menil Collection and The University of St. Thomas.
      Houston Texas, November 10-13, 1988. 63 pp.

197   *Fifteenth Annual Byzantine Studies Conference. Abstracts of Pa-
      pers.* University of Massachusetts at Amherst. Dept. of Classics,
      October 27-29, 1989. 60 pp.

198   *Carl-Schmidt-Kolloquium (1988, Halle, Saale).* Hrsg. PETER NA-
      GEL [Kongress- und Tagungsberichte der Martin-Luther-Uni-
      versität Halle-Wittenberg]. Halle (Saale): Martin-Luther-Uni-
      versität 1990. 304 pp.

199   *Christentum und antike Gesellschaft.* Edd. JOCHEN MARTIN;
      BARBARA QUINT [Wege der Forschung 649]. Darmstadt: Wiss.
      Buchges. 1990. VI, 479 pp.

200   *Χριστιανικὴ Θεσσαλονίκη ἀπὸ τοῦ ἀποστόλου Παύλου
      μέχρι καὶ τῆς Κωνσταντινείου ἐποχῆς* [Κέντρο ἱστορίας
      Θεσσαλονίκης τοῦ Δήμου Θεσσαλονίκης 4]. Thessalonike
      1990. 194 pp.

201   *The Christian and Judaic invention of history.* Ed. by JACOB
      NEUSNER [American Academy of Religion studies in religion 55].
      Atlanta, Ga.: Scholars Pr. 1990. IX, 256 pp.

202   *Christian archaeology in the Holy Land: new discoveries: essays in
      honour of Virgilio C. Corbo.* Edd. by G.C. BOTTINI, L. DI

SEGNI and EUGENIO ALLIATA [StBibFCMaior 36]. Jerusalem: Franciscan Printing 1990. XX, 536 pp.

203 *Christianity and the classics: the acceptance of a heritage. Conference. Toronto, june 1984.* Ed. WENDY E. HELLEMAN [Christian studies today]. Lanham, Md.: University Press of America 1990. 219 pp.

204 *Chrześcijanie a życie publiczne w Cesarstwie Rzymskim III-IV w.* Praca zbiorowa pod red. JANA SRUTWY. Lublin: Red. Wyd. KUL 1988. 285 pp.

205 *Collectanea Augustiniana. A. Mélanges T.J. van Bavel.* Publiés par B. BRUNING; M. LAMBERIGTS; J. VAN HOUTEM [BEThL 92]. Louvain: Institut Historique Augustinien 1990. XXXVIII, 1079 pp. in 2 voll.

206 *Collectanea Augustiniana. B. Augustine «Second Founder of the Faith».* Edd. JOSEPH C. SCHNAUBELT; FREDERICK VAN FLETEREN. Bern; New York, N.Y.: Lang 1990. XV, 517 pp.

207 *Complementi interdisciplinari di patrologia.* A cura di ANTONIO QUACQUARELLI. Roma: Città Nuova 1989. 912 pp.

208 *IVe congrès international d'études coptes. Louvain-la-Neuve 5-10 sept. 1988.* Documents preparatoires édités par J. RIES. Centre Cerfaux-Lefort [o.J.] 86 pp.

209 *La conversión de Roma: cristianismo y paganismo.* Edd. JOSE MARIA CANDAU MORON; FERNANDO GASCO; ANTONIO RAMIREZ DE VERGER. Madrid: Ed. Classicas 1990. X, 292 pp.

210 *Coptic Studies. Acts of the Third International Congress of Coptic Studies, Warsaw 20-25 August 1984.* Ed. W. GODLEWSKI. Warszawa: Państwowe Wydawnictwo Naukowe 1990. 506 pp.

211 *Crescita dell'uomo nella catechesi dei Padri: età postnicena. Convegno di studio e aggiornamento, Facoltà di Lettere cristiane e classiche (Pontificium Institutum Altioris Latinitatis), Roma, 20-21 marzo 1987.* A cura di SERGIO FELICI [BSRel 80]. Roma: LAS 1988. 328 pp.

212 *I Cristiani e l'impero nel IV secolo: Colloquio sul Cristianesimo nel mondo antico: Atti del Convegno (Macerata 17-18 Dicembre 1987).* A cura di GIORGIO BONAMENTE, A. NESTORI [Pubblicazioni della Facoltà di Lettere e Filosofia 47]. Macerata: Università degli Studi 1988. XX, 245 pp.

213 *Cristianismo y aculturación en tiempos del Imperio Romano.* Edd. ANTONIO GONZALEZ BLANCO; JOSE MARIA BLAZQUEZ MARTINEZ [Antigüedad y cristianismo 7]. Murcia: Secretariado de Publicaciones de la Univ. 1990. 667 pp.

214 *IX Centenário da Dedicação da Sé de Braga. Congresso Internacional. Actas I. O Bispo D. Pedro e o Ambiente Politico-Religioso*

do Século XI. Braga: Faculdade de Teología/ Cabido Metropolitano e Primacial de Braga 1990. 783 pp.

215   *IX Centenário da Dedicação da Sé de Braga. Congresso Internacional. Actas II/ 2. A Catedral de Braga na História e na Arte.*
Braga: Faculdade de Teología/ Cabido Metropolitano e Primacial
de Braga 1990. 604 pp.

216   *IX Centenário da Dedicaçao da Sé de Braga. Congresso Internacional. Actas, III. Teología do Templo e Liturgia Bracarense.*
Braga: Faculdade de Teología/ Cabido Metropolitano e Primacial
de Braga 1990. 366 pp.

217   *Religiöse Devianz. Untersuchungen zu sozialen, rechtlichen und
theologischen Reaktionen auf religiöse Abweichung im westlichen
und östlichen Mittelalter.* Ed. D. SIMON [Ius commune, Sonder-
heft 48]. Frankfurt am Main: Klostermann 1990. VIII, 229 pp.

218   DILLON, JOHN *The golden chain: studies in the development of
Platonism and Christianity* [Collected Studies Series 333]. Northampton: Variorum 1990.

219   *Doctrina y piedad mariana en torno al III Concilio de Toledo (a.
589).* Presentación de E. LLAMAS. Salamanca: Sociedad Mariológica Española 1990 = EMaria 55 (1990) 408 pp.

220   *Ecclesia militans. Studien zur Konzilien- und Reformationsge-
schichte. Remigius Bäumer zum 70. Geburtstag gewidmet, I: Zur
Konziliengeschichte.* Ed. WALTER BRANDMÜLLER. Paderborn:
Schöningh 1988. 594 pp.

221   *In Medio Ecclesiae. Miscellània en homenatge al Prof. Dr. Isidre
Goma I Civit.* Edd. JOSEP RIUS-CAMPS; J. SANCHEZ BOSCH ;
S. PIÉ I NINOT. Barcelona: Facultat de Teologia de Catalunya
1989. 578 pp. = RCatT 14 (1989)

222   *Les écrivains et le sacré. La vigne et le vin dans la littérature. Association Guillaume Budé. Actes du XIIe congrès, Bordeaux 17-21
août 1988.* Paris: Les Belles Lettres 1989. 505 pp.

223   *L'Église et l'Empire au IVe siècle.* 7 exposés suivis de discussions.
Vandoeuvres-Genève 31 août – 3 septembre 1987. Par FRIED-
RICH VITTINGHOFF. Entretiens préparés et présidés par AL-
BRECHT DIHLE [Entretiens sur l'antiquité classique 34]. Genève:
Fondation Hardt 1989. 365 pp.

224   *Einheit der Kirche in vorkonstantinischer Zeit: Vorträge gehalten
bei der Patristischen Arbeitsgemeinschaft, 2.-4. Januar 1985 in
Bern.* Ed. FAIRY VON LILIENFELD und ADOLF MARTIN RIT-
TER [Oikonomia 25]. Erlangen: Lehrstuhl für Gesch. & Theol. des
christl. Orients 1989. VII, 165 pp.

225   *Le Epistole Paoline nei manichei, i donatisti e il primo Agostino.*
Studi patristici e tardoantichi, svoltosi all'Augustinianum dal 26

settembre al 7 ottobre 1988. Ed. JULIEN RIES [Sussidi patristici 5]. Roma: Istituto Patristico Augustinianum 1989. 268 pp.

226 Ἑρμηνεύματα: *Festschrift für Hadwig Hörner zum sechzigsten Geburtstag.* [BKA R.2 N.F. 79] Hrsg. HERBERT EISENBERGER Heidelberg: Winter 1990. 345 pp.

227 ESPOSITO, MARIO *Latin Learning in Mediaeval Ireland.* Cur. M. LAPIDGE [Collected Studies Series 285]. Northampton: Variorum Reprints 1988. 336 pp.

228 *Essere donna: studi sulla lettera apostolica «Mulieris dignitatem» di Giovanni Paolo II.* A cura di MARIO TOSO [Studi sul magistero pontificio 2]. Leumann: Ed. Di Ci (Citta del Vaticano) 1989. 375 pp.

229 *Deuxième journée d'études coptes, Strasbourg 25 mai 1984* [Cah. de la Bibl. Copte 3]. Louvrain; Paris: Peeters 1986

230 *Études Coptes III. Troisième journée d'études.* Musée du Louvre 23 Mai 1986 [Cah. de la Bibl. Copte 4]. Louvain; Paris: Peeters 1989. 154 pp.

231 *Fälschungen im Mittelalter. Internationaler Kongreß der Monumenta Germaniae Historica. München, 16.-19. September 1986* Hrsg. v. H. FUHRMANN [MGH. Schriften 33, 1-5]. Hannover: Hahn 1988. 5 voll., 780, 748, 726, 724, 750 pp.

232 *Fest und Alltag in Byzanz. H.-G. Beck zum 18. Februar 1990.* Edd. G. PRINZING; D. SIMON. München: Beck 1990. 226 pp.

233 *Festschrift für Paul Klopsch.* Edd. U. KINDERMANN et al. [Göppinger Arbeiten zur Germanistik 492] Göppingen: Kümmerle 1988. V, 633 pp.

234 *La formación de los sacerdotes en las circunstancias actuales. XI Simposio Internacional de Teología. Pamplona, abril de 1990.* Pamplona: Ediciones Universidad de Navarra 1990.

235 *Forms of Control and Subordination in Antiquity.* Edd. TORY YUGE; MASAOKI DOI [Proc. Int. Sympos. Stud. on Anc. Worlds, 1986]. Leiden; New York; København; Köln: Brill 1988. 625 pp.

236 FREND, WILLIAM H.C. *Archaeology and History in the Study of Early Christianity* [Collected Studies Series 282]. Northampton: Variorum Reprints 1988. 318 pp.

237 *Fructus centesimus. Mélanges offerts à Gerard J.M. Bartelink à l'occasion de son soixante-cinquième anniversaire.* Publ. par A.A.R. BASTIAENSEN, A. HILHORST et C.H. KNEEPKENS [Instrumenta patristica 19]. Steenbrugge: Sint-Pietersabdij & Dordrecht Kluwer 1989. XXXIII, 427 pp.

238 *Géographie historique du monde méditerranéen.* A cura di HÉLENE AHRWEILER [Byzantina Sorbonensia 7]. Paris: Publ. de la Sorbonne 1988. 312 pp.

239 *Géographie historique au Proche-Orient (Syrie, Phénicie, Arabie, greques, romaines, byzantines).* Actes de la Table Ronde de Valbonne, 16.-18. septembre 1985. Edd. P.L. GATIER; B. HELLY; J.-P. REY-COQUAIS [Notes et monographies techniques 23]. Paris: CNRS 1988. 371 pp.

240 *Geschichte der Musiktheorie III: Rezeption des antiken Fachs im Mittelalter.* Ed. FRIEDER ZAMINER. Darmstadt: Wiss. Buch--Ges. 1990. XI, 338 pp.

241 *Gnosticism and the early Christian world: in honor of James M. Robinson.* Ed. by JAMES E. GOEHRING [Forum fascicles 2]. Sonoma, Calif.: Polebridge Pr. 1990. XXIV, 200 pp.

242 *Gospel traditions in the second century: origins, recensions, text, and transmission.* Ed. W.L. PETERSEN [Christianity and Judaism in Antiquity 3]. Notre Dame, Ind.: Univ. of Notre Dame Pr. 1989. XI, 174 pp.

243 *Greek and Latin studies in memory of Caius Fabricius.* [SGLG 54] Ed. SVEN-TAGE TEODORSSON. Göteborg: AUG 1990. X, 265 pp.

244 *Greeks, Romans, and Christians: essays in honor of Abraham J. Malherbe.* Ed. by DAVID L. BALCH. Minneapolis: Fortress Pr. 1990. XV, 404 pp.

245 HALLEUX, ANDRÉ DE *Patrologie et Oecuménisme: recueil d'études* [BEThL 93]. Leuven: Univ. Pr. 1990. XVI, 892 pp.

246 *Haut moyen-âge. Culture, éducation et societé.* Études offertes à Pierre Riché. Ed. M. SOT [Centre de Recherche sur l'Antiquité Tardive et le Haut Moyen-Âge de l'Université Paris-X-Nanterre]. La Garenne-Colombes: éd. Européennes Érasme 1990. 630 pp.

247 *Heiligenverehrung in Geschichte und Gegenwart.* Edd. PETER DINZELBACHER; DIETER R. BAUER. Ostfildern: Schwaben-Verl. 1990. 379 pp.

248 *De heiligenverering in de eerste eeuwen van het christendom.* Ed. A. HILHORST. Nijmegen: Dekker & van de Vegt 1988. XI, 229 pp.

249 *Herencia Común. Simposio de la Familia Agustiniana y Curso de Espiritualidad. Roma, 9-14 de noviembre de 1987.* Roma: Ed. Curia General Agustiniana 1988. 108 pp.

250 *Hispania Christiana. Estudios en honor del Prof. Dr. Jose Orlandis Rivera en su septuagésimo aniversario.* Editados por J.I. SARANA-YANA y E. TEJERO [Historia de la Iglesia 14]. Pamplona: Ediciones de la Universidad de Navarra 1988. 799 pp.

251 *Historia de la ética, 1. De los Griegos al Renacimiento.* Ed. V. CAMPS. Barcelona: Crítica 1988. 592 pp.

252 *Hommage à René Braun, II: Autour de Tertullien.* Edd. JEAN GRANAROLO; MICHELE BIRAUD [Publ. de la Fac. des Lettres

et Sciences Humaines de Nice 56]. Nizza: Assoc. des publ. de la Fac. des Lettres de Nice; Paris: Les Belles Lettres 1990. XI, 248 pp.

253 *Hommages à Henri Le Bonniec. Res sacrae* publ. par DANIELLE PORTE; JEAN-PEIRRE NÉRAUDAU [Coll. Latomus 201]. Bruxelles: Ed. Latomus 1988. XVI, 466 pp.

254 HORST, PIETER WILLEM VAN DER *De onbekende God. Essays over de joodse en hellenistische achtergrond van het vroege christendom* [Utrechtse Theol. Reeks 2]. Utrecht: Fac. der Godgeleerdheit Rijksuniversiteit 1988. 285 pp.

255 *As Humanidades greco-latinas e a Civilização do universal – Actas. Congresso Internacional. Coimbra 10-16 avril 1988.* Coimbra: Instituto de Estudos Classicos da Faculdade de Letras de Coimbra 1988. 667 pp.

256 *L'Icône dans la théologie et l'art* [Les Etudes Théologiques de Chambésy / Αἱ Θεολογικαί Μελεταί τοῦ Σαμπεζύ 9]. Edd. D. THERAIOS; M. BRUN; T. NICOLOPOULOS-TITAKI. Chambésy, Genève: Editions du Centre Orthodoxe du Patriarcat Oecuménique 1990. 323 pp.

257 *The idea of salvation. Papers from the Conference on the Idea of Salvation, Sacred and Secular, held at St. Paul's College, University of Sydney, 22-25 August, 1986.* Ed. by D.W. DOCKRILL and R.G. TANNER [Prudentia 20 (1988) Suppl. vol.]. Auckland: Univ. of Auckland 1988. VI, 258 pp.

258 *A Igreja local. Comunhão de Ministérios e Carismas. Jornadas de Teologia.* Coimbra: 1989.

259 *Images of the feminine in gnosticism: papers from a conference 19-25 November 1985.* Ed. KAREN L. KING [Studies in Antiquity and Christianity]. Philadelphia, Pa.: Fortress Pr. 1988. XXI, 455 pp.

260 Vacat

261 *Internationales Symposion über den Stand der Augustinus-Forschung vom 12. bis 16. April 1987 im Schloß Rauischholzhausen der Justus-Liebig-Universität Giessen.* Edd. CORNELIUS MAYER; KARL HEINZ CHELIUS [Cass 39,1; res et signa 1]. Würzburg: Augustinus-Verlag 1989. XXV, 262 pp.

262 *Realtà e allegoria nell'interpretazione del Cantico dei cantici* [Pubbl. del D.AR.FI.CL.ET. 127]. Genova 1989 85pp.

263 *Itinera Domini. Gesammelte Aufsätze aus Liturgie und Mönchtum. Emmanuel v. Severus OSB zur Vollendung des 80. Lebensjahres am 24. August 1988 dargeboten.* Cur. A. ROSENTHAL [Beiträge zur Geschichte des alten Mönchtums und des Benediktinertums Suppl. 5]. Münster: Aschendorff 1988. 370 pp.

264 *Jérôme entre l'Occident et l'Orient. XVIème centenaire du départ de saint Jérôme de Rome et de son installation à Bethléem. Actes*

du colloque de Chantilly (septembre 1986). Publ. par YVES-MARIE DUVAL. Paris: Études Augustiniennes 1988. 508 pp.

265   *Jornadas Agustinianas. Con motivo del XVI Centenario de la conversión de san Agustín. Madrid 22-24 de abril de 1987*. Valladolid: Federación Agustiniana Española/Estudio Agustiniano 1988. 400 pp.

266   *ΚΑΘΗΓΗΤΡΙΑ. Essays presented to Joan Hussey for her 80th birthday*. Ed. J. CHRYSOSTOMIDES. Camberley/Surrey: Porphyrogenitus Ltd. 1988. 576 pp.

267   *Knowledge of God in the Greco-Roman world*. Proceedings of the intern. symposium on Knowledge of God in philosophy and religion from Alexander the Great to Constantine, Utrecht, 26-30 May 1986. Edd. ROELOF VAN DEN BROEK; TJITZE BAARDA; JAAP MANSFELD [Ét. prélimin. aux relig. orientales dans l'Empire rom. 112]. Leiden: Brill 1988. IX, 290 pp.

268   KÖTTING, BERNHARD *Ecclesia peregrinans. Das Gottesvolk unterwegs. Gesammelte Aufsätze*. 2 Bde. [MBTh 54]. Münster: Aschendorff 1988. VIII, 548; III, 339 pp.

269   *Fünfter Internationaler Regula-Benedicti-Kongreß. St Benoît de Fleury 16.-21.9.1984. Emmanuel von Severus OSB zum 80. Geburtstag 24.8.1988* St. Ottilien: EOS Verlag 1988. VIII 369 pp. = RBS 14-15 (1985-1986)

270   *Latin vulgaire-latin tardif: actes du IIe Colloque international sur le latin vulgaire et tardif*. Ed. GUALTIERO CALBOLI. Tübingen: Niemeyer 1990. 286pp.

271   *A green leaf. Papers in honour of Jes. P. Asmussen* [Acta Iranica 28, 2. sér. Hommages et opera minora 12]. Leiden: Brill 1988. XXIX, 547 pp.

272   *Lebendiges Stundengebet. Vertiefung und Hilfe*. Hrg. von MARTIN KLOECKENER und HEINRICH RENNINGS [Pastoralliturg. R. in Verbindung mit der Zeitschrift Gottesdienst]. Freiburg: Herder 1989. XVII, 628 pp.

273   *La legittimità del culto delle icone. Oriente e Occidente riaffermano insiere le fede cristiana*. Atti del III convegno storico interecclesiale – 11/13 Maggio 1987 – Bari (Italia). Ed. G. DISTANTE [Nicolaus 15]. Bari 1988. 352 pp.

274   Vacat

275   *Lingua restituta orientalis: Festgabe für Julius Assfalg*. Hrsg. von REGINE SCHULZ und MANFRED GÖRG [Ägypten und Altes Testament 20]. Wiesbaden: Harrassowitz 1990. XXV, 419 pp.

276   *Liturgie, conversion et vie monastique. Conférences Saint-Serge, XXXVe Semaine d'Etudes Liturgiques, Paris 28 juin – 1er juillet 1988*. Edd. A.M. TRIACCA; C. ANDRONIKOF [Bibliotheca

«EL» Subsidia 48]. Roma: C.L.V. – Ed. Liturgiche 1989. XII, 393 pp.

277 LIVREA, E. *Κρέσσονα βασκανείας. Quindici studi di poesia ellenistica* [Biblioteca di cultura contemporanea 156]. Messina/Firenze: Casa editr. G. D'Anna [o.J.] 258 pp.

278 *Loyalitätskonflikte in der Religionsgeschichte: Festschrift für Carsten Colpe.* Ed. CHRISTOPH ELSAS; HANS G. KIPPENBERG et al. Würzburg: Königshausen und Neumann 1990. 386 pp.

279 *The making of Orthodoxy. Essays in honour of Henry Chadwick.* Ed. R. WILLIAMS. Cambridge: Univ. Press 1989. XXVI, 340 pp.

280 *Manichaean studies: proceedings of the first international conference on Manichaeisme. August 5-9, 1987, Department of History of religions, Lund University, Sweden.* Ed. PETER BRYDER [Lund studies in African and Asian religions 1]. Lund: Plus Ultra 1988. X, 294 pp.

281 *Maria – Abbild oder Vorbild? Zur Sozialgeschichte mittelalterlicher Marienverehrung. Tagung. Weingarten (Oberschwaben), September 1989.* Edd. HEDWIG RÖCKELEIN et al. Tübingen: Edition Diskord 1990. 170 pp.

282 *La mariologia nella catechesi dei Padri (età prenicena): convegno di studio e aggiornamento, Facoltà di Lettere cristiane e classiche (Pontificium Institutum Altioris Latinitatis), Roma, 18-19 marzo 1988.* Ed. SERGIO FELICI [BSRel 88]. Roma: LAS 1989. 260 pp.

283 *Mélanges Antoine Guillaumont. Contributions à l'étude des christianismes orientaux* [COr 20]. Genève: Cramer 1988. XI, 310 pp.

284 *Mélanges Pierre Lévêque I: Religion.* Edd. MARIE-MADELEINE MACTOUX; ÉVELYNE GENY [ALUB 367]. Paris: Les Belles Lettres 1988. LXIII, 330 pp.

285 *Mélanges Pierre Lévêque II: Anthropologie et société.* Edd. MARIE-MADELEINE MACTOUX; ÉVELYNE GENY [ALUB 377]. Paris: Les Belles Lettres 1989. XXIX, 446 pp.

286 *Mélanges Pierre Lévêque III: Anthropologie et société.* Edd. MARIE-MADELEINE MACTOUX; ÉVELYNE GENY [ALUB]. Paris: Les Belles Lettres 1989. XXIX, 470 pp.

287 *Mélanges Pierre Lévêque IV: Religion.* Edd. MARIE-MADELEINE MACTOUX; ÉVELYNE GENY [ALUB 413; Centre de rech. d'histoire anc. 96]. Paris: Les Belles Lettres 1990. XXIX, 440 pp.

288 *Mémorial Dom Jean Gribomont (1920-1986)* [StEA 27]. Roma: Inst. Patrist. Augustinianum 1988. 642 pp.

289 *Metodologie della ricerca sulla tarda antichità. Atti del primo convegno dell'Associazione di studi tardoantichi.* Ed. ANTONIO GARZYA [Assoc. di studi tardoantichi. Atti dei convegni 1]. Napoli: d'Auria 1989. 604 pp.

290 *Migratio et Communtatio. Studien zur alten Geschichte und deren Nachleben. Thomas Pekáry zum 60. Geb. am 13.Sept 1989 dargebracht von Freunden, Kollegen und Schülern.* Edd. HANS JOACHIM DREXHAGEN; JULIA SUENSKES. St. Katharinen 1989

291 *Mikra. Text, translation, reading and interpretation of the Hebrew Bible in ancient judaism and early christianity* edd. MARTIN JAN MULDER; HARRY SYSLING [Compendia rerum Iudaicarum ad Novum Testamentum Sect. 2,1]. Assen: van Gorcum & Philadelphia, Penna.: Fortress Pr. 1988. XXVI, 929 pp.

292 *Ministerio, Tradición y Regla de Fe en los tres primeros siglos.* Presentación de S. DEL CURA ELENA. Facultad de Teología del Norte de España. Sede de Burgos. Instituto Juan de Avila [Teología del Sacerdocio 21]. Burgos: Aldecoa 1990. 258 pp.

293 *Mise en page et mise en texte du livre manuscrit.* Edd. HENRI-JEAN MARTIN; JEAN VEZIN. Paris: Ed. du Cercle de la Librairie-Promodis 1990. 471 pp.

294 *Il monachsimo nel primo millennio. Convegno internaz. di studi, Roma 24-25 febbraio; Casamari 26 febbraio 1989. Atti.* Rom: Accademia Internazionale di Propaganda Culturale 1990. 222 pp.

295 MUNIER, CHARLES *Autorité épiscopale et sollicitude pastorale: IIe-VIe siècles* [Collected Studies Series CS 341]. Northampton: Variorum Reprints 1989. XIII, 305 pp.

296 MURPHY, FRANCIS X. *Patristic Heritage in the Renaissance and the Modern World.* The essays in this volume are being republished as a tribute to Francis X. Murphy on his seventy fifth birthday. Edd. NORMAN SHAIFER et al. Tappan, NY.: Shepherd Pr. 1990. VII, 237 pp.

297 *La Neustrie. Les pays au nord de la Loire de 650 à 850. Colloque historique international.* Éd. par H. ATSMA. Avec une introd. de K. F. WERNER [Francia Beihefte 16]. Sigmaringen: J. Thorbecke 1989. XXXI, 593; VII, 543 pp.

298 *The New Testament in early Christianity. La réception des écrits néotestamentaires dans le christianisme primitif.* Ed. JEAN-MARIE SEVRIN [EThL 86]. Leuven: Univ. Pr. 1989. XIV, 410 pp.

299 *Novella Constitutio. Studies in Honour of Nicolaas van der Wal* [Subseciva Groningana. Studies in Roman and Byzantine Law 4]. Edd. J.H.A. LOKIN; B.H. STOLTE; N. VAN DER WAL. (Groningen): E Forsten et Institutum cui nomen «Het Groningsch Rechtshistorisch Fonds» 1990. X, 274 pp.

300 *Nubia et Oriens Christianus. Festschrift für C.D.G. Müller zum 60. Geburtstag.* Edd. P.O. SCHOLZ; R. STEMPEL [Bibliotheca Nubica 1]. Köln: Dinter 1988. 454 pp.

301 *En bok Nya testamentet.* Utgiven af BIRGER GERHARDSSON, under medverkan av LARS HARTMANN. 5.uppl. [rev. och utök.]. Malmö: Liber 1989. 500 pp.

302 NYSSEN, WILHELM *Drei Säulen tragen die Kuppel: Jerusalem – Rom – Byzanz.* Gesammelte Studien [Schriftenreihe des Zentrums patristischer Spiritualität KOINONIA ORIENS im Erzbistum Köln 29]. Köln: Luthe 1989. 446 pp.

303 *Oecumenica et patristica. Festschrift für Wilhelm Schneemelcher zum 75. Geburtstag.* Edd. DAMASKINOS PAPANDREOU; KNUT SCHÄFERDIEK et. al. Stuttgart; Berlin; Köln; Mainz: Kohlhammer 1989. 405 pp.

304 *Origen of Alexandria. His world and his legacy.* Edd. CHARLES KANNENGIESSER; WILLIAM L. PETERSEN [Christianity and Judaism in Antiquity 1]. Notre Dame, Ind.: Univ. of Notre Dame Pr. 1988. VII, 373 pp.

305 *Papsttum und Kirchenreform: historische Beiträge: Festschrift für Georg Schwaiger zum 65. Geburtstag.* Edd. MANFRED WEITLAUFF; KARL HAUSBERGER. St. Ottilien: EOS-Verl. 1990. XX, 812 pp.

306 *Patristica Nordica 3. Föreläsningar hållna vid det tredje Nordiska Patristikermötet i Lund, 22-25 augusti 1989* [Religio 32]. Lund: Teologiska Institutionen i Lund 1990. 165 pp.

307 *Paul and the legacies of Paul. Revised papers presented at the conference held at Southern Methodist University in March 1987.* Ed. W.S. BABCOCK. Dallas, Tex.: Southern Methodist Univ. Press 1990. XXIX, 426 pp.

308 PENCO, GREGORIO *Spiritualità monastica: aspetti e momenti* [Scritti monastici 9]. Bresseo di Teolo: Ed. Scritti Monastici 1988. 536 pp.

309 *Penitencia y reconciliación. Estudio histórico-teológico de la «Res et sacramentum».* Ed. por P. LOPEZ GONZALEZ [Teológica 64]. Pamplona: Ediciones Universidad de Navarra 1990. 357 pp.

310 PERLER, OTHMAR *Sapientia et caritas: Gesammelte Aufsätze zum 90. Geburtstag* [Paradosis 29]. Fribourg: Universitäts-Verlag 1990. XIV, 632 pp.

311 *Neue Perspektiven.* Hrg. von PETER NEUKAM [Dialog Schule-Wissenschaft Klassische Sprachen und Literatur 23]. München: Bayerischer Schulbuch-Verlag 1989. 212 pp.

312 *Pléroma. Salus carnis. Homenaje a Antonio Orbe.* Editado por E. ROMERO POSE con la colaboración de JOSEP RIUS-CAMPS y J. MONTSERRAT TORRENTS. Santiago de Compostela: Compostellanum 1990. 657 pp.

313 *Polyanthema. Studi di letteratura cristiana antica offerti à Salvatore Costanza* [Studi tardoantichi 7]. Messina: Ed. Sicania 1989. XXVII, 437 pp.

314 *Πρακτικὰ τοῦ Α' Διεθνοῦς Συμποσίου Ἡ Καθημερινὴ Ζωὴ στὸ Βυζάντιο. Τομὲς καὶ συνέχειες στὴν ἑλληνιστικὴ καὶ ρωμαϊκὴ παραδόση.* Ed. CHRISTINA G. ANGELIDE. Athen: E.I.E. 1989. 764 pp.

315 *Preaching in the Patristic age: studies in honor of Walter J. Burghardt.* Ed. DAVID G. HUNTER. Mahwah, N.J.: Paulist 1989. VI, 217 pp.

316 *Prefazioni, prologhi, proemi di opere tecnico-scientifiche latine.* Edd. CARLO SANTINI; NINO SCIVOLETTO [Bibl. del Giornale italiano di filologia 7]. Roma: Herder 1990. IX, 426 pp.

317 *Primer Seminario sobre el Monacato. Codex Aquilensis. Cuadernos de Investigación del Monasterio de Santa María la Real.* Aguilar de Campóo: Asociación de Amigos del Monasterio de Aguilar 1988. 89 pp.

318 *Proceedings of the XVIIIth international Congress of papyrology, Athens 25-31 May 1986* 2 voll. Edd. BASIL G. MANDILARAS et al. Athens: Greek Papyrol. Sic. 1988. 491 pp; 523 pp.

319 *Quaeritur inventus colitur. Miscellanea in onore di Padre Umberto Maria Fasola.* 2 voll. [SAC 40]. Città del Vaticano: Pontifico Istituto di Archaeologia Cristiana 1989. 827 pp.

320 *Reading the past in late antiquity.* Edd. CLARKE GRAEME et al. Rushcutters Bay (New South Wales, Australia): Australian National University Press 1990. XV, 370 pp.

321 *Jesu Rede von Gott und ihre Nachgeschichte im frühen Christentum. Beiträge zur Verkündigung Jesu und zum Kerygma der Kirche. Festschrift für Willi Marxen zum 70. Geburtstag.* Ed. D.-A. KOCH. Gütersloh: Mohn 1989. 476 pp.

322 *Religion im Erbe Ägyptens. Beiträge zur spätantiken Religionsgeschichte zu Ehren von Alexander Böhlig.* Hrg. von MANFRED GÖRG [Ägypten und Altes Testament 14]. Wiesbaden: Harrassowitz 1988. XX, 282 pp.

323 *Religion und Gesellschaft in der römischen Kaiserzeit. Kolloquium zu Ehren von Friedrich Vittinghoff.* Ed. W. ECK [Kölner Historische Abhandlungen 37]. Köln: Böhlau 1989. 293 pp.

324 *Rethinking religion. Studies in the hellenistic process. Symposium.* Ed. JØRGEN PODEMANN SØRENSEN [Opuscula Graecolatina Suppl. Musei Tusculani 30]. Copenhagen: Museum Tusculanum Press 1989. 101 pp.

325 *Roma renascens. Beiträge zur Spätantike und Rezeptionsgeschichte. Ilona Opelt von ihren Freunden und Schülern zum 9.7.1988 in*

Verehrung gewidmet. Hrsg. von MICHAEL WISSEMANN. Frankfurt; Bern; New York, N.Y.; Paris: Lang 1988. 450 pp.

326 *Rudiae: ricerche sul mondo classico, I*. [Univ. degli studi di Lecce Dip. di fil. class. & medievale. Quaderno 1]. Galatina: Congedo 1988. 193 pp.

327 *Sainteté et martyre dans les religions du Livre*. Ed. JAQUES MARX [Problèmes d'histoire du christianisme 19]. Bruxelles: Éd. de l'Univ. de Bruxelles 1989. 159 pp.

328 *Sangue e antropologia nella teologia: atti della VI settimana, Roma 23-28 novembre 1987*. A cura di FRANCESCO VATTIONI. Roma: Ed. Pia Unione Preziosissimo Sangue 1989. 1813 pp. en 3 vol. ill. index.

329 *Santi e demoni nell'alto medioevo occidentale (secoli V-XI). Congresso. Spoleto, 7-13 aprile 1988*. Vol. I [Settimane del Centro italiano di studi sull'Alto Medioevo 36]. Spoleto: Centro it. di studi sull'alto medioevo 1989. 572 pp.

330 *Sapientia et eloquentia. Studi per il 70° genetliaco di Antonio Quacquarelli*. A cura dell'Istituto di letteratura cristiana antica dell'Università di Bari. Bari: Edipuglia 1988. XLII, 705 pp. = VetChr 25 (1988)

331 *Scire litteras. Forschungen zum mittelalterlichen Geistesleben. Bernhard Bischoff gewidmet*. Hrg. von SIGRID KRAEMER und MICHAEL BERNHARD [Abhandlungen der Bayerischen Akademie der Wissenschaften, Philos. – Hist. Klasse N.F. 99]. München: Beck 1988. 438 pp.

332 *Segundo Seminario sobre el Monacato. Monacato y sociedad* [Codex Aquilarensis. Cuadernos de Investigación del Monasterio de Santa María la Real. Agosto 1988]. Aquilar de Campóo: Centro de Estudios del Románico 1989. 112 pp.

333 *Self-definition and self-discovery in early Christianity: a study in changing horizons*. Essays in appreciation of Ben F. Meyer. Ed. by DAVID J. HAWKIN [SBEC 26]. Lewiston (NY): Mellen 1990. 261 pp.

334 *XV Semana de Teología Espiritual: Hombres de fe*. Toledo: Centro de Estudios de Teología Espiritual 1990. 415 pp.

335 *Signum pietatis. Festgabe für Cornelius Petrus Mayer OSA zum 60. Geburtstag*. Ed. ADOLAR ZUMKELLER [Cass 40]. Würzburg: Augustinus 1989. LXIV, 670 pp.

336 *Simandron: der Wachklopfer: Gedenkschrift für Klaus Gamber (1919-1989)*. Ed. WILHELM NYSSEN. Köln: Luthe 1989. 347 pp.

337 *The social world of formative Christianity and Judaism: essays in tribute to Howard Clark Kee*. Ed. JACOB NEUSNER et.al. Philadelphia, Penna.: Fortress Pr. 1988. XII, 368 pp.

338 *Sogni, visioni e profezie nell'antico cristianesimo. XVII Incontro di Studiosi dell'Antichità Cristiana. Roma, 5-7 Magg. 1987* [AugR 29]. Roma 1989. 610 pp.

339 *Staat, Kirche, Wissenschaft in einer pluralistischen Gesellschaft: Festschrift zum 65. Geburtstag von Paul Mikat.* Edd. DIETER SCHWAB; DIETER GIESEN; JOSEPH LISTL; HANS-WOLF-GANG STRÄTZ. Berlin: Duncker und Humbolt 1989. 899 pp.

340 *Stephanion. Homenaje a Mariá C. Giner.* Edd. CARMEN CODOÑER; MARIA P. FERNANDEZ ALVAREZ; JOSÉ A. FER-NANDEZ DELGADO [Acta Salamanticensia]. Salamanca: Ed. Univ. de Salamanca 1988. 254 pp.

341 *Storia della Sicilia e tradizione agiografica nella tarda antichità. Atti del Convegno di Studi, Catania, 20-22 maggio 1986.* A cura di SALVATORE PRICOCO. Soveria Mannelli: Rubbettino 1988. 233 pp.

342 *Strukturen der Mündlichkeit in der römischen Literatur.* Ed. GRE-GOR VOGT-SPIRA [ScriptOralia 19, R. A 4]. Tübingen: Narr 1990. 319 pp.

343 *Studia Patristica 18,2: Critica, Classica, Ascetica, Liturgica. Papers of the 9th international Conference on patristic studies, Oxford 1983.* Ed. by E. A. LIVINGSTONE. Kalamazoo, Mich.: Cistercian Publications 1989. 402 pp.

344 *Studia patristica 18,3: The second century, Tertullian to Nicaea in the west, Clement and Origen, the Cappadocian fathers.* Ed. by E.A. LIVINGSTONE. Kalamazoo, Mich.: Cistercian Publications 1989. X, 494 pp.

345 *Studia patristica 18,4: Augustine, the post-Nicene Latin fathers, oriental texts, Nachleben of the fathers.* Ed. by E. A. LIVING-STONE. Kalamazoo, Mich.: Cistercian Publications 1990. VII, 390 pp.

346 *Studia patristica 19: Papers presented to the tenth international conference on patristic studies held in Oxford 1987: historica, theologica, gnostica, biblica et apocrypha.* Ed. ELIZABETH A. LI-VINGSTONE. Leuven: Peeters 1989. XII, 405 pp.

347 *Studia Patristica 20: Papers presented to the tenth international conference on patristic studies held in Oxford 1987: critica, clas-sica, orientalia, ascetica, liturgica.* Ed. ELIZABETH A. LIVING-STONE. Leuven: Peeters 1989. X, 408 pp.

348 *Studia Patristica 21: Papers presented to the tenth international conference on patristic studies held in Oxford 1987: second cen-tury, Tertullian to Nicaea in the West, Clement of Alexandria and Origen, Athanasius.* Ed. ELIZABETH A. LIVINGSTONE. Leu-ven: Peeters 1989. IX, 455 pp.

349 *Studia Patristica 22: Papers presented to the tenth international conference on patristic studies held in Oxford 1987: Cappadocian Fathers, Chrysostom and his Greek contemporaries, Augustine, Donatism and Pelagianism.* Ed. ELIZABETH A. LIVINGSTONE. Leuven: Peeters 1989. 386 pp.

350 *Studia Patristica 23: Papers presented to the tenth international conference on patristic studies held in Oxford 1987: late Greek Fathers, Latin Fathers after Nicaea, Nachleben of the Fathers; with index Patrum and index auctorum of vols. XIX-XXIII.* Ed. ELIZABETH A. LIVINGSTONE. Leuven: Peeters 1989. 313 pp.

351 *Studien zu Gregor von Nyssa und der christlichen Spätantike.* Edd. HUBERTUS R. DROBNER; CHRISTOPH KLOCK [VigChr.-Suppl 12]. Leiden: Brill 1990. XI, 418 pp.

352 *Studies in ancient history and numismatics presented to Rudi Thomsen.* Aarhus: University Press 1988. 270 pp.

353 *Studies in John Malalas.* Edd. ELISABETH JEFFREYS; BRIAN CROKE; ROGER SCOTT [Byzantina Australiensia 6]. Sydney: Australian Assoc. for Byzantine stud. 1990. XXXVII, 370 pp.

354 *V Symposium Syriacum 1988 (Katholieke Universiteit, Leuven, 29-31 août).* Ed. RENÉ LAVENANT, SJ [OCA 236]. Roma: Pont. Institutum Studiorum Orientalium 1990. 460 pp.

355 *Tercer Seminario sobre el Monacato. El monasterio como centro de producción cultural* [Codex Aquilarensis. Cuadernos de Investigación del Monasterio de Santa María la Real. Agosto 1989]. Aguilar de Campóo: Centro de Estudios del Románico 1990. 124 pp.

356 TIBILETTI, CARLO *Raccolta di studi.* A cura di MARIA GRAZIA BIANCO [Università degli Studi di Macerata, Pubblicazioni della Facoltà di Lettere e Filosofia 48]. Roma: Viella 1989. XX, 702 pp.

357 *Traditio et progressio. Studi liturgici in onore del Prof. A. Nocent, OSB.* A cura di G. FARNEDI [StAns 95 – Analecta Liturgica 12]. Roma: Pontificio Ateneo S. Anselmo 1988. 692 pp.

358 *Tradition og nybrud. Jødedommen i hellenistik tid.* Red. af TROELS ENGBERG-PEDERSEN og NIELS PETER LEMCHE [Forum for bibelsk eksegese 2]. København: Museum Tusculanum 1990. 240 pp.

359 *Tradizione dell'antico nelle letterature e nelle arti d'Occidente: studi in memoria di Maria Bellincioni Scarpat* [La civiltà delle scritture 10]. Roma: Bulzoni 1990. XVI, 663 pp.

360 *La tradizione: forme e modi.* XVIII Incontro di Studiosi dell'Antichità Cristiana, Roma 7-9 maggio 1989 [StEA 31]. Roma: Institutum Patristicum Augustinianum 1990. 466 pp.

361 *Traduction et traducteurs au moyen âge. Actes du colloque international du CNRS organisé à Paris, Institut de recherche et d'histoire des textes, les 26-28 mai 1986.* Ed. GENEVIEVE CONTA-MINE. Paris: Éd. du CNRS 1989. XXIII, 381 pp.

362 *L'umanesimo di Sant'Agostino. Atti del congresso internazionale, Bari, 28-30 ottobre 1986.* Cur. M. FABRIS. Bari: Levante 1988. 665 pp.

363 *The Use and Abuse of Eschatology in the Middle Ages.* Cur. WERNER VERBEKE; DANIEL VERHELST; ANDRIES WELKEN-HUYSEN [Mediaevalia Lovaniensia. Series I. Studia 15]. Leuven: Katholieke Universiteit Leuven. Instituut voor Middeleeuwse Studies 1988. IX, 513 pp.

364 *Verbo de Dios y palabras humanas.* En el XVI centenario de la conversión cristiana de San Agustín. Ed. dirigida por MARCELO MERINO [Colección teológica 57]. Pamplona: Ed. Univ. de Navarra 1988. 327 pp.

365 *A tribute to Geza Vermes: essays on Jewish and Christian literature and history.* Edd. PHILIP R. DAVIES; RICHARD T. WHITE [JSOT Suppl. 100]. Sheffield: Academic Pr. 1990. 406 pp.

366 *La vie de la Parole. De l'Ancien au Nouveau Testament. Études d'exegèse et d'herméneutique bibliques offertes à Pierre Grelot.* Paris: Desclée 1987. XLV, 486 pp.

367 *Voces. Miscellanea patristica.* Red. K. OBRYCKI [Studia antiquitatis christiana 9]. Warschau: Wydawnictwo ATK 1988. 194 pp.

368 *Weite des Herzens, Weite des Lebens: Beiträge zum Christsein in moderner Gesellschaft: Festschrift zum 25-jährigen Abtsjubiläum des Abts von St. Bonifaz München/Andechs Dr. Odilo Lechner OSB, I.* Edd. MICHAEL LANGER; ANSELM BILGRI. Regensburg: Pustet 1989. 674 pp.

I.6. Methodologica

369 ALAND, B. *Die Münsteraner Arbeit am Text des Neuen Testaments und ihr Beitrag für die frühe Überlieferung des II. Jahrhunderts. Eine methodologische Betrachtung.* In: Gospel traditions (cf. 1988-90, 242) 55-70

370 ALAND, KURT *Über die Möglichkeit der Identifikation kleiner Fragmente neutestamentlicher Handschriften mit Hilfe des Computers.* In: *Supplementa ...* (cf. 1988-90, 172) 117-141

371 AMARELLI, F. *I problemi di metodo per lo studio delle fonti relative ai rapporti tra Cristianesimo e diritto romano.* In: *Metodologie della ricerca sulla tarda antichità* (cf. 1988-90, 289) 11-23

372 ARAUJO, A. DE SOUSA O Congresso Internacional comemorativo do IX centenário da dedicação da Sé de Braga (18-21 de Outubro de 1989) – Itinerarium 36 (1990) 297-301

373 AYAN CALVO, J.J. Pléroma. Reflexiones apresuradas y deshilvanadas a propósito del homenaje al P. Antonio Orbe – RAgEsp 31 (1990) 943-948

374 BAUER, JOHANNES BAPTIST Elend und Glanz der Textkritik – AOAW 127 (1990) 47-58

375 BERARDINO, A. DI Tendenze attuali negli studi patristici. In: Complementi interdisciplinari di patrologia (cf. 1988-90, 207) 25-70

376 BISCONTI, F. Letteratura patristica ed iconografia paleocristiana. In: Complementi interdisciplinari di patrologia (cf. 1988-90, 207) 367-412

377 BORRONE, PIER GIORGIO Un programma per l'elaborazione di testi siriace e un progetto di redazione di concordanze della peshitta. In: Symposium Syriacum (cf. 1988-90, 354) 439-450

378 CAVALCANTI, ELENA Quindici anni di studi patristici in Italia: (orientamenti metodologici). In: Metodologie della ricerca sulla tarda antichità (cf. 1988-90, 289) 189-222

379 DAGENS, CLAUDE Dlaczego nauczać patrologii? (= Why teach Patrology?) [mit englischer Zusammenfassung] – VoxP 9 (1989) f.16, 213-226

380 DEGORSKI, BAZYLI Studium Ojców w oficjalnych dyrektywach Kościoła (= Necessità dello studio dei Padri della Chiesa secondo le direttive ufficiali della Chiesa) – VoxP 9 (1989) f.16, 45-60

381 ESBROECK, MICHEL VAN Incidence des versions arabes chrétiennes pour la restitution des textes perdus. In: Traduction et traducteurs (cf. 1988-90, 361) 133-143

382 O estudo dos Padres da Igreja na formação sacerdotal. Ed. Congregação para a Educação Catolica. Petropolis: Vozes 1990. 50 pp.

383 FARINA, RAFFAELLO Nauczanie patrologii (Przygotowanie, cele, środki dydaktyczne) (= De patrologia docenda: praeparatio ad fines) – VoxP 9 (1989) f.16, 227-256

384 FLORES, R. MARIO ANGEL Los Padres de la Iglesia en el estudio de la teología. Fidelidad y libertad – EfMex 8 (1990) 341-358

385 FROHNHOFEN, H. Die frühe Kirche als Leitbild der Erneuerung. Zu Peter Stockmeiers kritischer Erforschung der Kirchengeschichte – MThZ 40 (1989) 211-222

386 FUHRMANN, H. Von der Wahrheit der Fälscher. In: Fälschungen im Mittelalter (cf. 1988-90, 231) I 83-98

387   HAMMAN, ADALBERT G., OFM *Jak analizowac tekst patrysty-czny?* (= How to analyse a patristic text?) – VoxP 9 (1989) f.16, 257-262

388   HURST, THOMAS R. *Wprowadzenie do teologii syryjskiej* (= Introduction à théologie syriaque) – VoxP 9 (1989) f.16, 263-270

389   *Instrucción sobre el estudio de los Padres de la Iglesia en la formación sacerdotal.* Ed. Congregación para la Educación Católica. Sevilla: Apostolado Mariano 1990. 31 pp.

390   KIRAZ, GEORGE ANTON *Computers: innovation and new future to syriac studies.* In: *Symposium Syriacum* (cf. 1988-90, 354) 451-460

391   KOZARŽEVSKIJ, A.C. *Problèmes de l'étude des sources de la littérature paléochrétienne* [in russischer Sprache]. Moskva: Univ. 1985. 146 pp.

392   LASSANDRO, DOMENICO *L'altare della vittoria: letture moderne di un'antica controversia.* In: *Metodologie della ricerca sulla tarda antichità* (cf. 1988-90, 289) 443-450

393   MACHIELSEN, J. *Contribution à l'étude de la pseudépigraphie médiévale en matière patristique. Problèmes d'attribution et de remaniement des textes homilétiques.* In: *Fälschungen im Mittelalter* (cf. 1988-90, 231) V 345-359

394   MATHISEN, RALPH W. *Episcopal hierarchy and tenure in office in late Roman Gaul: a method for establishing dates of ordination* – Francia 17, 1 (1990) 125-140

395   MAZZOLENI, D. *Patristica ed epigrafia.* In: *Complementi interdisciplinari di patrologia* (cf. 1988-90, 207) 319-365

396   Vacat

397   MYSZOR, WINCENTY *Cwiczenia z patrologii* (= De exercitiis patrologiae) – VoxP 9 (1989) f.16, 277-282

398   OUTLER, A.C. *Theodosius' Horse: Reflections on the Predicament of the Church Historian* – ChH 57 (1988) 9-19

399   PAUL, J. *Hagiographische Texte als historische Quellen* – Saeculum 41 (1990) 17-43

400   PIZZAMIGLIO, P. *Le scienze e la patristica.* In: *Complementi interdisciplinari di patrologia* (cf. 1988-90, 207) 185-221

401   PONTES, J.M. DA CRUZ *Cronica. Comemoração de santo Agostinho. XVI Centenario da conversão e baptismo* – RaPortFilos 44 (1988) 163-165

402   SCHÜSSLER-FIORENZA, ELISABETH *Text and reality – reality as text: the problem of a feminist historical and social reconstruction based on texts* – JTh 43 (1989) 19-34

403   *Sciences historiques, sciences du passé et nouvelles technologies d'information. Bilan et évaluation. Actes du congrès international de Lille (16-18 mars 1989).* Edd. SERGE CACALY; GÉRARD

LOSFELD. Villeneuve d'Ascq Cedex: Université Charles de Gaulle Lille III. 1990

404 STANIEK, EDWARD *Seminarium z patrologii* (= De seminario patristico) – VoxP 9 (1989) f.16, 283-286

405 STANULA, EMIL *Wykład z patrologii* (= De scholis patrologiae) – VoxP 9 (1989) f.16, 271-275

406 STAROWIEYSKI, MAREK *Wykorzystanie pomocy dydaktycznych w nauczaniu patrologii* (= Quo modo instrumenta studiorum in patrologia docenda usurpari possint?) – VoxP 9 (1989) f.16, 287-300

407 O *studium Ojców Kościoła w formacji kapłańskiej. Instrukcja Kongregacji ds Wychowania Katolickiego* (= Congregatio de Institutione Catholica. Instructio de Patrum Ecclesiae studio in sacerdotali institutione) – VoxP 10 (1990) f.18, 7-39

408 TAGLIABUE, M. *Per la storia del monachesimo in Italia. Motivi, metodi e problemi nella prospettiva di un recente contributo* – RSCI 42 (1988) 157-173

409 VELADO GRAÑA, B. *Los profesores de liturgia estudian el rito hispánico* – Phase 30 (1990) 82-83

410 VELAZQUEZ, I. *Auge y nuevas perspectivas de los estudios visigóticos* – ECI 31 (1988) 83-92

411 VELAZQUEZ, I. *I Coloquio Internacional sobre aculturación y cristianismo durante el imperio romano* – ECI 31 (1988) 126-127

I.7. Subsidia

412 *[Isidorus Hispalensis] De ecclesiasticis officiis.* Ed. CETEDOC [CChr.ILL 51]. Turnhout: Brepols 1989. 41 pp. [3 microfiches]

413 *Atlas d'histoire de l'Eglise.* Edd. H. JEDIN; K.S. LATOURETTE; J. MARTIN. Tournhout: Brepols 1990. XXXIX, 84, 152 pp.

414 AUBINEAU, MICHEL *Chrysostome, Sévérien, Proclus, Hésychius et alii: patristique et hagiographie grecques: inventaires de manuscrits, textes inédits, traductions, études* [Collected studies series 276]. London: Variorum Repr. 1988. XVI, 366 pp.

415 *Augustinus-Lexikon I, 3: Anima, animus-Asinus.* Hrsg. CORNELIUS MAYER in Verb. m. ERICH FELDMANN et al. Red. K.H. CHELIUS. Basel: Schwabe 1988. XIII-XV pp., 321-480 col.

416 *Augustinus-Lexikon, I,4: Asinus-Bellum* Edd. CORNELIUS MAYER et al.; red. KARL HEINZ CHELIUS. Basel: Schwabe 1990 col. 481-640

417 AVRAMEA, ANNA; KYRKOU, MARO *Inventaire topographique de Corinthe et sa région à l'époque chrétienne et byzantine.* In: *Géographie historique du monde...* (cf. 1988-90, 238) 31-45

418 BAUER, WALTER *Griechisch-deutsches Wörterbuch zu den Schriften des Neuen Testaments und der frühchristlichen Literatur.* 6., völlig neubearbeitete Auflage im Institut für Neutestamentliche Textforschung, Münster, unter besonderer Mitwirkung von VIKTOR REICHMANN hrsg. von KURT und BARBARA ALAND. Berlin; New York: de Gruyter 1988. XXIV, 1796 Sp.

419 BERGIOTES, G.TH. *Λεξικὸ λειτουργικῶν καὶ τελετουργικῶν ὅρων.* Thessalonike 1988. 132 pp.

420 BORGER, RYHLE *Zum Stande der neutestamentlichen Lexikographie. Die Neubearbeitung des Wörterbuches von W. Bauer –* GGA 241 (1989) 103-146

421 BOUVIER, DAVID *Lire et utiliser le Thesaurus Linguae Graecae avec Macintosh: présentation du projet de la Scuola Normale Superiore de Pise.* In: *Épigraphie et informatique: actes du colloque (26-27 mai 1989).* Edd. PIERRE DUCREY et. al. Lausanne (1989) 167-173

422 *Catalogus verborum quae in operibus Sancti Augustini inveniuntur. X: De diversis quaestionibus ad Simplicianum (CChr 44). De diversis quaestionibus LXXXIII. De octo Dulcitii quaestionibus (CChr 44A). Quaestiones Evangeliorum cum appendice Quaestionum XVI in Matthaeum (CChr 44B).* Eindhoven: Thesaurus Linguae Augustinianae 1988. 178 pp.

423 *Catalogus verborum quae in operibus Sancti Augustini inveniuntur. XI: Vocabula quae reperiuntur in Corpus Christianorum Series Latina XXXV et XLVI.* Comp. M. LOSANNO; A. VAN GORP. Eindhoven: Thesaurus Linguae Augustinianae 1990. III, 167 pp.

424 *Topographie chrétienne des cités de la Gaule des origines au milieu du VIIIième siècle, VII: Province ecclésiastique de Narbonne (Narbonensis Prima).* Par PAUL-ALBERT FÉVRIER et XAVIER BARRAL I ALTET. Paris: de Boccard 1989. 86 pp.

425 *A comparative Greek concodance of the Synoptic Gospels.* Voll. 2-3. Coll. and comp. ELMAR CAMILLO DOSSANTOS; JAMES LEONARD BURNHAM. Ed. ROBERT LISLE LINDSEY. Jerusalem: Dugith Publ. 1988-1989. 327; 300 pp.

426 *Concordance verbale du De patientia de Tertullien.* Cur. HENRI QUELLET [AlOlm 97]. Hildesheim: Olms-Weidmann 1988. 346 pp.

427 *Concordantia in Claudianum.* Ed. by. PEDER G. CHRISTIANSEN; WILLIAM J. DOMINIK [AlOlm 47]. Hildesheim: Olms-Weidmann 1988. 432 pp.

428 *Concordantia in Iuvenci Evangeliorum libros.* Curavit MANFRED WACHT [AlOlm 107]. Hildesheim: Olms-Weidmann 1990. 379 pp.

429 *Concordantiae in Alcimi Ecdicii Aviti carmina: kritische Wortkon-kordanz zu den epischen Gedichten des Alcimus Ecdicius Avitus.* Hrsg. von JOHANN RAMMINGER [AlOlm 104]. Hildesheim: Olms-Weidmann 1990. 396 pp.

430 *Concordantiae in Itinerarium Egeriae.* Ed. by D.R. BLACKMAN and G.G. BETTS [AlOlm 96]. Hildesheim: Olms-Weidmann 1989. 204 pp.

431 *Corpus Christianorum. Thesaurus Patrum Latinorum. Thesaurus Augustinianus.* Curante CETEDOC, Universitas Catholica Lovani-ensis Lovanii Novi. Turnhout: Brepols 1989. LXX, 700 pp. [248 microfiches]

432 *Corpus Christianorum. Thesaurus Patrum Graecorum. Thesaurus Sancti Gregori Nazianzeni: enumeratio lemmatum: Orationes, Epistulae, Testamentum.* Edd. JUSTIN MOSSAY; CETEDOC. Turnhout: Brepols 1990. XXI, 218 pp. [50 microfiches]

433 *Corpus Christianorum. Thesaurus Patrum Latinorum. Thesaurus Sancti Hieronymi.* Enumeratio formarum. Index formarum a tergo ordinatarum. Index formarum Graecarum. Index formarum singu-lorum operum. Index formarum secundum orthographiae normam collatarum. Tabula frequentiarum. Concordantia formarum. Cu-rante CETEDOC. Turnhout: Brepols 1990. LII, 708 pp.; 150 mi-crofiches

434 DENOOZ, JOSEPH *Perspectives et problèmes d'utilisation du Thesaurus Linguae Graecae* – Lexis 5-6 (1990) 1-32

435 *Dictionnaire encyclopédique du christianisme ancien. I: A-I; II: J-Z.* Sous la direction de ANGELO DI BERARDINO. Adapt. franç. sous la direction de FRANCOIS VIAL. Paris: Ed. du Cerf 1990. XXXII, 2641 pp. in 2 voll.

436 *Dictionnaire grec-français du Nouveau Testament.* Ed. MAURICE CARREZ; FRANÇOIS MOREL. 4e éd. rev. et cor. Genève: Labor et Fides 1989. 270 pp.

437 *Dictionnaire d'histoire et de géographie ecclésiastiques, XXII, fasc. 129-130: Guibert-Guy.* Sous la dir. de R. AUBERT. Paris: Letou-zey et Ané 1988. col. 769-1280

438 *Dictionnaire d'histoire et de géographie ecclésiastiques, XXII, fasc. 131: Guy-Haeglsperger.* Sous la dir. de R. AUBERT. Paris: Letou-zey et Ané 1988. col. 1281-1520

439 *Dictionnaire d'histoire et de géographie ecclésiastiques, XXIV, fasc. 132: Haegy – Hampole.* Sous la dir. de R. AUBERT et al. Paris: Letouzey et Ané 1988. col. 1-256

440 *Dictionnaire d'histoire et de géographie ecclésiastiques, XXIII, fasc. 133-134: Hampole-Heerse.* Sous la direction de R. AUBERT. Paris: Letouzey et Ané 1989. col. 257-768

441 *Dictionnaire d'histoire et de géographie ecclésiastiques, XXIII, fasc. 135: Heeslingen-Henneberg.* Sous la direction de R. AUBERT. Paris: Letouzey et Ané 1989. col. 769-1024

442 *Dictionnaire d'histoire et de géographie ecclésiastiques, XXIII, fasc. 136: Henneberg-Henryków.* Sous la dir. de R. AUBERT. Paris: Letouzey et Ané 1990. col. 1025-1280

443 *Dictionnaire d'histoire et de géographie ecclésiastiques, XXIII, fasc. 137: Henryków-Herlemundus.* Sous la dir. de R. AUBERT. Paris: Letouzey et Ané 1990. col. 1281-1518

444 *Dictionnaire d'histoire et de géographie ecclésiastiques, XXIV, fasc. 138: Herlet-Herzog.* Sous la dir. de R. AUBERT. Paris: Letouzey et Ané 1990. col. 1-256

445 *Dictionnaire de spiritualité ascétique et mystique, XIII, fasc. 89-90: Robert d'Arbrissel – Reylandt.* Cur. A. RAYEZ; A. DERVILLE; A. SOLIGNAC. Paris: Beauchesne 1988. coll. 705-1196

446 *Dictionnaire de spiritualité ascétique et mystique, XIV, fasc. 91: Sabbatini-Savonarola.* Cur. A. RAYEZ; A. DERVILLE; A. SOLIGNAC. Paris: Beauchesne 1988. coll. 1-348

447 *Dictionnaire de spiritualité ascétique et mystique, XIV, fasc. 92-94: Savonarola-Spiritualité.* Edd. ANDRÉ DERVILLE et al. Paris: Beauchesne 1989. col. 385-1152

448 *Dictionnaire de spiritualité ascétique et mystique, XIV, fasc. 95: Spiritualité-System der deutschen Mystik.* Cur. A. DERVILLE et al. Paris: Beauchesne 1990. Col. 1153-1452

449 *Dictionnaire de spiritualité ascétique et mystique, XV, fasc. 96-98: Taborin-Thiers.* Cur. A. DERVILLE et al. Paris: Beauchesne 1990. Col. 704

450 *Dizionario patristico e di antichità cristiane. III: Atlante patristico. Indici.* Dir. da ANGELO DI BERARDINO Genova: Marietti 1988. 419 p.

451 *Dizionario della Chiesa ambrosiana I: A-Cam* Milano: NED 1988. 627 pp.

452 DROBNER, HUBERTUS R. *Bibelindex zu den Werken Gregors von Nyssa.* Paderborn: Selbstverlag 1988. 126 pp.

453 *Encyclopedia of early Christianity.* Edd. EVERETT FERGUSON et al. New York: Garland 1990. XX, 983 pp.

454 FIORES, S. DE; MEO, S. *Nuevo diccionario de mariología.* Madrid: Eds. Paulinas 1988. 2127 pp.

455 *Handbuch der Ostkirchenkunde, II.* Neu erarbeitete Ausgabe. Edd. WILHELM NYSSEN et al. Düsseldorf: Patmos-Verlag 1989. XX, 273 pp.

456 Vacat

457 HENSELLEK, W.; SCHILLING, P. *Specimina eines Lexicon Augustinianum (SLA): erstellt auf Grund sämtlicher Editionen des*

Corpus Scriptorum Ecclesiasticorum Latinorum. Lieferung 2, Lieferung 3, Lieferung 4. Wien: Österreichische Akademie der Wissenschaften 1988; 1989. 54; 48; 58 pp.

458 HERRERA, TOMAS DE *Alphabetum Augustinianum: Matriti 1644.* 2 voll. Ed. prep. por FERNANDO ROJO MARTINEZ. Introd. bio-bibliogr.: BALBINO RANO GUNDIN. Rist. anastatica della ed. di Madrid 1644. Roma: Pubbl. Agostiniane 1989-1990. XXII, 500; 573 pp.

459 *Histoire des saints et de la sainteté chrétienne* 1-11 Paris: Hachette-Département Histoire Chrétienne 1986-1988. 11 voll., 312, 287, 295, 287, 288, 287, 287, 303, 287, 291, 287 pp.

460 HOFFMANN, ERNST G. *Griechische Grammatik zum Neuen Testament.* 2. durchges. Aufl. Riehen: Immanuel-Verl. 1990. 707 pp.

461 *Index nominum et verborum profani Dracontii praeter Orestis tragoediam.* Cur. ÉTIENNE WOLFF [AlOlm]. Hildesheim: Olms 1989. 102 pp.

462 *Indices Chrysostomici, II: De Sacerdotio.* Sous la dir. de ANNE-MARIE MALINGREY, avec la collab. de MARIE-LOUISE GUILLAUMIN [AlOlm 31,2]. Hildesheim; Zürich; New York: Olms 1989. X, 331 pp.

463 *Isidorus episcopus Hispalensis. De ecclesiasticis officiis.* Digesserunt EDDY GOUDER; PAUL TOMBEUR; ROEL VANDER PLAETSE. Cur. CETEDOC [CChr.ILL 51]. Turnhout: Brepols 1989. 27 pp. 2 microfiches

464 KALAMAKES, D. *Λεξικὰ τῶν ἐπῶν Γρηγορίου τοῦ Θεολόγου μετὰ γενικῆς θεωρήσεως τῆς πατερικῆς λεξικογραφίας –* EEBS 47 (1987-1988) 311-418

465 KELLY, JOHN N.D. *Reclams Lexikon der Päpste.* Aus dem Englischen übersetzt von HANS-CHRISTIAN OESER. Stuttgart: Reclam 1988. 375 pp.

466 KÖSTER, H. *Introducción al Nuevo Testamento. Historia, cultura y religión de la época helenística e historia y literatura del cristianismo primitivo.* Traducción del alemán y del inglés por J. LACARRA y A. PIÑEIRO [Biblioteca de Estudios Bíblicos 59]. Salamanca: Sígueme 1988. 905 pp.

467 *Die Pseudoklementinen, III: Konkordanz zu den Pseudoklementinen, 2: Griechisches Wortregister, Index nominum, Stellenregister.* Von GEORG STRECKER [GCS]. Berlin: Akademie Verlag 1989. 554 pp.

468 *Konkordanz zu den Thomasakten.* Ed. MATTHIAS LIPINSKY [BBB 67]. Frankfurt: Athenäum 1988. XIII, 605 pp.

469 *Greek-English Lexicon of the New Testament based on semantic domains, I and II.* Edd. JOHANNES P. LOUW; EUGENE A.

NIDA et al. New York, N.Y.: United Bible Society 1989. XXV, 845 pp.; IV, 375 pp.

470 *Lexikon der biblischen Personen.* Von MARTIN BOCIAN, unter Mitarbeit von URSULA KRAUT und IRIS LENZ. Stuttgart: Kröner 1989. VIII, 510 pp.

471 *Kleines liturgisches Lexikon.* 2. Aufl. Ed. RUPERT BERGER. Freiburg: Herder 1989. 160 pp.

472 Vacat

473 LITTELL, F.H. *Atlas zur Geschichte des Christentums.* Bearbeitet von E. GELDBACH; E. HAUSMANN; K.-D. SCHIFFELBEIN. Wuppertal: Brockhaus 1989. VII, 168 pp.

474 MACHIELSEN, JOHANNES *Clavis patristica pseudepigraphorum medii aevi.* Cura et studio IOHANNIS MACHIELSEN [CChr.SL]. Turnhout: Brepols 1990. XIX, 1127 pp.

475 *Marienlexikon. 1. AA – Chagall.* Edd. R. BÄUMER; L. SCHEFFCZYK. St. Ottilien: EOS-Verlag 1988. 704 pp.

476 *Marienlexikon. 2. Chaldäer – Gréban.* Edd. R. BÄUMER; L. SCHEFFCZYK. St. Ottilien: EOS-Verlag 1989. 704 pp.

477 MATHIEU-ROSAY, J. *Chronologie des papes de saint Pierre à Jean-Paul II* [Marabout Université. Histoire 469]. Paris: Marabout 1988. 514 pp.

478 MAZAL, O. *Handbuch der Byzantinistik.* Graz: Akademische Druck- und Verlagsanstalt 1989. 279 pp.

479 MONTEVECCHI, BENEDETTA; VASCO ROCCA, SANDRA *Suppellettile ecclesiastca, I* [Dizionari terminologici 4]. Firenze: Centro Di 1988. 495 pp.

480 NEIRYNCK, FRANS *Le lexique de Bauer-Aland* – EThL 64 (1988) 450-454

481 NORDHAGEN, PER JONAS *Studies in Byzantine and Early Medieval Painting.* London: The Pindar Press 1990. XII, 493 pp.

482 *Oriens Christianus. Gesamtregister für die Bände 1 (1901) bis 70 (1986).* Ed. H. KAUFHOLD. Wiesbaden: O. Harassowitz 1989. IX, 437 pp.

483 *Packard Humanities Institute. CD-ROM # 5.3* (Contents: Latin Texts and Bible Versions)

484 *Packard Humanities Institute. CD-ROM # 6* (Contents: Inscriptions; Papyri; Coptic Texts)

485 *Reallexikon für Antike und Christentum. Sachwörterbuch zur Auseinandersetzung des Christentums mit der antiken Welt (RAC), Bd. XIV, Lief. 108/109: Henoch (Forts.) – Hermetik.* Edd. ERNST DASSMANN et al. Stuttgart: Hiersemann 1989. Col. 481-800

486 *Reallexikon für Antike und Christentum. Sachwörterbuch zur Auseinandersetzung des Christentums mit der antiken Welt (RAC), Bd. XIV, Lief. 110: Hermetik (Forts.) – Herrschaftszeichen.* Edd.

ERNST DASSMANN et al. Stuttgart: Hiersemann 1989. Col.
801-960

487 *Reallexikon für Antike und Christentum. Sachwörterbuch zur*
Auseinandersetzung des Christentums mit der antiken Welt (RAC),
Bd. XIV, Lief. 111/112: Herrschaftszeichen (Forts.) – Hexe. Edd.
ERNST DASSMANN et al. Stuttgart: Hiersemann 1989. Col.
961-1276

488 *Reallexikon für Antike und Christentum. Sachwörterbuch zur*
Auseinandersetzung des Christentums mit der antiken Welt (RAC),
Bd. XV, Lief. 113: Hibernia – Hilarius von Poitiers. Edd. ERNST
DASSMANN et al. Stuttgart: Hiersemann 1989. Col. 1-160

489 *Reallexikon für Antike und Christentum. Sachwörterbuch zur*
Auseinandersetzung des Christentums mit der antiken Welt (RAC),
Bd. XV, Lief. 114: Hilarius von Poitiers (Forts.) – Himyar. Edd.
ERNST DASSMANN et al. Stuttgart: Hiersemann 1989. Col.
161-320

490 *Reallexikon für Antike und Christentum. Sachwörterbuch zur*
Auseinandersetzung des Christentums mit der antiken Welt (RAC),
Bd. XV, Lief. 115: Himyar (Forts.) – Hippokrates. Edd. ERNST
DASSMANN et al. Stuttgart: Hiersemann 1990. Col. 321-480

491 *Reallexikon für Antike und Christentum. Sachwörterbuch zur*
Auseinandersetzung des Christentums mit der antiken Welt (RAC),
Bd. XV, Lief. 116: Hippokrates (Forts.) – Hispania I. Edd.
ERNST DASSMANN et al. Stuttgart: Hiersemann 1990. Col.
481-640

492 *Reallexikon für Antike und Christentum. Sachwörterbuch zur*
Auseinandersetzung des Christentums mit der antiken Welt (RAC),
Bd. XV, Lief. 117: Hispania I (Forts.) – Hochmut. Edd. ERNST
DASSMANN et al. Stuttgart: Hiersemann 1990. Col. 641-848

493 *Reallexikon für Antike und Christentum. Sachwörterbuch zur*
Auseinandersetzung des Christentums mit der antiken Welt (RAC),
Bd. XV, Lief. 118: Hochmut (Forts.) – Höflichkeit. Edd. ERNST
DASSMANN et al. Stuttgart: Hiersemann 1990. Col. 849-952

494 RINALDI, GIANCARLO *Biblia gentium. Primo contributo per un*
indice delle citazioni, dei riferimenti e delle allusioni alla Bibbia
negli autori pagani, greci e latini, di età imperiale. Roma: Libreria
Sacre Scritture 1989. 752 pp.

495 SCHMOLLER, ALFRED *Handkonkordanz zum griechischen*
Neuen Testament: nach dem Text des Novum Testamentum
Graece, 26. Auflage, und des Greek New Testament, third edition
(corrected) = Pocket concordance to the Greek New Testament.
Neu bearbeitet von BEATE KÖSTER im Institut für Neutesta-
mentliche Textforschung, Münster/Westfalen. Stuttgart: Deutsche
Bibelgesellschaft 1989. 534 pp.

496 *Sigles i abreviatures dels llibres de la Biblia i d'escrits afins jueus grecs.* Ed. Associació Biblica de Catalunya. Barcelona: 1988. 24 pp.

497 SINKEWICZ, ROBERT E. *Manuscript listings for the authors of classical and late Antiquity* [Greek index project ser. 3]. Toronto: Pontifical Inst. of Mediaeval Studies 1990. VI, 49 pp. 6 microfiches.

498 *Theologische Realenzyklopädie (TRE), XVII: Jesus Christus V – Katechismuspredigt.* Edd. GERHARD MÜLLER et al. Berlin; New York: de Gruyter 1988. 814 pp.

499 *Theologische Realenzyklopädie (TRE), XVIII: Katechumat, Katechumen – Kirchenrecht.* Edd. GERHARD MÜLLER et al. Berlin; New York: de Gruyter 1989. 778 pp.

500 *Theologische Realenzyklopädie (TRE), XIX: Kirchenrechtsquellen – Kreuz.* Edd. GERHARD MÜLLER et al. Berlin; New York: de Gruyter 1990. 818 pp.

501 *Theologische Realenzyklopädie (TRE), XX: Kreuzüge – Leo XIII.* Edd. GERHARD MÜLLER et al. Berlin; New York: de Gruyter 1990. 793 pp.

502 *Theologische Realenzyklopädie (TRE), Register zu Band 1-17.* Erstellt von FRANK SCHUMANN und MICHAEL WOLTER. Berlin; New York: de Gruyter 1990. 229 pp.

503 TUBIANA, JOSEPH *Ethioconcord: a computerized concordance of the Ethiopian and Gregorian calendars* [Bibliothèque Peiresc 5]. Rotterdam: Balkema 1988. XLI, 419 pp.

504 *Tübinger Atlas des Vorderen Orients (TAVO). B VI, 12: Kleinasien. Kirchliche Organisation des Byzantinischen Reiches (4.-15. Jh.). Maßstab 1:2000000. Kirchenprovinzen. Maßstab 1:4000000.* Hrsg. vom Sonderforschungsbereich der Universität Tübingen. Wiesbaden: Reichert 1989.

505 *View & Find (V & F). Viewing and Searching Program for TLG CD-Roms «C» and «D» and PHI CD-ROMs #1 #2 #5.3 #6* (Burkhard MEIßNER, Institut für Klassische Altertumswissenschaft der Universität Halle, D-06099 Halle, Universitätsplatz 12) [Lese- und Analyse-Programm für CD-ROM-Corpora und die Eichstätter Corpora].

506 WAGENAAR, C. *Thesaurus Graecitatis Monasticae* [Micro-Library]. St. Willibrordsabdij [o.J.]. 179 microfiches.

507 WIMMER, OTTO; MELZER, HARTMANN *Lexikon der Namen und Heiligen.* Bearb. u. erg. von JOSEF GELMI. Innsbruck, Wien: Tyrolia-Verlag 1988. 987 pp.

I.8. Opera ad historiam ecclesiasticam sive saecularem spectantia

508 ABRAHAMSEN, VALÉRIE *Bishop Porphyrios and the city of Philippi in the early fourth century* – VigChr 43 (1989) 80-85

509 Vacat

510 AGUIRRE, RAFAEL *La Iglesia de Antioquia de Siria: la apertura universalista y las dificultades de la comunión* [Colección Iglesias del Nuevo Testamento]. Bilbao: Desclée de Brouwer 1988. 66 pp.

511 ALBERIGO, G. *La Chiesa nella storia* [Biblioteca di cultura religiosa 51]. Brescia: Paideia 1988. 335 pp.

512 ALEXANDRE, MONIQUE *Immagini di donne ai primi tempi della cristianità.* In: *Storia della donna in occidente. L'antichità.* Ed. PAULINE SCHMITT PANTEL. Bari: Laterza (1990) 465-513

513 ALFARIC, PROSPER *A l'école de la raison: études sur les origines chrétiennes.* Paris: Nouvelles Eds. Rationalistes 1988. 474 pp.

514 ALLAN, NIGEL *Christian Mesopotamia and Greek medicine* – Ha 145 (1988) 39-58

515 ALLEN, PAULINE *The use of heretics and heresies in the Greek Church historians: studies in Socrates and Theodoret.* In: *Reading the past* 265-289

516 ALONSO AVILA, A. *La meseta norte de la Península Ibérica en la antigüedad tardía. Testimonios literarios de visigotización.* In: *Hispania Christiana* (cf. 1988-90, 250) 161-191

517 ALONSO DIAZ, J. *La espiritualización del «Reino» en la línea de «aculturación» del Cristianismo dentro del Imperio Romano.* In: *Cristianismo y aculturacíon en tiempos del Imperio Romano* (cf. 1988-90, 213) 73-89

518 ANGELIS, ANNA DE *Pagani e cristiani nei primi secoli dell'impero* – Euresis (Salerno) 6 (1990) 79-83

519 ANGELOPULOS, A. Ἡ Χριστιανικὴ Θεσσαλονίκη προϊσταμένη τοῦ Ἰλλυρικοῦ. In: Χριστιανικὴ Θεσσαλονίκη ἀπὸ τοῦ ἀποστόλου Παύλου ... (cf. 1988-90, 200) 107-116

520 ANGENENDT, ARNOLD *Das Frühmittelalter. Die abendländische Christenheit von 400-900.* Stuttgart: Kohlhammer 1990. 499 pp.

521 ANTON, HANS HUBERT *Der «Liber diurnus» in angeblichen und verfälschten Papstprivilegien des früheren Mittelalters.* In: *Fälschungen im Mittelalter* (cf. 1988-90, 231) III 115-142

522 ARUTJUNOVA-FIDANJAN, V.A. *The Ethno-confessional Self-awareness of Armenian Chalcedonians* – REArm 21 (1988/89) 345-363

523 ASHBROOK HARVEY, SUSAN *Remembering Pain: Syriac Historiography and the Seperation of the Churches* – Byzan 58 (1988) 295-308

524 AUZÉPY, MARIE-FRANCE *La destruction de l'Icòne du Christ de la Chalcé par Léon III: propagande ou réalité?* – Byzan 60 (1990) 445-492

525 BABCOCK, W.S. *Image and culture: An approach to the Christianisation of the Roman Empire* – PerkinsJ 41,3 (1988/7) 1-10

526 BABUSKOS, K. *Ἡ ἐκκλησιαστικὴ διάρθρωσις τῆς Θράκης* – ByFo 14 (1989) 27-39

527 BABUSKOS, K. *Ἡ Ἐκκλησία εἰς τήν Θεοδοσιαὴν περίοδον.* In: *Χριστιανικὴ Θεσσαλονίκη ἀπὸ τοῦ ἀποστόλου Παύλου* ... (cf. 1988-90, 200) 119-127

528 BADIA I MARGARIT, ANTONI M. *Hagiotoponímia i història* [in katalan. Spr.]. In: *Homenagem a Joseph M. Piel por ocasiao do seu 85.° aniversário.* Ed. DIETER KREMER [Inst. de Cultura e Lingua Portuguesa Cons. da Cultura Galega] Tübingen: Niemeyer (1988) 11-19

529 BAGNALL, ROGER S. *Combat ou vide: christianisme et paganisme dans l'Égypte romaine tardive* – Ktèma 13 (1988) 285-296

530 BAJO, F. *La quaestio constantiniana, I* [span.] – HispAnt 13 (1986-89) 173-188

531 BAKALOV, G. *Византия Културно политически очерши* (= Byzantinische kulturpolitische Abrisse). Sofia: Izdatelstvo kăšta [o.J.] 454 pp.

532 BAKKER, NIEK *Eiland van heiligen en geleerden: de Iers-christlijke kerk in de vroege middeleeuwen.* Goes: Oosterbaan & Le Cointre 1990. 224 pp.

533 BALDWIN, BARRY *Apuleius and the Christians* – LCM 14 (1989) 55

534 BALDWIN, BARRY *Fronto and the Christians* – IClSt 15 (1990) 177-181

535 BAMMEL, E. *Die Anfänge der Kirchengeschichte im Spiegel der jüdischen Quellen* – AugR 28 (1988) 367-379

536 BARBAGLIO, G. *Rassegna di studi di storia sociale e di ricerche di sociologia sulle origini cristiane. I-II* – RiBi 36 (1988) 377-410; 495-520

537 BARCELO, P. *Das Christentum auf dem Weg zur Staatsreligion des römischen Reiches.* In: *Festgabe H. Hürten zum 60. Geburtstag.* Ed. H. DICKERHOF. Frankfurt, Bern, New York, Paris: P. Lang (1988) 145-165

538 BARCELO, PEDRO *Die Religionspolitik Kaiser Constantins des Großen vor der Schlacht an der Milvischen Brücke (312)* – Her 116 (1988) 76-94

539 BARDY, G. *La conversión al cristianismo durante los primeros siglos.* Madrid: Encuentro 1990. 326 pp.

540 BARDY, GUSTAVE *Menschen werden Christen: das Drama der Bekehrung in den ersten Jahrhunderten*. Übertr. u. hrsg. von JOSEF BLANK. Freiburg; Basel: Herder 1988. 364 pp.

541 BARNEA, I. *La romanité et le christianisme des Daco-Romains* [in rumänischer Sprache mit französischer Zusammenfassung] – Thraco-Dacia 9 (1988) 119-126

542 BARNEA, I. *Romanité et christianisme au Bas-Danube* – Βυζαντιακά 10 (1990) 67-102

543 BARNEA, ION *Creştinismul pe teritoriul Moldovei în secolele III-XIII* (= Le Christianisme sur le térritoire de la Moldavie du III-ème au XIII-ème siècles) [in rumänischer Sprache mit franz. Zusammenfassung] – BOR 106 (1988/1-2) 123-144; 184

544 BARNES, T.D. *Christians and pagans in the reign of Constantius*. In: *L'église et l'empire au IVe siècle* (cf. 1988-90, 223) 301-337

545 BARTELINK, G.J.M. *De geboorte van Europa: van laat-romeins imperium naar vroege middeleeuwen*. Muiderberg: Coutinho 1989. 166 pp.

546 BARTIKIAN, H. *Τὸ κίνημα τῶν Θονδρακιτῶν στὸ Βυζάντιο* - Βυζαντινὸς Δόμος 3 (1989) 37-50

547 BARZANO, ALBERTO *I cristiani nell'Impero Romano precostantiniano* [Piccola biblioteca di scienze religiose 12]. Milano: Ed. Ancora 1990. 198 pp.

548 BASILIKOPULU, AGNE Ἡ ἐκκλησιαστικὴ ὀργάνωση τῆς Βυζαντινῆς Πελοποννήσου [mit französischer Zusammenfassung]. In: Πρακτικὰ τοῦ Γʹ Διεθνοῦς Συνεδρίου Πελοποννησιακῶν Σπουδῶν (Καλαμάτα, 8-15 Σεπτεμβρίου 1985) [Πελοποννησιακά, παράρτ. 13]. Ed. T. GRITSOPULOS. Athen: Selbstverlag (1987/88) II 193-207

549 BEATRICE, P.F. *L'intolleranza cristiana nei confronti dei pagani: un problema storiografico* – CrSt 11 (1990) 441-447

550 BELTRAN TORREIRA, FEDERICO MARIO *La Iglesia norteafricana y el problema de la cristianización de los pueblos indígenas en la época vándala*. In: *L'Africa Romana* (cf. 1988-90, 166/167) I 375-391

551 BELTZ, WALTER *Christus und die Christen: Mythologie der alten Kirchen*. Berlin: Buchverlag Der Morgen 1990. 264 pp.

552 BENATI, A.; SAMARITANI, A. *La chiesa di Ferrara nella storia della città e del suo territorio. Secc. IV-XIV*. Ferrare: G. Corbo 1989. 545 pp.

553 BENGTSON, HERMANN *Geschichte der alten Welt*. Frankfurt: Fischer 1989. 239 pp.

554 BENGTSON, HERMANN *Gestalter der alten Welt. Epochengeschichte der Antike in historischen Portraits*. München: Erich Wewel Verlag 1989. 160 pp.

555 BENSEDDIK, NACÉRA *La pratique médicale en Afrique au temps d'Augustin.* In: *L'Africa Romana* (cf. 1988-90, 166/167) II 663-682

556 BERG-ONSTWEDDER, GONNIE VAN DEN *Diocletian in the Coptic tradition* – BulArchCopte 29 (1990) 87-122

557 BERNAND, ÉTIENNE *Pèlerins dans l'Égypte grecque et romaine.* In: *Mélanges Pierre Lévêque I* (cf. 1988-90, 284) 49-63

558 BERNARDI, JEAN *I primi secoli della Chiesa.* Trad. di P. CRESPI [Strumenti 46]. Brescia: Queriniana 1989. 138 pp.

559 BETZ, HANS DIETER *Gesammelte Aufsätze, I. Hellenismus und Urchristentum.* Tübingen: Mohr 1990. VIII, 303 pp.

560 BIANCHINI, MARIAGRAZIA *Per la storia dei rapporti fra cristianesimo e impero da Constantino a Teodosio I.* In: *Serta historica antiqua* 2. Edd. MARIA GABRIELLA ANGELI BERTI-NELLI; L. PICCIRILLI [Pubbl. dell'Ist. di storia antica e scienze ausiliare dell'Univ. degli studi di Genova 16]. Roma: Giorgio Bretschneider (1989) 239-257

561 BIELER, LUDWIG *Hibernia [Irland].* Red. von KARL HOHEI-SEL – RAC 15 (1989) Lief. 113, 1-26

562 BISBEE, GARY A. *Pre-Decian acts of martyrs and commentarii* [Harvard dissertations in religion 22]. Philadelphia, Penna.: Fortress Pr. 1988. XV, 187 pp.

563 BITEL, LISA M. *Isle of the Saints: monastic settlement and christian community in early Ireland.* Ithaca, NY.: Cornell Univ. Pr. 1990. XVI, 268 pp.

564 BLACHOPULU, PHOTINE Χρονολόγια βυζαντινῆς Ἱστορίας. Μέρος Β': 379-518 μ.Χ. Ἡ παγίωση τῆς ὀρθοδοξίας καὶ ἡ ἐποχὴ τῶν βαρβαρικῶν ἐπιδρομῶν - Βυζαντινὸς Δόμος 3 (1989) 87-103

565 BLASI, ANTHONY J. *Early christianity as a social movement* [Toronto stud. in religion 5]. New York: Lang 1988. 240 pp.

566 BLAZQUEZ MARTINEZ, JOSÉ MARIA *El nacimiento del cristianismo* [Historia universal antigua 16]. Madrid: Edit. Sintesis 1990. 192 pp.

567 BO, V. *Storia della parrocchia. I secole delle origini (secc. IV-V).* Rom: Dehoniane 1988. 501 pp.

568 BO, V. *Storia della parrocchia. Vol.2: I secoli dell'infanzia (secc. VI-XI).* Rom: Dehoniane 1990. 260 pp.

569 BOBERTZ, CHARLES ARNOLD *Cyprian of Carthage as patron: a social historical study of the role of bishop in the ancient Christian community of North Africa* [Diss.]. New Haven, Conn.: Yale Univ. 1988. 293 pp. [microfilm; cf. summary in DissAbstr 50 1989-1990 3625A]

570 BÖCKER, TOBIAS *Katholizismus und Konfessionalität: der Frühkatholizismus und die Einheit der Kirche* [Abhandlungen zur Philosophie, Psychologie, Soziologie der Religion und Ökumenik 44]. Paderborn: Schöningh 1989. 223 pp.

571 BOEMER, FRANZ «*The slave had no mana at all*»?: *zu einer religionsgeschichtlichen und soziologischen Grundsatzfrage* – Gy 92 (1990) 3-14

572 BOLGIANI, F. *Il problema della morte nel cristianesimo primitivo e nella cultura cristiana antica.* In: *Attualità dell'antico* (cf. 1988-90, 184) 39-58

573 BOLGIANI, F. *Potere e contropotere, pace e guerra nel cristianesimo dei primi secoli.* In: *Attualità dell'antico* (cf. 1988-90, 184) 59-81

574 BONINI, R. *Alcune note sulla venalità delle cariche ecclesiastiche.* In: *Novella Constitutio* (cf. 1988-90, 299) 39-50

575 BOPPERT, WALBURG *Die Anfänge des Christentums.* In: *Die Römer in Rheinland-Pfalz.* Hrsg. HEINZ CUEPPERS. Stuttgart: Theiss (1990) 233-257

576 BORGOLTE, MICHAEL «*Bischofssitz*» *und* «*Sitz der Ruhe*». *Zur Kirchenorganisation gallischer Städte nach Gregor von Tours und der Bistumsgeschichte von Auxerre.* In: *Litterae Medii Aevi. Festschrift für Johanne Autenrieth zu ihrem 65. Geburtstag.* Edd. MICHAEL BORGOLTE; HERRAD SPILLING. Sigmaringen: Thorbecke (1988) 27-53

577 BORGOLTE, MICHAEL *Petrusnachfolge und Kaiserimitation: die Grablegen der Päpste, ihre Genese und Traditionsbildung* [Veröffentlichungen des Max-Planck-Instituts für Geschichte 95]. Göttingen: Vandenhoeck & Ruprecht 1989. 430 pp.

578 BORKOWSKI, ZBIGNIEW *Local cults and resistance to Christianity* – JJur 20 (1990) 25-30

579 BOURGUET, PIERRE DU *Les Coptes* [QSJ 2398]. Paris: Presses Universitaires de France 1988. 125 pp.

580 BOUYER, LOUIS *The Christian mystery: from pagan myth to Christian mysticism.* Transl. by ILLTYD TRETHOWAN. Edinburgh: T&T Clark 1989. 303 pp. index

581 BOYSON, D. *Romano-Burgundian Society in the Age of Gundobad: Some Legal, Archeological and Historical Evidence* – NMS 32 (1988) 91-118

582 BRACCESI, L. *Antiromanità e cristianesimo nella pagina del Foscolo.* In: *I cristiani e l'impero* (cf. 1988-90, 212) 209-214

583 BRADSHAW, B. *The wild and woolly West. Early Irish Christianity and Latin Orthodoxy.* In: *The Churches* Ed. by W. J. SHEILS and D. WOOD [SCH 25]. Oxford: B. Blackwell (1989) 1-23

584 BRANDENBURG, HUGO *Forschungen im spätantiken Wallfahrtszentrum von Nola/Cimitile* – Boreas 13 (1990) 70

585 BRATOČ, RAJKO *Die Geschichte des frühen Christentums im Gebiet zwischen Sirmium und Aquileia im Licht der neuen Forschung* – Klio 72 (1990) 508-550

586 BRATOČ, RAJKO *Die kirchenpolitischen und kulturhistorischen Beziehungen zwischen Sirmium und Aquileia* – Balcanica 18/19 (1987/88) 151-176

587 BRATOČ, RAJKO *Vpliv oglejske cerkve na vzhodnoalpski in predalpski prostor od. 4. do 8. stoletja* (= Einflüsse der aquileischen Kirche auf den Ostalpen- und Voralpenraum in der Zeit vom 4. bis zum 8. Jh.) [Zbirka Zgodovinskega časopisa 8]. Ljubljana: Zveza Zgodovinskih Društev Slovenije, Znanstveni Inštitut Filozofske Fakultete, Inštitut za Zgodovino Cerkve pri Teološki Fakulteti 1990. 70 pp.

588 BRAVO, GONZALO *Sobre las relaciones Iglésia-Estado en el imperio romano* – Gerión 7 (1989) 323-334

589 BREENGAARD, CARSTEN *Er du kristen? De romerske kristenforfølgelser og deres betydning* – Piranesi. Italienske Studier (Kopenhagen) 5 (1990) 27-48

590 BREENGAARD, CARSTEN *Kristenforfølgelser og kristendom – fra Nero til Ignatios af Antiokia* [Rev. udg. af Er du kristen? København 1986]. København: Anis 1990.

591 BRENTJES, B. *Armenien von der zweiten Synode von Dwin (554) bis zum Aufstieg der Bagratidenmacht in Ani (895).* In: *Armenien. Kunst und Geschichte im 1. Jahrtausend [Linzer Archäologische Forschungen 18,1].* Linz (1989) 7-43

592 BROEK, R. VAN DEN *Kerk en Kerken in Romeins-Byzantijns Palestina: archeologie en geschiedenis* [Palaestina antiqua 6]. Kampen: Kok 1988. 232 pp.

593 BROWN, PETER *La società e il sacro nella tarda antichità.* Trad. di L. ZELLA. Torino: Einaudi 1988. 302 pp.

594 BROWN, R.E.; MEIER, J.P. *Antioche et Rome. Berceaux du christianisme. Trad. de l'anglais* [Lectio divina 131]. Paris: Le Cerf 1988. 324 pp.

595 BROWNE, G.M. *Literary texts in Old Nubian* [Beitr. z. Sudanforsch. Beiheft 5]. Wien: Mödling 1989. 138 pp.

596 BROX, NORBERT *Storia della Chiesa, I: Epoca antica.* Ed. it. a cura di LUIGI MEZZADRI. Brescia: Queriniana 1988. 190 pp.

597 BRÜHL, CARLRICHARD *Gedanken zum frühen Christentum in den rheinischen Civitates.* In: *Staat, Kirche, Wissenschaft* (cf. 1988-90, 339) 467-473

598 BRUNDAGE, J.A. *Law, sex, and christian society in medieval Europe.* Chicago; London: Univ. of Chicago Pr. 1988. XXIV, 674 pp.

599 BUDRIESI, ROBERTA *Ortodossi e Ariani: Questioni Ravennati (Riassunto)*. In: *37 Corso di Cultura Ravennate ...* (1990) 109-120

600 *Bulletin d'histoire de l'Église et d'ecclésiologie* par PIERRE VALLIN – RechSR 76 (1988) 129-158

601 BUTTURINI, EMILIO *La croce e lo scettro: dalla non-violenza evangelica alla chiesa costantiniana.* S. Domenico di Fiesole: Ed. Cultura della Pace 1990. 157 pp.

602 CABALLERO ZOREDA, L. *Monasterios Visigodos. Evidencias arqueológicas.* In: *Primer Seminario sobre el Monacato* (cf. 1988-90, 317) 31-50

603 CAMELOT, P.-T. *Protérius d'Alexandrie (Patriarche)* – Catholicisme. Hier, aujourd'hui, demain (Paris) 54 (1988) 92-93

604 CAMPLANI, ALBERTO *In margine alla storia dei meliziani* – AugR 30 (1990) 313-349

605 CAMUS, COLETTE *Résistances culturelles au christianisme d'aprés l'oeuvre de St Augustin* – ALMA 15 (1988) 7-13

606 CANIVET, PIERRE *Le christianisme en Syrie des origines à l'avènement de l'Islam.* In: *Archéologie et histoire de la Syrie, II: La Syrie de l'époque achéménide à l'avènement de l'Islam.* Éd. par JEAN-MARIE DENTZER et WINFRIED ORTHMANN, avec des contributions de CHRISTIAN AUGÉ et al. [Schriften zur vorderasiatischen Archäologie 1]. Saarbrücken: Saarbrücker Druck und Verlag (1989) 117-148

607 CANNUYER, C. *Les Coptes* [Fils d'Abraham]. Turnhout: Éditions Brepols 1990. 230 pp.

608 CARLE, P.-L. *Les premiers siècles de l'Eglise* – NovaVet 64 (1989) 115-133

609 CARMICHAEL, JOEL *The birth of Christianity: reality and myth.* New York: Hippocrene Books 1989. XII, 228 pp.

610 CARROLL, SCOTT T. *The Melitian schism. Coptic Christianity and the Egyptian Church* [Diss.]. Oxford, O.: Miami Univ. 1989. VIII, 221 pp. [microfilm; cf. summary in DissAbstr 50 (1989) 1770A]

611 CATAUDELLA, M.R. *Ricchi e ricchezza nell'antico cristianismo* – Sileno 14 (1988) 195-204

612 CATTANEO, ENRICO *Terra di Sant'Ambrogio: La Chiesa milanese nel primo Millennio* [Cultura e storia 1]. Milano: Vita e Pensiero 1989. XI, 234 pp.

613 CAVALLO, GUGLIELMO *La biblioteca monástica come centro di cultura.* In: *Tercer Seminario sobre el Monacato* (cf. 1988-90, 355) 11-21

614 Vacat

615 CHANTRAINE, HEINRICH *Das Schisma von 418/19 und das Eingreifen der kaiserlichen Gewalt in die römische Bischofswahl.*

In: *Alte Geschichte und Wissenschaftsgeschichte. Festschrift für Karl Christ zum 65. Geburtstag.* Edd. PETER KNEISSL; VOLKER LOSEMANN. Darmstadt: Wissenschaftliche Buchgesellschaft (1988) 79-94

616 CHASTAGNOL, ANDRÉ *Sur les sacerdotales africains à la veille de l'invasion vandale.* In: *L'Africa Romana.* Ed. ATTILIO MASTINO [Pubbl. del Dip. di storia dell'Univ. di Sassari 9]. Sassari: Gallizzi (1988) 101-110

617 CHAUMONT, MARIE-LOUISE *La christianisation de l'Empire iranien: des origines aux grandes persécutions du IVe siècle* [CSCO 499; CSCO.Sub 80]. Leuven: Peeters 1988. XVI, 198 pp.

618 CHO, NAM-JIN *Über die Freilassung des Sklaven im frühen Christentum.* In: *Forms of Control* (cf. 1988-90, 235) 437-439

619 CHRIST, KARL *Geschichte der römischen Kaiserzeit. Von Augustus bis zu Konstantin.* München: Beck 1988. IX, 869 pp.

620 *Christen und Juden in Offenbarung und kirchlichen Erklärungen vom Urchristentum bis zur Gegenwart.* Edd. ERIKA WIENZIERL et al. [Publ. der Inst. für kirchliche Zeitgeschichte Ser.2, 22]. Wien: Geiyer 1988. 189 pp.

621 CHRISTIANSEN, PEDER G. *The great conflict revisited. Recent work on Christianity and paganism* – Helios 15 (1988) 133-149

622 *Christianstvo: Antivčnost', Vizantija, Drevnjaja Rus'* (= Das Christentum: Antike, Byzanz und die alte Rus') [in russischer Sprache]. Edd. G.L. KURBATOV; E.D. FROLOV; I.J. FROJANOV. Leningrad: Lenizdat 1988. 331 pp.

623 CHRYSOSTOMOS (METROPOLIT VON MESSENIEN) Ἱστορικὰ σημειώματα περὶ τῆς Ἱερᾶς Μητροπόλεως τῆς Μεσσηνίας. [mit englicher Zusammenfassung]. In: Πρακτικὰ τοῦ Γ' Διεθνοῦς Συνεδρίου Πελοποννησιακῶν Σπουδῶν (Καλαμάτα, 8-15 Σεπτεμβρίου 1985) [Πελοποννησιακά, παράρτ. 13]. Ed. T. GRITSOPULOS. Athen: Selbstverlag (1987/88) I 93-132

624 CHRYSOSTOMOS (THEMELES) Ἱστορικὰ σημειώματα περὶ τῆς Ἱερᾶς Μητροπόλεως Μεσσηνίας. – ThAthen 59 (1988) 48-87

625 CHRYSSAVGIS, JOHN *The rise of Monasticism* – Trinity Occasional Papers (Brisbane) 8,1 (1989) 10-17

626 CHUVIN, PIERRE *A chronicle of the last pagans.* Transl. by B.A. ARCHER [Revealing antiquity 4]. Cambridge, Mass.: Harvard Univ. Pr. 1990. 188 pp.

627 CHUVIN, PIERRE *Chronique des derniers païens: la disparition du paganisme dans l'Empire romain, du règne de Constantin à celui de Justinien.* Paris: Les Belles Lettres; Fayard 1990. 350 pp.

628 CIZEK, EUGEN *L'image de l'autre et les mentalités romaines du Ier au IVième siècle de notre ère* – Latomus 48 (1989) 360-371

629 CLARKE, A. *Varietes of uniformity, the first cent. of the Church of Ireland.* In: *The Churches* Ed. by W. J. SHEILS and D. WOOD [SCH 25]. Oxford: B. Blackwell (1989) 105-122

630 CLEVE, R.L. *The Triumph of Christianity. Religion as an Instrument of Control.* In: *Forms of Control* (cf. 1988-90, 235) 530-542

631 CLÉVENOT, MICHEL *Das Auftauchen des Islams: Geschichte des Christentums im VI.-VIII. Jahrhundert.* Fribourg: Ed. Exodus 1990. 202 pp.

632 CLÉVENOT, MICHEL *Der Triumph des Kreuzes: Geschichte des Christentums im IV. und V. Jahrhundert.* Freiburg/Schweiz: Edition Exodus 1988. 234 pp.

633 CLÉVENOT, MICHEL *Die Christen und die Staatsmacht: Geschichte des Christentums im II. und III. Jahrhundert.* Übersetzt von KUNO FÜSSEL. Freiburg/Schweiz: Edition Exodus 1988. 222 pp.

634 CLÉVENOT, MICHEL *La double citoyenneté. Situation des chrétiens dans l'empire romain.* In: *Mélanges Pierre Lévêque I* (cf. 1988-90, 284) 107-115

635 COLLINS, R. *El cristianismo y los habitantes de las montañas en época romana.* In: *Cristianismo y aculturacíon en tiempos del Imperio Romano* (cf. 1988-90, 213) 551-557

636 COLOMINA TORNER, J. *En torno a la primera evangelización de Toledo* – Toletum 71 (1988) 9-43

637 COLPE, CARSTEN *Das Siegel der Propheten: historische Beziehungen zwischen Judentum, Judenchristentum, Heidentum und frühem Islam* [Arbeiten zur neutestamentlichen Theologie und Zeitgeschichte 3]. Berlin: Inst. Kirche und Judentum 1990. 271 pp.

638 CONDREN, MARY *The serpent and the goddess: women, religion, and power in Celtic Ireland.* New York: Harper & Row 1989. XXV, 268 pp.

639 *El conflicto entre el paganismo y el cristianismo en el siglo IV.* Edd. ARNALDO MOMIGLIANO et al. Madrid: Alianza 1989. 251 pp.

640 CONSOLINO, FRANCA ELA *Il monachesimo feminile nella tarda antichità.* In: *Segundo Seminario sobre el Monacato* (cf. 1988-90, 332) 33-45

641 CONTE, PIETRO *Anglia, 590-735: conversione al cristianesimo e incivilimento.* 3. ed. Milano: Univ. Cattòlica 1990. 288 pp.

642 COTTIN, JEROME *Jésus-Christ en écriture d'images: premières représentations chrétiennes* [Essais bibliques 17]. Genf: Labor et fides 1990. 155 pp.

643 COVOLO, ENRICO DAL *Fonti epigrafiche per uno studio dei rapporti tra gli imperatori Severi e il cristianesimo* – StPat 35 (1988) 123-132

644 COVOLO, ENRICO DAL *I Severi e il Cristianesimo: ricerche sull'ambiente storico-istituzionale delle origini cristiane tra il secondo e il terzo secolo.* Pref. di CHARLES PIETRI [BSRel 87]. Roma: LAS 1989. 116 pp.

645 COVOLO, ENRICO DAL *L'imperatore Caracalla e i cristiani. Per una valutazione della Constitutio Antoniniana in rapporto alle persecuzioni del III secolo* – Apollinaris 61 (1988) 355-359

646 COVOLO, ENRICO DAL *Una «domus ecclesiae» a Roma sotto l'impero di Alessandro Severo?* – EL 102 (1988) 64-71

647 CRACCO RUGGINI, LELLIA *«Felix temporum reparatio»: Realtà socio-economiche in movimento durante un ventennio di regno (Constanzo II Augusto, 337-361 d.C.).* In: *L'église et l'empire au IVe siècle* (cf. 1988-90, 223) 179-243

648 CRACCO RUGGINI, LELLIA *La lettera di Anna a Seneca nella Roma pagana e cristiana del IV secolo* – AugR 28 (1988) 301-325

649 CREMASCOLI, G. *Sul simbolismo della cattedra episcopale nei primi secoli cristiani.* In: *La cattedra episcopale.* Ed. MIRAGOLI [La Chiesa di Lodi. Fonti e studi 1]. Lodi (1988) 89-101

650 CRIFO, GIULIANO *Romanizzazione e cristianizzazione. Certezze e dubbi in tema di rapporto tra cristiani e istituzioni.* In: *I cristiani e l'impero* (cf. 1988-90, 212) 75-106

651 *Cristianesimo e giudaismo: eredità e confronti. XVI Incontro di studiosi dell'antichità cristiana, Roma, 7-9 Maggio 1987* – AugR 28 (1988) fasc. 1-2, 460 pp.

652 CUNNINGHAM, AGNES *Women and preaching in the patristic age.* In: *Preaching in the Patristic age* (cf. 1988-90, 315) 53-72

653 CUPANE, CAROLINA *Appunti per uno studio dell'oikonomia ecclesiastica a Bisanzio* – JÖB 38 (1988) 53-73

654 CUSCITO, G. *Alle origini della storiografia critica sul primo cristianesimo aquileiese.* In: *Quaeritur inventus colitur* (cf. 1988-90, 319) 163-175

655 CWIEKOWSKI, FREDERICK J. *The beginnings of the church.* New York: Paulist Press 1988. VIII, 222 pp.

656 DAVIES, P.S. *The origin and purpose of the persecution of AD 303* – JThS 40 (1989) 66-94

657 DÉDÉYAN, G. *Les Arméniens. Histoire d'une Chrétienté.* Toulouse: Privat 1990. 123 pp.

658 DEGORSKI, BAZYLI *Quid de clericis synodi Africae IV e V saeculi statuerint?* – VoxP 6 (1986) 219-238

659 DEKKERS, ELIGIUS *Des prix et du commerce des livres à l'époque patristique* – SE 31 (1989/90) 99-115

660 DEPUYDT, LEO *AD 297 as the beginning of the first indiction cycle* – BASP 24 (1987) 137-139

661 DÉRENS, J. *Note sur la topographie religieuse de Paris à l'époque mérovingienne*. In: *La Neustrie* (cf. 1988-90, 297) II 45-51

662 DESCHNER, KARLHEINZ *Das Kreuz mit der Kirche. Eine Sexualgeschichte des Christentums*. Wien: Buchgemeinschaft Donauland; Gütersloh: Bertelsmann Club 1989. 490 pp.

663 DESCHNER, KARLHEINZ *Kriminalgeschichte des Christentums. 2. Die Spätantike: von den katholischen «Kinderkaisern» bis zur Ausrottung der arianischen Wandalen und Ostgoten unter Justinian I. (527-565)*. Reinbek bei Hamburg: Rowohlt 1988. 677 pp.

664 DESCHNER, KARLHEINZ *Kriminalgeschichte des Christentums. 3. Die Alte Kirche: Fälschung, Verdummung, Ausbeutung, Vernichtung*. Reinbek bei Hamburg: Rowohlt 1990. 713 pp.

665 DIATROPTOV, P.D. *La diffusion du christianisme dans la Région pontique du Nord*. Résumé de thèse [in russischer Sprache]. Moskva: Gos. pedag. inst. im. Lenina 1988. 16 pp.

666 DIAZ MARTINEZ, PABLO DE LA CRUZ *Monacato y sociedad en la Hispania visigoda*. In: *Segundo Seminario sobre el Monacato* (cf. 1988-90, 332) 47-62

667 DIBELIUS, MARTIN *Geschichte der urchristlichen Literatur* [Neudruck der Erstausgabe von 1926 unter Berücksichtigung der Änderungen der engl. Übers. von 1936]. 3. Aufl., hrsg. v. FERDINAND HAHN]. München: Kaiser 1990. 188pp.

668 DICK, I. *La Syrie de Byzance à l'Islam* – PrOrChr 40 (1990) 235-244

669 DIERKENS, A. *Prolégomènes à une histoire des relations culturelles entre les îles britanniques et le continent pendant le haut moyen âge. La diffusion du monachisme dit colombanien ou iro-franc dans quelques monastères de la région parisienne au VIIe s. et la politique religieuse de la reine Bathilde*. In: *La Neustrie* (cf. 1988-90, 297) II 371-394

670 DIHLE, A. *Die Religion im nachkonstantinischen Staat*. In: *Religion und Gesellschaft* (cf. 1988-90, 323) 1-13

671 DIMAIO, MICHAEL *The emperor Julian's edicts of religious toleration* – The ancient world (Chicago) 20 (1989) 99-109

672 *Le diocèse de Poitiers*. Sous la direction de ROBERT FAVREAU [Histoire des diocèses de France N.S. 22]. Paris: Beauchesne 1988. 366 pp.

673 DOLINAR, F.M. *Die Kirche in den politischen Strukturen des römischen Reiches im 4. Jahrhundert*. In: *Das Patriarchat von Aquileia – Schnittpunkt der Kulturen*. Ed. G. ERNST [Schriftenreihe des Regensburger Osteuropainstituts 10]. Regensburg (1983) 19-26

674 DONCEEL-VOÛTE, PAULINE *Provinces ecclésiastiques et provinces liturgiques en Syrie et Phénicie byzantines.* In: *Géographie historique au Proche-Orient* (cf. 1988-90, 239) 213-217

675 DOVERE, ELIO *L'Enotico di Zenone Isaurico. Preteso intervento normativo tra politica religiosa e pacificazione sociale* [mit Zusammenfassung in lateinischer Sprache] – SDHI 54 (1988) 171-190

676 DRIJVERS, HAN J.W. *Hierapolis (Mabbog) [Syrien]* – RAC 15 (1989) Lief. 113, 27-41

677 DUCELLIER, A. *L'Église byzantine. Entre pouvoir et esprit, 313-1204* [Bibliothèque d'histoire du christianisme 21]. Paris: Desclée 1990. 279 pp.

678 DUFT, J. *Die Lebensgeschichten der Heiligen Gallus und Otmar* [Bibliotheca Sangallensis 9]. St. Gallen-Sigmaringen: «Ostschweiz» Druck Verlag-Thorbecke Verlag 1988. 78 pp.

679 DUMORTIER, FRANCIS *La patrie des premiers chrétiens.* Paris: Ed. Ouvrières 1988. 321 pp.

680 DURLIAT, J. *L'enjeu économique des hérésies protobyzantines* – Mediaevistik. Internationale Zeitschrift für interdisziplinäre Mittelalterforschung (Frankfrurt; Bern) 2 (1989) 97-110

681 DUVAL,NOEL *Hippo Regius [Nordafrika].* Übers. v. DIETER KOROL – RAC 15 (1990) Lief. 115, 442-466

682 DUVAL, YVETTE *L'organisation ecclésiastique de l'Afrique au IIIe s.* In: *L'institution* (cf. 1988-90, 779) 37-40

683 EDWARDS, MARK J. *Satire and verisimilitude. Christianity in Lucian's Peregrinus* – Historia 38 (1989) 89-98

684 EFFENBERGER, A. *Die Situation der Kirche im 3. Jahrhundert – Zu den Entstehungsbedingungen frühchristlicher Kunst.* In: *Krise – Krisenbewußtsein – Krisenbewältigung. Ideologie und geistige Kultur im Imperium romanum während des 3. Jahrhunderts. Konferenzvorträge der Sektion Orient- und Altertumswissenschaften der Martin-Luther-Universität. Halle/Saale 6.-8. Nov. 1987* [Wissenschaftliche Beiträge der Martin-Luther-Universität Halle-Wittenberg 1986/62, c 40]. Halle-Wittenberg: Martin-Luther-Universität (1986) 14-18

685 EGGER, GERHART *Das Edikt des Kaisers Theodosius von 380 und das Ende der Konstantinischen Religionspolitik.* In: *Echo: Beiträge zur Archäologie des mediterranen und alpinen Raumes. Johannes B. Trentini zum 80. Geburtstag.* Edd. BRINNA OTTO; FRIEDRICH EHRL [Innsbrucker Beitr. zur Kultur-Wiss. 27]. Innsbruck: Inst. für Sprach-Wiss. (1990) 99-103

686 Vacat

687 ENNABLI, L. *Topographie chrétienne de Carthage: Les régions ecclésiastiques.* In: *Actes du XI congrès international d'archéologie chrétienne II* (cf. 1988-90, 165) 1087-1101

688 EPALZA, M. DE *Jésus otage. Juifs, chrétiens et musulmans en Espange (VIe-XVIIe s.). Jésus depuis Jésus.* Paris: du Cerf 1987. 238 pp.

689 *L'epoca patristica e la pastorale della mobilità umana: saggio.* Pontificium Consilium de Spirituali Migrantium atque Itinerantium Cura [Senza frontiere 5]. Padova: EMP 1989. 205 pp.

690 EPP, S. *Konstantinszyklen in Rom. Die päpstliche Interpretation der Geschichte Konstantins des Großen bis zur Gegenreformation* [Schriften aus dem Institut für Kunstgeschichte der Universität München 36]. München: tuduv Verlag 1988. 119 pp.

691 ESCRIBANO PAÑO, MARIA VICTORIA *Usurpación y religión en el siglo IV de C. Paganismo, cristianismo y legitimación política.* In: *Cristianismo y aculturacíon en tiempos del Imperio Romano* (cf. 1988-90, 213) 247-272

692 ESPOSITO, MARIO *The Latin Writers of Mediaeval Ireland.* In: *Latin Learning in Mediaeval Ireland* (cf. 1988-90, 227)

693 ESPOSITO, MARIO *The Latin Writers of Mediaeval Ireland. Supplement.* In: *Latin Learning in Mediaeval Ireland* (cf. 1988-90, 227)

694 ETZEOGLOU, NIKI *Quelques aspects des agglomérations paléochretiennes au Sud-Est de la Laconie.* In: *Géographie historique du monde...* (cf. 1988-90, 238) 99-107

695 FAHD, T. *Le Hawrân a la veille de la Conquête Islamique* – 35 Corso di Cultura sull'Arte Ravennate ... (1988) 35-43

696 FAIVRE, ALEXANDRE *Les premiers chrétiens interpellent le Synode des évêques* – ReSR 63 (1989) 17-76

697 FALBO, GIOVANNI *Il primato della chiesa di Roma alla luce dei primi quattro secoli.* Roma: Coletti 1989. 434 pp.

698 FALCHI, G.L. *La legislazione imperiale circa i matrimoni misti fra cristiani ed ebrei nel V secolo.* In: *Atti dell'Accademia Romanistica Constantiniana* (cf. 1988-90, 182) 203-211

699 FALK, P. *La croissance de l'Eglise en Afrique.* Kinshasa: ISTK 1986. XXII, 574 pp.

700 FALKENHAUSEN, VERA VON *San Pietro nella religiosità bizantina.* In: *Bisanzio, Roma e l'Italia* (cf. 1988-90, 194) 627-674

701 FASSINA, G. *Teodosio, i teodosiani e la rivoluzione cristiana.* Bari; Rome: De Donato 1989. 406 pp.

702 FAVROD, J. *Les sources et la chronologie de Marius d'Avenches* – Francia 17 (1990) 1-21

703 FEDALTO, G. *Il vescovado di Caorle dalle origini al Trecento* – Antichità Altoadriatiche (Triest) 33 (1988) 27-49

704 FEIGE, PETER *Zum Primat der Erzbischöfe von Toledo über Spanien. Das Argument seines westgotischen Ursprungs im Toledaner*

Primatsbuch von 1253. In: *Fälschungen im Mittelalter* (cf. 1988-90, 231) I 675-714

705 FELICI, SERGIO *Il cristianesimo e la paideia classica. Incontro di civiltà e armonica inculturazione.* In: *Crescita dell'uomo (età postnicena)* (cf. 1988-90, 211) 9-13

706 FERNANDEZ, G. *La mujer en la controversia arriana del siglo IV* – Erytheia 10 (1989) 9-15

707 FERNANDEZ, GONZALO *La rebelión de Silvano en el año 355 de la era cristiana y la politica eclesiástica de Constancio II.* In: *Estudios sobre la antigüedad en homenaje al Profesor Santiago Montero Díaz.* [Geríon 2]. Madrid: Univ. Complutense (1989) 257-265

708 FERNANDEZ, GONZALO *The evangelizing mission of Theophilus «the Indian» and the ecclesiastical policy of Constantius II* – Klio 71 (1989) 361-366

709 FÉVRIER, PAUL-ALBERT *Aux origines d'une exigence chrétienne.* In: *Sexualité et religions.* Ed. MARCEL BERNOS [Coll. Histoire]. Paris: Éd. du Cerf (1988) 165-181

710 FÉVRIER, PAUL-ALBERT *Histoire de la France religieuse 1. Des dieux de la Gaule à la papauté d'Avignon (des origines au XIV. siècle).* Paris: Seuil 1988. 572 pp.

711 FÉVRIER, PAUL-ALBERT *Les chrétiens dans l'arène.* In: *Spectacula, I: Gladiateurs et amphithéâtres: actes du colloque tenu à Toulouse et à Lattes les 26, 27, 28 et 29 mai 1987.* Ed. par CLAUDE DOMERGUE, CHRISTIAN LANDES et JEAN-MARIE PAILLER. Paris: Ed. Imago & Lattes Musée archéol. Henri Prades (1990) 265-273

712 FEVRIER, PAUL-ALBERT; BARRAL I ALTET, XAVIER *Province ecclésiastique de Narbonne (Narbonensis Prima)* [Topographie chrétienne des cités de la Gaule des origines au milieu du VIIIe siècle 8]. Paris: Boccard 1989. 91 pp.

713 FIEY, J.M. *Juifs et Chrétiens dans l'Orient Syriaque* – HS 40 (1988) 933-954

714 FINN, T.M. *Exorcism and Social Analysis: The Second Century Roman Christians and Survival.* In: *Studia patristica 18,3* (cf. 1988-90, 344) 141-154

715 FLENDER, R. *Der biblische Sprechgesang und griechische Kirche* [Quellenkataloge zur Musikgeschichte 20]. Wilhelmshaven: Noetzel 1988. 206 pp.

716 FONTAN, ANTONIO *La revolución de Constantino.* In: *La conversión de Roma* (cf. 1988-90, 209) 107-150

717 FOWDEN, GARTH *Between pagans and Christians* – JRS 78 (1988) 173-182

718 FOX, R.L. *De droom van Constantijn. Heidenen en christenen in het Romeinse Rijk 150 n.C. – 350 n.C.* Aus dem Englischen. Amsterdam: Agon 1989. 741 pp.

719 FRANK, KARL SUSO *Asketische Heimatlosigkeit und monastische Beständigkeit im frühmittelalterlichen Bodenseeraum.* In: *Geistesleben um den Bodensee im frühen Mittelalter: Vorträge eines Mediävistischen Symposiums vom 30. September bis zum 3. Oktober 1987 auf Schloss Hofen am Bodensee.* Edd. ACHIM MASSER; ALOIS WOLF [Literatur & Gesch. am Oberrhein 2].(Freiburg): Schillinger (1989) 13-27

720 FRANZEN, AUGUST; BÄUMER, REMIGIUS *Papstgeschichte.* 4. Aufl., aktualisierte Neuausgabe. Freiburg i. Br.; Basel; Wien: 1988. 494 pp.

721 FREND, W.H.C. *The church in the reign of Constantius II.* In: *L'église et l'empire au IVe siècle* (cf. 1988-90, 223) 337-361

722 FREND, WILLIAM H.C. *Monks and the end of Greco-Roman paganism in Syria and Egypt* [Zusfssg. in Englisch] – CrSt 11 (1990) 469-484

723 FREZZA, PAOLO *L'esperienza della tolleranza religiosa fra pagani e cristiani dal IV al V sec.d.C. nell'Oriente ellenistico* – SDHI 55 (1989) 41-97

724 FRIEDMAN, FLORENCE D. *Ancient Egyptian Religion* [behandelt auch die frühchristliche Zeit]. In: *Beyond the Pharaos* (cf. 1988-90, 192) 38-40

725 GABRA, G. *Bemerkungen zum Text des Difnars über Pesintheus, Bischof von Koptos* – Mu 102 (1989) 5-18

726 GABRA, G. *Hatre (Hidra), Heiliger und Bischof von Aswān im 4. Jahrhundert* – Mitteilungen des deutschen archäologischen Instituts. Abteilung Kairo (München) 44 (1988) 91-94

727 GARCIA, RUBEN D. *Martires y martirio en el donatismo: estudo literario, historico y doctrinal* [Diss.]. Roma: Pontificia Universitas Gregoriana 1989. 134 pp.

728 GARCIA MORENO, L.A. *Problemática de la Iglesia Hispana durante la supremacía ostrogoda (507-549).* In: *Hispania Christiana* (cf. 1988-90, 250) 147-160

729 GARCIA MORENO, LUIS A. *Élites e Iglesia hispanas en la transición del imperio romano al reino visigodo.* In: *La conversión de Roma* (cf. 1988-90, 209) 223-258

730 GARSOIAN, NINA G. *Some preliminary precisions on the separation of the Armenian and Imperial churches, I. The presence of «Armenian» Bishops at the first five oecumenical councils.* In: ΚΑΘΗΓΗΤΕΡΙΑ (cf. 1988-90, 266) 249-285

731 GASCO, FERNANDO *El asalto a la razón en el s. II d.C.* In: *La conversión de Roma* (cf. 1988-90, 209) 25-54

732 GASPAR, DOROTTYA *Episcopi Pannoniae* – RÖ 17/18 (1989/90) 99-105

733 GATIER, P.-L. *Les traditions et l'histoire du Sinaï du IVe au VIIe siècle.* In: *L'Arabe préislamique et son environnement historique et culturel* (cf. 1988-90, 179) 499-523

734 GAUDEMET, J. *La législation anti-paienne de Constantin à Justinien* – CrSt 11 (1990) 449-468

735 GEORGANTZES, P. Ἡ ἐκκλεσιαστικὴ ὀργάνωση καὶ διοίκηση τῆς Δ. Θράκης κατὰ τὴν βυζαντινὴ ἐποχή – ByFo 14 (1989) 199-219

736 GEREST, RÉGIS-CLAUDE *Als die Christen noch nicht in der Kirche heirateten: die ersten fünf Jahrhunderte.* In: *Christentum und antike Gesellschaft* (cf. 1988-90, 199) 209-240

737 GERO, STEPHEN *Galen on the Christians: a reappraisal of the Arabic evidence* – OrChrP 56 (1990) 371-411

738 GESSEL, WILHELM *Die spätantike Stadt und ihr Bischof.* In: *Stadt und Bischof. 24. Arbeitstagung. Augsburg, 15.-17. November 1985.* Edd. BERNHARD KIRCHGÄSSNER et al. [Stadt in der Geschichte 14]. Sigmaringen: Jan Thorbecke Verlag (1988) 9-28

739 GEYMONAT, MARIO *Un antico lezionario della Chiesa di Alessandria.* In: *Laurea corona. Studies in honour of E. Coleiro.* Edd. by ANTHONY BONANNO and H.C.R. VELLA. Amsterdam: Grüner (1987) 186-196

740 GIARDINA, ANDREA *Carità eversiva. Le donazioni di Melania la giovane e gli equilibri della società tardoromana* – StudStor 29 (1988) 127-142

741 GIARDINA, ANDREA; LIVERANI, MARIO; SCARCIA, BIANCAMARIA *La Palestina, Storia di una terra: l'età antica e cristiana, l'Islam, le questioni attuali* [Libri di base 116]. Roma: Ed. Riuniti 1987. 205 pp. ill. index.

742 GIELEN, MARTIN *St. Thomas, the Apostle of India* [Oriental Institute of Religious Studies India publications 143]. Kottayam 1990. VII, 302 pp.

743 GILES, KEVIN *Patterns of ministry among the first Christians.* Melbourne: Collins Dove 1989. IX, 247 pp.

744 GIRARDET, KLAUS MARTIN *Die Petition der Donatisten an Kaiser Konstantin (Frühjahr 313)* – *historische Vorraussetzungen und Folgen* – Chiron 19 (1989) 185-206

745 GIRARDI, MARIO *Le origini del cristianesimo a Gioia. Critica delle fonti e note agiografiche.* In: *Goia. Una città nella storia e civiltà di Puglia.* A cura di MARIO GIRARDI. Studi e testi gioiesi. Fasano: Schena ed. (1988) II 97-124

746 GIRGIS, GIRGIS DAOUD *Abba Benjamin, the Coptic patriarch in the 7th century.* In: *Nubia et Oriens Christianus* (cf. 1988-90, 300) I 17-27

747 GNILKA, CHRISTIAN *Die vielen Wege und der eine: Ein Bild im Geisteskampf der Spätantike* – JTGG (1988) 118-119

748 GNILKA, CHRISTIAN *Die vielen Wege und der Eine: Zur Bedeutung einer Bildrede aus dem Geisteskampf der Spätantike* – Literaturwissenschaftliches Jahrbuch (Berlin) 31 (1990) 9-51

749 GOEHRING, JAMES E. *Chalcedonian power politics and the demise of Pachomian monasticism* [Occasional papers of the Institute for Antiquity and Christianity 15]. Claremont, Calif. 1989. 20 pp.

750 Vacat

751 GREER, ROWAN A. *The fear of freedom: a study of miracles in the Roman imperial church.* Univ. Park, Penna.: The Pennsylvania State Univ. Pr. 1989. XI, 211 pp.

752 GREGORIOS, PAULOS M. *Theurgic neo-Platonism and the Eunomius-Gregory Debate: an examination of the background.* In: *El «Contra Eunomium I»* (cf. 1988-90, 3648) 217-235

753 GRIFFITH, SIDNEY H. *The monks of Palestine and the growth of Christian literature in Arabic.* – Musl 78 (1988) 1-28

754 GRIGGS, CHARLES W. *Early Egyptian Christianity: from its origins to 451 C.E.* [Coptic studies 2]. Leiden: Brill 1990. VII, 276 pp.

755 GRÜNEWALD, T. *Constantinus Maximus Augustus. Herrschaftspropaganda in der zeitgenössischen Überlieferung* [Historia Einzelschriften 64]. Stuttgart: Franz Steiner 1990. 320 pp.

756 GRZESKOWIAK, J. *L'origine du concept d'Église domestique* [in polnischer Sprache] – RoczTK 32 (1985/1987) 161-172

757 GÜLZOW, HENNEKE *Soziale Gegebenheiten der Trennung von Kirche und Synagoge und die Anfänge des christlichen Antijudaismus.* In: *Christlicher Antijudaismus* (cf. 1988-90, 177) 95-120

758 HADOT, JEAN *Les origines du christianisme* [Cahiers de la FOReL 2]. Charleroi: Fac. Ouverte Religions et Laïcité 1988. 131 pp.

759 HÄLLSTRÖM, GUNNAR AF *Early Christianity in Greece* (in schwedischer Sprache) – Hellenika. Philologikón, historikón kai laographikón periodikón sumgramma (Athen) (1989)

760 HAERTEL, GOTTFRIED *Bemerkungen zur Religionspolitik Konstantins I.* – Klio 71 (1989) 374-382

761 HAGE, W. *Syriac Christianity in the East* [Moran Eth'ō Series 1]. Kerala 1988.

762 HALL, STUART G. *Stephen I. of Rome and the baptismal controversy of 256.* In: *L'institution* (cf. 1988-90, 779) 78-82

763 HALL, STUART GEORGE *Konstantin I., der Große (306-337)* – TRE 19 (1990) 489-500

764 HAMMAN, ADALBERT G., OFM *La formation du clergé latin dans les quatre premiers siècles.* In: *Studia Patristica* 20 (cf. 1988-90, 347) 238-249

765 HARL, K.W. *Sacrifice and pagan Belief in 5th and 6th century Byzantium* – Past 128 (1990) 7-27

766 HARRIS, LOUISE *Woman in the Christian Church.* Brighton, Mich.: Green Oak Pr. 1988. XV, 201 pp.

767 HARRISON, GEORGE W.M. *Crete as a political bellwether: Caesar to Christ.* In: *Fronteras. Comunicaciones que se presentan al III° Coloquio internacional de arqueología espacial (Teruel, 14-16 de septiembre de 1989).* [Arqueología espacial 13]. Teruel: Univ. (1989) 189-194

768 HARTMANN, WILFRIED *Fälschungsverdacht und Fälschungsnachweis im frühen Mittelalter.* In: *Fälschungen im Mittelalter* (cf. 1988-90, 231) II 111-127

769 HAUBEN, HANS *La première année du schisme mèlitien: (305/306)* – AncSoc 20 (1989) 267-280

770 HAVENITH, ALFRED *Les Arabes chrétiens nomades au temps de Mohammed* [Collection Cerfaux-Lefort 7]. Louvain-la-Neuve: Centre d'Histoire des Religions 1988. 154 pp.

771 HEINEN, H. *Zum Christentum im spätantiken Trier* – Trier. Zeitschr. 52 (1989) 391-413

772 *Helvetia Sacra, I,4: Archidiocèses et diocèses, IV: Le diocèse de Lausanne (VIième s.-1821), de Lausanne et Genève (1821-1925) et de Lausanne, Genève et Fribourg (depuis 1925).* Réd. par PATRICK BRAUN. Bâle: Helbing und Lichtenhahn 1988. 525 pp.

773 HERRMANN, JOHANNES *Cod. Theod. 9,45: de his, qui ad ecclesias confugiunt.* [in dt. Spr.]. In: *Kleine Schriften zur Rechtsgeschichte.* Hrsg. GOTTFRIED SCHIEMANN [MüBPR 83]. München: Beck (1990) 351-362

774 HIESTAND, RUDOLF *Asketen und Münzbilder, oder vom Nutzen der Kirchengeschichte für die Numismatik* – Schweizerische Numismatische Rundschau (Bern) 67 (1988) 97-111

775 HOFFMANN, R. JOSEPH *Women in the Marcionite Churches of the Second Century: An Enquiry into the Provenance of Romans 16.* In: *Studia patristica 18,3* (cf. 1988-90, 344) 161-172

776 HORBURY, WILLIAM *Messianism among Jews and Christians in the second century* – AugR 28 (1988) 71-88

777 HUSSEY, JOAN M. *The Orthodox Church in the Byzantine Empire* [Oxford History of the Christian Church]. Oxford: Clarendon Press 1990. XXVIII, 408 pp.

778 IBARRA BENLLOCH, MARTIN *Mulier fortis: la mujer en las fuentes cristianas (280-313)* [Monografias de historia antigua 6].

Zaragoza: Dpto. de Ciencias de la Antigüedad de la Univ. 1990. VII, 396 pp.

779 *L'institution et les pouvoirs dans les Églises de l'Antiquité à nos jours. Colloque de Strasbourg, septembre 1983.* Éd. par B. VOGLER [Miscellanea Historiae Ecclesiasticae 8. Bibliothèque de la RHE 72]. Bruxelles: Éditions Nauwelaerts 1987. In-8, V, 563 pp.

780 *An Introduction to Celtic Christianity.* Ed. JAMES P. MACKEY. Edinburgh: Clark 1989. 440 pp.

781 IONIŢĂ, VIOREL *Activitatea misionară a Sfîntului Apostel Andrei în Scythia Minor* (= L'œuvre missionnaire du St. Apôtre André en Scythie Mineure) – BOR 106 (1988/3-4) 96-99

782 IRMSCHER, JOHANNES *Die Christianisierung Sardiniens.* In: *L'Africa Romana* (cf. 1988-90, 166/167) II 547-551

783 IRMSCHER, JOHANNES *Die Geschichte des frühen Christentums als Bestandteil der Altertumswissenschaft* – Klio 71 (1989) 408-409

784 IRMSCHER, JOHANNES *Kaiserin Theodora.* In: *Die Frau in der Antike. Kolloquium der Winckelmann-Gesellschaft, Stendal 1985.* Hrg. von MAX KUNZE, wiss. bearbeitet von LISELOT HUCHTHAUSEN [Beiträge der Winckelmann-Gesellschaft 17]. Stendal: Winckelmann-Gesellschaft (1988) 89-94

785 IRMSCHER, JOHANNES *Le origini della civiltà copta.* In: *Egitto e storia antica dall'ellenismo all'età araba. Bilancio di un confronto. Atti del colloquio internazionale, Bologna 31 agosto – 2 settembre 1987.* Edd. LUCIA CRISCUOLO; GIOVANNI GERACI. Bologna: CLUEB (1989) 496-473

786 ISOLA, ANTONIO *I cristiani dell'Africa vandalica nei Sermones del tempo (429-534).* Milano: Jaca Book 1990. IX, 194 pp.

787 IWASZKIEWICZ, PIOTR *Teodozjusz O położeniu Ziemi Swiętej (Theodosii opusculum de situ terrae sanctae in linguam polonam vertitur annotationibus illustratur)* – Meander 45 (1990) 225-237

788 JACOBY, DAVID *Yehûdîm, Šômrônîm we-nôṣerîm be-Ereṣ-Yisrā'ēl hab-bîzântît.* Yerûšālayim: Hôṣā'at Yad Yiṣḥāq Ben-Ṣevî 1988. X, 254 pp.

789 JAGU, AMAND *La morale d'Épictète et le christianisme* – ANRW II,36.3 (1989) 2164-2199

790 JAHN, WOLFGANG *Zur Sozialstruktur auf den Patrimonien der römischen Kirche zu Zeit Gregors I* – Klio 70 (1988) 539-543

791 JAHN, WOLFGANG *Zur weltlichen Stellung des Bischofs im Weströmischen Reich im 5. Jh.* – Altt 34 (1988) 224-230

792 JANSEN, REINER *Kirche und Judentum von den Kirchenvätern bis zu den Reformatoren* – Judaica 46 (1990) 134-163

793 JANTSCH, JOHANNA *Die Entstehung des Christentums bei Adolf von Harnack und Eduard Meyer.* Bonn: Habelt 1990. 448 pp.

794 JARRY, JACQUES *Datierungsprobleme in Nordsyrien* – Tyche. Beiträge zur Alten Geschichte, Papyrologie und Epigraphik (Wien) 3 (1988) 129-134

795 JEFFERS, JAMES STANLEY *Social foundations of early Christianity at Rome: the congregations behind 1 Clement and the shepherd of Hermas* [Diss.]. Irvine, Calif.: Univ. of California 1988. X, 355 pp. [microfilm; cf. summary in DissAbstr 49 (1989) 2268A-2269A]

796 *Jérusalem dans les traditions juives et chrétiennes. Colloque des 11 et 12 novembre 1982, Bruxelles* [Publications de l'Institut Iudaicum 5]. Leuven: Peeters 1987. 127 pp.

797 *Juden und Christen in der Antike.* Hrsg. von J. VAN AMERSFOORT und JOHANNES VAN OORT. Kampen: Kok 1990. 150 pp.

798 JÜRGENSMEIER, FRIEDHELM *Das Bistum Mainz: von der Römerzeit bis zum II. Vatikanischen Konzil* [Beiträge zur Mainzer Kirchengeschichte 2]. Frankfurt am Main: Knecht 1988. 352 pp.

799 JUNOD, ÉRIC *Naissance de la pratique synodale et unité de l'Eglise au IIe s.* In: *Einheit der Kirche* (cf. 1988-90, 224) 19-34 = RHPhR 68 (1988) 163-180

800 KAISER, R. *Bistumsgründungen im Merowingerreich im VI. Jht..* In: *Beiträge zur Geschichte des Regnum Francorum.* Referate beim Wissenschaftlichen Colloqium zum 75. Geburtstag von EUGEN EWIG am 28. Mai 1988. Hrsg von R. SCHIEFFER [Francia]. Sigmaringen: J. Thorbecke (1990) 9-35

801 KAJANTO, IIRO *Sopravvivenza dei nomi teoforici nell'età cristiana* – AArchHung 41 (1989) 159-168

802 KANY, R. *Dionysius Protrygaios. Pagane und christliche Spuren eines antiken Weinfestes* – JAC 31 (1988) 5-23

803 KAPLAN, M. *L'Eglise byzantine des VIe-XIe siècles: terres et paysans.* In: *Church and people in Byzantium.* Ed. ROSEMARY MORRIS. Manchester (1990) 109-123

804 KARLIN-HAYTER, PATRICIA *Activity of the bishop of Constantinople outside his Paroikia between 381 and 451.* In: *ΚΑΘΗΓΗΤΕΡΙΑ* (cf. 1988-90, 266) 179-210

805 KAUFMANN, YEHEZKEL *Christianity and Judaism: two covenants.* Transl. by C.W. EFROYMSON. Jerusalem: Magnes Pr. 1988. XI, 230 pp.

806 KELLY, JOSEPH F. *The Bible in early medieval Ireland.* In: *Preaching in the Patristic age* (cf. 1988-90, 315) 198-214

807 KERESZTES, PAUL *Imperial Rome and the Christians. 1. From Herod the Great to about 200 A.D.* Lanham, Md.: Univ. Pr. of America 1989. VII, 216 pp.

808 KERESZTES, PAUL *Imperial Rome and the Christians. 2. From the Severi to Constantine the Great.* Lanham, Md.: Univ. Pr. of America 1989. XIII, 385 pp.

809 KESSLER, MICHAEL *Das synodale Prinzip. Bemerkungen zu seiner Entwicklung und Bedeutung* – ThQ 168 (1988) 43-60

810 KINZIG, WOLFRAM *Der «Sitz im Leben» der Apologie in der alten Kirche* – ZKG 100 (1989) 291-317

811 *Kirche und Synagoge: Handbuch zur Geschichte von Christen und Juden: Darstellung mit Quellen, I.* Edd. KARL HEINRICH RENGSTORF; SIEGFRIED VON KORTZFLEISCH. Nachdruck der Ausg. von 1968. München: dtv 1988. 504 pp.

812 KIRSCH, WOLFGANG *Die Umstrukturierung des lateinischen Literatursystems im Zeichen der Krise des 3. Jahrhunderts* – Phil 132 (1988) 2-18

813 KLEIN, R. *Das Kirchenbauverständnis Constantin d. Gr. in Rom und in den östlichen Provinzen.* In: *Das antike Rom und der Osten. Festschrift für K. Parlasca zum 65. Geburtstag.* Edd. C. BÖRKER; M. DONDERER [Erlanger Forschungen A. Geisteswissenschaften 56]. Erlangen (1990) 77-101

814 KLEIN, R. *Das politische Denken des Christentums.* In: *Pipers Handbuch der politischen Ideen, 1: Frühe Hochkulturen und europäische Antike.* Edd. I. FETSCHER; H. MÜNKLER. München; Zürich: Piper (1988) 595-634

815 KLEIN, RICHARD *Die Entwicklung der christlichen Palästinawallfahrt in konstantinischer Zeit* – RQ 85 (1990) 145-181

816 KLIJN, A.F.J. *Jewish Christianity in Egypt.* In: *The roots of Egyptian Christianity* (cf. 1985-87, 343) 161-175

817 KÖNIG, INGEMAR *Die frühe nordafrikanische Kirche als Katalysator sozialen einheimischen Widerstandes gegen Rom?* In: *L'Africa Romana* (cf. 1988-90, 166/167) I 363-373

818 KOLB, FRANK *L'ideologia tetrarchica e la politica religiosa di Diocleziano.* In: *I cristiani e l'impero* (cf. 1988-90, 212) 17-44

819 KORN, FRANK J. *The Tiber ran red: the age of the Roman martyrs.* Boston, Mass.: St. Paul Books and Media 1989. 180 pp.

820 KRAEMER, ROSS S. *Maenads, martyrs, matrons monastics. A sourcebook on women's religions in the Greco-Roman world.* Philadelphia: Fortress Press 1988. 429 pp.

821 KRETSCHMAR, GEORG *Die Selbstdefinition der Kirche im 2. Jahrhundert als Sammlung um das apostolische Evangelium.* In: *Communio Sanctorum. Einheit der Christen – Einheit der Kirche. Festschrift für Bischof Paul-Werner Scheele.* Hrg. von JOSEF

SCHREINER und KLAUS WITTSTADT. Würzburg: Echter (1988) 105-131

822 KUBERSKI, J. *Mohammed und das Christentum. Das Christentum zur Zeit Mohammeds und die Folgen für die Entstehung des Islams* [Untersuchungen zu den Religionen der Welt, Sektion O: Untersuchung zur Begegnung von Islam und Christentum 1]. Bonn: Verlag für Kultur und Wiss., Schirrmacher 1988. 116 pp.

823 KURBATOV, G.L. *Die byzantinische Kirche des 4.-12. Jahrhunderts* [in russischer Sprache]. In: *Christianstvo: Antivčnost', Vizantija, Drevnjaja Rus'* (cf. 1988-90, 622) 107-188

824 KYTZLER, BERNHARD *Zur christlichen Romidee*. In: *Antikes Denken – Moderne Schule* (cf. 1988-90, 178) 265-285

825 LAFON, CHRISTINE *Images du paysan et de la société rurale dans l'Occident chrétien à la fin de l'antiquité (IVe-VIe siècles)* – Caesarodunum 23 (1988) 125-134

826 LAGARRIGUE, GEORGES *L'enseignement des rapports entre la pensée antique et la pensée chrétienne*. In: *Antikes Denken – Moderne Schule* (cf. 1988-90, 178) 297-306

827 LAMAU, MARIE-LOUISE *Des chrétiens dans le monde. Communautés pétriniennes au Ier siècle*. Préf. de ÉDOUARD COTHENET [Lectio divina 134]. Paris: Éd. du Cerf 1988. 375 pp.

828 LAMPE, PETER *Die stadtrömischen Christen in den ersten beiden Jahrhunderten: Untersuchungen zur Sozialgeschichte* [WUNT 2;18]. Tübingen: Mohr 1989. XII, 457 pp.

829 LANCEL, S. *Évêches et cités dans les provinces africaines (IIIe-IVe siècles)*. In: *L'Afrique dans l'occident romain* (cf. 1988-90, 168) 273-290

830 LANCEL, SERGE *Le sort des évêques et des communautés donatistes après la Conférence de Carthage en 411*. In: *Internationales Symposion über den Stand der Augustinus-Forschung* (cf. 1988-90, 261) 149-167

831 LANG, JUDITH *Ministers of Grace: Women in the Early Church*. Slough: St. Paul Publ. 1989. 151 pp.

832 LARRAÑAGA ELORZA, K. *En torno al caso del obispo Silvano de Calagurris: Consideraciones sobre el estado de la iglesia del alto y medio Evro a fines del imperio* – Veleia 6 (1989) 171-191

833 LASKARES, E. Βυζαντινοὶ Αὐτοκράτορες 306-610 μ.Χ. Ἀπὸ τὸ Μέγα Κωνσταντίνο μέχρι καὶ τὸ Φωκά). Athen: ByzantÜw 1990. 101 pp.

834 LAUBIER, P. DE *Sociologie de l'Église. La papauté des origines à nos jours* – RThom 90 (1990) 48-80

835 LAVARRA, CATERINA *Il sacro cristiano nella Gallia merovingia tra folklore e medicina professionale* – AFLB 31 (1988) 149-204

836 LÉGASSE, SIMON *La polémique antipaulinienne dans le judéochristianisme hétérodoxe, I* – BLE 90 (1989) 5-22
837 LÉGASSE, SIMON *La pólemique antipaulinienne dans le judéochristianisme hétérodoxe, II* – BLE 90 (1989) 83-100
838 LEHMANN, HENNING J. *The Question of the Syrian Background of the Early Armenian Church.* In: *Studia patristica 18,4* (cf. 1988-90, 345) 255-262
839 LENNOX MANTON, E. *Roman North Africa.* London: Seaby 1988. 144 pp.
840 LENZENWEGER, J.; STOCKMEIER, P. *Historia de la Iglesia Católica.* Traducción del alemán por A. MARTINEZ DE LAPERA. Barcelona: Herder 1989. 730 pp.
841 LEPELLEY, CLAUDE *Les sénateurs donatistes* – BSAF (1990) 45-56
842 LERNER, R.E. *On the origins of the earliest Latin pope prophecies. A reconsideration.* In: *Fälschungen im Mittelalter* (cf. 1988-90, 231) V 611-635
843 LESCO, L. *Christianity.* In: *Beyond the Pharaos* (cf. 1988-90, 192) 41-44
844 LIEBESCHUETZ, J.H.G.W. *From Diocletian to the Arab conquest* [Collected Studies Series, CS 310]. Northampton: Variorum 1990. XIV, 336 pp.
845 LIEBESCHUETZ, JOHN H. *Barbarians and bishops: army, church, and state in the age of Arcadius and Chrysostom.* Oxford: Clarendon 1990. XIV, 312 pp.
846 LIEBESCHUETZ, WOLFGANG *Hochschule.* Übers. v. GEORG SCHÖLLGEN – RAC 15 (1990) Lief. 118, 858-911
847 LIFSHITZ, FELICE *Des femmes missionnaires. L'exemple de la Gaule franque* – RHE 83 (1988) 5-33
848 LIGHTFOOT, C.S. *Facts and fiction. The third siege of Nisibis (AD 350)* – Historia 37 (1988) 105-125
849 LIGORI ANTONIO, G. *Falsità e malafede sacchettiana sulla polemica. Campomoro, La Foresta, Rieti. Supplemento al «S. Fabiano papa non è S. Flaviano vescovo».* Rieti: Arti Grafiche Nobili 1990. 138 pp.
850 Vacat
851 LINDER, AMNON *The destruction of Jerusalem sunday* – SE 30 (1987/88) 253-292
852 LITZÉN, VEIKKO *Den ideologiska konflikten vid tolkning av religiösa symboler på Konstantin den Stores tid.* In: *Patristica Nordica 3* (cf. 1988-90, 306) 101-122
853 LIZZI, RITA *Vescovi e strutture ecclesiastiche nella città tardoantica (l'Italia annonaria nel IV-V secolo d.C.)* [Bibl. di Athenaeum 9]. Como: Edizioni New Press 1989. 256 pp.

854 LOCKWOOD, ROSE *Potens et factiosa femina: women, martyrs and schism in Roman North Africa* – AugSt 20 (1989) 165-182

855 LOLLIEUX, JACQUES *De Reims à Boulogne ...: sur la piste des témoins du Christ.* Paris: Nouvelles Ed. Latines 1988. 217 pp.

856 LOPEZ PEREIRA, JOSÉ EDUARDO *El primer despertar cultural de Galicia. Cultura y literatura en los siglos IV y V* [Bibl. de divulgación Ser. Galicia 1]. Santiago de Compostela: Servicio de publ. e intercambio cientif. de la Univ. 1989. 193 pp.

857 LUEDEMANN, GERD; BOTERMANN, HELGA *Pax christiana versus Pax Romana* – ThRu 53 (1988) 388-398

858 LUISELLI, BRUNO *Beda und die christliche Geschichtsschreibung der Spätantike und des Frühmittelalters.* In: *Roma renascens* (cf. 1988-90, 325) 214-234

859 MACCORMACK, SABINE *Loca Sancta: The Organization of Sacred Topography in Late Antiquity.* In: *Blessings of Pilgrimage* (cf. 1988-90, 195) 7-40

860 MACCOULL, LESLIE S.B.; WORP, K.A. *The Era of the Martyrs.* In: *Miscellanea papyrologica in occasione del bicentenario dell'edizione della Charta Borgiana* [Papyrologica Florentina 19]. Edd. M. CAPASSO; G.M. SAVORELLI; R. PINTAUDI. Florenz: Edizioni Gonnelli (1990) 375-408

861 MACLENNAN, ROBERT STEWART *Four early Christian texts on Jews and Judaism in the second century C.E.* [Diss.]. Minneapolis, Minn.: Univ. of Minnesota 1988. XIII, 346 pp.

862 MACMULLEN, RAMSAY *La diffusione del cristianesimo nell'impero romano 100-400* [Bibl. di cultura moderna 968]. Roma; Bari: Laterza 1989. VIII, 210 pp.

863 MAERZ, FRITZ *Klassiker christlicher Erziehung.* München: Kösel 1988. 555 pp.

864 MAGNANO, P. *La chiesa bizantina nell'età bizantina.* In: *Siracusa bizantina.* Siracusa: Associazione Russia Cristiana «San Vladimir» (1990) 13-45

865 MAIER, JEAN-LOUIS *Le dossier du donatisme, II: De Julien l'Apostat à saint Jean Damascène (361-750)* [TU 135]. Berlin: Akademie-Verlag 1989. 462 pp.

866 MANNS, FRÉDÉRIC *Jacob le Min, selon la Tosephta Hulin 2,22-24. Contribution à l'étude du christianisme primitif* [mit Zusammenfassungen in englischer und italienischer Sprache] – CrSt 10 (1989) 449-465

867 MANNS, FRÉDÉRIC *Une altercation doctrinale entre les rabbins et les judéo-chrétiens au début du troisième siècle: Sifre Dt 32,1 (§ 306)* – VetChr 26 (1989) 49-58

868 MANSILLA, DEMETRIO *Antiguas divisiones político-administrativas de España* – Burgense 30 (1989) 433-475

869 MARIN, E. *La topographie chrétienne de Salone. Les centres ur-bains de la pastorale.* In: *Actes du XI congrès international d'archéologie chrétienne* (cf. 1988-90, 165) 1117-1131

870 MARKUS, ROBERT A. *The end of ancient Christianity.* Cambridge: Cambridge University Press 1990. XVII, 258 pp.

871 MARQUES DA SILVA, M.J.V. BRANCO *Norma e desvio: comportamentos e atitudes face ao sagrado na diocese bracarense (s. VI-XVI).* In: *IX Centenário da Dedicação da Sé de Braga, II/2* (cf. 1988-90, 215) 119-146

872 MARTIN, A. *Topographie et liturgie: le problème des «paroisses» d'Alexandrie.* In: *Actes du XI congrès international d'archéologie chrétienne* (cf. 1988-90, 165) 1133-1148

873 MARTIN, ANNICK *Les relations entre Arius et Mélitios dans la tradition alexandrine. Un histoire polémique* – JThS 40 (1989) 401-413

874 MARTIN, ANNIK *Les conditions de la réadmission du clergé mélitien par le Concile de Nicée* – AncSoc 20 (1989) 281-290

875 MARTIN, JOCHEN *Die Macht der Heiligen.* In: *Christentum und antike Gesellschaft* (cf. 1988-90, 199) 440-474

876 MARTIN, LUTHER H. *Roman Mithraism and Christianity* – Numen 36 (1989) 2-15

877 MARTINELLI, GIOVANNA *Il silenzio sui cristiani nella Storia Romana di Cassio Dione: un'ipotesi* – AALig 47 (1990) 429-442

878 MARTINS, RUI CUNHA O *Espaço, essa grande escultura. Para uma geografia política do periodo suevo-visigótico* – Arquipélago 11 (1989) 89-105

879 MARTLING, CARL HENRIK *Gud i orienten. Om de orientaliska kyrkornas framväxt och egenart.* Stockholm: Verbum 1990. 239 pp.

880 MARTLING, CARL HENRIK *Minoritetskyrkor i Mellanösten. De orientaliska kyrkornas historia och särprägel. En översikt.* Stockholm: Sveriges kyrkliga studieförb. 1990. 70 pp.

881 MASON, STEVE *An early Christian reader.* Toronto: Canadian Scholars' Pr. 1990. XIII, 600 pp.

882 MATHIEU, JEAN-MARIE *De l'univers mythologique à l'univers biblique, une révolution culturelle à la fin du IVième siècle après J.C.* In: *Du banal au merveilleux* (cf. 1988-90, 190) 149-166

883 MATHIEU-ROSAY, J. *Dizionario cronologico dei papi.* Trad. del francese. Mailand: Pan 1990. 351 pp.

884 MATHIEU-ROSAY, J. *Los papas de S. Pedro a Juan Pablo II.* Madrid: Rialp 1990. 486 pp.

885 MATHISEN, RALPH W. *Ecclesiastical factionalism and religious controversy in fifth-century Gaul.* Washington, D.C.: Catholic Univ. of America Press 1989. XIX, 347 pp.

886 MATSUMOTO, NORIO *The Urban Mob and the Christians*. In:
Forms of Control (cf. 1988-90, 235) 543-550

887 MAZZANTI, ANGELA M. *L'uomo nella cultura religiosa del
tardo-antico: tra etica e ontologia* [Cristianesimo antico e medievale 3]. Bologna: Pàtron Ed. 1990. VIII, 89 pp.

888 MAZZARINO, SANTO *Storia sociale del vescovo Ambrogio*
[Problemi e ricerche di storia antica 4]. Roma: Bretschneider 1989.
101 pp.

889 MAZZUCCO, CLEMENTINA *«E fui fatta maschio»: la donna
nel cristianesimo primitivo (secoli I-III): con un appendice sulla
Passio Perpetuae*. Pres. di EUGENIO CORSINI [Univ. degli studi
di Torino Fondo di studi Parini-Chirio Letterature 1]. Firenze:
Casa Ed. Le Lettere 1989. XI, 196 pp.

890 MEEKS, W.A. *Los primeros cristianos urbanos. El mundo social
del apóstol Pablo*. Trad. del inglés [Biblioteca de Estudios biblicos
64]. Salamanque: Ed. Sígueme 1988. 376 pp.

891 MENTZOS, ARISTOTELES *The bishop of Philippi Demetrius
and the early christian monuments of the city of Philippi* [in griechischer Sprache mit englischer Zusammenfassung] – Egnatia 1
(1989) 195-205 = EpThes 23 (1989) 195-205

892 MERTA, B. *Helenae comparanda regina – secunda Isebel. Darstellung von Frauen des merovingischen Hauses in frühmittelalterlichen Quellen* – MIÖGF 96 (1988) 1-32

893 MEULENBERG, LEONARDO *A Igreja Diante do Desafio do
Império Romano. Um esboço social* – REBras 50 (1990) 629-642

894 MEYENDORFF, J. *Theological education in the patristic and byzantine eras and its lessons for today*. In: Ἀναφορὰ εἰς
μνήμην ... (cf. 1988-90, 174) III 401-414; 471-475

895 MEYENDORFF, JOHN *Imperial unity and Christian divisions:
the Church 450-680 A.D.* [The Church in history 2]. Crestwood,
N.Y.: St. Vladimir's Seminary Pr. 1989. XV, 402 pp.

896 MEYERS, ERIC M.; WHITE, L. MICHAEL *Jews and Christians
in a Roman world* – Archaeology 42,2 (1989) 26-33

897 MIAN, FRANCA *Gerusalemme città santa: Oriente e pellegrini
d'Occidente (sec. I-IX/XI)*. Rimini: Il Cerchio 1988. 256 pp.

898 MICHELS, H. *Zur Echtheit der Briefe Papst Gregors II. an Kaiser
Leon III* – ZKG 99 (1988) 376-391

899 MILBURN, ROBERT L. *Early Christian art and architecture*. Aldershot: Scolar Pr. 1988. XVIII, 318 pp.

900 MINOIS, G. *L'Église et la science. Histoire d'un malentendu.
Vol.1: De S. Augustin à Galilée*. Paris: A. Fayard 1990. 484 pp.

901 MITCHELL, S. *Maximinus and the Christians in A.D. 312. A new
Latin inscription* – JRS 78 (1988) 105-124

902 MOMIGLIANO, A. *La storiografia della religione*. In: *Storia di Roma 4. Caratteri e morfologie*. Torino: Einaudi (1989) 895-910

903 MOMIGLIANO, A. *Saggi di storia della religione romana*. Studi e lezioni 1983-1986 a cura di R. DI DONATO [Le scienze umane. Scienze dei fenomeni umani e dei processi di civilizzazione]. Brescia: Editrice Morcelliana 1988. 203 pp.

904 MONTCLOS, X. DE *Histoire religieuse de la France* [QSJ 2428]. Paris: Pr. Univ. de France 1988. 125 pp.

905 MONTERO, S. *El papa Inocencio I. ante las tradiciones religiosas paganas*. In: *Cristianismo y aculturacíon en tiempos del Imperio Romano* (cf. 1988-90, 213) 405-412

906 MONTGOMERY, HUGO *Kyrklig autarki på 200-talet*. In: *Patristica Nordica 3* (cf. 1988-90, 306) 77-99

907 MONTSERRAT TORRENTS, JOSÉ *La sinagoga cristiana: el gran conflicto religioso del siglo I* [Religiones 1]. Barcelona: Muchnik Ed. 1989. 349 pp.

908 MORESCHINI, CLAUDIO *Alcune osservazioni sulla conversione nel cristianesimo antico*. In: *Attualità dell'antico* (cf. 1988-90, 184) 177-187

909 MORTLEY, RAOUL *The Hellenistic foundations of ecclesiastical historiography*. In: *Reading the past* 225-250

910 MOYES, GORDON *Discovering the Young Church*. Photographs by JOHN GRAHAM. Sutherland, NSW: Albatross Books 1989. 166 pp.

911 MÜLLER, L. *Die Taufe Russlands. Die Frühgeschichte des russischen Christentums bis zum Jahre 988* [Quellen und Studien zur russischen Geistesgeschichte 6]. München: E. Wewel 1987. 132 pp.

912 MÜLLER, WALTER W. *Himyar* – RAC 15 (1989) Lief. 114, 303-320; (1990) Lief. 115, 321-331

913 MUHLBERGER, STEVEN *The fifth-century chroniclers: Prosper, Hydatius and the Gallic Chronicler of 452* [Arca 27]. Leeds: Cairns 1990. XI, 329 pp.

914 MUSCA, D.A. *La donna nel monde pagano e nel monde cristiano: le punte minime dell'età matrimoniale attraverso il materiale epigrafico (urbs Roma)*. In: *Atti dell'Accademia Romanistica Constantiniana* (cf. 1988-90, 182) 147-181

915 MYSZOR, W. *Chrześcijanie wobec świata Praca charytatywna w pierwszych wiekach chrześcijanstwa* (= Die ersten Christen der Welt gegenüber. Caritasarbeit in den ersten Jahrhunderten) – SSHT 23/24 (1990/91) 193-201

916 NASRALLAH, J. *Histoire du mouvement littéraire dans l'église melchite du Ve au XXe s. Contribution à l'étude de la littérature arabe chrétienne. II,2: 750-Xe s.* Avec la collab. de H. HADDAD. Leuven: Peters 1988. XXXI, 125 pp.

917 NASRALLAH, J. *Notes et Documents pour servir à l'histoire du Patriarchat Melchite d'Antioche, II* Leuven: Peters 1986. 118 pp.

918 NAZIANZO, STEPHANOS DE *Los orígenes de la vida cenobítica* – Cistercium 41 (1989) 273-290

919 NEAL, RANDALL STRANTON *Synagogue and Church. The model of the Jewish Synagogue in the formation of first-century Christianity* [Diss.]. Fort Worth, Tex.: Southwestern Baptist Theol. Seminary 1988. IV, 244 pp. [microfilm; cf. summary in DissAbstr 49 (1989) 3058A]

920 NIEWIADOMSKI, JOZEF *Die Juden im Neuen Testament und bei den Kirchenvätern.* In: *Christen und Juden in Offenbarung und kirchlichen Erklärungen* (cf. 1988-90, 620) 13-31

921 NOETHLICHS, K.L. *Kirche, Recht und Gesellschaft in der Jahrhundertmitte.* In: *L'église et l'empire au IVe siècle* (cf. 1988-90, 223) 251-294

922 NORDERVAL, YVIND *The emperor Constantine and Arius. Unity in the Church and unity in the empire* – StTh 42 (1988) 113-150

923 NOROCEL, EPIFANIE (EPISCOPUL BUZĂULUI) *Pagini din Istoria veche a creştinismului la români. Mărturii ale continuităţii poporului nostru* [in rumänischer Sprache]. Buzăului: Editura Episcopiei 1986. 339 pp.

924 NOUAILHAT, RENÉ *Les premiers christianismes* [Le jardin des hesperides]. Paris: Ed. Errance 1988. 134 pp.

925 O'CORRAIN, DONNCHADH *Prehistoric and early Christian Ireland.* In: *The Oxford illustrated history of Ireland.* Ed. R.F. FOSTER. Oxford: University Pr. (1989) 1-52

926 ODAHL, CHARLES *A pagan's reaction to Constantine's conversion* – The Ancient World (Chicago) 21 (1990) 45-63

927 O'MALLEY, J.W. *Priesthood, ministry, and religious life. Some historical and historiographical considerations* – ThSt 49 (1988) 223-257

928 ORLANDI, TITO *Koptische Kirche* – TRE 19 (1990) 595-607

929 ORLANDIS, J. *Algunas consideraciones en torno a los orígenes cristianos en España.* In: *Cristianismo y aculturacíon en tiempos del Imperio Romano* (cf. 1988-90, 213) 63-71

930 ORLANDIS, J. *Historia del Reino Visigodo español* [Libros de Historia 16]. Madrid: Rialp 1988. 384 pp.

931 ORLANDIS, JOSÉ *La conversión de Europa al cristianismo.* Madrid: Ed. Rialp 1988. 199 pp.

932 ORLANDIS, L. *La Iglesia antigua y medieval* [Historia de la Iglesia 1]. Madrid: Palabra 1989. 471 pp.

933 ORSELLI, ALBA MARIA *Regalità e profezie nella storiografia cristiana tra V e VII secolo* – AugR 30 (1990) 107-126

934 OTRANTO, GIORGIO *Dalla civitas alla diocesi nella Puglia tardoantica* – InvLuc 11 (1989) 411-441

935 PACK, E. *Sozialgeschichtliche Aspekte des Fehlens einer christlichen Schule in der römischen Kaiserzeit.* In: *Religion und Gesellschaft* (cf. 1988-90, 323) 185-263

936 PADOVESE, L. *La polemica anticristiana nei secc. II/IV. Alcuni cenni illustrativi* – EF 89 (1988) 279-299

937 PADOVESE, LUIGI *Lo scandalo della croce: la polemica anticristiana nei primi secoli.* Roma: Ed. Dehoniane 1988. 215 pp.

938 PALMER, ANDREW *Monk and mason on the Tigris frontier: the early history of Tur ʿAbdin* [Oriental Publ. 39]. Cambridge: Cambridge Univ. Pr. 1990. XXIV, 265 pp.

939 PAOLI, ELISABETH *Les notices sur les évêques de Milan (IVe-VIe siècle)* – MEFR 100 (1988) 207-225

940 PAPATHOMOPOULOS, M. *Byzantine Influence on North Africa. Three little known Sources: John Biclar's Chronicon (ca. 590 A.D.), The Ecclesiastical Hierarchy in Africa (650-700 A.D.) and Thronos Alexandrinus (675-703). A Preliminary Report.* In: *Gli interscambi culturali e socio-economici fra l'Africa settentrionale e l'Europa mediterranea. Atti del Congresso Internazionale di Amalfi, 5-8 dicembre 1983.* Napoli: Istituto Universitario Orientale (1986) 339-341

941 PAREDI, ANGELO *Storia del rito ambrosiano.* Mailand: Ediz, OR 1990. 102 pp.

942 PASCHOUD, F. *La Storia Augusta come testimonianza e riflesso della crisi d'identità degli ultimi intellettuali pagani in occidente.* In: *I cristiani e l'impero* (cf. 1988-90, 212) 155-168

943 PASCHOUD, F. *L'intolérance chrétienne vue et jugée par les paiens* – CrSt 11 (1990) 545-577

944 PATLAGEAN, EVELYNE *Zur Beschränkung der Fruchtbarkeit in der frühbyzantinischen Zeit.* In: *Christentum und antike Gesellschaft* (cf. 1988-90, 199) 270-299

945 PATURA, SOPHIA *Τὸ Βυζάντιο καὶ ὁ ἐκχριστιανισμὸς τῶν λαῶν τοῦ Καυκάσου καὶ τῆς Κριμαίας (6ος αἰ.)* – Σύμμεικτα 8 (1989) 405-434

946 PAVAN, M. *La Dalmatia da Roma a Bisanzio* – Riv. Stor. del Mezzogiorno 21-22 (1986/87) 17-30

947 PAVAN, MASSIMILIANO *Cristianesimo e impero romano nel IV secolo d.C.* In: *I cristiani e l'impero* (cf. 1988-90, 212) 1-16

948 PEARSON, B.A. *Continuing Investigations into Egyptian Christianity* – Bulletin of the Institute for Antiquity and Christianity (Claremont, Calif.) 15 (1988/3) 4-5

949 PECERE, ORONZO *Il ruolo del monachesimo benedettino nella trasmissione dei clasici: Montecassino.* In: *Tercer Seminario sobre el Monacato* (cf. 1988-90, 355) 41-59

950 PELIKAN, JAROSLAV *The excellent empire: the fall of Rome and the triumph of the Church* [The Rauschenbusch Lectures N.S. 1]. San Francisco, Calif.: Harper & Row 1990. XIII, 133 pp.

951 PELILES, I.G. *Ἡ Χριστιανικὴ Ἱεροωσύνη (ἀπὸ ἱστορικῆς ἀπόψεως τῶν δέκα πρώτων αἰώνων μ.Χ.).* Athen 1988. 1066 pp.

952 PERELMUTER, HAYIM G. *Siblings: Rabbinic Judaism and early Christianity at their beginnings.* New York: Paulist Pr. 1989. V, 217 pp.

953 PESCE, MAURO *Un convegno sulla permanente eredità giudaica nel cristianesimo. Temi, problemi e limiti* – AugR 28 (1988) 7-21

954 PESCHLOW, U. *Konstantinopel und Kleinasien. Forschungs- und Literaturbericht über die Ergebnisse archäologischer Arbeit auf dem Gebiet der Spätantike, des frühen Christentums und der frühbyzantinischen Zeit aus den vergangenen 10 Jahren.* In: *Actes du XI congrès international d'archéologie chrétienne II* (cf. 1988-90, 165) 1563-1619

955 PICARD, JEAN-CHARLES *Le souvenir des évêques: sépultures, listes épiscopales et culte des évêques en Italie du Nord des origines au Xe siècle* [Bibliothèque des Écoles françaises d'Athènes et de Rome 268]. Rome: École Française de Rome; Paris: de Boccard 1988. 819 pp.

956 PIETRI, C. *La politique de Constance II: Un premier césaropapisme ou l'imitatio Constantini?* In: *L'église et l'empire au IVe siècle* (cf. 1988-90, 223) 113-172

957 PIETRI, C. *Régions ecclésiastiques et paroisses romaines.* In: *Actes du XI congrès international d'archéologie chrétienne* (cf. 1988-90, 165) 1035-1067

958 PIMENTEL ALVAREZ, JULIO *Dos piezas del epistolario de Plinio. Documentos históricos* – Analogía 4 (1990) 183-187

959 PITZ, ERNST *Erschleichung und Anfechtung von Herrscher- und Papsturkunden vom 4. bis 10. Jahrhundert.* In: *Fälschungen im Mittelalter* (cf. 1988-90, 231) III 69-113

960 POIRIER, PAUL-HUBERT *Ancienne littérature chrétienne et histoire de l'Église* – Laval 45 (1989) 303-318

961 POPESCU, E. *Creştinismul pe teritoriul Romaniei pîna în secolul al VII-lea, în lumina noilor cercatări* – MitrBan 37 (1987/4) 34-49

962 POPESCU, E. *Die kirchliche Organisation der Balkanhalbinsel zur Zeit des VII. Oekumenischen Konzils von Nikaia (787)* – AHC 20 (1988) 345-353

963 POPESCU, E. *Theophilus Gothiae. Bischof der Krim oder an der unteren Donau?* – Byzantina 14 (1988) 237-249

964 POPESCU, EMILIAN *Die kirchliche Organisation der Provinz Scythia minor vom vierten bis ins sechste Jahrhundert* – JÖB 38 (1988) 75-94

965 PORTEFAIX, LILIAN *Kvinnoroller i det antika samhället och i den tidiga kyrkan.* In: *Patristica Nordica 3* (cf. 1988-90, 306) 123-163

966 PREVOT, FRANÇOISE; BARRAL I ALTET, XAVIER *Province ecclésiastique de Bourges (Aquitania Prima)* [Topographie chrétienne des cités de la Gaule des origines au milieu du VIIIe siècle 6]. Paris: Boccard 1989. 91 pp.

967 *Primer Seminario sobre el Monacato. Codex Aquilensis. Cuadernos de Investigación del Monasterio de Santa María la Real.* Aguilar de Campóo: Asociación de Amigos del Monasterio de Aguilar 1988. 89 pp.

968 PRINZ, FRIEDRICH *Die bischöfliche Stadtherrschaft im Frankenreich vom 5. bis zum 7. Jahrhundert.* In: *Mönchtum, Kultur und Gesellschaft. Beiträge zum Mittelalter.* Edd. A. HAVERKAMP; A. HEIT. München: C.H. Beck (1989) 111-135

969 PRINZ, FRIEDRICH *Die christliche Kirche und das Problem der Kontinuität zwischen Antike und Mittelalter.* In: *Papsttum und Kirchenreform* (cf. 1988-90, 305) 37-55

970 PRINZ, FRIEDRICH *Frühes Mönchtum im Frankenreich. Kultur und Gesellschaft in Gallien, den Rheinlanden und Bayern am Beispiel der monastischen Entwicklung (4. bis 8. Jahrhundert).* München: Oldenbourg 2. Aufl. 1988. 686 pp.

971 PRITZ, RAY A. *Nazarene Jewish Christianity: from the end of the New Testament period until its disappearance in the fourth century* [Studia post-biblica 37]. Leiden: Brill; Jerusalem: Magnes Pr. 1988. 153 pp.

972 PROVOOST, A. *L'implantation des édifices ecclésiatiques d'après les textes littéraires antérieurs à 400 ap. J.-C.* In: *Actes du XI congrès international d'archéologie chrétienne* (cf. 1988-90, 165) 323-326

973 PSACAROPOULOS, G. *Il papa di Roma e la Chiesa bizantina* – QM 26 (1988) 107-112

974 *Quellensammlung zur Religionspolitik Konstantins des Großen.* Übers. u. hrsg. von VOLKMAR KEIL [Texte zur Forschung 54]. Darmstadt: Wiss. Buchges. 1989. XI, 244 pp.

975 QUINT, BARBARA *Die Ehe im frühen Christentum (vorkonstantinische Zeit).* In: *Christentum und antike Gesellschaft* (cf. 1988-90, 199) 169-208

976 RABBATH, E. *La conquête arabe sous les quatre premiers califes (11/632-40/661). Les chrétiens dans l'Islam des premiers temps* [Publications de l'Université Libanaise, Section des Études Historiques 32]. [2 voll.]. Beyrouth: Librairie orientale 1985. 1084 pp.

977 RABELLO, ALFREDO M. *Giustiniano, Ebrei e Samaritani alla luce delle fonti storico-letterarie, ecclesiastiche e giuridiche, II* [Monogr. del Vocab. di Giustiniano 2]. Milano: Giuffrè 1988. VIII, 484 pp.

978 RABELLO, A.M. *Il problema dei matrimoni fra ebrei e cristiani nella legislazione imperiale e in quella della Chiesa (IV-VI secolo).* In: *Atti dell'Accademia Romanistica Constantiniana* (cf. 1988-90, 182) 213-224

979 RAMBAUX, CLAUDE *Les persécutions dans l'Empire romain* – ALMA 14 (1987) 7-26

980 *Les Regestes des Actes du Patriarcat de Constantinople. Fascicules II et III. Les Regestes de 715 à 1206,* par V. GRUMEL. Deuxième édition revue et corrigée par J. DARROUZES. Paris: Institut Français d'Études Byzantines 1989. XXXIX, 614 pp.

981 REINHARTZ, ADELE *Rabbinic perceptions of Simeon Bar Kosiba* – JStJ 20 (1989) 171-194

982 REYNOLDS, S.C. *Justinian and Neo-Chalcedonianism in the sixth century* – Macedon Stud. 5 n.s. 2 (1988) 14-28

983 RICHÉ, P. *Écoles et enseignement dans le haut Moyen Age. Fin du Ve siècle – milieu du XIe siècle.* Paris: Picard 1989. 471 pp.

984 RINALDI, GIANCARLO *Sognatori e visionari «biblici» nei polemisti anticristiani* – AugR 29 (1989) 7-30

985 RITTER, ADOLF MARTIN *Die altchristliche und die byzantinische Utopie.* In: *Antike Rechts- und Sozialphilosophie.* Edd. OLOF GIGON; MICHAEL FISCHER [Salzburger Schriften zur Rechts-, Staats- und Sozialphilosophie 6]. Frankfurt/M: Lang (1988). 147-162

986 RITTER, ADOLF MARTIN *Die Einheit der Kirche in vorkonstantinischer Zeit.* In: *Einheit der Kirche* (cf. 1988-90, 224) 1-18

987 RITTER, ADOLF MARTIN *Frühes Christentum [Ethik]. Das Beispiel der Eigentumsfrage.* In: *Ethik in der europäischen Geschichte.* Edd. STEPHAN H. PFÜRTNER et al. I: Antike und Mittelalter. Stuttgart: Kohlhammer (1988) 116-133

988 RONDET, MICHEL *Le célibat évangélique dans l'Église latine.* In: *Sexualité et religions.* Ed. MARCEL BERNOS [Coll. Histoire]. Paris: Éd. du Cerf (1988) 241-263

989 ROOZENBEEK, HERMAN *Fluvia defit, causa Christiani sunt. Christelijke en heidense reacties of natuurrampen in de derde eeuw* [mit Zusammenfassung in englischer Sprache] – Lampas 22 (1989) 36-48

990 ROUSSEAU, P. *The development of christianity in the roman world: Elaine Pagels and Peter Brown* – Prudentia 22,2 (1990) 49-70

991 ROUSSELLE, ALINE *Croire et guérir: la foi en Gaule dans l'Antiquité tardive.* Paris: Fayard 1990. 382 pp.

992 RUPRECHTSBERGER, E.M. *Götter, Kulte und frühes Christentum im antiken Lauriacum.* In: *Kult und Kirche in Enns-Lauriacum [Mitteilungen des Museumsvereins Lauriacum Enns 26].* Enns (1988) 13-25

993 SACCHI, P. *L'eredità giudaica nel cristianesimo* – AugR 28 (1988) 23-50

994 SALLMANN, KLAUS *Christen vor dem Theater.* [mit frz. Zus.-fssg] In: *Theater und Gesellschaft im Imperium Romanum. Théâtre et société dans l'empire romain.* Hrsg. JÜRGEN BLAENS-DORF in Verb. mit JEAN-MARIE ANDRÉ & NICOLE FICK [Mainzer Forsch. zu Drama & Theater 4]. Tübingen: Francke (1990) 243-257

995 SALZMAN, MICHELE RENÉE *Aristocratic women: conductors of Christianity in the fourth century.* – Helios 16 (1989) 207-220

996 SALZMAN, M.R. *The role of aristocratic women in the cristianization of the roman aristocracy in the latin west in the years after Constantine: the epigraphical evidence.* In: *The 90th General Meeting of the Archaeological Institute of America and the First Joint Archaeological Congress* – American Journal of Archaeologie (Princeton, N.J.) 93 (1989) 256-257

997 SANCHEZ HERRERO, J. *Concilios y sinodos hispanios e historia de la Iglesia española* – Hispania 50 (1990) 531-552

998 SANCHEZ SALOR, E. *La cultura en los monasterios visigóticos.* In: *Tercer Seminario sobre el Monacato* (cf. 1988-90, 355) 23-40

999 SARADI-MENDELOVICI, HELEN *Christian Attitudes toward Pagan Monuments in late Antiquity and their Legacy in later Byzantine Centuries* – DumPap 40 (1990) 47-61

1000 SARANAYANA, JOSEP IGNASI *Sobre el diálogo de los pensadores cristianos con las culturas no cristianas (Siglo II al XIII)* – ScTh 21 (1989) 125-139

1001 SARATOV, I.E. *Stroki kamennoj letopisi* (= Zeilen einer steinernen Chronik) [in russischer Sprache] – Pamjatniki otečestva 17,1 (1988) 63-75

1002 SARGENTI, M. *Matrimonio cristiano e società pagana.* In: *Atti dell'Accademia Romanistica Constantiniana* (cf. 1988-90, 182) 49-74

1003 SAYAS ABENGOCHEA, J.J. *La búsqueda visigoda de la unidad territorial y el caso vascónico* – Veleia 5 (1988) 189-206

1004 SAYAS ABENGOCHEA, J.J. *Paganismo y Christianismo entre Vascones, una cuestión debatida.* In: *Studien zur Geschichte der römischen Spätantike. Festgabe für Professor Johannes Straub.* Edd. E. CHRYSOS; A.A. FOURLAS. Athen: Pelasgos Verlag (1989) 222-233

1005 SCHÄFERDIEK, KNUT *Gotien: eine Kirche im Vorfeld des frühbyzantinischen Reichs* – JAC 33 (1990) 36-52

1006 SCHARF, R. *Sebastianus – ein «Heldenleben»* – ByZ 82 (1989) 140-156

1007 SCHATZ, KLAUS *Der päpstliche Primat: seine Geschichte von den Ursprüngen bis zur Gegenwart.* Würzburg: Echter 1990. 231 pp.

1008 SCHEIBELREITER, G. *Audoin von Rouen. Ein Versuch über den Charakter des VII. Jhts.* In: *La Neustrie* (cf. 1988-90, 297) I 195-216

1009 SCHILLING, R. *Ce que le christianisme doit à la Rome antique.* In: *As Humanidades greco-latinas* (cf. 1988-90, 255) 433-463

1010 SCHLOSSER, JACQUES *La constitution d'une histoire du salut dans le christianisme primitif.* In: *Mythe, mémoire, fondation.* Sous la dir. de M. SACHOT [L'institution de l'histoire, 2]. Paris: Éd. du Cerf & Strasbourg CERIT (1989) 25-45

1011 SCHMALZBAUER, GUDRUN *Konstantinopel* – TRE 19 (1990) 503-518

1012 SCHMIDT, ANDREA B. *Die Refutatio des Timotheus Aelurus gegen das Konzil von Chalcedon: ihre Bedeutung für die Bekenntnisentwicklung der armenischen Kirche Persiens im 6. Jhd.* – OrChr 73 (1989) 149-165

1013 SCHNABEL, WOLFGANG *Grundwissen zur Theologie- und Kirchengeschichte: ein Quellenbuch. 1. Die Alte Kirche.* Gütersloh: Mohn 1988. 128 pp.

1014 SCHNEIDER, DIETHELM *Theorien des Übergangs: materialistische und sozialgeschichtliche Erklärungen des Wandels im frühen Christentum und ihre Bedeutung für die Theologie* [EHTheol 355]. Frankfurt am Main: Lang 1989. 359 pp.

1015 SCHÖLLGEN, G. *Probleme der frühchristlichen Sozialgeschichte. Einwände gegen P. Lampes Buch über «Die stadtrömischen Christen der ersten beiden Jahrhunderte»* – JAC 32 (1989) 23-40

1016 SCHOLZ, P.O. *Christlicher Orient und Irland.* In: *Nubia et Oriens Christianus* (cf. 1988-90, 300) I 387-443

1017 SCHÜSSLER-FIORENZA, ELISABETH *Zu ihrem Gedächtnis ...: eine feministisch-theologische Rekonstruktion der christlichen Ursprünge.* München: Kaiser 1988. 426 pp.

1018 SCHULZ, THEKLA *Der frühchristliche Umbau des «römischen Naiskos» im Heraion von Samos* – Koldewey-Gesellschaft, Vereinigung für baugeschichtliche Forschung e.V. Bericht über die Tagung für Ausgrabungswissenschaft und Bauforschung (Bonn) 36 (1990) 27-31

1019 SCHWAIGERT, WOLFGANG *Das Christentum in Hūzistān im Rahmen der frühen Kirchengeschichte Persiens bis zur Synode von Seleukia-Ktesiphon im Jahre 410* [Diss.]. Marburg 1989. II, 367 pp.

1020 SCHWARTE, K.-H. *Die Christengesetze Diokletians* – JTGG (1989) 149-150

1021 SCHWARTE, K.-H. *Die Christengesetze Valerians*. In: *Religion und Gesellschaft* (cf. 1988-90, 323) 103-163

1022 SCURI EIRAM, SUZANNE *Saint-Maire d'Autun, premier évêque de Lausanne, 532-594*. Lausanne: Ed. de l'Aire 1990. 169 pp.

1023 SEELIGER, HANS REINHARD *Die Verwendung des Christogramms durch Konstantin im Jahre 312* – ZKG 100 (1989) 149-168

1024 SELGE, KURT-VICTOR *Die Kirchengeschichte in Sammelwerken und Gesamtdarstellungen* – ThRu 53 (1988) 201-222

1025 SERNA GONZALEZ, CLEMENTE DE LA *El monasterio medieval como centro de espiritualidad y cultura teológica*. In: *Tercer Seminario sobre el Monacato* (cf. 1988-90, 355) 61-84

1026 SETZER, CLAUDIA JOAN *Jewish responses to early Christians (30-150 C.E.)* [Diss.]. Columbia Univ. New York 1990. 485 pp. [microfilm; DissAbstr 52 (1991-1992) 571A]

1027 SHITOMI, YUZO *La persécution de Nagran: Réexamen des dates figurant dans le Martyrium Arethae* – Orient 24 (1988) 71-83

1028 SIMONETTI, MANLIO *Il cristianesimo in Italia dalle origini a Gregorio Magno*. In: *Roma e l'Italia: radices imperii*. Pref. GIOVANNI DI PUGLIESE CARRATELLI [Coll. Antica madre]. Milano: Scheiwiller (1990) 229-285

1029 SIMONETTI, MANLIO *Roma cristiana tra II e III secolo* – VetChr 26 (1989) 115-136

1030 SIMS-WILLIAMS, P. *Religion and literature in Western England, 600-800* [Cambridge studies in Anglo-Saxon England 3]. Cambridge: Univ. Press 1990. XIV, 300 pp.

1031 SINISCALCO, PAOLO *La comprensione della storia nel cristianesimo antico*. In: *Attualità dell'antico* (cf. 1988-90, 184) 155-176

1032 SIVAN, HAGITH S. *Pilgrimage, Monasticism, and the Emergence of Christian Palestine in the 4th Century*. In: *Blessings of Pilgrimage* (cf. 1988-90, 195) 54-65

1033 SKRESLET, S.H. *The Greeks in medieval Islamic Egypt: A Melkite dhimmī community under the patriarch of Alexandria (640-1095)* [Diss.]. Yale Univ. 1987. [cf. summary in DissAbstr A 49,4 (1988) 848]

1034 SMITH, JONATHAN Z. *Drudgery divine: on the comparison of early Christianities and the religions of late antiquity* [Jordan Lectures in Comparative Religion 14]. London: School of Oriental and African Studies 1990. XIII, 145 pp.

1035 SODINI, JEAN-PIERRE *Géographie historique et liturgie. L'opposition entre Antiochène et Apamène.* In: *Géographie historique du monde...* (cf. 1988-90, 238) 201-216

1036 SODINI, JEAN-PIERRE *Les églises de Syrie du Nord.* In: *Archéologie et histoire de la Syrie, II: La Syrie de l'époque achéménide à l'avènement de l'Islam.* Éd. par JEAN-MARIE DENTZER et WINFRIED ORTHMANN, avec des contributions de CHRISTIAN AUGÉ et al. [Schriften zur vorderasiatischen Archäologie 1]. Saarbrücken: Saarbrücker Druck und Verlag (1989) 347-372

1037 SÖRRIES, R. *Frühes Christentum in Tirol* – Der Schlern 63 (1989) 243-260

1038 SOLZBACHER, RUDOLF *Mönche, Pilger und Sarazenen. Studien zum Frühchristentum auf der südlichen Sinaihalbinsel. Von den Anfängen bis zum Beginn islamischer Herrschaft* [Münsteraner Theologische Abhandlungen 3]. Altenberge: Telos-Verlag 1989. 444 pp.

1039 SORDI, M. *Los cristianos y el Imperio romano* [Ensayos 49]. Madrid: Ediciones Encuentro 1988. 190 pp.

1040 SORDI, MARTA *Milano al tempo di Agostino.* In: *Agostino a Milano* (cf. 1988-90, 170) 13-22

1041 SOTOMAYOR, M. *Influencia de la Iglesia de Cartago en las Iglesias Hispanas (A propósito de un artículo de J.M. Blázquez.)* – Gerión 7 (1989) 277-287

1042 *Spätantike zwischen Heidentum und Christentum: Ausstellung der Prähistorischen Staatssammlung München in Verbindung mit der Staatlichen Münzsammlung München vom 20. Dezember 1989 bis 1. April 1990.* Einf. und Katalog: JOCHEN GARBSCH und BERNHARD OVERBECK [Ausstellungskataloge der Prähist. Staatssammlg. 17] München 1990. 231 pp.

1043 SPEYER, WOLFGANG *Religionen des griechisch-römischen Bereichs. Zorn der Gottheit, Vergeltung und Sühne.* In: *Frühes Christentum im antiken Strahlungsfeld. Ausgewählte Aufsätze [WUNT 50].* Ed. WOLFGANG SPEYER. Tübingen: Mohr (1989) 140-159

1044 STALTER-FOUILLOY, DANIELLE *Histoire et violence: essai sur la liberté humaine dans les premiers écrits chrétiens* [Etudes d'histoire et de philosophie religieuses 70]. Paris: Pr. Univ. de France 1990. 160 pp.

1045 STANIEK, EDWARD *L'Église, une communauté ou une société? : esquisse de l'ecclésiologie des trois premiers siècles* – VoxP 6 (1986) 203-218

1046 STEMBERGER, GÜNTER *Juden und Christen im Heiligen Land. Palästina unter Konstantin und Theodosius* München: C.H. Beck 1988. 300 pp.

1047 STOCKMEIER, PETER *Herrschaft* – RAC 14 (1988) Lief. 110, 877-936

1048 STÖVER, H.D. *Christenverfolgung im Römischen Reich. Ihre Hintergründe und Folgen.* Eltville am Rhein: Brechtermünz 1990. 319 pp.

1049 STOFFREGEN-PEDERSEN, K. *Les Éthiopiens* [Fils d'Abraham]. Turnhout: Éditions Brepols 1990. 197 pp.

1050 *Storia della Chiesa cattolica.* Edd. J. LENZENWEGER, P. STOCKMEIER, K. AMON et R. ZINNHOBLER. Trad. dal tedesco. Turin: Ediz. Paoline 1989. 878 pp.

1051 STRECKER, GEORG *Judenchristentum* – TRE 17 (1988) 310-325

1052 STROUMSA, GEDALIAHU G. *Religious contacts in Byzantine Palestine* – Numen 36 (1989) 16-42

1053 STUDER, B. *Dieu sauveur. La rédemption dans la foi de l'Église ancienne.* Aus dem Deutschen übersetzt. Paris: Le Cerf 1989. 350 pp.

1054 STUDER, BASIL *La riflessione teologica nella chiesa imperiale (sec. IV et V)* [Sussidi patristici 4]. Roma: Ist. Patristico Augustiniano 1989. 244 pp.

1055 STÜTZER, H.A. *Das Christusbild im antiken Rom* – Das Münster (München) 41 (1988) 93-98

1056 TAKLAHĀYMĀNOT, AYELE' *The Egyptian Metropolitan of the Ethiopian Church. A Study on a Chapter of History of the Ethiopian Church* – OrChrP 54 (1988) 175-222

1057 TARDIEU, MICHEL *Les paysages reliques: routes et haltes syriennes d'Isidore à Simplicius* [Bibliothèque de l'Ecole des Hautes Etudes: Sciences Religieuses 94]. Louvain; Paris: Peeters 1990. 209 pp.

1058 TCHALENKO, GEORGES *Églises syriennes à Bêma: texte* [Bibliothèque archéologique et historique 105]. Paris: Geuthner 1990. 336 pp.

1059 TEJA CASUSO, RAMON *El cristianismo primitivo en la sociedad romana* [Col. La historia in sus textos]. Madrid: Istmo 1990. 229 pp.

1060 TEJA CASUSO, RAMON *Los orígenes del Monacato (Siglos 4-5).* In: *Primer seminario sobre el Monacato* (cf. 1988-90, 317) 15-30

1061 TEJA CASUSO, RAMON *Los orígenes del monacato y su consideración social.* In: *Segundo Seminario sobre el Monacato* (cf. 1988-90, 332) 11-31

1062 TEJA CASUSO, RAMON *Monacato e historia social: los origines del monacato y la sociedad del bajo imperio.* In: *La historia en el contexto de las ciencias humanas y sociales: homenaje a Marcelo Vigil Pascual.* Ed. MARIA JOSÉ HIDALGO DE LA Vega [Acta Salmanicensia Estud. histór. y geográf. 61]. Salamanca: Ed. Univ. de Salamanca (1989) 81-96

1063 TESTARD, MAURICE *Observations sur le passage du paganisme au christianisme dans le monde antique* – BulBudé (1988) 140-161

1064 THANNER, ANTON *Papst Honorius I. (625-638)* [Studien zur Theologie und Geschichte 4]. St. Ottilien: EOS-Verlag 1989. IX, 281 pp.

1065 THÉBERT, YVON *A propos du «triomphe du christianisme»* – DHA 14 (1988) 277-345

1066 THEISSEN, GERD *Tradition und Entscheidung. Der Beitrag des biblischen Glaubens zum kulturellen Gedächtnis.* In: *Kultur und Gedächtnis.* Edd. JAN ASSMANN; TONIO HOELSCHER [Suhrkamp Taschenbücher Wiss. 724]. Frankfurt: Suhrkamp (1988) 170-196

1067 THEISSEN, GERD *Vers une théorie de l'histoire sociale du christianisme primitif* – EtThR 62 (1988) 199-225

1068 THEISSEN, GERD *Wert und Status des Menschen im Urchristentum.* In: *Vom Wert des Menschen.* Ed. ECKART OLSHAUSEN [Humanistische Bildung 12]. Stuttgart: Historisches Institut der Universität (1988) 61-93

1069 THEODORU, A. *Στοιχεῖα ἐπιδράσεως τῆς ἀρχαίας ἑλληνικῆς σκέψεως ἐπὶ τῆς αἱρέσεως τοῦ Ἀρειανισμοῦ* – Publications. Babyl. Section. Univ. of Pennsylvania Museum (Pittsburgh, Penna.) 8 (1989) 201-225

1070 THIERRY, J.J. *Vrouwen in de vroegchristelijke kerk.* 's-Gravenhage: Boekencentrum 1990. 160 pp.

1071 THOMA, CLEMENS *Die Christen in rabbinischer Optik: Heiden, Häretiker oder Fromme?* In: *Christlicher Antijudaismus* (cf. 1988-90, 177) 23-49

1072 THOMSON, F.J. *The problem of the reception of the works of John IV Ieiunator of Constantinopel among the slaves: Nicon of the Black Mount and Cirycus of Novgorod* – PalBul 11,1 (1987) 23-45

1073 TIBILETTI, CARLO *Politica e religione nelle persecuzioni cristiane.* In: *I cristiani e l'impero* (cf. 1988-90, 212) 195-203

1074 TOMASSON, R. *L'époque paléochrétienne en territoires tricasse et lingon du Nord-Ouest (IIIe-VIIIe siècles)* – Bull. soc. archéol. (Champenoise) 81 (1988) 93-112

1075 TROIANOS, SPYROS N. *Kirche und Staat. Die Berührungspunkte der beiden Rechtsordnungen in Byzanz* – OstkiSt 37 (1988) 291-296

1076 TUNC, SUZANNE *Brève histoire des [femmes] chrétiennes* [Parole présente]. Paris: Ed. du Cerf 1989. 296 pp.

1077 TURCAN, R. *Héliogabale, précurseur de Constantin?* – BulBudé 1 (1988) 38-52

1078 UHLIG, S. *Ein syrisches Fragment über die «Nestorianisierung» Persiens in Mingana Syr. 548* – OrChr 72 (1988) 68-81

1079 ULBERT, THILO *Hispania I (landesgeschichtlich)* – RAC 15 (1990) Lief. 116, 607-640; Lief. 117, 641-646

1080 VALLIN, P. *Histoire politique des Chrétiens.* Paris: Nouvelle Cité 1987. 184 pp.

1081 VERHEYDEN, JOZEF *De vlucht van de Christenen naar Pella. Onderzoek von het getuigenis van Eusebius en Epiphanius* [Verhandelingen van de Koninklijke Academie voor Wetenschappen, Letteren en Schone Kunsten van België 50,127]. Brussels: Paleis der Academiën 1988. 285 pp.

1082 VERHEYDEN, JOZEF *The flight of the Christians to Pella* – EThL 66 (1990) 368-384

1083 VILELLA MASANA, J. *La política religiosa del Imperio Romano y la cristiandad hispánica durante el siglo V.* In: *Cristianismo y aculturacíon en tiempos del Imperio Romano* (cf. 1988-90, 213) 385-390

1084 VITTINGHOFF, F. *Staat, Kirche und Dynastie beim Tode Konstantins.* In: *L'église et l'empire au IVe siècle* (cf. 1988-90, 223) 1-28

1085 VIVIES, B. DE S. *Stapin évêque de Carcassonne (VIIe s.) entre mythe et histoire* – Bulletin de la Société d'études scientifiques de l'Aude (Carcassonne) 89 (1989) 21-31

1086 VOEGTLE, ANTON *Die Dynamik des Anfangs. Leben und Fragen der jungen Kirche.* Freiburg: Herder 1988. 206 pp.

1087 VOGÜÉ, ADALBERT DE *Aux origines de Lérins: la règle de saint Basile?* – StMon 31 (1989) 259-266

1088 VRIES, W. DE *Die Patriarchen von Konstantinopel zur Zeit der Glaubensstreitigkeiten vom Konzil von Chalkedon (451) bis zur Wiederherstellung der Orthodoxie (843).* In: Ἀναφορὰ εἰς μνήμην ... (cf. 1988-90, 174) V 233-244; 444-447

1089 WADA, HIROSHI *Die Unterdrückungen gegen die christlichen Häresien und ihre Widerstände in der frühbyzantinischen Zeit.* In: *Forms of Control* (cf. 1988-90, 235) 314-319

1090 WALDENFELS, HANS *Mythos und christlicher Logos.* In: *Rationalität: Ihre Entwicklung und ihre Grenzen.* Hrsg. von LEO SCHEFFCZYK [Grenzfragen. Veröffentlichungen des Instituts der Görres-Gesellschaft für interdisziplinäre Forsch. (Naturwiss. – Philosophie – Theologie) 16]. Freiburg: Alber (1989) 253-286

1091 WALKER, PETER W. *Holy city, holy places? Christian attitudes to Jerusalem and the Holy Land in the fourth century* [Oxford early Christian studies]. Oxford: Clarendon 1990. XVIII, 438 pp.

1092 WALSH, MICHAEL *Christen und Caesaren: die Geschichte des frühen Christentums*. Übersetzt von GABRIELE WOLLMANN. Freiburg: Ploetz 1988. 256 pp.

1093 WASSEF, FATHY MELEK *Influence of pagnism in the early Christian works in the Coptic Museum* – Annales du Service des Antiquités d'Égypte (Kairo) 72 (1988) 185-188

1094 WEBER, DOROTHEA *Bemerkungen zur Revelatio Sancti Stephani des Presbyters Lukian* – AugR 29 (1989) 411-422

1095 WEIDEMANN, M. *Adelsfamilien im Chlotharreich. Verwandtschaftliche Beziehungen der fränkischen Aristokratie im 1. Drittel des 7. Jahrhunderts* – Francia 15 (1987, ersch. 1988) 829-851

1096 WEIDEMANN, M. *Bischofsherrschaft und Königtum in Neustrien vom VII. bis zum IX. Jht. am Beispiel des Bistums Le Mans*. In: *La Neustrie* (cf. 1988-90, 297) I 161-193

1097 Vacat

1098 *Wendepunkte der Frauengeschichte: Ein Lese- und Arbeitsbuch zum An- und Aufregen*. Ed. BODO VON BORRIES [Frauen in Gesch. und Ges. 26]. Pfaffenweiler: Centaurus-Verl.-Ges. 1990. 289 pp.

1099 WHITE, L. MICHAEL *Building God's house in the Roman world: architectural adaptation among pagans, Jews, and Christians*. Baltimore: Md. Johns Hopkins Univ. Pr.1990. XV, 211 pp.

1100 WHITE, L. MICHAEL *Shifting sectarian boundaries in early Christianity*. In: *Sects and new religious movements*. Ed. by ANTHONY DYSON and EILEEN BARKER. Manchester: Univ. Press (1988) = BJRL 70 (1988) 3 Special issue 7-24

1101 WHITTAKER, R. *Two New York Collections for the Study of Early Christianity* – StVlThQ 34 (1990) 221-236

1102 WICKERT, ULRICH *Kleinasien* – TRE 19 (1990) 244-265

1103 WILKINSON, J. *Jewish Holy Places and the Origins of Christian Pilgrimage*. In: *Blessings of Pilgrimage* (cf. 1988-90, 195) 41-53

1104 WILLIAMS, D.H. *The origins of the Montanist movement. A sociological analysis* – Religion 19 (1989) 331-351

1105 WINKELMANN, FRIEDHELM *Kirchengeschichtswerke*. In: *Quellen zur Geschichte des frühen Byzanz (4.-9. Jh.). Bestand und Probleme*. Edd. F. WINKELMANN; W. BRANDES. Amsterdam: Gieben (1990) 202-212

1106 WINKELMANN, FRIEDHELM *Patristica et Theologia*. In: *Quellen zur Geschichte des frühen Byzanz (4.-9. Jh.). Bestand und Probleme*. Edd. F. WINKELMANN; W. BRANDES. Amsterdam: Gieben (1990) 271-283

1107 WINKLER, GABRIELE *Anmerkungen zu den georgischen Bischöfen nach Koriwn und georgischen Quellen.* In: *Lingua restituta orientalis* (cf. 1988-90, 275) 410-419

1108 WINKLER, GERHARD B. *Kirchengeschichte als «Skandalgeschichte» – Methoden der Manipulation* – TPQS 138 (1990) 246-252

1109 WINKLER, GERHARD B. *Kirchengeschichte als historische Theologie – Die geschichtliche Komponente im Ganzen der Theologie* – TPQS 137 (1989) 148-154

1110 WIPSZYCKA, EWA *La christianisation de l'Égypte aux IVe-VIe siècles. Aspects sociaux et ethniques* – Aeg 68 (1988) 117-165

1111 WIRTH, GERHARD *Anastasius, Christen und Perser: zu den Problemen des Verhältnisses zwischen Staat und Kirche um die Wende zum 6. Jahrhundert* – JAC 33 (1990) 81-139

1112 WISCHMEYER, W. M. *Iulius Eugenius. Eine Fallstudie zum Thema «Christen und Gesellschaft im 3. und 4. Jahrhundert»* – ZNW 81 (1990) 225-246

1113 WITHERINGTON III., B. *Women in the earliest churches* [Society for NT Studies 59]. Cambridge: Univ. press 1988. XIII, 300 pp.

1114 WOLFF, H. *Über die Rolle der christlichen Kirche in den administrationsfernen Gebieten von Noricum im 5. Jh. n.Chr.* In: *Religion und Gesellschaft* (cf. 1988-90, 323) 265-293

1115 WUCHER, A. *Von Petrus zu Paul. Eine Weltgeschichte der Päpste bis Johannes Paul II.* Frankfurt am Main: Societäts-Verlag 1989. 292 pp.

1116 YARBRO COLLINS, ADELA *Gegner von außen: Rom als Prototyp des Bösen im frühen Christentum* – Concilium 24 (1988) 473-479

1117 YUGE, TORU *Die Ideologie der Befreiung in der Antike.* In: *Forms of Control* (cf. 1988-90, 235) 17-23

1118 YUGE, TORU *Soziale Gründe der Christenverfolgungen im römischen Reich des zweiten Jahrhunderts aus der Sicht der Schriftsteller von Plinius dem Jüngeren bis Tertullianus im Apologeticum* – Index (Napoli) 17 (1989) 283-294

1119 ZEILINGER, ALBERT *Kirchengeschichte: Fakten und Zusammenhänge* [Bibel, Kirche, Gemeinde 30]. Konstanz: Christliche Verlags-Anstalt 1990. 193 pp.

I.9. Philosophica

1120 ALBERT, KARL *Reflexionen zur Vorgeschichte der Lehre von der ontologischen Erfahrung.* In: *Philosophische Studien 1: Philoso-*

phie der Philosophie. Ed. KARL ALBERT. St. Augustin: Richarz (1988) 49-126

1121 ALSINA CLOTA, J. *El neoplatonismo. Síntesis del espiritualismo antiguo.* Barcelona: Anthropos 1989. 159 pp.

1122 ANDONEGUI, J. *Aristotelismo y agustinismo previos a Escoto* – SVict 35 (1988) 110-150

1123 BEATRICE, PIER FRANCO *Quosdam Platonicorum libros. The platonic readings of Augustine in Milan* – VigChr 43 (1989) 248-281

1124 BOEHNER, P.; GILSON, E. *História da filosofía cristã.* 4a ed. Petropolis: Vozes 1988. 584 pp.

1125 BOOTH, EDWARD *Kategorialität in der Patristik.* In: *Kategorie und Kategorialität: Historisch-systematische Untersuchungen zum Begriff der Kategorie im philosophischen Denken: Festschrift für Klaus Hartmann zum 65. Geburtstag.* Edd. DIETMAR KOCH; KLAUS BORT. Würzburg: Königshausen & Neumann (1990) 49-74

1126 BOUMAN, JOHAN *Glaubenskrise – Glaubensgewißheit im Christentum und im Islam. 2. Die Theologie al-Ghazalis und Augustins im Vergleich* [Monographien und Studienbücher 351]. Giessen; Basel: Brunnen-Verlag 1990. VIII, 364 pp.

1127 BROWN, COLIN *Christianity and western thought: a history of philosophers, ideas and movements. 1. From the ancient world to the age of enlightenment.* Downers Grove, Ill.: Intervarsity Pr. 1990. 447 pp.

1128 BRUN, J. *Le néoplatonisme.* Paris: Presses Universitaires de France 1988. 123 pp.

1129 BUCCI, O. *La formazione del concetto di 'persona' nel cristianesimo delle origini: «avventura semantica» e itinerario storico* – Lateranum 54 (1988) 383-450

1130 *Christian philosophy.* Ed. by T. P. Flint [Univ. of Notre Dame studies in the philosophy of religion 6]. Notre Dame: Ind. Univ. of Notre Dame Pr. 1990. 256 pp.

1131 CHRYSSAVGIS, J. *Dependence and Divorce in Patristic Theology. The Relationship with Hellenistic Philosophy and scholastic methodology* – OrthF 2 (1988) 51-56

1132 CHUVIN, PIERRE *I filosofi e la loro religione nella società di Alessandria nel V secolo.* In: *Questioni neoplatoniche.* A cura di FRANCESCO ROMANO; ANTONINO TINÉ [Symbolon. Studi e testi di filosofia antica e medievale 6]. Catania: Univ. (1988) 45-61

1133 COMOTH, KATHARINA *Mediaevalia Moderna im Gange des Denkens von Augustinus bis Hegel* [Beiträge zur Philosophie N.F.]. Heidelberg: Winter 1988. 64 pp.

1134 COOLIDGE, FRANCIS P. *Philosophy, deification, and the problem of human fulfillment* [Diss.]. University Park, Pa.: Pennsylvania State Univ. 1988. 4 microfiches

1135 COTTIER, GEORGES *Philosophie, religion, et philosophie de la religion* – ASSPh 47 (1988) 57-73

1136 DIHLE, ALBRECHT *Fortschritt und Goldene Urzeit*. In: *Kultur und Gedächtnis*. Edd. JAN ASSMANN; TONIO HOELSCHER [Suhrkamp Taschenbücher Wiss. 724]. Frankfurt: Suhrkamp (1988) 150-169

1137 DIHLE, ALBRECHT *Liberté et destin dans l'Antiquité tardive* – RThPh 121 (1989) 129-147

1138 DOCKERY, DAVID S. *An examination of hermeneutical development in early Christian thought and its contemporary significance* [Diss.]. Arlington, Tex.: Univ. of Texas 1988. XXVI, 458 pp.

1139 DODDS, ERIC ROBERTSON *Mentalitätswandel von der griechischen Aufklärung zur Spätantike und zum Christentum*. In: *Aufklärung und Gegenaufklärung in der europäischen Literatur, Philosophie und Politik von der Antike bis zur Gegenwart*. Hrg. von JOCHEN SCHMIDT. Darmstadt: Wissenschaftliche Buchgesellschaft (1989) 93-128

1140 *Fides quaerens intellectum: medieval philosophy from Augustine to Ockham*. Ed. S.J. TESTER. Bristol: Class. Pr. 1989. 156 pp.

1141 *Filosofia della religione. Storia e problemi*. Ed. P. GRASSI [Strumenti 40]. Brescia: Queriniana 1988. 413 pp.

1142 FRANCO, RICARDO *Filosofía griega y Cristianismo antiguo: opiniones recientes*. In: *Pléroma* (cf. 1988-90, 312)

1143 FUMAGALLI BEONIO BROCCHIERI, MARIA TERESA; PARODI, MASSIMO *Storia della filosofia medievale: da Boezio a Wyclif* [Manuali 8]. Bari: Laterza 1989. XIX, 500 pp.

1144 GARRIDO LUCEÑO, JOSÉ MARIA *Neoplatonismo y cristianismo*. In: *La conversión de Roma* (cf. 1988-90, 209) 91-105

1145 GEYER, CARL-FRIEDRICH *Religion und Diskurs. Die Hellenisierung des Christentums aus der Perspektive der Religionsphilosophie* [Diss.]. Stuttgart: Steiner-Verlag 1990. 185 pp.

1146 GRACIA, J.J.E. *Introduction to the Problem of Individuation in the Early Middle Ages*. Second Revised Edition [Analytica]. München; Wien: Philosophia-Verlag 1988. 302 pp.

1147 GRANT, ROBERT M. *Five apologists and Marcus Aurelius* – VigChr 42 (1988) 1-17

1148 GREISCH, JEAN *Le cercle et l'ellipse. Le statut de l'herméneutique de Platon à Schleiermacher* – RSPhTh 73 (1989) 161-184

1149 GUITE, HAROLD F. *Common Elements in Vergilian and Patristic Philosophies of History*. In: *Studia Patristica 18,2* (cf. 1988-90, 343) 93-97

1150 HARTMAN, LARS *En okänd «filosofi» i urkristendomen* – Kungl. Vitterhets Historie och Antikvitets Akademiens Årsbok 1990 (Stockholm) (1990) 141-148

1151 HAUCK, ROBERT J. *«They saw what they said they saw.» Sense knowledge in early Christian polemic* – HThR 81 (1988) 239-249

1152 HIDAL, STEN *Den äldsta syriska kyrkan och den grekiska filosofin.* In: *Patristica Nordica 3* (cf. 1988-90, 306) 7-20

1153 *Introduction à la philosophie de la religion.* Edd. J.-L. VIEILLARD-BARON, F. KAPLAN. Paris: Le Cerf 1989. 507 pp.

1154 IVANKA, ENDRE VON *Plato Christianus: la réception critique du platonisme chez les Pères de l'Église.* Trad. ELISABETH KESSLER; Rév. RÉMI BRAQUE; JEAN-YVES LACOSTE. Paris: Presses Univ. de France 1990. 469 pp.

1155 JOSSUA, J.-P. *Néoplatonisme et mystique chrétienne* – VS 142 (1988) n°678, 23-37

1156 KAHN, CHARLES H. *Discovering the will: from Aristotle to Augustine.* In: *The question of eclecticism. Studies in later Greek philosophy.* Edd. JOHN DILLON; ANTHONY A. LONG. Berkley: Univ. of California Pr. (1988) 234-259

1157 LEE, PETER K. *The Concept of the City of God in Early Christian Thought.* In: *Studia patristica 18,2* (cf. 1988-90, 343) 99-107

1158 LILLA, S. *La teologia negativa dal pensiero greco classico a quello patristico e bizantino (prima parte)* – Helikon 28 (1988) 203-279

1159 MAGASS, WALTER *Rhetorik und Philosophie in der Patristik.* In: *Rhetorik und Philosophie.* Edd. HELMUT SCHANZE; JOSEF KOPPERSCHMIDT. München: Fink (1989) 75-97

1160 MARENBON, J. *Early Medieval Philosophy (480-1150). An Introduction.* London;New York: Routledge 1988. XIV, 197 pp.

1161 MARTI, HEINRICH *Das Übersetzen philosophischer Texte gegen Ende des 4. Jahrhunderts.* In: *Rencontres de cultures dans la philosophie médiévale: traductions et traducteurs de l'antiquité tardive au XIVe siècle: actes du colloque international de Cassino, 15-17 juin 1989, organisé par la Société Internationale pour l'Étude de la philosophie médiévale et l'Università degli Studi di Cassino.* Edd. JACQUELINE HAMESSE; MARTA FATTORI [Publ. de l'Institut d'Études médévales Textes, études, congrès 11, Recontres de philòsophie médiévale 1]. Louvain-la-Neuve: Université Catholique de Louvain & Cassino: Università degli Studi di Cassino (1990) 23-45

1162 MICHAELIDES-NOUAROS, GEORGIOS *Réflexion sur le sens de l'histoire* [in griechischer Sprache, mit französischer Zusammenfassung] – Philosophia 17/18 (1987/88) 41-96

1163 OSBORN, E.F. *Early Christian Platonism: Background and Beginnings.* In: *Studia Patristica 18,2* (cf. 1988-90, 343) 109-120

1164 REALE, G.; ANTISERI, D. *Historia del pensamiento filosófico y científico, I. Antigüedad y Edad Media.* Barcelona: Herder 1988. 618 pp.

1165 RITTER, A.M. *This or That Theology. Reflections upon 'The reception of the philosophical notion of God as a dogmatic problem of early Christian theology' in memory of Heinrich Doerrie.* In: *Studia patristica 18,2* (cf. 1988-90, 343) 121-131

1166 RUBIO, LUCIANO *El neoplatonismo de la Teología del Pseudo-Aristóteles y su proyección en la Edad Media* – CD 202 (1989) 49-74

1167 SANCHEZ MECA, DIEGO *La idea de un progreso de la Humanidad como tal en san Agustín y Kant* – AnJE 19/20,1 (1987/88) 209-254

1168 SCHADEL, E. *La metafísica trinitaria cristiana de la persona. Crítica constructiva de la racionalidad sujetocéntrica moderna a la luz de la interioridad espiritual agustiniana* – ETrin 22 (1988) 429-437

1169 SCHWARTZ, JAQUES *Une fantaisie impie dans l'Histoire Auguste* – RHPhR 69 (1989) 481-483

1170 SPRENGARD, KARL ANTON *Über das Prinzip des Nichts und die Stufen der Nichtung in der Philosophie sowie ihrer Rezeption und Disputation bei Kirchenvätern, Scholastikern und Mystikern.* In: *Studia patristica 18,2* (cf. 1988-90, 343) 155-159

1171 STEAD, CHRISTOPHER G. *Philosophie und Theologie. 1. Die Zeit der Alten Kirche* [Theologische Wissenschaft 14,4]. Stuttgart: Kohlhammer 1990. 182 pp.

1172 STEENBERGHEN, F. VAN *Philosophie et christianisme. Épilogue d'un débat ancien* – RPL 86 (1988) 180-191

1173 STOL'AROV, A.A. *Hiéroclès, Ammonius et Alii (de l'influence réciproque entre néo-platoniciens et chrétiens)* [in russischer Sprache]. In: *La philosophie antique: traits spécifiques et importance actuelle.* Éd. par M.KH. KUDE et al. Riga: Zinatne (1988) 56-59

1174 THOM, JOHAN C. *The journey up and down. Pythagoras in two Greek apologists* – ChH 58 (1989) 299-308

1175 UMANSKAJA, T.A. *La corporalité en tant que problème philosophique: comment la question est posée dans la patristique occidentale.* [In russischer Sprache]. In: *Philosophie de l'homme. Dialogue avec la tradition et perspectives.* Moskva: Filosofskoje obščestvo (1988) 7-22

1176 UNA JUAREZ, A. *Hermenéutica de las ideas. De Platón a Ockham pasando por Filón y San Agustín* – CD 202 (1989) 173-230

1177 VOGÜÉ, ADALBERT DE *From crisis to Resolutions: The «Dialogues» as the History of the Soul* – CistStud 23 (1988) 211-222

1178 WALSH, P.G. *The rights and wrongs of curiosity (Plutarch to Augustine)* – GR 35 (1988) 73-85
1179 WILDBERG, CHRISTIAN *Three Neoplatonic introductions to philosophy* – Ha 159 (1990) 33-51
1180 WYLLER, EGIL A. *Zur Geschichte der platonischen Henologie. Ihre Entfaltung bis zu Plethon/Bessarion und Cusanus.* In: *Greek and Latin Studies* (cf. 1988-90, 243) 239-265
1181 XAVIER, M.L.L. DE OLIVEIRA *Dialéctica Agostiniana, um itinerário ontológico mediante uma vivência antropológica* – Itinerarium 36 (1990) 7-19
1182 YERGA DE YSAGUIRRE, M. DEL C. *La noción del mal en san Agustín. I: Antecedentes griegos* – PhMendoza (1988) 215-252

I.10. Philologia patristica (lexicalia atque linguistica)

I.10.a) Generalia

1183 ADSHEAD, KATHERINE *De civitate Dei: Le vocabulaire politique de Saint Cyrille d'Alexandrie* – RechSR 78 (1990) 233-240
1184 BALLESTER, XAVERIO *La titulación de las obras en la literatura romana* – CFC 24 (1990) 135-156
1185 BLACK, C. CLIFTON *The rhetorical form of the Hellenistic Jewish and early Christian sermon. A response to Lawrence Wills* – HThR 81 (1988) 1-18
1186 BRAUN-IRGANG, CORNELIA *Untersuchungen zum Verhältnis von spätantiker und mittellateinischer Bibelepik.* In: *Festschrift für Paul Klopsch* (cf. 1988-90, 233) 1-45
1187 CABALLERO DOMINGUEZ, JUAN LUIS *Terminologia de la muerte en los autores cristianos latinos: estudio particular de «dormio»* [Colleció de tesis doctorals microfitxades 542]. Barcelona 1990. XXXVI, 528 pp.
1188 CAMERON, AVERIL *Virginity as metaphor: women and the rhetoric of early Christianity.* In: *History as text: the writing of ancient history.* Ed. AVERIL CAMERON. Chapel Hill: Univ. of North Carolina Pr. (1990) 181-205
1189 DAHLBERG, C. *The Literature of Unlikeness.* Hannover;London: University Press of New England 1988. XIV, 207 pp.
1190 FANNING, BUIST M. *A study of verbal aspect in New Testament Greek* [OTM]. Oxford: Clarendon 1990. XIV, 471 pp.
1191 GARCIA DE LA FUENTE, O. *Al latín bíblico y el latín cristiano. Coincidencias y discrepancias* – Helmántica 40 (1989) 45-67
1192 GARCIA DE LA FUENTE, O. *Introducción al Latín Bíblico y Cristiano.* Madrid: Ediciones Clásicas 1990. 482 pp.

1193 GARZYA, A. *Note di storia letteraria e linguistica dell'Italia meridionale dalle origini al VI sec. d.C.* In: *Contributi alla cultura greca nell'Italia meridionale.* Ed. A. GARZYA [Hellenica e Byzantina Neapolitana 13]. Neapel: Bibliopolis (1989) 8-132

1194 GERALDES FREIRE, JOSÉ *Da filologia clássica do séc XIX à filologia cristã (grega e latina) e ao latim tardio, especialmente no ocidente hispânico (séc. IV-VII).* In: *As humanidades greco-latinas* (cf. 1988-90, 255) 483-507

1195 GONZALEZ LUIS, F. *Los cambios de género gramatical en las antiguas versiones latinas de la Biblia.* In: *Actas del I Simposio* (cf. 1988-90, 164) 303-310

1196 GUTIERREZ GALINDO, M.A. *Sobre la presencia de los autores cristianos en los tratados latinos de gramática.* In: *Actas del I Simposio* (cf. 1988-90, 164) 311-319

1197 HEVIA BALLINA, A. *Latín bíblico y Latín cristiano: dos importantes novedades bibliográficas con perspectivas renovadoras sobre el tema* – StOv 18 (1990) 155-164

1198 HILHORST, A. *«Servir Dieu» dans la terminologie du judaïsme hellénistique et des premières générations chrétiennes de langue grecque.* In: *Fructus centesimus* (cf. 1988-90, 237) 177-192

1199 HILHORST, ANTOON *Termes chrétiens issus du vocabulaire de la démocratie athénienne* – Filología neotestamentaria (Córdoba) 1 (1988) 27-34

1200 HULT, KARIN *Syntactic Variation in Greek of the 5th Century A.D.* [SGLG 52]. Göteborg: Acta Universitatis Gothoburgensis 1990. 280 pp.

1201 KASSER, RODOLPHE *Le copte vraiment vivant, ses idiomes écrits (langues, dialectes, subdialectes) au cours de leur millénaire (IIIe-XIIe siècles environ)* – BulArchCopte 28 (1986-89) 11-50

1202 KRAMER, JOHANNES *Ein Pseudo-Gräzismus im Spätlatein: alogia = convivium* – WSt 103 (1990) 191-198

1202* *Le lexique chrétien: permanences et avatars.* Ed. GERMAIN MARC'HADOUR [Cahiers du Centre de linguistique et de littérature religieuses 4]. Angers: Univ. Catholique de l'Ouest 1990. III, 197 pp.

1203 LINAGE CONDE, A. *Los benedictinos y el latín* – Helmantica 41 (1990) 85-127

1204 LÖFSTEDT, BENGT *Ährenlese 5. Vermischte Notizen zur Grammatik und Lexikographie des späten Lateins* – Maia 40 (1988) 289-293

1205 MALASPINA, ELENA *Ars temperans. Itinerari verso la comunicazione polivalente nel mondo latino* [Pubbl. del D.Ar.Fi.Cl.Et Nuova Serie 120]. Genova: Fac. di Lettere dell'Univ. 1988. 226 pp.

1206 MIQUEL, PIERRE *Le vocabulaire de l'expérience spirituelle dans la tradition patristique grecque du IV. au XIV. siècle* [Théologie historique 86]. Paris: Beauchesne 1989. 205 pp.

1207 MOSZYNSKI, L. *Tradycja patrystyczna w piśmiennictwie cyrylometodejskim* (= Die patristische Tradition im kyrillomethodianischen Schrifttum) [mit dt. Zus.-fass.] – VoxP 10 (1990) f.18, 159-189

1208 MUNRO, WINSOME *Interpolation in the Epistles: weighing probability* – NTS 36 (1990) 431-443

1209 NOCITO, AMALIA S. *La poesía latina clásica en las primeras inscripciones cristianas* – Argos: revista de la Asociación argentina de estudios clásicos (Buenos Aires) 11-12 (1987-1988) 87-100

1210 PETRAGLIO, RENZO *Le interpolazioni cristiane del salterio greco* – AugR 28 (1988) 89-109

1211 PORTER, STANLEY E. *Verbal aspect in the Greek of the New Testament, with reference to tense and mood* [Studies in biblical Greek 1]. New York; Bern; Frankfurt am Main; Paris: Lang 1989. XII, 582 pp.

1212 PRIMMER, ADOLF *Gebändigte Mündlichkeit: zum Prosarhythmus von Cicero bis Augustinus.* In: *Strukturen der Mündlichkeit in der römischen Literatur* (cf. 1988-90, 342) 19-50

1213 QUINTO, R. *Latino patristico e latino scolastico. Della comprensione della lingua all'interpretazione del pensiero* – RFN 80 (1988) 115-123

1214 RAMIREZ OLID, J. *Vulgarismos en el evangelio de Mateo de la Vetus Latina* – AnMal 11 (1988) 257-272

1215 REBILLARD, ÉRIC *Aux origines du viatique: étude lexicale des emplois du mot viaticum dans les documents italiens et gaulois du Ve siècle* – Revue de la Soc. E. Renan (Paris) 40 (1990-1991) 15-21

1216 REDONDO, JORDI *Algunos helenismos en la «Vulgata» del Nuevo Testamento.* In: *Actas del I Simposio* (cf. 1988-90, 164) 413-418

1217 SCHWALLER, DORIS *Fortbewegungsverben im griechischen Neuen Testament und ihre altkirchenslavische Übersetzung* [Europäische Hochschulschriften Reihe 21, 88]. Frankfurt/Main: Lang 1990. XV, 241 pp.

1218 SMAGINA, EUGENIA B. *Some words with unknown meaning in coptic manichaean texts* – Enchoria 17 (1990) 115

1219 SPLETT, JOCHEN *Lateinische und alt- bzw. mittelhochdeutsche Lexikographie.* In: *Welt der Information: Wissen und Wissensvermittlung in Geschichte und Gegenwart.* Ed. HANS-ALBRECHT KOCH. Stuttgart: Metzler (1990) 39-48

1220 VATTIONI, FRANCESCO *A proposito di Seir.* In: *Sangue e antropologia nella teologia* (cf. 1988-90, 328) II 681-682

I.10.b) Voces

ἀκηδία

1221 BADER, GÜNTER *Melancholie und Metapher.* Tübingen: J.C.B.
Mohr 1990. 112 pp.

ἀπειθῶ

1222 THIBAUT, ANDRÉ *L'infidélité du peuple élu.* Ἀπειθῶ *entre la
Bible hébraïque et la Bible latine* [Collectanea Biblica Latina 17].
Roma: Abbadia di San Girolamo 1988. 336 pp.

διαθήκη

1223 GRELOT, PIERRE *Note sur 2 Corinthiens 3.14* – NTS 33 (1987)
135-144

δισκοποτήριον

1224 TRAPP, E. *Kelch und Teller der Eucharistiefeier. Die byzantinischen Belege zu* δισκοποτήριον – OrthF 2 (1988) 69-73

δόξα

1225 BOEFT, J. DEN *Δόξα in the Letter of the Churches of Vienne and
Lyons.* In: *Studia patristica 18,3* (cf. 1988-90, 344) 111-118

εὐαγγέλιον/εὐαγγελίζω

1226 PARKER, JAMES F. *Εὐαγγέλιον* – *εὐαγγελίζω : a contextual
analysis of their meaning in the New Testament and the Apostolic
Fathers* [Diss.]. New Orleans: New Orleans Baptist Theological
Seminary 1990. 217 pp. [microfilm; cf. summary in DissAbstr 51
(1990-1991) 1663A]

ἰδέα

1227 PÉPIN, JEAN *Ἰδέα / idea dans le patristique greque et latine: un
dossier.* In: *Idea: VI colloquio internazionale, Roma, 5-7 gennaio
1989: atti.* Edd. M. FATTORI; M.L. BIANCHI [Lessico intellet-
tuale europeo 51]. Romma: Ed. dell'ateneo (1990) 13-42

κοιμητήριον

1228 KRAMER, J. *Was bedeutet κοιμητήριον in den Papyri?* – ZPE 80 (1990) 269-272

μεγαλόψυχος/μεγαλοψυχία

1229 ARDLEY, GAVIN *Can the μεγαλόψυχος be saved?* In: *The idea of salvation* (cf. 1988-90, 257) 105-116

1230 PROCOPÉ, JOHN *Hochherzigkeit (μεγαλοφυχία)*. Übers. v. KARL HOHEISEL – RAC 15 (1990) Lief. 117, 765-795

οἰκονομία

1231 FUENTES ALONSO, J.A. *'Oikonomía' en la Iglesia bizantina ante el divorcio de Constantino VI*. In: *Hispania Christiana* (cf. 1988-90, 250) 239-255

πρόσχομεν

1232 OLIVAR, A. *«Πρόσχομεν»*. *El contexto histórico de una antigua fórmula litúrgica*. In: *Traditio et progressio* (cf. 1988-90, 357) 391-411

χάρισμα

1233 BAUMERT, NORBERT *Zur Begriffsgeschichte von χάρισμα im griechischen Sprachraum* – ThPh 65 (1990) 79-100

1234 BAUMERT, NORBERT *Zur Semantik von χάρισμα bei den frühen Vätern* – ThPh 63 (1988) 60-78

χώρα

1235 OHME, H. *Der Terminus «χώρα» als «Provinzbezeichnung» in synodalen Bischofslisten des 6.-8. Jahrhunderts* – ByZ 82 (1989) 191-201

benedicere/benedictio

1236 GERHARDS, A. *Benedicere/benedictio in Theologie und Liturgie nach den Schriften des hl. Augustinus* – EcclOra 5 (1988) 53-75

candidatus

1237 MALSBARY, GERALD H. *Beiträge aus der Thesaurus-Arbeit, XXV, candidatus, -us in Tertullian and Sulpicus Severus* – MH 47 (1990) 222-225

canon

1238 GUERRA GOMEZ, M. *Significados y notas específicas de «Kanon» y «Regula» en los documentos no cristianos y en los cristianos de los tres primeros siglos de la Iglesia.* In: Ministerio, Tradición y Regla de Fe (cf. 1988-90, 292) 185-255

charisma

1239 BAUMERT, NORBERT *Das Fremdwort Charisma in der westlichen Theologie* – ThPh 65 (1990) 395-415

domus ecclesiae

1240 SAXER, VICTOR *Domus ecclesiae: οἶκος τῆς ἐκκλησίας in den frühchristlichen literarischen Texten* – RQ 83 (1988) 167-179

essentia

1241 SMALBRUGGE, MATTHIAS A. *Sur l'emploi et l'origine du terme «essentia» chez Augustin* – Augustiniana 39 (1989) 436-446

memoria

1242 MIYATANI, YOSHICHIKA *The Meaning of Memoria in the Confessions of St. Augustine.* In: *Studia patristica 18,4* (cf. 1988-90, 345) 90-96

regula

1243 MAYER, CORNELIUS P. *Herkunft und Normativität des Terminus regula bei Augustin* – Augustiniana 40 (1990) 127-154

separare

1244 GAUDEMET, J. *«Separare». Equivoque des mots et faiblesse du droit (IIe-XIIIe siècle)* – RDC 38 (1988) 8-25

superstitio

1245 JAKOBI, RAINER *Superstitio bei Donat, Servius und Isidor* – Her 118 (1990) 252-253

I.11. Palaeographica atque manuscripta

1246 *Testi recentemente pubblicati,* II. A cura di CARLA BALCONI et al. – Aeg 68 (1988) 207-246

1247 ALTURO I PERUCHO, J. *Els Estudis sobre Fragments i «Membra disiecta» de Codex a Catalunya. Breu Estat de la Qüestió* – RCatT 13 (1988) 431-450

1248 ANDRÉS, G. DE *Códices del Escorial procedentes de Gonzalo Argote de Molina, con la edición de dos inventarios de sus manuscritos* – CILH 10 (1988) 7-37

1249 BABCOCK, ROBERT; DAVIS, LISA FAGIN *Two romanesque manuscripts from Lambach in the Beinecke Rare Book and Manuscript Library at Yale University in New Haven* – CodMan 15,8 (1990) 137-147

1250 BERNARDINELLO, S. *Nuovi codici greci di contenuto biblico, liturgico ed ecclesiastico dalle biblioteche pubbliche delle tre Venezie.* In: *Issledovanija po slavjano-vizantijskomu i zapadno-evropejskomu srednevekov'ju. / Studies on the Slavo-Byzantine and West-European Middle Ages. Posvjaštaetsja pamjati Ivana Dujčeva* – *In memoriam Ivan Dujčev.* Ed. EVGENIA YANEVA [Studia slavico-byzantina et mediaevalia europensia 1]. Sofija: Beron State Publ. House (1988) 265-280

1251 BLASCO MARTINEZ, R.M. *Precisiones sobre un fragmento de códice en visigótica* – AEM 19 (1989) 59-64

1252 BÖHLIG, ALEXANDER *Neue Initiativen zur Erschließung der koptisch-manichäischen Bibliothek von Medinet Madi* – ZNW 80 (1989) 240-262

1253 BONELLO LAI, MARCELLA *Su alcuni frammenti di iscrizioni conservate all'interno del santuario sotterraneo di S. Agostino a Cagliari.* In: *L'Africa Romana* (cf. 1988-90, 166/167) II 613-624

1254 BROWN, THOMAS J.; MACKAY, T.W. *Codex Vaticanus Palatinus 235: an early insular manuscript of Paulinus of Nola «Carmina»* [Armarium codicum insignium 4]. Turnhout: Brepols 1988. 58, 29 pp.

1255 CAVALLO, G. *Storia della scrittura e storia del libro nell'antichità greca e romana* – *Materiali per uno studio* – Euphrosyne 16 (1988) 401-412

1256 *The Chester Beatty codex AC 1499: a Graeco-Latin lexicon on the Pauline epistles and a Greek grammar.* Ed. by ALFONS WOUTERS [Chester Beatty Monographs 12]. Leuven: Peeters 1988. XVI, 193 pp.

1257 *Coptic theological papyri. 1. Koptische Papyri theologischen Inhalts. 2. Edition, commentary, translation* by IAIN GARDNER [Mitteilungen aus der Papyrussammlung der Österreichischen Nationalbibliothek (Papyrus Erzherzog Rainer) N.S., Folge 21]. Wien: Hollinek 1988.

1258 DEGORSKI, BAZYLI *Uno dei più tardivi manoscritti contenenti la «Vita S. Pauli Primi Eremitae» di San Girolamo* – VoxP 8 (1988) f.15, 909-912

1259 DEUN, P. VAN *Un recueil ascetique: l'Athous Vatopedinus 57* – ByZ 82 (1989) 102-106

1260 DOLBEAU, F. *Les travaux sur les manuscrits augustiniens de Saint-Remi de Reims. Les conséquences en province d'une décision éditoriale.* In: Troisième centenaire (cf. 1988-90, 62) 123-155

1261 DORANDI, TIZIANO *Marginalia papyrologica* [in italienischer Sprache]. In: *Proceedings of the XVIIIth international Congress of Papyrology, Athens 25-31 May 1986* (cf. 1988-90, 318) I 425-428

1262 FERRARI, MIRELLA *Il codex Muratorianus e il suo ultimo inedito* – IMU 32 (1989) 1-51

1263 GAGOS, TRAIANOS *A brief note on the nomen sacrum κύριος in the Codex Manichaicus Coloniensis* – ZPE 77 (1989) 273-274

1264 GARAND, MONIQUE-CÉCILE *Observations sur quelques critères liturgiques, computistiques et historiques de datation des manuscrits médiévaux* – ScrCiv 12 (1988) 213-224

1265 GASPERINI, LIDIO *Spigolature epigrafiche marchigiane, V* – Picus. Studi e ricerche marche nell'antichità (Rom) 6 (1986) 23-61

1266 GRAMAGLIA, PIER ANGELO *Il sangue in alcune epigrafi africane.* In: *Sangue e antropologia nella teologia* (cf. 1988-90, 328) I 387-406

1267 GRAMAGLIA, PIER ANGELO *Sogni, visioni e locuzioni interiori nell'epigrafia africana* – AugR 29 (1989) 497-548

1268 HANOUNE, ROGER *Le paganisme philosophique de l'aristocratie municipale.* In: *L'Afrique dans l'Occident romain* (cf. 1988-90, 168) 63-75

1269 HERRERO DE LA FUENTE, M. *Fragmento visigótico de un «Liber sermonum» en el archivo municipal de Almaján* – ArLeón 42 (1988) 191-218

1270 HUBAI, PÉTER *The legend of St Mark: Coptic fragments.* In: *Studia in honorem L. Fóti* [Studia Aegyptiaca 12]. Budapest: Univ. Loránd Eötvös Chaire d'Égyptologie (1989) 165-234

1271 JANERAS, SEBASTIA *L'original grec del fragment copte de Lovaina núm. 27 en l'Anàfora de Barcelona* – Miscellània litúrgica catalana (Barcelona) 3 (1984) 13-25

1272 KACZYNSKI, BERNICE M. *Greek in the Carolingian Age: the St. Gall manuscripts.* Cambridge: Medieval Academy of America 1988. 164 pp.

1273 KAUFHOLD, H. *Die syrischen und christlich-arabischen Handschriften der Universitätsbibliothek in Münster* – OrChr 72 (1988) 89-113

1274 KAUFHOLD, H. *Syrische Handschriften juristischen Inhalts in südindischen Bibliotheken* [SAW 535; Veröffentlichungen der Kommission für antike Rechtsgeschichte 5]. Wien: Österreichische Akademie der Wissenschaften 1989. 56 pp.

1275 KEENAN, JAMES G. *A Christian letter from the Michigan Collection* – ZPE 75 (1988) 267-271

1276 KOMINIS, ATHANASIOS D. *Πατματικὴ βιβλιοθήκη ἤτοι Νέος κατάλογος τῶν χειρογράφων καὶ κωδίκων τῆς ἱερᾶς Μονῆς ἁγίου Ἰωάννου τοῦ Θεολόγου Πάτμου, I:Κώδ. 1-110.* Athènes: Ἐκδ. Ἑλλάδος 1988. XXX, 280 pp.

1277 LA MARE, A.C. DE *Manuscripts given to the University of Oxford by Humfrey, Duke of Gloucester* – BodlR 13 (1988) 30-51

1278 LANGLOIS, B. *Les Problèmes que pose l'édition critique d'un manuscrit liturgique unique.* In: *Studia patristica 18,2* (cf. 1988-90, 343) 45-51

1279 LUCA, SANTO *Manoscritti greci dimenticati della Biblioteca Vallicelliana* [Roma] – AugR 28 (1988) 661-702

1280 ŁUKASZEWICZ, A. *Christlicher Fluchtext (Notiuncula ad P. Vindob 16685)* – ZPE 73 (1988) 61-62

1281 MASTRONARDE, DONALD J. *A manuscript of Anastasius Sinaita in Berkeley* – Sc 43 (1989) 130-140

1282 MISITI, M.C. *Monacato y producción de códices con particular referencia a los conservados en la Biblioteca Apostólica Vaticana.* In: *Primer seminario sobre el Monacato* (cf. 1988-90, 317) 67-80

1283 MORALDI, LUIGI *Il Cantico dei cantici nelle testimonianze di codici biblici della Biblioteca Ambrosiana* – RILSL 121 (1987 [1988]) 87-96

1284 NEES, LAWRENCE *The Gundohinus gospels* [Medieval Acad. Books 95]. Cambridge, Mass.: Medieval Academy of America 1987. XIV, 263 pp.

1285 NESKE, I. *Die Handschriften der Staatsbibliothek Nürnberg. T. II: Die lateinischen mittelalterlichen Handschriften. Vol. 2: Bibelhandschriften und Liturgica einschließlich der griechischen Texte.* Wiesbaden: O. Harrassowitz 1987. In-4, XXI, 192 pp. et 32 pl.

1286 *New documents illustrating early Christianity, V: Linguistic essays.* Edd. G.H.R. HORSLEY; S.P. SWINN. Sidney: North Ryde Macquarie Univ. 1989. 214 pp.

1287 NEWHAUSER, RICHARD *Latin texts with material on the virtues and vices in manuscripts in Hungary. Catalogue, II* – Manuscripta 33 (1989) 3-14

1288 O'CALLAGHAN, JOSÉ *Dos nuevos textos anónimos (P. Palau Rib. inv. 25 y 350)* – Aeg 70 (1990) 53-55

1289 O'NEILL, J.C. *The rules followed by the editors of the text found in the Codex Vaticanus* – NTS 35 (1989) 219-228

1290 OVERGAAUW, E.A. *Textes hagiographiques et d'histoire mona-stique dans un manuscrit originaire de Saint-Sauveur d'Anvers (Paris, B.N. Lat. 10886)* – CîtNed 39 (1988) 79-98

1291 PALMER, ANDREW *The Syriac letter-forms of Tur'Abdin and environs* – OrChr 73 (1989) 68-89

1292 PEYRAFORT, M. *Les scriptoria ecclésiastiques dans le mond occidental du Ve au VIIe siècle.* In: *Le livre au Moyen Age.* Cur. J. GLÉNISSON, praef. L. HOLTZ. Paris: Presses du CNRS (1988) 43-53

1293 RENOUX, CHARLES *Athanase d'Alexandrie dans le florilège arménien Galata 54 (première partie).* In: *Mélanges Antoine Guil-laumont* (cf. 1988-90, 283) 163-171

1294 RIEDINGER, RUDOLF *Der Codex Vindobonensis 418, seine Vorlage und seine Schreiber* [Instrumenta patristica 17]. Steenbrugis: Abbatia S. Petri 1989. 108, 60 pp.

1295 ROBINSON, JAMES M. *The Pachomian Monastic Library at the Chester Beatty Monastic Library and the Bibliothèque Bodmer* [Occasional papers of the Institute for Antiquity and Christianity 19]. Claremont, Calif.: 1990. 27 pp.

1296 RORDORF, WILLY *Les Actes de Paul sur papyrus. Problèmes liés aux PMich. inv. 1317 et 3788.* In: *Proceedings of the XVIIIth international Congress of papyrology, Athens 25-31 May 1986.* (cf. 1988-90, 318) I 453-461

1297 SANDERS, J. *Le traité «De l'incarnation» du ms. Paris B.N. Syr. 371, f. 107v-125r* – Mu 101 (1988) 343-373

1298 SANDERS, J. *Le traité «De l'incarnation» du ms. Paris B.N. Syr. 371, f. 107v-125r (seconde partie)* – Mu 102 (1989) 147-163

1299 SCHMIDT, ANDREAS *P. Oxy. X 1224, Fragment 2 recto, Col. I. Ein neuer Vorschlag* – ZNW 80 (1989) 276-277

1300 SIJPESTEIJN, P.J. *P. Mich. inv. 3780: A reconsideration* – ZPE 71 (1988) 123-126

1301 SPATHARAKIS, IOANNIS *A note on the imperial portraits of Par. Gr. 510* – JÖB 39 (1989) 89-93

1302 TEETER, TIMOTHY MICHAEL *Ten Christian papyri in the Columbia collection* [Diss.]. Columbia, N.Y.: Columbia University 1989 [microfilm; cf. summary in DissAbstr. 50 (1990) 3329A]

1303 *Die Textüberlieferung der antiken Literatur und der Bibel.* Edd. H. HUNGER; O. STEGMÜLLER; H. ERBSE; M. IMHOF; K. BÜCHNER; H.-G. BECK; H. RÜDIGER. Mit einem Vorwort von M. BODMER [2. Aufl.]. München: dtv 1988. 623 pp.

1304 *Die theologischen Handschriften des Stadtarchivs Köln, IV: Handschriften der Sammlung Wallraf.* Beschr. v. Joachim VENNE-BUSCH [Mitteil. aus dem Stadtarchiv Köln Sonderr. Die Handschr. des Archivs 4,4]. Köln: Böhlau 1986. XII, 264 pp.

1305 *Die theologischen Handschriften des Stadtarchivs Köln, V: Handschriften des Bestandes W* und Fragmente.* Beschr. v. Joachim VENNEBUSCH [Mitteil. aus dem Stadtarchiv Köln Sonderr. Die Handschr. des Archivs 5]. Köln: Böhlau 1989. XIII, 197 pp.

1306 TJÄDER, JAN-OLOF *Der verlorene Papyrus Marini 85.* In: Scire *litteras* (cf. 1988-90, 331) 363-375

1307 TOTH, ENDRE *Liturgic brooch from Alsóhetény (Iovia).* In: *Studia in honorem L. Fóti* [Studia Aegyptiaca 12]. Budapest: Univ. Loránd Eötvös Chaire d'Égyptologie (1989) 385-395

1308 TREU, KURT *Christliche Papyri XIII* – ArPap 34 (1988) 69-78

1309 TREU, KURT *Christliche Papyri XIV* – ArPap 35 (1989) 107-116

1310 TREU, KURT *Christliche Papyri XV* – ArPap 36 (1990) 94-98

1311 TRIANTAPHYLLOPOULOS, JEAN *Interpretatiunculae emendatiunculaeque* [in französischer Sprache] – Platon 40 (1988) 114-119

1312 UTHEMANN, K.-H. *Codex recentior, non deterior? Zur Überlieferung des Hodegos im Codex Vindobonensis theol. gr. 40* – JÖB 40 (1990) 129-143

1313 UTHEMANN, K.-H. *Ein neuer Zeuge der Definitionensammlung des Hodegos. Zu E. Mionis Beschreibung des Codex Marcianus gr. 545* – Byzan 59 (1989) 281-282

1314 VALLEJO PENEDO, J.J. *Catálogo de incunables de la Biblioteca del Monasterio de Santa María de la Vid* – RC 34 (1988) 609-629

1315 VOCHT, CONSTANT DE *Un manuscrit du Salento non encore signalé: le Vaticanus Barberinianus graecus 288* – CodMan 15 (1990) 57-62

1316 VÖÖBUS, ARTHUR *Die Entdeckung der großen Amphoren-Sammlung desZaʿfarān-Klosters* [Syrien] – OrChr 72 (1988) 82-88

1317 VOGÜÉ, ADALBERT DE *Fragments d'un texte monastique inconnu et du commentaire de Pélage sur S. Paul dans le manuscrit de Paris N.a.l. 2199* – RBen 100 (1990) 482-492

1318 WATSON, ANDREW G. *The manuscript collection of Sir Walter Cope (d. 1614)* – BodlR 12 (1985-88) 262-297

II. Novum Testamentum atque Apocrypha

II.1. Novum Testamentum

II.1.a) Editiones textus Novi Testamenti aut partium eius

II.1.a)aa) Editiones textus graeci

1319 COMFORT, PHILIP W. *The Greek text of the Gospel of John according to the early papyri (as compared to Nestle-Aland's Novum Testamentum Graece, 26th edition -NA/26 –* NTS 36 (1990) 625-629

1320 *Évangile selon Jean.* Présentation du texte grec, trad. et notes établies par JAENNE D'ARC (Sœur) [Les Belles Lettres et Desclée]. Paris: de Brouwer 1990. XIII, 151 pp.

1321 *Das Neue Testament: Interlinearübersetzung.* Griech.-dt., von ERNST DIETZFELBINGER; 3. vom Übers. korr. Aufl. Neuhausen-Stuttgart: Hänssler 1990. XXVIII, 1139 pp.

1322 *Das Neue Testament: Interlinearübersetzung.* Griech.-dt., von ERNST DIETZFELBINGER; 4. vom Übers. korr. Aufl. Neuhausen-Stuttgart: Hänssler 1990. XXVIII, 1139 pp.

1323 *Das neue Testament auf Papyrus, II: Die paulinischen Briefe, 1: Röm., 1. Kor., 2. Kor.* Bearbeitet von K. JUNACK, mit einer Einführung von BARBARA ALAND [Arbeiten zur neutestamentlichen Textforschung 12]. Berlin: De Gruyter 1989. LVI, 418 pp.

1324 *The new Greek-English interlinear New Testament.* A new interlinear translation of the Greek New Testament, United Bible Societies' third, corrected edition with the New Revised Standard Version. Transl. ROBERT K. BROWN. Ed. J.D. DOUGLAS. Wheaton, Ill.: Tyndale House Publ. 1990. XIV, 913 pp.

1325 *Nuevo Testamento trilingüe.* Ed. crítica de JOSÉ MARIA BOVER [BAC 400]. 2. Ed. Madrid: BAC 1988. LVIII, 1380 pp.

1326 *Synopse der vier Evangelien. Griechisch-deutsche Ausgabe der Synopsis quattuor Evangeliorum auf der Grundlage des Novum Testamentum Graece von Nestle-Aland, 26. Aufl., und des Greek New Testament, 3. edition, sowie der Lutherbibel, rev. Text 1984,*

und der Einheitsübersetzung 1979. Hrsg. von KURT ALAND.
Stuttgart: Deutsche Bibelgesellschaft 1989. XXIX, 361 pp.

1327 *Synopsis van de eerste drie evangeliën* . Par ADELBERT DENAUX
et MARC VERVENNE. Leuven & Turnhout: Vlaamse Bijbel-
stichting & Brepols 1989. LXV, 334 pp.

II.1.a)bb) Editiones versionum antiquarum

1328 ARANDA PÉREZ, G. *El Evangelio de San Marcos en copto sahí-
dico (Texto de M 569 y aparato crítico)* [Textos y Estudios «Cardenal Cisneros» de la Biblia Políglota Matritense 45]. Madrid: Instituto de Filología, C.S.I.C. 1988. 150 pp.

1329 *The Chester Beatty codex AC 1390: mathematical school exercises
in Greek and John 10,7-13,38 in subachmimic.* Ed. by WILLIAM
BRASHEAR [Chester Beatty monographs 13]. Leuven: Peeters
1990. 137 pp.

1330 *L'Évangile de Luc.* Ed. F. NEIRYNCK [BEThL 32]. Leuven: Leuven Univ. Pr. 1989. X, 590 pp.

1331 Vacat

1332 Vacat

1333 *Vetus Latina. Die Reste der altlateinischen Bibel, nach P. Sabatier
neu ges. und in Verb. mit der Heidelberger Akad. der Wiss. hrsg.
von der Erzabtei Beuron, I,1B: Kirchenschriftsteller. Aktualisie-
rungsheft.* Hrsg. von HERMANN-JOSEF FREDE. Freiburg: Herder 1988. 100 pp.

1334 *Vetus Latina. Die Reste der altlateinischen Bibel, nach P. Sabatier
neu ges. und in Verb. mit der Heidelberger Akad. der Wiss. hrsg.
von der Erzabtei Beuron, XXV,2: Epistulae ad Thessalonicenses,
Timotheum, Titum, Philemonem, Hebraeos.* Hrsg. von HER-
MANN-JOSEF FREDE, Lief. 5: Hbr 2,16-5,8. Freiburg: Herder
1988. pp. 1157-1236

1335 *Vetus Latina. Die Reste der altlateinischen Bibel, nach P. Sabatier
neu ges. und in Verb. mit der Heidelberger Akad. der Wiss. hrsg.
von der Erzabtei Beuron, XXV,2: Epistulae ad Thessalonicenses,
Timotheum, Titum, Philemonem, Hebraeos.* Hrsg. von HER-
MANN-JOSEF FREDE, Lief. 6: Hbr 5,8-7,10. Freiburg: Herder
1989. pp. 1237-1316

1336 *Vetus Latina. Die Reste der altlateinischen Bibel, nach P. Sabatier
neu ges. und in Verb. mit der Heidelberger Akad. der Wiss. hrsg.
von der Erzabtei Beuron, XXV,2: Epistulae ad Thessalonicenses,
Timotheum, Titum, Philemonem, Hebraeos.* Hrsg. von HER-
MANN-JOSEF FREDE, Lief. 7: Hbr 7,10-9,12. Freiburg: Herder
1990. pp. 1317-1396

1337   *Vetus Latina. Die Reste der altlateinischen Bibel, nach P. Sabatier*
        neu ges. und in Verb. mit der Heidelberger Akad. der Wiss. hrsg.
        von der Erzabtei Beuron, XXV,2: Epistulae ad Thessalonicenses,
        Timotheum, Titum, Philemonem, Hebraeos. Hrsg. von HER-
        MANN-JOSEF FREDE, Lief. 8: Hbr 9,12-10,28. Freiburg: Herder
        1990. pp. 1397-1476

II.1.b) Quaestiones et dissertationes ad textum eiusque traditionem
pertinentes

1338   ALAND, BARBARA *Neutestamentliche Textforschung und Text-*
        geschichte: Erwägungen zu einem notwendigen Thema – NTS 36
        (1990) 337-358
1339   ALAND, KURT *Der neutestamentliche Text in der vorkonstanti-*
        nischen Epoche. In: Pléroma (cf. 1988-90, 312)
1340   ALAND, KURT *Die Grundurkunde des Glaubens: ein Bericht*
        über 40 Jahre Arbeit an ihrem Text. In: *Supplementa* ... (cf.
        1988-90, 172) 1-61
1341   ALAND, KURT; ALAND, BARBARA *Der Text des Neuen Testa-*
        ments: Einführung in die wissenschaftlichen Ausgaben sowie in
        Theorie und Praxis der modernen Textkritik. 2., erg. und erw. Auf-
        lage. Stuttgart: Deutsche Bibelgesellschaft 1989. 374 pp.
1342   ALAND, KURT; ALAND, BARBARA *The text of the New Testa-*
        ment: an introduction to the critical editions and to the theory and
        practice of modern textual criticism. Transl. ERROLL F. RHO-
        DES; 2. erg. u. erw. Auflage. Grand Rapids: Eerdmans 1989.
        XVIII, 366 pp.
1343   ARANDA PÉREZ, G. *La versión sahídica de San Mateo en Bod-*
        mer XIX y Morgan 569 – EBib 46 (1988) 217-230
1344   BAARDA, T. *Luke 22: 42-47a. The emperor Julian as a witness to*
        the text of Luke – NovTest 30 (1988) 289-296
1345   BIRDSALL, J.N. *The Western text in the IInd cent.* In: *Gospel tra-*
        ditions (cf. 1988-90, 242) 3-17
1346   BLACK, DAVID ALAN *The text of Mark 6,20* – NTS 34 (1988)
        141-145
1347   BOGAERT, P.-M. *La Bible latine des origines au moyen âge.*
        Aperçu historique, état des questions – RThL 19 (1988) 137-159;
        276-314
1348   BROCK, SEBASTIAN P. *The lost Old Syriac at Luke 1,35 and the*
        earliest Syriac terms for the Incarnation. In: *Gospel traditions* (cf.
        1988-90, 242) 117-131
1349   CALDUCH BENAGES, N. *El término ἄφεσις en los papiros grie-*
        gos y en el Nuevo Testamento. In: *In Medio Ecclesiae* (cf. 1988-90,
        221) 267-272

1350 COMFORT, PHILIP W. *Early manuscripts and modern translations of the New Testament.* Wheaton, Ill.: Tyndale House 1990. 235 pp.

1351 DELEBECQUE, ÉDOUARD *Retour sur Jean, XX,9* – RBi 96 (1989) 81-94

1351* DELOBEL, JOEL *The Lord's Prayer in the textual tradition: a critique of recent theories and their view on Marcion's role.* In: *The New Testament in early Christianity* (cf. 1988-90, 298) 293-309

1352 DIRKSEN, PETER B. *The Leiden peshitta edition.* In: *Symposium Syriacum* (cf. 1988-90, 354) 31-38

1352* DUBOIS, J.-D. *Une variante copte de Matthieu 27, 49 tirée du Codex Scheide.* In: *Études Coptes III* (cf. 1988-90, 230) 32-45

1353 DUNN, MARK R. *An examination of the textual character of Codex Ephraemi Syri Rescriptus (C, 04) in the four gospels* [Diss. Fort Worth, Tex., School of Theology]. Ann Arbor, Mich.: UMI 1990.

1354 DWYER, M.E. *An unstudied redaction of the Visio Pauli* – Manuscripta 32 (1988) 121-138

1355 EHRMAN, BART D. *1 Joh. 4,3 and the orthodox corruption of Scripture* – ZNW 79 (1988) 221-243

1356 EHRMAN, BART D. *A problem of textual circularity. The Alands on the classification of New Testament manuscripts* – Bibl 70 (1989) 377-388

1357 ELLIOTT, J.K. *L'importance de la critique textuelle pour le problème synoptique* – RBi 96 (1989) 56-70

1358 ELLIOTT, J.K. *The text of Acts in the light of two recent studies* – NTS 34 (1988) 250-258

1359 ENGBERG, SYSSE GUDRUN *Sinai, Tischendorf, and the Greek manuscript fragment Cambridge University Library add. 1879,1* – CM 39 (1988) 253-258

1360 EPP, ELDON JAY *New Testament textual criticism past, present, and future. Reflections on the Aland's Text of the New Testament* – HThR 82 (1989) 213-229

1361 EPP, ELDON JAY *The significance of the papyri for determining the nature of the New Testament text in the IInd century. A dynamic view of textual transmission.* In: *Gospel traditions* (cf. 1988-90, 242) 71-103

1362 FISCHER, BONIFATIUS *Die lateinischen Evangelien bis zum 10. Jahrhundert. I: Varianten zu Matthäus* [VL: Aus der Geschichte der lateinischen Bibel 13]. Freiburg: Herder 1988. XLVIII, 496 pp.

1363 FISCHER, BONIFATIUS *Die lateinischen Evangelien bis zum 10. Jahrhundert, II: Varianten zu Markus* [VL. Aus der Geschichte der lateinischen Bibel 15]. Freiburg: Herder 1989. 48, 554 pp.

1364 FISCHER, BONIFATIUS *Die lateinischen Evangelien bis zum 10. Jahrhundert, III. Varianten zu Lukas* [VL: Aus der Geschichte der lateinischen Bibel 17]. Freiburg: Herder 1990. 48, 580 pp.

1365 FOWL, STEPHEN *A metaphor in distress: a reading of NHΠIOI in 1 Thessalonians 2.7.* – NTS 36 (1990) 469-473

1366 GARCIA DE LA FUENTE, OLEGARIO *Itala y Vulgata en las «Quaestiones in Heptateuchum» de san Agustín* – AnJE 19/20,1 (1987/88) 539-550

1367 GEER, THOMAS C. *The two faces of Codex 33 in Acts* – NovTest 31 (1989) 39-47

1368 GOLDHAHN-MÜLLER, I. *Die Grenze der Gemeinde. Studien zum Problem der Zweiten Buße im Neuen Testament unter Berücksichtigung der Entwicklung im II. Jht bis Tertullian* [GöThA 39]. Göttingen: Vandenhoeck und Ruprecht 1989. IX, 406 pp.

1368* GRYSON, ROGER *La version gotique des évangiles: essai de réévaluation* – RThL 21 (1990) 3-31

1369 HAELEWYCK, JEAN-CLAUDE *Le texte occidental des Actes des Apôtres. A propos de la reconstitution de M.E. Boismard et A. Lamouille* – RThL 19 (1988) 342-353

1370 HAENDLER, G. *Zur Arbeit an altlateinischen Bibelübersetzungen* – ThLZ 114 (1989) 1-12

1371 HEAD, PETER M. *Observations on early papyri of the Synoptic Gospels, especially on the scribal habits* – Bibl 71 (1990) 240-247

1372 IRIGOIN, JEAN *La Bible grecque: le Codex Sinaiticus.* In: *Mise en page* (cf. 1988-90, 293) 60-65

1373 KADŽAIA, LAMARA *Die älteste georgische Vier-Evangelien-Handschrift. 1. Prolegomena.* Aus dem Georgischen übersetzt von HEINRICH GREEVEN und MICHAEL JOB. Bochum: Studienverlag Brockmeyer 1989. XI, 99 pp.

1374 KARAVIDOPOULOS, J. *L'édition patriarcale du Nouveau Testament (1904). Problèmes de texte et de traduction dans le monde orthodoxe* – Kleronomia 20 (1988) 195-204

1375 KHOURY, R.G. *Quelques réfexions sur la première ou les premierès bibles arabes.* In: *L'Arabe préislamique et son environnement historique et culturel* (cf. 1988-90, 179) 549-561

1376 KILPATRICK, GEORGE D. *The principles and practice of New Testament textual criticism: collected essays of G.D. KILPATRICK.* Ed. by J.K. ELLIOTT [BEThL 96]. Leuven: Univ. Pr. 1990. XXXVIII, 498, 5 pp.

1377 KOESTER, H. *The text of the Synoptic Gospels in the IInd cent.* In: *Gospel traditions* (cf. 1988-90, 242) 19-37

1377* MCCONAUGHY, DANIEL L. *An Old Syrian reading of Acts 1.4 and more light on Jesus' last meal before his ascension* – OrChr 72 (1988) 63-67

1378 MCNAMARA, MARTIN *Studies on texts of early Irish Latin gospels (a.d. 600-1200)* [Instrumenta patristica 20]. Steenbrugis: In Abbatia S. Petri 1990. XV, 246 pp.

1379 MINASSIAN, MARTIROS *Viennayi Mxit'arean t'. 608 k'arawetarani aylent'erc'owmnere* (= Die Textvarianten im Tetraevangeliar cod. 608 der Mechitharisten-Bibliothek zu Wien) [Azgayin matenadaran 229]. Wien: Mxit'arean 1989. 80 pp.

1380 MORENO HERNANDEZ, A. *La Vetus Latina y la confrontación cultural entre paganismo y cristianismo.* In: *Cristianismo y aculturación en tiempos del Imperio Romano* (cf. 1988-90, 213) 91-97

1381 NAGEL, P. *Rapport. Coptology and biblical text research.* In: *IVe congrès international d'études coptes* (cf. 1988-90, 208) 61

1382 O'CALLAGHAN, JOSÉ *Dissensio critico in Mt 10,42* – Eranos 86 (1988) 163-164

1383 O'CALLAGHAN, JOSÉ *Examen crítico de Mt 19,24* – Bibl 69 (1988) 401-405

1384 PARKER, D.C. *A copy of the Codex Mediolanensis* – JThS 41 (1990) 537-541

1385 PARSONS, MIKEAL C. *ΣΑΡΚΙΝΟΣ, ΣΑΡΚΙΚΟΣ in codices F and G. A text-critical note* – NTS 34 (1988) 151-155

1386 PERRIER, PIERRE *Structures orales de la pesitta.* In: *Symposium Syriacum* (cf. 1988-90, 354) 39-52

1387 PETITMENGIN, PIERRE *La Bible de Rorigon.* In: *Mise en page* (cf. 1988-90, 293) 78-83

1388 PETITMENGIN, PIERRE *Le Codex Amiatinus.* In: *Mise en page* (cf. 1988-90, 293) 72-77

1389 PETZER, KOBUS *Die teks van die Nuwe Testament: 'n inleiding in die basiese aspekte van die teorie en praktyk van die tekskritiek van die Nuwe Testament* [HervTSt Suppl 2]. Pretoria: Nederduitsch Hervormde Kerk van Afrika 1990. XVIII, 353 pp.

1390 POPOVIC, VLADISLAV *Les Évangiles de Split* – BSAF (1987) 266-289

1391 POPOVIC, VLADISLAV *Du nouveau sur les Évangiles de Split* – BSAF (1990) 275-293

1392 POPOVIC, VLADISLAV *Sur l'origine de l'évangéliaire latin de la British Library, Harley 1775* – CRAI (1990) 709-735

1393 PRICE, WILLIAM CRAIG *The textual relationships of quotations from the four Gospels in Irenaeus' Against heresies* [Diss.]. Fort Worth, Tex.: Southwestern Baptist Theol. Semin. 1989. 209 pp. [Summary in DissAbst 50 1989-1990 2934A]

1394 RAMIREZ OLID, J. *La influencia griega en el texto de Mateo de la Vetus Latina* – AnMal 11 (1988) 401-414

1395 ROHRHIRSCH, FERDINAND *Markus in Qumran?: Eine Auseinandersetzung mit den Argumenten für und gegen das Fragment*

7Q5 mit Hilfe des methodischen Fallibilismusprinzips [Monographien und Studienbücher 362]. Wuppertal: Brockhaus 1990. 152 pp.

1396 SANZ FUENTES, MARIA JOSEFA; RODRIGUEZ DIAZ, ELENA E. *Un nuevo fragmento de Biblia visigótica a tres columnas: estudio paleográfico y codicológico.* In: *VIII Coloquio del Comité international de paleografía latina: actas, Madrid-Toledo 29 setiembre – 1 octubre 1987* [Estudios y ensayos 6]. Madrid: Joyas Bibliográficas (1990) 211-220

1397 SCHMIDT, ANDREAS *Zum Papyrus P. Köln II 80: καὶ καταπατεῖσθαι oder καὶ πατεῖσθαι als Aussage des Korrektors?* – ArPap 35 (1989) 13

1398 SCHMIDT, ANDREAS *Zwei Anmerkungen zu P. Ryl. III 457* – ArPap 35 (1989) 11-12

1399 STUTTS, DAVID H. *A textual history of the Gospel of Matthew as found in the papyri, uncials, and principal third and fourth century fathers* [Diss.]. New Orleans, La.: Baptist Theol. Seminary 1989. III, 114 pp.

1400 *Text and Testimony. Essays on New Testament and apocryphal literature in honour of A.F.J. Klijn.* Edd. T. BAARDA; A. HILHORST; G.P. LUTTIKHUIZEN; A.S. VAN DER WOUDE. Kampen: J.H. Kok 1988. 286 pp.

1401 THIEDE, CARSTEN PETER *Die älteste Evangelien-Handschrift?: das Markus-Evangelium von Quamran und die Anfänge der schriftlichen Überieferung des Neuen Testements.* 2. erw. Auflage. Wuppertal: Brockhaus 1990. 84 pp.

1402 THIEDE, CARSTEN PETER *Papyrus Bodmer L: das neutestamentliche Papyrusfragemnt p73 = Mt 25,43/26, 2-3* – MH 47 (1990) 35-40

1403 VELLANICKAL, MATTHEW *«Who was born ... of God»: a text-critical study of Jn 1,13.* In: *La vie de la Parole* (cf. 1988-90, 366) 211-228

1404 VINEIS, EDOARDO *Le antiche versioni latine dei Vangeli.* In: *Storia e preistoria dei Vangeli.* [Pubbl. del D.AR.FI.CL.ET. 112]. Genova: Fac di Lettere de l'Univ. (1988) 61-90

1405 VISONA, GIUSEPPE *Citazioni patristiche e critica testuale neotestamentaria: il caso di LC 12,49* [AnBib 125]. Roma: Ed. Pontificio Istituto Biblico 1990. VII, 78 pp.

1406 WALLACE, DANIEL B. *The majority text. A new collating base?* – NTS 35 (1989) 609-618

1407 WISSE, F. *The nature and purpose of redactional changes in early Christian texts. The Canonical Gospels.* In: *Gospel traditions* (cf. 1988-90, 242) 39-53

1408 WRIGHT, C.D. *Some evidence for an Irish origin of redaction XI of the Visio Pauli* – Manuscripta 34 (1990) 34-44

II.2. Apocrypha

II.2.a) Editiones textus originalis

1409 *Acta Andreae, Vol. I: Praefatio – Commentarius. Vol. II: Textus.* Cura JEAN-MARC PRIEUR [CChr.SA 5s]. Turnhout: Brepols 1989. 848 pp.

1410 *The acts of Andrew and The acts of Andrew and Matthias in the city of the cannibals.* Ed. DENNIS RONALD MACDONALD [SBLTT 33 Christian apocrypha series 1]. Atlanta, Ga.: Scholars Pr. 1990. XXVII, 460 pp.

1411 *Les apocryphes des chrétiens de l'Antiquité.* Étude, textes et commentaires par I.S. SVENCICKAJA et M.K. TROFIMOVA [in russischer Sprache]. Moskva: Mysl' 1989. 336 pp.

1412 DESPINEUX, MYRIAM *Une version latine palimpseste du Vième siècle de l'Évangile de Nicodème (Vienne, ÖNB MS 563)* – Sc 42 (1988) 176-183

1413 *Epistula Jacobi apocrypha: Die zweite Schrift aus Nag-Hammadi-Codex I.* Neu hrsg., übers. u. komm. von DANKWART KIRCHNER [TU 136]. Berlin: Akademie-Verlag 1989. XVI, 162 pp.

1414 *Los Evangelios Apócrifos.* Colección de textos griegos y latinos, versión crítica, estudios introductorios y comentarios por A. DE SANTOS OTERO. Sexta edición [BAC 148]. Madrid: Biblioteca de Autores Cristianos 1988. XXVI, 781 pp.

1415 *Extracanonical sayings of Jesus.* Ed. WILLIAM D. STROKER [Resources for biblical studies 18]. Atlanta, Ga.: Scholars Pr. 1989. VIII, 341 pp.

1416 KLOPPENBORG, JOHN S. *Q Thomas Reader.* Sonoma, Calif.: Polebridge Pr. 1990. X, 166 pp.

1417 MÉNARD, JACQUES É. *L'Évangile selon Philippe: introduction, texte – traduction, commentaire.* 2. ed. Paris: Cariscript 1988. XXV, 314 pp.

1418 *Nik'odimosis ap'ok'ripuli c'ignis kartuli versia* (= La version géorgienne du livre apocryphe de Nicodème). Ed. C. KURCIK'IZE. Tbilisi 1985. 91 pp.

II.2.b) Versiones modernae

1419 ALCALA, MANUEL *El Evangelio copto de Tomás. Palabras ocultas de Jesús* [Biblioteca de Estudios Bíblicos 65]. Salamanca: Sígueme 1989. 113 pp.

1420 *Apòcrifs del Nou Testament.* Introducció general i coordinació d'ARMAND PUIG. Introduccions particulars, traduccions i notes de X. ALEGRE, A. BORRELL, M. ESTRADÉ, S. JANERAS, J. MONTSERRAT, A. PUIG i J. SIDERA [Clàssics del Cristianisme 17]. Barcelona: Facultad de Teología de Catalunya/Fundació Enciclopedia Catalana 1990. 396 pp.

1421 *Apokalypsen: das Buch der geheimen Offenbarungen.* Hrsg. von ROSEL TERMOLEN. Augsburg: Pattloch 1990. 328 pp.

1422 *Apokryphe Evangelien aus Nag Hammadi.* Vollständige Texte, neu formuliert und kommentiert von KONRAD DIETZFELBINGER. Andechs: Dingfelder 1988. 262 pp.

1423 *Apokryphen zum Alten und Neuen Testament.* Hrsg., eingel. u. erl. von ALFRED SCHINDLER [Manesse-Bibl. der Weltliteratur]. Zürich: Manesse-Verl. 1988. 770 pp.

1423* BOUVIER, B.; BOVON, F. *Actes de Philippe, I, d'après un manuscrit inédit.* In: *Oecumenia et patristica* (cf. 1988-90, 303) 367-394

1424 CUVELIER, FERDINAND *Jezus Mysticus: naar het herontdekte Tomas-evangelie.* Vertaald en toegelicht door FERDINAND CUVELIER. Kapellen: Pelckmans 1990. 190 pp.

1425 Vacat

1426 DORESSE, J. *El Evangelio según Tomás. El Evangelio de los Evangelios.* Traducción del francés por F. DI FIDIO. Madrid: EDAF 1989. 246 pp.

1427 DORESSE, J. *L'Évangile selon Thomas: Les paroles secrètes de Jésus.* 2. éd., rev. et augm. [Les livres secrets des gnostiques d'Égypte 2]. Monaco: Le Rocher 1988. XXIX, 320 pp.

1428 *Het Evangelie der waarheid.* Vertaling: ROBERT HARTZEMA. Amsterdam: Karnak 1989. 61 pp.

1429 *Evangelios Apócrifos. Protoevangelio de Santiago, Evangelio del Pseudo-Mateo, Evangelio de Tomás. Historia de José el Carpintero (redacción copta y árabe).* Según la versión de C. MICHAEL. Según la versión de P. PEETERS. Traducción de P. SIERRA. Barcelona: Edicomunicación 1989. 157 pp.

1430 *Évangile selon Thomas.* Trad. et comm. par JEAN-YVES LELOUP. Paris: Michel 1988. 254 pp.

1431 *Fragmentos dos Evangelhos Apócrifos.* Tradução, organização e notas por L. RAMOS. Petropolis: Vozes 1989. 216 pp.

1432 *Irish Biblical Apocrypha.* Selected texts in translation ed. by MAIRE HERBERT. Edinburgh: Clark 1989. XXXIII, 196 pp.

1433 KÜNTZMANN, R.; DUBOIS, J.D. *Nag Hammadi. Evangelio según Tomás. Textos gnósticos de los orígenes del cristianismo.* Traducción de A. ORTY GARCIA [Documentos en torno a la Biblia 16]. Estella: Verbo Divino 1988. 178 pp.

1434 *A história do nascimento de María: Proto-Evangelho de Tiago.* Tradução, organição e notas L. RAMOS *[Coleção: Biblia Apocrifa; A: NT; 1: evangelhos].* Petropolis: Vozes 1988. 67 pp.

1435 *Neutestamentliche Apokryphen in deutscher Übersetzung. Bd. 1: Evangelien.* Von EDGAR HENNECKE begr. Sammlung. Hrsg. von WILHELM SCHNEEMELCHER. 6. Aufl. Tübingen: Mohr 1990. X, 442 pp.

1436 *Neutestamentliche Apokryphen in deutscher Übersetzung. Bd. 2: Apostolisches, Apokalypsen und Verwandtes.* Von EDGAR HENNECKE begründete Sammlung. Hrsg. von WILHELM SCHNEEMELCHER. 5. Aufl. Tübingen: Mohr 1989. VIII, 703 pp.

1437 RODRIGUEZ RUIZ, M. *El evangelio de Pedro, ¿Un desafío a los evangelios canónicos?* – EBib 46 (1988) 497-525

1438 *Sandhedens Evangelium.* Ved SØREN GIVERSEN [Gnostisk Bibliotek 1]. Kopenhagen: Sphinx 1990. 63 pp.

1439 *Thomasevangeliet.* Ved. SØREN GIVERSEN. Kopenhagen: Gyldendal 1990. 128 pp.

1440 WEIDINGER, ERICH *Die Apokryphen. Verborgene Bücher der Bibel.* Wien: Buchgemeinschaft Donauland 1990. 590 pp.

II.2.c) Quaestiones et dissertationes

1441 AALEN, SVERRE *Heilsverlangen und Heilverwirklichung. Studien zur Erwartung des Heils in der apokalyptischen Literatur des antiken Judentums und im ältesten Christenum.* Mit einem Geleitwort von ERNST BAASLAND [Arbeiten zur Literatur und Geschichte des hellenistischen Judentums 21]. Deutschland: 1990. XXI, 70 pp.

1442 ANGELOV, D. *The Eschatological Views of Medieval Bulgaria as Reflected in the Canonical and Apocryphal Literature* – Bulgar. Hist. Rev. (Sofia) 18 (1990) 21-47

1443 *The Apocryphal Jesus and Christian origins.* Ed. RON CAMERON [Semeia 49]. Atlanta, Ga.: Scholars Pr. 1990. IV, 176 pp.

1444 BAGATTI, B. *La Iglesia primitiva Apócrifa.* Bilbao: DDB 1989. 169 pp.

1445 BAUCKHAM, RICHARD *Pseudo-apostolic letters* – JBL 107 (1988) 469-494

1446 BAUCKHAM, RICHARD *The Apocalypse of Peter. An account of research* – ANRW II,25.6 (1988) 4712-4750

1447 BAUER, JOHANNES B. *Die Korruptel Acta Johannis 52* – VigChr 44 (1990) 295-297

1448 BAUER, JOHANNES B. *Vidisti fratrem, vidisti dominum tuum (Agraphon 144)* – ZKG 100 (1989) 71-76

1449 BERTHOLD, MICHAEL *Zur Datierung des Pseudo-Matthäus-Evangeliums* – WSt 102 (1989) 247-249

1450 BLACK, DAVID ALAN *Conjectural emendations in the Gospel of Matthew* – NovTest 31 (1989) 1-15

1451 Vacat

1452 BOVON, FRANÇOIS *Les Actes de Philippe* – ANRW II,25.6 (1988) 4431-4527

1453 BOVON, FRANÇOIS *The synoptic gospels and the noncanonical Acts of the Apostles* – HThR 81 (1988) 19-36

1454 BRANDES, W. *Apokalyptische Literatur.* In: *Quellen zur Geschichte des frühen Byzanz (4.-9. Jh.). Bestand und Probleme.* Edd. F. WINKELMANN; W. BRANDES. Amsterdam: Gieben (1990) 305-322

1455 BUCHHOLZ, DENNIS D. *Your eyes will be opened: a study of the Greek (Ethiopic) Apocalypse of Peter* [SBLDS 97]. Atlanta, Ga.: Scholars Press 1988. IX, 482 pp.

1456 BUCKLEY, JORUN JACOBSEN *Conceptual models and polemical issues in the Gospel of Philip* – ANRW II,25.5 (1988) 4167-4194

1457 CAMPRUBI, FRANCESC *El bou i l'ase en el pessebre.* In: *In Medio Ecclesiae* (cf. 1988-90, 221) 441-451

1458 CERRO CALDERON, G. DEL *Los hechos apócrifos de los apóstoles* – AnMal 11 (1988) 245-255

1459 CERRO CALDERON, GONZALO DEL *Los Hechos apócrifos de los Apóstoles: una asignatura pendiente* – AnMal 11 (1988) 245-255

1460 CONICK, APRIL D. DE *The Yoke Saying in the Gospel of Thomas 90* – VigChr 44 (1990) 280-294

1461 COTHENET, E. *Le Protévangile de Jaques: origine, genre et signification d'un premier midrash chrétien sur la Nativité de Marie* – ANRW II,25.6 (1988) 4252-4269

1462 DEHANDSCHUTTER, BOUDEWIJN *L'Epistula Jacobi apocrypha de Nag Hammadi (CG I,2) comme apocryphe néotestamentaire* – ANRW II,25.6 (1988) 4529-4550

1462* DELGADO GOMEZ, J. *La Resurrección de Cristo contada por un «apócrifo» en un tímpano de San Isodoro de León* – ArLeón 42 (1988) 175-189

1463 DRIJVERS, HAN J.W. *Adam and the true prophet in the Pseudo-Clementines.* In: *Loyalitätskonflikte* (cf. 1988-90, 278) 314-323

1464 DRIJVERS, H.J.W. *Der getaufte Löwe und die Theologie der Acta Pauli.* In: *Carl-Schmidt-Kolloquium* (cf. 1988-90, 198) 181-189

1465 FALLON, FRANCIS T.; CAMERON, RON *The Gospel of Thomas. A Forschungsbericht and analysis* – ANRW II,25.6 (1988) 4195-4251

1466 GERO, STEPHEN *Apocryphal Gospels. A survey of textual and literary problems* – ANRW II,25.5 (1988) 3969-3996

1467 GESSEL, W. *Die Johannestradition auf dem Ayasoluk im Lichte der apokryphen Johannesakten.* In: *Lingua restituta orientalis* (cf. 1988-90, 275) 108-113

1468 GIJSEL, J. *The Pseudo-Matthew Gospel* – VoxP 9 (1989) f.17, 901-906

1469 GORI, F. *Gli apocrifi e i Padri.* In: *Complementi interdisciplinari di patrologia* (cf. 1988-90, 207) 223-272

1470 HAILE, G. *The Legend of Abgar in Ethiopic Tradition* – OrChrP 55 (1989) 375-410

1470* HALL, ROBERT G. *The Ascension of Isaiah: community, situation, date, and place in early Christianity* – JBL 109 (1990) 289-306

1471 HALL, THOMAS NELSON *Apocryphal lore and the life of Christ in the old English literature* [Diss.]. University of Illinois at Urbana-Champaign 1990. 269 pp. [cf. summary in DissAbstr 51 (1991) 4115A]

1472 HELDERMAN, J. *Das Evangelium Veritatis in der neueren Forschung* – ANRW II,25.5 (1988) 4054-4106

1473 HILLS, JULIAN V. *Tradition and composition in the Epistula apostolorum* [Harvard dissertations in religion 24]. Minneapolis: Fortress Pr. 1990. XVII, 172 pp.

1474 IZYDORCZYK, Z. *The unfamiliar Evangelium Nicodemi* – Manuscripta 33 (1989) 169-191

1475 JONES, FREDERICK STANLEY *Pseudo-Clementine «Recognitions» 1,27-71: early Jewish Christian perspectives on the nature and history of Christianity* [Diss.]. Nashville, Tenn.: Vanderbilt Univ. 1989. 229 pp. [microfilm; cf. summary in DissAbstr 50 (1989-1990) 3262A]

1476 JUNOD, ÉRIC; KAESTLI, JEAN-DANIEL *Le dossier des Actes de Jean: état de la question et perspectives nouvelles* – ANRW II,25.6 (1988) 4293-4362

1477 KAESTLI, JEAN-DANIEL *Où en est l'étude de l'Évangile de Barthélemy?* – RBi 95 (1988) 5-33

1478 KAMPEN, LIEUWE VAN *Apostelverhalen: doel en compositie van de oudste apokriefe Handelingen der apostelen.* Sliedrecht: Merweboek 1990. 338 pp.

1479 KLIJN, A.F.J. *Das Hebräer- und das Nazoräerevangelium* – ANRW II,25.5 (1988) 3997-4033

1480 KVARME, OLE C. *Early Jewish Christianity and the Pseudo-Clementines. An introduction to the works of H.J. Schoeps and G. Strecker* – Mishkan 13 (1990) 62-70

1481 LELOIR, LOUIS *Utilité ou inutilité de l'étude des apocryphes* – RThL 19 (1988) 38-70

1482 LIPSCOMB, WILLIAM LOWNDES *The Armenian apocryphal Adam literature* [Armenian texts and studies 8]. Philadelphia, Pa.: Univ. of Pennsylvania 1990. II. 288 pp.

1483 MACDONALD, D.R. *Apocryphal and canonical narratives about Paul.* In: *Paul* (cf. 1988-90, 307) 55-70

1484 MARTIN, GERHARD MARCEL *Werdet Vorübergehende: Das Thomas-Evangelium zwischen Alter Kirche und New Age.* Stuttgart: Radius-Verlag 1988. 196 pp.

1485 MASSER, A. *Das Evangelium Nicodemi und das mittelalterliche Spiel* – Zeitschrift für deutsche Philologie (Berlin) 107 (1988) 48-66

1486 MONTOVANI, G. *Illumination et illuminateurs: à la recherche des sources de l'apocryphon de Jean.* In: *Coptic Studies* (cf. 1988-90, 210) 227-231

1487 NARDI, CARLO *Il raconto del giovane capo dei briganti del Quis dives salvetur di Clemente Alessandrino negli Atti di Giovanni dello Pseudo-Procoro* – Prometheus 15 (1989) 80-90

1488 *Nascita e infanzia di Gesù nei più antichi codici cristiani.* A cura di LUIGI MORALDI. Milano: Mondadori 1989. 317 pp.

1489 NEIRYNCK, FRANS *The apocryphal Gospels and the Gospel of Mark.* In: *The New Testament in early Christianity* (cf. 1988-90, 298) 123-175

1490 PHILIPPART, G. *Les Fragments palimpsestes de l'Évangile de Nicodème dans le Vindobonensis 563 (Ve s.?)* – AB 107 (1989) 171-188

1491 POUPON, G. *Les 'Actes de Pierre' et leur remaniement* – ANRW II,25.6 (1988) 4363-4383

1492 Vacat

1493 PRIEUR, JEAN-MARC *Les Actes apocryphes de l'apôtre André. Présentation des diverses traditions apocryphes et état de la question* – ANRW II,25.6 (1988) 4384-4414

1494 PRIEUR, JEAN-MARC *Les Actes apocryphes et état de la question* – ANRW II,25.6 (1988) 4384-4414

1495 ROSENSTIEHL, J.-M. *L'Itineraire de Paul dans l'au-dela. Contribution à l'étude de l'Apocalypse apocryphe de Paul.* In: *Carl-Schmidt-Kolloquium* (cf. 1988-90, 198) 197-212

1496 SFAMENI GASPARRO, GIULIA *Il Vangelo secondo Filippo: rassegna degli studi e proposte di interpretazione* – ANRW II,25.5 (1988) 4107-4166

1497 SHANZER, DANUTA «*Asino vectore virgo regia fugiens captivitatem*»: *Apuleius and the tradition of the Protoevangelium Jacobi* – ZPE 84 (1990) 221-229

1498 SHEERIN, D. *Paul and Thecla, from home-wrecker to nymphago-
      gos*. In: *Fifteenth Annual Byzantine Studies Conference* (cf.
      1988-90, 197) 29
1499 SIRKER-WICKLAUS, GERLINDE *Untersuchungen zu den Johan-
      nesakten: Untersuchungen zur Struktur, zur theologischen Ten-
      denz und zum kirchengeschichtlichen Hintergrund der Acta Johan-
      nis* [Beiträge zur Religionsgeschichte 2]. Witterschlick/Bonn:
      Wehle 1988. III, 255 pp.
1500 SNOWDEN, JOE RODNEY *The redactors of the «Pseudo-
      Clementines» in the Tripolis Discourses* [Diss.]. Cambridge, Mass.:
      Harvard Univ. 1990. 198 pp. [microfilm; cf. summary in DissAbstr
      51 (1990-1991) 1655A]
1501 SOCAS, FRANCISCO *Paganos y cristianos en los Reconocimien-
      tos pseudo-clementinos*. In: *Lá conversión de Roma* (cf. 1988-90,
      209) 55-89
1502 STAROWIEYSKI, MAREK *Apokryfy – przeglad publikacji* (= Li-
      bri recentes de apocryphis) – VoxP 8 (1988) f.15, 1074-1084
1503 STAROWIEYSKI, MAREK *Apokryfy – przeglad publikacji II* (=
      Libri recentes de apocryphis) – VoxP 9 (1989) f.16, 450-458
1504 STAROWIEYSKI, MAREK *Apokryfy – przeglad publikacji III* (=
      Libri recentes de apocryphis) – VoxP 9 (1989) f.17, 933-940
1505 TISSOT, Y. *L'encratisme des Actes de Thomas* – ANRW II,25.6
      (1988) 4415-4430
1506 TUCKETT, CHRISTOPHER M. *Thomas and the Synoptics* –
      NovTest 30 (1988) 132-157
1507 UHLIG, S. *Ein pseudepigraphischer Actaschluss in der äthiopi-
      schen Version* – OrChr 73 (1989) 129-136
1508 VANTINI, G. *The Faras Golgotha and the Apocrypha*. In: *Nubia
      et Oriens Christianus* (cf. 1988-90, 300) II 653-660
1509 VLIET, J. VAN DER *Spirit and prophecy in the Epistula Jacobi
      Apocrypha (NHC I,28)* – VigChr 44 (1990) 25-53
1510 VOORST, ROBERT E. VAN *«The ascents of James». History and
      theology of a Jewish-Christian community as reflected in the pseu-
      do-Clementine Recognitions 1:33-71* [Diss.]. New York, N.Y.:
      Union Theol. Semin. 1988. 302 pp. [microfilm; cf. summary in
      DissAbstr. 49 (1989) 2271A]
1511 WASOWICZ, ALEKSANDRA *Traditions antiques dans les scènes
      de l'Annonciation* – DHA 16,2 (1990) 163-177
1512 YARBRO COLLINS, ADELA *Early Christian apocalyptic litera-
      ture* – ANRW II,25.6 (1988) 4665-4711

III. Auctores (editiones, quaestiones, dissertationes, commentarii)

III.1. Generalia

1513 ALBRECHT, RUTH *Erinnern, was vergessen ist. Frauen und der Begriff des Weiblichen in der Zeit der Kirchenväter* – SZ 206 (1988) 326-333

1514 ALEXANDRE, MONIQUE *Entre ciel et terre. Les premiers débats sur le site du Paradis (Gen. 2, 8-15 et ses réceptions). In: Peuples et pays mythiques. Actes du Ve Colloque du Centre de recherches mythologiques de l'Université de Paris 10 (Chantilly, 18-20 septembre 1986)*. Réunis par FRANÇOIS JOUAN; BERNARD DE-FORGE [Coll. Vérité des mythes]. Paris: Les Belles Lettres (1988) 187-224

1515 ALLEGRI, LUIGI *La polemica anti-spettacolare dei Padri della Chiesa: uno sguardo dalla parte del teatro. In: Tradizione dell'antico nelle letterature* (cf. 1988-90, 359) 75-89

1516 ANDERSEN, FRANCIS I. *Pseudepigrapha Studies in Bulgaria* – Journal for the Study of the Pseudepigrapha (Sheffield) 1 (1987/88) 41-55

1517 ANGHELOPULOS, A. *Non-iconographic tradition in the eastern patristic literature of the eary church (4th and 5th centuries). In: La legittimità del culto delle icone* (cf. 1988-90, 273) 95-104

1518 *Antoine le Grand, Exhortations sur le comportement des hommes et la conduite vertueuse; Isaïe l'Anachorète, Chapitres sur la garde de l'intelligence; Cassien le Romain, A l'évêque Castor sur les huit pensées de la malice, A l'higoumène Léonce...; Marc l'Ascète, Deux cent chapitres sur la loi spirituelle, De ceux qui pensent être justifiés par les œvres, Lettre au moine Nicolas; Théodore d'Édesse, Cent chapitres, Discours sur la contemplation*. Introd., trad. et notes par LUCIEN REGNAULT; JACQUES TOURAILLE [Philocalie des Pères neptiques 9]. Bégrolles-en-Mauges (Maine-et-Loire): Abbaye de Bellefontaine 1989. 252 pp.

1519 *Apologie*. Przekład ANNA SWIDERKOWNA; wstęp, oprac. MARIAN SZARMACH [PSP 44]. Warszawa: Akademia Teol. Katol. 1988. 224 pp.

1520 AUXENTIOS (HIEROMONK) *The notion of rhetoric in the eastern orthodox patristic tradition* – GrOrthThR 34 (1989) 45-58

1521 BARBERO, GILIOLA *Contributi allo studio del Liber glossarum* – Aevum 64 (1990) 151-174

1522 BARTELINK, GERHARDUS J.M. *Homerus in de vroegchristelijke geschriften: afscheidsrede uitgesproken bij zijn heengaan als hoogleraar in het oudchristelijk Grieks, het oudchristelijk, vulgair en middeleeuws Latijn aan de Katholieke Universiteit te Nijmegen op vrijdag 12 mei 1989.* Nijmegen: Katholieke Universiteit 1989. 16 pp.

1523 BASTIAENSEN, ANTOON A.R. *Le praeceptum aureum dans la tradition épigraphique et littéraire* – RBen 98 (1988) 251-257

1524 BERSCHIN, WALTER *Greek Letters and the Latin middle ages. From Jerome to Nicholas of Cusa.* Rev. and expanded ed. transl. by JEROLD C. FRAKES. Washington, D.C.: The Catholic Univ. of America Pr. 1988 XV, 415 pp.

1525 BERSCHIN, WALTER *Medioevo greco-latino. Da Gerolamo a Niccolò Cusano.* A cura di ENRICO LIVREA [Nuovo medioevo 33]. Napoli: Liguori 1989. XV, 392 pp.

1526 BERTHOLD, H. *Mundus senescens. Umweltbezug und Darstellungsformen christlicher Literatur des 3. Jahrhunderts (Zusammenfassung).* In: *Krise – Krisenbewußtsein – Krisenbewältigung. Ideologie und geistige Kultur im Imperium romanum während des 3. Jahrhunderts. Konferenzvorträge der Sektion Orient- und Altertumswissenschaften der Martin-Luther-Universität. Halle/Saale 6.-8. Nov. 1987* [Wissenschaftliche Beiträge der Martin-Luther-Universität Halle-Wittenberg 1986/62, c 40]. Halle-Wittenberg: Martin-Luther-Universität (1986) 9

1527 BERTINI, F. *Letteratura latina medievale in Italia (secoli V-XIII).* Busto Arsizio: Bramante Editrice 1988. 140 pp.

1528 BETTIOLO, P. *Lineamenti di patrologia siriaca.* In: *Complementi interdisciplinari di patrologia* (cf. 1988-90, 207) 503-603

1529 BEULAY, ROBERT *La Lumière sans forme: introduction à l'ètude de la mystique chrétienne syro-orientale* [L'Esprit et le feu]. Chevetogne: Éd. de Chevetogne 1988. 356 pp.

1530 BEVILACQUA, MICHELE *Gli Indigitamenta* – InvLuc 10 (1988) 21-33

1531 BIANCO, MARIA GRAZIA *«Pianeta donna» e Padri della Chiesa, II: Le citazioni dei Padri postniceni.* In: *Essere Donna* (cf. 1988-90, 228) 66-77

1532 BÖHLIG, ALEXANDER *Byzanz und der Orient. Gedanken zu ihrer Begegnung.* In: *Gnosis und Synkretismus* (cf. 1988-90, 6197) I 181-197

1533 BONAMENTE, GIORGIO *Apoteosi e imperatori cristiani*. In: *I cristiani e l'impero* (cf. 1988-90, 212) 107-142

1534 BRANDES, V. *La littérature apocalyptique byzantine en tant que source pour l'étude de certains aspects de l'histoire sociale* [in russischer Sprache] – ViVrem 50 (1989) 116-122

1535 BROCK, SEBASTIAN P. *An anonymous hymn for Epiphany* – ParOr 15 (1988/89) 169-196

1536 BROCK, SEBASTIAN P. *Studies in Syriac spirituality* [The Syrian churches 13]. Poona: Anita 1988. 124 pp.

1537 BRUMMEL, THOMAS RICHARD *The role of reason in the act of faith in the theologies of Origen, Basil and John Chrysostom* [Diss.]. Los Angeles: Univ. of California 1988. 302 pp. [DissAbstr 49,6 (1988) 1489]

1538 BRUNHÖLZL, F. *Histoire de la letterature latine du moyen âge. I: De Cassiodore à la fin de la Renaissance carolingienne. 1. L'époque mérovingienne.* Louvain-la-Neuve: Institut d'études médiévales; Turnhout: Brepols 1990. 327 pp.

1539 *Bulletin d'information et de liaison* [de l'Association internationale d'études patristiques]. No. 15. Turnhout: Brepols 1988. 75 p.

1540 *Bulletin d'information et de liaison* [de l'Association internationale d'études patristiques]. No. 18. Turnhout: Brepols 1990. 79 pp.

1541 *Bulletin d'information et de liaison* [de l'Association internationale d'études patristiques]. No. 19. Turnhout: Brepols 1990. 94 pp.

1542 CALLU, JEAN-PIERRE *Patrologie latine et numismatique: quelques rencontres* – Numismatica e Antichità classiche: Quaderni Ticinesi (Lugano) 18 (1989) 337-352

1543 CAVARRA, B. *Ideologia politica e cultura in Romània fra IV e VI secolo* [Studi Bizantini e Slavi 9]. Bologna: Cattedra di Storia Bizantina 1990. 67 pp.

1544 CHARLET, JEAN-LOUIS *Aesthetic trends in late Latin poetry (325-410)* – Phil 132 (1988) 74-85

1545 CHRYSOSTOMOS (REV.) *The Fathers and the Apocalypse. A Psychological Overview* – PBR 8 (1989) 181-187

1546 CHRYSSAVGIS, J. *The church fathers yesterday and today* – GrOrthThR 33 (1988) 245-284

1547 CLASSEN, CARL JOACHIM *Satire, the elusive genre* – SO 63 (1988) 95-121

1548 COLKER, M.L. *A Christianized Latin Psalter in rhythmic verse* – SE 30 (1987/88) 329-408

1549 CONSTANTELOS, D.J. Βυζαντινὴ κληρονομία – Θεολογία, Ἱστορία, Παιδεία. Athens: Damaskos Editions 1990. 217 pp.

1550 CORRINGTON, GAIL PATERSON *The milk of salvation: redemption by the mother in late antiquity and early Christianity* – HThR 82 (1989) 393-420

1551 CORTE, FRANCESCO DELLA *Il concetto di auctoritas nella patristica di iv secolo.* In: *Crescita dell'uomo (età postnicena)* (cf. 1988-90, 211) 27-34

1552 COSTANZA, SALVATORE *Antitesi tra poesia mitologica e filosofica e poesia teologica della verità nei poeti cristiani.* In: *Poesia epica greca e latina.* A cura di SALVATORE COSTANZA [Scaffale univ. 14]. Soveria: Mannelli Rubbettino (1988) 207-223

1553 COVOLO, ENRICO DAL *«Pianeta donna» e Padri della Chiesa, I: Le citazioni dei Padri anteniceni.* In: *Essere donna* (cf. 1988-90, 228) 56-65

1554 COVOLO, ENRICO DAL *La formazione sacerdotale nei padri della Chiesa: il XIII Convegno di catechesi patristica* – Salesianum 52 (1990) 703-715

1555 COX MILLER, PATRICIA *Dreams in Patristic Literature: Divine Sense or Pagan Nonsense?* In: *Studia patristica 18,2* (cf. 1988-90, 343) 185-189

1556 CRIMI, C. *Osservazioni sulla «Fortuna» dei padri cappadoci nella Vita Nili [XIe] ed in altri testi dell'Italia e della Sicilia bizantini.* In: *Studi di filologia bizantina IV* [Università di Catania. Quaderni del Siculorum Gymnasium 16]. Catania: Fac. di Lettere e Filosofia, Istituto di Studi Bizantini e Neoellenici (1988) 15-31

1557 CRIMI, C. *Osservazioni sulla «Fortuna» dei padri cappadoci nella Vita Nili [XIe] ed in altri testi dell'Italia e della Sicilia bizantini. Comunicazione.* In: *Atti del Congresso internazionale su S. Nilo di Rossano. 28 settembre – 1° ottobre 1986.* Rossano: Grottaferrata (1989) 503-517

1558 CROUZEL, HENRI, SJ *Studia historyczne w kontekście aktualnego nauczania teologii* (= De rerum gestarum studiis in actuali contextu theologiae docendae) – VoxP 9 (1989) f.16, 155-167

1559 CURTI, CARMELO *Quintino Cataudella editore di testi patristici* – Orpheus 11 (1990) 211-220

1560 CURTIUS, ERNST ROBERT *European literature and the Latin Middle Ages.* With a new afterword by PETER GODMAN, 7th ed. Princeton: N.J. Princeton Univ. Pr. 1990. XVIII, 718 pp.

1561 DATEMA, CORNELIS *Vroeg-christelijke prediking* – Hermeneus 62 (1990) 239-248

1562 DEHANDSCHUTTER, B. *«Le Messie est déjà venu». A propos du thème de la double venue du Messie chez les Pères de l'Église* – BijFTh 50 (1989) 314-321

1563 DOMAGALSKI, BERNHARD *Der Hirsch in spätantiker Literatur und Kunst: unter besonderer Berücksichtigung der frühchristlichen

Zeugnisse [JAC Ergänzungsband 15]. Münster: Aschendorff 1990. 198 pp.

1564 DOMAGALSKI, BERNHARD *Hirsch* – RAC 15 (1990) Lief. 116, 551-577

1565 DORIVAL, GILLES *L'originalité de la patristique grecque*. In: *As humanidades greco-latinas* (cf. 1988-90, 255) 383-420

1566 DOWNING, F. GERALD *A bas les aristos. The relevance of higher literature for the understanding of the earliest Christian writings* – NovTest 30 (1988) 212-230

1567 DROGE, ARTHUR J. *Homer or Moses? Early Christian interpretations of the history of culture* [Hermeneutische Untersuchungen zur Theologie 26]. Tübingen: Mohr 1989. XIV, 220 pp.

1568 DROŻDŻ, A. *Ethos męczeństwa i «non violence» w II stuleciu chrześcijaństwa* (= L'ethos del martirio e «non violence» nel II secolo del cristianesimo) – VoxP 7 (1987) f.12/13, 87-105

1569 DUPUIS, JACQUES *On some recent christological literature* – Greg 69 (1988) 741-761

1570 EDWARDS, MARK J. *Atticizing Moses? Numenius, the Fathers and the Jews* – VigChr 44 (1990) 64-75

1571 EDWARDS, M.J. *Martyrdom and the First epistle of John* – NovTest 31 (1989) 164-171

1572 EGGENBERGER, CHRISTOPH *Der Bodensee als Foyer der Überlieferung spätantiken Bild- und Bildungsgutes*. In: *Geistesleben um den Bodensee im Frühen Mittelalter: Vorträge eines Mediävistischen Symposiums vom 30. September bis zum 3. Oktober 1987 auf Schloss Hofen am Bodensee* Edd. ACHIM MASSER; ALOIS WOLF [Literatur und Geschichte am Oberrhein 2]. Freiburg: Schillinger (1989) 1-11

1573 ESBROECK, M. VAN *La Lettre sur le dimanche, descendue du ciel* – AB 107 (1989) 267-284

1574 *Evangeliets ljus III. Homilier av kyrkofäder*. Svensk översättning av OLOF ANDRÉN. Evangelietexterna i tredje årgången av 1982 års evangeliebok. Uppsala: Pro Veritate 1990. 224 pp.

1575 FABRICIUS, CAJUS *Zu den Aussagen der Griechischen Kirchenväter über Platon* – VigChr 42 (1988) 179-187

1576 FÉGHALI, PAUL *La descente aux enfers dans la tradition syriaque* – ParOr 15 (1988/89) 127-142

1577 FELBER, ANNELIESE *«Geordnete Eintracht im Befehlen und Gehorchen»: zur Haus- und Familienordnung in der altchristlichen Literatur*. In: *Die Heilige Familie: vom Sinn und Ansinnen einer Institution*. Wien: Wiener Frauenverlag 1990. 15-32

1578 FLINT, VALERIE I.J. *The transmission of astrology in the early Middle Ages* – Via 21 (1990) 1-27

1579 FONTAINE, JACQUES *Comment doit-on appliquer la notion de genre littéraire à la littérature latine chrétienne du IVe siècle?* – Phil 132 (1988) 53-73
1580 FONTAINE, JACQUES *Hispania II (literaturgeschichtlich).* Übers. v. HEINZGERD BRAKMANN – RAC 15 (1990) Lief. 117, 647-687
1581 FONTAINE, JACQUES; GUERREIRO, R. *Chronique des latinités hispaniques du IVe au XIIIe siècle (1984-1987)* – REA 34 (1988) 144-196
1582 FORNIELES, SALVADOR LLERENA *Matrimony: Mystery and sign. Oriental Fathers, 5th to 9th centuries* [Diss.]. Universidad de Navarra (Spain) 1986. 300 pp. [microfilms; DissAbstr]
1583 FROHNHOFEN, H. *Apatheia tou Theou. Über die Affektlosigkeit Gottes in der giechischen Antike und bei den griechischsprachigen Kirchenvätern bis zu Gregorios Thaumaturgos* [EHTheol 33, 318]. Frankfurt a.M.; Bern; New York: Lang 1988. 251 pp.
1584 GARCIA DE LA FUENTE, O. *Antología del Latín Bíblico y Cristiano.* Málaga: Ediciones Edindorf 1990. 488 pp.
1585 GIANOTTI, GIAN FRANCO *Per una storia delle storie della letteratura latina* I – Rivista di scienza e didattica della cultura classica (Foggia) 5 (1988) 47-81
1586 GŁOWA, STANISŁAW, SJ *Ojcowie Kościoła w nauczaniu dogmatyki* (= A propos de l'argument patristique dans l'enseignement de la théologie dogmatique) – VoxP 9 (1989) f.16, 169-178
1587 GNILKA, CHRISTIAN *La conversione della cultura antica vista dai Padri della Chiesa* [mit engl. Zus.-fass.]. In: *As humanidades greco-latinas* (cf. 1988-90, 255)
1588 GOESSMANN, ELISABETH *Haec mulier est divinitas: das Gleichnis von der Frau mit der verlorenen Drachme in seiner Auslegungsgeschichte bei den Kirchenvätern und Hildegard von Bingen.* In: *Weite des Herzens* (cf. 1988-90, 368) I 607-615
1589 GORDON, BARRY *The economic problem in biblical and patristic thought* [Suppl.VigChr 9]. Leiden: Brill 1989. X, 144 pp.
1590 GOULD, GRAHAM *Women in the writings of the fathers: language, belief, and reality.* In: *Women in the church. Papers read at 1989 summer meeting and the 1990 winter meeting of the Ecclesiastical History Society.* Edd. W.J. SHEILS et al. [Studies in the church history 27]. Oxford: Blackwell (1990) 1-14
1591 *Grâce de la transfiguration d'après les pères d'Occident.* Textes présentés par MICHEL COUNE [Vie monastique 24]. Bégrolles-en-Mauge: Abbaye de Bellefontaine 1990. 293 pp.
1592 GRAFFIN, F. *Adresse d'un abbé de monastère au VIe siècle pour la Nativité.* In: *Mélanges Antoine Guillaumont* (cf. 1988-90, 283) 257-262

1593 GRANT, ROBERT M. *Greek apologists of the second century.* Philadelphia, Penna.: Westminster Pr. 1988. 256 pp.

1594 GRAY, P. *Forgery as an instrument of progress. Reconstructing the theological tradition in the sixth century* – ByZ 81 (1988) 284-289

1595 GRÉGOIRE, R. *I Padri nel Medio Evo.* In: *Complementi interdisciplinari di patrologia* (cf. 1988-90, 207) 757-798

1596 GRIMES, DONALD J. *Petrine Primacy: Perspectives of Two Insular Commentators (A.D. 600-800)* – PPMRC 12/13 (1987/88) 149-158

1597 GRYSON, ROGER *Éditions récentes de Pères latins, II* – RHE 84 (1989) 691-699

1598 HAGENDAHL, HARALD *Cristianesimo latino e cultura classica da Tertulliano a Cassiodoro.* Introd. PAOLO SINISCALCO [Cultura crist. ant.]. Roma: Borla 1988. 228 pp.

1599 HALLENCREUTZ, CARL *From Julianus of Africa to Augustine the African. A forgotten link in early African theology* – Zambesia 15 (1988 [1989]) 1-26

1600 HARRISON, VERNA E.F. *Male and female in Cappadocian theology* – JThS 41 (1990) 441-471

1601 HEIM, FRANÇOIS *Les figures du prince idéal au IVe siècle: du type au modèle.* In: *Figures de l'AT* (cf. 1988-90, 6393) 277-301

1602 HELLEMAN, WENDY E. *Introduction* [Christianity and the classics]. In: *Christianity and the classics* (cf. 1988-90, 203) 11-30

1603 HOUSSIAU, ALBERT; MONDET, JEAN-PIERRE *Le sacerdoce du Christ et de ses serviteurs selon les pères de l'Église* [Coll. Cerfaux-Lefort 8]. Louvain-la-Neuve: Centre d'Hist. des Religions 1990. VIII, 268 pp.

1604 IRMSCHER, J. *Oriental christian writing as a component of the literature of late antiquity.* In: *ΚΑΘΗΓΗΤΡΙΑ* (cf. 1988-90, 266) 107-110

1605 IRMSCHER, JOHANNES *100 Jahre Korpus der Griechischen christlichen Schriftsteller* [mit englischer Zusammenfassung]. – CrSt 11 (1990) 357-362

1606 IRMSCHER, JOHANNES *Friedenskonzeptionen der Kirchenväter und der römische Staat* – Giornale filologico ferrarese (Ferrara) 13 (1990) 127-132

1607 JANSSENS, J. *Martirio ed esperienza spirituale nella Chiesa Antica* – RT 29 (1988) 361-381

1608 JANSSENS, LUCIEN *La datation néronienne de l'isopséphie* – Aeg 68 (1988) 103-115

1609 JORDAN, W. *The last tormentor of Christ. An image of the Jew in ancient and medieval exegesis, art and drama* – JQR 78 (1987/88) 21-47

1610 JUNDZIŁŁ, J. *Gubernator – realistyczne a symboliczne ujęcie problematyki morskiej u Ojców Kościoła* (= The Gubernator – the realistic and symbolic Turn of the sea Problemes by the Fathers of the Church) – VoxP 10 (1990) f.19, 817-828

1611 JUNDZIŁŁ, J. *Złoto i srebro jako pieniadz w łacińskiej literaturze patrystycznej okresu póznego cesarstwa rzymskiego* (= Gold and Silver as a Money in Latin Patristic Literature in Late Roman Empire) – VoxP 7 (1987) f.12/13, 189-203

1612 KANNENGIESSER, CHARLES, SJ *Współczesne studiowanie Ojców Kościoła* (= The contemporary study of the Church Fathers) [mit englischer Zusammenfassung] – VoxP 9 (1989) f.16, 147-154

1613 KERTSCH, M. *Exzerpte aus den Kappadokiern und Johannes Chrysostomus bei Isidor von Pelusium und Nilus von Ancyra.* In: *Studien zu Gregor von Nyssa* (cf. 1988-90, 351) 69-80

1614 KERTSCH, MANFRED *El contraste entre pobres y ricos según los padres eclesiásticos y sus consecuencias crítico-sociales* [Separata Universitaria de letras 11]. Caracas: Univ. Catól. Andrés Bello Facultad de Humanidades y Educación Escuela de Letras 1990. 14 pp.

1615 KERTSCH, MANFRED *Patristische Zitate bei späteren griechisch-christlichen Autoren* – JÖB 38 (1988) 113-124

1616 *Die Kirchenväter: in Quellen und Zeugnissen.* Hrsg. von WALTER TRITSCH. Augsburg: Pattloch 1990. 337 pp.

1617 KLEIN, R. *Zur Beurteilung Alexander des Großen in der patristischen Literatur.* In: *Zu Alexander d. Gr. Festschrift für G. Wirth zum 60. Geburtstag.* Edd. W. WILL; J. HEINRICHS. Amsterdam: A.M. Hakkert (1988) 925-989

1618 KLEIN, RICHARD *Hinc barbaries, illinc Romania... Zum Wandel des Romdenkens im spätantiken und frühmittelalterlichen Gallien* – RQ 83 (1988) 99-133

1619 KLOECKENER, MARTIN *Die Lesungen aus den Vätern und Kirchenschriftstellern in der erneuerten Stundenliturgie.* In: *Lebendiges Stundengebet* (cf. 1988-90, 272) 267-300

1620 KOPECEK, T.A. *The Cappadocian fathers and civil patriotism.* In: *Christentum und antike Gesellschaft* (cf. 1988-90, 199) 300-318

1621 KRANZ, GISBERT *Europas christliche Literatur von 500-1500.* München: Schöningh 1988. 525 pp.

1622 LANA, ITALO *La poesia cristiana latina dei primi secoli: prospettive di lettura.* In: *Metodologie della ricerca sulla tarda antichità* (cf. 1988-90, 289) 71-88

1623 LANGIS, D. *Joy: A scriptual and patristic understanding* – GrOrthThR 35 (1990) 47-57

1624   LE BOUTEILLER, CHRISTIAN *La théologie morale chez les Pères de l'Église* [Cahiers «Lumen Gentium» 133]. Paris: Assoc. Sacerdotale «Lumen Gentium» 1990. 38 pp.

1625   LIÉBAERT, JACQUES *Ancienneté et nouveauté de l'amour chrétien du prochain selon les Pères de l'Église* – MSR 45 (1988) 59-82

1626   LILLA, SALVATORE *Die Lehre von den Ideen als Gedanken Gottes im griechischen patristischen Denken*. In: Ἑρμηνεύματα (cf. 1988-90, 226) 27-50

1627   LISZKA, P. *Wczesnochrześcijańska teologia czasu* (= La théologie paléo-chrétienne du temps) – VoxP 10 (1990) f.19, 829-834

1628   *Die römische Literatur in Text und Darstellung. V: Kaiserzeit, 2: Von Tertullian bis Boethius*. Hrsg. von HANS ARMIN GÄRTNER [Universal-Bibl. 8070] Stuttgart: Reclam 1988. 591 pp.

1629   LOMAS, FRANCISCO JAVIER *Teodosio, paradigma de principe cristiano: consideraciones de Ambrosio, Rufino de Aquileya y Augustin sobre la imperal persona* – StHHA 8 (1990) 149-165

1630   LONGOSZ, S. *Atellana w okresie patrystycznym* (= De fabulis atellanis tempore patrum ecclesiae) – VoxP 10 (1990) f.18, 273-291

1631   LONGOSZ, S. *Czy Paweł Apostoł cytował komediopisarza Menandra? Opinie Ojców Kościoła* (= An Paulus Apostolus Menandrum Comicum laudaverit? Sententiae patrum) – VoxP 9 (1989) f.17, 907-924

1632   LONGOSZ, S. *Papież Celestyn I o św. Augustynie* (= Opinio Caelestini I papae de S. Augustino prolata) – VoxP 8 (1988) f.14, 47-48

1633   LONGOSZ, STANISŁAW *Ojcowie Kościoła (Semantyczny rozwój pojęcia)* (= Patres Ecclesiae. Historia notionis) [mit lateinischer Zusammenfassung] – VoxP 9 (1989) f.16, 61-109

1634   LUPO, TIBURZIO *Linee generali di storia della morale: dalle origini all'inizio della scolastica*. Torino: Società Editrice Internazionale 1988. 248 pp.

1635   LUSINI, GIANFRANCESCO *Appunti sulla patristica greca di tradizione etiopica* – SCO 38 (1988) 469-493

1636   MACLENNAN, ROBERT STEWART *Early Christian texts on Jews and Judaism* [Brown Judaic studies 194]. Atlanta, GA.: Scholars Pr. 1990. XXI, 203 pp.

1637   MALHERBE, ABRAHAM J. *Herakles*. Übers. v. URSULA MAIBURG – RAC 14 (1988) Lief. 108/109, 559-583

1638   MARAVAL, PIERRE *Modèles bibliques de l'hospitalité chez les Pères* – Studia moralia (Roma) 28 (1990) 27-41

1639   MARCOVICH, MIROSLAV *Patristic textual criticism* – IClSt 13 (1988) 135-149

1640 *Mariage et virginité dans l'Église ancienne: Deux lettres adressées*
      aux vierges [attribuées à Clément de Rome]; Tertullien, A sa
      femme; Grégoire de Nysse, Vie de Macrine; Ambroise de Milan,
      De l'instruction d'une vierge. Introd. par LOUIS BOUYER; trad.
      par FRANCE QUÉRÉ, MARIE-EPHREM RITTER et VINCENT
      DESPREZ; notes par ADALBERT G. HAMMAN [Les Pères dans
      la foi 39]. Paris: Migne; Brepols 1990. 165 pp.

1641 MARIN, MARCELLO *Due note su pendulus nei Padri latini* –
      VetChr 25 (1988) 413-419

1642 MARIN, MARCELLO *Pendula exoectatio. Un topos stoico nei*
      Padri latini – VetChr 25 (1988) 407-411

1643 *Le martyre dans l'antiquité chrétienne: Tertullien, Aux martyrs;*
      Origène, Exhortation au martyre; Cyprien, Écrits aux martyrs, à
      Fortunatus. Ed. ADALBERT G. HAMMAN; trad. par FRAN-
      COIS PAPILLON, SOLANGE BOUQUET, BAPTISTA LANDRY,
      NADINE SIARRI, FRANCOISE FRÉMONT-VERGOBBI et
      PAUL GAURIAT [Les Pères dans la foi 38]. Paris: Migne & Bre-
      pols 1990. 145 pp.

1644 MASTANDREA, P. *Lettori cristiani di Seneca filosofo* [Antichità
      classica e cristiana 28]. Brescia: Paideia 1988. 101 pp.

1645 MCLEOD, GLENDA KAYE *Beauty and the Beast: Catalogues of*
      good women from Antiquity to the Renaissance [Diss.]. University
      of Georgia 1987. 300 pp. [microfilm; DissAbstr]

1646 MEIJER, JOHAN A. *Verantwoorde hoop: christelijke apologetiek*
      in een hellenistische wereld. Rede uitgesproken bij de aanvaarding
      van het ambt van buitengewoon hoogleraar in het nieuwtestamen-
      tisch Grieks, het hellenistisch en oudchristelijk Grieks en het oud-
      christelijk Latijn aan de Theologische Univ. van De Gereformeerde
      Kerken in Nederland te Kampen op 7 dec. 1987 [Kamper bijdragen
      27]. Barneveld: Uit. De Vuurbaak 1988. 48 pp.

1647 MESSANA, VINCENZO *La carità-giustizia nei Padri del IV se-*
      colo. In: *La profezia della carità. Atti della VIII settimana pasto-*
      rale diocesana, Caltanissetta, 5/8 settembre 1988. Caltanissetta:
      Ufficio Pastorale Diocesano (1988) 16-43

1648 MONDÉSERT, CLAUDE *Pour lire les Pères de l'Église dans la*
      collection «Sources chrétiennes». 2e éd. rev. & augm. [Foi vivante
      230]. Paris: Éd. du Cerf 1988. 124 pp.

1649 *The Montanist oracles and testimonia.* Ed. RONALD E. HEINE
      [PMS 14]. Macon, Ga.: Mercer Univ. Pr. 1989. XIV, 190 pp.

1650 MOORSEL, P. VAN *Analepsis? Some patristic remarks on a cop-*
      tic double-composition dedicated to F.W. Deichmann – Nubian
      Letters (Den Haag) 6 (1986) 2-12

1651 MÜHLENBERG, EKKEHARD *Das Gleichnis von den Arbeitern im Weinberg (Matthäus 20, 1-16) bei den Vätern.* In: Ἑρμηνεύματα (cf. 1988-90, 226) 11-26

1652 MUNIER, CHARLES *Gratiani patristica apocrypha vel incerta* [in franz. Spr.]. In: *Fälschungen im Mittelalter* (cf. 1988-90, 231) II 289-300

1653 MURRAY, CHARLES *Kreuz III. Alte Kirche* – TRE 19 (1990) 726-732

1654 NALEPA, E. *Argument patrystyczny w encyklice papieza Jana Pawła II «Dominum et vivificantem»* (= L'argument patristique dans l'encyclique du Pape Jean Paul II Dominum et vivificantem) – SSHT 23/24 (1990/91) 43-62

1655 NELLAS, PANAYOTIS *Le vivant divinisé: l'anthropologie des Pères de l'Église.* Trad. par JEAN-LOUIS PALIERNE. Paris: Ed. du Cerf 1989. 250 pp

1656 O'DALY, GERARD *Heraklit* – RAC 14 (1988) Lief. 108/109, 583-602

1657 OLIVA, PAVEL *Solon bei den frühchristlichen Autoren* [in tschech. Spr. m. dt. Zus.-fass.] – SPFFBU E 33 (1988) 57-62

1658 OPELT, ILONA *Paradeigmata poetica Christiana: Untersuchungen zur christlichen lateinischen Dichtung* [Kultur und Erkenntnis 3]. Düsseldorf: Schwann 1988. 156 pp.

1659 OPELT, ILONA *Spiegelung und Zerspiegelung der Dido Vergils.* In: *Paradeigmata poetica Christiana* (cf. 1988-90, 1658) 126-129

1660 *Origene, Eustazio, Gregorio di Nissa, La Maga di Endor.* Ed. MANILO SIMONETTI [BPatr 15]. Firenze: Nardini 1989. 292 pp.

1661 ORLANDI, T. *La patrologia copta.* In: *Complementi interdisciplinari di patrologia* (cf. 1988-90, 207) 457-502

1662 OTRANTO, GIORGIO *Tra letteratura e iconografia, note sul Buon Pastore e sull'Otrante nell'arte cristiana antica (II-III secc.)* – VetChr 26 (1989) 69-87

1663 PANIMOLLE, SALVATORE A. *La libertà cristiana: la libertà dalla legge nel Nuovo Testamento e nei primi Padri della Chiesa* [Teologia sapienziale 8]. Città del Vaticano: Libreria Editrice Vaticana 1988. 227 pp.

1664 PANIMOLLE, SALVATORE A. *La libertà dalla legge di Mosè: negli scritti dei Padri dalla fine del II secolo* [Studi e ricerche bibliche]. Roma: Borla 1989. 224 pp.

1665 *The pastor: readings from the patristic period.* Edd. PHILIP L. CULBERTSON; ARTHUR SHIPPEE. Minneapolis, Minn.: Fortress Pr. 1990. XV, 237 pp.

1666 PELLEGRINO, MICHELE *Czy Ojcowie Kościoła maja coś do powiedzenia współczesnemu człowiekowi?* (= I Padri della Chiesa hanno qualcosa da dire all'uomo d'oggi?) – VoxP 9 (1989) f.16, 111-119

1667 PÉPIN, JEAN; HOHEISEL, KARL *Hermeneutik.* Übers. v. ALOIS KEHL – RAC 14 (1988) Lief. 108/109, 722-771

1668 PETITMENGIN, PIERRE *Deux «Bibliothèques» de la Contre-Réforme: la Panoplie du Père Torres et la Bibliotheca Sanctorum Patrum* In: *The uses of Greek and Latin. Historical essays.* Edd. A.C. DIONISOTTI; ANTHONY CRAFTON; JILL KRAYE. London: The Warburg Institute (1988) 127-153

1669 PFÜRTNER, STEPHAN H.; LÜHRMANN, DIETER; RITTER, ADOLF MARTIN *Ethik in der europäischen Geschichte. 1. Antike und Mittelalter.* Stuttgart; Berlin; Köln; Mainz: Kohlhammer 1988. 187 pp.

1670 PILHOFER, PETER *Prebyteron kreitton: der Altersbeweis der jüdischen und christlichen Apologeten und seine Vorgeschichte* [WUNT R.2 39]. Tübingen: Mohr 1990. XV, 339 pp.

1671 PODSKALSKY, GERHARD *Ruhestand oder Vollendung?: zur Symbolik des achten Tages in der griechisch-byzantinischen Theologie.* In: *Fest und Alltag in Byzanz* (cf. 1988-90, 232) 157-166

1672 PORTMANN, W. *Geschichte der spätantiken Panegyrik* [Europäische Hochschulschriften. Reihe 3: 363]. Frankfurt/Main; Bern; New York; Paris: P. Lang 1988. 347 pp.

1673 POSTIGLIONE, ANACLETO *Manumissio non facit liberum. Genesi e sviluppo di un'idea* – Orpheus 9 (1988) 293-305

1674 QUACQUARELLI, A. *La conoscenza della Natività dalla iconografia dei primi secoli attraverso gli apocrifi* – VetChr 25 (1988) 199-215

1675 QUACQUARELLI, ANTONIO *Ut rhetorica pictura nella sequenza degli schemi. Una riflessione interdisciplinare fra letteratura antica e iconologia* – VetChr 25 (1988) 343-358

1676 RADICI COLACE, PAOLA *Moneta, linguaggio e pensiero nei Padri della Chiesa fra tradizione pagana ed esegesi biblica* – Koin-Napoli 14 (1990) 47-64

1677 *Rannie Otcy Cerkwi. Antołogija. Muži Apostolskie i Apołogety.* Brjussel: Izdatelstwo «Žizń s Bogom» 1988. 734 pp.

1678 REGNAULT, L.; TOURAILLE, J. *Antoine le Grand; Isaïe l'Anachorète; Cassien le Romain; Marc l'Ascète; Théodore d'Édesse. Introduction, traduction et notes* [Philocalie des Pères Neptiques 9]. Bégrolles-en-Mauges (Maine-et-Loire): Abbaye de Bellefontaine 1989. 252 pp.

1679 ROBERT, E.; DESNIER, J.-L.; BALAUBRE, J. *La Fontaine de Vie et la propagation de la véritable religion chrétienne* – Revue belge de numismatique et de sigillographie (Brüssel) 134 (1988) 89-106

1680 RODRIGUEZ GERVAS, M.J. *Los sueños de Constantino en autores paganos y cristianos*. In: *Cristianismo y aculturacíon en tiempos del Imperio Romano* (cf. 1988-90, 213) 143-150

1681 ROSSI, M.M. *Secundum Antiquos doctores Ecclesiae. L'uso delle fonti patristiche nel «Super Epistolas S. Pauli lectura Ad Romanos» di S. Tommaso d'Aquino* – VoxP 9 (1989) f.17, 867-891

1682 ROUGÉ, JEAN *Patristique et histoire de la navigation antique* – CaHist 33 (1988) 3-14

1683 SCHMIDT, VICTOR *Moralische Metaphorik bei Apuleius und im christlichen Latein am Beispiel morum squalore* – WSt 103 (1990) 139-143

1684 SCHNEIDER, WOLFGANG CHRISTIAN *Victoria sive angelus victoriae: zur Gestalt des Sieges in der Zeit des Übergangs von der antiken Religion zum Christentum*. In: *Reformatio et reformationes: Festschrift für Lothar Graf zu Dohna zum 65. Geburtstag.* Edd. ANDREAS MEHL; WOLFGANG CHRISTIAN SCHNEIDER [Schriftenreihe Wissenschaft und Technik der Technischen Hochschule Darmstadt 47]. Darmstadt (1989) 29-64

1685 SCHNUSENBERG, CHRISTINE CATHARINA *The relationship between the church and the theatre. Exemplified by selected writings of the church fathers and by liturgical texts until Amalarius of Metz (775-852)* [translated from the german]. Boston; London: Univ. Pr. of America 1988. XXIV, 427 pp.

1686 SCHRECKENBERG, HEINZ *Die christlichen Adversus-Judaeos-Texte und ihr literarisches und historisches Umfeld (I.-XI. Jh.).* 2., überarb. Aufl. [Europäische Hochschulschr. Reihe 23: 172]. Bern: Lang 1990. 747 pp.

1687 SCOPELLO, MADELEINE *Femme et société dans les notices des pères contre les gnostiques*. In: *Études Coptes III* (cf. 1988-90, 230) 115-123

1688 SIÉMONS, JEAN-LOUIS *Theosophia in Neo-Platonic and christian literature (2nd to 6th century A.D.)*. London: Theosophical History Centre 1988. 32 pp.

1689 SIMONIS, WALTER *Der gefangene Paulus: die Entstehung des sogenannten Römerbriefs und anderer urchristlicher Schriften in Rom.* Frankfurt/Main: Lang 1990. 156 pp.

1690 SPANNEUT, MICHEL *Les Pères de l'Eglise. 2. Du IVe au VIIIe siècle* [Bibliothèque d'histoire du christianisme 22]. Paris: Desclée 1990. 357 pp.

1691 SPIAZZI, RAIMONDO *Cristianesimo e cultura dai Padri della Chiesa a S. Tommaso d'Aquino* [Collana «Claustrum» 5]. Bologna: Ed. Studio Domenicano 1990. 166 pp.

1692 SPIRA, ANDREAS *The Impact of Christianity on Ancient Rhetoric*. In: *Studia patristica 18,2* (cf. 1988-90, 343) 137-153

1693 STANDER, H.F. *Vroeg-christelike simbole (Eerst vier eeue n.C.)* – Akroterion 33 (1988) 22-30

1694 STEPNIEWSKA, ALICJA *Est-ce que les Pères latins de l'Église connaissaient les écrivains tragiques grecs?* [in polnischer Sprache, mit französischer Zusammenfassung] – VoxP 6 (1986) 607-626

1695 STROUMSA, GEDALIAHU G. *Caro salutis cardo: shaping the person in early Christian thought* – HistReli 30 (1990-1991) 25-50

1696 STROUMSA, SARAH; STROUMSA, GEDALIAHU G. *Aspects of anti-Manichaean polemics in late antiquity and under early Islam* – HThR 81 (1988) 37-58

1697 STRZELCZYK, J. *Z dziejów życia umysłowego Afryki Północnej w dobie wandalskiej* (= Zur Geschichte des Geisteslebens in Nordafrika in der Epoche der Vandalen) – VoxP 10 (1990) f.19, 749-759

1698 STUHLHOFER, FRANZ *Der Gebrauch der Bibel von Jesus bis Euseb. Eine statistische Untersuchung zur Kanongeschichte.* Wuppertal: Brockhaus 1988. 160 pp.

1699 SUBLON, R. *Théologie et loi* – RDC 39 (1989) 15-30

1700 TATAKES, B.N. Ἡ συμβολὴ τῆς Καππαδοκίας στὴ Χριστιανικὴ Σκέψη. Ἐπανέκδοση μὲ βιβλιογραφικὸ συμπλήρωμα. Athen: Κέντρο Μικρασιατικῶν Σπουδῶν 1989. 286 pp.

1701 TE PASKE, BRADLEY ALAN *Sexuality and the religious imagination* [Diss.]. The Union for Experiment in Colleges and University 1987. 277 pp. [Microfilm; DissAbstr]

1702 *Teologihistoriske tekster. Udvalg af klassiske dogmatiske tekster.* Redigeret og kommenteret af Institut for Dogmatik ved Aarhus Universitet [Danish edition and Translation of dogmatic texts including texts of Irenaeus, Cyprianus and Augustinus]. Århus: Aarhus Universitetsforlag 1990. 494 pp.

1703 THOMPSON, GLEN LOUIS *The earliest papal correspondence* [Diss.]. Columbia Univ. New York 1990. 429 pp. [microfilm; DissAbstr 52 (1991-1992) 648A]

1704 THON, NIKOLAUS *Die Rezeption antiker Mythen in der frühchristlichen und byzantinischen Literatur und Kunst.* In: *Mythos, Realisation von Wirklichkeit? II. Verlagskolloquium. Bochum, Oktober 1987.* Edd. KUNIBERT BERING et al. Essen: Verlag «Die blaue Eule» (1988) 83-98

1705 TRAPÉ, AGOSTINO *Ojcowie Kościoła w nauczaniu dogmatyki* (= De Patribus ac theologiae studio) [mit lateinischer Zusammenfassung] – VoxP 9 (1989) f.16, 221-146

1706 TRETTER, HANNELORE *Bibliographie. I. Theologie: 5. Patrologie – 6. Kirchenrecht – 7. Mönchtum* – OstkiSt 39 (1990) 78-104; 230-280; 353-372

1707 TREU, K. «*Die Griechischen Christlichen Schriftsteller der ersten Jahrhunderte*» 1966-1987 – ThLZ 113 (1988) 475-478

1708 TREVIJANO ETCHEVERRIA, R. *Tradición y teología en los orígenes cristianos* – RET 50 (1990) 5-28

1709 TROIANOS, S.N. *Zauberei und Giftmischerei in mittelbyzantinischer Zeit.* In: *Fest und Alltag in Byzanz* (cf. 1988-90, 232) 37-51; 184-188

1710 TSAMES, DEMETRIOS G. *Διηγήσεις, ἀποφθέγματα καὶ βίοι τῶν ἁγίων μητέρων τῆς ἐρήμου, ἀσκητρίων καὶ ὁσίων γυναικῶν τῆς ὀρθοδόξου ἐκκλησίας.* Thessalonike: Ἐκδ. Ἀδελφότητας Ἡ ἁγία Μακρῖνα 1990. 379 pp.

1711 TSIRPANLIS, CONSTANTIN N. *Πατερικαί θεολογικαί καί ἱστορικαί μελέται, I.* Athen: 1985. 239 pp.

1712 VENTER, WILHELMINA JOHANNA *The position of the woman in the early church: a source study of the greek patristic writings* [Diss.]. Pretoria, South Africa: University of Pretoria 1989. 352 pp.

1713 VESSEY, J. MARK *Ideas of Christian writing in late Roman Gaul* [Diss.]. Oxford: Univ. of Oxford 1988. 558 pp. [Summary in Diss-Abstr 53 (1992) 1630A]

1714 *La vita alla luce della sapienza: il carme anonimo Sancte Deus lucis lumen concordia rerum.* Ed. MARIA GRAZIA BIANCO [Pubbl. della Fac. di Lettere e Filosofia dell'Univ. degli Studi di Macerata 54, Testi e documenti 3]. Roma: Viella 1990. 182 pp.

1715 VOICU, S.J. *Fonti patristiche di Simeone Monaco* – RSB 27 (1990) 191-194

1716 VOICU, S.J. *La patristica nella letteratura armena (V.-X. sec.).* In: *Complementi interdisciplinari di patrologia* (cf. 1988-90, 207) 657-696

1717 WARD, J.O. *Magic and Rhetoric from Antiquity to the Renaissance: Some Ruminations* – Rhetorica 6 (1988) 57-118

1718 WARTELLE, ANDRÉ *Sur le vocabulaire du sacré chez les Pères Apologistes grecs* – REG 102 (1989) 40-57

1719 WILKEN, R.L. *Free choice and the divine will in Greek Christian commentaries on Paul.* In: *Paul* (cf. 1988-90, 307) 123-140

1720 WINKELMANN, FRIEDHELM *Historiographie* – RAC 15 (1990) Lief. 117, 724-765

1721 WORTLEY, J.T. *Aging and the Desert Fathers. The process reversed.* In: *Aging and the aged in medieval Europe. Selected papers from the Annual Conference of the Centre for Medieval Studies, University of Toronto, held 25-26 February and 11-12 November 1983.* Ed. M.M. SHEEHAN [Papers in mediaeval studies 11]. Toronto: Pontifical Institite of Mediaeval Studies (1990) 63-73

1722 ZAHARIA, C. *La Chiesa ortodossa romena in rapporto alle traduzioni patristiche filocaliche nelle lingue moderne* – Benedictina 35 (1988) 153-172

1723 ZECCHINI, GIUSEPPE *La storiografia cristiana latina del IV secolo (da Lattanzio ad Orosio)*. In: *I cristiani e l'impero* (cf. 1988-90, 212) 169-194

1724 ZINCONE, SERGIO *Studi sulla visione dell'uomo in ambito antiocheno: Diodoro, Crisostomo, Teodoro, Teodoreto* [SMSR 1]. Rom: Japadre 1988. 115 pp.

III.2. Auctores singuli (in ordine alphabetico auctorum)

III.2. Acacius Caesariensis

1725 LIENHARD, JOSEPH T. *Acacius of Caesarea, Contra Marcellum. Historical and theological considerations* [mit englischer und italienischer Zusammenfassung] – CrSt 10 (1989) 1-22

III.2. Agapetus Diaconus

1726 CARATABU, M. *Un recueil d'apophtègmes grecs dédié à Constantin Brancovan, Voivode de Valachie* – Revue de Études sud-est européenne. Acad. roumaine (Bukarest) 25 (1987) 173-177

1727 ROCCA, STEFANO *Un trattatista di età giustinianea: Agapeto Diacono* – CCC 10 (1989) 303-328

1728 STIBAKTAKES, P.; TZEDAKE, LENA Ἀγαπητοῦ Διακόνου Ἔκθεσις κεφαλαίων παραινετικῶν [Δῆμος Ἡρακλείου. Βικελαία Βιβλιοθήκη. Φιλολ. καὶ Ἱστορ. Σπουδές 4]. Herakleion 1988. 51 pp.

1729 VOLPE CACCIATORE, PAOLA *La Scheda regia di Agapeto Diacono: tradizione scolastica e pensiero politico*. In: *Metodologie della ricerca sulla tarda antichità* (cf. 1988-90, 289) 563-568

III.2. Agnellus ep. Ravennatensis

1730 *[Agnellus ep. Ravennatensis] Il libro di Agnello istorico: le vicende di Ravenna antica fra storia e realtà*. Trad. e note di MARIO PIERPAOLI. Ravenna: Diamond Byte 1988. 215 pp.

III.2. Alexander Alexandrinus

1731 KANNENGIESSER, CHARLES *Alexander and Arius of Alexandria: The last Ante-Nicene theologians*. In: *Pléroma* (cf. 1988-90, 312)

III.2. Ambrosius Mediolanensis

1732 *[Ambrosius Mediolanensis] Ambrogio. Inni.* Testo e trad. a cura di
MANLIO SIMONETTI [BPatr 13]. Firenze: Nardini 1988. 174
pp.

1733 *[Ambrosius Mediolanensis] Ambrosius av Milano: Om sakramenten, Om mysterierna.* Översättning från latinet och inledning av
PER BESKOW. Skellefteå: Artos Bokförlag 1989. 96 pp.

1734 *[Ambrosius Mediolanensis] De sacramentis (Über die Sakramente); De mysteriis (Über die Mysterien).* Ed. JOSEF SCHMITZ
[Fontes Christiani 3]. Freiburg: Herder 1990. 279 pp.

1735 *[Ambrosius Mediolanensis] San Ambrosio. Tratado de la Virginidad.* Traducción, prólogo y notas de S. ANDRÉS [Los Santos Padres 16]. Sevilla: Apostolado Mariano 1990. 90 pp.

1736 *[Ambrosius Mediolanensis] Sancti Ambrosi Opera. Pars X, Epistulae et acta. 2. Epistularum libri VII-VIII.* Post OTTONEM FALLER recens. MICHAELA ZELZER [CSEL 82,2]. Vindobonae:
Hoelder-Pichler-Tempsky 1990. LXXVI, 192 pp.

1737 *[Ambrosius Mediolanensis] Sant'Ambrogio, Discorsi e lettere II, 1:
Lettere (1-35).* Ed. GABRIELE BANTERLE. Milano: Bibl. Ambrosiana; Roma: Città Nuova 1988. 370 pp.

1738 *[Ambrosius Mediolanensis] Sant'Ambrogio, Discorsi e lettere II, 2:
Lettere (36-69).* Ed. GABRIELE BANTERLE. Milano: Bibl. Ambrosiana; Roma: Città Nuova 1988. 242 pp.

1739 *[Ambrosius Mediolanensis] Tutte le opere di sant'Ambrogio 14, 1:
Opere morali II, 1. Verginità e vedovanza.* Zweisprachig. Cur. Biblioteca Ambrosiana. Trad. FRANCO GORI [Inhalt: De uirginibus; De uiduis]. Milano: Biblioteca Ambrosiana & Roma Città
Nuova 1989. 328 pp.

1740 *[Ambrosius Mediolanensis] Tutte le opere di sant'Ambrogio 14, 2:
Opere morali II, 2. Verginità e vedovanza.* Zweisprachig. Cur. Biblioteca Ambrosiana. Trad. FRANCO GORI [Inhalt: De uirginitate; De institutione uirginis; Exhortatio uirginitatis]. Milano: Biblioteca Ambrosiana & Roma Città Nuova 1989. 328 pp.

1741 *[Ambrosius Mediolanensis] Tutte le opere di sant'Ambrogio 21:
Discorsi e lettere II, 3: Lettere (70-77).* Zweisprachig. Trad. &
Bem. GABRIELE BANTERLE [Im Inhalt auch: Epistulae extra
collectionem traditae; Gesta Concili Aquileiensis]. Milano: Bibl.
Ambrosiana & Roma: Città Nuova 1988. 440 pp.

1742 *[Ambrosius Mediolanensis] Tutte le opere di sant'Ambrogio 24, 1:
Sussidi: Le fonti greche su sant'Ambrogio.* A cura di CESARE PASINI. Milano: Bibl. Ambrosiana; Roma: Città Nuova 1990. 466
pp.

1743 BASTERO, J.L. *La virginidad de Maria en San Ambrosio y en San Gregorio de Nisa.* In: *Studien zu Gregor von Nyssa* (cf. 1988-90, 351) 255-271

1744 CAPPONI, FILIPPO *Note ambrosiane, II* – BollClass 8 (1987) 79-92

1745 CARDOSO, J.A. *Ambrósio, bispo de Milão e a agonia do Império romano do Ocidente (Considerações a propósito da versão portuguesa da su vida)* – Itinerarium 36 (1990) 20-100

1746 CORALUPPI TONZIG, LUISA TERESA *The teaching of St. Ambrose on real presence, its misunderstanding in later tradition, and the significance of its recovery for contemporary eucharistic theology* [Diss.]. Pittsburgh, Penna.: Duquesne Univ. Pittsburgh 1988. 297 pp. [microfilm; cf. summary in DissAbstr 50 (1989) 174A]

1747 CURTI, CARMELO *Una reminiscenza di Novaziano nel De Officiis ministrorum di Ambrogio.* In: *Mnemosynum. Studi in onore di Alfredo Ghiselli.* Ed. e saggi univ. di filologia class. Bologna. Bologna: Pàtron (1989) 149-153

1748 FISCHER, BALTHASAR *Bonum Dominum habemus. Wir haben einen guten Herrn. Ein Rhema des heiligen Ambrosius.* In: *Itinera Domini* (cf. 1988-90, 263) 99-105

1749 GAMBER, K. *Eine Frühform des römischen Messkanons zur «Prex mystica» in den Sermonen «De sacramentis»* – EL 103 (1989) 494-502

1750 GORI, FRANCO *Emendazioni ambrosiane, III: Gli scritti sulla verginità* – Orpheus 10 (1989) 80-100

1751 GÜNZEL, ULRICH *Die mystagogischen Katechesen des Ambrosius von Mailand. Ein Beitrag zur Pädagogik und Andragogik der christlichen Antike* [Diss.]. Bonn: 1989. 358 pp.

1752 HAEUSSLING, ANGELUS A. *Heute die Hymnen von gestern singen? Das Fallbeispiel des Laudeshymnus Aeterne rerum conditor des Ambrosius.* In: *Lebendiges Stundengebet* (cf. 1988-90, 272) 316-341

1753 HECK, ADRIAN VAN *Volaticus Sermo.* In: Ἑρμηνεύματα (cf. 1988-90, 226) 73-79

1754 JACKSON, P. *The Holy Spirit in the Catechesis and Mystagogy of Cyril of Jerusalem, Ambrose and John Chrysostom.* Ann Arbor, Mich.: UMI 1988. IX, 359 pp.

1755 JACKSON, PAMELA *Ambrose of Milan as mystagogue* – AugSt 20 (1989) 93-107

1756 JACOB, CHRISTOPH *«Arkandisziplin», Allegorese, Mystagogie: ein neuer Zugang zur Theologie des Ambrosius von Mailand* [Athenäums Monografien: Theologie, Theophaneia 32]. Frankfurt am Main: Hain 1990. 299 pp.

1757 JULLIEN, MARIE-HÉLENE *Les sources de la tradition ancienne des quatorze Hymnes attribuées à saint Ambroise de Milan* – RHT 19 (1989) 57-189

1758 KAZAKOV, M.M. *La lutte religieuse politique au milieu et pendant la deuxième moitié du IVième s. dans l'Empire romain (d'après les œuvres d'Ambroise de Milan)* [in russischer Sprache]. Résumé de thèse Moskva Gos. pedag. inst. im. Lenina 1988. 16 pp.

1759 KLEIN, RICHARD *Die Sklaverei in der Sicht der Bischöfe Ambrosius und Augustinus* [Forschungen zur antiken Sklaverei 20]. Wiesbaden; Stuttgart: Steiner 1988. 264 pp.

1760 KOZERA, M. *«Suavitas sermonis» św. Ambrożego na przykładzie diatryby «De Nabuthae historia»* (= «Suavitas sermonis» bei dem hl. Ambrosius an dem Beispiel von der Diatribe «De Nabuthae historia») – VoxP 7 (1987) f.12/13, 237-246

1761 LAMBERT, C. *Théodose, saint Ambroise et le juifs à la fin du IVe siècle.* In: *Politique et religion dans le judaïsme ancien et médiéval. Interventions au Colloque des 8 et 9 décembre 1987 organisé par le Centre des études juives de l'Université de Paris-IV Sorbonne* [Coll. Relais-Desclée 7]. Paris: Desclée (1989) 77-84

1762 LENOX-CONYNGHAM, ANDREW *Sin in St. Ambrose.* In: *Studia patristica 18,4* (cf. 1988-90, 345) 173-177

1763 LIBERA, P. *Chrystocentryczny charakter katechezy św. Ambrożego na przykładzie traktatu « De Isaac vel anima»* (= Carattere cristocentrico della catechesi di Sant' Ambrogio sull' esempio del «De Isaac vel anima») – VoxP 10 (1990) f.18, 89-96

1764 LIBERA, P. *Rodzaj literacki oraz treśc pastoralno-antropologiczna traktatu o Izaaku i duszy Ambrożego z Mediolanu* (= Il genere litterario del De Isaac et anima di Sant' Ambrogio di Milano e il suo contenuto pastorale antropologico) – SSHT 23/24 (1990/91) 9-21

1765 LIBERA, PIOTR *«Certamen nostrum ieiunium est». Dynamiczny wymiar postu według św. Ambrożego* (= «Certamen nostrum ieiunium est». La dimensione dinamica del digiuno secondo Sant'-Ambrogio) [mit italienischer Zusammenfassung] – VoxP 8 (1988) f.15, 745-758

1766 LIZZI, R. *Ambrose's contemporaries and the Christianization of Nothern Italy* – JRS 80 (1990) 156-173

1767 LOPES, GERALDO *A revelaçao nos escritos de Santo Ambrosio, Bispo de Milao* [Diss.]. Roma: Università Pontificia Salesiana 1989. 184 pp.

1768 LOVINO, ALESSANDRA *Su alcune affinità tra il Panegirico per Teodosio di Pacato Drepanio e il De obitu Theodosii di sant'Ambrogio* VetChr – VetChr 26 (1989) 371-376

1769 MACHETA, K. *Pneumatologiczny wymiar sakramentologii św. Ambrożego* (= Dimension pneumatologique de la sacramentologie de Saint Ambroise) – VoxP 7 (1987) f.12/13, 261-282

1770 MARTINEZ SIERRA, A. *El poder de perdonar los pecados postbautismales en el libro «De Paenitentia» de S. Ambrosio.* In: *Pléroma* (cf. 1988-90, 312)

1771 MCLYNN, N.B. *St. Ambrose and ecclesiastical politics in Milan, 374-397* [Diss.]. Univ. of Oxford 1988. 577 pp.

1772 MOTTE, LAURENT *Ambroise et Augustin.* In: *Saint Augustin* (cf. 1988-90, 2578) 218-236

1773 NAUMOWICZ, JOSEF *St. Ambrose's attitude to matrimony and family life* – VoxP 5 (1985) 135-140

1774 NAUROY, GÉRARD *Du combat de la piété à la confession du sang: Ambroise de Milan lecteur critique du IVe livre des Maccabées* – RHPhR 70 (1990) 49-68

1775 NAUROY, GÉRARD *Le fouet et le miel. Le combat d'Ambroise en 386 contre l'arianisme milanais.* – RechAug 23 (1988) 3-86

1776 NAUROY, GÉRARD *Les frères Maccabées dans l'exegèse d'Ambroise de Milan ou La conversion de la sagesse judéo-hellénique aux valeurs du martyre chrétien.* In: *Figures de l'AT* (cf. 1988-90, 6393) 215-245

1777 NAWROCKA, ANNA *«De officiis» Cycerona i «De officiis ministrorum» św. Ambrożego: problem recepcji etyki Cycerona w etyce chrześcijańskiej św. Ambrożego* [Studia antiquitatis Christianae 8]. Warszawa: Akad. Teologii Katolickiej 1988. 124 pp.

1778 NAWROCKA, ANNA *L'état des études concernant l'influence de l'éthique de Cicéron sur l'éthique de saint Ambroise* – Helikon 28 (1988) 315-324

1779 NAZZARO, ANTONIO V. *Il mondo bucolico virgiliano nella catechesi di Ambrogio.* In: *Crescita dell'uomo (età postnicena)* (cf. 1988-90, 211) 105-128

1780 PANKIEWICZ, RYSZARD *The attitude of Saint Ambrose's De Nabuthae toward property and alms* – VoxP 6 (1986) 555-556

1781 PASINI, C. *Altre composizioni innografiche bizantine in onore di sant'Ambrogio di Milano* – BBGG 42 (1988) 83-92

1782 PIREDDA, ANNA MARIA *La tipologia sacerdotale del patriarca Giuseppe in Ambrogio* – Sandalion 10/11 (1987/88) 153-163

1783 PONIATOWSKA, B. *Sw. Ambroży. Pouczenie dziewicy i wieczne dziewictwo Najświętszej Maryi Panny.* Lublin 1987. XXV, 56 pp.

1784 REBENICH, S. *Gratianus Redivivus* – Historia 38 (1989) 376-379

1785 SAVON, HERVÉ *Un modèle de sainteté à la fin du IVe siècle: la virginité dans l'œuvre de saint Ambroise.* In: *Sainteté et martyre* (cf. 1988-90, 327) 21-31

1786 SORDI, MARTA *I rapporti fra Ambrogio e il panegirista Pacato* – RILSL 122 (1988) 93-100

1787 SORDI, MARTA *La concezione politica di Ambrogio.* In: *I cristiani e l'impero* (cf. 1988-90, 212) 143-154

1788 SORDI, MARTA *La tradizione dell'inventio crucis in Ambrogio e in Rufino* – RSCI 44 (1990) 1-9

1789 SORDI, MARTA *Pena di morte e «braccio secolare» nel pensiero di Ambrogio.* In: *Metodologie della ricerca sulla tarda antichità* (cf. 1988-90, 289) 179-187

1790 STRZELECKA, ANNA *Nauka św. Ambrożego o Duchu Świętym (Uwagi filologa)* (= Ambrosius' Lehre über den Heiligen Geist) [mit deutscher Zusammenfassung] – VoxP 8 (1988) f.15, 759-765

1791 SWOBODA, A. *Katecheza mistagogiczna w «De mysteriis» św. Ambrogeżo* (= Catechesi mistagogica nel' De mysteriis di S. Ambrogio) – VoxP 10 (1990) f.18, 97-106

1792 SWOBODA, ANTONI *Pojęcie beneficentia i benevolentia w «De officiis ministrorum» św. Ambrożego i w «De officiis» Cycerona* (= Nozione di beneficentia e di benevolentia nel «De officiis ministrorum» di Sant'Ambrogio e nel «De officiis» di Cicerone) [mit italienischer Zusammenfassung] – VoxP 8 (1988) f.15, 767-785

1793 TESTARD, MAURICE *Problèmes de critique verbale dans le De officiis, III, 45 de saint Ambroise* – REL 66 (1988) 219-228

1794 TESTARD, MAURICE *Recherches sur quelques méthodes de travail de saint Ambroise dans le De officiis* – RechAug 24 (1989) 65-122

1795 THRAEDE, KLAUS *«Und alsbald krähte der Hahn»: der Morgenhymnus des Ambrosius von Mailand.* In: *Hauptwerke der Literatur: Vortragsreihe der Universität Regensburg.* Ed. H. BUNGERT. Regensburg: Buchverlag der Mittelbayrischen Zeitung (1990) 35-47

1796 THRAEDE, KLAUS *Zwischen Eva und Maria: das Bild der Frau bei Ambrosius und Augustin auf dem Hintergrund der Zeit.* In: *Frauen in Spätantike und Frühmittelalter: Lebensbedingungen, Lebensnormen, Lebensformen: Beiträge zu einer internationalen Tagung im Fachbereich Geschichtswissenschaften der Freien Universität Berlin, 18. bis 21. Februar 1987.* Hrsg. WERNER AFFELDT; Red. URSULA VORWECK. Siegmaringen: Thorbecke (1990) 129-139

1797 TOAN, TRAN VAN *Saint Ambroise de Milan et la foi en la résurrection* – MSR 45 (1988) 131-150

1798 TORVEND, SAMUEL EDWARD *The typology of the basilica conflict between Ambrose of Milan and the imperial court: a study of the use of biblical exempla in Ambrosian sermons preached bet-*

ween 385-386 [Diss.]. Saint Louis Univ. 1990. 193 pp. [microfilm; DissAbstr 51 (1990-1991) 2785A-2786A]

1799 VISMARA, G. *Ambrogio e Teodosio: i limiti del potere* – Studia et documenta historiae et iuris (Roma) 61 (1990) 256-269

1800 WEIHRAUCH, DIETMAR W. *Das Hohelied in der Glaubens-verkündigung des Heiligen Ambrosius von Mailand* [Diss.]. Roma: Pontificia Universitas Gregoriana 1990. 145 pp.

1801 ZELZER, MICHAELA *Zur Komposition der Briefsammlung des hl. Ambrosius.* In: *Studia patristica 18,4* (cf. 1988-90, 345) 212-220

III.2. Pseudo-Ambrosius Mediolanensis

1802 *[Pseudo-Ambrosius Mediolanensis] Ambrosiaster. Commento alla prima lettera ai Corinzi.* Traduzione, introduzione e note a cura di LUIGI FATICA [CTP 78]. Roma: Città Nuova Ed. 1989. 255 pp.

1803 *[Pseudo-Ambrosius Mediolanensis] Ambrosiaster. Commento alla seconda lettera ai Corinzi.* Traduzione, introduzione e note a cura di LUIGI FATICA [CTP 79]. Roma: Città Nuova Ed. 1989. 168 pp.

1804 HUNTER, DAVID G. *On the sin of Adam and Eve: a little-known defense of marriage and childbearing by Ambrosiaster* – HThR 82 (1989) 283-299

1805 STÜBEN, JOACHIM *Das Heidentum im Spiegel von Heilsge-schichte und Gesetz: ein Versuch über das Bild der Paganitas im Werk des Ambrosiaster* [Diss.]. Hamburg 1990. VII, 236 pp.

1806 VALERO, JUAN B. *Pecar en Adán según Ambrosiaster* – EE 65 (1990) 147-191

III.2. Ammon Episcopus

1807 WIPSZYCKA, EWA; BRAVO, B. *L'Epistula Ammonis et le mo-nachisme pachômien* – BiblOr 46 (1989) 6-18

III.2. Amphilochius Iconiensis

1808 DROBNER, HUBERTUS R. *Die Karsamstagspredigt des Amphi-lochius von Ikonium (CPG II 3235): Einleitung, rhetorische Text-analyse und Übersetzung.* In: *Greek and Latin Studies* (cf. 1988-90, 243) 1-23

1809 KOCHANEK, PIOTR *La culture hellénique à la lumière du pro-gramme d'éducation d'Amphiloque d'Iconicum* – VoxP 6 (1986) 567-584

III.2. Pseudo-Amphilochius Iconiensis

1810 HOLLERICH, MICHAEL J. *The sources of Ps.-Amphilochius' Vita Athanasii syriaca (ms. mard. orth. 269)*. In: *Symposium Syriacum* (cf. 1988-90, 354) 273-284

III.2. Anastasius I. Antiochenus

1811 SIDOROV, ALEXEI I. *Le problème de l'acte unique chez Anastase Iier d'Antioche. A propos de la formation des prémisses idéologiques des controverses monophysites* [in russischer Sprache] – Byslav 50 (1989) 24-32

III.2. Andreas Cretensis

1812 MARTINIS, P.S. ʿΟ Σαλὸς ἅγιος ᾿Ανδρέας καὶ ἡ σαλότητα στὴν ὀρθόδοξο ᾿Εκκλησία [Diss.]. Athen: Tinos 1988. 188 pp.
1813 PASCHOS, P.B. ʿΟ Μέγας Κανὼν τοῦ ῾Αγίου ᾿Ανδρέου Κρήτης. Μικρὴ εἰσαγωγὴ στὴν κατανυκτικὴ ποίησή του - Ριζάρειο ἐκκλησ. παιδεία 4 (1988) 315-326
1814 POLITES, N.G. ῎Εκστασις καὶ ἀνάστασις κατὰ τὸν «Μέγαν Κανόνα». Φιλοσοφικὴ προσέγγισις – EEBS 47 (1987-1988) 149-200

III.2. Anonymus Veronensis

1815 SOBRERO, GIUSEPPE *Anonimo Veronese: un corpus di omelie mistagogiche e catechistiche* [Diss.]. Roma: Universita Pontificia Salesiana 1990. 116 pp.

III.2. Antonius Eremita

1816 *[Antonius Eremita] Antonios der Große, Stern der Wüste.* Ausgew., übers. und vorgestellt von HANS HANAKAM [Texte zum Nachdenken 1625]. Freiburg: Herder 1989. 157 pp.
1817 MYSZOR, WINCENTY *Antonius-Briefe und Nag-Hammadi-Texte* – JAC 32 (1989) 72-88
1818 PAPADOPULOS, S. ᾿Αντώνιος ὁ Μέγας διαμορφωτὴς τοῦ ἀναχωρητικοῦ Μοναχισμοῦ. In: Εἰκοσιπενταετηρὶς ᾿Αρχιερατείας τοῦ Μακαριωτάτου Πατριάρχου ῾Ιεροσολύμων κ.κ. Διοδώρου τοῦ Α᾽ (1962-1987). Ed. IAKOBOS KAPENEKAS (Erzbischof von Diokaisareia). Jerusalem: ῎Εκδοσις ῾Ιεροῦ Κοινοῦ τοῦ Παναγίου Τάφου (1988) 142-152
1819 RUBENSON, S. *St. Anthony, «the first real Coptic author»?* In: *IVe congrès international d'études coptes* (cf. 1988-90, 208) 47-48

1820 RUBENSON, SAMUEL *Der Vierte Antoniusbrief und die Frage nach der Echtheit und Originalsprache der Antoniusbriefe* – OrChr 73 (1989) 97-128
1821 RUBENSON, SAMUEL *The letters of St. Antony: Origenist theology, monastic tradition and the making of a saint* [Bibliotheca historico-ecclesiastica Lundensis 24]. Lund: Lund Univ. Pr. 1990. 222 pp.
1822 ZANETTI, U. *Du nouveau sur S. Antoine et ses lettres* – AB 108 (1990) 278

III.2. Alexander Lycopolitanus

1823 *[Alexander Lycopolitanus] Contra Manichaei opiniones disputatio.* Ed. AUGUSTUS BRINKMANN, ed. stereotypa [1 ed.: 1895; Bibliotheca script. Graec. et Roman. Teubneriana]. Stuttgart: Teubner 1989. XXXI, 50 pp.
1824 EDWARDS, MARK J. *A christian Addition to Alexander of Lycopolis* – Mn 42 (1989) 483-487

III.2. Aphraates

1825 *[Aphraates] Aphraate le Sage Persan, Les exposés. I: Exposés 1-10.* Traduction du syriaque, introduction et notes par MARIE-JOSEPHE PIERRE [SC 349]. Paris: Les Éditions du Cerf 1988. 518 pp.
1826 *[Aphraates] Aphraate le Sage Persan, Les exposés. II: Exposés 11-23.* Traduction du syriaque, introduction et notes par MARIE-JOSEPHE PIERRE [SC 359]. Paris: Les Éditions du Cerf 1988. 524-1042 pp.
1827 AALST, A.J. VAN DER *A l'origine du monachisme syrien. Les 'ihidaye' chez Aphraat.* In: *Fructus centesimus* (cf. 1988-90, 237) 315-324
1828 ABOUZAYD, SHAFIQ *Virginity in Aphrahat.* In: *Symposium Syriacum* (cf. 1988-90, 354) 123-132
1829 BRUNS, PETER *Das Christusbild Aphrahats des Persischen Weisen* [Hereditas 4]. Bonn: Borengässer 1990. XXIV, 243 pp.
1830 CRAMER, W. *Die Seligpreisung der Friedensstifter. Zur Rezeption der Bergpredigt bei Afrahat.* In: *Lingua restituta orientalis* (cf. 1988-90, 275) 68-78
1831 MCCULLOUGH, J.C. *Aphrahat the Biblical Exegete.* In: *Studia patristica 18,4* (cf. 1988-90, 345) 163-268
1832 OWENS, R.J. *The early syriac text of Ben Sira in the Demonstrations of Aphrahat* – JSS 34 (1989) 39-75

1833 WOZNIAK, J. *Eucharystia w pismach Afrahata* (= Doctrine de l'Eucharistie selon Aphraate) [mit französischer Zusammenfassung] – VoxP 8 (1988) f.15, 679-687
1834 WOZNIAK, J. *Mariologiczna myśl Afrahata* (= Les idées mariales chez Aphraate) – VoxP 10 (1990) f.19, 681-685

III.2. Apollinarius Laodicensis

1835 GONNELLI, FABRIZIO *Il salterio esametrico, I: Edizione e traduzione del ps. 21* – KoinNapoli 13 (1989) 51-59
1836 GONNELLI, FABRIZIO *Il salterio esametrico, II: Commento al ps. 21* – KoinNapoli 13 (1989) 127-151
1837 GONNELLI, FABRIZIO *Parole «callimachee» nella Parafrasi di Salterio* – SIF 6 (1988) 91-104
1838 GREER, R.A. *The man from heaven. Paul's last Adam and Apollinaris' Christ.* In: *Paul* (cf. 1988-90, 307) 165-182
1839 HÜBNER, REINHARD M. *Die Schrift des Apolinarius von Laodicea gegen Photin (Pseudo-Athanasius, contra Sabellianos) und Basilius von Caesarea* [PTS 30]. Berlin: de Gruyter 1989. XII, 322 pp.

III.2. Aponius

1840 HAMBLENNE, PIERRE *Peut-on dater Apponius?* – RThAM 57 (1990) 5-33
1841 KOENIG, HILDEGARD *«Vestigia antiquorum magistrorum sequi»: wie liest Apponius Origenes?* – ThQ 152 (1990) 129-136

III.2. Apophthegmata Patrum

1842 *L'Evangile vécu au désert: paroles des Pères du désert traduits et commentées.* Ed. LUCIEN REGNAULT [Collection Paroles de lumière]. Paris: Le Sarment-Fayard 1990. 197 pp.
1843 DEVOS, PAUL *Apophtegmes du simulacre.* In: *Mélanges Antoine Guillaumont* (cf. 1988-90, 283) 69-81
1844 FRANK, K.S. *Abbas Poimen – Versuch über die Apophthegmata Patrum* – MThZ 40 (1989) 337-347
1845 GALLAZZI, CLAUDIO *P. Cair. SR 37,26: frammento degli Apophthegmata Patrum* – ZPE 84 (1990) 53-56
1846 GUILLAUMONT, ANTOINE *L'enseignement spirituel des moines d'Égypte: la formation d'une tradition.* In: *Maître et disciples dans les traditions religieuses: acts du colloque organisé par le Centre d'histoire comparée des religions de l'Université de Paris-Sorbonne, 15-16 avril 1988.* Ed. MICHEL MESLIN. Paris: Ed. du Cerf (1990) 143-154

1847 JARRY, J. *Une traduction en Copte de certains des Apophtegmes des pères. Les inscriptions du plafond de l'église de Deir Abu Hennes* – BulArchCopte 29 (1990) 63-74

1848 JEFFORD, C.N. *Obedience and the life of Apa Silvanus in the Apophthegmata Patrum* – BulArchCopte 28 (1986-89) 85-91

1849 KRIENEN, VERONIKA *Prophetische Züge in den Apophthegmata Patrum* – OstkiSt 39 (1990) 181-192

1850 LELOIR, L. *The Message of the Desert Fathers: Then and Now* – AmBenR 40 (1989) 221-249

1851 REGNAULT, L. *A l'écoute des Pères du désert aujourd'hui. Apothegmes des Pères traduits et commentés.* Solesmes 1989. 160 pp.

1852 REGNAULT, LUCIEN, OSB *Aux origines des collections d'Apophtegmes.* In: *Studia patristica 18,2* (cf. 1988-90, 343) 61-74

1853 SCHULZ-FLÜGEL, EVA *The Function of Apophthegmata in vitae and itineraria.* In: *Studia patristica 18,2* (cf. 1988-90, 343) 281-291

1854 *Las Sentencias de los Padres del Desierto. Los Apotegmas de los Padres (Recensión de Pelagio y de Juan).* Ed. L. REGNAULT. Bilbao: Desclée de Brouwer 1988. 372 pp.

1855 STAROWIEYSKI, MAREK *Remarques sur les sources de quelques apophthegmes des Pères du Désert.* In: *Studia patristica 18,2* (cf. 1988-90, 343) 293-298

1856 TSUKNIDAS, G. *Διηγήσεις για ἀναβλάστηση ξεροῦ ξύλου* – Βυζαντινὸς Δόμος 3 (1989) 77-79

III.2. Arator

1857 ANGELUCCI, PAOLO *Centralità della chiesa e primato romano in Aratore.* Roma: Herder 1990. 131 pp.

1858 ANGELUCCI, PAOLO *I modelli classici di Aratore: per una tipologia dei raporti poeta/fonte.* In: *Teoria e prassi del rapporto con i modelli nella poesia esametrica latina.* Roma: Herder (1990) 47-85

1859 ANGELUCCI, PAOLO *La tecnica poetica di Aratore.* Roma: Herder 1990. 344 pp.

1860 DEPROOST, PAUL AUGUSTIN *La mort de Judas dans l'Historia apostolica d'Arator (I,83-102)* – REA 35 (1989) 135-150

1861 DEPROOST, PAUL AUGUSTIN *L'apôtre Pierre dans une épopée du VIe siècle: l'Historia apostolica d'Arator* [Collection des études Augustiniennes: Série antiquité 126]. Paris: Institut d'Études Augustiniennes 1990. 345 pp.

1862 DEPROOST, PAUL AUGUSTIN *Les fonctions apostoliques du sacré dans le poème d'Arator* – BulBudé (1989) 376-393

1863 DEPROOST, PAUL AUGUSTIN *Notes sur le texte et l'interprétation d'Arator* – VigChr 44 (1990) 76-82

1864 SCHRADER, R.J. *Notes on the Text, Interpretation and Sources of Arator* – VigChr 42 (1988) 75-78
1865 SCHWIND, JOHANNES *Arator-Studien* [Hypomnemata 94]. Göttingen: Vandenhoeck & Ruprecht 1990. 257 pp.
1866 SOTINEL, CLAIRE *Arator, un poète au service de la politique du pape Vigile?* – MEFR 101 (1989) 805-820
1867 WRIGHT, NEIL *Arator's use of Caelius Sedulius. A re-examination* – Eranos 87 (1989) 51-64

III.2. Aristides

1868 *[Aristides] Aristide di Atene. Apologia.* A cura di CARLOTTA AL-PIGIANO [BPatr 11]. Firenze: Nardini 1988. 213 pp.
1869 ASTÅS, REIDAR *Den eldste bevarte kristne apologi* – TTK 61 (1990) 177-192
1870 BROEK, ROELOF VAN DEN *Eugnostus and Aristides on the ineffable god.* In: *Knowledge of God* (cf. 1988-90, 267) 202-218
1871 FESTUGIERE, A.J.; SAFFREY, H.D. *Aristide (Aelius), Discours sacrés. Rêve, religion, médecine au IIe s. après J.C.* Introduction, traduction et notes. Paris: Macula 1986. VIII, 188 pp.

III.2. Arius

1872 LOOSE, UTA *Zur Chronologie des arianischen Streites* – ZKG 101 (1990) 88-92
1873 MARTIN, ANNICK *Le fil d'Arius: 325-335* – RHE 84 (1989) 297-333
1874 PALUMBO STRACCA, BRUNA M. *Metro ionico per l'eresia di Ario* – Orpheus 11 (1990) 65-83
1875 RITTER, ADOLF MARTIN *Arius redivivus?: ein Jahrzwölft Arianismusforschung* – ThRu 55 (1990) 153-187
1876 STEAD, CHRISTOPHER G. *The Arian Controversy: a new Perspective.* In: Ἑρμηνεύματα (cf. 1988-90, 226) 51-59

III.2. Arnobius Maior

1877 AMATA, B. *L'apologia cristiana di Arnobio di Sicca come ricerca della verità assoluta* – Salesianum 51 (1989) 47-70
1878 BEATRICE, PIER FRANCO *Un oracle antichrétien chez Arnobe.* In: *Mémorial Jean Gribomont* (cf. 1988-90, 288) 107-129
1879 EDWARDS, M.J. *How many Zoroasters? Arnobius, Adversus gentes, 1,52* – VigChr 42 (1988) 282-289
1880 GESSINGER, JOACHIM; RAHDEN, WOLFERT VON *Theorien vom Ursprung der Sprache.* In: *Theorien vom Ursprung der Sprache.* Berlin: De Gruyter (1989) 1-41

1881 LE BONNIEC, H. *In simulacris dei habitant (Arnobe VI,19)*. In: *Les écrivains et le sacré* (cf. 1988-90, 222) 295-296

1882 MAKSIMOVA, I.V. *Le problème des numina à la lumière des données d'Arnobe et de Lactance* [In russischer Sprache]. In: *Sbornik naučnykh trudov Mosk. gos. inst. inostrannykh jazykov im. Morisa Toreza* Nr. 347 (1989) 104-114

1883 PINTUS, GIOVANNA MARIA *Arnobio e il pari di Pascal* – Sandalion 10/11 (1987/88) 145-151

1884 SANTORELLI, PAOLA *Parodia virgiliana in Arnobio* – Maia 41 (1989) 241-250

1885 TIMPANARO, SEBASTIANO *Noterelle arnobiane*. In: *Tradizione dell'antico nelle letterature* (cf. 1988-90, 359) 35-43

III.2. Arnobius Minor

1886 *[Arnobius Minor] Arnobii Ivnioris opera omnia. 1. Commentarii in Psalmos.* Cura et studio K.D. DAUR [CChr.SL 25]. Turnhout: Brepols 1990. XL, 258 pp.

1887 BELLET, P. *Nou testimoni de les lletres de sant Antoni* [Cambridge, University Lib.; Add. 1876, 2] – StMon 31 (1989) 251-257

1888 PIFARRÉ, CEBRIA *Arnobio el Joven y la cristología del «Conflictus»* [SD 35]. Montserrat: Publ. de la Abadía de Montserrat 1988. 261 pp.

III.2. Asterius Sophista

1889 CICCARESE, MARIA PIA *La composizione del «corpus» asteriano sui Salmi* – AnSEse 3 (1986) 7-42

1890 KINZIG, WOLFRAM *Asterius Amasenus, Asterius Sophista oder Asterius Ignotus? Studien zur Autorschaft der Psalmenhomilien (ed. Marcel Richard)* [Theol. Diss.]. Heidelberg: 1988. 250 pp.

1891 KINZIG, WOLFRAM *In Search of Asterius: Studies on the Authorship of the Homilies on the Psalms* [Forsch. zur Kirchen- & Dogmengesch. 47]. Göttingen: Vandenhoeck & Ruprecht 1990. 317 pp.

III.2. Athanasius Alexandrinus

1892 *[Athanasius Alexandrinus] Antoine le Grand, père des moines: sa vie par Saint Athanase*. Trad. par BENOÎT LAVAUD [Foi vivante 240]. Paris: Cerf 1989. XXV, 111 pp.

1893 *[Athanasius Alexandrinus] San Atanasio. La encarnación del Verbo*. Introducción y notas de F. GUERRERO MARTINEZ. Traducción del griego de J. C. FERNANDEZ SAHELICES [Biblioteca de Patrística 6]. Madrid: Editorial Ciudad Nueva 1989. 117 pp.

1894 *[Athanasius Alexandrinus] Swięty Atanazy List do Marcelina o interpretacji psalmów* (= Epistola ad Marcellinum). Ins poln. übersetzt von A. TRONINA – VoxP 10 (1990) f.18, 303-331

1895 *[Athanasius Alexandrinus] Tomus ad Antiochenos (Ad Donatum).* Introductio et translatio A. GOŁDA – VoxP 8 (1988) f.15, 1027-1038

1896 *[Athanasius Alexandrinus] Una donna nel deserto: vita della monaca Sincletica.* Trad., introd. e note a cura di MAURO TODDE [Margaritae: Letture di padri 3]. Milano: CENS 1989. 174 pp.

1897 *[Athanasius] De incarnatione verbi.* Einleitung, Übersetzung, Kommentar von E.P. MEIJERING und J.C.M. VAN WINDEN. Amsterdam: J.C.Gieben 1989. 431 pp.

1898 ABRAMOWSKI, LUISE *Vertritt die syrische Fassung die ursprüngliche Gestalt der Vita Antonii? Eine Auseinandersetzung mit der These Draguets.* In: *Mélanges Antoine Guillaumont* (cf. 1988-90, 283) 47-56

1899 ALVAREZ, P. *Demon Stories in the «Life of Antony» by Athanasius* – CistStud 23 (1988) 101-118

1900 ARNOLD, DUANE WADE-HAMPTON *The early episcopal career of Athanasius of Alexandria* [Diss.]. Univ. of Durham (U.K.) 1989. 380 pp. [microfilm; DissAbstr 51 (1990-1991) 3786A]

1901 BADGER, CARLTON MILLS *The new man created in God: christology, congregation and asceticism in Athanasius of Alexandria* [Diss.]. Duke Univ. Durham, N.C. 1990. V, 294 pp. [microfilm; DissAbstr 51 (1990-1991) 2781A]

1902 BARTELINK, G.J.M. *L'édition du texte grec de la Vita Antonii d'Athanase.* In: *Studia Patristica 18,2* (cf. 1988-90, 343) 1-6

1903 BEATRICE, PIER FRANCO *La croix et les idoles d'après l'apologie d'Athanase Contre les païens.* In: *Cristianismo y aculturación en tiempos del Imperio Romano* (cf. 1988-90, 213) 159-177

1904 BELARA, C. *Σύγχρονες πατρολογικὲς ἀπόψεις ἐπὶ τῶν ἔργων τοῦ Μ. Ἀθανασίου (Παρουσίαση τοῦ τελευταίου βιβλίου τοῦ Ch. Kannengiesser)* – Kleronomia 21 (1989) 133-146

1905 CAMPLANI, ALBERTO *Le lettere festali di Atanasio di Alessandria: studio storico-critico* [Corpus dei manoscritti copti letterari]. Roma: Centro Italiano Microfiches 1989. VI, 340 pp.

1906 CLAYTON, ALLEN LEE *The orthodox recovery of a heretical proof-text. Athanasius of Alexandria's interpretation of Proverbs 8:22-30 in conflict with the Arians* [Diss.]. Dallas, Tex.: Southern Methodist Univ. Dallas 1988. 352 pp. [microfilm; cf. summary in DissAbstr 50 (1989) 463A]

1907 CONTRERAS, ENRIQUE *Elementos de antropología teológica cristiana en el «De Incarnatione Verbi» de San Atanasio* – Stromata 46 (1990) 361-395

1908 COSTA, IVANO *Opere di Atanasio in una tradizione latina inedita* – AAP 39 (1990) 459-506

1909 GONZALEZ, CARLOS IGNACIO *Meditación sobre el martirio* – ThXaver 40 (1990) 223-237

1910 HANSON, RICHARD P.C. *The source and significance of the fourth Oratio contra Arianos attributed to Athanasius* – VigChr 42 (1988) 257-268

1911 HANSON, R.P.C. *The Profession of Patricius and Aetius* – ProcIrAc 89 (1989) 67-70

1912 HAUBEN, HANS *Le catalogue mélitien réexaminé* – SE 31 (1989/90) 155-167

1913 KANNENGIESSER, C. *Athanasius of Alexandria: A paradigm for the church of today* – Pacifica 1 (1988) 85-99

1914 KANNENGIESSER, CHARLES *Le verbe de Dieu selon Athanase d'Alexandrie* – Laval 45 (1989) 229-242

1915 KANNENGIESSER, CHARLES *Le verbe de Dieu selon Athanase d'Alexandrie* [Jésus et Jésus-Christ 45]. Paris: Desclée 1990. 200 pp.

1916 KANNENGIESSER, CHARLES *The homiletic festal letters of Athanasius.* In: *Preaching in the Patristic age* (cf. 1988-90, 315) 73-100

1917 KANNENGIESSER, CHARLES, SJ *Questions ouvertes sur Athanase d'Alexandrie* – VoxP 8 (1988) f.15, 689-705

1918 LALEVA, TANJA *Taka narečenoto četvarto slovo na Atanasij Alexandrijski sreštu Arianite v prevod na Konstantin Preslavski* (= Die sogenannte vierte Rede des Athanasios von Alexandrien gegen die Arianer in der Übersetzung von Konstantin Preslavski) [in bulg. Sprache] – StaroLit 22 (1990) 108-162

1919 LORENZ, R. *Eine Pierius-Memoria in Alexandrien* – ZKG 99 (1988) 87-92

1920 LORENZ, RUDOLF *Autour de l'Histoire acéphale et de sa dernière édition* [in deutscher Sprache] – REA 34 (1988) 267-273

1921 LORENZ, RUDOLF *Die griechische Vita Antonii des Athanasius und ihre syrische Fassung. Bemerkungen zu einer These von R. Draguet* – ZKG 100 (1989) 77-84

1922 LOUTH, ANDREW *St. Athanasius and the Greek Life of Anthony* – JThS 39 (1988) 504-509

1923 METZLER, KARIN *Kontamination in der Athanasius-Überlieferung* – REB 48 (1990) 213-232

1924 O'BRIEN, DENIS *L'immortalité chez saint Athanase (De incarnatione Verbi cap. 4,5; PG 25, col. 104 B-C).* In: *Studia Patristica 21* (cf. 1988-90, 348) 426-437

1925 OOSTHOUT, HENRI *La vie contemplative: vie d'ascète ou vie de théologien? Purification et recherche de Dieu chez Athanase d'Alexandrie et Grégoire de Nazianze.* In: *Fructus centesimus* (cf. 1988-90, 237) 259-267

1926 PETTERSEN, ALVYN *Athanasius and the human body.* Bedminster: Bristol Pr. 1990. VII, 117 pp.

1927 PETTERSEN, ALVYN *The Arian context of Athanasius of Alexandria's Tomus ad Antiochenos VII* – JEcclH 41 (1990) 183-198

1928 RENOUX, CHARLES *Athanase d'Alexandrie dans le Florilège arménien du Manuscrit Galata 54 (deuxième Partie)* – HA 103 (1989) 7-27

1929 SCHMITZ, DIETMAR *Schimpfwörter in Athanasius' Rede gegen die Arianer.* In: *Roma renascens* (cf. 1988-90, 325) 308-320

1930 STEAD, CHRISTOPHER G. *Athanasius' earliest written work* – JThS 39 (1988) 76-91

1931 TACELLI, R.K. *Of One Substance: Saint Athanasius and the Meaning of Christian Doctrine* – DR 108 (1990) 91-110

1932 TETZ, MARTIN *Eine asketische Ermunterung zur Standhaftigkeit aus der Zeit der maximinischen Verfolgung (311/313)* – ZNW 81 (1990) 79-102

1933 TORRANCE, T.F. *The doctrine of the holy trinity according to St. Athanasius* – AnglThR 71 (1989) 395-405

1934 TWOMBLEY, C.C. *The nature of Christ's humanity. A study in Athanasius.* – PBR 8 (1989) 227-241

1935 VOYLES, R.J. *The fear of death and a false humanity as the human dilemma: the argument of influence in Athanasius' Christology* – PBR 8 (1989) 135-144

1936 WAHBA, MATTHIAS *The Doctrine of Sanctification in St Athanasius' Paschal letters.* Cairo: The Holy Virgin Coptic Orthodox Church 1988. 191 pp.

1937 WELLS, J. *The Argument to Design in Athanasius and Maximus* – PBR 8 (1989) 45-54

III.2. Pseudo-Athanasius Alexandrinus

1938 SIMONETTI, M. *Sulla recente fortuna del Contra Sabellianos ps. atanasiano* – RSLR 26 (1990) 117-132

1939 WINLING, RAYMOND *La résurrection du Christ dans les traités pseudo-athanasiens Contra Apollinarium* – ReSR 62 (1988) 27-41; 101-110

III.2. Athenagoras

1940 *[Athenagoras] Legatio pro Christianis.* Ed. MIROSLAV MARCO-VICH [PTS 31]. Berlin: de Gruyter 1990. XII, 158 pp.

1941 BEATRICE, PIER FRANCO *Conoscenza Naturale di Dio. Osservazioni sul capitolo v della 'Supplica per i cristiani' di Atenagora.* In: *Studia patristica 18,3* (cf. 1988-90, 344) 1-42

1942 FREDOUILLE, JEAN-CLAUDE *La théologie tripartite, modèle apologétique (Athénagore, Thèophile, Tertullien).* In: *Res sacrae. Hommages à Henri Le Bonniec* (cf. 1988-90, 253) 220-235

1943 HARRIS, BRUCE F. *The defence of Christianity in Athenagoras' Embassy* – JRH 15 (1988-1989) 413-424

1944 KOWALCZYK, D. *Filozoficzno-teologiczne tło pogladów Atenagorasa na temat natury ludzkiej* (= Quid Athenagoras Apologeta de natura humana senserit?) – VoxP 10 (1990) f.19, 637-649

1945 LONA, HORACIO E. *Bemerkungen zu Athenagoras und Pseudo-Athenagoras* – VigChr 42 (1988) 352-363

1946 LONA, HORACIO E. *Die dem Apologeten Athenagoras zugeschriebene Schrift De resurrectione mortuorum und die altchristliche Auferstehungsapologetik* – Salesianum 52 (1990) 525-578

1947 POUDERON, BERNARD *«La chair et le sang»: encore sur l'authenticité du traité d'Athénagore* – VigChr 44 (1990) 1-5

1948 POUDERON, BERNARD *Athénagore d'Athènes, philosophe chrétien* [Théologie historique 82]. Paris: Beauchesne 1989. 360 pp.

1949 POUDERON, BERNARD *Athénagore et Tertullien sur la résurrection* – REA 35 (1989) 209-230

1950 POUDERON, BERNARD *La chaîne alimentaire chez Athénagore. Confrontation de sa théorie digestive avec la science médicale de son temps* – Orpheus 9 (1988) 219-237

1951 POUDERON, BERNARD *Les éditions d'Athénagore imprimées aux XVIème et XVIIème siècles* – Bibl 52 (1990) 643-661

1952 TORRANCE, T.F. *Phusikos kai Theologicos Logos. St. Paul and Athenagoras at Athenas* – SJTh 41 (1988) 11-26

III.2. Aurelius Augustinus

1953 *De magistro. Le maître.* Trad., prés. et notes par BERNARD JOLI-BERT [Philos. de l'éducation 3]. Paris: Klincksieck 1989. 84 pp.

1954 *[Aurelius Augustinus] «Pieniadze w depozycie dla Kościoła Hippony»* [S. Augustini epistola 7 coll. DIVJAK]. Ins Polnische übersetzt von J. PUDLISZEWSKI – VoxP 10 (1990) f.19, 899-902

1955 *[Aurelius Augustinus] Agostino d'Ippona. De musica* Edd. UBALDO PIZZANI; GUIDO MILANESE [Lectio Augustini 5]. Palermo: Ed. Augustinus 1990. 89 pp.

1956 *[Aurelius Augustinus] Agostino, Confessioni.* Ed. ROBERTA DE MONTICELLI [Coll. I libri della spiga]. Milano: Garzanti 1990. LXXXIII, 757 pp.

1957 *[Aurelius Augustinus] Augustins Bekendelser.* Oversat af TORBEN DAMSHOLT [Visdomsbøgerne]. Kopenhagen: Sankt Ansgars Forlag 1988. 320 pp.

1958 *[Aurelius Augustinus] Augustinus von Hippo, Regel für die Gemeinschaft.* Mit Einf. u. Komm. von TARSICIUS JAN VAN BAVEL. Ins Deutsche übertragen von LUDGER HORSTKÖTTER [Augustinus – heute 6]. Würzburg: Augustinus Verlag 1990. 140 pp.

1959 *[Aurelius Augustinus] Augustinus: Bekännelser.* I översättning av BENGT ELLENBERGER med inledning av RAGNAR HOLTE. Skellefteå: Artos Bokförlag 1990. 375 pp.

1960 *[Aurelius Augustinus] Aurelio Agostino. Le Confessioni.* Introduzione, versione e note a cura del GIUSEPPE CAPELLO. 3. ed., 2. rist. Genova: Marietti 1988. 629 pp.

1961 *[Aurelius Augustinus] Aurelio Agostino, La città di Dio (De civitate Dei): pagine sulla verità e sulla giustizia.* Ed. ARTURO ROSSO [Saggezza antica 2]. Cavallermaggiore: Gribaudo 1990. 221 pp.

1962 *[Aurelius Augustinus] Bekenntnisse.* Mit einer Einleitung von KURT FLASCH, übersetzt, mit Anm. vers. und hrsg. von KURT FLASCH und BURKHARD MOJSISCH. Stuttgart: Reclam 1989. 439 pp.

1963 *[Aurelius Augustinus] Il filosofo e la fede: Soliloqui, La vera religione, L'utilità del credere, La fede nelle cose che non si vedono.* Introd., trad. pref., note e indice di ONORATO GRASSI [I classici del pensiero]. Milano: Rusconi 1989. 328 pp.

1964 *[Aurelius Augustinus] La dottrina cristiana.* Introd., trad. e note di LUIGI ALICI [Letture cristiane del primo millennio 7]. Milano: Ed. Paoline 1989. 392 pp.

1965 *[Aurelius Augustinus] Logik des Schreckens: De diversis questionibus ad Simplicianum I 2.* Lateinisch-deutsch, dt. Erstübers. von Walter SCHAEFER. Hrsg. KURT FLASCH [Excerpta classica 8]. Mainz: Dietrich 1990. 304 pp.

1966 *[Aurelius Augustinus] Mowy sw. Augustyna o Wawrzyncu diakonie* (= S. Augustini sermones 302 et 305 de S. Laurentio). Edd. E. KOLBUS; S. LONGOSZ – VoxP 9 (1989) f.17, 797-821

1967 *[Aurelius Augustinus] Obras completas de san Agustín. Tomo XXVIII. Escritos bíblicos (4.°): Cuestiones sobre el Heptateuco.* Introducción de O. GARCIA DE LA FUENTE [BAC 504]. Madrid: Editorial Católica 1989. 737 pp.

1968 *[Aurelius Augustinus] Obras Completas de San Agustín. XXXIII. Escritos antidonatistas (2°).* Introducciones, bibliografía y notas de P. LANGA. Traducción de S. SANTAMARTA [BAC 507]. Madrid: Biblioteca de Autores Cristianos 1990. XVI, 709 pp.

1969 *[Aurelius Augustinus] Obras Completas de San Agustín. XXXVIII. Escritos contra los arrianos y otros herejes.* Introducciones, versiones, notas e índices de T. CALVO y J. M. OZAETA [BAC 512]. Madrid: Biblioteca de Autores Cristianos 1990. XXI, 935 pp.

1970 *[Aurelius Augustinus] Obras Completas de San Agustín, XXXII. Escritos antidonatistas (1°).* Introducción general, bibliografía y notas de P. LANGA. Traducción de M. FUERTES LANERO y S. SANTAMARIA DEL RIO [BAC 498]. Madrid: Biblioteca de Autores Cristianos 1988. XLIV, 966 pp.

1971 *[Aurelius Augustinus] Obras completas Tomo XXXIX. Escritos varios: La immortalidad del alma, La música, La fe y el símbolo de los apóstoles, la catequesis a principiantes, La fe y las obras, Sermón sobre la disciplina cristiana, Sermón a los catecúmenos sobre el símbolo de los apostoles.* Introd., versión y notas LOPE CILLERUELO, ALFONSO ORTEGA, CLAUDIO BASEVI, C. OROZ Y T. [BAC 499]. Madrid: La Editorial Catól. 1988. XVI, 752 pp.

1972 *[Aurelius Augustinus] Œuvres 73 A: Homélies sur l'Évangile de saint Jean. XXIV-XLIII,* trad., introd. & not. MARIE-FRANÇOIS BERROUARD [BAug]. Paris: Desclée de Brouwer (Études augustiniennes) 1988. 539 pp.

1973 *[Aurelius Augustinus] Œuvres 73 B: Homélies sur l'Évangile de saint Jean. XLIV-LIV,* trad., introd. & not. MARIE-FRANÇOIS BERROUARD [BAug]. Paris: Desclée de Brouwer (Études augustiniennes) 1989. 555 pp.

1974 *[Aurelius Augustinus] Œuvres 9: Exposés généraux de la Foi (De fide et symbolo, Enchiridion).* Text, trad., not. J. RIVIERE. 2. Aufl. von GOULVEN MADEC; JEAN-PAUL BOUHOT [BAug]. Paris: Desclée de Brouwer (Études augustiniennes) 1988. 480 pp.

1975 *[Aurelius Augustinus] Om Guds stad: oversættelse med inledning og noter. 11.-14. bog.* Ed. BENT DALSGAARD LARSEN [Bibel og historie 10]. Århus: Aarhus Universitetsforlag 1989. 272 pp.

1976 *[Aurelius Augustinus] On Genesis: Two books on Genesis against the Manichees; and On the literal interpretation of Genesis: an unfinished book.* Ed. ROLAND J. TESKE [FaCh 84]. Washington, D.C.: Catholic Univ. of America Pr. 1990. XIII, 198 pp.

1977 *[Aurelius Augustinus] Opere omnia di Sant'Agostino, edizione latino-italiana: La città di Dio, 2.* Ed. AGOSTINO TRAPE. Trad. di D. GENTILI [Nuova biblioteca agostiniana 5.2]. Roma: Città Nuova 1988. 776 pp.

1978 *[Aurelius Augustinus] Opere omnia di Sant'Agostino, edizione latino-italiana: Commento al Vangelo e alla prima epistola di san Giovanni.* Ed. AGOSTINO TRAPE. Trad. di E. GANDOLFO [Nuova biblioteca agostiniana 24.2]. Roma: Città Nuova 1986. 1076 pp.

1979 *[Aurelius Augustinus] Opere omnia di Sant'Agostino, edizione latino-italiana: La Genesi. Testo latino del'ed. Maurina. 2. La Genesi alla lettera.* Ed. AGOSTINO TRAPE. Trad. di L. CARROZZI [Nuova biblioteca agostiniana 9.2]. Roma: Città Nuova 1989. 898 pp.

1980 *[Aurelius Augustinus] Opere omnia di Sant'Agostino, edizione latino-italiana: La Genesi. Testo latino del'ed. Maurina. 1. La Genesi difesa contro i Manichei. Libro incompiuto su la Genesi.* Ed. AGOSTINO TRAPE. Trad. di L. CARROZZI [Nuova biblioteca agostiniana 9.1]. Roma: Città Nuova 1988. CXI, 270 pp.

1981 *[Aurelius Augustinus] Opere omnia di Sant'Agostino, edizione latino-italiana: I Discorsi: 151-183. Sul nuovo testamento.* Ed. AGOSTINO TRAPE. Trad. di M. RECCHIA [Nuova biblioteca agostiniana 31.2]. Roma: Città Nuova 1990. 632 pp.

1982 *[Aurelius Augustinus] Opere omnia di Sant'Agostino, edizione latino-italiana: Discorsi su i santi: 273-340.* Ed. AGOSTINO TRAPE. Trad. di M. RECCHIA [Nuova biblioteca agostiniana 33.5]. Roma: Città Nuova 1986. 1104 pp.

1983 *[Aurelius Augustinus] Opere omnia di Sant'Agostino, edizione latino-italiana: I Discorsi: 117-150.* Ed. AGOSTINO TRAPE. Trad. di M. RECCHIA [Nuova biblioteca agostiniana 31.1]. Roma: Città Nuova 1990. XL, 482 pp.

1984 *[Aurelius Augustinus] Opere omnia di Sant'Agostino, edizione latino-italiana: I Discorsi: 230-272.* Ed. AGOSTINO TRAPE. Trad. di P. BELLINI, F. CRUCIANI, V. TARULLI [Nuova biblioteca agostiniana 32.2]. Roma: Città Nuova 1985. 632 pp.

1985 *[Aurelius Augustinus] Opere omnia di Sant'Agostino, edizione latino-italiana: Discorsi su argomenti vari: 341-400.* Ed. AGOSTINO TRAPE. Trad. di VERA PARONETTO & ANNA MARIA QUARTIROLI [Nuova biblioteca agostiniana 34.6]. Roma: Città Nuova 1989. 864 pp.

1986 *[Aurelius Augustinus] Praecepta musicae.* Ed. GIUSEPPE VECCHI [Antiquae musicae scriptores]. Bologna: A.M.I.S. 1986. 63pp.

1987 *[Aurelius Augustinus] S. Agostino d'Ippona, Il maestro.* Introd., trad. e note di ANTONIO PIERETTI [Letture cristiane del primo millennio 8]. Milano: Ed. Paoline 1990. 187 pp.

1988 *[Aurelius Augustinus] Saint Augustine. Soliloquies and Immortality of the soul.* With an introduction, translation and commentary by GERARD WATSON. Warminster: Aris & Phillips 1990. X, 213 pp.

1989 *[Aurelius Augustinus] Saint Augustine, Letters.* Transl. by Sister WILFRID PARSONS [FaCh 81]. Washington, D.C.: Catholic Univ. of America Pr. 1989. XII, 208 pp.

1990 *[Aurelius Augustinus] San Agustín. El Evangelio de San Juan. Volumen I.* Introducción, notas y traducción por J. LEAL y B. M. BEJARANOS [Los Santos Padres 38]. Sevilla: Apostolado Mariano 1990. 127 pp.

1991 *[Aurelius Augustinus] San Agustín. La Ciudad de Dios.* Traducción de J. C. DIAZ, 2 voll. Buenos Aires: Ed. Club de Lectores 1989. XX, 860 pp; 823 pp.

1992 *[Aurelius Augustinus] Sankt Augustinus, der Lehrer der Gnade. Gesamtausgabe seiner antipelagianischen Schriften: Prolegomena, I: Schriften gegen die Pelagianer. Die Auslegung einiger Fragen aus dem Brief an die Römer* [lateinisch-deutsch]. Eingeleitet, übertragen und erläutert von THOMAS GERHARD RING. Würzburg: Augustinus-Verlag 1989. 118 pp.

1993 *[Aurelius Augustinus] Sant'Agostino. Commento ai Salmi.* Testo, trad. e comm. a cura di MANLIO SIMONETTI [Fond. Lorenzo Valla Scrittori greci e latini]. Milano: Mondadori 1988. XL, 738 pp.

1994 *[Aurelius Augustinus] Santo Agostinho. A Cidade de Deus (Parte I).* Tradução de O. PAES LEME. Petrópolis: Vozes 1990. 414 pp.

1995 *[Aurelius Augustinus] Santo Agostinho. A Cidade de Deus (Parte II).* Tradução de O. PAES LEME. Petrópolis: Vozes 1990. 590 pp.

1996 *[Aurelius Augustinus] Santo Agostinho. Comentário da Primeira Epístola de São João.* Tradução, organização e notas de A. OLIVEIRA. São Paulo: Paulinas 1989. 219 pp.

1997 *[Aurelius Augustinus] St. Augustine. On Faith and Works.* Translated and annotated by GREGORY J. LOMBARDO [ACW 48]. New York; Mahwah, N.J.: Newman Press 1988. VII, 112 pp.

1998 *[Aurelius Augustinus] St. Augustine, Tractates on the Gospel of John 1-10.* Translated by JOHN W. RETTIG [FaCh 78]. Washington, D.C.: The Catholic University of America Press 1988. XIII, 236 pp.

1999 *[Aurelius Augustinus] St. Augustine, Tractates on the Gospel of John 11-27.* Translated by JOHN W. RETTIG [FaCh 79]. Washington, D.C.: Catholic University of America Press 1988. XIV, 306 pp.

2000 *[Aurelius Augustinus] Sw. Augustyn. O zgodności ewangelistów.* Tłumaczył: JAN SULOWSKI. Wstęp, oprac., red.: EMIL STANULA[PSP 50]. Warszawa: Akademia Teol. Katol. 1989. 267 pp.

2001 *[Aurelius Augustinus] Sw. Augustyn, O kazaniu Pana na Górze, Do Symplicjana o różnych problemach, Problemy ewangeliczne (De sermone Domini n monte, De diversis quaestionibus, Quae-*

stionum evangeliorum libri). Ins Polnische übersetzt von S. RYZ-
NAR, J. SULOWSKI, eingeleitet von E. STANULA [PSP 48]. Warszawa: ATK 1989. 293 pp.

2002 *[Aurelius Augustinus] Sw. Augustyn, Pisma przeciw manichejczykom (De utilitate credendi, De duabus animabus, Contra Fortuna-
tum, Contra epistulam fundamenti, Contra Adimantum, Contra
Felicem).* Ins Polnische übersetzt von JAN SULOWSKI, eingeleitet
und kommentiert von WINCENTY MYSZOR [PSP 54]. Warszawa: Akademia Teol. Katol. 1990. 271 pp.

2003 *[Aurelius Augustinus] Sw. Augustyn, Problemy Heptateuchu
(Quaestionum in Heptateuchum, Locutionum in Heptateuchum,
De octo quaestionibus ex Veteri Testamento).* Ins Polnische übersetzt von JAN SULOWSKI, eingeleitet von EMIL STANULA [PSP
46 und 47]. Warszawa: Akademia Teol. Katol. 1990. 308; 267 pp.

2004 *[Aurelius Augustinus] Swięty Augustyn, Mowy (Denis XIII, Guel-
ferb. XXV) o święty Wawrzyńcu* (= Sermones; Denis XIII, Guel-
ferb. XXV de Lauretio diacono). Ed. E. KOLBUS – VoxP 10
(1990) f.18, 333-349

2005 *[Aurelius Augustinus] The essential Augustine.* Selected and with
commentary by VERNON J. BOURKE. Indianapolis, Ind.:
Hackett 1990. VIII, 268 pp.

2006 *[Aurelius Augustinus] The works of Saint Augustine: a translation
for the 21st century. Vol. 1. (20-50) on the Old Testament.* Transl.
and notes EDMUND HILL. Ed. JOHN E. ROTELLE. Brooklyn,
NY: New City Pr. 1990. 383 pp.

2007 *[Aurelius Augustinus] The works of Saint Augustine: a translation
for the 21st century. Pt. 3. Sermons. Vol. 1. (1-19) on the Old
Testament.* Transl. and notes EDMUND HILL. Ed. JOHN E. RO-
TELLE. Brooklyn, NY: New City Pr. 1990. 399 pp.

2008 *Agostino d'Ippona. De libero arbitrio.* Commento di GOULVEN
MADEC; FRANCO DE CAPITANI; LUCA F. TUNINETTI;
RAGNAR HOLTE [Lectio Augustini 6]. Palermo: Ed. Augustinus
1990. 88 pp.

2009 *Agostino d'Ippona. Pensieri. Ama e fa quel che vuoi.* Cur. CARLO
CREMONA. Milano: Rusconi 1988. 344 pp.

2010 ALBERTINE, R. *Selected survey of the theme «Spiritual sacrifice»
to Augustine* – EL 104 (1990) 35-50

2011 ALICI, LUIGI *La Civitas Dei peregrina nella «pace di Babilonia».*
In: *L'umanesimo di sant'Agostino* (cf. 1988-90, 362) 193-214

2012 ALONSO DEL REAL, C. *De civitate Dei 22,2 y 5,11* – Augustinus 34 (1989) 331-336

2013 ALONSO DEL REAL, C. *Tipología formal de las imágenes literarias en los Sermones «De diversis».* In: *Verbo de Dios y palabras
humanas* (cf. 1988-90, 364) 129-141

2014 ALVAREZ TURIENZO, S. *Moral de san Agustín.* In: *Historia de la ética* (cf. 1988-90, 251) 345-373

2015 ALVAREZ TURIENZO, S. *San Agustín: Imagen de la Trinidad en su concepción antropológica.* In: *El hombre, imagen de Dios* [Semanas de Estudios Trinitarios 23]. Salamanca: Secretariado Trinitario (1989) 89-114 = ETrin 23 (1989) 31-56

2016 ALVAREZ TURIENZO, S. *Tres respuestas paradigmáticas al problema del mal. Le respuesta agustiniana.* In: *Jornadas Agustinianas* (cf. 1988-90, 265) 187-204

2017 ALVAREZ TURIENZO, S. *Un aspecto de la conversión agustiniana: del modo de pensar retórico al filosófico* – CD 202 (1989) 75-108

2018 ALVAREZ TURIENZO, S. *Velle-Posse. Un tópico antropológico-moral agustiniano.* In: *Signum pietatis* (cf. 1988-90, 335) 251-266

2019 ALVAREZ TURIENZO, SATURNINO *Edades del desarrollo moral en la obra y la vida de san Agustín* – Augustinus 33 (1988) 9-46

2020 ALVAREZ TURIENZO, SATURNINO *Regio media salutis: imagen del hombre y su puesto en la creación: san Agustín* [Bibl. Salmanticensis 108]. Salamanca: Universidad Pontificia/Biblioteca de la Caja de Ahorros 1988. 369 pp.

2021 ANOZ, J. *Rasgos de la comunidad agustiniana según la «Regula recepta»* – Augustinus 35 (1990) 81-98

2022 ANOZ, JOSÉ *La «Regula recepta» agustiniana, gérmen de vida religiosa renovada* – Augustinus 34 (1989) 155-171

2023 ANTONACI, ANTONIO *Sant'Agostino maestro di Orosio sul problema della grazia e del libero arbitrio.* In: *L'umanesimo di sant'Agostino* (cf. 1988-90, 362) 395-401

2024 ARANGUREN, J.L.L. *Para leer las «Confesiones» de san Agustín* – AnJE 19/20,1 (1987/88) 347-358

2025 ARIAS REYERO, M. *La Doctrina Trinitaria de San Agustín (En el «De Trinitate»)* – TyV 30 (1989) 249-270

2026 ARRANZ RODRIGO, MARCELIANO *Fuentes de la doctrina agustiniana de la creación virtual.* In: *Jornadas Agustinianas* (cf. 1988-90, 265) 153-166

2027 ARRANZ RODRIGO, MARCELIANO *Interpretación agustiniana del relato genesíaco de la creación* – Augustinus 33 (1988) 47-56

2028 *Augustinus, der Prediger* [In Unum Congregati 37,3/4]. Stift Klosterneuburg: Österr. Chorherrenkongregation 1990. 120 pp.

2029 AZKOUL, MICHAEL *The influence of Augustine of Hippo on the Orthodox Church* [Texts and studies in religion 56]. Lewiston (NY): Mellen 1990. IV, 299 pp.

2030 BAGET BOZZO, GIOVANNI *La teología de la historia en la «Ci-udad de Dios»* – Augustinus 35 (1990) 31-80

2031 BAGET BOZZO, GIOVANNI *La teología de la historia en la «Ci-udad de Dios», II* – Augustinus 35 (1990) 321-367

2032 BALDONI, ANTONIO; CERIOTTI, GIANCARLO *Frammenti agostiniani* [QuDe 6]. Palermo: Ed. Augustinus 1988. 140 pp.

2033 BALLING, JAKOB *Paradisfortællingen som gammelkristen myte* – DTT 52 (1989) 268-286

2034 BAMMEL, ERNST *Die Zeugen des Christentums*. In: *Christlicher Antijudaismus* (cf. 1988-90, 177) 170-180

2035 BAPTISTA, JULIO CESAR *Santo Agostinho* – Eborensia 2 (1989) 3-7

2036 BARASH, JEFFREY *Les sciences de l'histoire et le problème de la théologie. Autour du cours inédit de Heidegger sur saint Augustin.* In: *Saint Augustin* (cf. 1988-90, 2578) 421-433

2037 BARBOSA, A. DE MIRANDA *Perspectiva e actualidade da filo-sofía augustiniana* – RaPortFilos 44 (1988) 3-15

2038 BARNES, TIMOTHY D. *Religion and society in the age of Theo-dosius.* In: *Grace, politics and desire* (cf. 1988-90, 2297) 157-175

2039 BARTELINK, GERARD J.M. *Einige Bemerkungen über Augu-stins Verhältnis zur Umgangssprache.* In: *Signum pietatis* (cf. 1988-90, 335) 185-199

2040 BARTNIK,CZESŁAW S. *Augustyńska historiologia* (= Zur Histo-riologie des heiligen Augustinus) [mit deutscher Zusammenfas-sung] – VoxP 8 (1988) f.15, 787-801

2041 BASAVE FERNANDEZ DEL VALLE, A. *La antropología filosó-fica de san Agustín.* In: *Jornadas Agustinianas* (cf. 1988-90, 265) 167-186

2042 BASAVE FERNANDEZ DEL VALLE, A. *La filosofía jurídica y socio-política de san Agustín* – AnJE 19/20,1 (1987/88) 117-130

2043 BASEVI, C. *La conversión como criterio hermenéutico de las obras de san Agustín.* In: *Verbo de Dios y palabras humanas* (cf. 1988-90, 364) 19-45

2044 BASEVI, CLAUDIO *La polémica contra el «De deo Socratis» de Apuleyo en «La Ciudad de Dios»* – CD 202 (1989) 125-148

2045 BASEVI, CLAUDIO *La semántica de las metáforas en algunos ser-mones «de Sanctis» de san Agustín (de Sermo 273 a 299)* – AnJE 19/20,1 (1987/88) 491-537

2046 BASTIAENSEN, A. *La perdrix animal méchant figure du diable. Augustin héritier d'une tradition exégetique* – Augustiniana 40 (1990) 193-217

2047 BASTIAENSEN, ANTOON ADRIAAN ROBERT *Quelques ob-servations sur la terminologie du martyre chez saint Augustin.* In: *Signum pietatis* (cf. 1988-90, 335) 201-216

2048 BAVEL, T.J. VAN *Augustine's view on women* – Augustiniana 39 (1989) 5-53

2049 BAVEL, T.J. VAN *El ser humano en el pensamiento de san Agustín.* In: *Herencia Común* (cf. 1988-90, 249) 99-101

2050 BAVEL, T.J. VAN *La eucaristía como acontecimiento dinámico.* In: *Herencia Común* (cf. 1988-90, 249) 75-82

2051 BAYOT Y SERRAT, RAMON *Actualidad del pensamiento de san Agustín en el mundo contemporáneo* – AnJE 19/20,1 (1987/88) 591-602

2052 BEER, FRANCIS DE *L'Augustinisme de St. François d'Assise* – RAgEsp 31 (1990) 417-504

2053 BELDA PLANS, P. *La doctrina del don de San Agustín de Hipona* – Espíritu 38 (1989) 71-78

2054 BELDA PLANS, P. *La doctrina del don en San Agustín de Hipona* – RC 34 (1988) 235-243

2055 BELDA PLANS, P. *Supuestos ontológicos y gnoseológicos de la Ética agustiniana* – StudiumM 28 (1988) 135-149

2056 BELLINO, FRANCESCO *La crisi di legittimazione del sapere e dell'agire e l'eudemonismo teocentrico di sant'Agostino.* In: *L'umanesimo di sant'Agostino* (cf. 1988-90, 362) 403-417

2057 BENNETT, CAMILLE *The conversion of Vergil. The Aeneid in Augustine's Confessions* – REA 34 (1988) 47-69

2058 BERNARD, JEAN-JOSEPH *Les raisonnements pseudo-scientifiques dans le De musica.* In: *Saint Augustin* (cf. 1988-90, 2578) 67-73

2059 BERROUARD,MARIE-FRANÇOIS *La permanence à travers le temps de la foi dans le Christ selon saint Augustin.* In: *Signum pietatis* (cf. 1988-90, 335) 303-324

2060 BIEDERMANN, HERMENEGILD M. *Augustinus in der neueren griechischen Theologie.* In: *Signum pietatis* (cf. 1988-90, 335) 609-643

2061 BIOLO, SALVINO *L'amore umano come ponte sull'eterno secondo S. Agostino.* In: *L'umanesimo di sant'Agostino* (cf. 1988-90, 362) 69-87

2062 BLASUCCI, SAVINO *L'umanesimo in S. Agostino ed in Francesco Acri.* In: *L'umanesimo di sant'Agostino* (cf. 1988-90, 362) 419-430

2063 BØRRESEN, K.E. *In defence of Augustine. How «Femina» is «homo»* – Augustiniana 40 (1990) 411-428

2064 BOFF, CLODOVIS *A Via da comunhão de bens. A Regra de Santo Agostinho comentada na perspectiva da Teologia da Libertação* [Coleção: Espíritu e Vida]. Petropolis: Vozes 1988. 197 pp.

2065 BONANATI, ENRICA S. *Agostino: esistenza, inquietudine, pace. Fondamenti e valenze di una proposta pedagogica* [Collana di pedagogia 1]. Genova: Compagnia dei Librai 1989. 317 pp.

2066 BONNER, GERALD *Christus sacerdos. The roots of Augustine's anti-Donatist polemic.* In: *Signum pietatis* (cf. 1988-90, 335) 325-339

2067 BONNER, GERALD *Perceperunt mercedem suam: The Background and Theological Implications of De civitate Dei V.15.* In: *Studia patristica 18,3* (cf. 1988-90, 344) 3-7

2068 BOOTH, EDWARD *A note on some themes of St. Augustine's de Trinitate, present in de Libero Arbitrio* – Augustiniana 38 (1988) 25-36

2069 BOOTH, EDWARD *Saint Augustine and the Western tradition of Self-Knowing.* Villanova, Penna.: Villanova Univ., Augustian Inst. 1989. VIII, 53 pp.

2070 BORSCHE, TILMAN *Was etwas ist: Fragen nach der Wahrheit der Bedeutung bei Platon, Augustin, Nikolaus von Kues und Nietzsche.* München: Fink 1990. 336 pp.

2071 BOYLE, MARJORIE O'ROURKE *Augustine in the garden of Zeus: lust, love and language* – HThR 83 (1990) 117-139

2072 BRADING, D.A. *The two Cities: St. Augustine and the Spanish conquest of America* – RaPortFilos 44 (1988) 99-126

2073 BRAGANÇA, JOAQUIM O. *As Missas medievais de Santo Agostinho* – Didaskalia 19 (1989) 115-125

2074 BRAVO, A.; RODRIGUEZ, F. *Didáctica psicológica en San Agustín* – RC 35 (1989) 283-296

2075 BRENNAN, BRIAN *Augustine's De musica* – VigChr 42 (1988) 267-281

2076 BRESCIA, GIUSEPPE *Sant'Agostino e l'ermeneutica del tempo.* In: *L'umanesimo di sant'Agostino* (cf. 1988-90, 362) 431-442

2077 BREZZI, P. *Considerazioni sul cosidetto 'agostinismo politico' (alto)medievale.* In: *Contributi storici dal Tardo Antico all'Età Moderna* [Quad. di storia urbana e rurale 10]. Florenz: Salimbene (1988) 17-35

2078 BRUNE, P.F. *La réduction de la personne à l'être dans la pensée de saint Augustin et dans la scolastique.* In: *Saint Augustin* (cf. 1988-90, 2578) 262-281

2079 BRUNN, EMILIE ZUM *Le Dieu de Platon et le Dieu de Moïse* [chez Augustin]. In: *Saint Augustin* (cf. 1988-90, 2578) 35-39

2080 BRUNN, EMILIE ZUM *St. Augustine. Being and nothingness.* Transl. by RUTH NAMAD. New York, N.Y.: Paragon House 1988. XIII, 129 pp.

2081 BRUNS, BERNHARD *Das Ehe-sacramentum bei Augustinus* – Pastoralblatt (Aachen) 40 (1988) 202-209

2082 BRUNS, BERNHARD *Das Ehe-sacramentum bei Augustinus* – Augustiniana 38 (1988) 205-256

2083 BRUYN, THEODORE S. DE *Jerusalem versus Rome: the religious and philosophical context of Augustine's assessment of the roman empire in the City of God*. In: *Christianity and the classics* (cf. 1988-90, 203) 53-68

2084 BURKE, CORMAC *San Agustín y la sexualidad conyugal* – Augustinus 35 (1990) 279-297

2085 BURT, DONALD X. *Courageous optimism: Augustine on the good of Creation* – AugSt 21 (1990) 55-66

2086 CABRAL, R. *A liturgia da vida segundo Santo Agostinho* – Didaskalia 19 (1989) 81-94

2087 CABRERA DIEZ, FERNANDO *A propósito de san Agustín. Para una teoría del juego* – AnJE 19/20,1 (1987/88) 621-626

2088 CAEIRO, F. DA GAMA *Presença de Santo Agostinho no pensamento filosófico português* – Didaskalia 19 (1989) 81-94 = Eborensia 2 (1989) 27-38

2089 CAHNÉ, PIERRE-ALAIN *La pratique de l'étymologie dans les Confessions*. In: *Saint Augustin* (cf. 1988-90, 2578) 120-124

2090 CAMBRONNE, PATRICE *Augustin et l'église manichéenne. Jalons d'un itinéraire (notes de lecture: Confessions III,6.10)* – VL 115 (1989) 22-36

2091 CAMISASCA, MASSIMO *Verso la vera felicità: «auctoritas» e «ratio» nel «De vera religione» di S. Agostino*. Casale Monferrato: Piemme 1988. 97 pp.

2092 CAMPELO, M.M. *San Agustín. Reflexiones sobre una vida* – NetV 14 (1989) 237-267

2093 CAMPELO, MOISÉS M. *San Agustín: la persona humana, sujeto de la historia* – AnJE 19/20,1 (1987/88) 255-325

2094 CAMPO DEL POZO, FERNANDO *Fundamentación del derecho según san Agustín* – AnJE 19/20,1 (1987/88) 139-171

2095 CAMPODONICO, ANGELO *Salvezza e verità: saggio su Agostino* [Ricerche studi e strumenti: Filosofia 1]. Genova: Marietti 1989. 215 pp.

2096 CANÉVET, MARIETTE *Se connaître soi-même en Dieu: un aspect du discernement spirituel dans les Confessions d'Augustin* – ReSR 64 (1990) 27-52

2097 CANNONE, GIUSEPPE *Miracolo e sacramento in alcuni passi di S. Agostino* – InvLuc 11 (1989) 137-149

2098 CANTELMI, ANTONIO *La Sacra Scrittura nelle Lettere di Sant' Agostino* – Euresis. Notizie e scritti di varia indole del Liceo classico M. Tullia Cicerone di Sala Consilina (Salerno) 6 (1990) 91-109

2099 CAPITANI, FRANCO DE *Il De libero arbitrio e la prima polemica antimanichea di S. Agostino* – Medioevo (Padova) 9 (1983) 77-112

2100 CAPPONI, FILIPPO *Instrumenta aucupii e metafore agostiniane.* – KoinNapoli 12 (1988) 45-52

2101 CAPRIOLI, A. *La conversione, un ritorno a S. Agostino.* Milano: Ed. Ancora 1987

2102 CAPRIOLI, ADRIANO *Battesimo di Agostino, immagine di Chiesa e figura di cristiano.* In: *Agostino a Milano* (cf. 1988-90, 170) 63-75

2103 CARVALHO, M.A. SANTIAGO DE «*Beatos esse non volumus*». *Uma leitura do De beata vita de Sto. Agostinho, 1* – HumTeol 9 (1988) 69-95; 187-222

2104 CASPER, B. O *Agir da Linguagem. Observações a propósito dos ultimos livros das Confessiones de Agostinho* – RaPortFilos 44 (1988) 63-80

2105 CASTRO, J.A. *A voz, o olhar e o silêncio. Uma leitura do De Magistro de Santo Agostinho* – HumTeol 9 (1988) 169-185

2106 CATTANEO, MARIO *Sant'Agostino critico della tortura.* In: *L'umanesimo di sant'Agostino* (cf. 1988-90, 362) 455-465

2107 CATURELI, ALBERTO *El principio de orden moral desde la perspectiva agustiniana* – AnJE 19/20,1 (1987/88) 131-137

2108 CECCONI, GIOVANNI ALBERTO *Un evergete mancato. Piniano a Ippona.* – AtPavia 66 (1988) 371-389

2109 CETL, JIRI *Liber naturae. Bemerkungen zur Geschichte einer Metapher* – SPFFBU 33 (1988) 103-108

2110 CHAUSSY, Y. *Les Mauristes et l'édition de S. Augustin.* In: *Troisième centenaire* (cf. 1988-90, 62) 29-35

2111 CHERLONNEIX, JEAN-LOUIS *L'indécence de l'espace* [chez Augustin]. In: *Saint Augustin* (cf. 1988-90, 2578) 153-174

2112 CHURCHILL, LAURIE J. *Inopem me copia fecit: signs of Narcissus in Augustine's Confessions* – Classical & Modern Literature (Terre Haute) 10 (1989/90) 373-379

2113 CID LUNA, P. *Algunos rasgos sintáctico-estilísticos del «De cathechizandis rudibus»* – Augustinus 34 (1989) 337-346

2114 CID LUNA, P. *Algunos rasgos sintáctico-estilísticos del «De cathechizandis rudibus».* In: *Actas del I Simposio* (cf. 1988-90, 164) 221-222

2115 CID LUNA, P. *San Agustín y la Filología* – ECI 31 (1989) 7-33

2116 CID LUNA, PERFECTO *San Agustín y la filología* [mit engl. Zusammenfassung] – ECl 31 (1988/89) No. 96 7-33

2117 CIOFFI, ANTONIO *S. Agostino maestro di stile e di vita negli scritti di Francesco di Capua.* In: *L'umanesimo di sant'Agostino* (cf. 1988-90, 362) 467-478

2118 CIPRIANI, N. *A proposito dell'accusa di manicheismo fatta a S. Agostino da Giuliano d'Eclano* [mit poln. Übersetzung von S. LONGOSZ] – VoxP 8 (1988) f.14, 333-350

2119 CLARK, ELISABETH A. *Vitiated seats and holy vessels: Augustine's Manichean past.* In: *Images of the feminine in gnosticism* (cf. 1988-90, 259) 367-409

2120 CLARK, MARY T. *Agustín y la unidad* – Augustinus 34 (1989) 293-304

2121 CLARK, MARY T. *Augustine's theology of the Trinity: its relevance* – Dionysius 13 (1989) 71-84

2122 CLARK, MARY T., RSCJ *Was St. Augustine a Voluntarist?* In: *Studia patristica 18,4* (cf. 1988-90, 345) 8-13

2123 COLEMAN, JANET *Augustinus. Christliches Staatsdenken am Ende des Römischen Reiches.* In: *Politische Denker. Von Plato bis Popper.* Edd. BRIAN REDHEAD; JOACHIM STARBATTY. Bonn; Stuttgart: Verl. Bonn aktuell (1988) 61-101

2124 COMPAROT, ANDRÉE *L'augustinisme et le renouveau de la pensée européenne.* In: *Saint Augustin* (cf. 1988-90, 2578) 367-393

2125 CORCORAN, GERVASE *Prayer and solidarity in Saint Augustine* – DR 108 (1990) 151-174

2126 CORRADINI, DOMENICO *Il corpo, filo dell'essere* [in S. Agostino]. In: *L'umanesimo di sant'Agostino* (cf. 1988-90, 362) 309-333

2127 CORSINI, EUGENIO *La pace nella Città di Dio di S. Agostino.* – CCC 9 (1988) 205-215

2128 CORTE, FRANCESCO DELLA *Agostino autobiografo* [Pubbl. del Dip. di storia della civiltà europea 6]. Trient: Fac. di Lettere e Filos. dell'Univ. degli Studi 1989. 52 pp.

2129 CORTE, FRANCESCO DELLA *Agostino e il progetto enciclopedico.* In: *L'umanesimo di sant'Agostino* (cf. 1988-90, 362) 89-117

2130 COTTA, SERGIO *Guerre e pace nella filosofia de S. Agostino.* In: *L'umanesimo di sant'Agostino* (cf. 1988-90, 362) 119-140

2131 COUTINHO, JORGE *Essencialidade e Existencialidade em Santo Agostinho* – Didaskalia 19 (1989) 95-114; – RaPortFilos 44 (1988) 17-37

2132 COWARD, HAROLD G. *Memory and scripture in the conversion of Augustine.* In: *Grace, politics and desire* (cf. 1988-90, 2297) 19-30

2133 COYLE, J. KEVIN *Augustine's two treatises De moribus. Remarks on their textual history.* In: *Signum pietatis* (cf. 1988-90, 335) 75-90

2134 COYLE, J.K. *Maurist manuscript sources for Augustine's two treatises De moribus* – Augustiniana 40 (1990) 3-18

2135 CRAWFORD, DAN D. *Intellect and will in Augustine's Confessions* – RelStud 24 (1988) 291-302

2136 CREMONA, CARLO *Agostinho de Hipona (A Razão e a Fé)*. Petropolis: Vozes 1990. 262 pp.

2137 CREMONA, CARLO *Augustinus: eine Biographie.* Übers. von MARTIN HAAG. Zürich: Benziger 1988. 354 pp.

2138 CRESS, DONALD A. *Augustine's privation of evil* – AugSt 20 (1989) 109-128

2139 CROSSON, FREDERICK J. *Structure and meaning in St. Augustine's Confessions* – PACPA 63 (1989) 84-97

2140 CROSSON, FREDERICK J. *The structure of the De magistro* – REA 35 (1989) 120-127

2141 CRUZ HERNANDEZ, M. *La filosofía que pudo conocer San Agustín en Cartago, Roma y Milán* – CD 202 (1989) 23-47

2142 CZESZ, B. *Interpretacja nieba w kategorii państwa bożego przed Augustynem* (= Interprétation du ciel conçue dans la catégorie de cité de Dieu avant St. Augustin) – VoxP 10 (1990) f.19, 621-636

2143 DALMASSO, GIANFRANCO *Razionalità e destino* – Bollettino filosofico del Dip. di Filos. dell'Univ. di Calabria (Cosenza) 8 (1990) 23-44

2144 DALSGAARD LARSEN, BENT *Betydningen af de sidste bøger i Augustins Confessiones med henblik på fortolkningen af hele værket* – DTT 53 (1990) 19-44

2145 DALSGAARD LARSEN, BENT *Saint Augustine on Christ as principium in De ciuitate Dei 10,23-24.* In: *Studia Patristica* 22 (cf. 1988-90, 349) 283-289

2146 DARAKI, MARIA *L'expérience psychologique du temps chez Augustin et la démarche historiciste. Quelques points de comparaison.* In: *Saint Augustin* (cf. 1988-90, 2578) 113-119

2147 DARAKI, MARIA *Une religiosité sans Dieu. Essai sur les stoïciens d'Athènes et saint Augustin* [Coll. Armillaire]. Paris: La Découverte 1989. 240 pp.

2148 DASSMANN, ERNST *Tam Ambrosius quam Cyprianus (c. Iul. imp. 4,112). Augustins Helfer im pelagianischen Streit.* In: *Oecumenica et patristica* (cf. 1988-90, 303) 259-268

2149 DECRET, FRANÇOIS *Saint Augustin, témoin du manichéisme dans l'Afrique romaine.* In: *Internationales Symposion über den Stand der Augustinus-Forschung* (cf. 1988-90, 261) 87-97

2150 DEKKERS, E. *Quelques notes sur des florilèges augustiniens anciens et médievaux* – Augustiniana 40 (1990) 27-44

2151 DEKKERS, E. *S. Augustin éditeur.* In: *Troisième centenaire* (cf. 1988-90, 62) 235-244

2152 DEMEULENAERE, ROLAND *Le sermon 283 de saint Augustin en l'honneur des martyrs massilitains. Édition critique.* In: *Fructus centesimus* (cf. 1988-90, 237) 105-113

2153 DEPROOST, PAUL AUGUSTIN *La polyphonie au temps de saint Augustin? Position du problème et réflexions autour de quelques textes* – LEC 56 (1988) 145-154

2154 DERYCKE, HUGUES *Le Christ universel selon saint Augustin* – BLE 91 (1990) 163-174

2155 DESCH, WALTRAUD *Augustins Confessiones: Beobachtungen zu Motivbestand und Gedankenbewegung* [Studien zur klassischen Philologie 38]. Frankfurt am Main; Bern; New York; Paris: Lang 1988. 115 pp.

2156 DESIMONE, RUSSELL J. *Augustine: on being a Christian* – AugSt 19 (1988) 1-35

2157 DIDEBERG, DANY *Caritas. Prolégomènes à une étude de la théologie augustinienne de la charité.* In: *Signum pietatis* (cf. 1988-90, 335) 369-381

2158 DINIS, A. *Os comentários De Genesi de S. Agostinho e a polémica copernicana* – RaPortFilos 44 (1988) 39-61

2159 DIVJAK, J. *L'établissement de l'édition critique des Lettres de S. Augustin par les Mauristes.* In: *Troisième centenaire* (cf. 1988-90, 62) 203-213

2160 DIVJAK, JOHANNES *La présence de Saint Augustin en Espagñe.* In: *Coloquio sobre circulación de códices y escritos entre Europa y la Península en los siglos VIII-XIII. Santiago de Compostela, 16-19 de Setiembre de 1982* (cf. 1988-90, 264) 9-34

2161 DOBRYNIN, A. *The time of human being.* In: *The philosophical understanding of human being.* Ed. by V. LAZUTKA. Vilnius: Inst. of Philos. (1988) 17-25

2162 DODARO, ROBERT *Christus Iustus and fear of death in Augustine's dispute with Pelagius.* In: *Signum pietatis* (cf. 1988-90, 335) 341-361

2163 DOEPP, SIEGMAR *«Mündlichkeit» und Augustinus' Confessiones.* In: *Strukturen der Mündlichkeit in der römischen Literatur* (cf. 1988-90, 342) 271-284

2164 DOIGNON, J. *Une analyse de style sénéquien de la versatilité chez Augustin (Epist. 48)* – Augustiniana 40 (1990) 189-192

2165 DOIGNON, JEAN *Augustinus in Cassiciacum und die Kultur seiner Zeit: Verbundenheit und Ablösung* – RQ 85 (1990) 50-65

2166 DOIGNON, JEAN *Développements stoïcisants d'Augustin autour de l'exemplum cicéronien d'Orata. De la peur à la vigilance et à la foi dans les Dialogues de Cassiciacum.* In: *Signum pietatis* (cf. 1988-90, 335) 53-61

2167 DOIGNON, JEAN *État des questions relatives aux premiers Dialogues*. In: *Internationales Symposion über den Stand der Augustinus-Forschung* (cf. 1988-90, 261) 47-86

2168 DOIGNON, JEAN *Factus erectior (B. uita I, 4): une étape de l'évolution du jeune Augustin à Carthage* – VetChr 27 (1990) 77-83

2169 DOIGNON, JEAN *La problématique des quatre vertus dans les premiers traités de S. Augustin*. In: *L'umanesimo di sant'Agostino* (cf. 1988-90, 362) 169-191

2170 DOIGNON, JEAN *Le «progrès» philosophique d'Augustin dans l'otium de Cassiciacum d'après la lettre 4*. In: *Fructus centesimus* (cf. 1988-90, 237) 141-151

2171 DOLBEAU, FRANÇOIS *Sermons inédits de S. Augustin dans un manuscrit de Mayence (Stadtbibliothek, I.9)* – REA 36 (1990) 355-359

2172 DOLBY MUGICA, M. DEL CARMEL *Agustín de Tagaste. El Itinerario de la Sabiduría* – RAgEsp 29 (1988) 435-500

2173 DOLBY MUGICA, M. DEL CARMEL *El hombre como imagen de Dios en la especulación agustiniana* – Augustinus 39 (1989) 119-154

2174 DOLBY MUGICA, M. DEL CARMEL *El problema del mal en san Agustín y la racionalidad de lo real* – RAgEsp 30 (1989) 437-454

2175 DOMBROWSKI, DANIEL A. *St. Augustine, abortion, and libido crudelis* – JHI 69 (1988) 151-156

2176 DOUCELINE, H. *Recibir el amor y ser amor (Orando con san Agustín)* – CuadMon 23 (1988) 1-12

2177 DOUCET, D. *Le thème du médecin dans les premiers dialogues philosophique de S. Augustin* – Augustiniana 39 (1989) 447-461

2178 DOUCET, DOMINIQUE *Da quod iubes et iube quod vis. Analyse et situation* – BLE 90 (1989) 101-112

2179 DOUCET, DOMINIQUE *Recherche de Dieu, incarnation et philosophie: Sol. I,1,2-6* – REA 36 (1990) 91-119

2180 DOUET, ANNE-THERESE *Âme et géométrie ou De quelques termes mathématiques dans le De quantitate animae de saint Augustin*. In: *Le Lexique chrétien* (cf. 1988-90, 274) 63-71

2181 DOULL, FLOY ANDREWS *Si enim fallor, sum: The Logic of Certainty in St. Augustine and Descartes*. In: *Studia patristica 18,4* (cf. 1988-90, 345) 44-48

2182 DOULL, JAMES *What is Augustinian sapientia?* – Dionysius 12 (1988) 61-67

2183 DROBNER, HUBERTUS R. *Grammatical Exegesis and Christology in St. Augustine*. In: *Studia patristica 18,4* (cf. 1988-90, 345) 49-63

2184 DROŻDŻ, A. *Poszukiwanie mądrości a nawrócenie według św. Augustyna. Aspekt epistemologiczno-etyczny (= Die augustinische*

intellektuelle Suche nach Weisheit und Gott) – VoxP 8
(1988) f.14, 81-100

2185 DULAEY, MARTINE *Songe et prophétie dans les Confessions
d'Augustin: du rêve de Monique à la conversion au jardin de Milan* – AugR 29 (1989) 379-391

2186 DURAND, GEORGES-MATTHIEU DE *L'agressivité chez S. Augustin.* – SR 17 (1988) 199-211

2187 DUTOIT, ERNEST *Tout saint Augustin.* Ed. ESTHER BRÉGUET.
Freiburg: Ed. Universit. 1988. 236 pp.

2188 DUVAL, LEON ETIENNE *San Agustín y la libertad* – RC 35
(1989) 555-566

2189 DUVAL, YVES-MARIE *Augustin, le message de la foi* – RICP
25-28 (1988) 27-44

2190 DUVAL, YVETTE *Flora était-elle africaine? Augustin, De cura ge-
renda pro mortuis, I,1.* – REA 34 (1988) 70-77

2191 DYL, J. *Prace dyplomowe o świętym Augustynie pisane na KULu*
(= Die an der Katholischen Universität in Lublin geschriebenen Arbeiten über den heiligen Augustin) – VoxP 8 (1988) f.14, 409-412

2192 EASTMAN, J.R. *Giles of Rome and his use of St. Augustine in
defense of papal abdication* – Augustiniana 38 (1988) 129-139

2193 EBOROWICZ, W. *Listy św. Augustyna obrazem jego duszy* (= De
S. Augustini epistolis uti ipsius animae imagine) – VoxP 7
(1987) f.12/13, 125-136

2194 EBOROWICZ, W. *Proces nawrócenia św. Augustyna* (= Quid
sanctus Augustinus de sua conversione tradiderit?) – VoxP 8
(1988) f.14, 67-79

2195 EBOROWICZ, W. *Rzut oka na pneumatologię, świętego Augustyna* (= Quid S. Augustinus de Spiritu Sancto primo obtutu putave-
rit) – VoxP 8 (1988) f.14, 197-206

2196 EBOROWICZ,WACŁAW *De matrimonio atque familia in doctrina et cura pastorali Sancti Augustini* – VoxP 5 (1985) 141-149

2197 EBOROWICZ,WACŁAW *L'invitation de saint Augustin au concile d'Ephése* – VoxP 6 (1986) 585-592

2198 ECKERMANN, WILLIGIS *Die «Betrachtungen» Alois Güglers
(1782-1827) zu Augustins De doctrina christiana.* In: *Signum pietatis* (cf. 1988-90, 335) 579-607

2199 ECKMANN, A. *Liturgia i teologia chrztu świętego Augustyna w
Mediolanie* (= Liturgy and theology of St. Augustine's baptism in
Milan) – VoxP 8 (1988) f.14, 101-118

2200 ECKMANN, A. *Osobowośc dobrego katechety w ujeciu św. Augustyna* (= La persona del buon catechista secondo S. Agostino) –
VoxP 10 (1990) f.18, 113-119

2201 ECKMANN, A. *Sw. Augustyn – duszpasterz* (= Saint Augustine –
the Pastor) – VoxP 7 (1987) f.12/13, 137-153

2202 ECKMANN, A. *Sw. Augustyn – duszpasterz (dokonczenie)* (= Saint Augustine – the Pastor) – VoxP 8 (1988) f.14, 307-313

2203 ECKMANN, A. *Znajomośc św. Augustyna w Kościele Wschodnim* (= Die Bekanntschaft der Ostkirche mit den Werken des hl. Augustinus) – VoxP 10 (1990) f.18, 199-212

2204 ECKMANN, AUGUSTYN *Moc poezji w ujęciu św. Augustyna* (= Quid S. Augustinus de poesis vi docuerit) – VoxP 8 (1988) f.15, 811-816

2205 EDEN, KATHY *The rhetorical tradition and Augustinian hermeneutics in De doctrina christiana* – Rhetorica 8 (1990) 45-63

2206 ENO, ROBERT B. *Saint Augustine and the saints*. Villanova, Penna.: Villanova Univ., Augustian Inst. 1989. VIII, 154 pp.

2207 ENSKAT, RAINER *Zeit, Bewegung, Handlung und Bewußtsein im XI. Buch der Confessiones des hl. Augustinus*. In: *Zeit, Bewegung, Handlung: Studien zur Zeitabhandlung des Aristoteles*. Ed. ENNO RUDOLPH [Forschungen und Berichte der Evangelischen Studiengemeinschaft 42]. Stuttgart: Klett-Cotta (1988) 193-221

2208 ERLER, MICHAEL *Augustinus' Gesprächsstrategie in seinen antimanichäischen Disputationen*. In: *Strukturen der Mündlichkeit in der römischen Literatur* (cf. 1988-90, 342) 285-311

2209 ESTAL, G. DEL *Construcción agustiniana de la paz*. In: *Jornadas Agustinianas* (cf. 1988-90, 265) 239-254

2210 ESTAL, GABRIEL DEL *Un camino apasionado del hombre hacia Dios* – Augustinus 33 (1988) 307-333

2211 ESTRADA BARBIER, B. *La «Eneida» en los dos primeros libros del «De civitate dei» de San Agustín* – BolBogotá 45 (1990) 63-78

2212 ÉTAIX, R. *Débris d'un nouveau sermon de saint Augustin pour la fête de l'Epiphanie dans un lectionnaire de Junièges* – RBen 98 (1988) 7-17

2213 EVANGELIOU, CHRISTOS *Porphyry's Criticism of Christianity and the Problem of Augustine's Platonism* – Dionysius 13 (1989) 51-70

2214 FABRIS, MATTEO *Agostino e Lutero sulla libertà*. In: *L'umanesimo di sant'Agostino* (cf. 1988-90, 362) 493-504

2215 FALGUERAS SALINAS, I. *La filosofía y la conversión de S. Agustín*. In: *Jornadas Agustinianas* (cf. 1988-90, 265) 119-142

2216 FALGUERAS SALINAS, IGNACIO *Nota sobre la expresión «Filosofía cristiana» en san Agustín* – AnJE 19/20,1 (1987/88) 463-469

2217 FEEHAN, THOMAS *Augustine on lying and deception* – AugSt 19 (1988) 131-139

2218 FEEHAN, THOMAS *The morality of lying in St. Augustine* – AugSt 21 (1990) 67-81

2219 FELDMANN, E. *Noch einmal: die Confessiones des Augustinus und ihre Einheit. Reflexionen zu ihrer Komposition.* in: *Studia patristica 18,4* (cf. 1988-90, 345) 64-70

2220 FELDMANN, ERICH *Literarische und theologische Probleme der Confessiones.* In: *Internationales Symposion über den Stand der Augustinus-Forschung* (cf. 1988-90, 261) 27-45

2221 FELDMANN, ERICH *Unverschämt genug vermass er sich, astronomische Anschauungen zu lehren. Augustins Polemik gegen Mani in Conf. 5,3 ff.* In: *Signum pietatis* (cf. 1988-90, 335) 105-120

2222 FERNANDEZ, A.R. *La huella de san Agustín en la literatura española del Siglo de Oro.* In: *Verbo de Dios y palabras humanas* (cf. 1988-90, 364) 275-286

2223 FERNANDEZ, FERNANDO *Presupuestos básicos para una educación agustiniana. El marco teórico de referencia y la líneas permanentes de actuación* – AnJE 19/20,1 (1987/88) 551-574

2224 FERNANDEZ GARCIA, M.N. *Sant'Agostino e i pagani* – RAgEsp 31 (1990) 615-633

2225 FERNANDEZ RAMOS, FELIPE *Los signos en los Tractatus in Ioannem* – Augustinus 33 (1988) 57-76

2226 FERRARI, LEO C. *The tree in the works of Saint Augustine* – Augustiniana 38 (1988) 37-53

2227 FERRETTI, SILVIA *Il giudizio di sant' Agostino sulla Nuova Accademia tra scetticismo ed esoterismo* – Filos 41 (1990) 155-183

2228 FERRIER, FRANCIS *Saint Augustin* [QSJ 2468]. Paris: Pr. Univ. de France 1989. 128 pp.

2229 FILARSKA, B. *Baptysterium mediolańskie* (= The baptistery of Milan) – VoxP 8 (1988) f.14, 119-124

2230 FITZGERALD, ALLAN *Almsgiving in the works of Saint Augustine.* In: *Signum pietatis* (cf. 1988-90, 335) 445-459

2231 FLETEREN, FREDERICK VAN *A reply to Robert O'Connell* – AugSt 21 (1990) 127-137

2232 FLOOD, EMMET T. *The narrative structure of Augustine's Confessions. Time's quest for eternity* – IPhQ 28 (1988) 141-162

2233 FLORES D'ARCAIS, GIUSEPPE *La paideia di S. Agostino.* In: *L'umanesimo di sant'Agostino* (cf. 1988-90, 362) 505-516

2234 FLOREZ, R. *El libro «De Magistro» en el proyecto pedagógico de san Agustín* – Educadores (Madrid) 30 (1988) 285-307

2235 FOLGADO FLOREZ, S. *El Estado y el principio de la justicia. Una aproximación a la teoría de las limitaciones del poder político, según san Agustín* – AnJE 19/20,1 (1987/88) 75-115

2236 FOLGADO FLOREZ, S. *La «Theologia civilis»: planteamiento y crítica de San Agustín* – CD 203 (1990) 593-612

2237 FOLLIET, G. *Les methodes d'édition aux XVIe et XVIIe s. à partir des éditions successives du De correptione et gratia.* In: *Troisième centenaire* (cf. 1988-90, 62) 71-102

2238 FONTAINE, JACQUES *Augustin penseur chrétien du temps.* – BulBudé (1988) 53-71

2239 FONTAINE, JACQUES *Genres et styles dans les Confessions de saint Augustin* – IL 42 (1990) No 1 13-20

2240 FONTAINE, JACQUES *Temps de l'homme et temps de Dieu. Le temps du récit autobiographique dans les Confessions de saint Augustin.* In: *Le temps du récit. Colloque organisé à la Casa de Velázquez (Madrid) les 14,15 et 16 janvier 1988* [Annexes aux MCV Sér. Rencontres 3]. Madrid (1989) 185-202

2241 FONTAN, A. *San Agustín, intelectual romano y Padre de la Iglesia.* In: *Verbo de Dios y palabras humanas* (cf. 1988-90, 364) 99-116

2242 FONTANIER, JEAN-MICHEL *Sur le traité d'Augustin De pulchro et apto. Convenance, beauté et adaptation* – RSPhTh 73 (1989) 412-421

2243 FORLIN PATRUCCO, MARCELLA *Tra struttura sociale e prassi ecclesiastica: vescovi e realtà femminili nelle lettere di Agostino.* In: *Agostino d'Ippona. Quaestiones disputatae* (cf. 1988-90, 169) 33-48

2244 FORMENT, EUDALDO *El problema del «cogito» en san Agustín* – Augustinus 39 (1989) 7-30

2245 FORMENT GIRALT, E. *El maniqueísmo y la escatología de S. Agustin.* In: *Jornadas Agustinianas* (cf. 1988-90, 265) 347-375

2246 FRANK, KARL SUSO *Augustinus, incidi in libros. Augustinus und die Philosophie.* In: *Antikes Denken – Moderne Schule* (cf. 1988-90, 178) 286-296

2247 FRANK, KARL SUSO *Augustinus: sapienter et eloquenter dicere* [in deutscher Sprache]. In: *Strukturen der Mündlichkeit in der römischen Literatur* (cf. 1988-90, 342) 257-269

2248 FRANZ, EGON *Das Opfersein Christi und das Opfersein der Kirche: der Opferbegriff Augustins als Beitrag zum Verständnis der Eucharistie in den Konvergenzerklärungen von Lima 1983* [Kontexte 6]. Frankfurt am Main; Bern; New York; Paris: Lang 1988. 144 pp.

2249 *Regula Fratrum atque sororum dominici sepulchri (Comentario en lengua romance a la regla de San Agustín).* Ed. F. LOPEZ RAJADEL – AragS 4 (1989) 167-207

2250 FREDRIKSEN, P. *Beyond the body/soul dichotomy. Augustine's answer to Mani, Plotinus, and Julian.* In: *Paul* (cf. 1988-90, 307) 227-251

2251 FREDRIKSEN, PAULA *Beyond the body-soul dichotomy. Augustine on Paul against the Manichees and the Pelagians* – RechAug 23 (1988) 87-114

2252 FREEMAN, CURTIS WYNN *Reading St. Augustine's City of God as a narrative theology* [Diss.]. Baylor Univ. Waco, Tex. 1990. 446 pp. [microfilm; DissAbstr 51 (1990-1991) 2782A]

2253 FREITAS, M.B. DA COSTA *A Imagen e Semelhança de Deus. Um tema de antropologia agostiniana* – Didaskalia 19 (1989) 21-34

2254 FREND, WILLIAM H.C. *Augustine and Orosius on the end of the ancient world* – AugSt 20 (1989) 1-38

2255 FREND, WILLIAM H.C. *Augustine and state authority: the example of the Donatists* [Text engl. und ital.]. In: *Agostino d'Ippona. Quaestiones disputatae* (cf. 1988-90, 169) 49-73

2256 GAGO FERNANDEZ, L. *Ecos de un centenario. Agustín de Hipona, todo un hombre* – EAg 23 (1988) 411-424

2257 GAL, FERENC *Augustins anbetende Schau des Mysteriums*. In: *Signum pietatis* (cf. 1988-90, 335) 427-438

2258 GALENDE, F. *«Dios – hombre – mundo»: ¿Relación estática o dinámica? Aporte de san Agustín* – BibFe 14 (1989) 467-481

2259 GALINDO RODRIGO, J.A. *El Agustin de las Confesiones y la teología fundamental actual.* In: *Jornadas Agustinianas* (cf. 1988-90, 265) 257-273

2260 GALINDO RODRIGO, J.A. *La libertad como autodeterminación en san Agustín* – Augustinus 35 (1990) 299-320

2261 GALINDO RODRIGO, J.A. *San Agustín y K. Rahner: El amor a Dios y el amor al prójimo* – Augustinus 34 (1989) 305-330

2262 GALLENDE, F. *Tarde te amé.* Buenos Aires: Ediciones Paulinas 1988. 140 pp.

2263 GALLICET, EZIO *Non dico: diabolus fecit (Agostino, Serm. 20,2): Dio, il diavolo e l'uomo nelle prediche di sant'Agostino* In: *L'autunno del diavolo* (cf. 1988-90, 188) I 295-305

2264 GALVAO, H. DE NORONHA *Conversão agostiniana e Sabedoria* – Didaskalia 19 (1989) 47-59

2265 GARCIA ALVAREZ, J. *Conversión y comunidad según san Agustín* – RAgEsp 31 (1990) 377-415

2266 GARCIA ALVAREZ, J. *Discernimiento espiritual y comunidad según san Agustín* – RAgEsp 30 (1989) 455-491

2267 GARCIA ALVAREZ, J. *Oración y conversión en san Agustín* – RAgEsp 29 (1988) 547-592

2268 GARCIA CASTILLO, PABLO *Antecedentes neoplatónicos de San Agustín: de la retórica a la epóptica* – CD 202 (1989) 5-22

2269 GARCIA CASTILLO, PABLO *El hombre agustiniano: de la nostalgia a la esperanza* – CSF 17 (1990) 323-343

2270 GARCIA DE LA FUENTE, O. *Lengua y estilo de las «Confesiones» de san Agustín.* In: *Verbo de Dios y palabras humanas* (cf. 1988-90, 364) 117-128

2271 GARCIA DE LA FUENTE, OLEGARIO; POLENTINOS FRANCO, VALENTIN *El texto del «De Civitate Dei» de San Agustín según el manuscrito escurialense s.I.XVI,* pars secunda – AnMal 11 (1988) 39-71

2272 GARCIA MORENO, L.A. *Nueva luz sobre la Espāna de las invasiones a principios del s. V. La Epístola XI de Consensio a san Agustín.* In: *Verbo de Dios y palabras humanas* (cf. 1988-90, 364) 153-174

2273 GARCIA-JUNCEDA, JOSÉ A. *La cultura cristiana y San Agustín.* 1. reimpr. [Historia de la filosofia 7]. Madrid: Ed. Cincel 1988. 205 pp.

2274 GASNAULT, P. *Les artisans de l'édition mauriste de S. Augustin.* In: *Troisième centenaire* (cf. 1988-90, 62) 37-69

2275 GASTONI LUCIANO, MARCO *Le reliquie di S. Agostino in Sardegna.* In: *L'Africa Romana* (cf. 1988-90, 166/167) II 583-593

2276 GATTI, PAOLO *Una fonte del trattato pseudo-agostiniano Adversus Fulgentium Donatistam* – SIF (3a ser.) 7 (1989) 117-118

2277 GATTI PERER, M.L. *Iconografia agostiniana: il «Te Deum» e il battesimo di Agostino.* In: *Agostino a Milano* (cf. 1988-90, 170) 85-99

2278 GEBBIA, CLARA *Sant'Agostino e l'episcopalis audientia.* In: *L'Africa Romana* (cf. 1988-90, 166/167) II 638-695

2279 GEERLINGS, WILHELM *Augustin und der antike Friedensgedanke.* In: *Krieg und Frieden im Altertum.* Hrg. von GERHARD BINDER und BERND EFFE [Bochumer Altertumswiss. Coll. 1]. Trier: Wiss. Verl. Trier (1989) 191-203

2280 GEERLINGS, WILHELM *Die Christologie Augustins. Zum Stand der Forschung.* In: *Internationales Symposion über den Stand der Augustinus-Forschung* (cf. 1988-90, 261) 219-230

2281 GERLITZ, PETER *Die eikonologische Begründung der Trinitätslehre bei Augustin* – Studi e materiali di storia delle religioni (L'Aquila) 12 (1988) 81-93

2282 GESSEL, W. *Die Stadt des Aurelius Augustinus* – Augustiniana 40 (1990) 73-94

2283 GIL COLOMER, R. *San Agustín.* In: *Filosofía de la educación hoy. Conceptos. Autores. Temas.* Madrid: Ed. Dykinson (1989) 213-243

2284 GILOT, F. RUY DOS SANTOS *Da actualidade de Santo Agostinho. Breve reflexão* – Itinerarium 35 (1989) 17-31

2285 GIVERSEN, SØREN *Manichaean literature and the writings of Augustine.* In: *Living waters: Scandinavian orientalistic studies presented to Frede Løkkegaard on his seventy-fifth birthday, January 27th 1990*. Edd. E. KECK et al. Copenhagen: Museum Tusculanum Pr. (1990) 63-74

2286 GLISCINSKI, J. *Komunikacja międzyosobowa w katechezie na podstawie «De catechisandis rudibus» św. Augustyna* (= Communicatio interpersonalis in arte catechizandi secundum «De catechisandis rudibus» S. Augustini) – VoxP 10 (1990) f.18, 121-146

2287 GLISCINSKI, J. *Wpływ eucharystii na wewnętrzny wzrost człowieka w nauczaniu św. Augustyna* (= L'influsso dell'eucaristia sulla crescità interiore dell'uomo nell'insegnamento di sant' Agostino) – VoxP 8 (1988) f.14, 267-276

2288 GLISCINSKI, JAN *Eucaristia e crescita interiore in Agostino*. In: *Crescita dell'uomo (età postnicena)* (cf. 1988-90, 211) 183-189

2289 GLOY, KAREN *Die Struktur der Augustinischen Zeittheorie im XI. Buch der Confessiones* – PhJB 95 (1988) 72-95

2290 GOAR, ROBERT J. *Reflections on some anti-Roman elements in De Civitate Dei, books I-V* – AugSt 19 (1988) 71-84

2291 GONÇALVES, J. CERQUEIRA *Santo Agostinho, leitor do nosso tempo* – Didaskalia 19 (1989) 127-133

2292 GONZALEZ, SERGIO *Introducción a la contemplación y conocimiento místico de Dios en «De Trinitate» de San Agustín (Libro VIII)* – EAg 24 (1989) 3-53; 299-352

2293 GONZALEZ, SERGIO *La preocupación arriana en la predicación de San Agustín*. Valladolid: Estudio Agustiniano 1989. 445 pp.

2294 GONZALEZ ALVAREZ, A. *San Agustín y la primera filosofía cristiana* – Anales de la Real Academia de Ciencias Morales y Políticas (Madrid) 40 (1988) 135-144

2295 GONZALEZ DE CARDEDAL, O. *Nietzsche ante san Agustín* – Augustinus 33 (1988) 77-91

2296 GOUSMETT, CH. *Creation Order and Miracle according to Augustine* – EvangQ 60 (1988) 217-240

2297 *Grace, politics and desire: essays on Augustine*. Ed. HUGO A. MEYNELL. Calgary: University of Calgary Pr. 1990. X, 193 pp.

2298 GRAMAGLIA, PIER ANGELO *Agostino, Confessioni I-II* [Univ. degli studi di Macerata Publ. della Fac. di lettere e filos. 52. Atti di convegni 12]. Genova: Marietti (1990) 13-94

2299 GRIGOR'JEVA, N.I. *La synthèse des genres à la charnière des époques: les Confessions d'Augustin* [in russischer Sprache]. In: *Interconnection et influence mutuelle des genres dans le développement de la littérature antique*. Éd. par S.S. AVERINCEV et M.L. GASPAROV. Moskva: Nauka (1989) 229-276

2300 GRØNKJÆR, NIELS *Augustin og gudsrigets nye by*. In: *Det ny Jerusalem. Guds by og de skiftende forventninger*. Red. af ANNA MARIE AAGAARD. Århus: Anis (1989) 127-142

2301 Vacat
2302 GRØNKJÆR, NIELS *Platons og Augustins opgør med retorik-*
ken – Fønix (Kopenhagen) 13 (1989) 112-123
2303 GRØNKJÆR, NIELS *Vestens kirkefader.* – Under Guds Ord 299
(1989) 4s.
2304 GROSSI, V. *Il pastore teologo. Realtà e compiti nella valutazione*
di S. Agostino – Lateranum 54 (1988) 253-265
2305 GROSSI, VITTORINO *Ancora sull'unità delle Confessioni. Indi-*
cazioni dalla domanda antropologica? In: *Signum pietatis* (cf.
1988-90, 335) 91-103
2306 GROSSI, VITTORINO *Ascetica del corpo e antropologia nella Re-*
gula ad servos Dei (cc. 3-5) di S. Agostino. In: *Mémorial Jean Gri-*
bomont (cf. 1988-90, 288) 315-330
2307 GROSSI, VITTORINO *La presenza in filigrana di Origene nell'ul-*
timo Agostino: (426-430) – AugR 30 (1990) 423-440
2308 HADOT, ILSETRAUT *Erziehung und Bildung bei Augustin.* In:
Internationales Symposion über den Stand der Augustinus-For-
schung (cf. 1988-90, 261) 99-130
2309 HAEFFNER, G. *Anotações à pergunta agostiniana sobre a essên-*
cia do tempo no Livro XI das « Confissões « – RaPortFilos 44
(1988) 81-97
2310 HAEFFNER, GERD *Bemerkungen zur augustinischen Frage nach*
dem Wesen der Zeit im XI. Buch der Confessiones – ThPh 63
(1988) 569-578
2311 HAMILTON, GORDON J. *Augustine's methods of Biblical inter-*
pretation. In: *Grace, politics and desire* (cf. 1988-90, 2297)
103-119
2312 HAMMAN, ADALBERT G., OFM *La vida cotidiana en Africa del*
Norte en tiempos de San Agustín. Iquitos (Perú): Oala-Ceta / Madrid: Fae 1989. 573 pp.
2313 HAMMAN, ADALBERT G., OFM *La vita quotidiana nell'Africa*
di S. Agostino [Complem. alla Storia della Chiesa]. Milano: Jaca
Book 1989. 362 pp.
2314 HAMMAN, ADALBERT G., OFM *Saint Augustin et la formation*
du clergé en Afrique chrétienne. In: *Congresso Internazionale su*
San Agostino nel XVI Centario della Conversione II (cf. 1985-87,
245) 337-346
2315 HAMMAN, ADALBERT G., OFM *Santo Agostinho e seu Tempo.*
Tradução de A. CUNHA [Coleção Patrologia]. São Paulo:
Edições Paulinas 1989. 365 pp.
2316 HANSON, CRAIG L. *Usury and the world of St. Augustine of*
Hippo – AugSt 19 (1988) 141-164
2317 HARMLESS, JOHN WILLIAM *Augustine and the catechumenate:*
a catechetical perspective [Diss.]. Boston, Mass.: Boston College

1990. 731 pp. [microfilm; cf. summary in DissAbstr 51 (1991) 2694A]

2318 HARRISON, C. *Measure, number and weight in Saint Augustine's aesthetics* – AugR 28 (1988) 591-602

2319 HAYSTRUP, HELGE *Augustin-studier I. Kærlighedens fællesskab og frihed.* Kopenhagen: C.A. Reitzel 1989. 133 pp.

2320 HAYSTRUP, HELGE *Augustin-studier II. Forkyndelse og eksegese.* København: C.A. Reitzel 1990. 145 pp.

2321 HAYSTRUP, HELGE *Guds stad – kirketeologi hos Augustinus.* In: *En ny bok om kyrkan.* (cf. 1988-90, 301) 51-66

2322 HELLENGA, VIRGINIA K. *The exchange of letters between Saint Augustine and Saint Jerome.* In: *Daidalikon: studies in memory of Raymond V. Schoder.* Ed. ROBERT F. SUTTON. Wauconda, Ill.: Bolchazy-Carducci (1989) 177-182

2323 HERRERA, R.A. *St. Augustine's Confessions. A prelude to psychoanalytic theory* – Augustiniana 39 (1989) 462-473

2324 HERZOG, REINHART *Partikulare Prädestination. Anfang und Ende einer Ich-Figuration. Thesen zu den Folgen eines augustinischen Theologumenon.* In: *Individualität.* Hrg. von MANFRED FRANK UND ANSELM HAVERKAMP [Poetik und Hermeneutik 13]. München: Fink (1988) 100-105

2325 HEUDRÉ, BERNARD *Saint Augustin ou la naissance de l'homme occidental.* Paris: Ed. Ouvrières 1988. 113 pp.

2326 HOLSON, P.A. *A Note on Augustine, De Genesi contra Manichaeos 2.9* – LCM 15 (1990) 36-37

2327 HOLTE, RAGNAR *Faith and interiority in S. Augustin's Confessions.* In: *Interiorità e intenzionalità in S. Agostino* (cf. 1988-90, 2333) 71-83

2328 HOLTE, RAGNAR *Kristendom och nyplatonism i Augustinus' Bekännelser.* In: *Patristica Nordica 3* (cf. 1988-90, 306) 41-54

2329 HOLTE, RAGNAR *St. Augustine on free will.* In: *Agostino d'Ippona. De libero arbitrio* (cf. 1988-90, 2008) 67-84

2330 HONNEFELDER, LUDGER *Die Einmaligkeit des Geschichtlichen. Thesen zur philosophischen Bedeutung der Geschichtstheologie Augustins.* In: *Tradition und Innovation. XIII. deutscher Kongreß für Philosophie. Bonn, 24.-29. September 1984.* Edd. WOLFGANG KLUXEN et al. Hamburg: Felix Meiner Verlag (1988) 70-81

2331 HONORÉ, JEAN *Newman et saint Augustin* – RAgEsp 31 (1990) 821-838

2332 *The Hunger of the Heart. Reflections on the Confessions of Augustine.* Ed. by DONALD CAPPS [Society for the Scientific Study of Religion Monograph Series 8]. Washington, DC; West Lafayette, Ind.: Purdue Univ. 1990. XX, 352 pp.

2333 *Interiorità e intenzionalità in S. Agostino: atti del I e II seminario internazionale del Centro di Studi Agostiniani di Perugia*. Ed. LUIGI ALICI [StEA 32]. Roma: Inst. Patristicum «Augustinianum» 1990. 207 pp.

2334 JACKSON, M.G.S.A. *Augustine all at Sea: An Interpretation of the Opening Paragraphs of 'De beata vita'*. In: *Studia patristica 18,4* (cf. 1988-90, 345) 71-77

2335 JACQUES, ROBERT *Le livre VIII des Confessions de saint Augustin. Une approche herméneutique* – Laval 44 (1988) 357-367

2336 JAÑEZ, TARSICIO *Conversión de san Agustín: Induite Dominum Iesum Christum* – Augustinus 35 (1990) 99-125

2337 JANICH, PETER *Geschwindigkeit und Zeit. Anregungen bei Aristoteles und Augustinus zur Lösung eines modernen methodologischen Problems*. In: *Zeit, Bewegung, Handlung: Studien zur Zeitabhandlung des Aristoteles*. Ed. ENNO RUDOLPH [Forschungen und Berichte der Evangelischen Studiengemeinschaft 42]. Stuttgart: Klett-Cotta (1988) 168-192

2338 JANICH, PETER *Geschwindigkeit und Zeit: Aristoteles und Augustinus als Lehrmeister der modernen Physik?* In: *Philosophie und Physik der Raumzeit*. Ed. J. AUDRETSCH; K. MAINZER [Grundlagen der exakten Natur-Wiss. 7]. Mannheim: BI Wiss.-Verl. (1988) 163-181

2339 JOHANNES PAULUS II., PAPA *Augustinum Hipponensem* – AnJE 19/20,1 (1987/88) 17-51 = VoxP 8 (1988) f.14, 7-46 = Augustinus 32 (1987) 9-71

2340 JORDAN, WILLIAM *Augustine on music*. In: *Grace, politics and desire* (cf. 1988-90, 2297) 123-135

2341 JUNDZIŁŁ, JULIUSZ *Ideał żony i matki w «Wyznaniach» św. Augustyna a klasyczne wzorce rzymskie* (= The ideal of wife and mother by Augustine's «Confessiones» and Roman classical models) [mit englischer Zusammenfassung] – VoxP 8 (1988) f.15, 817-829

2342 JUNG, MATTHIAS *Das Denken des Seins und der Glaube an Gott: zum Verhältnis von Philosophie und Theologie bei Martin Heidegger* [Epistemata R. Philos. 83]. Würzburg: Königshausen und Neumann 1990. 197 pp.

2343 JURGELEIT, ROLAND *Der Zeitbegriff und die Kohärenz des Zeitlichen bei Augustinus*. – REA 34 (1988) 209-229

2344 KATO, SHINRO *Cor, praecordia, viscera. Remarques sur quelques expressions psychosomatiques des Confessions d'Augustin*. In: *Saint Augustin* (cf. 1988-90, 2578) 312-326

2345 KATO, T. *La voix chez Origène et S. Augustin* – Augustiniana 40 (1990) 245-258

2346 KAUFMAN, PETER IVER *Augustine, evil, and Donatism: sin and sanctity before the Pelagian controversy* – ThSt 51 (1990) 115-126

2347 KEVANE, EUGENE *Catechesis in Augustine*. Villanova, Penna.: Villanova Univ., Augustian Inst. 1989. VIII, 110 pp.

2348 KHODOSS, FLORENCE *L'enfant est le père de l'homme*. In: *Saint Augustin* (cf. 1988-90, 2578) 348-355

2349 KIENZLER, KLAUS *Der Aufbau der Confessiones des Augustinus im Spiegel der Bibelzitate* – RechAug 24 (1989) 123-164

2350 KIJEWSKA, AGNIESZKA *The Greek theory of pankalia and early Christian conception of beauty* [in polnischer Sprache, mit englischer Zusammenfassung] – VoxP 6 (1986) 593-605

2351 KILMARTIN, EDWARD J. *The eucharistic gift: Augustine of Hippo's Tractate 27 on John 6, 60-72*. In: *Preaching in the Patristic age* (cf. 1988-90, 315) 162-182

2352 KIM, GUANG-CHAE *Augustins Gedanken über die Gerechtigkeit* [Diss.]. Heidelberg: 1989. XXII, 160 pp.

2353 KIRSCHNER, ROBERT *Two responses to epochal change: Augustine and the rabbis on Ps. 137 (136)* – VigChr 44 (1990) 242-262

2354 KIRWAN, CHRISTOPHER *Augustine* [The arguments of the philosophers]. London: Routledge 1989. VIII, 247 pp.

2355 KIRWAN, CHRISTOPHER *Augustine on souls and bodies*. In: *Logia, mente e persona: studi sulla filosofia antica*. Ed. ANTONIA ALBERTI [Accad. Toscana di Scienze e Lettere La Colombaria Studi 110]. Firenze: Olschki (1990) 207-241

2356 KLOECKENER, MARTIN *Das eucharistische Hochgebet bei Augustinus. Zu Stand und Aufgaben der Forschung*. In: *Signum pietatis* (cf. 1988-90, 335) 461-495

2357 KLUGE, E.-H.W. *St. Augustine and the second way* – FSt 49 (1989) 34-54

2358 KOERNER, FRANZ *Augustinus: das Grund-Problem der Existenz: die Frage nach der Ratio im Dasein und Denken des Menschen*. In: *Grundprobleme der großen Philosophen – Philosophie des Altertums und des Mittelalters: Sokrates, Platon, Aristoteles, Augustinus, Thomas von Aquin, Nikolaus von Kues*. Ed. JOSEPH SPECK. Göttingen: Vandenhoeck & Ruprecht (1990) 123-170

2359 KOWALCZYK, S. *Społeczność naturalna i nadnaturalna w ujęciu św. Augustyna* (= La société naturelle et surnaturelle chez Augustin) – VoxP 8 (1988) f.14, 351-368

2360 KOWALCZYK, STANISŁAW *Człowiek i Bóg w nauce świętego Augustyna*. Warszawa 1987. 276 pp.

2361 KOWALCZYK, STANISŁAW *Filozofia pokoju św. Augustyna* (= La philosophie de la paix chez Saint Augustin) [mit französischer Zusammenfassung] – VoxP 8 (1988) f.15, 831-857

2362 KRUSINSKI, LESZEK M. *Znaczenie wyrazów «fides» i «fidelis» w «De Trinitate» św. Augustyna.* Lublin 1985. 150 pp.

2363 KUBIAK, Z. *Uwagi o pracy nad tłumaczeniem świętego Augustyna* (= Alcune osservazione sulla traduzione delle opere di Sant' Agostino) – VoxP 8 (1988) f.14, 413-414

2364 KURDZIAŁEK, M. *Święty Augustyn jako przedstawiciel filozofii chrześcijańskiej* (= Heiliger Augustinus als Vertreter der christlichen Philosophic) – VoxP 8 (1988) f.14, 317-331

2365 KURSAWE, BARBARA *Die Bedeutung von excitare im Werk Augustins.* In: *Signum pietatis* (cf. 1988-90, 335) 217-230

2366 LA PIANA, LILLO *L'unità strutturale del «De Civitate Dei» di Sant'Agostino* – Salesianum 50 (1988) 345-365

2367 LAMARRE, JEAN-MARC *Les Confessions divisées. Discours du maître et discours de l'hystérique dans les Confessions de saint Augustin.* In: *Saint Augustin* (cf. 1988-90, 2578) 337-347

2368 LAMBERIGTS, M. *Julien d'Eclane et Augustin d'Hippone. Deux conceptions d'Adam* – Augustiniana 40 (1990) 373-410

2369 LAMIRANDE, ÉMILIEN *Quand Monique, la mère d'Augustin, prend la parole.* In: *Signum pietatis* (cf. 1988-90, 335) 3-19

2370 LAMMINI, GIUSEPPE *I capitoli introduttivi del De musica di s. Agostino.* In: *Prefazioni* (cf. 1988-90, 316) 163-191

2371 LANA, ITALO *L'idea della pace in Aristotele, Cicerone, Agostino.* In: *Cultura e lingue classiche, II, 2° Convegno di aggiornamento e di didattica, Roma, 31 ottobre – 1 novembre 1987.* A cura di BRUNO AMATA [Studi, testi, commenti patristici 14]. Roma: LAS (1988) 27-66

2372 LANA, ITALO *Studi sull'idea della pace nel mondo antico* – MAT Ser. 5 13,1-2 (1989) 1-68

2373 LANGA, P. *La «Ciudad de Dios» y la «Ciudad del Hombre». Convergencias y tensiones* – EAg 25 (1990) 505-524

2374 LANGA, P. *Reflexiones agustinianas sobre la riqueza* – RC 34 (1988) 447-476

2375 LANGA, P. *San Agustín y el hombre de hoy. Charlas en Radio Vaticano.* Madrid: Religión y Cultura 1988. 333 pp.

2376 LANGA, P. *San Agustín y su «conversión pascual» del año 387.* In: *Jornadas Agustinianas* (cf. 1988-90, 265) 89-116

2377 LANGA, P. *Usar y compartir los bienes según san Agustin* – EAg 29 (1988) 501-545

2378 LANZI, N. *La Chiesa nel ritorno di Agostino alla fede cattolica* – DC 42 (1989) 42-62

2379 LANZI, N. *La Chiesa nella prima esperienza di Agostino* – DC 41 (1988) 257-273

2380 LANZI, NICOLA *Agostino, predicatore e pastore di anime* – VetChr 27 (1990) 422-431

2381 LANZI, NICOLA *La Chiesa nella conversione di S. Agostino* [Coll. teologica 2]. Roma: Libr. Ed. Vaticana 1989. 53 pp.

2382 LAWLESS, G. *Augustine and human embodiment* – Augustiniana 40 (1990) 167-186

2383 LAWLESS, G. *Augustyńskie brzemie posługi pastoralnej (De opere pastorali ad mentem S. Augustini)* – RBL 42 (1989) 294-301

2384 LEHRBERGER, JAMES *Intelligo ut credam. St. Augustine's Confessions* – Thom 52 (1988) 23-39

2385 LEINSLE, ULRICH G. *Von der Weltordnung zur Lebensordnung – Aufgabe und Grenze der Philosophie nach Augustinus' Dialog «De Ordine»* – TPQS 137 (1989) 369-377

2386 LENIHAN, DAVID A. *The just war theory in the work of Saint Augustine* – AugSt 19 (1988) 37-70

2387 LEPELLEY, CLAUDE *Augustin dans l'Afrique romaine de son temps. Les continuités avec la cité classique.* In: *Internationales Symposion über den Stand der Augustinus-Forschung* (cf. 1988-90, 261) 169-188

2388 LETTIERI, GAETANO *Il senso della storia in Agostino d'Ippona: il «saeculum» e la gloria nel «De Civitate Dei»* [CCA]. Roma: Borla 1988. 346 pp.

2389 LIBERA, ALAIN DE *Augustin et Denys au Moyen Âge. La théologie rhénane.* In: *Saint Augustin* (cf. 1988-90, 2578) 282-291

2390 LIENHARD, J.T. *Friendship in Paulinus of Nola and Augustine* – Augustiniana 40 (1990) 279-296

2391 LIPPOLIS, LAURA *Agostino, Vico, Capograssi. Civitas Dei, civitas magna, civitas nova.* In: *L'umanesimo di sant'Agostino* (cf. 1988-90, 362) 517-526

2392 LOCHER, GOTTLIEB FRIEDRICH DANIEL *Die Beziehung der Zeit zur Ewigkeit bei Augustin* – ThZ 44 (1988) 147-167

2393 LÖFSTEDT, BENGT *Zu Augustins Schrift De sermone Domini in monte* – Orpheus 9 (1988) 96-97

2394 LÖW, REINHARD *Zur Interpretation evolutionärer Entwicklungen bei Augustin und Thomas von Aquin.* In: *Evolutionismus und Christentum.* Edd. R.SPAEMANN et al. [Acta humaniora: Civitas-Resultate 9]. Weinheim: VCH (1986) 7-27

2395 LOMBARDO, GREGORY J. *An Introduction to the 'De fide et operibus' of St. Augustine.* In: *Studia patristica 18,4* (cf. 1988-90, 345) 78-84

2396 LONGOSZ, STANISŁAW *Święty Augustyn a starożytny dramat teatralny* (= Quid S. Augustinus de antiquo dramati theatrali senserit?) – VoxP 8 (1988) f.14, 369-394

2397 LONGOSZ, STANISŁAW *Swięty Augustyn a starożytny dramat teatralny* (= Quid S. Augustinus de antiquo dramati theatrali senserit?) – VoxP 8 (1988) f.15, 859-879

2398 LORENZ, B. *Notizen zum Bild des Meeres in den Confessiones des Augustinus.* In: *Studia patristica 18,4* (cf. 1988-90, 345) 85-89

2399 LORIN, CLAUDE *Pour saint Augustin.* Paris: Grasset 1988. 263 pp.

2400 LOURENÇO, EDUARDO *Santo Agostinho – Tabu do Ocidente?* – Didaskalia 19 (1989) 69-79

2401 LUIS VIZCAINO, P. DE *Exégesis, apologética y teología. Poncio Pilato en la obra agustiniana* – Etudes Augustiennes (Paris) 24 (1989) 353-390

2402 LUIS VIZCAINO, P. DE *No me pareció digna de ser comparada con la dignidad de Tulio (Confessiones III, 5, 9).* In: *Jornadas Agustinianas* (cf. 1988-90, 265) 49-69

2403 MADEC, G. *«In te supra me». Le sujet dans les «Confessions» de saint Augustin* – RICP 25-28 (1988) 45-63

2404 MADEC, GOULVEN *Dieu dans la conversion d'Augustin* – Didaskalia 19 (1989) 5-19

2405 MADEC, GOULVEN *La bibliothèque augustinienne. Présentation d'ensemble, table analytique des introductions et des notes complémentaires* [BAug]. Paris: Ét. Augustiniennes 1988. 105 pp.

2406 MADEC, GOULVEN *La patrie et la voie. Le Christ dans la vie et la pensée de Saint Augustin* [Collection Jésus et Jésus-Christ 36]. Paris: Desclée 1989. 346 pp.

2407 MADEC, GOULVEN *Le néo-platonisme dans la conversion d'Augustin. État d'une question centenaire (depuis Harnack et Boissier, 1888).* In: *Internationales Symposion über den Stand der Augustinus-Forschung* (cf. 1988-90, 261) 9-25

2408 MADEC, GOULVEN *Le Thesaurus Augustinianus* – REA 35 (1989) 298-307

2409 MADEC, GOULVEN *Pour la documentation augustinienne.* In: *Signum pietatis* (cf. 1988-90, 335) 665-670

2410 MADEC, GOULVEN *Unde malum?: le livre I du De libero arbitrio.* In: *Agostino d'Ippona. De libero arbitrio* (cf. 1988-90, 2008) 13-34

2411 MAGNAVACCA, SILVIA *La finalidad en el mundo natural según san Agustín* [mit engl. Zus.-fass] – Revista de Filosofia (Buenos Aires) 3 (1988) 27-42

2412 MANDOUZE, ANDRÉ *Cohabiter avec Augustin?* In: *Saint Augustin* (cf. 1988-90, 2578) 11-21

2413 MANDOUZE, ANDRÉ *Sacramentum et sacramenta chez Augustin. Dialectique entre une théorie et une pratique* – BulBudé (1989) 367-375

2414   MANFERDINI, TINA *Il problema del corpo e del sentire nel pensiero di sant'Agostino.* In: *L'umanesimo di sant'Agostino* (cf. 1988-90, 362) 285-308

2415   MARCILLA CATALAN, J. *El matrimonio en la obra pastoral de san Agustín* – Augustinus 39 (1989) 31-117

2416   MARCOS CASQUERO, M.A. *Cultura clásica y cristianismo* – Augustinus 34 (1989) 399-402

2417   MARCZEWSKI, M. *Diakoni w Augustynowej koncepcji Kościoła* (= Die Diakonie beim hl. Augustinus) – VoxP 8 (1988) f.14, 219-224

2418   MARIN, L. *Agustinos: novedad y permanencia. Historia y espiritualidad de los orígenes.* Madrid: Religión y Cultura 1990. 173 pp

2419   MARIN, LOUIS *Échographies. Éléments pour une recherche sur le texte autobiographique: la conversion d'Augustin.* In: *Saint Augustin* (cf. 1988-90, 2578) 295-311

2420   MARIN, MARCELLO *Note su philosophia e sapientia in Agostino* – VetChr 27 (1990) 257-272

2421   MARIN, MARCELLO *Retorica ed esegesi in sant'Agostino.* In: *L'umanesimo di sant'Agostino* (cf. 1988-90, 362) 215-233

2422   MARKUS, R.A. *De Civitate Dei: Pride and the Common Good* – PPMRC 12/13 (1987/88) 1-16

2423   MARKUS, ROBERT A. *Conversion and disenchantment in Augustine's spiritual career.* Villanova, Penna.: Villanova University, Augustian Institute 1989. VII, 46 pp.

2424   MARKUS, ROBERT A. *Essere cristiano secondo Agostino.* In: *Agostino d'Ippona. Quaestiones disputatae* (cf. 1988-90, 169) 23-32

2425   MARKUS, ROBERT A. *Saeculum: history and society in the theology of St. Augustine.* Cambridge: Cambridge Univ. Press 1988. 254 pp.

2426   MARROU, H.-I. *Teología da História.* Petropolis, RJ: Vozes 1989. 152 pp.

2427   MARTANO, GIUSEPPE *Retorica della ratio e retorica della fides. Il 4° libro del De Doctrina christiani di S. Agostino.* In: *L'umanesimo di sant'Agostino* (cf. 1988-90, 362) 537-551

2428   MARTIN, ELAINE MARY *Seek God's face evermore: A study of structure and common themes in Augustine's «De Trinitate» and Langland's «Piers Plowman»* [Diss.]. Yale University 1986. 268 pp. [microfilm; DissAbstr]

2429   MARTIN, JESUS ANGEL *San Agustín y la tradición estética platónica* – CSF 17 (1990) 299-306

2430   MARTIN, RENÉ *Apulée, Virgile, Augustin: réflexions nouvelles sur la structure des Confessions* – REL 68 (1990) 136-150

2431 MARTINI, CARLO MARIA *Parola e contemplazione in S. Agostino.* In: *Agostino a Milano* (cf. 1988-90, 170) 101-108

2432 MARTURET, J. *Lecturas de san Agustín para los Ejercicios de san Ignacio.* Bilbao: Mensajero 1988. 386 pp.

2433 MASUTTI, EGIDIO *Il problema del corpo in S. Agostino.* Roma: Borla 1989. 230 pp.

2434 MATTEI, PAUL *Cum agerem annum aetatis undevicensimum. Augustin, l'Hortensius et la Bible en 373 (Confessions, III,4,7-5,9)* – VL 116 (1989) 26-36

2435 MAYER, CORNELIUS P. *Attende Stephanum conservum tuum (Serm. 317,2,3). Sinn und Wert der Märtyrerverehrung nach den Stephanuspredigten Augustins.* In: *Fructus centesimus* (cf. 1988-90, 237) 217-237

2436 MAYER, CORNELIUS P. *Legitimation des Rechts bei Augustinus.* In: *Geschichtliche Rechtswissenschaft: ars tradendo innovandoque aequitatem sectandi: Freundesgabe für Alfred Söllner zum 60. Geburtstag am 5.2.1990.* Ed. GERHARD KOEBLER et al. [Giessener rechts-wiss. Abh. 6] Giessen: Brühlscher Verlag (1990) 383-401

2437 MAYER, CORNELIUS P. *Paradigma neuzeitlicher Augustinuskritik. Kurt Flaschs Einführung in das Denken Augustins.* In: *Internationales Symposion über den Stand der Augustinus-Forschung* (cf. 1988-90, 261) 231-245

2438 MAYER, CORNELIUS P. *Tempus vestigium aeternitatis. Augustins Zeitauslegung im 11. Buch seiner Confessiones.* In: *Zeit und Ewigkeit. Antikes Denken im Spannungsfeld zwischen irdischer Begrenztheit und Jenseitsvorstellung. XIII. Ferienkurs für Lehrer der alten Sprachen, 3.-8. August 1987, Gaienhofen.* Hrg. von GÜNTHER REINHART et al. Stuttgart: Landesinst. für Erziehung und Unterricht (1988) 116-145

2439 MAZZOLA, ANTONIO *Note sul commento agostiniano a Io. 13, 26-27, la buccella e il traditore svelato.* – VetChr 25 (1988) 557-566

2440 MCGUCKIN, JOHN A. *Did Augustine's christology depend on Theodore of Mopsuestia?* – RSLR 25 (1989) 444-457 = HeythropJ 31 (1990) 39-52

2441 MCMAHON, ROBERT *Augustine's prayerful ascent: an essay on the literary form of the Confessions.* Athens, Ga.: Univ. of Georgia Pr. 1989. XX, 170 pp.

2442 MCWILLIAM, JOANNE *The Cassiciacum Autobiography.* In: *Studia patristica 18,4* (cf. 1988-90, 345) 14-43

2443 MELMAN, CHARLES *Saint Augustin anti-psychoanalyste.* In: *Saint Augustin* (cf. 1988-90, 2578) 332-336

2444 MELONI, P. *Parola, Sacramenti, Comunità nella pastorale di Sant'Agostino* – Liturgia 22 (1988) 25-40

2445 MENDELSON, MICHAEL *Res obscurissima: the origin of the soul in Augustine's De Genesi ad litteram* [Diss.]. Univ. of Colifornia San Diego 1990. 199 pp. [microfilm; DissAbstr 51 (1990-1991) 2404A-2405A]

2446 MERINO, M. *San Agustín en la actual coyuntura europea.* In: *Verbo de Dios y palabras humanas* (cf. 1988-90, 364) 287-313

2447 MEYNELL, HUGO A. *Augustine and the norms of authentic conversion.* In: *Grace, politics and desire* (cf. 1988-90, 2297) 3-15

2448 MICHEL, ALAIN *La parole et la beauté dans la conception augustinienne de l'enseignement.* In: *Saint Augustin* (cf. 1988-90, 2578) 102-112

2449 MICHEL, ALAIN *Sagesse et spiritualité dans la parole et dans la musique: de Cicéron à saint Augustin.* In: *Musik und Dichtung: neue Forschungsbeiträge, Viktor Pöschl zum 80. Geburtstag gewidmet.* Edd. MICHAEL VON ALBRECHT; WERNER SCHUBERT [Quellen und Studien zur Musikgeschichte von der Antike bis in die Gegenwart 23]. Franfurt: Lang (1990) 133-144

2450 MILANESE, GUIDO *Tradizione varroniana e tradizioni grammaticali nei libri II-V del De musica di Agostino* – Aevum (Milano) 2 (1989) 273-297

2451 MILES, MARGARET R. *The body and human values in Augustine of Hippo.* In: *Grace, politics and desire* (cf. 1988-90, 2297) 55-67

2452 MISZTAL, W. *Arystotelesowska i augustyńska koncepcja genezy państwa* (= Aristotelian and Augustinian Conception of the origin of the state) – VoxP 10 (1990) f.18, 293-301

2453 MOLINA, MARIO A. *El hombre agustiniano. Itinerario tras el ser de la existencia* – Augustinus 35 (1990) 369-382

2454 MONDIN, B. *Filosofía, teología y cultura cristiana en el pensamiento de san Agustín* – Sapientia 43 (1988) 191-208

2455 MONDIN, BATTISTA *Il pensiero di Agostino. Filosofia, teologia, cultura.* Roma: Città Nuova 1988. 370 pp.

2456 MONDIN, BATTISTA *Il pensiero ecclesiologico di sant' Agostino* – Sapienza 40 (1987) 369-391

2457 MONTERO HONORATO, M. DEL P. *La música en san Agustín* – StOv 16 (1988) 155-176

2458 MONTERO HONORATO, MARIA DEL PILAR *El libro 6 del De musica de san Agustín* – Augustinus 33 (1988) 335-354

2459 MORALES BORRERO, M. *Presencia de san Agustín en la poesía española del Siglo de Oro* – RAgEsp 29 (1988) 685-724

2460 MORIONES, F. *Espiritualidad agustino-recoleta, I. Carácter comunitario y apostólico del carisma agustiniano.* Madrid: Augustinus 1988. 326 pp.

2461 MORIONES, F. *Espiritualidad agustino-recoleta, II. Carácter comunitario y apostólico del carisma agustiniano.* Madrid: Augustinus 1989. 361 pp.

2462 MOSCHETTI, A.M. ... *E Agostino mi risponde* Padoue: Ediz. Gregoriana 1989. 198 pp.

2463 MOYA, CARLOS *La razón teológica de «La Ciudad de Dios»: Agustín de Hipona* – AnJE 19/20,1 (1987/88) 66-73

2464 MUÑOZ DELGADO, VICENTE *San Agustín en las «Summulae» (1518) de Juan de Oria, profesor de la Universidad de Salamanca* – AnJE 19/20,1 (1987/88) 429-444

2465 NADEAU, MARIE-THERESE *Précisions à propos de la foi de l'Eglise dans l'œuvre d'Augustin* – SR 19 (1990) 427-439

2466 NAPIORKOWSKI, S.C. *Recepcja świętego Augustyna w mariologii Soboru Watykańskiego II* (= La recezione di Sant'Agostino nella mariologia del Concilio Vaticano II) – VoxP 8 (1988) f.14, 397-400

2467 NAPOLITANO, ANTONIO *Comunicación e intersubjetividad en san Agustín* – Augustinus 33 (1988) 373-386

2468 NAVAL DURAN, C. *La palabra en la enseñanza según el tratado «De Magistro».* In: *Verbo de Dios y palabras humanas* (cf. 1988-90, 364) 143-152

2469 NEMESHEGY, PIERRE *Un passage du Tract. in ev. Ioh. 15,10.* – REA 34 (1988) 78-79

2470 NICOLOSI, SALVATORE *La filosofia dell'amore in S. Agostino. Carità e verità.* In: *L'umanesimo di sant'Agostino* (cf. 1988-90, 362) 553-572

2471 NIESCIOR, L. *Żydzi w «Państwie Bożym» św. Augustyna* (= Les Juifs dans le De civitate Dei de S. Augustin) – VoxP 10 (1990) f.19, 713-729

2472 NORBERG, DAG *Les psaumes de saint Augustin et de saint Fulgence de Ruspe.* [mit engl. Zus.-fass.]. In: *Les vers latins iambiques et trochaïques au Moyen Âge et leurs répliques rythmiques* [Vitterhets Hist. & Antik. Akad. Filol. arkiv 35]. Stockholm: Almqvist & Wiksell (1988) 125-132

2473 NORRIS, JOHN M. *The theological structure of St. Augustine's exegesis in his Tractatus in Iohannis Euangelium* [Diss.]. Marquette Univ. Milwaukee, Wis. 1990. 344 pp. [microfilm; DissAbstr 52 (1991-1992) 193A]

2474 NUOVO, ISABELLA *De Civitate Dei* – Roma triumphans. Teologia della storia e storiografia umanistica. In: *L'umanesimo di sant' Agostino* (cf. 1988-90, 362) 573-587

2475 OCAÑA GARCIA, MARCELINO *La revolución agustiniana* – AnJE 19/20,1 (1987/88) 603-619

2476 O'CONNELL, ROBERT J. *Faith, reason and ascent to vision in St. Augustine* – AugSt 21 (1990) 83-126

2477 O'CONNELL, ROBERT J. *The origin of the soul in St. Augustine's later works* New York: Fordham Univ. Pr. 1987. XIII, 363 pp.

2478 O'CONNELL, ROBERT J. *Where the difference still lies* – AugSt 21 (1990) 139-152

2479 ODEN, AMY GERMAINE *Dominant images for the Church in Augustine's Enarrationes in Psalmos: a study in Augustine's ecclesiology* [Diss.]. Southern Methodist Univ. Dallas, Tex. 1990. 296 pp. [microfilm]

2480 O'DONNELL, JAMES J. *Augustine, Confessions XII,28.38* – REA 35 (1989) 128

2481 O'DONNELL, JAMES J. *Hearing 'Confessions'*. In: *Studia patristica 18,4* (cf. 1988-90, 345) 97-104

2482 OESTERLE, HANS J. *Eudämonie-Transzendenz-Theodizee. Die Geschichte eines antiken Begriffs als Rezeptionsschicksal der Neuzeit* – AU 32,6 (1989) 87-101

2483 OLDFIELD, J.J. *Las dimensiones cristológicas de la interioridad agustiniana* – Augustinus 34 (1989) 281-291

2484 O'MEARA, JOHN J. *La jeunesse de saint Augustin. Introduction à la lecture des Confessions*. Traduit de l'anglais par JEANNE HENRI MARROU; augm. d'une prés. de OTTO WERMELINGER. Paris: Cerf 1988. 279 pp.

2485 O'MEARA, JOHN J. *Virgil and Augustine. The Aneid in the Confessions* – Maynooth Review (Maynooth) 13 (1988) 30-43

2486 OORT, JOHANNES VAN *Augustinus, Voetius und die Anfänge der Utrechter Universität*. In: *Signum pietatis* (cf. 1988-90, 335) 565-578

2487 OPELT, ILONA *Augustinus bei Dante*. In: *Signum pietatis* (cf. 1988-90, 335) 523-527

2488 OROZ RETA, J. *De la introversión a la conversión. Algunas reflexiones agustinianas*. In: *Jornadas Agustinianas* (cf. 1988-90, 265) 217-237

2489 OROZ RETA, J. *El espíritu de reforma en san Agustín* – RAgEsp 29 (1988) 657-684

2490 OROZ RETA, J. *El humanismo de san Agustín. Misterio, grandeza y miseria del hombre*. In: *Verbo de Dios y palabras humanas* (cf. 1988-90, 364) 193-218

2491 OROZ RETA, J. *El lenguaje en los primeros escritos de San Agustín* – CD 202 (1989) 111-124

2492 OROZ RETA, J. *En torno a la pedagogia de Dios según S. Agustín* – Augustiniana 40 (1990) 299-316

2493 OROZ RETA, J. *La conversión en los primeros escritos: El retorno a Dios en Casiciaco* – Augustinus 35 (1990) 5-29

2494 OROZ RETA, J. *Otro centenario agustiniano. Edición de las Obras de san Agustín por los Maurinos de san Germain-des-Près (1679-1690)* – Augustinus 35 (1990) 163-168

2495 OROZ RETA, J. *Predestinación, vocación y conversión según san Agustín.* In: *Collectanea Augustiniana. Augustine «Second founder of the faith»* (cf. 1988-90, 206) 29-43

2496 OROZ RETA, J. *San Agustín. El itinerario de una mente hacia Dios* – AnJE 19/20,1 (1987/88) 575-590

2497 OROZ RETA, J. *San Agustín y la pedagogía cristiana* – Augustinus 34 (1989) 229-265

2498 OROZ RETA, J. *Tres grandes testigos de la luz interior: San Agustín, san Buenaventura y J. Henry Newman* – Augustinus 35 (1990) 233-277

2499 OROZ RETA, JOSÉ *Conversión a la fe y virginidad de la mente. Apuntes de doctrina agustiniana.* In: *Signum pietatis* (cf. 1988-90, 335) 439-444

2500 OROZ RETA, JOSÉ *El genio paremiológico de san Agustín* – Augustinus 33 (1988) 93-125

2501 OROZ RETA, JOSÉ *San Agustín. Cultura clásica y cristianismo* [Bibl. Salmanticensis 110]. Salamanca: Publ. de la Pontif. Univ./Biblioteca de la Caja de Ahorros de Salamanca 1988. 359 pp.

2502 ORTEGA MUÑOZ, J.F. *Presencia de san Agustín en María Zambrano* – AnJE 19/20,1 (1987/88) 327-343

2503 PACIOREK, P. *Nauka o Piśmie Świętym w antologii dzieł świętego Augustyna z XVII wieku* (= La doctrine de la Bible dans une anthologie polonaise de 1686 des œuvres de saint Augustin) – VoxP 10 (1990) f.19, 731-747

2504 PADRON, H.J. *En torno a la experiencia filosófica: El tránsito de Plotino a san Agustín* – Paideia Cristiana (Rosario, Argentina) 7 (1988) 12-22

2505 PANNIER, ANNE *Saint Augustin, saint Cyprien. La postérité de deux ecclésiologies.* In: *Saint Augustin* (cf. 1988-90, 2578) 237-247

2506 PANNUTI, FRANCESCA *Les degrés de la temporalité.* In: *L'avenir: actes du XXIIe congrès de l'Association des sociétés de philosophie de langue française, Athènes, 1986* [Publ. de la Fondation de recherche et d'éditions de philosophie néohellénique Sér. Recherches 3]. Paris: Vrin (1987) 311-314

2507 PAREDES MARTIN, M. DEL C. *El significado metódico de la búsqueda de la certeza en «Contra Academicos»* – CSF 17 (1990) 307-322

2508 PAREDI, ANGELO *Agostino e i Milanesi.* In: *Agostino a Milano* (cf. 1988-90, 170) 57-62

2509 PAREDI, ANGELO *Vita di Sant'Agostino*. Milano: Edizioni O.R. 1989. 127 pp.

2510 PAREL, ANTHONY J. *Justice and love in the political thought of St. Augustine*. In: *Grace, politics and desire* (cf. 1988-90, 2297) 71-84

2511 PASQUATO, O. *Eucaristia e Chiesa in Agostino* – EL 102 (1988) 46-63

2512 PATOCK, COELESTIN *Augustinus in der sowjetischen Lexikographie*. In: *Signum pietatis* (cf. 1988-90, 335) 645-657

2513 PAULSEN, DAVID L. *Early Christian belief in a corporeal deity: Origen and Augustine as reluctant witnesses* – HThR 83 (1990) 105-116

2514 PEDERSEN, JØRGEN *Prior omnium sapientia. Om visdomsbegrebet og visdomsidealet i Augustins hovedskrifter, I-II* – DTT 51 (1988) 161-181; 263-276

2515 PEDERSEN, JØRGEN *Strukturer i kontinuitet og forvandling: Fra den augustinsk-middelalderlige artifex-model til den romantisk-moderne Store Kannikestræde-model* – Fønix (København) 14 (1990) 166-186

2516 PEGUEROLES, J. *Dios y el hombre en San Agustín* – RaFMex 23 (1990) 195-200

2517 PEGUEROLES, J. *Postcriptum. La libertad como necesidad para el bien, en san Agustín* – Espíritu 37 (1988) 153-156

2518 PEGUEROLES, JUAN *El deseo y el amor en San Agustín* – Espíritu 38 (1989) 5-15

2519 PELIKAN, JAROSLAV *Canonica Regula: The Trinitarian Hermeneutics of Augustine* – PPMRC 12/13 (1987/88) 17-29

2520 PEÑA, LORENZO *La identificación agustiniana de verdad y existencia* – CD 202 (1989) 149-172

2521 PENNA, J.O. DE MEIRA *O Tempo Histórico e Santo Agostinho* – LeV 208 (1988) 8-15

2522 PÉPIN, JEAN *Augustin et Atticus*. In: *Herméneutique et ontologie: mélanges en hommage à Pierre Aubenque*. Publ. sous la dir. de RÉMI BRAGUE & JEAN FRANÇOIS COURTINE. Paris: Coll. Epiméthée Paris: Presses Universitaires de France (1990) 163-180

2523 PÉPIN, JEAN *Le maniement des prépositions dans la théorie augustinienne de la création* – REA 35 (1989) 251-274

2524 PEREIRA, D. *Génese de «A Cidade de Deus»* – Eborensia 2 (1989) 9-25

2525 PÉREZ PAOLI, UBALDO R. *Der plotinische Begriff von «Hypostasis» und die augustinische Bestimmung Gottes als Subiectum* [Cass 41]. Würzburg: Augustinus-Verlag 1990. XXIV, 286 pp.

2526 PERRICONE, CHRISTOPHER *St. Augustine's idea of aesthetic interpretation* – Ancient Philosophy (Pittsburgh, Pa) 9 (1989) 95-107

2527 PERRIER, F. *S. Augustin.* Paris: PUF 1989. 125 pp.

2528 PETITMENGIN, PIERRE *La division en chapitres de la Cité de Dieu de saint Augustin.* In: *Mise en page* (cf. 1988-90, 293) 133-136

2529 PETRUZZELLIS, NICOLA *Filosofia e teologia della storia nel pensiero di S. Agostino.* In: *L'umanesimo di sant'Agostino* (cf. 1988-90, 362) 43-68

2530 PFLIGERSDORFFER, G. *Philokalie und Gottesliebe. Eine vergleichende Annäherung von Platon und Augustinus.* In: *Signum pietatis* (cf. 1988-90, 335) 233-249

2531 PIESZCZOCH, S. *Charakterystyka chrystologii świętego Augustyna* (= Una caratteristica della cristiologia di sant'Agostino) – VoxP 8 (1988) f.14, 185-195

2532 PIRET, PIERRE *La Cité de Dieu* – BLE 89 (1988) 116-137; 263-272

2533 PIZZOLATO, LUIGI FRANCO *L'Itinerario spirituale di Agostino a Milano.* In: *Agostino a Milano* (cf. 1988-90, 170) 23-41

2534 PORRO, PASQUALE *Enrico di Gand sul problema della realtà del tempo in Agostino (Quodl. III, Q 11).* In: *L'umanesimo di sant' Agostino* (cf. 1988-90, 362) 589-611

2535 POSSENTI, VITTORIO *Sul concetto di popolo. Momenti della filosofia pubblica antica e moderna* – RFN 80 (1988) 395-423

2536 PRADO, S. *El tema misional en la predicación de san Agustín* – Mayeútica 14 (1988) 24-42

2537 PRADO, S. *La obediencia religiosa en san Agustín* – Mayeútica 14 (1988) 111-137

2538 PRIMMER, A. *Die Mauriner-Handschriften der Enarrationes in Psalmos.* In: *Troisième centenaire* (cf. 1988-90, 62) 169-201

2539 QUACQUARELLI, ANTONIO *Le scienze e la numerologia in S. Agostino* – VetChr 25 (1988) 359-379

2540 QUACQUARELLI, ANTONIO *Sapientia ed eloquentia nella prosa di S. Agostino.* In: *Crescita dell'uomo (età postnicena)* (cf. 1988-90, 211) 165-182

2541 QUINN, JOHN M. *Anti-Manichean and other moral precisions in Confessions 3.7.12-9.17* – AugSt 19 (1988) 165-194

2542 RAIKAS, KAUKO K. *St. Augustine on juridical duties. Some aspects of the Episcopal Office.* In: *Collectanea Augustiniana. Augustine, «Second Founder of the Faith».* (cf. 1988-90, 206) 467-483

2543 RAIKAS, KAUKO K. *The Principle of Juridical Vulgarization in the Letters of St. Augustine.* In: *La Tradizione, Forme e Modi.*

XVIII Inconto di Studiosi dell'antichità cristiana. (cf. 1988-90, 360) 413-425

2544 RAMIREZ, J. ROLAND E. *Augustine's numbering numbers and the immortality of the human soul* – AugSt 21 (1990) 153-161

2545 RAMIREZ, J. ROLAND E. *Augustine's Proof for God's existence from the experience of beauty: Confessions X,6* – AugSt 19 (1988) 121-130

2546 RAMIREZ RUIZ, E. *Introducción a la filosofía política de san Agustin.* Guadalajara (México): Impresora Mar-Eva 1988. 135 pp.

2547 RAMON GUERRERO, RAFAEL *San Agustín: escepticismo y necesidad de la fe* – AnJE 19/20,1 (1987/88) 445-462

2548 RAMOS, A. *Verbo interior y Verbo divino.* In: *Verbo de Dios y palabras humanas* (cf. 1988-90, 364) 219-229

2549 RAMOS, F.M. *A «Civitas» politica de Agostinho* – Leopold (1988) 13-32

2550 RANO GUNDIN, BALBINO *La familia agustiniana a través de los siglos.* In: *Herencia Común* (cf. 1988-90, 249) 27-49

2551 RANSON, PATRIC *Le lourd sommeil dogmatique de l'Occident.* In: *Saint Augustin* (cf. 1988-90, 2578) 22-34

2552 RAVEAUX, THOMAS *Adversus Judaeos. Antisemitismus bei Augustinus?* In: *Signum pietatis* (cf. 1988-90, 335) 37-51

2553 REDONDO, E. *La vertiente pedagógica de la figura y de la obra de san Agustín.* In: *Verbo de Dios y palabras humanas* (cf. 1988-90, 364) 177-192

2554 REDONDO SANCHEZ, PEDRO *La retórica latina-cristiana: Agustín de Hipona* – Veleia 5 (1988) 293-298

2555 REIL, ELISABETH *Aurelius Augustinus, De catechizandis rudibus. Ein religionsdidaktisches Konzept* [Studien zur praktischen Theologie 33]. St. Ottilien: EOS Verlag 1989. X, 361 pp.

2556 REY ALTUNA, LUIS *Implicaciones éticas de la estética agustiniana* – Augustinus 33 (1988) 297-305

2557 RIEF, JOSEF *«Bellum» im Denken und in den Gedanken Augustins* [Beiträge zur Friedensethik 7]. Barsbüttel: Inst. für Theologie und Frieden 1990. 109 pp.

2558 RING, THOMAS GERHARD *Römer 7 in den Enarrationes in Psalmos.* In: *Signum pietatis* (cf. 1988-90, 335) 383-407

2559 RINGLEBEN, JOACHIM *Interior intimo meo: die Nähe Gottes nach den Konfessionen Augustins.* Hrsg. von HANS HEINRICH SCHMID [Theologische Studien 135]. Zürich: Theologischer Verlag 1988. 49 pp.

2560 RIOBO GONZALEZ, M. *Fenomenología de la codificación lingüística en san Agustín* – RAgEsp 29 (1988) 41-67

2561 RIVERA DE VENTOSA, E. *El pensador cristiano de hoy ante San Agustín* – CD 202 (1989) 231-248; – Augustinus 33 (1988) 127-145

2562 RIVERA DE VENTOSA, E. *Nota bibliográfica sobre cinco estudios agustinianos* – Augustinus 34 (1989) 389-394

2563 RIVERA DE VENTOSA, E. *Reflexión histórica sobre el agustinismo de San Antonio* – CSF 17 (1990) 345-360

2564 ROCHÉ, D. *St Augustin et les manichéens de son temps* – Cahiers d'études Cathares (Arques) 121 (1989) 3-33

2565 RODRIGUEZ DIEZ, J. *Cosmovisión de la historia en san Agustín. La «La Ciudad de Dios» o la teología de la historia* – AnJE 19/20,1 (1987/88) 173-208

2566 RODRIGUEZ VALLS, F. *Trinidad y ontología transcendental. Ideas en torno al libro IX del «De Trinitate» de san Agustín* – Themata 6 (1989) 137-153

2567 RODRIGUEZ-ROSADO, J.J. *La dialéctica de Casiciaco y el orden trascendental.* In: *Verbo de Dios y palabras humanas* (cf. 1988-90, 364) 231-247

2568 ROLL, EUGEN *Der platonisierende Augustinus.* Stuttgart: Mellinger 1990. 144 pp.

2569 ROS, F. *Talente evangelizador de San Agustín entre sus campesinos, en «De Catechizandis Rudibus»* – RC 34 (1988) 631-656

2570 ROSA, FABIO *Appunti sulla presenza di Terenzio nell'opera di sant'Agostino* – Quaderni urbinati di cultura classica (Urbino) 62 (1989) 119-133

2571 ROSSI, OSVALDO *Sant'Agostino nell'interpretazione di J. Maritain.* In: *L'umanesimo di sant'Agostino* (cf. 1988-90, 362) 613-619

2572 RUBIO, P. *San Agustín: un hombre de ayer para el hombre de hoy.* In: *Jornadas Agustinianas* (cf. 1988-90, 265) 377-380

2573 RUDEBUSCH, GEORGE *Aristotelian predication, Augustine, and the Trinity* – Thom 53 (1989) 587-597

2574 RUOKANEN, M. *Augustin und Luther über die Theologie der Politik* – KuD 34 (1988) 22-41

2575 RUSSELL, FREDERICK H. *«Only something good can be evil»: the genesis of Augustine's secular ambivalence* – ThSt 51 (1990) 698-716

2576 SABORIDO, J.L. *Entre Descartes y Agustín pasando por el camino* – SalTerrae 77 (1989) 327-335

2577 SAHELICES, P. *Para una relectura del carisma agustiniano* – RAgEsp 29 (1988) 611-656

2578 *Saint Augustin.* Dossier conç. et dir. par PATRIC RANSON. Lausanne: L'Age d'Homme 1988. 491 pp.

2579 SAIU DEIDDA, ANNA *Il santuario sotterraneo di S. Agostino nel contesto dell'architettura rupeste medioevale a Cagliari.* In: *L'Africa Romana* (cf. 1988-90, 166/167) II 595-612

2580 SALAMA, PIERRE *La parabole de milliaire chez saint Augustin.* In: *L'Africa Romana* (cf. 1988-90, 166/167) II 697-707

2581 SALLMANN, KLAUS *Augustinus' Rettung der Musik und die antike Mimisistheorie.* In: Έρμηνεύματα (cf. 1988-90, 226) 81-92

2582 SANCHEZ, G. *San Agustín y la teología de la reconciliación* – VyV 5 (1989) 85-100

2583 SANCHEZ CARAZO, A. *«Da quod iubes et iube quod uis» (Confesiones X, 29, 40).* In: *Jornadas Agustinianas* (cf. 1988-90, 265) 321-330

2584 SANCHEZ CARAZO, A. *La conversión de san Agustín y la vida monástica.* In: *Verbo de Dios y palabras humanas* (cf. 1988-90, 364) 75-96

2585 SANCHEZ CARO, J.M. *San Agustín en Salamanca. El «Comentario al Génesis» de A. de Honcala* – Augustinus 33 (1988) 147-168

2586 SANCHEZ MANZANO, M.A. *La expresión de la falsedad y del error en el vocabulario agustiniano de la mentira* – Augustinus 34 (1989) 267-279

2587 SANCHEZ MARISCAL, J.D.J. *La dimensión utópica del pensamiento en la «Ciudad de Diós» dè San Agustín* – RC 34 (1988) 335-348

2588 SANCHEZ NAVARRO, L. *La noción de Dios en las «Confessiones»* – Augustinus 34 (1989) 347-354

2589 SANDERS, G. *Augustin et le message épigraphique. Le tétrastique en l'honneur de S. Étienne* – Augustiniana 40 (1990) 95-124

2590 SANDERS, GABRIEL *Une visée massmédiatique d'Augustin. L'acrostiche épigraphique du diacre martyr Nabor.* In: *Fructus centesimus* (cf. 1988-90, 237) 297-313

2591 SANTI, G. *Conoscenza e memoria nella filosofia di S. Agostino* – Aquinas (Roma) 30 (1987) 401-461

2592 SANTI, G. *La conoscenza mistica. L'itinerario filosofico di Agostino tra ragione e mistica* – Aquinas (Roma) 30 (1987) 531-557

2593 SANTI, GIORGIO *Dio e l'uomo: conoscenza, memoria, linguaggio, ermeneutica in Augustino* [Collana di studi agostiniani 3]. Roma: Città Nuova Ed. 1989. 151 pp.

2594 SCANAVINO, G. *Espiritualidad agustiniana y carismas particulares.* In: *Herencia Común* (cf. 1988-90, 249) 50-56

2595 SCHÄCHTELE, TRAUGOTT *Das Verständnis des' allgemeinen Priestertums bei Augustin* [Diss.]. Heidelberg: 1989. 238 pp.

2596 SCHAEUBLIN, CHRISTOPH *Augustin, De utilitate credendi, über das Verhältnis des Interpreten zum Text* – VigChr 43 (1989) 53-68

2597 SCHINDLER, ALFRED *Imputative Rechtfertigung bei Augustin?* In: *Signum pietatis* (cf. 1988-90, 335) 409-423

2598 SCHMITT, ARBOGAST *Zahl und Schönheit in Augustins De musica, VI* – WJA 16 (1990) 221-237

2599 SCHREINER, KLAUS *«Duldsamkeit» (tolerantia) oder «Schrekken» (terror): Reaktionsformen auf Abweichungen von der religiösen Norm, untersucht und dargestellt am Beispiel des augustinischen Toleranz- und Gewaltkonzeptes und dessen Rezeption im Mittelalter und in der frühen Neuzeit.* In: *Religiöse Devianz* (cf. 1988-90, 217) 159-210

2600 SCHRENK, L.P. *Augustine's De Trinitate in Byzantine Skepticism* – GrRoBySt 30 (1989) 451-456

2601 SEVERSON, RICHARD JAMES *Time, death and eternity: reflections on Augustine's Confessiones in light of Heidegger's Being and Time* [Diss.]. Univ. of Iowa, Iowa City 1990. 261 pp. [microfilm; DissAbstr 52 (1991-1992) 1397A]

2602 SFAMENI GASPARRO, G. *Agostino di fronte alla «eterodossia» di Origene. Un aspetto della origeniana in Occidente* – Augustiniana 40 (1990) 219-243

2603 SHUMATE, NANCY J. *The Augustinian pursuit of false values as a conversion motif in Apuleius' Metamorphoses* – Phoenix 42 (1988) 35-60

2604 SILVA Q., L.J. *El Agusinismo y el concepto latinoamericano de la gracia* – FrBogotá 30 (1988) 11-20

2605 SIMONETTI, MANLIO *Note sul testo di alcune Enarrationes agostiniane.* In: *Mémorial Jean Gribomont* (cf. 1988-90, 288) 521-553

2606 SINISCALCO, PAOLO *Agostino, l'Africa e la Sardegna.* In: *L'Africa Romana* (cf. 1988-90, 166/167) II 535-545

2607 SINISCALCO, PAOLO *Dai mediatori al mediatore: la demonologia di Apuleio e la critica di Agostino.* In: *L'autunno del diavolo* (cf. 1988-90, 188) I 279-294

2608 SINNIGE, T.G. *El maniqueismo del joven Agustín y el relato de las Confesiones.* In: *Jornadas Agustinianas* (cf. 1988-90, 265) 71-87

2609 SINNIGE, T.G. *Génesis e índole de la conversión de S. Agustín* – EAg 23 (1988) 389-401

2610 SIRAGO, VITO ANTONIO *Incontro di Agostino con Melania e Piniano.* In: *L'umanesimo di sant'Agostino* (cf. 1988-90, 362) 629-648

2611 SŁOMKA, W. *Św. Augustyn jako mistrz kontemplacji* (= Sant' Agostino – il maestro della contemplazione) – VoxP 8 (1988) f.14, 207-218

2612 SMALBRUGGE, MATTHIAS A. *La nature trinitaire de l'intelligence augustinienne de la foi* [Amsterdam Studies in Theology 6]. Amsterdam: Rodopi 1988. IV, 205 pp.

2613 SMALBRUGGE, MATTHIAS A. *La notion de la participation chez Augustin. Quelques observations sur le rapport christianisme-platonisme* – Augustiniana 40 (1990) 333-347

2614 SMALBRUGGE, MATTHIAS A. *L'analogie réexaminée* – RHPhR 69 (1989) 121-134

2615 SMALBRUGGE, MATTHIAS A. *Le langage et l'être. La question du Dieu personnel et la notion de similitude du langage dans la doctrine trinitaire de S. Augustin* – RSPhTh 72 (1988) 541-556

2616 SMALBRUGGE, MATTHIAS A. *L'emploi de la théologie apophatique chez Augustin; une question à l'historiographie* – RThPh 120 (1988) 263-274

2617 SOENNECKEN, SILVIA *Die Rolle der Frau in Augustins De Genesi ad litteram.* In: *Signum pietatis* (cf. 1988-90, 335) 289-300

2618 SOLIGNAC, AIMÉ *Il circolo neoplatonico milanese al tempo della conversione di Agostino.* In: *Agostino a Milano* (cf. 1988-90, 170) 43-56

2619 SOLIGNAC, AIMÉ *Les excès de l'intellectus fidei dans la doctrine d'Augustin sur la grâce.* – NRTh 110 (1988) 825-849

2620 SONNEMANNS, HEINO *Die Bekenntnisse des Augustinus: Biographisches als Theologisches. Von Augustinus bis Heinrich Mann: Meisterwerke der Weltliteratur, III: Ringvorlesung der Philosophischen Fakultät der RWTH Aachen im Ws 1987/88.* Hrsg. von H. SIEPMANN und F.-R. HAUSMANN [Abhandlungen zur Sprache und Literatur 16]. Bonn: Romanistischer Verlag 1989. 129-164 pp.

2621 SORIA HEREDIA, FERNANDO *Teoría agustiniana del signo* – Augustinus 33 (1988) 169-180

2622 SPANNEUT, M. *L'impact de l'»apatheia» stoicienne sur la pensée chrétienne jusqu'à S. Augustin.* In: *Cristianismo y aculturacíon en tiempos del Imperio Romano* (cf. 1988-90, 213) 39-52

2623 SPENCE, SARAH *Rhetorics of reason and desire. Vergil, Augustine and the troubadours.* Ithaca, N.Y.: Cornell Univ. Pr. 1988 XVI, 159 pp.

2624 SPINELLI, G. *Contributi dall'Italia all'edizione maurina delle opere di sant'Agostino.* In: *Troisième centenaire* (cf. 1988-90, 62) 103-121

2625 SPRINGER, ANTHONY JOSEPH *Augustine's Use of Scripture in his Anti-Jewish Polemic* [Diss.]. The Southern Baptist Theological Seminary Louisville, Ky. 1989. 203 pp. [microfilm]

2626 SRUTWA, JAN *Kontakty świętego Augustyna z papieskim Rzymem* (= Les contacts de Saint Augustin avec la Rome pontificale) – VoxP 8 (1988) f.14, 277-305

2627 STANIEK, E. *Sekrety dobrego kaznodziejstwa w ujęciu św. Augustyna* (= De bona praedicatione secundum S. Augustinum) – RBL 42 (1989) 302-308

2628 STANULA, EMIL *«Wyznania» św. Augustyna o przyjazni* (= L'amicizia nelle «Confessioni» di Sant'Agostino) – VoxP 8 (1988) f.15, 881-890

2629 STARK, JUDITH CHELIUS *The Pauline influence on Augustin's notion of the will* – VigChr 43 (1989) 345-361

2630 STARNES, COLIN J. *Augustine's conversion: a guide to the argument of Confessions I-IX.* Waterloo, Ontario: Wilfrid Laurier Univ. Pr. 1990. XV, 303 pp.

2631 STARNES, COLIN J. *The Unity of the 'Confessions'.* In: *Studia patristica 18,4* (cf. 1988-90, 345) 105-114

2632 STEAD, CHRISTOPHER G. *Augustine's De Magistro: a philosopher's view.* In: *Signum pietatis* (cf. 1988-90, 335) 63-73

2633 STEPHANY, WILLIAM A. *Thematic structure in Augustine's Confessions* – AugSt 20 (1989) 129-142

2634 STEWART, ALISTAIR C. *The De peccatorum meritis and Augustine's rejection of pre-existence* – REA 34 (1988) 274-279

2635 STIRNIMANN, HEINRICH, OP *Zu Augustinus' soliloquia I, 1,2-6.* In: *Abendländische Mystik im Mittelalter. Symposion. Kloster Engelsberg, 1984.* Ed. KURT RUH [Germanistische Symposien – Berichtsband 7]. Stuttgart: Metzlersche Verlagsbuchhandlung (1986) 162-176

2636 STORONI MAZZOLANI, LIDIA *Sant'Agostini e i pagani.* Palermo: Sellerio 1987. 136 pp.

2637 STORONI MAZZOLANI, LIDIA *Sant'Agostino e i pagani.* 2. ed. [La diagonale 22]. Palermo: Sellerio Ed. 1988. 136 pp.

2638 STUDER, B. *Augustine and the Pauline theme of hope.* In: *Paul* (cf. 1988-90, 307) 201-221

2639 STUDER, B. *Zum Triduum Sacrum bei Augustinus von Hippo.* In: *La celebrazione del triduo pasquale. Anemnesis e mimesis. Atti del III congresso internazionale di liturgia, Roma, Pontificio Istituto Liturgico, 9-13 Maggio 1988.* A cura di I. SCICOLONE [StAns 102; Analecta liturgica 14]. Rom: Pontificio Ateneo S. Anselmo (1990) 273-286

2640 STUDER, BASIL *Delectare et prodesse, ein exegetisch-homiletisches Prinzip bei Augustinus.* In: *Signum pietatis* (cf. 1988-90, 335) 497-513

2641 SUTHERLAND, CHRISTINE MASON *Love as rethorical principle: the relationship between content and style in the rethoric of St.*

Augustine. In: *Grace, politics and desire* (cf. 1988-90, 2297) 139-154

2642 SZIDAT, JOACHIM *Constantin bei Augustin* – REA 36 (1990) 243-256

2643 TABET BALADY, MIGUEL ANGEL *La hermenéutica bíblica de san Agustín en la carta 82 a san Jerónimo* – Augustinus 33 (1988) 181-193

2644 TABET BALADY, MIGUEL ANGEL *San Agustín y el amor a la verdad, en su diálogo con San Jerónimo.* In: *Jornadas Agustinianas* (cf. 1988-90, 265)

2645 TACK, THEODORE *If Augustine were alive: Augustine's religious ideal for today.* New York: Alba House 1988. X, 163 pp.

2646 TACK, THEODORE *Si Agustín viviera. El ideal religioso de san Agustín hoy* [Testigos 11]. Madrid: Paulinas 1990. 171 pp.

2647 TAISNE, A.M. *L'évolution de St Augustin dans les quatre premiers livres des Confessions* – Rev. Soc. E. Renan (Paris) 39 (1989-1990) 67-74

2648 TANNER, R.G. *The use of the old testament in St. Augustine's De civitate dei.* In: *The bible and european literature. History and hermeneutics. First conference, Melbourne, 15-18 may, 1987.* Edd. ERIC OSBORN et al. Melbourne: Academia Press (1987) 176-185

2649 TARDIEU, MICHEL *La foi hippocentaure.* In: *Saint Augustin* (cf. 1988-90, 2578) 52-60

2650 TAVARD, GEORGES *Les jardins de saint Augustin. Lecture des Confessions.* Montréal: Bellarmin & Paris: Éd. du Cerf 1988. 134 pp.

2651 TEJERO, ELOY *La 'communio sacramentorum' y la 'communio catholica' en la doctrina de San Agustín* – REDC 47 (1990) 445-480

2652 TERESTCHENKO, MICHEL *L'expérience du néant et la relation à l'être selon Augustin et Heidegger.* In: *Saint Augustin* (cf. 1988-90, 2578) 463-478

2653 TESKE, ROLAND J. *A decisive admonition for St. Augustine?* – AugSt 19 (1988) 85-92

2654 TESKE, ROLAND J. *The image and likeness of God in St. Augustine's De genesi ad litteram liber imperfectus* – AugR 30 (1990) 441-451

2655 TESKE, ROLAND J. *The motive for creation according to Saint Augustine* – ModS 65 (1988) 245-253

2656 TESKE, ROLAND J. *The origin of the soul in St. Augustine's later works* – ModS 66 (1988/89) 71-77

2657 *Ausgewählte Texte.* Ed. HANS CHRISTIAN MEISER. München: Goldmann 1988. 236 pp.

2658 THURN, H. *Untersuchungen zur Überlieferung Augustins und Bedas* – WDGB 51 (1989) 475-483

2659 THURN, HANS *Studie zur Überlieferung von Augustins De civitate Dei in Ostfranken.* In: *Ius et historia. Festgabe für Rudolf Weigand zu seinem 60. Geburtstag von seinen Schülern, Mitarbeitern und Freunden.* Hrg. von NORBERT HOEHL [Forsch. zur Kirchenrechtswissenschaft 6]. Würzburg: Echter (1989) 172-180

2660 TORCHIA, N. JOSEPH *Curiositas in the early philosophical writings of Saint Augustine* – AugSt 19 (1988) 111-119

2661 TORCHIA, N. JOSEPH *Pondus meum amor meus: the weight-metaphor in St. Augustine's early philosophy* – AugSt 21 (1990) 163-176

2662 TORIO ESTEBAN, A. *La Eucaristía en san Agustín* – TyV 29 (1988) 171-198

2663 TRAPE, AGOSTINO *Aurelius Augustinus: ein Lebensbild.* München; Zürich; Wien: Verlag Neue Stadt 1988. 270 pp.

2664 TRAPE, AGOSTINO *Giovanni Paolo II, Lettera apostolica «Agostino d'Ippona» nel XVI centenario della conversione di S. Agostino.* Commento di AGOSTINO TRAPE. Roma: Città Nuova Ed. 1988. 182 pp.

2665 TRAPE, AGOSTINO *S. Agostino: Introduzione alla dottrina della grazia, II: Grazia e libertá* [Collana di studi agostiniani 4]. Rom: Cittá Nuova 1990. 372 pp.

2666 TRAPE, AGOSTINO *Saint Augustin. L'homme, le pasteur, le mystique.* Trad. VIKTOR ARMINJON. Paris: Fayard 1988. 336 pp.

2667 TRELOAR, JOHN L. *Cicero and Augustine. The ideal society* – AugR 28 (1988) 565-590

2668 TRETTER, HANNELORE; PATOCK, COELESTIN *Russische Augustinus-Übersetzungen und Literatur russischer Autoren über Augustinus.* In: *Signum pietatis* (cf. 1988-90, 335) 659-663

2669 TROMPF, GARRY W. *Augustine's historical theodicy: the logic of retribution in De Civitate Dei.* In: *Reading the past* 291-322

2670 TROUT, DENNIS E. *Augustine at Cassiciacum. Otium honestum and the social dimensions of conversion* – VigChr 42 (1988) 132-146

2671 TRUAX, J.A. *Augustine of Hippo, defender of women's equality?* – JMH 16 (1990) 279-299

2672 TRUYO SERRA, A. *Proyección jurídica y política del pensamiento de san Agustín* – AnJE 19/20,1 (1987/88) 54-61

2673 TUNINETTI, LUCA F. *Sed nos id quod credimus nosse et intellegere cupimus (De libero arbitrio 2,2,5).* In: *Agostino d'Ippona. De libero arbitrio* (cf. 1988-90, 2008) 59-65

2674 TURRADO, ARGIMIRO *Gracia y libre albedrío en san Agustín y en Lutero. La tragedia de la incomprensión en el siglo XVI y la hermenéutica de las culturas.* In: *Signum pietatis* (cf. 1988-90, 335)

2675 UKOLOVA, V.I. *Les aspects sociaux de la doctrine d'Augustin* [in russischer Sprache]. In: *Les classes et les ordres de la société médiévale.* Moskva: Nauka (1988) 23-28

2676 UÑA JUAREZ, A. *En la trayectoria de las ideas. De Platón a Ockham pasando por Filón y san Agustín* – AnJE 19/20,1 (1987/88) 359-428

2677 VALDERRAMA, CARLOS *La metafísica de la luz y la teoría de la iluminación Agustiniana* – FrBogotá 32 (1990) 283-305

2678 VALENZUELA FUENZALIDA, A.M. *Los nombres del hombre en «De Trinitate» de San Agustín* – PhValparaíso 12 (1989) 49-61

2679 VANDERSPOEL, JOHN *The background to Augustine's denial of religious plurality.* In: *Grace, politics and desire* (cf. 1988-90, 2297) 179-193

2680 VANNIER, M.-A. *S. Augustin et la création* – Augustiniana 40 (1990) 349-371

2681 VANNINI, MARCO *Invito al pensiero di Sant'Agostino.* Milano: Mursia 1989. 200 pp.

2682 VASSALLO, ANTONIO *Inquietum cor. Con Agostino alla ricerca di Dio* [QuDe 5]. Palermo: Ed. Augustinus 1988. 98 pp.

2683 VELA LOPEZ, F. *El maestro en la relación y acción docentes según San Agustín* – CSF 17 (1990) 593-606

2684 VELOSO MENEZES, A. *A agostiniação do pensamento de Descartes. Precedida de uma breve genealogia do agostinismo nos séc. XVI e XVII* – RaPortFilos 44 (1988) 127-161

2685 VERBRAKEN, P.-P. *Douze notices augustiniennes tirées des Rétractations inédites de Dom Germain Morin* – Augustiniana 40 (1990) 59-72

2686 VERBRAKEN, P.-P. *Les éditions successives des Sermons de S. Augustin.* In: *Troisième centenaire* (cf. 1988-90, 62) 157-167

2687 VERGÉS, SALVADOR *Derechos humanos y dignidad de la persona. Evolución y progreso: Estoicismo y S. Agustín.* In: *Pléroma* (cf. 1988-90, 312)

2688 VERHEIJEN, L. *El tercer aspecto de la conversión de san Agustín.* In: *Herencia Común* (cf. 1988-90, 249) 57-61

2689 VERHEIJEN, L. *La espiritualidad se san Agustín y la nuestra.* In: *Herencia Común* (cf. 1988-90, 249) 15-26

2690 VERHEIJEN, L. *La Regla de san Agustín como prisma para una lectura «orientada» de sus obras.* In: *Herencia Común* (cf. 1988-90, 249) 62-74

2691 VERHEIJEN, LUC *La Regola di S. Agostino.* Trad. di BERNADETTE CARAVAGGI, pref. di GIOVANNI SCANAVINO [Augustiniana. Studi e testi 5]. Palermo: Edizioni Augustinus 1989. 334 pp.

2692 VERHEIJEN, LUC *Nouvelle approche de la Règle de Saint Augustin. II. Chemin vers la vie heureuse.* Bégrolles en Mauges: Abbaye de Bellefontaine 1988. 402 pp.

2693 VERICAT, JOSE *«Saber sabroso». La mística agustiniana o los límites de la razón sintética* – AnJE 19/20,1 (1987/88) 471-489

2694 VICIANO, A. *La solidaridad con Cristo, en los Sermones de san Agustín.* In: *Jornadas Agustinianas* (cf. 1988-90, 265) 295-301

2695 VICIANO, ALBERTO *Dos visiones de la Historia en la Antigüedad. Tito Livio y Agustín de Hipona* – CD 203 (1990) 583-592

2696 VICIANO, ALBERTO *La liberación cristiana en los Sermones de San Agustín (controversia pelagiana).* In: *Verbo de Dios y palabras humanas* (cf. 1988-90, 364) 47-73

2697 VIERA, D.J. *St. Vincent Ferrer's catalan sermon on St. Augustine* – Augustiniana 38 (1988) 54-66

2698 VIGINI, GIULIANO *Agostino di Ippona: l'avventura della grazia e della carità* [Tempi e figure 9]. Cinisello Balsamo: Ed. Paoline 1988. 158 pp.

2699 VILLALMONTE, A. *Persona y cristología* – Augustinus 34 (1989) 395-397

2700 VIÑAS ROMAN, TEOFILO *La amistad y los amigos en el proceso de conversión de san Agustín* – Augustinus 33 (1988) 195-213

2701 VINCENT, M. *Actualité de la doctrine de Saint Augustin sur la prière* – RAgEsp 29 (1988) 593-609

2702 VINCENT, MONIQUE *La prière selon saint Augustin d'après les Enarrationes in Psalmos* – NRTh 110 (1988) 371-402

2703 VINCENT, MONIQUE *Saint Augustin, maître de prière, d'après les Enarrationes in Psalmos* [ThH 84]. Paris: Beauchesne 1990. X, 456 pp.

2704 VOGT, HERMANN J. *Augustiniana* – ThQ 169 (1989) 311-318

2705 VOGÜÉ, ADALBERT DE *L'office choral augustinien dans le codex de Leodegundia (Escorial A.I.13). Les influences d'Isidore et de Fructueux* – Augustiniana 40 (1990) 45-57

2706 WATSON, G. *St. Augustine and the inner word: the philosophical background* – ITQ 54 (1988) 81-92

2707 WEISMANN, F.J. *Biblia y vida monástica en San Agustín* – Cuad-Mon 25 (1990) 135-144

2708 WEISMANN, F.J. *La libertad como búsqueda de la verdad en el joven Agustín* – Stromata 46 (1990) 65-73

2709 WEISMANN, F.J. *La problemática de la libertad en San Agustín* – Stromata 45 (1989) 321-338

2710 WEISMANN, FRANCISCO J. *Caractéristicas eclesiales-comuni-tarias de la cristología de los Tractatus in Iohannis Evangelium*. In: *Signum pietatis* (cf. 1988-90, 335) 363-367

2711 WEISMANN, FRANCISCO J. *The problematic of freedom in St. Augustine. Towards a new hermeneutics* – REA 35 (1989) 104-119

2712 WENNING, G. *Die Illuminationslehre Augustins. Eine kritische Bestandsaufnahme unter besonderer Berücksichtigung der Ergebnisse Hessens* – Augustiniana 39 (1989) 99-118

2713 WENNING, GREGOR *Der Einfluß des Manichäismus und des Ambrosius auf die Hermeneutik Augustins* – REA 36 (1990) 80-90

2714 WERMELINGER, OTTO *Neuere Forschungskontroversen um Augustinus und Pelagius*. In: *Internationales Symposion über den Stand der Augustinus-Forschung* (cf. 1988-90, 261) 199-217

2715 WESTRA, HAIJO J. *Augustine and poetic exegesis*. In: *Grace, politics and desire* (cf. 1988-90, 2297) 87-100

2716 WHELAN, R.E. *The wage of sin is orthodoxy. The «Confessions» of St. Augustine in Bayle's «Dictionnaire»* – JHPh 26 (1988) 195-206

2717 WIENBRUCH, ULRICH *Erleuchtete Einsicht: zur Erkenntnislehre Augustins* [Abhandlungen zur Philosophie, Psychologie und Pädagogik 218]. Bonn: Bouvier 1989. 234 pp.

2718 WILLIAMS, R. *Sapientia and the Trinity. Reflections on De trinitate* – Augustiniana 40 (1990) 317-332

2719 WILSON, A.M. *Reason and Revelation in the Conversion Accounts of the Cappadocians and Augustine* – Augustiniana 40 (1990) 259-278

2720 WOHL, L. DE *Corazón inquieto. La vida de san Agustín*. Madrid: Ed. Palabra 1988. 285 pp.

2721 WOJTOWICZ, H. *Nazewnictwo eucharystyczne u świętego Augustyna. Aspekt filologiczny* (= De vocibus eucharistiae apud Sanctum Augustinum. Aspectus philologicus) – VoxP 8 (1988) f.14, 225-266

2722 WONG, JULES A. *Christianity and human suffering in this world: with special emphasis on St. Augustine's doctrine on original sin* [Diss.]. Roma: Pontificia Universita Lateranense 1988. 82 pp.

2723 XAVIER, MARIA L.L. DE OLIVEIRA *A Iluminação em «De Magistro» de Santo Agostinho* – Didaskalia 19 (1989) 35-46

2724 XAVIER, M.L. LAMAS DE OLIVEIRA *«Trivium» et philosophie. Le De Magistro de S. Augustin*. In: *Knowledge and the sciences in medieval philosophy. Proceedings of the VIIIth international Congress of Medieval Philosophy. Helsinki, 24-29 August 1987 [Vol. 2]*. Edd. S. KNUUTTILA; R. TYÖRINOJA; S. EBBESEN [Publi-

cations of Luther-Agricola Society, Ser. B. 19]. Helsinki: Univ.
Press (1990) 535-548

2725 ZANICHELLI, GUISEPPA Z. *Il manoscritto polironiano 248 B.
IV. 22 della Biblioteca Communale di Mantova e i suoi modelli.* In:
Tradizione dell'antico nelle letterature (cf. 1988-90, 359) 149-161

2726 ZEBALLOS, JUAN CARLOS *San Agustín y Unamuno* – Augustinus 34 (1989) 355-388

2727 ZOCCA, ELENA *Le visioni nei Sermones de sanctis agostiniani* –
AugR 29 (1989) 393-410

2728 ZUMKELLER, A. *La oración cotidiana común y privada en san
Agustín.* In: *Herencia Común* (cf. 1988-90, 249) 83-89

2729 ZUMKELLER, A. *Las ideas fundamentales de la espiritualidad
agustiniana.* In: *Herencia Común* (cf. 1988-90, 249) 7-14

2730 ZUMKELLER, ADOLAR *Die geplante Eheschließung Augustins
und die Entlassung seiner Konkubine. Kulturgeschichte und recht-
licher Hintergrund von Conf. 6,23 und 25.* In: *Signum pietatis* (cf.
1988-90, 335) 21-35

III.2. Pseudo-Aurelius Augustinus

2731 *Prochoros Kydones' Übersetzungen von S. Augustinus, De libero
arbitrio I 1-90 und Ps.-Augustinus, De decem plagis Aegyptiorum
(lateinisch-griechisch).* Von HERBERT HUNGER [WSt Beiheft
14]. Wien: Verl. der Österr. Akad. der Wiss. 1990. 96 pp.

2732 DEKKERS, ELIGIUS *Le succès étonnant des écrits pseudo-augu-
stiniens au Moyen Âge.* In: *Fälschungen im Mittelalter* (cf.
1988-90, 231) V 361-368

2733 ESPOSITO, MARIO *On the Pseudo-Augustinian Treatise «De mi-
rabilibus sacrae Scripturae», Written in Ireland in the Year 655.* In:
Latin Learning in Mediaeval Ireland (cf. 1988-90, 227)

III.2. Ausonius

2734 *[Ausonius] Mosella.* Hrg. und in metrischer Übersetzung vorgelegt
von BERTOLD K. WEIS. Darmstadt: Wiss. Buchgesellschaft 1989.
XII, 113 pp.

2735 *[Ausonius] Obras I.* Trad., intr. e not. ANTONIO ALVAR EZ-
QUERRA [Bibl. clás. Gredos 146]. Madrid: Gredos 1990. 443 pp.

2736 *[Ausonius] Obras II.* Trad., intr. e not. ANTONIO ALVAR EZ-
QUERRA [Bibl. clás. Gredos 147]. Madrid: Gredos 1990. 402 pp.

2737 BRUGNOLI, GIORGIO *Silio, Stazio, Ausonio e Foca Carm. de
Verg. 38-39* – GiorFil 40 (1988) 237-240

2738 COLTON, ROBERT E. *Echoes of Persius in Ausonius.* – Latomus
47 (1988) 875-882

2739 COURTNEY, EDWARD *The Roman months in art and litera-ture* – MH 45 (1988) 33-57

2740 DELLA CORTE, FRANCESCO *Ausonio e il suo tempo* – CuSc 28 (1989) 62-70

2741 ÉTIENNE, ROBERT *Ausone et la société de son temps* – Index. Quaderni camerti di studi romanistici (Napoli) 17 (1989) 255-262

2742 FERRERO, ANNA MARIA *La tipologia dell'uomo di scuola nei ritratti della Commemoratio professorum Burdigalensium di Ausonio.* In: *Metodologie della ricerca sulla tarda antichità* (cf. 1988-90, 289) 349-359

2743 GAGLIARDI, DONATO *Ausonio epigrammatista: tre esercizi di lettura* – KoinNapoli 14 (1990) 41-46

2744 GAGLIARDI, DONATO *Sui modi del vertere di Ausonio (a pro-posito dell'epigr. 4 P.)* – SIF 7 (1989) 207-212

2745 GIOVINE, CARLO DI *Il Technopaegnion di Ausonio: solo vari-anti di trasmissione?* In: *Dicti studiosus: scritti di filologia offerti a Scevola Mariotti dai suoi allievi.* Urbino: Ed. Quattro Venti (1990) 177-208

2746 GIOVINE, CARLO DI *L'invito a Galla: presenza di un topos in Auson. Epigr. 34,2 Peip* – RFC 118 (1990) 57-63

2747 GREEN, R. *Man and Nature in Ausonius' Moselle* – IClSt 14 (1989) 303-315

2748 GREEN, ROGER *Greek in late Roman gaul: the evidence of Auso-nius.* In: *«Owls to Athens»: essays on classical subjects presented to Sir Kenneth Dover.* Ed. E.M. CRAIK. Oxford: Clarendon Pr. (1990) 311-319

2749 GRUBER, JOACHIM *Ausonius und der Beginn der spätantiken lateinischen Literatur.* In: *Festschrift für Paul Klopsch* (cf. 1988-90, 233) 67-82

2750 HAURY, AUGUSTE *«Das Wasser rauschte, das Wasser schwoll...* « [in franz. Spr.]. In: *Roma renascens* (cf. 1988-90, 325) 114-117

2751 HONORÉ, T. *Ausonius and Vulgar Law* – Iura (1984 [1988]) 75-85

2752 LORENZO, ENRICO DI *Sulla poesia familiare dei Parentalia di Ausonio.* In: *Metodologie della ricerca sulla tarda antichità* (cf. 1988-90, 289) 339-348

2753 LOSSAU, MANFRED *Ausonius und litterae Graecae* – Maia 41 (1989) 125-142

2754 LOURENÇO, FREDERICO *Ausónio, Mosella 389 e Própercio 3,1,13. Intertextualidade e programma litérario* [Zusammenfas-sung in englischer Sprache] – Euphrosyne 17 (1989) 259-264

2755 MARINO, ROSANNA *Su Anth. Lat. 644 R.* – SCO 39 (1989) 175-183

2756 MERRIAM, CAROL *The other Sulpicia* – CW 84 (1990-1991) 303-305

2757 MESSANA, VINCENZO *Aspetti e momenti di formazione scolare (e religiosa) nel corpus di Ausonio.* In: *Crescita dell'uomo (età postnicena)* (cf. 1988-90, 211) 201-223

2758 MONDIN, LUCA *Per la storia dell'epistolografia latina tardoantica: le lettere di Ausonio.* In: *Miscellanea di studi in occasione del 50° anniversario di fondazione dell'Istituto.* A cura del Liceo Ginnasio Statale Raimondo Franchetti di Venezia-Mestre. Roma: Caruicci 1990. 236 pp. 107-149

2759 NARDO, DANTE *Ausonia e Orazio* – Paideia 45 (1990) 321-336

2760 NEWLANDS, CAROLE *Naturae mirabor opus. Ausonius' challenge to Statius in the Mosella.* – TAPhA 118 (1988) 403-419

2761 NUGENT, S. GEORGIA *Ausionius' «late-antique» poetics and «post-modern» literary theory* – Ramus 19 (1990) 26-50

2762 PRETE, SESTO *Per la storia del testo di Ausonio* – Phil 132 (1988) 196-209

2763 SIVAN, HAGITH S. *Not a civis? A note on Ausonius' Parentalia X,6 (Sch)* – Latomus 48 (1989) 879-880

2764 SIVAN, HAGITH S. *Relating Ausonius' Moselle* – AJPh 111 (1990) 383-394

2765 SZELEST, HANNA *Die Sammlung Bissula des Ausonius* – Eos 76 (1988) 81-86

2766 TERNES, CHARLES-MARIE *Ausone lecteur d'Horace: «nature» et «sagesse».* In: *Présence d'Horace.* Ed. RAYMOND CHEVALLIER [Coll. Caesarodunum 23]. Tours: Centre de rech. A. Piganiol (1988) 255-262

2767 TRAMONTI, STEFANO *Neptunalia e Consualia: a proposito di Ausonio, Ecl., 23, 19* – RSA 19 (1989) 107-122

2768 VANNUCCI, LAURA *Ausonio fra Virgilio e Stazio. A proposito dei modelli poetici del Cupido cruciatus* – AteRo 34 (1989) 39-54

2769 WIKANDER, ÖRJAN *Ausonius' saw-mills, once more* – Opuscula Romana (Stockholm; Åström) 17 (1989) 185-190

III.2. Avitus Bracarensis

2770 *[Avitus Bracarensis] Listy Avita i Lucjana o znalezieniu relikwii sw. Szczepana* (= Epistulae Aviti Bracarensis et Luciana de inventione reliquiarum S. Stephani). Ins Polnische übersetzt von D. KASIOR – VoxP 9 (1989) f.17, 781-796

III.2. Avitus Viennensis

2771 FLURY, P. *Juvencus und Alcimus Avitus* – Phil 132 (1988) 286-296

2772 RAMMINGER, J. *Zu Text und Interpretation von Alcimus Avitus' «De spiritalis historiae gestis»* – WSt 101 (1988) 313-325

III.2. Barnabae Epistula

2773 BEATRICE, PIER FRANCO *Une citation de L'Évangile de Matthieu dans l'Épître de Barnabé.* In: *The New Testament in early Christianity* (cf. 1988-90, 298) 231-245

2774 HANSON, A.T. *The Activity of the Pre-existent Christ as Reflected in the 'Epistle of Barnabas'.* In: *Studia patristica 18,3* (cf. 1988-90, 344) 155-160

2775 KISTER, MENAHEM *Barnabas 12,1; 4,3 and 4Q Second Ezechiel* – RBi 97 (1990) 63-67

2776 SKARSAUNE, OSKAR *Baptismal Typology in 'Barnabas' 8 and the Jewish Background.* In: *Studia patristica 18,3* (cf. 1988-90, 344) 221-228

III.2. Barsanuphius

2777 GATIER, PIERRE-LOUIS *Le commerce maritime de Gaza au VIe Siecle.* In: *Navires et commerces de la Méditerranée antique: hommage à Jean Rougé* – CaHist 33 (1988) 361-370

2778 PERRONE, LORENZO *Εἰς τὸν τῆς ἡσυχίας λιμένα. Le lettere a Giovanni di Beersheva nella corrispondenza di Barsanufio e Giovanni di Gaza.* In: *Mémorial Jean Gribomont* (cf. 1988-90, 288) 463-486

III.2. Basilius Caesariensis

2779 *[Basilius Caesariensis] Basile de Césarée. Sur le baptême.* Texte grec de l'édition U. NERI, introd., trad. et annot. par JEANNE DUCATILLON [SC 357]. Paris: Éd. du Cerf 1989. 332 pp.

2780 *[Basilius Caesariensis] Basilio de Cesarea: El seguimiento de Cristo. Epístolas 2, 173, 22 y 223.* Introducción de E. CONTRERAS – CuadMon 23 (1988) 74-109

2781 *[Basilius Caesariensis] Basilio di Cesarea, Sulla Genesi: (Omelie sull'Esamerone).* Ed. MARIO NALDINI [Fond. Lorenzo Valla Scrittori greci e latini]. Milano: Mondadori 1990. LV, 424 pp.

2782 *[Basilius Caesariensis] Basilio. Ricchezza, povertà e condivisione.* Introd. e trad. di SALVATORE DIMEGLIO [Classici dello spirito 43]. Padova: Ed. Messaggero Padova 1990. 115 pp.

2783 *[Basilius Caesariensis] Briefe I (1-94).* Ed. WOLF-DIETER HAUSCHILD [BGL 32]. Stuttgart: Hiersemann 1990. IX, 261 pp.

2784 ANASTOS, M.V. *Basil's lapses into Arianism and how Athanasius had avoided them.* In: *ΚΑΘΗΓΗΤΡΙΑ* (cf. 1988-90, 266) 153-171

2785 ANDIA, YSABEL DE *In lumine tuo videbimus lumen (Ps. XXXV,10)*. *L'illumination par l'Esprit dans le De Spiritu Sancto de saint Basile*. In: *Mémorial Jean Gribomont* (cf. 1988-90, 288) 59-74

2786 BACKUS, IRENA *Quelques observations à propos des versions latines «protestantes» (1540) des Ascétiques de saint Basile*. In: *Mémorial Jean Gribomont* (cf. 1988-90, 288) 85-96

2787 BALDWIN, B. *Notes on St. Basil's Essay on Greek Literature* – PBR 8 (1989) 123-133

2788 *Regla de San Basilio*. Introducción: E. CONTRERAS. Traducción: B. BIANCHI; M.E. SUAREZ. Notas: M. ALEXANDER; E. CONTRERAS – CuadMon 25 (1990) 219-251; 517-549

2789 BENITO DURAN, A. *Apología española de la Regla Monástica de San Basilio Magno* – EscrVedat 20 (1990) 357-373

2790 BONATO, A. *L'idea di «Vita communitaria» nelle opere ascetiche di Basilio* – StPat 35 (1988) 15-35

2791 BRZOSTOWSKA, ALINA *Nauka św. Bazylego o Duchu Swiętym (Uwagi tłumacza)* (= L'enseignement de Basile de Césarée sur le Saint Esprit) [mit französicher Zusammenfassung] – VoxP 8 (1988) f.15, 707-715

2792 CAVALCANTI, ELENA *Dall'etica classica all'etica cristiana: il commento al prologo del Libro dei Proverbi di Basilio di Cesarea* – SMSR 14 (1990) 353-378

2793 CHAUVET, PATRICK *Le presbytre à travers la correspondance de saint Basile. Sainteté et théologie du caractère* – NRTh 111 (1989) 682-692

2794 CONTRERAS, E. *Basilio de Cesarea y la murmuración* – CuadMon 23 (1988) 285-298

2795 COSTA, IVANO *Una versione latina anonima di alcune epistole di Basilio* – VetChr 27 (1990) 21-46

2796 FEDWICK, PAUL J. *A brief analysis of Basil's two Prefaces to the Moralia*. In: *Mémorial Jean Gribomont* (cf. 1988-90, 288) 223-231

2797 FORLIN PATRUCCO, MARCELLA *Basilio di Cesarea e Atanasio di Alessandria. Ecclesiologia e politica nelle lettere episcopali*. In: *Mémorial Jean Gribomont* (cf. 1988-90, 288) 253-269

2798 GAIN, BENOÎT *Les Lettres basiliennes traduites dans le Laurentianus San Marco 584*. In: *Mémorial Jean Gribomont* (cf. 1988-90, 288) 289-298

2799 GAIN, BENOÎT *Sommeil et vie spirituelle chez S. Basile de Césarée*. In: *Studia patristica 18,3* (cf. 1988-90, 344) 483-494

2800 GIRARDI, MARIO *Antichi e nuovi martiri nell'età di Basilio di Cesarea* – VetChr 27 (1990) 85-109

2801 GIRARDI, MARIO *Basilio di Cesarea e il culto dei martiri nel IV secolo: scrittura e tradizione* [QVChr 21]. Bari: Istituto di Studi classici e cristiani, Università di Bari 1990. 317 pp.

2802 Vacat

2803 GIRARDI, MARIO *Bibbia e agiografia nell'omiletica sui martiri di Basilio di Cesarea* – VetChr 25 (1988) 451-486

2804 GRAND'HENRY, JACQUES *La réponse de S. Basile à S. Grégoire: édition critique de la Lettre 2 en arabe* – Mu 102 (1989) 321-359

2805 GRIBOMONT, J. *San Basilio* – CuadMon 23 (1988) 32-46

2806 HAUSER, MARTIN *Heute unzeitgemäß: Basilus' des Großen Aufruf zur Taufe? Eine neutestamentlich-dogmengeschichtliche Besinnung* – FZPT 37 (1990) 499-514

2807 HELLEMAN, WENDY E. *Basil's Ad adolescentes. Guidelines for reading the classics.* In: *Christianity and the classics* (cf. 1988-90, 203) 31-52

2808 HUXLEY, G. *Saint Basil the Great and Anisa* – AB 107 (1989) 30-32

2809 ILLANES MAESTRE, J.L. *El trabajo en las homilias sobre el Hexamerón de San Basilio de Cesarea.* In: *Studien zu Gregor von Nyssa* (cf. 1988-90, 351) 299-310

2810 KALAMAKIS, DIONYSIUS C. *The prologus I to the Asceticum Parvum of St. Basil the Great* – Parnassos. Journal of the Parnassos literary Society (Athènes) 31 (1989) 446-448

2811 ΚΑΡΜΙΡΗΣ, ΙΩΑΝΝΗΣ N. *Ἡ περὶ σωτηρίας διδασκαλία τοῦ Μεγάλου Βασιλείου* [mit Zusammenfassung in deutscher Sprache] – PAA 59 (1984) 358-404

2812 KOCHANEK, PIOTR *Kontemplacja w dziełach św. Bazylego* (= La contemplation dans l'oeuvre de Saint Basile) [mit französicher Zusammenfassung] – VoxP 8 (1988) f.15, 717-734

2813 LARENTZAKIS, G. *Die Notwendigkeit der Zusammenarbeit der Bischöfe des Ostens und des Westens nach dem Hl. Basilius.* In: Ἀναφορὰ εἰς μνήμην ... (cf. 1988-90, 174) III 273-293; 455-456

2814 LIENHARD, JOSEPH T. *Basil of Caesarea, Marcellus of Ancyra, and «Sabellius»* – ChH 58 (1989) 157-167

2815 LILLA, SALVATORE *Le fonti di una sezione dell'omelia De Fide di S. Basilio Magno* – AugR 30 (1990) 5-19

2816 LIM, RICHARD *The politics of interpretation in Basil of Caesarea's Hexaemeron* – VigChr 44 (1990) 351-370

2817 LUNDSTRÖM, SVEN *Die Überlieferung der lateinischen Basiliusregel* [AUU. Studia Latina Upsaliensia 21]. Stockholm: Almqvist & Wiksell 1989. 89 pp.

2818 MARAVAL, PIERRE *La date de la mort de Basile de Césarée –* REA 34 (1988) 25-38

2819 MATSOUKAS, NIKOLAOS *Ἐπιστήμη φιλοσοφία καί θεολογία στὴν Ἑξαήμερο τοῦ Μ. Βασιλείου.* Ἔκδ. δευτέρη [Φιλοσοφικὴ καὶ θεολογικὴ βιβλιοθήκη 10]. Thessalonike: Purnaras 1990. 228 pp.

2820 MAZZANTI, GIORGIO *Passioni e libertà umana in S. Basilio Magno.* In: *Mémorial Jean Gribomont* (cf. 1988-90, 288) 419-432

2821 MPONES, K.G. *Αἱ τρεῖς «Κανονικαὶ Ἐπιστολαὶ» τοῦ Μεγάλου Βασιλείου πρὸς τὸν Ἀμφιλόχιον Μητροπολίτην Ἰκονίου (ψα 341/45-395/400) καὶ τὰ γεννώμενα ἐκ τούτων προβλήματα –* ThAthen 60 (1989) 201-220

2822 NALDINI, MARIO *Sull'interpretazione esamerale di Gen. 1,2 Spiritus Dei ferebatur super aquas.* In: *Mémorial Jean Gribomont* (cf. 1988-90, 288) 445-452

2823 POUCHET, JEAN-ROBERT *Essai de décryptage de la lettre 213 de S. Basile.* In: *Mémorial Jean Gribomont* (cf. 1988-90, 288) 487-502

2824 POUCHET, JEAN-ROBERT *Une lettre spirituelle de Grégoire de Nysse identifiée. L'epistula 124 du corpus basilien* – VigChr 42 (1988) 28-46

2825 POUCHET, J.-R. *L'Énigme des lettres 81 et 50 dans la correspondance de saint Basile. Un dossier inaugural sur Amphiloque d'Iconium?* – OrChrP 54 (1988) 9-46

2826 ROUILLARD, EDOUARD, OSB *L'édition des Homélies morales de Basile de Césarée.* In: *Studia patristica 18,2* (cf. 1988-90, 343) 75-78

2827 ROUSSEAU, P. *Basil of Caesarea, Contra Eunomium: The main Preoccupations* – Prudentia Supplement (1988) 77-94

2828 ROUSSEAU, PHILIP *Basil of Caesarea: choosing a past.* In: *Reading the past* 37-58

2829 RUDBERG, STIG Y. *Notes lexicographiques sur l'«Hexaéméron» de Basile.* In: *Greek and Latin Studies* (cf. 1988-90, 243) 24-32

2830 RUSSO, F. *Gli Ascetica di S. Basilo Magno e S. Nilo.* In: *Atti del Congresso internazionale su S. Nilo di Rossano. 28 settembre – 1° ottobre 1986.* Rossano-Grottaferrata (1989) 307-316

2831 SCHMITZ, DIETMAR *Formen der Polemik bei Basilius in der Streitschrift «Adversus Eunomium»* – Glotta 67 (1989) 233-242

2832 SIEPIERSKI, PAULO D. *Espiritualidade e pobreza. Reflexão e práxis da libertação em São Basilio Magno* – PersTeol 20 (1988) 219-232

2833 SIEPIERSKI, PAULO D. *Poverty and Spirituality: Saint Basil and liberation theology* – GrOrthThR 33 (1988) 313-326

2834 SIEPIERSKI, PAULO D. *The liberating leitourgia of Basil the Great* [Diss.]. Louisville, Ky.: The Southern Baptist Theol. Semin. 1989. 262 pp. [microfilm; cf. summary in DissAbstr 51 (1990/91) 199A]

2835 ŠPIDLIK, TOMAŠ *La funzione del sogno in S. Basilio* – AugR 29 (1989) 375-387

2836 ŠPIDLIK, TOMAŠ *S. Basilio Magno e la cultura.* In: *Crescita dell'uomo (età postnicena)* (cf. 1988-90, 211) 65-72

2837 TROIANO, MARINA S. *Sulla cronologia di Ep. 52, Ad alcune reigiose, di Basilio di Cesarea* – VetChr27 (1990) 339-367

2838 VOGÜÉ, ADALBERT DE *De la «Regla de San Basilio» a la de San Benito* – CuadMon 23 (1988) 47-59

2839 VOGÜÉ, ADALBERT DE *Vestiges de l'Admonitio ad filium spiritualem du Pseudo-Basile dans la prédication de saint Éloi* – RBen 98 (1988) 18-20

2840 ZELZER, K. *Zum Text der kritischen Erstedition der lateinischen Fassung der Basiliusregel.* In: *Polyanthema* (cf. 1988-90, 313) 7-25

III.2. Pseudo-Basilius Caesariensis

2841 HALLEUX, ANDRÉ DE *Les deux «testimonia» ps.-basiliens du florilège de Jean Maron* [7. Jh. n. Chr.] – OrChr 72 (1988) 1-20

III.2. Basilius Seleuciensis

2842 *[Basilius Seleuciensis] Mowa pochwalna Bazylego z Seleucji kuczi sw. Szczepana* (= Basilius Seleuciensis in laudem s. Stephani deque eius corporis inventione). Übersetzt von N. WIDOK – VoxP 9 (1989) f.17, 823-836

2843 MARTZELOS, G.D. Ἡ χριστολογία τοῦ Βασιλείου Σελευκείας καί ἡ οἰκουμενικὴ σεμασία της. Thessalonike: Purnaras 1990. 400 pp.

2844 ROHAN-CHABOT, CLAUDE DE *Exégèse de Job 2:6 dans une homélie inédite de Basile de Séleucie.* In: *Studia patristica 18,2* (cf. 1988-90, 343) 197-201

2845 TEVEL, J.M. *De Preken van Basilius van Seleucië: handschriftelijke overlevering, editie van 4 preken* [Diss.]. Vrije Univ. Amsterdam. 1990. 376 pp.

2846 TREVEL, J.M. *Basilius Seleuciensis, De Preken van Basilius van Seleucië. Handschriftelijke overlevering – Editie van vier preken.* Utrecht 1990.

III.2. Benedictus Nursinus

2847 *[Benedictus Nursinus; Gregorius Magnus] Regola e vita di San Benedetto.* Testo latino e versione italiana a cura di LORENZO SENA [Alle fonti della spiritualità silvestrina 1]. Fabriano: Monastero San Silvestro Abate 1990. VI, 498 pp.

2848 *[Benedictus Nursinus; Gregorius Magnus] Vita di San Benedetto e La regola.* In appendice: discorsi di Giovanni Paolo II per il XV centenario della nascita [Spiritualità nei secoli 14]. Roma: Città Nuova Ed. 1989. 321 pp.

2849 *[Benedictus Nursinus] Regla del Maestro – Regla de S. Benito.* Ed. sinóptica, introd., versión, distribución sinópt. y notas por ILDEFONSO M. GOMEZ [Col. Espir. monást. Fuentes y Estudios 18]. Zamora: Ed. Monte Casino 1988. 538 pp.

2850 *[Benedicus Nursinus] San Benito. La Regla de los monjes.* Texto crítico y traducción. Edd. A. DE VOGÜE; J. NEUFVILLE; P. SAENZ. Luján B.A.: ECUAM 1990. 211 pp.

2851 AYMARD, PAUL *Petite vie de saint Benoît.* Paris: Desclée de Brouwer 1988. 96 pp.

2852 BAMBERG, C. *Entscheidungsfindung in der monastischen Gemeinschaft. Anmerkungen zum dritten Kapitel der Benediktsregel* – EA 65 (1989) 20-34

2853 BAMBERG, C. *Vitam aeterna omni concupiscentia spirituali desiderare (RB 4, 46).* In: *Itinera Domini* (cf. 1988-90, 263) 11-16

2854 BAMBERG, CORONA *«Nichts außerhalb der Weisung des Herrn» (RB 2, 4): Urevangelisches in der RB* – RBS 17 (1990) 25-37

2855 BAUER, G. *Übersetzung als Auslegung. Zur Hermeneutik der Regula Benedicti in der Fassung der althochdeutschen Interlinearversion des Codex Sangallensis 916* – RBS 14-15 (1985/86, ersch. 1988) 193-211

2856 BENZ, K.J. *Die «Regula Benedicti» in den Briefen Papst Gregors VII.* In: *Itinera Domini* (cf. 1988-90, 263) 263-279

2857 BERLIERE, URSMER *La ascesis benedictina. Desde los orígenes hasta el final del siglo XII. Ensayo histórico.* Versión y adaptación de G. TAJADURA y L.M. PÉREZ. Trad. de: L'ascèse bénédictine. Des origines à la fin du XVIIIième siècle (Abbaye de Maredsous 1929) [Espiritualidad Monástica 20]. Burgos: Monasterio de Santa Maria La Real de las Huelgas 1988. XVIII, 460 pp.

2858 BETHUNE, P.-F. DE *Zwei Patriarchen der Mönche. Benedikt und Bodhidharma* – EA 64 (1988) 266-281

2859 BÖCKMANN, A. *Bidden volgen Benedictus* – BT 49 (1988) 61-72

2860 BÖCKMANN, A. *Gebet nach der Benedictusregel* – EA 64 (1988) 107-116

2861 BÖCKMANN, A. *Xeniteia-Philoxenia als Hilfe zur Interpretation von «Regula Benedicti» 53 im Zusammenhang mit Kapitel 58 und 66* – RBS 14-15 (1985/86, ersch. 1988) 131-144

2862 BÖCKMANN, AQUINATA *«Per ducatum Evangelii» (RB, Prolog 21): Stukturanalyse eines benediktinischen Kernsatzes* – RBS 17 (1990) 85-108

2863 BÖCKMANN, AQUINATA *La oración según la Regla de San Benito* – CuadMon 24 (1989) 197-208

2864 BORIAS, A. *Die Regel Benedikts, Spiegel eines monastischen Reifungsprozesses* – EA 65 (1989) 270-291

2865 BORIAS, A. *Primus humilitatis gradus est ... Untersuchungen zur Hermeneutik des hl. Benedikt* – EA 65 (1989) 188-198

2866 BORIAS, A. *Saint Benoît au fil des ans* – ColCist 50 (1988) 218-238

2867 BORIAS, ANDRÉ *En relisant Saint Benoît* [Vie monastique 23]. Bégrolles-en-Mauges: Abbaye de Bellefontaine 1990. 423 pp.

2868 COLOMBAS, GARCIA M. *La tradición benedictina. Ensayo histórico I: Las raíces* [Espiritualidad monástica. Fuentes y Estudios 20]. Zamora: Ediciones Monte Casino 1989. 431 pp.

2869 COLOMBAS, GARCIA M. *La tradición benedictina. Ensayo histórico II: Los siglos VI y VII.* Zamora: Ediciones Monte Casino 1990. 513 pp.

2870 COUDANNE, L. *L'attention à la présence de Dieu à la suite de saint Benoît* – Lettre de Ligugé 244 (1988) 35-39

2871 CREMASCOLI, G. *'Saeculi actibus se facere alienum'. Notes sur l'exegèse de ce passage dans les principaux commentaires de la Règle bénédictine* – RBS 14/15 (1985/86) 81-93

2872 DAMMERTZ, V. *San Benito de Nursia, Patrono de toda Europa. Su mensaje a los arquitectos de la Casa común europea* – CuadMon 25 (1990) 449-459

2873 DELATTE, P. *Comentario a la Regla de S. Benito [c. L y LI]* – NetV 13 (1988) 63-67

2874 DELATTE, P. *Comentario a la Regla de S. Benito [c. LII-LIII]* – NetV 13 (1988) 221-237

2875 DELATTE, P. *Comentario a la Regla de San Benito [c. LIV-LVII].* Traducción de A. NARRO e I. M. GOMEZ – NetV 14 (1989) 57-72; 317-327

2876 DELATTE, P. *Comentario a la Regla de san Benito [c. LVIII].* Traducción de I. M. GOMEZ y A. NARRO – NetV 15 (1990) 55-98

2877 DONNAT, L. *Les coutumiers du moyen âge et la Règle de S. Benoît* – RBS 16 (1987) 37-56

2878 DUERIG, WALTER *Abt, das heißt Vater: das charismatisch-pneumatische Christusvikariat des Abtes.* In: *Weite des Herzens* (cf. 1988-90, 368) I 63-76

2879 FORMAN, M. *Scripture and the Rule of Benedict as sources of Benedictine Spirituality* – AmBenR 39 (1988) 85-101

2880 FUEGLISTER, NOTKER *«In der Weite des Herzens läuft man den Weg der Gebote Gottes» (RB Prol. 49).* In: *Weite des Herzens* (cf. 1988-90, 368) I 95-105

2881 GARCIA SANZ, O. *El «Pius Pater» en san Benito.* In: *Actas del I Simposio* (cf. 1988-90, 164) 279-284

2882 GARRIDO, M. *San Benito en los antifonarios medievales* – NetV 13 (1988) 41-61

2883 GODEL, WILLIBRORD *«... wieder Frieden schließen!»: der Umgang mit dem Konflikt in der Benediktsregel.* In: *Weite des Herzens* (cf. 1988-90, 368) I 107-117

2884 GRUEN, ANSELM *Führungsgrundsätze in der Regel Benedikts.* In: *Weite des Herzens* (cf. 1988-90, 368) I 129-137

2885 HÄUSSLING, ANGELUS A. *«Ergo nihil operi Dei praeponatur» (RB 43,3). Relecture eines benediktinischen Axioms.* In: *Itinera Domini* (cf. 1988-90, 263) 157-174

2886 HAMMETT, P.E. *Care for the individual in the Rule of Benedict* – AmBenR 39 (1988) 277-303

2887 HOOFF, E.A. VAN *Der Mensch als Hörender. Überlegungen zur Religiosität anhand der Regula Benedicti* – EA 65 (1989) 429-443

2888 HOUIX, P. *Saint Benoît et le mystère de la souffrance* – ColCist 50 (1988) 173-187

2889 JACOBS, U.K. *Die juristische Wirkungsgeschichte der Regula Benedicti. Studie zu einer umfassenden Darstellung* – RBS 14/15 (1985/86) 323-330

2890 JACOBS, UWE KAI *Ökumenische Aspekte einer Rechtstheologie der Regula Benedicti* – RBS 17 (1990) 227-234

2891 LE GALL, ROBERT *El ojo y las lágrimas* – CuadMon 25 (1990) 19-33

2892 LECLERCQ, JEAN *Der hl. Bernhard und die Regel des hl. Benedikt* – ColCist 47 (1990) 1-16

2893 LECLERCQ, JEAN *San Bernardo y la Regla de San Benito* – CuadMon 25 (1990) 307-321

2894 LINAGE CONDE, A. *La «Regula Benedicti» y el «Diálogo segundo» de san Gregorio, obras literarias* – NetV 13 (1988) 81-96

2895 LINAGE CONDE, ANTONIO *La Regla de San Benito, ordenada por materias y su vida en el español corriente de hoy.* Estudio preliminar de don JEAN LECLERCQ. Sepúlveda: Santa Escolástica 1989. 262 pp.

2896 LUISLAMPE, PIA *Demut als Weg menschlicher Reifung. Hermeneutische Schritte zum 7. Kapitel der «Regula Benedicti».* In: *Itinera Domini* (cf. 1988-90, 263) 17-30

2897 MARRION, MALACHY *Biblical hermeneutics in the Regula Benedicti* – StMon 30 (1988) 17-40

2898 MARRION, MALACHY *The Hindu Code of Maní and the Regula Benedicti: Forest Dweller, wandering ascetic and monk* – StMon 32 (1990) 7-58

2899 MARTINS, ANTONIO HENRIQUE CAMPOLINA *A humanidade do monge: estudio da dimensão moral do modelo antropológico biblico que se sobressai no texto da regula benedicti* [Diss.]. Roma: Pontificia Universitas Lateranensis Academia Alfonsiana 1990. XXXIII, 261 pp.

2900 MCGINN, B. *St. Benedict as the Steward of Creation* – AmBenR 39 (1988) 161-176

2901 MUENTNICH, BENEDIKT *Der Mönch als «operarius domini».* In: *Itinera Domini* (cf. 1988-90, 263) 77-97

2902 OHLMEYER, ALBERT *Krankenpflege und Gesundheitsregeln nach der Weisung St. Benedikts.* In: *Das Lorscher Arzneibuch: Klostermedizin in der Karolingerzeit: ausgewählte Texte und Beiträge.* Edd. ADELHEID PLATTE; KARLHEINZ PLATTE. Lorsch: Laurissa (1989) 28-32

2903 RENDON, I.S. *Die Regel des hl. Benedikt und ihre Bedeutung für die Frauenklöster des Benediktinerordens* – EA 64 (1988) 434-439

2904 SCHÜTZEICHEL, H. *The Rule of Benedict as a Guide for Christian Living I* – AmBenR 39 (1988) 189-212

2905 SENA, L. *Il testo della Regola di S. Benedetto contenuto nei due codici di Montefano* – Inter fratres 39 (1989) 3-64

2906 SENGER, BASILIUS *Sint Benedictus: leven, betekenis, zending, opdracht* [Monastieke cahiers 38]. Bonheiden: Abdij Bethlehem 1988. 91 pp.

2907 SEVERUS, EMMANUEL VON *Impulse der Regula Benedicti für das ökumenische Gespräch* – RBS 17 (1990) 19-24

2908 SILVA, T. D' *Die Regel des heiligen Benedikt und ihre Bedeutung für benediktinische Frauenklöster, unter dem Aspekt «Gemeinschaft und Führung»* – EA 64 (1988) 179-189

2909 SIMMLER, F. *Zur deutschsprachigen handschriftlichen Überlieferung der Regula Benedicti* – RBS 16 (1987) 137-204

2910 VERGOTE, A. *A psychological approach to humility in the Rule of St. Benedict* – AmBenR 39 (1988) 404-429

2911 VERHEUL, AMBROOS *Die Spiritualität des Stundengebetes in der Regel des heiligen Benedikt.* In: *Lebendiges Stundengebet* (cf. 1988-90, 272) 197-216

2912 VOGÜÉ, ADALBERT DE *A propos d'un canon du nouveau Code. La vie solitaire en symbiose avec une communauté* – ColCist 50 (1988) 279-287

2913 VOGÜÉ, ADALBERT DE *Community and Abbot in the Rule of Saint Benedict* Ed. C. PHILIPPI; E. PERKINS [CistStud 5, 1-2]. Kalamazoo, Mich.: Cistercian Publications 1988. 2 voll., 506 pp.

2914 VOGÜÉ, ADALBERT DE *De la «Règle de S. Basile» à celle de S. Benoit* – ColCist 51 (1989) 298-309

2915 VOGÜÉ, ADALBERT DE *Von der «Regel des hl. Basilius» zur Regel Benedikts* – EA 66 (1990) 180-192

2916 VOSS, GERHARD *Aufstieg und Ursprung: über den Weg der Demut im siebten Kapitel der Regel Benedikts.* In: *Weite des Herzens* (cf. 1988-90, 368) I 183-191

2917 WEIST, E. *Bedeutung der Benediktusregel für uns Benediktinerinnen von heute in Bezug auf Autorität und Gemeinschaft* – EA 64 (1988) 288-299

III.2. Boethius

2918 *Boethius, de topicis differentiis καὶ οἱ βυζαντινὲς μεταφράσεις τῶν Μανουὴλ Ὁλοβώλου καὶ Προχόρου Κυδώνη; παράρτημα : Eine Pachymeres-Weiterbearbeitung der Holobolos-Übersetzung εἰσαγ. καὶ κριτικὴ ἔκδοση τῶν κειμένων ὑπὸ* DIMITRIOS Z. NIKITAS [Corpus philos. medii aevi Byzantini 5] [mit deutscher Zusammenfassung]. Athen: The Acad. of Athens & Paris: Vrin 1990. LXXVIII, 270 pp.

2919 *[Beothius] Boeci. Consolació de la filosofía.* Traducció i edició a cura di V. FABREGA I ESCATLLAR [Textos Filosofics 53]. Barcelona: Editorial Laia 1989. 192 pp.

2920 *[Boethius] Boèce: La Consolation de la philosophie: et autres traités.* Ed. G.G. MAJOROV [in russischer Sprache]. Moskau: Nauka 1990. 414 pp.

2921 *[Boethius] Boethius' In Ciceronis Topica.* Transl. with notes and an introd. by ELEONORE STUMP. Ithaca: Cornell Univ. Pr. 1988. XI, 277 pp.

2922 *[Boethius] Boethius, De institutione arithmetica lib I, cap. 1; lib II, cap. 54.* Übers. TILMAN KRISCHER. In: *Geschichte der Musiktheorie* (cf. 1988-90, 240) III 302-317

2923 *[Boethius] De vertroosting van de filosofie.* Vert., ingel. & van aantek. voorzien door R.F.M. BROUWER. Baarn: Ambo 1989. 320 pp.

2924 *[Boethius] Die theologischen Traktate: lateinisch-deutsch.* Übersetzt, eingeleitet und mit Anmerkungen versehen von MICHAEL

ELSÄSSER [Philosophische Bibliothek 397]. Hamburg: Meiner 1988. XXXV, 141 pp.

2925 *[Boethius] Fundamentals of music*. Transl. with introd. and notes by CALVIN M. BOWER; ed. by CLAUDE F. PALISCA. New Haven, Conn.; London: Yale Univ. Press 1989. XLIV, 205 pp.

2926 *[Boethius] Trost der Philosophie*. Edd. ERNST GEGENSCHATZ; OLOF GIGON. München: Artemis 1990. 209 pp.

2927 *[Boethius] Trost der Philosophie: lateinisch-deutsch*. Edd. ERNST GEGENSCHATZ; OLOF GIGON. München: Artemis 1990. 369 pp.

2928 ACOSTA RODRIGUEZ, J. *El concepto de «participación» y su alcance metafísico en la obra de Boecio* – NatGrac 36 (1989) 39-58

2929 ACOSTA RODRIGUEZ, JUAN *El concepto de «individuo» y el problema de la «individuación» en Boecio* – EFil 39 (1990) 7-31

2930 ACOSTA RODRIGUEZ, JUAN *La teoría del conocimiento en Boecio* – CD 203 (1990) 647-670

2931 ACOSTA RODRIGUEZ, JUAN *Los conceptos de «esse» e «id, quod est» en Boecio* – CD 202 (1989) 613-656

2932 BEINHAUER, RUTH *Untersuchungen zu philosophisch-theologischen Termini in De trinitate des Boethius* [Dissertationen der Universität Wien 204]. Wien: Verb. der Wiss. Ges. Österr. 1990. 221 pp.

2933 BERNHARD, MICHAEL *Glossen zur Arithmetik des Boethius*. In: *Scire litteras* (cf. 1988-90, 331) 23-34

2934 BORST, ARNO *Rithmimachie und Musiktheorie* In: *Geschichte der Musiktheorie* (cf. 1988-90, 240) III 253-280

2935 BOWER, C.M. *Boethius' «De institutione musica». A Handlist of Manuscripts* – Sc 42 (1988) 205-251

2936 BRIESEMEISTER, DIETRICH *The Consolatio philosophiae of Boethius in medival Spain* – JWCI 53 (1990) 61-70

2937 CAHOON, LESLIE *Menippean Boethius* Summary. – American Philological Association. Abstracts (Ithaca, N.Y.) 1988 (1989) 149

2938 CHERNISS, MICHAEL D. *Boethian apocalypse. Studies in middle English vision poetry*. Norman, Okla.: Pilgrim Books 1987. X, 271 pp.

2939 CORRIGAN, K. *A New Source for the Distinction between id quod est and esse in Boethius' De Hebdomadibus*. In: *Studia patristica 18,4* (cf. 1988-90, 345) 133-138

2940 CRAIG, WILLIAM L. *Boethius on Theological Fatalism* – EThL 64 (1988) 324-347

2941 EBBESEN, STEN *Boethius as an Aristotelian commentator* In: *Aristotle transformed* (cf. 1988-90, 180) 373-391

2942 FLAMMINI, GIUSEPPE *Il prooemium del De institutione arithmetica*. In: *Prefazioni* (cf. 1988-90, 316) 149-160

2943 FLAMMINI, GIUSEPPE *Il prooemium del De institutione musica de Boezio*. In: *Prefazioni* (cf. 1988-90, 316) 193-215

2944 FRAKES, JEROLD C. *The fate of fortune in the early Middle Ages: the Boethian tradition* [Studien und Texte zur Geistesgeschichte des Mittelalters 23]. Leiden: Brill 1988. VIII, 191 pp.

2945 GIESZ, LUDWIG *Boethius ... daß Warheit trösten kann*. In: *Philosophische Spaziergänge: zwölf vorsichtige Antworten auf die Frage, wie man sich im Leben denn einzurichten hätte*. Stuttgart: Metzler (1990) 38-53

2946 GUILLAUMIN, JEAN-YVES *La culture littéraire latine de Boèce jeune d'après la lettre dédicatoire de l'Institution Arithmétique* – ALMA (1989) 101-108

2947 GUILLAUMIN, JEAN-YVES *La terminologie latine de la série des épimores* – RPh 63 (1989) 105-109

2948 GUILLAUMIN, JEAN-YVES *La transformation d'une phrase de Nicomaque (Introduction arithmétique I,18,2) chez Boèce (Institution arithmétique I,23)* – Latomus 48 (1989) 869-874

2949 GUILLAUMIN, JEAN-YVES *Le statut des mathématiques chez Boèce* – REAnc 92 (1990) 121-126

2950 GUILLAUMIN, JEAN-YVES *Le terme quadrivium de Boèce et ses aspects moreaux* – ACl 59 (1990) 139-148

2951 HUBY, PAMELA *Boethius vindicates Cicero as a logician*. – LCM 13 (1988) 60-61

2952 ILLMER, DETLEF *Die Zahlenlehre des Boethius*. In: *Geschichte der Musiktheorie* (cf. 1988-90, 240) III 219-252

2953 LEFTOW, BRIAN *Boethius on eternity* – History of Philosophy Quarterly (Bowling Green) 7 (1990) 123-142

2954 LEVET, JEAN-PIERRE *Philologie et logique: Boèce traducteur des premiers chapitres du livre I des Analytica Priora d'Aristote* – RHT 18 (1988) 1-62

2955 LLUCH-BAIXAULI, M. *La teología de Boecio en la transición del mundo clásico al mundo medieval* [Colección Teológica 69]. Pamplona: Ediciones Universidad de Navarra 1990. 349 pp.

2956 LLUCH-BAIXAULI, MIGUEL *Bibliografía conmemorativa de Manlio Severino Boecio* – ScTh 21 (1989) 213-225

2957 LLUCH-BAIXAULI, MIGUEL *La sintesis teologica de Severino Boecio: sobre los origenes de la teologia medieval* [Diss.]. Pamplona: Univ. de Navarra 1990. 349 pp. [cf. summary in DissAbstr 50 (1989) 185A]

2958 LLUCH-BAIXAULI, MIGUEL *Una referencia trinitaria en la «Consolatio Philosophiae»*. In: *Hispania Christiana* (cf. 1988-90, 250) 139-146

2959 LUCK, G. *Longius «On the Sublime» and Boethius «Consolation of Philosophy»*. In: *Studien zu Gregor von Nyssa* (cf. 1988-90, 351) 333-342

2960 MACDONALD, SCOTT *Boethius's claim that all substances are good* – AGPh 70 (1988) 245-279

2961 MAGEE, JOHN *Boethius on signification and mind* [PhAnt 52]. Leiden: Brill 1990. XIV, 165 pp.

2962 MAGEE, JOHN *Notes on Boethius, Consolatio I,1,5; 3,7. A new biblical parallel* – VigChr 42 (1988) 79-82

2963 MAJOROV, G.G. *En quête de l'absolu moral: l'Antiquité et Boèce* [in russischer Sprache]. Moskau: Znanie 1990. 64 pp.

2964 MARIA, GIORGIO DI *Pseudo-Boethiana* [in lateinischer Sprache] – Sileno 15 (1989) 207-217

2965 MARIA GIORGIO DI *Ancora sull'appendice pseudoboeziana in Topica Ciceronis del codex Parisinus Latinus 7711* – SMed 14/15 (1988) 69-72

2966 MCINERNY, RALPH M. *Boethius and Aquinas*. Washington D.C.: Catholic Univ. of America Pr. 1990. XIV, 268 pp.

2967 MICAELLI, CLAUDIO *Studi sui trattati teologici di Boezio*. Napoli: d'Auria 1988. 130 pp.

2968 MIGNUCCI, MARIO *Boezio e il problema dei futuri contingenti* – Medioevo (Padova Antenore) 13 (1987) 1-50

2969 MIGNUCCI, MARIO *Truth and modality in late antiquity: Boethius on future contingent propositions*. In: *Atti del Convegno internazionale di storia della logica «Le teorie delle modalità» organizzato dalla Società italiana di logica e filosofia dalla scienze (SILFS), San Gimignano, 5-8 dicembre 1987*. Edd. GIOVANNA CORSI; CORRADO MANGIONE & MASSIMO MUGNAI. Bologna: CLUEB (1989) 47-78

2970 MÜLLER-GOLDINGEN, CHRISTIAN *Die Stellung der Dichtung in Boethius' Consolatio Philosophiae* – RhM 132 (1989) 369-395

2971 NIKITAS, DIMITRIOS Z. *Ciceros rhetorische Schriften als Quellen von Boethius' De topicis differentiis* [griech. mit dt. Zus.]. In: *Γ᾽ πανελλήνιο συμπόσιο λατινικών σπουδών (5, 6 και 7 Νοεμβρίου 1987)*. Thessaloniki: Ἀριστοτέλειο Πανεπιστήμιο (1989) 243-279

2972 OBERTELLO, LUCA *Boezio e dintorni: ricerche sulla cultura altomedievale*. Firenze: Nardini 1989. 207 pp.

2973 OLMSTED RAUDENBUSH, WENDY *Philosophical inquiry and religious transformation in Boethius's The Consolation of Philosophy and Augustine's Confessions* – JR 69 (1989) 14-35

2974 QUACQUARELLI, A. *Spigolature boeziane*. In: *Sapientia et eloquentia* (cf. 1988-90, 330) = VetChr 25 (1988) 11-41

2975 QUACQUARELLI, ANTONIO *Il sogno di Boezio* – InvLuc 11
      (1989) 485-490
2976 REITZ, CHRISTIANE *Beobachtungen zuf fünften Buch der Con-*
      solatio Philosophiae des Boethius – WJA 16 (1990) 239-246
2977 RELIHAN, JOEL C. *Agathias Scholasticus (A.P. 11. 354), the phi-*
      losopher Nicostratus, and Boethius' Consolation – CM 41 (1990)
      119-129
2978 RELIHAN, JOEL C. *Old comedy, Menippean satire, and Philoso-*
      phy's tattered robes in Boethius' Consolation – IClSt (1990)
      183-194
2979 RUIZ YAMUZA, EMILIA *Consideraciones en torno a la categoría*
      «verbo» en algunos comentaristas de Aristóteles – Revista
      Española de Lingüística (Madrid) 18 (1988) 93-107
2980 SAKAGUCHI, F. *Der Begriff des Individuums bei Boethius* [Japa-
      nisch mit deutscher Zusammenfassung] – Studies in Medieval
      Thought (Kyoto) 28 (1988) 201
2981 SHIEL, JAMES *Boethius' commentaries on Aristotle.* In: *Aristotle*
      transformed (cf. 1988-90, 180) 349-372
2982 SIMONS, JOHN *Eternity, omniscience and temporal passage. A*
      defense of classical theism – Review of Metaphysics (Washington)
      42 (1988/89) 547-568
2983 SKARIKA, MIRKO *Enunciación y verdad según Boecio* – PhVal-
      paraíso 12 (1989) 27-47
2984 SWEENEY, LEO *Boethius on the «individual»: Platonist or Ari-*
      stotelian?. In: *Daidalikon: studies in memory of Raymond V. Scho-*
      der. Ed. ROBERT F. SUTTON. Wauconda, Ill.: Bolchazy-
      Carducci (1989) 361-373
2985 TRONCARELLI, F. *Aristoteles Piscatorius. Note sulle opere teo-*
      logiche di Boezio e sulla loro fortuna – Sc 42 (1988) 3-19
2986 TRONCARELLI, FABIO *La più antica interpretazione della Con-*
      solatio Philosophiae – NRiSt 72 (1988) 501-550
2987 UKOLOVA, V.I. *The last of the Romans and European culture.*
      Transl. by V. SCHNEIERSON. Moscow: Progress 1989. 392 pp.
2988 WUEBERT, BARBARA *Cicero, Somnium Scipionis. Gedanken zur*
      Sphärenharmonie – Anregung. Zeitschrift für Gymnasialpädago-
      gik (München) 34 (1988) 298-307

III.2. Braulio

2989 ESCALONA, J.; RODRIGUEZ, T. *Terminología sobre las relacio-*
      nes de dependencia en la «Vita Sancti Emiliani» de Braulio de Za-
      ragoza. In: *Actas del I Simposio* (cf. 1988-90, 164) 229-236

III.2. Caesarius Arelatensis

2990 *[Caesarius Arelatensis] Césaire d'Arles, Oeuvres monastiques. Tome 1: Oeuvres pour les moniales.* Introduction, texte critique, traduction et notes de ADALBERT DE VOGÜÉ et JOEL COURREAU [SC 345]. Paris: Les Éditions du Cerf 1988. 508 pp.

2991 *[Caesarius Arelatensis] L'Apocalypse expliquée par Césaire d'Arles. Scholies attribuées à Origène.* Tradd. JOEL COURREAU; SOLANGE BOUQUET: Praef. IGNACE DE LA POTTERIE; ADALBERT G. HAMMAN [Les Pères dans la foi 37]. Paris: Desclée de Brouwer 1989. 226 pp.

2992 *[Caesarius Arelatensis] Sw. Cezary z Arles. Kazania.* Tłumaczyl: STEFAN RYZNAR. Wstęp, oprac.: EMIL STANULA [PSP 52]. Warszawa: Akademia Teol. Katol. 1989. 264 pp.

2993 COLI, ENZO *Etica matrimoniale e familiare in Cesario di Arles* – GiorFil 40 (1988) 101-107

2994 EICHENSEER, CAELESTIS *Caesarii, episcopi Arelatensis (503-542), locutiones christianae et ecclesiastiae, additamenta ex epistulis Aurelii Augustini (354-430) deprompta* – VoxLat 25 (1989) 47

2995 KLINGSHIRN, W.E. *Caesarius's monastery for women in Arles and the composition and function of the Vita Caesaris* – RBen 100 (1990) 441-481

2996 ŻUREK, A. *Katecheza Cezarego z Arles* (= Catechesi di Caesario di Arles) – VoxP 10 (1990) f.18, 147-156

2997 ŻUREK, A. *Małżeństwo i prokreacja według Cezarego z Arles* (= Il matrimonio e la procreazione in Cesario di Arles) – VoxP 7 (1987) f.12/13, 427-439

III.2. Pseudo-Caesarius Nazianzenus

2998 *[Pseudo-Caesarius Nazianzenus] Pseudo-Kaisarios. Die Erotapokriseis.* Erstmals vollständig herausgegeben von RUDOLF RIEDINGER [GCS]. Berlin: Akademie Verlag 1989. XV, 312 pp.

III.2. Calcidius

2999 GERSH, STEPHEN E. *Calcidius' Theory of First Principles.* In: *Studia patristica 18,2* (cf. 1988-90, 343) 85-92

3000 MOONAN, LAWRENCE *Abelard's use of the Timaeus* – AHD 64 (1989) 7-90

III.2. Capreolus Carthaginensis

3001 *[Capreolus Cartaginensis] Epistola ad Concilium Ephesinum (Ad Donatum)*. Introductio et translatio A. BOBER – VoxP 8 (1988) f.15, 1039-1043

III.2. Cassiodorus

3002 *[Cassiodorus] Cassiodorus, Explanation of the Psalms.* Transl. and annotated by PATRICK GERARD WALSH [ACW 51]. New York: Paulist Pr. 1990. 618 pp.

3003 BARNISH, S.J.B. *The work of Cassiodorus after his conversion* – Latomus 48 (1989) 157-187

3004 CSAKI, LUCIANA CUPPO *From Constantinople to Vivarium: Byzantine Echoes in the Work of Magnus Aurelius Cassiodorus.* In: *Fourteenth Annual Byzantine Studies Conference* (cf. 1988-90, 196) 18

3005 CURTI, CARMELO *Ancora sulla tecnica di abbreviazione del compilatore della Catena palestinese.* In: *Eusebiana I* (cf. 1988-90, 3420) 249-271

3006 CURTI, CARMELO *La tradizione catenaria e il ricupero dei commenti greci alla Bibbia: validità e limiti.* In: *Eusebiana* (cf. 1988-90, 3420) I 273-282

3007 D'ELIA, F. *Senso e dimensione della «reductio ad philosophiam» delle discipline matematiche nelle Institutiones di Cassiodoro.* In: *Knowledge and the sciences in medieval philosophy. Proceedings of the VIIIth international Congress of Medieval Philosophy. Helsinki, 24-29 August 1987 [Vol. 2].* Edd. S. KNUUTTILA; R. TYÖRINOJA; S. EBBESEN [Publications of Luther-Agricola Society, Ser. B. 19]. Helsinki: Univ. Press (1990) 43-52

3008 FRIDH, ÅKE *Cassiodorus' Digression on Music, Var. II, 40* – Eranos 86 (1988) 43-51

3009 GONNELLI, FABRIZIO *Eudokia, Cassiodoro e Malala* – Vichiana 18 (1989) 350-353

3010 HEATHER, PETER *Cassiodorus and the rise of the Amals. Genealogy and the Goths under Hun Domination* – JRS 79 (1989) 103-128

3011 LEPELLEY, C. *Un éloge nostalgique de la cité classique dans les Variae de Cassiodore.* In: *Haut moyen-âge* (cf. 1988-90, 246) 33-47

3012 MACPHERSON, ROBIN *Rome in involution. Cassiodorus' Variae in their literary and historical setting* [Uniw. im. A. Mickiewicza Ser. Filol. klas. 14]. Poznań: 1989. 367 pp.

3013 MATIJAŠIC, R. *Kasiodorova pisma kao izvor za poznavanje kasnoantičke povijesti Istre* (= Le lettere di Cassiodoro quale fonte per la conoscenza dell'economia Istriana nella tarda antichità) [Serbo-kroatisch mit italienischer Zusammenfassung] – Zogovinski časo-pis 42/3 (1988) 363-371

3014 TRONCARELLI, F. *I codici di Cassiodoro: le testimonianze più antiche* – ScrCiv 12 (1988) 47-99

3015 TRONCARELLI, FABIO *L'Ordo generis Cassiodorum e il programma pedagogico delle Institutiones* – REA 35 (1989) 129-134

3016 VANDERSPOEL, JOHN *Cassiodorus as patricius ex patricio* – Historia 39 (1990) 499-503

3017 WOLFRAM, HERWIG *Einleitung oder Überlegungen zur origo gentis.* In: *Typen der Ethnogenese unter besonderer Berücksichtigung der Bayern, I: Berichte des Symposions der Kommission für Frühmittelalterforschung, 27. bis 30. Oktober 1986, Stift Zwettl, Niederösterreich.* Edd. HERWIG WOLFRAM; WALTER POHL [Denk.-Schr. der Österr. Akad. der Wiss. 102]. Wien (1990) 19-33

III.2. Celsus Philosophus

3018 *[Celsus Philosophus] Celso. El discurso verdadero contra los cristianos.* Madrid: Alianza Ed. 1988. 130 pp.

3019 FERNANDEZ UBIÑA, JOSÉ *Celso, la religión y la defensa del Estado.* In: *Actas del I Congreso peninsular de historia antigua III* (cf. 1988-90, 163) 253-248

III.2. Chromatius Aquileiensis

3020 *[Chromatius Aquileiensis] Chromacjusz z Akwilei, Kazania i homilie (Sermones et homiliai).* Ins Polnische übersetzt von STEFAN RYZNAR, eingeleitet von EMIL STANULA [PSP 49]. Warszawa: Akademia Teol. Katol. 1990. 185 pp.

3021 *[Chromatius Aquileiensis] San Cromazio di Aquileia. Commento a Matteo.* Introd., trad., note e indici di GABRIELE BANTERLE [Scrittori dell'area Santambrosiana 3,2]. Milano: Bibl. Ambrosiana 1990. 438 pp.

3022 *[Chromatius Aquileiensis] San Cromazio di Aquileia. I sermoni.* Introd., trad., note e indici di GABRIELE BANTERLE [Scrittori dell'area Santambrosiana 3,1]. Milano: Bibl. Ambrosiana 1989. 246 pp.

3023 *Chromatius Episcopus: 388-1988.* Giornate di studio per il 16. Centenario dell'Elevazione all'Episcopato di San Cromazio Vescovo di Aquileia, Aquileia 23-25 Settembre 1988 [Antichità altoadriatiche 34]. Udine: Arti Grafiche Friulane 1989. 231 pp.

3024 CUSCITO, GUISEPPE *L'ambiente di cultura e di fede nell'età di Cromazio alla luce della storiografia.* In: *Chromatius episcopus* (cf. 1988-90, 3023) 9-26

3025 DUVAL, YVES-MARIE *Chromace et Jérôme.* In: *Chromatius epi-scopus* (cf. 1988-90, 3023) 151-183
3026 JAKOBI, RAINER *Chromatiana* – Her 118 (1990) 471-475
3027 LEMARIÉ, JOSEPH *Chromatiana. Apport de nouveaux témoins manuscrits* – RBen 98 (1988) 258-271
3028 LEMARIÉ, JOSEPH *L'apport des nouveaux manuscrits témoins des sermons et du commentaire sur Matthieu de Chromace.* In: *Chromatius episcopus* (cf. 1988-90, 3023) 63-80
3029 LOPREATO, PAOLA *Il battistero cromaziano di Aquileia: relazione prelimiare degli scavi 1984-1988.* In: *Chromatius episcopus* (cf. 1988-90, 3023) 209-218
3030 NAUROY, GÉRARD *Chromace, disciple critique de l'exégèse d'Ambroise: réalités et limites de l'influence de l'In Lucam sur les Tractatus in Matthaeum.* In: *Chromatius episcopus* (cf. 1988-90, 3023) 117-149
3031 NICOLA, ANGELO DE *Il prologo ai Tractatus in Matthaeum di Cromazio.* In: *Chromatius episcopus* (cf. 1988-90, 3023) 81-116
3032 PANI ERMINI, LETIZIA *Il ricordo di S. Cromazio in Sardegna.* In: *Chromatius episcopus* (cf. 1988-90, 3023) 219-231
3033 QUACQUARELLI, ANTONIO *L'ecclesiologia nella esegesi di Cromazio.* In: *Chromatius episcopus* (cf. 1988-90, 3023)
3034 QUACQUARELLI, ANTONIO *Tradizione di fede e testimonianza di vita nei presupposti di Cromazio* – VetChr 26 (1989) 201-206
3035 TRUZZI, CARLO *L'ordinazione episcopale di Cromazio di Aquileia nel suo contesto storico-culturale.* In: *Chromatius episcopus* (cf. 1988-90, 3023) 27-44

III.2. Chronicon Pascale

3036 *[Chronicon Pascale] Chronicon pascale, 284-628 A.D.* Transl. with notes and introd. by MICHAEL WHITBY and MARY WHITBY [Transl. texts for historians 7]. Liverpool: Univ. Pr. 1989. XXIX, 239 pp.

III.2. Claudius Claudianus

3037 *[Claudius Claudianus] Fescennini e Epitalamio per le nozze di Onorio e Maria.* Introd., testo, trad. & note a cura di ROSANNA BERTINI CONIDI; pres. di REMO GELSOMINO [Scienze dell'antichità Studi e testi]. Roma: Herder 1988. 107 pp.
3038 *[Claudius Claudianus] Panegyricus dictus Olybrio et Probino consulibus.* Text, Übersetzung und Kommentar von W. TAEGERT [Zetemata 85]. München: Beck 1988. 280 pp.
3039 ALBRECHT, MICHAEL VON *Proserpina's tapestry in Claudian's De raptu: tradition and design* – IClSt 14 (1989) 383-390

3040 CALDERO, CABRÉ *Angels, Estudios sobre De raptu Proserpinae de Claudio Claudiano: comentario de algunos pasajes a la luz de la tradición clásica* [2 microfiches]. Barcelona: Publ. Univ. de Barcelona 1990

3041 CERQUEIRA, LUIS *Claudiano, De raptu Proserpinae: considerações sobre o problema dos prólogos* – Euphrosyne 18 (1990) 275-280

3042 CHARLET, JEAN-LOUIS *Humanus chez Claudien* In: *Homo sapiens, homo humanus, I: La cultura italiana tra il passato ed il presente in un disegno di pace universale: atti del XXVII convegno internazionale del Centro di Studi Umanistici: Montepulciano, Palazzo Tarugi, 1985. La pienezza del significato «homo sapiens» e la necessaria ricerca del significato «homo humanus»: atti del XXVIII convegno internazionale del Centro di Studi Umanistici: Montepulciano, Palazzo Tarugi, 1986.* A cura di GIOVANNANGIOLA TARUGI. Firenze: Olschki (1990) 143-149

3043 CHARLET, JEAN-LOUIS *La rose et le sang: une note critique d'Ange Politien sur Claudien: (misc. 11 et rapt. 2, 122-123).* In: *Homo sapiens, homo humanus, I: La cultura italiana tra il passato ed il presente in un disegno di pace universale: atti del XXVII convegno internazionale del Centro di Studi Umanistici: Montepulciano, Palazzo Tarugi, 1985. La pienezza del significato «homo sapiens» e la necessaria ricerca del significato «homo humanus»: atti del XXVIII convegno internazionale del Centro di Studi Umanistici: Montepulciano, Palazzo Tarugi, 1986.* A cura di GIOVANNANGIOLA TARUGI. Firenze: Olschki (1990) 3-15

3044 DEWAR, MICHAEL *The fall of Eutropius* – CQ 40 (1990) 582-584

3045 D'ORIA, VINCENZO *Nota a Claudiano (c.m. 25,101)* – InvLuc 12 (1990) 153-159

3046 FAUTH, WOLFGANG *Concussio Terrae. Das Thema der seismischen Erschütterung und der vulkanischen Eruption in Claudians De raptu Proserpinae* – AA 34 (1988) 63-78

3047 FERNANDEZ VALLINA, E. *¿Vino nuevo en odres viejos? Expresión de un conflicto a principios del siglo V.* In: *Actas del I Simposio* (cf. 1988-90, 164) 245-254

3048 FERNANDEZ VALLINA, EMILIANO *Roma senescens aut Roma revirescens?: Prudencio ante Claudiano.* In: *Stephanion. Homenaje M.C. Giner* (cf. 1988-90, 340) 205-210

3049 GIULIANO, ANTONIO *Princeps corusco sidere pulchrior (Fescennina XI,1)* [In ital. Sprache] – Numismatica e Antichità classiche (Lugano) 19 (1990) 273-285

3050 GRUZELIER, C.E. *Claudian: court poet as artist* – Ramus 19 (1990) 89-108

3051 GRUZELIER, CLAIRE E. *Temporal and timeless in Claudian's De raptu Proserpinae* – GR 35 (1988) 56-72

3052 GUALANDRI, ISABELLA *Il classicismo claudianeo: aspetti e problemi.* In: *Metodologie della ricerca sulla tarda antichità* (cf. 1988-90, 289) 25-48

3053 HALLET, CHARLES *Claudien, poète animalier* – LEC 56 49-66

3054 LAVALLE, R. *Dos poemas de Claudiano* – Teología 25 (1988) 93-100

3055 LONG, JACQUELINE FLINT *Claudian's in Eutropium: artistry and practicality* [Diss.]. Columbia Univ. New York, N.Y. 1989. 304 pp. [microfilm; cf. summary in DissAbstr 51 (1990-1991) 842A]

3056 MODÉRAN, YVES *Gildon, les Maures et l'Afrique* – MEFR 101 (1989) 821-872

3057 NEWBOLD, R.F. *A brief dilemma in Claudian* – Ancient History 20 (1990) 88-95

3058 PERELLI, ANTONELLA *Suggestioni claudianee nel Carmen contra paganos.* In: *Disiecti membra poetae. Studi di poesia latina in frammenti.* A cura di VINCENZO TANDOI. Foggia: Atlantica Ed. (1988) III 209-225

3059 PHILLIPS, C. ROBERT *The Compitalia and the Carmen contra paganos* – Historia 37 (1988) 383-384

3060 POTZ, ERICH *Claudians in Rufinum: Invektive und Laudatio* – Phil 134 (1990) 66-81

3061 POTZ, ERICH *Die Gestalt Rufins in Claudians Panegyricus auf das dritte Konsulat des Kaisers Honorius* – GB 17 (1990) 225-233

3062 RICCI, MARIA LISA *Claudiano e i distici elegiaci.* In: *Tredici secoli di elegia latina: atti del convegno internazionale, Assisi 22-24 aprile 1988.* Ed. GUISEPPE CANTANZARO; FRANCESCO SANTUCCI. Assisi: Accad. Properziana del Subasio (1989) 289-300

3063 RICCI, MARIA LISA *I funzionari e il loro sonno* – InvLuc 12 (1990) 253-263

3064 RICCI, MARIA LISA *Oggetti quotidiani in due epigrammi claudianei* – InvLuc 11 (1989) 491-505

3065 ROMANO, DOMENICO *Nostra dea es: Claudiano ed Iside* – Pan 9 (1989) 71-75

3066 SCHMIDT, PETER LEBRECHT *Die Überlieferungsgeschichte von Claudians Carmina maiora* – IClSt 14 (1989) 391-415

3067 SCHRIJVERS, PIETER H. *Horace et Claudien: à propos de Praefatio de tertio consulatu Honorii.* In: *Présence d'Horace.* Ed. RAYMOND CHEVALLIER [Coll. Caesarodunum 23]. Tours: Centre de rech. A. Piganiol (1988) 247-254

III.2. Clemens Alexandrinus

3068 *[Clemens Alexandrinus] El pedagogo.* Introd. por ANGEL FERN-
ANDEZ CASTIÑEIRA; trad. & notas por JUAN DIAZ SARIOL
[Bibl. clás. Gredos No 118]. Madrid: Gredos. 1988. 355 pp.

3069 *[Clemens Alexandrinus] The one who knows God: excepts from
the writings of Clement of Alexandria* . A modern English rendi-
tion from the translations of WILLIAM WILSON. Tyler, Tex.:
Scroll Publ. 1990. 136 pp.

3070 CLAUDE, P.-J. *La Méthode du Structuralisme génétique – application à l'œuvre de Clément d'Alexandrie.* In: *Studia patristica
18,3* (cf. 1988-90, 344) 343-354

3071 DRACZKOWSKI, F. *Termin «eucharistia» w pismach Klemensa
Aleksandryjskiego* (= Der Begriff «Eucharistie» in den Schriften des
Clemens von Alexandria) – VoxP 7 (1987) f.12/13, 73-86

3072 DRACZKOWSKI, FRANCISZEK *«Miłowac Boga całym
umysłem» w interpretacji Klemensa Aleksandryjskiego* (= «Amare
dio con tutta la mente» secondo l'interpretazione di Clemente Alessandrino) [mit italienischer Zusammenfassung] – VoxP 8
(1988) f.15, 602-620

3073 DRACZKOWSKI, FRANCISZEK *Die Heiligkeit von Ehe und Familie nach Klemens von Alexandrien* – VoxP 5 (1985) 95-125

3074 EDSMAN, CARL-MARTIN *Antiken och kristendomen med
särskild hänsyn til Klemens av Alexandria* – ROB 45-47 (1986-88
[1990]) 35-47

3075 FERA, MARIA CANNATA *Un frammento lirico in Clemente
Alessandrino e Teodoreto.* In: *Polyanthema* (cf. 1988-90, 313)
141-150

3076 FERNANDEZ ARDANAZ, S. *El problema hermenéutico en la interpretación de la obra de Clemente Alejandrino* – SVict 36 (1989)
278-339

3077 FERNANDEZ ARDANAZ, SANTIAGO *Genesis y anagennesis:
fundamentos de la antropología cristiana según Clemente de
Alejandría* [Victoriensia 56]. Vitoria: Ed. Eset 1990. XXIV, 411
pp.

3078 FRUECHTEL, EDGAR *Einige Bemerkungen zum Bild des Seelen-
wagenlenkers* – Perspektiven der Philosophie (Amsterdam) 16
(1989) 191-202

3079 GRZYWACZEWSKI, J. *Katecheza podstawa rozwoju agape
według Klemensa Al.* (= Die Katechese als Grundlage der Entwicklung der Agape nach Clemens von Alexandrien) – VoxP 10
(1990) f.18, 57-63

3080 GRZYWACZEWSKI, J. *Postawa dojrzałego chrześcijanina wobec skomplikowanych kwestii społecznych według Klemensa Alek-*

sandryjskiego (= Die Haltung des reifen Christen angesichts schwieriger gesellschaftlicher Fragen nach Clemens von Alexandrien) – VoxP 10 (1990) f.19, 651-657

3081 GRZYWACZEWSKI, J. *Problem wysłuchania modlitwy u Klemensa Aleksandryjskiego* (= De quaestione orationis exaudiendae apud Clementem Alexandrinum) – VoxP 7 (1987) f.12/13, 165-173

3082 GRZYWACZEWSKI, JOSEF *Das Porträt des Gnostikers nach Klemens von Alexandrien* – VoxP 6 (1986) 543-554

3083 GRZYWACZEWSKI, JOZEF *Hymn do Chrystusa Króla Zbawiciela Klemensa Aleksandryjskiego przykładem modlitwy starochrześcijańskiej* (= L'»inno a Cristo Salvatore» di Clemente Alessandrino come un esempio di preghiera paleocristiana) – VoxP 8 (1988) f.15, 621-628

3084 HALTON, THOMAS *Clement of Alexandria and Athenaeus (Paed. III.4,26)* – SecCent 6 (1987/88) 193-202

3085 HOEK, ANNEWIES VAN DEN *Clement of Alexandria and his use of Philo in the Stromateis: an early Christian reshaping of a Jewish model* [VigChr.Suppl 3]. Leiden: Brill 1988. XII, 261 pp.

3086 HOEK, ANNEWIES VAN DEN *How Alexandrian was Clement of Alexandria?: reflections on Clement and his Alexandrian background* – HeytrophJ 31 (1990) 179-194

3087 IMPARA, PAOLO *Gli Stromateis di Clemente Alessandrino ed il pensiero greco* [Collana di filosofia antica 7]. Roma: Abete s.a. [ca. 1989]. 131 pp.

3088 KINDER, DONALD MICHAEL *Clement of Alexandria: conflicting views on women* – SecCent (1989-1990) 213-220

3089 KINDER, DONALD MICHAEL *The role of the Christian woman as seen by Clement of Alexandria* [Diss.]. Iowa City: The University of Iowa 1988. 165 pp. [microfilm]

3090 LOUTH, ANDREW *Apathetic Love in Clement of Alexandria.* In: *Studia patristica 18,3* (cf. 1988-90, 344) 413-420

3091 MEULENBERG, L. *Clemente de Alexandria, um evangelizador dos helenos* – AtPav (1990) 859-872

3092 MORESCHINI, CLAUDIO *L'esegesi del Fedro e il medioplatonismo* – KoinNapoli 14 (1990) 29-39

3093 MOURAVIEV, S.N. *Encore une fois Héraclite chez Clément, Strom. I,70,3: résponse à Luigi Senzasono* – CCC 9 (1988) 95-102

3094 MURDOCH, JAMES M. *Teleological perfection in the thought of Clement and Origen* [Diss.]. Oxford, O.: Miami Univ. 1989. 157 pp.

3095 NARDI, CARLO *Clemens Alexandrinus (QDS 25.4) Platonis Apologiae (30E) interpres* – Prometheus 15 (1989) 207-208

3096 NARDI, CARLO *Reminiscenze platoniche nel Quis dives salvetur di Clemente Alessandrino. Il racconto del giovane brigante* – Annali del Dipartimento di filosofia dell'Università (Firenze) 5 (1989) 91-115

3097 NARDI, CARLO *Socratismo evangelico nell'Ottavo stromateus (cap. 1) di Clemente Alessandrino* – Annali del Dipartimento di filosofia dell'Università (Firenze) 4 (1988) 23-36.

3098 OSBORN, E.F. *Clement's Hypotyposeis: Macarius revisited* – SecCent (1989-1990) 233-235

3099 OSTROWSKI, HENRYK *Wiara a męczeństwo w «Dywanach» Klemensa Aleksandryjskiego* (= De fidei ac martyrii relatione in «Stromateis» Clementis Alexandrini) [mit italienischer Zusammenfassung] – VoxP 8 (1988) f.15, 629-634

3100 PIETRAS, HENRYK *Cristología alejandrina en el siglo III: Clemente y Orígenes* – Medellín 15 (1989) 229-270

3101 PLACES, ÉDOUARD DES *Les citations profanes de Clément d'Alexandrie dans le VIe Stromate* – REAnc 92 (1990) 109-119

3102 PLACES, ÉDOUARD DES *Les citations profanes de Clément d'Alexandrie dans le VIIe Stromate* – REAnc 92 (1990) 297-303

3103 PLACES, ÉDOUARD DES *Les citations profanes du IVe Stromate de Clément d'Alexandrie* – REAnc 90 (1988) 389-397

3104 RITTER, A.M. *Clement of Alexandria and the Problem of Christian Norms.* In: *Studia patristica 18,3* (cf. 1988-90, 344) 421-440

3105 RIZZERIO, LAURA *Clemente di Alessandria e la Physiologia veramente gnostica: riflessioni sull'origine e il significato di una epistemologia e di una ontologia* – RPL 88 (1990) 653-655

3106 RIZZERIO, LAURA *Le problème des parties de l'âme et de l'animation chez Clément d'Alexandrie* – NRTh 111 (1989) 389-416

3107 RIZZERIO, LAURA *Note di antropologia in Clemente di Alessandria. Il problema della divisione dell'anima e dell'animazione dell'uomo* – Sandalion 10/11 (1987/88) 115-143

3108 ROBERTS, LOUIS W. *Clement of Alexandria: Stromateis VIII and Modal Causality.* In: *Studia patristica 18,3* (cf. 1988-90, 344) 441-454

3109 SENZASONO, LUIGI *Riposta a S.N. Mouraviev a proposito dell'articolo: Encore une fois Héraclite chez Clément, Strom. I,70,3: réponse à Luigi Senzasono* – CCC 10 (1989) 169-179

3110 TARDIF DE LAGNEAU, HENRI *Chrétiens devant la philosophie grecque. Un point de vue de Clément d'Alexandrie.* In: *Du banal au merveilleux* (cf. 1988-90, 190) 89-98

3111 WIDOK, N. *Problem akomodacji w katechezie wczesnochrzescijanskiej; Klemens Aleksandryjski. Przeglad bibliografii* (= Akkomodation in der frühchristlichen Katechese. Klemens von Alexandrien. Bibliographischer Überblick) – VoxP 10 (1990) f.18, 65-73

3112 WINTER, ERICH *Hieroglyphen* – RAC 15 (1989) Lief. 113, 83-103

III.2. Clemens Romanus

3113 BAUSI, ALESSANDRO *Presenze clementine nella letteratura etiopica* – SCO 40 (1990) 289-316

3114 BOWE, BARBARA ELLEN *A Church in crisis: ecclesiology and paraenesis in Clement of Rome* [Harvard dissertations in religion 23]. Minneapolis, Minn.: Fortress Pr. 1988. XVI, 158 pp.

3115 DEHANDSCHUTTER, BOUDEWIJN *Some notes on 1 Clement 5,4-7*. In: *Fructus centesimus* (cf. 1988-90, 237) 83-89

3116 ELORDUY, E. *Clemente Romano y la virtud de la clemencia: la clemencia de Cristo en el hijo pródigo*. In: *Estudios sobre la antigüedad en homenaje al Profesor Santiago Montero Díaz*. Madrid: Univ. Complutense (1989) 267-275

3117 FERNANDEZ ARDANAZ, S. *Elementos hebreos en la antropología de la llamada Prima Clementis*. In: *Pléroma* (cf. 1988-90, 312)

3118 GREEN, H. BENEDICT *Matthews, Clement and Luke. Their sequence and relationship* – JThS 40 (1989) 1-25

3119 HERRON, THOMAS J. *The dating of the first epistle of Clement to the Corinthians: the theological basis of the majoral view* [Diss.]. Roma: Pontificia Universitas Gregoriana 1988. VII, 151 pp.

3120 MEES, MICHAEL *Das Christusbild des ersten Klemensbrief* – EThL 60 (1990) 297-318

3121 PERETTO, ELIO *Clemente Romano ai Corinti. Sfida alla violenza* – VetChr 26 (1989) 89-114

3122 SIMONETTI, MANLIO *Sulla datazione della traduzione latina della lettera di Clemente Romano* – RFC 118 (1988) 203-211

3123 WARTENBERG, GÜNTHER *Die Kirchenverfassung im 1. Clemensbrief* – WZLeipzig 37 (1988) 26-34

III.2. Pseudo-Clemens Romanus

3124 MAGNE, JEAN *Deux attestations d'une prétendue colère de Jésus contre Paul: la non-guérison du lépreux dans les évangiles synoptiques, la discussion de Pierre et de Simon dans les Homélies clémentines* – Revue de la Soc. E. Renan (Paris) 40 (1990-1991) 43-66

3125 MARAFIOTI, D. *La verginità in tempo di crisi. Le due lettere pseudoclementine Ad Virgines* – CC 140 (1989) 434-448

3126 MEJOR, MIECZYSLAW *Das Warschauer Fragment der metaphrastischen Epitome aus den pseudoklementinischen Homilien* – RhM 132 (1989) 396-400

3127 SERRANO CIRICI, E. *Las «Cartas a las Vírgenes» atribuidas a Clemente Romano* – EfMex 8 (1990) 71-81
3128 VOORST, ROBERT E. VAN *The ascents of James: History and theology of a Jewish-Christian community* [Diss.] [SBLDS 112]. Atlanta, Ga.: Scholars Pr. 1989. XI, 202 pp.
3129 WARNS, RÜDIGER *Untersuchungen zum 2. Clemensbrief* [Diss.]. Marburg: 1985 (ersch. 1989). X, 696 pp.

III.2. Columbanus Abbas Bobiensis

3130 *[Columbanus Abbas Bobiensis] Aux sources du monachisme colombanien, II: Saint Colomban, Règles et pénitentials monastiques.* Introd., trad. & notes par ADALBERT DE VOGÜÉ en collab. avec PIERRE SANGIANI et Soeur JEAN-BAPTISTE JUGLAR [Vie monastique 20]. Bégrolles-en-Mauges: Abbaye de Bellefontaine 1989. 188 pp.
3131 VOGÜÉ, ADALBERT DE *Les offices nocturnes de saint Colomban et des «catholiques».* In: *Traditio et progressio* (cf. 1988-90, 357) 621-642

III.2. Commodianus

3132 *[Commodianus] Kommodian, Poezje (Carmina).* Ins Polnische übersetzt und eingeleitet von P. GRUSZKA [PSP 53]. Warszawa: ATK 1990. 143 pp.
3133 CASTRILLO BENITO, N. *Comodiano, primer poeta de la cristiandad: Estudio del vocalismo, con un apéndice bibliográfico sobre el autor y sus obras* – RAgEsp 30 (1989) 3-61
3134 NORBERG, DAG *La versification de Commodien.* In: *Munera philologica et historica Mariano Plezia ablata.* Wroclaw: Polska Akad. Nauk (1988) 141-146
3135 OPELT, ILONA *Ein Baustein der Dichtungen Commodians; die Disticha Pseudo-Catonis.* In: *Paradeigmata poetica Christiana* (cf. 1988-90, 1658) 138-147

III.2. Constantinus Imperator

3136 BURIAN, JAN *Konstantin, ein ungetaufter Christ* [in tschech. Sprache m. dt. Zus.-fass.] – SPFFBU E 33 (1988) 63-68
3137 DIMAIO, MICHAEL; ZEUGE, JÖRN; ZOTOV, NATALIA *Ambiguitas Constantiniana. The Caeleste signum Dei of Constantine the Great* – Byzan 58 (1988) 333-360
3138 DOMINGO, RAFAEL *La legislación matrimonial de Constantino.* Pamplona: Eunsa 1989. 100 pp.

3139 ELLIOTT, THOMAS G. *Constantine's early religious develop-
      ment* – JRH 15 (1989) 283-291
3140 ELLIOTT, THOMAS G. *The language of Constantine's propa-
      ganda* – TAPhA 120 (1990) 349-353
3141 EVANS-GRUBBS, JUDITH ANN «*Munita coniugia*»: *The Em-
      peror Constantine's Legislation on Marriage and the Family*
      [Diss.]. Stanford Univ. 1987. 448 pp. [cf. summary in DissAbstr
      48,7 (1988) 1759A]
3142 RAMAT, S. *I sogni di Costantino. La poesia testo a testo* [Civiltà
      Letteraria del Novecento. Saggi 41]. Mailand: Mursia 1988. 250
      pp.

III.2. Constantius Lugdunensis

3143 CHRISTENSEN, ARNE SØBY *The Vita of Saint Germanus of Au-
      xerre [by Constantius of Lyon] and fifth-century history.* In: *Stu-
      dies in ancient history and numismatics presented to Rudi Thom-
      sen* (cf. 1988-90, 352) 224-231

III.2. Constitutiones Apostolorum

3144 BOTTECCHIA, M.E. *Preghiere dalle Constituzioni Apostoliche* –
      BBGG 44 (1990) 161-171
3145 MANNS, E. *La liturgie de renvoi des catéchumènes d'après «Con-
      stitutions Apostoliquews 8,6,5» et un parallèle juif possible* – EL
      102 (1988) 234-239

III.2. Consultationes Zacchaei

3146 FEIERTAG, JEAN-LOUIS *Les Consultationes Zacchaei et Apollo-
      nii: étude d'histoire et de sotériologie* [Paradosis 30]. Freiburg: Ed.
      Univers. 1990. XLIII, 378 pp.

III.2. Corippus

3147 HOFMANN, HEINZ *Corippus as a patristic author?* – VigChr 43
      (1989) 361-377
3148 HOFMANN, HEINZ *Cornelius von Arckel und sein Corripp-
      Kommentar* – Phil 134 (1990) 111-138
3149 RAMIREZ DE VERGER, A. *Sobre la historia del Panegírico de
      Justino II de Coripo (568-882 d. C.)* – RHT 18 (1988) 229-232
3150 RAMIREZ TIRADO, A.M. *Los discursos en la «Iohannis» de Co-
      ripo: las plegarias* – Veleia 5 (1988) 299-303

III.2. Cosmas Indicopleustes

3151 CASEY, MAURICE *The fourth kingdom in Cosmas Indicopleustes and the Syrian tradition* – RSLR 25 (1989) 385-403

3152 FRÉZOULS, E. *Cosmas Indicopleustes et l'Arabie.* In: *L'Arabe préislamique et son environnement historique et culturel* (cf. 1988-90, 179) 441-460

3153 REVEL-NEHER, E. *Some remarks on the iconographical sources of the christian topography of Cosmas Indicopleustes* – Kairos 32/33 (1990-1991) 78-97

3154 WOLSKA-CONUS, WANDA *La «Topographie Chrétienne» de Cosmas Indicopleustès: Hypothèses sur quelques Thèmes de son Illustration* – REB 48 (1990) 155-191

III.2. Cosmas Melodus

3155 CRIMI, C. *Nazianzenica IV. Una citazione del «Siracide» nel «Commentario» di Cosma* – BBGG 44 (1990) 173-176

3156 KAZHDAN, A. *Kosmas of Jerusalem: 2. Can we speak of his political views?* – Mu 103 (1990) 329-346

3157 KAZHDAN, A.; GERO, S. *Kosmas of Jerusalem. A more critical approach to his biography* – Byz 82 (1989) 122-132

III.2. Cummeanus Longus

3158 *[Cummeanus Longus] Cummian's letter De controversia Paschali.* Ed. MAURA WALSH. Together with a related Irish computistical tract De ratione conputandi ed. by Dáibhí O Cróinín [STPIMS 86]. Toronto: Pontifical Institute of Mediaeval Studies 1988. X, 264 pp.

III.2. Cyprianus Carthaginiensis

3159 *[Cyprianus Carthaginiensis] Swiętego Cypriana «Do Donata» (Ad Donatum).* Introductio et translatio MARIAN SZARMACH – VoxP 8 (1988) f.15, 1003-1021

3160 *[Cyprianus Carthaginiensis] The letters of St. Cyprian of Carthage, Vol IV, Letters 67-82.* Ed. G.W. CLARKE [ACW 47]. New York; Mahwah,N.J.: Newman Press 1989. VI, 345 pp.

3161 ANSELMETTO, CLAUDIO *Rivelazione privata e tradizione nell' epistolario di Cipriano* – AugR 30 (1990) 279-312

3162 BRAGANÇA, J.O. *Kościół jeden i jedyny. Theologia św. Cypriana z Kartaginy* – Communio (PW) 8 (1988) 27-40

3163 BUCHHEIT, VINZENZ *Non homini sed Deo (Cypr. Don. 3-4)* [in deutscher Sprache] – Her 117 (1989) 210-226

3164 CABALLERO DOMINGUEZ, JUAN LUIS *Rasgos estilísticos en la «Carta a los Tibaritas»* – Helmántica 41 (1990) 241-245

3165 CAVALLOTTO, S. *Il magistero episcopale di Cipriano di Cartagine. Aspetti metodologici* – DThP 91 (1988) 375-407

3166 CZESZ, BOGDAN *Lo Spirito Santo e la nozione di eresia in Cipriano* – VoxP 8 (1988) f.15, 657-662

3167 DELÉANI, SIMONE *Une typologie du martyre chrétien: la Passion des frères Maccabées et de leur mère selon Cyprien*. In: *Figures de l'AT* (cf. 1988-90, 6393) 189-213

3168 FOLGADO FLOREZ, S. *La catolicidad, fórmula de la identificación de la Iglesia en san Cipriano* – CD 202 (1989) 583-611

3169 GUERRA GOMEZ, M. *«In solidum» o «colegialmente» (De unit. ecc. 4). La colegialidad episcopal y el Primado romano según S. Cipriano obispo de Cartago (aa. 248-258) y los Papas de su tiempo* – Annales Theologici (Rom) 3 (1989) 219-285

3170 HEBERLEIN, FRIEDRICH *Eine philologische Anmerkung zu 'Romanas caerimonias recognoscere' (Acta Cypriani I)*. In: *Festschrift für Paul Klopsch* (cf. 1988-90, 233) 83-100

3171 KONDRATOWICZ, MAREK *Wokół «Quod idola dii non sint» św. Cypriana Kartagińskiego* (= De libro S. Cypriani Carthaginensis qui inscibitur «Quod idola dii non sint») [mit lateinischer Zusammenfassung] – VoxP 8 (1988) f.15, 663-678

3172 KOTULA, T. *S. Cyprien et les barbares africains (epist. 62.)*. In: *Cristianismo y aculturacíon en tiempos del Imperio Romano* (cf. 1988-90, 213) 137-142

3173 LIVREA, E. *Eudocianum*. In: Κρέσσονα βασκανείας (cf. 1988-90, 277) 193-199

3174 MONTGOMERY, HUGO *Flykten som moralisk problem hos Cyprianus. En biskops ansvar och ära*. In: *Antikkens moraltænkning. Platonselskabet, symposium på Schæffergården, København, den 30. maj – 2. juni 1987*. Red. ULF HAMILTON CLAUSEN og JØRGEN MEJER. København: Institut for klassisk Filologi, Københavns Universitet (1988) 105-115

3175 MONTGOMERY, HUGO *Saint Cyprian's postponed martyrdom. A study of motives* – SO 63 (1988) 123-132

3176 MONTGOMERY, HUGO *Saint Cyprian's secular heritage*. In: *Studies in ancient history and numismatics presented to Rudi Thomsen* (cf. 1988-90, 352) 214-223

3177 MONTGOMERY, HUGO *Subordination or collegiality?: St. Cyprian and the Roman see*. In: *Greek and Latin Studies* (cf. 1988-90, 243) 41-54

3178 MONTGOMERY, HUGO *The Bishop Who Fled – Responsability and Honour in Saint Cyprian*. In: *Studia Patristica* 21 (cf. 1988-90, 348) 264-267

3179 ORABONA, LUCIANO *Etica «penitenziale» di Cipriano e aspetti politico-sociali del cristianesimo nel III secolo* – VetChr 27 (1990) 273-302

3180 ORBAN, ARPAD PETER *«Gerecht» und «Gerechtigkeit» bei Cyprian von Karthago* – ABG 32 (1989) 103-120

3181 PANKIEWICZ, R. *Pieniadz w działalności publicznej św. Cypriana* (= L'argent dans l'activitè publique de Saint Cyprien) – VoxP 10 (1990) f.19, 671-679

3182 PETITMENGIN, PIERRE *La division en paragraphes du texte de saint Cyprien*. In: *Mise en page* (cf. 1988-90, 293) 128-132

3183 SELLEW, PHILIP *Five days of creation?: the origin of an unusual exegesis (Ps.-Cyprian, De centesima 26)* – ZNW 81 (1990) 277-283

3184 STRAW, CAROLE E. *Cyprian and Matthew 5:45: The Evolution of Christian Patronage*. In: *Studia patristica 18,3* (cf. 1988-90, 344) 329-342

3185 SZARMACH, MARIAN *Ad Donatum des Heiligen Cyprian als rhetorischer Protreptik* – Eos 77 (1989) 286-297

3186 TEJA CASUSO, RAMON *La carta 67 de S. Cipriano a las comunidades cristianas de León-Astorga y Mérida. Algunos problemas y soluciones*. In: *Cristianismo y aculturacíon en tiempos del Imperio Romano* (cf. 1988-90, 213) 115-124

3187 WICKERT, ULRICH *Sacramentum unitatis: Verkennung und Chance des cyprianischen Kirchenbegriffs in Geschichte und Gegenwart*. In: *Einheit der Kirche* (cf. 1988-90, 224) 107-125

3188 WISCHMEYER, W. *Der Bischof im Prozess. Cyprian als episcopus, patronus, advocatus und martyr vor dem Prokonsul*. In: *Fructus centesimus* (cf. 1988-90, 237) 363-371

III.2. Pseudo-Cyprianus Carthaginiensis

3189 ANTON, H.H. *Zur neuen Wertung Pseudo-Cyprians («De duodecim abusivis saeculi») und seinem Vorkommen in Bibliothekskatalogen des Mittelalters* – WDGB 51 (1989) 463-474

3190 HEXTER, R. *The metamorphosis of Sodom. The Ps.-Cyprian De Sodoma as an Ovidian episode* – Tr 44 (1988) 1-35

3191 HORBURY, W. *The Purpose of Pseudo-Cyprian, 'Adversus Iudaeos'*. In: *Studia patristica 18,3* (cf. 1988-90, 344) 291-318

3192 SCHWIND, JOHANNES *Das pseudocyprianische Carmen de Pascha seu de Ligno Crucis*. In: *Ars et Ecclesia. Festschrift für Franz J. Ronig*. Trier: Paulinus Verlag (1989) 379-402

III.2. Cyprianus Gallus

3193 CAPPELLI ARATA, M. *Some Notes on Cyprian the Hymnographer* – Studies in Eastern Chant (London) 5 (1990) 123-136

III.2. Cyrillus Alexandrinus

3194 BURNS, WILLIAM HARRIS *The festal letters of Saint Cyril of Alexandria; the manuscript tradition, text and translation (letters 1 to 5)* [Diss.]. Southampton: Univ. of Southampton 1988. 245 pp. [microfilm; cf. summary in DissAbstr 50 (1989) 135A]

3195 ČEŠMEDŽIEV, D. *La contamination entre Constantin-Cyrille le Philosophe et Cyrille d'Alexandrie et sa répercussion dans l'art balkanique médiéval* – Études balkaniques (Sofia) 25 (1989) 45-59

3196 COUNELIS, J.S. *Cyril's Philosophy of Religious Education* – StVlThQ 32 (1988) 139-156

3197 GOULD, GRAHAM *Cyril of Alexandria and the formula of reunion* – DR 106 (1988) 235-252

3198 GUINOT, JEAN-NOEL *L'exégèse du bouc émissaire chez Cyrille d'Alexandrie et Théodoret de Cyr* – AugR 28 (1988) 603-630

3199 GUINOT, JEAN-NOEL *Sur le vêtement du grand prêtre: le dřlow était-il une pierre divinatoire?* – VetChr 26 (1989) 23-48

3200 MEUNIER, B. *Cyrille d'Alexandrie au Concile de Florence* – AHC 21 (1989) 147-174

3201 PAZZINI, DOMENICO *La critica di Cirillo Alessandrino alla dottrina origenista della preesistenza delle anime* – CrSt 9 (1988) 237-279

3202 PHILLIPS, JANE E. *Erasmus, Cyril, and the Annotationes on John* – BibHR 50 (1988) 381-384

3203 ROUGÉ, JEAN *La politique de Cyrille d'Alexandrie et le meurtre d'Hypatie* [m. engl. Zusammenfassung] – CrSt 11 (1990) 485-504

3204 ŠABUROV, N.V. *Cyrille d'Alexandrie et l'hermétisme* [in russischer Sprache] – Meroe (Moskva) 4 (1989) 220-227

III.2. Cyrillus Hierosolymitanus

3205 *[Cyrillus Hierosolymitanus] Cirilo de Jerusalén. El Espíritu Santo (Catequesis XVI-XVII).* Introducción, traducción del griego y notas de C. GRANADO BELLIDO [Biblioteca de Patrística 11]. Madrid: Editorial Ciudad Nueva 1990. 101 pp.

3206 *[Cyrillus Hierosolymitanus] Cyrille de Jérusalem. Catéchèses mystagogiques.* Introd., texte crit. et notes de AUGUSTE PIÉDAGNEL. Trad. de PIERRE PARIS. 2. éd. revue et augmentée [SC 126,2]. Paris: Ed. du Cerf 1988. 224 pp.

3207 *[Cyrillus Hierosolymitanus] San Cirilo de Jerusalén. Las Cateque-sis.* Traducción del original y notas por A. ORTEGA [Los Santos Padres 41]. Sevilla: Apostolado Mariano 1990. 109 pp.

3208 *[Cyrillus Hierosolymitanus] San Cirilo de Jerusalén. Las verdades de fe. Catequesis IV-XII* [Ichthys 7]. Salamanca: Sígueme 1989. 122 pp.

3209 *[Cyrillus Hierosolymitanus] Sf. Ciril al Ierusalimului, Omilie la Duminica a IV-a după Paşti.* Trad. E. MORARU – MitrArd 33 (1988/3) 51-56

3210 BERMEJO, E. *La Cuaresma como itinerario pascual en las cate-quesis de San Cirilo de Jerusalén* – NetV 14 (1989) 45-55

3211 BIELAWSKI, M. *Pieśń nad Pieśniami w ręku Cyryla św. Je-rozolimskiego* (= Il cantico dei cantici nella mano di Cirillo di Ge-rusalemme) – VoxP 10 (1990) f.18, 225-242

3212 BROEK, R. VAN DEN *Der Bericht des koptischen Kyrillos von Jerusalem über das Hebräerevangelium.* In: *Carl-Schmidt-Kol-loquium* (cf. 1988-90, 198) 165-179

3213 COQUIN, RENÉ-GEORGES; GODRON, G. *Un encomion copte sur Marie-Madeleine attribué à Cyrille de Jérusalem* – BIFAO 90 (1990) 169-212

3214 KACZMAREK, T. *Ryty chrzcielne jako naśladowanie tajemnic paschalnych według II Katechezy Mistagogicznej Cyryla Jerozo-limskiego* (= I riti battesimali come imitazione dei Misteri Pasquali secondo la IIa Catechesi Mistagogica di Cirillo di Gerusalemme) [mit ital. Zus.-fass.] – VoxP 10 (1990) f.18, 83-88

3215 KANIA, W. *Istotne cechy katechezy św. Cyryla Jerozolimskiego* (= Die wesentlichen Eigenschaften der Katechese des Kyrillos von Jerusalem) [mit lat. Zus.-fass.] – VoxP 10 (1990) f.18, 75-81

3216 MORALES VILLEGAS, F.J. *Dios y Jesucristo en las catequesis bautismales de San Cirilo de Jerusalén: valor catequético actual* – Teoc (1989) 47-65

3217 TURA, ERMANNO R. *Il battesimo sacramento pasquale in S. Ci-rillo di Gerusalemme* [Diss.]. Roma: Pontificia Universitas Latera-nense 1990. 148 pp.

3218 ZAPPELLA, LUCIANO *Elaion-Myron: l'olio simbolo dello Spirito Santo nelle catechesi battesimali di Cirillo di Gerusalemme* [m. engl. Zusammenfassung] – CrSt 11 (1990) 5-27

III.2. Cyrillus Scythopolitanus

3219 *[Cyrillus Scythopolitanus] Cirillo di Scitopoli. Storie monastiche del deserto di Gerusalemme.* Trad. di ROMANO BALDELLI. Note a cura di LUCIANA MORTARI. Introd. di LORENZO PER-

RONE [Scritti monastici 15]. Bresseo di Teolo: Ed. Scritti Monastici 1990. 420 pp.

3220 *[Cyrillus Scythopolitanus] The lives of the monks of Palestine.* Transl. by R.M. PRICE; with introduction and notes by JOHN BINNS. Kalamazoo: Mich. Cistercian Publ. 1989. LII, 306 pp.

III.2. Damasus Papa

3221 AGUDO ROMEO, M. DEL M. *La «subida» al cielo en los epigramas damasianos* – AragS 5 (1990) 7-11

3222 FONTAINE, JACQUES *Un sobriquet perfide de Damase, matronarum auriscalpius.* In: *Res sacrae. Hommages à Henri Le Bonniec.* (cf. 1988-90, 253) 177-192

3223 REYNOLDS, ROGER E. *An Early Medieval Mass Fantasy: The Correspondence of Pope Damasus and St. Jerome on a Nicene Canon.* In: *Proceedings of the Seventh International Congress of Medieval Canon Law. Cambridge, 23-27 July 1984* Ed. PETER LINEHAN [Monumenta Iuris Canonici. Series C: Subsidia 8]. Città del Vaticano: Biblioteca Apostolica Vaticana (1988) 73-89

3224 SMITH, CHRISTINE *Pope Damasus' baptistery in St. Peter's reconsidered* – RiAC 64 (1988) 257-286

III.2. David Invictus

3225 MAHÉ, JEAN-PIERRE *David l'Invincible dans la tradition arménienne.* In: *Simplicius, Commentaire sur les Catégories: traduction commentée, I: Introduction.* Edd. ILSETRAUT HADOT; PIERRE HADOT [PhAnt 50]. Leiden: Brill (1990) 189-207

III.2. Diadochus Photicensis

3226 *[Diadochus Photicensis] Diadoque de Photicé. La perfection spirituelle en cent chapitres. Sermon pour l'ascension.* Trad. du grec par CLAUDE COLLINET et A.G. HAMMAN. Introd., annot., guide thématique et glossaire par MARIE-HELENE CONGOURDEAU [Les pères dans la foi 41]. Paris: Migne 1990. 99 pp.

III.2. Didache

3227 *Die Didache.* Erklärt von KURT NIEDERWIMMER [Kommentar zu den apostolischen Vätern 1]. Göttingen: Vandenhoeck und Ruprecht 1989. 329 pp.

3228 GRIMONPREZ-DAMM, BENOÎT *Le sacrifice eucharistique dans la Didachè* – ReSR 64 (1990) 9-25

3229 JEFFORD, CLAYTON N. *An analysis of the sayings of Jesus in the Teaching of the Twelve Apostles. The role of the Matthewan community* [Diss.]. Claremont, Calif.: Graduate School 1988. 279 pp. [microfilm; cf. summary in DissAbstr 49 (1989) 3393A]

3230 JEFFORD, CLAYTON N. *The sayings of Jesus in the Teaching of the Twelve Apostles* [VigChr.Suppl 11]. Leiden: Brill 1989. XVI, 185 pp.

3231 JEFFORD, CLAYTON N.; PATTERSON, STEPHEN J. *A note on Didache 12.2a (Coptic)* – SecCent VII (1989-1990) 65-75

3232 KONIDARES, G. *Τόπος καὶ χρόνος συνθέσεως καὶ χαρακτὴρ τῆς Διδαχῆς. Διατὶ ἀποκλείεται ἡ Συρία.* [mit franz. Zus.-fass.]. In: *Ἀναφορὰ εἰς μνήμην* ... (cf. 1988-90, 174) III 223-258; 453

3233 TUCKETT, CHRISTOPHER M. *Synoptic tradition in the Didache.* In: *The New Testament in early Christianity* (cf. 1988-90, 298) 197-230

3234 WITAKOWSKI, W. *Nauka Apostołów. Wstęp, przekład z syryjskiego, komentarz* (= Apostellehre, Einleitung, Übersetzung vom Syrischen und Kommentar) – WStT 3 (1985-90) 168-182

III.2. Didymus Alexandrinus

3235 *[Didymus Caecus] Didimo il Cieco. Lo spirito santo.* Introduzione, traduzione, note e indici a cura di CELESTINO NOCE [CTP 89]. Roma: Città Nuova 1990. 173 pp.

3236 EHRMAN, BART D. *Jesus and the adulteress* – NTS 34 (1988) 24-44

3237 HAGEDORN, URSULA; HAGEDORN, DIETER *Neue Fragmente des Hiobkommentars Didymos' des Blinden?* In: *Miscella papyrologica in occasione del bicentenario dell'edizione della Charta Borgiana* Edd. MARIO CAPASSO et al. [Papyrologica Florentina 19]. Florenz: Connellini (1990) 245-254

3238 LAMIRANDE, ÉMILIEN *La masculin et le féminin dans la tradition alexandrine. Le commentaire de Didyme l'Aveugle sur la «Genèse»* – ScEs 41 (1989) 137-165

3239 LÜHRMANN, DIETER *Die Geschichte von einer Sünderin und andere apokryphe Jesusüberlieferungen bei Didymos von Alexandrien* – NovTest 32 (1990) 289-316

3240 PRINZIVALLI, EMANUELA *Codici interpretativi del Commento al Salmi di Didimo* – AnSEse 3 (1986) 43-56

3241 PRINZIVALLI, EMANUELA *Didimo il Cieco e l'interpretazione dei Salmi* [SMSR 2]. Rom: Aquila 1988. 142 pp.

3242 SANCHEZ, MANUEL DIEGO *El «Comentario al Eclesiastés» de Dídimo Alejandrino.* Roma: Augustinianum 1990. 118 pp.

3243 SANCHEZ, MANUEL DIEGO *El «Comentario al Eclesiastés» de Dídimo Alejandrino* – Teresianum (Roma) 41 (1990) 231-242

3244 SELLEW, PHILIP *Achilles or Christ? Porphyry and Didymus in debate over allegorical interpretation* – HThR 82 (1989) 79-100

III.2. Diodorus Tarsensis

3245 OLIVIER, JEAN-MARIE *Un fragment palimpseste du Commentaire de Diodore de Tarse sur les Psaumes (Vindob. Theol. Gr. 177, Xe s)* – RHT 18 (1988) 233-241

III.2. Ad Diognetum

3246 BAUMEISTER, THEOFRIED *Zur Datierung der Schrift an Diognet* – VigChr 42 (1988) 105-111
3247 BLANCHETIERE,FRANÇOIS *Au cœur de la cité. Le chrétien philosophe selon l'A Diognète 5-6* – ReSR 63 (1989) 183-194
3248 RINALDI, S. *Il rapporto chiesa-mondo attraverso la lettura dell'epistola «Ad Diognetum» e della «Gaudium et spes»* – Rivista di Teologia Morale (Bologna) 20 (1988) 41-61
3249 RIZZI, MARCO *La questione dell'unità dell'Ad Diognetum* [SPMe 16]. Milano: Vita e Pensiero 1989. XXIV, 204 pp.
3250 RIZZI, MARCO *Per un approccio metodologico nuovo alla questione dell'autenticità dei capp. 11-12 dell'Ad Diognetum* – Orpheus 9 (1988) 198-218
3251 ROUX, L.V. DE *Enkele voorbeelde van τὸ πρέπον (paslikheid) in Ad Diognetum 2* [m. engl. Zusammenfassung] – AClass 32 (1989) 103-107

III.2. Dionysius Alexandrinus

3252 BYČKOV, V.V. *Estetičeskie aspekty v trudach Dionisija Aleksandrijskogo* (= Ästhetische Aspekte in den Werken des Dionysios von Alexandrien) [in russ. Sprache]. – StaroLit 18 (1985) 42-46
3253 PIETRAS, HENRYK *Lettera pros Germanon di Dionigi Alessandrino: osservazioni e prova di ricostruzione* – Greg 71 (1990) 573-583
3254 TSABARE, ISABELLA O. *Διονυσίου Ἀλεξανδρέως Οἰκουμένης Περιήγησις. Κριτικὴ ἔκδοση.* Ioannina 1990. 118 pp.

III.2. Pseudo-Dionysius Areopagita

3255 *[Pseudo-Dionysius Areopagita] Corpus Dionysiacum, I: Pseudo-Dionysius Areopagita, De divinis nominibus.* Ed. BEATE REGINA SUCHLA [PTS 33]. Berlin: de Gruyter 1990. XXIV, 238 pp.

3256 *[Pseudo-Dionysius Areopagita] Dionigi l'Areopagita: Una strada a Dio.* Antologia a cura di PIERO SCAZZOSO [Già e non ancora 174]. Milano: Jaca Book 1989. 119 pp.

3257 *[Pseudo-Dionysius Areopagita] Obras Completas del Pseudo Dionisio Areopagita.* Edición preparada por TEODORO H. MARTIN. Presentación por O. GONZALEZ DE CARDEDAL [BAC 511]. Madrid: Biblioteca de Autores Cristianos 1990. XXI, 418 pp.

3258 *[Pseudo-Dionysius Areopagita] Pseudo-Dionysius Areopagita. Die Namen Gottes.* Eingeleitet, übersetzt und mit Anmerkungen versehen von BEATE REGINA SUCHLA [BGL 26]. Stuttgart: Hiersemann 1988. IX, 145 pp.

3259 *[Pseudo-Dionysius Areopagita] Pseudo-Dionysius de Areopagiet, Over mystieke theologie.* Vertaling en essay BEN SCHOMAKERS. Kampen: Kok Agora 1990. 192 pp.

3260 ALEXANDER GOLITZIN (HIEROMONK) *«On the other hand». A response to Fr Paul Wesche's recent article on Dionysius in St. Vladimir's Theological Quartely, Vol. 33, No. 1* – StVlThQ 34 (1990) 305-323

3261 ANDEREGGEN, J.E.M. *Diferencias en la comprensión medieval del «De Divinis Nominibus» de Dionisio Areopagita* – Sapientia 44 (1989) 197-210

3262 *Dionysiaca. Recueil donnant l'ensemble des traductions latines des ouvrages attribués au Denys de l'Aréopage et synopse marquant la valeur de citiations presque innombrables.* Facsimile-Neudruck der zweibändigen Ausgabe Brügge 1937 in 4 Bänden mit einem Nachwort von M. BAUER. Stuttgart: Frommann-Holzboog 1989. 1961 pp.

3263 HOCHSTAFFL, JOSEF *Die «negative Theologie» des Dionysios vom Areopag und die «wissende Unwissenheit» des Nikolaus von Kues.* In: *Gottes Weisheit im Mysterium. Vergessene Wege christlicher Spiritualität.* Hrg. von ARNO SCHILSON. Mainz: Grünewald-Verlag (1989) 117-141

3264 KHINTIBIDZE, ELGUJA *A new argument toward the identification of Pseudo-Dionysius the Areopagite with Peter the Iberian.* In: *Fifteenth Annual Byzantine Studies Conference* (cf. 1988-90, 197) 24-25

3265 LOUTH, ANDREW *Denys the Areopagite* [Outstanding Christian thinkers]. London: Chapman 1989. X, 134 pp.

3266 LUSCOMBE, DAVID *Denis the Pseudo-Areopagite in the Middle Ages from Hilduin to Lorenzo Valla.* In: *Fälschungen im Mittelalter* (cf. 1988-90, 231) I 133-152

3267 MARLER, JACK CHARNER *The logic of ultimacy. Negativity and unknowing in pseudo-Dionysius the Areopagite and in Johan-*

nes Scottus Eriugena [Diss.]. Toronto: Univ. of Toronto Ontario 1988 [cf. summary in DissAbstr 50 (1989) 165A]

3268 NIARCHOS, CONSTANTINE *Language and the absolute: reference to the essay of Dionysius the Areopagite De divinis nominibus* [in griechischer Sprache mit englischer Zusammenfassung]. In: Γλώσσα καί πραγματικότητα στήν ἑλληνικὴ φιλοσοφία. *Language and reality in Greek philosophy. Papers read at the second international philosophy symposium.* Athen: Greek Philos. Soc. (1985) 256-269

3269 PROCHOROV, G.M. *Pamjatniki perevodnoj i russkoj literatury XIV-XV vekov* (= Denkmäler der Übersetzungsliteratur und der russischen Literatur des 14.-15. Jahrhunderts) [In russischer Sprache]. Leningrad: Nauka 1987. 292 pp.

3270 ROREM, PAUL *Moses as the Paradigm for the Liturgical Spirituality of Pseudo-Dionysius.* In: *Studia patristica 18,2* (cf. 1988-90, 343) 275-279

3271 RUSSINO, G. *Affermazione e negazione nel Corpus Dionysianum* – SMed 16 (1989) 17-28

3272 RUSSINO, G. *Il concetto di negazione nel Corpus dionysianum.* In: *Knowledge and the sciences in medieval philosophy. Proceedings of the VIIIth international Congress of Medieval Philosophy. Helsinki, 24-29 August 1987 [Vol. 3].* Edd. R. TYÖRINOJA; D. FØLLESDAL; A.I. LEHTINEN [Annals of the Finnish Society for Missiology and Ecumenics 55]. Helsinki: Univ. Press (1990) 502-508

3273 SICHERL, M. *Ein neuplatonischer Hymnus unter den Gedichten Gregors von Nazianz.* In: *Gonimos. Neoplatonic and Byzantine Studies Presented to L.G. Westerink at 75.* Edd. J. DUFFY; J. PERADOTTO. Buffalo, N.Y.: Arethusa (1988) 61-83

3274 TOMASIC, TH.M. *The Logical Function of Metaphor and Oppositional Coincidence in the Pseudo-Dionysius and Johannes Scottus Eriugena* – JR 68 (1988) 361-376

3275 WALTER, C. *Three notes on the iconography of Dionysius the Areopagite* – REB 48 (1990) 255-274

3276 WATTS, P.M. *Pseudo-Dionysius the Areopagite and three Renaissance neoplatonists. Cusanus, Ficino, and Pico on mind and cosmos.* In: *Supplementum festivum. Studies in honor of Paul Oskar Kristeller.* Edd. J. HANKINS et al. [Texts and studies 49]. Binghamton, N.Y. (1987) 279-298

3277 WESCHE, K.P. *Christological Doctrine and Liturgical Interpretation in Pseudo-Dionysius* – StVlThQ 33 (1989) 53-73

3278 WESCHE, K.P. *A reply to Hieromonk Alexander's reply* – StVlThQ 34 (1990) 324-327

III.2. Dionysius Papa

3279 PIETRAS, H. *La difesa della monarchia divina da parte del papa Dionigi († 268)* – AHP 28 (1990) 335-342

III.2. Dioscorus Aphroditopolitanus

3280 FREND, W.H.C. *Dioscorus of Oxyrhynchus and his correspondence (P.Oxy. LV 3820)* – ZPE 79 (1989) 248-250

3281 MACCOULL, LESLIE S.B. *Dioscorus of Aphrodito. His work and his world* [The transformation of the classifical heritage 16]. Berkeley, Calif.: University of California Press 1988. XVII, 174 pp.

3282 MACCOULL, LESLIE S.B. *The Aphrodito murder mystery* – JJur 20 (1990) 103-107

III.2. Doctrina Addaei

3283 RUNDGREN, F. *«Odor suavitas». On the Phenomenon of Intertextuality* – OrSuec 36-37 (1987-1988) 85-97

III.2. Dorotheus Gazaeus

3284 *[Dorotheus Gazaeus] Ava Dorotei din Gaza, Felurite învăţături de suflet folositoare.* Trad. şi prezentare de I.I. ICă – MitrArd 33 (1988/2) 52-60

3285 *[Dorotheus Gazaeus] Ava Dorotei din Gaza, Viaţa Cuviosului Dositei, Epistole şi Sentenţe.* Trad. şi prezentare de I.I. ICă – MitrArd 33 (1988/3) 34-50

3286 *[Dorotheus Gazaeus] Diversas enseñanzas de nuestro santo padre Doroteo a sus discípulos.* Traducción y notas de F. RIVAS – CuadMon 23 (1988) 348-486

3287 *[Dorotheus Gazaeus] Las enseñanzas de Doroteo de Gaza.* Introducción de F. RIVAS – CuadMon 23 (1988) 331-347

3288 *[Dorotheus Gazaeus] Las enseñanzas de Doroteo de Gaza.* Introducción y Conferencias IV, VI, VIII y IX por F. RIVAS – CuadMon 24 (1989) 345-372

3289 *[Dorotheus Gazeus] San Doroteo de Gaza: Conferencias. Vida de Dositeo.* Introducción y traducción de F. RIVAS, OSB y M. DE ELIZALDE, OSB [Nepsis 2]. Luján, B. A.: Ecuam 1990. XXVI, 140 pp.

3290 EGENDER, NIKOLAUS *Dorotheus von Gaza und Benedikt von Nursia* – RBS 17 (1990) 39-52

III.2. Dracontius

3291 *[Dracontius] Concordanze degli epilli minori di Draconzio (Romulea I, II, VIII, X): con addendum alle concordanze dell'Orestis tragoedia.* Ed. ROSANNA MARINO [Bibl. di studi antichi 63]. Pisa: Giardini 1990. XXIV, 985 pp.

3292 *[Dracontius] Dracontius, Oeuvres, tome II: Louanges de Dieu, III, Réparation.* Texte établi et traduit par C. MOUSSY. Paris: Les Belles Lettres 1988. 231 pp.

3293 BALDWIN, BARRY *Commodus the good poet and good emperor: explaining the inexplicable* – Gy 97 (1990) 224-231

3294 BOUQUET, JEAN *L'Orestis Tragoedia de Dracontius et l'Agamemnon de Sénèque* – ALMA 16 (1989) 43-59

3295 CLOVER, FRANK *Commodus the poet* – NMS 32 (1988) 19-33

3296 DIAZ DE BUSTAMANTE, J.M. *Venturas y desventuras de Draconcio en los últimos años. Con el pretexto de la edición Moussy-Camus* – Euphrosyne 16 (1988) 355-364

3297 DOLBEAU, FRANÇOIS *Sur un manuscrit perdu de Dracontius* – Latomus 48 (1989) 416-423

3298 GRILLO, A. *Tra filologia e narratologia: Dai poemi omerici ad Apollonio Rodio, Ilias Latina, Ditti Settimio, Darete Frigio, Draconzio* [Bibliotheca Athena N.S. 4]. Roma: Edizioni dell'Ateneo 1988. 141 pp.

3299 MOUSSY, CLAUDE *Dracontius, Oeuvres. T. II: Louanges de Dieu. Vol.3: Réparation.* Paris: Les Belle Lettres 1988. 231 pp.

3300 MOUSSY, CLAUDE *L'imitation de Stace chez Dracontius* – IClSt 14 (1989) 425-433

3301 NODES, DANIEL J. *Benevolent winds and the Spirit of God in De laudibus Dei of Dracontius* – VigChr 43 (1989) 282-292

3302 SCHETTER, WILLY *Dracontius togatus* – Her 117 (1989) 342-350

3303 SCHETTER, WILLY *Zur Satisfactio des Dracontius* – Her 118 (1990) 90-117

3304 SPEYER, WOLFGANG *Kosmische Mächte im Bibelepos des Dracontius* – Phil 132 (1988) 275-285

3305 STELLA, FRANCESCO *Fra retorica e innografia. Sul genere letterario delle Laudes Dei di Draconzio* – Phil 132 (1988) 258-274

3306 STELLA, FRANCESCO *Ristrutturazione topica ed estensione metaforica nella poesia latina cristiana. Da spunti draconziani* – WSt 102 (1989) 213-245

3307 WOLFF, ÉTIENNE *L'Aegritudo Perdicae, un poème de Dracontius?* – RPh 62 (1988) 79-89

III.2. Egeria

3308 *[Egeria] Eteria. Itinerario.* Trad. y notas de JUAN MONTE-VERDE [Los Santos Padres 31]. Sevilla: Apostolado Mariano 1990. 91 pp.

3309 *Atti del Convegno internazionale sulla Peregrinatio Egeriae: nel centenario della publicazione del Codex Aretinus 405 (già Aretinus VI,3), Arezzo 23-24 ottobre 1987.* Arezzo: Accad. Petrarca di Lettere, Arti e Scienze 1990. 370 pp.

3310 BASTIAENSEN, A. *Sur quelques passages de l'Itinerarium Egeriae* – AB 108 (1990) 271-277

3311 CAMPANA, AUGUSTO *La storia della scoperta del codice Aretino nel carteggio Gamurrini-De Rossi.* In: *Convegno sulla Peregrinatio Egeriae* (cf. 1988-90, 3309) 77-84

3312 CARDINI, FRANCO *Egeria, la pellegrina.* In: *Medioevo al femminile.* Ed. FERRUCCIO BERTINI. Bari: Laterza (1989) 3-30

3313 CARDINI, FRANCO *La Gerusalemme di Egeria e il pellegrinaggio dei cristiani d'Occidente in Terra Santa fra IV e V secolo.* In: *Convegno sulla Peregrinatio Egeriae* (cf. 1988-90, 3309) 333-341

3314 DEVOS, PAUL *Il y a vingt ans: Les années du pèlerinage d'Égérie, 381-384: souvenirs du mois de février 1967.* In: *Convegno sulla Peregrinatio Egeriae* (cf. 1988-90, 3309) 305-314

3315 DUBOIS, JEAN-DANIEL *Un pèlerinage Bible en main: l'Itinéraire d'Égérie.* In: *Moïse géographe: recherches sur les représentations juives et chrétiennes de l'espace.* Edd. ALAIN DESREUMAUX; FRANCIS SCHMIDT [Coll. Études de psychologie et de philosophie 24]. Paris: Vrin (1988) 55-77

3316 FABBRINI, FABRIZIO *La cornice storica della Peregrinatio Egeriae.* In: *Convegno sulla Peregrinatio Egeriae* (cf. 1988-90, 3309) 21-75

3317 GARCIA SOLER, L.; GARCIA SOLER, A. *Sintaxis de los casos en la «Peregrinatio».* In: *Actas del I Simposio* (cf. 1988-90, 164) 285-291

3318 GELSOMINO, REMO *Egeria, 381-384 d.C.: dalle radici romane alle radici bibliche.* In: *Convegno sulla Peregrinatio Egeriae* (cf. 1988-90, 3309) 243-304

3319 IWASZKIEWICZ, PIOTR *Wczesnochrześcijańskie opisy podróży do Ziemi Swiętej* (= Itinera ad loca sancta in Palaestina) – Meander 45 (1990) 13-19

3320 JANERAS, SEBASTIA *Contributo alla bibliografia egeriana.* In: *Convegno sulla Peregrinatio Egeriae* (cf. 1988-90, 3309) 355-366

3321 MARAVAL, PIERRE *Égérie et Grégoire de Nysse, pèlerins aux lieux saints de Palestine.* In: *Convegno sulla Peregrinatio Egeriae* (cf. 1988-90, 3309) 315-331

3322 MELANI, LAPO *Sul ms. 405 della Biblioteca di Arezzo.* In: *Convegno sulla Peregrinatio Egeriae* (cf. 1988-90, 3309) 85-91

3323 MILANI, CELESTINA *Note di linguistica egeriana.* In: *Convegno sulla Peregrinatio Egeriae* (cf. 1988-90, 3309) 109-135

3324 NATALUCCI, NICOLETTA *Egeria ed il monachesimo femminile* – Benedictina 35 (1988) 37-52

3325 NINO, ANTONELLA MARIA DI *Sul Sinai con Egeria.* In: *Convegno sulla Peregrinatio Egeriae* (cf. 1988-90, 3309) 343-353

3326 NOCENTINI, ALBERTO *L'uso dei dimostrativi nella Peregrinatio Egeriae e la genesi dell'articolo romanzo.* In: *Convegno sulla Peregrinatio Egeriae* (cf. 1988-90, 3309) 137-158

3327 OROZ RETA, J. *Del latín cristiano al latín litúrgico: algunas observaciones en torno al «Itinerarium Egeriae».* In: *Actas del I Simposio* (cf. 1988-90, 164)

3328 PICCIRILLO, MICHELE *Il pellegrinaggio di Egeria al Monte Nebo in Arabia.* In: *Convegno sulla Peregrinatio Egeriae* (cf. 1988-90, 3309) 193-214

3329 PINELL I PONS, JORDI *Orationes aptae diei et loco.* In: *Convegno sulla Peregrinatio Egeriae* (cf. 1988-90, 3309) 231-242

3330 RUBIN, ZEEV *Sinai in the Itinerarium Egeria.* In: *Convegno sulla Peregrinatio Egeriae* (cf. 1988-90, 3309) 177-191

3331 SIVAN, HAGITH S. *Holy land pilgrimage and western audiences. Some reflections on Egeria and her circle* – CQ 38 (1988) 528-535

3332 SIVAN, HAGITH S. *Who was Egeria? Piety and pilgrimage in the age of Gratian* – HThR 81 (1988) 59-72

3333 SMIRAGLIA, PASQUALE *Il testo di Egeria: problemi di struttura.* In: *Convegno sulla Peregrinatio Egeriae* (cf. 1988-90, 3309) 93-108

3334 STANIECKI, K. *Opis miejsc świętych według «Peregrinatio Aetheriae» oraz «Życie i chodzenie Daniła Russkija Zemlii Igumena»* (= Die Beschreibung der hl. Orte nach Peregrinatio Aetheriae und dem Leben und Pilgern Daniels, Igumen des Russischen Landes) – VoxP 10 (1990) f.18, 213-218

3335 TAFI, ANGELO *Egeria e la Bibbia.* In: *Convegno sulla Peregrinatio Egeriae* (cf. 1988-90, 3309) 167-176

3336 TEIXIDOR, J. *Géographie du voyageur au Proche-Orient ancien* – Aula Orientalis 7 (1989) 105-115

3337 TESTINI, PASQUALE *Egeria e il S. Sepolcro di Gerusalemme: qualche appunto per il traduttore.* In: *Convegno sulla Peregrinatio Egeriae* (cf. 1988-90, 3309) 215-230

3338 THEODOROU, E.D. *Τὸ ὁδοιπορικὸν τῆς Αἰθερίας ἐξ ἐπόψεως Λειτουργικῆς* – ThAthen 60 (1989) 593-599

3339 THEODOROU, E.D. *Τὸ ὁδοιπορικὸν τῆς Αἰθερίας ἐξ ἐπόψεως Λειτουργικῆς* – ThAthen 61 (1990) 120-143

3340 VÄÄNÄNEN, VEIKKO *I due livelli del linguaggio orale nell'Itinerarium Egeriae.* In: *Convegno sulla Peregrinatio Egeriae* (cf. 1988-90, 3309) 159-165

3341 WEBER, CLIFFORD *Egeria's Norman homeland* – HarvClassPhil 92 (1989) 437-456

III.2. Ennodius

3342 *[Ennodius] Vita del beatissimo Epifanio vescovo della chiesa pavese.* Trad. MARIA CESA [Biblioteca di Athenaeum 6]. Como: New Press 1988. 220 pp.

3343 BALTRUSCH, E. *Die Verstaatlichung der Gladiatorenspiele (Zu Ennod. pan. CSEL VI p. 284 Hartel)* – Her 116 (1988) 324-337

3344 CARINI, MARIO *L'Itinerarium Brigantionis castelli di Ennodio. Una nota preliminare* – AteRo 33 (1988) 158-165

3345 KENNELL, STEFANIE *Ennodius and the pagan gods* (summary). – AAPhA (1989) 134

3346 MAROTTA MANNINO, BEATRICE *La Vita Antoni di Ennodio fra tradizione classica e cristiana* – Orpheus 10 (1989) 335-357

3347 NAEF, BEAT *Das Zeitbewußtsein des Ennodius und der Untergang Roms* – Historia 39 (1990) 100-123

III.2. Ephraem Syrus

3348 *[Ephraem Syrus] Commentaire de l'évangile concordant: texte syriaque (Manuscrit Chester Beatty 709).* Éd. et trad. par LOUIS LELOIR [Chester Beatty Monographs 8]. Leuven: Peeters 1990 XXIII, 157 pp.

3349 *[Ephraem Syrus] Ephrem the Syrian. Hymns.* Transl. and introd. by KATHLEEN E. MCVEY [The classics of Western spirituality]. New York: Paulist Pr. 1989. XIII, 474 pp.

3350 *[Ephraem Syrus] Ephrem the Syrian, Hymns on paradise.* Transl. with comm. by SEBASTIAN P. BROCK. Crestwood, N.Y.: St. Vladimir's Seminary Pr. 1989. 249 pp.

3351 *[Ephraem Syrus] Les chants de Nisibe.* Trad. de PAUL FHÉGALI & CLAUDE DE NAVARRE [Antioche chrétienne 3]. Paris: Cariscript 1989. 246 pp.

3352 *[Ephraem Syrus] San Efrén. Endechas.* Traducción y Prólogo de A. SEBASTIAN RUIZ [Los Santos Padres 14]. Sevilla: Apostolado Mariano 1990. 94 pp.

3353 ÅGREN, IRINA *Parenesis Efrema Sirina. K istorii slavjanskogo perevoda* (= Ephrem the Syrian's Paraenesis. A Contribution to the History of the Slavic Translation) [mit Zusammenfassung in englischer Sprache] [AUU: Studia Slavica Upsaliensia 26]. Stockholm: Almqvist & Wiksell 1989. 146 pp.

3354 BECK, EDMUND *Der syrische Diatessaronkommentar zu der Perikope von der Samariterin am Brunnen* – OrChr 74 (1990) 1-24

3355 BECK, EDMUND *Der syrische Diatessaronkommentar zu der unvergebbaren Sünde wider den Heiligen Geist übersetzt und erklärt* – OrChr 73 (1989) 1-37

3356 BOTHA, P.J. *Christology and apology in Ephrem the Syrian* – HervTSt 45 (1989) 19-29

3357 BOU MANSOUR, TANIOS *Analyse de quelques termes christologiques chez Éphrem* – ParOr 15 (1988/89) 3-20

3358 BOU MANSOUR, TANIOS *La pensée symbolique de saint Éphrem le Syrien* [Bibl. de l'Univ. Saint Esprit 16]. Kaslik (Liban): 1988. XIX, 566 pp.

3359 BROCK, SEBASTIAN P. *A syriac verse homily on Elijah and the widow of Sarepte* – Mu 102 (1989) 93-113

3360 BROCK, SEBASTIAN P. *Święty Efrem syryjski diakon-poeta* (= St. Ephrem The Syrian: A Poet-Deacon) – VoxP 9 (1989) f.17, 655-673

3361 BRUNS, PETER *Arius hellenizans?* – *Ephräm der Syrer und die neoarianischen Kontroversen seiner Zeit: ein Beitrag zur Rezeption des Nizänums im syrischen Sprachraum* – ZKG 101 (1990) 21-57

3362 BUNDY, DAVID *Ephrem's Exegesis of Isaiah.* In: *Studia patristica 18,4* (cf. 1988-90, 345) 234-239

3363 GRIFFITH, SIDNEY H. *Images of Ephraem: the Syrian holy man and his Church* – Tr 45 (1989-1990) 7-33

3364 HALLEUX, A. DE *A propos du sermon éphrémien sur Jonas et la pénitence des Ninivetes.* In: *Lingua restituta orientalis* (cf. 1988-90, 275) 155-160

3365 KANIA, W. *Recepcja hymnów maryjnych św. Efrema w tradycji bizantyjskiej* (= Die Rezeption der marianischen Hymnen des hl. Ephrem in der byzantinischen Tradition) [mit lat. Zus.-fass.] – VoxP 10 (1990) f.18, 191-197

3366 LATTKE, M. *Salomo-Ode 13 im Spiegel-Bild der Werke von Ephraem Syrus* – Mu 102 (1989) 255-266

3367 LATTKE, MICHAEL *Sind Ephraems Madrāšē Hymnen?* – OrChr 73 (1989) 38-43

3368 LELOIR, LOUIS *Éphrem. Le texte de son commentaire du Sermon de la Montagne.* In: *Mémorial Jean Gribomont* (cf. 1988-90, 288) 361-391

3369 LELOIR, LOUIS *Le commentaire d'Éphrem sur le Diatessaron* – ParOr 15 (1988/89) 41-64

3370 LELOIR, LOUIS *Le Commentaire d'Éphrem sur le Diatessaron: quarante et un feuillets retrouvés* – Mu 102 (1989) 299-305

3371 MATHEWS, E.G. JR. *«On Solitaries»: Ephrem or Isaac* – Mu 103 (1990) 91-110

3372 MOLENBERG, CORRIE *An invincible weapon. Names in the christological passages in Ephrem's «Hymns on faith»*. In: *Symposium Syriacum* (cf. 1988-90, 354) 133-142

3373 PATTIE, T.S. *Ephraem's On Repentance and the translation of the Greek text into other languages* – The British Library Journal (London) 16 (1990) 174-186

3374 PERNIOLA, E. *Sant'Efrem Siro – Dottore della Chiesa e Cantore di Maria*. Montefiascone (VT): Congr. dei Figli dell'Imm. Concezione 1989. XVI, 388 pp.

3375 POIRIER, PAUL-HUBERT *Le sermon pseudo-éphrémien In pulcherrimum Ioseph: typologie et Midrash*. In: *Figures de l'AT* (cf. 1988-90, 6393) 107-122

3376 ROUWHORST, G.A.M. *Les Hymnes pascales d'Éphrem de Nisibe. Analyse théologique et recherche sur l'évolution de la fête pascale chrétienne à Nisibe et à Édesse et dans quelques Églises voisines au quatrième siècle, I: Étude; II: Textes* [VigChr.Suppl 7]. Leiden: Brill 1989. XIV, 224 pp.; VI, 139 pp.

3377 SCHALL, ANTON *Die syroaramäische Vita Sancti Ephraem Syri: geschichtlicher und sprachlicher Ertrag*. In: *24. Deutscher Orientalistentag*. Edd. W. DIEM; A. FALATURI. Stuttgart: Steiner (1990) 99-104

3378 SCHMIDT, MARGOT *Alttestamentliche Typologien in den Paradieshymnen Ephraem des Syrers* – Jahres- und Tagungsbericht der Görres-Gesellschaft (1988) 126-127

3379 STREK, L. *Ideał kapłana według św. Efrema* (= De eximio sacerdotis munere iuxta mentem S. Ephraemi Syri) – VoxP 7 (1987) f.12/13, 404-410

3380 WOZNIAK, J. *Poglady józefologiczene św. Efrema i Dionizego bar Ṣalibi* (= La conception joséphologique de Saint Ephrem et Dionisius bar Ṣalibi) – VoxP 7 (1987) f.12/13, 417-425

3381 YOUSIF, P. *Exegetical Principles of St. Ephraem of Nisibis*. In: *Studia patristica* 18,4 (cf. 1988-90, 345) 296-304

3382 YOUSIF, P. *La Vierge Marie et le disciple bienaimé chez saint Ephrem de Nisibe* – OrChrP 55 (1989) 283-316

3383 YOUSIF, PIERRE *Il sangue eucaristico di Cristo: simbolismo e realismo secondo Sant'Efrem di Nisibi*. In: *Sangue e antropologia nella teologia* (cf. 1988-90, 328) I 175-205

3384 YOUSIF, PIERRE *Le sacrifice et l'offrande chez Saint Éphrem de Nisibe* – ParOr 15 (1988/89) 21-40

III.2. Pseudo-Ephraem Syrus

3385 BUNDY, D. *The Anti-Marcionite Commentary on the Lucan Parables (Pseudo-Ephrem A): Images in Tension* – Mu 103 (1990) 111-123

III.2. Epiphanius Constantiensis

3386 *[Epiphanius Constantiensis] The Panarion of St. Epiphanius, Bishop of Salamis: selected passages.* Translated by PHILIP R. AMIDON. New York: Oxford Univ. Pr. 1990. 378 pp.
3387 Vacat
3388 ADLER, WILLIAM *The origins of the proto-heresies: fragments from a chronicle from the first book of Epiphanius' Panarion* – JThS 41 (1990) 472-501
3389 DECHOW, JON F. *Dogma and mysticism in early Christianity: Epiphanius of Cyprus and the legacy of Origen* [PMS 13]. Macon, Ga.: Mercer Univ. Pr. 1988. X, 584 pp.
3390 DEVOS, P. *META ΣABBATON chez Saint Épiphane* – AB 108 (1990) 293-306
3391 ELANSKAYA, A.I. *A fragment of «Ancoratus» in coptic (The ms. I.1.b., 668 of the Puskin Museum of fine arts)* – BulArchCopte 28 (1986-89) 5-10
3392 GORANSON, STEPHEN CRAFT *The Joseph of Tiberias episode in Epiphanius: studies in Jewish and Christian relations* [Diss.]. Duke Univ. Durham, N.C. 1990. 212 pp. [microfilm; DissAbstr 51 (1990-1991) 3439A]
3393 LIEU, J.M. *Epiphanius on the scribes and the Pharisees (Pan. 15.1-16.4)* – JThS 39 (1988) 509-524
3394 RIGGI, CALOGERO *La scuola teologica di Epifanio e la filologia origeniana.* In: *Crescita dell'uomo (età postnicena)* (cf. 1988-90, 211) 87-104
3395 STONE, MICHAEL E. *An Armenian epitome of Epiphanius' De gemmis* – HThR 82 (1989) 467-476
3396 THORNTON, T.C.G. *The stories of Joseph of Tiberias* – VigChr 44 (1990) 54-63
3397 VATTIONI, FRANCESCO *Anima e sangue in Epifanio da Salamina.* In: *Sangue e antropologia nella teologia* (cf. 1988-90, 328) II 871-887

III.2. Eucherius Lugdunensis

3398 *[Eucherius Lugdunensis] Eucherii De Hierosolymae situ epistula ad Faustum* [polnische Übersetzung]. Ed. PIOTR IWASZKIEWICZ – Meander 45 (1990) 301-310

3399 [*Eucherius Lugdunensis*] *Eucherio di Lione. Il rifiuto del mondo. De contemptu mundi*. Trad. e comm. SALVATORE PRICOCO [BPatr 16]. Firenze: Nardini 1990. 237 pp.

3400 GEGENSCHATZ, ERNST *Der Bericht des Eucherius über das Martyrium des hl. Mauritius und der «Thebäischen Legion»*. In: *Neue Perspektiven* (cf. 1988-90, 311) 96-140

3401 MANDOLFO, CARMELA *Osservazioni sull'esegesi di Eucherio di Lione* – Annali di storia dell'esegesi (Bologna) 6 (1989) 217-233

3402 MANDOLFO, CARMELA *Per una nuova edizione delle opere maggiori di Eucherio di Lione* – Annali di storia dell'esegesi (Bologna) 7 (1990) 647-657

3403 PINTUS, GIOVANNA MARIA *Il bestiario del diavolo: l'esegesi biblica nelle Formulae spiritalis intellegentiae di Eucherio di Lione* – Sandalion 12/13 (1989/90) 99-114

3404 PRICOCO, SALVATORE *Su una pagina del De contemptu mundi di Eucherio di Lione, PL 50, 718B-719L*. In: *Roma renascens* (cf. 1988-90, 325) 294-307

III.2. Eudocia

3405 ALFIERI, ANNA MARIA *La tecnica compositiva nel centone di Eudocia Augusta* – Sileno 14 (1988) 137-156

3406 ALFIERI, ANNA MARIA *Note testuali ad Eudocia, Homerocentones* – Sileno 15 (1989) 137-139

3407 BEVEGNI, CLAUDIO *Eudociana* – SIF 3a ser. 8 (1990) 250-251

III.2. Eugippius

3409 BERSCHIN, WALTER *Livius und Eugippius. Ein Vergleich zweier Schilderungen des Alpenübergangs* – AU 31,4 (1988) 37-46

3410 OBRYCKI, KAZIMIERZ *Myśl św. Augustyna w piśmie Eugipiusza «Wypisy z dzieł św. Augustyna»* (= De expositione sententiarum S. Augustini ab Eugippio confecta in libro: «Excerpta ex operibus S. Augustini») [mit lateinischer Zusammenfassung] – VoxP 8 (1988) f.15, 891-907

3411 PAVAN, MASSIMILIANO *Il Lucullanum e i rapporti romano-barbarici*. In: *Hestíasis* (cf. 1985-87, 279) 105-125

3412 WEISSENGRUBER, FRANZ-RAINER *Die Regel-Kompilation des Eugippius und ihre Quellen* [Diss.]. Salzburg: 1989. 356 pp.

III.2. Eunomius Cyzicenus

3413 ESBROECK, M. VAN *L'aspect cosmologique de la philosophie d'Eunome pour la réprise de L'Hexaemeron basilien par Grégoire*

de Nysse. In: *El «Contra Eunomium I»* (cf. 1988-90, 3648)
203-216

III.2. Eusebius Caesariensis

3414 *[Eusebius Caesariensis] Eusebiu de Cezareea, Scrieri (partea I)*.
Istoria bisericească şi Martirii din Palestina (– Schriften, Teil I.
Kirchengeschichte und Über die Märtyrer von Palästina). Tradu-
cere, studiu introductiv, note şi comentarii de T. BODOGAE
[Părinţi şi scriitori bisericeşti 13]. Bukarest: 1987. 451 pp.

3415 *[Eusebius Caesariensis] The history of the church from Christ to
Constantine*. Transl. by G.A. WILLIAMSON. Rev. ed. with a new
introduction by ANDREW LOUTH. London: Penguin Books
1989. XXXVIII, 434 pp.

3416 BACONSKY, TEODOR *Istoriografia ecleziastică de la Eusebiu
de Cezareea la Beda Venerabilul. Autoritate şi repetiţie în trans-
miterea unui model* (= L'Historiographie écclésiastique depuis
Eusèbe de Césarée à Bede le Vénérable. Autorité et répétition dans
la transmission d'un modèle) – BOR 106 (1988/5-6) 152-164

3417 CALDERONE, S. *Il pensiero politico di Eusebio di Cesarea*. In: *I
cristiani e l'impero* (cf. 1988-90, 212) 45-54

3418 CORSARO, FRANCESCO *Sogni e visioni nella teologia della Vittoria di Constantino e Licinio* – AugR 29 (1989) 333-349

3419 COVOLO, ENRICO DAL *La filosofia tripartita nella Praeparatio
Evangelica di Eusebio di Cesarea* – RSLR 24 (1988) 515-523

3420 CURTI, CARMELO *Eusebiana, I: Commentarii in Psalmos*. 2. ed.
riveduta e accresciuta [Saggi e testi classici, cristiani e medievali 1].
Catania: Centro di studi sull'antico cristianesimo 1989. XI, 314
pp.

3421 DRAKE, H.A. *What Eusebius knew. The genesis of the Vita Constantini* – ClPh 83 (1988) 20-38

3422 ELLIOTT, T.G. *Eusebian frauds in the Vita Constantini* – Phoenix
44 (1990) 162-171

3423 ERRINGTON, MALCOLM R. *Constantine and the pagans* –
GrRoBySt 29 (1988) 309-318

3424 FRONTISI-DUCROUX,FRANÇOISE *Le masque du Phallen. Sur
une épiclèse de Dionysos à Méthymna* – RHR 206 (1989) 115-128

3425 GOTOH, ATSUKO *On nomos teleōtatos* [in japanischer Sprache
mit englischer Zusammenfassung] – JCS 37 (1989) 91-101

3426 GUILLOU, A. *Du Pseudo-Aristée à Eusèbe de Césarée ou des origines juive de la morale sociale byzantine*. In: Πρακτικὰ τοῦ Αʹ
Διεθνοῦς Σζυμποσίου ... (cf. 1988-90, 314) 29-42

3427 HEIJER, J. DEN *La version copte de l'Histoire Ecclésiastique de Eusèbe: nouvelles remarques sur les parties perdues.* In: *IVe congrès international d'études coptes* (cf. 1988-90, 208) 58

3428 HOLLERICH, MICHAEL J. *Myth and history in Eusebius's De vita Constantini: Vit. Const. 1,12 in its contemporary setting* – HThR 82 (1989) 421-445

3429 HOLLERICH, MICHAEL J. *Religion and politics in the writings of Eusebius: reassessing the first «court theologian»* – ChH 59 (1990) 309-325

3430 JUNOD, ÉRIC *Eusèbe de Césarée, Sérapion d'Antioche et l'Évangile de Pierre. D'un évangile à un pseudépigraphe* – RSLR 24 (1988) 3-16

3431 JUNOD, ÉRIC *Polémique chrétienne contre Apollonius de Tyane* – RThPh 120 (1988) 475-482

3431* KANAYAMA, YAHEI *Pyrrho and adiaphora pragmata (Eusebius, Praeparatio evangelica 14.181-4)* [in japanischer Sprache mit englischer Zusammenfassung] – JCS 37 (1989) 56-66

3432 LOEHR, WINRICH A. *Der Brief der Gemeinden von Lyon und Vienne (Eusebius, h.e. V, 1-2(4)).* In: *Oecumenica et patristica* (cf. 1988-90, 303) 135-149

3433 LOUTH, A. *The date of Eusebius' Historia Ecclesiastica* – JThS 41 (1990) 111-123

3434 MACKETT, JOHN K. *Eusebius of Caesarea's theology of the Holy Spirit* [Diss.]. Marquette Univ. Milwaukee, Wis. 1990. 344 pp. [microfilm; DissAbstr 52 (1991-1992) 193A]

3435 MÜLLER-RETTIG, BRIGITTE *Der Panegyricus des Jahres 310 auf Konstantin den Großen* [Palingenesia 31]. Stuttgart: Franz Steiner 1990. 374 pp.

3436 NESTORI, ALDO *Eusebio e il luogo di culto cristiano.* In: *I cristiani e l'impero* (cf. 1988-90, 212) 55-61

3437 SMITH, CHRISTINE *Christian rhetoric in Eusebius' Panegyric at Tyre* – VigChr 43 (1989) 226-247

3438 SMITH, MARK DENNIS *A hidden use of Porphyry's History of philosophy in Eusebius' Preparatio evangelica* – JThS 39 (1988) 494-504

3439 SMITH, MARK DENNIS *Eusebius of Caesarea, scholar and apologist: a study of his religious terminology and its application to the Emperor Constantine* [Diss.]. Santa Barbara: Univ. of California 1989. 171 pp. [microfilm; cf. summary in DissAbstr 52 (1990-1991) 962A-963A]

3440 STEAD, CHRISTOPHER G. *Knowledge of God in Eusebius and Athanasius.* In: *Knowledge of God* (cf. 1988-90, 267) 229-242

3441 Vacat

3442 TIMPE, DIETER *Was ist Kirchengeschichte? Zum Gattungscharakter der Historia Ecclesiastica des Eusebius.* In: *Festschrift Robert Werner zu seinem 65. Geburtstag dargebracht von Freunden, Kollegen und Schülern.* Hrg. von WERNER DAHLHEIM et al. [Xenia 22]. Konstanz: Universitätsverlag (1989) 171-204

III.2. Eusebius Emesenus

3443 HARDWICK, MICHAEL E. *Josephus as an historical source in patristic literature through Eusebius* [Brown Judaic Studies 128]. Atlanta, GA.: Scholars Pr. 1989. XI, 137 pp.

3444 Vacat

3445 NOVOTNY, GEORGES *Thème d' «adoption» dans les fragments «ad Galatas» d' Eusèbe d' Emèse.* In: *Pléroma* (cf. 1988-90, 312)

III.2. Eustratius Constantinopolitanus

3446 CAMERON, AVERIL *Eustratius' life of the Patriarch Eutychius and the fifth ecumenical council.* In: *KAΘHΓHTPIA* (cf. 1988-90, 266) 225-247

3447 CAMERON, AVERIL *Models of the past in the late sixth century: the Life of the patriarch Eutychius.* In: *Reading the past* 205-223

III.2. Evagrius Ponticus

3448 *[Evagrius Ponticus] Le Gnostique, ou A celui qui est devenu digne de la science.* Éd. critique des fragments grecs, trad. intégrale établie au moyen des versions syriaques et arménienne, comm. et tables par ANTOINE GUILLAUMONT et CLAIRE GUILLAUMONT [SC 356]. Paris: Éd. du Cerf 1989. 215 pp.

3449 *[Evagrius Ponticus] Praktikos oder Der Mönch: hundert Kapitel über das geistliche Leben.* Übers. von GABRIEL BUNGE [Koinonia-Oriens 32]. Köln: Luthe 1989. 287 pp.

3450 AUGST, RÜDIGER *Lebensverwirklichung und christlicher Glaube: Acedia – religiöse Gleichgültigkeit als Problem der Spiritualität bei Evagrius Ponticus* [Saarbrücker theol. Forsch. 3]. Frankfurt: Lang 1990. XXXVI, 481 pp.

3451 BUNGE, GABRIEL *«Nach dem Intellekt leben»: zum sog. «Intellektualismus» der evagrianischen Spiritualität.* In: *Simandron: der Wachklopfer* (cf. 1988-90, 336) 95-109

3452 BUNGE, GABRIEL *Akedia. Die geistliche Lehre des Evagrios Pontikos vom Überdruss.* 3. durchgesehene und vermehrte Auflage [Schriftenreihe des Zentrums Patrist. Spiritualität Koinonia-Oriens im Erzbistum Köln 12]. Köln: Luthe 1989. 112 pp.

3453 BUNGE, GABRIEL *Geistliche Vaterschaft: christliche Gnosis bei Evagrios Pontikos* [Beiheft zu den SPLi 23]. Regensburg: Pustet 1988. 95 pp.

3454 BUNGE, GABRIEL *Hénade ou monade? Au sujet de deux notions centrales de la terminologie évagrienne* – Mu 102 (1989) 69-91

3455 BUNGE, GABRIEL *Mysterium Unitatis. Der Gedanke der Einheit von Schöpfer und Geschöpf in der evagrianischen Mystik* – FZPT 36 (1989) 449-469

3456 DEUN, P. VAN *Oeuvres d'Evagre le Pontique passées inaperçues dans l'Athous Vatopedinus 57* – Byzan 60 (1990) 441-444

3457 DRISCOLL, JEREMY *A key for reading the Ad monachos of Evagrius Ponticus* – AugR 30 (1990) 361-392

3458 DRISCOLL, JEREMY *Gentleness in the Ad Monachos of Evagrius Ponticus* – StMon 32 (1990) 295-321

3459 ELM, SUSANNA *The Sententiae ad virginem by Evagrius Ponticus and the problem of early monastic rules* – AugR 30 (1990) 393-404

3460 GARZYA, ANTONIO *Osservazioni su un'epistola di Evagrio Pontico.* In: *Mémorial Jean Gribomont* (cf. 1988-90, 288) 299-305

3461 GÉHIN, PAUL *A propos d'Évagre le Pontique* – REG 103 (1990) 263-267

3462 LANNE, E. *Cassiano il Romano, discepolo di Evagrio Pontico. Un vincolo tra monachesimo d'Oriente e d'Occidente.* In: *Amore del bello. Studi sulla Filocalia.* Roma (1990) 53-77

3463 O'LAUGHLIN, M. *Elements of fourth century Origenism: The anthropology of Evagrius Ponticus and its sources.* In: *Origen of Alexandria* (cf. 1988-90, 304) 357-373

3464 QUECKE, H. *Auszüge aus Evagrius' «Mönchsspiegel» in koptischer Übersetzung* – Orientalia 58 (1989) 453-463

3465 SCHENKE, HANS-MARTIN *Das Berliner Evagrius-Ostrakon (P. Berol. 14700)* – ZÄA 116 (1989) 90-107

III.2. Evodius Uzaliensis

3466 ZANGARA, V. *Il «vehiculum animae» e le apparizioni dei morti nell Ep. 158 di Evodio ad Agostino* – RSLR 25 (1989) 234-258

III.2. Eznik Kolbiensis

3467 MINASSIAN, MARTIROS *Eznik von Kolb, «Gegen die Sekten»* [in armenischer Sprache] – HA 102 (1988) 10-45

3468 MINASSIAN, MARTIROS *Eznik von Kolb, «Gegen die Sekten»* [in armenischer Sprache] – HA 104 (1990) 79-125

III.2. Faustus Reiensis

3469 DJUTH, MARIANNE *Faustus of Riez: initium bonae voluntatis* – AugSt 21 (1990) 35-53

3470 NODES, DANIEL J. *De subitanea paenitentia in Letters of Faustus of Riez and Avitus of Vienne* – RThAM 55 (1988) 30-40

3471 SAINT-ROCH, P. *S. Fauste* – RiAC 66 (1990) 233-244

3472 SMITH, THOMAS A. *De gratia: Faustus of Riez's treatise on grace and its place in the history of theology* [Christianity and Judaism in antiquity 4]. Notre Dame, Ind.: Univ. of Notre Dame Pr. 1990. 254 pp.

III.2. Firmicus Maternus

3473 BARNARD, LESLIE W. *L'intolleranza negli apologisti cristiani con speciale riguardo a Firmico Materno* [m. engl. Zusammenf.] – CrSt 11 (1990) 505-521

3474 FERABOLI, SIMONETTA *Ricerche sulle monomoiriai di Firmico* – SIF (3.ser.) 7 (1989) 213-240

3475 FLAMMINI, GIUSEPPE *La praefatio ai Matheseos libri di Firmico Materno.* In: *Prefazioni* (cf. 1988-90, 316) 65-115

3476 PODEMANN SØRENSEN, JØRGEN *Attis or Osiris? Firmicus maternus, De errore 22.* In: *Rethinking religion* (cf. 1988-90, 324) 73-86

3477 QUACQUARELLI, ANTONIO *La sicilianità di firmico Materno, i suoi Matheseos libri e la cultura cristiana delle scienze nel IV secolo* – VetChr 25 (1988) 303-342

III.2. Firmus Caesariensis

3478 *[Firmus Caesariensis] Firmus de Césarée, Lettres.* Introduction, texte, traduction, notes et index par MARIE-ANGE CALVET-SEBASTI et PIERRE-LOUIS GATIER [SC 350]. Paris: Ed. du Cerf 1989. 206 pp.

III.2. Fructuosus Bracarensis

3479 LINAGE CONDE, A. *San Benito y las fuentes literarias de la obra monástica de Fructuoso de Braga* – CuadGal 36 (1988) 57-67

III.2. Fulgentius Mythographus

3480 BALDWIN, B. *Fulgentius and his sources* – Tr 44 (1988) 37-57

3481 GUSEJNOV, G.Č. *L'interprétation de la mythologie à la limite entre l'Antiquité et le Moyen Age* [in russ. Sprache]. In: *L'Antiquité en tant que type de culture, publ. par A.F. LOSEV.* Moskva: Nauka (1988) 325-333

3482 REINHARDT, U. *Das Parisurteil bei Fulgentius (myth. 2,1). Tradition und Rezeption.* In: *Studien zu Gregor von Nyssa* (cf. 1988-90, 351) 343-362

3483 RELIHAN, JOEL C. *Fulgentius, Mitologiae 1.20-21* [in engl. Sprache] – AJPh 109 (1988) 229-230

III.2. Fulgentius Ruspensis

3484 DJUTH, MARIANNE *Fulgentius of Ruspe: the initium bonae voluntatis* – AugSt 20 (1989) 39-60

3485 FOLLIET, GEORGES *Fulgence de Ruspe témoin privilégié de l'influence d'Augustin en Sardaigne.* In: *L'Africa Romana* (cf. 1988-90, 166/167) II 561-569

3486 MAPWAR, BASHUTH *La polémique anti-arienne de St. Fulgence de Ruspe en Afrique du Nord (Ve-VIe siècles).* Roma: Pont. Univ. Gregoriana 1988. XIII, 389 pp.

III.2. Gaudentius Brixensis

3487 DEGORSKI, B. *I codici vaticani adoperati da A. Glueck per l'edizione critica della opere di S. Gaudenzio da Brescia* – Dissertationes Paulinorum 3 (1990) 84-100

3488 DEGORSKI, B. *Żydzi w «Traktatach» św. Gaudentego z Brescji* (= I Giudei nei «Tractatus» di San Gaudenzio da Brescia) – Dissertationes Paulinorum 3 (1990) 101-104

3489 ZANI, A. *«Ambrosius ... tamquam Petri successor apostoli.» Il riconoscimento di Gaudenzio di Brescia ad Ambrogio di Milano.* In: *Pator bonus in populo. Figura, ruolo e funzioni del vescovo nella chiesa. Miscellanea di studi in onore di S.E.Mgr Luigi Belloli.* Ed. A. AUTIERO; O. CARENA. Rom: Città Niova (1990) 21-42

III.2. Gennadius Constantinopolitanus

3490 DECLERCK, J. *Le patriarche Gennade de Constantinople (458-471) et un opuscule inédit contre le Nestoriens* – Byzan 60 (1990) 130-144

III.2. Georgius ep. Arabum

3491 RILLIET, FREDERIC *Une homélie métrique sur la fête des hosannas attribuée à Georges évêque des Arabes* – OrChr 74 (1990) 72-102

3492 RILLIET, FREDERIC *Une homélie métrique sur la fête des ho-sannas attribuée à Georges évêque des Arabes.* In: *Symposium Syriacum* (cf. 1988-90, 354) 181-182

III.2. Georgius Pisides

3493 GONNELLI, FABRIZIO *La parole del cosmo: osservazioni sull'Esamerone di Giorgio Pisida* – ByZ 83 (1990) 411-422

III.2. Germanus I Constantinopolitanus

3494 ORBAN, A.P. *Die lateinische Übersetzung einer «Doppelpredigt» des Germanos I. auf die Koimesis Mariä (PG 98,340-358): Ausgabe, Einführung und Anmerkungen* – OstkiSt 38 (1989) 23-42
3495 PETEV, I. *Konstantinopolskijat Patriarch Sv. German – zaszczitnik na ikonopoczitanieto* – DuchKult 68 (1988) 25-36
3496 THOMSON, F.J. *Constantine of Preslav and the Old Bulgarian Translation of the «Historia ecclesia et mystica contemplatio» attributed to Patriarch Germanus I of Constantinople* – PalBul 10,1 (1986) 41-48

III.2. Gildas Sapiens

3497 BACHRACH, B.S. *Gildas, Vortigern and Constitutionality in sub-Roman Britain* – NMS 32 (1988) 126-140
3498 BRAIDOTTI, CECILIA *Su alcuni diminutivi del De excidio di Gildas* – GiorFil 42 (1990) 105-115
3499 JONES, M.; CASEY, J. *The Gallic Chronicle restored. A chronology for the Anglo-Saxon invasions and the end of Roman Britain* – Britannia 19 (1988) 367-398
3500 JONES, M.E. *The Appeal to Aetius in Gildas* – NMS 32 (1988) 141-155

III.2. Gregorius Agrigentinus

3501 GREGORIO, D. DE *Gli insegnamenti teologici di S. Gregorio Agrigento nel suo Commento all'Ecclesiaste.* Grottaferrata: Tipolografia 2000 1989. 168 pp.

III.2. Gregorius Illiberitanus

3502 *[Gregorius Illiberitanus] Gregorio de Elvira. Obras Completas.* Primera versión castellana, edición y notas por URSICINO DOMINGUEZ DEL VAL [Corpus Patristicum Hispanum 3]. Madrid: Fundación Universitaria Española 1989. 285 pp.

III.2. Pseudo-Gregorius Illuminator

3503 ESBROECK, MICHEL VAN *Saint Grégoire d'Arménie et sa Didascalie* – Mu 102 (1989) 131-145
3504 MCENIERY, P. *Pseudo-Gregory and Purgatory* – Pacifica 1 (1988) 328-334

III.2. Gregorius Magnus

3505 *[Gregorius Magnus] Be friends of God: spiritual readings from Gregory the Great.* English version by JOHN LEINENWEBER. Cambridge, Mass.: Cowley Publ. 1990. 203 pp.
3506 *[Gregorius Magnus] Diàlegs, I.* Trad. de NARCIS XIFRA I RIERA, introd. de N. XIFRA I RIERA e ALEXANDRE OLIVAR, text establ. per MANUEL BALASCH I RECORT [Escriptors Llatins] [beinhaltet die Bücher I-II]. Barcelona: Fund. Bernat Metge 1989. 121 pp.
3507 *[Gregorius Magnus] Grégoire le Grand. Commentaire sur le premier livre des Rois, I (Préface – II,28).* Introduction, texte, traduction et notes par ADALBERT DE VOGÜÉ [SC 351]. Paris: Éd. du Cerf 1989. 495 pp.
3508 *[Gregorius Magnus] Grégoire le Grand. Homélies sur Ézéchiel, II.* Intr., trad. et notes CHARLES MOREL [SC 360]. Paris: Ed. du Cerf 1990. 561 pp.
3509 *[Gregorius Magnus] Gregor der Große.* Ed. ALBERT OHLMEYER [Klassiker der Meditation]. Zürich: Benziger 1988. 158 pp.
3510 *[Gregorius Magnus] Gregory the Great, Forty gospel homilies.* Ed. D. HURST [CSC 123]. Kalamazoo, Mich.: Cistercian Publications 1990. IV, 389 pp.
3511 *[Gregorius Magnus] Morales sur Job, I: Livres I et II.* Introd. u. Anm. Robert GILLET; trad. André DE GAUDEMARIS [SC 32]. Paris: Ed. du Cerf 1989. 424 pp., 2 index.
3512 ALIMONTI, F.R. *La visione di S. Benedetto in Gregorio Magno, Bernardo di Clairvaux e Meister Eckart. Modifiche, trasposizioni ed omissioni* – Benedictina 37 (1990) 277-283
3513 BOESCH GAJANO, SOFIA *Agiografia e geografia nei Dialoghi di Gregorio Magno.* In: *Storia della Sicilia e tradizione agiografica nella tarda antichità* (cf. 1988-90, 341) 209-220
3514 CAVALLERO, J.P. *La técnica didáctica de San Gregorio Magno en los «Moralia in Job»* – Helmántica 41 (1990) 129-188
3515 CICCARESE, MARIA PIA *La genesi letteraria della visione dell'aldilà: Gregorio Magno e le sue fonti* – AugR 29 (1989) 435-449

3516 CLARK, F. *St. Gregory the Great, theologian of christian experience* – AmBenR 39 (1988) 261-276

3517 CLARK, FRANCIS *St Gregory and the enigma of the Dialogues. A response to Paul Meyvaert* – JEcclH 40 (1989) 323-343

3518 CLARK, FRANCIS *The Authorship of the Gregorian Dialogues: A Challenge to the Traditional View.* In: *Studia patristica 18,4* (cf. 1988-90, 345) 120-132

3519 CLARK, FRANCIS *The renewed debate or the authencity of the Gregorian Dialogues* – AugR 30 (1990) 75-105

3520 COFFEY, JEREMIAH PATRICK *Gregory the Great ad populum. A reading of XL Homiliarum in evangelia libri duo* [Diss.]. New York, N.Y.: Fordham Univ. 1988. 194 pp. [microfilm; cf. summary in DissAbstr 49 (1989) 1847A]

3521 CONTRERAS, E. *San Gregorio de los Diálogos* – NetV 13 (1988) 239-250

3522 CREMASCOLI, G. *Se i Dialogi siano opera di Gregorio Magno. Due volumi per una vexata questio* – Benedictina 36 (1989) 179-192

3523 CREMASCOLI, GIUSEPPE *Infirmantium persona (Dialogi 4, 4, 9): sui dubbi del diacono Pietro* – InvLuc 111989 175-195

3524 DURLIAT, JEAN *«Normaux» et déviance religieuse d'après la correspondance de Grégoire le Grand.* In: *Religiöse Devianz* (cf. 1988-90, 217) 61-77

3525 ENGELBERT, P. *Hat Papst Gregor der Grosse die «Dialoge» geschrieben? Bemerkungen zu einem neuen Buch* – EA 64 (1988) 255-265

3526 EVANS, GILLIAN R. *Gregory on Consideration.* In: *Studia patristica 18,4* (cf. 1988-90, 345) 146-151

3527 FRANSEN, PAUL IRÉNÉE *Description de la collection grégorienne de Florus de Lyon sur l'Apôtre* – RBen 98 (1988) 278-317

3528 GESSEL, WILHELM *Reform am Haupt: die Pastoralregel Gregors des Großen und die Besetzung von Bischofsstühlen.* In: *Papsttum und Kirchenreform* (cf. 1988-90, 305) 17-36

3529 GILLET, ROBERT *Les Dialogues sont-ils de Grégoire?* – REA 36 (1990) 309-314

3530 GODDING, R. *Les «Dialogues» ... de Grégoire le Grand. A propos d'un livre récent* – AB 106 (1988) 201-224

3531 *Gregorio Magno e gli anglosassoni.* A cura di V. PARONETTO. Roma: Borla 1990. 71 pp.

3532 GRÜN, A. *Der Weg der Selbstwerdung der Frau nach den Dialogen Gregors* – EA 64 (1988) 97-106

3533 GUMBERT, J.P. *Italienische Schrift – humanistische Schrift – Humanistenschrift.* In: *Renaissance und Humanistenhandschriften.*

Ed. J. AUTENRIETH [Schriften des Historischen Kollegs, Kollo-
quie 13]. München: R. Oldenbourg (1988) 63-70

3534 HÄRDELIN, ALF *Gregorius I – åter 'den store'?* – KÅ 88 (1988)
117-123

3535 HAVENER, I. *The greek prologue to the «Dialogues» of Gregory
the Great. The critical text* – RBen 99 (1989) 103-117

3536 HOFER, G. *La «sancta ecclesia» di Gregorio Magno* – StMe 30
(1989) 593-636

3537 JENAL, GEORG *Gregor der Grosse und die Stadt Rom (590-604).*
In: *Herrschaft und Kirche* (cf. 1988-90, 5604) 109-145

3538 JUDIC, B. *L'admonitio chez Grégoire le Grand, du Pastoral aux
Homélies.* In: *Studia patristica 18,4* (cf. 1988-90, 345) 166-172

3539 KESSLER, STEPHAN C. *Das Rätsel der Dialoge Gregors des
Grossen: Fälschung oder Bearbeitung?: zur Diskussion um ein
Buch von Francis Clark* – ThPh 65 (1990) 566-578

3540 LA PIANA, L. *L'omelia in S. Gregorio Magno* – EL 104 (1990)
51-64

3541 LOZITO, V. *I due Gregorii: continuità di ideologia politica* – Inv-
Luc 11 (1989) 297-317

3542 MCREADY, WILLIAM D. *Signs of sanctity: miracles in the
thought of Gregory the Great* [STPIMS 91]. Toronto: Pontif. Inst.
of Mediaeval Stud. 1989. XIII, 316 pp.

3543 MEYVAERT, PAUL *A comment on Francis Clark's response* –
JEcclH 40 (1989) 344-346

3544 MEYVAERT, PAUL *The enigma of Gregory the Great's Dialogues. A Response to Francis Clark* – JEcclH 39 (1988) 335-381

3545 MINARD, P. *Les Dialogues de saint Grégoire et les origines du
monachisme bénédictin. A propos d'un livre récent* – RM 61
(1986-88) 471-481

3546 MODESTO, JOHANNES *Gregor der Grosse. Nachfolger Petri
und Universalprimat* [Studien zu Theologie und Geschichte 1]. St.
Ottilien: EOS-Verlag 1989. III, 412 pp.

3547 O'DONNELL, A.M. *Cicero, Gregory the Great, and Thomas
More. Three dialogues of comfort* – Moreana (Binghamton, N.Y.)
26 (1989) 169-197

3548 PARONETTO, VERA *Il pastor nell'epistolario di Gregorio Magno.* In: *Studia patristica 18,4* (cf. 1988-90, 345) 178-183

3549 PINNA, TOMASINO *Gregorio Magno e la Sardegna* [Lingua e
cultura 2]. Sassari-Cagliari: Ed. Mediterranea 1989. 171 pp.

3550 PITZ, ERNST *Papstreskripte im frühen Mittelalter: diplomatische
und rechtsgeschichtliche Studien zum Brief-Corpus Gregors des
Grossen* [Beiträge zur Geschichte und Quellenkunde des Mittelalters 14]. Sigmaringen: Thorbecke 1990. 382 pp.

3551 PORTALUPI, ENZO *Gregorio Magno nell'Index Thomisticus* – BPhM 31 (1989) 112-146

3552 PORTALUPI, ENZO *Gregorio Magno nell'Index Thomisticus: corrigendum* – BPhM 32 (1990) 136-137

3553 PRESTEL, K.D. *The Slavic Version of the «Dialogues» of Pope Gregory the Great* – The Michigan Academician. Papers of the Michigan Academy of Science, Arts and Letters (Michigan) 20 (1988) 191-197

3554 PUZICHA, MICHAELA *Benedikt von Nursia – ein Mensch «per ducatum Evangelii»: Die Gestalt Benedikts bei Gregor dem Großen im zweiten Buch der Dialoge* – RBS 17 (1990) 67-84

3555 RECCHIA, V. *Il commento allegorico di Genesi, 1-3 nelle opere esegetiche di Gregorio Magno.* In: *Sapientia et eloquentia* (cf. 1988-90, 330) = VetChr 25 (1988) 421-449

3556 SCHREINER, S.E. *« Where shall wisdom be found?»: Gregory's interpretation of Job* – AmBenR 39 (1988) 321-342

3557 SCHUMACHER, MEINOLF *Noch ein Höhlengleichnis: zu einem metaphorischen Argument bei Gregor dem Grossen* – Literaturwissenschaftliches Jahrbuch (Berlin) 31 (1990) 53-68

3558 SMIRAGLIA, EDVIGE *Donazione di libri sacri alla chiesa di S. Clemente* – VetChr 26 (1989) 352-360

3559 SOJKA, S. *Asceza w świetle pism św. Grzegorza Wielkiego* (= De ascesi in scriptis sancti Gregorii Magni) – VoxP 7 (1987) f.12/13, 337-343

3560 SQUIRE, AELRED K., OSB *The ordo amantium in Gregory the Great.* In: *Studia patristica 18,4* (cf. 1988-90, 345) 201-206

3561 STRAW, CAROLE E. *Gregory the Great. Perfection and Imperfection* [The transformation of the classical heritage 14]. Berkeley, Calif.: University of California Press 1988. XIV, 295 pp.

3562 THURN, H. *Handschriftenstudien zu Gregors des Großen Dialogi* – WDGB 52 (1990) 17-24

3563 VERBRAKEN, P.-P. *Les dialogues de saint Grégoire le Grand sont-ils apocryphes? A propos d'un ouvrage récent* – RBen 98 (1988) 272-277

3564 VOGÜÉ, ADALBERT DE *Grégoire le Grand et ses «Dialogues» d'après deux ouvrages récents* – RHE 83 (1988) 281-348

3565 VOGÜÉ, ADALBERT DE *La mort dans les monastères. Jonas de Bobbio et les Dialogues de Grégoire le Grand.* In: *Mémorial Jean Gribomont* (cf. 1988-90, 288) 593-619

3566 VOGÜÉ, ADALBERT DE *Martyrium in occulto. Le martyre du temps de paix chez Grégoire le Grand, Isidore de Séville et Valérius du Bierzo.* In: *Fructus centesimus* (cf. 1988-90, 237) 125-140

III.2. Pseudo-Gregorius Magnus

3567 GILCHRIST, JOHN *The influence of the monastic forgeries attributed to pope Gregory I and Boniface IV.* In: *Fälschungen im Mittelalter* (cf. 1988-90, 231) II 263-287

III.2. Gregorius Nazianzenus

3568 *[Gregorius Nazianzenus]* Ὁ μύστης τῆς θείας ἐλλάμψεως. Ed. P.K. CHRESTOU. Thessalonike 1990. 167 pp.

3569 *[Gregorius Nazianzenus] Corpus Nazianzenum I: Versiones orientales, Repertorium Ibericum et Studia ad editiones curandas.* Edita a BERNARD COULIE, cum prooemio a GERARD GARITTE et praefatione a JUSTIN MOSSAY [CChr.SG 20]. Turnhout: Brepols 1988. 297 pp.

3570 *[Gregorius Nazianzenus] Grégoire de Nazianze. Discours 38-41.* Introd. CLAUDIO MORESCHINI; trad. PAUL GALLAY [SC 358]. Paris: Éd. du Cerf 1990. 399 pp.

3571 *[Gregorius Nazianzenus] Gregor von Nazianz: Gegen die Habsucht (carmen 1,2,28).* Einleitung und Kommentar von ULRICH BEUCKMANN [Studien zur Geschichte und Kultur des Altertums: Reihe 2, Forschungen zu Gregor von Nazianz 6]. Paderborn; München; Wien; Zürich: Schöningh 1988. 136 pp.

3572 *[Gregorius Nazianzenus] Gregorio Nacianceno. La Pasión de Cristo.* Introducción y notas de FRANCESCO TRISOGLIO. Traducción del griego de ISABEL GARZON BOSQUE [Biblioteca de Patrística 4]. Madrid: Ciudad Nueva 1988. 160 pp.

3573 *[Gregorius Nazianzenus] Über die Bischöfe (carmen 2,1,12).* Einleitung, Text, Übersetzung und Kommentar von BENO MEIER [Studien zur Geschichte und Kultur des Altertums N.F. R.2 Forsch. zu Gregor von Nazianz 7]. Paderborn: Schöningh 1989. 174 pp.

3574 ACCORINTI, D. *Sull'autore degli scoli mitologici alle orazioni di Gregorio di Nazianzo* – Byzan 60 (1990) 4-24

3575 BACCI, LUCIA *Sui rapporti fra Gregorio Nazianzeno e Naumachio* – VetChr 27 (1990) 417-421

3576 BERNARDI, JEAN *La composition et la publication du Discours XLII de Grégoire de Nazianze.* In: *Mémorial Jean Gribomont* (cf. 1988-90, 288) 131-143

3577 BERNARDI, JEAN *Un poète mystique au IVe siècle de notre ère: Grégoire de Nazianze.* In: *Les écrivains et le sacré* (cf. 1988-90, 222) 279-281

3578 BERNARDI, JEAN *Un regard sur la vie étudiante à Athènes au milieu du IVe s. après Jésus-Christ* – REG 103 (1990) 79-84

3579 BERTOLINI, MARCO *L'edizione aldina del 1516 e il testo delle Orazioni di Gregorio Nazianzeno* – SCO 38 (1988) 383-390

3580 BEUCKMANN, U. *Gregor von Nazianz, Gegen die Habsucht (carmen 1,2,28).* Einleitung und Kommentar [Studien z. Geschichte u. Kultur d. Altertums, 2. ser. : Forschgn. z. Gregor v. Nazianz 6]. Paderborn: Schöningh 1988. In-8, 136 pp.

3581 BONIS, K. *Was the father of Gregory of Nazianzus of greek or hebrew origin?* In: *ΚΑΘΗΓΗΤΡΙΑ* (cf. 1988-90, 266) 173-178

3582 BONIS, KONSTANTINOS *Was the synonymous father of Gregory of Nazianzus the Theologian of Greek or Hebrew origin?* [in griechischer Sprache] – PAA 56 (1981) 257-276

3583 BREGADZÉ, THAMAR *Répertoire des manuscrits de la version géorgienne des Discours de Grégoire de Nazianze.* In: *Corpus Nazianzenum I* (cf. 1988-90, 3569) 19-126

3584 CASSAGNE, I. DE «*Eros*» *y* «*Philía*». *Del ideal platónico al testimonio de San Gregorio de Nacianzo* – CuadMon 25 (1990) 477-491

3585 CHRISTIDIS, DIMITRIOS A. *Ἀπηχήσεις ἀπὸ τοῦ Εὐριπίδη στὸν Γρηγόριο τὸν Ναζιανζηνό 203,1* [mit franz. Zus.-fass.] – Hell 39 (1988) 412-414

3586 COSTA, IVANO *Note critiche ad una traduzione latina anonima di Gregorio Nazianzeno* – SCO 40 (1990) 205-220

3587 COULIE, BERNARD *Le Testimonium fidei de Grégoire de Nazianze en arménien.* In: *Corpus Nazianzenum I* (cf. 1988-90, 3569) 1-18

3588 COULIE, BERNARD *L'édition critique des versions arméniennes de textes grecs: réflexions sur le cas de Grégoire de Nazianze.* In: *Φιλοφρόνημα: Festschrift für M. Sicherl zum 75. Geburtstag: von Textkritik bis Humanismusforschung.* Hrsg. DIETER HARLFINGER [Stud. zur Gesch. & Kultur des Altertums N.F. 1. R.Monogr. 4]. Paderborn: Schöningh (1990) 59-72

3589 COULIE, BERNARD *Les trois récits de la tempête subie par Grégoire de Nazianze.* In: *Corpus Nazianzenum I* (cf. 1988-90, 3569) 157-180

3590 CRIMI, C. *Una nuova testimonianza su Antistene? (Leone il Filosofo, Giobbe, v. 598-601)* [et une anecdote illustrée par Grégoire de Nazianze] – Orpheus 9 (1988) 338-343

3591 DETORAKIS, T. *Νέες προσθῆκες στὸ λεξικὸ G.N.H. Lampe ἀπὸ ἔργα Γρηγοίου τοῦ Ναζιανζηνοῦ* – Kleronomia 22 (1990) 9-28

3592 DETORAKIS, T. *Ὁ γυναικεῖος καλλωπισμὸς στὰ πατερικὰ καὶ ἁγιολογικὰ κείμενα.* In: *Πρακτικὰ τοῦ Α' Διεθνοῦς Συμποσίου ...* (cf. 1988-90, 314) 573-585

3593 EGAN, JOHN P., SJ *Towards a Mysticism of Light in Gregory Nazianzen's 'Oration' 32.15.* In: *Studia patristica 18,3* (cf. 1988-90, 344) 473-482

3594 ETTLINGER, GERARD H. *The orations of Gregory of Nazianzus: a study in rhetoric and personality.* In: *Preaching in the Patristic age* (cf. 1988-90, 315) 101-118

3595 FROMONT, MONIQUE; LEQUEUX, XAVIER; MOSSAY, JUSTIN *Gregorius Florellius, commentateur de saint Grégoire de Nazianze au XVIe ciècle.* In: *Corpus Nazianzenum I* (cf. 1988-90, 3569) 127-155

3596 GILBERT, MAURICE *Grégoire de Nazianze et le Siracide.* In: *Mémorial Jean Gribomont* (cf. 1988-90, 288) 307-314

3597 GRAND'HENRY, JACQUES *La version arabe du Discours 24 de Grégoire de Nazianze: édition critique, commentaire et traduction.* In: *Corpus Nazianzenum I* (cf. 1988-90, 3569) 197-291

3598 GRAND'HENRY, JACQUES *Les Discours de Grégoire de Nazianze et la tradition manuscrite arabe syrienne* – Mu 103 (1990) 255-265

3599 HALLEUX, ANDRÉ DE *Grégoire de Nazianze témoin du caractère sacerdotal?* In: *Mémorial Jean Gribomont* (cf. 1988-90, 288) 331-347

3600 HALLEUX, ANDRÉ DE *Un nouveau témoin de la version syriaque des Discours de Grégoire de Nazianze: le ms. Damas. syr.-orth., 3/19 (olim Jérusalem, St. Marc, 127).* In: *Corpus Nazianzenum I* (cf. 1988-90, 3569) 181-195

3601 HALLEUX, ANDRÉ DE *Un recueil syriaque de Préfaces aux Discours de Grégoire de Naziance* – Mu 103 (1990) 67-90

3602 HARRISON, VERNA E.F. *Some aspects of Saint Gregory the theologian's soteriology* – GrOrthThR 34 (1989) 11-18

3603 IRIGOIN, JEAN *Grégoire de Nazianze.* In: *Mise en page* (cf. 1988-90, 293) 122-124

3604 JUNOD, ÉRIC *Basile de Césarée et Grégoire de Nazianze sont-ils les compilateurs de la Philocalie d'Origène? Réexamen de la lettre 115 de Grégoire.* In: *Mémorial Jean Gribomont* (cf. 1988-90, 288) 349-360

3605 KEIPERT, H. *Die altbulgarische Übersetzung der Predigten des Gregor von Nazianz.* In: *Slavistische Studien zum X. Internationalen Slavistenkongress in Sofia 1988 [Slavistische Forschungen 54].* Edd. R. OLESCH; H. ROTHE. Köln; Wien: Böhlau (1988) 65-81

3606 KREMER, KLAUS *Dionysius Pseudo-Areopagita oder Gregor von Nazianz? Zur Herkunft der Formel: Bonum est diffusivum sui* – ThPh 63 (1988) 579-585

3607 KURMANN, ALOIS *Gregor von Nazianz, Oratio 4 gegen Julian: ein Kommentar* [Schweizerische Beiträge zur Altertumswissenschaft 19]. Basel: Friedrich Reinhardt 1988. IV, 421 pp.

3608 LOZZA, GUISEPPE *Lettura di Gregorio Nazianzeno, carme II 1,87.* In: *Metodologie della ricerca sulla tarda antichità* (cf. 1988-90, 289) 451-459

3609 MALHERBE, A.J. *Ancient Epistolary Theorists* [SBLDS 19]. Atlanta, Ga.: Scholars Press 1988. VII, 88 pp.

3610 MARAVAL, PIERRE *Un correspondant de Grégoire de Nazianze identifié, Pansophios d'Ibora* – VigChr 42 (1988) 24-27

3611 MORESCHINI, CLAUDIO *La parafrasi di Niceta David ai Carmina arcana di Gregorio Nazianzeno* [mit engl. Zus.-fass.]. In: *Crescita dell'uomo (età postnicena)* (cf. 1988-90, 211) 51-63

3612 MOSSAY, JUSTIN *Ad Repertorium Nazeanzenum notulae Creticae.* [in frz. Sprache] In: *Φιλοφρόνημα : Festschrift für Martin Sicherl zum 75. Geburtstag: von Textkritik bis Humanismusforschung.* [Stud. zur Gesch. & Kultur des Altertums N.F. 1. R.Monogr. 4]. Hrsg. DIETER HARLFINGER. Paderborn: Schöningh (1990) 43-57

3613 NARDI, CARLO *Note al primo Carme teologico di Gregorio Nazianzeno* – Prometheus 16 (1990) 155-174

3614 NORDERVAL, ØYVIND *Keiser og kappadokier. Forståelsen av forholdet mellom kristendom og antikk kultur hos keiser Julian og Gregor av Nazianz* – NTT 89 (1988) 93-113

3615 NORRIS, F.W. *The tetragrammaton in Gregory Nazianzen (Or. 30,17)* – VigChr 43 (1989) 339-344

3616 PALLA, ROBERTO *Ordinamento e polimetria della poesie bibliche di Gregorio Nazianzeno* – WSt 102 (1989) 169-185

3617 PHOUNTOULES, I. *Τοῦ ἁγίου Γρηγορίου τοῦ Θεολόγου «Ὕμνος Ἑσπερινός» – ἡ λειτουργικὴ χρήση του* – Kleronomia 22 (1990) 29-37

3618 REGALI, MARIO *Il 'Carme' II.2.3 di Gregorio Nazianzeno nei suoi rapporti con le declamazioni.* In: *Studia patristica 18,3* (cf. 1988-90, 344) 529-538

3619 REGALI, MARIO *La datazione del carme II,2,3 di Gregorio Nazianzeno* – SCO 38 (1988) 373-381

3620 SIRINIAN, ANNA *Contributi allo studio della versione armena dell'orazione 7 di Gregorio di Nazianzo* – Studi e Ricerche sull'Oriente Cristiana (Roma) 11 (1988) 181-190

3621 ŠPIDLIK, TOMAŠ *Gregorio Nazianzeno, maestro e ispiratore di Costantino-Cirillo.* In: *Christianity among the slaves. The heritage of saints Cyril and Methodius.* Edd. E.G. FARRUGIA et al. [OCA 231]. Rom: Pontificium Institutum Studiorum Orientalium (1988) 299-304

3622 SYKES, D.A. *Reflections on Gregory Nazianzen's Poemata quae spectant ad alios.* In: *Studia patristica 18,3* (cf. 1988-90, 344) 551-556

3623 TORRES, JUANA MARIA *La tradición nupcial pagana en el matrimonio cristiano según Gregorio de Nacianzo* – SHHA 8 (1990) 55-60
3624 TRISOGLIO, F. *La spiritualità dell'elevazione in S. Gregorio di Nazianzo* – ScCat 118 (1990) 432-469
3625 TRISOGLIO, FRANCESCO *Il demonio in Gregorio di Nazianzo.* In: *L'autunno del diavolo* (cf. 1988-90, 188) I 249-263

III.2. Pseudo-Gregorius Nazianzenus

3626 ACCORINTI, DOMENICO *Christus patiens 1488* – GiorFil 40 (1988) 255-257
3627 GARZYA, A. *Ancora per la cronologia del Christus Patiens* – ByZ 82 (1989) 110-113
3628 SWART, GERHARDUS JACOBUS *A historical-critical evaluation of the play Christus patiens, traditionally attributed to Gregory of Nazianzus* [Diss.]. Univ. of Pretoria 1990 [DissAbstr 51 (1990-1991) 3062A]
3629 SWART, GERHARDUS JACOBUS *The Christus patiens and Romanos the Melodist: some considerations on his dating* – AClass 33 (1990) 53-64

III.2. Gregorius Nyssenus

3630 *[Gregorius Nyssenus] Γρηγόριος Νύσσης. Γενικὴ ἐπιστασία καὶ ἐπιμέλεια Ε.Δ. ΜΟΥΤΣΟΥΛΑΣ. 2 voll.* Athenai: Ἔκδ. τῆς Ἀποστολικῆς Διακονίας τῆς Ἐκκλησίας τῆς Ἑλλάδος 1989-1990. 503; 446 pp.
3631 *[Gregorius Nyssenus] Ἡ προσδοκὶα μάς Ἁγίου Γρηγορίου Νύσσης. Εἰσαγωγή, μεταφράση, σχόλια ΠΑΓΚΡΑΤΙΟΥ ΜΠΡΟΥΣΑΛΗ.* Katerine: Ekdoseis «Tertios» 1988. 160 pp.
3632 *[Gregorius Nyssenus] Grégoire de Nysse. Ecrits spirituels (La profession chrétienne, Traitè de la perfection, Enseignement sur la vie chrétienne).* Ed. MARIETTE CANÉVET, trad. JACQUES MIL-LET, MONIQUE DEVAILLY, CHRISTIAN BOUCHET, notes ADALBERT G. HAMMAN [Les Pères dans la foi 40]. Paris: Migne; Brepols 1990. 117 pp.
3633 *[Gregorius Nyssenus] Grégoire de Nysse. Lettres.* Introd., texte crit., trad., notes et index par PIERRE MARAVAL [SC 363]. Paris: Éd. du Cerf 1990. 346 pp.
3634 *[Gregorius Nyssenus] Gregorio de Nisa. La Gran Catequesis.* Introducción y notas de M. NALDINI; traducción del griego de A. VELASCO [Biblioteca de Patrística 9]. Madrid: Editorial Ciudad Nueva 1990. 141 pp.

3635 *[Gregorius Nyssenus] Gregorio di Nissa. Omelie sull'Ecclesiaste.* Tradd., introd. e note a cura di SANDRO LEANZA [CTP 86]. Roma: Città Nuova Ed. 1990. 196 pp.

3636 *[Gregorius Nyssenus] Gregorio di Nissa. Omelie sul Cantico dei Cantici.* Introd., trad. e note a cura di CLAUDIO MORESCHINI [CTP 72]. Roma: Città Nuova 1988. 375 pp.

3637 *[Gregorius Nyssenus] Gregorio di Nissa. Vita di Gregorio Taumaturgo.* Trad., introd. e note a cura di LUIGI LEONE [CTP 73]. Roma: Città Nuova 1988. 106 pp.

3638 *[Gregorius Nyssenus] Gregorio di Nissa. Vita di Santa Macrina.* Trad., introd. e note a cura di EUGENIO MAROTTA [CTP 77]. Roma: Città Nuova Ed. 1989. 108 pp.

3639 *[Gregorius Nyssenus] S. Gregorio di Nissa, La vita di S. Macrina.* Introduzione, traduzione e note di ELENA GIANNARELLI [Letture Cristiane del Primo Millennio 4]. Milano: Edizioni Paoline 1988. 164 pp.

3640 *[Gregorius Nyssenus] San Gregorio Niseno. Diálogo sobre el alma y la resurrección.* Versión castellana de L.M. DE CADIZ [Los Santos Padres 30]. Sevilla: Apostolado Mariano 1990. 121 pp.

3641 *[Gregorius Nyssenus] Sermones, II.* Edd. GÜNTER HEIL; JOHANNES P. CAVARNOS; OTTO LENDLE [Gregorii Nysseni 10,1]. Leiden: Brill 1989. CCLXIII, 176 pp.

3642 *[Gregorius Nyssenus] Sf. Grigorie de Nyssa, Cuvîntare la Înălţarea Domnului nostru Iisus Hristos* trad. T. BODOGAE – MitrArd 33 (1988/4) 21-23

3643 *[Gregorius Nyssenus] Sfîntul Grigorie de Nyssa, Împotiva celor care se întristează cînd sînt dojeniţi* trad. T. BODOGAE – MitrOlt 39 (1987/6) 57-62

3644 *[Gregorius Nyssenus] The Life of Saint Macrina by Gegory, bishop of Nyssa.* Ed. K. CORRIGAN [Peregrina Translation Series 12]. Toronto: Peregrina Publ. Co. 1987. 73 pp.

3645 BALTHASAR, HANS URS VON *Présence et pensée. Essai sur la philosophie religieuse de Grégoire de Nysse.* Note prélimin. de JEAN-ROBERT ARMOGATHE. Paris: Beauchesne 1988. XXVIII, 155 pp.

3646 BASTERO, J.L. *Los títulos cristológicos en el «Contra Eunomium I» de San Gregorio de Nisa.* In: El «Contra Eunomium I» (cf. 1988-90, 3648) 407-419

3647 *A concordance to Gregory of Nyssa.* Edd. CAJUS FABRICIUS; DANIEL A. RIDDINGS [SGLG 50]. Göteborg: AUG 1989. III, 12 pp. 31 microfiche.

3648 *El «Contra Eunomium I» en la producción literaria de Gregorio de Nisa. VI Coloquio Internacional sobre Gregorio de Nisa.* Ed. a cargo de LUCAS F. MATEO-SECO e JUAN L. BASTERO [Colección Teológica 59]. Pamplona: Univ. de Navarra Facultad de Teología 1988. 480 pp.

3649 DATTRINO, L. *Aspetti della predicazione quaresimale di Gregorio Nisseno.* In: *Quaeritur inventus colitur* (cf. 1988-90, 319) 187-198

3650 DENNING-BOLLE, SARA J. *Gregory of Nyssa: The soul in mystical flight* – GrOrthThR 34 (1989) 97-116

3651 DROBNER, H.R. *Die biblische Argumentation Gregors von Nyssa im ersten Buch «Contra Eunomium».* In: *El «Contra Eunomium I»* (cf. 1988-90, 3648) 285-301

3652 DROBNER, HUBERTUS R. *Die Himmelfahrtspredigt Gregors von Nyssa.* In: Ἑρμηνεύματα (cf. 1988-90, 226) 95-115

3653 DÜNZL, FRANZ *Gregor von Nyssa's Homilien zum Canticum auf dem Hintergrund seiner Vita Moysis* – VigChr 44 (1990) 371-381

3654 ESBROECK, M. VAN *Sur quatre traités attribués à Grégoire, et leur contexte marcellien (CPG 3222, 1781 et 1787).* In: *Studien zu Gregor von Nyssa* (cf. 1988-90, 351) 3-15

3655 ESPER, M. *Der Mensch: Ein Turm – keine Ruine. Überlegungen zum Denkprinzip Gleiches zu Gleichem bei Gregor von Nyssa.* In: *Studien zu Gregor von Nyssa* (cf. 1988-90, 351) 83-97

3656 FABRICIUS, C.; RIDDINGS, DANIEL A. *A computer made concordance to the works of Gregory.* In: *El «Contra Eunomium I»* (cf. 1988-90, 3648) 431-433

3657 FARAHAT, KAMAL *Cunoaşterea lui Dumnezeu – condiţie a mîntuirii personale în gîndirea Sfîntului Grigorie de Nyssa* (= La connaissance de Dieu, condition du salut personnel chez Saint Grégoire de Nysse) – OrtBuc 40 (1988/2) 124-134

3658 FEDWICK, P.J. *The knowledge of truth or the state of prayer in Gregory of Nyssa.* In: *Polyanthema* (cf. 1988-90, 313) 349-378

3659 FERGUSON, E. *Words from the CAL -Root in Gregory of Nyssa.* In: *Studien zu Gregor von Nyssa* (cf. 1988-90, 351) 57-68

3660 GREGORIOS, PAULOS M. *Cosmic man: the divine presence. The theology of St. Gregory of Nyssa (ca 330 to 395 A.D.).* Repr., 1. American ed. New York: Paragon House 1988. XXVIII, 274 pp.

3661 HALL, S.G. *Translator's Introduction. Gregory Bishop of Nyssa. A refutation of the first book of the two published by Eunomius after the decease of holy Basil* [Translation]. In: *El «Contra Eunomium I»* (cf. 1988-90, 3648) 21-135

3662 HARL, MARGUERITE *Références philosophiques et références bibliques du langage de Grégoire de Nysse dans ses Orationes in Canticum canticorum.* In: Ἑρμηνεύματα (cf. 1988-90, 226) 117-131

3663 HART, MARK D. *Reconciliation of body and soul: Gregory of Nyssa's deeper theology of marriage* – ThSt 51 (1990) 450-478

3664 IBAÑEZ, J.; MENDOZA, F. *El valor del término «hypostasis» en el libro I contra Eunomio de Gregorio de Nisa.* In: *El «Contra Eunomium I»* (cf. 1988-90, 3648) 329-337

3665 ILLANES MAESTRE, J.L. *Sofística y verdad en el exordio del «Contra Eunomio».* In: *El «Contra Eunomium I»* (cf. 1988-90, 3648) 237-245

3666 KEES, R. *Unsterblichkeit und Tod. Zur Spannung zweier anthropologischer Grundaussagen in Gregors von Nyssa Oratio Catechetica.* In: *Studien zu Gregor von Nyssa* (cf. 1988-90, 351) 211-231

3667 KERTSCH, M. *La tópica retórico-filosófica de «sentido no propio» (estricto), sino abusivo en el «Contra Eunomium» de Gregorio de Nisa y en otros lugares.* In: *El «Contra Eunomium I»* (cf. 1988-90, 3648) 269-284

3668 KLOCK, CHRISTOPH *Überlegungen zur Authentizität des ersten Briefes Gregors von Nyssa.* In: *Studia Patristica 18,2* (cf. 1988-90, 343) 15-19

3669 KOBUSCH, T. *Zu den sprachphilosophischen Grundlagen in der Schrift Contra Eunomium des Gregor von Nyssa.* In: *El «Contra Eunomium I»* (cf. 1988-90, 3648) 247-268

3670 MANN, F. *Das Vocabular des Eunomius im Kontext Gregors.* In: *El «Contra Eunomium I»* (cf. 1988-90, 3648) 173-202

3671 MATEO-SECO, L.F. *La cristologia del In Canticum Canticorum de Gregorio de Nisa.* In: *Studien zu Gregor von Nyssa* (cf. 1988-90, 351) 173-190

3672 MATEO-SECO, L.F. *La cristología y soteriología del «Contra Eunomium I».* In: *El «Contra Eunomium I»* (cf. 1988-90, 3648) 391-406

3673 MATSOUKAS, N. *Οἱ δύο «Δημιουργίες» στὸ ἔργο τοῦ Γρηγορίου Νύσσης* – Kleronomia 21 (1989) 177-193

3674 MCCAMBLEY, CASIMIR *Gregory of Nyssa: Letter Concerning the Sorceress to Bishop Theodoxios* – GrOrthThR 35 (1990) 129-138

3675 MEREDITH, A. *The divine simplicity: Contra Eunomium I 223-241.* In: *El «Contra Eunomium I»* (cf. 1988-90, 3648) 391-406

3676 MEREDITH, A. *The idea of God in Gregory of Nyssa.* In: *Studien zu Gregor von Nyssa* (cf. 1988-90, 351) 127-147

3677 MEREDITH, ANTHONY *The good and the beautiful in Gregory of Nyssa.* In: *Ἑρμηνεύματα* (cf. 1988-90, 226) 133-145

3678 MOSSHAMMER, A.A. *Disclosing but not disclosed. Gregory of Nyssa as Deconstructionist.* In: *Studien zu Gregor von Nyssa* (cf. 1988-90, 351) 99-123

3679 MOSSHAMMER, A.A. *The created and the uncreated in Gregory of Nyssa: «Contra Eunomium» I, 105-113.* In: *El «Contra Eunomium I»* (cf. 1988-90, 3648) 353-379

3680 MOSSHAMMER, ALDEN A. *Non-being and evil in Gregory of Nyssa* – VigChr 44 (1990) 136-167

3681 MOUTSOULAS, E.D. *'Essence' et 'énergies' de Dieu selon S. Grégoire de Nysse.* In: *Studia patristica 18,3* (cf. 1988-90, 344) 517-528

3682 MOUTSOULAS, E.D. *La pneumatologie du «Contra Eunomium I».* In: *El «Contra Eunomium I»* (cf. 1988-90, 3648) 381-390

3683 PARMENTIER, MARTIN F.G. *Syriac translations of Gregory of Nyssa* – OLP 20 (1989) 143-193

3684 PARMENTIER, M.F.G. *A Syriac commentary on Gregory of Nyssa's Contra Eunomium* – BijFTh 49 (1988) 2-17

3685 PARMENTIER, M.F.G. *Fragments of Gregory of Nyssa's «Contra Eunomium» in Syriac tranlation.* In: *El «Contra Eunomium I»* (cf. 1988-90, 3648) 421-430

3686 PARMENTIER, M.F.G. *Gregory of Nyssa's De differentia essentia et hypostaseos (CPG 3196) in Syriac translation.* In: *Studien zu Gregor von Nyssa* (cf. 1988-90, 351) 17-55

3687 PEGUEROLES, J. *El deseo infinito* – Espíritu 37 (1988) 157-161

3688 ROSSITER, J.J. *Roman villas of the Greek East and the villa in Gregory of Nyssa Ep. 20* – Journal of Roman archeology (Ann Arbor, Mich.) 2 (1989) 101-110

3689 SALMONA, B. *Logos come trasparenza in Gregorio di Nissa.* In: *Studien zu Gregor von Nyssa* (cf. 1988-90, 351) 165-171

3690 SANCHO BIELSA, J. *El vocabulario eucharistico en la oratio Catechetica de san Gregorio de Nisa.* In: *Studien zu Gregor von Nyssa* (cf. 1988-90, 351) 233-244

3691 SCOUTERIS, CONSTANTINE *Malum privatio est: St. Gregory of Nyssa and Pseudo-Dionysius on the Existence of Evil (Some Further Comments).* In: *Studia patristica 18,3* (cf. 1988-90, 344) 539-550

3692 STAROWIEYSKI, MAREK *La plus ancienne description d'une mariophanie par Grégoire de Nysse.* In: *Studien zu Gregor von Nyssa* (cf. 1988-90, 351) 245-253

3693 STAROWIEYSKI, MAREK *Najstarszy opis mariofanii* (= La plus ancienne description d'une mariophanie) [mit französischer Zusammenfassung] – VoxP 8 (1988) f.15, 735-744

3694 STEAD, CHRISTOPHER G. *Logic and the Application of Names to God.* In: *El «Contra Eunomium I»* (cf. 1988-90, 3648) 303-320

3695 STEAD, CHRISTOPHER G. *Why not three Gods? The logic of Gregory of Nyssa's trinitarian doctrine.* In: *Studien zu Gregor von Nyssa* (cf. 1988-90, 351) 149-163

3696 STUDER, B. *Der geschichtliche Hintergrund des ersten Buches «Contra Eunomium» Gregors von Nyssa.* In: *El «Contra Eunomium I»* (cf. 1988-90, 3648) 139-171

3697 TANNER, R.G. *Stoic Influence on the Logic of St. Gregory of Nyssa.* In: *Studia patristica 18,3* (cf. 1988-90, 344) 557-584

3698 TOMASIC, THOMAS MICHAEL *Just how cogently is it possible to argue for the influence of St. Gregory of Nyssa on the thought of William of Saint-Thierry?* – RThAM 55 (1988) 72-129

3699 TUFANU, CARLA *La versione siriaca dei discorsi sul Cantico dei Cantici di Gregorio di Nissa contenuta nel codice Vaticano Siriaco 106. Discorso 13 (greco 12)* – StROC 11 (1988) 63-80; 143-162

3700 VICIANO, A. *Algunas leyes lógicas del lenguaje, según Gregorio de Nisa: a propósito de dos pasajes de «Contra Eunomium I».* In: *El «Contra Eunomium I»* (cf. 1988-90, 3648) 321-327

3701 VINEL, FRANÇOISE *La version arménienne des Homélies sur l'Ecclésiaste de Grégoire de Nysse* – REArm 21 (1988/89) 127-143

3702 VYSOCKIJ, A.M.; ŠELOV-KOVEDJAEV, F.V. *Martirij v Nise po opisaniju Grigorija Nisskogo i ego značenie dlja izučenija rannes-rednevekovoj architektury stran Zakavkaz'ja* (= Das Martyrium in Nyssa nach der Beschreibung des Gregor von Nyssa und seine Bedeutung für die Erforschung der frühmittelalterlichen Architektur der transkaukasischen Länder) [In russischer Sprache] – Kavkaz i Vizantija 5 (1987) 82-114

3703 WINDEN, J.C.M. VAN *Notiz über δύναμις bei Gregor von Nyssa.* In: Ἑρμηνεύματα (cf. 1988-90, 226) 147-150

3704 WINLING, R. *Mort et résurrection du Christ dans les traités Contre Eunome de Grégoire de Nysse* – ReSR 64 (1990) 127-140

3705 WINLING, RAYMOND *La résurrection du Christ dans l'Antirhetoricus adversus Apollinarem de Grégoire de Nysse* – REA 35 (1989) 12-43

III.2. Gregorius Thaumaturgus

3706 *[Gregorius Thaumaturgus] Gregorio Taumaturgo. Elogio del maestro cristiano. Discurso de agradecimiento a Orígenes.* Introducción, traducción y notas de M. MERINO [Biblioteca de Patrística 10]. Madrid: Editorial Ciudad Nueva 1990. 166 pp.

3707 *[Gregorius Thaumaturgus] Gregory Thaumaturgos' Paraphrase of Ecclesiastes.* Comm. JOHN JARICK [SBLS 29]. Atlanta, Ga.: Scholars Pr. 1990. 375 pp.

3708 GALLICO, ANTONINO *La prima omilia dello Ps.-Gregorio Taumaturgo in due codici messinesi* – Orpheus 9 (1988) 325-331

3709 MERINO, MARCELO *Terminología pedagógica del «Discurso de
agradecimiento a Orígenes».* In: *Hispania Christiana* (cf. 1988-90,
250) 85-109

3710 SIMONETTI, MANLIO *Una nuova ipotesi su Gregorio il Taumaturgo* – RSLR 24 (1988) 17-41

III.2. Gregorius Turonensis

3711 *[Gregorius Turonensis] Gregory of Tours. The Glory of the Mar-
tyrs.* Transl. with an introduction by RAYMOND VAN DAM
[Transl. texts for historians. Latin Series 4]. Liverpool: Liverpool
University Press 1988. VIII, 150 pp.

3712 *[Gregorius Turonensis] Vita patrum: the life of the fathers by St.
Gregory of Tours.* Translated from the Latin and French by SERA-
PHIM ROSE. Platina, Calif.: St. Herman of Alaska Brotherhood
1988. 336 pp.

3713 GECHTER, MARIANNE *Frühe Quellen zur Baugeschichte von
St. Gereon in Köln* – Kölner Jahrbuch für Vor- und Frühgeschichte
(Köln; Berlin) 23 (1990) 531-562

3714 MCCLUSKEY, STEVEN *Gregory of Tours, monastic timekee-
ping, and early Christian attitudes to astronomy* – Isis 81 (1990)
8-22

3715 NONN, ULRICH *«Ballomeris quidam»: ein merowingischer Prä-
tendent des VI. Jahrhunderts.* In: *Arbor amoena comis: 25 Jahre
Mittellateinisches Seminar in Bonn.* Ed. EWALD KÖNSGEN.
Stuttgart: Steiner (1990) 35-39

3716 ROY, J.J.E. *Grégoire de Tours, L'histoire des rois francs.* Paris:
Gallimard 1990. 199 pp.

3717 STAAB, FRANZ *Palatium in der Merowingerzeit: Tradition und
Entwicklung.* In: *Die Pfalz: Probleme einer Begriffsgeschichte vom
Kaiserpalast auf dem Palatin bis zum heutigen Regierungsbezirk:
Referate und Aussprachen der Arbeitstagung vom 4.-6. Oktober
1988 in St. Martin/Pfalz.* Ed. HANS STAAB [Veröff. der Pfälzi-
schen Ges. zur Förderung der Wiss. in Speyer 81]. Speyer: Pfälzi-
sche Ges. zur Förderung der Wiss. (1990) 49-67

3718 VERDON, J. *Grégoire, évêque de Tours, et la vie monastique au
VIe siècle. Structures sociales et mentales* – RM 61 (1988) 339-354

3719 VERDON, JEAN *Grégoire de Tours: «le père de l'Histoire de
France»* Le Coteau: Horvath 1989. 195 pp. ill.cartes.

3720 WINSTEAD, KAREN A. *The transformation of the miracle story
in the Libri historiarum of Gregory of Tours* – MAev 59 (1990)
1-15

3721 WOOD, I.N. *Clermont and Burgundy: 511-434* – NMS 32 (1988)
119-125

3722 ZANELLA, G. *La legittimazione del potere regale nelle Storie di Gregorio di Tours e Paolo Diacono* – StMe 31 (1990) 55-84

3723 ZELZER, KLAUS *Zur Sprache der Historia Francorum des Gregor von Tours.* In: *Studia patristica 18,4* (cf. 1988-90, 345) 207-211

3724 ZWICK, J. *Zur Form und Funktion übernatürlicher Kommunikationsweisen in der Frankengeschichte des. Gregor von Tours* – Mediaevistik. Internationale Zeitschrift für interdisziplinäre Mittelalterforschung (Frankfurt; Bern) 1 (1988) 193-206

III.2. Hegemonius

3725 PENNACCHIETTI, FABRIZIO A. *Gli Acta Archelai e il viaggio di Mani nel Bēt 'Arbāyē* – RSLR 24 (1988) 503-514

3726 SCOPELLO, MADDALENA *Simon le Mage, prototype de Mani selon les Acta Archelai* – Rev. Soc. E. Renan (Paris) 37 (1987/88) 67-79

III.2. Hegesippus Historicus

3727 DURST, MICHAEL *Hegesipps Hypomnemata. Titel oder Gattungsbezeichnung. Untersuchungen zum literarischen Gebrauch von Hypomnema-Hypomnemata* – RQ 84 (1989) 299-330

III.2. Hĕnànîšôᶜ I Katholikos

3728 REININK, GERRIT J. *Fragmente der Evangelien Exegese des Katholikos Henaniso.* In: *Symposium Syriacum* (cf. 1988-90, 354) 93-110

III.2. Heracleon Gnosticus

3729 CASTELLANO, ANTONIO *La exégesis de Orígenes y de Heracleón en el Libro VI del «Comentario a Juan»* – TyV 31 (1990) 309-330

III.2. Hermae Pastor

3730 BEYLOT, ROBERT *Hermas, Le Pasteur. Quelques variantes inédites de la version éthiopienne.* In: *Mélanges Antoine Guillaumont* (cf. 1988-90, 283) 155-162

3731 BROX, N. *Die kleinen Gleichnisse im Pastor Hermae* – MThZ 40 (1989) 263-278

3732 BROX, NORBERT *Die weggeworfenen Steine im Pastor Hermae Vis. III,7,5* – ZNW 80 (1989) 130-133

3733 CARLINI, ANTONIO *Un accusativo da difendere: (Hermae Pastor, Vis. III 1,1; Vis. IV 1,1)* – SCO 38 (1988) 511-512

3734 HENNE, PHILIPPE *A propos de la christologie du Pasteur d'Hermas. La cohérence interne des niveaux d'explication dans la Cinquième Similitude* – RSPhTh 72 (1988) 569-578

3735 HENNE, PHILIPPE *Cannonicité du Pasteur d'Hermas* – RThom 90 (1990) 81-100

3736 HENNE, PHILIPPE *Hermas en Égypte: la tradition manuscrite et l'unité rédactionelle du Pasteur* [mit engl. Zusammenfassung] – CrSt 11 (1990) 237-256

3737 HENNE, PHILIPPE *La polysémie allégorique dans le Pasteur d'Hermas* – EThL 65 (1989) 131-135

3738 HENNE, PHILIPPE *La véritable christologie de la cinquième Similitude du Pasteur d'Hermas* – RSPhTh 74 (1990) 182-204

3739 HENNE, PHILIPPE *Le péché d'Hermas* – RThom 90 (1990) 640-651

3740 HILHORST, A. *Hermas* – RAC 14 (1988) Lief. 108/109, 682-701

3741 LEUTZSCH, MARTIN *Die Wahrnehmung sozialer Wirklichkeit im «Hirten» des Hermas* [FRLANT 150]. Göttingen: Vandenhoeck und Ruprecht 1989. 286 pp.

3742 LUCCHESI, ENZO *Le Pasteur d'Hermas en copte. Perspective nouvelle* – VigChr 43 (1989) 393-396

3743 MILLER, P.C. *«All the words were frightful.» Salvation by dreams in the Shephard of Hermas* – VigChr 42 (1988) 327-338

3744 MURPHY, FRANCIS X. *The Moral Teaching of the Pastor Hermas.* In: *Studia patristica 18,3* (cf. 1988-90, 344) 183-188

III.2. Hermias

3744* MPONES, K.G. Ἑρμίου (ἤ Ἑρμείου) Φιλοσόφου Διασυρμὸς τῶν ἔξω Φιλοσόφων *(Irrisio Gentilium Philosophorum)* – ThAthen 60 (1989) 537-571

III.2. Hesychius Hierosolymitanus

3745 CHOCHEYRAS, JACQUES *Fin des terres et fin des temps d'Hésychius (Ve siècle) à Béatus (VIIIe siècle).* In: *The Use and Abuse of Eschatology in the Middle Ages* (cf. 1988-90, 363) 72-81

III.2. Hieronymus

3746 [Hieronymus] *Edizione critica della «Vita Sancti Pauli Primi Eremiae» di Girolamo.* Ed. REMIGIUSZ DEGORSKI. Roma 1987. 206 pp.

3747 [Hieronymus] Gerolamo. Gli uomini illustri (De viris illustribus). A cura di ALDO CERESA-GASTALDO [BPatr 12]. Firenze: Nardini 1988. 367 pp.

3748 [Hieronymus] Girolamo. Omelie sui Vangeli e su varie ricorrenze liturgiche. Trad., introd. e note a cura di SILVANO COLA [CTP 88]. Roma: Città Nuova Ed. 1990. 244 pp.

3749 [Hieronymus] Girolamo: La perenne verginità di Maria (contro Elvidio). Introd, trad. e note a cura di MARIA IGNAZIA DANIELI [CTP 70]. Roma: Città Nuova Ed. 1988. 80 pp.

3750 [Hieronymus] S. Hieronymi Presbyteri Opera, III: Opera polemica, 2: Dialogus adversus Pelagianos. Ed. CLAUDIO MORESCHINI [CChr.SL 80]. Turnhout: Brepols 1990. XXXII, 138 pp.

3751 [Hieronymus] San Jerónimo. Cartas Espirituales. Traducción, prólogo y notas de G. PRADO [Los Santos Padres 34]. Sevilla: Apostolado Mariano 1990. 107 pp.

3752 [Hieronymus] San Jerónimo. Comentario al Evangelio de San Marcos. Traducción de J. PASCUAL TORRO. Introducción y notas de F. GUERRERO MARTINEZ [Biblioteca de Patrística 5]. Madrid: Editorial Ciudad Nueva 1988. 107 pp.

3753 [Hieronymus] Sw. Hieronim. Apologia przeciw Rufinowi. Tłumaczył: STEFAN RYZNAR. Wstęp, oprac.: EMIL STANULA [PSP 51]. Warszawa: Akademia Katol. Teol. 1989. 164 pp.

3754 ADKIN, N. Some notes on the content of Jerome's twenty-second letter – GB 15 (1988) 177-186

3755 ALLEGRI, GIUSEPPINA I damna della mensa in san Girolamo [Univ. degli studi di Parma Ist. di lingua e letter. latina 11]. Roma: Bulzoni 1989. 103 pp.

3756 ARJAVA, ANTTI Jerome and women – Arctos. Acta philologica Fennica (Helsinki) 23 (1989) 5-18

3757 BALASCH, MANUEL Sant Jeroni, lector de Juvenal. In: In Medio Ecclesiae (cf. 1988-90, 221) 511-515

3758 BANNIARD, MICHEL Jérôme et l'elegantia d'après le De optimo genere interpretandi. In: Jérôme entre l'Occident et l'Orient (cf. 1988-90, 264) 305-322

3759 BARNES, T.D. Jerome and the Origo Constantini Imperatoris – Phoenix 43 (1989) 158-161

3760 BARTELINK, GERARD J.M. Fragilitas humana bei Hieronymus. In: Roma renascens (cf. 1988-90, 325) 9-23

3761 BORGEAIS, CHRISTIAN La personnalité de Jérôme dans son De viris illustribus. In: Jérôme entre l'Occident et l'Orient (cf. 1988-90, 264) 283-293

3762 BRUGNOLI, GIORGIO Curiosissimus excerptor. In: Gerolamo (cf. 1988-90, 3779) 23-43

3763 BRUGNOLI, GIORGIO *Questioni biografiche, I: Il De viris illustribus di Girolamo* – GiorFil 40 (1988) 279-282

3764 BUCHHEIT, VINZENZ *Tierfriede bei Hieronymus und seinen Vorgängern* – JAC 33 (1990) 21-35

3765 CAPPONI, FILIPPO *Aspetti realistici e simbolici dell'epostolario di Gerolamo.* In: *Gerolamo* (cf. 1988-90, 3779) 81-103

3766 CONSOLINO, FRANCA ELA *Girolamo poeta. Gli epigrammi per Paola (Epist. CVIII,33,2-3 = Suppl. Morel. 4-5.* In: *Disiecta membra poetae. Studi di poesia latina in framenti. A cura di VINCENZO TANDOI. Con prem. di MARIA-PACE PIERI TANDOI.* Foggia: Atlantica Ed. (1988) III, 226-242

3767 CROUZEL, HENRI *Jérôme traducteur du Peri archôn d'Origène.* In: *Jérôme entre l'Occident et l'Orient* (cf. 1988-90, 264) 153-161

3768 DEGORSKI, B. *La 'conlatio codicum' della «Vita S. Pauli Primi Eremitae» di Girolamo dall'inizio II. Capitolo sino alle Parole: «(...) pro Christi nomine gladio perati» dello stesso capitolo* – VoxP 9 (1989) f.17, 839-866 = Dissertationes Paulinorum(Kraków-Skałki) 1 (1988) 57-101

3769 DEGORSKI, B. *Najstarszy tekst «Vita S. Pauli primi eremitae» św Hieronima (= Il più antico testo della «Vita S. Pauli primi eremitae» di San Girolamo)* – VoxP 7 (1987) f.12/13, 61-72

3770 DEGORSKI, B. *Un tardivo manoscritto di Cracovia contenente la «Vita Sancti Pauli primi eremitae» di san Girolamo* – VoxP 8 (1988) f.14, 429-434

3771 DELÉANI, SIMONE *Présence de Cyprien dans les œuvres de Jérôme sur la virginité.* In: *Jérôme entre l'Occident et l'Orient* (cf. 1988-90, 264) 61-82

3772 DOIGNON, JEAN *Oracles, prophéties, on-dit sur la chute de Rome (395-410): les réactions de Jérôme et d'Augustin* – REA 36 (1990) 120-146

3773 DULAEY, MARTINE *Jérôme, Victorin de Poetovio et le millénarisme.* In: *Jérôme entre l'Occident et l'Orient* (cf. 1988-90, 264) 83-98

3774 DUNPHY, WALTER, SVD *St. Jerome and the Gens Anicia (Ep. 130 to Demetrias).* In: *Studia patristica 18,4* (cf. 1988-90, 345) 139-145

3775 DUVAL, YVES-MARIE *Traces de lecture du Peri archôn d'Origène avant le départ de Rome de Jérôme en 385. L'Ép. 39, la mort des enfants et la préexistence des âmes.* In: *Jérôme entre l'Occident et l'Orient* (cf. 1988-90, 264) 139-151

3776 FONTAINE, JACQUES *L'esthétique de la prose de Jérôme jusqu'à son second départ en Orient.* In: *Jérôme entre l'Occident et l'Orient* (cf. 1988-90, 264) 323-342

3777 FRAIOLI, DEBORAH *The importance of satire in Jerome's Adversus Jovinianum as an argument against the authenticity of the Historia Calamitatum.* In: *Fälschungen im Mittelalter* (cf. 1988-90, 231) V 167-200

3778 GAMBERALE, LEOPOLDO *Seneca in catalogo sanctorum: considerazioni su Hier. vir. ill. 12* – InvLuc 11 (1989) 203-217

3779 *Gerolamo e la biografia letteraria* [Pubbl. del D. Ar. Fi. Cl. ET. N.S. 125]. Genova: Dipartimento di Archeologia, Filologia Classica e Loro Tradizioni 1989. 123 pp.

3780 GONZALEZ MARIN, SUSANA *Sobre los milagros en las uitae de San Jerónimo.* In: *Stephanion. Homenaje M.C. Giner* (cf. 1988-90, 340) 211-216

3781 GOURDAIN, JEAN-LOUIS *Les Psaumes dans l'explication de la prière de Jonas (In Ionam 2,2-10).* In: *Jérôme entre l'Occident et l'Orient* (cf. 1988-90, 264) 381-389

3782 GRYSON, ROGER *La tradition manuscrite du commentaire de Jérôme sur Isaïe. État de la question.* In: *Jérôme entre l'Occident et l'Orient* (cf. 1988-90, 264) 403-425

3783 GRYSON, ROGER *Les six dons du Saint-Esprit: la version hiéronymienne d'Isaïe 11,2.3* – Bibl 71 (1990) 395-400

3784 GRYSON, ROGER; DEPROOST, P.-A. *La tradition manuscrite du Commentaire de Jérôme sur Isaïe (Livres I et II)* – Sc 43 (1989) 174-222

3785 HAELEWYCK, JEAN-CLAUDE *Le lemme vulgate du commentaire de Jérôme sur Isaïe.* In: *Jérôme entre l'Occident et l'Orient* (cf. 1988-90, 264) 391-402

3786 HAGENDAHL, HARALD; WASZINK, JAN HENDRIK *Hieronymus* – RAC 15 (1989) Lief. 113, 117-139

3787 HAMBLENNE, PIERRE *Relectures de philologue sur le scandale du lierre/ricin (Hier. In Ion. 4,6)* – Euphrosyne 16 (1988) 183-223

3788 HAMMOND, NICHOLAS G.L. *Aspects of Alexander's journal and ring in his last days* – AJPh 110 (1989) 155-160

3789 JAY, P. *Saint Jérôme et la prophétie.* In: *Studia patristica 18,4* (cf. 1988-90, 345) 152-165

3790 JAY, PIERRE *Jérôme à Bethléem. Les Tractatus in Psalmos.* In: *Jérôme entre l'Occident et l'Orient* (cf. 1988-90, 264) 367-380

3791 KACZYNSKI, BERNICE M. *Greek glosses on Jerome's ep.cvi, ad sunniam et fretelam, in e. Berlin: Deutsche Staatsbibliothek, ms Phillipps 1674.* In: *The sacred nectar of the greeks: the study of greek in the west in the early middle ages. International colloquium held at York university, november 13-16, 1986.* Edd. MICHAEL W. HERREN et al. [King's college London medieval studies 2]. London: King's college (1988) 215-228

3792 LANÇON, BERTRAND *Maladie et médecine dans la correspondance de Jérôme.* In: *Jérôme entre l'Occident et l'Orient* (cf. 1988-90, 264) 355-366

3793 LARDET, PIERRE *Jérôme exégète: une cohérence insoupçonnée –* REA 36 (1990) 300-307

3794 LEANZA, SANDRO *Sul Commentario all'Ecclesiaste di Girolamo. Il problema esegetico.* In: *Jérôme entre l'Occident et l'Orient* (cf. 1988-90, 264) 267-282

3795 LECLERCQ, PIERRE *Antoine et Paul. Métamorphoses d'un héros.* In: *Jérôme entre l'Occident et l'Orient* (cf. 1988-90, 264) 257-265

3796 LUCK, GEORG *Was Lucretius really mad?* – Euphrosyne 16 (1988) 289-294

3797 MAAZ, WOLFGANG *Brotlöffel, haariges Herz und wundersame Empfängnis. Bemerkungen zu Egbert von Lüttich [11.Jh. n. Chr.] und Giraldus Cambrensis [12./13.Jh.].* In: *Tradition und Wertung. Festschrift für Franz Brunhölzl zum 65. Geburtstag.* Edd. GÜNTER BERNT et al. Sigmaringen: Thorbecke (1989) 107-118

3798 MARAVAL, PIERRE *Saint Jérôme et le pèlerinage aux lieux saints de Palestine.* In: *Jérôme entre l'Occident et l'Orient* (cf. 1988-90, 264) 345-353

3799 MARC'HADOUR, G. *Influence de la Vulgate sur la culture l'Occident.* In: *Jérôme entre l'Occident et l'Orient* (cf. 1988-90, 264) 465-481

3800 MASTANDREA, PAOLO *La morte di Seneca nel giudizio di San Gerolamo* [De uiris ill. XII]. In: *I cristiani e l'impero* (cf. 1988-90, 212) 205-207

3801 MATTHIEU, JEAN-MARIE *Grégoire de Nazianze et Jérôme. Commentaire de l'In Ephesios 3,5,32.* In: *Jérôme entre l'Occident et l'Orient* (cf. 1988-90, 264) 115-127

3802 MEYVAERT, PAUL *An unknown source for Jerome and Chromatius. Some new fragments of Fortunatianus of Aquileia?* In: *Scire litteras* (cf. 1988-90, 331) 277-289

3803 MORESCHINI, CLAUDIO *Gerolamo e la filosofia.* In: *Gerolamo* (cf. 1988-90, 3779) 45-62

3804 MORESCHINI, CLAUDIO *Praeceptor meus. Tracce dell'insegnamento di Gregorio Nazianzeno in Gerolamo.* In: *Jérôme entre l'Occident et l'Orient* (cf. 1988-90, 264) 129-138

3805 NAUROY, GÉRARD *Jérôme, lecteur et censeur de l'exégèse d'Ambroise.* In: *Jérôme entre l'Occident et l'Orient* (cf. 1988-90, 264) 173-203

3806 NAUTIN, PIERRE *La lettre Magnum est de Jérôme à Vincent [en tête de la trad. des Homélies d'Origène sur Ézéchiel] et la traduc-*

tion des Homélies d'Origène sur les Prophètes. In: *Jérôme entre l'Occident et l'Orient* (cf. 1988-90, 264) 27-39

3807 NAUTIN, PIERRE *Le «De Seraphim» de Jérôme et son appendice «Ad Damascum»*. In: *Roma renascens* (cf. 1988-90, 325) 257-293

3808 NAUTIN, PIERRE *Notes critiques sur la lettre 27* de Jérôme à Aurélius de Carthage* – REA 36 (1990) 298-299

3809 OPELT, I. *Aug. Epist. 27* Divjak. Ein Schreiben des Hieronymus un Bischof Aurelius von Karthago* – Augustiniana 40 (1990) 19-25

3810 OPELT, ILONA *San Girolamo e i suoi maestri ebrei* – AugR 28 (1988) 327-338

3811 PELLISTRANDI, STAN *A propos d'une recherche prosopographique. Jérôme, Bonose et la vocation monastique*. In: *Jérôme entre l'Occident et l'Orient* (cf. 1988-90, 264) 13-25

3812 PERRIN, MICHEL *Jérôme lecteur de Lactance*. In: *Jérôme entre l'Occident et l'Orient* (cf. 1988-90, 264) 99-114

3813 PETITMENGIN, PIERRE *Saint Jérôme et Tertullien*. In: *Jérôme entre l'Occident et l'Orient* (cf. 1988-90, 264) 43-59

3814 POINSOTTE, JEAN-MICHEL *Jérôme et la poésie latine chrétienne*. In: *Jérôme entre l'Occident et l'Orient* (cf. 1988-90, 264) 295-303

3815 PUGLISI, GAETANO *I Raptorum tractatus e le stragi capitoline del 384 d.C.: (Simmaco, Gerolamo e il Contra Vettium)* – SG 42 (1989) 47-74

3816 SAINTE-MARIE, H. DE *Le Commentaire sur Jonas de Jérôme édité par Y.-M. Duval* – RBen 99 (1989) 221-236

3817 SAVON, HERVÉ *Jérôme et Ambroise, interprètes du premier Évangile*. In: *Jérôme entre l'Occident et l'Orient* (cf. 1988-90, 264) 205-225

3818 SCHÄUBLIN, CHRISTOPH *Hieronymus und Geschichtsschreibung*. In: *Studia patristica 18,4* (cf. 1988-90, 345) 190-194

3819 SCOPELLO, MADDALENA *Béliar, symbole de l'hérésie: autour des exégéses de Jérôme et de Pierre d'Alexandrie*. In: *Figures de l'AT* (cf. 1988-90, 6393) 255-275

3820 SIMONETTI, MANLIO *Due passi della prefazione di Girolamo alla traduzione del De spiritu sancto di Didimo* – RSLR 24 (1988) 78-80

3821 STANIEK, E. *Spór o Melchizedecha. Ambrozjaster – Hieronim (= Discussion sur Melchisédech)* – VoxP 7 (1987) f.12/13, 345-353

3822 STEPNIEWSKA, ALICJA *L'éducation familiale des filles dans la pédagogie de saint Jérôme* [in polnischer Sprache, mit französischer Zusammenfassung] – VoxP 5 (1985) 151-176

3823 TESTARD, MAURICE *Jérôme et Ambroise. Sur un aveu du De officiis de l'évêque de Milan*. In: *Jérôme entre l'Occident et l'Orient* (cf. 1988-90, 264) 227-254

3824 THURN, HANS *Zum Text des Hieronymus-Kommentars zum Kohelet* – BiZ 33 (1989) 234-244

3825 TIBILETTI, CARLO *Immagini bibliche nel linguaggio figurato di S. Girolamo.* In: Gerolamo (cf. 1988-90, 3779) 63-79

3826 TOLOMIO, ILARIO *L'origine dell'anima nell'alto medioevo: la fortuna della tesi di san Girolamo «Dio crea l'anima di ogni uomo che viene in questo mondo»* – Medioevo (Padova) 13 (1987) 51-73

3827 VADAKKEKA, C.M. *Ascetical fasting according to Saint Jerome* – AmBenR 39 (1988) 1-14

III.2. Hilarius Arelatensis

3828 CONTRERAS, ENRIQUE *Las enseñanzas para la vida monástica cenobítica cristiana del «Sermo de vita Honorati» y la Regla de los Cuatro Padres* – StMon 32 (1990) 341-364

III.2. Hilarius Pictaviensis

3829 *[Hilarius Pictaviensis] Hilaire de Poitiers, Commentaire sur le Psaume 118, Tome I.* Introduction, texte critique, traduction et notes par MARC MILHAU [SC 344]. Paris: Cerf 1988. 284 pp.

3830 *[Hilarius Pictaviensis] Hilaire de Poitiers, Commentaire sur le Psaume 118, Tome II.* Introduction, texte critique, traduction et notes par MARC MILHAU [SC 347]. Paris: Les Éditions du Cerf 1988. 331 pp.

3831 *[Hilarius Pictaviensis] Ilario di Poitiers. Commentario a Matteo.* Trad., introd. e note a cura di LUIGI LONGOBARDO [CTP 74]. Roma: Città Nuova Ed. 1988. 326 pp.

3832 DOIGNON, J. *Un cri d'alarme d'Hilaire de Poitiers sur la situation de l'Église à son retour d'exil* – RHE 85 (1990) 281-290

3833 DOIGNON, J. *Un témoignage inédit des Tractatus super Psalmos d'Hilaire de Poitiers contre l'hymnodie païenne* – RBen 99 (1989) 35-40

3834 DOIGNON, JEAN *Comment Hilaire de Poitiers a-t-il lu et compris le verset de Paul, Philippiens III, 21?* – VigChr 43 (1989) 127-137

3835 DOIGNON, JEAN *Du nouveau dans l'exploration de l'œuvre d'Hilaire de Poitiers (1983-1988)* – REA 34 (1988) 93-105

3836 DOIGNON, JEAN *Hilaire de Poitiers face à la mystique origénienne de la purification par l'amour* – REA 36 (1990) 217-224

3837 DOIGNON, JEAN *Hilarius von Poitiers.* Übers. v. MICHAEL DURST – RAC 15 (1989) Lief. 113, 139-160; Lief. 114, 161-167

3838 DOIGNON, JEAN *Innerer Glaube, Bekenntnis und schriftliche Festlegung des Glaubens im westlichen Römerreich des vierten*

Jahrhunderts: der Fall des Hilarius von Poitiers – ThPh 65 (1990) 246-254

3839 DOIGNON, JEAN *La «lectio» de textes d'Hilaire de Poitiers à la lumière d'études récentes* – WSt 103 (1990) 179-191

3840 DOIGNON, JEAN *Notes critiques pour une édition améliorée des citations du Psautier dans les Tractatus super Psalmos 51 à 69 d'Hilaire de Poitiers.* In: *Mémorial Jean Gribomont* (cf. 1988-90, 288) 183-197

3841 DOIGNON, JEAN *Paccatrix ecclesia: une formule d'inspiration origénienne chez Hilaire de Poitiers* – RSPhTh 74 (1990) 255-258

3842 DOIGNON, JEAN *Peut-on considérer avec Jérôme (Epist. 34,5) qu'Hilaire s'est fourvoyé au sujet du verset 2 du Psaume 127?* In: *Jérôme entre l'Occident et l'Orient* (cf. 1988-90, 264) 165-171

3843 DOIGNON, JEAN *Sur la descente du Christ en ce monde chez Hilaire de Poitiers* – RHR 207 (1990) 65-75

3844 DOIGNON, JEAN *Un proverbe de Salomon retouché par Hilarius de Poitiers pour les besoins de la «connexion» des deux Testaments.* In: *Hommage à René Braun II* (cf. 1988-90, 252) 193-201

3845 DOIGNON, JEAN *Une pièce de la tradition parénétique romaine dans le «discours exégetique» d'Hilaire de Poitiers: l'adhortatio* – Latomus 49 (1990) 833-838

3846 DOIGNON, JEAN *Variations inspirées d'Origène sur le «prince de l'air» (Eph 2,2) chez Hilaire de Poitiers* – ZNW 81 (1990) 143-148

3847 DURST, MICHAEL *Der Kölner Hilarius-Codex (Dombibliothek 29 [Darmstadt 2025]) und seine Lesarten: eine Beschreibung und Neukollationierung der Handschrift nebst einigen Überlegungen zu ihrer Situierung in der handschriftlichen Überlieferung von Hilarius in Ps. 118* – JAC 33 (1990) 53-80

3848 KOŁOSOWSKI, T. *Personalistyczny aspekt pracy u św. Hilarego z Poitiers* (= Person und Arbeit beim heiligen Hilarius von Poitiers) – VoxP 10 (1990) f.19, 687-693

3849 LADARIA, L.F. *Dios Padre en Hilario de Poitiers* – ETrin 24 (1990) 443-479

3850 LADARIA, L.F. *La bautismo y la unción de Jesús en Hilario de Poitiers* – Greg 70 (1989) 277-290

3851 LADARIA, LUIS F. *Adán y Cristo. Un motivo soteriológico del In Matthaeum de Hilario de Poitiers.* In: *Pléroma* (cf. 1988-90, 312)

3852 LADARIA, LUIS F. *La cristología de Hilario de Poitiers* [AG 255]. Roma: Pontificia Università Gregoriana 1989. XX, 322 pp.

3853 MILHAU, MARC *Le grec, une clé pour l'intelligence des psaumes: étude sur les citations grecques du Psautier contenues dans les Tractatus super psalmos d'Hilaire de Poitiers* – REA 36 (1990) 67-79

3854 ORAZZO, A. *La salvezza in Ilario di Poitiers. Il Tractatus super Psalmos.* Napoli: d'Auria 1988. 196 pp.

3855 PADOVESE, LUIGI *Ministero Episcopale e «memoria» nel pensiero d' Ilario di Poitiers.* In: *Pléroma* (cf. 1988-90, 312)

3856 PAVLOVSKI, ZOJA *The pastoral world of Hilarius' In Genesin* – CJ 85 (1989/1990) 121-132

3857 ROSEN, KLAUS *Ilario di Poitiers e la relazione tra la Chiesa e lo Stato.* In: *I cristiani e l'impero* (cf. 1988-90, 212) 63-74

3858 SMULDERS, P. *A bold move of Hilary of Poitiers.* «*Est ergo erans*» – VigChr 42 (1988) 121-131

3859 STANULA, E. «*Stół Słowa Bożego» według Traktatu do 13 Psalmu św. Hilarego z Poitiers* (= «La table de la parole de Dieu» d'après le traité sur le 13ème Psaume de S. Hilaire de Poitiers) – VoxP 7 (1987) f.12/13, 355-370

III.2. Hippolytus Romanus

3860 *[Hippolytus Romanus] Hipólito de Roma. La Tradición Apostólica* [Ichthys 1]. Buenos Aires: Editorial Lumen 1990. 123 pp.

3861 *[Hippolytus Romanus] Hippolyte de Rome. Philosophumena ou Réfutation de toutes les hérésies.* Première traduction française avec une introduction et des notes par A. SIOUVILLE. Milano: Archè 1988. 212; 249 pp.

3862 BOTTE, BERNARD *La tradition apostolique de saint Hippolyte. Essai de reconstitution.* 5., verbesserte Auflage. Hrsg. von ALBERT GERHARDS unter Mitarbeit von SABINE FELDBECKER [LQF 39]. Münster: Aschendorff 1989. XLVIII, 132 pp.

3863 BRADSHAW, PAUL F. *The Participation of Other Bishops in the Ordination of a Bishop in the 'Apostolic Tradition' of Hippolytus.* In: *Studia patristica 18,2* (cf. 1988-90, 343) 335-338

3864 CUMING, GEOFFREY *The post-baptismal prayer in the Apostolic tradition. Further considerations.* – JThS 39 (1988) 117-119

3865 EDWARDS, MARK J. *Hippolytus of Rome on Aristotle* – Eranos 88 (1990) 25-29

3866 FRICKEL, JOSEF *Das Dunkel um Hippolyt von Rom. Ein Lösungsversuch. Die Schriften Elenchos und Contra Noëtum* [GrTS 13]. Graz: Eigenverlag des Instituts für Ökumenische Theologie und Patrologie der Universität Graz 1988. 325 pp.

3867 FRICKEL, JOSEF *Der Antinoet-Bericht des Epiphanius als Korrektiv für den Text von Hippolyts Contra Noetum.* In: *Pléroma* (cf. 1988-90, 312)

3868 FRICKEL, JOSEF *Hippolyt von Rom. Kirchliches Credo oder Glaubenserweis für Heiden (El x,30-34)?* – ZKTh 110 (1988) 129-138

3869 FRICKEL, JOSEF *Ippolito di Roma, scrittore e martire.* In: *Nuove ricerche su Ippolito* (cf. 1988-90, 3881) 23-41

3870 GELSTON, A. *A note on the text of the Apostolic tradition of Hippolytus* – JThS 34 (1988) 112-117

3871 GUARDUCCI, MARGHERITA *La «statua di Sant'Ippolito» e la sua provenienza.* In: *Nuove ricerche su Ippolito* (cf. 1988-90, 3881) 61-74

3872 HALLEUX, ANDRÉ DE *Hippolyte en version syriaque* – Mu 102 (1989) 19-42

3873 HALLEUX, ANDRÉ DE *Une version syriaque révisée du Commentaire d'Hippolyte sur Suzanne* – Mu 101 (1988) 297-341

3874 HILL, C.H. *Hades of Hippolytus or Tartarus of Tertullian? The authorship of the fragment De universo* – VigChr 43 (1989) 105-126

3875 HINSON, E. GLENN *Hippolytus on the Essenes. Did Hippolytus Know Essenes Firsthand?* In: *Studia patristica 18,3* (cf. 1988-90, 344) 283-290

3876 HÜBNER, R.M. *Die antignostische Glaubensregel des Noët von Smyrna (Hippolyt, Refutatio IX,10,9-12 und X,27,1-2) bei Ignatius, Irenaeus und Tertullian* – MThZ 40 (1989) 279-311

3877 KEHL, NIKOLAUS *Bemerkungen zu einer Neuausgabe von Hippolyts Refutatio* – ZKTh 112 (1990) 304-314

3878 MAGNE, J. *En finir avec la «Tradition» d'Hippolyte* – BLE 89 (1988) 5-22

3879 MARCOVICH, MIROSLAV *Plato and Stoa in Hippolytus' theology* – IClSt 11 (1986) 265-269

3880 MUELLER, IAN *Hippolytus retractatus: a discussion of Catherine Osborne, Rethinking early Greek philosophy* – Oxford studies in ancient philosophy (Oxford) 7 (1989) 233-251

3881 *Nuove ricerche su Ippolito* [StEA 30]. Roma: Inst. Patristicum Augustinianum 1989. 151 pp.

3882 PHILLIPS, EDWARD L. *Daily prayer in the Apostolic tradition of Hippolytus* – JThS 40 (1989) 389-400

3883 SABBATOU, C. Ἡ τριαδολογικὴ ὁμολογία τοῦ Ἱππολύτοι Ῥώμης καὶ τὸ θεολογικὸ περιεχόμενο αὐτῆς – ThAthen 61 (1990) 698-712

3884 SAXER, VICTOR *La questione di Ippolito Romano: a proposito di un libro recente.* In: *Nuove ricerche su Ippolito* (cf. 1988-90, 3881) 43-60

3885 SCHOLTEN, CLEMENS *Hippolytos II (von Rom)* – RAC 15 (1990) Lief. 116, 492-551

3886 SIMONETTI, MANILO *Aggiornamento su Ippolito.* In: *Nuove ricerche su Ippolito* (cf. 1988-90, 3881) 75-130

3887 TESTINI, PASQUALE *Vetera et nova su Ippolito.* In: *Nuove ricerche su Ippolito* (cf. 1988-90, 3881) 7-22

III.2. Pseudo-Hippolytus Romanus

3888 *[Pseudo-Hippolytus Romanus] Pseudo-Ippolito, In sanctum Pascha.* Studio, edizione, commento di GIUSEPPE VISONA [SPMe 15]. Milano: Vita e Pensiero 1988. 548 pp.

3889 VOICU, SEVER J. *Pseudoippolito, In sancta theophania (CPG 1917; BHG 1940) e Leonzio di Constantinopoli.* In: *Nuove ricerche su Ippolito* (cf. 1988-90, 3881) 137-146

III.2. Hydatius Lemicensis

3890 BURGESS, R.W. *A new reading for Hydatius Chronicle 177 and the defeat of the Huns in Italy* – Phoenix 42 (1988) 357-363

III.2. Iacobus Sarugensis

3891 *[Jacobus Sarugensis] Jacques de Saroug. Quatre homélies métriques sur la création.* 2 voll. Ed., trad. par KHALIL ALWAN [CSCO 508-509; CSCO.SS 214-215]. Leuven: Peeters 1989. LI, 105; XXVI, 134 pp.

3892 ALBERT, MICHELINE *Nouveaux Aperçus chez Jacques de Saroug.* In: *Studia patristica 18,4* (cf. 1988-90, 345) 221-229

3893 ALWAN, K. *L'homme, était-il mortel ou immortel avant le péché, pour Jacques de Saroug?* – OrChrP 55 (1989) 5-31

3894 ALWAN, KHALIL *Le «Remzō» selon la pensée de Jacques de Saroug* – ParOr 15 (1988/89) 91-106

3895 BROCK, SEBASTIAN P. *An extract from Jacob of Serugh in the East Syrian Hydra* – OrChrP 55 (1989) 339-343

3896 HURST, T.R. *The «transitus» of Mary in a homily of Jacob of Sarug* – Marianum 52 (1990) 86-100

3897 KHOURY, EMMANUEL *L'hymne sur la Transfiguration de Jacques de Saroug* – ParOr 15 (1988/89) 65-90

III.2. Ignatius Antiochenus

3898 *[Ignatius Antiochenus] L'Epistolari d'Ignasi d'Antioquia (I): Carta als trallians.* Traducció, notes i comentari a cura de JOSEP RIUS-CAMPS – RCatT 13 (1988) 23-58

3899 *[Ignatius Antiochenus] L'Epistolari d'Ignasi d'Antioquia (II): Carta als romans.* Traducció, notes i comentari a cura de JOSEP RIUS-CAMPS – RCatT 13 (1988) 275-314

3900 *[Ignatius Antiochenus] Sant Ignasi d'Antioquia. Cartes.* Trad., introd. i notes de MIQUEL ESTRADÉ [El gra de blat 69]. Montserrat: Publ. de l'Abadia de Montserrat 1988. 137 pp.

3901 BERGAMELLI, FERDINANDO *«La verginità di Maria» nelle lettere di Ignazio di Antiochia* – Salesianum 50 (1988) 307-320

3902 BERGAMELLI, FERDINANDO *Caratteristiche e originalità della confessione di fede mariana di Ignazio di Antiochia.* In: *La mariologia (prenicena)* (cf. 1988-90, 282) 65-78

3903 BRENT, ALLEN *History and eschatological mysticism in Ignatius of Antioch* – EThL 65 (1989) 309-329

3904 CARLOZZO, GIUSEPPE *Ἐν τῶν δύο : l'antitesi in Ignazio di Antiochia* – Pan 10 (1990) 75-81

3905 DEHANDSCHUTTER, BOUDEWIJN *L'Authenticité des Épîtres d'Ignace d'Antioche.* In: *Studia patristica 18,3* (cf. 1988-90, 344) 103-110

3906 GUELLA, E. *As raizes mariológicas em Inácio de Antioquía* – Teoc 20 (1990) 25-32

3907 LUCCHESI, ENZO *Le recueil copte des lettres d'Ignace d'Antioche. Nouvelle glanure (Paris, B.N. 131 8, 87 + Leiden, Insinger 90).* – VigChr 42 (1988) 313-317

3908 MAIER, HARRY *The charismatic authority of Ignatius of Antioch. A social analysis* – SR 18 (1989) 185-189

3909 MUSADA, AUGUSTIN *Silentii momentum theologicum atque litterarium apud Ignatium Antiochenum* [Diss.]. Roma: Università Pontificia Salesiana 1989. 105 pp.

3910 PETTERSEN, ALVYN *Sending heretics to Coventry? Ignatius of Antioch on reverencing silent bishops* – VigChr 44 (1990) 335-350

3911 RIUS-CAMPS, JOSEP *¿Ignacio de Antioquía, testigo ocular de la muerte y resurrección de Jesús?* – Bibl 70 (1989) 449-473

3912 RYAN, P.J. *The silence of God in Ignatius of Antioch* – Prudentia 20,2 (1988) 20-27

3913 SCHOEDEL, WILLIAM R. *Die Briefe des Ignatius von Antiochien: ein Kommentar.* Aus dem amerikanischen Englischen übersetzt und für die deutsche Ausgabe redaktionell bearbeitet von GISELA KOESTER. Hrsg. von HELMUT KOESTER. München: Kaiser 1990. VI, 472 pp.

3914 STANDER, H.F. *The Starhymn in the Epistle of Ignatius to the Ephesians (XIX,2-3)* – VigChr 43 (1989) 209-214

3915 TREVETT, CHRISTINE *Ignatius' To the Romans and 1 Clement LIV-LVI* – VigChr 43 (1989) 35-52

3916 ZAÑARTU, SERGIO, SJ *Iglesia carnal y espiritual en Ignacio de Antioquía.* In: *Studia patristica 18,3* (cf. 1988-90, 344) 263-274

III.2. Ildefonsus Toletanus

3917 BRANCO, M.A. *Pai-Nosso e Comunhão. Estudo no «De cognitione baptismi» de Sto. Ildefonso de Toledo* – Cenáculo. Revista dos Alunos da Faculdade Teología (Braga) 27/28 (1988-89) 39-49

3918 CASCANTE DAVILA, J. *Influjo de la doctrina de San Ildefonso en los autores eclesiásticos posteriores.* In: *Doctrina y piedad mariana* (cf. 1988-90, 219) 191-250

3919 MOLINA PRIETO, A *La fórmula ildefonsiana de servicio a María: Síntesis, precisiones, valor y actualidad.* In: *Doctrina y piedad mariana* (cf. 1988-90, 219) 237-308

3920 MUÑOZ LEON, D. *El uso de la Biblia en el tratado «De Virginitate perpetua Sanctae Mariae» de San Ildefonso de Toledo.* In: *Doctrina y piedad mariana* (cf. 1988-90, 219) 251-285

3921 VAZQUES JANEIRO, I. *San Ildefonso y los concilios visigóticos, vistos desde el siglo XV.* In: *Doctrina y piedad mariana* (cf. 1988-90, 219) 309-349

III.2. Iohannes Apameensis

3922 *[Iohannes Apameensis] Kohelet-Kommentar des Johannes von Apamea: syrischer Text mit vollständigem Wörterverzeichnis.* Hrsg. von WERNER STROTHMANN [Göttinger Orientforschungen, Reihe 1 Syriaca 30]. Wiesbaden: Harrassowitz 1988. XLIV, 279 pp.

III.2. Iohannes Cassianus

3923 *[Iohannes Cassianus] Din cugetările Sfîntului Ioan Cassian, Culese din «Convorbiri».* Cugetări trad. din latină de D. POPESCU – MitrOlt 40 (1988/2) 68-69

3924 *[Iohannes Cassianus] Juan Casiano. Instituciones Cenobíticas. Prefacio y Libro Primero.* Traducción de M. MATTHEI. Introducción y comentario de E. CONTRERAS. Canelones, Uruguay: Monasterio de Santa María 1990. 36 pp.

3925 CANELLAS LOPEZ, A. *Dos bifolios visigóticos pirenaicos (siglos X-XI) de las Collationes Cassiani* – AEM 19 (1989) 65-79

3926 CANELLAS LOPEZ, ANGEL *Alungos membra disiecta en visigótica sentada pirenaica, con fragmentos de las Collationes Cassiani, del siglo X.* In: *VIII Coloquio del Comité international de paleografía latina: actas, Madrid-Toledo 29 setiembre – 1 octubre 1987.* [Estudios y ensayos 6]. Madrid: Joyas Bibliográficas (1990) 39-50

3927 GIORDANO, LISANIA *Morbus acediae. Da Giovanni Cassiano e Gregorio Magno alla elaborazione medievale* – VetChr 26 (1989) 221-245

3928 POPESCU, D. *Valoarea literară a «Convorbirilor» Sfîntului Ioan Cassian* – MitrOlt 40 (1988/2) 62-68

3929 REA, ROBERT FLOYD *Grace and free will in John Cassian* [Diss.]. Saint Louis Univ. 1990. 352 pp. [microfilm; DissAbstr 51 (1990-1991) 2780-2781A]

3930 STERNBERG, THOMAS *Der vermeintliche Ursprung der westlichen Diakonien in Ägypten und die Conlationes des Johannes Cassian* – JAC 31 (1988) 173-209

3931 ZANANIRI, MARIANNE *La controverse sur la prédestination au VIème siècle. Augustin, Cassien et la tradition*. In: *Saint Augustin* (cf. 1988-90, 2578) 248-261

III.2. Iohannes Chrysostomus

3932 *[Iohannes Chrysostomus] A comparison between a king and a monk. Against the opponents of the monastic life.* Translated with an introduction by DAVID G. HUNTER [Studies in the Bible and Early Christianity 13]. Lewiston (NY): Mellen Press 1988. 200 pp.

3933 *[Iohannes Chrysostomus] Commentaire sur Job. Vol. I: Chapitres I-XIV.* Introduction, texte critique, traduction et notes par HENRI SORLIN, avec la collaboration de LOUIS NEYRAND [SC 346]. Paris: Ed. du Cerf 1988. 366 pp.

3934 *[Iohannes Chrysostomus] Commentaire sur Job. Vol. II: Chapitres XV-XLII.* Introduction, texte critique, traduction et notes par HENRI SORLIN, avec la collaboration de LOUIS NEYRAND [SC 348]. Paris: Ed. du Cerf 1988. 312 pp.

3935 *[Iohannes Chrysostomus] Din epistolele Sfîntului Ioan Gură de Aur, «Scrisori» IV.* Trad. D. FECIORU – MitrOlt 40 (1988/1) 81-94

3936 *[Iohannes Chrysostomus] Din epistolele Sfîntului Ioan Gură de Aur, «Scrisori» 53-92.* Trad. D. FECIORU – MitrOlt 40 (1988/2) 70-86

3937 *[Iohannes Chrysostomus] Din epistolele Sfîntului Ioan Gură de Aur către Olimpiada III.* Trad. D. FECIORU – MitrOlt 39 (1987/6) 62-78

3938 *[Iohannes Chrysostomus] Giovanni Crisostomo. Le catechesi battesimali.* Trad. e note di NAZARENO NOCILLI [Classici dello spirito 40]. Padova: Ed. Messaggero 1988. 313 pp.

3939 *[Iohannes Chrysostomus] Giovanni Crisostomo: Panegirici su San Paolo.* Trad., introd. e note a cura di SERGIO ZINCONE [CTP 69]. Roma: Città Nuova Editrice 1988. 129 pp.

3940 *[Iohannes Chrysostomus] Gott sei gepriesen für alles.* Textausw. von GOTTFRIED F. PROBST. Kevelaer: Butzon & Bercker 1988. 82 pp.

3941 *[Iohannes Chrysostomus] Jean Chrysostome commente Saint Paul: homélies choisies sur l'épître aux Romains, homélies sur la 1re lettre aux Corinthiens, anntotations et directions de travail* [Les pères dans la foi 34/35]. Paris: Desclée de Brouwer 1988. 357 pp.

3942 *[Iohannes Chrysostomus] Jean Chrysostome. Discours sur Babylas. Homélie sur Babylas.* Introd., texte critique, trad. e notes par MARGARET A. SCHATKIN; BERNARD GRILLET [SC 362]. Paris: Éd. du Cerf 1990. 326 pp.

3943 *[Iohannes Chrysostomus] Joan Crisòstom. Catequesis baptismals. Tractat sobre el sacerdoci.* Introducció d'A. OLIVAR i S. JANERAS. Traducció d'A. SOLER i N. DEL MOLAR [Clàssics del Cristianisme 14]. Barcelona: Facultat de Teologia de Catalunya; Fundació Enciclopèdica Catalana 1990. 276 pp.

3944 *[Iohannes Chrysostomus] Juan Cristóstomo. Las Catequesis Bautismales.* Introducción y notas de A. CERESA-GASTALDO. Traducción del griego de A. VELASCO [Biblioteca de Patrística 3]. Madrid: Ciudad Nueva 1988. 215 pp.

3945 *[Iohannes Chrysostomus] Kommentar zu Hiob.* Hrsg. und übers. von URSULA HAGEDORN und DIETER HAGEDORN [PTS 35]. Berlin: de Gruyter 1990. XLII, 323 pp.

3946 *[Iohannes Chrysostomus] Saint John Chrysostom. Homilies on Genesis.* Transl. by ROBERT C. HILL [FaCh 82]. Washington, D.C.: Catholic Univ. of America Pr. 1990. IX, 483 pp.

3947 *[Iohannes Chrysostomus] San Juan Crisóstomo. Cartas a Santa Olimpiades* [Los Santos Padres 20]. Sevilla: Apostolado Mariano 1990. 158 pp.

3948 *[Iohannes Chrysostomus] San Juan Crisóstomo. Homilías sobre la Carta a los Romanos, Tomo I.* Traducción, prólogo y notas por B.M. BEJARANO [Los Santos Padres 21]. Sevilla: Apostolado Mariano 1990. 111 pp.

3949 *[Iohannes Chrysostomus] San Juan Crisóstomo. Homilías sobre la Carta a los Romanos, Tomo II.* Traducción, prólogo y notas de B.M. BEJARANO y A. LOPEZ [Los Santos Padres 22]. Sevilla: Apostolado Mariano 1990. 96 pp.

3950 *[Iohannes Chrysostomus] San Juan Crisóstomo. Las XXI Homilías de las Estatuas, Volumen I.* Traducción por J. OTEO URUÑUELA [Los Santos Padres 24]. Sevilla: Apostolado Mariano 1990. 140 pp.

3951 *[Iohannes Chrysostomus] San Juan Crisóstomo. Los seis libros sobre el sacerdocio.* Traducidos del griego por D. RUIZ BUENO [Los Santos Padres 23]. Sevilla: Apostolado Mariano 1990. 127 pp.

3952 *[Iohannes Chrysostomus] Sf. Ioan Hrisostom, Cuvînt desprepocăință / Psalmul 50.* Trad. N. NEAGA – MitrArd 33 (1988/4) 23-26

3953 *[Iohannes Chrysostomus] Sfîntul Ioan Gură de Aur, Omilia despre cei ce s-au dus la hipodrom* (= Homélie sur ceux qui sont allés au Hipodrome). Traducere de DUMITRU FECIORU. – BOR 106 (1988/1-2) 117-122

3954 *[Iohannes Chrysostomus] Trois catéchèses baptismales.* Introd., texte critique, trad. et notes AUGUSTE PIÉDAGNEL; LOUIS DE DOUTRELEAU [SC 366]. Paris: Éd. du Cerf 1990. 288 pp.

3955 ANDRIOPULOS, P.C. *Ιο κείμενο τῆς Καινῆς Διαθήκης ὡς ἑρμηνευτικὴ ἀρχὴ στὸ ἐξηγητικὸ ἔργο Ιωάννου τοῦ Χρυσοστόμου* – ThAthen 60 (1989) 476-492; 600-653

3956 AUBINEAU, MICHEL *Publicaton des Undecim novae homiliae de saint Jean Chrysostome (PG 63, 461-530): édition critique, comblement des lacunes, additions de deux inédits.* In: *Studia Patristica* 22 (cf. 1988-90, 349) 83-88

3957 AUBINEAU, MICHEL *Textes chrysostomiens identifiés dans huit folios en majuscule: Leningrad B.P. 11a (VIIIe-IXe s.): recherches sur deux homélies In Ioh. Bapt. (BHG 867 et 842 v)* – JÖB 40 (1990) 83-90

3958 AUBINEAU, MICHEL *Un recueil de textes «chrysostomiens», notamment d'homélies pascales: le codex Pharmakidi 22 (s. XVI): Μεσαιωνικὰ καὶ νέα ἑλληνικά* – Acad. d'Athènes Centre de recherches sur le Moyen Âge (Athen) 3 (1990) 387-395

3959 AUBINEAU, MICHEL; LEROY, FRANÇOIS-JOSEPH *Une homélie grecque inédite pour le jour de Noël attribuée à Jean Chrysostome (BHG 1920q, CPG 5068)* – Orpheus 10 (1989) 392-403

3960 BOBER, ANDRZEJ *Familiam christianam ecclesiam esse domesticam e dictis S. Joannis Chrysostomi explicatur* – VoxP 5 (1985) 193-199

3961 BOUHOT, JEAN-PAUL *Les traductions latines de Jean Chrysostome du Ve au XVIe siècle.* In: *Traduction et traducteurs* (cf. 1988-90, 361) 31-39

3962 BROWNE, GERALD M. *Ad Chrysostomum Nubianum 18.5-7* [in englischer Sprache] – Orientalia 57 (1988) 210-211

3963 CAMERON, ALAN *A misidentified homily of Chrysostom* – NMS 32 (1988) 34-48

3964 DRUET, FRANÇOIS-XAVIER *Language, images et visages de la mort chez Jean Chrysostome* [Bibliothèque de la Faculté de Philosophie et Lettres des Facultés Universitaires Notre-Dame de la Paix 74 – Collection d'études classiques 3]. Namur: Presses Universitaires 1990. XXIII, 434 pp.

3965 ELDER, E.T. *Contextual Impact on the Use of Scriptures in the Post-Baptismal Homiles of John Chrysostom and Cyril of Jerusalem.* Ann Arbor, Mich.: UMI 1987. VI, 107 pp.

3966 ESBROECK, MICHEL VAN *Une homélie arménienne sur la dormition attribuée à Chrysostome* – OrChr 74 (1990) 199-233

3967 FORD, DAVID CARLTON *Misogynist or advocate? St. John Chrysostom and his views on women* [Diss.]. Madison, N.Y.: Drew Univ. 1989. 319 pp. [microfilm; cf. summary in DissAbstr 50 (1989) 1826A]

3968 GELSI, D. *Dalla «Divina Liturgia» di S. Giovanni Crisostomo* – VMon 43 (1989) 92-104

3969 GONZALEZ BLANCO, A. *La configuración del cristianismo como religión cósmica. El testimonio de S. Juan Crisóstomo.* In: *Cristianismo y aculturacíon en tiempos del Imperio Romano* (cf. 1988-90, 213) 301-312

3970 GRASMÜCK, ERNST LUDWIG *Redefreiheit und Staatsgewalt: Erwägungen zu Politik und Gesellschaft in nachtheodosianischer Zeit.* In: *Staat, Kirche, Wissenschaft* (cf. 1988-90, 339) 531-543

3971 HEANEY-HUNTER, JO ANN CATHERINE *The links between sexuality and original sin in the writings of John Chrysostom and Augustine* [Diss.]. New York, N.Y.: Fordham Univ. 1988. 304 pp. [microfilm; cf. summary in DissAbstr 49 (1989) 3762A-3763A]

3972 HILL, ROBERT C. *Chrysostom as Old Testament Commentator* – Prudentia 20,1 (1988) 44-56 = EBib 46 (1988) 61-77

3973 HUNTER, DAVID G. *Borrowings from Libanius in the Comparatio regis et monachi of St. John Chrysostom* – JThS 39 (1988) 525-531

3974 HUNTER, DAVID G. *Preaching and propaganda in fourth century Antioch: John Chrysostom's Homilies on the statues.* In: *Preaching in the Patristic age* (cf. 1988-90, 315) 119-138

3975 JACKSON, PAMELA *John Chrysostom's Use of Scripture in Initiatory Preaching* – GrOrthThR 35 (1990) 345-366

3976 KANIA, WOJCIECH *Prima catechesis domestica secundum Joannem Chrysostomum* – VoxP 5 (1985) 215-222

3977 KERTSCH, M. *Patristische Miszellen* – VigChr 42 (1988) 395-400

3978 KERTSCH, MANFRED *Zur Topik des Fehlurteils über die Adiaphora bei Iohannes Chrysostomus (und Isidor von Pelusium)* – WSt 102 (1989) 187-204

3979 KLEIN, WASSILIOS *Der Autor der Joannis Orthodoxi Disputatio cum Manichaeo* – OrChr 74 (1990) 234-244

3980 LEDUC, F. *Gérer l'agressivité et la colèr d'apres l'œuvre de S. Jean Chrysostome* – PrOrChr 38 (1988) 31-63

3981 LEROUX, JEAN-MARIE *Johannes Chrysostomus (ca. 350-407)* – TRE 17 (1988) 118-127

3982 LILLA, S. *Alcuni frammenti delle omelie XV e XVI (sulla Genesi) di s. Giovanni Crisostomo nel codice Vat. gr. 2646* – BollClass 3,9 (1988) 89-99

3983 MALINGREY, ANNE-MARIE *La nuit de Pâques 404 à Constantinople.* In: *Mélanges de la Bibliothèque de la sorbonne offerts à Antré Tuilier.* préf. D'HÉLENE AHRWEILER [Mél. de la Bibl. de la Sorbonne VIII]. Paris: Aux Amateurs des livres (1988) 61-69

3984 MAXIMOS (METROPOLIT VON STAURUPOLIS) *Ἡ ἑλληνικὴ φιλοσοφία καὶ ἡ σοφία τῆς ἀποκαλύψεως κατὰ τὸν Ἱερὸν Χρυσόστομον* [mit franz. Zus.-fass.]. In: *Ἀναφορὰ εἰς μνήμην* ... (cf. 1988-90, 174) III 307-323; 459-461

3985 MEULENBERG, L. *«Deus seja louvado por tudo». As tribulaçoes de Joao Crisóstomo, Bispo da Igreja* – REBras 49 (1989) 371-399

3986 MIHOC, CONSTANTIN *Sfîntul Ioan Gură de Aur în spiritualitatea Bisericii Ortodoxe Române pîna la începutul sec. al XIX-lea* (= St. Jean Chrysostôme dans la spiritualité de l'Eglise Orthodoxe Roumaine jusqu'au début du XIX-e siècle) – BOR 107 (1989/11-12) 112-131

3987 MONACI CASTAGNO, ADELE *Paideia classica ed esercizio pastorale nel IV sec. Il concetto di «Synesis» nell'opera di Giovanni Crisostomo* – RSLR 26 (1990) 429-459

3988 MONDET, J.P. *Clartés sur le sacerdoce ministériel: témoignage de saint Jean Chrysostome dans son «Commentaire sur l'épître aux Hébreux»* – FoiTemps 18 (1988) 259-286

3989 MULLEN, WILLIAM LEROY *The polemical sermons of John Chrysostom against the Judaizers: a dramatic analysis* [Diss.]. Univ. of Nebraska-Lincoln 1990. 217 pp. [microfilm; DissAbstr 51 (1990-1991) 3559A]

3990 NARDI, CARLO *Le idee anthropologiche, morali e pedagogiche di Giovanni Crisostomo e la filosofia popolare* – Vivens Homo (Bologna) 1 (1990) 59-78

3991 PADOVESE, L. *Riflessi della polemica anticristiana nella predicazione di Giovanni Crisostomo* – Lau 29 (1988) 63-111

3992 PASQUATO, O. *Eredità giudaica e famiglia cristiana. La testimonianza di Giovanni Crisostomo* – Lateranum 54 (1988) 58-91

3993 PASQUATO, O. *Eucaristia e Chiesa in Giovanni Crisostomo* – EL 102 (1988) 240-252

3994 PASQUATO, O. *Pastorale familiare: Testimonianza di Giovanni Crisostomo* – Salesianum 51 (1989) 3-46

3995 PASQUATO, OTTORINO *«La donna è forte... per il fatto che Dio 'le affida l'uomo', sempre e comunque» (MD 30): la testimonianza di una diaconessa nelle Lettere a Olimpiade di Giovanni Crisostomo.* In: *Essere donna* (cf. 1988-90, 228) 78-88

3996 PASQUATO, OTTORINO *La priorità dell'educazione morale in Giovanni Crisostomo.* In: *Crescita dell'uomo (età postnicena)* (cf. 1988-90, 211) 191-199

3997 PASQUATO, OTTORINO *Rapporto tra genitori e figli. Eredità giudaica in Giovanni Crisostomo* – AugR 28 (1988) 391-404

3998 RITTER, ADOLF MARTIN *Zwischen «Gottesherrschaft» und «einfachem Leben». Dio Chrysostomus, Johannes Chrysostomus und das Problem einer Humanisierung der Gesellschaft* – JAC 31 (1988) 127-143

3999 RITTER, A.M. *John Chrysostom as an interpreter of Pauline social ethics.* In: *Paul* (cf. 1988-90, 307) 183-192

4000 RODGERSON PLEASANTS, PHYLLIS *Making Christian the Christians: The Baptismal Instructions of St. John Chrysostom* – GrOrthThR 34 (1989) 379-392

4001 ROLDANUS, J. *Le chrétien – étranger au monde dans les homélies bibliques de Jean Chrysostome* – SE 30 (1987/88) 231-251

4002 ROMPAY, LUCAS VAN *John Cnrysostom's «Ad Theodorum lapsum»: some remarks on the oriental tradition* – OLP 19 (1988) 91-106

4003 SAUGET, JOSEPH-MARIE *Une homélie syriaque sur la vocation de Matthieu attribuée à Jean Chrysostome.* In: *Mélanges Antoine Guillaumont* (cf. 1988-90, 283) 187-199

4004 SIDER, ROBERT D. *«Searching the scriptures»: John Crysostom in the New Testament scholarship of Erasmus.* In: *Within the perfection of Christ: essays on peace and the nature of church: essays in honour of Martin H. Schrag.* Edd. TERRY BRENSUNGER; E.MORIS SIDER. Nappanee, Ind.: Evangel Pr. (1990) 83-105

4005 SOTIROUDIS, PANAGIOTIS *Fragments de codices en parchemin, II* [in griech. Sprache, mit frz. Zusammenf.] – Hell 40 (1989) 78-91

4006 TAFT, R. Ὁ Ἅγιος Ἰωάννης ὁ Χρυσόστομος καὶ ἡ ἀναφορὰ ποὺ φέρει τὸ ὄνομά του – Kleronomia 21 (1989) 285-308

4007 TAFT, R. *The Authenticity of the Chrysostom Anaphora revisited. Determening the authorship of liturgical texts by computer* – OrChrP 56 (1990) 5-51

4008 Vacat

4009 WENK, WOLFGANG *Zur Sammlung der 38 Homilien des Chrysostomus Latinus* (mit Ed. d. Nr. 6, 8, 27, 32 und 33) [WSt Beih. 10]. Wien: Verl. d. Österr. Akad. d. Wiss. 1988. 214 pp.

4010 WŁODARCZYK, S. *Człowiek obrazem Boga według Jana Chryzostoma* (= Homo imago Dei secundum S. Joannem Chrisostomum) – RBL 43 (1990) 121-127

4011 WOJTOWICZ, HENRYK *De officiis familiae christianae in doctrina S. Joannis Chysostomi* – VoxP 5 (1985) 201-214

III.2. Pseudo-Iohannes Chrysostomus

4012 ASTRUC-MORIZE, G. *Une homélie inédite inspirée de Saint Irénée et transmise sous le nom de Saint Jean Chrysostome dans le Patmos 165 et quelques autres manuscrits (CPG 4912).* In: Πρακτι-κά. Ἰ. Μονῆ Ἁγ. Ἰωάννου τοῦ Θεολόγου. 900 χρόνια ἱστορικῆς μαρτυρίας (1088-1988).* Edd. A.D. KOMINES; DORA DIALETE. Athen (1989) 275-290

4013 AUBINEAU, MICHEL *Pseudo-Chrysostome, In S. Stephanum (PG 63, 933-934). Proclus de Constantinoble, l'impératrice Pulchérie et saint Étienne.* In: *Fructus centesimus* (cf. 1988-90, 237) 1-16

4014 BROWNE, GERALD M. *Ps.-Chrysostom, In venerabilem crucem sermo: the Greek Vorlage of the Syriac version* – Mu 103 (1990) 125-138

4015 DATEMA, CORNELIS; ALLEN, PAULINE *Leontius, presbyter of Constantinoble and an unpublished homily of Ps. Chrysostom on Christmas (BHG 1914i/k)* – JÖB 39 (1989) 65-84

4016 VOICU, SEVER J. *Note sull'omelia pseudocrisostomica In natale Domini nostri Jesu Christi (CPG 4567).* In: *Mémorial Jean Gribomont* (cf. 1988-90, 288) 621-626

4016* VOICU, SEVER J. *La tradizione manoscritta dell'omelia pseudocrisostomica In Resurrectionem Domini (CPG 4740)* – RHT 18 (1988) 219-218

4017 VOICU, S.J. *Due testi pseudocrisostomici per l'Epifania (BHGn 1944t e CPG 4522) e Leonzio di Constantinopoli* – BBGG 44 (1990) 271-279

III.2. Iohannes Climacus

4018 *[Iohannes Climacus] Giovanni Climaco, La scala del paradiso.* Introduzione, traduzione e note a cura di CALOGERO RIGGI [CTP 80]. Roma: Città Nuova Ed. 1989. 408 pp.

4019 *[Iohannes Climacus] San Juan Clímaco. La Santa Escala, I.* Buenos Aires: Lumen 1988. 224 pp.

4020 *[Iohannes Climacus] San Juan Clímaco. La Santa Escala, II.* Buenos Aires: Lumen 1989. 192 pp.

4021 CATALDI PALAU, ANNACLARA *Note alle glosse lessicografiche del ms. Urbani 29 (Genova, Biblioteca Franzoniana)* – BollClass 11 (1990) 206-221

4022 CHRYSSAVGIS, JOHN *Ascent to heaven: the theology of the human person according to Saint John of the Ladder.* Brookline, Mass.: Holy Cross Orthodox Pr. 1989. VIII, 269 pp.

4023 CHRYSSAVGIS, JOHN *The sources of St. John Climacus (c. 580-649)* – OstkiSt 37 (1988) 3-13

4024 FLUSIN, B. *Jean Climaque*, «*Nouveau Moïse*». In: *Les écrivains et le sacré* (cf. 1988-90, 222) 184-286

4025 HEPPELL, MURIEL *The latin translation of The Ladder of Devine Ascent of St John Climacus* – Mediterran. Hist. Rev. (London) 4 (1989) 340-344

4026 KRETZENBACHER, LEOPOLD *Lebensleiter-Symbolik aus dem Geiste von Byzanz*. In: *Festschrift für Klaus Wessel zum 70. Geburtstag, in memoriam*. Ed. MARCELL RESTLE [Münchener Arb. zur Kunst-Gesch. und Archäologie 2]. München: Éd. Maris (1988) 191-204

4027 WARE, KALLISTOS T. *The Spiritual Father in St. John Climacus and Symeon the New Theologian*. In: *Studia patristica 18,2* (cf. 1988-90, 343) 299-316

III.2. Iohannes e Daljata

4028 BEULAY, ROBERT *L'enseignement spirituel de Jean de Dalyatha: mystique syro-oriental du VIIIe siècle* [ThH 83]. Paris: Beauchesne 1990. 523 pp.

III.2. Iohannes Damascenus

4029 *[Iohannes Damascenus] Die Schriften des Johannes von Damaskos, V: Opera homiletica et hagiographica*. Besorgt von BONIFATIUS KOTTER. Vorw. von ERNST VOGT [PTS 29]. Berlin: de Gruyter 1988. XX, 607 pp.

4030 ASTÅS, REIDAR *'Barlaams og Joasaphs saga' i nærlys* – Maal og minne (1990)

4031 ASTÅS, REIDAR *Romantekst på vandring. 'Barlaams og Joasaphs saga' fra India til Island* – Edda (Oslo) (1990) 3-13

4032 CESARETTI, P. *Su Eustazio e Venezia* – Aevum 62 (1988) 218-227

4033 DECLERCK, J. *Le Διάλογος πρὸς Ἰουδαίους du Codex Athonensis Vatopedinus 236* – ByZ 82 (1989) 118-121

4034 DETORAKIS, T. *Παρατηρήσεις στὸν τέταρτο Σταυροαναστάσιμο κανόνα τοῦ Ἰωάννου Δαμασκηνοῦ* – Kleronomia 20 (1988) 93-109

4035 FLUSIN, BERNARD *De l'arabe au grec, puis au géorgien: une vie de saint Jean Damascène*. In: *Traduction et traducteurs* (cf. 1988-90, 361) 51-61

4036 IRIGOIN, JEAN *Jean Damascène*. In: *Mise en page* (cf. 1988-90, 293) 125-127

4037 KOTTER, BONIFATIUS (†) *Johannes von Damaskus (ca. 650 – ?)* – TRE 17 (1988) 127-132

4038 MONTANA, FAUSTO *I canoni giambici di Giovanni Damasceno per le feste di Natale, Teofania e Pentecoste nelle esegesi di Gregorio di Corinto* – KoinNapoli 13 (1989) 31-49

4039 ODORICO, PAOLO *La culturea della Συλλογή : 1) Le cosidetto enciclopedismo bizantino; 2) Le Tavole del sapere di Giovanni Damasceno* – ByZ 83 (1990) 1-21

4040 ORBAN, A.P. *Die lateinische Übersetzung von zwei Predigten des Joannes Damaskenos auf die Koimesis Mariä: Ausgabe, Einführung und Anmerkungen* – Byzan 60 (1990) 232-291

4041 QUACQUARELLI, A. *La parola e l'immagine nei discorsi di Giovanni Damasceno contro gli iconoclasti*. In: *Polyanthema* (cf. 1988-90, 313)

4042 RACZKIEWICZ, M. *Boża ekonomia zbawienia w ujęciu Jana Damasceńskiego* (= La divina economia della salvezza secondo Giovanni Damascene) – VoxP 10 (1990) f.19, 761-769

4043 SPECK, PAUL *Eine Interpolation in den Bilderreden des Johannes von Damaskos* – ByZ 82 (1989) 114-117

4044 TENEKEDŽIEV, L.G. *Uczenieto na Sv. Ioan Damaskin za poczitaneto na svetite ikoni* – DuchKult 68 (1988) 12-22

4045 WAGENAAR, C. *Beschouwingen over Maria van Johannes van Damascus* – Franciscus 25 (1988) 28-37

III.2. Iohannes Ephesius

4046 ASHBROOK HARVEY, SUSAN *Asceticism and society in crisis: John of Ephesus and the Lives of the Eastern saints* [The transformation of the classical heritage 18]. Berkeley, Calif.: Univ. of California Pr. 1990. XVI, 226 pp.

III.2. Iohannes II Hierosolymitanus

4047 RENOUX, C. *Une homélie sur Luc 2,21 attribuée à Jean de Jérusalem* – Mu 101 (1988) 77-95

III.2. Iohannes Malalas

4048 ČERNYŠEVA, M.I. *Vizantinizmy v jazyke «Chroniki» Ioanna Malaly* (= Die Byzantinismen in der Sprache der Chronik des Johannes Malalas) [in russischer Sprache]. Moskau 1987. 19 pp.

4049 CHUVIN, PIERRE *Les fondations syriennes de Séleucos Nicator dans la Chronique de Jean Malalas*. In: *Géographie historique au Proche-Orient* (cf. 1988-90, 239) 99-110

4050 CROKE, BRIAN *Byzantine Chronicle Writing*. In: *Studies in John Malalas* (cf. 1988-90, 353) 27-54

4051 CROKE, BRIAN *Malalas: the man and his work*. In: *Studies in John Malalas* (cf. 1988-90, 353) 1-25

4052 CROKE, BRIAN *Modern study of Malalas*. In: *Studies in John Malalas* (cf. 1988-90, 353) 325-338

4053 CROKE, BRIAN *The development of a critical text*. In: *Studies in John Malalas* (cf. 1988-90, 353) 313-324

4054 JAMES, ALAN; JEFFREYS, MICHAEL; JEFFREYS, ELIZABETH *Language of Malalas*. In: *Studies in John Malalas* (cf. 1988-90, 353) 217-244

4055 JEFFREYS, ELIZABETH *Chronological structures in the chronicle*. In: *Studies in John Malalas* (cf. 1988-90, 353) 111-166

4056 JEFFREYS, ELIZABETH *Malalas' sources*. In: *Studies in John Malalas* (cf. 1988-90, 353) 167-216

4057 JEFFREYS, ELIZABETH *Malalas' use of the past*. In: *Reading the past* 121-146

4058 JEFFREYS, ELIZABETH *Malalas' world view*. In: *Studies in John Malalas* (cf. 1988-90, 353) 55-66

4059 JEFFREYS, ELIZABETH; JEFFREYS, MICHAEL; FRANKLIN, SIMON et al. *The transmission of Malalas' chronicle*. In: *Studies in John Malalas* (cf. 1988-90, 353) 245-311

4060 MAYERSON, PH. *A Note on the Roman Limes: «Inner» verus «Outer»* – IsExJ 38 (1988) 181-183

4061 MILLON, CLAUDE; SCHOULER, BERNARD *Les jeux olympiques d'Antioche* – Pallas 34 (1988) 61-76

4062 MOFFATT, ANN *A record of public buildings and monuments*. In: *Studies in John Malalas* (cf. 1988-90, 353) 87-109

4063 OCHOA ANADON, J.A. *La bibliografia sobre la Cronografia de Juan Malalas* – Erytheia 9 (1988) 61-75

4064 PAPADEMETRIU, N.D. Οἱ «Σοφοὶ χρονογράφοι» τοῦ Μαλάλα – ThAthen 60 (1989) 672-700

4065 SCOTT, ROGER D. *Malalas and his contemporaries*. In: *Studies in John Malalas* (cf. 1988-90, 353) 67-85

4066 SCOTT, ROGER D. *Malalas' view of the classical past*. In: *Reading the past* 147-164

4067 SIJPESTEIJN, PIETER JOHANNES *The Astrologer Askletarion* Mn – Mn 43 (1990) 164-165

4068 TROIANOS, S.N. Ἰωάννης Γ’ ὁ «ἀπὸ σχολαστικῶν» καὶ Ἰωάννης Μαλάλας. [mit dt. Zus.-fass.]. In: Ἀναφορὰ εἰς μνήμην ... (cf. 1988-90, 174) V 33-39; 434

III.2. Iohannes Moschus

4069 FOLLIERI, ENRICA *Dove e quando morì Giovanni Mosco?* – RSB 25 (1988) 3-39

4070 PATTENDEN, PHILIP *Johannes Moschus (ca. 550 – ca. 634)* – TRE 17 (1988) 140-144

III.2. Iohannes Philoponus

4071 *[Iohannes Philoponus] John Philoponus on Aristotle's definition of nature* [Phys. 194,4-199,22]. A transl. with introd. and notes by E.M. MACIEROWSKI and E.F. HASSING – AncPhil 8 (1988) 73-100

4072 BOFFI, ARIELLA *Osservazioni sull'edizione di G. Reichardt del Commento all'Hexaemeron di Giovanni Filopono* – AtPavia 68 (1990) 545-549

4073 BREIDERT, WOLFGANG *Die Konversion in der Syllogistik bei Philoponos* – AGPh 71 (1989) 327-334

4074 DRAKE, STILLMAN *Hipparchus – Geminus – Galileo* – SHPS 20 (1989) 47-56

4075 FELDMAN, S. *Philoponus on the metaphysics of creation.* In: *A straight path. Studies in the medieval philosophy and culture. Essays in honour of A. Hyman.* Ed. RUTH LINK-SALINGER. Washington, DC.: The Catholic University of America Press (1988) 74-85

4076 FURLEY, DAVID *The Greek cosmologists, Vol. 1: The formation of the atomic theory and its earliest critics.* Cambridge; London; New York, N.Y.: Cambridge University Press 1987. VIII, 220 pp.

4077 KRAFFT, FRITZ *Aristoteles aus christlicher Sicht: Umformungen aristotelischer Bewegungslehre durch Johannes Philoponus.* In: *Zwischen Wahn, Glaube und Wissenschaft: Magie, Astrologie, Alchemie und Wissenschaftsgeschichte.* Ed. JEAN-FRANÇOIS BERGIER. Zürich: Verl. der Fachvereine (1988) 51-85

4078 MACCOULL, LESLIE S.B. *Philoponus and the London sundial: some calendrical aspects of the De Opificio Mundi* – ByZ 82 (1989) 19-21

4079 OSBORNE, CATHERINE *Philoponus on the origins of the universe and other issues* – SHPS 20 (1989) 389-395

4080 SORABJI, RICHARD R.K. *Infinite power impressed: the transformation of Aristotles' physics and theology.* In: *Aristotle transformed* (cf. 1988-90, 180) 181-198

4081 SORABJI, RICHARD R.K. *Johannes Philoponus (ca. 490 – ca. 570)* – TRE 17 (1988) 144-150

4082 VERRYCKEN, KOENRAAD *The development of Philoponus' thought and its chronology.* In: *Aristotle transformed* (cf. 1988-90, 180) 233-274

4083 WICKHAM, R.L. *John Philoponus and Gregory of Nyssa's Teaching on Resurrection – a brief note*. In: *Studien zu Gregor von Nyssa* (cf. 1988-90, 351) 205-210

4084 WILDBERG, C. *John Philoponus' Criticism of Aristotle's Theory of Aether* [Peripatoi, Philologisch-historische Studien zum Aristotelismus 16] Berlin; New York: de Gruyter 1988. XIII, 274 pp.

III.2. Iohannes Scythopolitanus

4085 SUCHLA, BEATE REGINA *Die Überlieferung von Prolog und Scholien des Johannes von Skythopolis zum griechischen Corpus Dionysiacum Areopagiticum*. In: *Studia patristica 18,2* (cf. 1988-90, 343) 79-83

III.2. Ionas Bobiensis

4086 *[Ionas Bobiensis] Aux sources du monachisme colombanien, I: Jonas de Bobbio, Vie de saint Colomban et des ses disciples*. Introd., trad. et notes par ADALBERT DE VOGÜÉ, avec la collab. de PIERRE SANGIANI [Vie Monastique 19]. Bégrolles-en-Mauges: Abbaye de Bellefontaine 1988. 284 pp.

4087 VOGÜÉ, ADALBERT DE *En lisant Jonas de Bobbio. Notes sur la Vie de saint Colomban* – StMon 30 (1988) 63-103

III.2. Iordanes

4088 *[Iordanes] Getica* [Übers. ins Rumänische] Trad. G. POPA-LISSEANU; praef. J.C. DRAGAN; R. IORDACHE Roma, Nagard. X, 200 pp.

4089 BUDANOVA, V.P. *Kontakty gotov s plemenami barbaricum solum i rannevizantijskoj imperii* (= Die Kontakte der Goten mit den Stämmen barbaricum solum und dem frühbyzantinischen Reich) – ViVrem 49 (1988) 100-111

4090 GIUNTA, F. *Iordanes e la cultura dell'Alto Medioevo*. Caltanissetta: Coll. Riproposte Siracusa Ediprint 1988. 156 pp.

4091 GIUNTA, FRANCESCO *In margine alla nuova edizione dei Getica di Jordanes* – Faventia 10,1/2 (1988) 77-79

4092 GOFFART, WALTER *The Narrators of Barbarian History (A.D. 550-800). Jordanes, Gregory of Tours, Bede, and Paul the Deacon*. Princeton, N.J.: Princeton University Press 1988. 492 pp.

4093 IORDACHE, ROXANA *Portrait de Décénéus dans les Getica de Jordanès ou Remarques sur le processus d'éducation chez les Géto-Daces du temps de Burébistas*. In: *Mediterraneo medievale: scritti in onore di Francesco Giunta*. Soveria: Mannelli Rubbettino Ed. (1989) II 619-628

4094 LOŠEK, FRITZ *Ethnische und politische Terminologie bei Iordanes und Einhard.* In: *Typen der Ethnogenese unter besonderer Berücksichtigung der Bayern, I: Berichte des Symposions der Kommission für Frühmittelalterforschung, 27. bis 30. Oktober 1986, Stift Zwettl, Niederösterreich.* Edd. HERWIG WOLFRAM; WALTER POHL [Denk.-Schr. der Österr. Akad. der Wiss. 102]. Wien (1990) 147-152

4095 OTTO, CLAUDE *Existe-t-il des traces d'une légende des origines à schéma trifonctionnel dans le De origine actibusque Getarum de Jordanes?* Études indo-européennes. Inst. d'études indo-européennes IX (1990) 21-27

4096 TÖNNIES, BERNHARD *Die Amalertradition in den Quellen zur Geschichte der Ostgoten. Untersuchungen zu Cassiodor, Jordanes, Ennodius und den Excerpta Valesiana* [Beiträge zur Altertumswissenschaft 8]. Hildesheim: Olms-Weidmann 1989. 160 pp.

III.2. Irenaeus Lugdunensis

4097 *[Irenaeus] Ireneu de Lió. Exposició de la predicació apostólica [Melito Sardensis] Melitó de Sardes. Sobre la Pascua.* Introducció i traducció de JOSEP VIVES [Clàssics del Cristianisme 5]. Barcelona: Facultat de Teología de Catalunya/ Fundació Enciclopèdia Catalana 1989. 160 pp.

4098 ANDIA, YSABEL DE *Charisma veritatis certum: Adversus Haereses IV 26,2* – VoxP 6 (1986) 529-542

4099 ANDIA, YSABEL DE *Charisme et institution. Sens du charisma veritatis certum en Adv. Haer. IV 26,2.* In: *L'institution* (cf. 1988-90, 779) 66-77

4100 ANDIA, YSABEL DE *Jérusalem, cité de Dieu, dans l'Adversus haereses d'Irénée de Lyon.* In: *Pléroma* (cf. 1988-90, 312)

4101 BARRETT-LENNARD, R.J.S. *Salvation and healing* – Prudentia 22,2 (1990) 16-34

4102 BEATRICE, PIER FRANCO *Der Presbyter des Irenäus, Policarp von Smyrna und der Brief an Diognet.* In: *Pléroma* (cf. 1988-90, 312)

4103 BENTIVEGNA, J., SJ *The Charismatic Dossier of St. Irenaeus.* In: *Studia patristica 18,3* (cf. 1988-90, 344) 43-70

4104 BIRRER, JAKOB *Der Mensch als Medium und Adressat der Schöpfungsoffenbarung: eine dogmengeschichtliche Untersuchung zur Frage der Gotteserkenntnis bei Irenäus von Lyon* [Basler und Berner Studien zur historischen und systematischen Theologie 59]. Bern; Frankfurt am Main; New York; Paris: Lang 1989. 268 pp.

4105 CARLE, P.-L. *Irénée de Lyon et les fins dernières* – Divinitas 34 (1990) 53-72; 151-171

4106 DONOVAN, MARY ANN *Alive to the glory of God. A key insight in St. Irenaeus* – ThSt 49 (1988) 283-297

4107 FANTINO, J. *La théologie et le théologien selon S. Irénée de Lyon* – RThom 96 (1988) 229-255

4108 FANTINO, JACQUES *El hombre verdadero según San Ireneo* – ETrin 23 (1989) 3-30

4109 FERGUSON, EVERETT *Irenaeus' 'Proof of the Apostolic Preaching' and Early Catechetical Instruction.* In: *Studia patristica 18,3* (cf. 1988-90, 344) 119-140

4110 FRANK, KARL SUSO *Irenäus von Lyon: Gegen die Gnostiker* – LebS 39 (1988) 330-334

4111 HAMMAN, ADALBERT G., OFM *Saint Irénée et la prière* – Compostellanum 25, 1-2 (1990) 307-319

4112 HAMMAN, ADALBERT G., OFM *Saint Irénée et la Prière.* In: *Pléroma* (cf. 1988-90, 312)

4113 HERNANDO, JAMES DANIEL *Irenaeus and the Apostolic Fathers: an inquiry into the development of the New Testament canon* [Diss.]. Madison, N.Y.: Drew Univ. 1990. 376 pp. [microfilm; cf. summary in DissAbst 51 (1990) 2053A]

4114 HOFMANN, JOHANNES *Die amtliche Stellung der in der ältesten römischen Bischofsliste überlieferten Männer in der Kirche von Rom* – HJ 109 (1989) 1-23

4115 LANNE, EMMANUEL *Charisme prophétique, Martyre et amour parfait.* In: *Pléroma* (cf. 1988-90, 312)

4116 NORRIS, R.A. JR. *Irenaeus' use of Paul in his polemic against the Gnostics.* In: *Paul* (cf. 1988-90, 307) 79-98

4117 OLSON, MARK JEFFREY *Irenaeus, the Valentinian Gnostics, and the kingdom of God (A.H. book V): the debate about 1 Corinthians 15,50* [Diss.]. Univ. of Viginia, Charlottesville 1990. 199 pp. [microfilm; DissAbstr 51 (1990-1991) 3110A]

4118 ORBE, A. *Espiritualidad de San Ireneo* [AG 256]. Roma: Ed. Pont. Univ. Gregoriana 1989. XLI, 338 pp.

4119 ORBE, ANTONIO *«Deus facit, homo fit».* *Une axioma de san Ireneo* [rés. en angl.]. – Greg 69 (1988) 629-661

4120 ORBE, ANTONIO *La «recirculación» de la Virgen María en san Ireneo (Adv. Haer. III, 22,4,71).* In: *La mariologia (prenicena)* (cf. 1988-90, 282) 101-120

4121 ORBE, ANTONIO *Teología de San Ireneo, III. Comentario al libro V del «Adversus Haereses»* [BAC Maior 33] [BAC Maior 33] [avec texte lat. & trad. en esp.]. Madrid/Toledo: Biblioteca de Autores Cristianos/Estudio Teológico de San Ildefonso 1988. X, 814 pp.

4122 OSBORN, ERIC *Irenaeus. Recapitulation and the beginning of Christian humour.* In: *The idea of salvation* (cf. 1988-90, 257) 64-76

4123 OSBORN, ERIC *The logic of Recapitulation.* In: *Pléroma* (cf. 1988-90, 312)

4124 PATTERSON, L.G. *Irenaeus and the Valentinians: The Emergence of a Christian Scriptures.* In: *Studia patristica 18,3* (cf. 1988-90, 344) 189-220

4125 POFFET, JEAN-MICHEL *Indices de réception de l'évangile de Jean au IIe siècle avant Irénée.* In: *La communauté johannique* (cf. 1988-90, 6484) 305-321

4126 PUTTANIL, THOMAS *A comparative study on the theological methodology of Irenaeus of Lyon and Sankaracharya* [Religionswiss. 4]. Frankfurt/Main: Lang 1990. VI, 379 pp.

4127 RUIZ, GUILLERMO *L'enfance d'Adam selon saint Irénée de Lyon* – BLE 89 (1988) 97-115

4128 RUPPE, DAVID ROBERT *God, spirit and human being. The reconfiguration of* πνεῦμα *'s semantic field in the exchange between Irenaeus of Lyons and the Valentinian Gnosis* [Diss.]. New York, N.Y.: Columbia Univ. 1988. 206 pp. [microfilm; cf. summary in DissAbstr 49 (1989) 3058A-3059A]

4129 SCHØRRING, JENS HOLGER *Grundtvigs billedsprog – og den kirkelige anskuelse* [Skrifter udgivet af Grundtvig-Selskabet 21]. København: Anis 1990. 193 pp.

4130 SCIATTELLA, M. *Antropologia e cristologia in S. Ireneo di Lione: Adversus Haereses V,1-2, analisi struttuale teologica e scritturistica del testo* – Divinitas 33 (1989) 269-285

4131 TORISU, YOSHIFUMI *Gott und Heilsökonomie: eine Untersuchung der Theologie des Irenäus von Lyon* [Diss.]. Wien: Univ. 1989. IX, 373 pp.

4132 TORTORELLI, KEVIN M. *The Ars poetica of Horace as a point of reference for reading Irenaeus* – VetChr 22 (1990) 333-338

4133 VINCENT, GILBERT *Le corps de l'hérétique. La critique de la gnose par Irénée* – RHPhR 69 (1989) 411-421

III.2. Isaac Ninivita

4134 *[Isaac Ninivita] Isacco di Ninive. Discorsi spirituali: capitoli sulla conoscenza, preghiere, contemplazione sull'argomento della gehenna, altri opuscoli.* Introduzione, traduzione e note a cura di PAOLO BETTIOLO. 2. ed., riveduta e ampliata [Padri orientali]. Magnano: Ed. Qiqajon 1990. 266 pp.

4135 *[Isaac Ninivita] St. Isaac of Nineveh. On ascetical life.* Ed. MARY HANSBURY. New York: Vladimir 1989. 116 pp.

4136 BANTSOS, C. Ἡ σημασία καὶ σπουδαιότητα τῆς συμβουλῆς κατὰ τὴ διδασκαλία Ἰσαὰκ τοῦ Σύρου καὶ τὴ σύνχρονη ποιμαντικὴ ψυχολογία – Kleronomia 21 (1989) 93-113

4137 BROCK, SEBASTIAN P. *Lost and Found: Part II of the Works of St. Isaac of Nineveh.* In: *Studia patristica 18,4* (cf. 1988-90, 345) 230-233

III.2. Isidorus Hispalensis

4138 *[Isidorus Hispalensis] San Isidoro de Sevilla. De los Sinónimos y el Libro 1. de las Sentencias.* Traducción e Introducción por M. AN-DREU y J. OTEO URUÑUELA [Los Santos Padres 49]. Sevilla: Apostolado Mariano 1990. 122 pp.

4139 *[Isidorus Hispalensis] Sancti Isidori Episcopi Hispalensis De ecclesiasticis officiis.* Ed. CHRISTOPHER M. LAWSON [CChr.SL 113]. Turnhout: Brepols 1989. 163; 160 pp.

4140 ALBERT, B.-S. *Isidore of Seville. His attitude towards Judaism and his impact on early medieval canon law* – JQR 80 (1990) 207-220

4141 BENGOECHEA, I. *San Isidoro de Sevilla, figura señera de la mariología española.* In: *Doctrina y piedad mariana* (cf. 1988-90, 219) 107-123

4142 BERTINI, FERRUCCIO *Isidoro e Ildefonso continuatori de Gerolamo biografo.* In: *Gerolamo* (cf. 1988-90, 3779) 105-122

4143 BLUSCH, M. *Zur Rekonstruktion der Anfangspartien der ahd. Übersetzung des Isidor-Traktats* – Zeitschrift für deutsches Altertum und deutsche Literatur 117 (1988) 68-78

4144 BONA, ISABELLA *La classificazione zoologica isidorea. Aspetti positivi e negativi in rapporto alle classificazioni precedenti* – KoinNapoli 13 (1989) 153-164

4145 CANTO LLORCA, JOSEFA *Una fuente de Isidoro de Sevilla (Etym. 18).* In: *Stephanion. Homenaje M.C. Giner* (cf. 1988-90, 340) 167-176

4146 CAVALLERO, PABLO A. *Aportación acerca de los ecos clásicos en las «Sententiae» de S. Isidoro* – NovTell 7 (1989) 113-118

4147 CICCARELLI, D. *Un frammento isidoriano del IX sec.* – SMed 17 (1989) 336-341

4148 CLOSA FARRÉS, JOSÉ *Realidad y ficción en la visión de Ceuta de S. Isidore de Sevilla a Pérez Galdos.* – Cuadernos municipal de Ceuta (Ceuta) 2 (1988) 73-77

4149 DIEZ MERINO, L. *Interpretación mariológica de las citas bíblicas en San Isidoro de Sevilla.* In: *Doctrina y piedad mariana* (cf. 1988-90, 219) 125-173

4150 FONTAINE, J. *Le «sacré» antique vu par un homme de VIIe siècle: Livre VII des Étymologies d'Isidore de Séville.* In: *Les écrivains et le sacré* (cf. 1988-90, 222) 322-323

4151 FONTAINE, JACQUES *Isidoro de Sevilla, padre de la cultura europea.* In: *La conversión de Roma* (cf. 1988-90, 209) 259-286

4152 FONTAINE, JACQUES *Le sacré antique vu par un homme du VIIième s. Le livre VIII des Étymologies d'Isidore de Séville* – BulBudé (1989) 394-405

4153 FONTAINE, JACQUES *Tradition et actualité chez Isidore de Seville* [Collected Studies Series 281]. Northampton: Variorum Reprints 1988. XIV, 336 pp.

4154 GASTI, FABIO *I Collectanea di Solino come fonte del libro XI delle Etymologiae di Isidoro.* – AtPavia 66 (1988) 121-129

4155 GEISELMANN, J.R. *Die Abendmahlslehre an der Wende der christlichen Spätantike zum Frühmittelalter. Isidor von Sevilla und das Sakrament der Eucharistie.* Hildesheim: G. Olms 1989. XV, 288 pp.

4156 GOMEZ LOZANO, M. *El léxico de la planta de la vid en las «Etimologías» de San Isidoro de Sevilla.* In: *Actas del I Simposio* (cf. 1988-90, 164) 293-301

4157 GUILLAUMIN, JEAN-YVES *Sur une définition de la géométrie dans la latinité tardive (Isidore, Origines, 3,10,3).* In: *Mélanges Pierre Lévêque II* (cf. 1988-90, 285) 267-271

4158 LINAGE CONDE, ANTONIO *El monacato bético del Sevillano San Isidoro* – StMon 32 (1990) 131-138

4159 MATTHEWS, VICTOR J. *Suram dare: a gesture in Roman ball playing* – Nikephoros (Hildesheim) 3 (1990) 185-187

4160 MERINO MARTIN, S. *La definición de Iglesia en San Isidoro de Sevilla.* Burgos: Facultad de Teología del Norte de España 1988. 44 pp.

4161 MERINO MARTIN, S. *Sistematización teológica de la Iglesia en San Isidoro de Sevilla, según el método alegórico* – RAgEsp 29 (1988) 3-40

4162 ORTEGA MUÑOZ, J.F. *Comentario a las «Sentencias» de Isidoro de Sevilla* – Themata 6 (1989) 107-123

4163 SCHINDEL, ULRICH *Zur frühen Überlieferungsgeschichte der Etymologie Isidors von Sevilla* – StMe 29 (1988) 587-605

III.2. Pseudo-Isidorus Hispalensis

4164 GONZALEZ MUÑOZ, F. *Una nota sobre las fuentes de la Historia Pseudo-Isidoriana* – Euphrosyne 18 (1990) 281-290

4165 MARCHETTO, AGOSTINO *La «fortuna» di una falsificazione. Lo spirito dello Pseudo-Isidoro aleggia nel nuovo Codice di Diritto*

Canonico? In: *Fälschungen im Mittelalter* (cf. 1988-90, 231) II 397-411

4166 RUYSSCHAERT, J. *Les Décrétales du Ps.-Isidore du Vat.Lat. 630. Péripéties vaticanes d'un manuscrit de Jean Jouffroy, consulté par Bernardino Carvajal.* In: *Miscellanea Bibliothecae Apostolicae Vaticanae I. Ed. M. BUONOCORE [Studi e testi 329].* Citta del Vaticano: Bibliothèque Vaticane (1987) 111-115

4167 SCHNEIDER, HERBERT *Ademar von Chabannes und Pseudoisidor – Der «Mythomane» und der Erzfälscher.* In: *Fälschungen im Mittelalter* (cf. 1988-90, 231) II 129-149

III.2. Isidorus Pelusiota

4168 CRISTOFORI, ALESSANDRO *Lo status di Cartaginesi ed Egiziani in Isidoro di Pelusio.* In: *Egitto e storia antica dall'ellenismo all'età araba. Bilancio di un confronto. Atti del colloquio internazionale, Bologna 31 agosto – 2 settembre 1987.* Edd. LUCIA CRISCUOLO; GIOVANNI GERACI. Bologna: CLUEB (1989) 341-381

4169 DELMAIRE, ROLAND *Notes prosopographiques sur quelques lettres d'Isidore de Péluse.* – REA 34 (1988) 230-236

4170 MORELLI, GUISEPPE *Cheremone tragico e Isidoro di Pelusio nello gnomologio di Giovanni Georgides* – Eikasmos (Bologna) 1 (1990) 111-118

III.2. Îšôʿ Stylites

4171 PALMER, A. *Who wrote the chronicle of Josua the Stylite?* In: *Lingua restituta orientalis* (cf. 1988-90, 275) 272-284

III.2. Iulianus Aeclanensis

4172 ALEXANDER, JAMES S. *Julian von Aeclanum (ca. 385 – ca. 450)* – TRE 17 (1988) 441-443

4173 LAMBERIGTS, MATHIJS *Augustine, Julian of Aeclanum and E. Pagels' «Adam, Eve and the serpent»* – Augustiniana 39 (1989) 393-435

4174 LAMBERIGTS, MATHIJS *Julian of Aeclanum: a plea for a good creator* – Augustiniana 38 (1988) 5-24

III.2. Iulianus Imperator

4175 *[Iulianus Imperator] Giuliano Imperatore. Contra Galilaeos.* Introd., testo critico e trad. a cura di EMANUELA MASARACCHIA [Testi e commenti 9]. Roma: Ateneo 1990. 398 pp.

4176 *[Iulianus Imperator] Giuliano Imperatore contro i Cinici igno-ranti.* Edizione critica, traduzione e commento a cura di C. PRATO; D. MICALELLA [Studi e Testi Latini e Greci 4]. Lecce: Università degli Studi 1989. XL, 127 pp.

4177 *[Iulianus Imperator] Kejser Julian mod Galilæerne.* Oversat og kommenteret af LARS MYNSTER. København: Museum Tusculanums Forlag 1990. 272 pp.

4178 BOUFFARTIQUE, J. *L'empereur Julien et les barbares. Réalisme et illusion.* In: *Haut moyen-âge* (cf. 1988-90, 246) 49-58

4179 BOUFFARTIQUE, JEAN *L'état mental de l'empereur Julien –* REG 102 (1989) 529-539

4180 BROWNING, R. *Kaiser Julian. Der abtrünnige römische Herrscher.* Aus dem Englischen übersetzt. München: Heyne 1988. 365 pp.

4181 BUCK, D.F. *Some Distortions in Eunapius' Account of Julian the Apostate –* AHB 4 (1990) 113-115

4182 CANDAU MORON, JOSÉ MARIA *La filosofía política de Iuliano.* In: *Actas del I Congreso peninsular de historia antigua III* (cf. 1988-90, 163) 197-203

4183 COVOLO, ENRICO DAL *La paideia anticristiana dell'imperatore Giuliano. A proposito dell' editto del 17 giugno 362.* In: *Crescita dell'uomo (età postnicena)* (cf. 1988-90, 211) 73-85

4184 CRISUOLO, U. *La difesa dell'ellenismo dopo Giuliano: Libanio e Teodosio –* KoinNapoli 14 (1990) 5-28

4185 CRISUOLO, U. *Note filologiche IV –* AAP 39 (1990) 403-411

4186 *The Emperor Julian: panegyric and polemic (Claudius Mamertinus; John Chrysostom; Ephrem the Syrian).* Ed. by SAMUEL N.C. LIEU. 2nd ed. [Translated texts for historians; Greek Series 2]. Liverpool: Univ. Pr. 1989. XIII, 146 pp.

4187 FINAMORE, J.F. Θεοὶ Θεῶν. *An Iamblichean Doctrine in Julian's Against the Galilaeans –* TAPhA 118 (1988) 393-401

4188 FREUND, RICHARD A. *Which Christians, Pagans and Jews? Varying responses to Julian's Attempt to Rebuild the Temple in Jerusalem in the Fourth Century CE –* JRelSt (Ohio) 18 (1990) 67-93

4189 GÄRTNER, HANS ARMIN *Kaiser Julians letzter Tag. Anmerkungen zur Darstellung Ammians (Res gestae 25,3)* In: *Neue Perspektiven* (cf. 1988-90, 311) 65-95

4190 GALLO, F. *Produzione del diritto e sovranità popolare nel pensiero di Giuliano (a proposito di D. 1,3,32) –* Iura 36 (1989) 70-96

4191 Vacat

4192 GUIDO, ROSANNA *Le citazioni euripidee nel testo di Giuliano imperatore* In: *Rudiae* (cf. 1988-90, 326) I 45-75

4193 HIDALGO DE LA VEGA, M.J. *Teología política de Juliano como expresión de la controversia paganismo-cristianismo en el siglo IV.*

In: *Cristianismo y aculturacíon en tiempos del Imperio Romano* (cf. 1988-90, 213) 179-195

4194 KOJEVE, ALEXANDRE *L'empereur Julien et son art d'écrire*. Paris: Éd. Fourbis 1990. 60 pp.

4195 MONTANARI, ORNELLA *Tre note al Misopogon di Giuliano* – Giornale filologico ferrarese (Ferrara) 11 (1988) 9-14

4196 NÄSSTRÖM, BRITT-MARI *O mother of the gods and men: some aspects of the religious thoughts in emperor Julian's Discourse on the mother of the gods* [Lund studies in African and Asian religion 6]. Lund: Plus Ultra 1990. 142 pp.

4197 PAPATHANASSIOU, MARIA *Astronomie, Astrologie und Physik in der Rede Kaiser Julians auf den König Helios* – Klio 72 (1990) 498-507

4198 PRATO, C. *Note testuali Giulianee*. In: *Polyanthema* (cf. 1988-90, 313) 27-35

4199 PRATO, CARLO *Liddell-Scott-Jones s.v. νοσοτνέω* [in ital. Spr.] – Quaderni urbinati di cultura classica (Urbino) 58 (1988) 125

4200 RELIHAN, JOEL C. *A metrical quotation in Julian's Symposium* – CQ 39 (1989) 566-569

4201 SANTINI, C. *Giuliano l'Apostata nel giudizio di un epitomatore* – GiorFil 40 (1988) 133-134

4202 SCHWARTZ, J. *Gallus, Julian and Anti-Christian Polemic in Pesikta Rabbati* – ThZ 46 (1990) 1-19

4203 WOJACZEK, GÜNTER *Die Heliosweihe des Kaisers Iulian. Ein initiatorischer Text des Neuplatonismus*. In: *Neue Perspektiven* (cf. 1988-90, 311) 177-212

III.2. Iulianus Pomerius

4204 SPINELLI, MARIO *Il sacerdos docens nel De vita contemplativa di Giuliano Pomerio*. In: *Crescita dell'uomo (età postnicena)* (cf. 1988-90, 211) 287-300

III.2. Iulius Sextus Africanus

4205 ADLER, WILLIAM *Time immemorial: archaic history and its sources in Christian chronography from Julius Africanus to George Syncellus* [Dumbarton Oaks Studies 26]. Washington, D.C.: Dumbarton Oaks 1989. VI, 263 pp.

4206 XERES, SAVIERO *L'oscuramento del sole durante la Passione di Cristo nelle fonti cristiane e pagane dei primi due secoli* – CISA 15 (1989) 219-226

III.2. Iustinianus Imperator

4207 ANTONOPOULOS, PANAGIOTIS *Was King Theodahad's accession to the throne ever recognized by Justinian?* – Dodone 19,1 (1990) 173-187

4208 BONINI, R. *Giustiniano e il problema italico.* In: *Bisanzio, Roma e l'Italia* (cf. 1988-90, 194) 73-92

4209 BREZZI, P. *I buoni spiriti che sono stati ultivi: Giustiniano.* In: *Contributi storici dal Tardo Antico all'Età Moderna* [Quad. di storia urbana e rurale 10]. Florenz: Salimbene (1988) 127-144

4210 CAVALLO, GUGLIELMO; MAGISTRALE, FRANCESCO *Libri e scritture del diritto nell'età di Giustiniano* – Index (Napoli) 15 (1987) 97-110

4211 CONESA MARIN, R. *Cristianismo y aculturación en la política de Justiniano (según Procopio de Cesárea).* In: *Cristianismo y aculturacíon en tiempos del Imperio Romano* (cf. 1988-90, 213) 541-549

4212 DEMICHELI, ANNA MARIA *La μεγαλή ἐκκλησία nel lessico e nel diritto di Giustiniano* [Monografie del Vocabolario di Giustiniano 3]. Milano: Giuffrè 1990. 108 pp.

4212* GONZALEZ FERNANDEZ, R. *La obra legislativa de Justiniano y la cristianización del cosmos.* In: *Cristianismo y aculturacíon en tiempos del Imperio Romano* (cf. 1988-90, 213) 495-518

4213 IRMSCHER, J. *La politica religiosa dell'Imperatore Giustiniano contro i pagani e la fine della scuola neoplatonica ad Atene* – CrSt 11 (1990) 579-592

4214 IRMSCHER, JOHANNES *La legislazione di Giustiniano sugli Ebrei* – AugR 28 (1988) 361-365

4215 IRMSCHER, JOHANNES *Non-christians and sectarians under Justinian. The fate of the inculpated.* In: *Mélanges Pierre Lévêque I* (cf. 1988-90, 284) 165-167

4216 JONES, HUGUETTE *Justiniani Novellae ou l'autoportrait d'un législateur* – RIDA 35 (1988) 149-208

4217 KONIDARIS, J.M. *Die Novelle 123 Justinians und das Problem der Doppelklöster.* In: *Novella Constitutio* (cf. 1988-90, 299) 106-116

4218 KUTTNER, S.G. *On the medieval tradition of Justinian's Novellae. An Index titulorum Authentici in novem collationes Digesti* – REDC 47 (1990) 23-33

4219 LANATA, G. *I figli della passione. Appunti sulla novella 74 di Giustiniano.* In: *Atti dell'Accademia Romanistica Constantiniana* (cf. 1988-90, 182) 487-493

4220 LANATA, GIULIANA *Aliud vates, aliud interpres. La Novella 146 di Giustiniano, i Settana, Aquila.* In: *Novella Constitutio* (cf. 1988-90, 299) 117-130

4221 MAFFEI, E. DE' *Edifici di Giustiniano nell'ambito dell'Impero.* Spoleto: Centro italiano di studi sull'Alto Medioevo 1988. 143 pp. 72 tabb.

4222 MENLENBERG, L. *O testemunho de Justino* – At (1988) 341-356

4223 OLSTER, DAVID M. *Justinian, imperial rhetoric, and the Church* – Byslav 50 (1989) 165-176

4224 RAVEGNANI, GIORGIO *La corte di Giustiniano* [Materiali e ricerche N.S. 10]. Roma: Jouvence 1989. 72 pp. 18 pl.

III.2. Iustinus Martyr

4225 *[Iustinus Martyr] Cohortatio ad Graecos, De monarchia, Oratio ad Graecos.* Ed. MIROSLAV MARCOVICH [PTS 32]. Berlin: de Gruyter 1990. IX, 161 pp.

4226 *[Iustinus Martyr] S. Giustino, Dialogo con Trifone.* Introduzione, traduzione e note di GIUSEPPE VISONA [Letture cristiane del primo millennio 5]. Milano: Edizioni Paoline 1988. 409 pp.

4227 *[Iustinus Martyr] San Justino. Apologías.* Traducción del original griego, prólogo y notas de H. YABÉN [Los Santos Padres 5]. Sevilla: Apostolado Mariano 1990. 120 pp.

4228 AYAN CALVO, J.J. *Antropología de san Justino. Exégesis del mártir a Gen I-III* [Collectanea Scientifica Compostellano 4]. Santiago de Compostela/Cordoba: Instituto Teológico Compostelano/Publicaciones del Monte de Piedad y Caja de Ahorros de Córdoba 1988. 264 pp.

4229 AYAN CALVO, J.J. *El tratado de san Justino sobre la Resurrección* – RAgEsp 31 (1990) 591-614

4230 AYASO MARTINEZ, JOSÉ RAMON *Justino y las posturas judías frente à los cristianos: la Birkat Ha-Minim.* In: *Actas del I Congreso peninsular de historia antigua III* (cf. 1988-90, 163) 167-175

4231 CACCIARI, ANTONIO *Temi medioplatonici e neopitagorici in un frammento pseudo-giustineo.* – Paideia 43 (1988) 3-27

4232 COVOLO, ENRICO DAL *«Sangue del Cristo» nel Dialogo di Giustino con Trifone Giudeo.* In: *Sangue e antropologia nella teologia* (cf. 1988-90, 328) II 859-870

4233 COVOLO, ENRICO DAL *Regno di Dio nel Dialogo di Giustino con Trofone Giudeo* – AugR 28 (1988) 111-123

4234 DERRETT, J. DUNCAN Ὁ Κύριος ἐβασίλευσεν ἀπὸ τοῦ ξύλου [in englischer Sprache] – VigChr 43 (1989) 378-392

4235 FREDOUILLE, JEAN-CLAUDE *De l'Apologie de Socrate aux Apologies de Justin*. In: *Hommage à René Braun II* (cf. 1988-90, 252) 1-22

4236 GIRGENTI, GIUSEPPE *Giustino martire, il primo platonico cristiano* – RFN 82 (1990) 214-255

4237 GRANT, ROBERT M. *Eternal fire and the occasion of Justin's Apology*. In: *Pléroma* (cf. 1988-90, 312)

4238 KUEHNEWEG, UWE *Die griechischen Apologeten und die Ethik*. – VigChr 42 (1988) 112-120

4239 MORALES ESCOBAR, DANIEL *La actitud política de los cristianos en el siglo II: el Dialogo con Trifón y las Apologías de Justino*. In: *Actas del I Congreso peninsular de historia antigua III* (cf. 1988-90, 163) 93-105

4240 MUNIER, CHARLES *La méthode apologétique de Justin le Martyr, I* – ReSR 62 (1988) 90-100

4241 MUNIER, CHARLES *La méthode apologétique de Justin le Martyr, II* – ReSR 62 (1988) 227-239

4242 NOCILLI, GIUSEPPE A. *La catechesi battesimale ed eucaristica di San Giustino martire* [Collectio antoniana 4]. Bologna: E.F.B., Ed. Francescane 1990. 136 pp.

4243 PANIMOLLE, S.A. *Storicità dell'incarnazione del Verbo e Vangelo dell'Infanzia nel Dialogo con Trifone di san Giustino* – Marianum 52 (1990) 63-85

4244 PANIMOLLE, S.A. *Storicità e umanità del Cristo nelle Apologie di S. Giustino Martire* – RiBi 38 (1990) 191-223

4245 PANIMOLLE, SALVATORE A. *L'»ora» del Cristo nel Dialogo con Trifone* – VetChr 27 (1990) 303-332

4246 PRICE, R.M. *Hellenization and logos doctrine in Justin Martyr* – VigChr 42 (1988) 18-23

4247 ROBILLARD, EDMOND *Justin: l'itinéraire philosophique* [Coll. Recherches N.S. 23]. Montréal: Bellarmin; Paris: Éd. du Cerf 1989. 172 pp.

4248 SKARSAUNE, OSKAR *Justin der Märtyrer (gest. um 165)* – TRE 17 (1988) 471-478

4249 WARTELLE, ANDRÉ *Remarques sur quelques mots rares dans les Apologies de saint Justin*. In: *Mélanges de la Bibliothèque de la Sorbonne offerts à André Tuilier, préf. de HÉLENE AHRWEILER [Mél. de la Bibl. de la Sorbonne VIII Paris Aux Amateurs des livres]*. Paris: Aux Amateurs des livres 1988. 317 p. 46-51

4250 WOLINSKI, J. *Saint Justin. Apologies* – RICP 25-28 (1988) 147-152

4251 YOUNG, M.O. *Justin, Socrates, and the Middle-Platonists*. In: *Studia patristica 18,2* (cf. 1988-90, 343) 161-166

III.2. Pseudo-Iustinus Martyr

4252 LONA, HORACIO E. *Ps. Justins De resurrectione und die alt-christliche Auferstehungsapologetik* – Salesianum 51 (1989) 691-768

III.2. Iuvencus

4253 CASTRO JIMÉNEZ, MARIA DOLORES; CRISTOBAL, VICENTE; MAURO MELLE, SILVIA *Sobre el estilo de Juvenco* – CFC 22 (1989) 133-148
4254 CASTRO JIMÉNEZ, MARIA DOLORES; CRISTOBAL, VICENTE; MAURO MELLE, SILVIA *Sobre el estilo de Juvenco.* In: *Actas del I Simposio* (cf. 1988-90, 164) 211-219
4255 ROLLINS, STEPHEN J. *The parables in Juvencus' Evangeliorum libri IV* [Diss.]. Liverpool: Univ. of Liverpool 1984. 351 pp.
4256 TESTARD, MAURICE *Juvencus et la sacré dans un épisode des Euangeliorum libri IV* – BulBudé (1990) 3-31

III.2. Lactantius

4257 *[Lactantius Firmianus] Instituciones divinas, Libros I-III*. Introd., trad., not. E. SANCHEZ SALOR [Bibl. clás. Gredos 136]. Madrid: Gredos 1990. 351 pp.
4258 *[Lactantius Firmianus] Instituciones divinas, Libros IV-VII* Introd., trad., not. E. SANCHEZ SALOR [Bibl. clás. Gredos 137]. Madrid: Gredos 1990. 359 pp.
4259 *[Lactantius] De dood van de vervolgers*. Ingel., vertaald en geannoteerd door G.J.D. AALDERS. Kampen: Kok 1988. 136 pp.
4260 *[Lactantius] Lactancio. Sobre la muerte de los perseguidores*. Introducción y notas por C. SANCHEZ ALISEDA [Los Santos Padres 9]. Sevilla: Apostolado Mariano 1990. 115 pp.
4261 ADAMS, JAMES N. *A medical theory and the text at Lactantius, Mort. Persec. 33.7 and Pelagonius 347* – CQ 38 (1988) 522-527
4262 ADAMS, JAMES N. *Five notes on Lactantius, De mortibus persecutorum* – Antichthon 23 (1989) 92-98
4263 ADAMS, JAMES N.; BRENNAN, PETER M. *The text at Lactantius, De mortibus persecutorum 44,2 and some epigraphic evidence for Italian recruits* – ZPE 84 (1990) 183-186
4264 BAGES FERRER, M. GLORIA *La tradició manuscrita del tractat De ira Dei de Lactanci* [Col.l. de tesis doctorals microfitxades 723]. Barcelona 1989. 8 pp. & une microfiche
4265 BRUUN, PATRICK *Lattanzio e Massimino il Tiranno.* In: *Opuscula Instituti Romani Finlandiae, IV*. Roma: Bardi (1989) 123-130

4266 BRUUN, PATRICK *The Heraclean coinage of Maximinus Daza. A drastic proposal*. In: *Studies in ancient history and numismatics presented to Rudi Thomsen* (cf. 1988-90, 352) 179-194

4267 BUCHHEIT, VINZENZ *Cicero inspiratus – Vergilius propheta?: zur Wertung paganer Autoren bei Laktanz* – Her 118 (1990) 357-372

4268 DRAPER, J.A. *Lactantius and the Jesus tradition in the Didache* – JThS 40 (1989) 112-116

4269 FONTAINE, JACQUES *Un «paradis» encore bien classique: le prélude du poème De ave Phoenice (v.1-29)*. In: *Hommage à René Braun II* (cf. 1988-90, 252) 177-192

4270 GLEI, REINHOLD *Et inuidus et imbecillus. Das angebliche Epikurfragment bei Laktanz, De ira Dei XIII,20-21* – VigChr 42 (1988) 47-58

4271 HECK, E. *Lactanz und die Klassiker. Zu Theorie und Praxis der Verwendung heidnischer Literatur in christlicher Apologetik bei Lactanz* – Phil 132 (1988) 160-179

4272 HEFFERNAN, CARLO FALVO *The phoenix at the fountain: images of woman and eternity in Lactantius's Carmen de ave phoenice and the Old English Phoenix*. Newark Univ. of Delaware Pr. 1988. 175 pp.

4273 INGREMEAU, CHRISTIANE *Lactance et le sacré. L'Histoire Sainte racontée aux païens ... par les païens* – BulBudé (1989) 345-354

4274 INGREMEAU, CHRISTIANE *Lactance et le sacré: l'Histoire Sainte racontée aux païns ... par les païns*. In: *Les écrivains et le sacré* (cf. 1988-90, 222) 320-321

4275 LO CICERO, CARLA *Echi senecani e tecnica della contaminazione in un passo di Lattanzio* – Pan 9 (1989) 65-69

4276 MATTIOLI, UMBERTO *L'innocentia in Lattanzio: basi classiche e bibliche*. In: *Tradizione dell'antico nelle letterature* (cf. 1988-90, 359) 44-66

4277 NICHOLSON, CAROLINE; NICHOLSON, O. *Lactantius, Hermes Trisgemistos and Constantinian Obelisks* – JHS 109 (1989) 198-200

4278 NICHOLSON, OLIVER *Flight from persecution as imitation of Christ. Lactantius' Divine Institutes IV.18,1-2* – JThS 40 (1989) 48-85

4279 PRICOCO, SALVATORE *Per una storia dell'oracolo nella tarda antichità. Apollo Clario e Didimeo in Lattanzio* – AugR 39 (1989) 351-374

4280 WLOSOK, ANTONIE *Lactantius, L. Caelius Firmianus (ca. 250 – 325)* – TRE 20 (1990) 370-374

4281 WLOSOK, ANTONIE *Zur lateinischen Apologetik der constanti-*
nischen Zeit (Arnobius, Lactantius, Firmicus Maternus) – Gy 96
(1989) 133-148
4282 WOJTCZAK, J. *Eschatologiczne koncepcje Laktancjusza w VII*
Księdze Divinae Instutiones (= Lactantius in libro Divinarum In-
stitutionum septimo de futuris mundi et hominum fatis discep-
tat) – VoxP 10 (1990) f.19, 609-620

III.2. Laurentius ep. Novae

4283 GRIBOMONT, J. *Les trois homélies sur la pénitence du prêtre*
Laurent de Novae – Novarien (Novare) 18 (1988) 151-180

III.2. Leander Hispalensis

4284 CALVO MORALEJO, G. *Presencia de la Virgen María en la Regla*
de San Leandro. In: *Doctrina y piedad mariana* (cf. 1988-90, 219)
175-189
4285 VELAZQUEZ ARENAS, JAIME *Index grammaticus del De insti-*
tutione virginum de San Leandro de Sevilla – Faventia 10,1-2
(1988) 81-102

III.2. Leo Magnus

4286 *[Leo Magnus] San León Magno. Sermones escogidos.* Traducción,
introducción y notas de C. SANCHEZ ALISEDA [Los Santos Padres 43]. Sevilla: Apostolado Mariano 1990. 111 pp.
4287 *[Leo Magnus] Tractatus.* Digesserunt EDDY GOUDER; MICHEL
GUÉRET; PAUL TOMBEUR [CChr.SL 40B] Turnhout: Brepols
1987. 32 pp. 6 microfiches.
4288 MEULENBERG, L. «*Quem deve presidir a todos deve ser tambén*
eleito por todos» (Leão Magno). Anotações históricas sobre a
eleição de um bispo – REBras 49 (1989) 371-399
4289 MURPHY, FRANCIS X. *The sermons of Pope Leo the Great: con-*
tent and style. In: *Preaching in the Patristic age* (cf. 1988-90, 315)
183-197
4290 RONCORONI, ANGELO *Dignitas christiana e retorica classica*
nel V secolo – Annuario del Ginnasio Liceo A. Volta di Como
(Como) (1984-88) 139-148
4291 STEWART, ALISTAIR C. *Persona in the christology of Leo I. A*
note – BJRL 71 (1989) 3-5
4292 STUDER, BASIL *Leo I., der Große, Papst (440-461)* – TRE 20
(1990) 737-741
4293 VANNUCCHI FORZIERI, OLGA *Captivitas et matrimonium in*
Leone Magno (Ep. 159) e in Giustiniano (Nov. 22,7). In: *Atti del-*

l'Accademia Romanistica Constantiniana (cf. 1988-90, 182) 393-421

4294 WINKELMANN, FRIEDHELM *Papst Leo I. und die sog. Apostasia Palästinas* – Klio 70 (1988) 167-175

III.2. Leontius Byzantinus

4295 EVANS, D.B. *Leontius of Byzantium: the question of an emendation*. In: *Fifteenth Annual Byzantine Studies Conference* (cf. 1988-90, 197) 21-22

4296 GRILLMEIER, A. *Die anthropologisch-christologische Sprache des Leontius von Byzanz und ihre Beziehung zu den Symmikta Zetemata des Neuplatonikers Porphyrius*. In: Ἑρμηνεύματα (cf. 1988-90, 226) 61-72

4297 PHRATSEAS, E. Ὁ ὁρισμὸς τῆς ψυχῆς κατὰ τὸν Λεόντιο τὸν Βυζάντιον – ThAthen 61 (1990) 794-805

III.2. Pseudo-Leontius Byzantinus

4298 BREYDY, M. *Les attestations patristiques parallèles et leurs nuances chez les Ps-Léonce et Jean Maron*. In: *Nubia et Oriens Christianus* (cf. 1988-90, 300) I 3-16

III.2. Leontius Constantinopolitanus

4299 UTHEMANN, K.-H. *Die Lazarus-Predigt des Leontios von Arabissos (BHG 2219u)* – Byzan 59 (1989) 291-353

III.2. Leontius Neapolitanus

4300 *[Leontius Neapolitanus]* Λεοντίου ἐπισκόπου Νεαπόλεως Κύπρου Βίος τοῦ Ἁγίου Ἰωάννου τοῦ Ἐλεήμονος. Εἰσαγωγή, μετάφραση, σχόλια, λεξιλόγιο. Leukosia: Ἔκδοσις Ἱερᾶς Μητροπόλεως Λεμεσοῦ. 1988. 233 pp.

4301 *[Leontius Neapolitanus] Leonzio di Neapoli, Niceforo prete di Santa Sofia, I santi folli di Bisanzio. Vite de Simeone e Andrea.* Edd. PAOLO CESARETTI; L. RYDÉN. Milano: Arnoldo Mondadori Editore 1990.

4302 AERTS, W. *Leontios of Neapolis and Cypriot Dialect Genesis*. In: Πρακτικὰ τοῦ Δευτέρου Διεθνοῦς Κυπριολογικοῦ Συνεδριοῦ. Τόμος Β. Edd. T. PAPADOPULLOS; B. ENGLEZAKES. Leukosia (1986) 379-389

4303 HOFSTRA, J. *Leontios van Neapolis als hagiograaf*. In: *De heiligenverering in de eerste eeuwen van het christendom* (cf. 1988-90, 248) 186-192

4304 KISLINGER, EWALD *Symeon Salos' Hund* – JÖB 38 (1988) 165-170

III.2. Pseudo-Liberius Papa

4305 WISSE, FREDERIK *Pseudo-Liberius, Oratio consolatoria de morte Athanasii* – Mu 103 (1990) 43-65

III.2. Liber Graduum

4306 KLAUZA, K. *Syryski «Liber graduum» jako zródło do teologii diakonatu IV i V wieku* (= Il «Liber graduum» siriaco come fonte della teologia del diaconato del IV e V secolo) – VoxP 9 (1989) f.17, 683-689
4307 KOWALSKI, A. *Die Gebete im Liber Graduum* – OrChrP 55 (1989) 273-282
4308 KOWALSKI, ALEKSANDER *Perfezione e giustizia di Adamo nel Liber Graduum* [OCA 232]. Roma: Pontificium Institutum Orientale 1989. 256 pp.

III.2. Liber Pontificalis

4310 *[Liber Pontificalis] The Book of Pontiffs (Liber Pontificalis). The Ancient Biographies of the First Ninety Roman Bishops to A.D. 715.* Transl. with an introd. by RAYMOND DAVIS [Transl. texts for historians 6]. Liverpool: University Press 1989. XLVII, 129 pp.
4311 FRANCESCO, DANIELA DE *Le donazioni costantiniane nell'Agro Romano* – VetChr 27 (1990) 47-75
4312 GEERTMAN, H. *Il «Liber Pontificalis» come fonte archeologica: alcuni esempi di analisi sistematica.* In: *Seminari di Archaeologia Cristiana. Resoconto delle sedute dell'A.A. 1986-1987.* Ed. P. PERGOLA – RiAC 63 (1987) 368-371
4313 GEERTMAN, HERMAN *L'illuminazione della basilica paleocristiana secondo il Liber Pontificalis* – RiAC 64 (1988) 135-160
4314 GIORDANI, ROBERTO *« ... In templum Apollinis ...» A proposito di un incerto tempio d'Apollo in Vaticano menzionato nel Liber Pontificalis* – RiAC 64 (1988) 161-168
4315 HERMAN, JOSEPH *Sur un exemple de la langue parlée à Rome au VIe siècle.* In: *Latin vulgaire – latin tardif* (cf. 1988-90, 270) II 145-157
4316 PHILLIPS, L.E. *A Note on the Gifts of Leo III to the Churches of Rome: «Vestes cum storiis»* – EL 102 (1988) 72-78

III.2. Liberatus Carthaginiensis

4317 *[Liberatus Carthaginiensis] Liberato di Cartagine. Breve storia della controversia nestoriana ed eutichiana.* Edd. F. CARCIONE; L. FUMAGALLI. Anagni: Pontif. Collegio Leoniano 1989. 142 pp.

III.2. Lucianus Antiochenus

4318 BUSTO SAIZ, J.R. *El texto luciánico en el marco del pluralismo textual. Estado de la cuestión y perspectivas* – EE 65 (1990) 3-18

III.2. Lucifer Calaritanus

4319 CASTELLI, GIOVANNI *Lettura di Lucifero da Cagliari, Moriundum esse pro Dei filio, XI* – CCC 10 (1989) 439-479

III.2. Macarius Magnus

4320 *[Macarius Magnus] La Regla de Macario.* Introducción, traducción y notas por E. CONTRERAS – CuadMon 25 (1990) 99-117
4321 FORD, D.C. *Saint Makarios of Egypt and John Wesley: Variations on the theme of sanctification* – GrOrthThR 33 (1988) 285-312

III.2. Pseudo-Macarius/Symeon

4322 *[Macarius/Symeon] Macario/Simeone. Discorsi e dialoghi spirituali* 1. Ed. FRANCESCA MOSCATELLI [Scritti monastici 11]. Abbazia di Praglia 1988. 215 pp.
4323 *[Pseudo-Macarius/Symeon] La grande lettera.* A cura di MARIA BENEDETTA ARTIOLI [La biblioteca della Filocalia]. Torino: Gribaudi 1989. 103 pp.
4324 DESPREZ, V. *Le baptême chez le Pseudo-Macaire* – EcclOra 5 (1988) 121-155
4325 DESPREZ, VINCENT, OSB *Maître et Disciples d'après les 'Questions et Reponses' de Macaire-Symeon.* In: *Studia patristica 18,2* (cf. 1988-90, 343) 203-208
4326 STEWART, C.A. *Working the earth of the heart. The language of Christian experience in the Messalian controversy, the Writings of Pseudo-Macarius and the Liber Graduum* [Diss.]. Oxford University 1988. IX, 279 pp.

III.2. Marcellus Ancyranus

4327 DOWLING, MAURICE JAMES *Marcellus of Ancyra: problems of Christology and the doctrine of the Trinity* [Diss.]. Queen's Univ. of Belfast 1987. 394 pp. [microfilm; DissAbstr 51 (1990-1991) 4161A]

4328 PELLAND, G. *La théologie et l'exégèse de Marcel d'Ancyre sur 1 Cor 15,24-28. Un schème hellénistique en théologie trinitaire* – Greg 71 (1990) 679-695

4329 SEIBT, KLAUS *Markell von Ankyra als Reichstheologe* [Diss.]. Tübingen 1990. 446 pp.

III.2. Marcion

4330 BAARDA, T. *Marcion's text of Gal 1,1. Concerning the reconstruction of the first verse of the Marcionite Corpus Paulinum* – VigChr 42 (1988) 236-256

4331 BELOBEL, J. *Extra-canonical sayings of Jesus. Marcion and some «non-recieved» logia.* In: *Gospel traditions* (cf. 1988-90, 242) 105-116

4332 BIENERT, WOLFGANG A. *Markion: Christentum als Antithese zum Judentum.* In: *Christlicher Antijudaismus* (cf. 1988-90, 177) 139-144

4333 BUNDY, DAVID *Marcion and the Marcionites in early Syriac apologetics* – Mu 101 (1988) 21-32

4334 Vacat

4335 CLABEAUX, JOHN J. *A lost edition of the Letters of Paul: a reassessment of the text of the Pauline corpus attested by Marcion* [CBQ Monograph series 21]. Washington D.C.: The Cathol. Bibl. Assoc. of America 1989. XIV, 183 pp.

4336 DRIJVERS, HAN J.W. *Marcion's reading of Gal 4,8. Philosophical background and influence on Manichaeism.* In: *A green leaf* (cf. 1988-90, 271) 339-348

4337 HOFFMANN, R. JOSEPH *How then know this troublous teacher? Further Reflections on Marcion and his Church* – SecCent 6 (1987/88) 173-192

4338 KOESTER, HELMUT *From the kerygma-gospel to written Gospels* – NTS 35 (1989) 361-381

4339 MAY, GERHARD *Marcion in Contemporary Views: Results and Open Questions* – SecCent 6 (1987/88) 129-152

4340 ORBE, A. *El «Padrenuestro» según Marción* – Compostellanum 33 (1988) 301-304

4341 ORBE, ANTONIO *En torno al modalismo de Marción* – Greg 71 (1990) 43-65

4342 WILLIAMS, DAVID SALTER *Reconsidering Marcion's Gospel* – JBL 108 (1989) 477-496

III.2. Marcus Eremita

4343 *[Marcus Eremita] Marcos el Monje. «Diálogo del espíritu con su alma».* Introducción, traducción del texto y comentario de E. CONTRERAS; C. ISLA CASARES – CuadMon 24 (1989) 99-112

4344 DURAND, GEORGES-MATTHIEU DE, OP *Études sur Marc le Moine, IV: Une double définition de la foi* – BLE 89 (1988) 23-40

III.2. Marius Victor

4345 NODES, DANIEL J. *The seventh day of creation in Alethia of Claudius Marius Victor* – VigChr 42 (1988) 59-74

4346 OPELT, ILONA *Trinitätsterminologie in der Alethia des Claudius Marius Victorius.* In: *Paradeigmata poetica Christiana* (cf. 1988-90, 1658) 106-112

III.2. Marius Victorinus

4347 MARIN, MARCELLO *Sulla successione delle epistole paoline in Mario Vittorino* – VetChr 26 (1989) 377-385

4348 NONNO, MARIO DE *Addendum Vittoriniano* – RFC 116 (1989) 379-380

4349 NONNO, MARIUS DE *Tradizione e diffusione di Marius Vittorino Grammatico con edizione degli Excerpta de orthographia* – RFC 116 (1988) 5-59

4350 STEINMANN, WERNER *Die Seelenmetaphysik des Marius Victorinus* [Hamburger theologische Studien 2]. Hamburg: Steinmann und Steinmann 1990. IX, 244 pp.

4351 VICIANO, A.; STEFANI, M. *Fuentes de la especulación de Mario Victorino († 387 ca.). Un «status quaestionis» de la investigación reciente.* In: *Hispania Christiana* (cf. 1988-90, 250) 111-121

III.2. Martinus Bracarensis

4352 *[Martinus Bracarensis] Martin de Braga. Obras completas.* Versión castellana, edición y notas por URSICINO DOMINGUEZ DEL VAL [Corpus patristicum Hispanum 4]. Madrid: Fundación Universitaria Española 1990. 169 pp.

4353 FARMHOUSE, ALBERTO PAULO *Dentes strident. Uma reflexão sobre um passo do De Ira de Marthino de Braga* [mit einer Zusammenfassung in englischer Sprache] – Euphrosyne 17 (1989) 277-286

4354 GAUDEMET, JEAN *«Traduttore traditore»* – Les *«Capitula Martini».* In: *Fälschungen im Mittelalter* (cf. 1988-90, 231) II 51-65

4355 GOMES, M.J. DA SILVA S. *Martinho de Dume: a su acção litur-gico-pastoral.* In: *IX Centenario da Dedicação da Sé de Braga, III* (cf. 1988-90, 216) 157-166

III.2. Maximus Confessor

4356 *[Maximus Confessor] Maximi Confessoris Ambigua ad Iohannem.* Iuxta Iohannis Scotti Eriugenae latinam interpretationem, nunc primum edidit EDUARDUS JEAUNEAU [CChr.SG 18]. Turnhout: Brepols 1988. LXXXIII, 325 pp.

4357 *[Maximus Confessor] Maximi Confessoris Quaestiones ad Thalassium II. Questiones LVI-LXV una cum latina interpretatione Ioannis Scotti Eriugenae iuxta posita.* Edd. CARL LAGA; CARLOS STEEL [CChr.SG 22]. Turnhout: Brepols; Leuven Univ. Pr. 1990. LX, 363 pp.

4358 *[Maximus Confessor] Máximo el Confesor. Meditaciones sobre la Agonía de Jesús.* Introducción y notas de A. CERESA-GASTAL-DO. Traducción del griego de I. GARZON BOSQUE [Biblioteca de Patrística 7]. Madrid: Editorial Ciudad Nueva 1990. 96 pp.

4359 *[Maximus Confessor] San Máximo el Confesor. Centurias sobre la Caridad.* Introducción de AGUSTIN COSTA, OSB. Traducción de PABLO SAENZ, OSB [Nepsis 3]. Luján, B.A.: Ecuam 1990. XXVI, 92 pp.

4360 *[Maximus Confessor] Sf. Maxim Mărturisitorul, Epistole 2 şi către Ioan Cubicularul despre agapică* trad. şi prezentare de I.I. ICă – MitrArd 33 (1988/1) 37-59

4361 *[Maximus Confessor] Sfântul Maxim Mărturisitorul, Scrieri, Partea II-a: Scrieri şi epistole hristologice şi duhovniceşti* (= Écrits et épitres christologiques et spirituelles) Ed. D.STĂNILOAE [Părinţi şi Scriitori Bisericeşti 81]. Bukarest 1990. 364 pp.

4362 BALTHASAR, HANS URS VON *Kosmische Liturgie. Das Welt-bild Maximus des Bekenners.* Einsiedeln: Johannesverlag 1988. 691 pp.

4363 BLOWERS, PAUL MARION *Exegesis and spiritual pedagogy in the Quaestiones ad Thalassium of Maximus the Confessor* [Diss.]. Notre Dame, Ind.: Univ. of Notre Dame 1988. 283 pp. [microfilm; cf. summary in DissAbstr 49 (1989) 2272A-2273A]

4364 CERESA-GASTALDO, A. *Maria di Nazaret nelle opere di Massimo Confessore.* In: *Polyanthema* (cf. 1988-90, 313) 379-385

4365 CHRISTIDIS, DIMITRIOS A. *Le philosophe inconnu Capion* [in griechischer Sprache mit französischer Zusammenfassung] – Hell 41 (1990) 374-376

4366 CONGOURDEAU, MARIE-HELENE *L'animation de l'embryon humain chez Maxime le Confesseur* – NRTh 111 (1989) 673-709

4367 DALMAIS, IRÉNÉE-HENRI, OP *Les Lignes essentielles de la vie spirituelle selon S. Maxime le Confesseur.* In: *Studia patristica 18,2* (cf. 1988-90, 343) 191-196

4368 ICĂ, I.I. *Onouă introducere în Teologia Sf. Maxim Mărturisitorul* – MitrArd 33 (1988/5) 105-117

4369 IELCIU, I.M. *Invaţatura despre îndumnezeirea omului la Sfîntul Maxim Mărturisitorul* – MitrArd 33 (1988/2) 36-51

4370 JEAUNEAU, EDOUARD *Jean Scot, traducteur de Maxime le Confesseur.* In: *The sacred nectar of the greeks: the study of greek in the west in the early middle ages. International colloquium held at York university, november 13-16, 1986.* Edd. MICHAEL W. HERREN et al. [King's college London medieval studies 2]. London: King's college (1988) 257-276

4371 LAGA, C. *Judaism and Jews in Maximus Confessor's Works* – Byslav 51 (1990) 177-188

4372 SIDOROV, A.I. *Prenodobnyj Maksim Ispovednik, Različnye bogoslovskie i domostroitel'nye glavy* (= Maximos Homologetes, Verschiedene theologische und haushälterische Kapitel) – Simvol 22 (1989) 179-186

4373 SIDOROV, A.I. *Prenodobnyj Maksim Ispovednik, Tolkovanie na 59 psalom* (= Maximos Homologetes, Kommentar zu Psalm 59. Übersetzung und Kommentar) – Simvol 22 (1989) 187-198

4374 STANILOAE, D. *La christologie de Saint Maxime le Confesseur* – Contacts (Paris) 40 (1988) 112-120

4375 STEAD, J. *The meaning of Hypostasis in some texts of the «Ambigua» of Saint Maximos the Confessor* – PBR 8 (1989) 25-33

4376 STOINA, LIVIU *Cunoaşterea lui Dumnezeu după învăţătura Sfintului Maxim Mărturisitorul* (= La connaissance de Dieu selon la doctrine de St. Maxime le Confesseur) – OrtBuc (1988) 113-131

4377 TELEPNEFF, G.; CHRYSOSTOMOS (BISHOP) *The Person, Pathe, Asceticism, and Spiritual Restoration in Saint Maximos* – GrOrthThR 34 (1989) 249-261

4378 VOCHT, C. DE *BHG 715 db: un texte de Maxime le Confesseur* – AB 106 (1988) 272

III.2. Maximus Taurinensis

4379 *[Maximus Taurinensis] The Sermons of St. Maximus of Turin.* Transl. & annot. by BONIFACE RAMSEY [ACW 50]. New York: Newman Pr. 1989. X, 388 pp.

III.2. Melito Sardensis

4380 HÜBNER, REINHARD M. *Melito von Sardes und Noët von Smyrna.* In: *Oecumenica et patristica* (cf. 1988-90, 303) 219-240

4381 MAUR, HANSJÖRG AUF DER *Meliton von Sardes «Über das Pascha»: die älteste bekannte christliche Osterpredigt (2. Jh.); jüdische Wurzeln, christliche Neuinterpretation, antijüdische Polemik* [IDCIV-Vorträge 36]. Wien 1988. 20 pp.

4382 *Symbolisme et écriture: le cardinal Pitra et la «Clef» de Méliton de Sardes*. Paris: Cerf 1988. 368 pp.

4383 TRISOGLIO, FRANCESCO *Dalla Pasqua ebraica a quella cristiana in Melitone di Sardi* – AugR 28 (1988) 151-185

III.2. Methodius Olympius

4384 CZESZ, BOGDAN *Jungfräulichkeit und Ehe bei Methodius von Olympos* [in polnischer Sprache mit deutscher Zusammenfassung] – VoxP 5 (1985) 127-134

III.2. Pseudo-Methodius Olympius

4385 CAQUOT, ANDRÉ *L'Éthiopie dans les Révélations du Pseudo-Méthode et dans le livre éthiopien de la Gloire des rois* – Rev. Soc. E. Renan (Paris) 39 (1989-1990) 53-65

4386 KORTEKAAS, GEORGE A.A. *The transmisssion of the text of Pseudo-Methodius in cod. Paris. lat. 13348* – RHT 18 (1988) 63-79

4387 LAUREYS, MARC; VERHELST, DANIEL *Pseudo-Methodius, Revelationes: Textgeschichte und kritische Edition: ein Leuven-Groninger Forschungsprojekt*. In: *The Use and Abuse of Eschatology in the Middle Ages* (cf. 1988-90, 363) 112-136

4388 REININK, G.J. *Der edessenische «Pseudo-Methodius»* – ByZ 83 (1990) 31-45

4389 REININK, G.J. *Pseudo-Methodius und die Legende vom römischen Endkaiser*. In: *The Use and Abuse of Eschatology in the Middle Ages* (cf. 1988-90, 363) 82-111

III.2. Minucius Felix

4390 *[Minucius Felix] Minucio Félix. El Octavio*. Traducción, Prólogo y Notas de S. DE DOMINGO [Los Santos Padres 13]. Sevilla: Apostolado Mariano 1990. 94 pp.

4391 AHLBORN, ELKE *Naturvorgänge als Auferstehungsgleichnis bei Seneca, Tertullian und Minucius Felix* – WSt 103 (1990) 123-137

4392 BROŻEK, MIECZYSŁAW *De Minucianis quibusdam retractandis* – Eos 77 (1989) 49-51

4393 KYTZLER, BERNHARD *Ehe und Familie in der frühlateinischen Apologetik: Minucius Felix, Tertullianus* – VoxP 5 (1985) 89-94

4394 RIZZI, MARCO *Amicitia e veritas: il prologo dell'Octavius di Minucio Felice* – Aevum 3 (1990) 245-268

III.2. Moses Chorenensis

4395 ZEKIYAN, B.L. *Ellenismo, ebraismo e cristianesimo in Mosè di Corene (Movses Xorenac'i). Elementi per una teologia dell'etnia* – AugR 28 (1988) 381-390

III.2. Narses Syrus (Leprosus)

4396 FRISHMAN, JUDITH *The style and composition of Narsai's homily 76 «On the translation of Enoch and Elijah»*. In: *Symposium Syriacum* (cf. 1988-90, 354) 285-298
4397 Vacat

III.2. Nicetas Remesianensis

4398 DEGORSKI, B. *Katechezy przedchrzcielne Nicetasa z Remezjany* (= Catechesi battismali di Niceta di Remesiana) [mit ital. Zus.-fass.] – VoxP 10 (1990) f.18, 107-111
4399 MESSANA, VINCENZO *Quelques remarques sur la liturgie du chant selon Nicétas de Remesiana* – EL 102 (1988) 138-144

III.2. Nilus Ancyranus

4400 KORNARAKE, K.I. Θέσεις τοῦ ὁσίου Νείλου περὶ τῶν ἁγίων Εἰκόνων – ThAthen 61 (1990) 311-344
4401 MESSANA, V. Πρᾶξις et Θεωρία chez Nil d'Ancyre. In: *Studia patristica* 18,2 (cf. 1988-90, 343) 235-241

III.2. Nonnus Panopolitanus

4402 *[Nonnus Panopolitanus] Les Dionysiaques, IX: Chants XXV-XXIX*. Ed. FRANCIS VIAN [Coll. des Universités de France]. Paris: Les Belles Lettres 1990. XIII, 370 pp.
4403 *[Nonnus Panopolitanus] Nonno di Panopoli, Parafrasi del Vangelo di S. Giovanni, Canto XVIII*. Introduzione, testo critico, traduzione e commentario a cura di ENRICO LIVREA [Speculum Contrib. di filol. class. 9]. Napoli: d'Auria 1989. 210 pp.
4404 BERNABÉ, A. *Un mito etiológico sobre el Tauro (CTH 16) en Nonno (Dion. 1.408s.)* – Aula Orient 6 (1988) 5-10
4405 BORNMANN, FRITZ *Appunti di lettura a poeti ellenistici e tardi*. In: *Munus amicitiae. Scritti in memoria di Alessandro Ronconi*. Univ. degli studi di Firenze Dip. di scienze dell'antichità Giorgio

Pasquali [Quad. di filol. lat. IV,2]. Firenze: Le Monnier (1988) II, 1-10

4406 KNOX, PETER E. *Phaethon in Ovid and Nonnus* – CQ 38 (1988) 536-551

4407 LIVREA, E. *Nonno parafraste del Vangelo giovanneo (4,35-8; 11,43-44).* In: *KrÖssona baskaneÜaw* (cf. 1988-90, 277) 225-234

4408 LIVREA, ENRICO *Towards a new edition of Nonnus' Paraphrase of St. John's Gospel* – Mn 41 (1988) 318-324

4409 LIVREA, ENRICO; ACCORINTI, DOMENICO *Nonno e la Crocifissione* – SIF 6 (1988) 262-278

4410 SCHULZE, JOACHIM-FRIEDRICH *Nonnos und Thrakien* – WZHalle 39,2 (1990) 93-102

4411 VIAN, F. *Nonnos et l'effacement du sacré.* In: *Les écrivains et le sacré* (cf. 1988-90, 222) 282-283

4412 VIAN, FRANCIS *A propos de deux oiseaux indiens. L'orion et le catreus* – KoinNapoli 12 (1988) 5-16

4413 VIAN, FRANCIS *La théomachie de Nonnos et ses antécédents* – REG 101 (1988) 275-292

4414 VIAN, FRANCIS *Les cultes païens dans les Dionysiaques de Nonnos: étude de vocabulaire* – REAnc 90 (1988) 399-410

4415 WHITE, HEATHER *Further notes on the text of Nonnus' Dionysiaca* – Habis 20 (1989) 71-86

4416 WHITE, HEATHER *New Studies in Greek Poetry* [London Studies in Classical Philology 22]. Amsterdam: Gieben 1989. 146 pp.

III.2. Pseudo-Nonnus Panopolitanus

4417 *T'amar Ot'hmezuri, P'sevdonones mit'ologiur komentart'a k'art'uli t'argmanebi* (= Les traductions géorgiennes des commentaires mythologiques du Pseudo-Nonnos). Tbilisi: Mec'niereba 1989. 229 pp.

III.2. Optatus Milevitanus

4418 *[Optatus Milevitanus] Ottato di Milevi: La vera chiesa.* Introd., trad. e note a cura di LORENZO DATTRINO [CTP 71]. Roma: Città Nuova Ed. 1988. 272 pp.

4419 CECCONI, G.A. *Elemosina e propaganda. Un'analisi della 'Macariana persecutio' nel III libro di Ottato di Milevi* – RechAug 36 (1990) 42-66

4420 DATTRINO, LORENZO *Il battesimo e l'iniziazione cristiana in Ottato di Milevi* – RiAC 66 (1990) 81-100

4421 KRIEGBAUM, BERNHARD *Zwischen den Synoden von Rom und Arles: die donatistische Supplik bei Optatus* – AHP 28 (1990) 23-61

4422 MARCELLI, PIERGIORGIO *La simbologia delle doti della Chiesa in Ottato di Milevi: problemi e significato* – SMSR 14 (1990) 219-244

III.2. Opus Imperfectum in Matthaeum

4423 *[Opus Imperfectum in Matthaeum] Opus imperfectum in Matthaeum: Praefatio.* Cur. JOSEF VAN BANNING [CChr.SL 87B]. Turnhout: Brepols 1988. 367 pp.
4424 BANNING, JOOP VAN *Il Padre Nostro nell'Opus imperfectum in Matthaeum* [m. frz. Zusammenf.] – Greg 71 (1990) 293-313
4425 SCHLATTER, FREDRIC W. *The author of the Opus imperfectum in Matthaeum* [pseudo-chrysostomien] – VigChr 42 (1988) 364-375

III.2. Oracula Sibyllina

4426 DRONKE, PETER *Hermes and the Sibyls: continuations and creations.* Cambridge: Cambridge Univ. Pr. 1990. 38 pp.
4427 KREITZER, LARRY *Hadrian and the Nero redivivus myth* – ZNW 79 (1988) 92-115
4428 MOMIGLIANO, ARNALDO *From the Pagan to the Christian Sibyl: prophecy as history of religion.* In: *The uses of Greek and Latin. Historical essays.* Edd. A.C. DIONISOTTI; ANTHONY CRAFTON; JILL KRAYE. London: The Warburg Institute (1988) 3-18
4429 PARKE, HERBERT WILLIAM *Sibyls and sibylline prophecy in classical antiquity.* Ed. by B.C. MCGING [Croom Helm class. studies]. London: Routledge 1988. IX, 236 pp.
4430 POTTER, D.S. *Prophecy and history in the crisis of the Roman empire: a historical commentary on the thirteenth Sibylline Oracle* [Oxford classical monographs]. Oxford: Clarendon Pr. 1990. XIX, 443 pp.
4431 REDMOND, SHEILA A. *The date of the fourth Sibylline Oracle* – SecCent 7 (1989-1990) 129-149

III.2. Origenes

4432 *[Origenes] Commentarii in epistulam ad Romanos (Römerbriefkommentar) I: Liber primus, Liber secundus.* Ed. THERESIA HEITHER [Fontes Christiani 2]. Freiburg: Herder 1990. 358 pp.
4433 *[Origenes] Der Kommentar zum Evangelium nach Mattäus.* Übers. und m. Anm. vers. von HERMANN J. VOGT [BGL 30]. Stuttgart: Hiersemann 1990. IX, 371 pp.

4434 *[Origenes] Der Römerbriefkommentar des Origenes: kritische Ausgabe der Übersetzung Rufins, Buch 1-3.* Hrsg. CAROLINE P. HAMMOND BAMMEL [VL. Aus der Geschichte der lateinischen Bibel 16]. Freiburg: Herder 1990. 264 pp.

4435 *[Origenes] Homélies sur Ézéchiel.* Texte latin, introd., trad. et notes par MARCEL BORRET [SC 352]. Paris: 1989. 536 pp.

4436 *[Origenes] Origen. Commentary on the Gospel according to John, books 1-10.* Translated by RONALD E. HEINE [FaCh 80]. Washington, D.C.: Catholic Univ. of America Pr. 1989. XI, 344 pp.

4437 *[Origenes] Origen. Homilies on Leviticus: 1-16.* Transl. by GARY WAYNE BARKLEY [FaCh 83]. Washington, D.C.: Catholic Univ. of America Pr.

4438 *[Origenes] Origene. Omelie sui numeri.* Traduzione, introduzione e note a cura di MARIA IGNAZIA DANIELI [CTP 76]. Roma: Città nuova ed. 1988. 439 pp.

4439 *[Origenes] Origene. Omelie sul Cantico dei cantici.* Traduzione, introduzione e note a cura di MARIA IGNAZIA DANIELI [CTP 83]. Roma: Città Nuova Ed. 1990. 103 pp.

4440 *[Origenes] Origene, Sulla Pasqua. Il papiro di Tura.* Introduzione, traduzione e note di GIUSEPPE SGHERRI [Letture Cristiane del primo millennio 6]. Torino: Edizioni Paoline 1989. 172 pp.

4441 BABCOCK, ROBERT *Marginalia* – YULG 64 (1989/1990) 83-85

4442 BALTHASAR, H.U. VON *Apokatastasis* – TTZ 97 (1988) 169-182

4443 BAMMEL, CAROLINE P. *Die Hexapla des Origenes. Die Hebraica veritas im Streit der Meinungen* – AugR 28 (1988) 125-149

4444 BAMMEL, CAROLINE P. *Die Juden im Römerbriefkommentar des Origenes.* In: *Christlicher Antijudaismus* (cf. 1988-90, 177) 145-151

4445 BAMMEL, CAROLINE P. *Origen's definitions of prophecy and gnosis* – JThS 40 (1989) 489-493

4446 BIENERT, WOLFGANG A. *Der Streit um Origenes: zur Frage nach den Hintergründen seiner Vertreibung aus Alexandria und den Folgen für die Einheit der Kirche.* In: *Einheit der Kirche* (cf. 1988-90, 224) 93-106

4447 BOLOGNA, ORAZIO ANTONIO *Viripotens* [in italienischer Sprache] – GiorFil 40 (1989) 67-76

4448 BRÉSARD, L. *Un texte d'Origène. L'échelle des cantiques* – PrOrChr 39 (1989) 3-25

4449 BRUCE, BARBARA JUNE *Origen's homilies on Joshua. An annotated translation* [Diss.]. Louisville, Ky.: The Southern Baptist Theological Semin. 1988. 313 pp. [microfilm; cf. summary in DissAbstr 49 (1989) 2695A]

4450 CALONNE, RAYMONDE *Le libre arbitre selon le Traité des principes d'Origène* – BLE 89 (1988) 243-262

4451 CAVALLO, GUGLIELMO *Scuola, scriptorium, biblioteca a Cesarea*. In: *Le biblioteche nel mondo antico e medievale*. A cura die GUGLIELMO CAVALLO [Bibl. universale Laterza 250]. Roma; Bari: Laterza (1988) 65-78

4452 CLARK, ELIZABETH A. *New perspectives on the Origenist controversy: human embodiment and ascetic strategies* – ChH 59 (1990) 145-162

4453 COCCHINI, FRANCESCA *Il linguaggio di Paolo 'servo fedele e prudente' nel Commento di Origene alla lettera ai Romani*. In: *Studia patristica 18,3* (cf. 1988-90, 344) 355-364

4454 COCCHINI, FRANCESCA *L'esegesi origeniana di Rom 1,14. Aspetti di una situazione ecclesiale* – SMSR 12 (1988) 71-79

4455 CORTÉS GABAUDAN, FRANCISCO *Orígenes de la súplica retórica a los jueces* – AnFilE 9 (1986) 89-100

4456 COVOLO, ENRICO DAL *Appunti di escatologia origeniana, con particolare riferimento alla morte e al martirio* – Salesianum 51 (1989) 769-784

4457 CRISCI, EDOARDO *Un frammento palinsesto del Commento al Vangelo di S. Matteo di Origene nel Codice Criptense G.b. VI* – JÖB 38 (1988) 95-112

4458 CROUZEL, HENRI *Chronique origénienne* – BLE 89 (1988) 138-145; 90 (1989) 135-140; 91 (1990) 221-226

4459 CROUZEL, HENRI *Les fins dernières selon Origène* [Collected Studies Series 320]. Northampton: Variorum 1990. X, 341 pp.

4460 CROUZEL, HENRI *Origen*. Transl. by A.S. WORRELL. Edinburgh: T.& T. Clark 1989. 278 pp.

4461 CROUZEL, HENRI *The literature on Origen 1970-1988* – ThSt 49 (1988) 499-516

4462 CROUZEL, HENRI, SJ *Idées platoniciennes et raisons stoïciennes dans la théologie d'Origène*. In: *Studia patristica 18,3* (cf. 1988-90, 344) 365-384

4463 CWIK, Z. *Nieśmiertelna książka Orygenesa* (= De immortali Origenis libro) – VoxP 7 (1987) f.12/13, 49-60

4464 DEMURA, MIYAKO *The Resurrection of the Body and Soul in Origen's 'Contra Celsum'*. In: *Studia patristica 18,3* (cf. 1988-90, 344) 385-392

4465 DILLON, JOHN *The knowledge of God in Origen*. In: *Knowledge of God* (cf. 1988-90, 267) 219-228

4466 EDSMAN, CARL-MARTIN *Origenes och själavandringen* – Meddelanden från Collegium Patristicum Lundense (Lund) 4 (1989) 9-17

4467 EIJK, P.J. VAN DER *Origenes' Verteidigung des freien Willens in De Oratione VI,1-2* – VigChr 42 (1988) 339-351

4468 FÉDOU, MICHEL *Christianisme et religions païennes dans le Contre Celse d'Origène* [Théologie historique 81]. Paris: Beauchesne 1988. 665 pp.

4469 FELDMAN, LOUIS H. *Origen's Contra Celsum and Josephus' Contra Apionem* – VigChr 44 (1990) 105-135

4470 FOUBERT, JEAN *L'école d'Origène. Physique et éthique spirituelles, d'après le Remerciement de Grégoire le Thaumaturge (VI,23-IX,115)*. In: *Du banal au merveilleux* (cf. 1988-90, 190) 99-135

4471 GALLUCIO, G.A. *Origene l'Adamanzio e il Papa* [Studia eccles. Aversana 1]. Giugliano in Campania: Tipolito Aurani 1990. 156 pp.

4472 GEORGEMANNS, HERWIG *Origenes*. In: *Gnosis und Mystik* (cf. 1988-90, 6214) 60-79

4473 GORDAY, PETER J. *The 'iustus arbiter': Origen on Paul's Role in the Epistle to the Romans*. In: *Studia patristica 18,3* (cf. 1988-90, 344) 393-402

4474 GORDAY, P.J. *«Paulus Origenianus». The economic interpretation of Paul in Origen and Gregory of Nyssa*. In: *Paul* (cf. 1988-90, 307) 141-163

4475 HALLMAN, JOSEPH M. *Divine suffering and change in Origen and Ad Theopompum* – SecCent 7 (1989-1990) 85-98

4476 HAUCK, ROBERT J. *The more divine proof: prophecy and inspiration in Celsus and Origen* [American Academy of Religion studies in religion 69]. Atlanta, Ga.: Scholars Pr. 1989. IX, 158 pp.

4477 HEIMANN, PETER *Erwähltes Schicksal: Präexistenz der Seele und christlicher Glaube im Denkmodell des Origenes* [Theologische Beiträge und Forschungen 5]. Tübingen: Katzmann 1988. 292 pp.

4478 HEITHER, T. *Origenes, ein moderner Exeget?* – EA 65 (1989) 359-375

4479 HEITHER, THERESIA *Translatio religionis: die Paulusdeutung des Origenes in seinem Kommentar zum Römerbrief* [Bonner Beiträge zur Kirchengeschichte 16]. Köln; Wien: Böhlau 1990. XI, 330 pp.

4480 HENNESSEY, L.R. *The Scriptural and Classical Roots of Origen's Theology of Death*. In: *Studia patristica 18,3* (cf. 1988-90, 344) 403-412

4481 HUNSTORFER, KARL F.W.J. *Schelling und Origenes. Ein problemgeschichtlicher Vergleich* [Diss.]. Innsbruck 1990. 337 pp. [cf. summary in DissAbstr 53 (1992) 401A]

4482 JANOWITZ, N. *Origen and Pseudo-Dionysius on Divine Names.* In: *Fourteenth Annual Byzantine Studies Conference* (cf. 1988-90, 196) 43

4483 JANOWITZ, NAOMI *Theories of devine names in Origen and Pseudo-Dionysius* – HistReli 30 (1990-1991) 359-372

4484 LAPORTE, JEAN *Models from Philo in Origen's teaching on original sin* – Laval 44 (1988) 191-203

4485 LETELLIER, JOEL *Le thème du voile de Moïse chez Origène (Exode 34,33-35 et 2 Corinthiens 3,12-18)* – ReSR 62 (1988) 14-26

4486 LIENHARD, JOSEPH T. *Origen as homilist.* In: *Preaching in the Patristic age* (cf. 1988-90, 315) 36-52

4487 LIES, LOTHAR *Vom Christentum zu Christus nach Origenes' Contra Celsum* – ZKTh 112 (1990) 150-177

4488 MANNS, FRÉDÉRIC *Une tradition juive dans les commentaires du Cantique des Cantiques d'Origène* [mit Zusammenfassung in englischer Sprache] – Ant 65 (1990) 3-22

4489 MAZZUCCO, CLEMENTINA *Origene e la guerra giusta (Contro Celso XIII 73)* – CCC 9 (1988) 67-84

4490 MEES, MICHAEL *Die Tempelreinigung nach der Darlegung des Origenes.* In: *Mémorial Jean Gribomont* (cf. 1988-90, 288) 433-444

4491 MEIS WOERMER, ANNELIESE *Colloquium Origenianum Quintum* – TyV 30 (1989) 235-237

4492 MEIS WOERMER, ANNELIESE *El problema del Mal en Orígines. Importancia y significado teologico del tiempo en la argumentación sobre el mal del Peri Archon III, I, 1-24* [AnSan 37/2]. Santiago: Pontificia Universidad catolica de Chile 1988. 136 pp.

4493 MONACI CASTAGNO, ADELE *La demonologia origeniana fra speculatione filosofica e preoccupazioni pastorali.* In: *L'autunno del diavolo* (cf. 1988-90, 188) I 231-247

4494 MPOUME, P.I. *Γιὰ μιὰ ἄρση τοῦ ἀναθεματισμοῦ τοῦ Ὠριγένη* – ThAthen 61 (1990) 620-640

4495 MUNNICH, OLIVIER *Origène, éditeur de la Septante de Daniel.* In: *Studien zur Septuaginta: Robert Hanhart zu Ehren: aus Anlass seines 65. Geburtstages. Hrsg. v. DETLEF FRAENKEL et al.* Göttingen: Vandenhoeck & Ruprecht (1990) 187-218

4496 PERRONE, LORENZO *L'argomentazione di Origene nel trattato di ermeneutica biblica: note di lettura su Περὶ ἀρχῶν IV 1-3* – SCO 40 (1990) 161-203

4497 PIETRAS, H. *Oszustwo użyteczne według Orygenesa* (= The helpful swindle according to Origen). Kraków: Rocznik Wydziału Filozoficznego Towarzystwa Jezusowego(1989) 197-206

4498 PIETRAS, HENRYK *Uświęcajace działanie Ducha Swiętego według Orygenesa* (= L'azione santificante dello Spirito Santo secondo Origine) – VoxP 8 (1988) f.15, 635-648

4499 PIETRAS, HENRYK, SJ *L'amore in Origene* [StEA 28]. Roma: Inst. Patristicum «Augustinianum» 1988. 191 pp.

4500 QUACQUARELLI, ANTONIO *Origene e i principi di cultura e di vita interiore* – VetChr 25 (1988) 165-175

4501 RABINOWITZ, CELIA ELLEN *Apokatastasis and sunteleia. Eschatological and soteriological speculation in Origen* [Diss.]. New York, N.Y.: Fordham University 1989. 258 pp. [microfilm; cf. summary in DissAbstr 50 (1989) 1341A]

4502 RAMOS-LISSON, D. *Alegorismo pagano y alegorismo cristiano en Orígenes. La polémica Contra Celso.* In: *Cristianismo y aculturacíon en tiempos del Imperio Romano* (cf. 1988-90, 213) 125-136

4503 REJMER, JERZY *De Origene praeceptore et philosopho* – Meander 44 (1989) 107-117

4504 ROUKEMA, RIEMER *The Diversity of Laws in Origen's Commentary on Romans* [Diss.]. Amsterdam: Free University Press 1988. 117 pp.

4505 SAMIR, K.S. *Un testo della Filocalia sulla preghiera di Gesù in un manoscritto arabo-copto medievale.* In: *Amore del bello. Studi sulla Filocalia.* Roma (1990) 209-239

4506 SARDELLA, TERESA *Prognōsis e mantikē in Origene* – AugR 29 (1989) 281-306

4507 SCHOCKENHOFF, EBERHARD *Zum Fest der Freiheit: Theologie des christlichen Handelns bei Origenes* [TTS 33]. Mainz: Matthias-Grünewald-Verl. 1990. 352 pp.

4508 SZRAM, M. *Problem święceń kapłańskich Orygenesa* (= Le problème de l'ordination sacerdodalte d'Origène) – VoxP 10 (1990) f.19, 659-670

4509 TORCHIA, N. JOSEPH *Satiety and the Fall of Souls in Origen's De principiis.* In: *Studia patristica 18,3* (cf. 1988-90, 344) 455-462

4510 TORTI, GIOVANNI *Romani 13,1-7 nell'esegesi di Origene* – Renovatio (Genova) 24 (1989) 227-233

4511 TRUMBOWER, JEFFREY A. *Origen's exegesis of John VIII,19-53. The struggle with Heracleon over the idea of fixed natures* – VigChr 43 (1989) 138-154

4512 TZAMALIKOS, PANAYOTIS *Origen. The source of Augustine's theory of time* [mit Zusammenfassung in griechischer Sprache] – Philosophia 17/18 (1987/88) 386-418

4513 VALANTASIS, RICHARD *Adam's body: uncovering esoteric traditions in the Apocryphon of John and Origen's Dialogue with Heraclides* – SecCent 7 (1989-1990) 150-162

4514 VOGT, HERMANN J. *Die Lehre des Origenes von der Inspiration der Heiligen Schrift: ein Vergleich zwischen der Grundlagenschrift und der Antwort auf Kelsos* – ThQ 170 (1990) 97-103

4515 VOGT, HERMANN JOSEF *Die Juden beim späten Origenes*. In: *Christlicher Antijudaismus* (cf. 1988-90, 177) 152-169

4516 VOGT, HERMANN JOSEPH *The later exegesis of Origen*. In: *Mémorial Jean Gribomont* (cf. 1988-90, 288) 583-591

4517 VOGT, H.J. *Beobachtungen zum Johannes-Kommentar des Origenes* – ThQ 120 (1990) 191-208

4518 WALDRAM, J.C.P. *Funktion und Verwendung der Glaubensregel in der Taufvorbereitung nach Origenes*. In: *Studia patristica 18,3* (cf. 1988-90, 344) 463-472

4519 WINKLER, K. *Zagadnienia teologiczne w Komentarzu Orygenesa do perykopy o przemienieniu Panskim* (= Aus den theologischen Fragen im Kommentar zur Verklärungsperikope von Origenes) – SSHT 23/24 (1990/91) 173-191

III.2. Orosius

4520 *[Orosius] Orose, Histoire (Contre les païens). I: Livres I-III*. Trad. MARIE-PIERRE ARNAUD-LINDET. Paris: Les Belles Lettres 1990. CIII, 301 pp.

4521 ALONSO-NUÑEZ, JOSÉ MIGUEL *Orosius on contemporary Spain*. In: *Studies in Latin literature and Roman history, V*. Ed. by CARL DEROUX [Coll. Latomus 206]. Bruxelles: Soc. Latomus (1989) 491-507

4522 AMPIO, RICCARDO *La concezione orosiana della storia, attraverso le metafore del fuoco e del sangue* – CCC 9 (1988) 217-236

4523 BAGLIVI, NICOLA *Costantino I nelle Historiae aduersus Paganos di Paolo Orosio* – Orpheus 10 (1989) 311-334

4524 COLLINS, ROGER *The Vaccaei, the Vaceti and the rise of Vasconia* – SHHA 6 (1988) 211-223

4525 DE CONINCK, LUC *Orosius on the virtutes of his narrative* – AncSoc 21 (1990) 45-57

4526 GUERRAS, MARIA SONSOLES *Paulo Orósio e o providencialismo no marco de império Romano* [mit engl. Zusammenfassung] – Classica (Sao Paulo) 2 (1989) 123-133

4527 KRETZSCHMAR, W.A. JR. *Adaptatian and anweald in the Old English Orosius*. In: *Anglo-Saxon England XVI*. Ed. by P. CLEMOES et al. Cambridge: Univ. press 1987. 127-145

4528 LIEBERG, GODO *Grammatica e stile in Orosio, Hist. 4,21,4* – RFC 118 (1990) 454-457

4529 LOPEZ PEREIRA, J.E.; DIAS, M.M.A. *Estado de la cuestión bibliográfica sobre Orosio* – Euphrosyne 18 (1990) 395-412

4530 MARTINEZ CAVERO, P. *Los argumentos de Orosio en la polémica pagano-cristiana*. In: *Cristianismo y acalturacíon en tiempos del Imperio Romano* (cf. 1988-90, 213) 319-331

4531 MARTINO, PASQUALE *La morte di Sertorio: Orosio e la tradizione liviana* – QS 16 (1990) No.31 77-101

4532 OBRYCKI, K. *Życie i działalnośc literacka Orozjusza* (= De vita ac operibus Orosii) – VoxP 7 (1987) f.12/13, 307-324

4533 PARDINI, ALESSANDRO *Una fonte perduta di Orosio (Oros. Hist. i,21,1-3)* – Orpheus 9 (1988) 332-337

4534 PIZZANI, UBALDO *Qualche osservazione sul profetismo Augusteo nell'interpretazione di Orosio* – AugR 29 (1989) 423-433

4535 SAENZ DE ARGANDOÑA, P.M. *El Conmonitorio de Orosio y Prisciliano. ¿Una nueva antropología?* In: *Pléroma* (cf. 1988-90, 312)

4536 SANCHEZ LEON, J.C. *Los Bagaudas y la circulation de Orosio en la Edad Media. El ciclo hagiografico de la Legión Tebana* – HispAnt 13 (1986-89) 189-197

4537 SENDINO, BALDOMERO E. *Un topónimo Medulio en el siglo XII* [mit Zusammenfassung in englischer Sprache] – Gerión 7 (1989) 289-296

4538 SINISCALCO, P. *Le sacré et l'expérience de l'histoire. Quelques observations sur l'historiographie des premiers siècles: Ammien Marcellin et Paul Orose*. In: *Les écrivains et le sacré* (cf. 1988-90, 222) 297-298

4539 SINISCALCO, PAOLO *Le sacré et l'expérience de l'histoire. Ammien Marcellin et Paul Orose* – BulBudé 48 (1989) 355-366

4540 SORDI, MARTA *Alessandro e Roma nella concezione storiografica di Orosia*. In: *Hestíasis* (cf. 1985-87, 279) I 183-193

4541 SORDI, MARTA *Alessandro e Roma nella concezione storiografica di Orosio*. In: *Neronia IV: Alejandro Magno, modelo de los emperadores romanos: actes du IVe Colloque international de la SIEN*. Ed. JEAN-MICHEL CROISILLE [Coll. Latomus 209]. Brüssel: Latomus (1990) 388-395

4542 TORRES, AMADEU *Paulo Orósio, historiógrafo romano-bracarense e a sua mensagem neste fim de milénio*. In: *As humanidades greco-latinas* (cf. 1988-90, 255) 465-481

III.2. Ossius Cordubensis

4543 FERNANDEZ, GONZALO *Osio de Córdoba y la persecución tetrárquica*. In: *Actas del I Congreso peninsular de historia antigua III* (cf. 1988-90, 163) 227-234

III.2. Pachomius Tabennensis

4544 *Pacomio e i suoi discepoli: regole e scritti.* Introduzione, traduzione e note a cura di LISA CREMASCHI. Magnano: Ed. Qiqajon, Comunità di Bose 1988. 469 pp.

4545 BAUMEISTER, T. *Der aktuelle Forschungsstand zu den Pachomiusregeln* – MThZ 40 (1989) 313-321

4546 BAUMEISTER, T. *Der aktuelle Forschungsstand zu der Pachomiusregel.* In: *Coptic Studies* (cf. 1988-90, 210) 49-54

4547 CARCIONE, F. *Pacomio, Regola monastica.* Roma: Coletti 1990. 80 pp.

4548 COLIN, GÉRARD *La version éthiopienne de la prière de Pachôme.* In: *Mélanges Antoine Guillaumont* (cf. 1988-90, 283) 57-61

4549 KARDONG, TERRENCE G. *The monastic practices of Pachomius and the Pachomians* – StMon 32 (1990) 59-78

4550 OPELT, ILONA *Lingua ab angelo tradita. Dekodierungsversuch der Pachomiusbriefe.* In: *Mémorial Jean Gribomont* (cf. 1988-90, 288) 453-461

III.2. Pacianus

4551 ANGLADA, ANGEL *Consideraciones sobre el ritmo de la prosa de Paciano.* In: *Actas del I Simposio* (cf. 1988-90, 164) 21-42

4552 ANGLADA ANFRUNS, ANGEL *Revisando mi edición del De paenitentibus de Paciano de Barcelona* – Faventia 10,1-2 (1988) 65-76

4553 BARDSKI, KRZYSZTOF *«Exomologesis» en S. Paciano de Barcelona* – ScTh 21 (1989) 117-124

4554 FERRAGUT DOMINGUEZ, C. *Simetría en las clausulas de Paciano de Barcelona (Epístola 1).* In: *Actas del I Simposio* (cf. 1988-90, 164) 255-261

4555 GARCIA, M.C. *Preposición «cum» en Paciano de Barcelona.* In: *Actas del I Simposio* (cf. 1988-90, 164) 271-278

4556 GRANADO BELLIDO, C. *Las parábolas de misericordia in Paciano de Barcelona* – EE 63 (1988) 435-454

4557 GRANADO BELLIDO, C. *Teología del pecado original en Paciano de Barcelona* – EE 65 (1990) 129-146

4558 PERERA LEAL, A. *El texto de Simproniano conservado por Paciano.* In: *Actas del I Simposio* (cf. 1988-90, 164) 391-395

III.2. Palladius Helenopolitanus

4559 *[Palladius Helenopolitanus] Palladios, Dialogue sur la vie de Jean Chrysostome.* Tome I: Introduction, texte critique, traduction et

notes par ANNE-MARIE MALINGREY, avec la collaboration de
PHILIPPE LECLERCQ. Tome II: Histoire du texte, index et ap-
pendices par ANNE-MARIE MALINGREY [SC 341/342]. Paris:
Les Editions du Cerf 1988. 454; 246 pp.

4560 BRUNNER, T.F. *Hapax and non-hapax legomena in Palladius'*
Life of Chrysostom – AB 107 (1989) 33-38

4561 BUNGE, GABRIEL *Palladiana. I. Introduction aux fragments cop-*
tes de l'Histoire Lausiaque – StMon 32 (1990) 79-129

4562 DEVOS, P. *Approches de Pallade à travers le Dialogue sur Chryso-*
stome et l'Histoire Lausiaque. Deux œuvres, un auteur – AB 107
(1989) 243-265

4563 Vacat

4564 VOGÜÉ, ADALBERT DE *Les fragments coptes de l'Histoire Lau-*
siaque: L'édition d'Amélineau et le manuscrit – Orientalia 58
(1989) 326-332

4565 VOGÜÉ, ADALBERT DE *Les fragments coptes du chapitre XVII*
de l'Histoire Lausiaque: Les deux éditeurs et les trois manuscrits –
Orientalia 58 (1989) 510-524

4566 VOGÜÉ, ADALBERT DE *Palladiana. II. La version copte de l'Hi-*
stoire Lausiaque – StMon 32 (1990) 323-339

4567 WILLIS, WILLIAM H.; MARESCH, KLAUS *The encounter of*
Alexander with the Brahmans. New fragments of the cynic diatribe
P. Genev. inv. 271. – ZPE 74 (1988) 59-83

4568 ZEEGERS-VAN DER VORST, NICOLE *A propos du Dialogue de*
Pallade sur la vie de Jean Chrysostome – RHE 85 (1990) 30-41

III.2. Pamphilus Theologus

4569 *Diversorum postchalcedonensium auctorum collectanea, 1: Pam-*
philus theologus, Quaestiones et responsiones; 2: Eustathius mo-
nachus, Epistula de duabus naturis. Edd. JOSÉ DECLERCK; PAU-
LINE ALLEN [CChr.SG 19]. Turnhout: Brepols; Leuven University Press 1989. 476 pp.

III.2. Papias Hierapolitanus

4570 SCHMIDT, HERMANN HERBERT *Semitismen bei Papias* –
ThZ 44 (1988) 135-146

III.2. Parthenius Presbyter

4571 BIANCO, MARIA GRAZIA *Uno scambio di epistole nell'Africa*
del VI secolo. Le lettere di Sigisteo e Partenio – AFLM 21 (1988)
399-431

III.2. Patape

4572 GABRA, GAWDAT *Patape (Bidaba) Märtyrer und Bischof von Koptos (ca. 244-ca. 312). Ein Vorbericht über sein arabisches Enkomium.* In: *Coptic Studies* (cf. 1988-90, 210) 119-125

III.2. Patres Apostolici

4573 *[Patres Apostolici] I padri apostolici.* Trad., introd. e note a cura di ANTONIO QUACQUARELLI. 6. ed. [CTP 5]. Roma: Città Nuova Ed. 1989. 420 pp.

4574 *[Patres Apostolici] Les écrits des pères apostoliques.* Coordination JEAN-PIERRE ROSA [Foi vivante 244]. Paris: Ed. du Cerf 1990. 548 pp.

4575 *[Patres Apostolici] Ojcowie Apostolscy.* Ins Polnische übersetzt von A. SWIDERKOWNA, eingeleitet von W. MYSZOR [PSP 45]. Warszawa: ATK 1990. 263 pp.

4576 *[Patres Apostolici] The Apostolic Fathers.* Transl. by J.B. LIGHT-FOOT. Ed. and rev. by MICHAEL W. HOLMES. 2nd ed. Grand Rapids, Mich.: Baker 1989. XVI, 347 pp.

4577 GRANT, ROBERT M. *The Apostolic Fathers' first thousand years* – ChH 57 (1988) Suppl. 20-28

4578 LINDEMANN, A. *Paul in the Writings of the Apostolic Fathers.* In: *Paul* (cf. 1988-90, 307) 25-45

4579 LOHMANN, HANS *Drohung und Verheissung. Exegetische Untersuchungen zur Eschatologie bei den apostolischen Vätern* [BZNW 55]. Berlin: de Gruyter 1989. VIII, 266 pp.

4580 STAROWIEYSKI, MAREK *L'espérance chez les Pères Apostoliques* – VoxP 7 (1987) f.12/13, 371-381

4581 TUGWELL, SIMON *The Apostolic Fathers* [Outstanding Christian thinkers series]. Harrisburg, Penna.: Morehouse Publ. 1990. XII, 148 pp.

III.2. Patricius ep. Hibernorum

4582 ESPOSITO, MARIO *Notes on Latin Learning and Literature in Mediaeval Ireland II.* In: *Latin Learning in Mediaeval Ireland* (cf. 1988-90, 227)

III.2. Paulinus Nolanus

4583 *[Paulinus Nolanus] Epistole ad Agostino.* Testo latino con introd., trad., comm. e indici a cura di TERESA PISCITELLI CARPINO [Strenae Nolanae 2]. Napoli: Libr. Ed. Redenzione 1989. 317 pp.

4584 *[Paulinus Nolanus] Il ritorno di Paolino: 80° dalla traslazione a Nola: atti, documenti, testimonianze letterarie.* A cura di A. RUG-

GIERO [Strenae Nolanae 3]. Napoli: Librera Editrice Redenzione 1990. 247 pp. 7 pl.

4585 *[Paulinus Nolanus] Paolino di Nola. I carmi.* Introd., trad., note e indici a cura di ANDREA RUGGIERO [CTP 85]. Roma: Città Nuova Ed. 1990. 524 pp.

4586 AGOSTI, BARBARA *Appunti su Paolino da Nola: il nome di s. Paolino e Nola «Secunda Roma»* – RILSL 73 (1989) 279-289

4587 CONDE GUERRI, E. *Paulino de Nola o la diplomacia antiprisci-lianista (Comentario a su epístola 23)* – Carth 4 (1988) 21-43

4588 COSTANZA, SALVATORE *Catechesi e poesia nei Carmi di Paolino di Nola.* In: *Crescita dell'uomo (età postnicena)* (cf. 1988-90, 211) 225-285

4589 EVENEPOEL, WILLY *The Vita Felicis of Paulinus Nolanus and the beginnings of Latin hagiography.* In: *Fructus centesimus* (cf. 1988-90, 237) 167-176

4590 GUTTILLA, GIUSEPPE *Dottrina e arte nell'Obitus Baebiani de S. Paolino di Nola.* Palermo: Estratto da Annali del Liceo classico «G. Garibaldi» N.23-24 (1986/87) 131-157

4591 GUTTILLA, GIUSEPPE *Età fisica e età spirituale nei Carmi di Paolino di Nola* – CCC 11 (1990) 171-181

4592 GUTTILLA, GIUSEPPE *I tituli in onore del presbyter Clarus e la datazione del carme 31 di Paolino di Nola* – BStudL 19 (1989) 58-69

4593 GUTTILLA, GIUSEPPE *Il Panegyricus Theodosii di S. Paolino di Nola* – KoinNapoli 14 (1990) 139-154

4594 GUTTILLA, GIUSEPPE *S. Paolino e i barbari nei natalicia* – Koin-Napoli 13 (1989) 5-29

4595 KIRSCH, WOLFGANG *Spätantike Dichtungen als Quellen zur Sozialgeschichte: (Paulinus von Nola, Paulinus von Pella)* – Index (Napoli) 17 (1989) 275-282

4596 MAGAZZU, CESARE *Dieci anni di studi su Paolino di Nola (1977-1987)* – BStudLat 18 (1988) 84-103

4597 MENCUCCI, ANGELO *San Paolino, vescovo di Nola. In appen-dice: San Paolino e Senigalla.* 2. ed. Siena: Ed. Cantagalli 1989. 360 pp.

4598 PISCITELLI CARPINO, TERESA *Struttura, auctoritas ed ex-emplum in un sermone di Paolino di Nola (= Epist. 34 Hartel)* – Vichiana 3a ser. 1 (1990) 263-278

4599 SMOLAK, K. *Zur Textkritik des sog. S. Paulini Epigramma* – WSt 102 (1989) 205-212

4600 SWOBODA, A. *Osoba posłańca w listach św. Paulina, biskupa Noli (= La persona del Corriere nelle lettere di S. Paulino di Nola)* – VoxP 10 (1990) f.19, 703-712

4601 SZEPESSY, TIBOR *Miracle et ironie: le 6e natalice de Paulin de Nole* – AcAl 25 (1989) 91-100

4602 TROUT, DENNIS ELWOOD *Secular renunciation and social action: Paulinus of Nola and late Roman society* [Diss.]. Durham, N.C.: Duke Univ. 1989. 394 pp. [Microfilm, summary in DissAbstr 50 (1989-1990) 2610A]

4603 WRIGHT, NEIL *Imitation of the poems of Paulinus of Nola in early Anglo-Latin verse. A postscript* – Peritia. Journal of the medieval acad. of Ireland (Cork; Galway) 5 (1986/1989) 392-396

III.2. Paulinus Pellaeus

4604 FO, ALESSANDRO *Tentativo di introduzione a Paolino di Pella.* In: *Metodologie della ricerca sulla tarda antichità* (cf. 1988-90, 289) 361-382

4605 ROBERTS, MICHAEL *The treatment of narrative in late antique literature. Ammianus Marcellinus (16.10), Rutilius Namatianus and Paulinus of Pella* – Phil 132 (1988) 181-195

III.2. Paulinus Petricordiensis

4606 MALSBARY, GERALD HENRY *The epic hagiography of Paulinus of Périgueux* [Diss.]. Univ. of Toronto Ontario. 1988. [cf. summary in DissAbstr 49 (1988) 814A]

III.2. Paulus Samosatensis

4607 BURRUS, VIRGINIA *Rhetorical stereotypes in the portrait of Paul of Samosata* – VigChr 43 (1989) 215-225

4608 GRILLMEIER, ALOIS *Neue Fragmente zu Paul von Samosata?* – ThPh 65 (1990) 392-394

4609 SIMONETTI, M. *Per la rivalutazione di alcune testimonianze su Paolo di Samosata* – RSLR 24 (1988) 177-210

4610 SIMONETTI, MANILO *Paolo di Samosata e Malchione: riesame di alcune testimonianze.* In: *Hestíasis* (cf. 1985-87, 279) I 7-25

III.2. Paulus Silentiarius

4611 BERIDZE, O.V. *Stilističeskie osobennosti poem Pavla Silenciarija* (= Die stilistischen Besonderheiten der Gedichte des Paulus Silentiarius) [In georgischer Sprache mit russischer Zusammenfassung] – Iz (1988/1) 131-136

4612 GAGLIARDI, DONATO *Un epigramma di Paolo Silenziario. AP v,250* – KoinNapoli 12 (1988) 163-167

4613 LEBEK, W.D. *Eine lateinische Imitation von Paulos Silentiarios, AG 9, 664 (Tituli 6, Nr. 1)* – ZPE 77 (1989) 42

4614 MACRIDES, RUTH J.; MAGDALINO, P. *The Architecture of ekphrasis: construction and context of Paul the Silentiary's ekphrasis of Hagia Sophia* – BMGS 12 (1988) 47-82

III.2. Pelagius

4615 DUVAL, YVES-MARIE *La date du De natura de Pélage: les premiéres étapes de la controverse sur la nature de la grâce* – REA 36 (1990) 257-283

4616 REES, BRYN R. *Pelagius: a reluctant heretic.* Woodbridge: Boydell Pr. 1988. XV, 192 pp.

4617 RYAN, CHRISTOPHER J. *Pelagius' View of the Nature of Revelation.* In: *Studia patristica 18,4* (cf. 1988-90, 345) 184-189

4618 SPEIGL, JAKOB *Leo quem Vigilius condemnavit.* In: *Papsttum und Kirchenreform* (cf. 1988-90, 305) 1-15

III.2. Petrus Alexandrinus

4619 PEARSON, B.A. *Two Homilies Attributed to St. Peter of Alexandria.* In: *Coptic Studies* (cf. 1988-90, 210) 309-313

4620 VIVIAN, TIM *St. Peter of Alexandria. Bishop and martyr.* Philadelphia, Penna.: Fortress Pr. 1988. XVII, 231 pp.

III.2. Philostorgius

4621 NOBBS, ALANNA E. *Philostorgius' view of the past.* In: *Reading the past* 251-264

4622 ZECCHINI, GUISEPPE *Filostorgio.* In: *Metodologie della ricerca sulla tarda antichità* (cf. 1988-90, 289) 579-598

III.2. Philoxenus Mabbugensis

4623 JENKINS, R.G. *Quotations from Genesis and Exodus in the Writings of Philoxenus of Mabbug.* In: *Studia patristica 18,4* (cf. 1988-90, 345) 245-248

4624 JENKINS, R.G. *The Old Testament quotations of Philoxenus of Mabbug* [CSCO 514; CSCO.Sub 84]. Leuven: Peeters 1989. XX, 206 pp.

4625 WATT, JOHN E. *The rhetorical structure of the memra of Eli of Quartamin on Philoxenus of Mabbug.* In: *Symposium Syriacum* (cf. 1988-90, 354) 299-306

III.2. Physiologus

4626 BIGGS, F.M. *The eschatological conclusion of the Old English Physiologus* – MAev 58 (1988) 286-297

4627 EDSMAN, CARL-MARTIN *Enhörningsjakten i kristologisk och mariologisk tolkning.* In: *Kvindebilleder. Eva, Maria og andre kvindemotiver i middelalderen.* Red. KARIN KRYGER; LOUISE LILLE; SØREN KASPERSEN. København: Akademisk Forlag (1989) 61-77

4628 MACCOULL, LESLIE S.B. *The Coptic Triadon and the Ethiopic Physiologus.* In: *Fifteenth Annual Byzantine Studies Conference* (cf. 1988-90, 197) 15

4629 STOJKOVA, ANNA *Kăm istorijata na prevodite na Fiziologa v srednovekovnite balkanski literaturi* (= Zur Geschichte der Übersetzungen des Physiologos in den mittelalterlichen balkanischen Literaturen) – PalBul 13,3 (1989) 53-60

III.2. Polycarpus Smyrnensis

4630 DEHANDSCHUTTER, B. *Polycarp's Epistle to the Philippians. An early example of «Reception».* In: *The New Testament in early Christianity* (cf. 1988-90, 298) 275-291

4631 DEHANDSCHUTTER, BOUDEWIJN *A «new» text of the martyrdom of Polycarp* – EThL 66 (1990) 391-394

4632 RIUS-CAMPS, JOSEP *La Carta de Policarpo a los Filipenses, ¿aval de la recopilación «Policarpiana» o credencial del nuevo obispo Crescente?* In: *Pléroma* (cf. 1988-90, 312)

4633 SERRAIMA CIRICI, E. *Policarpo de Esmirna y su Carta a los Filipenses* – EfMex 6 (1988) 401-415

4634 TRIPP, D. *The prayer of St. Polycarp and the development of anaphoral prayer* – EL 104 (1990) 97-132

III.2. Potamius Olisiponensis

4635 ALVAREZ, SERGIO *El ritmo prosaico de Potamio de Lisboa (2a mitad del s. IV)* [Zusammenfassung in lateinischer Sprache] – Euphrosyne 17 (1989) 265-276

III.2. Priscillianus

4636 BIANCO, M. GABRIELLA *Tematiche astrali nei Trattati di Würzburg* – SMSR 13 (1989) 223-234

4637 DECRET, FRANÇOIS *Du bon usage de mensonge et du parjure: Manichéens et Priscillianistes face à la persécution dans l'Empire chrétien: (IVe-Ve siècles).* In: *Mélange Pierre Lévêque IV* (cf. 1988-90, 287) 141-149

4638 EMBORUJO SALGADO, MARIA ISIDORA *Bagaudia y priscilianismo: dos fenómenos contemporáneos.* In: *Primer congreso gene-*

ral de historia de Navarra, II: Comunicaciones. [Principe de Viana 48, Anejo 7]. Pamplona (1987) 395-406

4639 ESCRIBANO PAÑO, MARIA VICTORIA *Iglesia y Estado en el certamen priscilianista. Causa Ecclesiae y iudicium publicum* [Monografías de Historia antigua]. Zaragoza: Dpto. de Ciencias de la antigüedad de la Univ. 1988. IX, 459 pp.

4640 FERNANDEZ ARDANAZ, S. *Religiosidad cósmica y simbología pagana en Prisciliano.* In: *Cristianismo y aculturacíon en tiempos del Imperio Romano* (cf. 1988-90, 213) 207-235

4641 GROS, M. *L'obra eucològica de Priscillià, bisbe d'Avila.* In: *Rituels.* Edd. P. DE CLERK; E. PALAZZO. Paris: Le Cerf (1990) 283-293

4642 MANDIANES CASTRO, MANUEL *Priscilliani Feminae* – AEM 20 (1990) 3-7

4643 ROMERO FERNANDEZ-PACHECO, J.R. *Prisciliano y el Priscilianismo: Radiografía de un debate histotiográfico (Las fuentes y su problemática, estado de la cuestión y perspectivas de estudio)* – HS 40 (1988) 27-44

III.2. Proba

4644 BUCHHEIT, VINZENZ *Vergildeutung im Cento Probae* [mit Zusammenfassung in lateinischer Sprache] – GB 15 (1988) 161-176

4645 PAVLOVSKI, ZOJA *Proba and the semiotics of the narrative Virgilian cento* – Vergilius 35 (1989) 70-84

III.2. Proclus Constantinopolitanus

4646 AUBINEAU, MICHEL *Restitution d'un Ps.-Chrysostome «In Nativitatem Salvatoris» (CPG 5068), récemment édité, à Proclus de Constantinople* – Orpheus 11 (1990) 84-110

4647 CAMELOT, P.-T. *Proclus, patriarche de Constantinople, vers 390-466* – Catholicisme. Hier, aujourd'hui, demain (Paris) 53 (1988) 1114-1116

III.2. Procopius Caesariensis

4648 *[Procopius Caesariensis] Histoire secrète.* Trad. et comm. PIERRE MARAVAL. Paris: Les Belles Lettres 1990. XVI, 214 pp.

4649 *[Procopius Caesariensis] La Guerre contre les Vandales: Guerres de Justinien, livres III et IV.* Trad. et comm. DENIS ROQUES; pref. PHILIPPE MURAY. Paris: Les Besses Lettres 1990. XVIII, 285 pp.

4650 ADSHEAD, KATHERINE *Procopius' Poliorcetica: continuities and discontinuities.* In: *Reading the past* 93-119

4651 BALDWIN, BARRY *Illiterate emperors* – Historia 38 (1989) 124-126

4652 BECK, HANS-GEORG *Lo storico e la sua vittima. Teodora e Procopio.* Trad. di NICOLA ANTONACCI. Bari: Laterza 1988. XV, 174 pp.

4653 GINDIN, L.A. *Le problème de la slavisation de l'aire carpato-balkanique à la lumière d'une analyse sémantique des verbes 'habiter' chez Procope de Césarée* [in russ. Sprache m. franz. Zus.-fass.] – VDI 185 (1988) 173-182

4654 HOHLFELDER, ROBERT L. *Procopius, De aedificiis, 1. 11. 18-20: Caesarea Maritima and the building of harbours in the late antiquity.* In: *Mediterranean cities: Historical perspectives.* Edd. IRAD MALKIN; ROBERT L. HOHLFELDER. London: Cass (1988) 54-62

4655 HOWARD-JOHNSTON, J.D. *Procopius, Roman defences north of the Taurus and the new fortress of Citharizon.* In: *The Eastern Frontier of the Roman Empire [British Institute of Archaeology at Ankara, Monograph 11. BAR Int. Ser. 553].* Edd. D.H. FRENCH; C.S. LIGHTFOOT. Oxford: BAR (1989) 203-229

4656 KAEGI, W.E. *Procopius the Military Historian* – ByFo 15 (1990) 53-85

4657 KALIC, JOVANKA *Prokopijeva Ἄρσα (Φρούριον Ἄρσα)* [ser-bokr. mit franz. Zus.-fass.]. – Zbornik rad. 27/28 (1989) 9-17

4658 LEE, A.D. *Procopius, Justinian and the kataskopoi* – CQ 39 (1989) 569-572

4658* MANTELLU, PANAGIOTA *Ἡ προσωπικὴ ζωὴ τῆς Θεοδώρας πρὶν ἀπο τὸ γάμο της μὲ τὸν Ἰουστινιανὸ ὅπως παρουσιάζεται μέσα ἀπὸ τὰ ἀνέκδοτα τοῦ Προκοπίου.* In: *Βυζαντιναὶ Μελέται II. Διεθνὴς ἐπιστημονικὴ ἐπετηρὶς βυζαντινῆς καὶ μεταβυζαντινῆς ἐρεύνης.* Ed. A.T. NEZERITES. Athen: Selbstverlag (1990) 330-339

4659 MORIZOT, P. *Pour une nouvelle lecture de l'Elogium de Masties* – AntAfr 25 (1989) 263-284

4660 NEWBOLD, R.F. *Patterns of anxiety in sallust, Suetonius and Procopius* – AHB 4 (1990) 44-50

4661 ROISL, HANS NORBERT *Theia und die versuchte Durchbruchsschlacht in der Ebene des Sarno im Oktober 552* – JÖB 40 (1990) 69-81

4662 SASANO, SHIRO *The idea of the city in the oriental region of the Byzantine empire in the sixth century: the strategic cities in the book Peri ktismaton* [In japanischer Sprache, mit engl. Zusammenfassung] – Mediterraneus 13 (1990) 33-58

4663 SCARPAT, GIUSEPPE *Leggendo Procopio di Cesarea (bella 2,22,6 ss.)* – Paideia 44 (1989) 57-58

4664 TRAINA, GIUSTO *L'Africa secondo Constantinopoli: il VI libro del De aedificiis di Procopio di Cesarea*. In: *L'Africa Romana* (cf. 1988-90, 166/167) I 341-346

4665 WADA, H. Ἔτι μᾶλλον ἐς τὴν τιμωρίαν ἐπῆρτο - *Procopii de bello Vandalico 1-10-24* – Orient 25 (1989) 81-95

4666 WHITBY, M.; ANDREWS, S. *Procopius and Antioch*. In: *The Eastern Frontier of the Roman Empire [British Institute of Archaeology at Ankara, Monograph 11. BAR Int. Ser. 553]*. Edd. D.H. FRENCH; C.S. LIGHTFOOT. Oxford: BAR (1989) 537-553

4667 Vacat

III.2. Procopius Gazaeus

4668 MILAZZO, A.M. *Un tema declamatorio alla «scuola di Gaza»* – SG 42 (1989) 253-163

4669 THIERRY, NICOLE *Vision d'Eustache. Vision de Procope. Nouvelles donnés sur l'iconographie funéraire byzantine*. In: *ΑΡΜΟΣ. Τιμητικός τόμος στον καθηγητή Ν.Κ. Μουτσόπουλο γιά τα 25 χρόνια πνευματικής του προσφοράς στο Πανεπιστήμιο.* Thessalonike (1990) 1845-1860

III.2. Prosper Aquitanus

4670 *[Prosper Aquitanus] Prosper of Aquitaine, De providentia Dei*. Text, translation and commentary by MIROSLAV MARCOVICH [VigChr.Suppl 10]. Leiden: Brill 1989. XII, 137 pp.

4671 GEHL, PAUL F. *An Augustinian catechism in fourtheenth century Tuscany: Prosper's Epigrammata* – AugSt 19 (1988) 93-110

4672 MARCOVICH, MIROSLAV *Prosper, De ingratis: textual criticism* – IClSt 14 (1989) 417-424

III.2. Prudentius

4673 *[Prudentius] Liber Cathemerinon (Livre d'heures)* trad. par JEAN-LOUIS CHARLET. Aix-en-Provence: Centre Niccolò Perotti Univ. de Provence 1988. 47p.

4674 BALDINI, ANTONIO *Il contra Symmachum di Prudenzio e la conversione del senato* – RSA 17/18 (1987/88) 115-157

4675 BUCHHEIT, VINZENZ *Glaube gegen Götzendienst (Prud. psych. 21 ff)* – RhM 133 (1990) 389-396

4676 BUCHHEIT, VINZENZ *Göttlicher Heilsplan bei Prudentius (Cath. 11, 25-48)* – VigChr 44 (1990) 222-241

4677 BUCHHEIT, VINZENZ *Ovis spinosa (Prud. Cath. 8,33-40)* [dtsch.] – Phil 134 (1990) 50-65

4678 BUCHHEIT, VINZENZ *Prudentius über Christus als duplex ge-nus und conditor (cath 11,13-24)* – WSt 101 (1988) 297-312

4679 CHARLET, JEAN-LOUIS *Mors haec reparatio vitae est: Prudence, cath. X.* In: *Memores tui: studi di letteratura classica ed umanistica in onore di Marcello Vitaletti.* A cura di SESTO PRETE. Sassoferrato: Istituto Internazionale Studi Piceni (1990) 55-60

4680 DÖPP, SIEGMAR *Die Blütezeit der lateinischen Literatur in der Spätantike (350 430 n. Chr.). Charakteristika einer Epoche* – Phil 132 (1988) 19-52

4681 DÖPP, SIEGMAR *Vergilische Elemente in Prudentius' Contra Symmachum* – Her 116 (1988) 337-342

4682 EVENEPOEL, W. *Prudence et la conversion des Aristocrates romains* – AugR 30 (1990) 31-43

4683 FABIAN, CLAUDIA *Dogma und Dichtung: Untersuchung zu Prudentius' Apotheosis.* Frankfurt am Main; Bern; New York; Paris: Lang 1988. 309 pp.

4684 FISHWICK, DUNCAN *Prudentius and the cult of Divus Augustus* – Historia 39 (1990) 475-486

4685 GNILKA, CHRISTIAN *Eine Spur altlateinischer Bibelversion bei Prudentius* – VigChr 42 (1988) 147-155

4686 GNILKA, CHRISTIAN *Palestra bei Prudentius* – IClSt 14 (1989) 365-382

4687 GNILKA, CHRISTIAN *Prudentiana.* In: *Roma renascens* (cf. 1988-90, 325) 78-87

4688 GNILKA, CHRISTIAN *Satura tragica: zu Juvenal und Prudentius* – WSt 103 (1990) 145-177

4689 KAH, MARIANNE *«Die Welt der Römer mit der Seele suchend...»: die Religiosität des Prudentius im Spannungsfeld zwischen «pietas christiana» und «pietas Romana»* [Hereditas 3]. Bonn: Borengässer 1990. XX, 369 pp.

4690 MALAMUD, MARTHA A. *A poetics of transformation: Prudentius and classical mythology* [Cornell studies in classical philology 49]. Ithaca, N.Y.: Cornell Univ. Press 1989. XIII, 192 pp.

4691 MALAMUD, MARTHA A. *Making a virtue of perversity: the poetry of Prudentius* – Ramus 19 (1990) 64-88

4692 MAZIERES, J.-P. *L'architecture symbolique des Cathemerinon de Prudence* – VL 113 (1989) 18-24

4693 MCCARTHY, W.J. *Satan, the archon (not charon) mundi: an emendation of Prudentius' Hamartigenia 502* – CM 40 (1989) 213-225

4694 NORMAN, J.S. *Metamorphoses of an Allegory. The Iconography of the Psychomachia in Medieval Art* [American University Studies. Series IX. History 29]. New York, N.Y; Bern; Frankfurt am Main; Paris: P. Lang 1988. 353 pp. 112 tabb.

4695 PALMER, ANNE-MARIE *Prudentius on the Martyrs* [Oxford Classical Monographs]. Oxford: Clarendon Press 1989. X, 326 pp.
4696 PASCUAL TORRO, J. *La antítesis Eva-María en Prudencio.* In: *Pléroma* (cf. 1988-90, 312)
4697 PEINADOR, M. *El Protoevangelio (Gen III, 15) en la exposición de Filón y en un poema de Prudencio* – EphMariol 39 (1989) 455-465
4698 PETRUCCIONE, J. *The portrait of St. Eulalia of Mérida in Prudentius' Peristephanon 3* – AB 108 (1990) 81-104
4699 PETRUCCIONE, JOHN *Prudentius' portrait of St. Cyprian: an idealized biography* – REA 36 (1990) 225-241
4700 PUCCI, JOSEPH *The pollex of Ovid in Prudentius and Angilbert* – CW 81 (1988) 153-164
4701 SHANZER, DANUTA *Allegory and reality: Spes, Victoria and the date of Prudentius' Psychomachia* – IClSt 14 (1989) 347-363
4702 SHANZER, DANUTA *The date and composition of Prudentius's Contra orationem Symmachi libri* – RFC 117 (1989) 442-462
4703 SIRAGO, VITO A. *Ideologia di Roma cristiana nel V sec., da Prudenzio a Leone Magno.* In: *Tradizione dell'antico nelle letterature* (cf. 1988-90, 359) 137-148
4704 TOOHEY, PETER *Prudentius Cath. 2.72 and the stanza* – Mn 42 (1989) 498-501

III.2. Quodvultdeus

4705 *[Quodvultdeus] Promesse e predizioni di Dio.* Trad., introd. e note a cura di ANTONIO V. NAZZARO [CTP 82]. Roma: Città Nuova Ed. 1989. 349 pp.

III.2. Regula Magistri

4706 *Die Magisterregel.* Einf. u. Übers. von KARL SUSO FRANK. St. Ottilien: EOS-Verlag 1989. 441 pp.
4707 COLOMBAS, G.M. *Sobre la «Regla del Maestro»* – NetV 14 (1989) 269-316
4708 DUNN, MARILYN *Mastering Benedict: monastic rules and their authors in the early medieval West* – EHR 105 (1990) 567-594
4709 GOMEZ, ILDEFONSO M. *Regla del Maestro – Regla de San Benito.* Edición sinóptica. Introducción, versión, distribución sinóptica y notas [Espiritualidad Monástica. Fuentes y Estudios 12]. Zamora: Ediciones Monte Casino 1988. 538 pp.
4710 KARDONG, T.G. *The Devil in the Rule of the Master* – StMon 30 (1988) 41-62
4711 RIVAS, F. *El Prólogo de la «Regla del Maestro» ¿Itinerario espiritual de un monje desconocido?* – CuadMon 25 (1990) 461-476

4712 SCHOENEN, ANNO *Oratio brevis. Das kurze Gebet als Wesenszug des stillen Gebetes in der Tradition und heute.* In: *Itinera Domini* (cf. 1988-90, 263) 175-188

4713 SELLA I BARRACHINA, V. *Particularidades del latín de la «Regula Magistri».* In: *Actas del I Simposio* (cf. 1988-90, 164) 435-444

4714 VOGÜÉ, ADALBERT DE *Der Sohn, der Heilige Geist und der Vater in der Magisterregel* – EA 64 (1988) 446-463

4715 VOGÜÉ, ADALBERT DE *Le Fils, l'Esprit Saint et le Père dans la Règle du Maître* – ColCist 50 (1988) 76-93

4716 ZELZER, KLAUS *Von Benedikt zu Hildemar. Zu Textgestalt und Textgeschichte der Regula Benedicti auf ihrem Weg zur Alleingeltung* – FMSt 23 (1989) 112-130

III.2. Romanus Melodus

4717 *[Romanus Melodus] Romanos de Melode, Vier Byzantijnse hymnen en de Akáthistoshymne.* Edd. W.J. AERTS; H. HOKWERDA; H. SCHOONHOVEN. Groningen 1990.

4718 BARKHUIZEN, J.H. *Association of ideas as a principle of composition in Romanos* [mit Zusammenfassung in griechischer Sprache] – Hell 39 (1988) 18-24

4719 BARKHUIZEN, J.H. *Romanos' Encomium on Joseph: portrait of an athlete* – JÖB 40 (1990) 91-106

4720 BARKHUIZEN, J.H. *Romanos Melodos and the composition of his Hymns: prooimion and final strophe* [mit griech. Zus.-fass.] – Hell 40 (1989) 62-77

4721 BARKHUIZEN, J.H. *Romanos Melodos, Kontakion 10 (Oxf.): «On the sinful woman»* – AClass 33 (1990) 33-52

4722 CONCA, FABRIZIO *Giuseppe e la moglie di Putifarre (Romano di Melode, contacio 44 M-T).* In: *Contributi di filologia greca.* Ed. ITALO GALLO [Quaderni del Dip. di Scienze dell'Antichità dell'Univ. degli Studi di Salerno 6]. Napoli: Arte Tipografica (1990) 143-158

4723 HUNGER, H. *Das lebensspendende Wasser. Romanos Melodos, Kontakion 9 (Oxf. = 19 SC): Jesus und die Samariterin* – JÖB 38 (1988) 125-157

4724 PETERSEN, WILLIAM L. *The Dependence of Romanos the Melodist upon the Syriac Ephrem.* In: *Studia patristica 18,4* (cf. 1988-90, 345) 274-281

III.2. Rufinus Aquileiensis

4725 *[Rufinus Aquileiensis] De Ieiuno I, II. Zwei Predigten über das Fasten nach Basileios von Kaisareia.* Einleitung, Übers. und An-

merk. von HEINRICH MARTI [VigChr. Suppl 6]. Leiden: Brill
1989. XXXIII, 56 pp.

4726 *[Rufinus Aquileiensis] Tyrannius Rufinus, Historia monachorum
sive de vita sanctorum patrum*. Hrsg. EVA SCHULZ-FLÜGEL
[PTS 34]. Berlin: de Gruyter 1990. XXV, 423 pp.

4727 CHRISTENSEN, TORBEN *Rufinus of Aquileia and the Historia
Ecclesiastica, lib. VIII-IX, of Eusebius* [DVSHFM 58]. København: Munksgaard 1989. 339 pp.

4728 FEDALTO, GIORGIO *Rufino di Concordia (345 c.-410/411) tra
Oriente e Occidente*. Roma: Città Nuova Ed. 1990. 173 pp.

4729 PACE, NICOLA *Ricerche sulla traduzione di Rufino del De principiis di Origene* [Pubbl. della Fac. di lettere e filos. dell'Univ. di
Milano 133] Firenze: La Nuova Italia 1990. XVII, 222 pp.

4730 THÉLAMON, FRANÇOISE *Destruction du paganisme et construction du royaume de Dieu d'après Rufin et Augustin* [m. engl.
Zsfssg.] – CrSt 11 (1990) 523-544

4731 WEIGAND, R. *Burchardauszüge in Dekrethandschriften und ihre
Verwendung bei Rufin und als Paleae im Dekret Gratians* – AKK
158 (1989) 429-451

4732 WYNN, P. *Rufinus of Aquileia's Ecclesiastical History and Victor
of Vita's History of the Vandal Persecution* – CM 41 (1990)
187-198

III.2. Salvianus Massiliensis

4733 BLÄNSDORF, J. *Salvian über Gallien und Karthago. Zu Realis-
mus und Rhetorik in der spätantiken Literatur*. In: *Studien zu Gregor von Nyssa* (cf. 1988-90, 351) 311-322

4734 BLAZQUEZ MARTINEZ, JOSÉ MARIA *La sociedad del Bajo
Imperio en la obra de Salviano del Marsella*. Discurso leído el
14.01.1990 y Contestación por A. BLANCO FREYEIRO. Madrid:
Real Academia de la Historia 1990. 88 pp.

III.2. Sedulius

4735 *[Sedulius] Carmen Paschale boek 4* [mit deutscher Zusammenfas-
sung]. Intr. u. comm. PAULUS WILHELMUS ANTONIUS
THEODORUS VAN DER LAAN. Leiden: Proefschr. Rijksuniv.
Leiden Oud-Beijerland Chez l'auteur. 1990. LXIV, 243 pp.

4736 DERMOT SMALL, C. *Typology in Sedulius' Carmen paschale*. In:
Studia patristica 18,4 (cf. 1988-90, 345) 195-200

4737 Vacat

4738 LAAN, PAULUS W. VAN DER *Sedulius carmen paschale boek 4:
inleiding, vertaling, commentaar* [Diss.]. Leiden: Rijksuniv. 1990.
LXIV, 243 pp.

4739 LÖFSTEDT, B. *Adnotatiunculae patristicae* – Aevum 62 (1988) 169-170

4740 SPRINGER, C.P.E. *The Gospel as Epic in Late Antiquity: the Paschale Carmen of Sedulius* [VigChr.Suppl 2]. Leiden: Brill 1988. XI, 168 pp.

III.2. Severianus Gabalensis

4741 AUBINEAU, MICHEL *Sévérien de Gabala, De spiritu sancto: histoire des éditions et récupération de la fin d'un texte, amputé dans la Patrologie Grecque.* In: *Polyanthema* (cf. 1988-90, 313) I 37-47

4742 DATEMA, CORNELIS *The role of the martyr in the Homilies of Severian of Gabala.* In: *Fructus centesimus* (cf. 1988-90, 237) 61-67

4743 DATEMA, CORNELIS *Towards a critical edition of the Greek homilies of Severian of Gabala* – OLP 19 (1988) 107-115

4744 DROBNER, H.R. *Severian von Gabala. Die Berechnung der Auferweckung des Herrn nach drei Tagen (CPG 4295/12). Edition, Übersetzung, Kommentar* – ThGl 78 (1988) 305-317

4745 VOICU, S.J. *Una nuova fonte dell'omelia In annuntiatione (CPG 3224): Severiano di Gabala, De fide* – OrChrP 55 (1989) 197-198

III.2. Severus Antiochenus

4746 AUBINEAU, MICHEL *Sévère d'Antioche, homélie cathédrale XXIV, In Ascensionem. Un fragment syriaque identifié (CPG 7073) et deux fragments grecs rétrouvés* – RSLR 24 (1988) 81-92

4747 BREYDY, MICHAEL *Les témoignages de Sévère d'Antioche dans l'Exposé de la foi de Jean Maron* – Mu 103 (1990) 215-235

4748 CARRARA, PAOLO *Severo di Antiochia nelle catene esegetiche alla Genesi* – Sileno 14 (1988) 171-178

4749 ESBROECK, MICHEL VAN *Une note de Severe d'Antioche sur Juda cyriaque.* In: *Symposium Syriacum* (cf. 1988-90, 354) 183-194

III.2. Sidonius Apollinaris

4750 *[Sidonius Apollinaris] Le Nozze di Polemio e Araneola: (Sidonio Apollinare, Carmina xiv-xv).* Introd., trad. e comm. GIOVANNI RAVENNA [Testi e manuali per l'insegnamento univ. del latino 33]. Bologna: Pàtron 1990. 102 pp.

4751 *[Sidonius Apollinaris] Poemes, I: Panegírics (Carm. I-VIII)* [In katalanischer Sprache]. Introd., text. rev. et trad. de JOAN BELLES [Coll. Escriptors Ilat. 256]. Barcelona: Fund. Bernat Metge 1989. 187 pp.

4752 BONJOUR, MADELEINE *Discrétion mondaine ou réserve chrétienne? Les femmes chez Sidoine Apollinaire.* In: *Res sacrae: Hommages à Henri Le Bonniec.* (cf. 1988-90, 253) 40-52

4753 BONNERY, A. *Géographie historique de la Septimanie au temps de Sidoine Apollinaire et de Grégoire de Tours.* In: *Actes du IX° Journées d'Archéologie Mèrovingienne: Gaule mérovingienne et monde méditerranéen.* Imago, Musée archéologique de Lattes (1988) 41-16

4754 CARTER, JOHN MARSHALL *Games early medieval people played: Sidonius Apollinaris and Gallo-Roman-German sports* – Nikephoros (Hildesheim) 3 (1990) 225-231

4755 CLOPPET, CHRISTIAN *A propos d'un voyage de Sidoine Apollinaire entre Lyon et Clermont-Ferrand* – Latomus 48 (1989) 857-868

4756 COLTON, ROBERT E. *Some echoes of Persius in Sidonius Apollinaris* – CB 64 (1988) 49-52

4757 CUGUSI, PAOLO *Un'epistola recusatoria di Sidonio* – BStudLat 20 (1990) 375-380

4758 FERNANDEZ LOPEZ, M.C. *«Recordatio iocorum tempore dolendi» (Sidonio Apolinar Ep. 8,11,2).* In: *Actas del I Simposio* (cf. 1988-90, 164) 237-243

4759 HEBERT, BERNHARD *Philosophenbildnisse bei Sidonius Apollinaris. Eine Ekphrasis zwischen Kunstbeschreibung und Philosophiekritik* – Klio 70 (1988) 519-538

4760 KOSTER, SEVERIN *Princeps und poeta in Lyon (Sidon. carm. 3;4;13).* In: *Festschrift für Paul Klopsch* (cf. 1988-90, 233) 293-307

4761 POLARA, GIOVANNI *I palindromi* – Vichiana 18 (1989) 323-332

4762 SIVAN, HAGITH S. *Sidonius Apollinaris, Theodoric II, and Gothic-Roman politics from Avitus to Anthemius* – Her 117 (1989) 85-94

III.2. Sinuthius

4763 DEPUYDT, L. *In Sinuthium graecum* – Orientalia 59 (1990) 67-71

4764 LUCCHESI, ENZO *Chénouté a-t-il écrit en grec?* In: *Mélanges Antoine Guillaumont* (cf. 1988-90, 283) 201-210

4765 PEZIN, M. *Une texte copte de la prière attribuée à Chenouti.* In: *Mélanges Antoine Guillaumont* (cf. 1988-90, 283) 63-68

4766 ROQUET, G. *Chenoute critique d'une étymologie du Cratyle: DAIMONION* – ZÄA 115 (1988) 153-156

4767 VLIET, J. VAN DER *Chenouté et les démons.* In: *IVe congrès international d'études coptes* (cf. 1988-90, 208) 48

III.2. Siricius

4768 GARCIA GARCIA, L.M. *El papa Siricio (+ 399) y la significación matrimonial.* In: *Hispania Christiana* (cf. 1988-90, 250) 123-137

III.2. Socrates Scholasticus

4769 *[Socrates Scholasticus] Sokrates Scholastyk, Historia Kościoła.* Edd. STEFAN KAZIKOWSKI; EWA WIPSZYCKA; ADAM ZIOŁKOWSKI. Warszawa: Pax 1986. 612 pp.

III.2. Sozomenus

4770 Vacat
4771 SANCHEZ LEON, J.C. *Sozomeno ¿es fuente de la historia de los Bagaudas?* – Helmántica 39 (1988) 391-401

III.2. Spelunca Thesaurorum

4772 KOWALSKI, ALEKSANDER *Krew w opisie Męki Chrystusa w syryjskiej «Jaskini skarbów»* (= Il sangue nella descrizione della Passione di Cristo secondo un'opera siriaca «La spelonca dei tesori») – VoxP 8 (1988) f.15, 913-925
4773 RI, SU-MIN *Le testament d'Adam et la caverne des tresors.* In: *Symposium Syriacum* (cf. 1988-90, 354) 111-122

III.2. Sulpicius Severus

4774 *[Sulpicius Severus] Sulpicio Severo. Vida de S. Martín de Tours.* Introducción de E. CONTRERAS. Traducción de P. SAENZ [Nepsis 1]. Victoria (B.A.): Ecuam 1990. XXXVI, 37 pp.
4775 *[Sulpicius Severus] Sulpicjusz Sewer. Żywot świętego Martina.* Ed. WIESŁAW WOZNIAK. Lublin 1985. 102 pp.
4776 DUVAL, YVES-MARIE *Sulpice Sévère entre Rufin d'Aquilée et Jérôme dans les Dialogues, I,1-9.* In: *Mémorial Jean Gribomont* (cf. 1988-90, 288) 199-222
4777 FONTAINE, JACQUES *La perception du temps chez Sulpice Sévère: contradictions et cohérence* – REAnc 90 (1988) 163-176
4778 FONTAINE, JACQUES *Pureté et mélange. Le racisme spirituel de Sulpice Sévère.* In: *Mémorial Jean Gribomont* (cf. 1988-90, 288) 233-251

4779 KLEIN, RICHARD *Die Praefatio der Martinsvita des Sulpicius Severus. Form, Inhalt und überzeitliche Bedeutung* – AU 31,4 (1988) 5-32

4780 LEPELLEY, CLAUDE *Trois documents méconnus sur l'histoire sociale et religieuse de l'Afrique romaine tardive retrouvès parmi les spuria de Sulpice Sévère* – AntAfr 25 (1989) 235-262

4781 VAESEN, JOS *Sulpice Sévère et la fin des temps.* In: *The Use and Abuse of Eschatology in the Middle Ages* (cf. 1988-90, 363) 49-71

III.2. Symeon Stylita Iunior

4782 HESTER, D. *The Eschatology of the Sermons of Symeon the Younger the Stylite* – StVlThQ 34 (1990) 329-342

III.2. Symmachus

4783 SALVESEN, ALISON *The translation of Symmachus in the Pentateuch and its place in exegetical tradition* [Diss.]. Oxford 1988. 410 pp. [microfilm; cf. summary in DissAbstr 50 (1989-1990) 3577 A.]

III.2. Synesius Cyrenensis

4784 *[Synesius Cyrenensis] Opere di Sinesio di Cirene: Epistole, Operette, Inni.* Ed. ANTONIO GARZYA [Coll. Classici Greci, Autori della tarda antichità e dell'età bizantina]. Torino: Unione Tipografico – Editrice Torinese 1989. 871 pp.

4785 AUJOULAT, NOEL *De la phantasia et du pneuma stoïciens, d'après Sextus Empiricus, au corps lumineux néo-platonicien (Synésios de Cyrène et Hiéroclès d'Alexandrie)* – Pallas 34 (1988) 123-146

4786 BERGMAN, JAY *Synesius of Cyrene: «philosopher»-bishop?* – AncPhil 10 (1990) 339-342

4787 CAMERON, A.; LONG, J.; SHERRY, L. *Textual notes on Synesius' De Providentia* – Byzan 58 (1988) 54-64

4788 CECCON, MAURIZIO *Intorno ad alcuni passi dell'Inno I di Sinesio* – CCC 11 (1990) 295-313

4789 COPENHAVER, B.P. *Iamblichus, Synesius, and the Chaldaean oracles in Marsilio Ficino's De vita libri tres.* In: *Supplementum festivum. Studies in honor of Paul Oskar Kristeller.* Edd. J. HANKINS et al. [Texts and studies 49]. Binghamton, N.Y. (1987) 441-455

4790 DIEHLE, ALBRECHT *Die Gewissensentscheidung des Synesios.* In: *Loyalitätskonflikte* (cf. 1988-90, 278) 324-329

4791 DZIELSKA, M. *The notion of the «native land» in Synesius of Cyrene* – VoxP 8 (1988) f.14, 423-427

4792 GARZYA, A. *Sinesio e la Chiesa Cirenaica.* In: *Polyanthema* (cf. 1988-90, 313) 285-293

4793 GARZYA, ANTONIO *Sinesio e Andronico.* In: *Hestíasis* (cf. 1985-87, 279) I 93-103

4794 HEATHER, P. *The anti-Scythian tirade of Synesius' De regno* – Phoenix 42 (1988) 152-172

4795 JUILLET, J. *Synesios de Cyrène, philosophe, gouverneur, évêque (370-413)* – Annales de la Société scientifique et littéraire de Cannes et de l'arrondissement de Grasse (Cannes) 36 (1990) 157-173

4796 LACOMBRADE, C. *Le Dion de Synésios de Cyrène et ses quatre sages barbares* – KoinNapoli 12 (1988) 17-26

4797 LACOMBRADE, C. *Sinesio: Il «Trattato dei sogni».* In: *Il sogno in Grecia.* Ed. G. GUIDORIZZI. Bari: Laterza (1988) 191-207

4798 LAMIRANDE, ÉMILIEN *Hypatie, Synésios et la fin des dieux: l'histoire et la fiction* – SR 18 (1989) 467-489

4799 RAHN, HELMUT *Literatur und Leben: literaturmorphologische Bemerkungen zu Synesios von Kyrene und seinem «Dion».* In: Ἑρμηνεύματα (cf. 1988-90, 226) 231-255

4800 ROQUES, DENIS *Études sur la correspondance de Synésios de Cyrène* [Collection Latomus 205]. Bruxelles: Soc. Latomus 1989. 274 pp.

4801 ROQUES, DENIS *Synésios de Cyrène et la Cyrénaïque du bas empire* [Ét. d'antiquités africaines] Paris: Éd. du CNRS 1988. 492 pp.

III.2. Tatianus Syrus

4802 AFINOGENOV, D.J. *To whom was Tatian's Apology directed?* [In russischer Sprache, mit engl. Zusammenfassung] – VDI 192 (1990) 167-174

4803 BAARDA, T. *Διαφωνία – συμφωνία. Factors in the harmonization of the Gospels, especially in the Diatessaron of Tatian.* In: *Gospel traditions* (cf. 1988-90, 242) 133-154

4804 BAARDA, TJITZE *«A staff only, not a stick»: disharmony of the Gospels and the Harmony of Tatian (Matthew 10,9f.; Mark 6,8f.; Luke 9,3 and 10,4).* In: *The New Testament in early Christianity* (cf. 1988-90, 298) 311-333

4805 LOUCAS-DURIE, ÉVELINE *Le nom de la Thea Despoina. Tatien, Ad Graec. 29; Paus. VIII,37,6 et 9* [mit Zusammenfassung in griechischer Sprache]. In: Πρακτικά Γ' Διεθνούς Συνεδρίου Πελοποννησιακῶν Σπουδῶν, Καλαμάτα 8-15 σεπτεμβρίου 1985. Athènes (1987/88) II 401-419

4806 MARCOVICH, MIROSLAV *On the Text of Tatian's Oratio*. In: *Pléroma* (cf. 1988-90, 312)

4807 PETERSEN, WILLIAM L. *Tatian's Diatessaron*. In: *Ancient Christian Gospels* (cf. 1988-90, 175) 403-430

4808 PETERSEN, WILLIAM L. *Textual evidence of Tatian's dependence upon Justin's* ΑΠΟΜΝΗΜΟΝΕΥΜΑΤΑ – NTS 36 (1990) 512-534

4809 STAROWIEYSKI, MAREK *Męka Pańska wedle Dioatessaronum Tacjana Syryczyka* (= Passio Domini secundum Diatessaron Tatiani) – RBL 42 (1989) 259-268

III.2. Tertullianus

4810 *[Tertullianus] De exhortatione castitatis. Ermahnung zur Keuschheit*. Hrsg. und übers. von HANS-VEIT FRIEDRICH [Beiträge zur Altertumskunde 2]. Stuttgart: Teubner 1990. IV, 99 pp.

4811 *[Tertullianus] De spectaculis. Über die Spiele*. Übers. u. hrsg. von KARL-WILHELM WEEBER [lateinisch – deutsch]. Stuttgart: Reclam 1988. 119 pp.

4812 *[Tertullianus] L'anima*. Trad. et comm. di M. MENGHI, pres. di MARIO VEGETTI [Collana Il convivio]. Venezia: Marsilio 1988. 264 pp.

4813 *[Tertullianus] Tertulliá. Sobre el Baptisme i altres escrits*. Introducció de J. FABREGAS. Traducció de J. FABREGAS i A. SOLER [Clàssics del Cristianisme 6]. Barcelona: Facultat de Teología de Catalunya/Fundació Enciclopèdia Catalana 1989. 160 pp.

4814 *[Tertullianus] Tertulliano. Il matrimonio nel cristianesimo preniceno. Ad uxorem, De exhortatione castitatis, De monogamia*. A cura di PIER ANGELO GRAMAGLIA [CCA]. Roma: Borla 1988. 521 pp.

4815 *[Tertullianus] Tertulliano. La resurrezione dei morti*. Trad., introd. e note a cura di CLAUDIO MICAELLI [CTP 87]. Roma: Città Nuova 1990. 217 pp.

4816 *[Tertullianus] Tertulliano. Scorpiace*. A cura di GIOVANNA AZZALI BERNARDELLI [BPatr 14]. Firenze: Nardini Ed. 1990. 338 pp.

4817 *[Tertullianus] Tertullianus forsvarsskrift for de kristne*. Oversættelse med indledning og noter af NIELS WILLERT [BoH 15]. Aarhus: Universitetsforlag 1990. 134 pp.

4818 *[Tertullianus] Tertullien. Contre Marcion. 1. Livre I*. Introd., texte critique, trad. et notes par RENÉ BRAUN [SC 365]. Paris: Ed. du Cerf 1990. 313 pp.

4819 *[Tertullianus] Tertullien. Le mariage unique.* Introd., texte critique, trad. e commentaire de PAUL MATTEI [SC 343]. Paris: Ed. du Cerf 1988. 419 pp.

4820 ALCAIN, J.A. *Las normas de lo cristiano en el «De Praescriptione» de Tertuliano.* In: *Pléroma* (cf. 1988-90, 312)

4821 AUWERS, JEAN-MARIE *Tertullien et les Proverbes. Une approche philologique à partir de Prov. VIII,22-31.* In: *Mémorial Jean Gribomont* (cf. 1988-90, 288) 75-83

4822 AZZALI BERNARDELLI, GIOVANNA *De quaestionibus confessionum alibi docebimus (Tertulliano, Cor.1,5).* In: *Hommage à René Braun II* (cf. 1988-90, 252) 51-84

4823 AZZALI BERNARDELLI, GIOVANNA *Quaestiones Tertullianeae criticae.* Mantova: Galli 1990. 165 pp.

4824 AZZALI BERNARDELLI, GIOVANNA *Quomodo et scriptum est (Scorp. 11, 5): nota su ermeneutica e tradizione apostolica in Tertulliano montanista* – AugR 30 (1990) 221-257

4825 BABINSKI, M. *O Scorpiace Tertuliana. Motyw skorpiona w apologii męczeństwa* (= De Scorpiace de Tertullien. Le thème du scorpion dans l'apologie du martyre) – RoczH 36 (1988/3) 153-161

4826 BERNARDO, BONIFACIO *Simbolismo e tipologia do baptismo en Tertuliano e Santo Ambrósio. Estudo litúrgico-teológico.* Lisboa: Universidade Catolica Portuguesa 1988. 453 pp. = Didaskalia 18 (1988)

4827 BIELAWSKI, MACIEJ, OSB *Norwid czyta Tertuliana* (= Norwid legge Tertulliano) – VoxP 8 (1988) f.15, 649-656

4828 BRAUN, RENÉ *Sacralité et sainteté chez Tertullien* – BulBudé (1989) 339-344

4829 BURROWS, MARK S. *Christianity in the Roman forum. Tertullian and the apologetic use of history* – VigChr 42 (1988) 209-235

4830 CALOGIURI, ROBERTO *Il sangue tra metafora e storia: osservazioni sul lessico di Tertulliano.* In: *Sangue e antropologia nella teologia* (cf. 1988-90, 328) III 1351-1383

4831 CONTRERAS, E. *Tertuliano: «Adversus Praxeam». Un tratado antimonarquiano* – StOv 16 (1988) 209-224

4832 COSTANTINI, MARIE-LOUISE *Tertullien, Nietzsche: deux sombres précurseurs.* In: *Hommage à René Braun II* (cf. 1988-90, 252) 223-246

4833 DEVOTI, DOMENICO *All'origine dell'onirologia cristiana: (con particolare riferimento a Tert., de an. 45-49)* – AugR 29 (1989) 31-53

4834 DURST, MICHAEL *Christen als römische Magistrate um 200. Das Zeugnis des Kaisers Septimius Severus für Christen aus dem Senatorenstand (Tertullian, Ad Scapulam 4,6)* – JAC 31 (1988) 91-126

4835 DUVAL, YVES-MARIE *Sur un prétendu fragment d'un traité perdu de Tertullien chezJérôme*. In: *Hommage à René Braun II* (cf. 1988-90, 252) 161-176

4836 FRANKLIN, LLOYD DAVID *The spiritual gifts in Tertullian* [Diss.]. Saint Louis Univ. 1989. 165 pp. [microfilm, cf. summary in DissAbstr 50 (1989-1990) 2538A]

4837 GRAMAGLIA, PIER ANGELO *Visceratio: semantica eucaristica in Tertulliano*. In: *Sangue e antropologia nella teologia* (cf. 1988-90, 328) III 1385-1417

4838 HAENDLER, GERT *Tertullian und die Einheit der Kirche*. In: *Einheit der Kirche* (cf. 1988-90, 224) 80-92

4839 HAMMAN, ADALBERT G., OFM *L'homme, image de Dieu chez Tertullien*. In: *Hommage à René Braun II* (cf. 1988-90, 252) 97-110

4840 HOUSE, DENNIS K. *The relation of Tertullian's Christology to pagan philosophy* – Dionysius 12 (1988) 29-36

4841 JACOBSON, HOWARD *Tertullian and propagation* – VigChr 43 (1989) 397

4842 LEPELLEY, CLAUDE «*Ubique Respublica*»: *Tertullien, témoin méconnu de l'essor des cités africaines à l'époque sévérienne*. In: *L'Afrique dans l'occident romain* (cf. 1988-90, 168) 403-421

4843 LOF, L.J. VAN DER *Tertullian on the continued existence of things and beings* – REA 34 (1988) 14-24

4844 MATTEI, PAUL *La Place de 'De monogamia' dans l'évolution théologique et spirituelle de Tertullien*. In: *Studia patristica 18,3* (cf. 1988-90, 344) 319-328

4845 MATTEI, PAUL *Le schisme de Tertullien: essai de mise au point biographique et ecclésiologique*. In: *Hommage à René Braun II* (cf. 1988-90, 252) 129-149

4846 MATTER, MICHEL *Jeux d'amphithéâtre et réactions chrétiennes de Tertullien à la fin du Ve siècle*. In: *Spectacula, I: Gladiateurs et amphithéâtres: actes du colloque tenu à Toulouse et à Lattes les 26, 27, 28 et 29 mai 1987*. Ed. par CLAUDE DOMERGUE, CHRISTIAN LANDES et JEAN-MARIE PAILLER. Paris: Ed. Imago & Lattes Musée archéol. Henri Prades (1990) 259-264

4847 MCDONNELL, KILIAN *Communion ecclesiology and baptism in the Spirit. Tertullian and the early church* – ThSt 49 (1988) 671-693

4848 MICAELLI, CLAUDIO *Note critiche ed esegetiche al testo del De resurrectione di Tertulliano* – VetChr 26 (1989) 275-286

4849 MICAELLI, CLAUDIO *Nuove ricerche sulla fortuna di Tertulliano* – KoinNapoli 13 (1989) 113-126

4850 MORESCHINI, CLAUDIO *Aspetti della dottrina del martirio in Tertulliano*. In: *Pléroma* (cf. 1988-90, 312)

4851 MOSCI SASSI, MARIA GRAZIA *Una proposta di lettura a Tert. Spect. 29,5* – Res publica litterarum (Laurence, Kans.) 12 (1989) 139-143

4852 MUNIER, CHARLES *Observations sur Tertullien, De pudicitia VI,15* – SE 30 (1987/88) 225-229

4853 MUNIER, CHARLES *Propagande gnostique et discipline ecclésiale d'après Tertullien* – ReSR 63 (1989) 195-205

4854 MUNIER, CHARLES *Remarques sur le texte du De pudicitia de Tertullien*. In: *Hommage à René Braun II* (cf. 1988-90, 252) 85-90

4855 NAUTIN, PIERRE *Tertullien De exhortatione castitatis VII,3* – Orpheus 11 (1990) 112-116

4856 NAUTIN, PIERRE *Tertullien, De spectaculis 26,4*. In: *Hommage à René Braun II* (cf. 1988-90, 252) 47-50

4857 OBRYCKI, K. *Los złych po śmierci według Tertuliana* (= De malorum sorte post mortem Tertullianus quid senserit) – VoxP 10 (1990) f.19, 599-608

4858 OTON SOBRINO, E. *Epicuro y Lucrecio en la polémica de Tertuliano y Lactancio* – Helmántica 40 (1989) 133-158

4859 PARRONI, PIERGIORGIO *Nota a Tertulliano, De monogamia 2,4* – RFC 117 (1989) 329-331

4860 PERUZZI, EMILIO *Tertulliano. Spect. 29,5* – Par 44 (1989) 186-187

4861 PETITMENGIN, PIERRE *Errata Tertullianea*. In: *Hommage à René Braun II* (cf. 1988-90, 252) 35-46

4862 PICON, VICENTE *El «De spectaculis» de Tertuliano: su originalidad*. In: *Actas del I Simposio* (cf. 1988-90, 164) 397-412

4863 PIMENTEL, MARTA *Los dioses paganos en el Apologeticum de Tertuliano*. In: *L'Africa Romana* (cf. 1988-90, 166/167) II 625-641

4864 PIMENTEL, MARTA *El culto al emperador en el Apologeticum de Tertuliano* – HispAnt 13 (1986-89) 159-171

4865 QUISPEL, GILLES *Hermes Trismegistus and Tertullian* – VigChr 43 (1989) 188-190

4866 RAISKILA, PIRJO *Periphrastic use of habere in Tertullian*. In: *Latin vulgaire – latin tardif* (cf. 1988-90, 270) II 209-217

4867 RESEGHETTI, SILVIA *Il provvedimento di Settimio Severo sui collegia religionis causa e i cristiani* – RSCI 42 (1988) 357-364

4868 ROCA MELIA, ISMAEL *Significado clásico y cristiano de pax en Tertuliano*. In: *Homenaje a José Esteve Forriol, a cura de Ismael Roca & Jorge L. Sanchis*. NAU Llibres València Dep. de filol. clàssica Univ. de València (1990) 141-150

4869 SACHOT, MAURICE *Christianisme antique et catégories historiques*. In: *Fiction, ordre, origine*. L'institution de l'histoire, 1: Sous la dir. de R. HEYER. Paris & Strasbourg: Ed. du Cerf & CERIT (1989) 13-36

4870 SATRAN, DAVID *Fingernails and hair. Anatomy and exegesis in Tertullian* – JThS 40 (1989) 116-120

4871 SCHNEIDER, ANDRÉ *Note sur la tradition manuscrite de Tert., test.4,1.* In: *Hommage à René Braun II* (cf. 1988-90, 252) 91-95

4872 SERRA ZANETTI, PAOLO *Avulsi sumus in eis: (Ezech. 37,11 ap. Tertull. res. 29,12).* In: *Tradizione dell'antico nelle letterature* (cf. 1988-90, 359) 30-34

4873 SIDER, R.D. *Literary artifice and the figure of Paul in the writings of Tertullian.* In: *Paul* (cf. 1988-90, 307) 99-120

4874 SINISCALCO, PAOLO *Anima sine materia stabili: per la storia dell'interpretazione di alcuni passi di Tertulliano (Apol.48,4; Test.4,1).* In: *Hommage à René Braun II* (cf. 1988-90, 252) 111-128

4875 ST-ARNAUD, GUY-ROBERT *De la «lettre» à persona: prolégomènes à une structure* – ReSR 64 (1990) 283-305

4876 STEINER, HEINRICH *Das Verhältnis Tertullians zur antiken Paideia* [Studien zur Theologie und Geschichte 3]. St. Ottilien: EOS-Verlag 1989. VIII, 285 pp.

4877 TIBILETTI, CARLO *Il problema della priorità Tertulliano – Minucio Felice.* In: *Hommage à René Braun II* (cf. 1988-90, 252) 23-34

4878 TIBILETTI, CARLO *Tertulliano, Lerino e la teologia provenzale* – AugR 30 (1990) 45-61

4879 UGENTI, VALERIO *Noterelle critiche a Tertulliano e Giuliano.* In: *Rudiae* (cf. 1988-90, 326) I 187-191

4880 VICIANO, A. *La feminidad en la teología de Tertuliano y Cipriano.* In: *Masculinidad y Feminidad en la Patrística.* Ed. por D. RAMOS-LISSON; P. J. VILADRICH; J. ESCRIVA-IVARS. Pamplona: Universidad de Navarra (1989) 63-82

III.2. Theodoretus Cyrensis

4881 *[Theodoretus Cyrensis] Discorsi sulla providenza.* Trad., introd. e note a cura di MARCO NINCI [CTP 75]. Roma: Città Nuova Ed. 1988. 297 pp.

4882 *[Theodoretus Cyrensis] Theodoret of Cyrus, On Divine Providence.* Transl. and anntotated by THOMAS HALTON [ACW 49]. New York; Mahwah, N.J: Newman Press 1988. VIII, 230 pp.

4883 COPE, GLENN MELVIN *An Analysis of the Heresiological Method of Theodoret of Cyrus in the «Haereticarum Fabularum Compendium»* [Diss.]. Ann Arbor, Mich.: UMI 1990. 412 pp. [cf. summary in DissAbstr 51 (1990) 1651A]

4884 HALLEUX, ANDRÉ DE *L'Histoire ecclésiastique de Théodoret dans les florilèges grégoriens syriaques*. In: *Mélanges Antoine Guillaumont* (cf. 1988-90, 283) 221-232

4885 HERRMANN, JOHANNES *Ein Streitgespräch mit verfahrensrechtlichen Argumenten zwischen Kaiser Konstantius und Bischof Liberius* [zu II,16,1-27]. In: *Kleine Schriften zur Rechtsgeschichte*. Hrsg. GOTTFRIED SCHIEMANN [MüBPR 83]. München: Beck (1990) 321-330

4886 PARMENTIER, M.F.G. *A letter from Theodoret of Cyrus to the exiled Nestorius (CPG 6270) in a Syriac Version* – BijFTh 28 (1990) 234-245

4887 SPINKS, B.D. *The east Syrian anaphora of Theodore. Reflections upon its sources and theology* – EL 103 (1989) 441-455

4888 VICIANO, A. *Theodoret von Kyros als Interpret des Apostels Paulus* – ThGl 80 (1990) 279-315

4889 VICIANO, ALBERTO *«Homeron ex Homerou saphenizein». Principios hermenéuticos de Teodoreto de Ciro en su Comentario a las Epístolas Paulinas* – ScTh 21 (1989) 13-61

4890 VICIANO, ALBERTO *Cristo el Autor de nuestra Salvación. Estudio sobre el Comentario de Teodoreto de Ciro a las Epístolas Paulinas* [Colección Teológica 72]. Pamplona: Ediciones Universidad de Navarra 1990. 251 pp.

4891 VRAME, A.C. *Theodoret, Bishop of Kyros as an Exegete of Isaiah. I: A Translation of his Commentary with an Introduction* – GrOrthThR 34 (1989) 127-147

III.2. Theodorus Mopsuestenus

4892 *[Theodorus Mopsuestenus] Das syrische Fragment des Ecclesiastes-Kommentars: syrischer Text mit vollständigem Wörterverzeichnis*. Hrsg. von WERNER STROTHMANN [GöO Reihe 1, Syriaca 28]. Wiesbaden: Harrassowitz 1988. XI, 146 pp.

4893 *[Theodorus Mopsuestenus] Syrische Katenen aus dem Ecclesiastes-Kommentar des Theodor von Mopsuestia: syrischer Text mit vollständigem Wörterverzeichnis*. Hrsg. von WERNER STROTHMANN [Göttinger Orientforschungen Reihe 1, Syriaca 29]. Wiesbaden. Harrassowitz 1988. XXXIII, 131 pp.

4894 EL-KHOURY, N. *Der Mensch als Gleichnis Gottes. Eine Untersuchung zur Anthropologie des Theodor von Mopsuestia* – OrChr 74 (1990) 62-71

4895 FATICA, LUIGI *Il commento di Teodoro di Mopsuestia a Giovanni 1,1-18* – KoinNapoli 13 (1989) 61-78

4896 MAZZA, E. *La formula battesimale nelle omelie catechetiche di Teodoro di Mopsuestia* – EL 104 (1990) 23-34

4897 MAZZA, E. *La struttura dell'anafora nelle Catechesi di Teodoro di Mopsuestia* – EL 102 (1988) 147-183

4898 STROTHMANN, WERNER *Der Kohelet-Kommentar des Theodor von Mopsuestia*. In: *Religion im Erbe Ägyptens* (cf. 1988-90, 322) 186-196

4899 ZAHAROPOULOS, DIMITRI Z. *Theodore of Mopsuestia on the Bible: a study of his Old Testament exegesis*. New York: Paulist Pr. 1989. V, 223 pp.

III.2. Theognosiae Dissertatio

4900 MUNITIZ, J.A. *Jewish Controversy in Byzantium* – HeythropJ 28 (1987) 305-308

III.2. Theonas ep. Alexandrinus

4901 *[Theonas ep. Alexandrinus] Teonasa Aleksandryjskiego «List przeciw Manichejczykom» (Pap. Rylands 469)*. Introductio et translatio WINCENTY MYSZOR – VoxP 8 (1988) f.15, 1023-1026

III.2. Theophilus Alexandrinus

4902 URBANIAK-WALCZAK, KATARZYNA *Zwei verschiedene Rezensionen der Homilie über die Auferstehung der Jungfrau Maria von Theophilus von Alexandrien* – Gött. Misz. 101 (1988) 73-74

III.2. Theophilus Antiochenus

4903 BERGAMELLI, FERDINANDO *On the Meaning of the Term 'Pantokrator' in Theophilus of Antioch*. In: *Studia patristica 18,3* (cf. 1988-90, 344) 71-84

4904 CURRY, CARL *The theogony of Theophilus* – VigChr 42 (1988) 318-326

4905 MARTIN, JOSÉ PABLO *Filón hebreo y Teófilo cristiano: La continuidad de una teología natural* – Salmant 37 (1990) 301-317

4906 MARTIN, JOSÉ PABLO *La antropología de Filón y la de Teófilo de Antioquía. Sus lecturas de Génesis 2-5* – Salmant 36 (1989) 23-71

III.2. Titus Bostrensis

4907 POIRIER, PAUL-HUBERT *Quelques reflexions sur la version syriaque De contra Manichaeos de Titus de Bostra*. In: *Symposium Syriacum* (cf. 1988-90, 354) 307-320

III.2. Tyconius

4908 *[Tyconius] The Book of Rules.* Translated, with an introduction and notes by WILLIAM S. BABCOCK [SBLTT 31; Early Christian literature series 7]. Atlanta, Ga: Scholars Pr. 1989. XIV, 153 pp.

4909 ALEXANDER, JAMES S. *Some Observations on Tyconius' Definition of the Church.* In: *Studia patristica 18,4* (cf. 1988-90, 345) 115-119

4910 BRIGHT, PAMELA *The Book of Rules of Tyconius: its purpose and inner logic* [Christianity and Judaism in antiquity 2]. Notre Dame, Ind.: Notre Dame Univ. Pr. 1988. 200 pp.

4911 *A conflict of Christian hermeneutics in Roman Africa: Tyconius and Augustine.* Protocol of the 58. colloquy: 16. Oct. 1988. Ed. CHARLES KANNENGIESSER [Protocol of the 58. colloquy of the Center for Hermeneutical Studies in Hellenistic and Modern Culture]. Berkeley, Calif.: Center for Hermeneutical Studies 1989. 87 pp.

4912 DULAEY, MARTINE *La sixième Règle de Tyconius et son résumé dans le De doctrina christiana* – REA 35 (1989) 83-103

4913 ROMERO POSE, E. *Civitas como figura eclesial en Ticonio.* In: *Pléroma* (cf. 1988-90, 312)

4914 ROMERO POSE, EUGENIO *El Comentario al Apocalipsis de Ticonio* [mit engl. Zusammenfassung] – CrSt 11 (1990) 179-186

III.2. Ulfilas

4915 SANDOZ, CLAUDE *Les noms latins de l'éléphant et le nom gotique du chameau* – Latomus 48 (1989) 753-764

4916 VELKOV, VELIZAR *Wulfila und die Gothi minores in Moesien* – Klio 71 (1989) 525-527

III.2. Valerianus Cemeliensis

4917 MARA, MARIA GRAZIA *Una particolare utilizzazione del corpus paulino nella Epistula ad monachos* [de Valérien de Cimiez]. In: *Mémorial Jean Gribomont* (cf. 1988-90, 288) 411-418

4918 WEISS, JEAN-PIERRE *Influence de Basile de Césarée sur Valérien de Cimiez.* In: *Studia patristica 18,3* (cf. 1988-90, 344) 585ff

III.2. Venantius Fortunatus

4919 *[Venantius Fortunatus] Vite dei Santi Ilario e Radegonda di Poitiers.* Trad., introd. e note a cura di GIOVANNI PALERMO [CTP 81]. Roma: Città Nuova Ed. 1989. 157 pp.

4920 *Andernach [am Rhein] im Frühmittelalter. Venantius Fortunatus. Sonderausstellung im Stadtmuseum Andernach, 1. Juli 1988 – 4.*

September 1988, Begleitheft. Hrsg. von KLAUS SCHAEFER [Andernacher Beiträge 3]. Andernach: Stadtmuseum 1988. 150 pp.

4921 GEORGE, J. *Poet as politician. Venantius Fortunatus' panegyric to king Chilperic* – JMH 15 (1989) 5-18

4922 GEORGE, J. *Variations on Themes of Consolation in the Poetry of Venantius Fortunatus* – Eranos 86 (1988) 53-66

4923 LECLERCQ, JEAN *La sainte Radegonde de Venance Fortunat et celle de Baudovinie [sic.]. Essai d'hagiographie comparée.* In: *Fructus centesimus* (cf. 1988-90, 237) 207-216

4924 PLA I AGULLO, JOSEP *L'obra poètica de Venanci Fortunat llibre primer.* Col.l. de tesis doctorals microfitxades [Publ. de la Univ. de Barcelona 259]. Barcelona: 1988. 8 pp & une microfiche.

4925 QUACQUARELLI, A. *Poesia e retorica in Venanzio Fortunato* – VetChr 25 (1988) 95-126

4926 REYDELLET, M. *Venance Fortunat et l'esthétique du style.* In: *Haut moyen-âge* (cf. 1988-90, 246) 69-77

4927 SCHUETZEICHEL, R. *Zu einem -acum-Namen bei Venantius Fortunatus.* In: *Homenagem a Joseph M. Piel por ocasiao do seu 85.° aniversario.* Ed. DIETER KREMER [Inst. de Cultura e Língua Portuguesa Cons. da Cultura Galega]. Tübingen: Niemeyer (1988) 97-115

4928 WILLIS, J.A. *Venantius Fortunatus Juvenalis lector* – Mn 41 (1988) 122-123

4929 WOLGARTEN, ERICH *Reste einer Fortunatshandschrift der Stiftsbibliothek St. Gallen: Codex Sangallensis 1399a7.* In: *Arbor amoena comis: 25 Jahre Mittellateinisches Seminar in Bonn.* Ed. EWALD KÖNSGEN. Stuttgart: Steiner (1990) 41-52

III.2. Verecundus ep. Iuncensis

4930 STEVENS, SUSAN T. *Sic erit adventus Domini: Verecundus of Junca's Eschatological Vision.* In: *Fourteenth Annual Byzantine Studies Conference* (cf. 1988-90, 196) 42

III.2. Victor Tunnunensis

4931 PLACANICA, ANTONIO *Da Cartagine a Bisanzio: per la biografia di Vittore Tunnunense* – VetChr 26 (1989) 327-336

III.2. Victor Vitensis

4932 LANCEL, SERGE *Victor de Vita et la Carthage vandale.* In: *L'Africa Romana* (cf. 1988-90, 166/167) II 649-661

III.2. Victorinus Poetovionensis

4933 DULAEY, MARTINE *Victorin de Poetovio est-il l'auteur du frag-ment sur l'Antéchrist publié par A.C. Vega?* In: *Studia patristica 18,2* (cf. 1988-90, 343) 7-8

III.2. Vigilius Papa

4934 CARCIONE, F. *Vigilio nelle controversie cristologiche del suo tempo. La lotta contro Giustiniano per la libertà della Chiesa (551-555)* – StROC 11 (1988) 11-32

III.2. Vigilius Thapsensis

4935 ENO, ROBERT B. *How original is Vigilius of Thapsus?* – AugR 30 (1990) 63-74

III.2. Vincentius Lerinensis

4936 *[Vincentius Lerinensis] San Vicente de Lerins. El Conmonitorio.* Traducción y notas de J. MADOZ [Los Santos Padres 44]. Sevilla: Apostolado Mariano 1990. 120 pp.

III.2. Zeno Veronensis

4937 JEANES, G.P. *The Paschal Liturgy in Zeno of Verona.* In: *Studia patristica 18,2* (cf. 1988-90, 343) 375-379
4938 SGREVA, GIANNI *La teologia di Zenone di Verona: contributo per la conoscenza dello sviluppo del pensiero teologico nel nord Italia (360-38)* [Studio Teologico S. Bernardino, Verona; Esperienze e analisi 7]. Vicenza: LIEF 1989. XXXI, 448 pp.

III.3. Hagiographica

III.3.a) Generalia

4939 *Actas de los martires.* Introd., notas y versión por DANIEL RUIZ BUENO, [BAC 75]. Madrid: Ed. Católica 1987. IX, 1185 pp.
4940 *Martirologio. Actas selectas de Mártires, II. Mártires del arrianismo.* Traducción, prólogo y notas de B. LUIS RUIZ [Los Santos Padres 46]. Sevilla: Apostolado Mariano 1990. 109 pp.
4941 ALCHERMES, JOSEPH DONELLA *Cura pro mortuis and cultus martyrum. Commemoration in Rome from the second through the sixth century* [Diss.]. New York, N.Y.: University 1989. 513 pp. [microfilm; cf. summary in DissAbstr 50 (1989) 814A]

4942 BEAUJARD, B. *Dons et piété à l'égard des saints dans la Gaule des Ve et VIe s.* In: *Haut moyen-âge* (cf. 1988-90, 246) 59-67

4943 BERSCHIN, WALTER *Die Schönheit des Heiligen.* In: *Schöne Männer – schöne Frauen: literarische Schönheitsbeschreibungen: 2. Kolloquium der Forschungsstelle für europäische Literatur des Mittelalters.* Hrsg. von THEO STEMMLER. Tübingen: Narr (1988) 69-76

4944 BERSCHIN, WALTER *Biographie und Epochenstil im lateinischen Mittelalter, Bd. 2. Merowingische Biographie, Italien, Spanien und die Inseln im frühen Mittelalter* [Quellen und Untersuchungen zur lateinischen Philologie des Mittelalters 9]. Stuttgart: Hiersemann 1988. XII, 337 pp.

4945 *Biografia e agiografia nella letteratura cristiana antica e medievale: atti del convegno tenuto a Trento il 27-28 ottobre 1988.* Ed. ALDO CERESA-GASTALDO [Pubblicazioni dell'Istituto di Scienze Religiose in Trento 15]. Bologna: EDB 1990. 186 pp.

4946 BØRTNES, JOSTEIN *Det tidligkristne helgenvita: fremvekst og hovedformer.* In: *Patristica Nordica 3* (cf. 1988-90, 306) 55-76

4947 Vacat

4948 BØRTNES, JOSTEIN *Visions of Glory. Studies in Early Russian Hagiography.* English Translation J. BØRTNES and P.L. NIELSEN [Slavica Norvegica 5]. Oslo; Solum, N.J.: Humanities Int. 1988. 303 pp.

4949 BRAVO CASTAÑEDA, G. *Hagiografia y método prosopográfico. A propósito de las Acta Martyrum.* In: *Cristianismo y aculturacíon en tiempos del Imperio Romano* (cf. 1988-90, 213) 151-157

4950 BRENNAN, PETER *Military images in hagiography.* In: *Reading the past* 323-345

4951 BROWN, P. *The rise and function of the holy man in late antiquity.* In: *Christentum und antike Gesellschaft* (cf. 1988-90, 199) 391-439

4952 BRUYN, ODILE DE *Onomastique chrétienne et culte des martyrs dans la Rome des IIIième-VIième siècles* – RThL 20 (1989) 324-335

4953 Vacat

4954 CHENU, BRUNO *Le livre des martyrs chrétiens.* Paris: Centurion 1988. 236 pp.

4955 Vacat

4956 CONSOLINO, FRANCA ELA *Sogni e visioni nell'agiografia tardoantica: modelli e variazioni sul tema* – AugR 29 (1989) 237-256

4957 COON, LYNDA L. *Women and men in early hagiography (c. 300-800)* [Diss.]. Univ. of Virginia Charlottesville 1990. 463 pp. [microfilm, summary in DissAbstr. 51 (1990-1991)]

4958 CORTESI, MARIAROSA *Teuzone e Bellizone tra grammatica e agiografia* [Medioevo e Umanesimo]. Padova: Editrice Antenore 1988. 86 pp.

4959 DEICHA, SOPHIE *Iconographie et hagiologie* – Istina 33 (1988) 22-33

4960 DELFIN, R.R. *The devil and his disciples in the lives of six saints* – The French review 62 (1988-1989) 591-603

4961 DEVOS, P. *Édition des fragments B, C, D (SS. Jean et Paul martyrs, Léon pape, Pierre apôtre)* – AB 106 (1988) 153-170

4962 DOLBEAU, F. *Une liste latine de disciples et d'apôtres, traduite sur la recension grecque du Pseudo-Dorothée* – AB 108 (1990) 51-70

4963 DOLBEAU, FRANÇOIS *Le rôle des interprètes dans les traductions hagiographiques d'Italie du Sud.* In: *Traduction et traducteurs* (cf. 1988-90, 361) 145-162

4964 DUFOURCQ, ALBERT *Etude sur les Gesta martyrum romains. 5 voll. Réimpr.* [Bibliothèque des Ecoles françaises d'Athènes et de Rome 83]. Paris: Boccard 1988. VIII, 441, VI; XI, 302; 329; XII, 409; LII, 420 pp.

4965 DUMMER, J. *Griechische Hagiographie.* In: *Quellen zur Geschichte des frühen Byzanz (4.-9. Jh.). Bestand und Probleme.* Edd. F. WINKELMANN; W. BRANDES. Amsterdam: Gieben (1990) 284-296

4966 ESBROECK, M. VAN *Verdwenen Griekse hagiografie in Oosterse vertalingen teruggevonden.* In: *De heiligenverering in de eerste eeuwen van het christendom* (cf. 1988-90, 248) 99-104

4967 EUTHYMIADES, ST. Εὐωδίου μοναχοῦ. Οἱ σαρανταδύο μάρτυρες τοῦ Ἀμορίου. Εἰσαγωγή – Μετάφραση – Σχόλια [Ἁγιολογικὴ Βιβλιοθήκη 2]. Nea Smyrne: Ἐκδόσεις Ἀκρίτας 1989. 86 pp.

4968 FLANAGAN, LAURENCE *A Chronicle of Irish Saints.* Belfast: Blackstaff 1990. 130 pp.

4969 FORLIN PATRUCCO, MARCELLA *Agiografia basiliana e agiografia siciliana.* In: *Storia della Sicilia e tradizione agiografica nella tarda antichità* (cf. 1988-90, 341) 57-78

4970 FOURACRE, P. *Merovingian history and Merovingian hagiography* – Past 127 (1990) 3-38

4971 FROS, HENRICUS *L'eschatologie médiévale dans quelques écrits hagiographiques (IVe-IXe s.).* In: *The Use and Abuse of Eschatology in the Middle Ages* (cf. 1988-90, 363) 212-220

4972 Vacat

4973 GASCOU, J. *Un nouveau calendrier de saints égyptien (P. Iand. inv. 318)* – AB 107 (1989) 384-392

4974 GIANNARELLI, ELENA *Il παιδαριογέρων nella biografia cristiana* – Prometheus 14 (1988) 279-284

4975 GIANNARELLI, ELENA *Sogni e visioni dell'infanzia nelle biografie dei santi. Fra tradizione classica e innovazione cristiana* – AugR 29 (1989) 213-235

4976 GRAUS, FRANTISEK *Hagiographie und Dämonenglauben – Zu ihren Funktionen in der Merowingerzeit.* In: *Santi e demoni* (cf. 1988-90, 329) 93-120

4977 GUILLOT, OLIVIER *Les saints des peuples et des nations dans l'occident des VIe-Xe s. Un aperçu d'ensemble illustre par le cas des frances en gaule.* In: *Santi e demoni* (cf. 1988-90, 329) 205-252

4978 *Hagiographica inedita decem.* E codicibus eruit FRANÇOIS HALKIN [CChr.SG 21]. Turnhout: Brepols; Leuven Univ. Pr. 1989. XIII, 166 pp.

4979 HEENE, K. *Merovingian and Carolingian hagiography. Continuity or change in public and aims?* – AB 107 (1989) 415-428

4980 HEINZELMANN, M. *Studia sanctorum. Éducation, milieux d'instruction et valeurs éducatives dans l'hagiographie en Gaule jusqu'à la fin de l'époque mérovingienne.* In: *Haut moyen-âge* (cf. 1988-90, 246) 105-138

4981 HERBERT, MAIRE *Iona, Kells and Derry: the history and hagiography of the monastic familia of Columba* Oxford: Clarendon Pr. 1988. XIII, 327 pp.

4982 HIESTAND, R. *Der Säulenheilige.* In: *Alternative Welten in Mittelalter und Renaissance [Studia humaniora 10].* Ed. L. SCHRADER (Düsseldorf) [o.J.] 19-42

4983 Vacat

4984 JONGE, M. DE *Merovingische en vroeg-Karolingische heiligenlevens als spiegel van kindertijd en jeugd.* In: *De heiligenverering in de eerste eeuwen van het christendom* (cf. 1988-90, 248) 41-52

4985 JOUNEL, P. *Le culte collectif des saints à Rome du VIIe au IXe siècle* – EcclOra 6 (1989) 285-300

4986 KAZHDAN, A. *Byzantine Hagiography and Sex in the Fifth to Twelfth Centuries* – DumPap 40 (1990) 131-143

4987 KAZHDAN, A. *Hagiographical Notes (17-20)* – Erytheia 9 (1988) 197-209

4988 KÖTTING, BERNHARD *Die Anfänge der christlichen Heiligenverehrung in der Auseinandersetzung mit Analogien ausserhalb der Kirche.* In: *Heiligenverehrung* (cf. 1988-90, 247) 67-80

4989 KOLOSOVSKAÂ, ÛLIÂ K. *A hagiographic source for the history of Pannonia* [in russ., mit engl. Zus.-fass.] – VDI 195 (1990) 45-61

4990 LABBAS, G.P. *Συνέχεια καί ή ἀνανέωση στή Ναοδομία καί στή Ἁγιογραφία.* In: *L'Icône dans la théologie et l'art* (cf. 1988-90, 256) 293-309

4991 LAUWERS, MICHEL *La mort et le corps des saints. La scène de la mort dans les Vitae du haut Moyen Âge* – MA 94 (1988) 21-50

4992 LEONARDI, CLAUDIO *Il problema storiografico dell'agiographia.* In: *Storia della Sicilia e tradizione agiografica nella tarda antichità* (cf. 1988-90, 341) 13-23

4993 LEONARDI, CLAUDIO *Modelli di santità tra secolo V e VII.* In: *Santi e demoni* (cf. 1988-90, 329) 261-283

4994 MAGOULIAS, H.J. *The lives of the saints as sources for byzantine agrarian life in the sixth and seventh centuries* – GrOrthThR 35 (1990) 59-70

4995 MAGOULIAS, H.J. *The lives of the saints in the VIth and VIIth cent. as sources for Church and monastic wealth* – Byzantina 15 (1989) 369-384

4996 MALINOWSKI, A. *Sylwetki diakonów w «Acta martyrum»* (= Exempla diaconorum in «Actibus martyrum» proposita) – VoxP 9 (1989) f.17, 757-779

4997 MARAVAL, P. *Songes et visions comme mode d'invention des reliques* – AugR 29 (1989) 583-599

4998 MAZZUCCO ZANONE, CLEMENTINA *Figure di donne cristiane. La martire.* In: *Atti del II convegno nazionale di studi su La donna nel mondo antico* (cf. 1988-90, 183) 167-195

4999 MENTZU-MEIMARE, KONSTANTINA Ἀπεικονίσεις δημοφιλῶν ἁγίων. In: Πρακτικὰ τοῦ A' Διεθνοῦς Συμποσίου ... (cf. 1988-90, 314) 587-602

5000 *Les moines acémètes: Vies des saints Alexandre, Marcel et Jean Calybite.* Prés., trad. et not. JEAN-MARIE BAGUENARD [Coll. Spiritualité orientale 47]. Bégrollen-en-Mauges (Maine-etLoire): Abbaye de Bellefontaine 1988. 260 pp.

5001 MONTANARI, M. *Uomini e orsi nelle fonti agiografiche dell'alto Medioevo.* In: *Il bosco nel Medioevo.* Edd. B. ANDREOLLI; M. MONTANARI. Bologna: Clueb 1988. 369 pp.

5002 MÜHLENBERG, EKKEHARD *Les débuts de la biographie chrétienne* – RThPh 122 (1990) 517-529

5003 NAHMER, DIETER VON DER *Vom Tod des Heiligen* – RBS 17 (1990) 139-161

5004 OTRANTO, GIORGIO *Per una metodologia della ricerca storico-agiografica: il santuario micaelico del Gargano tra Bizantini e Langobardi.* In: *Metodologie della ricerca sulla tarda antichità* (cf. 1988-90, 289)

5005 PARMENTIER, M.F.G. *Incubatie in de antieke hagiografie.* In: *De heiligenverering in de eerste eeuwen van het christendom* (cf. 1988-90, 248) 27-40

5006 PFERSCHY, BETTINA *36. Studienwoche in Spoleto (7.-13.4.1988)* – MIÖGF 96 (1988) 425-426

5007 PIETRI, CHARLES *Saints et démons: l'heritage de l'hagiographie antique*. In: *Santi e demoni* (cf. 1988-90, 329) 15-90

5008 PIETRI, LUCE *Loca sancta: la géographie de la sainteté dans l'hagiographie gauloise (IVe-VIe s.)*. In: *Luoghi sacri e spazi della santità*. Torino: Rosenberg und Sellier (1990) 23-35

5009 POLEMIS, I.D. *Observations philologiques sur des textes hagiographiques et rhétoriques byzantins* [in griech. Sprache, mit franz. Zusammenfassung] – Hell 40 (1989) 403-410

5010 POLJAKOV, F.B. *Nachlese zum «Novum Auctarium BHG»* – Byzan 58 (1988) 181-187

5011 POST, P.G.J. *Iconografie en hagiografie. Enige kanttekeningen bij Pater Brown*. In: *De heiligenverering in de eerste eeuwen van het christendom* (cf. 1988-90, 248) 193-202

5012 POULIN, J.-C. *Sources hagiographiques de la Gaule (SHG). II. Les dossiers de S. Magloire de Dol et de S. Malo d'Alet (province de Bretagne)* – Francia 17 (1990) 159-209

5013 PRADO REYERO, J. DE *El santoral leonés* – StLeg 30 (1989) 273-302

5014 PRADO REYERO, JULIO DE *El Santoral leonés (II)* – StLeg 31 (1990) 239-282

5015 PRICOCO, SALVATORE *Un esempio di agiografia regionale: la Sicilia*. In: *Santi e demoni* (cf. 1988-90, 329) 319-376

5016 PRINZ, FRIEDRICH *Der Heilige und seine Lebenswelt. Überlegungen zum gesellschafts- und kulturgeschichtlichen Aussagewert von Viten und Wundererzählungen*. In: *Santi e demoni* (cf. 1988-90, 329) 285-312

5017 PRINZ, FRIEDRICH *Der Heilige und seine Lebenswelt. Überlegungen zum gesellschafts- und kulturgeschichtlichen Aussagewert von Viten und Wundererzählungen*. In: *Mönchtum, Kultur und Gesellschaft. Beiträge zum Mittelalter*. Edd. A. HAVERKAMP; A. HEIT. München: C.H. Beck (1989) 251-267

5018 RIAIN, PADRAIG *The saints and their amanuenses: early models and later issues*. In: *Early irish literature – media and communication – Mündlichkeit und Schriftlichkeit in der frühen irischen Literatur. Kolloquium. Freiburg, 4-6 june, 1987*. Edd. STEPHEN N. TRANTER et al. [Scriptoralia 10]. Tübingen: Narr (1989) 267-280

5019 RIAIN-RAEDEL, DAGMAR *Kalendare und Legenden und ihre historische Auswertung*. In: *Early irish literature – media and communication – Mündlichkeit und Schriftlichkeit in der frühen irischen Literatur. Kolloquium. Freiburg, 4-6 june, 1987*. Edd. STEPHEN N. TRANTER et al. [Scriptoralia 10]. Tübingen: Narr (1989) 241-266

5020 RODRIGUEZ FERNANDEZ, CELSO El «Pasionario Hispánico» desde un triple ángulo – ArLeón 44 (1990) 293-312

5021 Vacat

5022 Saints and saints' lives. Essays in honour of D.H. FARMER. Edd. by K. BATE et al. [Reading Medieval studies 16]. Reading: University 1990. 156 pp.

5023 SANSTERRE, JEAN-MARIE Les saints stylites du Ve au XIe siècle: permanence et évolution d'un type de sainteté. In: Sainteté et martyre (cf. 1988-90, 327) 33-45

5024 SAXER, V. I santi e i santuari antichi della via Salaria da Fidene ad Amiterno – RiAC 66 (1990) 245-305

5025 SAXER, VICTOR Les saints de Salone. Examen critique de leur dossier. In: U službi čovjeka. Zbornik radova u čast nadbiskupa Dr F. Franica. Split (1987) 293-325

5026 SAXER, VICTOR Relazioni agiografiche tra Africa e Sicilia. In: Storia della Sicilia e tradizione agiografica nella tarda antichità (cf. 1988-90, 341) 25-36

5027 SCHEIBELREITER, GEORG Die Verfälschung der Wirklichkeit. Hagiographie und Historizität. In: Fälschungen im Mittelalter (cf. 1988-90, 231) V 283-319

5028 SCHNEIDERS, M. The Drummond martyrology and its sources – AB 108 (1990) 105-145

5029 SCORZA BARCELLONA, FRANCESCO Santi africani in Sicilia (e siciliani in Africa) secondo Francesco Lanzoni. In: Storia della Sicilia e tradizione agiografica nella tarda antichità (cf. 1988-90, 341) 37-55

5030 SCORZA BARCELLONA, FRANCESCO Sogni e visioni nella letteratura martirologica africana posteriore al III secolo – AugR 29 (1989) 193-212

5031 ŠEVČENKO, NANCY P. «Vita» Icons and the Origin of Their Form. In: Fourteenth Annual Byzantine Studies Conference (cf. 1988-90, 196) 32-33

5032 Sfinţi români şi apărători ai legii strămoşeşti (= Saints Roumains et défenseurs de la loi ancestrale) Bucureşti: Editura Institutului Biblic şi de Misiune al Bisericii Ortodoxe Române 1987. 730 pp.

5033 SHAHÎD, I. The Martyrs of Najān: Further Reflections – Mu 103 (1990) 151-153

5034 SPEYER, WOLFGANG Heros – RAC 14 (1988) Lief. 110, 861-877

5035 SPEYER, WOLFGANG Himmelsstimme – RAC 15 (1989) Lief. 114, 286-303

5036 SPEYER, WOLFGANG *Religiöse Betrüger. Falsche göttliche Menschen und Heilige in Antike und Christentum.* In: *Fälschungen im Mittelalter* (cf. 1988-90, 231) V 321-341

5037 Vacat

5038 *Le Synaxaire Éthiopien. Mois de terr.* Éd. critique du texte éthiopien et trad. par GÉRARD COLIN [PO 45, fasc. 1]. Turnhout: Brepols 1990. 252 pp.

5039 SYNEK, EVA MARIA *Heilige Frauen der Frühen Kirche. Ein Beitrag über Frauenbilder hagiographischer Texte der Kirchen des Ostens* – USa 43 (1988) 289-298

5040 SYNEK, EVA MARIA *Heilige Frauen in der frühen Christenheit: zu den Frauenbildern in hagiographischen Texten des christlichen Ostens* [Diss.]. Wien 1990. 285 pp.

5041 SZÖVERFFY, JOSEPH *Across the centuries. Latin poetry, Irish legends and hymnody between late antiquity and the 16th century. Harvard Lectures and other studies (1967-1988)* [Mediaev. Classics Texts & Studies 13]. Leiden: Brill 1988. VII, 120 pp,

5042 TILLEY, MAUREEN A. *Scripture as an element of social control: two martyr stories of Christian North Africa* – HThR 83 (1990) 383-397

5043 UYTFANGE, MARC VAN *Platonisme et eschatologie chrétienne. Leur symbiose graduelle dans les Passions et les panégyriques des martyrs et dans les biographies spirituelles (IIième-VIième s.).* In: *Fructus centesimus* (cf. 1988-90, 237) 343-362

5044 UYTFANGHE, MARC VAN *Le culte des saints et l'hagiographie face à l'écriture: les avatars d'une relation ambiguë.* In: *Santi e demoni* (cf. 1988-90, 329) 155-202

5045 UYTFANGHE, M.J.M. VAN *Het 'genre' hagiografie: christelijke specifiteit versus laat-antieke context.* In: *De heiligenverering in de eerste eeuwen van het christendom* (cf. 1988-90, 248) 63-98

5046 VAVRINEK, V. *Altkirchenslavische Hagiographie.* In: *Quellen zur Geschichte des frühen Byzanz (4.-9. Jh.). Bestand und Probleme.* Edd. F. WINKELMANN; W. BRANDES. Amsterdam: Gieben (1990) 297-304

5047 VERCLEYEN, FRANK *Tremblements de terre à Constantinople, L'impact sur la population* – Byzan 58 (1988) 155-173

5048 WINKELMANN, FRIEDHELM *Adiutamenta hagiographica* – Klio 70 (1988) 222-227

5049 WOLF, K.B. *Christian Martyrs in Muslim Spain* [Cambridge Iberian and Latin American Studies. History and Social Theory]. Cambridge; New York; New Rochelle: Cambridge Univ. Pr. 1988. XI, 147 pp.

5050 WOOD, IAN N. *Forgery in Merovingian Hagiography.* In: *Fälschungen im Mittelalter* (cf. 1988-90, 231) V 369-384

5051 XERES, SAVIERO *La «bella morte» del cristiano: la metafora agnostica in Paolo e nei primi Atti dei Martiri.* In: *Contributi dell'-Instituto di storia antica, XVI: Dulce et decorum pro patria mori: la morte in combattimento nell'antichità.* Ed. MARTA SORDI [Pubbl. dell'Univ. cattolica del Sacro Cuore Sc. storiche 45]. Milano: Vita e Pensiero (1990) 281-293

5052 YOUSSEF, YUHANNA NESSIM *La genèse d'une légende copte sur l'enfance du roi Dioclétien* – BulArchCopte 28 (1986-89) 107-109

5053 ZIOLKOWSKI, J. *Saints in Invocations and Oaths in Medieval Literature* – JEGP 87 (1988) 179-182

III.3.b) Sancti singuli (in ordine alphabetico sanctorum)

III.3.b) Abercius

5054 BUNDY, DAVID *The Life of Abercius: its significance for early Syriac Christianity* – SecCent 7 (1989-1990) 163-176

III.3.b) Abdon et Sennen mm. Romae

5055 VERRANDO, GIOVANNI NINO *Alla base e intorno alla più antica Passio dei Santi Abdon e Sennes, Sisto, Lorenzo ed Ippolito* – AugR 30 (1990) 145-183

III.3.b) Acacius mon. in Asia

5056 PAPADOPOULOS, K.N. Παρατηρήσεις στὸ Βίο τοῦ Ἁγίου Ἀκακίου – ByZ 83 (1990) 428-430

III.3.b) Achilleus ep. Larissae

5057 SOPHIANOS, D. Ὁ ἅγιος Ἀχίλλιος Λαρίσσης. Ὁ ἀρχικὸς ἀνέκδοτος βίος (Θ' αἰ.) καὶ ἡ μεταγενέστερη διασκευή του (ΙΓ'). Ἀνέκδοτα ὑμνογραφικὰ κείμενα (Ἰωσὴφ Ὑμνογράφου, Μανουὴλ Κορινθίου, Ἀναστασίου Γορδίου) – Μεσσαιωνικὰ καὶ Νέα Ἑλληνικὰ 3 (1990) 97-213

5058 SUBOTIN-GOLUBOVIC, TATJANA *Nova služba sv. Ahiliju Lariskom* (= Nouvel office de saint Achille de Larissa) [serbokroat. mit franz. Zus.-fass.] – ZRBl 27/28 (1989) 149-175

III.3.b) Agape, Irene et Chione (Chionia)

5059 CHRESTOU, P. Κινήσεις Χριστιανῶν νέων τῆς Θεσσαλονίκης κατὰ τοὺς χρόνους τῶν διωγμῶν. In: Χριστιανικὴ Θεσσαλονίκη ἀπὸ τοῦ ἀποστόλου Παύλου ... (cf. 1988-90, 200) 81-89

III.3.b) Ambrosius Mediolanensis

5060 BONNASSIE, P. *L'évêque, le peuple et les sénateurs. Scènes de la-vie à Cahors, d'après la Vita Ambrosii* – AM 102 (1990) 209-217

III.3.b) Antonius Eremita

5061 BOUYER, L. *La vida de San Antonio. Ensayo sobre la espirituali-dad del monacato primitivo* [Espiritualidad Monástica 21]. Bur-gos: Monasterio de las Huelgas 1989. 225 pp.

5062 MARA, MARIA GRAZIA *Bibbia e storia nel fenomeno mona-stico: La Vita Antonii.* In: *Pléroma* (cf. 1988-90, 312)

5063 PHILIPPART, G. *La Vie de S. Antoine eremite, par Jean de Mailly* – AB 106 (1988) 112

III.3.b) Arethas

5064 PAPATHANASIU, A. Πόλις καθαρῶς λατρεύουσα – ThAthen 59 (1988) 187-192

III.3.b) Arsenius Magnus

5065 FRANK, KARL SUSO *Arsenios der Große. Vom Apophthegma zum hagiographischen Text.* In: *Mémorial Jean Gribomont* (cf. 1988-90, 288) 271-287

III.3.b) Athanasius Alexandrinus

5066 WINKELMANN, FRIEDHELM *Zur Überlieferung der Vita Atha-nasii praemetaphrastica (BHG Nr.185)* – SE 31 (1989/90) 455-463

III.3.b) Athenogenes

5067 *La passion inédite de S. Athénogène de Pédachthoé en Cappadoce (BHG 197b).* Introd., éd., trad. par PIERRE MARAVAL. Appen-dice: Passion épique de S. Athénogène de Pédachthoé: édition et traduction [SHG 75]. Bruxelles: Société des Bollandistes 1990. 120 pp.

III.3.b) Aurelius Augustinus

5068 MADEC, G. *Les «Annales Augustiniennes». Lenain de Tillemont et la Vita S. Augustini des Mauristes*. In: *Troisième centenaire* (cf. 1988-90, 62) 215-233

III.3.b) Bane (Abu Fana)

5069 GABRA, G. *Zur Vita des Bane (Abu Fana), eines Heiligen des 4./5. Jahrhunderts* – BulArchCopte 29 (1990) 27-42

III.3.b) Barnabas Apostolus

5070 BUSCH, J.W. *Barnabas, Apostel der Mailänder. Überlieferungsgeschichtliche Untersuchungen zur Entstehung einer stadtgeschichtlichen Tradition* – FMSt 24 (1990) 178-197

5071 DEUN, P. VAN *Un mémoire anonyme sur Saint Barnabé (BHG 226e). Édition et traduction* – AB 108 (1990) 323-335

III.3.b) Barbara Nicomediae mart.

5072 DONNINI, M. *La «Passio» di s. Barbara: sedimentazione e variazione di motivi narratologici*. In: *Santa Barbara nella letteratura e nel folklore (Atti della giornata di studio del 14 Maggio 1988)* Rieti: GESTISA (1989) 19-42

5073 EBERHART, H. *Hl. Barbara. Legende, Darstellung und Tradition einer populären Heiligen* [Unsere Heiligen 1]. Graz: Sammler 1988. 104 pp.

III.3.b) Basilius Caesariensis

5074 DAVIDS, A.J.M. *Hagiografie en lofrede. De encomia van Gregorius van Nazianze en Gregorius van Nyssa op Basilius de Grote*. In: *De heiligenverering in de eerste eeuwen van het christendom* (cf. 1988-90, 248) 151-158

III.3.b) Brandanus ab. Clonfertensis

5075 DUMVILLE, D.N. *Two approaches to the dating of Nauigatio Sancti Brendani* – StMe 29 (1988) 3e sér. 87-102

5076 SOLLBACH, G.E. *St. Brandans wundersame Seefahrt*. Nach der Heidelberger Handschrift Cod. Pal. Germ. 60, hrsg., übertragen und erläutert. Frankfurt a.M.: Insel 1987. 190 pp. et 16 pl.

III.3.b) Brigida

5077 CONNOLLY, S. *Vita Prima Sanctae Brigitae. Background and historical value* – Journal of the Royal Society of antiquaries of Ireland (Dublin) 119 (1989) 5-49

5078 ESPOSITO, MARIO *Notes on Latin Learning and Literature in Mediaeval Ireland IV.* In: *Latin Learning in Mediaeval Ireland* (cf. 1988-90, 227)

III.3.b) Chariton

5078* *Cercare Dio nel deserto: vita di Caritone.* Introd., trad. e note a cura di LEAH CAMPAGNANO DI SEGNI [Padri orientali]. Magnano: Ed. Qiqajon, Comunità di Bose 1990. 91 pp.

III.3.b) Cirycus et Iulitta

5079 HALKIN, F. *Éloge de Saint Cyre et de sa mère Juliette (BHG 318)* – EEBS 47 (1987-1988) 33-41

III.3.b) Constantinus Imperator

5080 DALCHÉ, P. GAUTIER *A propos des antipodes: note sur un critère d'authenticité de la Vie de Constantin slavonne* – AB 106 (1988) 113-119

5081 Vacat

5082 RODGERS, BARBARA SAYLOR *The metamorphosis of Constantine* – CQ 39 (1989) 233-246

III.3.b) Crispina

5083 VITA-EVRARD, GINETTE DI *Une inscription errante et l'»extra-territorialité» de Théveste au IVe s.* In: *L'Africa Romana* (cf. 1988-90, 166/167) I 293-320

III.3.b) Cyprianus Carthaginiensis

5084 BAUMEISTER, THEOFRIED *Der heilige Bischof. Überlegungen zur 'Vita Cypriani'.* In: *Studia patristica 18,3* (cf. 1988-90, 344) 275-282

III.3.b) Cyprianus, Iustina et Theoctist

5085 JACKSON, H.M. *A Contribution toward an Edition of the «Confession» of Cyprian of Antioch. The «Secreta Cypriani»* – Mu 101 (1988) 33-41

III.3.b) Dasius

5086 PILLINGER, RENATE *Das Martyrium des heiligen Dasius.* Text, Übersetzung und Kommentar [SAW 517]. Wien: Verlag der Österreichischen Akademie der Wissenschaften 1988. 59 pp.

III.3.b) Demetrius

5087 BUTLER, T. *Methodius' Kanon to Saint Demetrius of Thessaloniki* – PalBul 11,2 (1987) 3-8
5088 MACRIDES, RUTH J. *Subversion and Loyalty in the cult of St. Demetrios* – Byslav 51 (1990) 189-197
5089 MARGETIC, LUJO *Note ai miracula S. Demetrii* – StMe 29 (1988) 755-760
5090 PAPADOPULOS, A. *Ἐγκώμια στὸν Ἅγιο Δημήτριο κατὰ τὴν παλαιολόγεια ἐποχὴ καὶ ὁ ἑορτασμὸς τοῦ Ἁγίου στὴ Θεσσαλονίκη.* In: *Χριστιανικὴ Θεσσαλονίκη. Παλαιολόγειος ἐποχή [Κέντρο ἱστορίας Θεσσαλονίκης τοῦ Δήμου Θεσσαλονίκης 3].* Thessalonike (1989) 129-145

III.3.b) Donatus

5091 SCHÄFERDIEK, KNUT *Der Sermo de passione sanctorum Donati et Advocati [BHL 2303b] als donatistisches Selbstzeugnis.* In: *Oecumenica et patristica* (cf. 1988-90, 303) 175-198

III.3.b) Epiphanius ep. Constantiae

5092 RAPP, C. *Frühbyzantinische Dichtung und Hagiographie am Beispiel der Vita des Epiphanius von Zypern* – RSB 27 (1990) 3-31

III.3.b) Erasmus

5093 DESANTIS, G. *Gli atti greci di S. Erasmo* – VetChr 25 (1988) 487-555

III.3.b) Eugenius m. Trapezunte

5094 ROSENQVIST, J.O. *Mirakelman i statens tjänst: om St. Eugenios och det bysantinska Trapezunt* (= St. Eugenios, the City Patron of Trebizont) [mit englischer Zusammenfassung] – Svenska Forskningsinstitutet i Istanbul. Meddelanden 13 (1988) 5-24
5095 ROSENQVIST, J.O. *Some remarks on the Passions of St. Eugenios of Trebizond and their sources* – AB 107 (1989) 39-64

III.3.b) Euphemia Chalcedonensis

5096 BERGER, ALBRECHT *Die Reliquien der heiligen Euphemia und ihre erste Translation nach Konstantinopel* [mit Zusammenfassung in griechischer Sprache] – Hell 39 (1988) 311-322

III.3.b) Febronia

5096* CHIESA, PAOLO *Le versioni latine della «Passio Sanctae Febroniae»: storia, metodo, modelli di due traduzioni agiografiche altomedievali* [Biblioteca di «Medioevo Latino» 2]. Spoleto: Centro Italiani di Studi sull'Alto Medioevo 1990. XVII, 400 pp.

III.3.b) Florianus

5097 REHBERGER, K. *Der heilige Florian. Ein Beitrag zu seiner Verehrungsgeschichte*. In: *Kult und Kirche in Enns-Lauriacum [Mitteilgn. d. Museumsvereins Lauriacum Enns. N.S. 26]*. Enns (1988) 47-58

5098 WOLFF, H. *Die Anfänge des Christentums in Ostraetien, Ufernoricum und Nordwestpannonien. Bemerkungen zum Regenwunder und zum hl. Florian* – Ostbairische Grenzmarken (Passau) 31 (1989) 27-45

III.3.b) Floridus ep. Tifernae Tiberinae

5099 SPITZBART, G. *Vita S. Floridi (BHL 3062)* – AB 106 (1988) 391-450

III.3.b) Furseus ab. Latiniacensis

5100 LUISELLI FADDA, ANNA MARIA *Problemi di recensio e di restitutio textus: la Vita Fursei e la sua interpretazione anglosassone* – Helikon 28 (1988) 183-201

III.3.b) Genovefa Parisiensis

5101 SCHMIDT, J. *Sainte Geneviéve et la fin de la Gaule romaine*. Paris: Perrin 1989. 198 pp.

III.3.b) Georgius

5102 COQUIN, R.-G. *Complément aux «miracles de Saint Georges» (Ms. I.F.A.O., Copte 30)* – BulArchCopte 28 (1986-89) 51-73

5103 COQUIN, R.-G. *Saint Georges ou Saint Jean-de-Sanhut?* – BulArchCopte 29 (1990) 23-26

5104 FREND, WILLIAM H.C. *Fragments of a version of the Acta S. Georgii from Q'asr Ibrim* – JAC 32 (1989) 89-104

5105 HAKEMULDER, J.R. *Der heilige Giyorgis (Georg) – ein Hauptthema der äthiopoischen Kirchenmalerei* – Hermeneia (Philadelphia, Penna.) 5 (1989) 89-101

5106 MAZAL, OTTO *Zur hagiographischen Überlieferung und zur Ikonographie des heiligen Georg im byzantinischen Reich* – CodMan 15 (1990) 101-136

III.3.b) Gesius et Isidorus

5107 ZANETTI, U. *Gésius et Isidore (BHO 485-486) dans une homélie arabe* – AB 106 (1988) 318

III.3.b) Gregorius Illuminator

5108 CHAUMONT, MARIE-LOUISE *Sur l'origine de saint Grégoire d'Arménie* – Mu 102 (1989) 115-130

III.3.b) Gregorius Magnus

5109 LIMONE, O. *La tradizione manoscritta della «Vita Gregorii Magni» di Paolo Diacono (BHL 3639). Censimento dei testimoni* – StMe 29 (1988) 887-953

5110 LÖFSTEDT, BENGT *Zur Vita Gregorii Magni des Mönchs von Whitby* – Orpheus 11 (1990) 331-336

III.3.b) Gregorius Nazianzenus

5111 DOLBEAU, F. *Recherches sur les œuvres littéraire du pape Gélase II. A: Une Vie inédite de Grégoire de Nazianze (BHL 3668d), attribuable à Jean de Gaète* – AB 107 (1989) 65-127

III.3.b) Helena Imperatrix

5112 DRIJVERS, H.J.W. *Helena Augusta: Waarheid en Legende.* Groningen: Rijksuniversiteit 1989. VII, 275 pp.

5113 HEID, STEFAN *Der Ursprung der Helenalegende im Pilgerbetrieb Jerusalems* – JAC 32 (1989) 41-71

5114 HOLUM, K.G. *Hadrian and St. Helena: Imperial travel and the Origins of Christian Holy Land Pilgrimage.* In: *Blessings of Pilgrimage* (cf. 1988-90, 195) 66-81

III.3.b) Hippolytus Romanus

5115 FAUTH, WOLFGANG *Hippolytos I (mythologisch)* – RAC 15 (1990) Lief. 116, 481-492

5116 FOLLIERI, ENRICA *Sant'Ippolito nell'agiografia bizantina: ricerche recenti.* In: *Nuove ricerche su Ippolito* (cf. 1988-90, 3881) 131-135

III.3.b) Ianuarius

5117 BAIMA BOLLONE, PIER LUIGI *San Gennaro e la scienza.* Torino: SEI 1989. 233 pp.

III.3.b) Iohannes Baptista

5118 DATEMA, C.; ALLEN, PAULINE *An Encomium of Leontius Monachus On the Birthday of John the Baptist (BHG 864f)* – Byzan 58 (1988) 188-229
5119 LUPIERI, EDMONDO *Giovanni Battista fra storia e leggenda* [Biblioteca di cultura religiosa 53]. Brescia: Paideia Ed. 1988. 475 pp.

III.3.b) Iohannes Chrysostomus

5120 CHIESA, P. *La traduzione latina del «Sermo in reditu reliquiarum sancti Iohannis Chrysostomi» di Cosma il Vestitore eseguita da Guarimpoto Grammatico* – Aevum 63 (1989) 147-171
5121 DEVOS, P. *La translation de S. Jean Chrysostome (BHG 877h): une œuvre de l'empereur Léon VI* – AB 107 (1989) 5-29
5122 DEVOS, P. *La translation de S. Jean Chrysostome BHG 877b: une œuvre de l'empereur Léon VI* – AB 107 (1989) 33-38

III.3.b) Iohannes erem. in Aegypto

5123 DEVOS, P. *Jean de Lycopolis revisité: nouveaux feuillets du «codex B»* – AB 106 (1988) 183-200

III.3.b) Iosephus Sponsus

5124 SANCHEZ, MANUEL DIEGO *La exhortación apostólica «Redemptoris Custos» desde la Patrística y la Liturgia* – EJos 44 (1990) 39-53

III.3.b) Iulianus Brivate in Arvernia m.

5125 PIETRI, L. *Prosopographie d'un pèlerinage: Saint-Julien de Brioude (Ve-VIe siècle)* – MEFR 100 (1988) 23-38

III.3.b) Iulius presb. et Iulianus diac.

5126 *I ss. Giulio e Giuliano e l'evangelizzazione delle terre verbanesi e cusiane. Una sconosciuta 'recensio' della 'Legenda' (Bibl. Capit.*

Intra, cod. 12): Edd. P. FRIGERIO; P.G. PISONI – Verbanus Intra
9 (1988) 215-277

5127 PEROTTI, M. *La 'legenda' dei santi Giulio e Giuliano e gli inizi
del cristianesimo nel territorio novarese* – Novarien (Novare) 29
(1989) 171-198

III.3.h) Laurentius Maioranus

5128 VAILATI, VALENTINO *San Lorenzo Maiorano: vescovo e prot-
agonista nella storia di Manfredonia.* Discorsi tenuti in occasione
della festività del Santo patrono di Manfredonia. Raccolti e curati
dall'Avv. BERARDINO TIZZANI. Manfredonia: Ed. del Golfo
1990. 124 pp.

III.3.b) Laverius

5129 MONTE, A. DE *Laverio [lat. Laverius, auj. Oliverio] martire. Saggio storicocritico sul nome e culto del santo patrono di Laurignano*
[Bibl. S. Maria della Catena]. Laurignano (Cosenza): PP. Passioni-
sti 1988. 109 pp.

III.3.b) Leo ep. Cataniae

5130 LONGO, AUGUSTA ACCONCIA *La Vita di S. Leone vescovo di
Catania e gli incantesimi del magno Eliodoro* – RSB 26 (1989)
3-98

III.3.b) Lucia Syracusis v. mart.

5131 MILAZZO, VINCENZA; RIZZO NERVO, FRANCESCA *Lucia
tra Sicilia, Roma e Bisanzio: itinerario di un culto (IV-IX secolo).*
In: *Storia della Sicilia e tradizione agiografica nella tarda antichità*
(cf. 1988-90, 341) 95-135

5132 SARDELLA, TERESA *Visioni oniriche e immagini di santità nel
martirio di S. Lucia.* In: *Storia della Sicilia e tradizione agiografica
nella tarda antichità* (cf. 1988-90, 341) 137-154

III.3.b) Macrina

5133 LOVEREN, A.E.D. VAN *De introductie van een verhaalperson
age. Een analyse van paragraf 2 van de Vita Sanctae Macrinae.* In:
De heiligenverering in de eerste eeuwen van het christendom (cf.
1988-90, 248) 159-167

III.3.b) Maedocus

5134 SAYERS, W. *Ludarius: Slang and Symbol in the Life of St. Máedóc of Ferns* – StMon 30 (1988) 291-304

III.3.b) Marcella vid. Romana

5135 SUGANO, KARIN *Marcella von Rom. Ein Lebensbild.* In: *Roma renascens* (cf. 1988-90, 325) 355-370

III.3.b) Marcianus Syracusanus

5135* STALLMANN, CYNTHIA J. *The past in hagiographic texts: S. Marcian of Syracuse.* In: *Reading the past* 347-365

III.3.b) Marculus

5136 MASTANDREA, P. *Le interpolazioni nei codici della Passio Marculi* – AB 108 (1990) 279-291

III.3.b) Marcus Atheniensis

5137 ANGELIDE, CHRISTINA G. Ὁ βίος τοῦ Μάρκου τοῦ Ἀθηναίου *(BHG 1039-1041)* – Symmeikta 8 (1989) 33-59

III.3.b) Maria Magdalena paenitens

5138 DUPERRAY, E.; LOURY, C. *Marie-Madeleine. Figure inspiratrice dans la mystique, les arts et les lettres.* Fontaine-de-Vaucluse: Musée Pétrarque 1988. 85 pp.

5139 GEERARD, MAURICE *Marie-Madeleine, dénonciatrice de Pilate* – SE 31 (1989/90) 139-148

III.3.b) Maria Deipara

5140 BREEZE, A.C. *The Virgin's Tears of Blood* – Celtica 20 (1988) 110-122

5141 MANNS, FRÉDÉRIC *Le récit de la dormition de Marie (Vatican grec 1982): contributions à l'étude des origines de l'exégèse chrétienne* – Marianum 50 (1988) 439-555

5142 MANNS, FRÉDÉRIC *Le récit de la dormition de Marie (Vatican grec 1982): contributions à l'étude des origines de l'exégèse chrétienne* [StBibFCMaior 33]. Jerusalem: Franciscan printing press 1989. X, 253 pp.

III.3.b) Martinus Turonensis

5143 DAM, R. VAN *Images of Saint Martin in Late Roman and Early Merovingian Gaul* – Via 19 (1988) 1-27

5144 DEVAILLY, GUY *Martin de Tours, un missionnaire*. Paris: Ed. Ouvrières 1988. 115 pp.

5145 LELONG, CHARLES *Vie et culte de Saint Martin*. Chambray-les-Tours: C.L.D. 1990. 127 pp.

III.3.b) Matrona

5146 CATAFYGIOTOU TOPPING, EVA *St. Matrona and her friends: sisterhood in Byzantium*. In: *ΚΑΘΗΓΗΤΡΙΑ* (cf. 1988-90, 266) 211-224

III.3.b) Mauritius Agaunensis

5147 *La Passion anonyme de S. Maurice d'Agaune*. Édition critique E. CHEVALLEY – Vallesia 45 (1990) 37-120

III.3.b) Maurus m. Callipolitanus

5148 HALKIN, F. *Saint Maur de Gallipoli (BHG 2267)* – RSB 25 (1988) 139-145

III.3.b) Melania Iunior

5149 CLARK, ELIZABETH A. *Piety, Propaganda, and Politics in the Life of Melania the Younger*. In: *Studia patristica 18,2* (cf. 1988-90, 343) 167-183

5150 SALISBURY, JOYCE E.; WOJTOWICZ, ROBERT *The life of Melania the Younger. A partial reevaluation of the manuscript tradition* – Manuscripta 33 (1989) 137-144

III.3.b) Monica

5151 CLOSA FARRÉS, JOSÉ *Tradición clásica y cristianismo en la Translatio s. Monicae, de Mafeo Veggio* – Helmantica 40 (1989) 223-228

5152 STEPNIEWSKA, A. *«Gdzie ty, tam i on»* (= «Ubi tu, ibi et ille». De sanctae Monicae somnio) – VoxP 8 (1988) f.14, 125-132

III.3.b) Nicetas m. in Gothia

5153 PIETKA, R. *Sw. Nikita (Nicetas) i jego kult w Kościele Wschodnim* (= De S. Niceta martyre Gotho eiusque cultu in ecclesia orientali) – VoxP 10 (1990) f.18, 219-222

III.3.b) Nicolaus ep. Myrensis

5154 *La festa die s. Nicola nelle istituzioni scolastiche medioevali.* Ed. L. TARRONI Bari: Centro Studi Nicolaiani 1988. 143 pp., 10 tabb.

5155 CIOFFARI, GERARDO *San Nicola di Bari* [Santi e Sante di Dio 5]. Milano: Ed. Paoline 1988. 228 pp.

III.3.b) Niphon ep. Constantianae

5156 RYDÉN, L. *The Date of the Life of Niphon, BHG 1371z.* In: *Greek and Latin Studies* (cf. 1988-90, 243) 33-40

III.3.b) Onuphrius

5157 HALKIN, F. *La vie de S. Onuphre par Nicolas le Sinaïte* – RSB 24 (1987) 8-27

III.3.b) Pachomius Tabennensis

5158 LORENZ, RUDOLF *Zur Chronologie des Pachomius* – ZNW 80 (1989) 280-283

III.3.b) Pankratius

5159 DROBNER, HUBERTUS R. *Die Anfänge der Verehrung des römischen Märtyrers Pankratius in Deutschland* – RQ 83 (1988) 76-98

5160 ESBROECK, MICHEL VAN; ZANETTI, U. *Le dossier hagiographique de S. Pancrace de Taormine.* In: *Storia della Sicilia e tradizione agiografica nella tarda antichità* (cf. 1988-90, 341) 155-171

III.3.b) Patricius ep. Hibernorum

5161 DEVINE, K. *Clavis Patricii I. A computer-generated concordance to the Libri Epistolarum of Saint Patrick* [Royal Irish Academy dictionary of medieval Latin from Celtic sources. Ancillary publ. 3]. Dublin: Royal Irish Academy 1989. XV, 308 pp.

III.3.b) Paulus Apostolus

5162 ELANSKAYA, A.I. *Passio Pauli in the Coptic Ms. GMII I.I.b. 686.* In: *Mélanges Antoine Guillaumont* (cf. 1988-90, 283) 19-37

III.3.b) Paulus Eremita

5163 DEGORSKI, B. *La conlatio codicum della Vita S. Pauli primi eremitae della Parole «Verum hostis callidus» sino alle Parole «duo memoriae causa exempla»* – VoxP 10 (1990) f.18, 251-271

5164 HERVAY, F.L. *Gregorius Gyöngyösi. Vitae fratrum eremitarum Ordinis Sancti Pauli primi eremitae* [Bibliotheca scriptorum medii recentisque aevorum 11]. Budapest: Akadémiai Kiadó 1988. 252 pp.

III.3.b) Perpetua et Felicitas

5165 AMAT, JACQUELINE *L'authenticité des songes de la Passion de Perpétue et de Félicité* – AugR 29 (1989) 177-191
5166 ARONEN, JAAKKO *Phythia Carthaginensis o immagini cristiane nella visione di Perpetua?* In: *L'Africa Romana* (cf. 1988-90, 166/167) II 643-648
5167 BASTIAENSEN, A. *Heeft Perpetua haar dagboek in het Latijn of in het Grieks geschrieven?* In: *De heiligenverering in de eerste eeuwen van het christendom* (cf. 1988-90, 248) 130-135
5168 ORBAN, ARPAD PETER *The afterlife in the visions of the Passio SS. Perpetuae et Felicitatis.* In: *Fructus centesimus* (cf. 1988-90, 237) 269-277
5169 SARDELLA, TERESA *Strutture temporali e modelli di cultura: rapporti tra antitradizionalismo storico e modello martiriale nella Passio Perpetuae et Felicitatis* – AugR 30 (1990) 259-278

III.3.b) Phileas

5170 KORTEKAAS, G.A.A. *De Acta von Philaeas.* In: *De heiligenverering in de eerste eeuwen van het christendom* (cf. 1988-90, 248) 136-150

III.3.b) Philippus presb. Agyriensis

5171 PASINI, CESARE *Osservazioni sul dossier agiografico ed innografia di san Filippo di Agira.* In: *Storia della Sicilia e tradizione agiografica nella tarda antichità* (cf. 1988-90, 341) 173-208

III.3.b) Pionius

5172 MERKELBACH, REINHOLD *Die ruhmvollen Blumenkohl-Ohren des Pionios von Smyrna* – ZPE 76 (1989) 17-18

III.3.b) Polycarpi Martyrium

5173 RONCHEY, SILVIA *Indagine sul martirio di San Policarpo: critica storica e fortuna agiografica di un caso giudiziario in Asia Minore* [Nuovi studi storici 6]. Roma: Ist. stor. Ital. per il medio evo 1990. 240 pp.

III.3.b) Porphyrius Mimus

5174 *[Passio S. Porphyrii] Męczeństwo świętego Porfiriusza Mima.* Ins Polnische übersetzt von N. WIDOK – VoxP 10 (1990) f.19, 885-891

III.3.b) Procopius Decapolita

5175 EFTHYMIADIS, S. *La vie inédite de S. Procope le Décapolite (BHG 1583)* – AB 108 (1990) 307-319

III.3.b) Quadraginta martyres

5176 KARLIN-HAYTER, PATRICIA *Manuscript Tradition of the Passio of the Forty of Sebasteia. The Greek Original of the Codex Suprasliensis* – Notes on a Proposed Reconstruction – Byzan 58 (1988) 457-459

III.3.b) Radegundis

5177 CARRASCO, M.E. *Spirituality in context. The romanesque illustrated life of St Radegund of Poitiers (Poitiers, Bibl. Mun., ms 250)* – The Art Bulletin (New York) 72 (1990) 414-435

5178 EYT, P. *La portée ecclésiale et publique de la sainteté [en relation avec Ste Radegonde].* In: *La riche personnalité...* (cf. 1988-90, 5186) 147-175

5179 GÄBE, SABINE *Radegundis: sancta, regina, ancilla: zum Heiligkeitsideal der Radegundisviten von Fortunat und Baudonivia* – Francia 16,1 (1989) 1-30

5180 GILBERT (ABBÉ) *Le culte rendu à sainte Radegonde* Poitiers: 1988. 10 pp.

5181 LABANDE, E.-R. *Radegonde. Reine, moniale et pacificatrice.* In: *La riche personnalité...* (cf. 1988-90, 5186) 37-58

5182 LECLERCQ, J. *Les relations entre Venance Fortunat et Ste Radegonde.* In: *La riche personnalité...* (cf. 1988-90, 5186) 61-76

5183 LEONARDI, CLAUDIO *Baudonivia, la biografa.* In: *Medioevo al femminile.* Ed. FERRUCCIO BERTINI. Bari: Laterza (1989) 31-40

5184 MIQUEL, P. *Le mystère de la croix [chez Ste Radegonde].* In: *La riche personnalité...* (cf. 1988-90, 5186) 101-143

5185 PAPA, C. *Radegonda e Batilde, modelli di santità regia femminile nel regno merovingio* – Benedictina 36 (1989) 13-33

5186 *La riche personnalité de sainte Radegonde.* Conférences et homélies prononcées à Poitiers à l'occasion du XIVe Centenaire de sa mort (587-1987). Poitiers: Comité du XIVe centenaire 1988. 205 pp.

5187 RICHÉ, P. S. *Radegonde et le monachisme féminin de son temps.*
In: *La riche personnalité...* (cf. 1988-90, 5186) 17-34

5188 ROUCHE, M. *Le mariage et le célibat consacré de Ste Radegonde.*
In: *La riche personnalité...* (cf. 1988-90, 5186) 79-98

III.3.b) Rufinus cultus Assisii

5189 SIMONETTI, A. *Rufino di Assisi e il cod. C 30 Sup. dell'Ambrosiana* – StMe 31 (1990) 125-142

III.3.b) Rusticula seu Marcia

5190 MILAZZO, V. *Sogni e visioni nella merovingia Vita Rusticulae* – AugR 29 (1989) 257-268

III.3.b) Sabinus ep. Canusinus

5191 CAMPIONE, ADA *Note sulla Vita di Sabino di Canosa, inventio e translatio* – VetChr 25 (1988) 617-639

III.3.b) Sabriesus catholicus Orientis

5192 TAMCKE, MARTIN *Der Katholikos-Patriarch Sabrīšōʿ I. (596-604) und das Mönchtum* [EHTheol 302]. Frankfurt am Main: Lang 1988. 142 pp.

5193 TAMCKE, MARTIN *Die Ekklesiologie des Katholikos-Patriarchen Sabrīšōʿ I.* – OstkiSt 37 (1988) 31-37

III.3.b) Samson Dolensis, ep., abb.

5194 MERDRIGNAC, B. *La première vie de saint Samson: Étude chronologique* – StMon 30 (1988) 243-289

III.3.b) Scilitani Martyres

5194* GÄRTNER, HANS ARMIN *Die Acta Scillitanorum in literarischer Interpretation* – WSt 102 (1989) 149-167

5195 RUGGIERO, F. *Il problema del numero dei martiri scilitani* – CrSt 9 (1988) 135-152

III.3.b) Sebastianus

5195* CRÉTÉ, J. *Saint Sébastien et saint Fabien, martyrs* – Itinéraires (Paris) Nr. 328-330 (1988-89) 106-107

5196 SALIOU, CATHERINE *Du légendier au sermonnaire: avatars de la Passio Sebastiani* – REA 36 (1990) 285-297

III.3.b) Sisinnius

5197 GREENFIELD, R.P.H. *St. Sisinnios, the archangel Michael and the female demon Gylou. The typology of the Greek literary stories –* Byzantina 15 (1989) 83-142

III.3.b) Symeon Stylita

5198 ASHBROOK HARVEY, SUSAN *The sense of a Stylite: Perspectives on Simeon the Elder –* VigChr 42 (1988) 376-394
5199 FRANKFURTER, D.T.M. *Stylites und Phallobates: Pillar Religions in Late Antique Syria –* VigChr 44 (1990) 168-198
5200 SODINI, JEAN-PIERRE *Remarques sur l'iconographie de Syméon l'Alépin, le premier stylite –* Monuments et Mémoires publiés par l'Académie des Inscriptions et Belles-Lettres (Fondation Piot) (Paris) 70 (1989) 29-53

III.3.b) Thecla

5201 GOLTZ, H. *Beobachtungen zur Gestalt der apolstelgleichen Protomärtyrerin Thekla.* In: *Carl-Schmidt-Kolloquium* (cf. 1988-90, 198) 191-196
5202 MIGLIARINI, MARGHERITA *Alle origini del duomo: la basilica e il culto di Santa Tecla* [Archivio ambrosiano 64]. Milano: NED 1990. 103 pp.

III.3.b) Theodorus tiro m. sub Maximiano

5203 ZUCKERMANN, C. *The Reign of Constantine V in the Miracles of Theodore the Recruit (BHG 1764) –* REB 46 (1988) 191-210

III.3.b) Thomas Apostolus

5204 LUCCHESI, E. *Additamentum ad Martyrium S. Thomae apostoli coptice –* AB 106 (1988) 319-322

III.3.b) Timotheus m. Romae

5205 VERRANDO, GIOVANNI N. *S. Timoteo e il suo Martyrium sulla via Ostiense –* MEFR 102 (1990) 845-864

III.3.b) Victor Romani filius

5205* HORN, JÜRGEN *Untersuchungen zu Frömmigkeit und Literatur des christlichen Ägypten – das Martyrium des Viktor, Sohnes des Romanos: Einleitung in das koptische Literaturwerk. Kommentar* *zum «Ersten Martyrium»* [Diss.] Göttingen 1988. LXXXII, 295 pp.

III.3.b) Vincentius m. Aginnensis

5206 SAXER, V. *Le culte de S. Vincente en Italie avant l'an mil.* In: *Quaeritur inventus colitur* (cf. 1988-90, 319) 745-761

5207 SAXER, VICTOR *La Passion de S. Vincent diacre dans la première moitié du Vième s. Essai de reconstitution* – REA 35 (1989) 275-297

III.3.b) Xanthippa, Polyxena et Rebecca

5208 JUNOD, ÉRIC *Vie et conduite des saintes femmes Xanthippe, Polyxène et Rébecca (BHG 1877).* In: *Oecumenica et patristica* (cf. 1988-90, 303) 83-106

IV. Liturgica

IV.1. Generalia

5209 ALBERTINE, R. *The Post Vatican Consilium's Treatment of the Epiclesis Question in the Context of Select Historical Data / Alexandrian Family of Anaphoras and the Fragment of «Dêr Balyzeh»* – EL 102 (1988) 385-405

5210 ARRANZ, M.; PARENTI, S. *Liturgia patristica orientale. Tracce per uno studio sistematico.* In: *Complementi interdisciplinari di patrologia* (cf. 1988-90, 207) 605-655

5211 ARRANZ, MIGUEL *Couronnement royal et autres promotions de cour: les sacrements de l'institution de l'Ancien Euchologue Constantinopoletain, III, 1* – OrChrP 56 (1990) 83-133

5212 ARRANZ, MIGUEL *La «Diataxis» du patriarche Méthode por la réconcilation des apostats. Les sacrements de la restauration de l'Ancien Euchologe Constantiopolitain, II-1* – OrChrP 56 (1990) 283-322

5213 ARRANZ, MIGUEL *Les sacrements de l'Ancien Euchologue Constantinopolitain, IV, 6* – OrChrP 55 (1989) 33-62

5214 ARRANZ, MIGUEL *Les sacrements de l'Ancien Euchologue Constantinopolitain, X: La consécration du saint myron* – OrChrP 55 (1989) 317-338

5215 ASHANIN, C.B. *The orthodox liturgy and the apocalypse* – PBR 9 (1990) 31-40

5216 BALDOVIN, JOHN F. *Liturgy in Ancient Jerusalem* [Grove liturgical study 57; Alcuin GROW liturgical study 9]. Bramcote: Grove Books 1989. 44 pp.

5217 BASTIAENSEN, ANTOON A.R. *Les désignations du martyr dans le sacramentaire de Vérone.* In: *Fructus centesimus* (cf. 1988-90, 237) 17-36

5218 BERNHARD, LUDGER *Ursprung und Sinn der Formel «Et cum spiritu tuo».* In: *Itinera Domini* (cf. 1988-90, 263) 133-156

5219 BOGUNIOWSKI, J. « Ἐπὶ τὸ αὐτό. « *Die älteste christliche Bezeichnung des liturgischen Raumes* – EL 102 (1988) 446-455

5220 BRAKMANN, HEINZGERD *Muster bewegter Liturgie in kirchlicher Tradition*. In: *Volk Gottes auf dem Weg*. Ed. W. MEURER. Mainz: Grünewald (1989) 25-51

5221 BROCK, SEBASTIAN P. *Some further East Syrian Liturgical Fragments from the Cairo Genizah* – OrChr 74 (1990) 44-61

5222 BUEHRING, GERNOT; UHLIG, SIEGBERT *Der eliminierte «Himmel». Zur ökumenischen Relevanz des Wortlauts des «Sanctus»* – OstKiSt 38 (1989) 43 56

5223 BUX, NICOLA *Codici liturgici latini di Terra Santa* [StBibFC-Maior 8]. Fasano: Schena 1990. 148 pp.

5224 CABANISS, ALLEN *Pattern in early Christian worship*. Macon, Ga.: Mercer Univ. Pr. 1989. X, 112 pp.

5225 CAPORELLO, E. *Una Settimana Liturgica alla scuola di sant' Agostino* – Liturgia 22 (1988) 149-161

5226 CARROLL, THOMAS K.; HALTON, THOMAS *Liturgical practice in the fathers* [MFCh 21]. Wilmington, Del.: Glazier 1988. 342 pp.

5227 CHAVASSE, A. *Aménagements liturgiques, à Rome, au VIIe et au VIIIe s.* – RBen 99 (1989) 75-102

5228 CHAVASSE, A. *Le Sacramentaire Grégorien. Les additions et remaniements introduits dans le témoin P.* In: *Traditio et progressio* (cf. 1988-90, 357) 125-148

5229 CLAIRE, J. *Le latin et le chant grégorien*. In: *As humanidades greco-latinas* (cf. 1988-90, 255) 571-581

5230 *Codices liturgici Latini antiquiores. Supplementum. Ergänzungs- und Registerband*. Hrg. von KLAUS GAMBER, unter Mitarbeit von BONIFACIO BAROFFIO et al. [Spicilegii Friburg. Subsidia 1 a]. Fribourg: Universitäts-Verlag 1988. XVI, 229 pp.

5231 COVOLO, ENRICO DAL *La Vergine Maria nel lezionario patristico della Liturgia delle Ore* – Liturgia 22 (1988) 292-306

5232 COX, V.J. *An investigation of the origin of bells in the western christian church based upon a study of musical instruments used within worship services at major religious shrines of Europe and the Middle East (500 B.C.E. – 800 C.E.): the Parthenon, the Jewish Temple, Hagia Sophia, and St. Peter's* [Diss.]. Ann Arbor, Mich.: UMI 1990. X, 189 pp.

5233 COYLE, J. KEVIN, OSA *The Laying on of Hands as Conferral of the Spirit: Some Problems and a Possible Solution*. In: *Studia patristica 18,2* (cf. 1988-90, 343) 339-353

5234 DEKKERS, ELIGIUS *Die altchristliche Liturgie als Neuerlebnis*. In: *Simandron: der Wachklopfer* (cf. 1988-90, 336) 111-129

5235 DOMINGUEZ BALAGUER, RAMON *Catequesis y liturgia en los padres: interpelación a la catequesis de nuestros días* [Ichthys 5]. Salamanca: Ed. Sígueme 1988. 152 pp.

5236 DYER, JOSEPH *Monastic Psalmody in the Middle Ages* – RBen 99 (1989) 41-74

5237 DYER, JOSEPH *The singing of Psalms in the early medieval office* – Sp 64 (1989) 535-578

5238 EGENDER, NIKOLAUS *Die Liturgie Jerusalems und ihre Bedeutung für die Gesamtkirche* – EA 64 (1988) 117-127

5239 ELAVANAL, THOMAS *The memorial celebration: a theological study of the anaphora of the apostles Mar Addai and Mari* [Oriental Institute of Religious Studies India publications 125]. Kottayam 1989. XVI, 254 pp.

5240 *Essays in early Eastern initiation.* Ed. by PAUL F. BRADSHAW [Alcuin GROW liturgical study 8]. Bramcote: Grove 1988. 43 pp.

5241 FARNÉS, P. *L'ús del Saltiri en la litúrgia cristiana.* In: *In Medio Ecclesiae* (cf. 1988-90, 221) 433-440

5242 FENWICK, JOHN R.K. *The Significance of Similarities in the Anaphoral Intercession Sequence in the Coptic Anaphora of St Basil and Other Ancient Liturgies.* In: *Studia patristica 18,2* (cf. 1988-90, 343) 355-362

5243 GAMBER, KLAUS *Der Bischof von Rom in frühen Zeugnissen der Liturgie.* In: *Simandron: der Wachklopfer* (cf. 1988-90, 336) 31-41

5244 GAMBER, KLAUS *Die Liturgie der Goten und der Armenier: Versuch einer Darstellung und Hinführung* [SPLi Beiheft 21]. Regensburg: Pustet 1988. 100, [20] pp.

5245 GARIJO-GÜEMBE, M.M. *Epíclesis y Trinidad* [Estudio histórico y sistemático] – ETrin 24 (1990) 107-139

5246 GARRIDO, M. *Fuentes de la antigua liturgia hispana para el estudio de la mariología.* In: *Doctrina y piedad mariana* (cf. 1988-90, 219) 51-67

5247 *Das Gebet in der Alten Kirche.* Ed. ADALBERT GAUTIER HAMMAN; trad: ANNEMARIE SPOERRI [TC 7]. Bern: Lang 1989. XLVII, 234 pp.

5248 GERHARDS, A. *Das Stundengebet in Ost und West. Neue Erkenntnisse der vergleichenden Liturgiewissenschaft* – LJ 38 (1988) 165-172

5249 GERHARDS, ALBERT *Benedicam Dominum in omni tempore. Geschichtlicher Überblick zum Stundengebet.* In: *Lebendiges Stundengebet* (cf. 1988-90, 272) 3-33

5250 GODOY FERNANDEZ, CRISTINA *Arquitectura cristiana y liturgia: reflexiones en torno a la interpretación funcional de los espacios* – Estudios teológicos y filosóficos (Buenos Aires) 2 (1989) 355-387

5251 GROS I PUJOL, M. DELS SANTS *Las tradiciones litúrgicas medievales en el noroeste de la península.* In: *IX Centenário da Dedicação da Sé de Braga, III* (cf. 1988-90, 216) 103-115

5252 HÄLLSTRÖM, GUNNAR AF *Carnis resurrectio. The interpretation of a credal formula.* [Commentationes hum. Litt. 86 Helsinki Six. Scient. Fennica 1988]. Helsinki 1988. 107 p.

5253 HAMMAN, ADALBERT G., OFM *Das Gebet in der alten Kirche.* Übertragen von ANNEMARIE SPOERRI [TC 7]. Bern: Lang 1989. XLVII, 234 pp.

5254 HAMMAN, ADALBERT G., OFM *L'utilisation des Psaumes dans les deux premiers siècles Chrétiens.* In: *Studia patristica 18,2* (cf. 1988-90, 343) 363-374

5255 HEINZ, A. *Vierzig Jahre 'Liturgisches Jahrbuch'* – LJ 40 (1990) 228-241

5256 HOMBACH, R.; NOWACK, P. *Das Kapitel 58 der «Regula Benedicti» und die benediktinische Professliturgie.* In: *Itinera Domini* (cf. 1988-90, 263) 31-75

5257 IBAÑEZ, J.; MENDOZA, F. *La liturgia hispana y su contenido mariológico.* In: *Doctrina y piedad mariana* (cf. 1988-90, 219) 69-106

5258 ISḤĀQ, ĞĀK *Ṭaksā d-ḥūssāyā. Le rite du pardon dans l'Eglise syriaque orientale* [OCA 233]. Roma: Pontificium Institutum Orientale 1989. XL, 244 pp.

5259 JACOB, ANDRÉ *Le plus ancien rouleau liturgique italo-grec* – Helikon 29-30 (1989-1990) 321-334

5260 JANERAS, S. *L'antico «Ordo» Agiopolita di Quaresima conservato nelle preghiere Italo-Greche dell'Ambone* – EcclOra 5 (1988) 77-87

5261 KEHNSCHERPER, GÜNTHER *'Church of Women'. Leviticus XII and Luke II.21-24: The Law of Purity and the Benediction of Mother.* In: *Studia patristica 18,2* (cf. 1988-90, 343) 380-384

5262 *Die koptische Liturgie.* Emporhebung des Abendweihrauches, Inzens-Frühgottesdienst, Eucharistische Messfeier. Mit einer Einleitung über den koptischen Ritus, Erläuterung der liturgischen Handlungen und einem alphabetischen Wörterverzeichnis mit Begriffserklärungen. Übersetzt aus den Original-Sprachen und kommentiert von KARAM KHELLA. Hamburg: Theorie- und Praxis-Verlag 1989. 205 pp.

5263 KRETSCHMAR, GEORG *Kirchensprache* – TRE 19 (1990) 74-92

5264 *The liturgical portions of the Apostolic Constitutions: a text for students.* Transl., ed., annot. and introd. by W. JARDINE GRISBROOKE [Grove liturgical study 61]. Bramcote: Grove Books 1990. 93 pp.

5265 LLOPIS, JOAN *La pregària litúrgica com a resposta a la paraula de Déu: un exemple de l'antiga litúrgia hispànica.* In: *In Medio Ecclesiae* (cf. 1988-90, 221) 479-484

5266 MAESTRI, GABRIELLA *Un contributo allo studio dall'antica liturgia egiziana: Analisi del frammento F Hyvernat.* In: *Quaeritur inventus colitur* (cf. 1988-90, 319) 421-448

5267 MAINSTONE, ROWLAND J. *Hagia Sophia. Architecture, structure and liturgy of Justinian's great church.* London: Thames and Hudson 1988. 288 pp.

5268 MALACHI, ZVI *Christian and jewish liturgical poetry. Mutual influences in the first four centuries* – AugR 28 (1988) 237-248

5269 MAZZA, ENRICO *La mistagogia: una teologia della liturgia in epoca patristica* [Bibliotheca «EL» Subsidia 46]. Roma: C.L.V. Ed. Liturgiche 1988. 198 pp.

5270 MAZZA, ENRICO *Mystagogy: a theology of liturgy in the patristic age.* New York: Pueblo Publ. 1989. XII, 228 pp.

5271 *The missing oblation: the contents of the early Antiochene Anaphora.* Ed. by JOHN R.K. FENWICK [Grove liturgical study 59]. Bramcote: Grove 1989. 35 pp.

5272 MORETON, MICHAEL J. *From the Sacrifice of Christ to the Sacrifice of the Church.* In: *Studia patristica 18,2* (cf. 1988-90, 343) 385-390

5273 MUNIER, C. *Rites d'onction, baptême chrétien et beptème de Jésus* – ReSR 44 (1990) 217-234

5274 NADOLSKI, B. *Duch Święty w liturgii* – Communio (PW) 8 (1988) 104-113

5275 OLIVAR, A. *La documentación litúrgica anterior al siglo XII relativa a la parte occidental de la península ibérica.* In: *IX Centenário da Dedicação da Sé de Braga, III* (cf. 1988-90, 216) 73-80

5276 OLMO ENCISO, L. *Arquitectura religiosa y organisación litúrgica en época visigoda* – ArEArq 61 (1988) 157-178

5277 OPELT, ILONA *Gebetsgestus und Gebetshaltung in der christlichen Dichtung.* In: *Paradeigmata poetica Christiana* (cf. 1988-90, 1658) 84-94

5278 PAPROCKI, H. *Les liturgies eucharistiques coptes comme témoignage de la continuité de la tradition* – VoxP 9 (1989) f.17, 893-900

5279 PAVAN, VINCENZO *A proposito della riforma liturgica e del senso dinamico dell'antica colletta* – VetChr 25 (1988) 677-687

5280 PFAFF, R.W. *Psalter Collects as an Aid to the Classification of Psalters.* In: *Studia patristica 18,2* (cf. 1988-90, 343) 397-402

5281 PODOSSINOV, ALEXANDER *Himmelsrichtung (kultische)* – RAC 15 (1989) Lief. 114, 233-286

5282 *La prière dans l'Église ancienne.* Ed. ADALBERT GAUTIER HAMMAN [TC 7]. Bern: Lang 1989. XLV, 234 pp.

5283 QUECKE, H. *Ein sahidisches Fragment der Basiliusliturgie.* In: *Simandron: der Wachklopfer* (cf. 1988-90, 336) 137-147

5284 REYNOLDS, ROGER E. *Pseudonymous Liturgica in Early Medieval Canon Law Collections.* In: *Fälschungen im Mittelalter* (cf. 1988-90, 231) II 67-77

5285 REYNOLDS, ROGER E. *The Greek liturgy of St. John Chrysostom in Beneventan script: an early manuscript fragment* – MS 52 (1990) 296-304

5286 ROBERTSON, MARIAN *The reliability of the oral tradition in preserving Coptic music, III. A comparison of four recordings of the confession of faith from the liturgy of Saint Basil* – BulArch-Copte 28 (1986-89) 93-105

5287 RONIG, F.J. *Architektur und Liturgie* – TTZ 98 (1989) 124-146

5288 RORDORF, WILLY *Liturgie, foi et vie des premiers chrétiens. Etudes patristiques* [ThH 75]. Paris: Beauchesne 1988. 520 pp.

5289 SANCHEZ CARO, J.M. *Eulogía y Eucaristía. La alabanza a Dios Padre* – ETrin 24 (1990) 3-35

5290 SAXER, V. *Institution et charisme dans les textes canonico-liturgiques et autres du IIIe s.* In: *L'institution* (cf. 1988-90, 779) 41-65

5291 SAXER, V. *L'utilisation par la liturgie de l'espace urbain et suburbain: l'example de Rome dans l'antiquité et le haut moyen age.* In: *Actes du XI congrès international d'archéologie chrétienne* (cf. 1988-90, 165) 917-1033

5292 SCHNEIDER, M. *Orationi frequenter incumbere: über die innere Einheit von Leben und Gebet und ihre Bedeutung für die Praxis des Stundengebetes in der frühen Kirche.* In: *Simandron: der Wachklopfer* (cf. 1988-90, 336) 189-232

5293 SILANES, NEREO *Oración cristiana, oración trinitaria. Testimonio de los grandes orantes* – REspir 48 (1989) 273-312

5294 ŠPIDLIK, TOMAŠ *La spiritualité de l'Orient chrétien, II: La prière* [Orientalia Christiana Analecta 230]. Rom: Pontificium Institutum Studiorum Orientalium 1988. 459 pp.

5295 SPINKS, BRIAN D. *The Jerusalem Liturgy of the Catecheses Mystagogicae: Syrian or Egyptian?* In: *Studia patristica 18,2* (cf. 1988-90, 343) 391-395

5296 STEVENSON, KENNETH W. *The first rites: worship in the early Church.* Collegeville, Minn.: Liturgical Pr. 1989. 116 pp.

5297 TAFT, R. *La liturgia dell Ore in Oriente e in Occidente.* Milano: Edizioni Paoline 1988. 544 pp.

5297* TAFT, ROBERT *The litany following the anaphora in the byzantine liturgy.* In: *Simandron: der Wachklopfer* (cf. 1988-90, 336) 233-256

5298 TIROT, P. *Vigiles et matines. Liturgie monastique et liturgie cathédrale* – EtGreg 22 (1988) 24-30

5298* TRAUNECKER, C. *Koptyska stuła diakońska (= L'étole diaconale copte et ses antécédents)* – VoxP 9 (1989) f.17, 717-735

5299 TRIACCA, ACHILLE M. *Eruditio, erudire nel Sacramentarium Veronense. Contributo allo studio del rapporto tra liturgia e pedagogia cristiana.* In: *Crescita dell'uomo (età postnicena)* (cf. 1988-90, 211) 301-324

5300 TRIACCA, A.M. *Una «Praefatio» della tradizione liturgico-ambrosiana. Questioni letterarie e analisi stilistica* – EcclOra 5 (1988) 261-295

5301 VARGHESE, BABY *Les onctions baptismales dans la tradition syrienne* [CSCO 512; CSCO.Sub 82]. Leuven: Peeters 1989. XXIII, 348 pp.

5302 *Oratio dominica romanice. Das Vaterunser in den romanischen Sprachen von den Anfängen bis ins 16. Jahrhundert mit den griechischen und lateinischen Vorlagen.* Hrg. und eingeleitet von SIEGFRIED HEINIMANN [ZRPh Beiheft 219]. Tübingen: Niemeyer 1988. XII, 244 pp.

5303 VAZ, A. LUIS *Liturgia Bracarense. Que é, como nasceu e se formou.* In: *IX Centenário da Dedicação da Sé de Braga, III* (cf. 1988-90, 216) 221-229

5304 WATSON, G. *Liturgy and Dogma: an excursus on hermeneutics* – Trinity Occasional Papers (Brisbane) 9,1 (1990) 7-11

5305 WYBREW, HUGH *The orthodox liturgy: the development of the eucharistic liturgy in the Byzantine rite* London: SPCK 1989. 189 pp.

IV.2. Missa, sacramenta, sacramentalia

5306 ALDAZABAL, JOSÉ *La misa en el rito hispano – mozárabe revisado* – Phase 30 (1990) 57-77

5307 ALIAGA, E. *La anáfora: plegaria del Señor y anuncio de la Pasión* – AnVal 14 (1988) 27-53

5308 ALLA, W.H. *Evolution historique du rite et de la pratique de baptéme dans l'église copte orthodoxe d'Alexandrie* – Le Monde Copte 13 (1988) 26-33

5309 BASSET, JEAN-CLAUDE *L'anamnèse. Aux sources de la tradition chrétienne.* In: *La mémoire des religions.* Études réunies et éd. par PHILIPPE BORGEAUD [Religions en perspective 2]. Genève: Labor et Fides (1988) 94-104

5310 BELLAVISTA, JOAN *El leccionari de la missa en el Sacramentari de Barcelona, Ms. Vat. Lat. 3542, de la Biblioteca apostòlica Vaticana.* In: *In Medio Ecclesiae* (cf. 1988-90, 221) 453-466

5311 BORKOWSKA, MAŁGORZATA, OSB *Rola eucharystii w walce z szatanem u Ojców Pustyni* (= Eucharist in the desert Fathers' Combat against Satan) – VoxP 7 (1987) f.12/13, 39-47

5312 BRADSHAW, PAUL F. *Ordination rites of the ancient churches of East and West*. New York: Pueblo 1990. XI, 288 pp.

5313 BRAKMANN, HEINZGERD *Der Gottesdienst der östlichen Kirchen* – Archiv für Liturgie-Wissenschaft (Regensburg) 30 (1988) 303-410

5314 CABIÉ, ROBERT *Histoire de la messe: des origines à nos jours* [Bibliothèque d'histoire du christianisme 23]. Paris: Desclée 1990. 143 pp.

5315 CHAVASSE, A. *A Rome, au tournant du Ve siècle, additions et remaniements, dans l'ordinaire de la messe* – EcclOra 5 (1988) 25-44

5316 COOMBS, STEPHEN *Thematic Correspondance in Iberogallic, Egyptian and Ethiopian Eucharistic Prayers* – OstkiSt 38 (1989) 281-310

5317 COVOLO, ENRICO DAL *Leone Magno autore dell'eucologia per Lorenzo martire?: ricerche sul Sacramentario Veronese* – Salesianum 52 (1990) 403-441

5318 CROUZEL, HENRI *Le baptême selon les Pères Anténicéens*. In: *Pléroma* (cf. 1988-90, 312)

5319 FITZGERALD, TH. *The Orthodox Rite of Christian Initiation* – StVlThQ 32 (1988) 309-327

5320 FLOBERT, PIERRE *La relation de sacrificare et de sacerdos*. In: *Res sacrae: Hommages à Henri Le Bonniec*. (cf. 1988-90, 253) 171-176

5321 GAMBER, KLAUS *Älteste Eucharistiegebete, 10. Ein Eucharistiegebet aus der altirischen Liturgie* – HlD 43 (1989) 37-41

5322 GAMBER, KLAUS *Älteste Eucharistiegebete, 8. Frühe Formen der eucharistischen Epiklese* – HlD 42 (1988) 18-23

5323 GAMBER, KLAUS *Die Epiklese im abendländischen Eucharistiegebet* [SPLi 18]. Regensburg: Pustet 1988. 103 pp.

5324 GESTEIRA GARZA, M. *La Eucaristía como sacrificio incruento en la tradición patrística* – EE 64 (1989) 401-432

5325 GROS I PUJOL, M. DELS SANTS *El «qui pridie» del Sacramentari Gallicà München CLM 14429* – RCatT 13 (1988) 371-385

5326 HALVORSEN, PER BJØRN *Jesu nattverd. Messen gjennom 2000 år*. Oslo: St. Olav forl. 1989. 179, 11 pp.

5327 HAMMERSCHMIDT, E. *Studies in the Ethiopic Anaphoras* [Äthiopische Forschungen 25]. Wiesbaden: Steiner 1987. 181 pp.

5328 HANSSEN, O.C. *Le culte crétien ancien, culte par l'Esprit* – TTK 61 (1990) 241-254

5329 KELLER, ERWIN *Eucharistie und Parusie: liturgie- und theologiegeschichtliche Untersuchungen zur eschatologischen Dimension der Eucharistie anhand ausgewählter Zeugnisse aus frühchrist-*

licher und patristischer Zeit [Studia Friburgensia N.F. 70]. Fribourg: Univ.-Verl. 1989. XV, 262 pp.

5330 KLEINHEYER, BRUNO *Sakramentliche Feiern, I: Die Feiern der Eingliederung in die Kirche* [Handbuch der Liturgiewissenschaft 7,1]. Regensburg: Pustet 1989. 266 pp.

5331 KOLLMANN, BERND *Ursprung und Gestalten der frühchristlichen Mahlfeier* [GöThA 43]. Göttingen: Vandenhoeck und Ruprecht 1990. 296 pp.

5332 *Liber sacramentorum Augustodunensis.* Ed. O. HEIMING [CChr.SL 159B]. Turnhout: Brepols 1984. XLI, 431 pp.

5333 *Liber sacramentorum Engolismensis.* Curante CETEDOC [CChr.SL 39A]. Turnhout: Brepols 1987. 68 pp. 6 microfiches.

5334 *Liber sacramentorum Engolismensis: manuscrit B.N. Lat. 816: le sacramentaire gélasien d'Angouleme.* Ed. PATRIK SAINT-ROCH [CChr.SL 159C]. Turnhout: Brepols 1987. XXVIII, 591 pp.

5335 LOPEZ MARTIN, J. *La Eucaristía sacramento de salvación escatológica* – ETrin 24 (1990) 229-275

5336 MACCOULL, L.S.B. *Studia Palatina XV 250ab: a Monophysite Trishagion for the Nile Flod* – JThS 40 (1989) 129-135

5337 MARTENS, D. *Espace et niveaux de réalité dans une messe de Saint Grégoire due au Maître de Saint Barthélémy* – Wallraf-Richartz-Jahrbuch. Westdeutsches Jahrbuch für Kunstgeschichte (Köln) 18-19 (1987-88) 45-64

5338 MCDONNELL, KILIAN; MONTAGUE, G.T. *Christian Initiation and Baptism in the Holy Spirit: Evidence from the First Eight Centuries.* Collegeville, Minn. 1990.

5339 MESSNER, REINHARD *Die Messreform Martin Luthers und die Eucharistie in der Alten Kirche. Ein Beitrag zu einer systematischen Liturgiewissenschaft* [ITS 25]. Innsbruck: Tyrolia-Verlag 1989. 240 pp.

5340 MURAWSKI, R. *Katecheza Chrzcielna w procesie wtajemniczeniachrześcijańskiego czasów apostlskich* (= Taufkatechese in der Einführung zum Christentum in der apostolischen Zeit). Warszawa 1990. 262 pp.

5341 NAVARRO GIRON, M.A. *La acción del Espíritu Santo en la trasformación eucarística según la tradición patrística* – RET 50 (1990) 29-54

5342 NOCENT, A.; SCICOLONE, I.; BROVELLI, F. *Os Sacramentos: teologia e história da celebração.* Trad. por J.R. VIDIGAL [Anamnesis 4]. São Paulo: Edições Paulinas 1989. 467 pp.

5343 PARENTI, S. *Note sull'impiego del termine προσκομιδή nell'Eucologio Barberini Gr. 336 (VIII sec.)* – EL 103 (1989) 406-417

5344 RAMIS, G. *Los formularios romanos de las misas de Bendición de vírgenes y viudas.* In: *Traditio et progressio* (cf. 1988-90, 357) 437-467

5345 RAMIS, GABRIEL *La bendición de las viudas en las liturgias occidentales* – EL 104 (1990) 159-175

5346 RICHTER, K. *«Ist einer von euch krank ...».* *Krankensalbung in der frühen Kirche* – BiKi 43 (1988) 13-16

5347 RUGGIERI, V. *Consacrazione e dedicazione di chiesa, secondo il Barberinianus graecus 336* – OrChrP 54 (1988) 79-118

5348 *Le Sacramentaire grégorien. Ses principales formes d'Après les plus anciens manuscrits.* Ed. JEAN DESHUSSES [Spicilegium Friburgense 24]. Fribourg: Universitätsverlag 1988. 461 pp.

5349 SADEK, A.J. *Les rites baptismaux dans l'Egypte ancienne: Prefiguration du Baptême chrétien?* – Le Monde Copte 13 (1988) 4-11

5350 SANCHEZ FERNANDEZ, E. *Orationes «post Pridie» in ritu muzarabico seu hispano cum sensu epicleseos.* In: *Actas del I Simposio* (cf. 1988-90, 164) 425-431

5351 SANCHO, JAIME *El leccionario de la misa en la liturgia hispánica renovada* – Phase 30 (1990) 39-56

5352 SANCHO ANDREU, J. *La mención de los dones que ofrece la Iglesia en la anámnesis y la epiclesis de la anáfora hispánica* – AnVal 16 (1990) 1-19

5353 SAXER, VICTOR *Les rites de l'initiation chrétienne du IIe au VIe siècle. Esquisse historique et signification d'après leurs principaux témoins* [Centro italiano di studi sull'Alto Medioevo. Studi 7]. Spoleto: Centro italiano di studi sull'Alto Medioevo 1988. 700 pp.

5354 SCHULZ, HANS-JOACHIM *Der sakramentale Charakter von Bischofsamt und Bischofsweihe: altkirchlich-liturgische Überlieferung und Gemeinsamkeiten mit orthodoxer Kirchenstruktur in Art. 21 der Kirchenkonstitution des 2. Vatikanischen Konzils.* In: *Simandron: der Wachklopfer* (cf. 1988-90, 336) 169-187

5355 SEVERUS, E. VON *Der Gottesdienst in den Klöstern, Orden und geistlichen Gemeinschaften* – ALW 30 (1988) 148-187

5356 SIJPESTEIJN, PIETER JOHANNES; TREU, KURT *Zum liturgischen Fragment P. Würzb. 3* – ZPE 72 (1988) 67-68

5357 STRITZKY, MARIA-BARBARA VON *Hochzeit I* – RAC 15 (1990) Lief. 118, 911-930

5358 SUTTNER, ERNST CHRISTOPH *Die eine Taufe zur Vergebung der Sünden. Zur Anerkennung der Taufe westlicher Christen durch die orthodoxe Kirche im Laufe der Geschichte* – AOAW 127 (1990) 1-46

5359 TAFT, ROBERT *The dialogue before the Anaphora in the Byzantine Eucharistic Liturgy, III: «Let us give thanks to the Lord – it is fitting and right»* – OrChrP 55 (1989) 63-74

5360 TAFT, ROBERT *The Dialogue before the Anaphora in the Byzantine Eucharistic Liturgy II: The Sursum corda* – OrChrP 54 (1988) 47-77

5361 VICENT, R. *Inscripciones en los baptisterios antiguos, síntesis de catequesis bautismales* – Phase 29 (1989) 391-401

5362 VOGT, HERMANN J. *Die Ehe ein Sakrament? Hinweise für eine Antwort aus der frühen Kirche* – ThQ 168 (1988) 16-23

IV.3. Annus liturgicus

5363 COAKLEY, JAMES F. *Typology and the birthday of christ on 6 january.* In: *Symposium Syriacum* (cf. 1988-90, 354) 247-256

5364 EVENEPOEL, WILLY *La délimitation de l'année liturgique dans les premiers siècles de la chrétienté occidentale. Caput anni liturgici* – RHE 83 (1988) 601-616

5365 JANERAS, S. *Le Vendredi-Saint dans la tradition liturgique byzantine. Structure et histoire des ses offices* [Studia Anselmiana 99 – Analecta Liturgica 13]. Rom: Pontificio Ateneo S. Anselmo 1988. 443 pp.

5366 MAHÉ, JEAN-PIERRE *La fête de Melkisédeq le huit août en Palestine d'après les ménées géorgiens* – Revue des Études géorgiennes et caucasienne: Rev. de Kartvelologie (Paris) 3 (1987) 83-125

5367 PINELL I PONS, JORDI *El oficio catedral hispánico* – Phase 30 (1990) 9-37

5368 RAMIS, G. *El formulari de la missa de Nadal en la litùrgia hispànica.* In: *In Medio Ecclesiae* (cf. 1988-90, 221) 409-431

5369 SCHÄFERDIEK, KNUT *Das gotische liturgische Kalenderfragment – Bruchstück eines Konstantinopeler Martyrologs* – ZNW 79 (1988) 116-137

5370 SKARSAUNE, OSKAR *Liturgical Calendar and Annual Festivals in the Synagogue and the Early Church* – Mishkan (Jerusalem) 6-7 (1987-1988) 80-95

5371 VILLADSEN, HOLGER *Brugen af Det gamle Testamente i det ældste lektionar fra Jerusalem.* In: *Overleveringen fra Herren.* Udg. af Udvalget for Konvent for Kirke og Theologi. Sabro (1989) 35-57

5372 WARD, A. *The Lectionary of the Ambrosian Rite* – QL 69 (1988) 232-243

5373 ZANETTI, U. *La distribution des psaumes dans l'horologion copte* – OrChrP 56 (1990) 323-369

IV.4. Hymni

5374 *Akatistoshymni kuolleista nousseelle Kristukcelle.* Testin suom. LEA SILLIN [Finnish Translation of the Acathisthus hymn]. Pieksämäki: Ortodiksisen kirjallisuuden julkaisuneuvosto 1988. 22 pp.

5375 ARCHIPOV, A.A. *Kondak – «versificirovannaja propoved'» – refren* (– Das Kontakion – eine «Predigt in Versen» – der Refrain) [in russischer Sprache]. In: *Etnolingvistika teksta. Semiotika malych form fol'klora, 1. Tezisy i predvaritel'nye materialy k simpoziumu* [AN SSSR, Inst. slavjanovedenija i balkanistiki]. Moskau (1988) 177-181

5376 BARKHUIZEN, J.H. *Kata Stichon Hymn III from Codex Sinaiticus 864. Some remarks on its structure, style and imagery* – JÖB 39 (1989) 55-63

5377 BARKHUIZEN, J.H.; MANS, M.J. *Psalmus responsarius. Inleidung, teks, vertaling en kommentar* – Akroterion 34 (1989) 218-232

5378 BASTIAENSEN, ANTOON *De oudchristelijke hymne* [mit engl. Zusammenfassung] – Lampas 23 (1990) 244-258

5379 BITONTO KASSER, ANNA DI *Ostraca greci e copti a Deir el Gizāz* – Aeg 70 (1990) 57-72

5380 BRASHEAR, WILLIAM; QUECKE, HANS *Ein Holzbrett mit zweisprachigen Hymnen auf Christus und Maria* – Enchoria 17 (1990) 1-19

5381 BUEHRING, GERNOT; UHLIG, SIEGBERT *Antiochenisches und Justinianisches im Hymnus «Eingeborener Sohn».* – OstkiSt 37 (1988) 297-307

5382 CASTRO SANCHEZ, J. *Notas críticas a dos himnos litúrgicos mozárabes* – Emérita 58 (1990) 139-144

5383 FERNANDEZ DE LA CUESTA, I. *Sobre el canto litúrgico en la vida monástica primitiva.* In: *Primer seminario sobre el Monacato* (cf. 1988-90, 317) 81-89

5384 FILONOV GROVE, A. *The Relationship of Music to the Text in the Akathistos Hymn* – Studies in Eastern Chant (London) 5 (1990) 101-121

5385 FRANGESKOU, VASSILIKI *Observations on the Disputed Hymnus ad Deum.* In: *Studia Patristica 18,2* (cf. 1988-90, 343) 9-13

5386 *Hymni christiani.* Onder red. van J.H. BARKHUIZEN [HervTSt Suppl. 1]. Pretoria 1989. XII, 198 pp.

5387 JANERAS, S. *Sobre un trisagi en grec de la litúrgica visigótica* – RCatT 13 (1988) 365-369

5388 KNEEPKENS, C.H. *Nil in ecclesia confusius quam hymni isti cantantur. A note on hymn Pange, lingua, gloriosi.* In: *Fructus centesimus* (cf. 1988-90, 237) 193-205

5389 MIGLIAVACCA, L. *Elementi di autenticità degli inni santambrosiani.* In: *Atti del primo congresso die canto ambrosiano (Milano 12-13 giugno 1986)* = *RIMus* 9 *(1988)* Revista internazionale di musica sacra (Mailand) 9 (1988) 119-303

5390 NAUROY, GÉRARD *Le martyre de Laurent dans l'hymnodie et la prédication des IVième et Vième s. et l'authenticité ambrosienne de l'hymne Apostolorum supparem* – REA 35 (1989) 44-82

5391 NIKOLAKOPOULOS, K. *Das Neue Testament als hymnologische Quelle in der orthodoxen Kirche* – ThAthen 61 (1990) 161-168

5392 SZÖVÉRFFY, JOSEPH *Latin hymns.* [Typologie des sources du Moyen Âge occidental 55]. Turnhout: Brepols 1989. 141 pp.

5393 SZÖVÉRFFY, JOSEPH *Zur marianischen Motivik der Hymnen. Entwicklungsgeschichtliche Beobachtungen zu den Marienhymnen (Erster Teil).* In: *Festschrift für Paul Klopsch* (cf. 1988-90, 233) 476-515

5394 VOORDECKERS, E. *De Akathistoshymne van de byzantijnse kerk.* Verheug u, bruit, Altijd-Maagd. Met de Nederlandse vertaling van de tekst door Zr ODA SWAGEMAKERS. Bonheiden: Abdij Bethlehem 1988. 77 pp.

IV.5. Cultus (hyper-)duliae, veneratio iconum reliquiarumque

5395 ALVES DE SOUSA, P.G. *O Templo na Literatura Patrística.* In: *IX Centenário da Dedicação da Sé de Braga, III* (cf. 1988-90, 216) 25-39

5396 BELLOTTA, IRENEO *I santi padroni d'Italia: dai protomartiri ai vescovi-signori, dagli eremiti ai monaci, dai cavalieri ai poveri di Cristo rivivono le vicende di personaggi straordinari che le citta italiane hanno scelto come simbolo* [Quest'Italia 129]. Roma: Newton Compton 1988. 298 pp.

5397 BERTELLI, C. *Pour une évaluation positive de la crise iconoclaste byzantine* – Revue de l'art et moderne (Paris) 80 (1988) 9-16

5398 BOEFT, J. DEN *Milaan 386: Protasius en Gervasius.* In: *De heiligenverering in de eerste eeuwen van het christendom* (cf. 1988-90, 248) 168-177

5399 BREMMER, J. *Symbolen van marginaliteit bij de vroeg-christelijke heiligen.* In: *De heiligenverering in de eerste eeuwen van het christendom* (cf. 1988-90, 248) 1-10

5400 BUNGE, G. *«Priez sans cesse». Aux origines de la prière hésychaste* – StMon 30 (1988) 7-16

5401 CHARALAMPIDIS, KONSTANTINO P. *Il sangue dei martiri decapitati nell'iconografia cristiana.* In: *Sangue e antropologia nella teologia* (cf. 1988-90, 328) II 981-986

5402 CIOFFARI, G. *L'antica iconografia di S. Nicola e il Niceno II.* In: *La legittimità del culto delle icone* (cf. 1988-90, 273) 173-182

5403 DAMASKENOS PAPANDREU (METROPOLIT) Ἡ Εἰκών καί ἡ Σύνοδος. In: *L'Icône dans la théologie et l'art* (cf. 1988-90, 256) 51-58

5404 DATEMA, C. *De homileet en de heilige.* In: *De heiligenverering in de eerste eeuwen van het christendom* (cf. 1988-90, 248) 105-113

5405 DECKERS, JOHANNES G. *Kult und Kirchen der Märtyrer in Köln. Begann die Verehrung der Jungfrauen und der Legionäre erst im 6. Jahrhundert?* – RQ 83 (1988) 25-43

5406 DIMITROS I (PATRIARCHE) *Le douzième centenaire du Concile Nicée II (787)* – Istina 33 (1988) 66-85

5407 DRIJVERS, H.J.W. *De heilige man in het vroege Syrische christendom.* In: *De heiligenverering in de eerste eeuwen van het christendom* (cf. 1988-90, 248) 11-26

5408 DUVAL, YVETTE *Auprès des saints, corps et âme: l'inhumation «ad sanctos» dans la chrétienté d'Orient et d'Occident du IIIe au VIIe siècle.* Paris: Études Augustiniennes 1988. XV, 230 pp.

5409 ESBROECK, M. VAN *Ein georgischer liturgischer Kanon für Mariä Himmelfahrt.* In: *Lingua restituta orientalis* (cf. 1988-90, 275) 89-101

5410 ESBROECK, M. VAN *Le culte de la Vierge de Jérusalem à Constantinople aux VIe-VIIe siècles* – REB 46 (1988) 181-190

5411 FALKENHAUSEN, VERA VON *Petri Kettenfeier in Byzanz. Phantasien über ein Apostelfest.* In: *Fest und Alltag in Byzanz* (cf. 1988-90, 232) 129-144

5412 FAUTH, WOLFGANG *Himmelskönigin* – RAC 15 (1989) Lief. 114, 220-233

5413 FAZZO, V. *I Padri e la difesa delle icone.* In: *Complementi interdisciplinari di patrologia* (cf. 1988-90, 207) 413-455

5414 FERRARI, G. *Origini e sviluppo della teologia dell'icona in Oriente.* In: *La legittimità del culto delle icone* (cf. 1988-90, 273) 85-93

5415 FIGARI, L.F. *La Oración del Nombre de Jesús* – VyE 5 (1989) 15-42

5416 FREDERIKSEN, HANS JØRGEN *Det himmelske Jerusalem i arkitektur og billedkunst.* In: *Det ny Jerusalem. Guds by og de skiftende forventninger.* Red. ANNA MARIE AAGAARD. Århus: Anis 1989 99-126

5417 GAMBER, K.; NYSSEN, W. *Verweilen im Licht: Kult und Bild der Kirche Armeniens* [Schriftenreihe des Zentrums patristischer Spiritualität Koinonia-Oriens im Erzbistum Köln 20]. Köln: Luthe Verlag 1986. 182 pp.

5418 GERO, S. *The Byzantine Iconoclastic Movement: A Survey*. In: *L'Icône dans la théologie et l'art* (cf. 1988-90, 256) 95-103

5419 GOOSEN, L. *Priscillianus anti-heilige?* In: *De heiligenverering in de eerste eeuwen van het christendom* (cf. 1988-90, 248) 178-185

5420 IACOANGELI, ROBERTO *Sub tuum praesidium: la più antica preghiera mariana: filologia e fede*. In: *La mariologia (prenicena)* (cf. 1988-90, 282) 207-240

5421 KALLIS, A. *Der philosophisch-kulturelle Kontext der Ikonenverehrung und -theologie*. In: *L'Icône dans la théologie et l'art* (cf. 1988-90, 256) 181-190

5422 KALOKYRIS, K. *Allgemeine Betrachtung über die Form und den theologischen Charakter der orthodoxen Kirchenmalerei gemäß den Beschlüssen des VII. Ökumenischen Konzils*. In: *L'Icône dans la théologie et l'art* (cf. 1988-90, 256) 215-223

5423 KÜSTER, J. *Heiligenfeste im Brauch* [Herder Taschenbuch 1518]. Freiburg: Herder 1988. 160 pp.

5424 LARENTZAKIS, G. *Heiligenverehrung in der orthodoxen Kirche* – Cath 42 (1988) 56-75

5425 MALATY, TADROS Y. *Die Gottesmutter bei den Vätern und in der Koptischen Kirche* [Studies in pastoral liturgy 25. Beiheft]. Regensburg: Pustet 1989. 83 pp.

5426 MATRANGOLO, V. *La venerazione a Maria nella tradizione della Chiesa bizantina: fondamenti teologici*. Acireale: Galatea Ed. 1990. 72 pp.

5427 MOORSEL, P. VAN *Een wolk van getuigen. Middeleeuwse Koptische heiligen-iconografie vanuit vroege christendom belicht*. In: *De heiligenverering in de eerste eeuwen van het christendom* (cf. 1988-90, 248) 203-214

5428 MUSAKOVA, ELISAVETA *Funkcijata na obraza. Ikonoborci i ikonopocitateli* (= La fonction de l'image. Iconoclastes et iconodules) – Izkustvo (1989/5) 10-14

5429 PERGOLA, P. *Le «Saint» prêtre Eulalios: un cas singulier de vénération à la fin du IV° siècle*. In: *Quaeritur inventus colitur* (cf. 1988-90, 319) 545-560

5430 PERI, V. *I problemi ecclesiali posti dall'iconoclasmo e la Chiesa di Roma* – ACR 76 (1988) 25-33

5431 PHIDAS, V. *Les causes de l'iconoclasme*. In: *La legittimità del culto delle icone* (cf. 1988-90, 273) 71-81

5432 SALACHAS, D. *Problemi ecclesiologici e di disciplina ecclesiastica nel contesto della controversia iconoclastica*. In: *La legittimità del culto delle icone* (cf. 1988-90, 273) 145-159

5433 SAXER, VICTOR *Les origines du culte de sainte Marie Madeleine en Occident.* In: *Marie Madeleine dans la mystique, les arts et les lettres. Actes du colloque international, Avignon 20-21-22-juillet 1988.* Paris: Beauchesne 1989.

5434 SCHREINER, P. *Der byzantinische Bilderstreit. Kritische Analyse der zeitgenösssischen Meinungen und das Urteil der Nachwelt bis heute.* In: *Bisanzio, Roma e l'Italia* (cf. 1988-90, 194) 319-427

5435 SENDLER, E. *The Icon. Image of the Invisible: Elements of Theology, Aesthetics and Technique.* Transl. by S. BIGHAM. Redondo Beach, Calif.: Oakwood Publ. 1988. 282 pp.

5436 SIEWERT, KLAUS *Statua im Spiegel deutschsprachiger Kommentierung des Mittelalters.* In: *Migratio et commutatio* (cf. 1988-90, 290) 326-336

5437 SPECHT, EDITH *Kulttradition einer weiblichen Gottheit: Beispiel Ephesus.* In: *Maria – Abbild oder Vorbild?* (cf. 1988-90, 281) 37-47

5438 SPIDLIK, T. *L'Icona e la preghiera* – CC 139 (1988) 161-167

5439 *Der Streit um das Bild: das 2. Konzil von Nizäa (787) in ökumenischer Perspektive.* Hrsg. von JOSEF WOHLMUTH [Studium universale 9]. Bonn: Bouvier 1989. 166 pp.

5440 SUTTNER, E.C. *Die theologischen Motive im Bilderstreit.* In: *La legittimità del culto delle icone* (cf. 1988-90, 273) 53-70

5441 TRIACCA, ACHILLE M. *Sub tuum praesidium: nella lex orandi un'anticipata presenza della lex credendi: la «teotocologia» precede la «mariologia»?* In: *La mariologia (prenicena)* (cf. 1988-90, 282) 183-205

5442 USCATESCU, JORGE *El Oriente cristiano y la Teología del Icono* – VyV 47 (1989) 317-329

5443 VANDERJAGT, A.J. *Een mogelijke bron voor de Kruisdevotie van de Nubiërs.* In: *De heiligenverering in de eerste eeuwen van het christendom* (cf. 1988-90, 248) 53-62

5444 VARNALIDIS, S. *La difesa delle icone al Concilio Niceno II.* In: *La legittimità del culto delle icone* (cf. 1988-90, 273) 105-128

5445 VIKAN, G. *The minor arts of late antique Egypt: From relics to icons.* In: *Beyond the Pharaos* (cf. 1988-90, 192) 75-76

5446 WALTER, CHR. *The icon and the image of Christ: the second Council of Nicaea and Byzantine tradition* – Sob 10 (1988) 23-33

5447 WARLAND, R. *Das Brustbild Christi. Studien zur spätantiken und frühbyzantinischen Bildgeschichte* [RQ suppl. 41]. Rom: Herder 1986. 288 pp., 14 fig. et 139 pl.

V. Iuridica, symbola

V.1. Generalia

5448 BASSARAK, G. *Faith and Order und das Nizänum* – CV 31 (1988) 31-45

5449 BOUMIS, P.I. *The Canons of the Church and the Canon of Holy Scripture*. Athen 1986. 239 pp.

5450 BRINGMANN, KLAUS *Tradition und Neuerung: Bemerkungen zur Religionsgesetzgebung der christlichen Kaiser des 4. Jhs*. In: *Reformatio et reformationes: Festschrift für Lothar Graf zu Dohna zum 65. Geburtstag*. [Schriftenreihe Wiss. & Technik der Techn. Hochschule Darmstadt 47]. Hrsg. von ANDREAS MEHL; WOLFGANG CHRISTIAN SCHNEIDER. Darmstadt (1989) 13-28

5451 BRUCE, FREDERICK F. *The canon of Scripture* Glasgow: Chapter House 1988. 349 pp.

5452 DEBINSKI, ANTONI *Ustawodawstwo karne rzymskich cesarzy chrześcijanskich w sprawach riligijnych* [Strafgesetzgebung der römischen christlichen Kaiser in Religionssachen]. Lublin: Wydawnictwo Katol. Uniw. Lubelskiego 1990. 230 pp.

5453 DUNN, J. *Die Instrumente kirchlicher Gemeinschaft in der frühen Kirche* – USa 44 (1989) 2-13

5454 ERMATINGER, JAMES W. *B.F.: Bonum factum or Bona Fortuna* – ZPE 79 (1989) 161-162

5455 GAUDEMET, JEAN *L'Eglise dans l'Empire romain: IVe-Ve siècles* [Histoire du droit et des institutions de l'église en Occident]. Paris: Sirey 1990. XIII, 818 pp.

5456 HALL, STUART G. *Canon and controversies. Some recent researches in early Christianity* – JEcclH 40 (1989) 253-261

5457 HEINZELMANN, MARTIN *Bischof und Herrschaft vom spätantiken Gallien bis zu den karolingischen Hausmeiern. Die institutionellen Grundlagen*. In: *Herrschaft und Kirche* (cf. 1988-90, 5604) 23-82

5458 KRETSCHMAR, GEORG *Katechumenat/Katechumenen I. Alte Kirche* – TRE 18 (1989) 1-5

5459 MILITELLO, CETTINA *La donna nella chiesa: problemi aperti* [mit englischer Zusammenfassung] – Stud. Ecumen. Rivista di studia ecumenia (Verona) 6 (1988) 58-103

5460 NOCERA, G. *I rapporti tra cristianesimo e istituti familiari alla luce del diritto e della letteratura del tardo impero.* In: *Atti dell'Accademia Romanistica Constantiniana* (cf. 1988-90, 182) 111-145

5461 NOGUEIRA, E. DIAS *Situação juridica da Ingreja peninsular antes de depois da ocupação muçulmana.* In: *IX Centenário da Dedicação da Sé de Braga, I* (cf. 1988-90, 214) 551-555

5462 SALINAS DE FRIAS, M. *Tradición y novedad en las leyes contra la magia y los paganos de los emperadores cristianos.* In: *Cristianismo y aculturacíon en tiempos del Imperio Romano* (cf. 1988-90, 213) 237-245

5463 SELB, W. *Orientalisches Kirchenrecht, 2: Die Geschichte des Kirchenrechts der Westsyrer von den Anfängen bis zur Mongolenzeit* [SAW 543]. Wien: Verlag der ÖAW 1989. 309 pp.

5464 TROIANOS, SPYROS N. *Kirchliche und weltliche Rechtsquellen zur Homosexualität in Byzanz* – JÖB 39 (1989) 29-48

5465 WOLF, GUNTHER *Martyres vindicati* [in deut. Spr.] – ZSavR 105 (1988) 776-783

5466 ZALBA, M. *Num ecclesia habeat potestatem invalidandi ritum sacramentalem ordinis ab episcopis exclusis peractum* – Per. de re morali canonica liturgica (Rom) 78 (1989) 157-185

V.2. Concilia, acta conciliorum, canones

5467 *Acta conciliorum oecumenicorum II,2: Concilium Constantinopolitanum: Concilium Universale Constantinopolitanum Tertium, 1: Concilii actiones I-XI.* Ed. RUDOLF RIEDINGER. Berlin: de Gruyter 1990. XII, 513 pp.

5468 AMATO, ANGELO *Nicea II (787): Difesa delle immagini come affermazione del realismo dell'Incarnazione* – Salesianum 50 (1988) 321-344

5469 ANAGNOSTOPULOS, B.N. Ἡ πατερικὴ περὶ εἰκόνων διδασκαλία καὶ παράδοση κατὰ Ἑβδόμην ἐν Νικαίᾳ Οἰκουμενικὴν Σύνοδον [mit engl. Zus.-fass.]. In: Ἀναφορὰ εἰς μνήμην ... (cf. 1988-90, 174) I 181-212; 447-449

5470 ANAGNOSTOPULOS, B.N. *The Seventh Oecumenical Council of Nicaea on the Veneration of Icons and the Unity of the Church* – ThAthen 61 (1990) 417-442

5471 AUZÉPY, MARIE-FRANCE *La place des moines à Nicée II (787)* – Byzan 58 (1988) 5-21

5472 BACONSKY, TEODOR; MCGUCKIN, J.A. *Un Document patristic străromân: Epistola către africani a călugărilor sciți* (= Un document patristique proto-roumain: l'épitre des moines scythes aux Africains) – BOR 106 (1988/3-4) 109-124

5473 BARNES, T.D. *The date of the Council of Gangra* – JThS 40 (1989) 121-124

5474 BAXTER, ANTHONY *Chalcedon, and the subject in Christ* – DR 107 (1989) 1-21

5475 BELTZ, W. *Religionswissenschaftliche Aspekte des VII. Ökumenischen Konzils von Nikaia 787* – WZHalle 37 (1988) 107-113

5476 BOESPFLUG, F. *Pour une nouvelle réception du décret de Nicée II: remarques et suggestions d'un théologien français.* In: *La legittimità del culto delle icone* (cf. 1988-90, 273) 161-171

5477 BRANDMÜLLER, W. *«Traditio Scripturae Interpres». La doctrina de los concilios sobre la recta interpretación de la Biblia hasta el Concilio de Trento.* In: *Hispania Christiana* (cf. 1988-90, 250) 65-84

5478 Vacat

5479 BRENNECKE, H.C. *Bischofsversammlung und Reichssynode. Das Synodalwesen im Umbruch der konstantinischen Zeit.* In: *Einheit der Kirche* (cf. 1988-90, 224) 35-53

5480 CAMELOT, PIERRE-THOMAS *Les conciles oecuméniques. 1. Le premier millénaire* [Bibliothèque d'histoire du christianisme 15]. Paris: Desclée 1988. 90 pp.

5481 *Les canons des conciles mérovingiens (VIe-VIIe siècles).* Texte latin de l'éd. C. DE CLERCQ (1963), introd., trad. et notes par JEAN GAUDEMET et BRIGITTE BASDEVANT [SC 353-354]. Paris: Les éditions du Cerf 1989. 2 voll. 636 pp.

5482 CAPDEVILA, V.-M. *«Peccata» i «implere mandata» en els cànons tercer, quart i cinquè del Concili de Cartago del 418.* In: *In Medio Ecclesiae* (cf. 1988-90, 221) 499-510

5483 CARLE, P.-L. *Le colloque du Collège de France des 2 et 4 octobre pour préparer la XIIème centenaire de Nicée (787-1987)* – Divinitas 32 (1988) 565-594

5484 CHORTATOS, T. Αἱ ἐν τῇ Ἐκκλησία Ἱεροσολύμων συνελθοῦσαι σύνοδοι – Νέα Σιών 80 (1988) 186-206

5485 CHRISTOU, P.C. *Testimonia neglected by the Seventh Ecumenical Council* – AHC 20 (1988) 251-257

5486 CHRYSOS, E. *The Synodal Acts as Literary Products.* In: *L'Icône dans la théologie et l'art* (cf. 1988-90, 256) 85-93

5487 CICCIMARRA, F. *La condotta degli ecclesiastici e le disposizioni del II Concilio di Nicea* – EuntDoc 41 (1988) 107-116

5488 CONTE, P. *Il concilio Niceno II tra Oriente e Occidente* – ACR 76 (1988) 5-24

5489 CONTE, PIETRO *Il sinodo lateranense dell'ottobre 649*. La nuova edizione degli atti a cura di R. RIEDINGER. Rassegna critica di fonti dei secc. VII-XII [Collezione teologica 3]. Vaticano: Libreria Editrice Vaticana 1989. 432 pp.

5490 COWE, S.P. *The Armeno-Georgian Acts of Ephesus – a reconsideration* – JThS 40 (1989) 125-129

5491 *Creeds, Councils and Controversies*. Ed. J. STEVENSON. Revised by W.H.C. FREND. London: S.P.C.K. 1989. XII, 410 pp.

5492 *Decrees of the ecumenical councils. 1: Nicea to Lateran V*. Ed. by NORMAN P. TANNER. London: Sheed & Ward 1990. XXV, 655 pp.

5493 DUDZIAK, J. *Zalażki ogólnokościelnej dyscypliny duchowieństwa w świetle postanowień I Soboru Nicejskiego (325)* (= Die Wurzeln der kirchlichen Disziplin des geistlichen Standes im Lichte des ersten ökumenischen Konzils zu Nizäa) – VoxP 7 (1987) f.12/13, 107-124

5494 DUMEIGE, G. *L'image du Christ verbe de Dieu. Recherche sur l'horos du IIe concile de Nicée et la tradition théologique* – AHC 20 (1988) 258-267

5495 DUPREY, P. *Le deuxième Concile de Nicée, modèle d'unité entre Rome et l'Orient*. In: *L'Icône dans la théologie et l'art* (cf. 1988-90, 256) 59-66

5496 DURĂ, IOAN *Sf. Teotim I, episcopul Tomisolui, invocat drept autoritate a dreptei credinţe în cadrul lucrărilor Sinodului IV ecumenic* (= St. Théotime I, l'évêque de Tomis, invoqué en tant qu'autorité de l'orthodoxie au IV-ème Concile Oecuménique) – BOR 106 (1988/5-6) 92-96

5497 ELLIOTT, T.G. *The date of the council of Serdica* – AHB 2 (1988) 65-72

5498 ESBROECK, MICHEL VAN *Une propagande chalcédonienne du début du VIe siècle: l'histoire des saints Nisthéréon et Katianos* – OrChr 72 (1988) 136-167

5499 FONTAINE, JACQUES *El III Concilio de Toledo. Una fecha importante en la Historia de España* – CuadPens 4 (1989) 87-96

5500 FRENKEN, A. *1200 Jahre Zweites Nicaenum*. Bericht über das historisch-theologische Symposion in Istanbul 10.-18. Oktober 1987. – AHC 20 (1988) 1-41

5501 GAHBAUER, F.R. *Das Konzil von Nizäa (787)* – SM 99 (1988) 7-26

5502 GALBIATI, E. *Il settimo Concilio Ecumenico nella liturgia e nell'Iconografia Bizantina* – ACR 76 (1988) 34-37

5503 GALOT, J. *«Une seule personne, une seule hypostase». Origine et sense de la formule de Chalcédoine* – Greg 70 (1989) 251-276

5504 GARCIA I GARCIA, A. *Un nuevo libro sobre el Concilio de Elvira* – REDC 45 (1988) 312-315

5505 GAUDEMET, J. *Le deuxième concile de Nicée (787) dans les collections canoniques occidentales* – AHC 20 (1988) 278-288

5506 GAZTAMBIDE, JOSÉ GOÑI *El número de los concilios ecuménicos.* In: *Ecclesia militans* (cf. 1988-90, 220) 1-21

5507 GIANNOPULOS, B.N. Ἡ ἀποδοχὴ τῶν αἱρετικῶν κατὰ τὴν Ζ' Οἰκουμενικὴν σύνοδον. («Πῶς δεῖ τοὺς ἀπὸ αἱρέσεων προσερχομένους δέχεσθαι») – ThAthen 59 (1988) 530-579

5508 GIRARDET, KLAUS MARTIN *Konstantin der Große und das Reichskonzil von Arles (314). Historisches Problem und methodologische Aspekte.* In: *Oecumenica et patristica* (cf. 1988-90, 303) 151-174

5509 GONZALEZ MARTIN, M. *El Concilio de Toledo y la unidad católica de España.* In: *XV Semana de Teología Espiritual* (cf. 1988-90, 334) 263-275

5510 GONZALEZ MARTIN, MARCELO *El III Concilio de Toledo. Identidad católica de los pueblos de España y raíces cristianas de Europa* – ARACMP 41 (1989) 67-84

5511 GRAY, PATRICK *Konstantinopel, Ökumenische Synoden II. Ökumenische Synode von 553* – TRE 19 (1990) 524-527

5512 HALKIN, F. *Deux impératrices de Byzance* – AB 106 (1988) 5-34

5513 HALLEUX, A. DE *Les deux Romes dans la définition de Chalcédoine sur les prérogatives du siège de Constantinople.* In: Ἀναφορὰ εἰς μνήμην ... (cf. 1988-90, 174) II 89-104; 456

5514 HALLEUX, ANDRÉ DE *Le décret chalcédonien sur les prérogatives de la Nouvelle Rome* – EThL 64 (1988) 288-323

5515 HARTMANN, W. *Das Konzil von Frankfurt 794 und Nicäa 787* – AHC 20 (1988) 307-324

5516 HAYSTRUP, HELGE *Oldkristne kirker og koncilier.* København: C.A. Reitzel 1989. 134 pp.

5517 HORST, HERIBERT *Eutychios und die Kirchengeschichte: das Erste Konzil von Nikaia (325)* – OrChr 74 (1990) 152-167

5518 JOVIC, M. *Аријанство и сердички сабор (343)* (= Arianism and the Council of Serdica in 343) – Zbornik Fil. fakulteta u Prištini 18-19 (1989) 215-226

5519 KEMPFI, A. *1200 rocznica VII Soboru Ekumenicznego* – Cerkovnyj Westnik/Cerkiewny Wiestnik (Warszawa) 34 (1988) 28-30

5520 LÖFSTEDT, BENGT *Notizen zu den Gesta Conlationis Carthaginiensis* – Orpheus 11 (1990) 329-330

5521 MACCARRONE, M. *Il papa Adriano I e il concilio di Nicea de 787* – AHC 20 (1988) 53-134

5522 MANNA, S. *Il ruolo della Sede romana nella promozione del Niceno II. Papa Adriano I.* In: *La legittimità del culto delle icone* (cf. 1988-90, 273) 207-235

5523 MANNA, S. *Roma e Costantinopoli sul Niceno II* – O Odigos (Bari) 7 (1988) 2-4

5524 MARIN, MARCELLO *Le Sententiae LXXXVII episcoporum: in margine al problema del rapporto fra Sacra Scrittura e Concili* – InvLuc 11 (1989) 329-359

5525 MAY, GEORG *Das Lehrverfahren gegen Eutyches im November des Jahres 448: zur Vorgeschichte des Konzils von Chalkedon* – AHC 21 (1989) 1-61

5526 MÉHAT, ANDRÉ *Le Concile d'Arles (314) et les Bagaudes* – ReSR 63 (1989) 47-70

5527 MELETIOS (METROPOLIT VON NIKOPOLIS) Ὁ Νικοπόλεως Εὐγένιος καὶ ἡ Σύνοδος τῆς Χαλκηδόνος [mit engl. Zus.-fass.]. In: Ἀναφορὰ εἰς μνήμην ... (cf. 1988-90, 174) III 367-376; 468-469

5528 MELLADO RODRIGUEZ, JOAQUIN *Léxico de los concilios visigóticos de Toledo* [Textos e instrumentos 24]. Córdoba: Servicio de Publ., Univ. de Córdoba 1990. 755 pp.

5529 Vacat

5530 MINNEN, P. VAN; WORP, K.A. *Proceedings of the council of Hermopolis A.D. 322* – ZPE 78 (1989) 139-142

5531 MŁOTEK, A. *Eucharystia w kanonach synodów IV w.* (= Sacramentum Eucharistiae in canonibus synodum IV saeculi tractatum) – VoxP 7 (1987) f.12/13, 291-301

5532 MURPHY, FRANCIS X.; SHERWOOD, POLYCARP *Konstantinopel II und III* [Geschichte der ökumenischen Konzilien 3]. Mainz: Matthias-Grünewald-Verlag 1990. 403 pp.

5533 MURPHY, FRANCIS XAVIER; SHERWOOD, P. *Konstantinopel II und III* [Geschichte der ökumenischen Konzilien 3]. Mainz: Grünewald 1990. 403 pp.

5534 NICHOLS, A. *The horos of Nicaea II: a theological re-appropriation* – AHC 20 (1988) 171-181

5535 NYSSEN, WILHELM *Aufbruch aus dem Ursprung: das zweite Konzil von Nizäa und die Folgen* [Schriftenreihe des Zentrums patristischer Spiritualität KOINONIA ORIENS im Erzbistum Köln 26]. Köln: Luthe-Verlag 1988. 80 pp.

5536 OHME, H. *Das Concilium Quinisextum und seine Bischofsliste. Studien zum Konstantinopeler Konzil von 692* [Arbeiten zur Kirchengeschichte 56]. Berlin; New York 1990. XIII, 423 pp.

5537 OHME, H. *Das Quinisextum auf dem VII. Ökumenischen Konzil* – AHC 20 (1988) 325-344

5538 PAPAS, A. *Die Ideen des 7. Ökumenischen Konzils über die kirchliche Kunst und die Paramentenpracht des Byzantinischen Ritus* – AHC 20 (1988) 370-378

5539 PERI, V. *L'ecumenicità di un concilio come processo storico nella vita della Chiesa* – AHC 20 (1988) 216-244

5540 PETERS, URSULA *Das VII. ökumenische Konzil von Nikaia (787) und seine Bedeutung für die Entwicklung der byzantinischen Kunst und Kultur. Kolloquium der Fachkommission Byzantinistik der Historiker-Gesellschaft der DDR, Berlin 1987* – Ethnographischarchäologische Zeitschrift (Berlin) 29 (1988) 555

5541 PHEIDAS, B. Ἀποδοχή καί συναρίθμησις τῆς Ζʹ Οἰκουμενικῆς Συνόδου εἰς τήν Ἀνατολήν καί εἰς τήν Δύσιν. In: *L'Icône dans la théologie et l'art* (cf. 1988-90, 256) 67-83

5542 PHEIDAS, V. *I vescovi dell'Italia del Sud e il VII concilio ecumenico di Nicea.* In: *Il concilio ecumenico Niceno II e l'iconografia mariana in Calabria.* Atti del Convegno di studio nel XII centenario della celebrazione (787-1987), Catanzaro, 19-21 novembre 1987. A cura di M. SQUILLACE. Catanzaro: Vivarium (1990) 69-82

5543 PINHO, A. CARDOSO DE *Uma leitura dos Concilios de Braga à luz da actual problemática das Conferências Episcopais.* In: *IX Centenário da Dedicação da Sé de Braga, III* (cf. 1988-90, 216) 331-344

5544 PLAZAOLA, J. *El aniconismo del Arte Paleocristiano (En el duodécimo centenario del II Concilio de Nicea)* – EE 63 (1988) 3-28

5545 PONTAL, ODETTE *Histoire des conciles mérovingiens.* Paris: Éd. du Cerf; Inst. de rech. et d'hist. des textes 1989. 432 pp.

5546 PROKOPIOS (METROPOLIT VON PHILIPPOI, NAPOLIS U N Ἡ ἐπίδρασις τῶν ἀποφάσεων τῆς Ζʹ Οἰκουμενικῆς Συνόδου εἰς ἁγιογράφησιν τῶν ἱερῶν ναῶν. [mit franz. Zus.-fass.]. In: Ἀναφορὰ εἰς μνήμην ... (cf. 1988-90, 174) IV 253-267; 476-477

5547 RAMOS-LISSON, D. *En torno al papel de la mujer según el Concilio de Ilíberis.* In: *Ecclesia militans* (cf. 1988-90, 220) 83-95

5548 REICHERT, ECKHARD *Die Canones der Synode von Elvira: Einleitung und Kommentar* [Diss.]. Hamburg; Darmstadt 1990. 231 pp.

5549 REIMER, HUBERT; CHUAQUI, REIMER VELIA DE *Priszillian und der Priszillianismus in den Akten spanischer Konzilien des 4. bis 6. Jahrhunderts* – Klio 71 (1989) 508-515

5550 RITTER, ADOLF MARTIN *Konstantinopel, Ökumenische Synoden I. Ökumenische Synode von 381* – TRE 19 (1990) 518-524

5551 RITTER, ADOLF MARTIN *Patristische Anmerkungen zur Frage «Lehrverurteilungen-kirchentrennend?» am Beispiel des Konzils von Chalkedon.* In: *Oecumenica et patristica* (cf. 1988-90, 303) 269-279

5552 SALACHAS, D. *Il VII concilio ecumenico di Nicea (787). I problemi affrontati dalla normativa dei 22 canoni.* In: *Il concilio ecumenico Niceno II e l'iconografia mariana in Calabria.* Atti del Convegno di studio nel XII centenario della celebrazione (787-1987), Catanzaro, 19-21 novembre 1987. A cura di M. SQUILLACE. Catanzaro: Vivarium (1990) 159-185

5553 SAWARD, J. *Christ, Our Lady, and the Church in the teaching of the Second Council of Nicaea* – Chrysostom 8 (1988) 1-40

5554 SCHÄFERDIEK, KNUT *Konstantinopel, Ökumenische Synoden III. Ökumenische Synode von 680/681* – TRE 19 (1990) 527-529

5555 SCHMITZ, GERHARD *Die Waffe der Fälschung zum Schutz der Bedrängten? Bemerkungen zu gefälschten Konzils- und Kapitularientexten.* In: *Fälschungen im Mittelalter* (cf. 1988-90, 231) II 79-109

5556 SCHULZ, H.-J. *Das VII. Ökumenische Konzil: Erneuerungsimpuls für eine Liturgie, die zum «Schauen» des Mysteriums befähigt* – Cath 42 (1988) 138-155

5557 *Sententiae Syriacae.* Eingel., hrsg., dt. übers. mit einem syr. und griech. Glossar versehen und kommentiert von WALTER SELB [SAW 567]. Wien: Verlag der Österr. Akad. d. Wiss. 1990. 219 pp.

5558 SIEBEN, HERMANN JOSEF *Concilium perfectum. Zur Idee der sogenannten Partikularsynode in der Alten Kirche* – ThPh 63 (1988) 203-229

5559 SIEBEN, HERMANN JOSEF *Die Partikularsynode: Studien zur Geschichte der Konzilsidee* [FTS 37]. Frankfurt a.M.: Knecht 1990. 303 pp.

5560 SIEBEN, HERMANN JOSEF *Episcopal Conferences in Light of Particular Councils during the First Millenium* – The Jurist (Washington) 48 (1988) 30-56

5561 SIMONETTI, MANLIO *Il concilio di Alessandria del 362 e l'origine della formula trinitaria* – AugR 30 (1990) 353-360

5562 SÖLL, G. *Die Lehre des II Konzils von Nizäa 787 über die Bilderverehrung* – Marianum 51 (1989) 171-187

5563 SPEIGL, J. *Die Geschichte der vier ersten Ökumenischen Konzilien: Wie Kaiser Justinian sie sah* – MThZ 40 (1989) 349-363

5564 STAATS, REINHART *Die römische Tradition im Symbol von 381 (NC) und seine Entstehung auf der Synode von Antiochien 379* – VigChr 44 (1990) 209-221

5564* STAROWIEYSKI, MAREK; ROLA, M. *Synod w Elwirze. Wstęp, opracowanie, przekład* (= Synode in Elvira, Einleitung, Übersetzung und Kommentar) – WStT 3 (1985-90) 183-205

5565 STONE, MICHAEL E. *Armenian canon lists V, anonymos texts* – HThR 83 (1990) 141-161

5566 STRÄTZ, HANS-WOLFGANG *Scheidungspflicht und Neuheiratsverbot in der alten Kirche: Kanon 11 (10) des Konzils von Arles 314 im Kontext gesehen.* In: *Staat, Kirche, Wissenschaft* (cf. 1988-90, 339) 679-701

5567 TETZ, MARTIN *Die Kirchweihsynode von Antiochien (341) und Marcellus von Ancyra. Zu der Glaubenserklärung des Theophronius von Tyana und ihren Folgen.* In: *Oecumenica et patristica* (cf. 1988-90, 303) 199-217

5568 TETZ, MARTIN *Ein enzyklisches Schreiben der Synode von Alexandrien (362)* – ZNW 79 (1988) 262-281

5569 THÜMMEL, HANS GEORG *Ikone und frühes Tafelbild.* In: *Ikone und frühes Tafelbild* Ed. H.L. NICKEL [Wiss. Beiträge Martin-Luther-Univ. Halle-Wittenberg 1986/87]. Halle (1988) 23-29

5570 TROIANOS, S.N. Ἡ Ζ΄ Οἰκουμενικὴ Σύνοδος καὶ νομοθετικὸν αὐτῆς ἔργον. Athen 1989. 67 pp.

5571 TROIANOS, S.N. *Die Kanones des VII. ökumenischen Konzils und die Kaisergesetzgebung* – AHC 20 (1988) 289-306

5572 VIRGULIN, S. *I fodamenti teologici dell'iconodulia* – EuntDoc 41 (1988) 5-31

5573 VOGT, H.J. *Das Zweite Konzil von Nicäa. Ein Jubiläum im Spiegel der Forschung* – IKaZComm 17 (1988) 443-451

5574 VOGT, H.J. *Der Streit um das Lamm. Das Trullanum und die Bilder* – AHC 20 (1988) 135-149

5575 WOLINSKI, JOZEF *Sobór Nicejski zwrotnym punktem w nauczaniu patrystyki* (= The Council of Nicea, turing point for the teaching of patristics) [mit englischer Zusammenfassung] – VoxP 9 (1989) f.16, 191-211

5576 ZESES, T. Ἡ πατερικὴ θεμελίωσις τῶν δογματικῶν ἀποφάσεων τῆς Ζ΄ Οἰκουμενικῆς Συνόδου. In: *L'Icône dans la théologie et l'art* (cf. 1988-90, 256) 113-125

5577 ZESES, T. Οἱ ἐπιδράσεις ἐπὶ τῶν εἰκονομάχων κατὰ τοὺς Πατέρας τῆς Ζ΄ Οἰκουμενικῆς Συνόδου. In: *Oecumenica et patristica* (cf. 1988-90, 303) 329-337

V.3. Ius canonicum, hierarchia, disciplina ecclesiastica

5578 BARONE-ADESI, G. *Il sistema giustinianeo delle delle proprietà ecclesiastiche.* In: *La proprietà e le proprietà* [Società italiana di storia del diritto]. Pontiniano 30 settembre – 3 ottobre 1985, a cura di E. CORTESE. Mailand: Giuffrè (1988) 75-120

5579 BENOÎT, ANDRÉ *Ministère et Succession Apostolique aux trois premiers siècles*. In: *Ministerio, Tradición y Regla de Fe* (cf. 1988-90, 292) 127-148

5580 BIANCHINI, MARIAGRAZIA *Usi ed abusi della «custodia reorum»: Una testimonianza di Agostino d'Ippona*. In: *Atti del III Seminario romanistico gardesano, 22-25 ottobre 1985*. Mailand: Giuffrè (1988) 441-458

5581 BRADSHAW, PAUL FREDERICK *Kirchenordnungen I. Altkirchliche* – TRE 18 (1989) 662-670

5582 CAPUTA, GIANNI *Il sacerdozio comune dei fedeli in epoca patristica e nel primo medioevo*. In: *Laici per una nuova evangelizzazione: studi sull'esortazione di Giovanni Paolo II*. A cura di ENRICO DAL COVOLO e ACHILLE M. TRIACCA [Studi sul magistero pontificio 3]. Leumann Ed. Elle Di Ci (1990) 55-76

5583 CIMMA, MARIA ROSA *L'episcopalis audientia nelle costituzioni imperiali da Costantio a Giustiniano*. Torino: Giappichelli 1989. 167 pp.

5584 COLSON, J. *Diakon i biskup w pierwszych trzech stuleciach Kościoła* (= Diakon und Bischof in den ersten drei Jahrhunderten der Kirche) – VoxP 9 (1989) f.17, 587-597

5585 COLSON, J. *O Bispo na tradição patristica antenicena* – Revista de cultura bíblica (Rio de Janeiro) 51/52 (1989) 19-28

5586 COVOLO, ENRICO DAL *I laici nella Chiesa delle origini*. In: *Laici per una nuova evangelizzazione: studi sull'esortazione di Giovanni Paolo II*. A cura di ENRICO DAL COVOLO e ACHILLE M. TRIACCA [Studi sul magistero pontificio 3]. Leumann: Ed. Elle Di Ci (1990) 41-54

5587 CUNNINGHAM, AGNES *The power of the keys. The patristic tradition*. In: *The papacy and the Church in the United States*. Ed. B. COOKE. New York: Paulist Press (1989) 141-160

5588 DESANTI, LUCETTA *Sul matrimonio di donne consecrate a Dio nel diritto romano cristiano* – SDHI 53 (1987) 270-296

5589 DESANTI, LUCETTA *Vestali e vergini cristiane* [m. engl. Zus.-fass.] – Annali dell'Università di Ferrara, Sezione V: Scienze giuridiche (Ferrara) 2 (1988) 215-231

5590 DOMAGALSKI, B. *Diakoni rzymscy w IV wieku. Z historii związków biskupa, diakona i prezbitera* (= Römische Diakone im 4. Jahrhundert. Zum Verhältnis von Bischof, Diakon und Presbyter) – VoxP 9 (1989) f.17, 637-654

5591 EDELING-TEVES, W. *Hat die Diakonissin in der frühen Kirche versagt?* Frankfurt a.M. 1989

5592 ENO, ROBERT B. *The rise of the papacy* [Theology and life 32].
Wilmington (DW): Glazier 1990. 184 pp.

5593 FAIVRE, ALEXANDRE *The emergence of the laity in the early
church*. New York: Paulist Pr. 1990. III, 242 pp.

5594 FEDALTO, G. *Hierarchia Ecclesiastica Orientalis. I. Patriarchatus
Constantinopolitanus. II. Patriarchatus Alexandrinus, Antio-
chenus, Hierosolymitanus* [2 voll]. Padova: Ed. Messagero 1988.
XX, 1-572; 573-1208 pp.

5595 FOIS, M. *Il vescovo di Roma* – CC 139 (1988) 502-507

5596 FRAZEE, Ch.A. *The Origins of Clerical Celibacy in the Western
Church* – ChH 57 (1988) Suppl. 108-126

5597 GAUDEMET, J. *La coutume en droit canonique* – RDC 38 (1988)
224-251

5598 GAUDEMET, J. *Théologie et droit canonique. Les leçons de l'Histoire* – RDC 39 (1989) 3-13

5599 GAUDEMET, JEAN *Kirchenrecht I. Alte Kirche* – TRE 18 (1989)
713-724

5600 GORSKI, M. *Diakonat w starożytnym prawodawstwie kościel-
nym (III-IX w.)* (= Diakonat in der altkirchlichen Gesetzgebung
vom 4. bis zum 9. Jahrhundert) – VoxP 9 (1989) f.17, 707-715

5601 GUERRA GOMEZ, M. *El obispo de Roma y la «Regula Fidei» en
los tres primeros siglos de la Iglesia* – Burgense 30 (1989) 355-433

5602 HABBI, JOSEPH *Typology du «père» dans les sources canoniques
syroorientales*. In: *Symposium Syriacum* (cf. 1988-90, 354)
237-246

5603 HEINE, SUSANNE *Diakoninnen – Frauen und Ämter in den ersten christlichen Jahrhunderten* – IKZ 78 (1988) 213-227

5604 *Herrschaft und Kirche. Beiträge zur Entstehung und Wirkungs-
weise episkopaler und monastischer Organisationsformen*. Hrg.
FRIEDRICH PRINZ [Monographien zur Geschichte des Mittelalters 33]. Stuttgart: A. Hiersemann 1988. VIII, 391 pp.

5604* KLAUZA, K. *Diakon w Kościele Syryjskim III i IV wieku* (= De
diaconis in ecclesia syriaca) – VoxP 9 (1989) f.17, 675-681

5605 KÖTTING, BERNHARD *Die Bewertung der Wiederverheiratung
(der zweiten Ehe) in der Antike und in der Frühen Kirche* [Rhei-
nisch-Westfälische Akademie der Wissenschaften Geisteswissenschaften G 292 Vortr.] Opladen: Westdeutscher Verlag 1988. 43
pp.

5606 KOWALSKI, A. *Pawłowe teksty o diakonacie w interpretacji
Ojców Kościoła* (= Testi Paolini sul diaconato nell'interpretazione
dei Padri della Chiesa) – VoxP 9 (1989) f.17, 605-635

5607 LANDAU, PETER *Gefälschtes Recht in den Rechtssammlungen
bis Gratian*. In: *Fälschungen im Mittelalter* (cf. 1988-90, 231) II
11-49

5608 LEONTARITU, BASILIKE *Πληροφορίες εκκλησιαστικού δικαίου στις αγιολογικές πηγές του 4ου αιώνα.* In: *Analecta Atheniensia ad ius byzantinum spectantia.* [Forschungen zur byzantinischen Rechtsgeschichte. Athener Reihe]. Athen (1989) 1-58

5609 MAHONEY, J. *The making of moral theology. A study of the Roman Catholic tradition.* Oxford: Clarendon Press 1987. XXV, 357 pp.

5610 MARCZEWSKI, M. *Kościoł a diakon. U zródeł współzależności* (= Kirche und Diakon) – VoxP 9 (1989) f.17, 582-586

5611 MARCZEWSKI, M. *O przyczynach zaniku diakonatu stałego w Kościele Zachodnim* (= Die Ursachen des Verschwindens des ständigen Diakonats in der abendländischen Kirche) – VoxP 7 (1987) f.12/13, 283-290

5612 MARTIN HERNANDEZ, F. *La formación del clero en la iglesia visigótico – mozárabe.* In: *Hispania Christiana* (cf. 1988-90, 250) 193-213

5613 MARTINS, R. CUNHA *O espaço paroquial da diocese de Braga na Alta Idade Media (Séculos VI-XI). Um estado da questão.* In: *IX Centenário da Dedicação da Sé de Braga, I* (cf. 1988-90, 214) 283-294

5614 METZGER, MARCEL *Konstitutionen, (Pseud-)Apostolische* – TRE 19 (1990) 540-544

5615 MEYENDORFF, J. *Christian Marriage in Byzantium: The Canonical and Liturgical Tradition* – DumPap 40 (1990) 99-107

5616 MEYER, M.A. *Early Anglo-Saxon penitentials and the position of women* – Haskins Society journal (London) 2 (1990) 47-61

5617 MODESTO, J. *Die Praxis der Bischofswahlen im Lichte päpstlicher Dokumente des Altertums* – MThZ 40 (1989) 223-231

5618 MODESTO, J. *Idee und Gestalt der Pentarchie in der frühen Kirche* – OrthF 4 (1990) 23-33

5619 MUNIER, C. *L'échec du mariage dans l'église ancienne* – RDC 38 (1988) 26-40

5620 NOETHLICHS, K.L. *Anspruch und Wirklichkeit. Fehlverhalten und Amtspflichtverletzungen des christlichen Klerus anhand der Konzilskanones des IV. bis VIII. Jhts.* – ZSavK 107 (1990) 1-61

5621 NÜRNBERG, ROSEMARIE *«Non decet neque necessarium est, ut mulieres doceant.» Überlegungen zum altkirchlichen Lehrverbot für Frauen* – JAC 31 (1988) 57-73

5622 O'DALY, GERARD *Hierarchie* – RAC 15 (1989) Lief. 113, 42-73

5623 ÖRSY, L. *The development of the concept of protos in the ancient church* – Kanon 9 (1989) 83-97

5624 OSBORNE, KENAN B. *Priesthood: a history of ordained ministry in the Roman Catholic Church.* New York, N.Y.: Paulist 1988. VII, 388 pp.

5625 PAPADEMETRIOU, G.C. *The prophetic ministry of the priest* –
      ThAthen 60 (1989) 403-415

5625* PAPROCKI, H. *Diakonat w świetle świadectw Kościołów
      Wschodnich* (=Le diaconat à la lumière du témoignage des égli-
      ses orientales) – VoxP 9 (1989) f.17, 691-705

5626 PERI, V. *La pentarchia. Istituzione ecclesiale (IV-VII sec.) e teoria
      canonico-teologica.* In: *Bisanzio, Roma e l'Italia* (cf. 1988-90, 194)
      209-318

5627 PRINZ, FRIEDRICH *Herrschaftsformen der Kirche vom Ausgang
      der Spätantike bis zum Ende der Karolingerzeit.* In: *Herrschaft und
      Kirche* (cf. 1988-90, 5604) 1-21

5628 PUGLISI, GAETANO *Giustizia criminale e persecuzioni antiereti-
      che: (Priszilliano e Ursino, Ambrogio e Damaso)* – SG 43 (1990)
      91-137

5629 PULES, G.A. Ἡ ἄσκηση βίας στὴν ἄμυνα καὶ στὸν πόλεμο
      κατὰ τὸ ἐκκλεσιαστικὰ δίκαιο. Thessalonike: Sÿkkoylaw
      1988. 140 pp.

5630 QUACQUARELLI, A. *Le origini patristiche del sacerdozio dei fe-
      deli nella concezione della teologia battesimale di Antonio Ros-
      mini* – VetChr 27 (1990) 5-19

5631 Vacat

5632 SELB, WALTER *Die Christianisierung der Ehe in der Geschichte
      (nach Quellen der alten westsyrischen Kirche)* – ÖAKR 39 (1990)
      266-275

5633 Vacat

5634 SZAFRANSKI, L. *Diakonise i ich rola w pierwotnym Kosciele* (=
      Le diaconesse ed il loro ruolo nella Chiesa primitiva) – VoxP 9
      (1989) f.17, 737-755

5635 THURSTON BOWMAN, BONNIE *The widows: a women's mini-
      stry in the early Church.* Philadelphia, Penna: Fortress Pr. 1989.
      141 pp.

5636 TREVIJANO ETCHEVERRIA, R. *Ministerio y Regla de Fe.* In:
      Ministerio, Tradición y Regla de Fe (cf. 1988-90, 292) 79-126

5637 TUILIER, ANDRÉ *La Doctrine des Apôtres et la hiérarchie dans
      l'église primitive.* In: *Studia patristica 18,3* (cf. 1988-90, 344)
      229-262

5638 VAGAGGINI, C. *L'ordinazione delle Diaconesse nella tradizione
      Bizantina* – VMon 42 (1988) 50-54

5639 VAKAROS, DEMETRIOS *The priesthood in ecclesiastical litera-
      ture of the first five centuries* [in griechischer Sprache, mit engli-
      scher Zusammenfassung]. Thessalonica: 1986. 353 pp.

5640 VICIANO, A. *Sobre la formación sacerdotal en la antigüedad
      tardía.* In: *La formación de los sacerdotes* (cf. 1988-90, 234)
      509-519

5641 VOGT, H.-J. *Das Verbot einer «hetera pistis» auf dem Konzil von Ephesus 431* – AHC 22 (1990) 234-241
5642 WAYNE HOUSE, H. *The Ministry of Women in the Apostolic and Postapostolic Periods 387-399* – BiblSacr 145 (1988) 577-580

V.4. Symbola

5643 BENVIN, ANTON *Due frammenti del simbolo apostolico di Ossero (Symbolum Apsarense)*. In: *Chromatius episcopus* (cf. 1988-90, 3023) 185-207
5644 KOLB, ANNE *Das Symbolum Nicaeno-Constantinopolitanum. Zwei neue Zeugnisse* – ZPE 79 (1989) 253-260
5645 LANE, DAVID J. *A Nestorian creed: the creed of subhalmaran*. In: *Symposium Syriacum* (cf. 1988-90, 354) 155-162
5646 LUBAC, H. DE *La fe cristiana. Ensayo sobre la estructura del Símbolo de los Apóstoles*. Traducción de C. RUIZ GARRIDO. Salamanca: Secretariado Trinitario 1988. 374 pp.
5647 NADEAU, MARIE-THÉRÈSE *Foi de l'église: évolution et sens d'une formule* [Théologie historique 78]. Paris: Beauchesne 1988. 344 pp.
5648 O'CALLAGHAN, P. *The Holiness of the Church in Early Christian Creeds* – ITQ 54 (1988) 59-65
5649 SCHACHTEN, W.H.J. *Kirchliche Rechtsgeschichte. Das nicänische Dekret über das Taufsymbol. Vorgeschichte und Umstände seiner Verabschiedung, Inhalt sowie Bedeutung für die Geschichte von Kirche und Kirchenrecht* – FS 71 (1989) 326-365
5650 SMOLIK, J. *Christ: The Foundation of Faith for Our Salvation. Contribution to the discussion of Nicene-Constantinopolitan Creed and of the ecumenical document «Confessing One Faith»* – CV 31 (1988) 47-55
5651 SPADA, DOMENICO *Le formule trinitarie: da Nicea a Costantinopoli* [Subsidia Urbaniana 32]. Roma: Urbaniana Univ. Pr. 1988. 417 pp.
5652 STAATS, R. *The Eternal Kingdom of Christ. The Apocalyptic Tradition in the «Creed of Nicaea – Constantinople»* – PBR 9 (1990) 19-30
5653 ZAFFI, MARIA C. *Formulazioni di fede della chiesa antica: un contributo allo studio delle radici e teologia della «confessione» cristiana* [Diss.]. Roma: Pontificia Universitas Gregoriana 1989. XXII, 214 pp.

VI. Doctrina auctorum et historia dogmatum

VI.1. Generalia

5654 ANRICH, GUSTAV *Das antike Mysterienwesen in seinem Einfluß auf das Christentum* [Reprint der Ausgabe von 1894]. Hildesheim: Olms 1990. VIII, 237 pp.

5655 BAUDET, PATRICK *L'opinion de saint Augustin sur le suicide*. In: *Saint Augustin* (cf. 1988-90, 2578) 125-152

5656 BAVEL, TARSICIUS JAN VAN *Woman as the image of God in Augustine's De Trinitate XII*. In: *Signum pietatis* (cf. 1988-90, 335) 267-288

5657 BELL, DAVID N. *A cloud of witnesses: an introductory history of the development of Christian doctrine* [CSC 109]. Kalamazoo, Mich.: Cistercian Publ. 1989. 212 pp.

5658 BELTRAN TORREIRA, F.-M. *Historia y profecia en el Donatismo tardio. El Liber genealogus*. In: *Cristianismo y aculturacíon en tiempos del Imperio Romano* (cf. 1988-90, 213) 343-351

5659 BEYSCHLAG, KARLMANN *Grundriß der Dogmengeschichte, I: Gott und Welt*. 2., neubearb. u. erw. Aufl. Darmstadt: Wissenschaftliche Buchgesellschaft 1988. XXI, 321 pp.

5660 BLAZQUEZ MARTINEZ, J.M. *Temas de mitología pagana en iglesias cristianas del Oriente*. In: *Cristianismo y aculturacíon en tiempos del Imperio Romano* (cf. 1988-90, 213) 367-384

5661 BOCHET, ISABELLE *La pâque de désir*. In: *Saint Augustin* (cf. 1988-90, 2578) 356-364

5662 BOEFT, JAN DEN *Martyres sunt, sed homines fuerunt. Augustine on martyrdom*. In: *Fructus centesimus* (cf. 1988-90, 237) 115-124

5663 Vacat

5664 BRENNECKE, HANNS C. *Studien zur Geschichte der Homöer: der Osten bis zum Ende der homöischen Reichskirche* [BHTh 73]. Tübingen: Mohr 1988. IX, 280 pp.

5665 BUCHHEIT, VINZENZ *Unglaube und Schuld (Tert. apol. 40,10)* – WJA 15 (1989) 203-208

5666 BUDZIK, STANISLAW *Doctor pacis. Theologie des Friedens bei Augustinus* [ITS 24]. Innsbruck: Tyrolia-Verlag 1988. 412 pp.

5667 *Bulletin d'histoire et de théologie des religions orientales* par PIERRE MASSEIN – RechSR 76 (1988) 461-480

5668 BURT, DONALD X. *Augustine on the authentic approach to death* – AugR 28 (1988) 527-563

5669 CAPIZZI, C. *I vescovi illirici e l'affare dei «Tre Capitoli»* – Riv. Stor. del Mezzogiorno 19-20 (1984-1985) 33-71 = Atti e Mem. Societ'a Dalmata di St. Patria 12 n.s. 1 (1987) 71-117

5670 CARABINE, DEIRDE *Apophasis East and West* – RThAM 55 (1988) 5-29

5671 DAGRON, G. *La règle et l'exeption. Analyse de la notion d'economie.* In: *Religiöse Devianz* (cf. 1988-90, 217) 1-18

5672 DANIÉLOU, JEAN *Histoire des doctrines chrétiennes avant Nicée, 2: Message évangélique et culture hellénistique au IIe et IIIe siècles* [Bibl. de théologie]. Paris: Desclée & Éd. du Cerf. 1990. 485 pp. index

5673 DASSMANN, E. *Hirtentheologie und Hirtenbild vor Nicäa.* In: *Pléroma* (cf. 1988-90, 312)

5674 DRIJVERS, HAN J.W. *Marcionism in Syria: Principles, Problems, Polemics* – SecCent 6 (1987/88) 153-172

5675 ESCRIBANO PAÑO, MARIA VICTORIA *Superstitio, magia y herejía.* In: *Actas del I Congreso peninsular de historia antigua III* (cf. 1988-90, 163) 41-60

5676 EVDOKIMOV, PAUL *La connaissance de Dieu selon la tradition orientale: l'enseignement patristique, liturgique et iconographique.* Paris: Desclée de Brouwer 1988. 158 pp.

5677 FAUTH, WOLFGANG; STRITZKY, MARIA-BARBARA VON *Hierodulie* – RAC 15 (1989) Lief. 113, 73-82

5678 FEARS, J.R. *Optimus princeps – Salus generis humani: The origins of Christian political Theology.* In: *Studien zur Geschichte der römischen Spätantike. Festgabe für Professor Johannes Straub.* Edd. E. CHRYSOS; A.A. FOURLAS. Athen: Pelasgos Verlag (1989) 88-105

5679 FELLERMAYR, JOSEF *Hereditas* – RAC 14 (1988) Lief. 108/109, 626-648

5680 FERGUSON, E. *Spiritual Circumcision in Early Christianity* – SJTh 41 (1988) 485-497

5681 Vacat

5682 FREND, W.H.C. *Montanism: A Movement of Prophecy and Regional Identity in the Early Church* – BJRL 70 (1988) 25-34

5683 GANDILLAC, MAURICE DE *Ähnlichkeit – falscher Schein – Unähnlichkeit von Platon zu Pseudo-Dionysios Areopagites* – Perspektiven der Philosophie (Amsterdam) 14 (1988) 93-107

5684 GASPAROTTO, GIOVANNI *Cariddi e Sicilia da Sallustio a Isidoro di Siviglia. La realtà e il mito*. Verona: Libr. Universitaria 1988. 120 pp.

5685 GNILKA, CHRISTIAN *Missiologische Probleme der frühen Kirche* – Musicae sacrae ministerium (Roma) 25 (1988) 37-58

5686 GUENTHER, RIGOBERT *Friedensideen in der römischen Kaiserzeit* – Altt 34 (1988) 149-156

5687 HADOT, JEAN *La formation du dogme chrétien des origines à la fin du IVe siècle* [Cahiers de la FORel 3]. Charleroi 1990. 166 pp.

5688 HANSON, RICHARD P.C. *The Search for the Christian Doctrine of God: the Arian Controversy 318-381*. Edinburgh: Clark 1988. XXI, 931 pp.

5689 HARRISON, VERNA E.F. *Word as icon in Greek patristic theology* – Sob 10 (1988) 38-49

5690 HEINE, RONALD E. *The Role of the Gospel of John in the Montanist Controversy* – SecCent 6 (1987/88) 1-19

5691 HEINEN, HEINZ *Sollte das Christentum in Spanien tatsächlich von Frauen eingeführt worden sein?* – TTZ 98 (1989) 227-229

5692 HOEK, ANNEWIES VAN DEN *The concept of σῶμα τῶν γραφῶν in Alexandrian theology*. In: *Studia Patristica 19* (cf. 1988-90, 346) 250-254

5693 Vacat

5694 JUNOD, ÉRIC *Des apologètes à Origène: aux origines d'une forme de théologie critique* – RThPh 121 (1989) 149-164

5695 KASPER, CLEMENS M. *Der Beitrag der Mönche zur Entwicklung des Gnadenstreites in Südgallien, dargestellt an der Korrespondenz des Augustinus, Prosper und Hilarius*. In: *Signum pietatis* (cf. 1988-90, 335) 153-182

5696 KASPER, WALTER *Das Verhältnis von Schrift und Tradition: eine pneumatologische Perspektive* – ThQ 170 (1990) 161-190

5697 KRETSCHMAR, G. *Die Wahrheit der Kirche im Streit der Theologen. Überlegungen zum Verlauf des Arianischen Streites*. In: *Vernunft des Glaubens. Wissenschaftliche Theologie und kirchliche Lehre. Festschrift zum 60. Geburtstag von W. Pannenberg*. Göttingen: Vandenhoek und Ruprecht (1988) 289-321

5698 LAGARDE, CLAUDE; LAGARDE, JACQUELINE *La foi des commencements: ctéchèse patristique et pédagogie moderne*. Paris: Centurion, Privat 1988. 190 pp.

5699 LAURENS, PIERRE *Eros Apteros ou la description impertinente* – REG 101 (1988) 253-274

5700 LIZZI, RITA *Una società esortata all'ascetismo. Misure legislative e motivazioni economiche nel IV-V secolo d.C.* – StudStor 30 (1989) 129-153

5701 MARGUERAT, D. *Le Dieu des premiers chrétiens* [Essais bibliques 16]. Genf: Labor et fides; Paris: Le Cerf 1990. 221 pp.

5702 MARTIN, J.P. *Filón y las ideas cristianas del s. II: Estado de la cuestión* – RaBi 50 (1988) 263-294

5703 MEES, MICHAEL *Isaaks Opferung in frühchristlicher Sicht, von Clemens Romanus bis Clemens Alexandrinus* – AugR 28 (1988) 259-272

5704 MEIJERING, E.P. *Die Diskussion um den Willen und das Wesen Gottes, theologiegeschichtlich beleuchtet.* In: *L'église et l'empire au IVe siècle* (cf. 1988-90, 223) 35-66

5705 MINNERATH, ROLAND *La tradition chrétienne de Paul à Origène* – AHC 20 (1988) 182-215

5706 MORIN, ALFREDO *Algunas tendencias en la inculturación de la fe en los Padres de la Iglesia antes de Constantino* – Medellín 15 (1989) 462-477

5707 MUNIER, CHARLES *Les doctrines politiques de l'Église ancienne* – ReSR 62 (1988) 42-53

5708 *Music in early Christian literature.* Ed. by JAMES MCKINNON [Cambridge readings in the literature of music]. Cambridge: University 1988. XI, 180 pp.

5709 NYSSEN, WILHELM *Mysterienbild des Glaubens* [Schriftenreihe des Zentrums patristischer Spiritualität KOINONIA ORIENS im Erzbistum Köln 28]. Köln: Luthe-Verlag 1988. 107 pp.

5710 ONIANS, RICHARD BROXON *The origins of European thought about the body, the mind, the soul, the world, time and fate. New interpretations of Greek, Roman and kindred evidence, also of some basic Jewish and Christian beliefs.* 2. Aufl. Cambridge: Univ. Pr. 1988. XVIII, 583 pp.

5711 ORBE, ANTONIO *Introducción a la Teología de los siglos II y III, I-II* [Verdad e Imagen 103]. Salamanca: Sígueme 1988. XIX, 1053 pp.

5712 PERRONE, LORENZO *Dissenso dottrinale e propaganda visionaria: la Pleroforie di Giovanni di Maiuma* – AugR 29 (1989) 451-495

5713 PIETRAS, H. *Jednosc Boga, jednosc swiata, jednosc Kościoła* (= Die Einheit Gottes, die Einheit der Welt, die Einheit der Kirche). Kraków 1990.

5714 QUACQUARELLI, A. *Parola e immagine nella teologia comunitaria dei Padri.* In: *Complementi interdisciplinari di patrologia* (cf. 1988-90, 207) 109-183

5715 ROBERTS, MICHAEL *The use of myth in Latin epithalamia* – TAPhA 119 (1989) 321-348

5716 ROBINSON, THOMAS A. *The Bauer thesis examined: the geography of heresy in the early Christian church* [Studies in the Bible and early Christianity 11]. Lewiston (NY): Mellen Pr. 1988. XI, 248 pp.

5717 ROSSETTI, GABRIELLA *La donna e il retaggio del peccato* – Rechtshistorisches Journal (Frankfurt) 8 (1989) 309-341

5718 RUNIA, DAVID T. *Festugière revisited. Aristotle in the Greek Fathers* – VigChr 43 (1989) 1-34

5719 SCHIEFFER, R. *Eine übersehene Fiktion im Dreikapitelstreit* – ZKG 101 (1990) 80-87

5720 SCHINDLER, ALFRED *Die Theologie der Donatisten und Augustins Reaktion.* In: *Internationales Symposion über den Stand der Augustinus-Forschung* (cf. 1988-90, 261) 131-147

5721 SCHOEDEL, WILLIAM R. *Apologetic literature ambassadorial activities* – HThR 82 (1989) 55-78

5722 SCHRECKENBERG, H. *Die patristische Adversus-Judaeos-Thematik im Spiegel der Karolingischen Kunst* – BijFTh 49 (1988) 119-138

5723 *Scripture, tradition and reason. A study in the criteria of Christian doctrine. Essays in honour of Richard P.C. Hanson.* Éd. by RICHARD BAUCKHAM and BENJAMIN DREWERY. Edinburgh: T&T Clark 1988. VIII, 297 pp.

5724 *Sentencias de los Santos Padres.* Tomo I. Dispuestas por orden alfabético de materias por un Párroco de la Diócesis de Cuenca [Los Santos Padres 47]. Sevilla: Apostolado Mariano 1990. 205 pp.

5725 *Sentencias de los Santos Padres.* Tomo II. Dispuestas por orden alfabético de materias por un Párroco de la Diócesis de Cuenca [Los Santos Padres 48]. Sevilla: Apostolado Mariano 1990. 207-389 pp.

5726 SIDOROV, A.I. *L'arianisme à la lumière des recherches modernes* [in russischer Sprache, mit franz. Zusammenfassung] – VDI 185 (1988) 86-97

5727 SIERRA BRAVO, R. *El mensaje social de los Padres de la Iglesia. Selección de textos.* Madrid: Ciudad Nueva 1989. 564 pp.

5728 SIMONETTI, MANLIO *Il problema dell'unità di Dio in Oriente dopo Origene* – RSLR 25 (1989) 193-233

5729 SIMONETTI, MANLIO *Introduzione alla teologia dei secoli II e III. A proposito di un'opera recente* – RSLR 25 (1989) 88-97

5730 SPANNEUT, MICHEL *Patience et martyre chez les Pères de l'Église.* In: *Pléroma* (cf. 1988-90, 312)

5731 SWITEK, GÜNTER *Discretio spirituum. Un aporte a la historia de la espiritualidad* – CuadMon 24 (1989) 323-344

5732 *Texte zur Theologie: Fundamentaltheologie 5,1: Jesus der Offenbarer 1. Altertum bis Mittelalter.* Ed. FRANZ-JOSEF NIEMANN. Graz: Styria 1990. 151 pp.

5733 TINNEFELD, FRANZ *Von Tradition und Wandel humanistischer Erziehung in Byzanz* – Gy 96 (1989) 429-443

5734 TREVETT, CHRISTINE *Apocalypse, Ignatius, montanism: seeking the seeds* – VigChr 43 (1989) 313-338

5735 WIRTH, GERHARD *Lehrer, Kirche und Kaiser. Zum literarischen Bild am Ende der Antike.* In: *Schreiber, Magister, Lehrer. Zur Geschichte und Funktion eines Berufsstandes.* Hrg. von JOHANN G. VON HOHENZOLLERN und MAX LIEDTKE [Schriftenreihe zum Bayerischen Schulmuseum Ichenhausen 8]. Bad Heilbrunn: Klinkhardt (1989) 83-118

5736 WOZNIAK, JERZY *Le mariage dans l'enseignement et la législation des nestoriens* [in polnischer Sprache, mit französischer Zusammenfassung] – VoxP 5 (1985) 223-230

5737 YOUSSEF, YUHANNA NESSIM *La cristianisation des fêtes d'Osiris* – BulArchCopte 29 (1990) 147-152

VI.2. *Singula capita historiae dogmatum*

VI.2.a) Religio, revelatio

5738 CONSTANTELOS, D.J. *The Interface of Medicine and Religion in the Greek and the Christian Greek Orthodox Tradition* – GrOrthThR 33 (1988) 1-17

5739 HATEM, J. *Éthique chrétienne et révélation. Études sur la spiritualité de l'Église d'Antioche* [Anioche chrétienne 1]. Paris: Cariscript 1987. 118 pp.

5740 HAYSTRUP, HELGE *Oldkirkens gudsbillede.* Kopenhagen: C.A. Reitzel 1988. 236 pp

5741 IMRÉNYI, T. *Keleti atyák az Isten kereséséről* (= Kirchenväter über die Suche Gottes) – Vigilia 53 (1988) 738-741

5742 KESSLER, HERBERT L. *Through the temple veil: the holy image in Judaism and Christianity* – Kairos 32-33 (1990-1991) 53-77

5743 KIRCHHOFF, HERMANN *Urbilder des Glaubens. Labyrinth – Höhle – Haus – Garten.* München: Kösel 1988. 125 pp.

5744 *Texte zur Theologie: Dogmatik 2,1-2: Gotteslehre 1-2.* Ed. HERBERT VORGRIMLER. Graz: Styria 1989. 135 pp. und 215 pp.

5745 WEBER, JÖRG *Ursprünge christlicher Mystik und die Genealogie der Neuzeit* [Forschungen zur Gnosis und ihrer Verdrängungsgeschichte 1]. Regensburg: Roderer 1990. 149 pp.

VI.2.b) Creatio, providentia

5746 BAVEL, TARSICIUS JAN VAN *The Creator and the integrity of Creation in the Fathers of the Church, especially in Saint Augustine* – AugSt 21 (1990) 1-33

5747 BAVEL, T.J. VAN *De kerkvaders over de schepping. Aanzet tot christelijke uitbuiting van de natuur?* – TTh 30 (1990) 18-33

5748 LIMOURIS, G. *The integrity of creation in a world of change today (Patristic Perspectives)* – ThAthen 61 (1990) 270-297

5749 PÉREZ DE LABORDA, ALFONSO *El mundo como creación. Comentarios filosóficos sobre el pensamiento de los Padres hasta San Agustín* – CSF 17 (1990) 277-297

5750 SALVO, LIETTA DE *Distribuzione geografica dei beni economici, providenza divina e commercio nel pensiero dei Padri.* In: *Hestíasis* (cf. 1985-87, 279) II 103-118

5751 TIBILETTI, CARLO *Note sulla teologia del Carmen de providentia Dei* – AugR 30 (1990) 453-476

VI.2.c) Trinitas

5751* BRENNECKE, HANNS CHRISTOF *Erwägungen zu den Anfängen des Neunizänismus.* In: *Oecumenica et patristica* (cf. 1988-90, 303) 241-257

5752 COURTH, FRANZ *Trinität: in der Schrift und Patristik* [Handbuch der Dogmengeschichte Bd. 2, Fasz. 1a]. Freiburg: Herder 1988. 216 pp.

5753 DIRSCHERL, ERWIN *Der heilige Geist und das menschliche Bewußtsein: eine theologiegeschichtlich-systematische Untersuchung* [Bonner dogmatische Studien 4]. Würzburg: Echter 1989. 792 pp.

5754 HALLEUX, ANDRÉ DE *«Manifesté par le Fils». Aux origines d'une formule pneumatologique* – RThL 20 (1989) 3-31

5755 HAYKIN, M.G.A. *«A Sense of Awe in the Presence of the Ineffable»: I Cor. 2,11-12 in the Pneumatomachian Controversy of the Fourth Century* – SJTh 41 (1988) 341-357

5756 LADARIA, LUIS F. *La unción de Jesús y el don del Espíritu* – Greg 71 (1990) 547-551

5757 LAMPRYLLOS, C. *La mystification fatale. Étude orthodoxe sur le Filioque.* Paris: L'Age d'homme 1987. 138 pp.

5758 LAWRENCE, R.T. *The Three-Fold Structure of the Ladder of Divine Ascent* – StVlThQ 32 (1988) 101-118

5759 MORGAN-WYNNE, JOHN EIFION *The Holy Spirit and religious experience in christian literature c. 90-200 A.D.* [Diss.]. University of Durham (UK) 1987. 511 pp. [microfilms; DissAbstr]

5760 PEÑA, ROBERTO *Creo en el Espíritu Santo* – CuadMon 25 (1990) 61-98; 179-218

5761 SCHEFFCZYK, L. *Sens Filioque* – Communio (PW) 8 (1988) 49-60

5762 TORRANCE, THOMAS F. *The Trinitarian Faith: the evangelical theology of the ancient catholic church.* Edinburgh: Clark 1988. 345 pp.

5763 WATSON, G. *The Filioque – opportunity for Debate?* – SJTh 41 (1988) 313-330

VI.2.d) Christologia

5764 ACERBI, ANTONIO *L'Ascensione di Isaia. Cristologia e profetismo in Siria nei primi decenni del II secolo* [SPMe 17]. Milano: Vita e Pensiero 1989. XII, 328 pp.

5765 AMATO, A. *Gesù il Signore. Saggio di cristologia* [Corso di teologia sistematica 4]. Bologna: Edizioni Dehoniane 1988. 504 pp.

5766 *Light from light. An anthology of Christian mysticsm.* Ed. by LOUIS DUPRÉ and JAMES A. WISEMAN. New York, N.Y.: Paulist Pr. 1988. VII, 440 pp.

5767 BASEVI, C. *El cristocentrismo en «De los Nombres de Cristo» y en la «Ciudad de Dios»* – CD 201 (1988) 113-132

5768 BAUCKHAM, RICHARD *Jude and the relatives of Jesus in the early church.* Edinburgh: Clark 1990. IX, 459 pp.

5769 BERNHARD, L. *Das frühchristliche Verständnis der Formel ΙΗΣΟΥΣ ΠΑΙΣ ΘΕΟΥ aufgrund der alten Bibelübersetzungen.* In: *Lingua restituta orientalis* (cf. 1988-90, 275) 21-29

5770 BERNHARD, L. *Die Formel IESOUS PAIS THEOU im Verständnis der alten Kirchen* – JTGG (1989) 158

5771 *Christology after Chalcedon. Severus of Antioch and Sergius the Monophysite.* Ed. IAIN R. TORRANCE. Norwich: Canterbury Press 1988.

5772 CHRYSSAVGIS, J. *Patristic Christology: through the Looking Glass of the Heretics* – Pacifica 3 (1990) 187-200

5773 CONTRERAS, ENRIQUE *Cristo ha resucitado. Notas para leer la reflexión de los Padres de la Iglesia sobre el misterio de Cristo (siglos I-V)* – NetV 14 (1989) 189-233

5774 COVOLO, ENRICO DAL *Tematiche cristologiche nell'età dei Severi* – Bessarione (Roma) 6 (1988) 71-87

5775 *Il Cristo, III: Testi teologici e spirituali in lingua latina da Agostino ad Anselmo di Canterbury.* Trad. e comm. di CLAUDIO LEONARDI [Fond. Lorenzo Valla Scrittori greci e latini]. Milano: Mondadori 1989. XXVII, 648 pp.

5776 FUSTER, S. *Cristo, imagen del Padre* – ETrin 22 (1988) 399-412

5777 GILG, ARNOLD *Weg und Bedeutung der altkirchlichen Christologie* [Kaiser-Taschenbuch 59]. München: Kaiser 1989. 105 pp.

5778 GONZALEZ, CARLOS IGNACIO *Antecedentes de la cristología arriana en el siglo III* – Medellín 16 (1990) 315-361

5779 GONZALEZ, CARLOS IGNACIO *La tradición de la cristología apostólica en el siglo II* – Medellín 15 (1989) 15-69

5780 GONZALEZ, CARLOS IGNACIO *Postnicea. La atormentada recepción de la cristología nicena (I)* – RTLim 24 (1990) 343-382

5781 GRANADO BELLIDO, C. *Los mil nombres de Jesús. Textos espirituales de los primeros siglos.* Madrid: Narcea 1988. 117 pp.

5782 GRANT, ROBERT M. *Jesus after the Gospels: the Christ of the second century* [The Hale memorial lectures of Seabury-Western Theological Seminary]. Louisville, Ky.: Westminster, John Knox Pr. 1990. 134 pp.

5783 GRILLMEIER, ALOIS *Jesus der Christus im Glauben der Kirche, I: Von der apostolischen Zeit bis zum Konzil von Chalcedon (451).* 3., verb. u. erg. Aufl. Freiburg: Herder 1990. XXIV, 829 pp.

5784 GRILLMEIER, ALOIS *Jesus der Christus im Glauben der Kirche, II,2: Die Kirche von Konstantinopel im 6. Jahrhundert.* Unter Mitarbeit von THERESIA HAINTHALER. Freiburg: Herder 1989. XXV, 588 pp.

5785 GRILLMEIER, ALOIS *Jesus der Christus im Glauben der Kirche, II,4: Die Kirche von Alexandrien mit Nubien und Äthiopien nach 451.* Unter Mitarbeit von THERESIA HAINTHALER. Freiburg: Herder 1990. XXIII, 436 pp.

5786 GRILLMEIER, ALOIS *Le Christ dans la tradition chrétienne. 2,1. Le Concile de Chalcédoine (451). Réception et opposition (451-513)* [Cogitatio fidei 154]. Paris: Ed. du Cerf 1990. 505 pp.

5787 JOSSA, GIORGIO *Dal Messia al Cristo: le origini della cristologia* [Studi biblici 88]. Brescia: Paideia 1989. 194 pp.

5788 KAMP, G.C. VAN DE *Sporen van pneuma-christologie in de vroege Syrische traditie* – NedThT 42 (1988) 208-219

5789 KOLB, DAVID STERLING *The impact of the incarnational motif on the churches' understanding of covenant faith in the period A.D. 150 to A.D. 320* [Diss.]. Louisville, Ky.: The Southern Baptist Theological Seminary 1988. 343 pp. [microfilm; DissAbstr. 49 (1988) 847A]

5790 LYMAN, REBECCA *Arians and Manichees on Christ* – JThS 40 (1989) 493-503

5791 MATSOUKAS, N. Ἡ Ὀρθόδοξη Θεολογία τῆς Εἰκόνας καί τό Χριστολογικό δόγμα. In: *L'Icône dans la théologie et l'art* (cf. 1988-90, 256) 105-112

5791* MEYENDORFF, J. *Chalcedonians and Non-Chalcedonians: the last step to unity* – StVlThQ 33 (1989) 319-329

5792 MÜLLER, U.B. *Die Menschwerdung des Gottessohnes. Frühchristliche Inkarnationsvorstellungen und die Anfänge des Doke-*

tismus [Stuttgarter Bibelstudien 140]. Stuttgart: Katholisches Bibelwerk 1990. 136 pp.

5793 *Christliche Mystik. Texte aus zwei Jahrtausenden.* Edd. GERHARD RUHBACH; JOSEF SUDBRACK. München: Beck 1989. 552 pp.

5794 PANIMOLLE, SALVATORE A. *Gesù di Nazaret: nell'ultimo evangelo e nei primi scritti dei padri* [Studi e ricerche bibliche]. Roma: Borla 1990. 451 pp.

5795 PETIT CARO, A.J. *Una homilía asiática del año 387 sobre la fecha de la Pascua. La Muerte-Resurrección de Cristo y su eficacia salvífica* – StOv 16 (1988) 177-207

5796 RENWART, LEON *«Jésus un et multiple»: chronique de christologie* – NRTh 112 (1990) 718-730

5797 RIßE, G. *«Gott ist Christus, der Sohn der Maria». Eine Studie zum Christusbild im Koran* [Begegnung 2]. Bonn: Borengässer 1989. XI, 274 pp.

5798 SCHÖNBORN, C. *L'icona di Cristo (fondamenti teologici).* Torino: Ed. Paoline 1988. 245 pp.

5799 SIMONETTI, MANLIO *Cristologia giudeocristiana. Caratteri e limiti* – AugR 28 (1988) 51-69

5800 SKARSAUNE, OSKAR *Inkarnasjonen – myte eller faktum?* [Finnish Translation]. Kanniainen: Perus Sonoma Oy 1990.

5801 SKARSAUNE, OSKAR *Inkarnasjonen – myte eller faktum?* [Logos. Bibliotek for misjon og teologi]. Oslo: Lunde Forlag 1988. 162 pp.

5802 STICHEL, RAINER *Die Füsse Christi.* In: *Migratio et commutatio* (cf. 1988-90, 290) 337-345

5803 *Texte zur Theologie: Dogmatik 4,1: Christologie 1. Von den Anfängen bis zur Spätantike.* Ed. KARL-HEINZ OHLIG. Graz; Wien; Köln: Verlag Styria 1989. 227 pp.

5804 THEISSEN, GERD *Jesusbewegung als charismatische Weltrevolution* – NTS 35 (1989) 343-360

5805 TORRANCE, IAIN R. *Christology after Chalcedon. Severus of Antioch and Sergius the Monophysite.* Norwich: Canterbury Pr. 1988. XII, 256 pp.

VI.2.e) Soteriologia

5806 BRANDENBURGER, E. *Pistis und Soteria. Zum Verstehenshorizont von «Glaube» im Urchristentum* – ZThK 85 (1988) 165-198

5807 KACZMAREK, T. *Los sprawiedliwych Starego Testamentu po śmierci według świadectw I/II wieku* (= La sorte dei «giusti» dell'antico Testamento dopo la morte secondo le testimonianze del I-II secolo) – VoxP 10 (1990) f.19, 589-597

5808 SCHOONENBERG, PIET *Eine Diskussion über den trinitarischen Personenbegriff. Karl Rahner und Bernd Jochen Hilberath* – ZKTh 111 (1989) 129-162

5809 VERSNEL, H.S. *Jezus Soter – Neos Alkestis? Over de niet-joodse achtergrond van een christelijke doctrine* [mit Zusammenfassung in englischer Sprache] – Lampas 22 (1989) 219-242

5810 ZAWADZKI, W. *Nauka o pokucie i praktyka pokutna w Kościele Rzymskim w okresie starożytności chrześcijańskiej* (= Die Sühnelehre und die Sühnepraxis in der römischen Kirche in der Zeit des christlichen Altertums) – VoxP 10 (1990) f.19, 807-815

VI.2.f) Ecclesiologia

5811 ALVES DE SOUSA, P.G. *O Mistério da Igreja. Igreja local/Igreja universal na vida e escritos dos cristãos dos primeiros séculos.* In: *A Igreja local* (cf. 1988-90, 258) 23-37

5812 CZESZ, BOGDAN *La «tradizione» profetica nella controversia montanista* – AugR 29 (1989) 55-70

5813 DASSMANN, E. *Identifikation mit der Kirche. Ekklesiale Bilder in frühchristlicher Zeit* – MThZ 40 (1989) 323-335

5814 DUVAL,NOEL *Une nouvelle édition du dossier du donatisme avec traduction française* – REA 35 (1989) 171-179

5815 GRANT, ROBERT M.; BETZ, HANS DIETER *Kirche und Staat I. Urchristentum und frühe Kirche* – TRE 18 (1989) 354-374

5816 ILSKI, KAZIMIERZ *Communio w czasie Soboru Efeskiego 431* (= «Communio» in der Zeit des Konzils zu Ephesus 431) – Eos 76 (1988) 345-352

5817 MAY, GERHARD *Kirche III. Alte Kirche* – TRE 18 (1989) 218-227

5818 MEYENDORFF, J. *A final word in defense of ecclesiology* – StVlThQ 32 (1988) 395-399

5819 MORCOM, DONALD LLEWELLYN *The retention of the Jewish scriptures in the self-definition of the second century church* [Diss.]. The Southern Baptist Theological Seminary 1989. 284 pp. [cf. summary in DissAbstr 50 (1990) 2106A]

5820 PIETRI, C. *L'ecclésiologie patristique et Lumen gentium.* In: *Le deuxième concile du Vatican (1959-1965). Actes du colloque. Rome 28-30 mai 1986.* [Coll. de l'École francaise de Rome 113]. Rome: École francaise de Rome (1989) 511-537

5821 RITTER, ADOLF MARTIN *Grundlagen und Grundfragen der Kirchengemeinschaft in vorkonstantinischer Zeit.* In: *Pléroma* (cf. 1988-90, 312)

5822 ROMERO POSE, EUGENIO *Los «muchos» y los «pocos» en la Iglesia prenicena. Pueblo de Dios, Ministerio y Tradición.* In: *Ministerio, Tradición y Regla de Fe* (cf. 1988-90, 292) 149-182

5823 SCHÖLLGEN, GEORG *Hausgemeinden,* οἶκος *– Ekklesiologie und monarchischer Episkopat. Überlegungen zu einer neuen Forschungsrichtung* – JAC 31 (1988) 79-90

5824 THALER, ANTON *Gemeinde und Eucharistie. Grundlegung einer eucharistischen Ekklesiologie* [Praktische Theologie im Dialog]. Freiburg, Schweiz: Universitäts-Verlag 1988. XVI, 558 pp.

VI.2.g) Mariologia

5825 BARTINA, SEBASTIAN *¿El padre de la Virgen María se llamó Joaquín o Eliaquín? (Lc 3,23)* – EphMariol 39 (1989) 95-99

5826 BRENNAN, WALTER T. *The sacred memory of Mary.* New York: Paulist Pr. 1988. 97 pp.

5827 CALVO MORALEJO, G. *XLIII Semana de Estudios Marianos de la Sociedad Mariológica Española (Toledo, 6-9 septiembre 1989)* [Doctrina y piedad mariana en España en torno al Concilio III de Toledo (a. 589)] – Marianum 51 (1989) 634-639

5828 COCCHINI, FRANCESCA *Maria in Origene: osservazioni storico-dottrinali.* In: *La mariologia (prenicena)* (cf. 1988-90, 282) 133-140

5829 COLOMINA TORNER, J. *La Virgen en la historia de Toledo (ss. IV-VIII).* In: *Doctrina y piedad mariana* (cf. 1988-90, 219) 355-380

5830 COVOLO, ENRICO DAL *Riferimenti mariologici in Tertulliano: lo status quaestionis.* In: *La mariologia (prenicena)* (cf. 1988-90, 282) 121-132

5831 CUNNINGHAM, MARY *The mother of god in early byzantine homilies* – Sob 10 (1988) 53-67

5832 FORTE, B. *Maria, la donna icona del Mistero* [Teologia come Storia Una Simbolica Ecclesiale 8]. Milano: Edizione Paoline 1989. 272 pp.

5833 GALOT, J. *Maternità verginale di Maria e paternità divina* – CC 139 (1988) 209-222

5834 GARIJO-GUEMBE, M.M. *Maria in der östlichen Tradition* – Lebendiges Zeugnis (Paderborn) 43 (1988) 35-43

5835 GÖSSMANN, ELISABETH *Reflexionen zur mariologischen Dogmengeschichte.* In: *Maria – Abbild oder Vorbild?* (cf. 1988-90, 281) 19-36

5836 GONZALEZ, CARLOS IGNACIO *El título «Theotokos» en torno al Concilio de Nicea* – ThXaver 39 (1989) 335-352; 443-471

5837 GROSSI, VITTORINO *L'icona di Maria nelle collezioni eresiologiche latine (sec. III-V)* – AugR 28 (1988) 503-526

5838 GROSSI, VITTORINO *Maria nelle fonte eresiologiche latine prenicene*. In: *La mariologia (prenicena)* (cf. 1988-90, 282) 141-148

5839 HERRAN, L.M. *La perpetua virginidad de Santa María en el Concilio XI de Toledo*. In: *Doctrina y piedad mariana* (cf. 1988-90, 219) 349-353

5840 JEANLIN, FRANÇOISE *Konstantinopel, die Stadt der theotokos*. In: *Maria – Abbild oder Vorbild?* (cf. 1988-90, 281) 48-57

5841 KANIA, WOJCIECH *Maryjność Ojców Syryjskich* (= De Patrum Syrorum mariologia) – VoxP 8 (1988) f.15, 939-949

5842 LLAMAS, E. *La doctrina mariana en España antes del Concilio III de Toledo (a. 589)*. In: *Doctrina y piedad mariana* (cf. 1988-90, 219) 29-50

5843 MAZZOLENI, DANILO *La mariologia nell'epigrafia cristiana antica* – VetChr 26 (1989) 59-68

5844 MIMOUNI, SIMON C. *La tradition littéraire syriaque de l'histoire de la dormition et de l'assomption de Marie* – ParOr 15 (1988/89) 143-168

5845 OBREGON BARREDA, L. *María en los padres de la Iglesia. Antología de textos patrísticos*. Madrid: Ed. Ciudad Nueva 1988. 256 pp.

5846 O'CARROLL, MICHAEL *Theotokos: a theological encyclopedia of the Blessed Virgin Mary*. 3rd print. of revised ed. Wilmington, Del.: Glazier 1988. X, 390 pp.

5847 OLS, D. *La presenza di Maria nella fede della Chiesa* – SacD 33 (1988) 34-52

5848 PALMERO RAMOS, R. *La devoción mariana en tiempos del III Concilio de Toledo*. In: *Doctrina y piedad mariana* (cf. 1988-90, 219) 19-27

5849 PEÑA, R. *Contemplando a la Theotokos con la ayuda de los Padres* – CuadMon 23 (1988) 426-435

5850 PERETTO, E. *Mariologia patristica*. In: *Complementi interdisciplinari di patrologia* (cf. 1988-90, 207) 697-756

5851 PERETTO, ELIO *Maria, nome e ruolo nei codici della Biblioteca gnostica di Nag Hammadi*. In: *La mariologia (prenicena)* (cf. 1988-90, 282) 149-168

5852 PÉREZ DE GUEREÑU, G. *María en las comunidades cristianas de los primeros siglos* – RTLim 22 (1988) 45-62

5853 POTTERIE, IGNACE DE LA *L'annuncio a Maria: Lc 1,28 e 1,35b nel kerigma di Luca e nella catechesi dei Padri*. In: *La mariologia (prenicena)* (cf. 1988-90, 282) 17-34

5854 RIGGI, CALOGERO *La verginità di María e la castità verginale nella Seconda Sofistica.* In: *La mariologia (prenicena)* (cf. 1988-90, 282) 169-182

5855 SAAVEDRA CHANG, A. *La perpetua virginidad de María en el pensamiento de san Agustín* – RTLim 22 (1988) 63-71

5856 SANTORSKI, ANDRZEJ *Maryja w nauce Ojców Kościoła (Główne ukierunkowania)* (= Problèmes principaux de la mariologie préephesienne) [mit französischer Zusammenfassung] – VoxP 8 (1988) f.15, 927-937

5857 SIMONETTI, MANILO *Luca 1,35 nelle controversie cristologiche del II e III secolo.* In: *La mariologia (prenicena)* (cf. 1988-90, 282) 35-47

5858 *Testi mariani del primo millennio. 1. Padri e altri autori greci.* A cura di GEORGES GHARIB. Roma: Citta Nuova Ed. 1989. 255 pp.

5859 *Testi mariani del primo millennio. 2. Padri e altri autori bizantini (VI-XI sec.).* A cura di GEORGES GHARIB. Roma: Citta Nuova Ed. 1989. 1098 pp.

5860 *Testi mariani del primo millennio. 3. Padri e altri autori latini.* A cura di GEORGES GHARIB. Roma: Città Nuova Ed. 1990. 1018 pp.

5861 YOHANNES, PAULOS *Filsata: The feast of the Assumption of the Virgin Mary and the mariological tradition of the Ethiopian Orthodox Tewahedo Church* [Diss.]. Princeton: Theological Seminary 1988. 382 pp. [microfilm; DissAbstr]

VI.2.h) Anthropologia

5862 ASPEGREN, KERSTIN BJERRE *The male woman: a feminine ideal in the early church.* Ed. RENÉ KIEFFER [AUU: Uppsala women's studies 4]. Stockholm: Almquist & Wiksell 1990. 189 pp.

5863 BAUER, JOHANNES B.; FELBER, ANNELIESE *Herz* – RAC 14 (1988) Lief. 111/112, 1093-1131

5864 BØRRESEN, KARI E. *Immagine di Dio e modelli di genere nella tradizione cristiana.* In: *Maschio Femmina. Dall'uguaglianza alla reciprocità.* Ed. S. SPINSANTI. Milano (1990) 113-125

5865 BØRRESEN, KARI E. *L'inculturazione patristica, le nostre precurritrici medievali e la teologia femminista* – DWF (Roma) (1990) 145-156

5866 BØRRESEN, KARI E. *Patristic Inculturation. Mediaeval Foremothers and Feminist Theology.* In: *Feministteologi idag. Sju föreläsningar till Kerstin Aspegrens minne* [Religio 30]. Lund: Teologiska Institutionen i Lund (1989) 157-172

5867 BØRRESEN, KARI E. *Théologiennes au moyen âge* – RThL 20 (1989) 67-71

5868 BØRRESEN, KARI E. *Women's Studies of the Christian Tradition.* In: *La philosophie du Ve au XVe siècles, vol. 6,2.* Edd. R. KLIBANSKI; G. FLØISTAD. Dordrecht (1990) 909-1002

5869 BØRRESEN, KARI ELISABETH *Eva – Maria. Kvinnesyn i kristen middelalder.* In: *Kvindebilleder. Eva, Maria og andre kvindemotiver i middelalderen.* Red. KARIN KRYGER; LOUISE LILLE; SØREN KASPERSEN. København: Akademisk Forlag (1989) 49-59

5870 BOHM, SIGURD *La temporalité dans l'anthropologie augustinienne.* In: *Saint Augustin* (cf. 1988-90, 2578) 434-438

5871 CALABRETTA, LEONARDO *Il peccato originale: nel commento dei Padri della Chiesa al Salmo 50,7 e a Giobbe 14,4.* Catanzaro-Squillace: Istituto di Scienze Religiose 1988. 171 pp.

5872 DELCOURT, MARIE; HOHEISEL, KARL *Hermaphrodit* – RAC 14 (1988) Lief. 108/109, 649-682

5873 FUSSL, MAXIMILIAN *Condicio nascendi – condicio moriendi. Zu einem antiken Trostgedanken und seiner Nachwirkung bei den lateinischen Kirchenvätern* [mit lat. Zus.-fass.] – GB 16 (1989) 243-269

5874 HILTBRUNNER, OTTO *Warum wollten sie nicht* φιλάνθρωποι *heissen?* – JAC 33 (1990) 7-20

5875 HOLTE, RAGNAR *Guds avbild. Kvinna och man i kristen belysning.* Stockholm: Verbum 1990. 72 pp.

5876 LONGOSZ, STANISŁAW *Die Kirchenväter und die Fruchtabtreibung* [in polnischer Sprache, mit deutscher Zusammenfassung] – VoxP 5 (1985) 231-271

5877 MAIER, BARBARA *Das Verständnis von Krankheit und Heilkunst in frühchristlicher Zeit* – JTGG (1989) 158-159

5878 PAGELS, E. *Adam, Eve et le serpent.* Trad. de l'anglais. Paris: Flammarion 1989. 262 pp.

5879 PAGELS, ELAINE *Adam, Eva och ormen.* Översättning från engelskan av PHILIPPA WIKING. Förork ich sakgranskning av ANDERS HULTGÅRD. Stockholm: Wahlström och Widstrand 1989. 307 pp.

5880 PAGELS, ELAINE *Adam, Eva og Slangen.* Oversat af LENE SJØRUP. København: Hekla 1989. 268 pp.

5881 PAGELS, ELAINE *Adam, Eve and the Serpent.* New York, N.Y.: Random House 1988. 189 pp.

5882 PROCOPÉ, JOHN *Hochmut.* Übers. v. ALOIS KEHL – RAC 15 (1990) Lief. 117, 795-800; Lief. 118, 801-858

5883 TEMKIN, OWSEI *Hippokrates* – RAC 15 (1990) Lief. 115, 466-480; Lief. 116, 481

5884 TESTA, E. *Lo sviluppo teologico della «Immagine e Somiglianza di Dio» secondo la sinagoga, la filosofia e la fede cristiana* – Eunt-Doc 41 (1988) 33-80

5885 THUNBERG, LARS *Menneske og kosmos i patristisk perspektiv.* In: *Menneskesynet.* Red. af SIGFRED PEDERSEN. København: Gad (1989) 117-144

VI.2.i) Vita christiana, monastica

5886 AALST, A.J. VAN DER *De spiritualiteit van het Christelijk Oosten, I. Vroegchristelijke spiritualiteit* – CO 40 (1988) 3-19

5887 AALST, A.J. VAN DER *De spiritualiteit van het Christelijk Oosten, II. De Intellectuele interpretatie* – CO 41 (1989) 3-18

5888 AALST, A.J. VAN DER *De spiritualiteit van het Christelijk Oosten, III. Het gevoel en de praxis* – CO 42 (1990) 3-21

5889 ANTON, H.H. *Klosterwesen und Adel im Raum von Mosel, Saar und Sauer in merowingischer und frühkarolingischer Zeit.* In: *Willibrord. Apostel der Niederlande.* Hrsg. von G. KIESEL; J. SCHROEDER. Luxembourg: Éditions de l'Imprimerie Saint-Paul (1989) 96-124

5890 *Ascetic behavior in Greco-Roman antiquity: a sourcebook.* Ed. VINCENT L. WIMBUSH [Studies in antiquity & Christianity]. Minneapolis, Minn. Fortress Pr. 1990. XXVII, 514 pp.

5891 ASHBROOK HARVEY, SUSAN *The Edessan martyrs and ascetic tradition.* In: *Symposium Syriacum* (cf. 1988-90, 354) 195-206

5892 AUGÉ, MATIAS; SASTRE SANTOS, EUTIMIO; BORRIELLO, LUIGI *Storia della vita religiosa.* Brescia: Ed. Queriniana 1988. 508 pp.

5893 BAMMEL, ERNST *Jesu Nachfolger. Nachfolgeüberlieferung in der Zeit der frühen Kirche* [Studia Delitzschiana 3,1]. Heidelberg: Schneider 1988. 99 pp.

5894 BARGELLINI, E. *Icona e monachesimo* – VMon 43 (1989) 5-9

5895 BARONE-ADESI, G. *Monachesimo ortodosso d'oriente e diritto romano nel Tardo Antico* [Univ. di Roma. Pubblicazioni dell'Istituto di Diritto Romano e dei Diritti dell'Oriente Mediterraneo 65]. Mailand: Dott. A. Giuffrè Editore 1990. XIII, 418 pp.

5896 BECKER, PETRUS *Das frühe Trierer Mönchtum von den Anfängen bis zur anianischen Reform: ein Überblick.* In: *Beiträge zur Geschichte und Struktur der mittelalterlichen Germania Sacra.* Ed. I. CRUSIUS [Veröff. des Max-Planck-Inst. für Gesch. 93; Stud. zur Germania sacra 17]. Göttingen: Vandenhoeck und Ruprecht (1989) 9-44

5897 BELL, D.N. *«Apatheia»: the convergence of Byzantine and Cistercian spirituality* – CîtNed 38 (1987) 141-163

5898 BIANCHI, E. *Liberté. Loi et Esprit dans la vie monastique* – Col-Cist 50 (1988) 201-217

5899 BISCARDI, ARNALDO *Mariage d'amour et mariage sans amour en Grèce, à Rome et dans les Évangiles.* [mit Zusammenfassung in deutscher Sprache]. In: *Éros et droit en Grèce classique. Recueil d'études présentées comme communications lors du XXXVIIIième Congrès de la SIDA.* Éd. par DIMAKIS PANAYOTIS [Études de philos. et d'hist. du droit 3]. Athènes: Sakkoulas; Paris: Les Belles Lettres (1988) 3-11

5900 BITONTO KASSER, ANNA DI *Deir Apa Samuele: localizzazione e storia di un monastero della regione tebana* – Aeg 69 (1989) 165-177

5901 BLAZQUEZ MARTINEZ, J.M. *El monacato del bajo imperio en las obras de Sulpicio Severo y en las vidas de Melania, la Joven; de Geroncio; de Antonio de Atanasio y de Hilarion de Gaza de Jeronimo (The Monasticism of the Late Empire: its social and religious repercussions)* – Revista Italicarum scriptores (Citta di Castello) 47 (1989) 339-372

5902 BLAZQUEZ MARTINEZ, J.M. *Extracción social del monacato primitivo. Siglos IV-VI* – QC 10 (1988) 173-189

5903 BLAZQUEZ MARTINEZ, JOSÉ MARIA *El manacato de los siglos IV, V y VI como contracultura civil y religiosa.* In: *La historia en el contexto de las ciencias humanas y sociales: homenaje a Marcelo Vigil Pascual.* [Acta Salmanticensia Estud. hostór. y geográf. 61] Ed. MARIA JOSÉ HIDALGO DE LA VEGA. Salamanca: Ed. Univ. de Salamanca (1989) 97-121

5904 BLUE, BRADLEY B. *In public and in private: the role of the house church in early Christianity* [Diss.]. Aberdeen: Univ. 1989. XIII, 289 pp.

5905 BORKOWSKA, MAŁGORZATA, OSB *Motyw raju odzyskanego w apoftegmatach Ojców Pustyni (Pustelnicy i zwierzęta)* (= Paradise regnained or: hermits and animals) [mit englischer Zusammenfassung] – VoxP 8 (1988) f.15, 951-960

5906 BORRELY, A.; EUTZI, M. *L'Oecuménisme spirituel* [Perspective orthodoxe 8]. Genf: Labor et Fides 1988. 250 pp.

5907 BOUCHARD, C.B. *Merovingian, Carolingian and Cluniac monasticism. Reform and renewal in Burgundy* – JEcclH 41 (1990) 365-388

5908 BOURGUET, PIERRE DU *Pierres d'attente dans l'Égypte antique pour le monachisme chrétien.* In: *Mélanges Antoine Guillaumont* (cf. 1988-90, 283) 41-46

5909 BOUYER, LOUIS; DATTRINO, LORENZO *La spiritualità dei Padri. A. II-V secolo: martirio, verginità, gnosi cristiana.* Nuova ed. [Storia della spiritualità 3/A]. Bologna: EDB 1988. 229 pp.

5910 BRAKEMEIER, GOTTFRIED Der «Sozialismus» der Urchristenheit: Experiment und neue Herausforderung. Vom Verfasser übersetzte und bearbeitete Fassung der brasilianischen Originalausgabe. Göttingen: Vandenhoeck & Ruprecht 1988. 60 pp.

5911 BRASHEAR, WILLIAM A christian amulet – Journal of ancient civilisation (Changchun Northeast Normal Univ. Inst. for the hist. of anc. civil.) 3 (1988) 35-45

5912 BROCK, SEBASTIAN P. Maggnānūtā: a technical term in East Syrian spirituality and its background. In: Melanges Antoine Guillaumont (cf. 1988-90, 283) 121-129

5913 BROWN, PETER Bodies and minds: sexuality and renunciation in early Christianity. In: Before sexuality: the constriction of erotic experience in the ancient Greek world. Edd. DAVID M. HALPERIN; JOHN J. WINKLER; FROMA I. ZEITLIN. Princeton, N.J.: Univ. Pr. (1990) 479-493

5914 BROWN, PETER The Body and Society: men, women and sexual renunciation in early christianity. London: Faber & Faber 1989. 504 pp.

5915 BROWN, PETER The Body and Society: men, women and sexual renunciation in early christianity [Lectures on the history of religions N.S. 13]. New York: Columbia Univ. Pr. 1988. XX, 504 pp.

5916 BROX, N. «Faire de la terre un ciel». Le service diaconal dans l'Eglise ancienne – ConciliumP 24 (1988) 51-58

5917 BROX, N. Diakonie in der frühen Kirche. «Die Erde zum Himmel machen» – Concilium 24 (1988) 277-281

5918 BURINI, CLARA; CAVALCANTI, ELENA La spiritualità della vita quotidiana negli scritti dei Padri [Storia della spiritualità 3C]. Bologna: EDB 1988. 304 pp.

5919 CARRIAS, M. Vie monastique et règle à Lérins au temps d'Honorat – Revue d'hist. de l'Église de France (Paris) 74 (1988) 191-211

5920 CASEY, M. La virtud de la paciencia en la tradición monástica occidental – CuadMon 23 (1988) 155-170

5921 CATAFYGIOTOU TOPPING, EVA St. Matrona and her friends: sisterhood in Byzantium. In: KAUHGHTRIA (cf. 1988-90, 266) 211-224

5922 CLARK, ELISABETH A. Theory and Practice in Late Ancient Ascetism. Jerome, Chrysostom, and Augustine – Journal of Feminist Stud. in Religion (Chico, Cal.) 5 (1989) 25-46

5923 CLARK WIRE, ANTOINETTE The social functions of women's ascetism in the roman east. In: Images of the feminine in gnosticism (cf. 1988-90, 259) 308-328

5924 CLAVEL-LÉVEQUE, MONIQUE; NOUAILHAT, RENÉ Les premiers moines de Lérins: régulation et normalisation du christianisme. In: Mélange Pierre Lévêque IV (cf. 1988-90, 287) 99-113

5925 CLERICI, AGOSTINO *La correzione fraterna in S. Agostino* [QuDe 7]. Palermo: Ed. Augustinus 1989. 122 pp.

5926 COFFIN, L.D. *Hospitality: An Orientation Benedictine Spirituality* – AmBenR 39 (1988) 50-71

5927 CONSTABLE, G. *Monks, hermits and crusaders in medieval Europe* [Collected Studies Series 273]. Northampton: Variorum Reprints 1988. VIII, 340 pp.

5928 CONTRERAS, E.; ISLA CASARES, C. *El seguimiento de Jesucristo. Las primeras comunidades cristianas. Las virgenes y los ascetas cristianos* – CuadMon 25 (1990) 493-512

5929 CRACCO RUGGINI, LELLIA *La donna e il sacro, tra paganesimo e cristianesimo.* In: *Atti del II convegno nazionale di studi su La donna nel mondo antico* (cf. 1988-90, 183) 243-275

5930 CRIPPA, L. *La concezione dell'uomo nella tradizione monastica antica e medievale (Roma-S. Anselmo, 3-4 maggio 1990)* – Benedictina 37 (1990) 205-213

5931 DATTRINO, L. *L'Esercizio della Caritas nella Chiesa – Pre-Constantiniana* – Benedictina 35 (1988) 5-35

5932 DEKKERS, ELIGIUS *MONAXOS : solitaire, unanime, recueilli.* In: *Fructus centesimus* (cf. 1988-90, 237) 91-104

5933 DEMANDT, ALEXANDER *Mensch und Staat in der Antike.* In: *Vom Wert des Menschen.* Ed. ECKART OLSHAUSEN [Humanist. Bildung 12]. Stuttgart: Histor. Inst. der Universität (1988) 7-19

5934 DENZLER, GEORG *Die verbotene Lust. 2 000 Jahre christliche Sexualmoral.* München: Piper 1988. 377 pp.

5935 *The desert of the heart. Daily readings with the desert fathers.* Ed. BENEDICTA WARD. London: Darton Longman and Todd 1988. XIII, 66 pp.

5936 DESPREZ, V. *Le cenobitisme pachômien* – LL 243,1 (1988) 8-25; 245,3 (1988) 14-25; 246,4 (1988) 12-26

5937 DESPREZ, V. *The Origins of Western Monasticism* – AmBenR 41 (1990) 99-112; 167-191

5938 DIAZ MARTINEZ, PABLO DE LA CRUZ *Ascesis y monacato en la Península Ibérica antes del siglo VI.* In: *Actas del I Congreso peninsular de historia antigua III* (cf. 1988-90, 163) 205-225

5939 DORESSE, JEAN *Deir el Gizāz, un couvent de Samuel: un monastère thébain oublié ... et même disparu* – Aeg 69 (1989) 153-163

5940 DRIVER, JOHN *How Christians made peace with war: early Christian understanding of war.* Scottdale, Penna.: Herald Pr. 1988. 95 pp.

5941 DULAEY, M. «*Virga virtutis tuae, virga oris tui*». *Le bâton du christ dans le christianisme ancien.* In: *Quaeritur inventus colitur* (cf. 1988-90, 319) 237-245

5942 EGENDER, N. *Palästina im Übergang vom Asketentum zum Mönchtum* – EA 65 (1989) 95-106

5943 ELM, SUSANNA *An Alleged Book-theft in Fourth-century Egypt: P.Lips.43.* In: *Studia patristica 18,2* (cf. 1988-90, 343) 209-215

5944 ENGEMANN, JOSEF *Hirt* – RAC 15 (1990) Lief. 116, 577-607

5945 EYBEN, EMIEL *Mann und Frau im frühen Christentum.* In: *Aufgaben, Rollen und Räume von Mann und Frau.* Hrg. von JOCHEN MARTIN und RENATE ZOEPFFEL [Historische Anthropologie 5 Kindheit, Jugend, Familie 3]. Freiburg: Alber (1989) 565-605

5946 *Famiglia e società secondo i Padri della Chiesa.* A cura di GIUSEPPE NARDIN. Roma: Città Nuova Ed. 1989. 188 pp.

5947 FELTEN, FRANZ J. *Herrschaft des Abtes.* In: *Herrschaft und Kirche* (cf. 1988-90, 5604) 147-296

5948 FIELD, ANNE *De las tinieblas a la luz. Lo que significa llegar a ser cristiano en la Iglesia primitiva.* Versión española de J. R. S. BILBAO [Biblioteca Catecumenal]. Bilbao: Desclée de Brouwer 1988. 263 pp.

5949 FITZGERALD, ALLAN *Conversion through penance in the Italian church of the fourth and fifth centuries: new approaches to the experience of conversion from sin* [Studies in the Bible and early Christianity 15]. Lewiston (NY): Mellen 1988. 565 pp.

5950 FRANK, KARL SUSO *Geschichte des christlichen Mönchtums. Grundzüge* [WB-Forum 4]. Darmstadt: Wissenschaftliche Buchgesellschaft 1988. X, 208 pp.

5951 FREND, W.H.C. *Mission – Monasticism – Worship.* In: *L'église et l'empire au IVe siècle* (cf. 1988-90, 223) 73-111

5952 GAILLARD, M. *Les fondations d'abbayes féminines dans le nord et l'est de la Gaule, de la fin du VIe s. à la fin du Xe s.* – RHEF 76 (1990) 5-20

5953 GALATARIOTOU, CATIA *Byzantine Women's Monastic Communities: The Evidence of the TYPICA* – JÖB 38 (1988) 262-290

5954 GALE, J.F.M. *Fasting: Stoicism, Full-Circle?* – StMon 30 (1988) 223-241

5955 GEBREMEDHIN, EZRA *Drömmen som en gåva. Några drömteorier i fornkyrkan.* In: *«I drömmen, i en syn om natten».* Ett religionspsykologisk symposium om drömmar. Ed. OWE WIKSTRÖM [Religionspsykologiske skrifter 4]. Delsbo: Åsak (1988) 63-88

5956 GIANNARELLI, ELENA *L'infanzia nella biographia cristiana o la trasformazione nell'opposto.* In: *Studia patristica 18,2* (cf. 1988-90, 343) 217-221

5957 *Das Glaubensleben der Ostkirche.* Edd. H.-C. DIEDRICH et al. München: C.H. Beck 1989.

5958 GOMEZ, I.M. *Elementos de la espiritualidad monástica* – NetV 15 (1990) 3-19

5959 GONZALEZ, JUSTO L. *Faith and wealth: a history of early Christian ideas on the origin, significance, and use of money.* San Francisco, Calif.: Harper & Row 1990. XVI, 240 pp.

5960 GRATTAROLA, PIO *Il terremoto del 396 e il popolo cristiano di Costantinopoli* – CISA 15 (1989) 237-249

5961 GRÉGOIRE, R. *La presenza del monachesimo bizantino nell'Italia meridionale nel Medio Evo* – Riv. Stor. Calabrese 9 (1988) 9-25

5962 GROSSI, VITTORINO; SINISCALCO, PAOLO *La vita cristiana nei primi secoli* [La spiritualità cristiana. Storia e testi 2]. Roma: Ed. Studium 1988. 320 pp.

5963 GUSTAFSSON, LISBETH *Gud hör den tysta människan. En resa i ökenfädernas spår* – Gnosis (Delsbo) 3-4/88-1/89 (1989) 22-29

5964 HÄRDELIN, A. *Monastische Theologie, eine praktische Theologie vor der Scholastik* – MThZ 39 (1988) 108-120

5965 HAHN, FERDINAND *Prophetie und Lebenswandel.* In: *Neues Testament und Ethik, für Rudolf Schnackenburg.* Hrg. von HELMUT MERKLEIN. Freiburg: Herder (1989) 527-537

5966 HAVENER, IVAN *The so-called Discourse of Hyperechius the Solitary in Armenian* – Mu 102 (1989) 307-320

5967 HEUCLIN, J. *El eremitismo y las instituciones eclesiásticas entre el Sena y el Rín desde el siglo V hasta el siglo XI.* In: *Hestoria de la Iglesia y de las instituciones eclesiásticas.* Edición a cargo de M. J. PELAEZ. Barcelona: Cátedra de Historia del Derecho y de las Instituciones, Facultad de Derecho de la Universidad de Málaga (1989) XIV 4001-4024

5968 HEUCLIN, JEAN *Aux origines monastiques de la Gaule du Nord. Ermites et reclus du Ve au XIe siècle.* Lille: Presses Universitaires de Lille 1988. 286 pp.

5969 HILTBRUNNER, OTTO *Herberge* – RAC 14 (1988) Lief. 108/109, 602-626

5970 HOFMANN, JÜRGEN *Armut und Reichtum im frühen Christentum* [Diss.]. Berlin: Humbold-Universität 1988. V, 193 pp.

5971 JANTZEN, GRACE M. *Martyrdom Commuted?* In: *Studia patristica 18,2* (cf. 1988-90, 343) 223-227

5972 JOUBERT, J. *La virginité ou les vrais noces* – RDC 40 (1990) 117-133

5973 KASSER, RODOLPHE *Le monachisme copte.* In: *Les Kellia, ermitages coptes en Basse-Égypte. Musée d'art et d'histoire, Genève, 12 octobre 1989 – 7 janvier 1990.* Genève: Ed. du Tricorne (1989) 9-20

5974 KING, MARGOT H. *The desert mothers.* 2nd ed. Toronto: Peregrina Publ. 1989. 58 pp.

5975 KLAUCK, HANS JOSEF *L'église domestique à l'époque préconstantinienne* – VoxP 5 (1985) 177-191

5976 KLAUCK, HANS JOSEF *Vom Reden und Schweigen der Frauen in der Urkirche.* In: *Gemeinde, Amt, Sakrament. Neutestamentliche Perspektiven.* Würzburg: Echter (1989) 232-245

5977 Vacat

5978 KLEIN, RICHARD *Christlicher Glaube und heidnische Bildung: (zum sozialen Hintergrund eines innerchristlichen Problems in den ersten Jahrhunderten)* – Laverna 1 (1990) 50-100

5979 *Klosterleben im Mittelalter nach zeitgenössischen Quellen [500-1500].* Begr. von JOHANNES BUEHLER, hrsg. von A. GEORG NARCISS. Frankfurt: Insel-Verlag 1989. 619 pp.

5980 KREIDLER, MARY JANE *Montanism and Monasticism: Charism and Authority in the Early Church.* In: *Studia patristica 18,2* (cf. 1988-90, 343) 229-234

5981 KUCHENBUCH, LUDOLF *Die Klostergrundherrschaft im Frühmittelalter. Eine Zwischenbilanz.* In: *Herrschaft und Kirche* (cf. 1988-90, 5604) 297-343

5982 KUREK, R. *Biblijna orientacja medytacji pachomiańskiej* (= Biblica orientazione della meditazione pacomiana) – VoxP 7 (1987) f.12/13, 247-259

5983 LAMPROPULU, ANNA Εἰδήσεις γύρω ἀπὸ τὸ γυναικεῖο στυλιτισμὸ στὸ Βυζάντιο – ThAthen 61 (1990) 187-199

5984 LELOIR, LOUIS *L'accompagnement spirituel selon la tradition monastique ancienne, principalement arménienne.* In: *Mélanges Antoine Guillaumont* (cf. 1988-90, 283) 83-96

5985 LELOIR, LOUIS *Les Pères du désert à l'école de leurs ancêtres juifs* – AugR 28 (1988) 405-428

5986 LESCO, L. *Monasticism in Egypt.* In: *Beyond the Pharaos* (cf. 1988-90, 192) 45-47

5987 LINAGE CONDE, A. *El monacato en torno a Braga hasta la benedictinización.* In: *IX Centenário da Dedicação da Sé de Braga, I* (cf. 1988-90, 214) 717-734

5988 LINGE, DAVID E. *Asceticism and «singelness of mind» in the desert fathers.* In: *Monastic life in the christian and hindu traditions: a comperative study. Research conference held at the university of Florida, february 16-19, 1985.* Edd. AUSTIN B. CRELL [Studies in comperative religion 3]. Leviston (NY): Mellen Press (1990)

5989 LUISLAMPE, P. *Leben in der Gegenwart Gottes. Zu einer Disziplin benediktinischer Lebensgestaltung* – EA 63 (1987) 14-23; 127-138

5990 ŁUKASZEWICZ, A. *Einige Bemerkungen zu den Asketen in den griechischen urkundlichen Papyri.* In: *Coptic Studies* (cf. 1988-90, 210) 219-223

5991 *The Macmillan book of earliest Christian prayers.* Ed. by F. FOR-
RESTER CHURCH. New York: Macmillan Publ. 1988. XI, 242
pp.

5992 MACMULLEN, RAMSAY *The preacher's audience (AD
350-400)* – JThS 40 (1989) 503-511

5993 MALANDRAKIS, C. *The Mindfulness of Death According to the
Ascetic Patristic Tradition* – ThAthen 59 (1988) 346-360

5994 MANTZARIDIS, G. *Ehe und Ehelosigkeit in der Orthodoxen Kirche* – OrthF 2 (1988) 74-82

5995 MARA, MARIA GRAZIA *La lotta contro il demonio nella letteratura monastica del IV secolo* In: *L'autunno del diavolo* (cf.
1988-90, 188) I 265-278

5996 *Matrimonio e verginità nella Chiesa antica.* Edd. CHARLES MU-
NIER; G. RAMELLA [TC 4]. Torino: Soc. Editrice Internazionale
1990. LVI, 300 pp.

5997 MAYALI, LAURENT *Du vagabondage à l'apostasie: le moine fu-
gitif dans la société médiévale.* In: *Religiöse Devianz* (cf. 1988-90,
217) 121-142

5998 MCGING, BRIAN C. *Melitian monks at Labla* – Tyche: Beiträge
zur Alten Geschichte, Papyrologie und Epigraphik (Wien) 5 (1990)
67-94

5999 MCGUIRE, BRIAN PATRICK *Friendship and Community: The
Monastic Experience 350-1250* [CSC 95]. Kalamazoo, Mich.:
Cistercian Publiations 1988. L, 571 pp.

6000 Vacat

6001 MELONI, PIETRO *La vita monastica in Africa e in Sardegna nel
VI secolo sulle orme di S. Agostino.* In: *L'Africa romana* (cf.
1988-90, 166/167) II 571-581

6002 MIKODA, TOSHIO *Body-concept in Early Fathers: Martyrdom
as Christian Catharsis.* In: *Studia patristica 18,2* (cf. 1988-90, 343)
243-246

6003 MIQUEL, P. *Le combat spirituel* – ColCist 50 (1988) 268-278

6004 MOINGT, JOSEPH *Figures chrétiennes du monde* – Le temps de
la réflexion (Paris) 10 (1989) 137-149

6005 *Monastic Studies* Ed. by J. LOADES. Bangor: Headstart history
1990. 325 pp.

6006 MONTGOMERY, HUGO *Women and status in the Greco-
Roman world* – Scandinavian Journal of Theology (Lund) 43
(1989) 115-124

6007 MUNIER, CHARLES *La sollicitude pastorale de l'Église ancienne
en matière de divorce et de remariage* – Laval 44 (1988) 19-30

6008 *Byzantinische Mystik: ein Textbuch aus der Philokalia, I: Das Erbe
der Mönchsväter.* Ausgew. u. übers. von KLAUS DAHME. Salzburg: Müller 1989. 198 pp.

6009 NAZZARO, ANTONIO V. *Figure di donne cristiane. La vedova.* In: *Atti del II convegno nazionale di studi su La donna nel mondo antico* (cf. 1988-90, 183) 197-291

6010 NEU, RAINER *Die Analogie von buddhistischem und christlichem Mönchtum: eine sozialgeschichtliche und religionswissenschaftliche Untersuchung* – ZRGG 42 (1990) 97-121

6011 NEYMEYR, ULRICH *Die christlichen Lehrer im zweiten Jahrhundert: ihre Lehrtätigkeit, ihr Selbstverstandnis und ihre Geschichte* [VlgChr.Suppl 4]. Leiden: Brill 1989. X, 279 pp.

6012 NOAKES, K.W. *Call and Choice: Vocation in the Patristic Period and Today.* In: *Studia patristica 18,2* (cf. 1988-90, 343) 247-254

6013 NOUAILHAT, RENÉ *Saints et patrons. Les premiers moines de Lérins* [ALUB 382]. Paris: Les Belles Lettres 1988. 426 pp.

6014 NÜRNBERG, ROSEMARIE *Askese als sozialer Impuls. Monastisch-asketische Spiritualität als Wurzel und Triebfeder sozialer Ideen und Aktivitäten der Kiche in Südgallien im 5. Jahrhundert* [Hereditas. Studien zur Alten Kirchengeschichte 2]. Bonn: Borengässer 1988. XXX, 354 pp.

6015 O'DWYER, D.W. *Celtic-Irish monasticism and early insular illuminated manuscripts* – JRH 15 (1988-1989) 425-435

6016 OH, MAN-KYU *The Early Christian's Attitude toward Military Service.* In: *Forms of Control* (cf. 1988-90, 235) 523-529

6017 OLSON, LYNETTE *Early monasteries in Cornwall* [Studies in Celtic History 11]. Woodbridge: Boydell 1989. XXII, 135 pp.

6018 ORLANDI, T. *Egyptian Monasticism and the Beginnings of the Coptic Literature.* In: *Carl-Schmidt-Kolloquium* (cf. 1988-90, 198) 129-142

6019 PALMER, ANDREW *Semper Vagus: The Anatomy of a Mobile Monk.* In: *Studia patristica 18,2* (cf. 1988-90, 343) 255-260

6020 PALMER, ANDREW *Sisters, fiancees, wives and mothers of syrian holy men.* In: *Symposium Syriacum* (cf. 1988-90, 354) 207-214

6021 Vacat

6022 PARMENTIER, MARTIN F.G. *Non-medical ways of healing in Eastern Christendom. The case of St. Dometios.* In: *Fructus centesimus* (cf. 1988-90, 237) 279-296

6023 PARYS, M. VAN *Abba Silvain et ses disciples. Une famille monastique entre Scété et la Palestine à fin du IVe et dans la première moitié du Ve siècles* – Irénikon 61 (1988) 315-331; 451-480

6024 PATRUCCO, MARCELLA FORLIN *Ascesi, cultura e cultura ascetica nel monachesimo basiliano.* In: *Tercer Seminario sobre el Monacato* (cf. 1988-90, 355) 85-101

6025 PAXTON, FREDERICK S. *Christianizing death: the creation of a ritual process in early medieval Europe.* Ithaca, NY: Cornell Univ. Pr. 1990. XIV, 229 pp.

6026 PENCO, GREGORIO *Medioevo monastico* [StAns 96]. Roma: Pontificio Ateneo S. Anselmo 1988. 586 pp.

6027 PEZIN, M. *Les «mères» du désert* – Le Monde Copte 16 (1989) 57-59

6028 PHEIDAS, B. *Νηστεία* [mit franz. Zus.-fass.]. In: Ἀναφορὰ εἰς μνήμην ... (cf. 1988-90, 174) V 57-95; 436-440

6029 *Kleine Philokalie. Belehrungen der Mönchsväter der Ostkirche über das Gebet.* Ed. MATTHIAS DIETZ [Klassiker der Meditation]. Zürich: Benziger 1989. 190 pp.

6030 Vacat

6031 PRICOCO, SALVATORE *Appunti su Ernesto Buonaiuti. Le ricerche sulle origini dell'ascetismo cristiano* – RSLR 25 (1989) 66-87

6032 PROCOPÉ, JOHN *Höflichkeit.* Übers. v. KARL HOHEISEL – RAC 15 (1990) Lief. 118, 930-952; (1991) Lief. 119/120, 953-986

6033 PROCOPÉ, JOHN *Perfect Hatred.* In: *Studia patristica 18,2* (cf. 1988-90, 343) 261-265

6034 Vacat

6035 PUZICHA, MICHAELA *Monastische Idealvorstellungen und Terminologie im sechsten Jahrhundert. Ein Vergleich zwischen der Benediktusregel und der Fulgentius-Vita.* In: *Itinera Domini* (cf. 1988-90, 263) 107-131

6036 QUACQUARELLI, ANTONIO *L'educazione al lavoro: dall'antica comunità cristiana al monachesimo primitivo* – VetChr 25 (1988) 149-163

6037 QUACQUARELLI, ANTONIO *Note sulla esegesi di 2 Th. 3,10 nella letteratura monastica antica.* In: *Mémorial Jean Gribomont* (cf. 1988-90, 288) 503-519

6038 QUINN, PATRICIA A. *Better than the sons of kings: boys and monks in the early middle ages* [Studies in history and culture 2]. New York; Bern; Frankfurt am Main; Paris: Lang 1989. XVII, 265 pp.

6039 *Alle radici della mistica cristiana* [Concegni di S. Spirito 5]. Palermo: Ed. Augustinus 1989. 110 pp.

6040 RAYNOR, D.H. *Non-Christian Attitudes to Monasticism.* In: *Studia patristica 18,2* (cf. 1988-90, 343) 267-273

6041 *Die Regeln der Väter: vorbenediktinische lateinische Regeltradition.* Übers. und erl. von MICHAELA PUZICHA; Vorwort KARL SUSO FRANK [Münsterschwarzacher Studien 40]. Münsterschwarzach: Vier-Türme-Verlag 1990. 181 pp.

6042 REGNAULT, L.; MERTON, T.; LOUF, A.; GUY, J.-C.; BIANCHI, E.; LELOIR, L.; PARYS, M. VAN; COUILLEAU, G. *Abba, dimmi una parola! La spiritualità del deserto.* Magnano: Ed. Qiqajon 1989. 280 pp.

6043 REGNAULT, LUCIEN *La vie quotidienne des Pères du désert en Egypte au IVe siècle.* Paris: Hachette 1990. 320 pp.

6044 *Regole monastiche d'occidente.* Introd., trad. e note a cura di EDOARDO ARBORIO MELLA *[Padri occidentali medievali].* Magnano: Qiqajon 1989. 369 pp.

6045 RIGON, A. *Dalla Regola di S. Agostino alla Regola di Niccolò IV.* In: *La Supra montem* A cura di R. PAZZELLI e L. TEMPERINI [Analecta Tertii Ordinis Regularis]. Rom: Ediz (1988) 25-46

6046 RIPPINGER, J. *Monastic profession and its role in Benedictine spirituality* – AmBenR 39 (1988) 102-112

6047 RIZZO, FRANCESCO PAOLO *Eremiti e itinerari commerciali nella Sicilia orientale tardo-imperiale. Il caso sintomatico di Ilarione.* In: *Storia della Sicilia e tradizione agiografica nella tarda antichità* (cf. 1988-90, 341) 79-93

6048 ROBERTIS, FRANCESCO M. DE *Causa funeris, causa religionis. Le communità cristiane tra normativa statale e messaggio evangelico (a proposito di D. 47.22.1)* [mit Zusammenfassung in lateinischer Sprache] – SDHI 54 (1988) 239-249

6049 ROBINSON, J.M. *The First Christian Monastic Library.* In: *Coptic Studies* (cf. 1988-90, 210) 371-378

6050 ROUSELLE, A. *Porneia. Del dominio del cuerpo a la privación sensorial. Del siglo II al siglo IV de la era cristiana* [Historia, ciencia, sociedad 217]. Barcelona: Península 1989. 235 pp.

6051 ROUSSELLE, ALINE *Der Ursprung der Keuschheit.* Aus dem Französischen von P. DINZELBACHER. Stuttgart: Kreuz Verlag 1989. 298 pp.

6052 ROYO MARIN, ANTONIO *Los grandes maestros de la vida espiritual: historia de la espiritualidad cristiana* [BAC 347]. Madrid: Biblioteca de Autores Cristianos 1990. XI, 498 pp.

6053 RUH, KURT *Geschichte der abendländischen Mystik. 1. Die Grundlegung durch die Kirchenväter und die Mönchstheologie des 12. Jahrhunderts.* München: Beck 1990. 414 pp.

6054 SCARNERA, ADELE *Il digiuno cristiano dalle origini al IV secolo: contributo per una rivalutazione teologica* [Bibliotheca «EL» Subsidia 51]. Roma: Ed. Liturgiche 1990. 168 pp.

6055 SCHERER, L. *El «Padre del desierto» y Francisco de Asís* – SelFr 17 (1988) 98-108

6056 SCHNEIDER, MICHAEL *Aus den Quellen der Wüste: die Bedeutung der frühen Mönchsväter für eine Spiritualität heute.* 2. Aufl. [Schriftenreihe des Zentrums patristischer Spiritualität KOINONIA ORIENS im Erzbistum Köln 24]. Köln: Luthe-Verlag 1989. 151 pp.

6057 SERRATO, MERCEDES *Apuntes para una tipificación del ascetismo mundano.* In: *La conversión de Roma* (cf. 1988-90, 209) 211-222

6058 *Il silenzio nei Padri del deserto.* Ed. MASSIMO BALDINI. Vicenza: La Locusta 1987. 82 pp.

6059 SIMPSON, JANE *Women and asceticism in the fourth century: A question of interpretation* – JRH 15 (1988) 38-60

6060 STOCKMEIER, PETER *«Herz»: eine Metapher gläubiger Existenz im frühen Christentum.* In: *Weite des Herzens* (cf. 1988-90, 368) I 667-674

6061 TALBOT, A.-M. *The Byzantine family and the monastery* – DumPap 44 (1990) 119-129

6062 THOMAS, J.P. *Private Religious Foundations and their Critics.* In: *Fourteenth Annual Byzantine Studies Conference* (cf. 1988-90, 196) 30-31

6063 THUNBERG, LARS *På Åndens Betingelser. Essays om sprog og spiritualitet.* Århus: Anis 1988. 183 pp.

6064 TIBILETTI, CARLO *Pagine monastiche provenzali: il monachesimo nella Gallia del quinto secolo* [CCA]. Roma: Borla 1990. 196 pp.

6065 Vacat

6066 TORRE, J.M. DE LA *El sentido fundamental de la vida monástica* – Cistercium 42 (1990) 49-64

6067 TORRE, JUAN M. DE LA *Aproximación a las fuentes del monaquismo cristiano. Tensión carisma-institución* – Cistercium 42 (1990) 119-133

6068 Vacat

6069 TURBESSI, GIUSEPPE *Regole monastiche antiche.* Ried. [Religione e società 15]. Rom: Ed. Studium 1990. 487 pp.

6070 TURTAS, R. *Note sul monachesimo in Sardegna tra Fulgenzio e Gregorio Magno* – RSCI 41 (1988) 92-110

6071 VEILLEUX, P.A.A. *Rapport, Etudes sur le monachisme copte de 1984-1988.* In: *IVe congrès international d'études coptes* (cf. 1988-90, 208) 45

6072 VILLER, MARCEL; RAHNER, KARL *Askese und Mystik in der Väterzeit. Ein Abriß der frühchristlichen Spiritualität.* Unveränd. Neuausg. Praef. KARL-HEINZ NEUFELD. Freiburg: Herder 1989. XXVI, 323 pp.

6073 VOGÜÉ, ADALBERT DE *Aimer le jeûne: l'expérience monastique* [Perspectives de vie religieuse]. Paris: Ed. du Cerf 1988. 157 pp.

6074 VOGÜÉ, ADALBERT DE *Die Kriterien der Unterscheidung von Berufungen in der fühen monastischen Überlieferung* – EA 65 (1989) 444-461

6075 VOGÜÉ, ADALBERT DE *La lecture quotidienne dans les monastères (300-700)* – ColCist 51 (1989) 241-251

6076 VOGÜÉ, ADALBERT DE *Les critères du discernement des vocations dans la tradition monastique ancienne* – ColCist 51 (1989) 109-126

6077 VOLZ, CARL A. *Pastoral life and practice in the early church.* Minneapolis, Minn.: Augsburg 1990. 240 pp.

6078 VUILLAUME, C. *Le jeûne dans la tradition monastique ancienne et aujourd'hui. I* – ColCist 51 (1989) 42-78

6079 WAGENAAR, C. *Dienst van de woestijnmonniken aan de mens* – Franciscus 25 (1988) 132-148

6080 WAGENAAR, C. *Levenslange bekering van de woestijnvaders* – Franciscus 25 (1988) 192-202

6081 WALSH, EFTHALIA MAKRIS *The ascetic mother Maria of Egypt* – GrOrthThR 34 (1989) 59-69

6082 WATTS, DOROTHY *Infant burials and Romano-British cemeteries* – AJ 146 (1989) 372-383

6083 WICKER, K.O. *The Ascetic Marriage in Antiquity* – Bulletin of the Institute for Antiquity and Christianity (Claremont, Calif.) 15 (1988/2) 10-13

6084 WILCKENS, ULRICH; KEHL, ALOIS; HOHEISEL, KARL *Heuchelei* – RAC 14 (1988) Lief. 111/112, 1205-1231

6085 WINSLOW, DONALD F. *Poverty and Riches: An Embarrassment for the Early Church.* In: *Studia patristica 18,2* (cf. 1988-90, 343) 317-328

6086 WIPSZYCKA, E. *Une nouvelle Règle monastique égyptienne.* In: *Coptic Studies* (cf. 1988-90, 210) 499-503

6087 WIPSZYCKA, E. *Z dziejów monastycyzmu episkiego IV-VIII* [Aus der Geschichte des ägyptischen Monastizismus] – WStT 3 (1985-90) 224-244

6088 WRIGHT, D.F. *Early Christian Attitudes to Homosexuality.* In: *Studia patristica 18,2* (cf. 1988-90, 343) 329-334

6089 ZEBRI, P. *La civiltà monastica in Italia dalle origini all'età di Dante* – Benedictina 35 (1988) 173-181

VI.2.k) Angeli et daemones

6090 BARTELINK, GERARD J.M. *Ἀντικείμενος (Widersacher) als Teufels- und Dämonenbezeichnung* – SE 30 (1987/88) 205-224

6091 BOLGIANI, FRANCO *Dei, astri e demoni negli scrittori cristiani dei primi secoli.* In: *L'autunno del diavolo* (cf. 1988-90, 188) I 217-230

6092 BROCK, SEBASTIAN P. *The sinful woman and Satan: two Syriac dialogue poems* – OrChr 72 (1988) 21-62

6093 BURCHARD, R. *Angel or devil? Visionary dilemmas in the Egyptian desert* – Essays in history (Charlottesville, Va.) 32 (1989) 69-84

6094 DI NOLA, ALFONSO M. *Der Teufel: Wesen, Wirkung, Geschichte.* Vorwort von FELIX KARLINGER; übers. von D. TÜRK-WAGNER München: Diederichs 1990. 461 pp. ill.

6095 FAURE, P. *L'ange du haut moyen âge occidental (IVe-IXe siècles): création ou tradition?* – Médiévales 15 (1988) 31-49

6096 GRÜN, ANSELM *Aux prises avec le mal: le combat contre les démons dans le monachisme des origines* [Spiritualité orientale 49]. Bégrolles-en-Mauge: Abbaye de Bellefontaine 1990. 83 pp.

6097 JUCKEL, A. *Eine ostsyrische Angelologie (Elījā von Anbār, Ktābā d-Durrāšā Mēmrā IX, 1-20).* In: *Nubia et Oriens Christianus* (cf. 1988-90, 300) I 115-159

6098 LELOIR, LOUIS *Anges et démons chez les Pères du Désert.* In: *Anges et démons* (cf. 1988-90, 176) 313-335

6099 LOPEZ FERNANDEZ, E. *«Satán» de nombre común a nombre propio. Historia de una palabra* – StOv 17 (1989) 25-93

6100 Vacat

6101 MURRAY, ROBERT *Some themes and problems of early syriac angelology.* In: *Symposium Syriacum* (cf. 1988-90, 354) 143-154

6102 RIES, JULIEN *Cultes païens et démons dans l'Apologétique chrétienne de Justin à Augustin.* In: *Anges et démons* (cf. 1988-90, 176) 337-352

6103 SAVIGNI, R. *Santi e demoni nell'Alto Medioevo occidentale sec. V-XI* [Spoleto, 7-13 aprile 1988] – RSCI 42 (1988) 579-590

6104 THRAEDE, KLAUS *Hexe* – RAC 14 (1988) Lief. 111/112, 1269-1276

VI.2.l) Novissima

6105 *Apocalypticism in the Mediterranean World and the Near East.* Proceedings of the International Colloquium on Apocalypticism, Uppsala, August 12-17, 1979. Ed. by DAVID HELLHOLM. 2. ed., enlarged by suppl. bibliography. Tübingen: Mohr 1989. XI, 910 pp.

6106 COHN, NORMAN *Das neue irdische Paradies: revolutionärer Millenarismus und mystischer Anarchismus im mittelalterlichen Europa.* Mit einem Nachwort von ACHATZ VON MÜLLER. Aus dem Englischen von EDUARD THORSCH. Reinbek bei Hamburg: Rowohlt 1988. 409 pp.

6107 FERNANDEZ ARDANAZ, S. *El problema de la muerte en el diálogo cristianismo-helenismo del s. II* – SVict 37 (1990) 42-116

6108 HELLEMO, GEIR *Adventus Domini: eschatological thought in 4th-century apses and catecheses* [VigChr.Suppl 5]. Leiden: Brill 1989. XXIV, 312 pp.

6109 LAAK, WERNER VAN *Allversöhnung: die Lehre von der Apokatastasis, ihre Grundlegung durch Origenes und ihre Bewertung in der gegenwärtigen Theologie bei Karl Barth und Hans Urs von Balthasar* [Sinziger theologische Texte und Studien 11]. Sinzig: St. Meinrad Verl. 1990. 175 pp.

6110 LANG, BERNHARD; MCDANNELL, COLLEEN *Der Himmel: eine Kulturgeschichte des ewigen Lebens*. Frankfurt am Main: Suhrkamp 1990. 577 pp.

6111 LUMPE, ADOLF; BIETENHARD, HANS *Himmel* – RAC 15 (1989) Lief. 114, 174-212

6112 SERRAIMA CIRICI, E. *Reacción del cristiano ante la muerte. Dos textos de los Padres de la Iglesia* – EfMex 7 (1989) 207-223

6113 SIMONETTI, MANLIO *L'Apocalissi e l'origine del millennio* – VetChr 26 (1989) 337-350

6114 SPEYER, WOLFGANG *Hat das Christentum das heutige Elend von Natur und Mensch mitverschuldet?* In: *Frühes Christentum im antiken Strahlungsfeld. Ausgewählte Aufsätze [WUNT 50]*. Ed. WOLFGANG SPEYER. Tübingen: Mohr (1989) 463-476

6115 STRUMMIELLO, GIUSEPPINA *La volontà di oblio. Per un'ermeneutica della morte* – AFLB 31 (1988) 395-440

6116 TIBILETTI, CARLO *Le anime dopo la morte. Stato intermedio o visione di Dio (dalla patristica al sec. XIV)* – AugR 28 (1988) 631-659

6117 VANNI, UGO *L'Apocalisse. Ermeneutica, esegesi, teologia* [Rivista Biblica Suppl. 17]. Bologna: Ed. Dehoniane 1988. 432 pp.

6118 *Visions of heaven and hell before Dante*. Ed. EILEEN GARDINER; ill. ALEXANDRA ELDRIDGE. New York: Italic Pr. 1989. XXIX, 286 pp.

6119 WISSKIRCHEN, ROTRAUT *Das Mosaikprogramm von S. Prassede in Rom. Ikonographie und Ikonologie* [JAC Ergänzungsband 17]. Münster: Aschendorffsche Verlagsbuchhandlung 1990. 156 pp.

6120 WITAKOWSKI, W. *Die mittelalterliche syrische Apokalyptik* [in schwed. Sprache] – Svenska kommitten för bysantinska studier. Bulletin 8 (1990) 54-58

6121 ZANGARA, VINCENZA *Exeuntes de corpore: discussioni sulle apparizioni dei morti in epoca agostiniana* [Biblioteca della RSLR Studi 1]. Firenze: Olschki 1990. XVIII, 225 pp.

VII. Gnostica

6122 ADAMSEN, JOHANNES *Gnosticismens oprindelse. En problemorientering og en statusopgørelse i anledning af tre bogudgivelser* – Religionsvidenskabeligt Tidsskrift (Åarhus) 16 (1990) 83-91

6123 AGOSTI, GIANFRANCO *Alcuni omerismi nella Visio Dorothei (P. Bodmer XXIX)* – Orpheus 10 (1989) 101-116

6124 AMATA, BIAGIO *La gnosi antimariana del Vangelo di Tommaso.* In: *La mariologia (prenicena)* (cf. 1988-90, 282) 49-63

6125 ARANDA PÉREZ, G. *El Apóstol Pedro en la literatura gnóstica* – EBib 47 (1989) 65-92

6126 BAARDA, TJITZE *«If you do not sabbatize the sabbath...» The sabbath as god or world in Gnostic understanding (Ev. Thom., Log.27).* In: *Knowledge of God* (cf. 1988-90, 267) 178-201

6127 BACONSKY, T. *Originile, doctrina, răspindirea şi influenţa maniheismului* (= Les origines, la doctrine, la diffusion et l'influence du manichéisme) [mit französischer Zusammenfassung] – StBuc 40 (1988) 102-125

6128 BEAUSOBRE, M. DE *Histoire critique de Manichée et du Manichéisme* [2 voll.]. Amsterdam: Gieben 1988. LXXVI, 594; XXXIV, 806 pp.

6129 BELTZ, WALTER *Zum Geschichtsbild der Gnosis* – ZRGG 40 (1988) 362-366

6130 BESKOW, PER *The Theodosian laws against Manichaeism.* In: *Manichaean studies* (cf. 1988-90, 280) 1-11

6131 BETHGE, H.G. *Zu einigen literarischen, exegetischen und inhaltlichen Problemen der «Epistula Petri ad Philippum»* NHC VIII,2. In: *Coptic Studies* (cf. 1988-90, 210) 65-69

6132 BETZ, HANS DIETER *Schöpfung und Erlösung im hermetischen Fragment Kore Kosmou.* In ders.: *Gesammelte Aufsätze, I* (cf. 1988-90, 559) 22-51

6133 BEVILACQUA, GABRIELLA *Un filatterio gnostico inedito dai codici di Girolamo Amati* – Miscellanea greca e romana (Rom) 14 (1989) 287-298

6134 BEYER, KLAUS *Das syrische Perlenlied: ein Erlösungsmythos als Märchengedicht* – ZDMG 140 (1990) 234-259

6135 BIANCHI, UGO *Essenza ed esistenza (o Logos e Mythos) nel pensiero gnostico manicheo.* In: *Pléroma* (cf. 1988-90, 312)

6136 BIANCHI, UGO *Mystery cult and gnostic religiosity in antiquity.* In: *Rethinking religion* (cf. 1988-90, 324) 11-22

6137 BIANCHI, UGO *Omogeneità della luce e dualismo radicale nel manicheismo.* In: *Religion im Erbe Ägyptens* (cf. 1988-90, 322) 54-64

6138 BIANCHI, UGO *Sur la question des deux âmes de l'homme dans le manichéisme.* In: *A green leaf* (cf. 1988-90, 271) 311-316

6139 BIANCHI, UGO *Zoroastrian element in Manichaeism: the question of evil substance.* In: *Manichaean studies* (cf. 1988-90, 280) 13-18

6140 *Bibliographia Gnostica: Supplementum, XVII.* Ed. DAVID M. SCHOLER – NovTest 30 (1988) 339-327

6141 *Bibliographia Gnostica: Supplementum, XVIII.* Ed. DAVID M. SCHOLER – NovTest 31 (1989) 344-378

6142 *Bibliographia Gnostica: Supplementum, XIX.* Ed. DAVID M. SCHOLER – NovTest 32 (1990) 349-373

6143 BJORNDAHL, S.G. *Revised Index to Nag Hammadi Studies Volume XI* – Bulletin of the Institute for Antiquity and Christianity (Claremont, Calif.) 15 (1988/1) 14

6144 BLANK, JOSEF *Gnosis und Agape. Zur christologischen Struktur paulinischer Mystik.* In: *Grundfragen christlicher Mystik* (cf. 1985-87, 277) 1-13

6145 Vacat

6146 BÖHLIG, ALEXANDER *Bemerkungen zur Metaphysik in Gnosis und Philosophie* – Perspektiven der Philosophie (Amsterdam) 16 (1990) 33-48

6147 BÖHLIG, ALEXANDER *Gnosis und Synkretismus: gesammelte Aufsätze zur spätantiken Religionsgeschichte.* 2 Bde. [WUNT 47-48]. Tübingen: Mohr 1989. XXII, 765 pp.

6147* BÖHLIG, A. *«First International Conference on Manichaeism» in Lund (Schweden), 5.-9. August 1987* – OrChr 72 (1988) 208-210

6148 BÖHLIG, ALEXANDER *Jakob als Engel in Gnostizismus und Manichäismus.* In: *Gnosis und Synkretismus* (cf. 1988-90, 6197) I 164-181

6149 BÖHLIG, ALEXANDER *Triade und Trinität in den Schriften von Nag Hammadi.* In: *Gnosis und Synkretismus* (cf. 1988-90, 6197) I 289-311

6150 BÖHLIG, ALEXANDER *Zum Selbstverständnis des Manichäismus.* In: *A green leaf* (cf. 1988-90, 271) 317-338

6151 BÖHLIG, ALEXANDER *Zur Frage der Prädestination in Manichäismus und Christentum.* In: *Gnosis und Synkretismus* (cf. 1988-90, 6197) I 103-126

6152 BÖHLIG, ALEXANDER *Zur religionsgeschichtlichen Einordnung des Manichäismus.* In: *Manichaean studies* (cf. 1988-90, 280) 29-44

6153 BORGIA, ALESSANDRA *Unità, unicità, totalità di Dio nell'ermetismo antico* – SMSR 13 (1989) 197-211

6154 BOUYER, LOUIS *Gnôsis: la connaissance de Dieu dans l'Écriture.* Paris: Ed. du Cerf 1988. 188 pp.

6155 BRAVO, ELIA NATHAN *La religión y el mal: gnosticismo y satanismo* – Analogía 4 (1990) 83-104

6156 BREMMER, J. *An Imperial Palace Guard in Heaven: The Date of the Vision of Dorotheus* – ZPE 75 (1988) 82-88

6157 BROWDER, MICHAEL H. *Al-Bîrûnî's Manichaean sources.* In: *Manichaean studies* (cf. 1988-90, 280) 19-28

6158 BROWDER, MICHAEL H. *Canon lists of Mani's works.* In: *Manichaean studies* (cf. 1988-90, 280) 293

6159 BROX, NORBERT *«Schweig, und ergreife, was göttlich ist!» Der mystagogische Weg der spätantiken Gnosis.* In: *Gottes Weisheit im Mysterium. Vergessene Wege christlicher Spiritualität.* Hrg. von ARNO SCHILSON. Mainz: Grünewald Verlag (1989) 102-116

6160 BROX, NORBERT *Erleuchtung und Wiedergeburt. Aktualität der Gnosis.* München: Kösel 1989. 105 pp.

6161 CARROLL, SCOTT T. *The Apocalypse of Adam and pre-Christian gnosticism* – VigChr 44 (1990) 263-279

6162 CASADIO, GIOVANNI *Antropologia gnostica e antropologia orfica nella notizia di Ippolito sui Sethiani.* In: *Sangue e antropologia nella teologia* (cf. 1988-90, 328) III 1295-1350

6163 CASADIO, GIOVANNI *La visione in Marco il Mago e nella gnosi di tipo sethiano* – AugR 29 (1989) 123-146

6164 CASADIO, GIOVANNI *Manicheismo e storia delle religioni in Germania* – SMSR 14 (1990) 393-402

6165 CHADWICK, HENRY *The attraction of Mani.* In: *Pléroma* (cf. 1988-90, 312)

6166 CIRILLO, LUIGI *Elchasai e la sua «rivelazione»* – RSLR 24 (1988) 311-330

6167 *Codex Manichaicus Coloniensis: Atti del Secondo Simposio Internazionale (Cosenza, 27-28 maggio 1988).* A cura di LUIGI CIRILLO [Università degli Studi della Calabria, Centro Interdipartimentale di Scienze Religiose, Studi e ricerche 5]. Cosenza: Marra 1990. 113 pp.

6168 COPENHAVER, B. *Hermes Trismegistus, Proclus, and the question of philosophy of magic in the Renaissance.* In: *Hermeticism and the Renaissance.* Edd. INGRID MERKEL; A.G. DEBUS. Washington; London; Toronto: The Folger Shakespeare Library / Associated Univ. Pr. (1988) 79-110

6169 COULIANO, I.P. *Les gnoses dualistes d'Occident. Histoire et mythes.* Paris: Plon 1990. 327 pp.

6170 COX MILLER, PATRICIA «*Words with an Alien Voice*». *Gnostics, Scripture, and Canon* – JAAR 57 (1989) 459-483

6171 CULIANU, IOAN P. *Loyal to history: the system of Gnosticism and a vision of history.* In: *Loyalitätskonflikte* (cf. 1988-90, 278) 232-236

6172 DART, JOHN *The Jesus of heresy and history: the discovery and meaning of the Nag Hammadi gnostic library.* San Francisco: Harper & Row 1988. XVII, 204 pp.

6173 DECRET, FRANÇOIS *Aspects de l'Église manichéenne. Remarques sur le Manuscrit de Tébessa.* In: *Signum pietatis* (cf. 1988-90, 335) 123-151

6174 DECRET, FRANÇOIS *Giustificazione e salvezza dell'»uomo nuovo» secondo Faustus manicheo* – AugR 30 (1990) 21-29

6175 DEHANDSCHUTTER, B. *Gnosticisme vandaag: een probleemstelling* – Collationes 18 (1988) 131-152

6176 DERRETT, J. DUNCAN ἄρχοντες, ἀρχαί: *a wider background to the Passion narratives* – Filología neotestamentaria (Cordoba) 2 (1989) 173-185

6177 DESJARDINS, MICHEL R. *Sin in Valentinianism* [SBLDS 108]. Atlanta, Ga.: Scholars Pr. 1990. IX, 157 pp.

6178 DEWITTE, JAQUES *Du refus à la réconciliation. A propos de l'acosmisme gnostique* – Le temps de la réflexion (Paris) 10 (1989) 151-173

6179 DUCHESNE-GUILLEMIN, JACQUES *On the origin of gnosticism.* In: *A green leaf* (cf. 1988-90, 271) 349-363

6180 EDWARDS, MARK J. *Neglected texts in the study of Gnosticism* – JThS 41 (1990) 26-50

6181 EDWARDS, MARK J. *The Zostrianus and Allogenes* – JHS 110 (1990) 25

6182 EDWARDS, M.J. *Gnostics and Valentinians in the Church Fathers* – JThS 40 (1989) 26-47

6183 EDWARDS, M.J. *New Discoveries and Gnosticism: some Precautions* – OrChrP 55 (1989) 257-272

6184 Vacat

6185 ELSAS, CHRISTOPH *Argumente zur Ablehnung des Herrscherkults in jüdischer und gnostischer Tradition.* In: *Loyalitätskonflikte* (cf. 1988-90, 278) 269-281

6186 *Erlöser und Erlösung: Texte aus Nag Hammadi.* Vollständige Texte neu formuliert und kommentiert von KONRAD DIETZFELBINGER [Die Nag-Hammadi-Texte 3]. Andechs: Dingfelder 1990. 409 pp.

6187 ESCRIBANO PAÑO, MARIA VICTORIA *Alteridad religiosa y maniqueísmo en el siglo IV de C.* – SHHA 8 (1990) 29-47

6188 *El Evangelio de la Verdad.* Traducción, introducción y notas por F. GARCIA BAZAN – RaBi 51 (1989) 193-248

6189 FIEGER, M. *Die Frau im Thomasevangelium.* In: *Lingua restituta orientalis* (cf. 1988-90, 275) 102-107

6190 FILORAMO, GIOVANNI *A history of Gnosticism.* Übers. v. A. ALCOCK. Oxford: Blackwell 1990. XXI, 268 pp.

6191 FILORAMO, GIOVANNI *Aspetti della demonologia gnostica.* In: *L'autunno del diavolo* (cf. 1988-90, 188) I 199-213

6192 FILORAMO, GIOVANNI *Diventare Dio: visione e rigenerazione nello gnosticismo* – AugR 29 (1989) 81-121

6193 FILORAMO, GIOVANNI *Il risveglio della gnosi ovvero diventare dio* [Quadrante 33]. Rom: Bari, Laterza 1990. 235 pp.

6194 FISCHER-MUELLER, E. AYDEET *Yaldabaoth: the gnostic female principle in its fallenness* – NovTest 32 (1990) 79-94

6195 FLORY, WAYNE SEELYE *Gnostic self-identification and the concept of authority* [Diss.]. Los Angeles: University of Southern California 1988. [Summary in DissAbstr 49 (1988) 845A-846A]

6196 FONKIĆ, B.L.; POLJAKOV, F.B. *Paläographische Grundlagen der Datierung des Kölner Mani-Kodex* – ByZ 83 (1990) 22-30

6197 FORMENT GIRALT, E. *El humanismo gnóstico* – StudiumM 28 (1988) 484-510

6198 FOSSUM, J. *Colossians I,15-18a in the light of Jewish mysticism and Gnosticism* – NTS 35 (1989) 183-201

6199 FRANZMANN, MAJELLA *Strangers from above: an investigation of the motif of strangerness in the Odes of Salomon and some Gnostic texts* – Mu 103 (1990) 27-41

6200 FUNK, W.-P. *Zur Faksimileausgabe der koptischen Manichaica in der Chester-Beatty-Sammlung, I* – Orientalia 59 (1990) 524-541

6201 GARCIA BAZAN, F. *El «Nombre» según la enseñanza del «Tractatus Tripartitus» (Códice de Nag Hammadi I, 5) y su contexto gnóstico y hebreocristiano* – RaBi 50 (1988) 233-261

6202 GARCIA LOPEZ, CLEMENTE *Mito y conceptos en el maniqueísmo* – Augustinus 33 (1988) 355-372

6203 GELZER, THOMAS *Zur Visio Dorothei, Pap. Bodmer 29* – MH 45 (1988) 248-250

6204 GEYER, CARL-FRIEDRICH *Die Gnostiker der Spätantike.* In: *Gnosis und Mystik* (cf. 1988-90, 6214) 41-59

6205 GIERTH, BRIGITTE *Un apophtegme commun à la Pistis Sophia et à l'évangile selon Thomas?* – ReSR 64 (1990) 245-249

6206 GITTON, MICHEL *La Tébronté [NH VI,2]. Un exemple de théologie négative avant la lettre.* In: *Mélanges Pierre Lévêque I* (cf. 1988-90, 284) I 133-142

6207 GIVERSEN, SØREN *Mani's Apology (CMC 91,19-97,12)*. In: *Codex Manichaicus Coloniensis* (cf. 1988-90, 6211) 71-72

6208 GIVERSEN, SØREN *The Manichaean papyri of the Chester Beatty Library* [ProcIrAc 11]. Dublin 1988. 22 pp.

6209 GIVERSEN, SØREN *The Manichaean texts from the Chester Beatty Collection.* In: *Manichaean studies* (cf. 1988-90, 280) 265-272

6210 *Gnosis. De derde component van de Europese cultuurtraditie.* Red. GILLES QUISPEL. 2. dr. Utrecht: HES 1988. 280 pp.

6211 *Gnosis und Mystik in der Geschichte der Philosophie.* Ed. PETER KOSLOWSKI. Zürich; München: Artemis 1988. 408 pp.

6212 *Gnosis: das Buch der verborgenen Evangelien.* Hrsg. u. übers. von WERNER HÖRMANN. Augsburg: Pattloch 1989. 376 pp.

6213 *Gnostica-Mandaica-Liturgica. Opera eius ipsius selecta & collecta septuagenario Erico Segelberg oblata.* Curantibus JAN BERGMAN; JAN HJÄRPE; PER STRÖM; una cum Bibliographia Segelbergiana ab OLOPH BEXELL redacta [Historia religionum 11]. Stockholm: Almquist och Wiksell International 1990. 212 pp.

6214 GOOD, DEIRDRE *Sophia in Eugnostos the Blessed and Sophia of Jesus Christ. NHC III,3 and VI,1; NHC III,4 and BG 8502,3.* In: *Coptic Studies* (cf. 1988-90, 210) 139-144

6215 GRUENWALD, ITHAMAR *From apocalypticism to gnosticism. Studies in apocalypticism, Merkavah mysticism and gnosticsm* [Beiträge zur Erforschung des AT und des antiken Judentums 14]. Frankfurt: Lang 1988. VII, 294 pp.

6216 Vacat

6217 HEDRICK, CHARLES W. *Thomas and the Synoptics: aiming at a consensus* – SecCent 7 (1989-1990) 39-56

6218 HELDERMAN, JAN *Melchisedeks Wirkung: eine traditionsgeschichtliche Untersuchung eines Motivkomplexes in NHC IX,1, 1-27, 10 (Melchisedek).* In: *The New Testament in early Christianity* (cf. 1988-90, 298) 335-362

6219 *Hermes Trismegistos, Poemander oder Von der göttlichen Macht und Weisheit.* Edd. DIETRICH TIEDEMANN; MATTHIAS VOLLMER [Ergebnisse Philos.]. Hamburg: Ergebnisse Verl. 1990. XXXVII, 121 pp.

6220 HOMBERT, PIERRE MARIE *Simone Pétrement et les origines du gnosticisme* – MSR 46 (1989) 71-87

6221 HUTTER, MANFRED *Die Erlösungsbedürftigkeit der Natur. Dämonisches und Göttliches in den Pflanzen und Tieren nach dem iranisch-manichäischen Mythos.* In: *Der orientalische Mensch und seine Beziehung zur Umwelt.* Ed. BERNHARD SCHOLZ. Graz (1989) 97-109

6222 HUTTER, MANFRED *Mani und die Sasaniden: der iranisch-gnostische Synkretismus einer Weltreligion.* Innsbruck: Scientia-Vertrieb 1988. 69 pp.

6223 *Hymnen und Gebete der Religion des Lichts: iranische und türkische liturgische Texte der Manichäer Zentralasiens.* Eingeleitet und aus dem Mittelpersischen, Parthischen, Sogdischen und Uigurischen (Alttürkischen) übersetzt von HANS-JOACHIM KLIMKEIT [Abhandlungen der Rheinisch-Westfälischen Akademie der Wissenschaften 79]. Opladen: Westdeutscher Verlag 1989. 280 pp.

6224 JACKSON, HOWARD M. *The origin in ancient incantatory voces magicae of some names in the Sethian gnostic system* – VigChr 43 (1989) 69-79

6225 JACKSON, HOWARD M. *The seer Nikotheos and his lost Apocalypse in the light of Sethian Apocalypses from Nag Hammadi and the Apocalypse of Elchasai* – NovTest 32 (1990) 250-277

6226 JONES, LAWRENCE P. *A case study in «gnosticism»: religious responses to slavery in the second century CE* [Diss.]. Columbia Univ. 1988. III, 248 pp.

6227 KAESTLI, JEAN-DANIEL *L'exégèse valentinienne du quatrième évangile.* In: *La communauté johannique* (cf. 1988-90, 6484) 323-350

6228 KAESTLI, JEAN-DANIEL *Remarques sur le rapport du quatrième Évangile aves la gnose et sa réception au IIe siècle.* In: *La communauté johannique* (cf. 1988-90, 6484) 351-356

6229 KASSER, RODOLPHE *Le cheminement de l'âme, second Chant de Thôm le manichéen* – RThPh 122 (1990) 505-515

6230 KASSER, RODOLPHE *Le sixème et le septième chant de Thôm le Manichéen* – RHPhR 70 (1990) 421-432

6231 KASSER, RODOLPHE *L'enfant captif et libéré, les traquenards évités: quatrième et cinquième chants de Thôm le Manichéen* – SCO 40 (1990) 221-236

6232 KIPPENBERG, HANS G. *Intellektualismus und antike Gnosis.* In: *Max Webers Studie über das antike Judentum. Interpretation und Kritik.* Ed. W. SCHLUCHTER. Frankfurt/Main: Suhrkamp (1981) 201-218

6233 KLIMKEIT, HANS-JOACHIM *Das Tor als Symbol im Manichäismus.* In: *A green leaf* (cf. 1988-90, 271) 365-381

6234 KLIMKEIT, HANS-JOACHIM *Gestalt, Ungestalt, Gestaltwandel: zum Gestaltprinzip im Manichäismus.* In: *Manichaean studies* (cf. 1988-90, 280) 45-68

6235 KLIMKEIT, HANS-JOACHIM *Zweiter Internationaler Kongreß zum Manichäismus* – ZRGG 42 (1990) 70-71

6236 *Der Kölner Mani-Kodex: Über das Werden seines Leibes.* Aufgrund der von A. HENRICHS und L. KOENEN besorgten Erstedi-

tion hrsg. u. übers. von LUDWIG KOENEN und CORNELIA
RÖMER [ARWAW Sonderreihe Papyrologica Coloniensia 14].
Opladen: Westdeutscher Verlag 1988. XXXII, 119 pp.

6237 KOENEN, L. *Wie dualistisch ist Manis Dualismus?* In: *Carl-Schmidt-Kolloquium* (cf. 1988-90, 198) 241-257

6238 KOSCHORKE, KLAUS *Einheit der Kirche als Problem der christlichen Gnosis.* In: *Einheit der Kirche* (cf. 1988-90, 224) 54-79

6239 LEEPER, ELIZABETH A. *From Alexandria to Rome: the Valentinian connection to the incorporation of exorcism as a prebaptismal rite* – VigChr 44 (1990) 6-24

6240 LIEU, SAMUEL N.C. *Sources on the diffusion of Manichaeism in the Roman empire (from Diocletian to Justinian).* In: *A green leaf* (cf. 1988-90, 271) 383-399

6241 LIM, RICHARD *Unity and diversity among Western Manichaeans. A reconsideration of Mani's sancta ecclesia* – REA 35 (1989) 231-250

6242 LINDT, PAUL VAN *Remarks on the use of* σχῆμα *in the Coptic Manichaeica.* In: *Manichaean studies* (cf. 1988-90, 280) 95-103

6243 LIVREA, E. *Esichio e la Visione di Dorotheos.* In: Κρέσσονα βασκανείας (cf. 1988-90, 277) 157-171

6244 LIVREA, ENRICO *Ancora sulla Visione di Doroteo* – Eikasmos 1 (1990) 183-190

6245 LIVREA, ENRICO *La vision de Dorothéos.* In: *Proceedings of the XVIIIth international Congress of papyrology, Athens 25-31 May 1986* (cf. 1988-90, 318) I 445-451

6246 LUPIERI, E. *Lo gnosticismo.* In: *Complementi interdisciplinari di patrologia* (cf. 1988-90, 207) 71-108

6247 LUTTIKHUIZEN, GERARD P. *The evaluation of the teaching of Jesus in Christian gnostic revelation dialogues.* In: *The New Testament in early Christianity* (cf. 1988-90, 298)

6248 MACCOULL, LESLIE S.B. *A note on the subscription of the Vision of Dorotheos* – ZPE 83 (1990) 292

6249 MACCOULL, L.S.B. *A note on* πανάτικτος *in Visio Dorothei 11* – VigChr 43 (1989) 293-296

6250 MAHÉ, JEAN-PIERRE *Générations antédiluviennes et chute des éons dans l'hermétisme et dans la Gnose.* In: *Knowledge of God* (cf. 1988-90, 267) 160-177

6251 MAHÉ, JEAN-PIERRE *Paraphrase de Sem et Corpus Hermétique.* In: *Études Coptes III* (cf. 1988-90, 230) 124-127

6252 MALICH, B. *Die Stellung der Liturgen in den koptisch-gnostischen Schriften.* In: *Carl-Schmidt-Kolloquium* (cf. 1988-90, 198) 213-220

6253 *The Manichaean Coptic papyri in the Chester Beatty Library: facsimile edition. I: Kephalaia; II: Homilies and Varia; III: Psalm*

Book, 1; IV: Psalm Book, 2. Ed. SØREN GIVERSEN. Genève: Cramer 1986-1988. XXVI pp. & 345 pl.; X pp. & 126 pl.; XIV pp. & 344 pl.; XI pp. & 234 pl.

6254 MANSFELD, JAAP *Studies in later Greek philosophy and Gnosticism* [Collected studies ser. 292]. London: Variorum Reprints 1989. X, 324 pp.

6255 MARCOVICH, MIROSLAV *Studies in Graeco-Roman Religions and Gnosticism* [Studies in Greek and Roman Religion 4]. Leiden: Brill 1988. XXII, 305 pp.

6256 MARESCH, KLAUS *Zum Kölner Mani-Kodex p.11, 13* – ZPE 74 (1988) 84

6257 MARMORSTEIN, ARTHUR ROBERT *Marking well the end. Eschatological solutions to dilemmas faced by the ante-Nicene Church* [Diss.]. Davis, Calif.: Univ. of California 1988. 269 pp [microfilm; cf. summary in DissAbstr 49 (1989) 3839A]

6258 MÉNARD, JACQUES E. *Le traité de Melchisédek de Nag Hammadi* – ReSR 64 (1990) 235-243

6259 MERKELBACH, REINHOLD *Der manichäische Codex von Tebessa.* In: *Manichaean studies* (cf. 1988-90, 280) 229-264

6260 MERKELBACH, REINHOLD *Die Täufer, bei denen Mani aufwuchs.* In: *Manichaean studies* (cf. 1988-90, 280) 105-133

6261 MERKELBACH, REINHOLD *Manichaica, IX: Nochmals Beiträge zum Kölner Codex* – ZPE 71 (1988) 51-54

6262 MERKELBACH, REINHOLD *Manichaica, X: Eine Fabel Manis* – ZPE 75 (1988) 93-94

6263 METZLER, DIETER *Über das Konzept der «Vier großen Königreiche» in Manis Kephalaia (cap. 77)* – Klio 71 (1989) 446-459

6264 MEYER, MARVIN W. *Magic in early christianity: Rossi's «gnostic» tractate* – Bulletin of the Institute for Antiquity and Christianity (Claremont, Calif.) 15 (1988/1) 6-8

6265 MEYER, MARVIN W. *Rossi's «gnostic» tractate* [Occasional papers of the Institute for Antiquity and Christianity 13]. Claremont, Calif. 1988. 29 pp.

6266 MIRECKI, PAUL A. *The Coptic Manichaean Synaxeis codex: descriptive catalogue of Synaxis chapter titles.* In: *Manichaean studies* (cf. 1988-90, 280) 135-145

6267 MONTSERRAT TORRENTS, JOSEP *Les pérates.* In: *Pléroma* (cf. 1988-90, 312)

6268 MORGAN-WYNNE, JOHN EIFION *The Experience of the Spirit in the 'Odes of Solomon'.* In: *Studia patristica 18,3* (cf. 1988-90, 344) 173-182

6269 MOURAVIEFF, B. *Gnosis, 1: The esoteric cycle: Studies und commentaries on the esoteric tradition of eastern orthodoxy.* Übersetzt von S.A. WISSA. Robertsbridge: Agora 1990.

6270 MYSZOR, W. *Nag Hammadi: Gnosis und Mönchtum* – VoxP 10 (1990) f.19, 695-702

6271 MYSZOR, W. *Sprzedawca perel w «Dziejach Piotra i Dwunastu Apostolów» z VI Kodeksu z Nag Hammadi* (= Der Perlenverkäufer in den Petrusakten in Codex VI von Nag Hammadi) – VoxP 7 (1987) f.12/13, 303-305

6272 *Nag Hammadi codices XI, XII, XIII.* Ed. C.W. HEDRICK [The Coptic gnostic library 28]. Leiden: Brill 1990. XXXIV, 566 pp.

6273 *The Nag Hammadi library in English.* Transl. and introd. by members of the Coptic Gnostic Library Project of the Inst. for Antiquity and Christianity, Claremont, Calif. General ed. JAMES M. ROBINSON. 3rd, completely rev. ed. with an Afterword by R. SMITH. San Francisco: Harper and Row; Leiden: Brill 1988. XIV, 549 pp.

6274 *Nag Hammadi Codex II, 2-7, together with XIII,2, Brit. Lib. Or. (4926) I, and P. Oxy. I,654,655, I: Gospel according to Thomas, Gospel according to Philip, Hypostasis of the archons, and indexes; II: On the origin of the world, Expository treatise on the soul, Book of Thomas the Contender.* Ed. by BENTLEY LAYTON [Nag Hammadi Stud. 20/21]. Leiden: Brill 1989. XV, 336 pp.; XIV, 281 pp.

6275 NAGEL, P. *Seefahrt, Schiff und Hafen im manichäischen Psalmenbuch. Aufnahme und Wandlung einer christlichen Bildgruppe im Manichäismus.* In: *Lingua restituta orientalis* (cf. 1988-90, 275) 245-253

6276 NAGEL, PETER *Die Typologie des Leidens im Manichäismus.* In: *Loyalitätskonflikte* (cf. 1988-90, 278) 282-291

6277 NELLER, KENNETH V. *Diversity in the Gospel of Thomas: clues for a new direction?* – SecCent 7 (1989-1990) 1-18

6278 NIKOLAU, T.S. Ἡ κριτική τοῦ Πλωτίνου ἐπί τῶν περί ἠθικῆς ἀντιλήψεων τοῦ Γνωστικισμοῦ [Ἐπιστ. Παρουσία Ἑστίας Θεολ. Σχολῆς Χάλκης 1]. Athen (1987) 417-426

6279 O'BRIEN, DENIS *The origin of matter and the origin of evil in Plotinus' criticism of the Gnostics.* In: *Herméneutique et ontologie: mélanges en hommage à Pierre Aubenque.* Edd. RÉMI BRAGUE; JEAN-FRANÇOIS COURTINE. Paris: Presses Universitaires de France (1990) 181-202

6280 OERTER, W.B. *Die «Vorzüge der manichäischen Religion». Betrachtungen zur Kephalaia cap. 154.* In: *Carl-Schmidt-Kolloquium* (cf. 1988-90, 198) 259-271

6281 ONUKI, TAKASHI *Gnosis und Stoa: eine Untersuchung zum Apokryphon des Johannes* [Novum Testamentum et orbis antiquus 9]. Göttingen: Vandenhoeck & Ruprecht 1989. X, 196 pp.

6282 ORBE, A. *Trayectoria del Pneuma en la Economía Valentiniana de la Salud* – Compostellanum 33 (1988) 7-52

6283 PAGELS, ELAINE *Tabernes Evangelier*. På dansk ved VIBEKE BENGSTON. 2. udgave, 2. oplag. København: Hekla 1990. 222 pp.

6284 PAINCHAUD, LOUIS *Le sommaire anthropogonique de l'Écrit sans Titre (NH II, 117,27 – 118,2) à la lumière de 1 Co 15, 45-47* – VigChr 44 (1990) 382-393

6285 PARROTT, DOUGLAS M. *Eugnostos and «all the philosophers»*. In: *Religion im Erbe Ägyptens* (cf. 1988-90, 322) 153-167

6286 PARROTT, DOUGLAS M. *The 13 Kingdoms of the Apocalypse of Adam. Origin, meaning and significance* – NovTest 31 (1989) 67-87

6287 PASQUIER, ANNE *Étude de la théologie du nom dans le traité gnostique d'Eugnoste à partir d'un fragment de Valentin* – Mu 103 (1990) 205-214

6288 PATTERSON, STEPHEN JOHN *The Gospel of Thomas within the development of early christianity* [Diss.]. Claremont: Graduate School 1988. 343 pp. [microfilm; cf. summary in DissAbstr 49 (1989) 3400A]

6289 PEARSON, B.A. *Gnosticism*. In: *Beyond the Pharaos* (cf. 1988-90, 192) 48-50

6290 PEARSON, BIRGER A. *Gnosticism, Judaism and Egyptian Christianity* [Studies in antiquity and christianity]. Minneapolis, Minn.: Fortress Pr. 1990. XIX, 228 pp.

6291 PEARSON, BIRGER A. *The figure of Seth in Manichaean literature*. In: *Manichaean studies* (cf. 1988-90, 280) 147-155

6292 PEARSON, BIRGER A. *Use, authority and exegesis of Mikra in Gnostic literature*. In: *Mikra* (cf. 1988-90, 291) 635-652

6293 PEDERSEN, NILS ARNE *Between essence and existence, a paradox of the Manichaean system in the coptic text* – RSO 63 (1989) 45-64

6294 PEDERSEN, NILS ARNE *Early Manichaean Christology, primarily in western sources*. In: *Manichaean studies* (cf. 1988-90, 280) 157-190

6295 PÉTREMENT, SIMONE *A separate God: the Christian origins of Gnosticism*. Transl. by CAROL HARRISON. San Francisco, Calif.: Harper 1990. VIII, 542 pp.

6296 PICARD, JEAN-CLAUDE *Trajets du corps, trajets célestes: éléments d'une cosmologie mystique juive*. In: *Moïse géographe: recherches sur les représentations juives et chrétiennes de l'espace*. Edd. ALAIN DESREUMAUX; FRANCIS SCHMIDT [Coll. Études de psychologie et de philosophie 24]. Paris: Vrin (1988) 31-54

6297 PIERRE, MARIE-JOSEPH *Philon, gnose, patristique et apocryphes chrétiens* – RBi 97 (1990) 296-301

6298 PILONENKO, M. «*O uitae uera uita*» – RHPhR 68 (1988) 429-433

6299 POIRIER, PAUL-HUBERT *L'Evangile selon Thomas (log. 16 et 23) et Aphraate (Dém. XVIII,10-11).* In: *Mélanges Antoine Guillaumont* (cf. 1988-90, 283) 15-18

6300 POKORNY, P. *Die Herrenworte im Thomasevangelium und bei Paulus. Ein Beitrag zur Überlieferungsgeschichte der Sprüche Jesu.* In: *Carl-Schmidt-Kolloquium* (cf. 1988-90, 198) 157-164

6301 PRATSCHER, WILHELM *Mythische Vorstellungen als Mittel der Daseinsbewältigung in der gnostischen Jakobustradition.* In: *Mythos und Rationalität.* Hrg. HANS HEINRICH SCHMID [Veröffentl. der Wissenschaftl. Ges. für Theologie]. Gütersloh: Mohn (1988) 195-208

6302 QUISPEL, GILLES *Anthropos and Sophia.* In: *Religion im Erbe Ägyptens* (cf. 1988-90, 322) 168-185

6303 QUISPEL, GILLES *Gnosticism.* In: *Religions of antiquity.* Ed. by ROBERT M. SELTZER [Religion, history and cult. Selections from The Encyclopedia of Religion]. New York, N.Y.: Macmillan (1989) 259-271

6304 QUISPEL, GILLES *Gnoza, tłum. Beata Kita.* Warszawa: Pax 1988. 302 pp.

6305 RIES, JULIEN *Les études manichéennes: des controverses de la réforme aux découvertes du XXe siècle* [Collection Cerfaux-Lefort 1]. Louvain-la-Neuve: Centre d'Histoire des Religions 1988. 271 pp.

6306 ROBERGE, M. *Chute et remontée du Pneuma dans la Paraphrase de Sem.* In: *Coptic Studies* (cf. 1988-90, 210) 355-363

6307 ROLL, EUGEN *Mani, der Gesandte des Lichts 2.* Aufl. Stuttgart: Mellinger 1989. 145 pp.

6308 RUDOLPH, KURT *Die Gnosis: Texte und Übersetzungen* – ThRu 55 (1990) 113-152

6309 RUDOLPH, KURT *Die Gnosis: Wesen und Geschichte einer spätantiken Religion.* 3., durchgesehene und erg. Aufl. Göttingen: Vandenhoeck & Ruprecht 1990. 451 pp.

6310 RUDOLPH, KURT *Intellektuellenreligion und ihre Repräsentation in Gnosis und Manichäismus.* In: *Die Religion von Oberschichten: Religion – Profession – Intellektualismus.* Hrsg. von *PETER ANTES und DONATE PAHNKE [Veröffentl. der Jahrestagung der Dt. Vereinigung für Religionsgesch. 19]* Marburg: Diagonal-Verl. (1989) 23-34

6311 RUDOLPH, KURT *Mani und die Gnosis.* In: *Manichaean studies* (cf. 1988-90, 280) 191-200

6312 RUDOLPH, KURT *Zum Problem von Loyalitätskonflikten in der Gnosis.* In: *Loyalitätskonflikte* (cf. 1988-90, 278) 292-300

6313 SCHENKE, H.M. *Bemerkungen zur Apokalypse des Allogenes, NHC XI,3.* In: *Coptic Studies* (cf. 1988-90, 210) 417-424

6314 SCHMID, RENATE *Maria Magdalena in gnostischen Schriften* [Material-Edidtion 29]. München: Arbeitsgemeinschaft für Religions- und Weltanschauungsfragen 1990. VI, 130 pp.

6315 SCHMITHALS, WALTER *Eschatologie und Apokalyptik* – VF 30,1 (1988) 64-82

6316 SCHOENBORN, ULRICH *Nag Hammadi en castellano. Informe sobre publicaciones recientes* – RaBi 52 (1990) 115-120

6317 *Schöpfungsberichte aus Nag Hammadi.* Vollständige Texte neu formuliert und kommentiert von KONRAD DIETZFELBINGER [Die Nag-Hammadi-Texte 3]. Andechs: Dingfelder 1989. 360 pp.

6318 SCHOLTEN, CLEMENS *Die Nag-Hammadi-Texte als Buchbesitz der Pachominianer* – JAC 31 (1988) 144-172

6319 SCHOLTEN, CLEMENS *Gibt es Quellen zur Sozialgeschichte der Valentinianer Roms?* – ZNW 89 (1988) 244-261

6320 SCOPELLO, MADELEINE *Bulletin sur la Gnose* – RechSR 77 (1989) 281-304

6321 SCOTT, D.A. *Manichaean responses to Zoroastrianism* – RelStud 25 (1989) 435-457

6322 SEVRIN, JEAN-MARIE *La quatrième évangile et le gnosticisme: questions de méthode.* In: *La communauté johannique* (cf. 1988-90, 6484) 251-268

6323 SHEPPARD, HARRY J.; KEHL, ALOIS; WILSON, ROBERT M. *Hermetik.* Übers. v. ALOIS KEHL – RAC 14 (1988) Lief. 108/109, 780-800; Lief. 110, 801-808

6324 SIKER, JEFFREY S. *Gnostic views on Jews and Christians in the Gospel of Philip* – NovTest 31 (1989) 275-288

6325 SMITH, R. *Sex Education in Gnostic Schools.* In: *Images of the feminine in gnosticism* (cf. 1988-90, 259) 345-366

6326 SNODGRASS, KLYNE R. *The Gospel of Thomas: a secondary Gospel* – SecCent 7 (1989-1990) 19-38

6327 STRECKER, GEORG *Der Kölner Mani Kodex, Elkesai und das neue Testament.* In: *Oecumenica et patristica* (cf. 1988-90, 303) 123-132

6328 STROUMSA, GEDALIAHU G. *Mythos und Erinnerung: Jüdische Dimensionen der gnostischen Revolte gegen die Zeit* – Judaica 44 (1988) 15-30

6329 SUMNEY, JERRY L. *The Letter of Eugnostos and the origins of gnosticism* – NovTest 31 (1989) 172-181

6330 SUNDERMANN, WERNER *Der Paraklet in der ostmanichäi-schen Überlieferung.* In: *Manichaean studies* (cf. 1988-90, 280) 201-212

6331 TARDIEU, M. *Wiederherstellungen in den Berliner Kephalaia.* In: *Carl-Schmidt-Kolloquium* (cf. 1988-90, 198) 235-239

6332 TARDIEU, MICHEL *Histoire des syncrétismes de la fin de l'antiquité* – AnColFr 41 (1990-1991) 493-498

6333 TARDIEU, MICHEL *Il manicheismo* trad., introd. & bibliogr. a cura di GIULIA SFAMENI GASPARRO. Cosenza: Giordano 1988. 187 p.

6334 TARDIEU, MICHEL *La conceptio de Dieu dans le manichéisme.* In: *Knowledge of God* (cf. 1988-90, 267) 262-270

6335 TARDIEU, MICHEL *Sebastianus étiqueté comme manichéen* – Klio 70 (1988) 494-500

6336 TARDIEU, MICHEL *Théorie de la mémoire et fonction prophétique.* In: *La mémoire des religions.* Études réunies et éd. par PHILIPPE BORGEAUD [Religions en perspective 2]. Genève: Labor et Fides (1988) 105-113

6337 THOMA, C. *Rabbinische Reaktionen gegen die Gnosis* – Judaica 44 (1988) 2-14

6338 *Das Thomas-Buch (Nag-Hammadi-Codex II,7).* Neu herausgegeben, übersetzt und erklärt von HANS-MARTIN SCHENKE [TU 138]. Berlin: Akademie-Verlag 1989. XVI, 221 pp.

6339 THOMASSEN, EINAR *The Valentinianism of the Valentinian Exposition (NHC XI,2)* – Mu 102 (1989) 225-236

6340 THOMASSEN, EINAR *Unusual Second Tense Forms in the Tripartite Tractate NHC I,5.* In: *Coptic Studies* (cf. 1988-90, 210) 425-429

6341 *Le Traité Tripartite (NH I,5).* Texte établi, introduit et commenté par EINAR THOMASSEN. Traduit par LOUIS PAINCHAUD [BCNHT 19]. Québec, Canada: Pr. de l'Univ. Laval 1989. XVIII, 533 pp.

6342 TREVIJANO ETCHEVERRIA, R. *La Madre de Jesús en el Evangelio de Tomás (Logg. 55, 99, 101 y 105).* In: *In Medio Ecclesiae* (cf. 1988-90, 221) 257-266

6343 TREVIJANO ETCHEVERRIA, R. *Las cuestiones fundamentales gnósticas.* In: *Pléroma* (cf. 1988-90, 312)

6344 TRÖGER, KARL-WOLFGANG *Hermetica* – TRE 18 (1989) 749-752

6345 TRÖGER, K.-W. *Sie haben ihn nicht getötet ... Koptische Schriften von Nag Hammadi als Auslegungshintergrund von Sure 4, 157 (156).* In: *Carl-Schmidt-Kolloquium* (cf. 1988-90, 198) 221-233

6346 TROFIMOVA, MARGARITA K. *«Le Tonnerre, intelligence accomplie»* [in russischer Sprache]. In: *Učënye zapiski Tartusskogo gos. universiteta. Tartu riikliku ülikooli toimetised 855.* Trudy po znakovym sistemam 23 (1989) 49-62

6347 TROFIMOVA, MARGARITA K. *Pour l'interprétation d'un texte gnostique copte sur l'ascension de l'âme* [in russischer Sprache] – Les méchanismes de la culture (Moskau) (1990) 56-67

6348 TROFIMOVA, MARGARITA K. *The first penitent hymn of Sophia: from the gnostic interpretation* [in russ.]. – VDI 195 (1990) 105-117

6349 TROFIMOVA, M.K. *Page de l'histoire d'un thème-clé des textes gnostiques.* [in russ. Sprache]. In: *Études paléobalkaniques et l'Antiquité.* Ed. V.P. NEROZNAK. Moskva: Nauka (1989) 169-219

6350 TROFIMOVA, M.K. *Pour comprendre Nag Hammadi II,1* [l'Apocryphe de Jean] [in russischer Sprache] – Meroe (Moskva) 4 (1989) 201-207

6351 TURNER, JOHN D. *The figure of Hecate and dynamic emanationism in the Chaldean Oracles, Sethian Gnosticism, and Neoplatonism* – SecCent 7 (1989-1990) 221-232

6352 VERNER HANSEN, JØRGEN *Adamas and the four illuminators in sethian gnosticism.* In: *Rethinking religion* (cf. 1988-90, 324) 55-72

6353 VISEUX, DOMINIQUE *La Pistis Sophia et la Gnose: aspects de l'ésotérisme chrétien.* Puiseaux: Pardès 1988. 107 pp.

6354 VOUGA, F. *The Johannine school. A gnostic tradition in primitive christianity?* – Bibl 69 (1988) 371-385

6355 WILLIAMS, JACQUELINE A. *Biblical interpretation in the Gnostic Gospel of Truth from Nag Hammadi* [SBLDS 79]. Atlanta, Ga.: Scholars Pr. 1988. 220 pp.

6356 WILSON, R.M. *Gnostic origins. An Egyptian connection?* In: *Religion im Erbe Ägyptens* (cf. 1988-90, 322) 227-239

6357 WISSE, F. *Flee Feminity: Antifeminity in Gnostic Texts and the Question of Social Milieu.* In: *Images of the feminine in gnosticism* (cf. 1988-90, 259) 297-307

6358 WOSCHITZ, KARL MATTHÄUS; HUTTER, MANFRED; PRENNER, KARL *Das manichäische Urdrama des Lichtes: Studien zu koptischen, mitteliranischen und arabischen Texten.* Wien: Herder 1989. 304 pp.

6359 ZANDEE, JAN *Der androgyne Gott in Ägypten. Ein Erscheinungsbild des Weltschöpfers.* In: *Religion im Erbe Ägyptens* (cf. 1988-90, 322) 240-278

6360 ZANDEE, JAN *Origène et les Enseignements de Silvain (Nag Hammadi Codex VII,4)* – Laval 46 (1990) 369-382

VIII. Patrum exegesis Veteris et Novi Testamenti

VIII.1. Generalia

6361 BASARAB, M. *Sfînta Scriptură și interpretarea ei la Sinodul VII ecumenic* – MitrBan 37 (1987/4) 16-24

6362 BASEVI, C. *Hacia la estructuración de una «Historia de la Exégesis Bíblica»: ensayos y perspectivas* – ScTh 22 (1990) 221-241

6363 CAVALCANTI, ELENA *Il significato dell'esegesi letterale in Basilo e in Agostino. Omelie sull'Esamerone e De genesi ad litteram I-III* – AnSEse 4 (1987) 119-142

6364 DAWSON, JOHN DAVID *Ancient Alexandrian interpretation of Scripture* [Diss.]. New Haven, Conn.: Yale University 1988. 286 pp. [microfilm; cf. summary in DissAbstr 50 (1989) 1333A]

6365 *Creative biblical exegesis: Christian and Jewish hermeneutics through the centuries.* Edd. BENJAMIN UFFENHEIMER; HENNING GRAF REVENTLOW [JSOT Suppl. 59]. Sheffield: Academic Pr. 1988. 225 pp.

6366 GUINOT, JEAN-NOEL *La typologie comme technique herméneutique.* In: *Figures de l'AT* (cf. 1988-90, 6393) 1-34

6367 HAREZGA, S. *En pneumati jako zasada interpretacji Pisma św. we wschodniej tradycji Kościoła (En pneumati ut principium interpretationis Sacrae Scripturae in traditione orientali Ecclesiae)* – RBL 43 (1990) 111-121

6368 *Homélies coptes de la Vaticane.* Texte copte publié et trad. par HENRI DE VIS. 2. éd. (Faks. d. Ausg. 1922-1929) [Cahiers de la bibliothèque copte 5-6]. Louvain: Peeters 1990. 220; 314 pp.

6369 KELLY, JOSEPH F. *A catalogue of eyrly medieval Hiberno-Latin biblical commentaries, I* – Tr 44 (1988) 537-571

6370 LEANZA, SANDRO *Problemi di ecdotica catenaria.* In: *Metodologie della ricerca sulla tarda antichità* (cf. 1988-90, 289) 247-266

6371 LEHMANN, HENNING *Oldkirkens skriftudlægning.* In: *Skriftsyn og metode. Om den nytestamentlige hermeneutik.* Ed. SIGFRED PEDERSEN [Dansk kommentar til Det nye Testamente 1]. Århus: Aarhus Universitetsforlag (1989) 73-92

6372 MACDONALD, LEE M. *The formation of the Christian biblical canon.* Nashville, Tenn.: Abingdon Pr. 1988. 205 pp.

6373 MARGERIE, BERTRAND DE *Introduction à l'histoire de l'exégèse. 4: L'Occident latin de Léon le Grand à Bernard de Clairvaux.* Paris: Cerf 1990. 286 pp.

6374 MARIN, M. *Orientamenti di esegesi biblica dei Padri.* In: *Complementi interdisciplinari di patrologia* (cf. 1988-90, 207) 273-317

6375 MARIN, MARCELLO *Orientamenti di esegesi biblica dei Padri* – VetChr 26 (1989) 247-274

6376 Vacat

6377 MORENO MARTINEZ, J.L. *El molino de los dos Testamentos. Un símbolo de la exégesis patrística y medieval* – EBib 47 (1989) 559-568

6378 MÜHLENBERG, EKKEHARD *Katenen* – TRE 18 (1989) 14-21

6379 *Nehmt und lest! 2000 Jahre Bibelauslegung. 1. Von den Anfängen bis zur Reformation.* Hrsg. von KURT ROMMEL. Stuttgart: Quell-Verlag 1989. 216 pp.

6380 PAUL, ANDRÉ *Genèse de l'apocalyptique et signification du canon des Écritures.* In: *La vie de la Parole* (cf. 1988-90, 366) 421-433

6381 PELLAND, G. *Que faut-il attendre de l'histoire de l'exégèse ancienne?* – Greg 69 (1988) 617-628

6382 PERETTO, ELIO *Testo biblico e sua applicazione nel De obitu Valentiniani di Ambrogio* – Vichiana 18 (1989) 99-170

6383 REVENTLOW, HENNING GRAF *Epochen der Bibelauslegung, 1. Vom Alten Testament bis Origenes.* München: Beck 1990. 224 pp.

6384 RYAN, P.J. *The Greek tradition of allegorization and its influence on the early Christian writers* – Prudentia 21,2 (1989) 25-46

6385 SCOPELLO, MADELEINE *Le renard, symbole de l'hérésie dans quelques exégèses patristiques* [Zusammenfassung] – Rev. Soc. E. Renan (Paris) 38 (1988/89) 52

6386 STUDER, BASIL *Delectare et prodesse. Zu einem Schlüsselwort der patristischen Exegese.* In: *Mémorial Jean Gribomont* (cf. 1988-90, 288) 555-581

6387 TRIGG, JOSEPH W. *Biblical Interpretation* [MFCh 9]. Wilmington, Del.: Glazier 1988. 304 pp.

6388 WIELGUS,STANISŁAW *Badania nad Biblia w starożytności i w średniowieczu* (= Bibel-Untersuchungen in der Antike und im Mittelalter) [Rozprawy Wydziału Filosoficznego 49]. Lublin: Towarzystwo Naukowe Katolickiego Uniwersytetu Lubelskiego 1990. 412 pp.

6389 WITHERUP, RONALD D. *Współczesna Krytyka literacka, czy powrót do egzegezy patrystycznej?* (= Retour à l'exégèse des Pères à la lumière de la critique littéraire actuelle?) – VoxP 9 (1989) f.16, 179-190

VIII.2. Specialia in Vetus Testamentum

6390 BAUER, JOHANNES B. *Verus Pharao*. In: *Figures de l'AT* (cf. 1988-90, 6393) 247-253

6391 BERTRAND, DANIEL A. *Adam prophète*. In: *Figures de l'AT* (cf. 1988-90, 6393) 61-81

6392 ELLIS, E. EARLE *The Old Testament canon in the early Church.* In: *Mikra* (cf. 1988-90, 291) 653-690

6393 *Figures de l'Ancien Testament chez les Pères* [Cahiers de Biblia Patristica 2]. Strasbourg: Centre d'analyse et documentation patristique; Turnhout: Brepols 1989. 316 pp.

6394 FORNBERG, TORD *Jewish-Christian Dialogue and Biblical Exegesis* [Studia Missionalia Upsaliensia 47]. Fornberg, T.: Uppsala: [Svenska institutet för missionsforskning] 1988. 74 pp.

6395 GROSSI, VITTORINO *Il profeta «ecclesiastico» nella antiche raccolte eresiologiche* – AugR 29 (1989) 71-80

6396 HIDAL, STEN *Israel och Hellas. Studier kring Gamla testamentet och dess verkningshistoria* [Religio 27]. Lund: Teologiska Institutionen i Lund 1988. 130 pp.

6397 HORBURY, WILLIAM *Old Testament interpretation in the writings of the Church Fathers.* In: *Mikra* (cf. 1988-90, 291) 727-787

6398 MÜLLER, MOGENS *Graeca sive Hebraica veritas? Forsvaret for Septuaginta i Oldkirken.* In: *Det gamle Testamente og den kristne fortolkning.* Edd. KARIN FRIIS PLUM og GEERT HALLBÄCK [Forum for bibelsk eksegese 1]. København: Museum Tusculanums Forlag (1988) 117-137

6399 MÜLLER, MOGENS *Graeca sive Hebraica veritas? The defence of the Septuagint in the Early Church* – Scandinavian Journal of the Old Testament (Åarhus) 3 (1989) 103-124

6400 MÜLLER, MOGENS *Translatio et interpretatio. Om den antikke bibeloversættelses væsen* – DTT 53 (1990) 260-277

6401 OSBORN, ERIC *The excellence of Adam in second century Christian thought.* In: *Figures de l'AT* (cf. 1988-90, 6393) 35-59

6402 PETIT, MADELEINE *Tamar.* In: *Figures de l'AT* (cf. 1988-90, 6393) 143-157

6403 SKARSAUNE, OSKAR *From Books to Testimonies. Remarks on the Transmission of the Old Testament in the Early Church* – Immanuel (Jerusalem) 24-25 (1990) 207-219

6404 TIMM, STEFAN *Der heilige Mose bei den Christen in Ägypten. Eine Skizze zur Nachgeschichte alttestamentlicher Texte.* In: *Religion im Erbe Ägyptens* (cf. 1988-90, 322) 197-220

Genesis

Gen 1-3

6405 PAGELS, ELAINE *Adam and Eve and the serpent in Genesis 1-3* [Occasional papers of the Institute for Antiquity and Christianity 12]. Claremont, Calif. 1988. 11 pp.

Gen 1

6406 WINDEN, JACOBUS C.M. VAN *Hexaemeron* – RAC 14 (1988) Lief. 111/112, 1250-1269

6407 WITAKOWSKI, WITOLD *The idea of septimana mundi and the millenarian typology of the creation week in syriac tradition*. In: *Symposium Syriacum* (cf. 1988-90, 354) 93-110

Gen 1,26s

6408 KLAUZA, KAROL; RUSEK, ANNA *Gen. 1, 26-27 in scriptis patristicis* [in polnischer Sprache, mit lateinischer Zusammenfassung] – VoxP 6 (1986) 505-527

Gen 2,7

6409 BOULNOIS, MARIE-ODILE *Le souffle et l'esprit: exégèses patristiques de l'insufflation originelle de Gn 2,7 en lien avec celle de Jn 20,22* – RechAug 24 (1989) 3-37

Gen 19,1-29

6410 MUNIER, CHARLES *La femme de Lot dans la littérature juive et chrétienne des premiers siècles*. In: *Figures de l'AT* (cf. 1988-90, 6393) 123-142

Gen 28,10-22

6411 VIAN, GIOVANNI MARIA *Interpretazioni giudaiche e cristiane antiche del sogno di Giacobbe (Genesi 28, 10-22)* – AugR 29 (1989) 307-332

Gen 37; 39-50

6412 DULAEY, MARTINE *Joseph le Patriarche, figure du Christ*. In: *Figures de l'AT* (cf. 1988-90, 6393) 83-105

Exodus

Ex 7-11

6413 BROTTIER, LAURENCE *L'épisode des fléaux d'Égypte (Ex 7-11) lu par Philon d'Alexandrie et les Pères grecs* – RechAug 24 (1989) 39-64

Ex 12

6414 DROBNER, H.R. *Die Deutung des alttestamentlichen Pascha (Ex 12) bei Gregor von Nyssa im Lichte der Auslegungstradition der griechischen Kirche.* In: *Studien zu Gregor von Nyssa* (cf. 1988-90, 351) 273-296

1-2 Regum (Samuel)

6415 FERNANDEZ MARCOS, N.; BUSTO SAIZ, J.R. *El texto antioqueno de la Biblia griega, I: 1-2 Samuel* [Textos y Estudios «Cardenal Cisneros» de la Biblia Políglota Matritense 50]. Madrid: Consejo Superior de Investigaciones Científicas 1989. LXXXIX, 173 pp.

1 Reg (Sam) 1,1

6416 KASPER, CLEMENS MARIA *Erat vir unus (1 Sam 1,1) in der Auslegung der Väter. Eine Kurzformel zu Weg und Ziel asketischen Strebens.* – ThPh 63 (1988) 230-241

1 Reg (Sam) 28

6417 PARMENTIER, M.F.G. *Goddelijke wezens uit de aarde. Griekse kerkvaders over de «heks» van Endor* [Christelijke bronnen 1]. Kampen: Kok 1989. 132 pp.

Job

6418 DASSMANN, ERNST *Akzente frühchristlicher Hiobbedeutung* – JAC 31 (1988) 40-56
6419 DASSMANN, ERNST *Hiob* – RAC 15 (1990) Lief. 115, 366-442
6420 IRIGOIN, JEAN *Le Livre de Job commenté.* In: *Mise en page* (cf. 1988-90, 293) 66-71
6421 VATTIONI, FRANCESCO *Il sangue nella fonte di Giobbe.* In: *Sangue e antropologia nella teologia* (cf. 1988-90, 328) II 691-708

Psalmi

6422   ALONSO SCHÖKEL, L. *Interpretación de los Salmos desde Casi-odoro hasta Gunkel. Síntesis histórica* – EBib 47 (1989) 145-164
6423   ALONSO SCHÖKEL, L. *Interpretación de los Salmos hasta Casi-odoro. Síntesis histórica* – EBib 47 (1989) 5-26
6424   CURTI, CARMELO *La catena palestinese sui Salmi graduali* – Paideia 45 (1990) 93-101
6425   DORIVAL, GILLES *Les chaînes exégétiques Grecques sur les Psaumes: contribution à l'étude d'une forme littéraire. Vol. 2* [Spic 44]. Leuven: Peeters 1989. 383 pp.
6426   RONDEAU, MARIE-JOSEPHE *Un témoin méconnu de la chaîne «athanasio»-évagrienne sur les Psaumes: le Vindobonensis theol. gr. 298* – RHT 19 (1989) 351-367
6427   TUCCARI, LUCIANA *Il Salterio A.y.II della Biblioteca di Grotta-ferrata* – AnSEse 3 (1986) 65-70
6428   VIAN, G.M. *Un'antologia esegetica bizantina sui Salmi con inediti di Atanasio e Giovanni Crisostomo* – AnSEse 6 (1989) 125-149

Ps 5,1

6429   KINZIG, WOLFRAM *Erbin Kirche: die Auslegung von Psalm 5,1 in den Psalmenhomilien des Asterius und in der Alten Kirche* [AHAW 1990.2]. Heidelberg: Winter 1990. 144 pp.

Ps 28(29)

6430   GIRARDI, MARIO *Il cervo in lotta col serpente. Esegesi e simbo-lica antiariana nell'Omelia sul Salmo 28 di Basilio di Cesarea* – AnSEse 4 (1987) 67-85

Ps 1-41 (1-42)

6431   ERIKSSON, JAN-ERIK *The Hymns of David interpreted in Syriac. A Study of Translation Technique in the First Book of the Psalms (Ps 1-41) in the Pesitta* [Diss.]. Uppsala: Diss. ved Uppsala univer-sitet 1989. XIII, 207 pp.

Ps 59(60)

6432   TUCCARI, LUCIANA *Eusebio e Basilio sul Salmo 59* – AnSEse 4 (1987) 143-149

Ps 118(119)

6433   CARPINO, FABIOLA *Origene, Eusebio e Ilario sul 118* – AnSEse 3 (1986) 57-64

Ps 124(125)

6434 CURTI, CARMELO *Tre frammenti esegetici su Ps. 124 nei mss. poziori della catena palestinese*. In: *Annuario scolastico del novantennio, 1897-1987*. A cura di SALVATORE MARTORANA. Noto (prov. di Siracusa): Liceo-Ginnasio Statale A. di Rudini (1988) 71-79

Proverbia

Pr 22,2

6435 FEIERTAG, JEAN-LOUIS *Quelques commentaires patristiques de proverbes 22, 2. Pour une nouvelle approche du problème richesses et pauvreté dans l'Église des premiers siècles* – VigChr 42 (1988) 156-178

Ecclesiastes

6436 HIRSHMAN, M. *The greek fathers and the Aggada on Ecclesiastes: formats of exegesis in late antiquity* – HUCA 59 (1988) 137-165
6437 LABATE, ANTONIO *Sulla Catena all'Ecclesiaste di Policronio*. In: *Studia Patristica 18,2* (cf. 1988-90, 343) 21-35
6438 STAROWIEYSKI, MAREK *Księga Eklezjastesa w starożytności chrześcijańskiej* (= Il libro dell'Ecclesiaste nell'antichità cristiana) – VoxP 10 (1990) f.19, 771-806
6439 VOCHT, C. DE *Deux manuscrits perdus della Catena Trium Patrum in Ecclesiasten (CPG C 100)* – Byzan 59 (1989) 264-266

Canticum Canticorum

6440 ALEXANDER, P.S. *The arabic version of the Song of Songs*. In: *Traduction et traducteurs* (cf. 1988-90, 361) 119-131
6441 MELONI, PIETRO *Amore e immortalità nel Cantico dei Cantici alla luce dell'interpretazione patristica*. In: *Interpretazione del Cantico dei Cantici* (cf. 1988-90, 262) 45-62
6442 TIBILETTI, CARLO *Celibato, matrimonio e antropologie delle origini*. In: *Interpretazione del Cantico dei Cantici* (cf. 1988-90, 262) 25-43

Jonas

6443 ROLDANUS, JOHANNES *Usages variés de Jonas par les premiers Pères*. In: *Figures de l'AT* (cf. 1988-90, 6393) 159-188

Isaias

6444 GRYSON, ROGER; SZMATULA, DOMINIQUE *Les commentaires patristiques sur Isaïe, d'Origène à Jérôme* – REA 36 (1990) 3-41

6445 Vacat

Is 1,11

6446 BOTTINO, ADRIANA *Il sangue di tori e di agnelli e di capri io non lo gradisco: (Is 1. 11).* In: *Sangue e antropologia nella teologia* (cf. 1988-90, 328) II 683-690

Is 7,14

6447 KAMESAR, A. *The virgin of Isaiah 7,14: The philological argument from the second to the fifth century* – JThS 41 (1990) 51-75

Jeremias

6448 HAMMAN, ADALBERT G., OFM *Jérémie et les Pères de l'Église* – MSR 46 (1989) 181-192

Bar 3,36-38

6449 CAVALCANTI, ELENA *Osservazione sull'uso patristico di Baruch III, 36-38.* In: *Mémorial Jean Gribomont* (cf. 1988-90, 288) 145-165

Ezechiel

6450 DASSMANN, ERNST *Hesekiel* – RAC 14 (1988) Lief. 111/112, 1132-1191

Daniel

6451 CASEY, M. *Porphyry and Syrian Exegesis of the Book of Daniel* – ZNW 81 (1990) 139-142

6452 HOMERSKI, J. *Grecki przekład Księgi Daniela w świadectwach patrystycznych* (= De versione graeca Libri Danielis in testimoniis Patrum) – VoxP 7 (1987) f.12/13, 175-188

6453 IRMSCHER, JOHANNES *Die Danielsche Weltreichskonzeption im frühen Byzanz* – Helikon 29-30 (1989-1990) 335-340

VIII.3. Specialia in Novum Testamentum

6454 ALAND, BARBARA *Die Rezeption des neutestamentlichen Textes in den ersten Jahrhunderten.* In: *The New Testament in early Christianity* (cf. 1988-90, 298) 1-38

6455 Vacat

6456 BOISMARD, MARIE-ÉMILE *Une tradition para-synoptique attestée par les Pères anciens.* In: *The New Testament in early Christianity* (cf. 1988-90, 298) 177-195

6457 Vacat

6458 KAMPLING, RAINER *Neutestamentliche Texte als Bausteine der späteren Adversus-Judaeos-Literatur.* In: *Christlicher Antijudaismus* (cf. 1988-90, 177) 121-138

6459 LANDES, RICHARD *Lest the millennium be fulfilled: apocalyptic expectations and the pattern of western chronography 100-800 CE.* In: *The Use and Abuse of Eschatology in the Middle Ages* (cf. 1988-90, 363) 137-211

6460 NOACK, BENT *Det nye Testamente og de første kristne årtier.* 3. udgave, 5. oplag. København: Gad 1990. 292 pp.

6461 PEDERSEN, SIGFRED *Betregnelsen parabole i den antikke kontekst.* In: *Skriftsyn og metode. Om den nytestamentlige hermeneutik.* Red. af SIGFRED PEDERSEN [Dansk kommentar til Det nye Testamente 1]. Århus: Aarhus Universitetsforlag (1989) 50-72

6462 PERRAYMOND, MYLA *L'iconographia di Giuda Iscariota ed i suoi risvolti evangelici* – SMSR 14 (1990) 67-93

6463 PIÑERO, A. *La formación del canon del Nuevo Testamento.* Madrid: Fundación Santa María 1989. 141 pp.

6464 *La pluralità dei Vangeli.* Edd. HELMUT MERKEL; G. TOSO [TC 5]. Torino: Soc. Editrice Internationale 1990. XXXI, 182 pp.

6465 TROBISCH, DAVID *Die Entstehung der Paulusbriefsammlung. Studien zu den Anfängen christlicher Publizistik* [Novum Testamentum et Orbis antiquus 10]. Göttingen: Vandenhoeck und Ruprecht 1989. 162 pp.

6466 VEZIN, JEAN *Les livres des Évangiles.* In: *Mise en page* (cf. 1988-90, 293) 106-111

6467 VIÑAS ROMAN, TEOFILO *Claves para una interpretación agustiniana de la «Koinonía» evangélica.* In: *Jornadas Agustinianas* (cf. 1988-90, 265) 303-319

6468 WILLERT, NIELS *Pilatusbilledet i den antike jødedom og kristendom* [Bibel og historie 11]. Århus: Aarhus Universitetsforlag 1989. 409 pp.

6469 WISSELINK, WILLEM FRANCISCUS *Assimilation as a criterion for the establishment of the text: a comparative study on the basis*

of passages from Matthew, Mark and Luke Kampen: Kok 1989.
249 pp.

Evangelium Matthaei

Mt 2, 1-19

6470 MERKEL, HELMUT; KOROL, DIETER *Herodes der Große* –
RAC 14 (1988) Lief. 110, 815-849

6471 SCORZA BARCELLONA, FRANCESCO *«Ore e incenso e
mirra» (Mt 2,11). II: Le interpretazioni morali* – AnSEse 3 (1986)
227-245

Mt 5-7

6472 STOLL, BRIGITTA *De virtute in virtutem. Zur Auslegungs- und
Wirkungsgeschichte der Bergpredigt in Kommentaren, Predigten
und hagiographischer Literatur von der Merowingerzeit bis um
1200* [Beiträge zur Geschichte der biblischen Exegese 30]. Tübingen: Mohr 1988. XVIII, 351 pp.

Mt 5,5

6473 ANDIA, YSABEL DE *L'interprétation irénéenne de la béatitude
des doux: 'Bienheureux les doux, ils recevront la terre en héritage'
(Mt 5:5).* In: *Studia patristica 18,3* (cf. 1988-90, 344) 85-102

Mt 6,9-13

6473* MAUROMATES, G. Ἔτσι ἑρμηνεύουν οἱ Πατέρες τῆς
Ἐκκλεσίας τὸ «Πάτερ ἡμῶν». Katerine: Tertio 1989. 211 pp.

6474 STRITZKY, MARIA-BARBARA VON *Studien zur Überlieferung
und Interpretation des Vaterunsers in der frühchristlichen Literatur* [MBTh 57]. Münster: Aschendorff 1989. VIII, 208 pp.

Mt 13,8

6475 QUACQUARELLI, A. *Il triplice frutto della vita cristiana: 100, 60
e 30. Matteo 13,8 nelle diverse interpretazioni.* Bari: Edipuglia
1989. 127 pp.

Mt 18,10-14

6476 ALVES, H. *Parábola da ovelha perdida (Mt 18, 10-14; Lc 15, 1-7;
EvTom 107) (Estudio histórico-literario)* – HumTeol 9 (1988)
299-327

6477 Vacat

Evangelium Marci

Mc 10,18

6478 GORI, F. *Dio sommo bene, nell'esegesi patristica di Mc 10,18 (e paralleli)* – AnSEse 4 (1987) 21-66

Evangelium Lucae

Lc 2,14

6479 GUERRA GOMEZ, M. «... *Eudokía (bondad, benevolencia) en medio de los hombres», nombre o designación de Jesucristo en el himno de los ángeles (Lc 2,14 y comienzo del «Gloria ...» de la Misa).* In: *In Medio Ecclesiae* (cf. 1988-90, 221) 203-222

Lc 3,23

6480 CANALS VIDAL, F. *Interpretaciones patrísticas sobre Lucas 3,23 en el origen del término «padre putativo»* – EJos 43 (1989) 23-66

Lc 13,24

6481 ISOLA, ANTONINO *Note sull'esegesi di Lc 13, 24 nei Padri dei primi secoli* In: *Sangue e antropologia nella teologia* (cf. 1988-90, 328) II 741-753

Lc 15,8-10

6482 SHEERIN, DANIEL *The theotokion* Ὁ τὴν εὐλογημένην. *Its background in Patristic exegisis of Luke 15,8-10 and Western parallels* – VigChr 43 (1989) 166-187

Lc 16,1-8

6483 SIMONETTI, M. *Un «antica» interpretazione di Luca 16, 1-8.* In: *Pléroma* (cf. 1988-90, 312)

Evangelium Joannis

6484 *La communauté johannique et son histoire: la trajectoire de l'évangile de Jean aux deux premiers siècles.* Edd. JEAN-DANIEL KAESTLI; JEAN-MICHEL POFFET; JEAN ZUMSTEIN. Genève: Labor et Fides 1990. 389 pp.

6485 CRISTIANI, MARTA *Plus quam homo. Santità e umanità dell'Evangelista Giovanni fra Agostino e Giovanni Eriugena.* In: *Signum pietatis* (cf. 1988-90, 335) 517-522

6486 FATICA, LUIGI *I commentari a «Giovanni» di Teodoro di Mop-*
suestia e di Cirillo di Alessandria: confronto fra metodi esegetici e
teologici [StEA 29]. Roma: Inst. Patristicum «Augustinianum»
1988. 332 pp.

6487 PACIOREK, A. *Egzegeza IV Ewangelii w pismach Ojców Apo-*
stolskich (= De exegesi IV Evangelii in scriptis Patrum Apostoli-
corum) – VoxP 7 (1987) f.12/13, 325-335

Jo 6

6488 SEVRIN, JEAN-MARIE *L'écriture du IVe évangile comme phé-*
nomène de réception: l'exemple de Jn 6. In: *The New Testament in*
early Christianity. (cf. 1988-90, 298) 69-83

Jo 10,18

6489 MATEO-SECO, LUCAS F. *La Exegesis de Gregorio de Nisa a Jn*
10:18. In: *Studia patristica 18,3* (cf. 1988-90, 344) 495-506

Jo 19,11a

6490 URGAN, A. *Agustín de Hipona (s. IV-V, 354-430).* In: *El origen*
divino del poder. Estudio filológico e historia de la interpretación
de Jn 19,11a [Estudios de Filología Neotestamentaria, 2]. Cör-
doba: El Almendro (1989) 105-125

Acta Apostolorum

6491 DEVINE, A.M. *The manuscripts of St. John Chrysostom's Com-*
mentary on the Acts of the Apostles. A preliminary study, a critical
edition – The ancient world (Chicago) 20 (1989) 111-125

Ac 6,1-6

6492 KACZMAREK, T. *Perykopa Dz 6,1-6 w interpretacji patrystycz-*
nej (= Atti 6,1-6 nell'Interpretazione Patristica) – VoxP 9
(1989) f.17, 599-603

Epistula ad Romanos

Rom 1,18-23

6492 ARRONIZ, JOSE MANUEL *Rom 1,18-23 en los Comentarios pa-*
trísticos a la Carta a los Romanos – SVict 37 (1990) 233-265

Rom 5,12-21

6493 MASCELLANI, ELISA *Prudens dispensator verbi: Romani 5,12-21 nell'esegesi di Clemente Alessandrino e Origene* [Pubblicazioni della Facoltà di Lettere e Filosofia dell'Università di Milano 134; Pubblicazioni dell'Istituto di Storia Medioevale e Moderna 10]. Firenze: La Nuova Italia Ed. 1990. VIII, 153 pp.

Rom 6,1-11

6494 SCHLARB, ROBERT *Wir sind mit Christus begraben: die Auslegung von Römer 6,1-11 im Frühchristentum bis Origenes* [BGBE 31]. Tübingen: Mohr 1990. X, 289 pp.

Rom 6,17

6495 TRIMAILLE, MICHEL *Encore le typos didachès de Romains 6,17*. In: *La vie de la Parole* (cf. 1988-90, 366) 269-280

Rom 7

6496 BASEVI, CLAUDIO *Cinco Sermones de san Agustín sobre Rom 7* – Augustinus 35 (1990) 127-161

Rom 8,19-22

6497 VICIANO, A. *Christologische Deutung von Röm 8,19-22 bei Gregor von Nyssa und Theodoret von Kyros*. In: *Studien zu Gregor von Nyssa* (cf. 1988-90, 351) 191-204

Rom 9

6498 PARMENTIER, M.F.G. *Greek Church Fathers on Romans 9* – BijFTh 50 (1989) 139-154
6499 PARMENTIER, M.F.G. *Greek Church Fathers on Romans 9. Part II* – BijFTh 51 (1990) 2-20

Epistulae ad Corinthios

1 Cor 4,13b

6500 STAROWIEYSKI, MAREK Περικάθαρμα *et* περίψημα : *contribution à histoire de l'exégèse patristique* [in polnischer Sprache mit franz. Zus.-fass.]. – Eos 78 (1990) 281-295

1 Cor 11,19

6501 FRANK, KARL SUSO *Vom Nutzen der Häresie. 1 Kor 11,19 in der frühen patristischen Literatur.* In: *Ecclesia militans* (cf. 1988-90, 220) 23-35

1 Cor 14,1-4

6502 BAMMEL, CAROLINE P. *Die Prophetie in der patristischen Exegese zum ersten Korintherbrief* – AugR 29 (1989) 157-169

1 Cor 15

6503 ALFECHE, M. *The rising of the dead in the works of Augustine (1 Cor XV,35-57)* – Augustiniana 39 (1989) 54-98
6504 ZINCONE, S. *Problematiche relative alla resurrezzione nell'esegesi antiochena di 1 Cor 15,20 ss* – AnSEse 3 (1986) 99-107

2 Cor 12,2-4

6505 TEN NAPEL, ERIK *«Third heaven» and «paradise». Some remarks on the exegesis of 2 cor. 12,2-4.* In: *Symposium Syriacum* (cf. 1988-90, 354) 53-66

Epistula ad Philippenses

Phil 2,5-11

6506 CAVALCANTI, ELENA *Filip. 2,6-11 nel De Trin. di Ilario (De Trin. VIII, 45-47; X 23-26).* In: *Pléroma* (cf. 1988-90, 312)

Epistulae Petri

6507 *La chaîne arménienne sur les Epîtres Catholiques. II. La chaîne sur les Epîtres de Pierre.* Ed. C. RENOUX [PO 44, fasc. 2 N°198]. Turnhout: Brepols 1987. 231 pp.

1 Petr 1,18-19

6508 AZZALI BERNARDELLI, GIOVANNA *1 Gv 1,7 e 1 Pt 1,18-19 nella esegesi dei primi tre secoli.* In: *Sangue e antropologia nella teologia* (cf. 1988-90, 328) II 795-849

2 Petr 1,4

6509 RUSSELL, N. *«Partakers of the divine nature» (2 Petr 1:4) in the byzantine tradition.* In: *ΚΑΘΗΓΗΤΕΡΙΑ* (cf. 1988-90, 266) 51-67

Apocalypsis Joannis

6510 IRMSCHER, JOHANNES *La valutazione dell'apocalisse de Giovanni nella Chiesa antica* – AugR 29 (1989) 171-176

6511 LARSON, STAN *The Earliest Syriac Commentary on the Apocalypse.* In: *Studia patristica 18,4* (cf. 1988-90, 345) 249-254

6512 VIAUD, G. *Les 24 presbytres de l'Apocalypse dans la tradition copte* – BulArchCopte 29 (1990) 123-145

Apoc 11,1-14

6513 SENG, H. *Apk XI,1-14 im Zusammenhang der Johannesapokalypse. Aufschluß aus Lactantius und Hippolytos* – VetChr 27 (1990) 111-121

Apoc 12,3

6514 RAPISARDA, GRAZIA *«Draco magnus ruphus» (Ap 12,3) fra Antico e Nuovo Testamento* – AnSEse 4 (1987) 151-158

Apoc 21

6515 TABBERNEE, W. *Revelation 21 and the Montanist «New Jerusalem»* – AusBR 37 (1989) 52-60

Apoc 22,14

6516 GROSSI, VITTORIO *Apocalisse 22,14 nella tradizione latina antica* In: *Sangue e antropologia nella teologia* (cf. 1988-90, 328) II 851-858

VERWEISEINTRÄGE

→ I. Generalia

→ I.1. Historia patrologiae

→ I.2. Opera ad patrologiam universam pertinentia

→ I.3. Bibliographica

[6315] SCHMITHALS, WALTER: Gnostica
[6320] SCOPELLO, MADELEINE: Gnostica
[2704] VOGT, HERMANN J.: Aurelius Augustinus
[3111] WIDOK, N.: Clemens Alexandrinus

→ I.4. Series editionum et versionum

→ I.4 Ancient Christian Writers (ACW)

[1997] Vol. 48: Aurelius Augustinus
[3002] Vol. 51: Cassiodorus
[3160] Vol. 47: Cyprianus Carthaginiensis
[4379] Vol. 50: Maximus Taurinensis
[4882] Vol. 49: Theodoretus Cyrensis

→ I.4 Biblioteca de Autores Crist.(BAC)

[1967] Vol. 504: Aurelius Augustinus
[1968] Vol. 507: Aurelius Augustinus
[1969] Vol. 512: Aurelius Augustinus
[1970] Vol. 498: Aurelius Augustinus
[1971] Vol. 499: Aurelius Augustinus
[3257] Vol. 511: Pseudo-Dionysius Areopagita
[4940] Vol. 75: Hagiographica
[1414] Vol. 148: Apocrypha
[1325] Vol. 400: Novum Testamentum
[6052] ROYO MARIN, ANTONIO: Vol. 347: Vita christiana, monastica

→ I.4 Biblioteca de Patrística

[1893] Vol. 6: Athanasius Alexandrinus
[3205] Vol. 11: Cyrillus Hierosolymitanus
[3387] Vol. 8: Epiphanius Constantiensis
[3572] Vol. 4: Gregorius Nazianzenus
[3634] Vol. 9: Gregorius Nyssenus
[3706] Vol. 10: Gregorius Thaumaturgus
[3752] Vol. 5: Hieronymus
[3944] Vol. 3: Iohannes Chrysostomus
[4358] Vol. 7: Maximus Confessor

→ I.4 Biblioteca Patristica (BPatr)

[1732] Vol. 13: Ambrosius Mediolanensis
[1868] Vol. 11: Aristides
[3399] Vol. 16: Eucherius Lugdunensis

[3747] Vol. 12: Hieronymus
[4816] Vol. 14: Tertullianus
[1660] Vol. 15: Auctores

→ I.4 Clàssics del Cristianisme

[3943] Vol. 14: Iohannes Chrysostomus
[4097] Vol. 5: Irenaeus Lugdunensis
[4813] Vol. 6: Tertullianus
[1420] Vol. 17: Apocrypha

→ I.4 Collana di Testi Patristici (CTP)

[3235] Vol. 89: Didymus Alexandrinus
[3635] Vol. 86: Gregorius Nyssenus
[3636] Vol. 72: Gregorius Nyssenus
[3637] Vol. 73: Gregorius Nyssenus
[3638] Vol. 77: Gregorius Nyssenus
[3748] Vol. 88: Hieronymus
[3749] Vol. 70: Hieronymus
[3831] Vol. 74: Hilarius Pictaviensis
[3939] Vol. 69: Iohannes Chrysostomus
[4018] Vol. 80: Iohannes Climacus
[4418] Vol. 71: Optatus Milevitanus
[4438] Vol. 76: Origenes
[4439] Vol. 83: Origenes
[4573] Vol. 5: Patres Apostolici
[4585] Vol. 85: Paulinus Nolanus
[1802] Vol. 79: Pseudo-Ambrosius Mediolanensis
[1803] Vol. 78: Pseudo-Ambrosius Mediolanensis
[4705] Vol. 82: Quodvultdeus
[4815] Vol. 87: Tertullianus
[4881] Vol. 75: Theodoretus Cyrensis
[4919] Vol. 81: Venatius Fortunatus

→ I.4 Corpus Christianorum (CChr)

→ I.4 CChr.SA

[1409] Vol. 6: Apocrypha
[1492] PRIEUR, JEAN-MARC: Vol. 5: Apocrypha

→ I.4 CChr.SG

[4569] Vol. 19: Pamphilus Theologus/Eustathius monachus
[3569] Vol. 20: Gregorius Nazianzenus

[4356] Vol. 18: Maximus Confessor
[4357] Vol. 22: Maximus Confessor
[4978] Vol. 21: Hagiographica

→ I.4 CChr.SL

[1886] Vol. 25: Arnobius Minor
[3750] Vol. 80: Hieronymus
[4139] Vol. 113: Isidorus Hispalensis
[4287] Vol. 40B: Leo Magnus
[4423] Vol. 87B: Opus Imperfectum in Matthaeum
[5332] Vol. 159B: Missa, sacramenta, sacramentalia
[5333] Vol. 39A: Missa, sacramenta, sacramentalia
[5334] Vol. 159C: Missa, sacramenta, sacramentalia

→ I.4 Corpus Script. Christ. Or. (CSCO)

[3891] Voll. 508/509: Iacobus Sarugensis
 [617] CHAUMONT, MARIE-LOUISE: Vol. 499 Subs. 80: Opera ad
        historiam ...
[4624] JENKINS, R.G.: Vol. 514 Subs. 84: Philoxenus Mabbugensis
[5301] VARGHESE, BABY: Vol. 512 Subs. 82: Liturgica

→ I.4 Corpus Script. Eccl. Lat. (CSEL)

[1736] Vol. 82,2: Ambrosius Mediolanensis

→ I.4 Fathers of the Church (FaCh)

[4437] Vol. 83: Origenes

→ I.4 Griech. Christl. Schriftst. (GCS)

[2998] Pseudo-Caesarius Nazianzenus
 [467] Subsidia

→ I.4 Los Santos Padres

[1735] Vol. 16: Ambrosius Mediolanensis
[1990] Vol. 38: Aurelius Augustinus
[3207] Vol. 41: Cyrillus Hierosolymitanus
[3308] Vol. 31: Egeria
[3352] Vol. 14: Ephraem Syrus
[3640] Vol. 30: Gregorius Nyssenus
[3751] Vol. 34: Hieronymus
[3947] Vol. 20: Iohannes Chrysostomus
[3948] Vol. 22: Iohannes Chrysostomus

[3949] Vol. 21: Iohannes Chrysostomus
[3950] Vol. 24: Iohannes Chrysostomus
[3951] Vol. 23: Iohannes Chrysostomus
[4138] Vol. 49: Isidorus Hispalensis
[4227] Vol. 5: Iustinius Martyr
[4260] Vol. 9: Lactantius
[4286] Vol. 43: Leo Magnus
[4390] Vol. 13: Minucius Felix
[4936] Vol. 44: Vincentius Lerinensis
[4941] Vol. 46: Hagiographica
[5724] Vol. 47: Doctrina auctorum
[5725] Vol. 48: Doctrina auctorum

→ I.4 Nepsis

[3289] Vol. 2: Dorotheus Gazaeus
[4359] Vol. 3: Maximus Confessor

→ I.4 Patrist. Texte u. Studien (PTS)

[1940] Vol. 31: Athenagoras
[3945] Vol. 35: Iohannes Chrysostomus
[4029] Vol. 29: Iohannes Damascenus
[4225] Vol. 32: Iustinus Martyr
[3255] Vol. 33: Pseudo-Dionysius Areopagita
[4726] Vol. 34: Rufinus Aquileiensis
[1839] HÜBNER, REINHARD M.: Vol. 30: Apollinarius Laodicensis

→ I.4 Patrologia Orientalis (PO)

[6507] Vol. 44, fasc. 2: Epistulae Petri 1,2
[5038] Vol. 45, fasc. 1: Hagiographica

→ I.4 Pisma Starochrz. Pisarzy (PSP)

[2000] Vol. 50: Aurelius Augustinus
[2001] Vol. 48: Aurelius Augustinus
[2002] Vol. 54: Aurelius Augustinus
[2003] Voll. 46/47: Aurelius Augustinus
[2992] Vol. 52: Caesarius Arelatensis
[3020] Vol. 49: Chromatius Aquileiensis
[3132] Vol. 53: Commodianus
[3753] Vol. 51: Hieronymus
[4575] Vol. 45: Patres Apostolici
[1519] Vol. 44: Auctores

→ I.4 Sources Chrétiennes (SC)

[1825] Vol. 349: Aphraates
[1826] Vol. 359: Aphraates
[2779] Vol. 357: Basilius Caesariensis
[2990] Vol. 345: Caesarius Arelatensis
[3206] Vol. 126,2: Cyrillus Hierosolymitanus
[3448] Vol. 356: Evagrius Ponticus
[3478] Vol. 350: Firmus Caesariensis
[3507] Vol. 351: Gregorius Magnus
[3508] Vol. 360: Gregorius Magnus
[3511] Vol. 32: Gregorius Magnus
[3570] Vol. 358: Gregorius Nazianzenus
[3633] Vol. 363: Gregorius Nyssenus
[3830] Vol. 344: Hilarius Pictaviensis
[3829] Vol. 347: Hilarius Pictaviensis
[3933] Vol. 346: Iohannes Chrysostomus
[3934] Vol. 348: Iohannes Chrysostomus
[3942] Vol. 362: Iohannes Chrysostomus
[3954] Vol. 366: Iohannes Chrysostomus
[4435] Vol. 352: Origenes
[4559] Voll. 341/342: Palladius Helenopolitanus
[4818] Vol. 365: Tertullianus
[4819] Vol. 343: Tertullianus
[5481] Voll. 353/354: Concilia

→ I.5. Collectanea et miscellanea

[3569] Vol. 20: Gregorius Nazianzenus
[2008] Aurelius Augustinus
[2009] Aurelius Augustinus
[6105] Novissima
[3309] Egeria
 [559] BETZ, HANS DIETER: Opera ad historiam ...
[6147] BÖHLIG, ALEXANDER: Gnostica
 [620] Opera ad historiam ...
 [622] Opera ad historiam ...
[3023] Chromatius Aquileiensis
[6167] Gnostica
[6484] Evangelium Joannis
 [639] Opera ad historiam ...
[3648] Gregorius Nyssenus
 [651] Opera ad historiam ...
[3420] CURTI, CARMELO: Eusebius Caesariensis
[6393] Specialia in Vetus Testamentum

[4153] FONTAINE, JACQUES: Isidorus Hispalensis
[3779] Hieronymus
[6211] Gnostica
[2297] Aurelius Augustinus
[5604] Ius canonicum, hierarchia, diciplina ecclesiastica
[779] Opera ad historiam ...
[811] Opera ad historiam ...
[3881] Hippolytus Romanus
[1658] OPELT, ILONA: Auctores
[5186] Radegundis
[6464] Specialia in Novum Testamentum
[2578] Aurelius Augustinus
[5022] Hagiographica
[403] Methodologica
[5723] Doctrina auctorum
[1400] Novum Testamentum
[6063] THUNBERG, LARS: Vita christiana, monastica
[62] Historia patrologiae
[1711] TSIRPANLIS, CONSTANTIN N.: Auctores

→ I.6. Methodologica

[1338] ALAND, BARBARA: Novum Testamentum
[1341] ALAND, KURT; ALAND, BARBARA: Novum Testamentum
[1342] ALAND, KURT; ALAND, BARBARA: Novum Testamentum
[5827] CALVO MORALEJO, G.: Mariologia
[3165] CAVALLOTTO, S.: Cyprianus Carthaginiensis
[2807] HELLEMAN, WENDY E.: Basilius Caesariensis
[1481] LELOIR, LOUIS: Apocrypha
[4992] LEONARDI, CLAUDIO: Hagiographica
[4491] MEIS WOERMER, ANNELIESE: Origenes
[289] Metodologie della ricerca sulla tarda antichità: Collectanea et miscellanea
[6378] MÜHLENBERG, EKKEHARD: Patrum exegesis
[5004] OTRANTO, GIORGIO: Hagiographica
[5016] PRINZ, FRIEDRICH: Hagiographica
[6322] SEVRIN, JEAN-MARIE: Gnostica

→ I.7. Subsidia

[377] BORRONE, PIER GIORGIO: Methodologica
[5230] Liturgica
[3647] Gregorius Nyssenus
[5161] DEVINE, K.: Patricius ep. Hibernorum
[5333] Vol. 39A: Missa, sacramenta, sacramentalia

→ I.8. Opera ad historiam ecclesiasticam sive saecularem
spectantia

[5036] SPEYER, WOLFGANG: Hagiographica
[154] STASIEWSKI, BERNHARD: Bibliographica
[408] TAGLIABUE, M.: Methodologica
[5193] TAMCKE, MARTIN: Ecclesiologia
[1703] THOMPSON, GLEN LOUIS: Auctores
[6116] TIBILETTI, CARLO: Novissima
[3442] TIMPE, DIETER: Eusebius Caesariensis
[1306] TJÄDER, JAN-OLOF: Palaeographica atque manuscripta
[6067] TORRE, JUAN M. DE LA: Vita christiana, monastica
[6465] TROBISCH, DAVID: Specialia in Novum Testamentum
[504] Subsidia
[1712] VENTER, WILHELMINA JOHANNA: Auctores
[1720] WINKELMANN, FRIEDHELM: Auctores
[5098] WOLFF, H.: Florianus
[4206] XERES, SAVIERO: Iulius Sextus Africanus
[5203] ZUCKERMANN, C.: Theodorus tiro m. sub Maximiano

→ I.9. Philosophica

[2928] ACOSTA RODRIGUEZ, J.: Boethius
[2929] ACOSTA RODRIGUEZ, JUAN: Boethius
[2931] ACOSTA RODRIGUEZ, JUAN: Boethius
[2017] ALVAREZ TURIENZO, S.: Aurelius Augustinus
[2036] BARASH, JEFFREY: Aurelius Augustinus
[2042] BASAVE FERNANDEZ DEL VALLE, A.: Aurelius Augustinus
[1941] BEATRICE, PIER FRANCO: Athenagoras
[5897] BELL, D.N.: Vita christiana, monastica
[3247] BLANCHETIERE,FRANÇOIS: Ad Diognetum
[4] BOOTH, EDWARD G.T., OP: Historia patrologiae
[2070] BORSCHE, TILMAN: Aurelius Augustinus
[2078] BRUNE, P.F.: Aurelius Augustinus
[2079] BRUNN, EMILIE ZUM: Aurelius Augustinus
[2083] BRUYN, THEODORE S. DE: Aurelius Augustinus
[2088] CAEIRO, F. DA GAMA: Aurelius Augustinus
[2107] CATURELI, ALBERTO: Aurelius Augustinus
[2124] COMPAROT, ANDRÉE: Aurelius Augustinus
[4832] COSTANTINI, MARIE-LOUISE: Tertullianus
[2131] COUTINHO, JORGE: Aurelius Augustinus
[2940] CRAIG, WILLIAM L.: Boethius
[2138] CRESS, DONALD A.: Aurelius Augustinus
[2141] CRUZ HERNANDEZ, M.: Aurelius Augustinus
[2147] DARAKI, MARIA: Aurelius Augustinus
[2161] DOBRYNIN, A.: Aurelius Augustinus
[2174] DOLBY MUGICA, M. DEL CARMEL: Aurelius Augustinus

[2177] DOUCET, D.: Aurelius Augustinus
[2207] ENSKAT, RAINER: Aurelius Augustinus
[3655] ESPER, M.: Gregorius Nyssenus
[1575] FABRICIUS, CAJUS: Auctores
[2215] FALGUERAS SALINAS, I.: Aurelius Augustinus
[2216] FALGUERAS SALINAS, IGNACIO: Aurelius Augustinus
[2244] FORMENT, EUDALDO: Aurelius Augustinus
[4076] FURLEY, DAVID: Iohannes Philoponus
[2260] GALINDO RODRIGO, J.A.: Aurelius Augustinus
[2268] GARCIA CASTILLO, PABLO: Aurelius Augustinus
[4793] GARZYA, ANTONIO: Synesius Cyrenensis
[2999] GERSH, STEPHEN E.: Calcidius
[4270] GLEI, REINHOLD: Lactantius
[2294] GONZALEZ ALVAREZ, A.: Aurelius Augustinus
[2295] GONZALEZ DE CARDEDAL, O.: Aurelius Augustinus
[1268] HANOUNE, ROGER: Palaeographica atque manuscripta
[4759] HEBERT, BERNHARD: Sidonius Apollinaris
 [251] Historia de la ética, 1. De los Griegos al Renacimiento: Collecta-
       nea et miscellanea
[2328] HOLTE, RAGNAR: Aurelius Augustinus
[2330] HONNEFELDER, LUDGER: Aurelius Augustinus
[4840] HOUSE, DENNIS K.: Tertullianus
[4481] HUNSTORFER, KARL: Origenes
[4213] IRMSCHER, J.: Iustinianus Imperatore
[2337] JANICH, PETER: Aurelius Augustinus
[2342] JUNG, MATTHIAS: Aurelius Augustinus
[5421] KALLIS, A.: Cultus
[2355] KIRWAN, CHRISTOPHER: Aurelius Augustinus
[1944] KOWALCZYK, D.: Athenagoras
[2359] KOWALCZYK, S.: Aurelius Augustinus
[2361] KOWALCZYK,STANISŁAW: Aurelius Augustinus
[2364] KURDZIAŁEK, M.: Aurelius Augustinus
[2385] LEINSLE, ULRICH G.: Aurelius Augustinus
[2394] LÖW, REINHARD: Aurelius Augustinus
[2407] MADEC, GOULVEN: Aurelius Augustinus
[2961] MAGEE, JOHN: Boethius
[3879] MARCOVICH, MIROSLAV: Hippolytus Romanus
[2429] MARTIN, JESUS ANGEL: Aurelius Augustinus
[1644] MASTANDREA, P.: Auctores
[3984] MAXIMOS (METROPOLIT VON STAURUPOLIS): Iohannes
       Chrysostomus
[2453] MOLINA, MARIO A.: Aurelius Augustinus
[2454] MONDIN, B.: Aurelius Augustinus
[2455] MONDIN, BATTISTA: Aurelius Augustinus

[3678] MOSSHAMMER, A.A.: Gregorius Nyssenus
[3990] NARDI, CARLO: Iohannes Chrysostomus
[2477] O'CONNELL, ROBERT J.: Aurelius Augustinus
[5710] ONIANS, RICHARD BROXON: Doctrina auctorum
[2504] PADRON, H.J.: Aurelius Augustinus
[2507] PAREDES MARTIN, M. DEL C.: Aurelius Augustinus
[6285] PARROTT, DOUGLAS M.: Gnostica
[2520] PEÑA, LORENZO: Aurelius Augustinus
[2525] PÉREZ PAOLI, UBALDO R.: Aurelius Augustinus
[2530] PFLIGERSDORFFER, G.: Aurelius Augustinus
[3202] PHILLIPS, JANE E.: Cyrillus Alexandrinus
[2535] POSSENTI, VITTORIO: Aurelius Augustinus
[2546] RAMIREZ RUIZ, E.: Aurelius Augustinus
[2547] RAMON GUERRERO, RAFAEL: Aurelius Augustinus
[2978] RELIHAN, JOEL C.: Boethius
[5718] RUNIA, DAVID T.: Doctrina auctorum
[2576] SABORIDO, J.L.: Aurelius Augustinus
[2591] SANTI, G.: Aurelius Augustinus
[2592] SANTI, G.: Aurelius Augustinus
[3465] SCHENKE, HANS-MARTIN: Evagrius Ponticus
[2600] SCHRENK, L.P.: Aurelius Augustinus
[2601] SEVERSON, RICHARD JAMES: Aurelius Augustinus
[3273] SICHERL, M.: Pseudo-Dionysius Areopagita
[2983] SKARIKA, MIRKO: Boethius
[2613] SMALBRUGGE, MATTHIAS A.: Aurelius Augustinus
[2618] SOLIGNAC, AIMÉ: Aurelius Augustinus
[2984] SWEENEY, LEO: Boethius
[3697] TANNER, R.G.: Gregorius Nyssenus
[3110] TARDIF DE LAGNEAU, HENRI: Clemens Alexandrinus
[2652] TERESTCHENKO, MICHEL: Aurelius Augustinus
[2656] TESKE, ROLAND J.: Aurelius Augustinus
[2661] TORCHIA, N. JOSEPH: Aurelius Augustinus
[2667] TRELOAR, JOHN L.: Aurelius Augustinus
[6351] TURNER, JOHN D.: Gnostica
[2676] UÑA JUAREZ, A.: Aurelius Augustinus
[5043] UYTFANGE, MARC VAN: Hagiographica
[2677] VALDERRAMA, CARLOS: Aurelius Augustinus
[2684] VELOSO MENEZES, A.: Aurelius Augustinus
[2687] VERGÉS, SALVADOR: Aurelius Augustinus
[2706] WATSON, G.: Aurelius Augustinus
[4084] WILDBERG, C.: Iohannes Philoponus
[1719] WILKEN, R.L.: Auctores
[4203] WOJACZEK, GÜNTER: Iulianus Imperator
[2724] XAVIER, M.L. LAMAS DE OLIVEIRA: Aurelius Augustinus

[4251] YOUNG, M.O.: Iustinus Martyr

→ I.10. Philologia patristica (lexicalia atque linguistica)

→ I.10.a) Generalia

[3353] ÅGREN, IRINA: Ephraem Syrus
[4551] ANGLADA, ANGEL: Paciano
[4821] AUWERS, JEAN-MARIE: Tertullianus
[2039] BARTELINK, GERARD J.M.: Aurelius Augustinus
[2045] BASEVI, CLAUDIO: Aurelius Augustinus
[2047] BASTIAENSEN, ANTOON ADRIAAN ROBERT: Aurelius Augustinus
[4611] BERIDZE, O.V.: Paulus Silentiarius
[4944] BERSCHIN, WALTER: Hagiographica
[4560] BRUNNER, T.F.: Palladius Helenopolitanus
[3164] CABALLERO DOMINGUEZ, JUAN LUIS: Cyprianus Carthaginiensis
[2089] CAHNÉ, PIERRE-ALAIN: Aurelius Augustinus
[3133] CASTRILLO BENITO, N.: Commodianus
[4253] CASTRO JIMÉNEZ, MARIA DOLORES; CRISTOBAL, VICENTE; MAURO MELLE, SILVIA: Iuvencus
[4254] CASTRO JIMÉNEZ, MARIA DOLORES; CRISTOBAL, VICENTE; MAURO MELLE, SILVIA: Iuvencus
[4048] ČERNYŠEVA, M.I.: Iohannes Malalas
[2113] CID LUNA, P.: Aurelius Augustinus
[2114] CID LUNA, P.: Aurelius Augustinus
[2115] CID LUNA, P.: Aurelius Augustinus
[5161] DEVINE, K.: Patricius ep. Hibernorum
[381] ESBROECK, MICHEL VAN: Methodologica
[2989] ESCALONA, J.; RODRIGUEZ, T.: Braulio
[3659] FERGUSON, E.: Gregorius Nyssenus
[4758] FERNANDEZ LOPEZ, M.C.: Sidonius Apollinaris
[4554] FERRAGUT DOMINGUEZ, C.: Pacianus
[1584] GARCIA DE LA FUENTE, O.: Auctores
[3317] GARCIA SOLER, L.; GARCIA SOLER, A.: Egeria
[4156] GOMEZ LOZANO, M.: Isidorus Hispalensis
[6447] KAMESAR, A.: Is 7,14
[4094] LOŠEK, FRITZ: Iordanes
[2753] LOSSAU, MANFRED: Ausonius
[2491] OROZ RETA, J.: Aurelius Augustinus
[2560] RIOBO GONZALEZ, M.: Aurelius Augustinus
[4913] ROMERO POSE, E.: Tyconius
[2586] SANCHEZ MANZANO, M.A.: Aurelius Augustinus

[3690] SANCHO BIELSA, J.: Gregorius Nyssenus
[1683] SCHMIDT, VICTOR: Auctores
[4713] SELLA I BARRACHINA, V.: Regula Magistri
[153] SESBOÜÉ, BERNARD: Bibliographica
[1790] STRZELECKA, ANNA: Ambrosius Mediolanensis
[2641] SUTHERLAND, CHRISTINE MASON: Aurelius Augustinus
[2766] TERNES, CHARLES-MARIE: Ausonius
[2721] WOJTOWICZ, H.: Aurelius Augustinus

→ I.10.b) Voces

→ ἄγων

[5051] XERES, SAVIERO: Hagiographica

→ ἀντικείμενος

[6090] BARTELINK, GERARD J.M.: Angeli et daemones

→ ἄφεσις

[1349] CALDUCH BENAGES, N.: Novum Testamentum

→ βασιλεία

[4233] COVOLO, ENRICO DAL: Iustinus Martyr

→ διάστημα

[4512] TZAMALIKOS, PANAYOTIS: Origenes

→ δοπτήρ

[6123] AGOSTI, GIANFRANCO: Gnostica

→ ἐξημοιβός

[6123] AGOSTI, GIANFRANCO: Gnostica

→ ἐξομολόγησις

[4553] BARDSKI, KRZYSZTOF: Pacianus

→ θεοτόκος

[5836] GONZALEZ, CARLOS IGNACIO: Mariologia

→ λόγος

[4246] PRICE, R.M.: Iustinus Martyr

→ νηπύτιος

[6123] AGOSTI, GIANFRANCO: Gnostica

→ οἶκος τῆς ἐκκλησίας

[1240] SAXER, VICTOR: domus ecclesiae
[5823] SCHÖLLGEN, GEORG: Ecclesiologia

→ πανάτικτος

[6249] MACCOULL, L.S.B.: Gnostica

→ παντοκράτωρ

[4903] BERGAMELLI, FERDINANDO: Theophilus Antiochenus

→ περικάθαρμα

[6500] STAROWIEYSKI, MAREK: 1 Cor 4,13b

→ περίψημα

[6500] STAROWIEYSKI, MAREK: 1 Cor 4,13b

→ πίστις

[5806] BRANDENBURGER, E.: Soteriologia

→ πνεῦμα

[4128] RUPPE, DAVID ROBERT: Irenaeus Lugdunensis

→ πορνεία

[6050] ROUSELLE, A.: Anthropologia

→ σάρξ

[4252] LONA, HORACIO E.: Pseudo-Iustinus Martyr

→ συναλιζόμενος

[1332] MCCONAUGHY, DANIEL L.: Novum Testamentum

→ acedia

[1221]　BADER, GÜNTER: ἀκηδία

→ communio

[5816]　ILSKI, KAZIMIERZ: Ecclesiologia

→ cum

[4555]　GARCIA, M.C.: Pacianus

→ excitare

[2365]　KURSAWE, BARBARA: Aurelius Augustinus

→ fortuna

[1557]　CRIMI, C.: Auctores
[1556]　CRIMI, C.: Auctores

→ idea

[1227]　PÉPIN, JEAN: ἰδέα

→ regula

[1238]　GUERRA GOMEZ, M.: canon

→ soteria

[5806]　BRANDENBURGER, E.: Soteriologia

→ spiritus

[3301]　NODES, DANIEL J.: Dracontius

→ squalor

[1683]　SCHMIDT, VICTOR: Auctores

→ statua

[5436]　SIEWERT, KLAUS: Cultus

→ I.11. Palaeographica atque manuscripta

[414]　AUBINEAU, MICHEL: Subsidia
[4264]　BAGES FERRER, M. GLORIA: Lactantius
[1887]　BELLET, P.: Arnobius Minor

→ II. Novum Testamentum atque Apocrypha

→ II.1. Novum Testamentum

→ II.1.a) Editiones textus Novi Testamenti aut partium eius

→ II.1.a)aa) Editiones textus graeci

[1307] TEETER, TIMOTHY MICHAEL: Palaeographica atque manuscripta

→ II.1.a)bb) Editiones versionum antiquarum

[1352] DIRKSEN, PETER B.: Novum Testamentum
[1285] NESKE, I.: Palaeographica atque manuscripta
 [483] Subsidia

→ II.1.b) Quaestiones et dissertationes ad textum eiusque
traditionem pertinentes

 [369] ALAND, B.: Methodologica
 [370] ALAND, KURT: Methodologica
 [175] Ancient Christian Gospels: Collectanea et miscellanea
[4803] BAARDA, T.: Tatianus Syrus
[4330] BAARDA, T.: Marcion
 [377] BORRONE, PIER GIORGIO: Methodologica
[6477] DUBOIS, J.-D.: Mt 27,49
 [123] ELLIOTT, J.K.: Bibliographica
[1195] GONZALEZ LUIS, F.: Philologia patristica
 [242] Gospel traditions in the second century: Collectanea et miscellanea
[6480] GUERRA GOMEZ, M.: Lc 2,14
[1214] RAMIREZ OLID, J.: Philologia Patristica
[1216] REDONDO, JORDI: Philologia Patristica
 [494] RINALDI, GIANCARLO: Subsidia

→ II.2. Apocrypha

→ II.2.b) Versiones modernae

[1413] Apocrypha
[1417] MÉNARD, JACQUES É.: Apocrypha

→ II.2.c) Quaestiones et dissertationes

[185] Aufstieg und Niedergang der römischen Welt II,25.5: Collectanea et miscellanea
[186] Aufstieg und Niedergang der römischen Welt II,25.6: Collectanea et miscellanea
[4331] DELOBEL, J.: Marcion
[1412] DESPINEUX, MYRIAM: Apocrypha
[6212] Gnostica
[3430] JUNOD, ÉRIC: Eusebius Caesariensis
[467] Subsidia
[468] Subsidia
[3366] LATTKE, M.: Ephraem Syrus
[3239] LÜHRMANN, DIETER: Didymus Alexandrinus
[5141] MANNS, FRÉDÉRIC: Maria Deipara
[5142] MANNS, FRÉDÉRIC: Maria Deipara
[6281] ONUKI, TAKASHI: Gnostica
[6300] POKORNY, P.: Gnostica
[4773] RI, SU-MIN: Spelunca Thesaurorum
[5854] RIGGI, CALOGERO: Mariologia
[1400] Novum Testamentum
[6342] TREVIJANO ETCHEVERRIA, R.: Gnostica
[6350] TROFIMOVA, M.K.: Gnostica

→ III. Auctores (editiones, quaestiones, dissertationes, commentarii)

→ III.1. Generalia

[313] Polyanthema. Studi di letteratura cristiana antica: Collectanea et miscellanea
[6383] REVENTLOW, HENNING GRAF: Patrum exegesis
[5551] RITTER, ADOLF MARTIN: Concilia, acta conciliorum, canones
[6053] RUH, KURT: Vita christiana, monastica
[6384] RYAN, P.J.: Patrum exegesis
[1028] SIMONETTI, MANLIO: Opera ad historiam ...
[1044] STALTER-FOUILLOY, DANIELLE: Opera ad historiam ...
[1171] STEAD, CHRISTOPHER G.: Philosophica
[1063] TESTARD, MAURICE: Opera ad historiam ...
[1333] Novum Testamentum
[2719] WILSON, A.M.: Aurelius Augustinus
[5575] WOLINSKI, JOZEF: Concilia, acta conciliorum, canones

→ III.2. Auctores singuli (in ordine alphabetico auctorum)

→ III.2. Aetius Presbyter

[3500] JONES, M.E.: Gildas Sapiens

→ III.2. Agapetus Diaconus

[1543] CAVARRA, B.: Auctores

→ III.2. Ambrosius Mediolanensis

[170] Agostino a Milano: Collectanea et miscellanea
[1521] BARBERO, GILIOLA: Auctores
[4826] BERNARDO, BONIFACIO: Tertullianus
[2148] DASSMANN, ERNST: Aurelius Augustinus
[5873] FUSSL, MAXIMILIAN: Anthropologia
[25] HALPORN, BARBARA C.: Historia patrologiae
[392] LASSANDRO, DOMENICO: Methodologica
[1629] LOMAS, FRANCISCO JAVIER: Auctores
[1161] MARTI, HEINRICH: Philosophica
[888] MAZZARINO, SANTO: Opera ad historiam ...
[5389] MIGLIAVACCA, L.: Hymni
[3030] NAUROY, GÉRARD: Chromatius Aquileiensis
[3805] NAUROY, GÉRARD: Hieronymus
[5390] NAUROY, GÉRARD: Hymni
[941] PAREDI, ANGELO: Opera ad historiam ...
[6382] PERETTO, ELIO: Patrum exegesis
[5628] PUGLISI, GAETANO: Ius canonicum, hierarchia, ...
[3815] PUGLISI, GAETANO: Hieronimus
[3817] SAVON, HERVÉ: Hieronymus

[1701] TE PASKE, BRADLEY ALAN: Auctores
[3823] TESTARD, MAURICE: Hieronymus
[5300] TRIACCA, A.M.: Liturgica
[5372] WARD, A.: Annus liturgicus
[2713] WENNING, GREGOR: Aurelius Augustinus
[3489] ZANI, A.: Gaudentius Brixensis

→ III.2. Pseudo-Ambrosius Mediolanensis

[1449] BERTHOLD, MICHAEL: Apocrypha
[4567] WILLIS, WILLIAM H.; MARESCH, KLAUS: Palladius Helenopolitanus

→ III.2. Amphilochius Iconiensis

[2825] POUCHET, J.-R.: Basilius Caesariensis

→ III.2. Anastasius Sinaita

[1281] MASTRONARDE, DONALD J.: Palaeographica atque manuscripta

→ III.2. Andreas Caesariensis

[6514] RAPISARDA, GRAZIA: Apoc 12,3

→ III.2. Anianus

[4425] SCHLATTER, FREDRIC W.: Opus Imperfectum in Matthaeum

→ III.2. Antonius Eremita

[4796] LACOMBRADE, C.: Synesius Cyrenensis
[1678] REGNAULT, L.; TOURAILLE, J.: Auctores

→ III.2. Aphraates

[5797] RIßE, G.: Christologia

→ III.2. Apollinarius Hierapolitanus

[1147] GRANT, ROBERT M.: Opera ad historiam ...

→ III.2. Aponius

[1597] GRYSON, ROGER: Auctores

→ III.2. Apophthegmata Patrum

[5905] BORKOWSKA, MAŁGORZATA, OSB: Vita christiana, monastica

[5993] MALANDRAKIS, C.: Vita christiana, monastica

→ III.2. Aristides

[1718] WARTELLE, ANDRÉ: Auctores

→ III.2. Arius

[3361] BRUNS, PETER: Ephraem Syrus
[706] FERNANDEZ, G.: Opera ad historiam ...
[2293] GONZALEZ, SERGIO: Aurelius Augustinus
[6478] GORI, F.: Mc 10,18
[5518] JOVIC, M.: Concilia, acta conciliorum, canones
[1731] KANNENGIESSER, CHARLES: Alexander Alexandrinus
[5697] KRETSCHMAR, G.: Doctrina auctorum
[5790] LYMAN, REBECCA: Christologia
[873] MARTIN, ANNICK: Opera ad historiam ...
[922] NORDERVAL, ØYVIND: Opera ad historiam ...
[1069] THEODORU, A.: Opera ad historiam ...

→ III.2. Arnobius Maior

[4281] WLOSOK, ANTONIE: Lactantius

→ III.2. Asterius Sophista

[5222] BUEHRING, GERNOT; UHLIG, SIEGBERT: Liturgica
[6429] KINZIG, WOLFRAM: Ps 5,1

→ III.2. Athanasius Alexandrinus

[2784] ANASTOS, M.V.: Basilius Caesariensis
[5901] BLAZQUEZ MARTINEZ, J.M.: Vita christiana, monastica
[1277] LA MARE, A.C. DE: Palaeographica atque manuscripta
[4278] NICHOLSON, OLIVER: Lactantius
[1293] RENOUX, CHARLES: Palaeographica atque manuscripta
[5561] SIMONETTI, MANLIO: Concilia, acta conciliorum, canones
[3440] STEAD, CHRISTOPHER G.: Eusebius Caesariensis
[5568] TETZ, MARTIN: Concilia, acta conciliorum, canones
[6427] TUCCARI, LUCIANA: Psalmi
[6428] VIAN, G.M.: Psalmi
[4305] WISSE, FREDERIK: Pseudo-Liberius Papa

→ III.2. Pseudo-Athanasius Alexandrinus

[1839] HÜBNER, REINHARD M.: Vol. 30: Apollinarius Laodicensis

→ III.2. Athenagoras

[1147] GRANT, ROBERT M.: Opera ad historiam ...
[5252] HÄLLSTRÖM, GUNNAR AF: Liturgica
[1639] MARCOVICH, MIROSLAV: Auctores
[5721] SCHOFDEL, WILLIAM R.: Doctrina auctorum
[1718] WARTELLE, ANDRÉ: Auctores

→ III.2. Aurelius Augustinus

[2731] Pseudo-Aurelius Augustinus
 [169] Agostino d'Ippona: Collectanea et miscellanea
 [170] Agostino a Milano: Collectanea et miscellanea
 [171] Agustín de Hipona: Collectanea et miscellanea
[6503] ALFECHE, M.: 1 Cor 15
[1122] ANDONEGUI, J.: Philosophica
 [415] Subsidia
 [416] Subsidia
[1249] BABCOCK, ROBERT; DAVIS, LISA FAGIN: Palaeographica atque manuscripta
[5767] BASEVI, C.: Christologia
[6496] BASEVI, CLAUDIO: Rom 7
[5655] BAUDET, PATRICK: Doctrina auctorum
 [374] BAUER, JOHANNES BAPTIST: Methodologica
[5746] BAVEL, TARSICIUS JAN VAN: Creatio, providentia
[5656] BAVEL, TARSICIUS JAN VAN: Doctrina auctorum
[1123] BEATRICE, PIER FRANCO: Philosophica
[5580] BIANCHINI, MARIAGRAZIA: Ius canonicum, hierarchia, diciplina ecclesiastica
[5661] BOCHET, ISABELLE: Doctrina auctorum
[5662] BOEFT, JAN DEN: Doctrina auctorum
[5870] BOHM, SIGURD: Anthropologia
[1253] BONELLO LAI, MARCELLA: Palaeographica atque manuscripta
[1126] BOUMAN, JOHAN: Philosophica
[5666] BUDZIK, STANISLAW: Doctrina auctorum
 [111] Bibliographica
 [112] Aurelius Augustinus
  [7] BURGER, CHRISTOPH: Historia patrologiae
[5668] BURT, DONALD X.: Doctrina auctorum
 [605] CAMUS, COLETTE: Opera ad historiam ...

[5225] CAPORELLO, E.: Liturgica
  [8] CASTELLANO, WANDA: Historia patrologiae
 [422] Subsidia
 [423] Subsidia
[6363] CAVALCANTI, ELENA: Patrum exegesis
[5922] CLARK, ELISABETH A.: Vita christiana, monastica
[5925] CLERICI, AGOSTINO: Vita christiana, monastica
 [205] Collectanea Augustiniana, A: Collectanea et miscellanea
 [206] Collectanea Augustiniana, B: Collectanea et miscellanea
[1133] COMOTH, KATHARINA: Philosophica
[4911] Tyconius
 [431] Subsidia
[1135] COTTIER, GEORGES: Philosophica
  [9] COURTENAY, WILLIAM J.: Historia patrologiae
[6485] CRISTIANI, MARTA: Evangelium Joannis
[1189] DAHLBERG, C.: Philologia patristica
[1561] DATEMA, CORNELIS: Auctores
[3469] DJUTH, MARIANNE: Faustus Reiensis
[3484] DJUTH, MARIANNE: Fulgentius Ruspensis
[3772] DOIGNON, JEAN: Hieronymus
[1260] DOLBEAU, F.: Palaeographica atque manuscripta
[4912] DULAEY, MARTINE: Tyconius
 [681] DUVAL, NOEL: Opera ad historiam ...
  [17] DYL, JANUSZ: Historia patrologiae
[2994] EICHENSEER, CAELESTIS: Caesarius Arelatensis
[1140] Philosophica
[3485] FOLLIET, GEORGES: Fulgentius Ruspensis
[5873] FUSSL, MAXIMILIAN: Anthropologia
[1366] GARCIA DE LA FUENTE, OLEGARIO: Novum Testamentum
[6202] GARCIA LOPEZ, CLEMENTE: Gnostica
[1236] GERHARDS, A.: benedicere/benedictio
 [747] GNILKA, CHRISTIAN: Opera ad historiam ...
 [748] GNILKA, CHRISTIAN: Opera ad historiam ...
[5960] GRATTAROLA, PIO: Vita christiana, monastica
[5837] GROSSI, VITTORINO: Mariologia
[4591] GUTTILLA, GIUSEPPE: Paulinus Nolanus
  [24] HAGEN, KENNETH: Historia patrologiae
[1599] HALLENCREUTZ, CARL: Auctores
  [25] HALPORN, BARBARA C.: Historia patrologiae
  [26] HAMM, BERNDT: Historia patrologiae
[3971] HEANEY-HUNTER, JO ANN CATHERINE: Iohannes Chryso-
       stomus
 [457] HENSELLEK, W.; SCHILLING, P.: Subsidia
 [458] HERRERA, TOMAS DE: Subsidia

[1702] Auctores
[4730] THÉLAMON, FRANÇOISE: Rufinus Aquileiensis
[1796] THRAEDE, KLAUS: Ambrosius Mediolanensis
  [62] Historia patrologiae
[4512] TZAMALIKOS, PANAYOTIS: Origenes
 [362] L'umanesimo di Sant'Agostino: Collectanea et miscellanea
[1176] UNA JUAREZ, A.: Philosophica
[6490] URGAN, A.: Jo 19,11a
[6467] VIÑAS ROMAN, TEOFILO: Specialia in Novum Testamentum
[1178] WALSH, P.G.: Philosophica
[1181] XAVIER, M.L.L. DE OLIVEIRA: Philosophica
[1182] YERGA DE YSAGUIRRE, M. DEL C.: Philosophica
[3931] ZANANIRI, MARIANNE: Iohannes Cassianus
[3466] ZANGARA, V.: Evodius Uzaliensis
[6121] ZANGARA, VINCENZA: Novissima

→ III.2. Ausonius

[1547] CLASSEN, CARL JOACHIM: Auctores
[5681] FONTAINE, JACQUES: Doctrina auctorum

→ III.2. Avitus Viennensis

 [429] Subsidia
[3470] NODES, DANIEL J.: Faustus Reinsis

→ III.2. Bardesanes

[1137] DIHLE, ALBRECHT: Philosophica
[5797] RIßE, G.: Christologia

→ III.2. Barnabae Epistula

[4575] Vol. 45: Patres Apostolici
 [861] MACLENNAN, ROBERT STEWART: Opera ad historiam ...

→ III.2. Basilius Caesariensis

[4725] Rufinus Aquileiensis
   [1] BACKUS, IRÉNA: Historia patrologiae
   [2] BACKUS, IRENA: Historia patrologiae
[1537] BRUMMEL, THOMAS RICHARD: Auctores
[6363] CAVALCANTI, ELENA: Patrum exegesis
[1137] DIHLE, ALBRECHT: Philosophica
[6430] GIRARDI, MARIO: Ps 28(29)
[6478] GORI, F.: Mc 10,18

[5259] JACOB, ANDRÉ: Liturgica
[3604] JUNOD, ÉRIC: Gregorius Nazianzenus
[1615] KERTSCH, MANFRED: Auctores
[1279] LUCA, SANTO: Palaeographica atque manuscripta
[1161] MARTI, HEINRICH: Philosophica
[6024] PATRUCCO, MARCELLA FORLIN: Vita christiana, monastica
[5629] PULES, G.A.: Ius canonicum, hierarchia, diciplina ecclesiastica
[5286] ROBERTSON, MARIAN. Liturgica
[4505] SAMIR, K.S.: Origenes
 [151] SESBOÜÉ, BERNARD: Bibliographica
[6432] TUCCARI, LUCIANA: Ps 59(60)
[6427] TUCCARI, LUCIANA: Psalmi
[6428] VIAN, G.M.: Psalmi
[2915] VOGÜÉ, ADALBERT DE: Benedictus Nursinus
[1087] VOGÜÉ, ADALBERT DE: Opera ad historiam ...
[5304] WATSON, G.: Liturgica
[4918] WEISS, JEAN-PIERRE: Valerianus Cemeliensis

→ III.2. Benedictus Nursinus

[614] CAZA, L.: Opera ad historiam ...
[5926] COFFIN, L.D.: Vita christiana, monastica
[3290] EGENDER, NIKOLAUS: Benediktus Nursinus
[5954] GALE, J.F.M.: Vita christiana, monastica
[4709] GOMEZ, ILDEFONSO M.: Regula Magistri
[5256] HOMBACH, R.; NOWACK, P.: Benedictus Nursinus
[3554] PUZICHA, MICHAELA: Gregorius Magnus
[6035] PUZICHA, MICHAELA: Vita christiana, monastica
[6046] RIPPINGER, J.: Vita christiana, monastica
[6065] TIROT, P.: Vita christiana, monastica
[2838] VOGÜÉ, ADALBERT DE: Basilius Caesariensis
  [65] WEAVER-LAPORTE, F.E.: Historia patrologiae
[4716] ZELZER, KLAUS: Regula Magistri

→ III.2. Boethius

[1146] GRACIA, J.J.E.: Philosophica
[1628] Auctores

→ III.2. Caelius Sedulius

[1867] WRIGHT, NEIL: Arator

→ III.2. Cassiodorus

[6422] ALONSO SCHÖKEL, L.: Psalmi

[6423] ALONSO SCHÖKEL, L.: Psalmi
[4207] ANTONOPOULOS, PANAGIOTIS: Iustinianus Imperator
[1538] BRUNHÖLZL, F.: Auctores
[1193] GARZYA, A.: Philologia patristica
[1598] HAGENDAHL, HARALD: Auctores
[6065] TIROT, P.: Vita christiana, monastica
[4096] TÖNNIES, BERNHARD: Iordanes

→ III.2. Celsus Philosophus

[4469] FELDMAN, LOUIS H.: Origenes
[1151] HAUCK, ROBERT J.: Philosophica

→ III.2. Chromatius Aquileiensis

[3802] MEYVAERT, PAUL: Hieronymus

→ III.2. Claudius Claudianus

[427] Subsidia
[5715] ROBERTS, MICHAEL: Doctrina auctorum

→ III.2. Clemens Alexandrinus

[1519] Vol. 44: Auctores
[5978] KLEIN, RICHARD: Vita christiana, monastica
[5699] LAURENS, PIERRE: Doctrina auctorum
[6493] MASCELLANI, ELISA: Rom 5,12-21
[5703] MEES, MICHAEL: Doctrina auctorum
[1487] NARDI, CARLO: Apocrypha
[6401] OSBORN, ERIC: Specialia in Vetus Testamentum
[6287] PASQUIER, ANNE: Gnostica
[150] SESBOÜÉ, BERNARD: Bibliographica
[5745] WEBER, JÖRG: Religio, revelatio

→ III.2. Clemens Romanus

[4575] Vol. 45: Patres Apostolici
[1151] HAUCK, ROBERT J.: Philosophica
[795] JEFFERS, JAMES STANLEY: Opera ad historiam …
[6383] REVENTLOW, HENNING GRAF: Patrum exegesis
[3915] TREVETT, CHRISTINE: Ignatius Antiochenus

→ III.2. Pseudo-Clemens Romanus

[4575] Vol. 45: Patres Apostolici
[1463] DRIJVERS, HAN J.W.: Apocrypha

[776] HORBURY, WILLIAM: Opera ad historiam …
[1475] JONES, FREDERICK STANLEY: Apocrypha
[467] Subsidia
[1480] KVARME, OLE C.: Apocrypha
[1500] SNOWDEN, JOE RODNEY: Apocrypha
[1501] SOCAS, FRANCISCO: Apocrypha
[1510] VOORST, ROBERT E. VAN: Apocrypha

→ III.2. Columbanus Abbas Bobiensis

[5041] SZÖVERFFY, JOSEPH: Hagiographica

→ III.2. Constantinus Imperator

[575] BOPPERT, WALBURG: Opera ad historiam …
[3423] ERRINGTON, MALCOLM R.: Eusebius Caesariensis
[716] FONTAN, ANTONIO: Opera ad historiam …
[734] GAUDEMET, J.: Opera ad historiam …
[755] GRÜNEWALD, T.: Opera ad historiam …
[813] KLEIN, R.: Opera ad historiam …
[922] NORDERVAL, YVIND: Opera ad historiam …
[926] ODAHL, CHARLES: Opera ad historiam …
[974] Opera ad historiam …
[1680] RODRIGUEZ GERVAS, M.J.: Auctores
[1023] SEELIGER, HANS REINHARD: Opera ad historiam …
[2642] SZIDAT, JOACHIM: Aurelius Augustinus
[1084] VITTINGHOFF, F.: Opera ad historiam …

→ III.2. Constitutiones Apostolorum

[5264] Liturgica

→ III.2. Cyprianus Carthaginiensis

[569] BOBERTZ, CHARLES ARNOLD: Opera ad historiam …
[106] BRAUN, RENÉ; DELÉANI, S.; DOLBEAU, F.; FREDOUILLE,
       J.-C.; PETITMENGIN, P.: Bibliographica
[107] BRAUN, RENÉ; DELÉANI, SIMONE; DOLBEAU, FRANCOIS
       et al.: Bibliographica
[108] BRAUN, RENÉ; DELÉANI, SIMONE; FREDOUILLE, JEAN-
       CLAUDE; PETITMENGIN, PIERRE; DOLBEAU, FRANCOIS:
       Bibliographica
[1747] CURTI, CARMELO: Ambrosius Mediolanensis
[2148] DASSMANN, ERNST: Aurelius Augustinus
[133] Bibliographica
[1643] Auctores

[4278] NICHOLSON, OLIVER: Lactantius
[4699] PETRUCCIONE, JOHN: Prudentius
[5358] SUTTNER, ERNST CHRISTOPH: Missa, sacramenta, sacramentalia
[1702] Auctores
[4880] VICIANO, A.: Tertullianus

→ III.2. Pseudo-Cyprianus Carthaginiens

[3184] SELLEW, PHILIP: Cyprianus Carthaginiensis

→ III.2. Cyrillus Alexandrinus

[1183] ADSHEAD, KATHERINE: Philologia patristica
[6486] FATICA, LUIGI: Evangelium Joannis
[6478] GORI, F.: Mc 10,18
[1594] GRAY, P.: Methodologica
[1274] KAUFHOLD, H.: Palaeographica atque manuscripta
[6428] VIAN, G.M.: Psalmi

→ III.2. Cyrillus Hierosolymitanus

[3965] ELDER, E.T.: Iohannes Chrysostomus
[1754] JACKSON, P.: Ambrosius Mediolanensis

→ III.2. Cyrillus Scythopolitanus

[4958] CORTESI, MARIAROSA: Hagiographica

→ III.2. David Invictus

[1179] WILDBERG, CHRISTIAN: Philosophica

→ III.2. Damasus Papa

[4305] WISSE, FREDERIK: Pseudo-Liberius Papa

→ III.2. Didache

[4575] Vol. 45: Patres Apostolici
[5965] HAHN, FERDINAND: Vita christiana, monastica

→ III.2. Didymus Alexandrinus

[3820] SIMONETTI, MANLIO: Hieronymus
[6427] TUCCARI, LUCIANA: Psalmi

→ III.2. Diodorus Tarsensis

[1724] ZINCONE, SERGIO: Auctores

→ III.2. Ad Diognetum

[1519] Vol. 44: Auctores
[4102] BEATRICE, PIER FRANCO: Irenaeus Lugdunensis

→ III.2. Pseudo-Dionysius Areopagita

[5683] GANDILLAC, MAURICE DE: Doctrina auctorum
[4482] JANOWITZ, N.: Origenes
[4483] JANOWITZ, NAOMI: Origenes
[2389] LIBERA, ALAIN DE: Aurelius Augustinus
[3691] SCOUTERIS, CONSTANTINE: Gregorius Nyssenus
[4085] SUCHLA, BEATE REGINA: Iohannes Scythopolitanus

→ III.2. Dracontius

 [461] Subsidia

→ III.2. Egeria

 [195] The Blessings of Pilgrimage: Collectanea et miscellanea
 [430] Subsidia
[5114] HOLUM, K.G.: Helena Imperatrix
 [856] LOPEZ PEREIRA, JOSÉ EDUARDO: Opera ad historiam ...
[1032] SIVAN, HAGITH S.: Opera ad historiam ...

→ III.2. Ennodius

[5715] ROBERTS, MICHAEL: Doctrina auctorum
[4096] TÖNNIES, BERNHARD: Iordanes

→ III.2. Ephraem Syrus

[4186] Iulianus Imperator
[4724] PETERSEN, WILLIAM L.: Romanus Melodus
[5797] RIßE, G.: Christologia
[6427] TUCCARI, LUCIANA: Psalmi

→ III.2. Pseudo-Ephraem Syrus

[6120] WITAKOWSKI, W.: Novissima

→ III.2. Epiphanius Constantiensis

[6435] FEIERTAG, JEAN-LOUIS: Pr 22,2
[3867] FRICKEL, JOSEF: Hippolytus Romanus
[4783] SALVESEN, ALISON: Symmachus
[4610] SIMONETTI, MANILO: Paulus Samosatensis
[1081] VERHEYDEN, JOZEF: Opera ad historiam ...
[1082] VERHEYDEN, JOZEF: Opera ad historiam ...
[4017] VOICU, S.J.: Pseudo-Iohannes Constantiensis

→ III.2. Eucherius Lugdunensis

[1521] BARBERO, GILIOLA: Auctores

→ III.2. Eugnostus Gnosticus

[6285] PARROTT, DOUGLAS M.: Gnostica
[6287] PASQUIER, ANNE: Gnostica
[6329] SUMNEY, JERRY L.: Gnostica

→ III.2. Eunomius Cyzicenus

[752] GREGORIOS, PAULOS M.: Opera ad historiam ...
[3670] MANN, F.: Gregorius Nyssenus

→ III.2. Eusebius Caesariensis

[4607] BURRUS, VIRGINIA: Paulus Samosatensis
[6433] CARPINO, FABIOLA: Ps 118(119)
[4727] CHRISTENSEN, TORBEN: Rufinus Aquileiensis
[6478] GORI, F.: Mc 10,18
[3086] HOEK, ANNEWIES VAN DEN: Clemens Alexandrinus
[6510] IRMSCHER, JOHANNES: Apocalypsis Joannis
[815] KLEIN, RICHARD: Opera ad historiam ...
[3328] PICCIRILLO, MICHELE: Egeria
[1020] SCHWARTE, K.-H.: Opera ad historiam ...
[151] SESBOÜÉ, BERNARD: Bibliographica
[4610] SIMONETTI, MANILO: Paulus Samosatensis
[6432] TUCCARI, LUCIANA: Ps 59(60)
[1081] VERHEYDEN, JOZEF: Opera ad historiam ...
[1082] VERHEYDEN, JOZEF: Opera ad historiam ...

→ III.2. Eustathius Antiochenus

[1161] MARTI, HEINRICH: Philosophica
[1660] Vol. 15: Auctores

→ III.2. Eustathius Monachus

[4569] Vol. 19: Pamphilus Theologus/Eustathius monachus

→ III.2. Firmicus Maternus

[4281] WLOSOK, ANTONIE: Lactantius

→ III.2. Fructuosus Bracarensis

[2705] VOGÜÉ, ADALBERT DE: Aurelius Augustinus

→ III.2. Fulgentius Ruspensis

[2472] NORBERG, DAG: Aurelius Augustinus
[6070] TURTAS, R.: Vita christiana, monastica

→ III.2. Gerontius

[5901] BLAZQUEZ MARTINEZ, J.M.: Vita christiana, monastica

→ III.2. Pseudo-Gregorius Illuminator

[5108] CHAUMONT, MARIE-LOUISE: Gregorius Illuminator

→ III.2. Gregorius Magnus

[2847] Benedictus Nursinus
[2848] Benedictus Nursinus
[5228] CHAVASSE, A.: Liturgica
  [14] DONNINI, M.: Historia patrologiae
[3927] GIORDANO, LISANIA: Iohannes Cassianus
 [131] GODDING, ROBERT: Bibliographica
[1597] GRYSON, ROGER: Auctores
[6416] KASPER, CLEMENS MARIA: 1 Reg (Sam) 1,1
[2894] LINAGE CONDE, A.: Benedictus Nursinus
[4739] LÖFSTEDT, B.: Sedulius
 [870] MARKUS, ROBERT A.: Opera ad historiam ...
[1213] QUINTO, R.: Philologia patristica
[6065] TIROT, P.: Vita christiana, monastica
[6070] TURTAS, R.: Vita christiana, monastica
[1177] VOGÜÉ, A. DE: Generalia

→ III.2. Gregorius Nazianzenus

 [432] Subsidia
[3155] CRIMI, C.: Cosmas Melodus
[4185] CRISUOLO, U.: Iulianus Imperatore

[5074] DAVIDS, A.J.M.: Basilius Caesariensis
[6435] FEIERTAG, JEAN-LOUIS: Pr 22,2
[5385] FRANGESKOU, VASSILIKI: Hymni
[2804] GRAND'HENRY, JACQUES: Basilius Caesariensis
 [464] KALAMAKES, D.: Subsidia
[1274] KAUFHOLD, H.: Palaeographica atque manuscripta
[3804] MORESCHINI, CLAUDIO: Hieronymus
[1925] OOSTHOUT, HENRI: Athanasius Alexandrinus
[5625] PAPADEMETRIOU, G.C.: Ius canonicum, hierarchia, diciplina ecclesiastica
[1682] ROUGÉ, JEAN: Auctores
[4505] SAMIR, K.S.: Origenes
 [151] SESBOÜÉ, BERNARD: Bibliographica
[3273] SICHERL, M.: Pseudo-Dionysius Areopagita
[1301] SPATHARAKIS, IOANNIS: Palaeographica atque manuscripta
[6427] TUCCARI, LUCIANA: Psalmi

→ III.2. Gregorius Nyssenus

  [91] ALTENBURGER, MARGARETE; MANN, FRIEDHELM: Bibliographica
[1743] BASTERO, J.L.: Ambrosius Mediolanensis
[5074] DAVIDS, A.J.M.: Basilius Caesariensis
[6414] DROBNER, H.R.: Ex 12
 [452] DROBNER, HUBERTUS R.: Subsidia
[3413] ESBROECK, M. VAN: Eunomius Cyzicenus
[4474] GORDAY, P.J.: Origenes
 [752] GREGORIOS, PAULOS M.: Opera ad historiam …
[1615] KERTSCH, MANFRED: Auctores
[1279] LUCA, SANTO: Palaeographica atque manuscripta
[3321] MARAVAL, PIERRE: Egeria
[6489] MATEO-SECO, LUCAS F.: Jo 10,18
[1660] Vol. 15: Auctores
[2824] POUCHET, JEAN-ROBERT: Basilius Caesariensis
 [351] Studien zu Gregor von Nyssa …: Collectanea et miscellanea
[6427] TUCCARI, LUCIANA: Psalmi
[6428] VIAN, G.M.: Psalmi
[6497] VICIANO, A.: Rom 8,19-22
[4083] WICKHAM, R.L.: Iohannes Philoponus

→ III.2. Gregorius Thaumaturgus

[3654] ESBROECK, M. VAN: Gregorius Nyssenus
[4470] FOUBERT, JEAN: Origenes

→ III.2. Gregorius Turonensis

[4753] BONNERY, A.: Sidonius Apollinaris
 [576] BORGOLTE, MICHAEL: Opera ad historiam ...
 [581] BOYSON, D.: Opera ad historiam ...
[4092] GOFFART, WALTER: Iordanes
[6459] LANDES, RICHARD: Specialia in Novum Testamentum
 [892] MERTA, B.: Opera ad historiam ...

→ III.2. Heracleon Gnosticus

[4511] TRUMBOWER, JEFFREY A.: Origenes

→ III.2. Hermae Pastor

[4575] Vol. 45: Patres Apostolici
[5965] HAHN, FERDINAND: Vita christiana, monastica
 [795] JEFFERS, JAMES STANLEY: Opera ad historiam ...

→ III.2. Hermias

[1174] THOM, JOHAN C.: Philosophica

→ III.2. Hilarius Pictaviensis

[6433] CARPINO, FABIOLA: Ps 118(119)
[6506] CAVALCANTI, ELENA: Phil 2,5-11
[5681] FONTAINE, JACQUES: Doctrina auctorum
[1597] GRYSON, ROGER: Auctores
[5695] KASPER, CLEMENS M.: Doctrina auctorum

→ III.2. Hieronymus

[4142] BERTINI, FERRUCCIO: Isidorus Hispalensis
[5901] BLAZQUEZ MARTINEZ, J.M.: Vita christiana, monastica
 [585] BRATOČ, RAJKO: Opera ad historiam ...
[5922] CLARK, ELISABETH A.: Vita christiana, monastica
[1547] CLASSEN, CARL JOACHIM: Auctores
 [433] Subsidia
[5163] DEGORSKI, B.: Paulus Eremita
[1258] DEGORSKI, BAZYLI: Palaeographica atque manuscripta
[3842] DOIGNON, JEAN: Hilarius Pictaviensis
[1261] DORANDI, TIZIANO: Palaeographica atque manuscripta
[3025] DUVAL, YVES-MARIE: Chromatius Aquileiensis
[4776] DUVAL, YVES-MARIE: Sulpicius Severus
[4835] DUVAL, YVES-MARIE: Tertullianus
[5873] FUSSL, MAXIMILIAN: Anthropologia

→ III.2. Hippolytus Romanus

→ III.2. Honoratus Arelatensis

→ III.2. Hydatius Lemicensis

→ III.2. Ignatius Antiochenus

→ III.2. Ildefonsus Toletanus

→ III.2. Iohannes Caesariensis

[3979] KLEIN, WASSILIOS: Iohannes Chrysostomus

→ III.2. Iohannes Chrysostomus

[414] AUBINEAU, MICHEL: Subsidia
[1537] BRUMMEL, THOMAS RICHARD· Auctores
[5922] CLARK, ELISABETH A.: Vita christiana, monastica
[1561] DATEMA, CORNELIS: Auctores
[6491] DEVINE, A.M.: Acta Apostolorum
[4186] Iulianus Imperator
[462] Subsidia
[1754] JACKSON, P.: Ambrosius Mediolanensis
[5259] JACOB, ANDRÉ: Liturgica
[1613] KERTSCH, M.: Auctores
[1615] KERTSCH, MANFRED: Auctores
[1279] LUCA, SANTO: Palaeographica atque manuscripta
[4170] MORELLI, GUISEPPE: Isidorus Pelusiota
[5285] REYNOLDS, ROGER E.: Liturgica
[985] RITTER, ADOLF MARTIN: Opera ad historiam ...
[1682] ROUGÉ, JEAN: Auctores
[6427] TUCCARI, LUCIANA: Psalmi
[6428] VIAN, G.M.: Psalmi
[4568] ZEEGERS-VAN DER VORST, NICOLE: Palladius Helenopolitanus
[1724] ZINCONE, SERGIO: Auctores

→ III.2. Pseudo-Iohannes Chrysostomus

[4646] AUBINEAU, MICHEL: Proclus Constantinopolitanus
[4424] BANNING, JOOP VAN: Opus Imperfectum in Matthaeum
[3237] HAGEDORN, URSULA; HAGEDORN, DIETER: Didymus Alexandrinus
[4425] SCHLATTER, FREDRIC W.: Opus Imperfectum in Matthaeum

→ III.2. Iohannes Damascenus

[1582] FORNIELES, SALVADOR LLERENA: Auctores

→ III.2. Iohannes Gazaeus

[2777] GATIER, PIERRE-LOUIS: Barsanuphius
[2778] PERRONE, LORENZO: Barsanuphius

→ III.2. Iohannes Malalas

[3009] GONNELLI, FABRIZIO: Cassiodorus
[353] Studies in John Malalas: Collectanea et miscellanea

→ III.2. Irenaeus Lugdunensis

[6473] ANDIA, YSABEL DE: Mt 5,5
[4012] ASTRUC-MORIZE, G.: Pseudo-Iohannes Chrysostomus
[5782] GRANT, ROBERT M.: Christologia
[3876] HÜBNER, R.M.: Hippolytus Romanus
[6401] OSBORN, ERIC: Specialia in Vetus Testamentum
[1393] PRICE, WILLIAM CRAIG: Novum Testamentum
[6383] REVENTLOW, HENNING GRAF: Patrum exegesis
[149] SESBOÜÉ, BERNARD: Bibliographica
[1702] Auctores

→ III.2. Ionas Bobiensis

[3565] VOGÜÉ, ADALBERT DE: Gregorius Magnus

→ III.2. Iordanes

[3010] HEATHER, PETER: Cassiodorus

→ III.2. Isaac Ninivita

[3371] MATHEWS, E.G. JR.: Ephraem Syrus

→ III.2. Isidorus Hispalensis

[412] Subsidia
[1521] BARBERO, GILIOLA: Auctores
[5454] ERMATINGER, JAMES W.: Iuridica, symbola
[5684] GASPAROTTO, GIOVANNI: Doctrina auctorum
[463] Subsidia
[5284] REYNOLDS, ROGER E.: Liturgica
[1219] SPLETT, JOCHEN: Philologia patristica
[2705] VOGÜÉ, ADALBERT DE: Aurelius Augustinus
[3566] VOGÜÉ, ADALBERT DE: Gregorius Magnus

→ III.2. Isidorus Pelusiota

[1613] KERTSCH, M.: Auctores
[3977] KERTSCH, M.: Iohannes Chrysostomus
[3978] KERTSCH, MANFRED: Iohannes Chrysostomus
[6428] VIAN, G.M.: Psalmi

→ III.2. Iulianus Aeclanensis

[2368] LAMBERIGTS, M.: Aurelius Augustinus

→ III.2. Iulianus Imperator

[1344] BAARDA, T.: Novum Testamentum
[1672] PORTMANN, W.: Auctores
[4879] UGENTI, VALERIO: Tertullianus

→ III.2. Iustinianus Imperator

 [574] BONINI, R.: Opera ad historiam ...
[2250] FREDRIKSEN, P.: Aurelius Augustinus
 [734] GAUDEMET, J.: Opera ad historiam ...
 [982] REYNOLDS, S.C.: Opera ad historiam ...
[5563] SPEIGL, J.: Concilia, acta conciliorum, canones
[4293] VANNUCCHI FORZIERI, OLGA: Leo Magnus

→ III.2. Iustinus Martyr

   [2] BACKUS, IRENA: Historia patrologiae
[5782] GRANT, ROBERT M.: Christologia
[5252] HÄLLSTRÖM, GUNNAR AF: Liturgica
 [776] HORBURY, WILLIAM: Opera ad historiam ...
 [861] MACLENNAN, ROBERT STEWART: Opera ad historiam ...
[4808] PETERSEN, WILLIAM L.: Tatianus Syrus
[6383] REVENTLOW, HENNING GRAF: Patrum exegesis
[6102] RIES, JULIEN: Angeli et daemones
[5721] SCHOEDEL, WILLIAM R.: Doctrina auctorum
[1718] WARTELLE, ANDRÉ: Auctores

→ III.2. Pseudo-Iustinus Martyr

[1639] MARCOVICH, MIROSLAV: Auctores

→ III.2. Iuvencus

 [428] Subsidia
[2771] FLURY, P.: Avitus Viennensis

→ III.2. Lactantius

 [656] DAVIES, P.S.: Opera ad historiam ...
 [748] GNILKA, CHRISTIAN: Opera ad historiam ...
[4858] OTON SOBRINO, E.: Tertullianus
[3812] PERRIN, MICHEL: Hieronymus

[1020] SCHWARTE, K.-H.: Opera ad historiam ...
[6513] SENG, H.: Apoc 11,1-14
[1723] ZECCHINI, GIUSEPPE: Auctores

→ III.2. Leo Magnus

[5317] COVOLO, ENRICO DAL: Missa, sacramenta, sacramentalia
[6373] MARGERIE, BERTRAND DE: Patrum exegesis
[4703] SIRAGO, VITO A.: Prudentius
[4618] SPEIGL, JAKOB: Pelagius

→ III.2. Leontius Constantinopolitanus

[3889] VOICU, SEVER J.: Pseudo-Hippolytus Romanus
[4017] VOICU, S.J.: Pseudo-Iohannes Constantiensis

→ III.2. Leontius Neapolitanus

[4015] DATEMA, CORNELIS; ALLEN, PAULINE: Pseudo-Iohannes Chrysostomus

→ III.2. Liber Graduum

[4326] STEWART, C.A.: Pseudo-Macarius/Symeon

→ III.2. Lucianus Antiochenus

[6415] FERNANDEZ MARCOS, N.; BUSTO SAIZ, J.R.: 1-2 Regum (Samuel)

→ III.2. Malchion Antiochenus

[4610] SIMONETTI, MANILO: Paulus Samosatensis

→ III.2. Marcellus Ancyranus

[1725] LIENHARD, JOSEPH T.: Acacius Caesariensis
[2814] LIENHARD, JOSEPH T.: Basilius Caesariensis

→ III.2. Marcion

[1351*]DELOBEL, JOEL: Novum Testamentum
[5674] DRIJVERS, HAN J.W.: Doctrina auctorum
[6383] REVENTLOW, HENNING GRAF: Patrum exegesis

→ III.2. Marius Victorinus

[1161] MARTI, HEINRICH: Philosophica

→ III.2. Maximus Confessor

→ III.2. Melito Sardensis

→ III.2. Methodius Olympius

→ III.2. Minucius Felix

→ III.2. Nestorius

→ III.2. Nilus Ancyranus

→ III.2. Noëtos

→ III.2. Nonnus Panopolitanus

→ III.2. Oecumenius

→ III.2. Origenes

[1537] BRUMMEL, THOMAS RICHARD: Auctores
[6433] CARPINO, FABIOLA: Ps 118(119)
[3729] CASTELLANO, ANTONIO: Heracleon Gnosticus
[5828] COCCHINI, FRANCESCA: Mariologia
[3389] DECHOW, JON F.: Epiphanius Constantiensis
[1137] DIHLE, ALBRECHT: Philosophica
[3775] DUVAL, YVES-MARIE: Hieronymus
[2307] GROSSI, VITTORINO: Aurelius Augustinus
[6444] GRYSON, ROGER; SZMATULA, DOMINIQUE: Isaias
[4157] GUILLAUMIN, JEAN-YVES: Isidorus Hispalensis
[1151] HAUCK, ROBERT J.: Philosophica
[3086] HOEK, ANNEWIES VAN DEN: Clemens Alexandrinus
[3604] JUNOD, ÉRIC: Gregorius Nazianzenus
[5694] JUNOD, ÉRIC: Doctrina auctorum
[6416] KASPER, CLEMENS MARIA: 1 Reg (Sam) 1,1
• [2345] KATO, T.: Aurelius Augustinus
[5978] KLEIN, RICHARD: Vita christiana, monastica
[1841] KOENIG, HILDEGARD: Aponius
[6109] LAAK, WERNER VAN: Novissima
[1643] Auctores
[6493] MASCELLANI, ELISA: Rom 5,12-21
[3709] MERINO, MARCELO: Gregorius Thaumaturgus
[5705] MINNERATH, ROLAND: Doctrina auctorum
[3094] MURDOCH, JAMES M.: Clemens Alexandrinus
[3806] NAUTIN, PIERRE: Hieronymus
[304] Origen of Alexandria: Collectanea et miscellanea
[1660] Vol. 15: Auctores
[2513] PAULSEN, DAVID L.: Aurelius Augustinus
[3201] PAZZINI, DOMENICO: Cyrillus Alexandrinus
[3100] PIETRAS, HENRYK: Clemens Alexandrinus
[6383] REVENTLOW, HENNING GRAF: Patrum exegesis
[3394] RIGGI, CALOGERO: Epiphanius Constantiensis
[4425] SCHLATTER, FREDRIC W.: Opus Imperfectum in Matthaeum
[150] SESBOÜÉ, BERNARD: Bibliographica
[2602] SFAMENI GASPARRO, G.: Aurelius Augustinus
[5728] SIMONETTI, MANLIO: Doctrina auctorum
[3710] SIMONETTI, MANLIO: Gregorius Thaumaturgus
[2634] STEWART, ALISTAIR C.: Aurelius Augustinus

→ III.2. Orosius

[2023] ANTONACI, ANTONIO: Aurelius Augustinus
[1521] BARBERO, GILIOLA: Auctores
[2254] FREND, WILLIAM H.C.: Aurelius Augustinus

→ III.2. Priscillianus

[5628] PUGLISI, GAETANO: Ius canonicum, hierarchia, ...
[5549] REIMER, HUBERT; CHUAQUI, REIMER VELIA DE: Concilia, acta conciliorum, canones
[4535] SAENZ DE ARGANDOÑA, P.M.: Orosius

→ III.2. Proclus Constantinopolitanus

[414] AUBINEAU, MICHEL: Subsidia
[4013] AUBINEAU, MICHEL: Pseudo-Iohannes Chrysostomus

→ III.2. Procopius Caesariensis

[1543] CAVARRA, B.: Auctores
[4216] JONES, HUGUETTE: Iustinianus Imperator

→ III.2. Procopius Gazaeus

[1200] HULT, KARIN: Philologia patristica
[1672] PORTMANN, W.: Auctores

→ III.2. Prosper Aquitanus

[5695] KASPER, CLEMENS M.: Doctrina auctorum
[1639] MARCOVICH, MIROSLAV: Auctores
[913] MUHLBERGER, STEVEN: Opera ad historiam ...

→ III.2. Prudentius

[1572] EGGENBERGER, CHRISTOPH: Auctores
[3047] FERNANDEZ VALLINA, E.: Claudius Claudianus
[747] GNILKA, CHRISTIAN: Opera ad historiam ...
[748] GNILKA, CHRISTIAN: Opera ad historiam ...
[5715] ROBERTS, MICHAEL: Doctrina auctorum
[3224] SMITH, CHRISTINE: Damasus Papa

→ III.2. Regula Magistri

[2849] Benediktus Nursinus
[2851] AYMARD, PAUL: Benedictus Nursinus
[2857] BERLIERE, URSMER: Benedictus Nursinus
[2895] LINAGE CONDE, ANTONIO: Benedictus Nursinus
[2901] MUENTNICH, BENEDIKT: Benedictus Nursinus
[2911] VERHEUL, AMBROOS: Benedictus Nursinus

→ III.2. Romanus Melodus

[3629] SWART, GERHARDUS JACOBUS: Pseudo-Gregorius Nazianzenus

→ III.2. Rufinus Aquileiensis

[4434] Origenes
[1776] DUVAL, YVES-MARIE: Sulpicius Severus
[5691] HEINEN, HEINZ: Doctrina auctorum
[1629] LOMAS, FRANCISCO JAVIER: Auctores
[1788] SORDI, MARTA: Ambrosius Mediolanensis

→ III.2. Serapion Antiochenus

[3430] JUNOD, ÉRIC: Eusebius Caesariensis

→ III.2. Sergius Monophysita

[5771] Christologia

→ III.2. Severianus Gabalensis

[414] AUBINEAU, MICHEL: Subsidia
[1561] DATEMA, CORNELIS: Auctores

→ III.2. Severus Antiochenus

[5771] Christologia
[5805] TORRANCE, IAIN R.: Christologia

→ III.2. Sidonius Apollinaris

[5715] ROBERTS, MICHAEL: Doctrina auctorum

→ III.2. Sinuthius

[4305] WISSE, FREDERIK: Pseudo-Liberius Papa

→ III.2. Socrates Scholasticus

[515] ALLEN, PAULINE: Opera ad historiam ...
[5691] HEINEN, HEINZ: Doctrina auctorum

→ III.2. Sozomenus

[5691] HEINEN, HEINZ: Doctrina auctorum
[3983] MALINGREY, ANNE-MARIE: Iohannes Chrysostomus

→ III.2. Sulpicius Severus

[5901] BLAZQUEZ MARTINEZ, J.M.: Vita christiana, monastica
[1237] MALSBARY, GERALD H.: candidatus

→ III.2. Synesius Cyrenensis

[1543] CAVARRA, B.: Auctores
[1311] TRIANTAPHYLLOPOULOS, JEAN: Palaeographica atque manuscripta

→ III.2. Tatianus Syrus

[1147] GRANT, ROBERT M.: Opera ad historiam ...
[3369] LELOIR, LOUIS: Ephraem Syrus
[1718] WARTELLE, ANDRÉ: Auctores

→ III.2. Tertullianus

[4391] AHLBORN, ELKE: Minucius Felix
[106] BRAUN, RENÉ; DELÉANI, S.; DOLBEAU, F.; FREDOUILLE, J.-C.; PETITMENGIN, P.: Bibliographica
[107] BRAUN, RENÉ; DELÉANI, SIMONE; DOLBEAU, FRANCOIS et al.: Bibliographica
[108] BRAUN, RENÉ; DELÉANI, SIMONE; FREDOUILLE, JEAN-CLAUDE; PETITMENGIN, PIERRE;; DOLBEAU, FRANCOIS: Bibliographica
[5665] BUCHHEIT, VINZENZ: Doctrina auctorum
[426] Subsidia
[5830] COVOLO, ENRICO DAL: Mariologia
. [1368] GOLDHAHN-MÜLLER, I.: Novum Testamentum
[1597] GRYSON, ROGER: Auctores
[5252] HÄLLSTRÖM, GUNNAR AF: Liturgica
[1598] HAGENDAHL, HARALD: Auctores
[3874] HILL, C.H.: Hippolytus Romanus
[776] HORBURY, WILLIAM: Opera ad historiam ...
[3876] HÜBNER, R.M.: Hippolytus Romanus
[4393] KYTZLER, BERNHARD: Minucius Felix
[1628] Auctores
[861] MACLENNAN, ROBERT STEWART: Opera ad historiam ...
[1237] MALSBARY, GERALD H.: candidatus
[1643] Auctores
[6401] OSBORN, ERIC: Specialia in Vetus Testamentum
[52] PETITMENGIN, PIERRE: Historia patrologiae
[3813] PETITMENGIN, PIERRE: Hieronymus
[1949] POUDERON, BERNARD: Athenagoras

[5808] SCHOONENBERG, PIET: Trinitas
[5304] WATSON, G.: Liturgica
[1118] YUGE, TORU: Opera ad historiam ...

→ III.2. Theodoretus Cyrensis

 [515] ALLEN, PAULINE: Opera ad historiam ...
[3075] FERA, MARIA CANNATA: Clemens Alexandrinus
[3198] GUINOT, JEAN-NOEL: Cyrillus Alexandrinus
 [774] HIESTAND, RUDOLF: Opera ad historiam ...
[1200] HULT, KARIN: Philologia patristica
[6497] VICIANO, A.: Rom 8,19-22
[1724] ZINCONE, SERGIO: Auctores

→ III.2. Theodorus Mopsuestenus

[1344] BAARDA, T.: Novum Testamentum
[6486] FATICA, LUIGI: Evangelium Joannis
[2440] MCGUCKIN, JOHN A.: Aurelius Augustinus
[4002] ROMPAY, LUCAS VAN: Iohannes Chrysostomus
[5719] SCHIEFFER, R.: Theodorus Mopsuestenus
[1724] ZINCONE, SERGIO: Auctores

→ III.2. Theophilus Antiochenus

[5782] GRANT, ROBERT M.: Christologia
[1174] THOM, JOHAN C.: Philosophica

→ III.2. Valentinus Gnosticus

[6177] DESJARDINS, MICHEL R.: Gnostica
[6227] KAESTLI, JEAN-DANIEL: Gnostica
[6239] LEEPER, ELIZABETH A.: Gnostica
[4117] OLSON, MARK JEFFREY: Irenaeus Lugdunensis
[6287] PASQUIER, ANNE: Gnostica
[4128] RUPPE, DAVID ROBERT: Irenaeus Lugdunensis
[6339] THOMASSEN, EINAR: Gnostica

→ III.2. Venantius Fortunatus

[5179] GÄBE, SABINE: Radegundis
[5182] LECLERCQ, J.: Radegundis
[5715] ROBERTS, MICHAEL: Doctrina auctorum
[5041] SZÖVERFFY, JOSEPH: Hagiographica

→ III.2. Victor Vitensis

[4732] WYNN, P.: Rufinus Aquileiensis

→ III.2. Vigilius Papa

[4618] SPEIGL, JAKOB: Pelagius

→ III.3. Hagiographica

→ III.3.a) Generalia

[3711] Gregorius Turonensis
[5891] ASHBROOK HARVEY, SUSAN: Vita christiana, monastica
[414] AUBINEAU, MICHEL: Subsidia
[98] Bibliographie de François Halkin: Bibliographica
[562] BISBEE: Generalia
[3513] BOESCH GAJANO, SOFIA: Gregorius Magnus
[1452] BOVON, FRANÇOIS: Apocrypha
[5404] DATEMA, C.: Cultus
[4742] DATEMA, CORNELIS: Severianus Gabalensis
[12] DEVOS, P.: Historia patrologiae
[5407] DRIJVERS, H.J.W.: Cultus
[5498] ESBROECK, MICHEL VAN: Concilia, acta conciliorum, canones
[4589] EVENEPOEL, WILLY: Paulinus Nolanus
[2801] GIRARDI, MARIO: Basilius Caesariensis
[2803] GIRARDI, MARIO: Basilius Caesariensis
[745] GIRARDI, MARIO: Opera ad historiam ...
[3780] GONZALEZ MARIN, SUSANA: Hieronymus
[248] De heiligenverering in de eerste eeuwen van het christendom: Collectanea et miscellanea
[4303] HOFSTRA, J.: Leontius Neapolitanus
[820] KRAEMER, ROSS S.: Opera ad historiam ...
[5423] KÜSTER, J.: Cultus
[847] LIFSHITZ, FELICE: Opera ad historiam ...
[875] MARTIN, JOCHEN: Opera ad historiam ...
[45] OMMESLAEGHE, F. VAN: Historia patrologiae
[1290] OVERGAAUW, E.A.: Palaeographica atque manuscripta
[4695] PALMER, ANNE-MARIE: Prudentius
[399] PAUL, J.: Methodologica
[955] PICARD, JEAN-CHARLES: Opera ad historiam ...
[1215] REBILLARD, ÉRIC: Philologia patristica
[6047] RIZZO, FRANCESCO PAOLO: Vita christiana, monastica
[327] Sainteté et martyre ...: Collectanea et miscellanea

[4536] SANCHEZ LEON, J.C.: Orosius
[1853] SCHULZ-FLÜGEL, EVA: Apophthegmata Patrum
  [59] STELLADORO, M.: Historia patrologiae
 [341] Storia della Sicilia: Collectanea et miscellanea

→ III.3.b) Sancti singuli (in ordine alphabetico sanctorum)

→ III.3.b) Andreas Apostolus

[1001] SARATOV, I.E.: Opera ad historiam ...

→ III.3.b) Andreas Salus

[4301] Leontius Neapolitanus

→ III.3.b) Antonius Eremita

[1892] Athanasius Alexandrinus
[1898] ABRAMOWSKI, LUISE: Athanasius Alexandrinus
[1899] ALVAREZ, P.: Athanasius Alexandrinus
[1518] Auctores
[1902] BARTELINK, G.J.M.: Athanasius Alexandrinus
[5901] BLAZQUEZ MARTINEZ, J.M.: Vita christiana, monastica
[1921] LORENZ, RUDOLF: Athanasius Alexandrinus
[1922] LOUTH, ANDREW: Athanasius Alexandrinus

→ III.3.b) Arethas

[1027] SHITOMI, YUZO: Opera ad historiam ...

→ III.3.b) Athanasius Alexandrinus

[1810] HOLLERICH, MICHAEL J.: Pseudo-Amphilochius Iconiensis

→ III.3.b) Barbara Nicomediae mart.

 [191] Santa Barbara ...: Collectanea et miscellanea

→ III.3.b) Benedictus Nursinus

[2847] Benedictus Nursinus
[2848] Benedictus Nursinus

→ III.3.b) Callistus Papa

[1029] SIMONETTI, MANLIO: Opera ad historiam ...

→ III.3.b) Columbanus Abbas Bobiensis

[4086] Ionas Bobiensis
[4087] VOGÜÉ, ADALBERT DE: Ionas Bobiensis

→ III.3.b) Cyprianus Carthaginiensis

[3189] WISCHMEYER, W.: Cyprianus Carthaginiensis

→ III.3.b) Dometius

[6022] PARMENTIER, MARTIN F.G.: Vita christiana, monastica

→ III.3.b) Epiphanius ep. Ticinensis

[3342] Ennodius

→ III.3.b) Eulalia

[4698] PETRUCCIONE, J.: Prudentius

→ III.3.b) Eutychius patr. Constant.

[3446] CAMERON, AVERIL: Eustratius Constantinopolitanus
[3447] CAMERON, AVERIL: Eustratius Constantinopolitanus

→ III.3.b) Fabianus

[5195] CRÉTÉ, J.: Sebastianus

→ III.3.b) Fulgentius Ruspensis

[6035] PUZICHA, MICHAELA: Vita christiana, monastica

→ III.3.b) Gallus

[678] DUFT, J.: Opera ad historiam …

→ III.3.b) Genovefa Parisiensis

[5050] WOOD, IAN N.: Hagiographica

→ III.3.b) Gervasius et Protasius

[5398] BOEFT, J. DEN: Cultus

→ III.3.b) Gregorius Magnus

[57] SANDQVIST, S.: Historia patrologiae

→ III.3.b) Gregorius Thaumaturgus

[3692] STAROWIEYSKI, MAREK: Gregorius Nyssenus
[3693] STAROWIEYSKI, MAREK: Gregorius Nyssenus
[4378] VOCHT, C. DE: Maximus Confessor

→ III.3.b) Hatre (Hidra)

[726] GABRA, G.: Opera ad historiam ...

→ III.3.b) Hilarion

[5901] BLAZQUEZ MARTINEZ, J.M.: Vita christiana, monastica

→ III.3.b) Hilarius Pictaviensis

[4919] Vol. 81: Venatius Fortunatus

→ III.3.b) Honoratus

[5919] CARRIAS, M.: Vita christiana, monastica

→ III.3.b) Iohannes Calybita asceta

[5000] Hagiographica

→ III.3.b) Iohannes Chrysostomus

[4559] Voll. 341/342: Palladius Helenopolitanus
[4560] BRUNNER, T.F.: Palladius Helenopolitanus

→ III.3.b) Iohannes Eleemosynarius

[4300] Leontius Neapolitanus

→ III.3.b) Iohannes et Paulus mm. Romae

[4961] DEVOS, P.: Hagiographica

→ III.3.b) Laurentius

[1966] Aurelius Augustinus
[4952] BRUYN, ODILE DE: Hagiographica
[5390] NAUROY, GÉRARD: Hymni

→ III.3.b) Laurentius,Xystus,Hippolytus

[5055] VERRANDO, GIOVANNI NINO: Abdon et Sennen mm. Romae

→ III.3.b) Lazarus

[4299] UTHEMANN, K.-H.: Leontius pr. Constantinopolitanus

→ III.3.b) Leo Magnus

[4961] DEVOS, P.: Hagiographica

→ III.3.b) Macrina

[3638] Vol. 77: Gregorius Nyssenus
[3639] Gregorius Nyssenus
[3644] Gregorius Nyssenus
[4775] Sulpicius Severus

→ III.3.b) Marcianus ep. Syracusanus

[5037] STALLMANN, CYNTHIA J.: Hagiographica

→ III.3.b) Marcus

[1270] HUBAI, PÉTER: Palaeographica atque manuscripta

→ III.3.b) Martinus Turonensis

[4774] Sulpicius Severus
[4779] KLEIN, RICHARD: Sulpicius Severus

→ III.3.b) Melania Iunior

[5901] BLAZQUEZ MARTINEZ, J.M.: Vita christiana, monastica

→ III.3.b) Nabor

[2590] SANDERS, GABRIEL: Aurelius Augustinus

→ III.3.b) Paulus Eremita

[3768] DEGORSKI, B.: Hieronymus
[1258] DEGORSKI, BAZYLI: Palaeographica atque manuscripta

→ III.3.b) Pelagia Paenitens

[3592] DETORAKIS, T.: Grgorius Nazianzenus

→ III.3.b) Perpetua et Felicitas

[5051] XERES, SAVIERO: Hagiographica
 [889] MAZZUCCO, C.: Generalia

→ III.3.b) Petrus Apostolus

[4961] DEVOS, P.: Hagiographica

→ III.3.b) Polycarpus Smyrnensis

[5051] XERES, SAVIERO: Hagiographica

→ III.3.b) Radegundis

[4919] Vol. 81: Venatius Fortunatus
[4923] LECLERCQ, JEAN: Venantius Fortunatus
 [892] MERTA, B.: Opera ad historiam …

→ III.3.b) Sebastianus

[1006] SCHARF, R.: Generalia

→ III.3.b) Severinus

[3409] BERSCHIN, WALTER: Eugippius
[3411] PAVAN, MASSIMILIANO: Eugippius

→ III.3.b) Stephanus Protomartyr

[2770] Avitus Viennensis
[2589] SANDERS, G.: Aurelius Augustinus
[1094] WEBER, DOROTHEA: Opera ad historiam …

→ III.3.b) Symeon Salus

[4301] Leontius Neapolitanus

→ III.3.b) Syncletica

[1896] Athanasius Alexandrinus

→ III.3.b) Thecla

[1498] SHEERIN, D.: Apocrypha

→ III.3.b) Victor I papa

[1029] SIMONETTI, MANLIO: Opera ad historiam …

→ III.3.b) Zephyrinus papa

[1029] SIMONETTI, MANLIO: Opera ad historiam …

→ IV. Liturgica

→ IV.1. Generalia

→ IV.2. Missa, sacramenta, sacramentalia

[4398] DEGORSKI, B.: Nicetas Remesianensis
[4324] DESPREZ, V.: Pseudo-Macarius/Symeon
[5242] FENWICK, JOHN R.K.: Liturgica
[2248] FRANZ, EGON: Aurelius Augustinus
[5951] FREND, W.H.C.: Vita christiana, monastica
[1749] GAMBER, K.: Ambrosius Mediolanensis
[1271] JANERAS, SEBASTIA: Palaeographica atque manuscripta
[3214] KACZMAREK, T.: Cyrillus Hierosolymitanus
[2415] MARCILLA CATALAN, J.: Aurelius Augustinus
[1770] MARTINEZ SIERRA, A.: Ambrosius Mediolanensis
[4897] MAZZA, E.: Theodorus Mopsuestenus
[2444] MELONI, P.: Aurelius Augustinus
[5615] MEYENDORFF, J.: Ius canonicum, hierarchia, diciplina ecclesiastica
[5531] MŁOTEK, A.: Concilia, acta conciliorum, canones
[4242] NOCILLI, GIUSEPPE A.: Iustinus Martyr
[2511] PASQUATO, O.: Aurelius Augustinus
[3993] PASQUATO, O.: Iohannes Chrysostomus
 [955] PICARD, JEAN-CHARLES: Opera ad historiam …
[5556] SCHULZ, H.-J.: Concilia, acta conciliorum, canones
[4006] TAFT, R.: Iohannes Chrysostomus
[5824] THALER, ANTON: Ecclesiologia
[1224] TRAPP, E.: δισκοποτήριον
[3217] TURA, ERMANNO R.: Cyrillus Hierosolymitanus
[1833] WOZNIAK, J.: Aphraates

→ IV.3. Annus liturgicus

[3210] BERMEJO, E.: Cyrillus Hierosolymitanus
[1574] Auctores
[4937] JEANES, G.P.: Zeno Veronensis
[1671] PODSKALSKY, GERHARD: Auctores
[5861] YOHANNES, PAULOS: Mariologia

→ IV.4. Hymni

[1732] Vol. 13: Ambrosius Mediolanensis
[3351] Ephraem Syrus
[4717] Romanus Melodus
[4784] Synesius Cyrenensis
[3083] GRZYWACZEWSKI, JOZEF: Clemens Alexandrinus
[1752] HAEUSSLING, ANGELUS A.: Ambrosius Mediolanensis
[3365] KANIA, W.: Ephraem Syrus
[1781] PASINI, C.: Ambrosius Mediolanensis
[3617] PHOUNTOULES, I.: Gregorius Nazianzenus

→ IV.5. Cultus (hyper-)duliae, veneratio iconum reliquiarumque

→ V. Iuridica, symbola

→ V.1. Generalia

[6392] ELLIS, E. EARLE: Specialia in Vetus Testamentum
[4191] GONZALEZ FERNANDEZ, R.: Iulianus Imperator
 [762] HALL, STUART G.: Opera ad historiam ...
[4216] JONES, HUGUETTE: Iustinianus Imperator
[6372] MACDONALD, LEE M.: Patrum exegesis
[6463] PIÑERO, A.: Specialia in Novum Testamentum
[3550] PITZ, ERNST: Gregorius Magnus
[3189] WISCHMEYER, W.: Cyprianus Carthaginiensis

→ V.2. Concilia, acta conciliorum, canones

[3001] Capreolus Carthaginensis
[5765] AMATO, A.: Christologia
[6361] BASARAB, M.: Patrum exegesis
[5448] BASSARAK, G.: Iuridica, symbola
 [101] Bibliographica
[5827] CALVO MORALEJO, G.: Mariologia
[3446] CAMERON, AVERIL: Eustratius Constantinopolitanus
[5403] DAMASKENOS PAPANDREU (METROPOLIT): Cultus
[5406] DIMITROS I (PATRIARCHE): Cultus
 [220] Ecclesia militans: Collectanea et miscellanea
 [730] GARSOIAN, NINA G.: Opera ad historiam ...
[5836] GONZALEZ, CARLOS IGNACIO: Mariologia
[1594] GRAY, P.: Methodologica
[5839] HERRAN, L.M.: Mariologia
 [799] JUNOD, ÉRIC: Opera ad historiam ...
[5422] KALOKYRIS, K.: Cultus
[5644] KOLB, ANNE: Concilia, acta conciliorum, canones
[5616] MEYER, M.A.: Ius canonicum, hierarchia, diciplina ecclesiastica
[5620] NOETHLICHS, K.L.: Ius canonicum, hierarchia, diciplina ecclesiastica
[1235] OHME, H.: χώρα
 [962] POPESCU, E.: Opera ad historiam ...
[3223] REYNOLDS, ROGER E.: Damasus Papa
[1012] SCHMIDT, ANDREA B.: Opera ad historiam ...
[5439] Cultus
[1699] SUBLON, R.: Auctores
[1709] TROIANOS, S.N.: Auctores
[3921] VAZQUES JANEIRO, I.: Ildefonsus Toletanus
[5641] VOGT, H.-J.: Ius canonicum, hierarchia, diciplina ecclesiastica
[1088] VRIES, W. DE: Opera ad historiam ...

[5446] WALTER, CHR.: Cultus

→ V.3. Ius canonicum, hierarchia, disciplina ecclesiastica

[4140] ALBERT, B.-S.: Isidorus Hispalensis
[5449] BOUMIS, P.I.: Iuridica, symbola
[5312] BRADSHAW, PAUL F.: Missa, sacramenta, sacramentalia
[1131] CHRYSSAVGIS, J.: Philosophica
 [652] CUNNINGHAM, AGNES: Opera ad historiam ...
[3524] DURLIAT, JEAN: Gregorius Magnus
 [704] FEIGE, PETER: Opera ad historiam ...
[5679] FELLERMAYR, JOSEF: Doctrina auctorum
[5947] FELTEN, FRANZ J.: Vita christiana, monastica
[1244] GAUDEMET, J.: separare
[3169] GUERRA GOMEZ, M.: Cyprianus Carthaginiensis
[4114] HOFMANN, JOHANNES: Irenaeus Lugdunensis
[5981] KUCHENBUCH, LUDOLF: Vita christiana, monastica
[6252] MALICH, B.: Gnostica
[4165] MARCHETTO, AGOSTINO: Pseudo-Isidorus Hispalensis
[4288] MEULENBERG, L.: Leo Magnus
[5536] OHME, H.: Concilia, acta conciliorum, canones
[3855] PADOVESE, LUIGI: Hilarius Pictaviensis
[5542] PHEIDAS, V.: Concilia, acta conciliorum, canones
 [964] POPESCU, EMILIAN: Opera ad historiam ...
[3223] REYNOLDS, ROGER E.: Damasus Papa
[5284] REYNOLDS, ROGER E.: Liturgica
[5822] ROMERO POSE, EUGENIO: Ecclesiologia
[5552] SALACHAS, D.: Concilia, acta conciliorum, canones
[5290] SAXER, V.: Liturgica
[5823] SCHÖLLGEN, GEORG: Ecclesiologia
[2599] SCHREINER, KLAUS: Aurelius Augustinus
[5560] SIEBEN, HERMANN JOSEF: Concilia, acta conciliorum, canones
[1300] SIJPESTEIJN, P.J.: Palaeographica atque manuscripta
[5566] STRÄTZ, HANS-WOLFGANG: Concilia, acta conciliorum, canones
[4508] SZRAM, M.: Origenes
[6442] TIBILETTI, CARLO: Canticum Canticorum
[3123] WARTENBERG, GÜNTHER: Clemens Romanus
[4731] WEIGAND, R.: Rufinus Aquileiensis
[4294] WINKELMANN, FRIEDHELM: Leo Magnus

→ V.4. Symbola

[3361] BRUNS, PETER: Ephraem Syrus

[5491] Concilia, acta conciliorum, canones
[5835] GÖSSMANN, ELISABETH: Mariologia
[5564] STAATS, REINHART: Concilia, acta conciliorum, canones
[4518] WALDRAM, J.C.P.: Origenes

[6247] LUTTIKHUIZEN, GERARD P.: Gnostica
[2404] MADEC, GOULVEN: Aurelius Augustinus
[5759] MORGAN-WYNNE, JOHN EIFION: Trinitas
[4617] RYAN, CHRISTOPHER J.: Pelagius
[2588] SANCHEZ NAVARRO, L.: Aurelius Augustinus
[4376] STOINA, LIVIU: Maximus Confessor
[5732] Doctrina auctorum

→ VI.2.b) Creatio, providentia

[4881] Vol. 75: Theodoretus Cyrensis
[2015] ALVAREZ TURIENZO, S.: Aurelius Augustinus
[2027] ARRANZ RODRIGO, MARCELIANO: Aurelius Augustinus
[2085] BURT, DONALD X.: Aurelius Augustinus
[5965] HAHN, FERDINAND: Vita christiana, monastica
[2523] PÉPIN, JEAN: Aurelius Augustinus
[1168] SCHADEL, E.: Philosophica
[2655] TESKE, ROLAND J.: Aurelius Augustinus
[2680] VANNIER, M.-A.: Aurelius Augustinus
[6421] VATTIONI, FRANCESCO: Job

→ VI.2.c) Trinitas

[2025] ARIAS REYERO, M.: Aurelius Augustinus
[103] Bibliographica
[6149] BÖHLIG, ALEXANDER: Gnostica
[2791] BRZOSTOWSKA, ALINA: Basilius Caesariensis
[3455] BUNGE, GABRIEL: Evagrius Ponticus
[3166] CZESZ, BOGDAN: Cyprianus Carthaginiensis
[2178] DOUCET, DOMINIQUE: Aurelius Augustinus
[2179] DOUCET, DOMINIQUE: Aurelius Augustinus
[4327] DOWLING, MAURICE JAMES: Marcellus Ancyranus
[5245] GARIJO-GÜEMBE, M.M.: Liturgica
[3849] LADARIA, L.F.: Hilarius Pictaviensis
[5338] MCDONNELL, KILIAN; MONTAGUE, G.T.: Missa, sacramenta, sacramentalia
[5341] NAVARRO GIRON, M.A.: Missa, sacramenta, sacramentalia
[4346] OPELT, ILONA: Marius Victor
[2519] PELIKAN, JAROSLAV: Aurelius Augustinus
[4328] PELLAND, G.: Marcellus Ancyranus
[4498] PIETRAS, HENRYK: Origenes
[2566] RODRIGUEZ VALLS, F.: Aurelius Augustinus
[2573] RUDEBUSCH, GEORGE: Aurelius Augustinus
[5293] SILANES, NEREO: Liturgica
[5561] SIMONETTI, MANLIO: Concilia, acta conciliorum, canones

[5728] SIMONETTI, MANLIO: Doctrina auctorum
[2612] SMALBRUGGE, MATTHIAS A.: Aurelius Augustinus
[2615] SMALBRUGGE, MATTHIAS A.: Aurelius Augustinus
[5651] SPADA, DOMENICO: Symbola
[3695] STEAD, CHRISTOPHER G.: Gregorius Nyssenus
[1931] TACELLI, R.K.: Athanasius Alexandrinus
[5568] TETZ, M.: Concilia
[1933] TORRANCE, T.F.: Athanasius Alexandrinus
[4714] VOGÜÉ, ADALBERT DE: Regula Magistri
[4715] VOGÜÉ, ADALBERT DE: Regula Magistri
[2718] WILLIAMS, R.: Aurelius Augustinus

→ VI.2.d) Christologia

[1443] Apocrypha
[5474] BAXTER, ANTHONY: Concilia, acta conciliorum, canones
[3357] BOU MANSOUR, TANIOS: Ephraem Syrus
[1829] BRUNS, PETER: Aphraates
[4934] CARCIONE, F.: Vigilius Papa
[1562] DEHANDSCHUTTER, B.: Auctores
[4327] DOWLING, MAURICE JAMES: Marcellus Ancyranus
[2183] DROBNER, HUBERTUS R.: Aurelius Augustinus
[4627] EDSMAN, CARL-MARTIN: Physiologus
[5501] GAHBAUER, F.R.: Concilia, acta conciliorum, canones
[2280] GEERLINGS, WILHELM: Aurelius Augustinus
[2774] HANSON, A.T.: Barnabae Epistula
[3734] HENNE, PHILIPPE: Hermae Pastor
[3850] LADARIA, L.F.: Hilarius Pictaviensis
[3852] LADARIA, LUIS F.: Hilarius Pictaviensis
[5756] LADARIA, LUIS F.: Trinitas
[1725] LIENHARD, JOSEPH T.: Acacius Caesariensis
[2406] MADEC, GOULVEN: Aurelius Augustinus
[3671] MATEO-SECO, L.F.: Gregorius Nyssenus
[2440] MCGUCKIN, JOHN A.: Aurelius Augustinus
[3372] MOLENBERG, CORRIE: Ephraem Syrus
[2483] OLDFIELD, J.J.: Aurelius Augustinus
[3100] PIETRAS, HENRYK: Clemens Alexandrinus
[1888] PIFARRÉ, CEBRIA: Arnobius Minor
[1298] SANDERS, J.: Palaeographica atque manuscripta
[1297] SANDERS, J.: Palaeographica atque manuscripta
[5553] SAWARD, J.: Concilia, acta conciliorum, canones
[4130] SCIATTELLA, M.: Irenaeus Lugdunensis
[5650] SMOLIK, J.: Symbola
[4374] STANILOAE, D.: Maximus Confessor

[4291] STEWART, ALISTAIR C.: Leo Magnus
[1055] STÜTZER, H.A.: Opera ad historiam ...
[5732] Doctrina auctorum
[1934] TWOMBLEY, C.C.: Athanasius Alexandrinus
[5809] VERSNEL, H.S.: Soteriologia
[6497] VICIANO, A.: Rom 8,19-22
[4890] VICIANO, ALBERTO: Theodoretus Cyrensis
[1935] VOYLES, R.J.: Athanasius Alexandrinus
[2710] WEISMANN, FRANCISCO J.: Aurelius Augustinus
[3278] WESCHE, K.P.: Pseudo-Dionysius Areopagita

→ VI.2.e) Soteriologia

[1441] AALEN, SVERRE: Apocrypha
[5916] BROX, N.: Vita christiana, monastica
[5917] BROX, N.: Vita christiana, monastica
[4676] BUCHHEIT, VINZENZ: Prudentius
[4557] GRANADO BELLIDO, C.: Pacianus
[3602] HARRISON, VERNA E.F.: Gregorius Nazianzenus
 [257] Salvation: Collectanea et miscellanea
[2811] KARMIRHS, IVANNHS N.: Basilius Caesariensis
[3851] LADARIA, LUIS F.: Hilarius Pictaviensis
[2958] LLUCH-BAIXAULI, MIGUEL: Boethius
[5335] LOPEZ MARTIN, J.: Missa, sacramenta, sacramentalia
[5877] MAIER, BARBARA: Anthropologia
[4501] RABINOWITZ, CELIA ELLEN: Origenes
[4042] RACZKIEWICZ, M.: Iohannes Damascenus
[2582] SANCHEZ, G.: Aurelius Augustinus
[2665] TRAPE, AGOSTINO: Aurelius Augustinus
[4890] VICIANO, ALBERTO: Theodoretus Cyrensis

→ VI.2.f) Ecclesiologia

[4909] ALEXANDER, JAMES S.: Tyconius
[3114] BOWE, BARBARA ELLEN: Clemens Romanus
 [600] Opera ad historiam ...
[5582] CAPUTA, GIANNI: Ius canonicum, hierarchia, diciplina ecclesiastica
 [114] CONGAR, Y.: Bibliographica
[5453] DUNN, J.: Iuridica, symbola
[2197] EBOROWICZ,WACŁAW: Aurelius Augustinus
[3168] FOLGADO FLOREZ, S.: Cyprianus Carthaginiensis
[3363] GRIFFITH, SIDNEY H.: Ephraem Syrus
[2378] LANZI, N.: Aurelius Augustinus
[2379] LANZI, N.: Aurelius Augustinus

[2381] LANZI, NICOLA: Aurelius Augustinus
[4845] MATTEI, PAUL: Tertullianus
[4847] MCDONNELL, KILIAN: Tertullianus
[4160] MERINO MARTIN, S.: Isidorus Hispalensis
[2456] MONDIN, BATTISTA: Aurelius Augustinus
[5648] O'CALLAGHAN, P.: Symbola
[3033] QUACQUARELLI, ANTONIO: Chromatius Aquileiensis
[4913] ROMERO POSE, E.: Tyconius
[5432] SALACHAS, D.: Cultus
[5553] SAWARD, J.: Concilia, acta conciliorum, canones
[5193] TAMCKE, MARTIN: Ecclesiologia
[2651] TEJERO, ELOY: Aurelius Augustinus
[5639] VAKAROS, DEMETRIOS: Ius canonicum, hierarchia, diciplina ecclesiastica
[3916] ZAÑARTU, SERGIO, SJ: Ignatius Antiochenus

→ VI.2.g) Mariologia

[3749] Vol. 70: Hieronymus
[6124] AMATA, BIAGIO: Gnostica
[1743] BASTERO, J.L.: Ambrosius Mediolanensis
[4141] BENGOECHEA, I.: Isidorus Hispalensis
[3901] BERGAMELLI, FERDINANDO: Ignatius Antiochenus
[3902] BERGAMELLI, FERDINANDO: Ignatius Antiochenus
[4284] CALVO MORALEJO, G.: Leander Hispalensis
[1461] COTHENET, E.: Apocrypha
[4149] DIEZ MERINO, L.: Isidorus Hispalensis
[219] Doctrina y piedad mariana: Collectanea et miscellanea
[4627] EDSMAN, CARL-MARTIN: Physiologus
[5412] FAUTH, WOLFGANG: Cultus
[454] FIORES, S. DE; MEO, S.: Subsidia
[5246] GARRIDO, M.: Liturgica
[3906] GUELLA, E.: Ignatius Antiochenus
[3896] HURST, T.R.: Iacobus Sarugensis
[5420] IACOANGELI, ROBERTO: Cultus
[5257] IBAÑEZ, J.; MENDOZA, F.: Liturgica
[5141] MANNS, FRÉDÉRIC: Maria Deipara
[5142] MANNS, FRÉDÉRIC: Maria Deipara
[475] Subsidia
[476] Subsidia
[282] La mariologia nella catechesi dei Padri (età prenicena): Collectanea et miscellanea
[3919] MOLINA PRIETO, A: Ildefonsus Toletanus
[4120] ORBE, ANTONIO: Irenaeus Lugdunensis

[4696] PASCUAL TORRO, J.: Prudentius
[5553] SAWARD, J.: Concilia, acta conciliorum, canones
[3692] STAROWIEYSKI, MAREK: Gregorius Nyssenus
[3693] STAROWIEYSKI, MAREK: Gregorius Nyssenus
[5441] TRIACCA, ACHILLE M.: Cultus
[4902] URBANIAK-WALCZAK, KATARZYNA: Theophilus Alexandrinus
[4045] WAGENAAR, C.: Iohannes Damascenus
[1834] WOZNIAK, J.: Aphraates
[3382] YOUSIF, P.: Ephraem Syrus

→ VI.2.h) Anthropologia

[2015] ALVAREZ TURIENZO, S.: Aurelius Augustinus
[2018] ALVAREZ TURIENZO, S.: Aurelius Augustinus
[4228] AYAN CALVO, J.J.: Iustinus Martyr
[2041] BASAVE FERNANDEZ DEL VALLE, A.: Aurelius Augustinus
[6092] BROCK, SEBASTIAN P.: Angeli et daemones
[5913] BROWN, PETER: Vita christiana, monastica
[5914] BROWN, PETER: Vita christiana, monastica
[5915] BROWN, PETER: Vita christiana, monastica
[2084] BURKE, CORMAC: Aurelius Augustinus
[2093] CAMPELO, MOISÉS M.: Aurelius Augustinus
[6162] CASADIO, GIOVANNI: Gnostica
[5925] CLERICI, AGOSTINO: Vita christiana, monastica
[1907] CONTRERAS, ENRIQUE: Athanasius Alexandrinus
[2173] DOLBY MUGICA, M. DEL CARMEL: Aurelius Augustinus
[4894] EL-KHOURY, N.: Theodorus Mopsuestenus
[4108] FANTINO, JACQUES: Irenaeus Lugdunensis
[1577] FELBER, ANNELIESE: Auctores
[3117] FERNANDEZ ARDANAZ, S.: Clemens Romanus
[3077] FERNANDEZ ARDANAZ, SANTIAGO: Clemens Alexandrinus
[2253] FREITAS, M.B. DA COSTA: Aurelius Augustinus
[2269] GARCIA CASTILLO, PABLO: Aurelius Augustinus
[2319] HAYSTRUP, HELGE: Aurelius Augustinus
[4477] HEIMANN, PETER: Origenes
[2329] HOLTE, RAGNAR: Aurelius Augustinus
[1944] KOWALCZYK, D.: Athenagoras
[4173] LAMBERIGTS, MATHIJS: Iulianus Aeclanensis
[4484] LAPORTE, JEAN: Origenes
[4906] MARTIN, JOSÉ PABLO: Theophilus Antiochenus
[2433] MASUTTI, EGIDIO: Aurelius Augustinus
[2445] MENDELSON, MICHAEL: Aurelius Augustinus
[6002] MIKODA, TOSHIO: Vita christiana, monastica

→ VI.2.i) Vita christiana, monastica

[2266] GARCIA ALVAREZ, J.: Aurelius Augustinus
[4768] GARCIA GARCIA, L.M.: Siricius
[6202] GARCIA LOPEZ, CLEMENTE: Gnostica
[5247] Liturgica
 [749] GOEHRING, JAMES E.: Opera ad historiam ...
[5419] GOOSEN, L.: Cultus
[2306] GROSSI, VITTORINO: Aurelius Augustinus
[6096] GRÜN, ANSELM: Angeli et daemones
[1846] GUILLAUMONT, ANTOINE: Apophthegmata Patrum
[5739] HATEM, J.: Religio, revelatio
[2341] JUNDZIŁŁ, JULIUSZ: Aurelius Augustinus
[2350] KIJEWSKA, AGNIESZKA: Aurelius Augustinus
[2995] KLINGSHIRN, W.E.: Caesarius Arelatensis
[4217] KONIDARIS, J.M.: Iustinianus Imperator
 [820] KRAEMER, ROSS S.: Opera ad historiam ...
  [35] KRAUSE, M.: Historia patrologiae
[6098] LELOIR, LOUIS: Angeli et daemones
[4158] LINAGE CONDE, ANTONIO: Isidorus Hispalensis
 [276] Liturgie, conversion et vie monastique: Collectanea et miscellanea
[5700] LIZZI, RITA: Doctrina auctorum
[4995] MAGOULIAS, H.J.: Hagiographica
[5062] MARA, MARIA GRAZIA: Antonius Eremita
[1640] Auctores
[2898] MARRION, MALACHY: Benedictus Nursinus
[3714] MCCLUSKEY, STEVEN: Gregorius Turonensis
[4401] MESSANA, V.: Nilus Ancyranus
 [294] Il monachsimo nel primo millennio: Collectanea et miscellanea
[6270] MYSZOR, W.: Gnostica
[3324] NATALUCCI, NICOLETTA: Egeria
[1773] NAUMOWICZ, JOSEF: Ambrosius Mediolanensis
[1818] PAPADOPULOS, S.: Antonius Eremita
[2510] PAREL, ANTHONY J.: Aurelius Augustinus
 [308] PENCO, GREGORIO: Spiritualità monastica: Collectanea et miscellanea
[2778] PERRONE, LORENZO: Barsanuphius
[3882] PHILLIPS, EDWARD L.: Hippolytus Romanus
[5282] Liturgica
 [970] PRINZ, FRIEDRICH: Opera ad historiam ...
[1678] REGNAULT, L.; TOURAILLE, J.: Auctores
[1295] ROBINSON, JAMES M.: Palaeographica atque manuscripta
 [988] RONDET, MICHEL: Opera ad historiam ...
[5288] RORDORF, WILLY: Liturgica
[5717] ROSSETTI, GABRIELLA: Doctrina auctorum
[2830] RUSSO, F.: Basilius Caesariensis

[2584] SANCHEZ CARAZO, A.: Aurelius Augustinus
[2904] SCHÜTZEICHEL, H.: Benedictus Nursinus
[1025] SERNA GONZALEZ, CLEMENTE DE LA: Opera ad historiam ecclesiam ...
[5355] SEVERUS, E. VON: Missa, sacramenta, sacramentalia
[1032] SIVAN, HAGITH S.: Opera ad historiam ...
[3559] SOJKA, S.: Gregorius Magnus
[3822] STEPNIEWSKA, ALICJA: Hieronymus
 [408] TAGLIABUE, M.: Methodologica
[5192] TAMCKE, MARTIN: Sabriesus catholicus Orientis
[1062] TEJA CASUSO, RAMON: Opera ad historiam ...
[5635] THURSTON BOWMAN, BONNIE: Ius canonicum, hierarchia, diciplina ecclesiastica
[5751] TIBILETTI, CARLO: Creatio, providentia
[4878] TIBILETTI, CARLO: Tertullianus
[3827] VADAKKEKA, C.M.: Hieronymus
[3131] VOGÜÉ, ADALBERT DE: Columbanus Abbas Bobiensis
[2707] WEISMANN, F.J.: Aurelius Augustinus
[1104] WILLIAMS, D.H.: Opera ad historiam ...
[1807] WIPSZYCKA, EWA; BRAVO, B.: Ammon Episcopus
[4011] WOJTOWICZ, HENRYK: Iohannes Chrysostomus
[5810] ZAWADZKI, W.: Soteriologia

→ VI.2.k) Angeli et daemones

[1899] ALVAREZ, P.: Athanasius Alexandrinus
 [176] Anges et démons: Collectanea et miscellanea
 [188] L'autunno del diavolo: Collectanea et miscellanea
[6155] BRAVO, ELIA NATHAN: Gnostica
[4960] DELFIN, R.R.: Hagiographica
[6191] FILORAMO, GIOVANNI: Gnostica
[2263] GALLICET, EZIO: Aurelius Augustinus
[4976] GRAUS, FRANTISEK: Hagiographica
[5995] MARA, MARIA GRAZIA: Vita christiana, monastica
[4493] MONACI CASTAGNO, ADELE: Origenes
[5006] PFERSCHY, BETTINA: Hagiographica
[5007] PIETRI, CHARLES: Hagiographica
 [329] Santi e demoni nell'alto medioevo occidentale (secoli V-XI): Collectanea et miscellanea
[2607] SINISCALCO, PAOLO: Aurelius Augustinus
[3625] TRISOGLIO, FRANCESCO: Gregorius Nazianzenus

→ VI.2.l) Novissima

[4229] AYAN CALVO, J.J.: Iustinus Martyr

→ VII. Gnostica

[5881] PAGELS, ELAINE: Anthropologia
[4124] PATTERSON, L.G.: Irenaeus Lugdunensis
[3725] PENNACCHIETTI, FABRIZIO A.: Hegemonius
[5851] PERETTO, ELIO: Mariologia
[6382] PERETTO, ELIO: Patrum exegesis
[1494] PRIEUR, JEAN-MARC: Apocrypha
[4865] QUISPEL, GILLES: Tertullianus
[4501] RABINOWITZ, CELIA ELLEN: Origenes
[2564] ROCHÉ, D.: Aurelius Augustinus
[1438] Apocrypha
[3726] SCOPELLO, MADDALENA: Hegemonius
[1687] SCOPELLO, MADELEINE: Auctores
 [149] SESBOÜÉ, BERNARD: Bibliographica
[1496] SFAMENI GASPARRO, GIULIA: Apocrypha
[1218] SMAGINA, EUGENIA B.: Philologia patristica
[1696] STROUMSA, SARAH; STROUMSA, GEDALIAHU G.: Aucto-
        res
 [155] TARDIEU, MICHEL: Bibliographica
[1701] TE PASKE, BRADLEY ALAN: Auctores
[1506] TUCKETT, CHRISTOPHER M.: Apocrypha
[5043] UYTFANGE, MARC VAN: Hagiographica
[4133] VINCENT, GILBERT: Irenaeus Lugdunensis
[1509] VLIET, J. VAN DER: Apocrypha
[5745] WEBER, JÖRG: Religio, revelatio
[1512] YARBRO COLLINS, ADELA: Apocrypha

→ VIII. Patrum exegesis Veteris et Novi Testamenti

→ VIII.1. Generalia

[5449] BOUMIS, P.I.: Iuridica, symbola
[5477] BRANDMÜLLER, W.: Concilia ...
[1186] BRAUN-IRGANG, CORNELIA: Philologia patristica
[5451] BRUCE, FREDERICK F.: Iuridica, symbola
[3764] BUCHHEIT, VINZENZ: Hieronymus
[4149] DIEZ MERINO, L.: Isidorus Hispalensis
[2311] HAMILTON, GORDON J.: Aurelius Augustinus
[1755] JACKSON, PAMELA: Ambrosius Mediolanensis
[2349] KIENZLER, KLAUS: Aurelius Augustinus
[5982] KUREK, R.: Vita christiana, monastica
[3793] LARDET, PIERRE: Hieronymus
[3401] MANDOLFO, CARMELA: Eucherius Lugdunensis
[5062] MARA, MARIA GRAZIA: Antonius Eremita
[3799] MARC'HADOUR, G.: Hieronymus
[882] MATHIEU, JEAN-MARIE: Opera ad historiam ...
[1831] MCCULLOUGH, J.C.: Aphraates
[3920] MUÑOZ LEON, D.: Ildefonsus Toletanus
[1386] PERRIER, PIERRE: Novum Testamentum
[144] PERRONE, L.; BORI, P.C.: Bibliographica
[4496] PERRONE, LORENZO: Origenes
[3033] QUACQUARELLI, ANTONIO: Chromatius Aquileiensis
[152] SESBOÜÉ, BERNARD: Bibliographica
[2643] TABET BALADY, MIGUEL ANGEL: Aurelius Augustinus
[160] VERNET, ANDRÉ: Bibliographica
[2707] WEISMANN, F.J.: Aurelius Augustinus
[2715] WESTRA, HAIJO J.: Aurelius Augustinus
[3381] YOUSIF, P.: Ephraem Syrus

→ VIII.2.Specialia in Vetus Testamentum

[2006] Aurelius Augustinus
[2007] Aurelius Augustinus
[3844] DOIGNON, JEAN: Hilarius Pictaviensis
[1463] DRIJVERS, HAN J.W.: Apocrypha
[1262] FERRARI, MIRELLA: Palaeographica atque manuscripta
[5807] KACZMAREK, T.: Soteriologia
[291] Mikra: Collectanea et miscellanea
[3806] NAUTIN, PIERRE: Hieronymus
[1782] PIREDDA, ANNA MARIA: Ambrosius Mediolanensis
[3375] POIRIER, PAUL-HUBERT: Ephraem Syrus
[4783] SALVESEN, ALISON: Symmachus

[2648] TANNER, R.G.: Aurelius Augustinus
[4899] ZAHAROPOULOS, DIMITRI Z.: Theodorus Mopsuestenus

→ Genesis

[1976] Aurelius Augustinus
[1980] Aurelius Augustinus
[1979] Aurelius Augustinus
[3946] Iohannes Chrysostomus
[2027] ARRANZ RODRIGO, MARCELIANO: Aurelius Augustinus
[4748] CARRARA, PAOLO: Severus Antiochenus
[3972] HILL, ROBERT C.: Iohannes Chrysostomus
[3238] LAMIRANDE, ÉMILIEN: Didymus Alexandrinus
[3982] LILLA, S.: Iohannes Chrysostomus

→ Gen 1-3

[4228] AYAN CALVO, J.J.: Iustinus Martyr
[5878] PAGELS, E.: Anthropologia
[5879] PAGELS, ELAINE: Anthropologia
[5880] PAGELS, ELAINE: Anthropologia
[5881] PAGELS, ELAINE: Anthropologia
[3555] RECCHIA, V.: Gregorius Magnus

→ Gen 1,2

[2822] NALDINI, MARIO: Basilius Caesariensis

→ Gen 2-5

[4906] MARTIN, JOSÉ PABLO: Theophilus Antiochenus

→ Gen 3

[1804] HUNTER, DAVID G.: Pseudo-Ambrosius Mediolanensis

→ Gen 3,15

[4697] PEINADOR, M.: Prudentius

→ Gen 14,17-20

[6218] HELDERMAN, JAN: Gnostica
[6258] MÉNARD, JACQUES E.: Gnostica
[3821] STANIEK, E.: Hieronymus

→ Ex 34,33-35
[4485] LETELLIER, JOEL: Origenes

→ Lev 1-16
[4437] Vol. 83: Origenes

→ Numeri
[4438] Vol. 76: Origenes

→ 1 Reg (Sam) 28
[1660] Vol. 15: Auctores

→ Job
[3511] Vol. 32: Gregorius Magnus
[3933] Vol. 346: Iohannes Chrysostomus
[3934] Vol. 348: Iohannes Chrysostomus
[3945] Vol. 35: Iohannes Chrysostomus
[3514] CAVALLERO, J.P.: Gregorius Magnus
[3556] SCHREINER, S.E.: Gregorius Magnus

→ Job 2,6
[2844] ROHAN-CHABOT, CLAUDE DE: Basilius Seleuciensis

→ Job 14,4
[5871] CALABRETTA, LEONARDO: Anthropologia

→ Psalmi
[1993] Aurelius Augustinus
[1889] CICCARESE, MARIA PIA: Asterius Sophista
[3833] DOIGNON, J.: Hilarius Pictaviensis
[3840] DOIGNON, JEAN: Hilarius Pictaviensis
[5241] FARNÉS, P.: Liturgica
[3972] HILL, ROBERT C.: Iohannes Chrysostomus
[1891] KINZIG, WOLFRAM: Asterius Sophista
[2472] NORBERG, DAG: Aurelius Augustinus
[3240] PRINZIVALLI, EMANUELA: Didymus Alexandrinus
[3241] PRINZIVALLI, EMANUELA: Didymus Alexandrinus

→ Ps 13

[3859] STANULA, E.: Hilarius Pictaviensis

→ Ps 21

[1835] GONNELLI, FABRIZIO: Apollinarius Laodicensis
[1836] GONNELLI, FABRIZIO: Apollinarius Laodicensis
[1837] GONNELLI, FABRIZIO: Apollinarius Laodicensis

→ Ps 50(51)

[5871] CALABRETTA, LEONARDO: Anthropologia

→ Ps 59(60)

[4373] SIDOROV, A.I.: Maximus Confessor

→ Ps 118(119)

[3830] Vol. 344: Hilarius Pictaviensis
[3829] Vol. 347: Hilarius Pictaviensis
[3847] DURST, MICHAEL: Hilarius Pictaviensis

→ Ps 127

[3842] DOIGNON, JEAN: Hilarius Pictaviensis

→ Ps 136(137)

[2353] KIRSCHNER, ROBERT: Aurelius Augustinus

→ Ps 149

[5379] BITONTO KASSER, ANNA DI: Hymni

→ Proverbia

[3844] DOIGNON, JEAN: Hilarius Pictaviensis

→ Ecclesiastes

[3635] Vol. 86: Gregorius Nyssenus
[3707] Gregorius Thaumaturgus
[3922] Iohannes Apameensis
[4892] Theodorus Mopsuestenus
[4893] Theodorus Mopsuestenus
[3242] SANCHEZ, MANUEL DIEGO: Didymus Alexandrinus
[3243] SANCHEZ, MANUEL DIEGO: Didymus Alexandrinus

[4898] STROTHMANN, WERNER: Theodorus Mopsuestenus
[3824] THURN, HANS: Hieronymus

→ Canticum Canticorum

[3636] Vol. 72: Gregorius Nyssenus
[4439] Vol. 83: Origenes
[3211] BIELAWSKI, M.: Cyrillus Hierosolymitanus
[3653] DÜNZL, FRANZ: Gregorius Nyssenus
[6199] FRANZMANN, MAJELLA: Gnostica
[3662] HARL, MARGUERITE: Gregorius Nyssenenus
 [262] Realtà e allegoria …: Collectanea et miscellanea
[1841] KOENIG, HILDEGARD: Aponius
[4488] MANNS, FRÉDÉRIC: Origenes
[3671] MATEO-SECO, L.F.: Gregorius Nyssenus
[1283] MORALDI, LUIGI: Palaeographica atque manuscripta
[3699] TUFANU, CARLA: Gregorius Nyssenus
[1800] WEIHRAUCH, DIETMAR W.: Ambrosius Mediolanensis

→ Jonas

[3364] HALLEUX, A. DE: Ephraem Syrus

→ Isaias

[3362] BUNDY, DAVID: Ephraem Syrus
[4891] VRAME, A.C.: Theodoretus Cyrensis

→ Ezechiel

[3508] Vol. 360: Gregorius Magnus
[4435] Vol. 352: Origenes
[2775] KISTER, MENAHEM: Barnabae Epistula

→ Ezech 37,11

[4872] SERRA ZANETTI, PAOLO: Tertullianus

→ VIII.3.Specialia in Novum Testamentum

[1981] Aurelius Augustinus
[4804] BAARDA, TJITZE: Tatianus Syrus
[5825] BARTINA, SEBASTIAN: Mariologia
[5769] BERNHARD, L.: Christologia
[5770] BERNHARD, L.: Christologia
[4113] HERNANDO, JAMES DANIEL: Irenaeus Lugdunensis
[2401] LUIS VIZCAINO, P. DE: Aurelius Augustinus

→ Evangelium Lucae

[5853] POTTERIE, IGNACE DE LA: Mariologia

→ Lc 1,35

[1348] BROCK, SEBASTIAN P.: Novum Testamentum
[5857] SIMONETTI, MANILO: Mariologia

→ Lc 2,21

[4047] RENOUX, C.: Iohannes II Hierosolymitanus

→ Lc 15,1-7

[6476] ALVES, H.: Mt 18,10-14

→ Evangelium Joannis

[1978] Aurelius Augustinus
[1998] Aurelius Augustinus
[1999] Aurelius Augustinus
[3729] CASTELLANO, ANTONIO: Heracleon Gnosticus
[5690] HEINE, RONALD E.: Doctrina auctorum
[6227] KAESTLI, JEAN-DANIEL: Gnostica
[6228] KAESTLI, JEAN-DANIEL: Gnostica
[2473] NORRIS, JOHN M.: Aurelius Augustinus
[3202] PHILLIPS, JANE E.: Cyrillus Alexandrinus
[4125] POFFET, JEAN-MICHEL: Irenaeus Lugdunensis
[6322] SEVRIN, JEAN-MARIE: Gnostica

→ Jo 1-10

[4436] Origenes

→ Jo 1,1-18

[4895] FATICA, LUIGI: Theodorus Mopsuestenus

→ Jo 1,9

[3201] PAZZINI, DOMENICO: Cyrillus Alexandrinus

→ Jo 4,1-42

[3354] BECK, EDMUND: Ephraem Syrus

→ Jo 8,19-53
[4511] TRUMBOWER, JEFFREY A.: Origenes

→ Jo 13,26-27
[2439] MAZZOLA, ANTONIO: Aurelius Augustinus

→ Jo 15,10
[2469] NEMESHEGY, PIERRE: Aurelius Augustinus

→ Jo 20,22
[6409] BOULNOIS, MARIE-ODILE: Gen 2,7

→ Pauli Epistolae
[5606] KOWALSKI, A.: Ius canonicum, hierarchia, diciplina ecclesiastica
[4888] VICIANO, A.: Theodoretus Cyrensis
[4889] VICIANO, ALBERTO: Theodoretus Cyrensis
[4890] VICIANO, ALBERTO: Theodoretus Cyrensis

→ Epistula ad Romanos
[3941] Iohannes Chrysostomus
[3948] Vol. 22: Iohannes Chrysostomus
[3949] Vol. 21: Iohannes Chrysostomus
[4444] BAMMEL, CAROLINE P.: Origenes
[4453] COCCHINI, FRANCESCA: Origenes
[4473] GORDAY, PETER J.: Origenes
[4479] HEITHER, THERESIA: Origenes
[4504] ROUKEMA, RIEMER: Origenes

→ Rom 1,18-23
[6455] ARRONIZ, JOSE MANUEL: Specialia in Novum Testamentum

→ Rom 13,1-7
[4510] TORTI, GIOVANNI: Origenes

→ Epistulae ad Corinthios 1,2
[3941] Iohannes Chrysostomus
[1803] Vol. 78: Pseudo-Ambrosius Mediolanensis
[1802] Vol. 79: Pseudo-Ambrosius Mediolanensis

→ 1 Cor 2,11-12

[5755] HAYKIN, M.G.A.: Trinitas

→ 1 Cor 15

[4117] OLSON, MARK JEFFREY: Irenaeus Lugdunensis
[6284] PAINCHAUD, LOUIS: Gnostica
[4328] PELLAND, G.: Marcellus Ancyranus

→ 2 Cor 3,12-18

[4485] LETELLIER, JOEL: Origenes

→ Gal 2,11

[24] HAGEN, KENNETH: Historia patrologiae

→ Gal 4,8

[4336] DRIJVERS, HAN J.W.: Marcion

→ Eph 2,2

[3846] DOIGNON, JEAN: Hilarius Pictaviensis

→ Phil 3,21

[3834] DOIGNON, JEAN: Hilarius Pictaviensis

→ Col 1,15b

[6198] FOSSUM, J.: Gnostica

→ Tit 1,12

[4808] PETERSEN, WILLIAM L.: Tatianus Syrus

→ Epistula ad Hebraeos

[3988] MONDET, J.P.: Iohannes Chrysostomus

→ Heb 7

[6218] HELDERMAN, JAN: Gnostica
[6258] MÉNARD, JACQUES E.: Gnostica
[3821] STANIEK, E.: Hieronymus

→ 1 Jo

[1978] Aurelius Augustinus
[1996] Aurelius Augustinus

→ 1 Jo 1,7

[6508] AZZALI BERNARDELLI, GIOVANNA: 1 Petr 1,18-19

→ Apocalypsis Joannis

[2991] Caesarius Arelatensis
[4914] ROMERO POSE, EUGENIO: Tyconius

IX. RECENSIONES

R 1 ACERBI, A. (1988/90, 5764): RSPhTh 74 (1990) 623-624 = Durand, G.-M. de

R 2 ACERBI, A.; MAROCCHI, M. (1988/90, 509): RSLR 26 (1990) 410-412 = Fantappiè, C.

R 3 *Acta Andreae, I: Praefatio, Commentarius; II: Textus* ed. J.-M. PRIEUR (1988/90, 1492): REG 103 (1990) 751 = Nautin – VigChr 44 (1990) 404-407 = Quispel, G. – RHE 85 (1990) 359-362 = Leloir, L.

R 4 *Acta conciliorum, IV,3: Index generalis tomorum I-IV, pars 2: Index prosopographicus* ed. R. SCHIEFFER (1983, 2169): ThPh 63 (1988) 271-272 = Grillmeier, A.

R 5 *Acta conciliorum, IV,3: Index generalis tomorum I-IV, pars 2: Index prosopographicus* ed. R. SCHIEFFER (1984, 2789): ThPh 63 (1988) 271-272 = Grillmeier, A.

R 6 *Acta conciliorum oecumenicorum. Ser. 2. Vol 1: Concilium Lateranense a 649 celebratum* ed. R. RIEDINGER (1984, 2787): ByZ 83 (1990) 115-119 = Lackner, W.

R 7 *Nicée II, 787-1987* edd. F. BOESPFLUG; N. LOSSKY (1985/87, 317): ArSR 65 (1988) 243-244 = Goichot, E. – RThom 88 (1988) 637-643 = Cerbelaud, D. – RHPhR 69 (1989) 353-355 = Heintz – DA 45 (1989) 265-266 = Hartmann, W. – CCM 32 (1989) 86-88 = Toubert, H.

R 8 *Acta Johannis* edd. É. JUNOD; J.-D. KAESTLI (1983, 601): Orpheus 10 (1989) 191-192 = Löfstedt, B.

R 9 *Actes du XI congrès international d'archéologie chrétienne.* ed. N. DUVAL et al. (1988/90, 165): RSCI 44 (1990) 510-513 = Acconci, A.

R 10 *Actes du deuxième Congrès international d'études arabes chrétiennes* ed. K. SAMIR (1985/87, 192): Mu 102 (1989) 385-386 = Grand'Henry, J.

R 11 *The Acts of Phileas Bishop of Thmuis* ed. A. PIETERSMA (1984, 2583): ThPh 63 (1988) 269 = Podskalsky, G. – JHS 110 (1990) 272-273 = Römer

R 12 ADLER, W. (1988/90, 4205): ByZ 83 (1990) 469-470 = Winkelmann, F.

R 13 *Agostino e la conversione cristiana* edd. A. CAPRIOLI; L. VAC-
CARO (1985/87, 195): Augustinus 33 (1988) 394-396 = Ortall,
J. – REL 66 (1988) 385-386 = Fontaine – RiAC 64 (1988)
392-393 = Saint-Roche, P. – TPQS 137 (1989) 205 = Leinsle,
U.G. – REAnc 91 (1989) 144-145 = Fredouille – RThPh 122
(1990) 282 = Moda – Orpheus 10 (1989) 226 = Nazzaro – At-
Pavia 68 (1990) 265-271 = Pizzani, U.

R 14 *Agostino d'Ippona. De libero arbitrio* commento di G. MADEC;
F. DE CAPITANI; R. HOLTE; L.F. TUNINETTI (1988/90,
2008): RSPhTh 74 (1990) 645-646 = Durand, G.-M. de

R 15 *Agostino d'Ippona «Quaestiones disputatae»* ed. F. GIUNTA
(1988/90, 169): RFN 81 (1989) 663-664 = Belletti, B. – REAnc
91 (1989) 144-145 = Fredouille – CHR 76 (1990) 332 = Eno

R 16 *Agostino a Milano. Il battesimo. Agostino nelle teree di Ambro-*
gio (1988/90, 170): REAnc 91 (1989) 144-145 = Fredouille –
RHR 207 (1990) 328-329 = Doignon – AtPavia 68 (1990)
271-278 = Billanovich, P.

R 17 ALAND, K. (1988/90, 172): EThL 66 (1990) 455 = Neirynck, F.

R 18 ALAND, K.; ALAND, B. (1988/90, 1342): NovTest 32 (1990)
374-379 = Elliott

R 19 ALAND, K.; ALAND, B. transl. E.F. RHODES (1985/87,
1443): AtPavia 67 (1989) 344-346 = Nicola, de – JBL 108
(1989) 139-144 = Holmes – VigChr 43 (1989) 410-411 = Quispel

R 20 ALAND, K.; ALAND, B. (1988/90, 1341): NovTest 32 (1990)
374-379 = Elliott

R 21 ALBERIGO, G. (1988/90, 511): CrSt 10 (1989) 625-628 = Capitani, O. – RSCI 43 (1989) 562-568 = Marchetto, A. – RH 283
(1990) 125-128 = Pacaut, M.

R 22 ALBERT, G. (1984, 249): CO 40 (1988) 145-146 = Burg, A. –
AnzAlt 42 (1989) 209-212 = Dobesch, G.

R 23 ALBRECHT, R. (1985/87, 6290): JAC 31 (1988) 224-226 =
Baumeister, T. – ALW 30 (1988) 148-187 = Severus, E. von –
VigChr 42 (1988) 201-202 = Frohnhofen, H. – DA 45 (1989)
279-280 = Jenal, G.

R 24 ALEXANDER, P.J. (1985/87, 6525): ViVrem 49 (1988)
234-235 = Ivanov , S.A. – HeythropJ 29 (1988) 362 = Munitiz,
J.A.

R 25 *Alexander Lycopolitanus* ed. A. VILLEY (1985/87, 1946): RPh
63 (1989) 144-146 = Fredouille – Latomus 48 (1989) 263 =
Joly – REA 35 (1989) 186-188 = Pourkier, A.

R 26 *Alexandrina: hellénisme, judaisme et christianisme à Alexandrie.*
Mélanges offerts à C. Mondésert (1985/87, 200): RechSR 76
(1988) 579-613 = Sesboüé, B. – VigChr 42 (1988) 310-311 =

N.N. – RBi 95 (1988) 428 = F.L. – NRTh 110 (1988) 618-619
= Roisel, V. – Judaica 45 (1989) 70-71 = Schreiner, S. - Salesianum 51 (1989) 149-150 = Vincent, R. – RThPh 121 (1989) 230
= Morard, F. – ThLZ 114 (1989) 722 = Haendler, G. – Irénikon
62 (1989) 286-288 = E.L. – BLE 90 (1989) 144-145 = Crouzel

R 27 ALLA, W.H. (1985/87, 5602): RHR 206 (1989) 318-319 = Coquin, R.-G.

R 28 ALLEGRI, G. (1988/90, 3755): CCC 11 (1990) 96 = Buffa Gio-
lito, M.F.

R 29 ALLEN, J.J. (1985/87, 6236): OstkiSt 38 (1989) 72 = Plank

R 30 ALVAREZ TURIENZO, S. (1988/90, 2020): CD 202 (1989)
277-278 = Viñas, T. – Greg 71 (1990) 191-192 = Pastor

R 31 *Ambrosius Mediolanensis* ed. G. BANTERLE (1988/90, 1737):
CC 140 (1989) 307-308 = Ferrua, A.

R 32 *Ambrosius Mediolanensis* ed. G. BANTERLE (1988/90, 1738):
CC 140 (1989) 307-308 = Ferrua, A.

R 33 *Ambrosius Mediolanensis* ed. M. SIMONETTI (1988/90, 1732):
VoxP 9 (1989) f.16, 467-471 = Degórski, B.

R 34 AMELOTTI, M.; MIGLIARDI ZINGALE, L. (1985/87, 4424):
Emérita 56 (1988) 162-164 = Alvaro d'Ors

R 35 *Anastasius Sinaita* ed. K.H. UTHEMANN (1985/87, 2000):
OrChrP 54 (1988) 253-255 = Baggarly, J.D. – ByZ 81 (1988) 69
= Esbroeck, M. van – JÖB 39 (1989) 341-344 = Lackner, W.

R 36 ANDIA, Y. DE (1985/87, 4299): ReSR 63 (1989) 156-157 –
RechSR 76 (1988) 581-583 = Sesboüé, B. – CrSt 9 (1988)
625-627 = Tramblay, R.

R 37 ANDRESEN, C.; DENZLER, G. (1984, 210): ThRu 53 (1988)
201-222 = Selge, K.-V.

R 38 *Die Anfänge des Christentums* edd. J. BECKER et al. (1985/87,
201): ZKG 88 (1988) 406-407 = Schmithals, W. – HZ 249
(1989) 399-403 = Gizewski, C. – TPQS 138 (1990) 405 = Fuchs,
A.

R 39 *Anfänge der Theologie* edd. N. BROX; A. FELBER; W.L. GOM-
BOCZ; M. KERTSCH (1985/87, 202): TPQS 136 (1988) 293 =
Speigl, J. – GB 17 (1990) 277-280 = Baumeister, T.

R 40 *Anges et démons* edd. J. RIES; H. LIMET (1988/90, 176): RThL
20 (1989) 363-366 = Étienne – EThL 66 (1990) 445 = Necke-
brouck, V.

R 41 *Anti-Judaism in Early Christianity II* ed. S.G. WILSON
(1985/87, 204): CBQ 50 (1988) 351-353 = Kraabel, A.T. – BiZ
32 (1988) 280-283 Thoma, C.

R 42 *Antiquité païenne et chrétienne. Mémorial André-Jean Festugière* edd. E. LUCCHESI; H.D. SAFFREY (1984, 163): ACl 57

(1988) 632-633 = Nachtergael, G. – MH 46 (1989) 255-256 = Marti, H.

R 43 *Antoine le Grand, Exhortations sur le comportement des hommes et la conduite vertueuse; Isaïe l'Anachorète, Chapitres sur la garde de l'intelligence; Cassien le Romain, A l'évêque Castor sur les huit pensées de la malice, A l'higoumène Léonce…; Marc l'Ascète, Deux cent chapitres sur la loi spirituelle, De ceux qui pensent être justifiés par les œuvres, Lettre au moine Nicolas; Théodore d'Édesse, Cent chapitres, Discours sur la contemplation* edd. L. REGNAULT; J. TOURAILLE (1988/90, 1518): RHPhR 70 (1990) 360-362 = Larchet – ColCist 52 (1990) 537-538 = N.G.

R 44 *Antonius Eremita* ed. H. HANAKAM (1988/90, 1816): ColCist 52 (1990) 547 = G.C. – TPQS 138 (1990) 300 = Feige, G.

R 45 *Aphraates* ed. M.J. PIERRE (1988/90, 1825): AB 107 (1989) 438-439 = Zanetti, U. – EThL 65 (1989) 448-451 = Halleux, A. de – NRTh 111 (1989) 586-587 = Roisel, V. – JÖB 40 (1990) 445-446 = Selb, W. – NRTh 112 (1990) 265 = Roisel, V. – OrChr 74 (1990) 253-254 = Gessel, W. – OrChrP 56 (1990) 254-255 = Hambye, E.R. – REB 48 (1990) 291 = Wolinski, J.

R 46 *Aphraates* ed. M.J. PIERRE (1988/90, 1826): EtThR 64 (1989) 585-586 = Dubois, J.-D. – Irénikon 62 (1989) 594-595 = E.L. – JÖB 40 (1990) 445-446 = Selb, W. – NRTh 112 (1990) 265 = Roisel, V. – AB 108 (1990) 201-202 = Zanetti, U. – EThL 66 (1990) 428-430 = Halleux, A. de

R 47 *Le apocalissi gnostiche* ed. L. MORALDI (1985/87, 6561): At-Pavia 68 (1990) 207-209 = Jucci, E.

R 48 *L'Apocalypse d'Adam (NH V,5)* ed. F. MORARD (1985/87, 6563): Greg 69 (1988) 371 = Orbe, A. – ThLZ 115 (1990) 495-497 = Schenke, H.-M.

R 49 *La première Apocalypse de Jacques (NH V,3), La seconde Apocalypse de Jacques (NH V,4)* ed. A. VEILLEUX (1985/87, 6562): ThRe 85 (1989) 105-106 = Klauck, H.-J. – OrChrP 55 (1989) 499-500 = Poggi, V. – RBi 96 (1989) 622-623 = Taylor, J.J. – JThS 40 (1989) 604-606 = Smith, M. – EThL 64 (1988) 467-468 = Halleux, de – BiZ 33 (1989) 140 = Schnackenburg, R. – CE 65 (1990) 375-377 = Cannuyer, C.

R 50 *Apocalypses et voyages dans l'au-delà* ed. C. KAPPLER (1985/87, 207): SMSR 12 (1988) 394-398 = Rasso Ubigli, L. – JRAS (1988) 394 = Blois

R 51 *Apocalypticism in the Mediterranean World and the Near East* ed. D. HELLHOLM (1988/90, 6105): TAik 94 (1989) 454-455 = Räisänen, H.

R 52 *Aponius* edd. B. DE VREGILLE; L. NEYRAND (1985/87, 2015): ZKTh 110 (1988) 250 = Meyer – JThS 39 (1988) 273-276 = Winterbottom – NRTh 110 (1988) 114-115 = Roisel – Greg 70 (1989) 816-817 = Wicki – LEC 58 (1990) 201-201 = Philippart – VigChr 43 (1989) 92-95 = Suso-Frank

R 53 *Apophthegmata Patrum* ed. L. CREMASCHI (1985/87, 2022): Orpheus 9 (1988) 157-158 = Crimi, C. – Benedictina 35 (1988) 239-240 = Burini, C.

R 54 *Apophthegmata Patrum* ed. L. REGNAULT (1985/87, 2024): RechSR 77 (1989) 417-420 = Évieux, P.

R 55 *Apophthegmata Patrum* ed. L. REGNAULT (1984, 956): AB 108 (1990) 205-207 = Devos, P.

R 56 *Apophthegmata Patrum* ed. M. STAROWIEYSKI (1985/87, 2020): AB 105 (1987) 449-450 = Halkin, F.

R 57 *Apophthegmata Patrum* ed. B. WARD (1985/87, 2026): OstkiSt 37 (1988) 209-210 = Plank, B.

R 58 APOSTOLOPOULOS, C. (1985/87, 3889): RSPhTh 73 (1989) 471-473 = Durand, G.-M. de

R 59 ARANDA, A. (1985/87, 6130): RechSR 76 (1988) 119-121 = Sesboüé, B.

R 60 *Aristides* ed. C. ALPIGIANO (1988/90, 1868): CCC 9 (1988) 383 = Puccioni – Prometheus 14 (1988) 189-190 = Carrara

R 61 ASHBROOK HARVEY, S. (1988/90, 4046): TLS (1990) 737 = Chadwick – CW 84 (1990/91) 404-405 = Tripolitis

R 62 *Athanasius Alexandrinus* edd. A. GOTTFRIED; H. PRZYBYLA (1985/87, 2068): EA 64 (1988) 319 = va

R 63 *Athanasius Alexandrinus* ed. B. LAVAUD (1988/90, 1892): ColCist 52 (1990) 546 = Y.R.

R 64 *Athanasius Alexandrinus* ed. R. LORENZ (1985/87, 2069): KÅ (1988) 124-125 = Rubenson, S. - CrSt 9 (1988) 629 = Wickham, L.R. - ThQ 170 (1990) 150-152 = Vogt

R 65 *Athanasius Alexandrinus* edd. A. MARTIN; M. ALBERT (1985/87, 2070): REA 34 (1988) 267-273 = Lorenz, R. – RHR 205 (1988) 213-214 = Coquin , R.-G. – REG 101 (1988) 213-215; 584-585 = Nautin – REB 46 (1988) 238-239 = Wolinski – REAnc 90 (1988) 224-225 = Dulaey, M.

R 66 *Athanasius Alexandrinus* edd. E.P. MEIJERING; J.C.M VAN WINDEN (1988/90, 1897): ACl 59 (1990) 391-393 = Schamp

R 67 *Athanase d'Alexandrie. Deux Apologies: A l'empereur Constance. Pour sa fuite* ed. J.M. SZYMUSIAK (1985/87, 2067): NRTh 110 (1988) 759-760 = Roisel, V. – RThPh 120 (1988) 233 = Junod, E.

R 68 *Pseudo-Athanasius Alexandrinus* (1983, 778): Salesianum 50 (1988) 451-452 = B.A.

R 69 *Atlas du christianisme* edd. H. CHADWICK; G.R. EVANS; C. CANNUYER (1985/87, 393): StMon 31 (1989) 425-426 = Rocha, J.A. – NRTh 111 (1989) 783-784 = Toubeau, A. – EtThR 64 (1989) 132-133 = Bost, H.

R 70 *Atlas d'histoire de l'Eglise* edd. H. JEDIN; K.S. LATOURETTE; J. MARTIN (1988/90, 413): NRTh 112 (1990) 761-762 = Harvengt, A.

R 71 *Atlas zur Kirchengeschichte* edd. H. JEDIN; J. MARTIN (1985/87, 394): TPQS 136 (1988) 296 = Zinnhobler, R. – DA 44 (1988) 263-264 = Patschkovsky, A.P. – ThLZ 113 (1988) 277-278 = Haendler, G. – ZKTh 111 (1989) 231 = Meyer – DTT 52 (1989) 155-156 = Schwarz Lausten, M. – ZKG 101 (1990) 423 = Nell-Wolters, C.

R 72 *Atti del Convegno internazionale sulla Peregrinatio Egeriae* (1988/90, 3309): AB 108 (1990) 434-435 = Devos, P.

R 73 *Atti del convegno nazionale di studi su La città ideale nella tradizione classica e biblico-cristiana, Torino 2-3-4 maggio 1985* ed. R. UGLIONE (1985/87, 214): Maia 40 (1988) 296-298 = Robertini – REG 101 (1988) 532-533 = Nautin

R 74 *Atti e Passioni dei Martiri* edd. A.A.R. BASTIAENSEN et al. (1985/87, 5211): RBen 98 (1988) 222-223 = Wankenne, L.-J. – NRiSt 72 (1988) 177-180 = Rossi, A. – AB 107 (1989) 210-215 = Devos, P. – BLE 90 (1989) 141 = Crouzel – Latomus 49 (1990) 170-172 = Braun, R.

R 75 *Atti del I° seminario di ricerca su «Storia dell'esegesi giudaica e cristiana antica»* (1984, 107): EE 63 (1988) 353-355 = Granado, C.

R 76 *Atti della settimana di studi su Flavio Magno Aurelio Cassiodoro (Cosenza-Squillace)* ed. S. LEANZA (1985/87, 215): Orpheus 9 (1988) 165-168 = Crimi – AtPavia 66 (1988) 654-659 = Consolino, F.E. – Sp 64 (1989) 734 = Hillgarth, J.N. – DA 45 (1989) 658-659 = Pferschy-Maleczek

R 77 *Attualità dell'antico* ed. M. VACCHINA (1988/90, 184): CCC 9 (1988) 246-247 = Garbarino

R 78 AUBERT, M.-J. (1985/87, 5949): REAnc 90 (1988) 260 = Deléani, S. - RThL 19 (1988) 229-230 = Halleux, A. de

R 79 AUBINEAU, M. (1988/90, 414): RHE 83 (1988) 687-690 = Halleux, A. de

R 80 AUGE, M.; SASTRE SANTOS, E.; BORRIELLO, L. (1988/90, 5892): StMon 31 (1989) 426 = Rocha – EThL 56 (1990) 232-233 = Boudens, R.

R 81 *Saint Augustin et la Bible* ed. A.-M. DE LA BONNARDIERE (1985/87, 2195): CHR 74 (1988) 318-319 = Eno, R.B. – CrSt

10 (1989) 165-168 = Bonner, G. – REJ 140 (1989) 377-379 = Jay, P.

R 82 *Augustin: la message de la foi* ed. G. MADEC (1985/87, 2194): Augustinus 33 (1988) 400-401 = Oroz Reta, J.

R 83 *Augustinus-Lexikon I,1-2* edd. C. MAYER et al. (1985/87, 399): RAgEsp 29 (1988) 276-277 – JEcclH 39 (1988) 140 = Chadwick, O. – REAnc 90 (1988) 234-236 = Moreau – ThPh 63 (1988) 267-268 = Sieben – ZKTh 110 (1988) 240 = Lies – DLZ 109 (1988) 369-371 = Irmscher, J. – Greg 69 (1988) 575-576 = Pastor, F.-A. – NRTh 110 (1988) 931-933 = Dideberg – ACl 57 (1988) 446-448 = Savon, H. – ThZ 46 (1988) 379-380 = Braendle, R. – MH 45 (1988) 262-263 = Schäublin, C. – RThPh 120 (1988) 483 = Junod – Klio 71 (1989) 303-304 = Winkelmann – Paideia 45 (1989) 135-136 = Doignon – RHR 206 (1989) 105-107 = Doignon – DR 107 (1989) 69-71 = Foster, D. – JRS 79 (1989) 259 = Dionisotti – GB 16 (1989) 329-330 = Bauer, J.B. – Philosophical Studies (Dublin) 32 (1989/90) 337-338 = Haren – Gn 62 (1990) 310-314 = Ramminger – AGPh 72 (1990) 237-238 = Backus – CRAI (1990) 420-421 = Fontaine

R 84 *Augustinus-Lexikon I,3* edd. C. MAYER et al. (1988/90, 415): NRTh 110 (1988) 931-933 = Dideberg – ACl 57 (1988) 446-448 = Savon – ThZ 44 (1988) 379-380 = Braendle, R. – MH 45 (1988) 262-263 = Schäublin, C. – RThPh 120 (1988) 483 = Junod – ArchPhilos 52 (1989) 317-318 = Solignac – ZKTh 111 (1989) 230 = Lies – ThPh 64 (1989) 265 = Sieben – ThQ 169 (1989) 316-317 = Vogt – JThS 40 (1989) 735 = Jackson – DR 107 (1989) 69-71 = Foster, D. – JRS 79 (1989) 259 = Dionisotti – REAnc 91 (1989) 145-146 = Moreau – GB 16 (1989) 329-330= Bauer, J.B. – REL 67 (1989) 420-421 = Fredouille – Paideia 44 (1989) 216-217 = Doignon – CRAI (1990) 123-125 = Fontaine – ACl 59 (1990) 407-408 = Savon – Gn 62 (1990) 310-314 = Ramminger – AGPh 72 (1990) 237-238 = Backus

R 85 *Aurelius Augustinus* (1985/87, 322): Augustinus 33 (1988) 401-403 = Oroz Reta, J. – RiAC 64 (1988) 390-391 = Saint-Roche, P. – REAnc 91 (1989) 144-145 = Fredouille – Maia 41 (1989) 258 = Ceresa-Gastaldo – RThPh 122 (1990) 281-282 = Moda – Gn 62 (1990) 11-14 = Chadwick – Orpheus 11 (1990) 386-390 = Balido – Latomus 59 (1990) 727 = Weiss, J.-P. – At-Pavia 68 (1990) 265-271 = Pizzani, U. WSt 103 (1990) 280-281 = Zelzer, M.

R 86 *Aurelius Augustinus* ed. L. ALICI (1988/90, 1964): CCC 11 (1990) 95-96 = Casa, A. della – VigChr 44 (1990) 412-413 = Boeft, J. den

R 87 *Aurelius Augustinus* ed. M. BALDASSARI (1985/87, 2123): LEC 57 (1989) 182-183 = Pieters

R 88 *Aurelius Augustinus* ed. T. VAN BAVEL (1985/87, 2134): Sapienza 40 (1987) 116-118 = Cavadi, A. – Orpheus 9 (1988) 162 = Nazarro

R 89 *Aurelius Augustinus* ed. M.-F. BERROUARD (1988/90, 1972): Laval 46 (1990) 265-266 = Poirier – RHPhR 70 (1990) 355-356 = Doignon

R 90 *Aurelius Augustinus* ed. H.M. BIEDERMANN (1985/87, 2122): ThPh 63 (1988) 268 = Sieben – ZKTh 110 (1988) 241 = Hasitschka – ThQ 169 (1989) 311 = Vogt

R 91 *Aurelius Augustinus* ed. F. DE CAPITANI (1985/87, 2127): RPL 86 (1988) 244-245 = Steenberghen, F. van – NRist 72 (1988) 205-206 = Criniti – Orpheus 9 (1988) 126-130 = D'Elia – SMed 17 (1989) 413-418 = Allegro, G. – Latomus 49 (1990) 871-872 = Doignon, J. – VigChr 44 (1990) 201-202 = Boeft, J. den

R 92 *Aurelius Augustinus* edd. L. CILLERUELO; A. ORTEGA; C. BASEVI et al. (1988/90, 1971): Greg 71 (1990) 191 = Pastor

R 93 *Aurelius Augustinus* edd. J. DIVJAK et al. (1985/87, 2144): ZKG 100 (1989) 420 = Schneemelcher – Sc 43 (1989) 158-161 = Hamblenne – WSt 102 (1989) 303-304 = Bauer, J.B. – Euphrosyne 17 (1989) 408-410 = Nascimento – REL 67 (1989) 286-287 = Bouhot, J.-P.

R 94 *Aurelius Augustinus* ed. J. DOIGNON (1985/87, 2145): RPh 62 (1988) 167-168 = Fredouille – REAnc 90 (1988) 233-234 = Deléani – RHPhR 69 (1989) 59-60 = Benoît – Mn 42 (1989) 230-232 = Bartelink, G.J.M. – BLE 90 (1989) 68-69 = Crouzel – Latomus 48 (1989) 443-445 = Hamblenne, P. – RBPh 68 (1990) 191-192 = Evenepoel

R 95 *Aurelius Augustinus* edd. K. FLASCH; B. MOJSISCH (1988/90, 1962): PhLit 43 (1990) 395-396 = Bartholomai

R 96 *Aurelius Augustinus* ed. O. GARCIA DE LA FUENTE (1988/90, 1967): AnMal 11 (1988) 422-423 = Verdejo Sánchez

R 97 *Aurelius Augustinus* ed. O. GRASSI (1988/90, 1963): CCC 11 (1990) 222-223 = Conterno, M.

R 98 *Aurelius Augustinus* rec. W. HOERMANN (1985/87, 2160): ThLZ 113 (1988) 278 = Haendler, G. – RHPhR 69 (1989) 59 = Doignon

R 99 *Aurelius Augustinus* ed. B. JOLIBERT (1988/90, 1953): LEC 58 (1990) 405-406 = Deproost

R 100 *Aurelius Augustinus* edd. A. LAMACCHIA; P. PORRO (1985/87, 2136): VigChr 42 (1988) 195-196 = Boeft, J. den – Vivarium 26 (1988) 156-157 = Bastiaensen, A.

R 101 *Aurelius Augustinus* ed. P.F. LANDES (1981/82, 1090): RAgEsp 29 (1988) 267-268 = Sahelices, P.

R 102 *Aurelius Augustinus* ed. G. LOMBARDO (1988/90, 1997): CR 40 (1990) 163-164 = Walsh – VigChr 44 (1990) 400-401 = Boeft, J. den

R 103 *Aurelius Augustinus* ed. E.P. MEIJERING (1985/87, 2121): LEC 56 (1988) 205 = Wankenne – ACL 58 (1989) 370-371 = Savon – RHR 206 (1989) 315-316 = Doignon – Maia 41 (1989) 159 = Ceresa-Gastaldo – VigChr 43 (1989) 205-206 = Winden, van

R 104 *Aurelius Augustinus* ed. A. PIERETTI (1988/90, 1987): CCC 11 (1990) 221-222 = Casa, A. della – VigChr 44 (1990) 412-413 = Boeft, J. den

R 105 *Aurelius Augustinus* edd. U. PIZZANI; G. MILANESE (1988/90, 1955): RSPhTh 74 (1990) 646-647 = Durand, G.-M. de

R 106 *Aurelius Augustinus* edd. L.F. PIZZOLATO; G. CERIOTTI; F. DE CAPITANI (1984, 1004): RHR 205 (1988) 317-318 = Doignon – REAnc 91 (1989) 146-147 = Fredouille – JAC 32 (1989) 194-197 = Dassmann

R 107 *Aurelius Augustinus* dir. P. RANSON (1988/90, 2578): ReSR 64 (1990) 91-93 – RHPhR 70 (1990) 357 = Benoît

R 108 *Aurelius Augustinus* ed. J.W. RETTIG (1988/90, 1998): JEcclH 40 (1989) 399-400 = Bonner, G. – EThL 65 (1989) 180 = Halleux, A. de – VigChr 43 (1989) 302-303 = Winden, van – CW 83 (1989-1990) 539 = Devine

R 109 *Aurelius Augustinus* edd. J. RIES; A. RIGOBELLO; A. MANDOUZE (1984, 1005): RHR 205 (1988) 317-318 = Doignon – REAnc 91 (1989) 146-147 = Fredouille – JAC 32 (1989) = 194-197 = Dassmann

R 110 *Aurelius Augustinus* ed. G.T. RING (1988/90, 1992): ThPh 65 (1990) 600-601 = Sieben

R 111 *Aurelius Augustinus* edd. J.M. RODRIGUEZ et al. (1985/87, 2141): RHR 205 (1988) 317-318 = Doignon – REAnc 91 (1989) 146-147 = Fredouille – JAC 32 (1989) 194-197 = Dassmann

R 112 *Aurelius Augustinus* edd. J.E. ROTELLE; M. PELLEGRINO; E. HILL (1988/90, 2006): AugSt 21 (1990) 187-192 = TeSelle

R 113 *Aurelius Augustinus* ed. M. SIMONETTI (1988/90, 1993): Salesianum 52 (1990) 163-164 = Pasquato

R 114 *Aurelius Augustinus* edd. A. SOLIGNAC; E. CORSINI; J. PÉPIN; A. DI GIOVANNI (1985/87, 2140): ThRe 85 (1989) 19-20 = Mayer – REL 66 (1988) 387-388 = Fontaine – REAnc 91 (1989) 146-147 = Fredouille – JAC 32 (1989) 194-197 = Dassmann – ReSR 64 (1990) 90-91 – Eirene 27 (1990) 129-130 = Lorenz, W.

R 115 *Aurelius Augustinus* edd. A. TRAPE; L. CARROZZI (1988/90, 1980): CC 141 (1990) 302-303 = Cremascoli, G.

R 116 AYAN CALVO, J.J. (1988/90, 4228): Salmant 37 (1990) 243-245 = Trevijano Etcheverria, R.

R 117 AYMARD, P. (1988/90, 2851): StMon 31 (1989) 437 = Soler i Canals, J.M.

R 118 BAASTEN, M. (1985/87, 3697): Laval 46 (1990) 254 = Poirier

R 119 BACHT, H. (1983, 1762): ALW 30 (1988) 148-187 = Severus, E. von

R 120 BÄCK, A. (1985/87, 4265): Elenchos 10 (1989) 507 = V.C.

R 121 BALBONI, D. (1985/87, 219): Bollettino d'Arte del Ministero della Pubblica Istruzione (Roma) 73,52 (1988) 99-100 = Lachenal, de

R 122 BALDONI, A.; CERIOTTI, G. (1988/90, 2032): Latomus 49 (1990) 726 = Wankenne, L.-J.

R 123 BALDOVIN, J.F. (1985/87, 5505): StMon 30 (1988) 442 = Olivar, A. – JThS 40 (1989) 634-636 = Stevenson, K. – REB 47 (1989) 289-290 = Wolinski, J. – StVlThQ 33 (1989) 407-409 = Meyendorff, J. – ThSt 50 (1989) 365-366 = Cutrone, E.J. – OstkiSt 38 (1989) 202-204 = Paverd, F. van de – ZKTh 112 (1990) 374-375 = Meyer – ByZ 83 (1990) 106 = Deun, P. van – Sp 65 (1990) 605-607 = Wharton, A.J. – ChH 59 (1990) 76-77 = Volz, C.A.

R 124 BALTHASAR, H.U. VON (1988/90, 3645): RPFE 114 (1989) 357-358 = Reix – Laval 46 (1990) 253 = Poirier

R 125 BAMMEL, E. (1988/90, 5893): JStJ 20 (1989) 84 = Hilhorst – ZKG 100 (1989) 409-411 = Salzmann, J.C.

R 126 BARNES, T.D. (1981/82, 1895): Gn 60 (1988) 45-50 = Kolb, F.

R 127 BARNES, T.D. (1981/82, 360): Gn 60 (1988) 45-50 = Kolb, F.

R 128 BARTELINK, G.J.M. (1985/87, 514): NedThT 42 (1988) 163-164 = Horst, P.W. van der

R 129 *Basilius Caesariensis* (1985/87, 2900): ColCist 52 (1990) 551 = Baudry, E.

R 130 *Basilius Caesariensis* edd. J. DUCATILLON; U. NERI (1988/90, 2779): Irénikon 62 (1989) 595 = E.L. – RThPh 122 (1990) 564-565 = Borel – NRTh 112 (1990) 226 = Harvengt, A. – RHPhR 70 (1990) 359 = Ziegler – REG 103 (1990) 754 = Nautin – VigChr 44 (1990) 397-398 = Winden, J.C.M. van –

OrChrP 56 (1990) 526-527 = Ruggieri, V. – ColCist 52 (1990) 549-551 = Baudry, E. – AB 108 (1990) 202 = Fenoyl, R. de

R 131 *Basilius Caesariensis* ed. M. NALDINI (1984, 1293): Sileno 13 (1987) 266 = Salanitro, A.Q. – VoxP 8 (1988) f.14, 467-471 = Degórski, B.

R 132 *Basilius Caesariensis* ed. M. NALDINI (1988/90, 2781): RechSR 76 (1988) 579-613 = Sesboüé, B. – CCC 11 (1990) 325 = Casa, A. della

R 133 *Basilius Caesariensis* ed. K. ZELZER (1985/87, 2899): Gn 60 (1988) 587-590 = Lundström, S. - ThLZ 113 (1988) 279-280 = Haendler, G. – VigChr 43 (1989) 194-196 = Gain, B.

R 134 BEATRICE, P.F. (1985/87, 1668): Studium 28 (1988) 151 = Villacorta, de M.F.

R 135 BEAUSOBRE, M. DE (1988/90, 6128): Augustinus 34 (1989) 191-192 = Ortall, J.

R 136 BECK, H.-G. (1985/87, 1669): Orpheus 9 (1988) 135-137 = Maltese, E.V. – Byslav 49 (1988) 234-238 = Dostálová

R 137 BECK, H.-G. (1985/87, 4924): RSA 17/18 (1987/88) 314-317 = Tramonti – HZ 246 (1988) 657 = Rentschler – ViVrem (1989) 212-214

R 138 BEINHAUER, R. (1988/90, 2932): Sprachkunst. Beiträge zur Literaturwissenschaft (Wien) 21 (1990) 218

R 139 *Benedictus Nursinus* ed. M.I. GOMEZ (1988/90, 2849): StMon 31 (1989) 190-192 = Soler i Canals, J.M.

R 140 *Benedictus Nursinus* edd. A. LINAGE CONDE; J. LECLERCQ (1988/90, 2895): StMon 31 (1989) 436-437 = Badia, B.

R 141 *Benedictus Nursinus* ed. P. SCHMITZ (1985/87, 2951): BTAM 14 (1988) 455 = Michiels, G. – RHE 83 (1988) 494-495 = Aubert, R. – Sc 42 (1988) 226*-227* = Silvestre, H.

R 142 BERCHMAN, R.M. (1984, 504): ISPh 21,1 (1989) 71 = Dilton

R 143 BERLIERE, U. versión y adapt. de Q. TAJADURA; L.M. PÉREZ (1988/90, 2857): StMon 31 (1989) 185-186 = Soler i Canals, J.M.

R 144 BERNARDI, J. (1988/90, 558): EThL 66 (1990) 419 = Halleux, A. de

R 145 BERNARDI, J. (1985/87, 521): RH 229 (1988) 192-194 = Pacaut, M. – NovaVet 64 (1989) 115-133 = Carle, P.-L.

R 146 BERSCHIN, W. (1988/90, 4944): VoxP 9 (1989) f.16, 458-461 = Strzelczyk, J. – VoxP 9 (1989) f.16, 486-489 = Fros, H.

R 147 BERSCHIN, W. (1979/80, 2473): Vox Romanica: annales Helvetici explorandis Linguis Romanicis destinati (Bern) 48 (1989) 237-241 = Goebl – Eos 77 (1989) 174-180 = Liman, K.

R 148 BERSCHIN, W. (1988/90, 1524): ByZ 83 (1990) 490-493 = Thomson, F.J.

R 149 BERSCHIN, W. (1985/87, 5214): DA 44 (1988) 616-617 = Kirsch, W. – VoxP 8 (1988) f.14, 461-467 = Strzelczyk, J. – HZ 246 (1988) 660-662 = Silagi, G. – TG 101 (1988) 83-84 = Boeren, P.C. – VoxP 9 (1989) f.16, 486-489 = Fros, H.

R 150 BERSCHIN, W. (1988/90, 1525): StMe 30 (1989) 271-275 = Polara – KoinNapoli 13 (1989) 190-192 = Maisano, R.

R 151 BEULAY, R. (1985/87, 1673): Mu 101 (1988) 213 = Fosse, M. P. RHR 206 (1989) 86-87 = Dalmais, I.H.

R 152 BEYSCHLAG, K. (1988/90, 5659): ZKTh 111 (1989) 374 = Lies – DTT 52 (1989) 73 = Schwarz Lausten, M.

R 153 *Bibbia e storia nel cristianesimo latino* edd. A. POLLASTRI; F. COCCHINI (1988/90, 193): RSLR 26 (1990) 596-599 = Gramaglia, P.A.

R 154 *Biblia patristica. Index des citations et allusions bibliques dans la littérature patristique, IV* (1985/87, 402): NRTh 110 (1988) 131 = Roisel, V. – ThPh 63 (1988) 266 = Sieben, H.J. – BijFTh 59 (1989) 447 = Parmentier, M. – BLE 90 (1989) 145-146 = Crouzel – Orpheus 11 (1990) 194 = Gallico

R 155 *Biblia sacra iuxta Latinam Vulgatam versionem ad codicum fidem iussu Ioannis Pauli PP. II cura et studio monachorum abbatiae Pontificiae edita, XVII: Liber duodecim Prophetarum ex interpretatione Sancti Hieronymi cum praefationibus et variis capitulorum seriebus* (1985/87, 3998): REL 66 (1988) 280-281 = Fontaine – WSt 102 (1989) 302 = Zelzer, M.

R 156 *Bibliografia di Gregorio Magno* ed. R. GODDING (1988/90, 131): Mu 103 (1990) 385 = Esbroeck, M. van – AB 108 (1990) 439-442 = Straeten, J. van der

R 157 *Bibliographie zu Gregor von Nyssa* edd. M. ALTENBURGER; F. MANN (1985/87, 3895): VigChr 42 (1988) 411 = Winden, J.C.M. van – RHPhR 69 (1989) 344-345 = Maraval – ThLZ 115 (1990) 354 = Treu, K. – JThS 41 (1990) 684-685 = Meredith – BLE 91 (1990) 238 = Crouzel

R 158 *Bibliographie signalétique du latin des chrétiens* edd. G. SANDERS; M. VAN UYTFANGHE (1988/90, 146): Francia 17, 1 (1990) 322 = Heinzelmann, M.

R 159 *A classified bibliography on East Syrian liturgy. La bibliographie classifée de la liturgie syrienne orientale* ed. P. YOUSSIF (1988/90, 102): Mu 103 (1990) 377 = Halleux, A. de – OstkiSt 39 (1990) 228-229 = Madey, J.

R 160 *A bibliography of Greek New Testament manuscripts* ed. J.K. ELLIOTT (1988/90, 123): ThLZ 114 (1989) 817 = Treu – JThS 41 (1990) 209-212 = Birdsall – CR 40 (1990) 151-152 = Birdsall

R 161 *Bibliotheca hagiographica latina antiquae et mediae aetatis. Novum Supplementum* ed. H. FROS (1985/87, 403): RSCI 42 (1988) 283 = Picasso, G. – JThS 40 (1989) 264-267 = Sharpe

R 162 *Bibliotheca Sanctorum. Prima Appendice* (1985/87, 404): NRTh 110 (1988) 440-441 = Toubeau, A.

R 163 *Bibliotheca Trinitariorum. Internationale Bibliographie trinitarischer Literatur, I: Autorenverzeichnis* edd. E. SCHADEL; D. BRÜNN; P. MÜLLER (1984, 73): Symbolon 9 (1988) 142 = Gerlitz – AugR 30 (1990) 203-204 = Studer, B.

R 164 BIBLIOTHECA TRINITARIORUM, II BAZINEK, MÜLLER *Bibliotheca trinitariorum. Internationale Bibliographie trinitarischer Literatur, II: Register und Ergänzungsliste* edd. L. BAZINEK; P. MÜLLER (1988/90, 103): ZKTh 111 (1989) 227 = Lies – ThPh 64 (1989) 295-296 = Splett – ThQ 169 (1989) 250 = Walter – AugR 30 (1990) 203-204 = Studer, B.

R 165 *... kein Bildnis machen. Kunst und Theologie im Gespräch* edd. C. DOHMEN; T. STERNBERG (1985/87, 226): EThL 65 (1989) 183-184 = Halleux, A. de – ZKG 100 (1989) 392-394 = Hoffmann, K.

R 166 BISCHOFF, B. (1985/87, 1296): DA 44 (1988) 260 = Silagi, G.

R 167 BLAAUW, S.L. DE (1985/87, 5512): RSCI 43 (1989) 208-210 = Chappin, M.

R 168 BLAZQUEZ MARTINEZ, J.M. (1988/90, 4734): REL 68 (1990) 236 = Lagarrigue

R 169 BODENMANN, R. (1985/87, 6859): Bibl 70 (1989) 421-424 = Satran – RThPh 122 (1990) 280 = Morard – ThLZ 115 (1990) 600-601 = Thümmel

R 170 *Boethius* ed. G. BARDY (1985/87, 3064): Répertoire bibliographique de philosophie (Louvain) 40 (1988) 420

R 171 *Boethius* edd. C.M. BOWER; C.V. PALISCA (1988/90, 2925): Manuscripta 34 (1990) 148-149 – Ellsworth, O.B. – Renaissance Quarterly (New York) 43 (1990) 412-413 = Wingell

R 172 *Boethius* edd. K. BÜCHNER; F. KLINGNER (1985/87, 3066): Répertoire bibliographique de philosophie (Louvain) 40 (1988) 30

R 173 *Boethius* ed. M. ELSÄSSER (1988/90, 2924): ZKTh 111 (1989) 105 = Kern – PhLit 42 (1989) 528-530 = Delabar – PhLit 43 (1990) 396 = Bartholomai

R 174 *Boethius* edd. M. FUHRMANN; J. GRUBER (1984, 118): Eirene 25 (1988) 111-112 = Wöhler – SPFFBU E 33 (1988) 180-181= Bednařiková – GB 16 (1989) = 332-335 = Gombocz, W.L. – AnzAlt 42 (1989) 63-70 = Wittmann, L.

R 175 *Boethius* edd. O. GIGON; E. GEGENSCHATZ (1985/87, 3067): Répertoire bibliographique de philosophie (Louvain) 40 (1988) 30

R 176 *Boethius* ed. E. STUMP (1988/90, 2921): JRS 79 (1989) 263 = Bobzien – JHPh 28 (1990) 607-609 = Ebbesen – CW 83 (1989-1990) 129 = Sonkowsky – ModS 68 (1990/91) 345-345 = Bourke

R 177 BOGUNIOWSKI, J. (1985/87, 5609): ThRe 86 (1990) 229-232 = Rau – VoxP 8 (1988) f.15, 1102-1105 =Kopec, J.

R 178 BOISMARD, M.-E.; LAMOUILLE, A. (1985/87, 1453): RThL 19 (1988) 342-353 = Haelewyck, J.-C.

R 179 BONAMENTE, G. (1985/87, 4390): Benedictina 35 (1988) 315-318 = Cavalcanti, E.

R 180 BONANATI, E. (1988/90, 2065): CCC 11 (1990) 325-326 = Casa, A. della

R 181 BONNER, G. (1985/87, 227): JEcclH 39 (1988) 294-295 = Louth

R 182 BOTTE, B. (1988/90, 3862): ThRe 86 (1990) 376 = Richter – VigChr 44 (1990) 309 = Winden, J.C.M. van

R 183 BOU MANSOUR, T. (1988/90, 3358): EThL 65 (1989) 177-179 = Halleux, de – OrChrP 56 (1990) 256-257 = Lavenant, R.

R 184 BOUMAN, J. (1985/87, 2238): ThLZ 114 (1989) 284-285 = Diesner

R 185 BOUMIS, P.I. (1988/90, 5449): ThAthen 60 (1989) 532-533 = Avramides, S.

R 186 BOURGUET, P. DU (1988/90, 579): OrChrP 55 (1989) 227-228 = Coquin, R.-G. – EtThR 64 (1989) 584 = Dubois, J.-D.

R 187 BOUYER, L. (1988/90, 6154): TTh 29 (1989) 404 = Grollenberg, L. – NRTh 112 (1990) 417 = Andia, Y. de

R 188 BOUYER, L. (1988/90, 5909): VoxP 10 (1990) f.18, 398-402 = Degórski, B.

R 189 BOUYER, L. (1985/87, 1678): Teresianum (Firenze) 39 (1988) 208 = Sánchez, M.D. – VoxP 10 (1990) f.18, 393-398 = Degórski, B.

R 190 BOWE, B.E. (1988/90, 3114): ThSt 51 (1990) 175 = Osiek – SecCent 7 (1989/90) 242 = Droge

R 191 BRADSHAW, P.F. (1988/90, 5312): ThSt 51 (1990) 782 = Baldovin, J.F.

R 192 BRENNECKE, H.C. (1984, 1866): Kleronomia 17 (1985) 397-398 = Chr. – SMed 11 (1986) 419 = Maria, G. de – RHR 205 (1988) 316 = Nautin, P. – ZKG 99 (1988) 409-410 = Schieffer, R.

R 193   BRENNECKE, H.C. (1985/87, 6067): ThLZ 114 (1989) 822-824 = Thümmel, H.G. – JAC 33 (1990) 256-260 = Vogt, H.-J. – AugR 30 (1990) 493-498 = Simonetti, M.

R 194   BRIGHT, D.F. (1985/87, 3473): JRS 79 (1989) 261-262 = Parsons

R 195   BRIGHT, P. (1988/90, 4910): CHR 76 (1990) 328-330 = Frend – JR 70 (1990) 629-630 = Tilley

R 196   BROCK, S. (1985/87, 3518): Mu 102 (1989) 201-203 = Halleux, A. de

R 197   BROWN, P. trad. L. ZELLA (1988/90, 593): NRiSt 72 (1988) 719-720 = Rossi, A.

R 198   BROWN, P. (1985/87, 560): Rechtshistorisches Journal (Frankfurt) 8 (1989) 303-305 = Fögen

R 199   BROWN, P. (1988/90, 2915): RSI 100 (1988) 750-767 = Cracco Ruggini, L. – TLS (1988) 1411-1412 = Chadwick – ThSt 50 (1989) 361-365 = Hunter – NYRB 36,1 (1989) 39-41 = Frend – Past 124 (1989) 180-187 = Bossy – HistoryT 39 (1989) 57-58 = Garnsey, P. – Signum 15 (1989) 172-174 = Hidal, S. - History 75 (1990) 290 = King, H. – JEcclH 41 (1990) 76-77 = Brundage, J.A. – JThS 41 (1990) 231-235 = Louth, A. – TAik 95 (1990) 361-362 = Arjava, A. – AHR 95 (1990) 791-792 = McNamara, J. A. – Journal of the history of sexuality 1 (1990-1991) 316-318 = Verstraete

R 200   BROWN, R.E.; MEIER, J.P. (1988/90, 594): NRTh 111 (1989) 766-767 = Jacques

R 201   BROX, N. ed. it. L. MEZZADRI (1988/90, 596): EThL 64 (1988) 468-469 = Halleux, de

R 202   BRUCE, F.F. (1988/90, 5451): JThS 41 (1990) 207-208 = Beckwith

R 203   BRUNDAGE, J.A. (1988/90, 598): Sp 64 (1989) 674-678 = Figueira, R.C. – AHR 94 (1989) 1072-1073 = Herlihy, D. – BijFTh 28 (1990) 90-91 = Parmentier, M. – Millennium (Nimègue) 4 (1990) 73-77 = Meens, R.

R 204   BRUNN, E. ZUM *Aurelius Augustinus* transl. R. NAMAD (1988/90, 2080): ModS 66 (1988/1989) 303-304 = Teske

R 205   BUCHHOLZ, D.D. (1988/90, 1455): EThL 65 (1989) 442-444 = Dehandschutter, B.

R 206   BUCKLEY, J.J. (1985/87, 6585): JThS 40 (1989) 234-238 = McGuire

R 207   BUDZIK, S. (1988/90, 5666): ThQ 169 (1989) 317 = Vogt – RSPhTh 73 (1989) 485-487 = Durand, G.-M. de – ThRe 86 (1990) 212-213 = Müller

R 208   BUECHLI, J. (1985/87, 6587): NRTh 111 (1989) 444-446 = Jaques

R 209 BULTMANN, R. (1984, 2420): RBS 14/15 (1988) 347-348 = Jaspert, B.

R 210 BUNGE, G. (1984, 1690): EA 64 (1988) 316 = PsGn

R 211 BUNGE, G. (1988/90, 3453): Irénikon 63 (1990) 305-306 = A.L.

R 212 BUONOCORE, M. (1985/87, 138): DA 44 (1988) 570-571 = Schneider, H.

R 213 BURINI, C.; CAVALCANTI, E. (1988/90, 5918): Giorľıl 40 (1988) 155-156 = G.E. – Greg 70 (1989) 168-169 = Ruiz Jurado, M. – Benedictina 36 (1989) 227-229 = Spinelli, M. – VoxP 10 (1990) f.18, 403-405 = Degórski, B.

R 214 BURNISH, R. (1985/87, 5614): QL 69 (1988) 107 = Lamberts, J.

R 215 BUSSE, H.; KRETSCHMAR, G. (1985/87, 573): FKTh 4 (1988) 207-209 = Kaczynski, R. – JThS 40 (1989) 631-634 = Yarnold, E.J.

R 216 BYČKOV, V.V. (1984, 1068): DLZ 109 (1988) 616-617 = Thuemmel

R 217 *Byzantinische Mystik* übers. von K. DAHME (1988/90, 6008): OstkiSt 39 (1990) 340-341 = Biedermann, H.M. – ZKTh 112 (1990) 476 = Rotter

R 218 *Caesarius Arelatensis* ed. M.-J. DELAGE (1971, 1077): REL 66 (1988) = 281-282 = Renouard

R 219 *Caesarius Arelatensis* ed. M.-J. DELAGE (1977/78, 1318): REL 64 (1988) 281-282 = Renouard

R 220 *Caesarius Arelatensis* ed. M.J. DELAGE (1985/87, 3129): REAnc 90 (1988) 236-237 = Deléani – Gn 60 (1988) 537-539 = Hiltbrunner, O. – JEcclH 39 (1988) 141 = Bonner, G. – JThS 39 (1988) 272-273 = Stancliffe, C. – MA 94 (1988) 291-292 = Riché, P. – Sc 42 (1988) 125-126 = Bouhot, J.-P. – RPh 62 (1988) 373-374 = Flobert – REL 66 (1988) 281-282 = Renouard – Mn 42 (1989) 232-234 = Bartelink, G.J.M. – ChH 58 (1989) 139 = Carpe – RBPh 68 (1990) 192-194 = Schamp

R 221 *Caesarius Arelatensis* edd. A. DE VOGÜÉ; J. COURREAU (1988/90, 2990): RSLR 26 (1990) 600-603 = Pricoco, S.

R 222 CAMELOT, P.T. (1988/90, 5480): NRTh 111 (1989) 1005-1006 = Plumat, N. – MSR 47 (1990) 55-56 = Huftier, M.

R 223 CAMERON, A. (1985/87, 4926): Gerión 6 (1988) 284-286 = Ramírez de Verger, A. – JRS 78 (1988) 263-265 = Herrin, J. – History of Europ. Ideas 9 (1988) 110-112 = Hunt, E.D. – Gn 60 (1988) 277-279 = Krautschick, S.

R 224 CAMISASCA, M. (1988/90, 2091): Augustinus 35 (1990) 386-387 = Oroz, J.

R 225 CAMPLANI, A. (1988/90, 1905): JThS 41 (1990) 258-264 = Barnes, T.D. – OrChrP 56 (1990) 234-235 = Lavenant, R. – RHE 85 (1990) 86-87 = Halleux, A. de

R 226 *Les Canons des conciles mérovingiens* edd. J. GAUDEMET; B. BASDEVANT (1988/90, 5481): REL 67 (1989) 276-277 = Fontaine – NRTh 112 (1990) 268-269 = Volpe – JEcclH 41 (1990) 680-681 = Nelson – JAC 33 (1990) 275-276 = Schieffer, R. – RHDFE 68 (1990) 63-64 = Imbert, J.

R 227 CARROLL, T.K.; HALTON, T. (1988/90, 5226): ThSt 50 (1989) 398 = Fink, P.E.

R 228 *Catenae Graecae in Genesim et in Exodum, II: Collectio Coisliniana in Genesim* ed. F. PETIT (1985/87, 1639): RThPh 120 (1988) 375-376 = Junod – JThS 39 (1988) 263-265 = Wickham – JÖB 39 (1989) 336-337 = Lackner, W. – ThSt 49 (1988) 381-382 = Ettlinger

R 229 CATTANEO, E. (1988/90, 612): NRiSt 74 (1990) 757 = Bettelli Bergamaschi, M.

R 230 CAVALLO, G.; MAEHLER, H. (1985/87, 1311): Prometheus 14 (1988) 191-192 = Dorandi, T. – CR 39 (1989) 127-128 = Wilson, N.G. – CE 64 (1989) 338-339 = Martin, A. – TLS (1989) 46 = Browning, R. – Maia 41 (1989) 76-77 = Graffigna – Aevum 63 (1989) 124 = Porro, A. – Klio 72 (1990) 614-616 = Treu, K. – Mn 43 (1990) 187-192 = Slings, S.R.

R 231 *Celsus Philosophus* ed. J.R. HOFFMANN (1985/87, 3200): ChH 57 (1988) 353-354 = Trigg – JEcclH 40 (1989) 255-257 = Hall, S.G. – RThPh 122 (1990) 136 = Junod

R 232 *Celsus Philosophus* ed. G. LANATA (1985/87, 3199): Orpheus 9 (1988) 385-386 = Milazzo – Paideia 43 (1988) 300-301 = Colonna – REG 101 (1988) 574-575 = Nautin – ACl 58 (1989) 350 = Joly – CR 39 (1989) 135 = Meredith – Discorsi 9 (1989) 209-211

R 233 CHADWICK, H. (1985/87, 2280): TPQS 136 (1988) 393 = Leinsle, U.G. – ZKTh 110 (1988) 241 = Lies – StMon 30 (1988) 441-442 = Ribas – RThPh 121 (1989) 453-454 = Junod – ThRe 85 (1989) 16-17 = Mayer – ZKG 100 (1989) 412 = Schneemelcher – RHPhR 69 (1989) 60 = Maraval

R 234 CHADWICK, H. (1985/87, 2281): VoxP 8 (1988) f.14, 473-478 = Kijewska, A. – AugSt 19 (1988) 195-199 = Quinn – Religion 18 (1988) 198 = O'Daly – Ancient History (Macquarie) 18 (1988) 188-190 = Brennan – CHR 74 (1988) 343 = Swift – ArchPhilos 51 (1988) 128-129 = Solignac – Gn 60 (1988) 209-213 = Habermehl, G. – TF 50 (1988) 546 = Decorte, J. – MHA 10 (1989) 231-232 = Fernández, G.

R 235 CHADWICK, H. (1985/87, 2279): ArchPhilos 51 (1988) 128-129 = Solignac – CaHist 33 (1988) 90-91 = Rougé

R 236 CHADWICK, H. (1985/87, 3074): BTAM 14 (1988) 454 = Michiels, G. – RSLR 25 (1989) 509-512 = Bodrato

R 237 'CHAINE ARMÉNIENNE II *La Chaîine arménienne sur les épîtres catholiques, II* ed. C. RENOUX (1988/90, 6507): Mu 102 (1989) 205-206 = Coulie, B.

R 238 CHARALAMPIDIS, K.P. (1985/87, 1693): JÖB 38 (1988) 514 515 = Albani

R 239 CHATILLON, J. (1985/87, 233): JEcclH 39 (1988) 295 = Gibson, M.

R 240 CHERCHI, L. (1983, 260): RHE 83 (1988) 557-558 = Aubert, R.

R 241 CHERNISS, M.D. (1988/90, 2938): Manuscripta 32 (1988) 211-214 = Chamberlain, J. – MAev 58 (1989) 151-152 = White

R 242 *The Chester Beatty Codex Ac. 1499. A Graeco-Latin lexicon* ed. A. WOUTERS (1988/90, 1256): RHE 84 (1989) 714-717 = Clarysse – LEC 57 (1989) 178-179 = BSL 84,2 (1989) 273-274 = Swiggers

R 243 *Chiesa e società. Appunti per una storia delle diocesi lombarde* edd. A. CAPRIOLI; A. RIMOLDI; L. VACCARO (1985/87, 235): QFIAB 68 (1988) 646-647 = Keller, H.

R 244 CHRESTOU, P. (1985/87, 94): ThAthen 59 (1988) 401-402 = Mutsulas, E.D.

R 245 CHRIST, K. (1988/90, 619): ZAW 101 (1989) 312 = Kaiser – Numismatisches Nachrichtenblatt (Speyer) 38 (1989) 38 – HistPolB 37 (1989) 3 = Fischer, F. – AtPAvia 78 (1990) 227-229 = Marcone, A. – AnzAlt 43 (1990) 72-73 = Clauss, M.

R 246 CHRISTENSEN, T. (1988/90, 4727): KÅ (1990) 123-125 = Borgehammar, S.

R 247 *Das Christentum in Bulgarien ...* edd. V. GJUZELEV; R. PILLINGER (1985/87, 237): REB 47 (1989) 292 = Failler, A. – Südostforschung 48 (1989) 405-407 = Šemkov, G.

R 248 *Christentum und antike Gesellschaft* edd. J. MARTIN; B. QUINT (1988/90, 199): Mh 47 (1990) 265-266 = Paschoud, F.

R 249 *Christian spirituality* edd. B. MCGINN et al. (1985/87, 353): RelStR 14 (1988) 225-227 = Eire, C.M.N. – ChH 57 (1988) 528-530 = Norris, F.W. – EcumR 41 (1989) 304-305 = Henry, P.G. – HeythropJ 30 (1989) 367-368 = Sheldrake, P. – Theology 93 (1990) 165-166 = Nineham, D.

R 250 *The church in the Roman empire* ed. K.F. MORRISON (1985/87, 239): CW 81 (1988) 238 = Corrington

R 251 CHUVIN, P. transl. B.A. ARCHER (1988/90, 626): Bryn Mawr Classical Review (Bryn Mawr, Penna.) 1 (1990) 2-3 = Pearcy –

Bryn Mawr Classical Review (Bryn Mawr, Penna.) 1 (1990) 3-4
= O'Donnell – TLS (1990) 621 = Kelly – CW 84 (1990/91)
504-504 = Penella

R 252   CHUVIN, P. (1988/90, 627): CRAI (1990) 334-336 = Will –
BulBudé (1990) 426 = Places, des

R 253   CIOFFARI, G. (1985/87, 5435): VetChr 26 (1989) 175-183 =
Campione, A.

R 254   CLABEAUX, J.J. (1988/90, 4335): ThLZ 115 (1990) 594-595 =
Lindemann – JThS 41 (1990) 631-634 = Birdsall

R 255   CLARK, E.A. (1985/87, 6316): Augustinus 33 (1988) 417 =
Oroz Reta, J. – ThSt 49 (1988) 380-381 = Hunter, D.G. – JRS
79 (1989) 259-260 = Clark – VigChr 43 (1989) 411-412 = Boeft, J. den – RHE 84 (1989) 580-581 = Zeegers-Vander Vorst,
N.

R 256   CLARK, F. (1985/87, 3811): KÅ (1988) 117-123 = Härdelin,
A. – EA 64 (1988) 255-265 = Engelbert, P. – AB 106 (1988)
201-229 = Godding, R. – RHE 83 (1988) 281-348 = Vogüé, A.
de – BTAM 14 (1988) 457-459 = Mathon, G. – ColCist 50
(1988) [312-314] = Couilleau, G. – JEcclH 39 (1988) 335-381 =
Meyvaert, P. – NRTh 110 (1988) 619-621 = Godding, R. – RE-
Anc 90 (1988) 238-240 = Cazier – EA 65 (1989) 376-393 = Engelbert, P. – ChH 58 (1989) 88-89 = Rosenberg, H. – Sc 43
(1989) 36-37 = Godding, R. – Sp 64 (1989) 397-399 = Straw,
C. – ThPh 65 (1990) 566-578 = Kessler – Salesianum 52 (1990)
900-901 = Meyer, F. – REA 36 (1990) 309-314 = Gillet, R.

R 257   *Claudius Claudianus* ed. F.E. CONSOLINO (1985/87, 3217):
Sileno 13 (1987) 263 = Quartarone Salanitro, A. – SMed 16
(1989) 67-75 = Bisanti, A.

R 258   *Claudius Claudianus* ed. J.B. HALL (1985/87, 3215): AtPavia
66 (1988) 257-262 = Consolino, F.E. – Latomus 47 (1988)
890-891 = Verdière – Augustinus 34 (1989) 207-208 = Orosio,
P.

R 259   *Claudius Claudianus* ed. W. TAEGERT (1988/90, 3038): REL
67 (1989) 309-310 = Callu, J.P. – Gy 97 (1990) 272-274 = Ha-
rich, H.- JRS 80 (1990) 255 = McLynn – AJPh 111 (1990)
414-419 = Barnes, T.D.

R 260   *Clemens Alexandrinus* ed. C. NARDI (1985/87, 3247): VoxP 8
(1988) f.14, 467-471 = Degórski, B.

R 261   *Clemens Alexandrinus* edd. O. STÄHLIN; L. FRÜCHTEL
(1985/87, 3248): RHR 205 (1988) 100-101 = Savon

R 262   *Pseudo-Clemens Romanus* ed. G. VON STRECKER (1985/87,
3299): ThLZ 113 (1988) 34-35 = Wiefel, W.

R 263   CLEMENT, O. (1985/87, 6318): ColCist 50 (1988) 296 = N.N.

R 264 CLERICI, A. (1988/90, 5925): Orpheus 11 (1990) 428-429 = Piscitelli

R 265 *Codices Chrysostomici Graeci V* ed. R.E. CARTER (1983, 1524): JÖB 39 (1989) 331-336 = Kresten, O.

R 266 *Codices liturgici Latini antiquiores: supplementum* ed. K. GAMBER (1988/90, 5230): ZKTh 111 (1989) 397 = Meyer – StMon 31 (1989) 208 = Olivar – ALW 31 (1989) 155-157 = Häussling, A.A. – BLE 91 (1990) 152-153 = Cabic, R.

R 267 COLISH, M.L. (1985/87, 1121): CrSt 9 (1988) 618-622 = Spanneut, M.

R 268 COLOMBAS, G.M. (1988/90, 2868): StMon 31 (1989) 427-429 = Soler i Canals, J.M.

R 269 COMBY, J. (1985/87, 597): RH 229 (1988) 189-192 = Mahn-Lot, M. – CC 139 (1988) 322-323 = Mucci, G.

R 270 COMOTH, K. (1988/90, 1133): PhLit 44 (1990) 240-241 = Hedwig

R 271 *Complementi interdisciplinari di Patrologia* ed. A. QUACQUARELLI (1988/90, 207): RThL 21 (1990) 486-488 = Halleux, A. de – Salesianum 52 (1990) 721-722 = Felici – ScCat 118 (1990) 486-491 = Delpini, M. – Irénikon 63 (1990) 306-307 = E.L.

R 272 *El conflicto entre el paganismo y el cristianismo in el siglo IV.* edd. A. MOMIGLIANO et al. (1988/90, 639): MHA 10 (1989) 233-235 = Martínez, M.G.

R 273 *Congresso internazionale su S. Agostino nel XVI centenario della conversione* (1985/87, 245): REAnc 91 (1989) 142-144 = Fontaine – ArchPhilos 53 (1990) 509-510 = Solignac – BTAM 14 (1990) 779-782 = Mathon, G.

R 274 *Constitutiones Apostolorum* ed. M. METZGER (1985/87, 3325): RBPh 66 (1988) 121-123 = Schamp, J. – RechSR 76 (1988) 579-613 = Sesboüé, B. – REG 101 (1988) 210-211 = Le Boulluec, A. – REA 34 (1988) 199-200 = Doignon – RHR 205 (1988) 214-215 = Nautin – ReSR 62 (1988) 306-312 = Metzger – ScEs 40 (1988) 125-127 = Sabourin, L. – AugR 28 (1988) 705-706 = Mallet – MSR 46 (1989) 229-230 = Baudry, E.

R 275 *Constitutiones Apostolorum* ed. M. METZGER (1985/87, 3326): Laval 43 (1987) 420-421 = Poirier – BLE 89 (1988) 302-306 = Crouzel, H. – REA 34 (1988) 199-200 = Doignon, J. – AugR 28 (1988) 705-706 = Mallet – ThLZ 113 (1988) 35 = Haendler – ACl 57 (1988) 438 = Joly – JThS 39 (1988) 611-618 = Kopeček, T.A. – NRTh 110 (1988) 761-762 = Roisel – BijFTh 49 (1988) 212-213 = Declerck, J. – ScEs 40 (1988) 125-127 = Sabourin, L. – RHR 205 (1988) 214-215 = Nautin – ReSR 62 (1988) 306-312 = Metzger – ThPh 64 (1989) = Sieben – RBPh 66 (1988) 121-123; RBPh 67 (1989) 195-196 =

Schamp, J. – MSR 46 (1989) 229-230 = Baudry, E. – Augustinus 34 (1989) 189-190 = Oroz, J.

R 276 *Constitutiones Apostolorum* ed. M. METZGER (1985/87, 3327): AB 105 (1987) 464 = R. de F. – REB 46 (1988) 239-240 = Darrouzès, J. – JThS 39 (1988) 611-618 = Kopeček, T.A. – NRTh 110 (1988) 761-762 = Roisel – RSLR 24 (1988) 164 = Trisoglio – RHPhR 68 (1988) 363 = Maraval, P. – RHR 205 (1988) 214-215 = Nautin – ScEs 40 (1988) 125-127 = Sabourin, L. – ReSR 62 (1988) 306-312 = Metzger – RBen 98 (1988) 223-224 = L.W. – REA 34 (1988) 199-200 = Doignon, J. – ThLZ 114 (1989) 286 = Haendler, G. – ThPh 64 (1989) 587-589 = Sieben – ZKTh 111 (1989) 396 = Lies – ACl 58 (1989) 356-357 = Joly, R. – RBi 96 (1989) 625-626 = Pierre, M.-J. – Euphrosyne 17 (1989) 400-401 = Espírito Santo – MSR 46 (1989) 229-230 = Baudry – RThPh 122 (1990) 135-136 = Junod – RBPh 68 (1990) 181-182 = Schamp,J.

R 277 *La conversión de Roma: cristianismo y paganismo* edd. J.M. CANDAU MORON; F. GASCO; A. RAMIREZ DE VERGER (1988/90, 209): MHA 11-12 (1990-1991) 351-353 = Martínez, G.

R 278 COOMBS, S. (1985/87, 5618): RBen 98 (1988) 247

R 279 CORBIN, S. (1985/87, 5527): SMSR 12 (1988) 194-195 = Zocca, E.

R 280 CORNEANU, N. (1985/87, 96): BOR 106 (1988/3-4) 155-161 = Baconsky, T. – OstkiSt 38 (1989) 341 = Suttner

R 281 *Corpus Christianorum. Thesaurus Augustinianus* (1988/90, 431): REA 35 (1989) 298-307 = Madec, G. – CC 141 (1990) 351-356 = Busa, R. – AB 108 (1990) 431-434 = Godding, R.

R 282 *Corpus Christianorum. Thesaurus Sancti Gregorii Magni* (1985/87, 1208): NRTh 110 (1988) 621-622 = Godding, R. – RBen 98 (1988) 405-406 = Verbraken, P. – RFN 80 (1988) 118-119 = Quinto, R. – LEC 57 (1989) 275-276 = Philippart

R 283 *Corpus Christianorum. Thesaurus Sancti Gregori Nazianzeni* ed. J. MOSSAY (1988/90, 432): Mu 103 (1990) 380-382 = Mossay, J.

R 284 *Corpus Christianorum. Thesaurus Patrum Latinorum. Sanctus Hieronymus. Contra Rufinum.* Digesserunt E. GOUDER et P. TOMBEUR (1985/87, 1205): LEC 58 (1990) 202 = Philippart

R 285 *Corpus Christianorum. Thesaurus Patrum Latinorum. Scriptores minores Galliae s. IV-V* (1985/87, 1211): JThS 39 (1988) 265-272 = Banning, J. van

R 286 CORTE, F. DELLA (1985/87, 416): CC 139 (1988) 611 = Ferrua, A.

R 287 COSI, D.M. (1985/87, 4395): ACl 57 (1988) 530-533 = Balty, J. – DHA 14 (1988) 363-364 =Lévêque, P. – AtPavia 66 (1988) 642-643 = Marcone, A. – JHS 108 (1988) 247-248 = Athanasiade, P. – RPh 62 (1988) 376 = Bouffartigue, J. – Mn 42 (1989) 212-214 = Hooff, van – Annales (ESC) 45 (1990) 923-925 = Rousselle – REAnc 92 (1990) 164 = L'Huillier, M.C.

R 288 COULIE, B. (1985/87, 3828): RechSR 76 (1988) 579-613 = Sesboüé, B. – RThL 19 (1988) 372-373 = Donnet, D.

R 289 COURTH, F. (1988/90, 5752): ZKTh 111 (1989) 105 = Lies – TTh 30 (1990) 203 = Rikhof, H. – NRTh 112 (1990) 131-132 = Roisel, V.

R 290 COVOLO, E. DAL (1988/90, 644): Marianum 51 (1989) 727-729 = Peretto, E. – VetChr 26 (1989) 387-389 = Isola, A. – Latinitas 37 (1989) 317 = Salvi – MH 47 (1990) 266 = Paschoud, F. – REA 36 (1990) 185-186 = Le Boulluec, A. – RSLR 26 (1990) 186-188 = Simonetti, A. – JThS 41 (1990) 649-651 = Frend, W.H.C. – Aevum 64 (1990) 136-137 = Barzanò, A. – Gy 47 (1990) 368-369 = Klein – Salesianum 52 (1990) 722-724 = Kataka – Orpheus 11 (1990) 193-194 = Ceresa-Gastaldo – BStudLat 20 (1990) 167-168 = Forlin Patrucco – BStudLat (1990) 169-171 = Piscitelli

R 291 *Crescita dell'uomo nella catechesi dei Padri (età postnicena)* ed. S. FELICI (1988/90, 211): Lateranum 55 (1988) 493-494 = Pasquato, O. – CC 139 (1988) 406 = Ferrua, A. – RBen 99 (1989) 210-211 = Wankenne, L.-J. – NRTh 111 (1989) 1065 = A.H. – JThS 40 (1989) 734-735 = Chadwick, H. – OrChrP 55 (1989) 244 = Špidlík, T. – Clarentianum 29 (1989) 396-398 = Proietti, B. – LEC 58 (1990) 274-275 = Druet

R 292 *Crescita dell'uomo nella catechesi dei Padri (età prenicena)* ed. S. FELICI (1985/87, 247): RBen 98 (1988) 241 = L.W. – LEC 58 (1990) 274-275 = Druet – AugR 30 (1990) 213-214 = Dal Covolo, E.

R 293 *I cristiani e l'impero nel IV secolo* edd. G. BONAMENTE; A. NESTORI (1988/90, 212): Tyche 4 (1989) 252-253 = Dobesch, G. – VigChr 43 (1989) 309 – Orpheus 11 (1990) 424-428 = Corsaro

R 294 *I cristiani e il servizio militare* ed. E. PUCCIARELLI (1985/87, 1702): VoxP 8 (1988) f.14, 467-471 = Degórski, B. – VigChr 42 (1988) 406-408 = Boeft, J. den – CR 38 (1988) 440 = Hunt – Mitteilungsblatt des Deutschen Altphilologenverbandes (Bamberg) (1989,1) 26-27 = Wissemann – Gn 61 (1989) 629-631 = Heck – RHPhR 69 (1989) 335 = Maraval

R 295 *Il Cristianismo in Sicilia dalle origini a Gregorio Magno* edd. V.
MESSANA; S. PRICOCO (1985/87, 248): SMed 17 (1989)
488-490 = Roccaro, C.

R 296 *Il Cristo II* ed. M. SIMONETTI (1985/87, 6167): Benedictina
35 (1988) 279-280 = Sera, S.

R 297 CROUZEL, H. (1985/87, 4699): CC 139 (1988) 402-403 = Cattaneo, E. – RechSR 76 (1988) 590-591 = Sesboüé, B.

R 298 CROUZEL, H. trans. A.S. WORREL (1988/90, 4460): History
75 (1990) 469 = Chadwick – VigChr 44 (1990) 97-99 = Winden, J.C.M. van

R 299 CUENCA COLOMA, J.M. (1985/87, 2318): Augustinus 33
(1988) 249 = Pérez, M.

R 300 *Culto delle immagini e crisi iconoclasta* (1985/87, 251): DA 45
(1989) 266 = Hartmann, W.

R 301 CUOQ, J. (1985/87, 610): Islàm. Stor. e civiltà 20 (1987) 208 =
Nisticò, L. – OrChrP 54 (1988) 270 = Poggi, V. – Rev. franç.
d'Hist. d'Outre-Mer 75,4 (1988) 492 = Brasseur, P.

R 302 CURTI, C. (1985/87, 3579): CCC 9 (1988) 341 = Frassinetti –
REG 102 (1989) 620-621 = Le Boulluec – RSLR 25 (1989)
186-187 = Trisoglio – AtPavia 67 (1989) 659-661 = Gasti, F. –
KoinNapoli 13 (1989) 195 = Conti Bizzarro, F. – BLE 91 (1990)
151= Crouzel – WSt 103 (1990) 268 = Thumb, R. – GiorFil 42
(1990) 158-159 = Donnini – RFC 118 (1990) 476-480 = Vian,
G.M.

R 303 CUSCITO, G. (1985/87, 611): Atti e memorie d. Società Istriana
di archeologia e storia patria (Triest) 36 (1988) 373-377 = Let-
tich, G.

R 304 CWIEKOWSKI, F.J. (1988/90, 655): EThL 64 (1988) 469-471 =
Halleux, de

R 305 *Cyprianus Carthaginiensis* edd. P. BOUET et al. (1985/87,
3335): JAC 31 (1988) 220-224 = Durst – RSLR 24 (1988)
164-165 = Bolgiani, F. – RPh 62 (1988) 169-171 = Monat

R 306 *Cyprianus Carthaginiensis* ed. G.W. CLARKE (1984, 1511):
RThL 19 (1988) 204-207 = Deproost, P.-A. – Latomus 47
(1988) 163-164 = Perrin – REAnc 90 (1988) 228-229 = Perrin,
M. – ThLZ 114 (1989) 124 = Haendler

R 307 *Cyprianus Carthaginiensis* ed. G.W. CLARKE (1984, 1512):
JEcclH 39 (1988) 293 = Bonner, G. – CR 38 (1988) 156-157 =
Hanson – REAnc 90 (1988) 228-229 = Perrin, M. – VigChr 44
(1990) 199-200 = Boeft, J. den

R 308 *Cyprianus Carthaginiensis* ed. G.W. CLARKE (1985/87, 3336):
JEcclH 39 (1988) 293 = Bonner, G. – REAnc 90 (1988) 228-229
= Perrin – CR 38 (1988) 156-157 = Hanson – ThSt 51 (1990)
175-176 = Fahey – VigChr 44 (1990) 199-200 Boeft, J. den

R 309 *Cyprianus Carthaginiensis* ed. G.W. CLARKE (1988/90, 3160): Prudentia 21,2 (1989) 75-76 = Rousseau – ThSt 51 (1990) 175-176 = Fahey – CHR 76 (1990) 328-330 = Frend – ChH 59 (1990) 386-387 = Ettlinger – CR 40 (1990) 163-164 = Walsh – VigChr 44 (1990) 199-200 = Boeft, J. den

R 310 *Cyrillonas* ed. D. CERBELAUD (1984, 1536): OrChr 72 (1988) 222 = Cramer, W. – RThPh 121 (1989) 230-231 = Rilliet, F.

R 311 *Cyrillus Alexandrinus* edd. P. BURGUIERE; P. EVIEUX (1985/87, 3354): RBPh 66 (1988) 126-129 = Schamp, J. – RechSR 76 (1988) 579-613 = Sesboüé, B.

R 312 *Cyrillus Alexandrinus* ed. J.I. MCENERNEY (1985/87, 3355): AB 105 (1987) 464 = Halkin, F. – EThL 64 (1988) 474-475 = Halleux, A. de – JEcclH 40 (1989) 137-138 = Bonner, G.

R 313 *Cyrillus Alexandrinus* ed. J.I. MCENERNEY (1985/87, 3356): EThL 64 (1988) 474-475 = Halleux, A. de

R 314 *Cyrillus Hierosolymitanus* ed. A. PIÉDAGNEL (1988/90, 3206): Mu 101 (1988) 434-436 Mossay, J. – RHPhR 68 (1988) 361-362 = Maraval, P. – Irénikon 61 (1988) 301 = E.L. – ThLZ 114 (1989) 679 = Treu – ScEs 41 (1989) 384-385 = Pelland, G. – EThL 65 (1989) 179 = Halleux, A. de – NRTh 111 (1989) 588 = Roisel, V. – Hell 40 (1989) 165-167 = Detorakis, T. – RBi 96 (1989) 626-627 = Pierre, M.-J. – REB 47 (1989) 273 = Wolinski, J. – BLE 91 (1990) 147-148 = Crouzel, H. – Laval 46 (1990) 259 = Poirier – OrChrP 56 (1990) 235-236 = Baggarly, J.D.

R 315 DAGRON, G. (1984, 135): JÖB 38 (1988) 508 = Lackner

R 316 DAHLBERG, C. (1988/90, 1189): Manuscripta 32 (1988) 223

R 317 DALMAN, B. (1985/87, 417): RHE 83 (1988) 784 = Moral, T.

R 318 DANIELE, I. (1985/87, 5465): AB 106 (1988) 482

R 319 DANIELOU, J.; MARROU, H.I. (1984, 279): VoxP 8 (1988) f.15, 1043-1073 = Ziółkowski, A.

R 320 DAVIS, L.D. (1985/87, 5868): AUSS 26 (1988) 186-187 = Norman, B. – ChH 58 (1989) 218-219 = Kelly, J.F. – StVlThQ 33 (1989) 413-415 = Wesche, P. – ThSt 50 (1989) 202-203 = Slusser, M. – CHR 76 (1990) 100-101 = Young

R 321 DECHOW, J.F. (1988/90, 3389): BLE 90 (1989) 139-140 = Crouzel, H. – PBR 8 (1989) 251-252 = Tsirpanlis, C.N. – JThS 41 (1990) 673-682 = Gould – ChH 59 (1990) 388-389 = Tripolitis

R 322 DESC'UDRES, G. (1983, 2039): OstkiSt 37 (1988) 208 = Plank, B.

R 323 DESCY, S. (1985/87, 625): ScEs 40 (1988) 135-136 = Novotny, G.

R 324 *The Desert of the heart. Daily readings with the desert fathers* ed. B. WARD (1988/90, 5935): ColCist 51 (1989) 404 = Y.R.

R 325 *Dictionnaire d'histoire et de géographie ecclésiastiques, XXI, fasc. 120-125* (1985/87, 418-422) AB 106 (1988) 470-471 = Straeten, J. van der

R 326 *Dictionnaire d'histoire et de géographie ecclésiastiques, XXII, fasc. 126-127* (1985/87, 423/424): AB 106 (1988) 471-472 = Straeten, J. van der

R 327 *Dictionnaire d'histoire et de géographie ecclésiastiques, XXII, fasc. 128* (1985/87, 425): RHE 83 (1988) 801 = Silvestre, H. – AB 106 (1988) 471-472 = Straeten, J. van der – RHEF 74 (1988) 215-216 = Darricau, R.

R 328 *Dictionnaire d'histoire et de géographie ecclésiastiques, XXII, fasc. 129-130* (1988/90, 437): REA 34 (1988) 322-323 = Madec, G. – RHE 83 (1988) 802-803 = Silvestre, H. – AB 106 (1988) 471-472 = Straeten, J. van der – RHEF 74 (1988) 215-216 = Darricau, R.

R 329 *Dictionnaire d'histoire et de géographie ecclésiastiques, XXIII, fasc. 131* (1988/90, 438): REA 34 (1988) 323 = Daguet, A. – AB 106 (1988) 471-472 = Straeten, J. van der – RHE 84 (1989) 590-593 = Silvestre, H.

R 330 *Dictionnaire d'histoire et de géographie ecclésiastiques, XXIV, fasc. 132* (1988/90, 439): RHE 84 (1989) 590-593 = Silvestre, H.

R 331 *Dictionnaire d'histoire et de géographie ecclésiastiques, XXIII, fasc. 135* (1988/90, 441): RHE 84 (1989) 590-593 = Silvestre, H.

R 332 *Dictionnaire de spiritualité ascétique et mystique, XI, fasc. 80-85* (1985/87, 426; 427): AHSI 57 (1988) 210-213 = Ruiz Jurado, M.

R 333 *Dictionnaire de spiritualité ascétique et mystique, XIII, fasc. 86-88* (1985/87, 428): REA 34 (1988) 323 = Madec, G. – NRTh 110 (1988) 626-627 = Renard – RHPhR 68 (1988) 346-347 = Chevallier – RHE 83 (1988) 521 = Aubert, R. – OrChrP 54 (1988) 234-237 = Poggi, V. – AHSI 59 (1990) 134-136 = Ruiz Jurado, M.

R 334 *Dictionnaire de spiritualité ascétique et mystique, XIII, fasc. 89-90* edd. A. RAYEZ et al. (1988/90, 445): REA 34 (1988) 323 = Madec, G. – RHE 83 (1988) 803 = Aubert, R. – RHPhR 69 (1989) 501 = Chevallier – RET 49 (1989) 107-110 = Gesteira, M. – OrChrP 55 (1989) 506-509 = Poggi, V.

R 335 *Dictionnaire de spiritualité ascétique et mystique, XIV, fasc. 91* edd. A. RAYEZ et al. (1988/90, 446): REA 34 (1988) 323 = Madec, G. – RHE 83 (1988) 804 = Aubert, R. – RHPhR 69

(1989) 501-502 = Chevallier – RET 49 (1989) 107-110 = Gesteira, M. – OrChrP 55 (1989) 506-509 = Poggi, V.

R 336 *Dictionnaire de spiritualité ascétique et mystique, XIV, fasc. 92-94* (1988/90, 447): RHPhR 70 (1990) 339-340 = Chevallier – NRTh 112 (1990) 783-784 = Renard – RHE 85 (1990) 522-523 = Aubert, R.

R 337 *Dictionnaire de spiritualité ascétique et mystique, XIV, fasc. 95* (1988/90, 448): NRTh 112 (1990) 783-784 = Renard – RHE 85 (1990) 523 = Aubert, R.

R 338 *Dictionnaire de spiritualité ascétique et mystique, XV, fasc. 96-98* (1988/90, 449): NRTh 112 (1990) 783-784 = Renard – RHE 85 (1990) 523 = Aubert, R.

R 339 *Didymus Caecus* ed. C. NOCE (1988/90, 3235): VoxP 10 (1990) f.19, 940-941 = Degórski, B.

R 340 DIHLE, A. (1985/87, 1125): CrSt 9 (1988) 167-168 = Places, E. des

R 341 *Pseudo-Dionysius Areopagita* ed. G. HEIL (1985/87, 3425): ThPh 63 (1988) 603 = Sieben – ByZ 81 (1988) 64-68 = Riedinger, R. – ThLZ 114 (1989) 285-286 = Haendler, G. – German Studies (Tübingen) 22 (1989) 21-22 = Beierwaltes, W. – VigChr 43 (1989) 97 = Winden, van

R 342 *Pseudo-Dionysius Areopagita* edd. C. LUIBHEID et al. (1985/87, 3424): StMy 11 (1988) 74-76 = Riley, M. – TAik 93 (1988) 260-261 = Myllykoski, M. – PBR 8 (1989) 257-259 = Thompson, H.O.

R 343 *Pseudo-Dionysius Areopagita* ed. B. SUCHLA (1988/90, 3258): VigChr 44 (1990) 92-93 = Winden, J.C.M. van

R 344 *Pseudo-Dionysius Areopagita* ed. R.W. THOMSON (1985/87, 3423): Mu 102 (1989) 203-205 = Coulie, B.

R 345 *Diversorum postchalcedonensium auctorum collectanea I: Pamphilus theologus, ... ; Eustathius monachus ...* edd. H.H. DECLERCK; P. ALLEN (1988/90, 4569): Mu 102 (1989) 386-387 = Mossay, J. – NRTh 112 (1990) 620 = Roisel, V. – REB 48 (1990) 277-278 = Darrouzès, J. – REG 103 (1990) 757 = Nautin – Byzan 60 (1990) 541-543 = Deun, P. van

R 346 *Dizionario della Chiesa ambrosiana A-Cam* (1988/90, 451): AB 106 (1988) 244

R 347 *Dizionario patristico e di antichità cristiane I, II* ed. A. DI BERARDINO (1984, 224): RSLR 25 (1989) 500-503 = Bolgiani, F.

R 348 *Dizionario patristico e di antichità cristiane, III* ed. A. DI BERARDINO (1988/90, 450): RHPhR 69 (1989) 331-332 = Maraval – RSLR 25 (1989) 500-503 = Bolgiani, F. – VoxP 8 (1988) f.15, 1105-1108 = Degórski, B.

R 349 *New documents illustrating early Christianity, IV* edd. G.H.R. HORSLEY; S.P. SWINN (1988/90, 1286): NovTest 32 (1990) 189-190 = Elbert – Gn 62 (1990) 645-647 = Wischmeyer – Ar-Pap 35 (1989) 114-115 = Treu

R 350 DODDS, E.R. (1985/87, 630): HZ 246 (1988) 398-400 = Girardet, K.M. – SZ 206 (1988) 425-430 = Kriegbaum, B.

R 351 DONNINI, M. (1988/90, 14): Benedictina 36 (1989) 193-198 = Pizzani, U.

R 352 DORIVAL, G. (1985/87, 1709): NRTh 110 (1988) 107-108 = Ska, J.-L.

R 353 *Dracontius* edd. C. MOUSSY; C. CAMUS (1985/87, 3471): Sc 43 (1989) 161-166 = Hamblenne – Latomus 48 (1989) 199-200 = Verdière – RPh 63 (1989) 141-142 = Reydellet – REL 68 (1990) 191-194 = Fontaine

R 354 *Dracontius* ed. C. MOUSSY (1988/90, 3292): Gy 97 (1990) 272 = Gruber – CR 40 (1990) 281-282 = Hall – REL 68 (1990) 191-194 = Fontaine – ACl 59 (1990) 409-410 = Knecht – Sc 44 (1990) 147-151 = Hamblenne, P.

R 355 DRAGAS, G.D. (1985/87, 2109): Kleronomia 18 (1986) 198-199 = Chrestu, P.K. – BLE 89 (1988) 307-308 = Crouzel, H.

R 356 DROBNER, H.R. (1988/90, 452): WSt 102 (1989) 305 = Weber, D. – RHPhR 69 (1989) 345-346 = Hanriot-Coustet; Pautler – REG 102 (1989) 615 = Nautin – VigChr 43 (1989) 303 = Winden, van – JThS 41 (1990) 815-816 = Meredith – CR 90 (1990) 482 = O'Cleirigh – OrChr 74 (1990) 267 Esbroeck, M. van – Emérita 58 (1990) 368 = Piñero, F. – OrChrP 56 (1990) 236-237 = Baggarly, J.D.

R 357 DROBNER, H.R. (1985/87, 2351): ZKTh 110 (1988) 463-465 = Neufeld, K.H. – ThLZ 113 (1988) 765-766 = Höhn, H.-J. – JThS 41 (1990) 264-266 = Williams

R 358 DROGE, A.J. (1988/90, 1567): NRTh 111 (1989) 1018-1019 = Harvengt – CrSt 11 (1990) 621-623 = Beatrice, P.F. – AugR 30 (1990) 499-500 = Peretto, E. – JThS 41 (1990) 657-659 = Osborn, E.

R 359 DRUET, F.-X. (1988/90, 3964): NRThH 112 (1990) 926-927 = Hilaire, S. - RThAM 57 (1990) 285-286 = Guillaume – Mu 103 (1990) 383 = Mossay, J. – RSPhTh 74 (1990) 634-636 = Durand, G.-M. de

R 360 DUFOURCQ, A. (1988/90, 4964): RSLR 25 (1989) 558 = Grégoire – REAnc 91 (1989) 128-131 = Duval, N. – RiAC 65 (1989) 263-264 = Saint-Roch, P. – AB 107 (1989) 218-219 = Devos, P. – RHE 85 (1990) 368-369 = Dubois, J.

R 361 DUPERRAY, E.; LOURY, L. (1988/90, 5138): AB 106 (1988) 482

R 362 DUPLACY, J. (1985/87, 1458): ThLZ 114 (1989) 668-669 = Kilpatrick – ThRe 85 (1989) 103-105 = Mink – JThS 40 (1989) 223-224 = Birdsall – RHE 84 (1989) 101-106 = Amphoux

R 363 DURST, M. (1985/87, 4064): BijFTh 49 (1988) 336-337 = Smulders, P. – ThGl 78 (1988) 94-95 = Drobner, R. – AugR 28 (1988) 709-714 = Studer, B. – REAnc 90 (1988) 231-232 = Fontaine – ThRe 85 (1989) 379-381 = Camelot, P.T. – EE 64 (1989) 590-592 = Granado, C. – ThLZ 115 (1990) 757 = Thümmel, H.G.

R 364 DUVAL, Y. (1981/82, 3003): CrSt 9 (1988) 184-186 = Saxer, V. – ByZ 83 (1990) 482-483 = Grossmann, P.

R 365 DUVAL, Y. (1988/90, 5408): Starinar 39 (1988) 197-199 = Popovic, V. – ArEArq 62 (1989) 356-357 = Teja, R. – RiAC 65 (1989) 270-273 = Saxer, V. – RHDFE 67 (1989) 663-665 = Gaudemet – AB 107 (1989) 215-218 = Devos, P. – ABret 96 (1989) 358-361 = Biarne, J. – RHEF 75 (1989) 390-391 = Carrias, M. – RHE 85 (1990) 83-86 = Reekmans, L. – Annales (ESC) 45 (1990) 925-927 = Rousselle, A.

R 366 *Early Christian Spirituality* ed. C. KANNENGIESSER (1985/87, 6336): ChH 57 (1988) 220 = Ferguson

R 367 ECKMANN, A. (1985/87, 2355): VoxP 7 (1987) f.12/13, 461-463 = Eborowicz, W.

R 368 *Écrits apocryphes sur les Apôtres, I* ed. L. LELOIR (1985/87, 1563): RSPhTh 72 (1988) 627-628 = Durand, G.-M. de – RThL 19 (1988) 227-228 = Halleux, A. de – RBen 98 (1988) 221-222 = Bogaert, P.M. – Laval 44 (1988) 121-123 = Poirier – REArm 21 (1988/89) 559-560 = Mahé, J.-P. – JThS 40 (1989) 226-228 = Cowe – BLE 90 (1989) 69 = Crouzel – RSLR 25 (1989) = Schneemelcher, W. – RHE 84 (1989) 106-107 = Poirier

R 369 *Écrits gnostiques. Codex de Berlin* ed. M. TARDIEU (1984, 3120): ZDMG 138 (1988) 180-188 = M.K.

R 370 EDELING-TEVES, W. (1988/90, 5591): VoxP 10 (1990) f.19, 945-948 = Marczewski, M.

R 371 EFFENBERGER, A. (1985/87, 642): Quad. Giulian. di Storia 9 (1988) 125 = S.T. – ByZ 81 (1988) 315-316 = Brenk, B. – TTZ 97 (1988) 73-74 = Sauser, E. – ThRe 84 (1988) 28-30 = Gessel, W. – Byslav 49 (1988) 253-254 = Pardyová, M.

R 372 *Ehe und Ehelosigkeit in der Alten Kirche* ed. C. MUNIER (1985/87, 6430): ThRe 86 (1990) 296-299 = Müller

R 373 EHRMAN, B.D. (1985/87, 3400): JBL 108 (1989) 144-146 = Holmes

R 374 ELLIOTT, A.G. (1985/87, 5233): Manuscripta 32 (1988) 154 –
CR 39 (1989) 43-45 = Whitby, M. – JEcclH 40 (1989) 586-589
= Cameron, A. – REAnc 91 (1989) 131 = Dolbeau, F. – JThS 40
(1989) 627-631 = Gould, G. – JRS 79 (1989) 260-261 = Hunt –
JR 69 (1989) 400-402 = Stroumsa – ZKG 100 (1989) 414-415 =
Frend, W.H.C. – Maia 41 (1989) 255-257 = Bertini – ChH 59
(1990) 227-228 = Countryman – Sp 65 (1990) 147-149 = Far-
mer – Annales (ESC) 45 (1990) 342-344 = Guerreau-Jalabert,
A. – CHR 76 (1990) 564-569 = Howe, J.

R 375 *The emperor Julian* ed. S.N.C. LIEU (1985/87, 4398): RHE 83
(1988) 104-107 = Deproost, P.-A. – JEcclH 39 (1988) 139-140
= Crook – CB 64 (1988) 57-58 = Miller – CW 82 (1988/89) 205
= DiMaio – ByZ 81 (1988) 51-52 = Fatouros, G. – StMe 30
(1989) 528-529 – Francia 17, 1 (1990) 229 = Durliat, J.

R 376 *Enciclopedia di tiologia fondamentale* cur. G. RUGGIERI
(1985/87, 430): REA 34 (1988) 400

R 377 ENRIGHT, M.R. (1985/87, 647): ChH 56 (1987) 385-386 =
Keefe, S.A. – ZKG 99 (1988) 104-105 = Jarnut, J. – JEcclH 39
(1988) 112-113 = Garnett, G.

R 378 EPALZA, M. DE (1988/90, 688): CrSt 10 (1989) 620-622 =
Reinhardt, K. – CCM 33 (1990) 192 = Leroy, B.

R 379 *Ephèse et Chalcédoine. Actes des Conciles* ed. A.J. FESTU-
GIERE (1981/82, 3023): BijFTh 50 (1989) 95 = Parmentier, M.

R 380 *Ephraem Syrus* ed. K.E. MCVEY (1988/90, 3349): EThL 66
(1990) 430-431 = Bundy, D.

R 381 *Epiphanius Constantiensis* edd. K. HOLL; J. DUMMER
(1985/87, 3543): ACl 58 (1989) 361-365 = Schamp

R 382 *Epiphanius Constantiensis* ed. F. WILLIAMS (1985/87, 3544):
VigChr 42 (1988) 301-303 = Klijn, A.F.J. – TAik 94 (1989)
74-75 = Marjanen, A.

R 383 *Epistolario apocrifo di Seneca e San Paolo* ed. L. BOCCIOLINI
PALAGI (1985/87, 1556): VoxP 8 (1988) f.14, 467-471 = Degórski, B. – VigChr 42 (1988) 210 = Duval – Maia 41 (1989)
272-273 = Ceresa-Gastaldo

R 384 *Le epistole paoline nei Manichei, i Donatisti e il primo Agostino*
ed. J. RIES (1988/90, 225): VigChr 44 (1990) 401-404 = Quispel, G.

R 385 *L'Épître apocryphe de Jacques (NH I,2)* edd. D. ROULEAU; L.
ROY (1985/87, 6600): EThL 64 (1988) 467-468 = Halleux,
de – BiZ 33 (1989) 139 = Schnackenburg, R. – RBi 96 (1989)
623 = Taylor, J.J. – JThS 40 (1989) 606-611 = Smith, M. –
ThRe 85 (1989) 105-106 = Klauck, H.-J. – RechSR 77 (1989)
281-304 = Scopello, M. – SecCent 7 (1989/90) 55-56 = Pervo –

ThLZ 115 (1990) 575-577 = Schenke, H.-M. – OrChrP 56 (1990) 212-213 = Kilmartin, E.J.

R 386 *Dall'eremo al cenobio* ed. G. PUGLIESE CARRATELLI (1985/87, 258): RiAC 64 (1988) 383-386 = Mazzoleni, D.

R 387 ESCRIBANO PANO, M.V. (1988/90, 4639): Antigüedad y cristianismo (Murcia) 4 (1988) 325-326 = González Blanco, A.

R 388 *Quatrième livre d'Esdras* ed. H. COUSIN (1985/87, 1557): NRTh 111 (1989) 578 = Ska

R 389 *Eucherius Lugdunensis* ed. S. PRICOCO (1988/90, 3399): VoxP 10 (1990) f.19, 934-938 = Degórski, B.

R 390 *Eunomius Cyzicenus* ed. R.P. VAGGIONE (1985/87, 3569): RechSR 76 (1988) 579-613 = Sesboüé, B. – Gerión 6 (1988) 299-300 = Fernández, G. – JThS 39 (1988) 254-257 = Wickham – ChH 88 (1989) 85-86 = Norris, F.W. – JEcclH 40 (1989) 258-260 = Hall, S.G. – JRS 79 (1989) 257-258 = Williams – RThPh 122 (1990) 281 = Junod – HeythropJ 31 (1990) 336-337 = Meredith, A.

R 391 *Eusebius Caesariensis* edd. G. BARDY; P. PÉRICHON (1985/87, 3573): AB 105 (1987) 450-451 = Halkin, F. – Teología 59 (1988) 403 = Mutsulas, E.D. – LEC 56 (1988) 124 = G.D. – BLE 89 (1988) = Crouzel, H. – ThLZ 113 (1988) 680-681 = Winkelmann, F. – LEC 56 (1988) 124 – NRTh 110 (1988) 758 = Roisel – RSLR 24 (1988) 165-166 = Mallet – RechSR 76 (1988) 579-613 = Sesboüé, B. – RThL 20 (1989) 223-224 = Halleux, A. de – ACl 58 (1989) 360 = Joly, R.

R 392 *Eusebius Caesariensis* ed. T. BODOGAE (1988/90, 3414): StBuc 40 (1988/1) 121-125 = T. Baconsky

R 393 *Eusebius Caesariensis* edd. M. FORRAT; É. DES PLACES (1985/87, 3572): Theología 59 (1988) 402-403 = Mutsulas, E.D. – ThLZ 113 (1988) 680-681 = Winkelmann, F. – NRTh 110 (1988) 113-114 = Roisel, V. – REB 46 (1988) 233-234 = Wolinski, J. – MSR 45 (1988) 111-112 = Hombert – ACl 57 (1988) 439 = Joly, R. – RHPhR 68 (1988) 360-361 = Maraval P. – VigChr 42 (1988) 202-203 = Winden, J.C.M. van – REAnc 90 (1988) 223-224 = Bernardi, J. – ThSt 49 (1988) 163-164 = Daly – REG 101 (1988) 579-580 = Nautin, P. – RSLR 24 (1988) 586-587 = Mallet, J. – JThS 40 (1989) 254-256 = Hunt, E.D. – RThL 20 (1989) 92-93 = Halleux, A. de – RBPh 68 (1990) 174-177 = Schamp

R 394 *Eusebius Caesariensis* edd. É. DES PLACES; G. FAVRELLE (1983, 1312): JEcclH 39 (1988) 628-629 = Bonner, G. – REAnc 90 (1988) 221-223 = Alexandre, M. – RechSR 76 (1988) 579-613 = Sesboüé, B.

R 395 *Eusebius Caesariensis* ed. É. DES PLACES (1985/87, 3574): PrOrChr 37 (1987) 389-390 = Ternant, P. – RThL 19 (1988) 228-229 = Halleux, A. de – Irénikon 61 (1988) 140 = E.L. – NRTh 110 (1988) 759 = Roisel, V. – VigChr 42 (1988) 299-300 = Winden, J.C.M. van – JEcclH 39 (1988) 628-629 = Bonner, G. – RSLR 24 (1988) 588-590 = Mallet – REAnc 90 (1988) 221-223 = Alexandre, M. – REB 46 (1988) 233 = Failler, A. – Augustinus 34 (1989) 190 = Oroz, J. – RHR 206 (1989) 313-314 = Le Boulluec, A. – ACl 58 (1989) 360-361 = Joly, R. – RBPh 68 (1990) 177-179 = Schamp – BLE 91 (1990) 149 = Crouzel, H.

R 396 *A New Eusebius* ed. J. STEVENSON (1985/87, 903): JEcclH 40 (1989) 253-254 = Hall, S.G.

R 397 EUTHYMIADES, S. (1988/90, 4967): AB 108 (1990) 451-452 = Zanetti, U. – ThAthen 61 (1990) 341 = Paschos, P.B.

R 398 *Évagre le Pontique, Esquisse monastique, Chapitres sur le discernement des passions et des pensées, Chapitres neptiques, Chapitres sur la prière; Saint Nil, Discours ascétique; Diadoque de Photicé, Discours ascétique en cent chapitres* edd. L. REGNAULT; J. TOURAILLE (1985/87, 1640; 3623): ColCist 51 (1989) 409-410 = N.G. – Salesianum 52 (1990) 461 = Isola

R 399 *Evagrius Ponticus* ed. G. BUNGE (1985/87, 3625): Irénikon 61 (1988) 141-142 = A.L.

R 400 *Evagrius Ponticus* ed. P. GÉHIN (1985/87, 3624): Irénikon 61 (1988) 141 = E.L. – Mu 101 (1988) 433-436 = Mossay, J. – NRTh 110 (1988) 761 = Roisel, V. – AB 106 (1988) 235 = Halkin, F. – RechSR 76 (1988) 579-613 = Sesboüé, B. – RSLR 25 (1989) 157-160 = Mallet, J. – MSR 46 (1989) 47 = Hombert, M. – ACl 58 (1989) 357-360 = Schamp, J. – REB 47 (1989) 265-266 = Failler, A. – Laval 46 (1990) 262 = Poirier – JThS 41 (1990) 686 = Louth – ChH 59 (1990) 387-388 = Trigg – JÖB 40 (1990) 446-448 = Lackner, W. – RBPh 68 (1990) 179-181 = Schamp – EThL 66 (1990) 200-201 = Halleux, A. de

R 401 *Evagrius Ponticus* edd. A. GUILLAUMONT; C. GUILLAUMONT (1988/90, 3448): OstkiSt 72 (1988) 218-219 = Gessel, W. – Irénikon 62 (1989) 210-211 = E.L. – RSLR 25 (1989) 157-160 = Mallet – BLE 90 (1989) 147-148 = Crouzel – MSR 46 (1989) 47 = Hombert – ACl 58 (1989) 357-360 = Schamp – RHPhR 69 (1989) 346-347 = Bertrand, D.A. – CRAI (1989) 778-780 = Guillaumont – RPh 63 (1989) 305-306 = Places, des – Greg 71 (1990) 601-602 = Pelland – OrChr 74 (1990) 253 = Gessel, W. – REG 103 (1990) 263-267 = Géhin – RHPhR 70 (1990) 353-354 = Bertrand, D.A. – RHR 207 (1990) 210-211 = Petit, M. – NRTh 112 (1990) 266-267 = Roisel, V. – REB 48

(1990) 281-283 = Failler, A. – RThPh 122 (1990) 564 = Borel – JThS 41 (1990) 687-690 = Gould – JAC 33 (1990) 269-270 = Schenke, H.-M. – VigChr 44 (1990) 301-302 = Bartelink, G.J.M. – Mu 103 (1990) 379-380 = Coulie, B. – ColCist 52 (1990) 553-554 = G.C. – OrChrP 56 (1990) 238-239 = Ruggieri, V.

R 402 *Evagrius Ponticus* ed. C. WAGENAAR (1985/87, 3626): ColCist 50 (1988) 290-291 – Louf, A.

R 403 *Apokryphe Evangelien aus Nag Hammadi* ed. K. DIETZFEL-BINGER (1988/90, 1422): SZ 208 (1990) 71-72 = Frohnhofen, H.

R 404 *Évangile de Jean* ed. É. DELEBECQUE (1985/87, 1424): LEC 57 (1989) 367-368 = Jacques

R 405 *L'évangile selon Luc commenté par les Pères* edd. J.D. BUTIN; A. MAIGNAN; P. SOLER (1985/87, 6897): RThPh 122 (1990) 136-137 = Junod

R 406 *Évangile selon Luc* ed. Soeur JEANNE D'ARC (1985/87, 1425): Euphrosyne 17 (1989) 398-399 = Júnior

R 407 *L'évangile vécu au d'ésert.* ed. L. REGNAULT (1988/90, 1842): ColCist 52 (1990) 540-541 = A.L.

R 408 EVANS, G.R. (1985/87, 3733): History 73 (1988) 108 = King, P.D. – BTAM 14 (1988) 459 = Winandy, J. – DA 44 (1988) 339 = Silagi, G. – Sp 63 (1988) 654-655 = Straw, C. – ThSt 49 (1988) 382 = Grimes, D.J. – EHR 104 (1989) 448 = Goffart – JR 69 (1989) 246 = Baasten, M.

R 409 EVDOKIMOV, P. (1985/87, 5625): Osteuropa 38 (1988) 66-67 = Schriek, W. – ALW 30 (1988) 311-312 = Clauss-Thomassen, E.J. – ThRe 85 (1989) 482-483 = Kallis, A.

R 410 *Creative biblical exegesis* edd. B. UFFENHEIMER; H. GRAF REVENTLOW (1988/90, 6365): EThL 66 (1990) 395 = Beuken, W.A.M.

R 411 *L'Exposé valentinien: Les fragments sur le baptême et sur l'eucharistie (NH XI,2)* ed. J.É. MÉNARD (1985/87, 6603): RechSR 77 (1989) 281-304 = Scopello, M.

R 412 FABRIS, R. (1985/87, 6337): RThPh 122 (1990) 433 = Lasserre

R 413 *Fälschungen im Mittelalter. Internationaler Kongreß der Monumenta Germaniae Historica* ed. M. FUHRMANN (1988/90, 231): Ethnographisch-archäologische Zeitschrift (Berlin) 29 (1988) 379-380 = Kirsch, W.

R 414 FAIVRE, A. (1984, 2983): RThL 19 (1988) 379-380 = Simon, M.

R 415 FALBO, G. (1988/90, 697): RSCI 44 (1990) 213-215 = Marchetto, A.

R 416 FALK, P. (1988/90, 699): RHE 83 (1988) 445-447 = Bontinck, F.

R 417 FARMER, D.H. (1985/87, 5237): TTh 28 (1988) 184 = Peters, J.A.P. – ThLZ 113 (1988) 172 = Zimmermann, G.

R 418 *The Fathers Speak. St. Basil the Great, St. Gregory of Nazianzenus, St. Gregory of Nyssa* ed. G. BARROIS (1984, 779): Irénikon 61 (1988) 301-302 = M.G. – ChH 58 (1989) 138-139 = Tripolitis, A. – RHR 206 (1989) 208-209 = Dalmais, I.H. – OstkiSt 38 (1989) 341 = Plank, B.

R 419 FATICA, L. (1988/90, 4895): OrChrP 56 (1990) 240 = Kilmartin, E.J. – AugR 30 (1990) 198-203 = Studer, B.

R 420 FEDALTO, G. (1988/90, 4728): OrChrP 56 (1990) 528 = Poggi, V.

R 421 FEDALTO, G. (1983, 283): CO 41 (1989) 141-142 = Burg, A.

R 422 FEDALTO, G. (1988/90, 5594): Irénikon 62 (1989) 442-443 = E.L. – StPat 36 (1989) 216-218 = Daniele, I. – OrChrP 56 (1990) 216-217 = Podskalsky, G. – NRTh 112 (1990) 464-465 = Plumat, N. – REB 48 (1990) 297-299 = Darrouzès, J.

R 423 *Fede e sapere nella conversione di Agostino* ed. A. CERESA GASTALDO (1985/87, 262): LEC 58 (1990) 293 = Jacques

R 424 FEDOU, M. (1988/90, 4468): JThS 41 (1990) 659-661 = Edwards – ThSt 51 (1990) 739-740 = Ettlinger, G.H. – ThPh 65 (1990) 266-269 = Sieben – RHPhR 70 (1990) 347-348 = Blanchetière – NRTh 112 (1990) 935-936 = Toubeau – BulBudé (1990) 423-425 = Places, des – EThL 66 (1990) 424-425 = Halleux, A. de – BLE 91 (1990) 224-226 = Crouzel, H. – RSPhTh 74 (1990) 629-632 = Durand, G.-M. de

R 425 FEIL, E. (1985/87, 6122): SR 17 (1988) 110-111 = Vallée, G. – ABG 33 (1990) 301-303 = Feil, E.

R 426 FERGUSON, E. (1985/87, 655): RHPhR 69 (1989) 219 = Maraval

R 427 FERRARI, L.C. (1984, 1113): RAgEsp 29 (1988) 265-267 = Sahelices, P. – Augustinus 33 (1988) 391-394 = Oroz Reta, J.

R 428 FERREIRA, J.M. DOS SANTOS (1985/87, 2373): RAgEsp 29 (1988) 264-265 = Sahelices, P. – Greg 70 (1989) 178 = Galot

R 429 FERRIER, F. (1988/90, 2228): RHPhR 70 (1990) 356-357 = Benoît

R 430 *Fides quaerens intellectum: medieval philosophy from Augustine to Ockham* ed. S.J. TESTER (1988/90, 1140): CW 74 (1990/91) 511-512 = Greenfield

R 431 *Fililogia e forme letterarie.* (1985/87, 263): Vichiana 18 (1989) 396-413 = Esposito, P. – AnzAlt 43 (1990) 129-154 = Händel, P.

R 432 FIORES, S. DE (1988/90, 454): Carth 4 (1988) 380 = Martínez Fresneda, F.

R 433 *Firmus Caesariensis* edd. M.-A. CALVET-SEBASTI; P.-L. GATIER (1988/90, 3478): RPh 62 (1988) 354-355 = Places, E. des – RHPhR 69 (1989) 351 = Maraval – REAnc 91 (1989) 136-137 = Bernardi, J. – REG 102 (1989) 624 = Nautin – AB 107 (1989) 451 = Fenoyl, R. de – Irénikon 62 (1989) 289 = E.L. – OrChr 74 (1990) 253-254 = Gessel, W. JÖB 40 (1990) 448-449 = Lackner, W. – NRTh 112 (1990) 267 = Harvengt, A. – OrChrP 56 (1990) 528-529 = Ruggieri, V. – Greg 71 (1990) 197 = Pelland, G. – REB 48 (1990) 276-277 = Wolinski, J.

R 434 FISCHER, B. (1988/90, 1362): NRTh 111 (1989) 751-752 = Jacques, X. – JThS 41 (1990) 637-640 = Elliott – JBL 109 (1990) 530-533 = Gochee – VigChr 44 (1990) 303 = Bartelink, G.J.M.

R 435 FISCHER, B. (1985/87, 1470): RThAM 55 (1988) 209-210 = Hendrix, G. – CBQ 51 (1989) 173-174 = Cody, A.

R 436 FISCHER, B. (1988/90, 1330): VigChr 44 (1990) 303 = Bartelink, G.J.M.

R 437 FISCHER, N. (1985/87, 2376): ArchPhilos 51 (1988) 472-473 = Solignac – ThRe 85 (1989) 20-24 = Mayer – RPFE 114 (1989) 364-365 = Jolivet – ThLZ 115 (1990) 445-446 = Heidrich – ZKTh 112 (1990) 450-451 = Coreth

R 438 FISCHER-WOLLPERT, R. (1985/87, 433): DA 44 (1988) 567 = Fuhrmann, H.

R 439 FITZGERALD, A. (1988/90, 5949): CHR 76 (1990) 102-103 = Eno, R.B.

R 440 FLASCH, K. (1985/87, 1131): ThRe 84 (1988) 149-154 = Wald, B.

R 441 FLASCH, K. (1985/87, 1130): DLZ 109 (1988) 897-901 = Thümmel, H.-G. – ThRe 84 (1988) 149-154 = Wald, B.

R 442 FLENDER, R. (1988/90, 715): ZAW 101 (1989) 457 = Schmitt

R 443 *Florilegia: Florilegium Frisingense (CLM 6433), Testimonia divinae scripturae <et patrum>* ed. A. LEHNER (1985/87, 1717): LEC 57 (1989) 183-184 = Philippart

R 444 *Foebadius, Victricius, Leporius, Vincentius Lerinensis, Euagrius, Ruricius* ed. R. DEMEULENAERE (1985/87, 1643): JThS 39 (1988) 265-272 = Banning, J. van – Latomus 47 (1988) 210 = Duval

R 445 FOLZ, R. (1985/87, 434): RHE 83 (1988) 58-69 = Lauwers, M. – Sp 64 (1989) 421-422 = Lewis, A.W.

R 446 FONTAINE, J. (1985/87, 264): Sp 63 (1988) 657-659 = Hillgarth, J.N.

R 447 FOUQUET, C. (1985/87, 4402): ACl 57 (1988) 530-533 =
       Balty, J. – Maia 40 (1988) 303-304 = Santi Amantini – Giornale
       filologico ferrarese (Ferrara) 12 (1989) 117-118 = Citti, V.

R 448 FOWDEN, G. (1985/87, 6617): Aeg 68 (1988) 275-276 = Ge-
       raci – StPat 35 (1988) 654-657 = Cosi, D.M. – CW 82
       (1988/89) 205-206 = Bianchi – RHR 206 (1989) 295-298 = Ge-
       naille – ACl 58 (1989) 407-409 = Mertens

R 449 FOX, R.L. (1985/87, 667): JRS 78 (1988) 173-182 = Fowden,
       G. – CJ 83 (1988) 347-348 = Pohlsander, H.A. – Helios 15
       (1988) 133-149 = Christiansen, P.G. – Fides et Historia 20
       (1988/3) 81-83 = Hellstern, M. – Journal of Roman archaeology
       (Ann Arbor, Mich.) 1 (1988) 207-214 = Potter – Ancient Hi-
       story (Macquarie) 20 (1990) 67-69 = Nobbs – Teaching History
       60 (1990) 44 = Portal, C.

R 450 FRANZ, E. (1988/90, 2248): ThLZ 114 (1989) 627-629 = Wenz

R 451 FRAZEE, C.A. (1985/87, 6340): ColCist 50 (1988) 282 = Y.R.

R 452 FREDE, H.J. (1988/90, 1333): RBen 98 (1988) [228-229] –
       VigChr 44 (1990) 89 = Bartelink, G.J.M.

R 453 FREND, W.H.C. (1988/90, 236): OrChrP 55 (1989) 482-483 =
       Poggi, V. – JEcclH 41 (1990) 327 = Stead, C.

R 454 FREND, W.H.C. (1985/87, 6341): Gn 60 (1988) 737-738 = Ha-
       bermehl, P.

R 455 FREND, W.H.C. (1984, 321): Augustinus 33 (1988) 253 =
       Oroz, J.

R 456 FREND, W.H.C. (1984, 324): Gn 60 (1988) 725-737 = Haber-
       mehl, P. – Fides et Historia 20 (1988) 19-23 = Ferngren, G.B.

R 457 FRICKEL, J. (1984, 3148): ThLZ 114 (1989) 418-420 = Tröger

R 458 FRICKEL, J. (1988/90, 3866): TPQS 137 (1989) 295-296 =
       Schragl, F. – ThLZ 115 (1990) 36 = Treu – RQ 85 (1990)
       123-124 = Feige, G. – Greg 71 (1990) 194-195 = Pelland – JThS
       41 (1990) 236-239 = Butterworth, R.

R 459 FROHNHOFEN, H. (1985/87, 1135): REAnc 90 (1988)
       255-256 = Boulluec, A. le – ThLZ 114 (1989) 448-450 = Trö-
       ger – JThS 40 (1989) 232-234 = Slusser

R 460 Fructus centesimus edd. A.A.R. BASTIAENSEN; A. HIL-
       HORST; C.H. KNEEPKENS (1988/90, 237): VigChr 43 (1989)
       414-415 – AB 108 (1990) 197 = Devos, P.

R 461 FUENTES MORENO, F. (1985/87, 4377): BStudLat 18 (1988)
       150-151 = Cupaiulo, F.

R 462 FURLEY, D. (1988/90, 4076): RQS 158 (1987) 483-484 = Le-
       jeune – TLS (1988) 365 = Schofield – Isis 79 (1988) 536-537 =
       Osborne – RPh 62 (1988) 137-138 = Places, des – British Jour-
       nal for the History of Science (Oxford) 21 (1988) 132-133 =
       Wardy – CW 82 (1988-1989) 315 = Austin, G. – CR 39 (1989)

249-250 = Graham – GR 36 (1989) 120-121 = Wallace – Méthexis. Revista argentina de filosofía antigua (Buenos Aires) 2 (1989) 79-81 = Julià – RPL 87 (1989) 334-339 = Follon – JCS 37 (1989) 137-139 = Nishikawa – LEC 58 (1990) 192-193 = Bodéüs – Elenchos 11 (1990) 107-109 = Aronadio – AncPhil 10 (1990) 271-273 = Inwood – PhRu 37 (1990) 80-88 = Mourelatos – Oxford Studies in ancient Philosophy (Oxford) 8 (1990) 237-257 = Lewis

R 463 GÄRTNER, M. (1985/87, 6342): JAC 31 (1988) 211-214 = Dassmann, E. – BijFTh 50 (1989) 215-216 = Bruins, G.J.

R 464 GAIN, B. (1985/87, 679): VoxP 8 (1988) f.14, 481-484 = Starowieyski, M. – HeythropJ 29 (1988) = Sykes, D.A. – RechSR 76 (1988) 579-613 = Sesboüé, B. – RSLR 25 (1989) 164-167 = Forlin Patrucco, M.

R 465 GAISER, K. (1985/87, 2056): Maia 40 (1988) 209-211 = Amande – Philosophia 17/18 (1987/1988) 491-492 = Apostolopoulou

R 466 GALLONI, M. (1985/87, 3260): REB 46 (1988) 253-254 = Failler, A. – ThRe 85 (1989) 463 = Jacob – SMed 16 (1989) 160-161 = Messana, V.

R 467 GAMBER, K. (1988/90, 5323): RBen 98 (1988) 410 = Fransen, P.-I. – OstkiSt 39 (1990) 77 = Plank

R 468 GARSOIAN, N.G. (1985/87, 268): BSOAS 50 (1987) 430 = Nersessian, V.

R 469 GATTI, M.L. (1985/87, 149): RPh 62 (1988) 353-354 = Places, E. des – Maia 41 (1989) 175 = Ceresa-Gastaldo – Byzan 59 (1989) 548-555 = Deun, P. van – Aevum 63 (1989) 361-368 = Conte, P. – REG 102 (1989) 261 = Nautin – NRTh 111 (1989) 978-979 = Harvengt, A. – RHPhR 69 (1989) 352-353 = Larchet – OrChr 73 (1989) 233-234 = Esbroeck, M. van – MSR 47 (1990) 53 = Hombert, P.M. – WSt 103 (1990) 270 = Weber, D. – JThS 41 (1990) 719-720 = Louth – Greg 71 (1990) 403 = McDermott, J.M. – RThPh 122 (1990) 284 = Junod

R 470 GAUDEMET, J. (1985/87, 5983): RDC 37 (1987) 120-221 = Metz, R. – DA 44 (1988) 590 = Jasper, D. – ThPh 63 (1988) 272-273 = Sieben, H.J. – Latomus 47 (1988) 900-901 = Savon, H. – HZ 249 (1989) 148 = Mordek

R 471 GAUDEMET, J. (1988/90, 5455): ArSR 70 (1990) 264 = Poulat, E.

R 472 *Das Gebet in der Alten Kirche* ed. A.G. HAMMAN (1988/90, 5253): ThPh 65 (1990) 270 = Sieben

R 473 GEERARD, M. *Clavis Patrum Graecorum, V* (1985/87, 411): VigChr 42 (1988) 411-412 = Winden, J.C.M. van – JÖB 39 (1989) 321 = Lackner, W.

R 474 GENN, F. (1985/87, 2418): Augustinus 39 (1989) 176-177 = Villalmonte, A.

R 475 GERHARDS, A. (1984, 2678): OrChr 74 (1990) 248-249 = Winkler, G.

R 476 GERO, S. (1981/82, 1442): OrChr 73 (1989) 235-237 = Hage, W.

R 477 GERTZ, N. (1985/87, 3838): JÖB 39 (1989) 330 = Lackner, W. – ACl 58 (1989) 365-366 = Coulie – Mu 102 (1989) 209-210 = Mossay, J. – OrChrP 55 (1989) 500 = Poggi, V.

R 478 *Gestalten der Kirchengeschichte I, II, III, XI* ed. M. GRE-SCHAT (1984, 147-150): ThRu 53 (1988) 201-222 = Selge, K.-V.

R 479 GHYSENS, G.; VERBRAKEN, P.-P. (1985/87, 11): WSt 102 (1989) 314 = Zelzer – VoxP 9 (1989) f.16, 466-467 = Staro-wieyski, M.

R 480 GILBERT (ABBE) (1988/90, 5180): AB 106 (1988) 483

R 481 *Gildas* edd. M. LAPIDGE; D. DUMVILLE (1984, 1718): EHR 103 (1988) 162-163 = Smyth, A.P.

R 482 GILHUS, I.S. (1985/87, 6620): VigChr 44 (1990) 205-206 = Broek, R. van den

R 483 *Giuliano Imperatore. Atti del Convegno della S.I.S.A.C. (Messina 3 aprile 1984)* ed. B. GENTILI (1985/87, 272): Sandalion 10-11 (1987-1988) 185-186 = Pintus, G.M. – CR 38 (1988) 172-173 = Browning, R. – Emérita 56 (1988) 169-170 = Fernández, G.

R 484 GIUNTA, F. (1988/90, 4090): GiorFil 40 (1988) 305-306 = Eichberg, G.

R 485 *The glory of Christ in the New Testament* edd. L.D. HURST; N.D. WRIGHT (1985/87, 273): BiZ 33 (1989) 141-143 = Schnackenburg

R 486 GNILKA, C. (1984, 830): ACl 57 (1988) 438 = Mossay, J.

R 487 *The gnostic Scriptures* ed. B. LAYTON (1985/87, 6627): REA 34 (1988) 200-201 = Le Boulluec, A. – ChH 57 (1988) 215-216 = Grant, R.M. – VigChr 42 (1988) 199-201 = Quispel, G. – ThLZ 114 (1989) 101-104 = Schenke, H.M. – JEcclH 40 (1989) 617-618 = Hall – RBi 96 (1989) 113-116 = Painchaud, L. – Religion 19 (1989) 299-300 = Coakley, J.F. – JStJ 20 (1989) 95-96 = Culianu, I.P. – RechSR 77 (1989) 281-304 = Scopello, M.

R 488 GÖDECKE, M. (1985/87, 3590): ThLZ 113 (1988) 828-830 = Zimmermann, H. – RHE 83 (1988) 686-687 = Camelot, P.-T. – JThS 39 (1988) 599-601 = Grant, R.M. – ThSt 49 (1988) 577 = Lienhard, J.T. – BLE 90 (1989) 146-147 = Crouzel – ThRe 85 (1989) 109-111 = Seeliger – Klio 72 (1990) 327-328 = Winkelmann, F.

R 489 GOEHRING, J.E. (1985/87, 1996): JThS 39 (1988) 606-608 =
Ware, K. – CrSt 9 (1988) 629-631 = Orlandi, T. – ThRe 84
(1988) 209-210 = Baumeister, T. – JEcclH 39 (1988) 108-112 =
Bonner, G. – ByZ 81 (1988) 311-312 =Špidlík, T. – JAC 32
(1989) 190-191 = Frank, K.S. - TAik 94 (1989) 76-77 = Marjanen, A. – CHR 75 (1989) 125 = Johnson, D. – RThAM 56
(1989) 239-240 = Winandy – Latomus 48 (1989) 477 = Joly –
RechSR 77 (1989) 421-423 = Évieux, P.   OrChr 74 (1990)
260-263 = Müller, C.D.G. – ColCist 52 (1990) 544-545 = Veilleux, A.

R 490 GOETZ, H.-W. (1979/80, 2047): GB 15 (1988) 302-306 = Ha-
rich, H.

R 491 GOFFART, W.A. (1988/90, 4092): CHR 75 (1989) 130-131 =
John – ChH 58 (1989) 372-373 = Pfaff, R.W. – TLS (1989) 492
= Collins, R. – Annales (ESC) 44 (1989) 888-890 = Sot, M. –
DA 45 (1989) 647-648 = E.T. – RSI 101 (1989) 266-269 = Ta-
bacco, G. – HZ 249 (1989) 149-150 = Pohl – GGA 241 (1989)
243-257 = Lotter, F. – Sp 65 (1990) 674-676 = Gerberding, R.A.

R 492 GONZALEZ, J.L. (1988/90, 5959): ThSt 51 (1990) 517-518 =
Johnson, L.T.

R 493 GONZALEZ, S. (1988/90, 2293): Augustinus 35 (1990)
176-177 = Madrid, T. – RAgEsp 31 (1990) 701-703 = Sahelices,
P.

R 494 GOOD, D.J. (1985/87, 6630): JAOS 90 (1990) 118 = Buckley

R 495 GORDAY, P. (1983, 2553): BijFTh 49 (1988) 452 = Parmentier,
M.

R 496 *The Gospel of Thomas (NH II,2)* transl. by R.H. MCGREGOR
(1985/87, 6631): Geríon 6 (1988) 300-301 = Fernández

R 497 *Gospel traditions in the second century* ed. W.L. PETERSEN
(1988/90, 242): VigChr 44 (1990) 407-411 = Quispel, G.

R 498 GRABAR, A. (1985/87, 704): RESE 25 (1987) 97-98 = Barbu,
D. – CO 40 (1988) 66 = Jacobs, A.

R 499 GRANT, R.M. (1985/87, 706): RBen 98 (1988) 422 = L.W. –
Orpheus 10 (1989) 217-219 = Tuccillo, A. – RSLR 25 (1989)
373-374 = Boccacini

R 500 GRANT, R.M. (1985/87, 6079): RBi 95 (1988) 470-471 =
Murphy-O'Connor, J – ChH 57 (1988) 519-520 = Chadwick,
H. – JR 68 (1988) 286-287 = Pervo – CW 82 (1988/1989)
401-402 = Stephens – Latomus 48 (1989) 705-707 = Braun, R.

R 501 GRANT, R.M. (1988/90, 1593): JThS 40 (1989) 612-613 = Barnard – JR 70 (1990) 89-90 = Gallagher – JRS 80 (1990) 241 =
Hunt

R 502 *Greek-English lexicon of the New Testament* ed. J.P. LOUW
(1988/90, 469): ThLZ 114 (1989) 817-820 = Walter – NovTest

31 (1989) 379-380 = Elliott – Bibl 70 (1989) 438-442 =
Welch – JBL 108 (1989) 705-707 = Boers – JThS 41 (1990)
198-201 = Grayston

R 503 GREEN, H.A. (1985/87, 6634): SecCent 7 (1989-1990)
104-106 = Williams – Numen 37 (1990) 283 = Gruenwald, I.

R 504 GREER, R.A. (1985/87, 1739): JEcclH 39 (1988) 234-235 =
Bonner, G. – SecCent 7 (1989-90) 106-108 = Hennessey, L.R.

R 505 GREGOIRE, R. (1985/87, 5242): KÅ (1988) 134-135 = Cesaretti, P. – CrSt 10 (1989) 175 = Ruggieri, G.

R 506 *Grégoire le Grand* edd. J. FONTAINE; R. GILLET; S. PEL-
LISTRANDI (1985/87, 275): KÅ (1988) 117-123 = Härdelin,
A. – RHE 83 (1988) 281-348 = Vogüé, A. de – DA 44 (1988)
338-339 = Silagi, G. – JThS 39 (1988) 276-277 = Evans, G. –
NRTh 110 (1988) 935-936 = Godding, R. – RSCI 42 (1988)
599, 601, 602 = Tagliabue, M. – VigChr 42 (1988) 300-301 =
Bartelink, G.J.M. – REAnc 90 (1988) 240-242 = Godin, A. –
JEcclH 40 (1989) 103-105 = Collins, R. – ZKG 100 (1989)
421-423 = Rordorf, W. – Greg 71 (1990) 402-403 = Wicki, J.

R 507 *Gregorio Magno e gli Anglosassoni* ed. V. PARONETTO
(1988/90, 3531): VetChr 27 (1990) 453 = Colafemmina

R 508 *Gregorius Illiberitanus* ed. U. DOMINGUEZ DEL VAL
(1988/90, 3502): NRTh 112 (1990) 618-619 = Roisel

R 509 *Gregorius Magnus* ed. R. BÉLANGER (1984, 1721): KÅ (1988)
117-123 = Härdelin, A. – RPh 62 (1988) 168-169 = Reydellet –
REAnc 90 (1988) 237-238 = Dulaey, M. – Euphrosyne 17
(1989) 415-416 = Júnior

R 510 *The Earliest Life of Gregory the Great* ed. B. COLGRAVE
(1985/87, 5373): Sc 42 (1988) 29* = Huglo, M.

R 511 *Gregorius Magnus* ed. C. MOREL (1985/87, 3692): KÅ (1988)
117-123 = Härdelin, A. – OrChr 72 (1988) 218-219 = Gessel –
JÖB 38 (1988) 508 = Zelzer – REL 66 (1988) 282-285 = Banniard, M. – RHE 83 (1988) 217 = Fransen, P.-I. – RPh 63
(1989) 143-144 = Reydellet

R 512 *Gregorius Magnus* ed. A. DE VOGÜÉ (1988/90, 3507): RBen
99 (1989) 338-339 = Wankenne, L.-J. – EThL 65 (1989) 451 =
Halleux, A. de – Greg 71 (1990) 603 = Pelland – NRTh 112
(1990) 268 = Harvengt – RHPhR 70 (1990) 360 = Maraval –
JThS 41 (1990) 720-722 = Gibson – VigChr 44 (1990) 299-300
= Bartelink, G.J.M.

R 513 *Gregorius Nazianzenus* ed. J. BERNARDI (1983, 1365): Judaica
44 (1988) 51 = Petit, M.

R 514 *Gregorius Nazianzenus* ed. U. BEUCKMANN (1988/90, 3571):
MH 47 (1990) 254 = Jungck, C.

R 515 *Gregorius Nazianzenus* ed. B. COULIE (1988/90, 3569): RE-Arm 21 (1988/89) 550-551 = Mahé, J.-P. – OrChr 74 (1990) 266-267 = Esbroeck, M. van – VigChr 44 (1990) 95-96 = Winden, J.C.M. van

R 516 *Gregorius Nazianzenus* ed. D.M. MEEHAN (1985/87, 3817): ThSt 49 (1988) 381 = Berthold, G.C. – JEcclH 40 (1989) 260-261 = Hall, S.G. – HeythropJ 31 (1990) 234-235 = Louth, A.

R 517 *Gregorius Nazianzenus* ed. B. MEIER (1988/90, 3573): ThPh 65 (1990) 597-599 = Sieben

R 518 *Gregorius Nazianzenus* ed. C. MORESCHINI (1985/87, 3813): Irénikon 61 (1988) 583 = I.P. – RBPh 66 (1988) 123-125 = Schamp, J. – RechSR 76 (1988) 579-613 = Sesboüé, B. – REG 101 (1988) 585-586 = Le Boulluec

R 519 *Gregorius Nazianzenus* trad. C. MORESCHINI (1985/87, 3816): RSLR 24 (1988) 167-168 = Trisoglio, F.

R 520 *Gregorius Nazianzenus* ed. C. MORESCHINI (1988/90, 3570): REG 101 (1988) 585-586 = Le Boulluec, A. – KoinNapoli 14 (1990) 74 = Garzya – NRTh 112 (1990) 617-618 = Roisel, V. – VigChr 44 (1990) 398-399 = Winden, J.C.M. van – Irénikon 63 (1990) 143-144 = E.L. – AB 108 (1990) 202 = Fenoyl, R. de

R 521 *Gregorius Nazianzenus* edd. R. PALLA; M. KERTSCH (1985/87, 3814): JÖB 38 (1988) 437-438 = May, G.

R 522 *Gregorius Nyssenus* edd. J.K. DOWNING; J.A. MCDONOUGH; S.J.H. HÖRNER (1985/87, 3883): RHPhR 68 (1988) 362-363 = Maraval, P. – VigChr 42 (1988) 91 = Winden, J.C.M. van – JThS 41 (1990) 252-255 = Meredith, A. – AtPavia 68 (1990) 571-574 = Nicola, A. de

R 523 *Gregorius Nyssenus* ed. E. GIANNARELLI (1988/90, 3639): StMon 31 (1989) 187-188 = Rocha – AtPavia 67 (1989) 662-664 = Gasti, F. – RBen 99 (1989) 190 = Wankenne, L.-J. – ColCist 51 (1989) 409 = F.R. – AB 107 (1989) 440 = Zanetti, U. – Greg 71 (1990) 193 = Pelland, G. – RSLR 26 (1990) 191-196 = Mazzucco, C.

R 524 *Gregorius Nyssenus* edd. G. HEIL et al. (1988/90, 3641): RHPhR 70 (1990) 352 = Maraval

R 525 *Gregorius Nyssenus* ed. L. LEONE (1988/90, 3637): StMon 31 (1989) 431-432 = Soler i Canals, J.M.

R 526 *Gregorius Nyssenus* ed. P. MARAVAL (1988/90, 3633): RHPhR 70 (1990) 403-404

R 527 *Gregorius Nyssenus* edd. L.F. MATEO-SECO; J.L. BASTERO (1988/90, 3648): EThL 65 (1989) 175-176 = Halleux, A. de

R 528 *Gregorius Nyssenus* ed. C. MCCAMBLEY (1985/87, 3887):
Sob 10 (1988) 75-76 = Russell, N. – ColCist 51 (1989) 408-409
= G.C.

R 529 *Gregorius Nyssenus* ed. C. MORESCHINI (1988/90, 3636): CC
140 (1989) 202-203 = Ferrua, A. – Maia 41 (1989) 170-171 =
Ceresa-Gastaldo – RSLR 25 (1989) 559-560 = Trisoglio – Salesianum 52 (1990) 750 = Felici – AugR 30 (1990) 216-217 =
Peretto, E.

R 530 *Gregorius Nyssenus* edd. A. SICLARI; S. RINALDI (1985/87,
3884): OrChrP 56 (1990) 239-240 = Baggarly, J.D.

R 531 *Gregorius Turonensis* ed. R. VAN DAM (1988/90, 3711):
JEcclH 41 (1990) 333 = Collins, R. – Francia 17 (1990) 328 =
Heinzelmann, M.

R 532 *Gregorius Turonensis* ed. R. VAN DAM (1988/90, 3711): ChH
59 (1990) 226-227 = Volz – JEcclH 41 (1990) 143-144 =
Brett – Francia 17, 1 (1990) 328 = Heinzelmann, M.

R 533 GRIBOMONT, J.; BIANCHI, E. (1984, 1313): RechSR 76
(1988) 579-613 = Sesboüé, B.

R 534 *Griechisch-deutsches Wörterbuch zu den Schriften des Neuen
Testaments und der frühchristlichen Literatur* ed. W. BAUER
(1988/90, 418): JAC 32 (1989) 186-188 = Schöllgen, G. –
VigChr 43 (1989) 201-203 = Winden, J.C.M. van – ThRe 85
(1989) 289-290 = Zeller – GGA 241 (1989) 103-146 = Borger –
BiZ 33 (1989) 261-263 = Schnackenburg, R. – Maia 41 (1989)
173-174 = Ceresa-Gastaldo – REG 102 (1989) 256-257 = Nautin – NRTh 111 (1989) 427-428 = Jacques – RBi 96 (1989)
303-304 = Taylor, J.J. – ThSt 50 (1989) 576-578 = Fitzmyer,
J.A. – ThZ 46 (1990) 372-373 = Haaker, K. – JBL 109 (1990)
340-343 = Danker – TPQS 138 (1990) 406 = Fuchs, A.

R 535 *Griechische Texte der Heidelberger Papyrus-Sammlung (P.
Heid. IV)* edd. B. KRAMER; D. HAGEDORN (1985/87, 1329):
KoinNapoli 11 (1987) 134 = Garzya, A.

R 536 GRILLMEIER, A. (1985/87, 6175): SZ 206 (1988) 716-717 =
Kriegbaum, B. – RThL 19 (1988) 80-83 = Halleux, A. de –
BijFTH 49 (1988) 210 = Parmentier, M. – RHR 205 (1988)
101-102 = Nautin, P. – Klio 72 (1990) 329-330 = Winkelmann,
F.

R 537 GRILLMEIER, A. (1988/90, 5786): RHPhR 70 (1990) 349-350
= Maraval, P.

R 538 GRILLMEIER, A. (1985/87, 6174): Greg 69 (1988) 721-724 =
Dupuis, J. – JThS 39 (1988) 618-619 = Louth, A. – REB 46
(1988) 255 = Wolinski, J. – EkTh 9 (1988) 313-314 = Methodios Thyateiron – RechSR 77 (1989) 538-540 = Sesboüé, B. –
RHE 85 (1990) 724-729 = Roey, A. van

R 539 GRILLMEIER, A. (1988/90, 5784): Klio 72 (1990) 329-330 = Winkelmann, F. – CO 42 (1990) 132 = Krijnsen, C. – ThLZ 115 (1990) 694-697 = Lohse, B.

R 540 GROSS, K. (1985/87, 5538): Greg 69 (1988) 169 = Janssens, J. – ThLZ 113 (1988) 131-132 = Thümmel, H.G. – RBi 95 (1988) 123-124

R 541 *Große Mystiker. Leben und Wirken* edd. G. RUHBACH; J. SUDBRACK (1984, 153): BTAM 14 (1987) 233-234 = McEvoy, J. – ThRu 53 (1988) 201-222 = Selge, K.-V.

R 542 GROSSI, V.; SINISCALCO, P. (1988/90, 5962): VoxP 9 (1989) f.17, 975-978 = Longosz, S. – StMon 31 (1989) 184 = Méndez – RBen 99 (1989) 197 = L.W. – JEcclH 41 (1990) 139 = Frend

R 543 *Grundfragen christlicher Mystik* edd. M. SCHMIDT; D.R. BAUER (1985/87, 657): ThPh 63 (1988) 274-276 = Switek, G. – WZHalle 39, 1 (1990) 126-128 = Schenk, G.

R 544 *Grundwissen zur Theologie- und Kirchengeschichte: ein Quellenbuch, I: Die Alte Kirche* ed. W. SCHNABEL (1988/90, 1013): ThLZ 115 (1990) 361-362 = Haendler

R 545 GUERRA GOMEZ, M. (1985/87, 5989): Emérita 58 (1990) 167-169 = López de Ayala, M.J.

R 546 GUTTILLA, G. (1984, 831): VigChr 44 (1990) 88 = Bartelink, G.J.M.

R 547 HADOT, I. (1985/87, 1144): Phoenix 41 (1987) 86-88 = Armstrong, A.H. – BTAM 14 (1987) 212-213 = Silvestre, H. – CW 82 (1988) 71-72 = Evans, R.L.S.

R 548 HADOT, J. (1988/90, 758): NRTh 111 (1989) 435-436 = Jacques, X.

R 549 HÄLLSTRÖM, G. AF (1988/90, 5252): SecCent 7 (1989/90) 237-239 = Babcock – RHPhR 70 (1990) 343-344 = Pouderon

R 550 HÄLLSTRÖM, G. AF (1985/87, 4722): ThLZ 115 (1990) 34-36 = Ullmann

R 551 HAENDLER, G. (1985/87, 717): ZGesch 36 (1988) 548-549 = Pätzold, B.

R 552 HAGE, W. (1988/90, 761): AB 107 (1989) 452 = Fenoyl, R. de

R 553 HAGENDAHL, H. (1988/90, 1598): RFC 117 (1989) 482-483 = Traina, A. – AugR 30 (1990) 189-191 = Cavalcanti, E.

R 554 *Hagiographica inedita decem* ed. F. HALKIN (1988/90, 4978): NRTh 112 (1990) 920-921 = Hilaire, S. – Mu 103 (1990) 384-385 = Mossay, J. – ABn 108 (1990) 422-423 = Noret, J. – Byzan 60 (1990) 538-540 = Declerck, J.

R 555 HALKIN, F. (1985/87, 4840): ColCist 50 (1988) 298 = Zirnheld, C.-A.

R 556 HALKIN, F. (1984, 230): Byzan 58 (1988) 181-187 = Poljakov, F.B.

R 557 HALL, J.B. (1985/87, 3232): CR 38 (1988) 32-33 = Green – AtPavia 66 (1988) 257-262 = Consolino, F.E. – RPh 63 (1989) 136-137 = Moussy

R 558 HALLONSTEN, G. (1984, 2387): JAC 31 (1988) 214-220 = Durst, M.

R 559 HALLONSTEN, G. (1985/87, 5120): JAC 31 (1988) 214-220 = Durst, M. – Gn 60 (1988) 258-259 = Fredouille, J.C. – SecCent 7 (1989-1990) 108-110 = Sider

R 560 HAMMAN, A. (1988/90, 2313): StMon 32 (1990) 451-452 = Nin, M.

R 561 HAMMAN, A.G. (1985/87, 6275): RThPh 120 (1988) 234-235 = Junod, E. – RechSR 76 (1988) 579-613 = Sesboüé, B. – VigChr 43 (1989) 95-97 = Winden, J.C.M. van – BLE 90 (1989) 142-143 = Crouzel

R 562 *Handbuch der Kirchengeschichte* ed. H. JEDIN (1985/87, 726): DTT 52 (1989) 73-76 = Schwarz Lausten, M.

R 563 *Handbuch der Marienkunde* edd. W. BEINERT; H. PETRI (1984, 232): ZKTh 110 (1988) 118-119 = Schermann, J.

R 564 *Handkonkordanz zum griechischen Neuen Testament* ed. A. SCHMOLLER (1988/90, 459): ThLZ 115 (1990) 508-510 = Wittstock – NRTh 112 (1990) 588-589 = Jacques

R 565 HANSON, R.P.C. (1985/87, 728): SecCent 7 (1989/90) 51-55 = Bobertz – ChH 58 (1989) 368-370 = Ettlinger, G.H. – Klio 72 (1990) 295-296 = Winkelmann, F.

R 566 HANSON, R.P.C. (1988/90, 5688): RSPhTh 73 (1989) 466-469 = Durand, G.-M. de – CHR 76 (1990) 579-583 = Kannengies- ser – JThS 41 (1990) 668-673 = Stead – RHPhR 70 (1990) 348-349 = Maraval – BLE 91 (1990) 227-230 = Crouzel – ThSt 51 (1990) 334-337 = Lienhard, J.T.

R 567 HAREN, M. (1985/87, 1146): EHR 103 (1988) 165-166 = Gib- son, M.

R 568 ḤĀTIM, Ǧ. (1985/87, 1746): EThL 64 (1988) 472-473 = Hal- leux, A. de – ZDMG 139 (1989) 494 = Hage – JThS 40 (1989) 736 = Brock, S.

R 569 HECK, E. (1985/87, 1747): Gn 60 (1988) 651-653 = Opelt, I. – VigChr 42 (1988) 410 = Winden, J.C.M. van – REAnc 90 (1988) 256-257 = Perrin, M. – ThRe 85 (1989) 204-206 = Brox, N. – JThS 41 (1990) 247-250 = Nicholson – Gy 97 (1990) 52-53 = Klein, R.

R 570 HEFFERNAN, C.F. (1988/90, 4272): Sp 65 (1990) 994-997 = Damico, H.

R 571 *De heiligenverering in de eerste eeuwen van het christendom* ed. A. HILHORST (1988/90, 248): Hermeneus 61 (1989) 45-46 = Bartelink, G.J.M. – TG 102 (1989) 269-270 = Bredero, A.H. – RBen 99 (1989) 197-198 = P.V. – NRTh 111 (1989) 621 = N.Pl. – EThL 65 (1989) 446-447 = Dehandschutter, B. – ACl 59 (1990) 538 = Wankenne – ThLZ 115 (1989) 287 = Gäbler, U. – ThRe 86 (1990) 22-23 = Kötting – AB 108 (1990) 197-200 = Devos, P.

R 572 HEIMANN, P. (1988/90, 4477): ThLZ 115 (1990) 897 = Treu

R 573 HEINE, S. (1985/87, 736): TPQS 136 (1988) 295 = Grabner-Haider, A. – RBi 95 (1988) 465-466 = Murphy-O'Connor, J. – CBQ 50 (1988) 321-322 = Topel, L.J. – ThRe 85 (1989) 48-51 = Kassel

R 574 HEINZ, H.-W. (1984, 1403): StMe 29 (1988) 479 = Crespo

R 575 HELLEMO, G. (1988/90, 6108): Meddelanden från Collegium Patristicum Lundense (Lund) 4 (1989) 19-20 = Beskov, P. – ByZ 83 (1990) 512 = Declerck, J.

R 576 *Hellenica et Judaica* edd. A. CAQUOT; M. HADAS-LEBEL; J. RIAUD (1985/87, 278): Studia Philonica (Atlanta, Ga.) 1 (1989) 155-159 = Winston – RHR 206 (1989) 103-105 = Delcor, M.

R 577 *Helvetia Sacra I,4: Archidiocèses et diocèses, IV: Le diocèse de Lausanne (VIième s. – 1821) ... ed.* P. BRAUN (1988/90, 772): BibHR 51 (1989) 771-772 = Gal, Le

R 578 HENKEN, E.R. (1985/87, 5253): CCM 32 (1989) 276-277 = Lloyd-Morgan, C. – CrSt 11 (1990) 387 = Grégoire

R 579 HERBERT, M. (1988/90, 4981): EHR 105 (1990) 116-118 = Smyth, A.P. – Sp 65 (1990) 690-692 = Carey, J. – JThS 41 (1990) 723-724 = Sharpe, R.

R 580 HERRIN, J. (1985/87, 739): Balkan Studies (Thessalonika) 28 (1987) 414-416 = Istavridis, V.T. – EHR 103 (1988) 969-971 = Frend, W.H.C. – RBen 98 (1988) 229-230 = Wankenne, L.-J. – OstkiSt 37 (1988) 339-340 = Bayer, M. – GrOrthThR 33 (1988) 341-343 = Constantelos, D.J. – DA 45 (1988) 261 = Hartmann, W. – RSCI 42 (1988) 518-524 = Marchetto, A. – TLS (1988) 88 = Murray – RH 229 (1988) 194-195 = Pacaut, M. – REB 46 (1988) 256 = Wolinski, J. – AHR 94 (1989) 728-729 = Burns, T.S. - ByZ 82 (1989) 284-289 = Perrone, L. – ChH 58 (1989) 86-88 = Rosenberg, H. – Phoenix 43 (1989) 88-92 = Baldwin, B. – JThS 40 (1989) 270-273 = McKitterick, R. – JEcclH 40 (1989) 101-103 = Markus, R.A. – DR 107 (1989) 65-67 – JR 69 (1989) 239-240 = Olster, D. – JÖB 39 (1989) 327-329 = Koder, J. – History 74 (1989) 496-497 = Nelson – CW 83 (1989-1990) 64-65 = Constantelos, D.J. – Sp 65 (1990) 694-697 = McCormick, M. – HZ 250 (1990) 393-394 = Herbers, K. –

JRS 80 (1990) 261-262 = Whitby – Journal of Roman archaeology (Ann Arbor, Mich.) 3 (1990) 509-511 = Dagron – StHHA
8 (1990) 170-172 = Díaz – HeythropJ 31 (1990) 89-90 = Allen,
P.

R 581   *Herrschaft und Kirche* ed. F. PRINZ (1988/90, 5604): ThLZ
114 (1989) 38-40 = Haendler, G. – DLZ 110 (1989) 998-1001 =
Münch, E. – ThQ 169 (1989) 147-148 = Reinhardt – MA 96
(1990) 115-123 = Durliat, J.

R 582   HERVAY, F.L. (1988/90, 5164): Nasza przeszłośc (Cracovie)
73 (1990) 325-335 = Zbudniewek, J.

R 583   HEUCLIN, J. (1988/90, 5968): StMon 31 (1989) 184-185 = Ro-
cha – LEC 57 (1989) 88 = Wankenne – CrSt 11 (1990) 388 =
Grégoire, R. – Francia 17, 1 (1990) 231-232 = Krüger, K.H. –
CHR 76 (1990) 106-107 = Contreni, J.J.

R 584   *Hieronymus* ed. A. CERESA-GASTALDO (1988/90, 3747):
CCC 10 (1989) 186-187 = Mazzucco – Maia 41 (1989) 169 =
Rocca – GiorFil 40 (1988) 279-282 = Brugnoli – VoxP 10
(1990) f.19, 926-930 = Degórski, B. – RHPhR 70 (1990)
352-353 = Maraval

R 585   *Hieronymus* ed. S. COLA (1988/90, 3748): VoxP 10
(1990) f.19, 938-939 = Degórski, B.

R 586   *Hieronymus* ed. R. DEGORSKI (1988/90, 3746): VoxP 7
(1987) f. 12/13, 475-477 = Pietras, H.

R 587   *Hieronymus* ed. Y.-M. DUVAL (1985/87, 3990): Mn 42 (1989)
226-230 = Bastiaensen, A. – RSLR 25 (1989) 167-170 = Vi-
sonà – RBen 99 (1989) 221-236 = Sainte-Marie, H. de

R 588   *Hilarius Pictaviensis* ed. L. LONGOBARDO (1988/90, 3831):
CC 140 (1989) 203-204 = Ferrua, A.

R 589   *Hilarius Pictaviensis* ed. M. MILHAU (1988/90, 3830): RHE 84
(1989) 694-695 = Gryson, R. – REAnc 91 (1989) 139-141 =
Mattéi, P. – NRTh 111 (1989) 587 = Harvengt – RSLR 25
(1989) 557-558 = Pizzolato – JThS 41 (1990) 250-252 = Bammel – ACl 59 (1990) 402-405 = Savon – RHPhR 70 (1990)
350-351 = Bertrand, D.A. – BLE 91 (1990) 235-237 = Crouzel –
JAC 33 (1990) 260-269 = Durst, M. – EThL 66 (1990) 199-200
= Halleux, A. de

R 590   *Hilarius Pictaviensis* ed. M. MILHAU (1988/90, 3829): REAnc
91 (1989) 139-141 = Mattéi, P. – NRTh 111 (1989) 587 = Harvengt – RSLR 25 (1989) 557-448 = Pizzolato – JThS 41 (1990)
250-252 = Bammel – EThL 66 (1990) 199-200 = Halleux, A.
de – JAC 33 (1990) 260-269 = Durst, M.

R 591   *Hilarius Pictaviensis* par A. ROCHER (1985/87, 4052): MSR 45
(1988) 112-113 = Hombert, P.-M. – NRTh 110 (1988) 760-761
= Harvengt, A. – RThPh 120 (1988) 233 = Junod, E. – BLE 89

(1988) 302-306 = Crouzel, H. – JThS 39 (1988) 609-611 = Barnes, T.D. – EE 63 (1988) 359-360 = Granado, C. – ReAnc 90 (1988) 230-231 = Monat, P. – ThLZ 113 (1988) 360-362 = Haendler, G. – BijFTh 49 (1988) 337-338 = Smulders, P. – RHE 83 (1988) 413-415 = Deproost, P.A. – RThL 20 (1989) 224-225 = Halleux, A. de – RHE 84 (1989) 693-694 = Gryson, R. – RHR 206 (1989) 89-90 = Nautin, P. – RSLR 25 (1989) 374-375 = Simonetti – RBPh 68 (1990) 189-191 – Schamp

R 592 HILBERATH, B.J. (1985/87, 5121): NRTh 110 (1988) 748-749 = Renwart, L. – ZKTh 110 (1988) 313-322 = Neufeld, K.H. – TPQS 137 (1989) 85-86 = Seigfried, A.

R 593 HILLGARTH, J.N. (1985/87, 280): REA 34 (1988) 166 = Fontaine, J.

R 594 HIMMELFARB, M. (1983, 2411): CW 82 (1989) 204 = McDannell, C.

R 595 *Hippolytus Romanus* (1988/90, 3881): RHPhR 70 (1990) 346-347 = Bertrand, D.A.

R 596 *Hippolytus Romanus* ed. M. MARCOVICH (1985/87, 4075): RHE 83 (1988) 96 = Camelot, P.-T. – OrChrP 60 (1989) 501-503 = Baggarly, J.D. – JAC 32 (1989) 210-214 = Hagedorn, D. – JThS 40 (1989) 243-244 = Chadwick – SecCent 7 (1989-1990) 177-180 = Tripp, D. – CHR 76 (1990) 160-161 = Eno – ZKTh 112 (1990) 304-314 = Kehl

R 597 *Hippolytus Romanus* ed. E. NORELLI (1985/87, 4074): VoxP 8 (1988) f.14, 467-471 = Degórski, B. – RHPhR 69 (1989) 342-343 = Maraval

R 598 *Pseudo-Hippolytus Romanus* ed. G. VISONA (1988/90, 3888): EL 103 (1989) 111-112 = Pistoia, A. – NRTh 111 (1989) 967 = Roisel – CCC 10 (1989) 344 = Casa, A. della – JThS 41 (1990) 645-648 = Hall, S.G. – REA 36 (1990) 189-191 = Le Boulluec – EThL 66 (1990) 197-198 = Halleux, A. de – AugR 30 (1990) 490-492 = Simonetti, M. – CC 141 (1990) 299-301 = Cremascoli, G.

R 599 *Histoire des saints et de la sainteté chrétienne. 1. La nuée des témoins* dir. F. CHIOVARO (1985/87, 5255): NRTh 110 (1988) 127-128 Toubeau, A.

R 600 *Histoire des saints et da la sainteté chrétienne. 3. Des évêques et des moines reconnus par le peuple 314-604* ed. A. MANDOUZE (1985/87, 5257): NRTh 110 (1988) 293-294 = Toubeau, A.

R 601 *Histoire des saints et de la sainteté chrétienne. 4. Les voies nouvelles de la sainteté 605-614* dir. P. RICHÉ (1985/87, 5258): NRTh 110 (1988) 294 = Renard, L.J.

R 602 *History and historians in the late antiquity* edd. B. CROKE; A. EMMETT (1983, 113): Latomus 47 (1988) 216-217 = Duval, Y.-M. – CrSt 10 (1989) 168-169 = Alonso-Nuñéz, J.M.

R 603 HOEK, A. VAN DEN (1988/90, 3085): JThS 41 (1990) 653-659 = Osborn – BLE 91 (1990) 237-238 = Crouzel – Studia Philonica (Atlanta, GA) 2 (1990) 211-214 = Méasson

R 604 HÖLLGER, W. (1985/87, 3844): ByZ 81 (1988) 63 = Lackner, W. – ACl 58 (1989) 365-366 = Coulie

R 605 HOELSCHER, L. (1985/87, 2456): Ang 65 (1988) 142-144 = Wilder, A. – JHPh 27 (1989) 148-149 = Bubacz – RSF 44 (1989) 377-383 = Parodi, M.

R 606 HOFRICHTER, P. (1985/87, 6640): JBL 107 (1988) 546-548 = Goss

R 607 HOLTZ, L. (1985/87, 6375): ZKG 99 (1988) 401-402 = Frank, K.S. - ThLZ 113 (1988) 122-123 = Haendler, G. – ZKTh 111 (1989) 231 = Rotter

R 608 *Holy women of the Syrian Orient* edd. S.P. BROCK; S. ASH-BROOK (1985/87, 746): Canad. Journ. Hist./Ann. Canad. Hist. 23,3 (1988) 385-386 = Evans, J.A.S. - OrChrP 54 (1988) 264-265 = Poggi, V. – Mu 102 (1989) 389-390 = Coulie, B. – Sob 12 (1990) 91-93 = Murray, R. – CW 83 (1990) 255-256 = Paterson Corrington, G.

R 609 *Hommages à Henri Le Bonniec. Res sacrae* edd. D. PORTE; J.-P. NÉRAUDAU (1988/90, 253): Emérita 58 (1990) 352-353 = Montero, S. - REAnc 92 (1990) 404-405 = Deschamps, L.

R 610 *Homo spiritalis* edd. C. MAYER; K.H. CHELIUS (1985/87, 282): RAgEsp 29 (1988) 278-280 = Sahelices, P. – Augustinus 33 (1988) 403-404 = Oroz Reta, J.

R 611 HOORNAERT, E. (1985/87, 749): ThRe 85 (1989) 291-295 = Seeliger

R 612 HOPPE, H. (1985/87, 5123): RSLR 24 (1988) 136-139 = Uglione, R. – Latomus 48 (1989) 257 = Bartelink, G.J.M.

R 613 HORSLEY, G.H.R. (1985/87, 1336): RBi 95 (1988) 468-469 = Taylor, J. – Bibl 69 (1988) 298-299 = O'Callaghan, J. – CBQ 51 (1989) 154-156 = Smith, D.E. – Gn 62 (1990) 645-647 = Wischmeyer, W.

R 614 HORST, E. (1984, 359): HumanitasBr 44 (1989) 863-865 = Nassini, A.

R 615 HORST, P.W. VAN DER (1988/90, 254): ThLZ 114 (1989) 281-283 = Popkes

R 616 HOUSSIAU, A.; MONDET, J.P. (1988/90, 1603): VetChr 27 (1990) 451-452 = Colafemmina

R 617 HÜBNER, R. (1988/90, 1839): RSPhTh 73 (1989) 469-470 = Durand, G.-M. de – RHE 85 (1990) 140-141 = Halleux, A. de – ChH 59 (1990) 540-541 = Lienhard

R 618 *The hunger of the heart* ed. D. CAPPS (1988/90, 2332): REA 36 (1990) 377-380 = Daguet, A.

R 619 HUSSEY, J.M. (1985/87, 756): RechSR 76 (1988) 140-142 = Vallin, P. – JThS 39 (1988) 279-282 = Obolensky, D. – OrthF 2 (1988) 127-129 = Trapp, E. – EkTh 9 (1988) 305-316 = Methodios Thyateiron – Sp 63 (1988) 172-174 = Philippides, M. – ByZ 81 (1988) 75-77 = Perrone, L. – JR 69 (1989) 243-246 = Cunningham, J.W. – CCM 32 (1989) 278 = Arrignon, J.-P. – Salesianum 51 (1989) 540 = Fontana, F. – PBR 8 (1989) 254-256 = Tsirpanlis, C.N. – AHR 94 (1989) 1356-1357 = Majeska, G.P.

R 620 HUTTER, M. (1988/90, 6222): OLZ 85 (1990) 203-205 = Sundermann

R 621 *L'Hypostase des Archontes* ... edd. B. BARC; M. ROBERGE (1981/82, 3372): ThLZ 115 (1990) 181-185 = Funk, W.-P.

R 622 *Icon and Logos* ed. D.J. SAHAS (1985/87, 5788): CHR 74 (1988) 328-330 = Anastos, M.V. – ByZ 81 (1988) 77-79 = Thümmel, H.G. – DA 45 (1989) 220 = Hartmann, W. – CO 41 (1989) 69 = Burg, A.

R 623 *Images of the feminine in gnosticism* ed. K.L. KING (1988/90, 259): JEcclH 41 (1990) 515-516 = Hall

R 624 IMHOF, P.; LORENZ, B. (1981/82, 1810): Marianum 51 (1989) 670-671 = Dattrino, L.

R 625 *Indices Chrysostomici, II: De sacerdotio* (1988/90, 462): CR 40 (1990) 482-483 = Osborne

R 626 *The Inheritance of Historiography 350-900* edd. C. HOLDS-WORTH; T.P. WISEMAN (1985/87, 286): DA 44 (1988) 597-598 = R[euter], T.

R 627 *Internationales Symposion über den Stand der Augustinus-Forschung* (1988/90, 261): REL 67 (1989) 412-414 = Fontaine – VigChr 44 (1990) 311 = Winden, J.C.M. van – RSPhTh 74 (1990) 643-645 = Durand, G.-M. de

R 628 *An Introduction to Celtic Christianity* ed. J.P. MACKEY (1988/90, 780): RHE 85 (1990) 855-856 = Bradley, D.

R 629 *Iohannes Apamensis* ed. W. STROTHMANN (1988/90, 3922): CO 42 (1990) 56-57 = Krijnsen, E.J.

R 630 *Iohannes Chrysostomus* ed. J. VAN BANNING (1988/90, 4423): RHPhR 70 (1990) 355 = Doignon

R 631 *Iohannes Chrysostomus* edd. F. CONTI BIZZARRO; R. RO-MANO (1985/87, 4155): AugR 27 (1988) 706-708 = Pasquato,

O. – Orpheus 10 (1989) 221-223 = Corsaro, F. – OrChrP 55 (1989) 245 = Farrugia, E.G.

R 632 *Iohannes Chrysostomus* edd. U. HAGEDORN; D. HAGE-DORN (1988/90, 3945): LEC 58 (1990) 399 = Druet – RSPhTh 74 (1990) 633-634 = Durand, G.-M. de

R 633 *Iohannes Chrysostomus* edd. C.P. ROTH; D. ANDERSON (1985/87, 4160): GrOrthThR 33 (1988) 232-235 = Rexine, J.E. – OstkiSt 38 (1989) 71 = Plank – OrChrP 56 (1990) 240-241 = Farrugia, E.G.

R 634 *Iohannes Chrysostomus* edd. M.A. SCHATKIN; P.W. HAR-KINS (1985/87, 4158): JEcclH 40 (1989) 450-451 = Chadwick

R 635 *Iohannes Chrysostomus* ed. H. SORLIN (1988/90, 3933): Irénikon 61 (1988) 584 ≟ J.E. – Bibl 70 (1989) 420-421 = Places, E. des – ThLZ 114 (1989) 824 = Haendler – NRTh 111 (1989) 588-589 = Harvengt, A. – ScEs 41 (1989) 383-384 = Pelland, G. – LEC 57 (1989) 270-271 = Druet, F.-X. – VigChr 43 (1989) 306-308 = Winden, van – REB 47 (1989) 274-275 =Failler, A. – JThS 41 (1990) 255-256 = Wickham – Laval 46 (1990) 259-260 = Poirier – REB 48 (1990) 292 = Failler, A. – RHPhR 70 (1990) 354-355 = Bertrand, D.A. – BLE 91 (1990) 235-237 = Crouzel – EThL 66 (1990) 201 = Halleux, A. de – RSLR 26 (1990) 196-199 = Mallet, J. – Sc 44 (1990) 187-189 = Declerck, J.

R 636 *Iohannes Chrysostomus* ed. H. SORLIN (1988/90, 3934): Irénikon 62 (1989) 288 = J.E. – AB 107 (1989) 219-220 = Fenoyl, R. de – ThLZ 114 (1989) 824 = Haendler – NRTh 111 (1989) 588-589 = Harvengt, A. – LEC 57 (1989) 270-271 = Druet, F.-X. – VigChr 43 (1989) 306-308 = Winden, van – JThS 41 (1990) 255-256 = Wickham, L.R. – Laval 46 (1990) 259-260 = Poirier – REB 48 (1990) 292 = Failler, A. – RHPhR 70 (1990) 354-355 = Bertrand, D.A. – BLE 91 (1990) 235-237 = Crouzel – EThL 66 (1990) 201 = Halleux, A. de – RSLR 26 (1990) 196-199 = Mallet, J. – Sc 44 (1990) 187-189 = Declerck, J.

R 637 *Iohannes Chrysostomus* ed. S. ZINCONE (1988/90, 3939): AugR 30 (1990) 298 = Pasquato, O.

R 638 *Iohannes Climacus* ed. C. RIGGI (1988/90, 4018): VoxP 10 (1990) f.18, 390-393 = Pałucki, J.

R 639 *Iohannes Damascenus* ed. V. FAZZO (1983, 1548): SacD 31 (1986) 544-545 = Barile, R.

R 640 *Iohannes Damascenus* ed. B. KOTTER (1988/90, 4029): RPL 86 (1988) 240-241 = Deschepper, J.-P. – AB 106 (1988) 236-237 = Halkin, F. – JThS 39 (1988) 620-621 = Chadwick, H. – NRTh 110 (1988) 258-259 = Roisel, V. – OrChrP 54 (1988) 256-257 = Podskalsky, G. – ThLZ 113 (1988) 527-528 =

Richter, G. – Byslav 50 (1989) 226 = Thümmel, H.G. – RHE 84 (1989) 172-173 = Halleux, A. de – RThPh 121 (1989) 341-342 = Borel – REB 48 (1990) 285 = Darrouzès, J.

R 641 *Iohannes Malalas* edd. E. JEFFREYS; M. JEFFREYS; R. SCOTT (1985/87, 4251): Erytheia 9 (1988) 177-178 = Bádenas de la Peña, P. – REB 46 (1988) 237-238 = Darrouzès, J. – ByZ 81 (1988) 295-296 = Thurn, H. – JHS 108 (1988) 270-271 = Whitby, M. – CO 41 (1989) 293 = Burg, A. – JÖB 40 (1990) 449-451 = Haldon, J. – Byslav 51 (1990) 57-58 = Ivanov, S.

R 642 *Iohannes Philoponus* ed. C. WILDBERG (1985/87, 4263): Re-Met 42 (1988/89) 403-405 = Lang – Studies in history and philosophy of science (Oxford) 20 (1989) 389-395 = Osborne, C. – EMC 34 (1990) 70-74 = Todd – AncPhil 10 (1990) 327-329 = Schrenk – Isis 81 (1990) 759 = Dales, R.C. – Sp 65 (1990) 1052-1055 = Wallace, W.A. – GR 37 (1990) 125 = Wallace, R.

R 643 *Ionas Bobiensis* edd. A. DE VOGÜÉ; P. SANGIANI (1988/90, 3130): StMon 31 (1989) 435-436 = Rocha

R 644 IPPOLITO, G. D' (1985/87, 3845): Orpheus 10 (1989) 442-444 = Palmieri, V.

R 645 *Irenaeus Lugdunensis* ed. A. ROUSSEAU (1984, 2017): REAnc 90 (1988) 220 = Alexandre, M.

R 646 *Issac Ninivita* ed. M. HANSBURY (1988/90, 4135): GrOrthThR 35 (1990) 83-85 = Rexine, J.E.

R 647 *Iscrizioni cristiane di Roma* ed. C. CARLETTI (1985/87, 758): VoxP 8 (1988) f.14, 467-471 = Degórski, B.

R 648 ISHĀQ, G. (1988/90, 5258): Mu 103 (1990) 187-188 = Halleux, A. de

R 649 *Isidorus Hispalensis* ed. J. ANDRÉ (1985/87, 4341): Helmántica 39 (1988) 256-257 = Oroz, J. – CR 38 (1988) 52-54 = Bodson, L. – REA 34 (1988) 167-169 = Fontaine, J. – Emérita 57 (1989) 183 = Fernández

R 650 *Isidorus Hispalensis* ed. C. CHAPARRO GOMEZ (1985/87, 4381): Emérita 56 (1988) 333-335 = Carracedo Fraga, J. – REA (1988) 169 = Fontaine, J. – Latomus 48 (1989) 200-202 = Meyers, J.

R 651 *Isidorus Hispalensis* ed. P.K. MARSHALL (1984, 2041): Gn 60 (1988) 563-565 = Hiltbrunner, O. – RBen 98 (1988) 225-226 = Vogüé, A. de

R 652 *Isidorus Hispalensis* ed. M. REYDELLET (1984, 2042): RBen 98 (1988) 226-228 = Vogüé, A. de

R 653 *Itinera Domini. Gesammelte Aufsätze aus Liturgie und Mönchtum. Emmanuel v. Severus ...* (1988/90, 263): RHE 83 (1988) 380*

R 654 *Iulianus Imperator* edd. C. PRATO; A. FORNARO (1985/87,
4388): GB 14 (1987) 339-345 = Schwarz, F.F. – ACl 57 (1988)
530-533 = Balty, J. – Maia 40 (1988) 100 = Maltese, E.V. – MH
45 (1988) 256 = Paschoud, F. – AnzAlt 42 (1989) 225-227 =
Klein, R.

R 655 *Iulianus Imperator* edd. C. PRATO; A. MARCONE (1985/87,
4387): RHE 83 (1988) 416-418 = Deproost, P.A. – JRS 78
(1988) 262-263 = Smith, R.B.E. – REAnc 90 (1988) 225-227 =
Bouffartigue, J. – NRiSt 72 (1988) 205 = Criniti – Paideia 44
(1989) 142-144 = Colonna – JEcclH 40 (1989) 100-101 = Barnes, T.D. – RPh 63 (1989) 303-305 = Marié – Emérita 63
(1990) 335-336 = García Blanco, J.

R 656 *Iulianus Imperator* edd. C. PRATO; C. MICALELLA (1988/90,
4176): MH 47 (1990) 253 = Lasserre – ACl 59 (1990) 349 =
Balty, J. – REA 36 (1990) 191-192 = Bouffartigue, J. – AnzAlt
43 (1990) 235-237 = Klein, R. – CR 40 (1990) 153 = Alonso-
Núñez, J.M. – Latomus 59 (1990) 336 = García Blanco, J.

R 657 *Iulianus Imperatore* ed. E. MASARACCHIA (1988/90, 4175):
Eikasmos (Bologna) 1 (1990) 246-248 = Burzacchini, G.

R 658 *Iulianus Pomerius* ed. M. SPINELLI (1985/87, 4421): Benedictina 36 (1989) 225-227 = Burini, C.

R 659 *Iustinus Martyr* ed. M. MARCOVICH (1988/90, 4225): JAC 33
(1990) 251-253 = Gronewald, M.

R 660 *Iustinus Martyr* ed. G. VISONA (1988/90, 4226): RSLR 25
(1989) 556-557 = Berruto – CCC 10 (1989) 336-337 = Casa, A.
della

R 661 *Iustinus Martyr* ed. A. WARTELLE (1985/87, 4436): RHE 83
(1988) 409-411 = Camelot, P.T. – RSPhTh 72 (1988) 615-616 =
Durand, G.-M. de – JHS 109 (1989) 271-272 = Osborne – REG
102 (1989) 618-619 = Irigoin

R 662 JACKSON, H.M. (1985/87, 6643): ThLZ 115 (1990) 434-435 =
Bethge

R 663 JACOB, C. (1988/90, 1756): ThPh 65 (1990) 599-600 = Grillmeier – RSPhTh 74 (1990) 639-641 = Durand, G.-M. de

R 664 JACOBS, M. (1985/87, 760): TPQS 136 (1988) 184 = Zinnhobler, R. – TTh 28 (1988) 184 = Paverd, F. van de – RHPhR 69
(1989) 331 = Maraval

R 665 JACOBS, M. (1985/87, 761): TTh 28 (1988) 409 = Paverd, F.
van de – RechSR 76 (1988) 579-613 = Sesboüé, B. – ThLZ 113
(1988) 359-360 = Haendler, G. – Klio 72 (1990) 331-332 =
Winkelmann, F. – ZGesch 38 (1990) 181 = Mohr, H.

R 666 JACOBS, U.K. (1985/87, 3005): ALW 30 (1988) 157 = Severus,
E. von – ColCist 50 (1988) [303] = Vogüé, A. de – DA 44
(1988) 227 = Schieffer, R. – RBen 98 (1988) 417-418 = Le-

doyen, H. – RHE 83 (1988) 107-111 = Vogüé, A. de – ZSavK 74 (1988) 578-580 = Frank, K.S. - HZ 248 (1989) 683-685 = Oexle, O.G. – HJ 109 (1989) 237 = Seibert, H. – JAC 32 (1989) 206-210 = Klingenberg, G.

R 667 JANERAS, S. (1988/90, 5365): AB 107 (1989) 444-447 = Devos, P. – Irénikon 63 (1990) 305 = E.L.

R 668 JANVIER, Y. (1981/82, 2518): RPh 61 (1987) 155-156 = Reydellet, M.

R 669 JAY, P. (1985/87, 4019): Salesianum 50 (1988) 423-424 = Cimosa, M. – Latomus 48 (1989) 223-224 = Hamblenne, P. – SecCent 7 (1989-1990) 111-113 = Gorday – REA 36 (1990) 300-307 = Lardet

R 670 *Jerôme entre l'Occident et l'Orient* ed. Y.-M. DUVAL (1988/90, 264): RHE 85 (1990) 214-215 = Silvestre, H. – Euphrosyne 18 (1990) 490-491 = Espírito Santo, A. do

R 671 *Jérusalem dans les tradition juives et chrétiennes* (1988/90, 796): RThL 19 (1988) 222-223 = Bogaert, P.-M.

R 672 JONG, M. DE (1985/87, 6381): TG 101 (1988) 84-85 = Kossmann, J.A.

R 673 JUEL, D. (1985/87, 6804): Bibl 69 (1988) 439-441 = Swetnam, J. – ThRe 85 (1989) 296-298 = Gross

R 674 JÜRGENSMEIER, F. (1988/90, 798): ThPh 64 (1989) 282-284 = Schatz, K.

R 675 *Saint Julien de Brioude, martyr* trad. P. CUBIZOLLES (1985/87, 5392): AB 106 (1988) 236 = Straeten, J. van der

R 676 KACZYNSKI, B.M. (1988/90, 1272): SZG 39 (1989) 484 = Marti

R 677 KAH, M. (1988/90, 4689): RSPhTh 74 (1990) 641-643 = Durand, G.-M. de

R 678 KAMPLING, R. (1984, 3287): ThRe 84 (1988) 369-370 = Bammel

R 679 KANNENGIESSER, C. (1983, 769): NRTh 111 (1989) 593-594 = Peters, G.

R 680 KARDONG, T. (1985/87, 3012): ColCist 50 (1988) [304-306] = Friedlander, C. – StMon 30 (1988) 163-164 = Badia, B.

R 681 KATAKA, L. (1985/87, 2477): MF 88 (1988) 214-217 = Coccia, A.

R 682 *ΚΑΘΗΓΗΤΕΡΙΑ* ed. J. CHRYSOSTOMIDES (1988/90, 266): Mu 102 (1989) 388-389 = Mossay, J.

R 683 KATUNARICH, S.M. (1985/87, 774): OrChrP 54 (1988) 271-272 = Poggi, V.

R 684 KEE, H.C. (1985/87, 388): Gn 60 (1988) 467-469 = Horst, P.W. van der

R 685 KELLY, H.A. (1985/87, 5649): MAev 57 (1988) 82-83 = Marx

R 686 KELLY, J.N.D. (1985/87, 443): Libraries and Culture 23 (1988) 85-86 = Davis Jr., D.G. – ThRe 85 (1989) 16 = Bäumer – Salesianum 51 (1989) 542-543 = Casa, R. della – RThPh 122 (1990) 137 = Junod – AB 108 (1990) 203-205 = Devos, P.

R 687 KELLY, J.N.D. (1988/90, 465): TPQS 136 (1988) 394 = Zinnhobler, R. – DA 44 (1988) 567 = Fuhrmann, H. – HistPolB 36 (1988) 261 = Schwaiger, G. – Salesianum 51 (1989) 542-543 = Casa, R. della

R 688 KERLOUEGAN, F. (1985/87, 3676): ECelt 25 (1988) 358-360 = Lemoine, L. – RPh 62 (1988) 374-375 = Flobert – REA 35 (1989) 196-200 = Banniard, M. – MA 95 (1989) 556-557 = Meyers, J. – SMed 17 (1989) 418-422 = Muraglia, M.

R 689 KINNEAVY J.L. (1985/87, 1760): AHR 94 (1989) 729-730 = Kee, H.C. – PhRh 22 (1989) 74-78 = Kennedy, G.A.

R 690 *ed. H. MORDEK* (1983, 119): RBPh 66 (1988) 452-453 = Cauchies, J.-M.

R 691 *Kirchengeschichte in Einzeldarstellungen I, 4: Die Kirche des Ostens im 3. und 4. Jahrhundert* ed. H. THÜMMEL (1988/90, 82): ThPh 64 (1989) 262-264 = Sieben – ThLZ 115 (1990) 351-353 = Brennecke, H.C.

R 692 KIRWAN, C. (1988/90, 2354): Mind: A quarterly review of psychology and philosophy (London) 99 (1990) 145-146 = Reynolds – JR 70 (1990) 628-629 = Cavadini

R 693 *Klassiker der Theologie, I* edd. H. FRIES; G. KRETSCHMAR (1981/82, 222): ThRu 53 (1988) 201-222 = Selge, K.-V.

R 694 KLEIN, R. (1988/90, 1759): ThRe 85 (1989) 376-379 = Jacob – DLZ 110 (1989) 713-716 = Huchthausen, L. – MH 46 (1989) 267 = Borle – JAC 39 (1989) 191-194 = Dassmann, E. – RHDFE 67 (1989) 489-491 = Gaudemet – AtPavia 68 (1990) 583 = Marcone, A. – HZ 250 (1990) 678-679 = Backhaus, W.

R 695 KLEINHEYER, B. (1988/90, 5330): ZKTh 111 (1989) 366-368 = Meyer – ThRe 86 (1990) 316-318 = Richter

R 696 KLOCK, C. (1985/87, 3909): ByZ 81 (1988) 301-302 = Hörandner, W. – JThS 40 (1989) 256-257 = Meredith, A. – Gy 97 (1990) 364 = Lackner – AtPavia 67 (1989) 341-344 = Nicola, A. de – Salesianum 51 (1989) 193-194 = B.A.

R 697 *Knowledge of God in the Graeco-Roman World* (1988/90, 267): REL 67 (1989) 419 = Fredouille

R 698 KOCH-PETERS, D. (1984, 2232): Latomus 47 (1988) 178-180 = Sabbah, G.

R 699 KÖHLER, W.-D. (1985/87, 6871): CBQ 51 (1989) 562-564 = Schoedel, W.R.

R 700 *Der Kölner Mani-Kodex* edd. L. KOENEN; C. ROEMER (1985/87, 6649): ThLZ 114 (1989) 820-822 = Schenke – OrChrP 55 (1989) 237-238 = Baggarly, J.D.

R 701 *Der Kölner Mani-Kodex. Über das Werden seines Leibes* edd. L. KOENEN; C. RÖMER (1988/90, 6236): ThLZ 114 (1989) 820-822 = Schenke

R 702 KÖNIG, I. (1985/87, 3316): MH 45 (1988) 262 = Schäublin, C. – Gn 61 (1989) 453-456 = Baldwin, B. REAnc 91 (1989) 139 = Callu, J.P. – AtPavia 67 (1989) B640-641 = Marcone, A.

R 703 KÖNIGSBERGER, H.G. (1985/87, 784): HZ 246 (1988) 659-660 = Heimann, H.-D.

R 704 KÖTTING, B. (1988/90, 268): DA 44 (1988) 562-564 = Jasper, D. – HistPolB 36 (1988) 356 = Wallmann, J. – ThLZ 114 (1989) 175-177 = Haendler, G. – OrChrP 55 (1989) 229-230 = Poggi, V. – MIÖGF 97 (1989) 137-138 = Zimmermann, H.

R 705 KÖTTING, B. (1988/90, 5605): ThRe 85 (1989) 108 = Mikat – ZKG 100 (1989) 412 = May – CR 39 (1989) 410 = Clark, G.

R 706 KÖTTING, B. (1985/87, 5264): RBPh 66 (1988) 917 = Dierkens, A.

R 707 KOLDEWEIJ, A.M.; PESCH, P.N.G. (1985/87, 5479): RBPh 66 (1988) 951-953 = Dierkens, A.

R 708 KOLDEWEJ, A.M. (1985/87, 5478): BMGN 103 (1988) 60-62 = Linssen, C.A.A.

R 709 KOMINIS, A.D. (1988/90, 1276): KoinNapoli 13 (1989) 193 = Garzya

R 710 *Konkordanz zu den Thomasakten* ed. M. LIPINSKI (1988/90, 468): VigChr 43 (1989) 196-197 = Klijn, A.F.J.

R 711 KORAKIDES, A.S. (1981/82, 2988): OstkiSt 72 (1988) 220-221 = Plank

R 712 KORZARŽEVSKIJ, A.Č. (1985/87, 1762): VDI 188 (1989) 215-216 = Trofimova

R 713 KOWALCZYK, S. (1988/90, 2360): VoxP 8 (1988) f.15, 1109-1117 = Eborowicz, W.

R 714 KOWALSKI, A. (1988/90, 4308): VoxP 9 (1989) f.17, 958-969 = Degórski, B. – AugR 30 (1990) 502-505 = Camplani, A. – VetChr 27 (1990) 230-231 = Desantis, G. – Mu 103 (1990) 184-187 = Halleux, A. de

R 715 KRAUTSCHICK, S. (1983, 1168): BJ 189 (1989) 695-697 = Gruber, J. – Eos 76 (1988) 176-185 = Prostko-Prostyński

R 716 KRIEGBAUM, B. (1985/87, 789): ChH 57 (1988) 523-524 = Lienhard, J.T. – ThPh 63 (1988) 264-266 = Sieben, H.J. – RSLR 24 (1988) 590-593 = Mazzucco, C. – Aevum 63 (1989) 119-120 = Scaglioni, C. – HZ 250 (1990) 677-678 = Castritius, H.

R 717 KRUSINSKI, L. (1988/90, 2362): VoxP 7 (1987) f.12/13, 471-473 = Wojtowicz, H.

R 718 KUGEL, J.L.; GREER, R.A. (1985/87, 6783): CW 82 (1988-89) 461-462 = Sider – Latomus 48 (1989) 707-708 = Braun, R.

R 719 KURMANN, A. (1988/90, 3607): RSPhTh 73 (1989) 470-471 = Durand, G.-M. de – FKTh 5 (1989) 234-235 = Gessel, W. – Elenchos 10 (1989) 506-507 = B.C. – CR 39 (1989) 205-206 = Frend, W.H.C. – JThS 40 (1989) 618-620 = Dam, R.van – RiAC 65 (1989) 275-276 = Saxer, V. – Mu 102 (1989) 209-210 = Mossay, J. – TPQS 137 (1989) 296 = Kertsch, M. – REG 102 (1989) 621 = Nautin – RSLR 25 (1989) 560-561 = Trisoglio – MH 47 (1990) 254 = Jungck, C. – Gy 97 (1990) 267-268 = Schwarz, F.F. – WSt 103 (1990) 268-270 = Weber, D. – ACl 59 (1990) 393-394 = Coulie – JEcclH 41 (1990) 329-330 = Chadwick, H.

R 720 KUTTNER, S.; ELZE, R. (1985/87, 445): REDC 44 (1988) 223-324 = García y García, A. – ZKG 100 (1989) 397-400 = Zapp, H.

R 721 KYRTATAS, D.J. (1985/87, 794): JRS 78 (1988) 251-252 = Meeks, W.A. – History 74 (1989) 113-114 = Wiedemann

R 722 LA PIANA, L. (1985/87, 3754): Augustinus 34 (1989) 405-406 = Galindo, J.A.

R 723 *Lactantius* ed. J.L. CREED (1984, 2088): RPh 62 (1988) 166-167 = Reydellet, M. – AtPavia 66 (1988) 653-654 = Isetta, S. - Mn 41 (1988) 215-217 = Boeft, J. den

R 724 *Lactantius* ed. P. MONAT (1985/87, 4476): Helmántica 39 (1988) 254 = Oroz, J. – RHEF 73 (1987) 323-324 = Carrias, M. – StMon 29 (1987) 396-397 = Olivar, A. – JThS 39 (1988) 601-604 = Nicholson, O. – BLE 89 (1988) 302-306 = Crouzel, H. – NRTh 110 (1988) 757-758 = Roisel, V. – Mu 101 (1988) 433-435 = Mossay, J. – ThLZ 113 (1988) 526-527 = Haendler, G. – REAnc 90 (1988) 229-230 = Ingremeau, C. – OrChr 72 (1988) 218-219 = Gessel, W. – JÖB 38 (1988) 507 = Zelzer – RBPh 67 (1989) 205-207 = Schamp, J. – Greg 70 (1989) 366-367 = Orbe, A. – RThPh 121 (1989) 453 = Junod – Laval 46 (1990) 263-264 = Poirier

R 725 *Lactantius* ed. P. MONAT (1985/87, 4477): EAg 23 (1988) 366-367 = Natal, D. – ThLZ 114 (1989) 678 = Haendler, G. – Euphrosyne 17 (1989) 410-411 = Espírito Santo – REA 35 (1989) 188-191 = Ingremeau, C. – RHPhR 69 (1989) 343 = Maraval – RThPh 121 (1989) 453 = Junod – Laval 46 (1990) 263-264 = Poirier – RPh 63 (1989) 140-141 = Braun, R. – RBPh 68 (1990) 185-187 = Schamp – MSR 47 (1990) 202-204 = Spanneut

R 726 *Lactantius* ed. M. PERRIN (1985/87, 4475): NRTh 110 (1988)
757-758 = Roisel, V. – EAg 23 (1988) 708 = Natal, D. – RPh 62
(1988) 372-373 = Braun, R. – Euphrosyne 17 (1989) 411-415 =
Espírito Santo – REA 35 (1989) 188-191 = Ingremeau, C. –
ThLZ 114 (1989) 678 = Haendler – RThPh 121 (1989) 453 =
Junod – RBPh 68 (1990) 187-189= Schamp – MSR 47 (1990)
201-202 = Spanneut – Laval 46 (1990) 264-265 = Poirier –
JThS 41 (1990) 665-668 = Nicholson – BLE 91 (1990) 148 –
Crouzel, H.

R 727 LADARIA, L.F. (1988/90, 3852): Greg 71 (1990) 427 – REA 36
(1990) 192-193 = Doignon – ThLZ 115 (1990) 896-898 = Wendelborn – EThL 66 (1990) 426 = Halleux. A. de – RSPhTh 74
(1990) 637-639 = Durand, G.-M. de

R 728 LAFONTAINE, G.; LAFONTAINE, G.; COULIE, B. (1983,
1385): OrChr 72 (1988) 230-231 = Esbroeck, M. van

R 729 LAMAU, M.-L. (1988/90, 827): NRTh 111 (1989) 764-765 =
Jacques, X.

R 730 LAMPE, P. (1985/87, 797): RSCI 42 (1988) 203-209 = Saxer,
V. – BiZ 33 (1989) 148-150 = Theobald, M. – Greg 70 (1989)
383-388 = Janssens, J. – HZ 249 (1989) 672-673 = Botermann – ZKTh 111 (1989) 220 = Oberforcher – JAC 32 (1989)
23-40 = Schöllgen, G. – Gn 61 (1989) 369-371 = Meeks, W.A. –
BijFTh 50 (1989) 216-217 = Schneiders, M. – CBQ 51 (1989)
560-562 = Elliott, J.H. – JBL 109 (1990) 733-734 = Segal –
JEcclH 41 (1990) 278-279 = Frend, W.H.C.

R 731 LAMPSIDIS, O. (1984, 2512): ThAthen 59 (1988) 910-911 =
Paschos, P.B.

R 732 LANG, O. (1985/87, 3017): RBen 98 (1988) 345*

R 733 LANGA, P. (1984, 1149): RAgEsp 29 (1988) 272-274 = Gil
Hellin, F.

R 734 LANZI, N. (1988/90, 2381): RFN 81 (1989) 517 = Belletti, B. –
Maia 42 (1990) 293-294 = Placanica, A.

R 735 LAPIDGE, M.; SHARPE, R. (1985/87, 160): BTAM 14 (1988)
427 = Silvestre, H. – VoxP 8 (1988) f.15, 1084-1087 = Strzelczyk, J. – BTAM 14 (1989) 585-586 = Hendrix, G.

R 736 LATTKE, M. (1985/87, 161): NedThT 42 (1988) 343 = Horst,
P.W. van der – BijFTh 49 (1988) 208-209 = Parmentier, M. –
OrChr 72 (1988) 222-223 = Esbroeck, M. van – ZRGG 40
(1988) 285 = Klimkeit – VigChr 42 (1988) 97-99 = Klijn –
OrChrP 54 (1988) 265-267 = Lavenant, R. – Kairos 30-31
(1988-1989) 247-248 = Tröger – OLZ 84 (1989) 438-440 =
Wiefel, W.

R 737 LAURANCE, J.D. (1984, 1526): SecCent 6 (1987/1988)
255-256 = Halton

R 738 LAVATORI, R. (1985/87, 2925): ScEs 40 (1988) 385-386 = Pelland, G.

R 739 LAWLESS, G. (1985/87, 2507): RAgEsp 29 (1988) 738-739 =
Sahelices, P. – JEcclH 39 (1988) 457-459 = Bonner, G. – RBen
98 (1988) 243 = Wankenne, L.-J. – ChH 59 (1990) 73-74 =
TeSelle – AugSt 19 (1988) 199-201 = Gavigan – AHR 95 (1990)
476 = Drake – CHR 75 (1989) 126 = O'Donnell, J.J. – JThS 40
(1989) 625-627 = Tugwell – DR 107 (1989) 301-304 = Foster –
ThSt 50 (1989) 202 = Lienhard – JR 69 (1989) 551-552 =
Burns, T.S. - TLS 87 (1988) 257 = Markus

R 740 LE BOULLUEC, A. (1985/87, 6089): ABG 32 (1989) 305 = Le
Boulluec, A. – ReSR 63 (1989) 154-156 = Canévet

R 741 LE GALL, J. (1985/87, 5473): RBPh 66 (1988) 203-204 = Fontaine, P.

R 742 *Les leçons de Silvanos (NH VII,4)* ed. Y. JANSSENS (1983,
2417): RechSR 76 (1988) 579-613 = Sesboüé, B. – CE 63 (1988)
198-201 = Cannuyer, C.

R 743 *Lectures anciennes de la Bible* (1985/87, 297): NRTh 111
(1989) 926 = Roisel

R 744 LEHNER, J. (1984, 1464): AnzAlt 42 (1989) 38-40 = Ehlers,
W.-W.

R 745 LEISEGANG, H. (1985/87, 6662): OLZ 85 (1990) 49-51 =
Schenke, H.-M.

R 746 LENNOX MANTON, E. (1988/90, 839): GR 36 (1989)
125-130 = Walcot, P.

R 747 *Leontius Constantinopolitanus* edd. C. DATEMA; P. ALLEN
(1985/87, 4512): Byzan 58 (1988) 529-531 = Declerck, J. –
VigChr 42 (1988) 409-410 = Winden, J.C.M. van – ThLZ 114
(1989) 825 = Treu, K. – REB 47 (1989) 265 = Flusin, B. – REG
102 (1989) 260-261 = Nautin – JThS 41 (1990) 715-719 = Daley

R 748 LERER, S. (1985/87, 3094): Gy 95 (1988) 445-447 = Gruber –
Latomus 47 (1988) 448-450 = Meyers, J. – Sp 63 (1988)
428-431 = Friedman, J.B. – CR 39 (1989) 240-241 = Wilson –
AncPhil 9 (1989) 133-137 = Davis

R 749 *Les règles de l'interprétation* ed. M. TARDIEU (1985/87, 337):
REAnc 90 (1988) 252-253 = Dorival, G.

R 750 LETTIERI, G. (1988/90, 2388): RSPhTh 73 (1989) 483-485 =
Durand, G.-M. de – AugR 30 (1990) 193-195 = Miccoli, P. –
Augustinus 35 (1990) 384-386 = Oroz J. – CC 141 (1990)
604-605 = Marafioti, D.

R 751 *Lettres des pères du désert* edd. B. OUTTIER et al. (1985/87,
1646): RechSR 77 (1989) 420-421 = Évieux, P.

R 752 LEUTZSCH, M. (1988/90, 3741): NRTh 112 (1990) 924-925 = Harvengt, A. – Salmant 37 (1990) 239-241 = Trevijano Etcheverria, R.

R 753 *Lexikon der biblischen Personen* edd. M. BOCIAN; U. KRAUT; I. LENZ (1988/90, 470): BN 24 (1989) 369 = Schützeichel

R 754 *Liber Pontificalis* ed. R. DAVIS (1988/90, 4309): JEcclH 41 (1990) 328 = Markus, R.A.

R 755 *Liber sacramentorum Engolismensis* ed. P. SAINT-ROCH (1988/90, 5334): RiAC 64 (1988) 379-380 = Jounel, P. – Sc 42 (1988) 122-125 = Deshusses, J. – RSPhTh 72 (1988) 313-314 = Gy, P.-M.

R 756 *Liberato di Cartagine* edd. F. CARCIONA; L. FUMAGALLI (1988/90, 4317): OrChrP 56 (1990) 242-243 = Kilmartin, E.J. – OrChrP 56 (1990) 242 = Ruggieri, V.

R 757 LIEBAERT, J. (1985/87, 1771): BTAM 14 (1987) 193-194 = Michiels, G. – REAnc 90 (1988) 247 = Deléani, S.

R 758 LIES, L. (1985/87, 41): OstkiSt 39 (1990) 341 = Biedermann, H.M.

R 759 LIEU, S.N.C. (1985/87, 6665): Ἱστορικογεωγραφικά 2 (1988) 179-188 = Kordoses, M.S. - Sp 63 (1988) 431-432 = Bonner, G. – Latomus 49 (1990) 749-750 = Hamblenne, P.

R 760 *The Life and Martyrdom of Saint Anastasia and Those Who were Martyred With Her* (1985/87, 5305): StVlThQ 33 (1989) 302-304 = Rexine, J.E.

R 761 *Nicolaus heg. Sionita* edd. I. ŠEVČENKO; N.P. ŠEVČENKO (1984, 2570): Sp 64 (1989) 219-220 = Abrahamse, D. de F.

R 762 *Light from light. An anthology of Christian mysticism* edd. L. DUPRÉ; J.A. WISEMAN (1988/90, 5766): ThSt 50 (1989) 613-614 = Payne

R 763 LITTELL, F.H. (1988/90, 473): DLZ 115 (1990) 115-116 = Matthiae, K.

R 764 *Le Livre de Thomas (NH II,7)* ed. R. KUNTZMANN (1985/87, 6666): BiZ 32 (1988) 139-140 = Schnackenburg, R. – RHPhR 68 (1988) 357 = Bertrand, D.A. – RBi 96 (1989) 622 = Taylor, J.J. – ThLZ 115 (1990) 893-895 = Schenke, H.-M.

R 765 LIZZI, R. (1985/87, 6002): RSLR 25 (1989) 503-505 = Rivolta Tiberga, P.

R 766 LOUTH, A. (1988/90, 3265): TLS (1989) 1450 = Hebblethwaite – DR 107 (1989) 305 = Stead

R 767 LOZITO, V. (1985/87, 1777): Sandalion 12-13 (1989-1990) 275-278 = Placanica

R 768 LUNDSTRÖM, S. (1985/87, 4313): REAnc 90 (1988) 220-221 = Boulluec, A. de

R 769 LUNDSTRÖM, S. (1988/90, 2817): ThLZ 115 (1990) 602 = Haendler

R 770 LUPIERI, E. (1988/90, 5119): Orpheus 10 (1989) 492-494 = Tuccillo

R 771 LYNCH, J.H. (1985/87, 6410): Francia 16, 1 (1989) 246-247 = Angenendt, A. – DA 45 (1989) 241 = Schneider, H. – HeythropJ 31 (1990) 235-236 = Evans, G.R.

R 772 *Macarius/Symeon* ed. F. MOSCATELLI (1988/90, 4322): AB 107 (1988) 441 = Zanetti, U. – ColCist 51 (1989) 411-412 = Desprez, V.

R 773 *Pseudo-Macarius* ed. V. DESPREZ (1979/80, 1935): BijFTh 49 (1988) 210-211 = Laga, C.

R 774 MACCARRONE, M. (1985/87, 5659): RSCI 42 (1988) 285 = Lupi, M.

R 775 MACCOULL, L.S.B. (1988/90, 3281): BASP 25 (1988) 173-178 = Keenan – CW 83 (1989-1990) 372 = Constantelos, D.J. – LEC 58 (1990) 400 = Deun, van – OrChrP 56 (1990) 210-211 = Poggi, V.

R 776 MACDONALD, D.R. (1985/87, 6669): RelStR 14 (1988) 72 = Pearson, B. – JBL 108 (1989) 168-169 = Scroggs

R 777 MACMULLEN, R. (1984, 389): BijFTh 49 (1988) 333-334 = Parmentier, M. – Latomus 47 (1988) 237-238 = Simon, M. – Helios 15 (1988) 133-149 = Christiansen, P.G.

R 778 MACMULLEN, R. (1985/87, 3319): REAnc 90 (1988) 243-244 = Fontaine, J. – RPh 62 (1988) 175-176 = Braun, R. – GR 35 (1988) 110-112 = Walcot, P.

R 779 MACPHERSON, R. (1988/90, 3012): AteRo 35 (1990) 120-121 = Marcone – REL 68 (1990) 216 = Callu, J.P. – CW 84 (1990/91) 331 = Sonkowsky – Gerión 8 (1990) 330-333 = Moreno, F.J.

R 780 MADEC, G. (1988/90, 2406): RSPhTh 73 (1989) 478-480 = Durand, G.-M. de – NRTh 111 (1989) 595-596 = Roisel – BLE 91 (1990) 151-152 = Derycke – RHR 207 (1990) 212-213 = Doignon – MSR 47 (1990) 45-55 = Huftier – VigChr 44 (1990) 96-97 = Winden, J.C.M. van

R 781 MAGEE, J. (1988/90, 2961): RFN 82 (1990) 329-332 = Obertello, L.

R 782 MAGRIS, A. (1985/87, 1162): JHS 108 (1988) 246 = Sharples, R.W.

R 783 MAIER, J.-L. (1985/87, 634): Latomus 47 (1988) 887-888 = Duval, N. – DLZ 109 (1988) 565-567 = Haendler, G. – Prometheus 14 (1988) 87-95 = Mastandrea, P. – MH 45 (1988) 261-262 = Marti, H. – REL 66 (1988) 37-42 = Lancel – HZ 249 (1989) 673-674 = Girardet – ZKG 100 (1989) 417-419 =

Henke, R. – ThSt 50 (1989) 201 = Eno, R.B. – REA 35 (1989) 171-179 = Duval, N. – Augustinus 35 (1990) 185-186 = Galindo, J.A.

R 784 MAIER, J.-L. (1988/90, 865): ThSt 41 (1990) 559 = Eno, R.B. – Augustinus 35 (1990) 185-186 = Galindo, J.A.

R 785 MAINSTONE, R.J. (1988/90, 5267): GR 35 (1988) 221-225 = Sparkes, B.A. – TLS (1988) 834 = Curčic – JHS 109 (1989) 273 = Rodley – American Journal of Archaeology (New York) 93 (1989) 489-490 = Mark, R.

R 786 MALAMUD, M.A. (1988/90, 4690): ACl 59 (1990) 405-407 = Savon – CW 74 (1990/91) 325-326 = Nugent

R 787 MALASPINA, E. (1984, 2253): RSLR 25 (1989) 351-354 = Orlandi

R 788 *Der Mandäismus* ed. G. WIDENGREN (1983, 131): Journal of Jewish Studies (London) 36 (1985) 139 = Brock, S.

R 789 MANDOUZE, A. (1981/82, 329): AKG 71 (1989) 233-235 = Zimmer, R.

R 790 *The Manichaean Coptic papyri in the Chester Beatty Library. I: Kephalaia; II: Homilies and varia. Facsimile edition* ed. S. GIVERSEN (1988/90, 6253): BSOAS 51 (1988) 569-570 = Sundermann, W. – RHR 207 (1990) 82-85 = Guillaumont

R 791 MANSFELD, J. (1988/90, 6254): CR 40 (1990) 75-77 = Dillon, J.

R 792 *Manual de historia de la Iglesia* ed. H. JEDIN (1966, 334): Augustinus 34 (1989) 410-412 = Lizarraga, J.J.

R 793 MARAFIOTI, D. (1983, 910): NRTh 111 (1989) 596 = Dideberg

R 794 MARANDINO, R. *Iulianus Aeclanensis* pres. di G. BIANCO (1985/87, 4386): Discorsi (Napoli) 8 (1988) 436-437

R 795 MARAVAL, P. (1985/87, 5799): MA 94 (1988) 114-115 = George, P.

R 796 *Marc, commenté par Jérôme, et Jean Chrysostome, Homélies* edd. M.H. STEBE; M.O. GOUDET et al. (1985/87, 1784): RechSR 76 (1988) 579-613 = Sesboüé, B. – BLE 89 (1989) 308-309 = Crouzel, H.

R 797 MARCHETTA, A. (1985/87, 4814): REL 66 (1988) 351-352 = Archaud-Lindet – AteRo 34 (1989) 214 = Capozza – CR 39 (1989) 92-93 = Drinkwater, J.F. – Maia 41 (1989) 81-84 = Placanica – Paideia 44 (1989) 137-139 = Sirago – Orpheus 11 (1990) 145-148 = Clausi – DA 46 (1990) 203 = R.S.

R 798 MARCOVICH, M. (1988/90, 6255): CR 40 (1990) 83-84 = Griffiths

R 799 *Marcus Eremita* ed. O. HESSE (1985/87, 4550): VigChr 44 (1990) = Fitschen, K.

R 800 *Marcus Eremita* edd. K. WARE; C.-A. ZIRNHELD (1985/87, 4551): ThPh 64 (1989) 592-595 = Grillmeier – RechSR 77 (1989) 425-426 = Évieux, P.

R 801 MARENBON, J. (1988/90, 1160): RHE 83 (1988) 826 = Brady, P.

R 802 MARGERIE, B. DE (1985/87, 2552): Orpheus 10 (1989) 228-229 = Mandolfo – RThPh 122 (1990) 433-434 = Borel

R 803 *Marienlexikon. 1. AA – Chagall* edd. R. BÄUMER; L. SCHEFF-CZYK (1988/90, 476): FKTh 5 (1989) 149-151 = Klein, H.-A. – ThAthen 61 (1990) 342-343 = Kallinikos, K.B.

R 804 *Marienlexikon. 2. Chaldäer – Gréban* edd. R. BÄUMER; L. SCHEFFCZYK (1988/90, 476): ThAthen 61 (1990) 342-343 = Kallinikos, K.B.

R 805 MARKUS, R. (1988/90, 2425): RThPh 122 (1990) 282 = Junod

R 806 MARROU, H.-I. (1985/87, 2559): Salesianum 50 (1988) 575-576 = Pasquato, O. – Orpheus 10 (1989) 223-225 = Borgo

R 807 MARTIMORT, A.G. (1983, 2247): Paideia 43 (1988) 283-288 = Paganelli

R 808 *I martirio: testimonianza e spiritualità nei primi secoli* ed. C. NOCE (1985/87, 6414): Benedictina 35 (1988) 236-238 = Burini, C. – Greg 69 (1988) 578 = Janssens – JEcclH 15 (1989) 263-264 = Frend, W.H.C. – ThRe 86 (1990) 116-117 = Baumeister, T.

R 809 *Das Martyrium des heiligen Dasius* ed. R. PILLINGER (1988/90, 5086): RiAC 65 (1989) 273-273 = Saxer, V. – JÖB 40 (1990) 451-453 = Hunger, H. – VetChr 27 (1990) 228-230 = Desantis, G. – AB 108 (1990) 200-201 = Zanetti, U.

R 810 MASSAUX, E. (1985/87, 1791): CBQ 51 (1989) 562-564 = Schoedel, W.R.

R 811 MASTANDREA, P. (1988/90, 1644): GiorFil 40 (1988) 311 = Eichberg – BStudLat 20 (1990) 129-131 = Zumbo – Gn 72 (1990) 649-450 = Doignon – RPh 63 (1989) 326-327 = Fredouille – REL 67 (1989) 408-409 = Fontaine

R 812 MASTANDREA, P. (1985/87, 2565): Maia 40 (1988) 201-202 = Giovannini – Latomus 47 (1988) 169-170 = Wankenne

R 813 MATHISEN, R.W. (1988/90, 885): CHR 76 (1990) 584-585 = Goffart, W.

R 814 *Matrimonio e verginità nella Chiesa antica* edd. C. MUNIER; G. RAMELLA (1988/90, 5996): CCC 11 (1990) 329-330 Mazzucco, C.

R 815 *Maximus Confessor* ed. G.C. BERTHOLD (1985/87, 4563): StVlThQ 33 (1989) 205-208 = Butler, M.

R 816 *Maximus Confessor* ed. É. JEAUNEAU (1988/90, 4356): CRAI (1989) 445-447 = Irigoin – LFilol 113 (1990) 76-77 = Vidman –

REB 48 (1990) 283-284 = Failler, A. – Francia 17, 1 (1990) 263
= Schieffer, R. – VigChr 44 (1990) 93-94 = Winden, J.C.M.
van – Byzan 60 (1990) 549-550 = Declerck, J.

R 817 *Maximus Confessor* edd. C. LAGA; C. STEEL (1979/80, 1955):
ViVrem 49 (1988) 211-213 = Sidorov, A.I.

R 818 *Maximus Confessor* ed. J. TOURAILLE (1985/87, 4562):
RechSR 77 (1989) 426-428 = Évieux, P.

R 819 MAZZA, E. (1988/90, 5269): Irénikon 63 (1990) 301-302 =
E.L.

R 820 MAZZARINO, S. (1988/90, 888): RSA 29 (1989) 202-203 =
Mansuelli, G.A. – CR 40 (1990) 511-513 & JRS 80 (1990)
257-258 = McLynn – Gy 97 (1990) 369 = Klein – MH 47
(1990) 266 = Paschoud, F. – Gerión 8 (1990) 326-328 = Sanz
Serrano, R.

R 821 MAZZUCCO, C. (1988/90, 889): CCC 10 (1989) 339 = Gallicet – CCC 11 (1990) 105-106 = Casa, A. della – Orpheus 11
(1990) 421-422 = Trisoglio – SG 43 (1990) 353-355 = Corsaro

R 822 MCCREADY, W.D. (1988/90, 3542): JThS 41 (1990) 722-723
= Ward – AHR 95 (1990) 1511-1512 = Head – SR 19 (1990)
497-498 = Bélanger, R. – RHE 85 (1990) 371-377 = Vogüé, A.
de – AB 108 (1990) 442-444 = Godding, R.

R 823 MCGRATH, A. (1985/87, 6228): JThS 39 (1988) 295-297 =
Newlands, G. – NRTh 110 (1988) 430-431 = Pottier, B. – RHE
83 (1988) 407-408 = Hockey, F. – ZKG 99 (1988) 402-404 =
Mildenberger, F. – JEcclH 41 (1990) 470-474 = Clark, F.

R 824 MCGUCKIN, J.A. (1985/87, 6191): Sob 10 (1988) 73 = Russell,
N.

R 825 MCGUIRE, B.P. (1988/90, 5999): Manuscripta 32 (1988)
216-217 = Callahan, D.F. – HTK 89 (1989) 194-195 = Jensen,
J.S. - JEcclH 41 (1990) 140-141 = Lawrence

R 826 MCKINNON, J. (1985/87, 1796): TLS 86 (1987) 813 = Mel-
lers – Fontes Artis Musicae 35 (1988) 73 = Colette, M.-N.

R 827 MCMAHON, R. (1988/90, 2441): ThSt 51 (1990) 559-560 =
O'Connell – Philosophy and Literature (Baltimore, MD) 14
(1990) 439-441 = Emmerson – AugSt 21 (1990) 177-186 = Ca-
radini

R 828 MEEKS, W.A. (1985/87, 6424): RBi 95 (1988) 472-473 =
Murphy-O'Connor, J.

R 829 MEIJERING, E.P. (1985/87, 53): VigChr 43 (1989) 204-205 =
Winden, J.C.M. van

R 830 MEIJERING, E.P. (1985/87, 52): Salesianum 50 (1988) 450 =
Fontana, E. – Istina 33 (1988) 86-87 = Dupuy, B.

R 831 MEIMARIS, Y.E. (1985/87, 859): REB 46 (1988) 260-262 =
Flusin, B.

R 832 MEIS WOERMER, A. (1988/90, 4492): ZKTh 112 (1990) 122
= Neufeld – NRTh 112 (1990) 435 = Pottier – VigChr 44
(1990) 101-103 = Eijk, P.J. van der

R 833 *Mélanges Antoine Guillaumont* (1988/90, 283): Irénikon 62
(1989) 127-128 = Lanne, E. – RBi 96 (1989) 595-596 = F.L. –
StMon 31 (1989) 429-431 = Nin, M. – VigChr 43 (1989)
308-309 – Sc 43 (1989) 72* = Halleux, A. de – CRAI (1989)
404-405 = Caquot – RSO 63 (1989) 331-339 = Contini, R. –
NRTh 111 (1989) 591-592 = Hilaire, S. - RHR 206 (1989)
328-329 = Dalmais, I.H. – Mu 103 (1990) 194-195 = Coulie,
B. – OrChr 74 (1990) 269-270 = Kaufhold, H.

R 834 *Mélanges Pierre Lévêque, I* edd. M.-M. MACTOUX; É. GENY
(1988/90, 284): MH 46 (1989) 261-262 = Graf – Latomus 48
(1989) 950 = Debergh

R 835 *Mélanges Pierre Lévêque II* edd. M.-M. MACTOUX; É. GENY
(1988/90, 285): Latomus 49 (1990) 935 = Debergh, J.

R 836 *The Life of Melania the Younger* ed. E.A. CLARK (1984, 2561):
JAC 31 (1988) 224-226 = Baumeister, T.

R 837 *Memorial Jean Gribomont* (1988/90, 288): REAnc 91 (1989)
126-128 = Savon, H.

R 838 MENARD, J. (1985/87, 6681): ZDMG 139 (1989) 505 = Rudolph – Greg 70 (1989) 367 = Orbe, A. – Salmant 36 (1989)
127-129 = Trevijano, R.

R 839 MERKELBACH, R. (1985/87, 863): CR 39 (1989) 153 = Mitchell, S.

R 840 MESSANA, V. (1985/87, 4141): BStudLat 18 (1988) 145-146 =
Magazzù

R 841 MESSNER, R. (1988/90, 5339): ZKTh 112 (1990) 81-87 =
Meyer

R 842 METZGER, B.M. (1981/82, 709): CodMan 13 (1987) 156-158
= Mazal, O.

R 843 MEYENDORFF, J. (1988/90, 895): RHE 85 (1990) 729-732 =
Petri, V. – AB 108 (1990) 435-436 = Kluyskers, J. – NRTh 112
(1990) 766 = Toubeau, A.

R 844 MICAELLI, C. (1988/90, 2967): REL 67 (1989) 421 =
Doignon – BStudLat 19 (1989) 181 = Ambriani – EThL 66
(1990) 202-203 = Halleux, A. de

R 845 *Michael Psellus. The Essays on Euripides and George of Pisidia
and on Heliodorus and Achilles Tatius* ed. A.R. DYCK
(1985/87, 3665): Maia 39 (1987) 169-171 = Maltese, E.V. –
ByZ 81 (1988) 56-58 = Criscuolo, U.

R 846 *Migne et le renouveau des études patristiques* edd. A. MAND-
OUZE; J. FOUILHERON (1985/87, 303): Rev. franç. d'hist. du

livre 56 (1987) 573-574 = Darricau, R. – CrSt 9 (1988) 217-218
= Truzzi, C. – RThAM 55 (1988) 243-244 = Sonneville, H.

R 847 MILANO, A. (1984, 598): Maia 40 (1988) 318-319 = Giovannini – BTAM 14 (1988) 412-413 = Mathon, G.

R 848 MILLER, J. (1985/87, 872): UToronto 57 (1987) 98-100 = Rist,
J.M. – Sp 63 (1988) 438-443 = Nohrnberg, J. – Renaissance
Quarterly (New York) 41 (1988) 310-313 = Allen, P. – Phoenix
44 (1990) 88-92 = Pépin

R 849 MIQUEL, P. (1985/87, 6427): Irénikon 63 (1990) 145 = L.V.

R 850 MITSAKIS, K. (1985/87, 5756): JÖB 39 (1989) 320 = Koder

R 851 MODESTO, J. (1988/90, 3546): FKTh 6 (1990) 154-155 =
Gessel, W. – OrthF 4 (1990) 114-115 = Savvidis, K.

R 852 *Les moines acémètes: Vies des saints Alexandre, Marcel et Jean
Calybite* ed. J.-M. BAGUENARD (1988/90, 5000): ColCist 51
(1988) 416-417 = N.G. – Laval 46 (1990) 286 = Poirier

R 853 MOLINE, E. (1988/90, 84): RHE 84 (1989) 568 = Moral, T.

R 854 MOMIGLIANO, A. (1985/87, 880): ChH 58 (1989) 84-85 =
Grant, R.M. – CW 83 (1989-1990) 134-135 = Cohen

R 855 MONACI CASTAGNO, A. (1984, 3315): REB 46 (1988) 262 =
Darrouzès, J.

R 856 MONACI CASTAGNO, A. (1985/87, 4753): Orpheus 10
(1989) 219-221 = Nazzaro – CrSt 11 (1990) 382-384 = Pazzini – BLE 90 (1989) 136-137 = Crouzel, H.

R 857 *Le Monde latin antique et la Bible* edd. J. FONTAINE; C.
PIETRI (1985/87, 309): REJ 147 (1988) 184-188 = Mentré,
M. – Latomus 48 (1989) 479-481 = Salmon

R 858 MONDESERT, C. (1988/90, 1648): RHEF 75 (1989) 391-392
= Carrias, M.

R 859 MONDIN, B. (1988/90, 2455): Apollinaris 61 (1988) 413-414
= Pizzorni, R.M. – Sapienza 41 (1988) 336-338 = Pizzorni,
R.M. – RPL 87 (1989) 346-347 = Steenberghen, F. van – DC 42
(1989) 92-94 = Lobato, A. – VoxP 9 (1989) f.16, 461-465 =
Drożdż, A. – Augustinus 35 (1990) 368 = Oroz, J.

R 860 *Monks, Hermits and the Ascetic Tradition* ed. W.J. SHEILS
(1985/87, 310): BTAM 14 (1987) 206 = Silvestre, H. – EHR
103 (1988) 467-468 = Dobson, R.B. – JThS 39 (1988) 621-622
= Allchin, A.M. – RSCI 42 (1988) 266 = Golinelli, P.

R 861 *The Montanist oracles and testimonia* ed. R.E. HEINE
(1988/90, 1649): JThS 41 (1990) 643-644 = Hall

R 862 MONTE, A. DE (1988/90, 5129): VetChr 26 (1989) 186-187 =
Cagno, di

R 863 MOOSA, M. (1985/87, 887): JAOS 108 (1988) 314-315 = Haddad, R.M. – AHR 93 (1988) 469 = Frazee, C.A. – CHR 74

(1988) 303-304 = Beggiani, S. - EkTh 9 (1988) 308-309 = Methodios Thyateiron

R 864 *Moral exhortation: a Greco-Roman sourcebook* ed. A.J. MALHERBE (1985/87, 1647): SecCent 7 (1989-1990) 182-183 = Elliott

R 865 MORALDI, L. (1985/87, 6549): ALW 30 (1988) 420-421 = Wisse, S.

R 866 *Morality and Ethics in Early Christianity* ed. J.L. WOMER (1985/87, 6428): ThLZ 114 (1989) 450-451 = Opitz, H. - JEcclH 40 (1989) 254-255 = Hall, S.G.

R 867 MOREIRA AZEVEDO, C.A. (1985/87, 1806): RiAC 63 (1987) 452-456 = Recio Veganzones

R 868 MORESCHINI, C. (1985/87, 6692): Latomus 48 (1989) 243-245 = Lenaz

R 869 MORIONES, F. (1988/90, 2460): Recollectio 11 (1988) 603-604 = Olarte, J.B.

R 870 *Morte e immortalità nella catechesi dei Padri del III-IV secolo* ed. S. FELICI (1985/87, 311): RechSR 76 (1988) 579-613 = Sesboüé, B. - Augustinus 33 (1988) 260-261 = Anoz, J. - BTAM 14 (1988) 419-420 = J.W. - Benedictina 35 (1988) 243-248 = Burini, C.

R 871 MORTLEY, R. (1985/87, 1808): NedThT 44 (1990) 169-170 = Broek, R. van den

R 872 MOSETTO, F. (1985/87, 4755): RiBi 36 (1988) 117-119 = Làconi, M. - RechSR 76 (1988) 589-590 = Sesboüé, B. - CrSt 9 (1988) 181-183 = Fédou - JThS 39 (1988) 246-247 = Grant - Greg 70 (1989) 349-350 = Fisichella - RSLR 25 (1989) 184-186 = Monaci Castagno, A. - AugR 30 (1990) 191-193 = Scognamiglio, R.

R 873 MOSSAY, J. (1985/87, 3855): AB 108 (1990) 430-431 = Lequeux, X.

R 874 MOSSAY, J. (1981/82, 1999): OrChr 72 (1988) 219-220 = Gessel, W.

R 875 MÜHLENBERG, E. (1979/80, 368): ThRu 53 (1988) 201-222 = Selge, K.-V.

R 876 MÜLLER, L. (1988/90, 911): JGO 36 (1988) 559-561 = Stökl, G.

R 877 MULLIN, R. (1985/87, 6429): StMe 29 (1988) 1003-1005 = Cremascoli

R 878 MUNIER, C. (1985/87, 6430): ThPh 64 (1989) 264 = Sieben, H.J. - VoxP 10 (1990) f.18, 381-384 = Marczewski, M.

R 879 MUNIER, C. (1985/87, 6431): RBen 98 (1988) 239-240 = Wankenne, L.-J. - RHPhR 68 (1988) 354 = Maraval - BLE 90 (1989) 143-144 = Crouzel

R 880 MURAWSKI, R. (1988/90, 5340): VoxP 10 (1990) f.18, 407-410 = Marczewski, M.

R 881 MURPHY, F.X.; SHERWOOD, P. (1988/90, 5532): DA 46 (1990) 647 = Schieffer, R.

R 882 MUZERELLE, D. (1985/87, 1363): CodMan 13 (1987) 114-115 = Mazal – DA 44 (1988) 627-628 = Silagi, G. – Sp 63 (1988) 969 = Light, L. – ZBW 102 (1988) 38-39 = Winter – Sc 42 (1988) 270-276 = Lemaire

R 883 *Nag Hammadi Codex I* ed. H.W. ATTRIDGE (1985/87, 6694): OLZ 84 (1989) 532-538 = Schenke

R 884 *Nag Hammadi Codex II, 2-7* ed. B. LAYTON (1988/90, 6274): JThS 41 (1990) 218-220 = Wilson

R 885 *Nag Hammadi, gnosticism, and early Christianity* edd. C.W. HEDRICK; R. HODGSON (1985/87, 316): RBi 95 (1988) 427-428 = F.L. – ChH 57 (1988) 352-353 = Gorday, P.J. – ThSt 49 (1988) 576 = Johnson – AUSS 37 (1989) 144-146 = Terian, A.

R 886 *The Nag Hammadi Library in English* ed. J. ROBINSON (1988/90, 6273): RechSR 77 (1989) 281-304 = Scopello, M. – VigChr 44 (1990) 203-204 = Broek, R. van den – VoxP 10 (1990) f.18, 362-365 = Myszor, W.

R 887 *Narses* ed. E.P. SIMAN (1984, 2159): RBi 96 (1989) 627-628 = Pierre, M.-J.

R 888 NASRALLAH, J. (1988/90, 917): OrChrP 56 (1990) 523-524 = Poggi, V.

R 889 NASRALLAH, J. (1988/90, 916): RHE 85 (1990) 211-213 = Halleux, A. de

R 890 NAVARRA, L. (1985/87, 4500): SMSR 12 (1988) 195-196 = Zincone, S. - Orpheus 10 (1989) 231-233 = Marotta Mannino – VoxP 9 (1989) f.16, 465-466 = Starowieyski, M.

R 891 NEES, L. (1988/90, 1284): Sp 64 (1989) 471-473 = Henderson

R 892 NEES, L. (1985/87, 4036): BTAM 14 (1988) 431 = Mews, C. – Sc 42 (1988) 216* = Contreni, J.J.

R 893 NELLAS, P. ed. J.-L. PALIERNE (1988/90, 1655): RHPhR 69 (1989) 487 = Siegwalt – RThPh 122 (1990) 565 = Borel

R 894 *Nemesius Emesenus* ed. M. MORANI (1985/87, 4623): Society for ancient medicine and pharmacy. Newsletter (Madison, Wisc.) 16 (1988) 51-52 = Scarborough – CR 39 (1989) 39-40 = Meredith – Platon 40 (1988) 200-203 = Politis

R 895 NERI, V. (1985/87, 898): Latomus 48 (1989) 221-223 = Rougé

R 896 NERSESSIAN, V. (1985/87, 899): OrChrP 54 (1988) 231-232 = Poggi, V. – JEcclH 39 (1988) 574-576 = Shepard, J. – JThS 40 (1989) 636-641 = Cowe, S.P.

R 897 *Das Neue Testament auf Papyrus I: Epistolae catholicae. Die katholischen Briefe* edd. K. JUNACK et al. (1985/87, 1430): EThL 65 (1989) 439-440 = Neirynck, F.

R 898 NEUNHEUSER, B. (1983, 2109): ThLZ 113 (1988) 452-455 = Kandler, K.-H.

R 899 NEUSCHAEFER, B. (1985/87, 4761): BLE 89 (1988) 142-144 = Crouzel, H. – MH 45 (1988) 255-256 = Marti, H. – CR 39 (1989) 136 = Wilson – REA 35 (1989) 184-186 = Le Boulluec – Gy 97 (1990) 64-65 = Opelt – German Studies (Tübingen) 23 (1990) 84-85 = Classen – CrSt 11 (1990) 214-215 = Beatrice, P.F. – RFC 118 (1990) 94-98 = Simonetti

R 900 NEUSNER, J. (1985/87, 900): ThSt 49 (1988) 576-577 = Wild, R.A.- TLS (1988) 866 = Chadwick – JStJ 19 (1988) 252-253 = Stemberger, G. – ChH 57 (1988) 520-522 = Armstrong, G.T. – RelStR 15 (1989) 81-82 = Johnson, L.T. – JEcclH 40 (1989) 617 = Lange, de

R 901 *Neutestamentliche Apokryphen in deutscher Übersetzung, Bd. 1. Evangelien. 5. Aufl.* edd. E. HENNECKE; W. SCHNEEMEL-CHER (1985/87, 1568): VigChr 42 (1988) 304-305 = Klijn, A.F.J. – TPQS 137 (1989) 196 = Kogler, F. – BijFTh 28 (1990) 325 = Schneiders, M.

R 902 *Neutestamentliche Apokryphen in deutscher Übersetzung, Bd. 2. Apostolisches, Apokalypsen und Verwandtes. 5. Aufl.* edd. E. HENNECKE; W. SCHNEEMELCHER (1988/90, 1436): AB 107 (1989) 454-456 = Esbroeck, M. van – BiZ 34 (1990) 267-269 = Schnackenburg – VigChr 44 (1990) 298-299 = Klijn, A.F.J. – Mu 103 (1990) 181-184 = Denis, A.M. – OrChrP 56 (1990) 504-505 = Poggi, V.

R 903 *The New Testament Apocrypha and Pseudepigrapha* edd. J.H. CHARLESWORTH; J.R. MUELLER (1985/87, 171): VigChr 42 (1988) 307-308 = Klijn, A.F.J. – JThS 40 (1989) 219-220 = Brock, S. - NovTest 31 (1989) 182-185 = Elliott – NedThT 44 (1990) 165-166 = Baarda, T.

R 904 *The New Testament in early christianity* ed. J.-M. SEVRIN (1988/90, 298): EThL 65 (1989) 436-439 = Focant, C. – RHPhR 70 (1990) 261-262 = Grappe – NRTh 112 (1990) 910-912 = Jacques, X. – RHE 85 (1990) 364-367 = Focant, C.

R 905 *The New Testament in Greek, III: The Gospel according to St. Luke, 1* (1984, 656): JBL 107 (1988) 758-762 = Petersen

R 906 *The New Testament in Greek, III: The Gospel according to St. Luke, 2* (1985/87, 1431): CR 39 (1989) 198-200 = Birdsall – JBL 107 (1988) 758-762 = Petersen – EThL 64 (1988) 207-208 = Neirynck

R 907 NEYMEYR, U. (1988/90, 6011): ThPh 65 (1990) 264-265 = Sieben

R 908 *Nik'odimosi ap'ok'ripuli ... (= La version géorgienne du livre apocryphe de Nicodème)* ed. C. KURCIK'IZE (1988/90, 1418): Rev. Ét. Géorg. et Caucas. 4 (1988) 186-188 = Outtier, B.

R 909 NIE, G. DE (1985/87, 3961): ArSR 66 (1988) 312-313 = Frijhoff, W. – NAKG 68 (1988) 122-123 = Zilverberg, S.B.J. – Millennium (Nimègue) 2 (1988) 79-81 = Pranger, M.B. – RHE 84 (1989) 279-280 = Lauwers, M. – VigChr 43 (1989) 98-100 = Bartelink, G.J.M. – EHR 105 (1990) 710-711 = Wood – AHR 95 (1990) 803-804 = Contreni, J.J. – Sp 65 (1990) 392-394 = Van Dam – AKG 72 (1990) 233-235 = McKitterick, R. – Francia 17,1 (1990) 256-258 = Vollmann, B.K.

R 910 *Nilus Ancyranus* ed. F. CONCA (1983, 1690): Salesianum 50 (1988) 400 = B.A. – CR 39 (1989) 138 = Pattenden, P.

R 911 *Nonnus Panopolitanus* ed. E. LIVREA (1988/90, 4403): CR 40 (1990) 472-473 = Birdsall – NRTh 112 (1990) 270 = Harvengt, A. – ByZ 83 (1990) 468-469 = Treu, K.

R 912 *Pseudo-Nonnus Panopolitanus* (1988/90, 4417): Mu 103 (1989) 192-194 = Coulie, B.

R 913 NOROCEL, E. (1988/90, 923): BOR 106 (1988/1-2) 173-174 = N. Dură

R 914 NOUAILHAT, R. (1988/90, 6013): REL 68 (1990) 258-260 = Biarne, J.

R 915 *Nubia et Oriens Christianus* edd. P.O. SCHOLZ; R. STEMPEL (1988/90, 300): Mu 103 (1990) 195-197 = Coulie, B.

R 916 NÜRNBERG, R. (1988/90, 6014): StMon 31 (1989) 434-435 = Olivar – KÅ (1989) 173-174 = Härdelin, A. – CHR 76 (1990) 332-333 = Olsen, G.W. – RQ 85 (1990) 126-129 = Klein, R. – JThS 41 (1990) 711-714 = Gould, G. – RHE 85 (1990) 369-371 = Vogüé, A. de

R 917 NUGENT, S.G. (1985/87, 4967): Sp 63 (1988) 448-449 = Hexter, R.

R 918 O RIAIN, P. (1985/87, 5278): Sp 63 (1988) 204-207 = Africa, D.C.

R 919 OBERTELLO, L. (1988/90, 2972): Sapienza 43 (1990) 445-446 = Sorge, V.

R 920 O'CONNELL, R.J. (1985/87, 2612): IPhQ 29 (1989) 221-227 = Rist – Augustinus 35 (1990) 184-185 = Oroz, J.

R 921 O'CONNELL, R.J. (1985/87, 2610): AugSt 19 (1988) = Quinn

R 922 O'DALY, G. (1985/87, 2613): QJS 75 (1989) 254-255 = Wertheimer – CB 65 (1989) 128 = Swift – JR 69 (1989) 240-241 = Burns, T.S. - RHPhR 69 (1989) 60-61 = Doignon – Gn 61 (1989) 443-444 o Madec – Gy 97 (1990) 66-68 = Habermehl –

JHPh 28 (1990) 125-127= O'Connell – Metalogicon: rivista internazionale di logica pura e applicata, di linguistica e di filosofia (Napoli; Roma) 2 (1989) 138-140 = Balido

R 923 *Oecumenica et patristica. Festschrift für W. Schneemelcher.* edd. D. PAPANDREOU; K. SCHÄFERDIEK et al. (1988/90, 303): CO 42 (1990) 135 = Aalst, A.J. van der – TPQS 138 (1990) 393-394 = Bauer, J.B.

R 924 OEUVRES MONASTIQUES, 1 VOGÜE *oeuvres monastiques, I: oeuvres pour les moniales* edd. A. DE VOGÜÉ; J. COURREAU (1988/90, 2990): ColCist 51 (1989) 430-432 = Martel, G. de – NRTh 111 (1989) 590-591 = Harvengt – StMon 31 (1989) 189-190 = Rocha – VigChr 44 (1990) 90-92 = Bartelink, G.J.M. – DR 108 (1990) 218-225 = Truran, M.

R 925 OLIVIER, J.-M.; MONEGIER DU SORBIER, M.-A. (1984, 639): RPh 61 (1987) 131-135 = Mondrain, B.

R 926 *Olympiodorus Diaconus* edd. U. HAGEDORN; D. HAGEDORN (1984, 2176): OrChrP 54 (1988) 257-259 = Baggarly, J.D.

R 927 O'MEARA, J.J. (1988/90, 2484): RHPhR 69 (1989) 62 = Benoît – RPL 87 (1989) 343-348 = Tomadini – REAnc 91 (1989) 147 = Moreau – RHR 207 (1990) 213-214 = Doignon – ThZ 46 (1990) 93-94 = Neidhart, W.

R 928 ONUKI, T. (1988/90, 6281): EThL 65 (1989) 444 = Dehandschutter, B. – BiZ 34 (1990) 146-147 = Klauck – VigChr 44 (1990) 99-101 = Quispel, G.

R 929 OOSTHOUT, H.F. (1985/87, 3860): Mu 101 (1988) 221-223 = Mossay, J.

R 930 OPELT, I. (1988/90, 1658): REAnc 91 (1989) 131-132 = Charlet, J.L. – REL 67 (1989) 419-120 = Fredouille – BTAM 14 (1989) 604-605 = Meyers, J. – Gy 97 (1990) 276-277 = Gruber

R 931 ORABONA, L. (1985/87, 909): CC 140 (1989) 412 = Ferrua, A.

R 932 ORAZZO, A. (1985/87, 4067): AugR 28 (1988) 708-709 = Grossi, V.

R 933 ORBE, A. (1988/90, 4121): EThL 65 (1989) 174-175 = Halleux, A. de – JThS 41 (1990) 239-247 = Minns

R 934 ORBE, A. (1985/87, 4323): RSLR 24 (1988) 353-366 = Norelli, E. – JThS 41 (1990) 239-247 = Minns

R 935 ORBE, A. (1988/90, 4118): EThL 66 (1990) 422-423 = Halleux, A. de – AugR 30 (1990) 500-502 = Peretto, E.

R 936 ORBE, A. (1985/87, 4322): RSLR 24 (1988) 353-366 = Norelli, E.

R 937 ORBE, A. (1985/87, 6102): Irénikon 61 (1988) 581-582 = Lanne, E. – EThL 64 (1988) 471-472 = Halleux, A. de – RSLR 25 (1989) 88-97 = Simonetti, M. – REA 35 (1989) 332-334 =

Deléani, S. - ThLZ 95 (1990) 611-613 = Wendelborn, G. –
Maia 42 (1990) 203-206 = Gianotto – AugR 30 (1990)
214-216= Peretto, E.

R 938 *Origene, Eustazio, Gregorio di Nissa, La maga di Endor* ed. M.
SIMONETTI (1988/90, 1660): VoxP 9 (1989) f.16, 484-486 =
Degórski, B.

R 939 *Origenes* ed. N. ANTONIONO (1985/87, 4673): BLE 90
(1989) 135-136 = Crouzel, H

R 940 *Origenes* edd. B. ARTIOLI; F. LOVATO (1985/87, 4680):
DThP 89-90 (1986-1987) 567-580 = Perini, G. – Irénikon 61
(1988) 440 = E.L. – CC 139 (1988) 205 = Špidlík, T.

R 941 *Origenes* ed. M. BORRET (1988/90, 4435): REG 103 (1990)
351-352 = Nautin – NRTh 112 (1990) 264-265 = Harvengt –
BLE 91 (1990) 223-224 = Crouzel, H.

R 942 *Origenes* ed. F. COCCHINI (1985/87, 4665): SMSR 12 (1988)
193-194 = Navarra, L.

R 943 *Origenes* edd. C. KANNENGIESSER; W.L. PETERSEN
(1988/90, 304): BLE 90 (1989) 138-139 = Crouzel, H. – CHR
76 (1990) 98-99 = Ettlinger – REA 36 (1990) 186-187 = Le
Boulluec – VigChr 44 (1990) 310-311 = Winden, J.C.M. van –
CW 74 (1990/91) 419-420 = Samuel

R 944 *Origenes* edd. P. NAUTIN; M.T. NAUTIN (1985/87, 4669):
RBPh 67 (1989) 192-195 = Schamp, J. – RHR 206 (1989)
205-206 = Doignon

R 945 *Origenes* ed. G. SGHERRI (1988/90, 4440): CCC 10 (1989)
502 = Casa, A. della – Salesianum 52 (1990) 181 = Amata

R 946 *Origeniana Quarta. Die Referate des 4. Internationalen Ori-
geneskongresses* ed. L. LIES (1985/87, 324): TPQS 136 (1988)
392-393 = Leinsle, U.G. – RSPhTh 72 (1988) 609-611 = Durand, G.-M. de – BLE 89 (1988) 138-140 = Crouzel, H. – ThLZ
114 (1989) 895-900 = Ullmann – REA 35 (1989) 182-184 =
Fédou, M. – ThQ 169 (1989) 244-246 = Vogt – EThL 65
(1989) 447 = Dehandschutter, B. – RThL 20 (1989) 210-215 =
Halleux, A. de – RHE 85 (1990) 80-83 = Kannengiesser, C.

R 947 ORLANDIS, J. (1988/90, 931): Gerión 7 (1989) 364-369 = Sanz
Serrano

R 948 OSBORN, E. (1984, 3071): BTAM 14 (1988) 420 = J.W.

R 949 OSBORNE, C. (1985/87, 4086): Oxford Studies in ancient Philosophy (Oxford) 7 (1989) 233-251 = Mueller – TF 51 (1989)
703-704 = Verrycken, K. – JThS 40 (1989) 240-243 = Butterworth, R. – Isis 79 (1988) 537-538 = Schofield – AncPhil 9
(1989) 111-117 = Mourelatos – JHPh 28 (1990) 119-121 =
Frank – GR 37 (1990) 120 = Wallace

R 950 PACK, E. (1985/87, 4412): AnzAlt 43 (1990) 230-232 = Graßl, H.

R 951 *Pacomio e i suoi discepoli* ed. L. CREMASCHI (1988/90, 4544): ColCist 52 (1990) 542-543 = Veilleux, A.

R 952 *I Pagani di fonte al cristianesimo* ed. P. CARRARA (1984, 782): VoxP 8 (1988) f.14, 467-471 = Degórski, B.

R 953 PAGELS, E.H. (1988/90, 5878): REA 35 (1989) 416-418 = Madec, G.

R 954 PAGELS, E.H. (1988/90, 5881): ThSt 50 (1989) 201-202 = O'Connell – Thom 53 (1989) 509-512 = Cavadini – TLS (1988) 1332 = Kelly – VigChr 43 (1989) 100-103 = Quispel, G. – JR 70 (1990) 80-81 = Trumbower – JHSex 1 (1990-1991) 144-146 = Dvorák

R 955 PAINCHAUD, L. (1981/82, 3457): ThLZ 115 (1990) 181-185 = Funk, W.-P.

R 956 *Palladius Helenopolitanus* edd. A.-M. MALINGREY; P. LECLERCQ (1988/90, 4559): Mu 101 (1988) 434-436 = Mossay, J. – Irénikon 61 (1988) 302-303 = E.L. – RPh 62 (1988) 352-353 = Places, E. des – SMSR 13 (1989) 305-306 = Zincone, S. - VigChr 43 (1989) 199-201 = Bartelink, G.J.M. – RHPhR 69 (1989) 347-348 = Bertrand, D.A. – LEC 57 (1989) 76 = Druet – RBi 96 (1989) 627 = Pierre, M.-J. – NRTh 111 (1989) 589-590 = Harvengt, A. – Sc 43 (1989) 358-361 = Declerck, J. – RHR 206 (1989) 316-317 = Nautin – REG 102 (1989) 622-623 = Irigoin – REAnc 91 (1989) 135-136 = Tuilier, A. – OrChr 73 (1989) 234 = Gessel, W. – JÖB 40 (1990) 444 = Trapp, E. – RThAM 57 (1990) 284-285 = Michiels – ACl 59 (1990) 394-399 = Schamp – MSR 47 (1990) 53-54 = Hombert, P.M. – REA 36 (1990) 196-197 = Lepelley, C. – BLE 91 (1990) 147-150 = Crouzel – REB 48 (1990) 287-288 = Flusin, B. – Laval 46 (1990) 260-261 = Poirier – JThS 41 (1990) 690-691 = Kelly – ChH 59 (1990) 72-73 = Gorday, P.J. – JEcclH 41 (1990) 142 = Chadwick – EThL 66 (1990) 202 = Halleux, A. de – OrChrP 56 (1990) 244-246 = Ruggieri, V. – RHE 85 (1990) 30-41 = Zeegers-Vander Vorst, N.

R 957 *Palladius Helenopolitanus* ed. R.T. MEYER (1985/87, 4831): CHR 76 (1990) 103-104 = Gignac, F.T.

R 958 PALMER, A.-M. (1988/90, 4695): CR 40 (1990) 38-40 = Harris, J. – JRS 80 (1990) 256-257 = McLynn, N. – JThS 41 (1990) 698-703 = Barnes, T.D.

R 959 *Papsttum und Kirchenreform* edd. M. WEITLAUFF; K. HAUSBERGER (1988/90, 305): RQ 85 (1990) 251-253 = Bischof, F.X.

R 960 PAREDI, A. (1985/87, 1977): NRiSt 72 (1988) 720-721 = Soldi Rondini

R 961 PARONETTO, V. (1985/87, 3777): Benedictina 35 (1988) 318-319 = Donnini, M. – BTAM 14 (1988) 457 = Mathon, G. – DA 44 (1988) 339 = Silagi, G.

R 962 PARONETTO, V. (1985/87, 2636): ZKG 99 (1988) 408 = Zumkeller – ThQ 169 (1989) 311 = Vogt – VigChr 43 (1989) 197 = Boeft, J. den

R 963 *Pascua Mediaevalia. Studies voor J.M. De Smet* edd. R. LIE-VENS; E. VAN MINGROOT (1983, 149): BTAM 14 (1988) 491-492 = Silvestre, H. – RBPh 66 (1988) 448-451 = Overstraeten, D. Van – RHE 83 (1988) 771-774 = Aubert, R. – RSCI 42 (1988) 268-320 = Picasso, G. – Sc 42 (1988) 169* = Libert, T.

R 964 *Patres Apostolici* ed. K. WENGST (1984, 2247): CrSt 9 (1988) 174-176 = Beatrice, P.F.

R 965 *Patrology, IV* ed. A. DI BERARDINO (1985/87, 105): ThSt 49 (1988) 340-342 = Burghardt – CHR 74 (1988) 316-317 = Schäfer, S.J.

R 966 *Paulinus Nolanus* a cura di T. PISCITELLI CARPINO (1988/90, 4583): Greg 71 (1990) 401-401 = Janssens – Orpheus 11 (1990) 428 = Corsaro – BStudLat 20 (1990) 406-407 = Moreschini, C.

R 967 PELIKAN, J. (1985/87, 928): GrOrthThR 33 (1988) 347-349 = Gros, J. – ThSt 50 (1989) 204-205 = Wilken, R.L. – Fides et Historia 21 (1989) 94-96 = Dickerson, W.W. – ChH 58 (1989) 503-504 = Grant, R.M. – CHR 75 (1989) 127 = Kaegi Jr., W.E. – Sp 65 (1990) 218-219 = Barnes, T.D.

R 968 PELIKAN, J.J. (1985/87, 2646): JR 68 (1988) 98-99 = Miles

R 969 PELILES, I.G. (1988/90, 951): ThAthen 60 (1989) 861-863 Theodoru, E.D.

R 970 PENA, I. (1985/87, 6446): OrChrP 55 (1989) 249-250 = Wadi, A.

R 971 PENCO, G. (1988/90, 308): RBen 98 (1988) 418-419 = D.M.

R 972 PEPIN, J. (1985/87, 326): JThS 39 (1988) 590-591 = Meredith, A.

R 973 *Per foramen acus. Il cristianesimo ...* (1985/87, 327): RHE 83 (1988) 248-250 = Halleux, A. de – Greg 69 (1988) 165-166 = Ruiz Jurado, M. – StPat 35 (1988) 651-654 = Leonardi, G. – RSLR 24 (1988) 366-375 = Stanchi, R. – BLE 89 (1988) 300-301 = Crouzel, H. – AugR 28 (1988) 714-717 = Studer – RSLR 24 (1988) 366-375 = Stanchi – Orpheus 9 (1988) 154-157 = Piscitelli Carpino, T. – BTAM 14 (1989) 573-574 = Winandy, J. – Latomus 49 (1990) 228-229 = Scarpat, G. – WSt 102 (1989) 306 = Zelzer, M. – Augustinus 34 (1989) 185-186 = Oroz, J.

R 974 *Perlenlied und Thomasevangelium* edd. O. BETZ; T. SCHRAMM (1985/87, 1569): TTZ 97 (1988) 71 = Sauser, E.

R 975 PERNIOLA, E. (1988/90, 3374): HumanitasBr 45 (1990) 110 = Nassini, A.

R 976 PERRIER, P. (1985/87, 1526): OstKiSt 122 (1988) 221 = Esbroeck, M. van

R 977 PETERSEN, J.M. (1984, 1743): RSLR 24 (1988) 140-143 = Cracco, G.

R 978 PETERSEN, W.L. (1984, 2317): JThS 40 (1989) 258-260 = Murray

R 979 PETZER, K. (1988/90, 1389): EThL 66 (1990) 409-410 = Neirynck, F.

R 980 PFLIGERSDORFFER, G. (1985/87, 328): REL 66 (1988) 383-384 = Fontaine – GB 16 (1989) 330-332 = Bauer, J.B.

R 981 *Philoponus and the rejection of Aristotelian science* ed. R. SORABJI (1985/87, 4264): JR 68 (1988) 589 = Feldman – Isis 79 (1988) 163-164 = Peters – History of Science (Chalfont St. Giles) 26 (1988) 94-102 = Siorranes, L. – Studies in history and philosophy of science (Oxford) 20 (1989) 389-395 = Osborne, C. – IPhQ 29 (1989) 233-235 = Madigan – ThPh 64 (1989) 99-101 = Ricken – Gerión 6 (1988) 297-299 = Fernández – PhR 99 (1990) 107-109 = Jordan – AncPhil 10 (1990) 149-153 = Lang – EMC 34 (1990) 70-74 = Todd – JHPh 28 (1990) 284-286 = Blumenthal, U.-R. – Sp 65 (1990) 1052-1055 = Wallace, W.A. – Salesianum 52 (1990) 917-918 = Canaccini, F.

R 982 *Der Physiologus* ed. O. SEEL (1985/87, 4907): MSR 46 (1989) 170 = Platelle, H.

R 983 PICARD, J.-C. (1988/90, 955): RH 571 (1989) 216-219 = Feller, L. – ThPh 64 (1989) 590-592 = Sieben – RHE 84 (1989) 407-409 = Dumoulin, J. – REB 47 (1989) 301-302 = Failler, A. – RiAC 65 (1989) 278-281 = Saxer, V. – Francia 17, 1 (1990) 229-230 = Jarnut, J.

R 984 PIERINI, F. (1988/90, 86): VoxP 9 (1989) f.16, 437-449 = Longosz, S. - RHE 84 (1989) 625 = Gryson, R. – EThL 65 (1989) 172-174 = Halleux, A. de – StMon 31 (1989) 182-183 = Nin – Greg 70 (1989) 590-592 = Janssens, J. – NRTh 112 (1990) 129-130 = Harvengt

R 985 PIETRAS, H. (1988/90, 4499): BLE 90 (1989) 137-138 = Crouzel, H. – VoxP 9 (1989) f.16, 472-476 = Degórski, B. – Sandalion 12-13 (1989-1990) 272-275 = Piredda – NRTh 112 (1990) 434-435 = Godding

R 986 PIETRAS, H. (1988/90, 5713): VoxP 10 (1990) f.18, 357-361 = Myszor, W.

R 987 PIFARRE, C. (1988/90, 1888): EThL 65 (1989) 180-183 = Halleux, A. de – StMon 31 (1989) 188-189 = Olivar – RSPhTh 73 (1989) 341 = Jossua – JThS 41 (1990) 703-711 = Kinzig

R 988 *Platonismus und Christentum. Festschrift für Heinrich Doerrie* edd. H. BLUME; F. MANN (1983, 153): AnzAlt 41 (1988) 129-135 = Erler, M.

R 989 PLÜMACHER, E. (1985/87, 946): JEcclH 39 (1988) 456-457 = Frend, W.H.C.

R 990 *La poesia tardoantica: tra retorica, teologia e politica* (1984, 175): CrSt 10 (1989) 169-174 = Staubach, N.

R 991 POFFET, J.-M. (1985/87, 4769): ThRe 85 (1989) 107-108 = Brox, N.

R 992 POIRIER, P.-H. (1984, 706): OLZ 83 (1988) 48-51 = Schenke, H.-M. – OrChr 72 (1988) 234-235 = Schulz, R.

R 993 PONTAL, O. (1985/87, 5913): CHR 74 (1988) 322-323 = Contreni, J.J. – DLZ 109 (1988) 403-405 = Beyreuther, G. – NRTh 110 (1988) 129 = Plumat, N. – BEC 146 (1988) 197-199 = Magnou-Nortier, E. – ThRe 85 (1989) 302-303 = Angenendt, A.

R 994 PONTAL, O. (1988/90, 5545): RHDFE 68 (1990) 65-66 = Imbert, J.

R 995 *Popoli e spazio romano tra diritto e profezia* (1985/87, 331): RHR 205 (1988) 311-312 = Turcan, R.

R 996 POQUE, S. (1984, 1195): BTAM 14 (1988) 438-440 = Mathon, G.

R 997 POTZ, E. (1985/87, 3216): AnzAlt 42 (1989) 40-42 = Reitz, C.

R 998 POUDERON, B. (1988/90, 1948): ThLZ 140 (1990) 838-839 = Treu – ThPh 65 (1990) 265 = Sieben – JThS 41 (1990) 651-653 = Barnard – REA 36 (1990) 184-185 = Wartelle – RHPhR 70 (1990) 345 = Maraval – BLE 91 (1990) 73-74 = Crouzel – NRTh 112 (1990) 923-924 = Navez – EThL 66 (1990) 420-422 = Halleux, A. de – RSPhTh 74 (1990) 624-626 = Durand, G.-M. de – RSLR 26 (1990) 587-596 = Rizzi, M.

R 999 *Premiers temps chrétiens en Gaule méridionale* edd. P.-A. FEVRIER; F. LEYGE (1985/87, 950): StMe 29 (1988) 1011-1012 = Patitucci Uggeri, S.

R 1000 PRETE, S. (1985/87, 4875): Sapienza 41 (1988) 97-98 = Basso, E. del – Orpheus 10 (1989) 229-231 = Tuccillo – REA 36 (1990) 194 = Desmulliez

R 1001 PREUS, M.C. (1985/87, 2664): JR 68 (1988) 99-100 = Burns, T.S.

R 1002 *La prière dans l'Église ancienne* ed. A.G. HAMMAN (1988/90, 5253): ReSR 64 (1990) 335-336

R 1003 *Das Priestertum in der Einen Kirche. Diakonat, Presbyterat und Episkopat* edd. A. RAUCH; P. IMHOF (1985/87, 332): OstKiSt 38 (1989) 206-207 = Plank

R 1004 *Primasius Hadrumetinus* ed. A.W. ADAMS (1985/87, 4914): CB 66 (1990) 58-59 = Devine

R 1005 PRITZ, R.A. (1988/90, 971): VigChr 43 (1989) 409-410 = Klijn, A.F.J.

R 1006 *Problèmes d'histoire du christianisme, I: Propagande et contre-propagande religieuse* ed. J. MARX (1985/87, 333): Francia 17, I (1990) 324 = Heinzelmann, M.

R 1007 *Prodeedings of the PMR conference (Patristic, Medieval and Renaissance) XI* (1985/87, 335): Manuscripta 32 (1988) 159

R 1008 *Procopius Caesariensis* ed. P. MARAVAL (1988/90, 4648): RHPhR 70 (1990) 404 = Maraval, P.

R 1009 *Procopius Gazaeus* ed. A. CHAUVOT (1985/87, 4938): JRS 79 (1989) 262-263 = Coyne – REL 66 (1988) 298-299 = Zarini – RPh 63 (1989) 331-332 = Flobert – ACl 59 (1990) 399-402 = Schamp

R 1010 *La Prôtennoia Trimorphe* ed. Y. JANSSENS (1977/78, 2738): ThLZ 115 (1990) 181-185 = Funk, W.-P.

R 1011 *Prudentius* ed. J.-L. CHARLET (1988/90, 4673): REAnc 91 (1989) 141-142 = Deléani – GiorFil 42 (1990) 145-146 = Donnini – Maia 42 (1990) 198 = Ceresa-Gastaldo, A.

R 1012 PRZYWARA, E. (1985/87, 2665): RThPh 120 (1988) 235 = Denis Mueller – ArchPhilos 51 (1988) 127-128 = Solignac – ReSR 62 (1988) 193 = Canevet – RechSR 76 (1988) 314-315 = Theobald – RHPhR 69 (1989) 63 = Benoît – REAnc 90 (1988) 257-258 = Fontaine, J.

R 1013 PUENTE SANTIDRIAN, P. (1985/87, 5132): EThL 64 (1988) 473-474 = Halleux, A. de – REA 34 (1988) 291-292 = Braun, R.

R 1014 QUACQUARELLI, A. (1985/87, 957): RPh 42 (1988) 174-175 = Chastagnol – VigChr 43 (1989) 198-199 = Boeft, J. den

R 1015 *Quaeritur inventus colitur.* ed. U.M. FASOLA (1988/90, 319): RSCI 44 (1990) 513-516 = Mazzoleni, D.

R 1016 *Quellen zur Geschichte der Alamannen, VI* edd. G. GOTTLIEB; W. KUHOFF (1984, 238): German Studies (Tübingen) 22 (1989) 190 = Staab

R 1017 *Quellensammlung zur Religionspolitik Konstantins des Großen* ed. V. KEIL (1988/90, 974): Gy 97 (1990) 53 = Klein – Helvetia archaeologica (Basel) 21 (1990) 33

R 1018 QUISPEL, G. (1988/90, 6304): VoxP 9 (1989) f.16, 476-484 = Degórski, B.

R 1019 RABELLO, A.M. (1988/90, 977): RHDFE 67 (1989) 487-489 = Lange, N. de

R 1020 RABELLO, A.M. (1985/87, 959): RHDFE 67 (1989) 487-489 = Lange, N. de – ACl 58 (1989) 366-369 = Schamp

R 1021 RAMAT, S. (1988/90, 3142): Filologia e critica 13 (1988) 314-315 = Pavarini, S.

R 1022 *Ranni Otcy Cerkwi. Antołogija. Mużi Apostolskie i Apologety* (1988/90, 1677): VoxP 8 (1988) f.15, 1108-1109 = Degórski, B.

R 1023 RAVEAUX, T. (1985/87, 2677): Augustinus 33 (1988) 405-406 = Madrid, T.C. – RSPhTh 72 (1988) 615-617 = Durand, G.-M. de – JEcclH 40 (1989) 451-452 = Chadwick

R 1024 *Reallexikon für Antike und Christentum (RAC), Bd. XIII, Lief. 102-104* edd. E. DASSMANN et al. (1985/87, 460-462): Gn 61 (1989) 617-619 = Betz

R 1025 *Reallexikon für Antike und Christentum (RAC), Bd. 14, Lief. 108-112* edd. E. DASSMANN et al. (1988/90, 485-487): VigChr 43 (1989) 304-305 = Winden, van

R 1026 *Recherches sur l'histoire de la Bible Latine* edd. R. GRYSON; P.-M. BOGAERT (1985/87, 336): REL 65 (1987) 390-391 = Duval – REA 35 (1989) 181-182 = Doignon

R 1027 REES, B.R. (1988/90, 4616): JThS 40 (1989) 623-624 = Markus, R.A. – ThSt 50 (1989) 398-399 = Ramsey, B. – CHR 76 (1990) 101-102 = Eno, R.B. – ChH 59 (1990) 223-224 = TeSelle – JR 70 (1990) 629-630 = Tilley – Augustinus 35 (1990) 388-389 = Oroz, J.

R 1028 *Les Regles des Saints Peres, I* ed. A. DE VOGÜE (1981/82, 887): ALW 30 (1988) 148-187 = Severus, E. von – BijFTh 50 (1989) 94 = Dorpe, B. van

R 1029 *Les Regles des Saints Peres, II* ed. A. DE VOGÜE (1981/82, 888): ALW 30 (1988) 148-187 = Severus, E. von

R 1030 REGNAULT, L. (1988/90, 6043): AB 108 (1990) 205-207 = Devos, P. – ColCist 52 (1990) 540-541 = A.L.

R 1031 REGNAULT, L. (1988/90, 1851): Irénikon 63 (1990) 146 = S.N. – AB 108 (1990) 205-207 = Devos, P.

R 1032 REGNAULT, L. ET AL. (1988/90, 6042): ColCist 52 (1990) 541 = Y.R.

R 1033 REIL, E. (1988/90, 2555): FKTh 5 (1989) 239-240 = Mühlek, K.

R 1034 *Religion, Culture, and Society in the Early Middle Ages* edd. T.F.X. NOBLE; J. CONTRENI (1985/87, 340): AHR 94 (1989) 733-734 = Fonay Wemple, S.

R 1035 *Répertoire d'incipit de sermons latins. Antiquité tardive et Moyen Âge* (1985/87, 469): Sc 43 (1989) 158* = Libert

R 1036 *La riche personnalité de sainte Radegonde* (1988/90, 5186): Benedictina 36 (1989) 238-241 = Papa, C.

R 1037 RIEDINGER, R. (1988/90, 1294): DA 46 (1990) 633 = Schieffer, R.

R 1038 RIEDWEG, C. (1985/87, 3279): WSt 102 (1989) 290 = Schwabl, H. – AnzAlt 42 (1989) 159-162 = Kerschensteiner – RBPh 68 (1989) 190 = Places, des

R 1039 RIES, J. (1985/87, 1853): ThRe 85 (1989) 494 = Khoury – RThPh 121 (1989) 104-105 = Basset – RBen 99 (1989) 214-215 = Bogaert, P.-M.

R 1040 RIGBY, P. (1985/87, 2689): JHPh 28 (1990) 125-127 = O'Connell – Augustinus 35 (1990) 177-179 = Oroz, J.

R 1041 RIGHI, G. (1984, 1420): EtPh (1989) 554-556 = Merle

R 1042 RINALDI, G. (1988/90, 494): AugR 30 (1990) 489-490 = Simonetti, M. – RSLR 26 (1990) 584-587 = Cortassa, G.

R 1043 RIZZI, M. (1988/90, 3249): Sileno 15 (1989) 347-348 = Nicolosi – Orpheus 11 (1990) 422-423 = Corsaro – RHPhR 70 (1990) 345-346 = Bertrand, D.A. – REA 36 (1990) 183 – CCC 11 (1990) 108-109 = Frassinetti, P. – EThL 66 (1990) 423-424 = Halleux, A. de – RSLR 26 (1990) 370-372 = Vigna, L.

R 1044 ROBERTS, M. (1985/87, 1857): AnzAlt 42 (1989) 254-257 = Quadlbauer, F. – Sp 64 (1989) 493-496 = Rossi

R 1045 ROBILLARD, E. (1988/90, 4247): EThL 66 (1990) 196-197 = Halleux, A. de

R 1046 RODLEY, L. (1985/87, 6465): ByZ 81 (1988) 82-85 = Thierry, N.

R 1047 RODRIGUEZ HERRERA, I. (1983, 160): Latomus 47 (1988) 198-209 = Doignon, J.

R 1048 ROLL, E. (1988/90, 6307): OLZ 85 (1990) 591-593 = Sundermann

R 1049 RONCHEY, S. (1988/90, 5173): CCC 11 (1990) 331-332 = Casa, A. della – RSCI 44 (1990) 505-506 = Sordi, M.

R 1050 RONDEAU, M.J. (1985/87, 6833): ThRe 85 (1989) 301-302 = Stritzky, von

R 1051 *The Roots of Egyptian Christianity* edd. B.A. PEARSON; J.E. GOEHRING (1985/87, 343): Greg 68 (1988) 372 = Farahian, E. – HeythropJ 30 (1989) 195-196 = Rousseau, P.

R 1052 ROQUES, D. (1988/90, 4800): CRAI (1990) 116 = Chamoux, F.

R 1053 ROQUES, D. (1985/87, 5082): Le Monde Musulman (Brüssel) 48/49 (1988) 313-316 = Camps, G. – REG 101 (1988) 580-581 = Chamoux, F. – AB 106 (1988) 235 = Halkin, F. – REAnc 91 (1989) 122 = Bernardi, J. – JAC 32 (1989) 203-206 = Frend, W.H.C. – ByZ 82 (1989) 258-259 = Treu, K. – JThS 40 (1989) 620-623 = Wickham, L.R. – JÖB 39 (1989) 337-340 = Hunger, H. – REA 35 (1989) 191-194 = Modéran, Y. – RHPhR 69 (1989) 349-350 = Maraval – Libyan Studies (London) 19 (1989)

154-155 = Dodge – RHE 84 (1989) 107-109 = Duval, Y.-M. – REB 47 (1989) 303-305 = Flusin, B.

R 1054 ROQUES, R. (1983, 1272): SR 17 (1988) 127 = Boglioni, P.

R 1055 RORDORF, W. (1985/87, 344): BTAM 14 (1987) 204-205 = Michiels, G. – ReSR 238 (1988) 326-327 = M.Me. – JEcclH 39 (1988) 627 = Price – RThL 19 (1988) 91-92 = Halleux, A. de

R 1056 ROREM, P. (1984, 1585): ZKG 99 (1988) 411-412 = Beierwaltes, W.

R 1057 ROUKEMA, R (1988/90, 4504): ZKG 100 (1989) 419 = Chadwick

R 1058 ROUSSEAU, P. (1985/87, 4823): JThS 39 (1988) 604-606 = Ware, K. – Erytheia 9 (1988) 191-192 = Fernández, G. – JEcclH 39 (1988) 108-112 = Bonner, G. – EHR 103 (1988) 464-465 = Bowman, A.K.- ColCist 52 (1990) 543-544 = Veilleux, A.

R 1059 ROUWHORST, G.A.M. (1985/87, 3536): Mu 103 (1990) 373-376 = Halleux, A. de

R 1060 ROWE, J.N. (1985/87, 4776): BLE 89 (1988) 140-142 = Crouzel, H.

R 1061 RUDOLPH, K. (1983, 2473): RBi 96 (1989) 618-621 = Norton, G.J.

R 1062 *Rufinus Aquileiensis* ed. H. MARTI (1988/90, 4725): ColCist 52 (1990) 551-552 = Zirnheld, C.-A.

R 1063 *Rufinus Aquileiensis* ed. E. SCHULZ-FLÜGEL (1988/90, 4726): OrChrP 56 (1990) 529-530 = Poggi, V.

R 1064 RUSSELL, J.B. (1984, 3101): JEcclH 39 (1988) 240-245 = Biller, P. – Salesianum 51 (1989) 552-553 = Canaccini, F.

R 1065 RUSSELL, J.B. (1981/82, 3358): Gn 62 (1990) 193-202 = Habermehl

R 1066 SABOURIN, L. (1985/87, 6204): RThPh 121 (1989) 237 = Margot

R 1067 SACHOT, M. (1985/87, 6869): REG 102 (1989) 259-260 = Nautin – NRTh 111 (1989) 966-967 = Roisel, V. – RHPhR 69 (1989) 348 = Bertrand, D.A. – VigChr 43 (1989) 412 = Datema

R 1068 SAENZ DE ARGANDONA, P.M. (1981/82, 2569): BLE 89 (1988) 306-307 = Crouzel, H.

R 1069 *Sainteté et martyre dans les religions du livre* ed. J. MARX (1988/90, 327): AB 108 (1990) 423-435 = Joassart, B. – NRTh 112 (1990) 762 = Navez, G.

R 1070 *Saints de Byzance et du Proche-Orient* ed. F. HALKIN (1985/87, 5286): Aevum 62 (1988) 379-380 = Cesaretti, P. – REG 101 (1988) 216-217 = Wartelle, A. – ByZ 81 (1988) 70 = Deun, P. van – ThPh 63 (1988) 269-270 = Podskalsky, G. – REB 46 (1988) 234-235 = Congourdeau, M.-H. – JÖB 38 (1988) 462-463 = Hunger, H. – OrChrP 55 (1989) 242-243 =

Poggi, V. – ThLZ 115 (1990) 903 = Thümmel, H.-G. – VigChr 44 (1990) 413 = Boeft, J. den

R 1071 *Saints and their Cults* cur. S. WILSON (1985/87, 5818): CF 58 (1988) 391-392 = Gieben, S.

R 1072 SALDANHA, C. (1984, 871): JR 68 (1988) 288-289 = Grant

R 1073 SANCHEZ CARO, J.M. (1983, 2114): ByZ 81 (1988) 71 = Escribano-Alberca, I.

R 1074 SANDELIN, K.-G. (1985/87, 6808): Studia philosophica (Basel) 2 (1990) 220-223 = Borgen

R 1075 SARTORE, D.; TRIACCA, A. (1985/87, 470): HumTeol 9 (1988) 114-116 = Peixoto, J.

R 1076 SAUGET, J.-M. (1985/87, 5574): AB 105 (1987) 447-448 = Zanetti, U. – REB 46 (1988) 267-268 = Flusin, B. – OrChr 72 (1988) 230 = Kaufhold, H.

R 1077 SAXER, V. (1985/87, 5288): Latomus 48 (1989) 457-458 = Doignon – CrSt 11 (1990) 381-382 = Grégoire, R.

R 1078 SAXER, V. (1988/90, 5353): ReSR 63 (1989) 159-160 = Munier, C. – RHDFE 67 (1989) 662-663 = Gaudemet – RiAC 65 (1989) 261-262 = Saint-Roch, P. – BLE 91 (1990) 146-147 = Cabie, R. – REA 36 (1990) 414-416 = Bouhot, J.-P.

R 1079 SCHATKIN, M. (1985/87, 4195): Platon 40 (1988) 198-199 = Gotsis – JEcclH 40 (1989) 450-451 = Chadwick – REB 47 (1989) 307 = Wolinski, J. – ThAthen 60 (1989) 870 = Papademetriou, G.C. – REAnc 91 (1989) 134-136 = Tuilier, A. – RSPhTh 73 (1989) 475-477 = Durand, G.-M. de – Greg 71 (1990) 189 = Banning, J. van – Salesianum 52 (1990) 184-186 = Pasquato, O. – OrChrP 56 (1990) 247-249 = Pasquato, O. – CO 42 (1990) 136 = Aalst, A.J. van der -BLE 91 (1990) 67 = Crouzel, H.

R 1080 SCHIMMELPFENNIG, B. (1984, 451): Sp 63 (1988) 225-227 = Blumenthal, U.-R. – ThPh 63 (1988) 277-279 = Schatz, K.

R 1081 SCHMEMANN, A. (1985/87, 5729): Salesianum 50 (1988) 264-265 = Triacca, A.M.

R 1082 SCHMIDT, E.A. (1985/87, 2724): ThPh 63 (1988) 400 = García-Mateo – GB 15 (1988) 299-302 = Gombocz, W.L. – Gn 61 (1989) 397-400 = Maier – HZ 250 (1990) 387 = Maier

R 1083 SCHNEIDER, M. (1985/87, 6473): ColCist 52 (1990) 542 = G.C.

R 1084 SCHNUSENBERG, C.C. (1988/90, 1685): ChH 59 (1990) 74-75 = Rusch, W.G.

R 1085 SCHÖLLGEN, G. (1984, 455): RHE 83 (1988) 681-685 = Deproost, P.A. – RHR 205 (1988) 212-213 = Nautin, P. – Klio 71 (1989) 301-302 = Winkelmann, F.

R 1086 SCHÖNBORN, C. (1988/90, 5798): L'Altra Europa 14 (1989) 157-159 =

R 1087 SCHÖNBORN, C. (1985/87, 6206): Salesianum 50 (1988) 240-241 = Triacca, A.M. – QL 69 (1988) 214-215 = Michiels, G. – Sp 63 (1988) 994-996 = Sahas, D.J.

R 1088 SCHOLTEN, C. (1985/87, 6734): RHPhR 68 (1988) 356-357 = Bertrand, D.A. – ChH 58 (1989) 370 = Culianu, I.P. – JEcclH 40 (1989) 263-264 = Frend, W.H.C. – ThLZ 115 (1990) 729-731 = Schenke, H.-M. – ThRe 86 (1990) 114-116 = Baumeister, T. – OLZ 85 (1990) 439-441 = Kirchner

R 1089 SCHOUWINK, W. (1985/87, 1871): MIÖGF 97 (1989) 225-226 = Pferschy

R 1090 SCHREINER, P. (1985/87, 1013): MIÖGF 96 (1988) 155-157 = Zimmermann, H. – ByZ 81 (1988) 71-72 = Lilie, R.-J. – Klio 70 (1988) 294-294 = Köpstein, H. – JÖB 38 (1988) 423-426 = Hörandner, W. – Byslav 49 (1988) 233-234 = Dummer, J.

R 1091 SCHÜTZ, W. (1985/87, 2226): RAgEsp 29 (1988) 286-288 = Langa, P. – JThS 40 (1989) 245-247 = Bammel

R 1092 *Scripture, tradition and reason. A study in the criteria of Christian doctrine. Essays in honour of Richard P.C. Hanson* edd. R. BAUCKHAM; B. DREWERY (1988/90, 5723): JEcclH 40 (1989) 262-263 = Hall

R 1093 SELB, W. (1988/90, 5463): Mu 103 (1990) 189-192 = Halleux, A. de

R 1094 SENDLER, E. (1988/90, 5435): GrOrthThR 33 (1988) 345-347 = Thornton, J. – TAik 94 (1989) 515-516 = Jääskinen, A.

R 1095 SESBOÜE, B. (1985/87, 6207): HumanitasBr 43 (1988) 136 = Cittadini, G.

R 1096 SEVRIN, J.-M. (1985/87, 6740): OrChr 74 (1990) 256-257 = Winkler, G. – ThLZ 115 (1990) 577-578 = Kirchner, D.

R 1097 SFAMENI GASPARRO, G. (1984, 3011): RHR 205 (1988) 210-211 = Doignon, J.

R 1098 SIEBEN, H.J. (1983, 65): SEÅ 53 (1988) 146-149 = Ekenberg, A. – RThPh 121 (1989) 230 = Rilliet – NRTh 111 (1989) 592-593 = Dideberg, D.

R 1099 SIEGERT, F. (1981/82, 334): ThLZ 114 (1989) 193-195 = Schenke, H.-M.

R 1100 *La signification et l'actualité du IIe Concile oecuménique* (1981/82, 275): RechSR 76 (1988) 115-118 = Sesboüé, B.

R 1101 *Il silenzio nei Padri del deserto* ed. M. BALDINI (1988/90, 6058): Sapienza 41 (1988) 114-115 = Neirotti

R 1102 SIMONETTI, M. (1985/87, 6796): RSLR 24 (1988) 131-136 = Iacopino, G. – SMed 14/15 (1988) 194-196 = Messana, V. –

VigChr 42 (1988) 192-194 = Bartelink, G.J.M. – RThPh 121 (1989) 229 = Rilliet, F.

R 1103 SIMONETTI, M. (1985/87, 1880): GiorFil 40 (1988) 167-168 = Braidotti – REAnc 90 (1988) 247-249 = Weiss, J.-P. – SMed 16 (1989) 212 = Grimaudo, S.

R 1104 SIMONIS, W. (1988/90, 1689): ThLZ 115 (1990) 815-816 = Kähler

R 1105 SKARSAUNE, O. (1985/87, 4457): VigChr 43 (1989) 300-302 = Winden, J.C.M. van

R 1106 SMALBRUGGE, M. (1988/90, 2612): RSPhTh 73 (1989) 481-483 = Durand, G.-M. de – ZKTh 111 (1989) 374 = Lies – RHPhR 69 (1989) 62-63 = Benoît – ThLZ 115 (1990) 129 = Kandler – RHR 207 (1990) 97-98 = Doignon – JEcclH 41 (1990) 474-475 = Bonner, G. – JThS 41 (1990) 696-697 = Osborne – Sp 65 (1990) 759-761 = Bourke

R 1107 SNYDER, G.F. (1985/87, 1029): CrSt 9 (1988) 430-434 = Testini, P.

R 1108 *Socrates Scholasticus* edd. S. KAZIKOWSKY; E. WIPSZYCKA; A. ZIOŁKOWSKI (1988/90, 4769): Eos 78 (1990) 415-417 = Salamon, M.

R 1109 SOLZBACHER, R. (1988/90, 1038): OrChrP 60 (1989) 483-484 = Farrugia, E. G. – RHE 85 (1990) 88-91 = Cannuyer, C.

R 1110 SORDI, M. (1985/87, 1032): Helios 15 (1988) 133-149 = Christiansen, P.G. – JR 68 (1988) 96-97 = Benko, S. - History 73 (1988) 106 = Clark, G. – RelStR 17 (1988) 74 = Keenan, J.G. – Gn 60 (1988) 245-249 = Molthagen, J. – REAnc 90 (1988) 242-243 = Perrin, M. – VoxP 9 (1989) f.17, 941-949 = Jaczynowska, M. – CW 82 (1989) 217 = Bates, R.L. – Latomus 48 (1989) 694-696 = Drinkwater, J.F.

R 1111 *Sozomenus* edd. B. GRILLET; G. SABBAH et. al. (1983, 1873): BijFTh 49 (1988) 211 = Laga, C.

R 1112 SPADA, D. (1988/90, 5651): Greg 71 (1990) 185-186 = González, C.I. – RechSR 78 (1990) 258 = Theobald, C.

R 1113 SPADA, D. *La fede dei Padri* (1985/87, 6136): Sapienza 39 (1986) 126-127 = Pizzorni, R.M.

R 1114 *Spätantike und frühbyzantinische Kultur Bulgariens zwischen Orient und Okzident* ed. R. PILLINGER (1985/87, 351): AnzAlt 40 (1987) 296-298 = Schelesniker, H.

R 1115 *Specimina eines Lexicon Augustinianum (SLA) Lief. 1* erst. von W. HENSELLEK und P. SCHILLING (1985/87, 2752): CR 39 (1989) 142 = Winterbottom – GiorFil 41 (1989) 125-126 = Scivoletto – RQ 85 (1990) 129-132 = Durst – ACl 59 (1990) 408-409 = Savon

R 1116 *Specimina eines Lexicon Augustinianum (SLA) Lief. 2* erst. von W. HENSELLEK und P. SCHILLING (1988/90, 457): GiorFil 41 (1989) 125-126 = Scivoletto – RQ 85 (1990) 129-132 = Durst – ACl 59 (1990) 408-409 = Savon

R 1117 *Specimina eines Lexicon Augustinianum (SLA) Lief. 3* erst. von W. HENSELLEK und P. SCHILLING (1988/90, 457): GiorFil 41 (1989) 125-126 = Scivoletto – RQ 85 (1990) 129-132 = Durst – ACl 59 (1990) 408-409 – Savon

R 1118 *Spelunca Thesaurorum* ed. S.-M. RI (1985/87, 5061): EtThR 64 (1989) 585 = Dubois, J.-D.

R 1119 ŠPIDLIK, T. (1988/90, 5294): Irénikon 61 (1988) 437-438 = E.L. – ColCist 51 (1989) 400 = A.L. – ThSt 50 (1989) 591-593 = Meyendorff, J. – JThS 40 (1989) 722-724 = Gould, G. – OrChrP 55 (1989) 455-458 = Poggi, V.

R 1120 ŠPIDLIK, T. (1985/87, 6114): Sp 63 (1988) 476-478 = Constantelos, D.J. – Salesianum 50 (1988) 241-242 = Pasquato, O.

R 1121 *Spirito Santo e catechesi patristica* ed. FELICI (1983, 171): Augustinus 33 (1988) 259-260 = Anoz, J. – RechSR 76 (1988) 118-119 = Sesboüé, B.

R 1122 *Spiritualità del lavoro nella catechesi dei Padri del III-IV secolo* ed. S. FELICI (1985/87, 352): RAgEsp 29 (1988) 283-285 = Lazcano, R. – BTAM 14 (1988) 430-421 = G.M. – Augustinus 33 (1988) 258 = Anoz, J. – CrSt 10 (1989) 164-165 = Forlin Patrucco, M.

R 1123 SPRINGER, C.P.E. (1988/90, 4740): JAC 32 (1989) 197-203 = Ratkowitsch – REL 67 (1989) 416-417 = Fredouille – CR 40 (1990) 159 = Green, R.P.H. – Helmántica 41 (1990) 411-413 = Oroz Reta, J.

R 1124 STANCLIFFE, C. (1983, 1877): ZKG 100 (1989) 415-417 = Biarne, J. – RSLR 24 (1988) 593-595 = Gauthier, N.

R 1125 STANILOAE, D. (1985/87, 6115): TAik 93 (1988) 359-360 = Sidoroff, M.

R 1126 STEAD, G. (1985/87, 355): ThPh 63 (1988) 270-271 = Grillmeier, A. – JEcclH 39 (1988) 627-628 = Williams

R 1127 *Basilius Steidle 1903-1982* ed. U. ENGELMANN (1985/87, 220): DA 44 (1988) 648 = Schneider, H. – ZKG 99 (1988) 408 = Frank, K.S. - MA 45 (1989) 353-355 = Racinet, S.

R 1128 STEINHAUSER, K.B. (1985/87, 5180): ThSt 49 (1988) 162-163 = Lienhard – ThRe 85 (1989) 298-300 = Brox, N. – CrSt 11 (1990) 179-186 = Romero-Pose, E.

R 1129 STEMBERGER, G. (1985/87, 1038): BijFTh 49 (1988) 449-450 = Parmentier, M. – MThZ 39 (1988) 209-210 = Stockmeier, P. – ZKG 100 (1989) 406-409 = Dassmann, E. – Judaica 46 (1990) 48-49 = Schreiner, S.

R 1130 STEWART, C. (1985/87, 2039): OstkiSt 37 (1988) 209-210 = Plank, B.

R 1131 STEWART, C.A. (1988/90, 4326): ColCist 51 (1989) 412-415 = Desprez, V.

R 1132 STICHEL, R. (1985/87, 6903): ByZ 81 (1988) 305-308 = Thomson, F.J. – Fabula 29 (1988) 239-240 = Daxelmüller, C.

R 1133 STOETZEL, A. (1984, 1959): ThRe 84 (1988) 31-33 = Ritter, A.M. – ThLZ 114 (1989) 206-207 = Barton

R 1134 STÖVER, H.-D. (1981/82, 548): SZ 206 (1988) 425-430 = Kriegbaum, B.

R 1135 *Storia della Chiesa cattolica.* edd. J. LENZENWEGER; P. STOCKMEIER; K. AMON; R. ZINNHOBLER (1988/90, 1050): Ricerche di storia sociale e religiosa (Rom) 18 (1989) 203-204 = Landi, A.

R 1136 *La storia della cristologia primitiva* ed. B. WELTE (1985/87, 5929): Orpheus 9 (1988) 153-154 = Tuccillo, A.

R 1137 *Storia della Sicilia e tradizione agiografica nella tarda antichità* ed. S PRICOCO (1988/90, 341): GiorFil 40 (1988) 319-320 = Bucarelli – VetChr 26 (1989) 389-391 = Desantis – VigChr 43 (1989) 309 – RSLR 25 (1989) 505-509 = Lizzi, R. – CCC 10 (1989) 333-334 = Ingallina – BStudLat 19 (1989) 196-198 = Piscitelli, T. – Aevum 64 (1990) 353-354 = Chiesa, P.

R 1138 STORONI MAZZOLANI, L. (1988/90, 2636): Augustinus 34 (1989) 180 = Oroz, J.

R 1139 STOWERS, S.K. (1985/87, 1895): CW 82 (1988/1989) 394-395 = Morford

R 1140 STRAW, C. (1988/90, 3561): AB 106 (1988) 487 – JThS 40 (1989) 261 = Evans – CHR 75 (1989) 128-129 = Richards, J. – ColCist 51 1989) 446-449 = Vogüé, A. de – ThSt 50 (1989) 366-367 = Grimes, D.J. – StMon 31 (1989) 339-340 = Rocha – RBen 99 (1989) 212 = L.M. – VigChr 43 (1989) 298-300 = Bartelink, G.J.M. – EThL 66 (1990) 427-428 = Halleux, A. de – AHR 95 (1990) 147 = Sullivan, R.E. – Sp 65 (1990) 761-763 = Matter, E.A. – Greg 71 (1990) 195-197 = Pelland, G. – REA 36 (1990) 202-203 = Doucet – BLE 91 (1990) 153-154 = Bélanger, R.

R 1141 STRITZKY, M.-B. VON (1988/90, 6474): RSPhTh 73 (1989) 465-466 = Durand, G.-M. de – ThPh 64 (1989) 589-590 = Sieben – ThLZ 114 (1989) 830-831 = Mühlenberg – ZKG 100 (1989) 412 = Schmithals – VigChr 43 (1989) 305-306 = Winden, van

R 1142 STROTHMANN, W. (1988/90, 4893): CO 42 (1990) 56-57 = Krijnsen, C.

R 1143 STROUSMA, G.A.G. (1984, 3205): Numen 36 (1989) 127-131 = Rudolph

R 1144 STUDER, B. (1985/87, 6234): JEcclH 39 (1988) 139 = Stead – RThL 19 (1988) 83-86 = Halleux, A. de – ChH 57 (1988) 356-357 = Ferguson, E.

R 1145 STUDER, B. (1988/90, 1054): EcclOra 6 (1989) 345-347 = Salmann, E. – EThL 66 (1990) 419-420 = Bundy, D.

R 1146 *Studia patristica 18* ed. F. A LIVINGSTONE (1985/87, 360): StVlThQ 32 (1988) 187-191 = Harrison, V.E.F.

R 1147 *Studien zu Gregor von Nyssa* edd. H. DROBNER; C. KLOCK (1988/90, 351): ByZ 81 (1988) 301-302 = Hörandner, W. – VigChr 44 (1990) 312

R 1148 STÜRNER, W. (1985/87, 1280): ThLZ 113 (1988) 444-446 = Haendler, G. – TG 101 (1988) 419-420 = Herwaarden, J. van – AKG 71 (1989) 507-508 = Goetz, H.-W. – CrSt 11 (1990) 386-387 = Dubarle, A.M.

R 1149 STUHLHOFER, F. (1988/90, 1698): FKTh 5 (1989) 159 = Ziegenaus, A. – ThRe 85 (1989) 296 = Frank – NRTh 111 (1989) 434-435 = Jacques – REA 35 (1989) 180-181 = Le Boulluec, A. – ThLZ 115 (1990) 671 = Holtz

R 1150 SUERMANN, H. (1985/87, 1898): CO 42 (1990) 61 = Aalst, A.J. van der

R 1151 *Sulpicius Severus* ed. W. WOZNIAK (1988/90, 4775): VoxP 7 (1987) f.12/13, 469-470 = Kaczmarkowski, M.

R 1152 SVENCICKAJA, I.S. (1985/87, 1046): HZ 249 (1989) 399-402 = Gizewski – ThPh 64 (1989) 260-261 = Brendle – Eirene 27 (1990) 170-172 = Lisovyi, I.

R 1153 SWIFT, L.J. (1983, 2403): EtThR 64 (1989) 124 = Dubois, J.-D.

R 1154 *2. Symposium Nazianzenum, Louvain-la-Neuve, 25-28 août 1981* ed. J. MOSSAY (1983, 182): OrChr 72 (1988) 219-220 = Gessel, W.

R 1155 *Synesius Cyrenensis* ed. A. GARZYA (1988/90, 4784): REG 102 (1989) 610-612 = Roques – Aufidus. Rivista di scienza e didattica della cultura classica (Foggia, Atlancica Ed.) 8 (1989) 217-218 = Fedeli – StPat 36 (1989) 151-153 = Corsato, C.

R 1156 *Synesius Cyrenensis* ed. A. PIGNANI (1985/87, 5067): Koin-Napoli 12 (1988) 81-81 = Martano, G.

R 1157 *Synopsis Graeca quattuor evangeliorum* edd. M.-É. BOISMARD; A. LAMOUILLE (1985/87, 1434): JThS 40 (1989) 176-177 = Hooker – RBi 96 (1989) 391-394 = Taylor

R 1158 *The Syriac Fathers on Prayer and the Spiritual Life* ed. S.P. BROCK (1985/87, 1652): Irénikon 61 (1988) 142 = E.L. – RBen 99 (1989) 211 = Bogaert, P.-M. – OrChrP 55 (1989) 248-249 = Poggi, V.

R 1159 SZABO-BECHSTEIN, B. (1985/87, 6023): DA 44 (1988) 278-279= Jasper, D. – ZSavK 74 (1988) 583-585 = Blumenthal, U.-R.

R 1160 TAFT, R. (1985/87, 5584): KÅ (1988) 140-142 = Ekenberg, A. – CHR 74 (1988) 297-298 = Austin, G. – ColCist 51 (1989) 388-389 = L.G. – Sob 11 (1989) 102-105 = Lash, E. – OrChr 74 (1990) 249-253 = Winkler

R 1161 TAFT, R. (1988/90, 5297): EL 103 (1989) 438-439 = Pistoia, A.

R 1162 TALATINIAN, B. (1985/87, 6156): OrChrP 54 (1988) 232-234 = Farrugia, E.G.

R 1163 TANIELIAN, A. (1985/87, 1398): REArm 20 (1986-1987) 586-587 = Mahé, J.-P.

R 1164 TARDIEU, M.; DUBOIS, J.D. (1985/87, 6753): RelStR 14 (1988) 71 = Majercik, R. – RPh 63 (1989) 144-146 = Fredouille – RechSR 77 (1989) 281-304 = Scopello, M.

R 1165 TAVARD, G. (1988/90, 2650): REAnc 91 (1989) 147-148 = Moreau – SR 19 (1990) 127-128 = Poulin

R 1166 TEILLET, S. (1984, 883): JEcclH 39 (1988) 578-581 = Hillgarth, J.N. – NMS 32 (1988) 176-179 = Collins, R. – RBPh 66 (1988) 454-455 = Pietri, L. – Klio 72 (1990) 332-333 = Günther, R.

R 1167 *Le temps chrétien de la fin de l'Antiquité au Moyen Âge* ed. J.-M. LEROUX (1984, 187): CrSt 9 (1988) 627-629 = Saxer, V.

R 1168 *Tertullianus* ed. P.A. GRAMAGLIA (1984, 2373): RSLR 29 (1988) 162-164 = Uglione, R.

R 1169 *Tertullianus* ed. G. AZZALI BERNARDELLI (1988/90, 4816): VoxP 10 (1990) f.19, 931-934 = Degórski, B.

R 1170 *Tertullianus* ed. P.A. GRAMAGLIA (1988/90, 4814): REA 35 (1989) 319 = Petitmengin, P.

R 1171 *Tertullianus* ed. S. ISETTA (1985/87, 5097): VoxP 8 (1988) f.14, 467-471 = Degórski, B.

R 1172 *Tertullianus* ed. P. MATTEI (1988/90, 4819): REA 35 (1989) 315-317 = Petitmengin, P. – RHE 84 (1989) 691-693 = Gryson, R. – JThS 40 (1989) 614-615 = Winterbottom – NRTh 111 (1989) 585-586 = Harvengt – REAnc 91 (1989) 137-138 = Chapot – RFC 117 (1989) 484-486 = Parroni – RPh 63 (1989) 329-331 = Braun, R. – Orpheus 11 (1990) 191-193 = Gallico – RHR 207 (1990) 96-97 = Doignon – BLE 91 (1990) 235 = Crouzel – RHPhR 70 (1990) 346 = Bertrand, D.A. – Greg 71 (1990) 194 = Pelland – GiorFil 42 (1990) 141-142 = Donnini – Laval 46 (1990) 263 = Poirier – VigChr 44 (1990) 394-395 = Waszink, J.H.

R 1173 *Tertullianus* ed. M. MENGHI (1988/90, 4812): CC 140 (1989) 204-205 = Ferrua, A. – Prometheus 16 (1990) 91-94 = Azzali Bernardelli, G.

R 1174 *Tertullianus* ed. G. SCARPAT (1985/87, 5098): Mn 41 (1988) 213-215 = Bartelink, G.J.M.

R 1175 *Tertullianus* ed. C. TIBILETTI (1984, 2372): VoxP 8 (1988) f.14, 467-471 = Degórski, B.

R 1176 *Tertullianus* ed. M. TURCAN (1985/87, 5099): Gn 60 (1988) 158-159 = Opelt, I. – Helmántica 39 (1988) 253-254 = Oroz, J. – RHE 83 (1988) 97-100 = Deproost, P.-A. – ThSt 49 (1988) 163-164 = Daly – Mn 42 (1989) 223-226 = Winden, van – RFC 115 (1988) 364-366 = Horsfall – RSLR 25 (1989) 342-351 = Gramaglia – RHR 206 (1989) 312-313 = Nautin – REAnc 90 (1988) 227 = Duval – RBPh 68 (1990) 184-185 = Testard

R 1177 *Tertullianus* edd. J.H. WASZINK; J.C.M. VAN WINDEN (1985/87, 5095): REA 34 (1988) 284-286 = Braun, R. – JThS 40 (1989) 239-240 = Winterbottom – AJPh 110 (1989) 675-678 = Sider – WSt 102 (1989) 303 = Schwabl, H. – OLZ 85 (1990) 437-439 = Haendler – Mn 43 (1990) 234-242 = Bastiaensen, A.

R 1178 *Tertullianus* ed. K.-W. WEEBER (1988/90, 4811): AnzAlt 43 (1990) 117 = Treu

R 1179 *Testi mariani del primo millenio, I* a cura di G. GHARIB (1988/90, 5858): NRTh 111 (1989) 965-966 = Renard, L.-J. – Greg 70 (1989) 586-587 = Galot – OrChrP 55 (1989) 491-493 = Capizzi, C.

R 1180 *Testi mariani del primo millenio, II* a cura di G. GHARIB (1988/90, 5859): StPat 36 (1989) 214-215 = Corsato, C. – OrChrP 55 (1989) 491-493 = Capizzi, C.

R 1181 *Text and testimony. Essays on New Testament and apocryphal literature in honour of A.F.J. Klijn* edd. T. BAARDA et al. (1988/90, 1400): JThS 60 (1989) 547-549 = Elliott – VigChr 43 (1989) 207 – NRTh 111 (1989) 432-434 = Jacques

R 1182 *Text und Textwert der griechischen Handschriften des Neuen Testaments, I: Die katholischen Briefe, 1: Das Material* ed. K. ALAND (1985/87, 1541): Enchoria 16 (1988) 145-146 = Klauck – BASP 25 (1988) 179-180 = Tobin – EThL 64 (1988) 203-205 = Neirynck – ThRe 84 (1988) 368 = Knoch – RHE 83 (1988) 671-673 = Amphoux – NovTest 30 (1988) 187-189 = Elliott

R 1183 *Text und Textwert der griechischen Handschriften des Neuen Testaments, I: Die katholischen Briefe, 2: Die Auswertung* ed. K. ALAND (1985/87, 1542): Enchoria 16 (1988) 145-146 = Klauck – BASP 25 (1988) 179-180 = Tobin – ThRe 84 (1988)

368 = Knoch – RHE 83 (1988) 671-673 = Amphoux – NovTest
30 (1988) 187-189 = Elliott

R 1184   *Text und Textwert der griechischen Handschriften des Neuen
Testaments, I: Die katholischen Briefe, 3: Die Einzelhandschriften* ed. K. ALAND (1985/87, 1543): Enchoria 16 (1988)
145-146 = Klauck – BASP 25 (1988) 179-180 = Tobin – ThRe
84 (1988) 368 = Knoch – RHE 83 (1988) 671-673 = Amphoux

R 1185   *Die Textüberlieferung der antiken Literatur und der Bibel* edd.
H. HUNGER et al. (1988/90, 1303): ZRGG 41 (1989) 281-282
= Flaig, L.

R 1186   THALER, A. (1988/90, 5824): ZKTh 111 (1989) 360-364 =
Meyer

R 1187   *Theodoretus Cyrensis* ed. J.N. GUINOT (1984, 2407): BijFTh
49 (1988) 212 = Declerck, J.

R 1188   *Theodoretus Cyrensis* ed. T. HALTON (1988/90, 4882): CR 40
(1990) 163-164 = Walsh, P.G.

R 1189   *Theodoretus Cyrensis* ed. S. DI MEGLIO (1985/87, 5144): Col-
Cist 50 (1988) 291-292 = Y.R. – OrChrP 54 (1988) 268-269 =
Farrugia, E.G. – SMed 14/15 (1988) 200 = Palmeri, P.

R 1190   *Theognosiae Dissertatio* ed. M. HOSTENS (1985/87, 5165):
RSLR 24 (1988) 375-379 = Loewenthal, E.

R 1191   *Theologenlexikon* edd. W. HÄRLE; H. WAGNER (1985/87,
471): OrthF 2 (1988) 129-130 = J. Modesto

R 1192   *Theologische Realenzyklopädie VIII-XII* edd. G. MÜLLER et
al. (1981/82, 336-339); (1983, 226); (1984, 245): VF 34,1
(1989) 87-95 = Sauter

R 1193   *Theologische Realenzyklopädie XIV* edd. G. MÜLLER et al.
(1985/87, 473): VF 34,1 (1989) 87-95 = Sauter – ThLZ 114
(1989) 11-14 = Amberg

R 1194   *Theologische Realenzyklopädie XV* edd. G. MÜLLER et al.
(1985/87, 474): VF 34,1 (1989) 87-95 = Sauter – ZKTh 111
(1989) 378-379 = Lies – ThLZ 114 (1989) 11-14 = Amberg

R 1195   *Theologische Realenzyklopädie XVI* edd. G. MÜLLER et al.
(1985/87, 475): VF 34,1 (1989) 87-95 = Sauter – DLZ 110
(1989) 749-752 = Wendelborn – RHPhR 69 (1989) 485-486 =
Chevallier – BibHR 51 (1989) 253-255 = Hazlett – ThZ 46
(1990) 383-384 = Rordorf

R 1196   *Theologische Realenzyklopädie XVII* edd. G. MÜLLER et al.
(1988/90, 499): ZKTh 111 (1989) 378-379 = Lies – VF 34,1
(1989) 87-95 = Sauter – DLZ 110 (1989) 1030-1032 = Wendelborn – RHPhR 69 (1989) 485-486 = Chevallier – BibHR 51
(1989) 729-730 = Hazlett – ThZ 46 (1990) 383-384 = Rordorf

R 1197   *Theologische Realenzyklopädie XVIII* (1988/90, 500): ThZ 46
(1990) 383-384 = Rordorf

R 1198	*Theologische Realenzyklopädie, XIII* edd. G. MÜLLER et al.
(1984, 246): VF 34,1 (1989) 87-95 = Sauter – ZKTh 111 (1989)
378-379 = Lies

R 1199	THIEDE, C.P. (1985/87, 1544): ThRe 86 (1990) 19 = Kampling

R 1200	THOMAS, J.P. (1988/90, 6062): StVlThQ 33 (1989) 299-301 =
Boojamra, J.L. – Sp 54 (1989) 1041-1043 = Constantelos,
D.J. – OrChrP 55 (1989) 467-468 = Ruggieri, V. – REB 47
(1989) 310-311 = Cheynet, J.-C. – Byslav 51 (1990) 225-229 =
Kaplan, M.

R 1201	THOMPSON, E.A. (1985/87, 4858): EHR 103 (1988) 712-713
= Smyth, A.P. – Sp 64 (1989) 1043-1044 = Kelly, J.F. – Latomus 48 (1989) 246 = Dierkens, A.

R 1202	THÜMMEL, H.G. (1988/90, 82): ThPh 64 (1989) 262-263 =
Sieben, H.J. – ThLZ 115 (1990) 351-353 = Brennecke, H.C.

R 1203	THUNBERG, L. (1985/87, 4583): RHR 205 (1988) 102-103 =
Dalmais, I.-H. – Sp 63 (1988) 237-240 = Rexine, J.E. – OstkiSt
37 (1988) 348 = Plank, B.

R 1204	THURSTON BOWMAN, B. (1988/90, 5635): SecCent 7
(1989/90) 241 = Bradshaw – ThSt 51 (1990) 368-369 =
Heaney-Hunter, J.

R 1205	TIBILETTI, C. (1988/90, 6064): VetChr 27 (1990) 452 = Cola-
femmina

R 1206	*«To See Ourselves as Others See Us»* edd. J. NEUSNER; E.S. -
FRERICHS (1985/87, 238): ThSt 47 (1986) 316-318 = Harring-
ton

R 1207	TÖNNIES, B. (1988/90, 4096): DA 46 (1990) 596-597 = Löwe,
H.

R 1208	*Topographie chrétienne des cités de la Gaule, des origines au
milieu du VIIIe s., vol. I* edd. N. GAUTHIER et al. (1985/87,
1059): Trierer Zeitschrift (Trier) 51 (1988) 566-567 = Merten,
H. – RHE 83 (1988) 100-103 = Reekmans, L.

R 1209	*Topographie chrétienne des cités de la Gaule, des origines au
milieu du VIIIe s., vol. II* edd. N. GAUTHIER et al. (1985/87,
1060): RHE 83 (1988) 100-103 = Reekmans, L.

R 1210	*Topographie chrétienne des cités de la Gaule, des origines au
milieu du VIIIe s., vol. III* edd. N. GAUTHIER et al. (1985/87,
1061): RHE 83 (1988) 100-103 = Reekmans, L.

R 1211	*Topographie chrétienne des cités de la Gaule, des origines au
milieu du VIIIe s., vol. IV* edd. N. GAUTHIER et al. (1985/87,
1062): RHE 83 (1988) 100-103 = Reekmans, L. – RH 280
(1988) 256-257 = Lusse, J.

R 1212	*Topographie chrétienne des cités de la Gaule, des origines au
milieu du VIIIe s., vol. V* edd. N. GAUTHIER et al. (1985/87,
1063): RHE 83 (1988) 100-103 = Reekmans, L.

R 1213 TORJESEN, K.J. (1985/87, 4792): BijFTh 49 (1988) 214-215 =
Parmentier, M. – RechSR 76 (1988) 591-592 = Sesboüé, B. –
ThRe 85 (1989) 106 = Stritzky, von – Latomus 48 (1989) 729 =
Joly

R 1214 TORRANCE, I.R. (1988/90, 5771): JEcclH 40 (1989) 400-401
= Frend, W.H.C. – JThS 40 (1989) 641-642 = Wickham, L.R. –
DR 107 (1989) 67-69 = Louth – SJTh 42 (1989) 598-600 = He-
ron, A.

R 1215 *Tradition and Re-Interpretation in Jewish and Early Christian
Literature* edd. J.W. VAN HENTEN et al. (1985/87, 373): CBQ
50 (1988) 159-160 = Reese, J.M. – REJ 147 (1988) 448-450 =
Petit, M.

R 1216 *La tradizione dell'enkrateia* ed. U. BIANCHI (1985/87, 374):
ColCist 50 (1988) 282-285 = Y.R. – REAnc 90 (1988) 254 =
Duval, Y.-M. – REG 101 (1988) 529-530 = Nautin – RechSR
77 (1989) 429-430 = Évieux, P. – CrSt 10 (1989) 160-163 =
Pazzini, D.

R 1217 *La Traité sur la résurrection (NH I,4)* ed. J.E. MÉNARD (1983,
2420): CE 63 (1988) 193-197 = Cannuyer, C. – RHR 206
(1989) 85-86 = Nautin, P.

R 1218 *Le traité tripartite (NH I,5)* edd. E. THOMASSEN; L. PAIN-
CHAUD (1988/90, 6341): RBi 96 (1989) 320 = Roussée,
J.-M. – BiZ 33 (1989) 263-265 = Schnackenburg, R. – NRTh
112 (1990) 918-919 = Jacques – ThRe 86 (1990) 211 =
Klauck – EThL 66 (1990) 195-196 = Halleux, A. de – VoxP 10
(1990) f.19, 922-926 = Myszor, W.

R 1219 TRAPE, A. (1988/90, 2663): ThRe 85 (1989) 18 = Mayer

R 1220 TRAPE, A. (1985/87, 2792): Augustinus 33 (1988) 397-398 =
Galindo, J.A.

R 1221 TRAPE, A. (1988/90, 2666): JEcclH 40 (1989) 591-592 = Bonner, G. – RHPhR 69 (1989) 61 =Benoît

R 1222 TRIGG, J.W. (1983, 1751): Philosophical studies (Dublin) 32
(1989/90) 370-371 = Sell

R 1223 TRIPOLITIS, A. (1985/87, 4794): SecCent 7 (1989-1990)
110-111 = Blowers

R 1224 TROBISCH, D. (1988/90, 6465): Bibl 71 (1990) 581-583 =
Penna, R.

R 1225 TRONCARELLI, F. (1985/87, 3121): Sc 42 (1988) 261-263 =
Gasparri – KoinNapoli 12 (1988) 79-80 = Polara

R 1226 TRUZZI, C. (1985/87, 1910): Helmántica 39 (1988) 258-260 =
Guillén, J. – ThRe 84 (1988) 30-31 = Baumeister, T. – RHPhR
68 (1988) 363-364 = Doignon, J. – CHR 74 (1988) 317-118 =
Fitzgerald, A. – JEcclH 39 (1988) 629-630 = Frend, W.H.C. –

RSLR 25 (1989) 160-164 = Cuscito – EHR 104 (1989) 447 = McClure

R 1227 TSIRPANLIS, C.N. (1988/90, 1711): CB 66 (1990) 136-139 = Rexine

R 1228 TSIRPANLIS, C.N. (1985/87, 6117): CB 66 (1990) 136-139 = Rexine

R 1229 TUCKETT, C.M. (1985/87, 6760): JR 68 (1988) 449-450 = Trumbower, J.A. – Salmant 36 (1989) 119-122 = Tievijano, R.

R 1230 TURNER, E.G. (1985/87, 1409): Prometheus 13 (1987) 190-192 = Dorandi, T. – RFC 116 (1988) 256-257 = Bona – REG 101 (1988) 543-544 = Cauderlier – RPh 62 (1988) 316-318 = Irigoin – Aeg 68 (1988) 254-255 = Daris – CW 82 (1988-1989) 477-478 = Daitz – ACl 58 (1989) 426-427 = Straus – CE 64 (1989) 337-338 = Lenaerts – Mn 43 (1990) 187-194 = Slings – JEcclH 76 (1990) 250-251 = Thomas – Klio 72 (1990) 614-616 = Treu, K. – Emérita 58 (1990) 365 = Berenguer, J.A.

R 1231 *Tyconius* ed. W.S. BABCOCK (1988/90, 4908): CHR 76 (1990) 583 = Steinhauser – ThLZ 115 (1990) 691 = Delius

R 1232 TZAMALIKOS, P. (1985/87, 4795): Philosophia 19-20 (1989-1990) 575-582 = Delivoyatzis

R 1233 UKOLOVA, V.I. (1985/87, 3123): Srednijeveka 52 (1989) 354-356 = Variaš

R 1234 *L'umanesimo di sant'Agostino* ed. M. FABRIS (1988/90, 362): Filos 40 (1989) 236-239 = Grosso, G.

R 1235 *Understandings of the Church* ed. E.G. HINSON (1985/87, 6249): ChH 57 (1988) 220 = Ferguson, E. – SecCent 7 (1989-1990) 113-115 = Tripp

R 1236 *Unidad y Pluralidad* (1983, 191): Latomus 47 (1988) 733-734 = Dehon, P.-J.

R 1237 *The use and abuse of eschatology in the Middle Ages* edd. W. VERBEKE; D. VERHELST; A. WELKENHUYSEN (1988/90, 363): RBen 99 (1989) 212-213 = Bogaert, P.-M. – CF 59 (1989) 179-181 = Bernardino de Armellada – HZ 251 (1990) 409-411 = Fried, J. – SMed 18 (1990) 205-207 = Lendinara, P.

R 1238 UYTFANGHE, M. VAN (1985/87, 5295): BTAM 14 (1989) 627-630 = Silvestre, H. – Helmántica 40 (1989) 507-511 = Oroz Reta, J. – RiAC 65 (1989) 276-278 = Saxer, V.

R 1239 VÄÄNÄNEN, V. (1985/87, 3504): CR 38 (1988) 419-420 = Winterbottom – Euphrosyne 16 (1988) 436-438 = Nascimento – BSL 84,2 (1989) 343-345 = Moussy

R 1240 VALGIGLIO, E. (1985/87, 1547): Paideia 43 (1988) 256-261 = Scarpat

R 1241 VALLIN, P. (1985/87, 1071): ThRe 84 (1988) 28 = Frank, K.S.

R 1242 VEGA, J. (1985/87, 2805): Augustinus 35 (1990) 182 = Oroz, J.

R 1243 VERDON, J. (1988/90, 3719): AB 108 (1990) 437-439 = Kluys-
        kens, J.

R 1244 VERHEYDEN, J. (1988/90, 1081): EThL 65 (1989) 445-446 =
        Halleux, A. de – Mu 102 (1989) 208-209 = Mossay, J. – VigChr
        44 (1990) 86-87 = Klijn, A.F.J. – CBQ 52 (1990) 764-766 =
        Boer, M.C. de

R 1245 *Vetus Latina. Die Reste der altlateinischen Bibel, XXV,2: Epi-
        stulae ad Thessalonicenses, Timotheum, Titum, Philemonem,
        Hebraeos, 3, 4* ed. H.J. FREDE (1985/87, 1549/1550): JThS 40
        (1989) 224-225 = Kilpatrick – REL 66 (1988) 278-280 = Fon-
        taine

R 1246 VICIANO, A. (1985/87, 5141): ThGl 78 (1988) 93-94 = Drob-
        ner, H.R. – Augustinus 33 (1988) 418 = Oroz Reta, J.

R 1247 VIDEN, G. (1984, 564): RPh 61 (1987) 156-158 = Conso, D. –
        Klio 70 (1988) 288-289 = Köpstein, H. – JRS 78 (1988) 271 =
        Barnish, S.J.B.

R 1248 *La vie de Marie Magdaleine par personnages* edd. J. CHOCH-
        EYRAS; G.A. RUNNALS (1985/87, 5408): MAev 57 (1988)
        135-136 = Muir, L.R.

R 1249 *Les Vies anciennes de sainte Geneviève* edd. M. HEINZEL-
        MANN; J.-C. POULIN (1985/87, 5368): MLatJb 23 (1988)
        289-292 = Gäbe, S. - DA 44 (1988) 603 = Moeglin, J.-M.

R 1250 VILANOVA, E. (1985/87, 109): EE 63 (1988) 119 = Franco,
        R. – HumTeol 10 (1989) 125-126 = Pinho, A. de

R 1251 VILLER, M.; RAHNER, K. (1988/90, 6072): ThPh 65 (1990)
        602 = Switek – ZKTh 112 (1990) 476 = Rotter – TPQS 138
        (1990) 299 = Schütz, C.

R 1252 VISCIDO, L. (1985/87, 3192): Sp 64 (1989) 235-236 = O'Don-
        nell, J.J. – Euphrosyne 17 (1989) 396-397 = Espírito Santo

R 1253 *Los Visigodos. Historia y civilización* ed. A. GONZALEZ
        BLANCO (1985/87, 377): ColCist 50 (1988) [299, 308] = Ron-
        deau, Y. – REA 34 (1988) 156-164 = Fontaine, J.

R 1254 *Visioni dell'aldilà in Occidente. Fonti, modelli, testi* ed. M.P.
        CICCARESE (1985/87, 1654): VoxP 8 (1988) f.14, 467-471 =
        Degórski, B. – Maia 41 (1989) 73-75 = Della Corte

R 1255 *Visions of heaven and hell before Dante* ed. E. GARDINER
        (1988/90, 6118): Sp 65 (1990) 986-988 = Botterill

R 1256 VIVIAN, T. (1988/90, 4620): ThSt 50 (1989) 612-613 = Ettlin-
        ger – SecCent 7 (1989-1990) 187-188 = Slusser – AB 108
        (1990) 426 = Fenoyl, R. de

R 1257 *Voces. Miscellanea patristica* ed. C. OBRYCKI (1988/90, 367):
        VoxP 8 (1988) f.15, 1117-1118 = Longosz, S.

R 1258 VOEGTLE, A. (1988/90, 1086): ThLZ 114 (1989) 120-121 = Reinmuth

R 1259 VOGEL, C. (1985/87, 5592): RiAC 63 (1987) 397-407 = Saxer, V. – ThSt 49 (1988) 342-343 = Baldovin, J.F. – ZKG 99 (1988) 413-420 = Klöckner, M.

R 1260 VOGÜE, A. DE (1984, 192): RHE 83 (1988) 482 = Aubert, R.

R 1261 VOGÜE, A. DE (1988/90, 2913): StMon 30 (1988) 455 = Badia, B.

R 1262 VOGÜE, A. DE (1984, 1381): Teresianum (Firenze) 39 (1988) 525-526 = Sánchez, M.D.

R 1263 VOGÜE, A. DE (1988/90, 6073): RBen 99 (1989) 211-212 = Bogaert, P.-M. – Benedictina 37 (1990) 221-224 = Anelli, G.

R 1264 VOLLENWEIDER, S. (1985/87, 5084): RechSR 76 (1988) 579-613 = Sesboüé, B. – Salesianum 50 (1988) 455-456 = Fontana, E. – ChH 57 (1988) 414-415 = Daley, B.E. – Gn 61 (1989) 104-111 = Erler, M.

R 1265 VOLLRATH, H. (1985/87, 5938): NRTh 110 (1988) 132-133 = Plumat, N.

R 1266 VOORST, R.E. VAN (1988/90, 1510): EThL 66 (1990) 417-418 = Verheyden, J.

R 1267 WAGENAAR, C. (1988/90, 506): BijFTh 28 (1990) 87 = Parmentier, M.

R 1268 WAHBA, M. (1988/90, 1936): JThS 41 (1990) 813-814 = Louth

R 1269 WALLACE-HADRILL, D.S. (1983, 712): CHR 75 (1989) 123-124 = Griffith, S.H.

R 1270 WARD, B. (1985/87, 6507): CHR 75 (1989) 471-472 = Johnson – JEcclH 40 (1989) 586-589 = Cameron, A. – RHE 84 (1989) 404-407 = Vogüé, A. de – JRS 80 (1990) 259 = Ross – Sp 65 (1990) 777-778 = Wemple, S.F.

R 1271 WARNS, R. (1988/90, 3129): ThPh 65 (1990) 596-597 = Sieben

R 1272 WEGER, K.H.; BOSSONG, K. (1985/87, 392): BTAM 14 (1988) 413 = Michiels, G. – ThPh 64 (1989) 102 = Splett

R 1273 WEHR, G. (1985/87, 2839): Sapienza 40 (1987) 341-343 = Cavadi, A. – Orpheus 9 (1988) 161-162 = Nazarro – Augustinus 33 (1988) 241-243 = Orosio, P.

R 1274 WEHR, L. (1985/87, 4125): ThRe 84 (1988) 26-28 = Fischer, J.A. – RHR 205 (1988) 314-316 = Carrez, M. – BiZ 32 (1988) 156-159 = Schnackenburg, R. – Bibl 69 (1988) 292-297 = Schroedel, W.R. – JBL 108 (1989) 739-740 = Aune

R 1275 WEIDEMANN, M. (1985/87, 1083): RhV 53 (1989) 278-280 = Kaiser, R.

R 1276 WEIDEMANN, M. (1983, 1438): BJ 188 (1988) 674-676 = Nonn, U. – Helinium 29 (1989) 125-127 = Verhaeghe, F.

R 1277 WEISS, G. (1985/87, 1084): MIÖGF 96 (1988) 522 = Mersich, N. – JÖB 38 (1988) 426-427 = Hörandner, W. – DLZ 110 (1989) 50-53 = Matschke

R 1278 *Die Welt des Christentums* ed. G. BARRACLOUGH (1984, 488): ThRu 53 (1988) 201-222 = Selge, K.-V.

R 1279 WELTIN, E.G. (1985/87, 1085): JR 69 (1989) 604 = Wilken

R 1280 WENDLAND, P. edd. H. DOERRIE; G. FIRPO (1985/87, 379): ScCat 116 (1988) 273-276 = Navoni, M. – Latomus 48 (1989) 496 = Martin – Orpheus 10 (1989) 474-476 = Palmieri

R 1281 WENGST, K. (1985/87, 1087): ThRe 85 (1989) 197-199 = Kampling

R 1282 WENGST, K. (1985/87, 1086): CR 38 (1988) 441 = Hanson – JThS 40 (1989) 212 = Harvey

R 1283 WENK, W. (1988/90, 4009): REG 102 (1989) 259 = Nautin – Maia 41 (1989) 258-259 = Ceresa-Gastaldo – MH 47 (1990) 254-255 = Marti, H. – VoxP 10 (1990) f.19, 909-917 = Wójto-wicz, H.

R 1284 WHITTOCK, M.J. (1985/87, 1090): AHR 93 (1988) 676 = Chaney, W.A.

R 1285 WIELAND, G.R. (1983, 542): REL 66 (1988) 256-257 = Serbat

R 1286 WILDBERG, C. (1988/90, 4084): EMC 34 (1990) = Todd – JHS 110 (1990) 243-244 = Feldmann – Isis 81 (1990) 334-335 = Hahm, D.E. – Orpheus 11 (1990) 151-153 = Russino, G.

R 1287 WILKEN, R.L. (1985/87, 1092): ALW 30 (1988) 148-187 = Se-verus, E. von

R 1288 WILKEN, R.L. (1984, 892): SZ 206 (1988) 425-430 = Krieg-baum, B.

R 1289 WILLIAMS, JACQUELINE A. (1988/90, 6355): JAOS 90 (1990) 118-119 = Good

R 1290 WILLIAMS, M.A. (1985/87, 6767): TAik 94 (1989) 274-275 = Marjanen, A. – SecCent 7 (1989-1990) 61-63 = Perkins – JAOS 90 (1990) 133-134 = Stroumsa

R 1291 WILLIAMS, R. (1985/87, 2052): DR 106 (1988) 154-156 = Louth, A. – RSPhTh 72 (1988) 611-613 = Durand, G.-M. de – TTh 28 (1988) 88-89 = Paverd, F. van de – Month 249 (1988) 600-601 = Butterworth, R. – Sob 10 (1988) 74-75 = Russell, N. – JEcclH 39 (1988) 235-237 = Hanson, R.P.C. – JThS 40 (1989) 247-254 = Gregg, R.C. – JRS 79 (1989) 256-257 = War-mington – TLS 87 (1988) 510 = Markus – RSLR 25 (1989) 153-157 = Simonetti, M. – RHPhR 69 (1989) 343-344 = Fick – RHE 84 (1989) 616 = Brady, P. – SJTh 42 (1989) 263-267 = Young, F.M.

R 1292 WIMMER, O.; HARTMANN, M. (1988/90, 507): EA 64 (1988) 493 = ab – EphMariol 40 (1990) 182 = Fernández, B.

R 1293 WITHERINGTON, B. III. (1988/90, 1113): JThS 41 (1990) 629-931 = Young, F.M.

R 1294 WITTSCHIER, S.M. (1985/87, 6159): ZKTh 111 (1989) 103-104 = Kern

R 1295 WÖLFLE, E. (1985/87, 5384): ALW 30 (1988) 148-187 = Severus, E. von

R 1296 WOJTOWYTSCH, M. (1981/82, 3103): RSLR 25 (1989) 144-153 = Perrone

R 1297 WULF, K.B. (1988/90, 5049): AHR 94 (1989) 1084-1085 = Brodman, J.W. – Islamic Studies (Karachi) 28 (1989) 191-194 = El-Manssoury, F. – ChH 59 (1990) 75-76 = Matheny, W.E.

R 1298 WYBREW, H. (1988/90, 5305): OstkiSt 39 (1990) 67 = Biedermann, H.M. – HeythropJ 31 (1990)234-235 = Spinks, B.D. – Sob 12 (1990) 98-102 = Lash, E.

R 1299 YOUNG, F.M. (1983, 714): Augustinus 33 (1988) 261 = Anoz, J.

R 1300 YOUSIF, P. (1984, 1639): Irénikon 61 (1988) 583-584 = I.P. – OrChrP 56 (1990) 260-261 = Kilmartin, E.J.

R 1301 ZAHAROPOULOS, D.A. (1988/90, 4899): ThSt 51 (1990) 369 = Rabinowitz, C.E.

R 1302 ZANETTI, U. (1985/87, 5599): OrChrP 55 (1989) 488-491 = Taft, R. – RHR 206 (1989) 317-318 = Coquin, R.-G.

R 1303 ZANETTI, U. (1985/87, 1420): ByZ 81 (1988) 62-63 = Esbroeck, M. van – OrChr 72 (1988) 228-229 = Kaufhold, H.

R 1304 ZEBRI, P. (1988/90, 6089): RiAC 64 (1988) 383-386 = Mazzoleni, D.

R 1305 ZECCHINI, G. (1984, 498): Paideia 43 (1988) 291-296 = Sirago

R 1306 ZEHLES, F.E. (1985/87, 3878): Mu 101 (1988) 220-221 = Mossay, J. – JÖB 38 (1988) 438-441 = Kertsch, M. – REG 102 (1989) 621 = Nautin – Emérita 58 (1990) 167 = Piñero, F.

R 1307 ZINCONE, S. (1988/90, 1724): StROC 11 (1988) 137-138 = Ghantuz Cubbe, M. de – RHPhR 69 (1989) 348-349 = Maraval – AugR 30 (1990) 197 = Pasquato, O.

R 1308 ZUMKELLER, A. (1985/87, 2851): TLS 87 (1988) 257 = Markus

AUTORENREGISTER

Aalders, G.J.D. 4259
Aalen, S. 1441
Aalst, A.J. van der 1827, 5886, 5887, 5888
Abouzayd, S. 1828
Abrahamsen, V. 508
Abramowski, L. 1898
Accorinti, D. 3574, 3626, 4409
Acerbi, A. 5764
Acosta Rodríguez, J. 2928, 2929, 2930, 2931
Adams, J.N. 4261, 4262, 4263
Adamsen, J. 6122
Adkin, N. 3754
Adler, W. 3388, 4205
Adshead, K. 1183, 4650
Aerts, W. 4302
Aerts, W.J. 4717
Afinogenov, D.J. 4802
Agosti, B. 4586
Agosti, G. 6123
Ågren, I. 3353
Agudo Romeo, M. del M. 3221
Aguirre, R. 510
Ahlborn, E. 4391
Ahrweiler, H. 238
Aland, B. 369, 418, 1338, 1341, 1342, 6454
Aland, K. 172, 370, 418, 1326, 1339, 1340, 1341, 1342
Alberigo, G. 511
Albert, B.-S. 4140
Albert, K. 1120
Albert, M. 3892
Albertine, R. 2010, 5209
Albrecht, M. von 3039
Albrecht, R. 1513
Alcaín, J.A. 4820

Alcalá, M. 1419
Alchermes, J.D. 4941
Aldazábal, J. 5306
Alegre, X. 1420
Alexander, J.S. 4172, 4909
Alexander, M. 2788
Alexander, P.S. 6440
Alexander Golitzin (Hieromonk) 3260
Alexandre, M. 512, 1514
Alfaric, P. 513
Alfeche, M. 6503
Alfieri, A.M. 3405, 3406
Aliaga, E. 5307
Alici, L. 1964, 2011, 2333
Alimonti, F.R. 3512
Alla, W.H. 5308
Allan, N. 514
Allegri, G. 3755
Allegri, L. 1515
Allen, P. 515, 4015, 4569, 5118
Alliata, E. 202
Alonso Avila, A. 516
Alonso del Real, C. 2012, 2013
Alonso Díaz, J. 517
Alonso Schökel, L. 6422, 6423
Alonso-Núñez, J.M. 4521
Alpigiano, C. 1868
Alsina Clota, J. 1121
Altaner, B. 69
Altenburger, M. 91
Altermath, A.M. 92
Alturo i Perucho, J. 1247
Alvar Ezquerra, A. 2735, 2736
Alvarez, P. 1899
Alvarez, S. 4635
Alvarez Turienzo, S. 2014, 2015, 2016, 2017, 2018, 2019, 2020

REZENSENTENREGISTER

Walter de Gruyter
Berlin • New York

Patristische Texte und Studien

23,0 x 15,5cm • Ganzleinen

Herausgegeben von Miroslav Marcovich:
Hippolytus Refutatio omnium haeresium

XVI, 541 Seiten. 1986. ISBN 3-11-008751-0 (Band 25)

Das Meisterwerk des Heiligen Hippolyt, Refutatio omnium haeresium, in 10 Bänden, wurde zwischen 222 - 235 n.Chr. auf Griechisch geschrieben. Das Werk ist als hervorragende Quelle von größter Bedeutung für unsere Erkenntnis über den Gnostizismus, die griechische Philosophie, die griechisch-römischen Religionen und Mysterien und deshalb gleichermaßen für judaistische Studien, für die Kirchengeschichte und die Patristik wichtig.

Athenagoras, Legatio pro Christianis

XII, 158 Seiten. 1990. ISBN 3-11-011881-5 (Band 31)

Das "Plädoyer für die Christen" des Athenagoras (ca. 177 n.Chr.) ist die philosophischste der noch vorhandenen christlichen Apologien.

Pseudo-Iustinus, Cohortatio ad Graecos / De monarchia / Oratio ad Graecos

X, 161 Seiten. 1990. ISBN 3-11-012135-2 (Band 32)

Kritische Ausgabe von drei späteren griechischen Apologien (3.Jahrhundert), die Justin, dem Märtyrer, zugeschrieben worden sind.

Tatiani Oratio ad Graecos / Theophili Antiocheni ad Autolycum

XII, 117 und X, 192 Seiten. 1995. ISBN 3-11-014406-9 (Band 43/44)

Kritische Ausgabe der Apologie des Tatian und der drei Abhandlungen des Theophilus an Autolycus.

Preisänderung vorbehalten

Walter de Gruyter & Co • Berlin • New York • Genthiner Straße 13
D-10785 Berlin • Telefon: (030) 2 60 05-0 • Telefax: (030) 2 60 05-2 22